전남대 철학연구교육센터 호남유학총서 2

호남의 유학자들

저자소개

안진오 전남대 명예교수
오종일 전주대 명예교수
최대우 전남대 철학과 교수
김성환 전주대 명예교수
백은기 전 전남대 교수
류근성 전남대 철학과 강의교수
류재윤 전주대 한문교육과 교수
류풍연 전주대 명예교수
이향준 전남대 철학과 강의교수
장복동 전남대 철학과 강의교수
조우진 전남대 철학과 BK21 연구교수

전남대 철학연구교육센터 호남유학총서 2

호남의 유학자들

인쇄 2016년 1월 6일
발행 2016년 1월 11일

저자 안진오 · 오종일 · 최대우 · 김성환 · 백은기 · 류근성
류재윤 · 류풍연 · 이향준 · 장복동 · 조우진
발행인 지병문
발행처 전남대학교출판부

등록 1981. 5. 21. 제53호
주소 61186 광주광역시 북구 용봉로 77
전화 (062) 530-0571~2
마케팅 (062) 530-0573
팩스 (062) 530-0579
홈페이지 http://www.cnup.co.kr
이메일 cnup0571@hanmail.net

값 35,000원

ISBN 978-89-6849-175-7 (94150) 세트
978-89-6849-262-4 (94150)

이 도서의 국립중앙도서관 출판예정도서목록(CIP)은
서지정보유통지원시스템 홈페이지(http://seoji.nl.go.kr)와
국가자료공동목록시스템(http://www.nl.go.kr/kolisnet)에서 이용하실 수 있습니다.
(CIP제어번호 : CIP2016000340)

전남대 철학연구교육센터 호남유학총서 2

호남의 유학자들

안진오 · 오종일 · 최대우 외

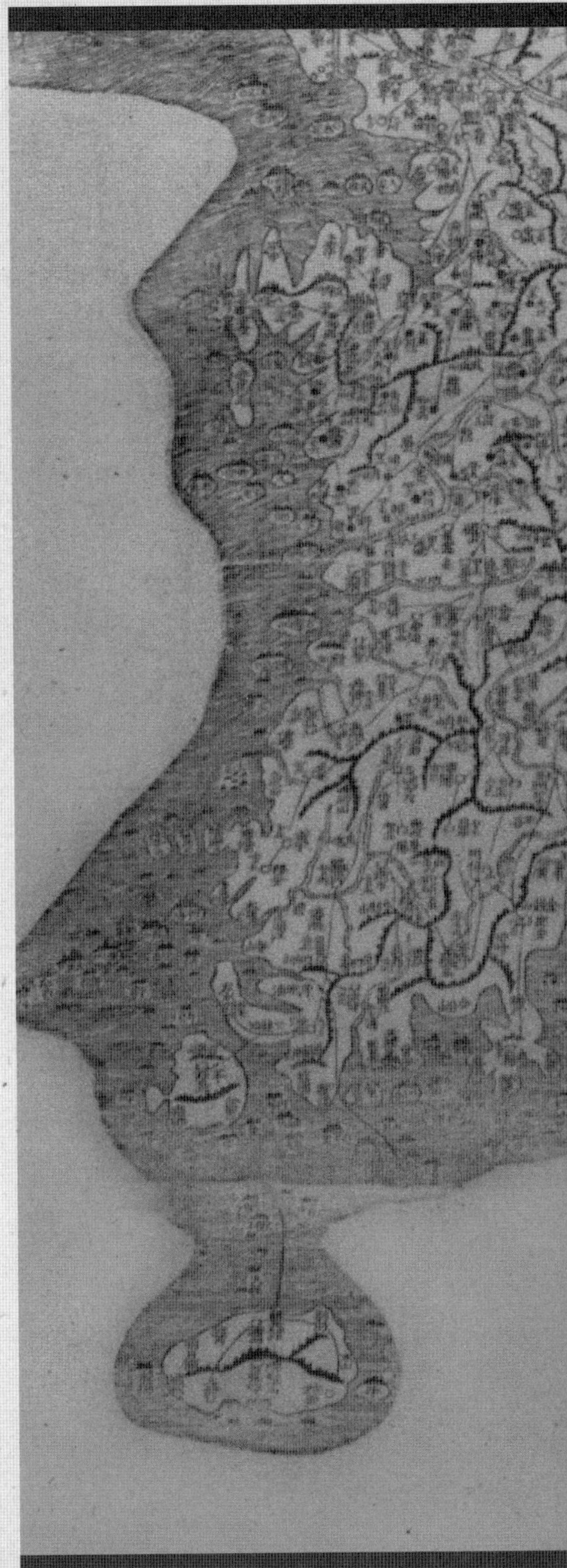

전남대학교출판부

목 차

제2장 조선전기 성리학과 호남

제3장 구국 운동과 호남의 절의

제4장 조선후기 성리학과 호남

제5장 실학사상과 근대적 자각

서 론

이 책은 전남대 철학연구교육센터에서 편찬 중인 '호남유학총서' 시리즈의 두 번째 권이다. 이 시리즈는 고(故) 현암(玄庵) 이을호(李乙浩) 선생의 정신적 유산을 이어받아 지역학으로서 호남학의 보편성과 특수성에 대한 철학, 사상적 기초를 제공하려는 의도에서 기획되었다.

시리즈의 첫 권인 『19세기 호남유학의 재구성』(전남대출판부, 2015)은 노사(蘆沙) 기정진(奇正鎭 1798-1879)을 중심으로 하는 노사학파의 개괄적 양상을 탐구한 것이었다. 이 책은 『호남의 유학자들』이란 제목으로 호남 지역을 대표하는 유학자들을 총괄적으로 소개하려는 것이다.

서로 다른 시대를 살았던 다양한 학자들을 호남의 유학자라고 명명(命名)할 때 연관된 몇 가지 전제들이 문제시된다. 첫째, 호남 유학사상의 상한선은 어디까지인가? 또한 호남이라는 명칭과 그 명칭이 가리키는 지역적 한계를 어디까지 적용할 것인가? 이를테면 삼국시대에 진한의 지역에서 흥기하였던 초기 백제의 문화와 오늘의 호남이라는 지역의 연관 관계를 어떻게 이해할 것인가 하는 것이 문제가 된다. 초기 백제 문화는 역사적, 지역적으로 오늘날의 호남과 일치한다고 단언할 수 없다. 그러나 백제의 문화와 사상을 떠나서는 호남의 사상적 모태를 설정할 수 없는 것도 사실이다. 이러한 점을 어떻게 고려해야 할 것인가?

둘째, 유학사상의 개념을 어떻게 볼 것인가? 유학과 유교는 같다고 할 수 없고 원시유학과 신유학(新儒學)으로서 정주학(程朱學)의 사상적 성격이 다르며, 또한 실학적 사유는 신유학적 사유와 차별적이다. 이런 다양한 유학의 개념들과 호남유학이란 지역학적 용어는 또 어떤 상관관계를 가지는가? 한편, 유교라고 할 때는 의식이나 정신적 형태까지를 포함한 종교적 성격을 가지는데, 이러한 요소를 호남의 유학으로 포함시킬 것인가 하는 문제도 제기될 수 있다. 나아가 문헌적 근거가 확실하지 않은 원시유학사상의 전래와 도교·불교와의 교섭관계는 어떻게 이해하여야 할 것인가 하는 문제도 필연적으로 제기될 수밖에 없다.

셋째, 호남 유학사상의 지역적 한계성을 어떻게 볼 것인가? 호남이라고 할 때의 지역적 한계는 행정구역으로 볼 때 오늘날의 호남지역을 중심으로 논의 할 수밖에 없다. 그러나 행정구역으로서 호남이 성립되기 이전에 호남의 사상은 이미 존재했다. 이에 대한 한계 설정을 어떻게 규정할 것인가 하는 것 또한 문제 가운데 하나다. 이와 같은 문제점들을 고려해서 이 책을 서술해 나가기 위해서는 필연적으로 그 한계에 대한 잠정적인 기준이 요구될 수밖에 없다. 여기에서는 다음과 같은 기준을 임시로 설정하고자 한다.

호남 유학사상의 기점은 유학사상가들의 저술이 문헌적으로 증명될 수 있는 시기로 설정할 수밖에 없다. 오늘날 대체적으로 독자적 저술이 문헌적으로 확인할 수 있는 시기는 고려 말엽부터라 할 수 있고 그 이전의 저술들은 손꼽을 정도에 지나지 않는다. 여러 사서(史書)에 부분적인 기록들이 남아있지만 독자적인 저서로 보기에는 힘들다.

유학이란 하나의 학문적 이론이며 사상적 형태로 존재하는 것을 의미한다. 종교나 의식이 아니라 구체적인 논리와 사상을 담고 있을 때 학문으로서의 성격을 부여할 수가 있다. 그러한 점에서 유학자의 사상이 구체적으로 표현되어 있고 그 사상이 유학이라고 인정되어질 때 유학사상이라 말할 수 있다. 이러한 점에서 호남 유학사상의 기점은 독자적 저술이 이루어진 시기를 그 기점으로 한정할 수밖에 없다. 그렇다면 그 이전의 유학사상, 즉 다른 기록에 나타난 유학정신은 어떻게 취급되어져야 할 것인가? 그것은 유학사상의 형성기로 취급할 수밖에 없다. 그러한 형성기를 모체로 하여 호남의 유학사상이라고 부를 수 있는 것이 성립되었다고 보아야 할 것이다. 그러므로 백제의 유학적 특징이 아무리 찬란하였다 하더라도 그것은 어디까지나 백제의 유학이지 호남의 유학사상이라고 할 수는 없는 것이다. 다만 그러한 점에서 백제의 유학은 호남의 유학사상을 형성하는 밑바탕이 되었으리라고 보는 것이며 백제의 유학 자체가 호남의 유학사상이라 할 수 없을 것이다.

대체적으로 조선조의 유학이 하나의 독자적 사상으로 형성되어진 것은 신유학(新儒學), 이른바 정주학(程朱學)이 수입되고 난 이후부터이다. 물론 정주학의 학문적 성격에 관한 논의가 아직도 계속되고 있지만 어떻거나 조선조의 유학사상은 신유학사상 수입 이전의 원시유학 사상의 완전한 사상적 형태를 찾아보기 어렵다. 흔히 신라의 학제나 고구려의 교육기관이나 백제의 왕인이 『논어』를 일본에 전했다는 기록들은 그 당시의 유학사상을 간접적으로 이해할 수 있는 자료는 될 수 있을지라도 하나의 이론과 체제를 이루는 독자적 유학사상으로 이해하기는 어렵다. 이러한 점에서 호남의 유학사상은 조선조 초기 광주라는 행정구역이 정립되던 시기로부터 광주를 중심으로 하는 호남지역에서 배출한 유학사상가들이 스스로 독자적인 저술을 통하여 유학적 공헌을 남긴 구체적 문집과 문헌들을 통하여 증명할 수 있는 인물로부터 그 기점이 성립된다고 할 수 있을 것이다.

따라서 광주의 건치(建置) 연혁에서부터 논의를 전개할 수 있다. 고려 태조 19년에 처음으로 광주로 개칭한 기록이 보이고, 그 후로는 다른 이름으로 불려오다가 공민왕 22년에 다시 광주로 고쳐 불렀고, 조선조에 이르러서도 그대로 불렀다고 전해진다. 실제로 광주라는 지명이 고려 말부터 조선조 초기에 이르기까지 쓰이기 시작하였다고 본다면, 광주라는 지명의 성립 시기는 정주학의 수입 및 발전기와 대략적으로 어울리게 된다. 다만 오늘날 우리가 이해하고 있는 광주의 개념을 하나의 사상적 문화권으로 이해한다면 광주권(光州圈)은 광주라는 지역과는 달라질 수 있다. 그것은 사승(師承)의 계승성과 유학사상의 공통적 사고(思考)로 인한 인물군(人物群)을 연상한다면 광주지역의 행정구역과는 또 다른 문제가 제기되기 때문이다. 여기에서 본고는 대체적으로 광주권이라 할 때 광주와 인접한 일차적 공간권(空間圈)으로서 광주 주변의 인접지역과 사상적으로 연결되는 이차적 유학사상권을 생각하였다. 이러한 기준은 자칫 애매모호(曖昧模糊)할 수도 있지만 광주권이라고 할 때 그 한계는 유학사상권(儒學思想圈)의 기준으로 설정할 수밖에 없을 것이다. 그러나 이러한 기준에는 또한 유학사상 자체가 여러 가지 특징을 나타내며 발전하여 왔다는 점에서 본다면 문제가 있게 된다. 이를테면 도학, 성리학, 실학사상의 특징에 따라서 그 사상적 특징과 지역적 구성이 조금씩 달라졌다는 사실이다. 이러한 점에서 그 사상권(思想圈)으로 본다면 행정구역상의 광주권을 벗어날 수도 있다는 점을 당연히 짐작할 수 있을 것이다.

1. 호남 유학사상의 전기(前期)

호남 유학사상의 모태를 상기할 때, 우선적으로 떠오르는 것은 백제의 유학정신이다. 삼국시대에 이미 유학이 수입되어 백제는 물론 고구려, 신라의 문화와 사상, 가치관과 풍습 등에 많은 영향을 끼쳤던 것으로 보인다. 그러나 유학사상의 정확한 전제나 시원(始源)에 대하여는 확실한 기록이 없다. 다만 중국의 여러 사서(史書)들을 통하여 삼국시대의 유학사상의 한 모습을 찾아볼 수 있을 뿐이다. 『북사(北史)』「백제전(百濟傳)」이라든지 『수사(隋史)』「백제전」의 기록에 따르면, 서로 만나고 헤어질 때 또는 윗사람을 대할 때 예(禮)를 행한다는 기록이 있고, 또한 그 풍습이 말 타기를 잘하고 글씨를 잘 썼다는 사실들에 의거하면 일찍부터 유학사상이 발전하였을 가능성을 짐작할 수 있다. 그러나 백제에서 유학사상이 발전하였다는 근거는 구체적으로 왕인(王仁)의 업적과 공헌을 먼저 들어야 할 것이다. 백제는 일찍부터 해상무역이 발전하여 일본과 중국의 교통의 요지가 되었고 산동 반도와 지역적으로 가장 가까운 거리에 있었기 때문에 산동지방을 중심으로 일어났던 공자의 가르침인 유학사상이 해상 루트를 통하여 쉽게 백제에 전달되고, 또한 백제에서 쉽게 왜(倭)에 전달되었으리라는 사실을 우리는 단순한 추리로도 이해 할 수 있을 것이다. 신라는 물론 백제에서도 수많은 입당 유학생들이 있었고, 백제에서 사신과 문물을 보내 일본의 개화에 이바지하였던 사실이 이를 밑받침하고 있다. 왕인이 『논어』와 『천자문』을 일본에 전달했다는 일본의 사료들은 백제의 유학사상이 먼저 발전하였다는 사실을 입증하기에 충분하다고 할 수 있겠다. 다만 왕인의 정확한 출생지나 그의 생애(生涯)에 관한 구체적 기록을 찾을 수 없는 것이 한스러운 일이나 오늘날 일본과 우리의 사료에 나타난 사실만으로도 왕인의 유학적 업적은 높이 칠수 있을 것이다. 또한 당시의 기록에 따르면 단순히 논어와 천자문의 전달만이 아니라 천문, 역법, 산학, 지리서 등 우리의 일상생활에서 사용될 수 있는 유학적 저술들이 함께 전달되었음을 볼 때, 백제 스스로 높은 유학적 지식과 안목을 가지고 많은 저술과 업적을 이루었다는 사실을 알 수 있을 것이며, 단순한 중국유학의 전파 경로에 불과 하지 않고 백제의 문화와 의식 속에서 이를 창조하고 소화하여 일본에 전달하였음을 알게 된다. 이러한 점에서 백제시대에 벌써 유학의 기본적인 학문과 수준은 높은 경지에 이르렀음을 알게 되는 것이다.

삼국의 통일 이후 고려시대에 있어서는 호남지역을 대표 할 수 있는 특이한 사상가를 발견하기 힘들다.

일반적으로 유학사(儒學史)에서는 정주학(程朱學) 전래 이전의 유학사상에 대하여는 개인의 사상이라든가 유학적 특징을 인물사(人物史)로 다루기보다는 통사(通史)로서 학풍·제도 등을 통하여 유학적 특징을 살피고 있다.

이병도의 『한국 유학사』에서는 삼국시대의 유학으로 고구려에서는 '한자사용, 태학, 예속(禮俗), 유·불·도(儒佛道) 삼교의 소장(消長)'으로, 백제에서는 '유교문화와 일본에의 문화전파'로, 그리고 통일 신라에서는 '화랑도의 특징, 세속오계, 임신서기석(壬申誓記石)'으로 설명하고 있다. 고려시대의 유학은 '훈요십조, 최승로의 시무책, 관학과 과거제도' 그리고 송학(宋學)의 전래 이후부터 비로소 인물과 사상을 소개하고 있다.

현상윤은 안유(安裕) 이전의 유학자로서 설총(薛聰), 최치원(崔致遠), 최충(崔沖) 세 사람을 들고 있다.

이러한 점에서 본다면 대체적으로 한국유학사에서 신유학이 수입되기 이전에 있어서 호남과 인연을 가진 인물을 찾아내기 힘들 것으로 보인다. 다만 현상윤이 조선유학사에서 지적한 최치원은 전북 태인지방의 태수를 지냈다는 기록이 있고 지금 태인의 무성서원(武城書院)이 그를 배향하기 위한 서원으로서 대원군의 서원 철폐에도 화를 면하였던 서원으로 보존되어 있음을 상기한다면 최치원의 유학사상과 호남이 차지하는 비중을 높이 치지 않을 수 없을 것이다.

대체적으로 한국유학사에서 신유학(新儒學) 도입기 이전의 유학자들이 이와 같다고 기록하고 있다면, 호남권과 그리고 호남권을 중심으로 한 유학사상가들은 누구를 손꼽을 수 있을 것인가?

『광주읍지』에 기록된 바로는 조선시대 이전의 인물로서 21명을 들고 있는데 김양감(金良鑑)을 맨 먼저 들고 있다. 김양감은 고려 문종(文宗 재위 1046-1082) 때 사람이다. 신유학의 전래가 충열왕 때 안향(安珦)에 의하여 이루어진 것으로 본다면 김양감은 그보다 2백년이 앞선 인물이다. 김양감이 호남지역 최초의 유학자로서 일컬어지고 있는 것은 『광주읍지』에서 뿐만 아니라 호남의 『인물지』나 『호남지』 등 지역사를 기록하고 있는 문헌 거의에서 그를 최초의 인물이며 유학자로 지목하고 있다. 읍지의 기록에 따르면 "김양감은 본관은 광산(光山)이며 사공(司公) 길(吉)의 현손으로서, 1051년에 문과에 오르고 벼슬은 평장사(平章事)를 지냈으며, 1074년에 송나라에 사신으로 가서 송나라를 세운 임금의 조상을 모신 사당인 태묘(太廟)의 그림과 국자감의 그림을 그려왔는데 소동파는 시를 지어주었다"고 하고 그 시를 소개하고 있다. 이는 『고려사』의 기록을 인용한 것인데, 여기에서 김양감의 유학자로서의 모습을 발견할 수 있다. 그것은 그가 태묘(太廟)와 국자감(國子監)의 그림을 가지고 왔다는 사실과 신유학이 공식으로 전래되기 2백 년 전에 이러한 일들이 이루어졌다는 사실이다.

태묘의 그림을 그려왔다는 것은 제례(祭禮)의 예법을 수입하였음을 말함이요, 국자감의 그림을 그려왔다는 것은 유학의 교육을 배워왔다는 사실을 지적할 수 있다. 태묘는 나라의 시조로부터 시조가 나올 수 있도록 한 조상의 위패를 추존하고 시조의 사당에 배향하여 큰 제사를 올리는 곳이다. 그러므로 태묘는 모든 의식과 예절이 나오는 곳으로서 유교의 종교적 의식을 규정하는 곳이다. 이러한 태묘를 그려온 것은 당시 유교의 종교적 내용에 대한 전래를 뜻한다. 단순히 태묘의 외형만 그려오는 일이었다면 이는 무의미한 일이라 할 수 밖에 없다. 그러나 의식의 내용이 인식되지 않는 외형의 그림만을 그릴 필요가 있겠는가? 여기에는 분명이 태묘의 제례와 의식의 중요성을 인식하였으므로 태묘의 그림을 그려온 것이 분명한 것이다. 또한 국자감 역시 당시의 유학교육을 전담하던 기구로서 중국의 교육기관과 교육내용의 중요성을 인식하고 고려의 국자감 제도를 부흥하고자 이를 그려왔음이 분명한 것이다. 여기에서 우리는 김양감을 통하여 고려조에 있어서 송나라의 유학, 곧 신유학(新儒學)의 정신이 의식과 학교 교육으로서 새롭게 전래되었음을 확인할 수 있으며 이 시기는 안향(安珦)이 정주학(程朱學)을 수입한 시기보다 2백여 년이 앞선다는 사실에 주목하게 된다. 그러므로 광주의 김양감이 전래한 송나라의 국자감의 교육정신과 태묘의 의식의 내용들은 유학을 종교와 학문의 두 가지 면에서 전해온 것이며, 이는 조선조 유학사에 있어서 커다란 획을 긋는 중요한 사실로 평가 하여야 할 것이다.

김양감의 5대 손자로서 김수(金須)가 있다. 그는 어사(御使)로서 지영광군사(知靈光郡事)로 나가 삼별초를 토벌하다 죽어 문하시중(門下侍中)을 증직하였고, 그의 아우 김주정(金周鼎)은 1276년에 16살의 나이로 과거에 급제하고 밀직부사(密直副使)가 되어 원나라 임금의 생일 하례를 위해 원나라에 갔었다. 임금이 있는 행재소(行在所)까지 가서 임무를 수행하니 원나라 사신들이 이를 칭찬하였다. 김주정의 호는 쾌헌(快軒) 또는 설암(雪庵)이며 광식(光軾)·광철(光轍)·광재(光載)·광로(光輅) 네 아들이 있었다.

김광철(金光轍)은 문과에 오르고 판밀직사사(判密直司事)로서 기황후(奇皇后)의 친척인 기삼만(奇三萬)을 제거하였다. 광철의 아우 광재는 1313년 문과에 합격하고 전리판서(典理判書)가 되었다. 공민왕 때 효성이 지극하여 명망이 높았으며 왕이 그 사실을 듣고 만나기를 원하였다. 병중에 궁중에 들어가니 왕은 기뻐하고 그가 죽자 정문(旌門)을 세워 효자리(孝子里)라 하였으며 마을의 세금을 면제하였다. 시호는 문간(文簡), 호는 송당(松堂)이다.

광주 읍지에 수록된 조선조 이전의 인물 가운데 고려사에 실린 인물 몇 사람을 소개하면 이와 같다. 이 외에도 정구진(鄭龜晋)·김약채(金若采)·김약항(金若恒) 등이 소개되어 있지만 이분들은 실제로 조선조의 개국 이후 인물인데도 고려조의 인물로 소개하고 있어서 생략한다. 『광주 읍지』에는 고려조의 인물 21명 가운데 위에 소개한 몇 사람을 제외하고는 그 행적이 간단하다. 그러므로 호남의 유학사상가로서 조선조 이전 인물을 든다면 위의 몇 분과 그리고 과거 급제자, 피봉공신(被封功臣) 정도라 할 수 있다.

이상에서 제시된 문제점과 소개 인물들이 호남 유학사상의 형성을 위한 전기(前期) 곧 태동기(胎動期)에 해당 한다면, 고려말을 지나 조선조로 접어들면서부터 호남의 유학사상의 형성기(形成期)에 접어든다고 할 것이다.

호남의 유학사상 또한 조선조의 유학사상이라는 큰 흐름을 떠나서 생각할 수 없다. 대체적으로 조선조의 유학사상을 도학(道學)사상, 성리학(性理學), 실학(實學), 척사위정(斥邪衛正)과 개화사상(開化思想) 등으로 구분하기로 한다. 이는 대체적으로 조선조 유학사상의 특징에 따른 서술방법이지만 호남 유학사상의 발전적 특징에 따른 서술은 어떤 기준에서 나눌 수 있을 것인가?

2. 호남 유학사상 서술의 편차와 그 방법

이 책은 위에서 소개한 내용을 배경으로 하여 광주지역 및 광주지역과 인접한 광주권을 중심으로 활동한 유학사상가를 총괄적으로 소개하는데 목적을 두고 서술한 것이다. 그러나 광주권과 관계된 유학사상가를 총괄적으로 소개하고자 하는 뜻도 지면의 한계와 자료의 발굴의 한계가 있었다. 그리하여 대체적으로 조선조 유학사상의 발전 과정에 따라서 도학사상, 성리학 사상, 절의사상, 실학사상, 개화사상의 다섯 편으로 구분하여 각 시대적 특징이 나타나도록 편차를 구성하고 내용 또한 광주 유학사상의 특징을 이해할 수 있도록 학문적 특성을 밝혀 서술하였다.

전체적인 책의 규모가 주어진 페이지를 넘을 수 없는 제약이 있으므로 전체적인 원고의 분량 또한 제한될 수밖에 없기 때문에 인물의 선별이나 소개의 내용도 그 한계에 머무를 수밖에 없는 한계점이 있다. 그래서 대략 호남지역의 유학자 70명 정도를 소개하되, 큰 인물 20명 정도, 기본인물 30명 정도, 기초적인 인물 20명 정도로 제한하고 한사람 인물마다 배당되는 분량을 각각 100매, 50매, 30매로 하여 소개하기로 하였다. 소개의 내용은 유학자

개개인의 일생의 약전(略傳), 사상적 특질, 유학사에서 차지하는 위치, 학문적 공헌과 영향 등을 밝히고자 하였다.

3. 조선조 유학사에 나타난 호남 유학의 특징

조선조 초기 유학사상의 특징은 주자학의 수용과정에서 나타나는 중요한 특징을 발견하게 된다. 그것은 조선왕조의 개국과 함께 대외적으로는 원나라의 멸망과 명나라의 건국이라는 커다란 변동을 맞으면서 고려의 친원정책(親元政策)이 조선의 친명정책으로 변하였으며, 이에 따라 명나라를 종주국으로 하는 새로운 집권세력이 형성되어가기 시작하였다는 사실이다. 또한 고려조에 마지막까지 의리를 지켜 충절 정신을 발휘한 정몽주를 중심한 일파와 신흥 조선왕조의 건국에 적극 참여한 정도전을 중심한 일파가 각각 절의와 참여의 서로 다른 사상적 특징을 나타내면서 대립하는 모습을 나타냈던 것이다. 그러나 유학사상의 근본정신에서 본다면 끝까지 지조를 지키는 절의정신과 상황의 변동에 대처하는 실리(實利)의 정신도 하나의 방법으로서 다 같은 유학의 근본정신에 어긋나지 않는 것이다. 그러나 조선조 유학의 정통성은 정도전의 일파에서 찾아볼 수 있는 실리를 더 높이 평가하기 보다는 정몽주 일파의 의리정신을 더 중요시하여 이를 도통 정맥(正脈)으로 여기게 되었던 것이다. 이와 같이 정몽주의 정신을 잇는 의리학자들이 조선조 초기에 이르기까지 같은 연원(淵源)으로서 사승(師承) 관계 또는 부자의 관계를 이루며 발전해왔던 것이다.

이 계통의 인맥을 살펴보면 정몽주(鄭夢周 1337-1392)의 문도에서 길재(吉再 1353-1419)가 배출되었으며, 길재의 문도(門徒)중에 김숙자(金叔滋 1389-1456)가 있었고 김숙자의 아들이 김종직(金宗直 1431-1492)이며, 김종직의 문하에서 김굉필(金宏弼 1454-1504)이 배출되었다. 조광조(趙光祖 1482-1519)가 김굉필에게서 배웠으니 조광조에 이르기까지 조선조의 도통은 한 줄기와 가지로서 가지런하게 계승되고 있음을 알게 된다. 조광조에 이르러서는 정몽주처럼 고려조에 충성하고 조선조를 따를 수 없다는 소외의식이 없어지고 정몽주의 충절정신은 의리를 숭상하고 정의를 실현하려는 도학정신으로 승화하여 현실 정권에 적극 참여함으로써 정신과 행동을 일치시키려는 모습을 보여주고 있다.

호남의 유학사상에 대한 검토는 이와 같은 조선조 유학사상의 정통성에서 어떻게 나타나게 되었으며 어떤 역할을 하였는가 하는 점을 찾아야 할 것이다. 곧 조선조 유학사상이라는 보편적 정신 속에서 호남의 유학사상이 가지고 있는 특수한 개별성은 무엇인가 하는 점이라 할 수 있다. 이를 살펴본다면 호남의 유학적 특징은 조선조의 유학사상의 특징을 형성하는데 있어서 많은 기여와 공헌을 하였고, 광주를 중심으로 한 호남권의 유학사상이 하나의 사상적 전통을 이룩하면서 하나의 맥을 이어 오고 있다는 사실을 발견하게 된다. 그것은 사상적 독자성을 나타내고 있다고 할 수 있을 만큼 하나의 학파와 하나의 사승(師承) 관계를 형성하여 다른 지역의 사상적 특징과 다른 모습을 나타내면서 발전해 왔다는 사실이다. 그것은 독창성을 나타내고 있다는 것이며 독창성은 조선조 유학사의 특징이 되었다고 규정하여도 무방할 것이다. 이러한 점에서 도학사상, 성리학, 절의사상, 실학사상, 후기성리학 등의 순서로 설명하기로 한다.

'도학사상의 발전과 광주의 인물'이라는 첫 편은 조선조 초기 도학사상의 발전기에 있어서 호남의 유학사상은 어떤 특징을 지니고 있으며 조선조 유학사에 있어서 어떤 기여를 하였는가 하는 점을 소개하려는 것이다.

도학 사상이란 정몽주의 절의정신을 이어받아 조선조 초기에 이르러 인도(人道)정신을 최고로 발전시켜 천도(天道)와 융화시키려는 이상정치를 펴려는 사상이라 할 수 있다. 이의 사상적 출발은 정몽주의 의리정신에서 출발한 것이지만 조선조 개국이후 점차로 정치적 안정을 이룩하게 되자 조선조의 조정에서 새로운 이상 정치를 펴나가자는 운동으로 발전한 것이었으니 일종의 유학에 의한 이상 정치 운동이었다고 할 수 있다. 이는 구체적으로 불의를 미워하고 의리를 숭상하는 정통성을 옹호하고, 사욕을 근절시키고 공론을 일으켜 선비의 원기를 배양하여 국가의 기강을 확립하려는 운동이었던 것이다. 이러한 운동은 조선조 초기 사림(士林) 사상의 정신적 특징이 되었던 것이며 자연히 집권세력이나 조정 대신들과는 다른 의식을 형성하여 갔었다.

이러한 정신적 맥락의 흐름을 살펴보면 정몽주와 함께 조선조의 건국에 참여를 거부한 은일(隱逸)의 선비들과, 세조의 찬탈에 불만을 품은 사육신(死六臣)과, 단종을 애석히 여겨 조의제문(弔義帝文)을 짓고 피화(被禍)를 당한 김종직 일파, 도학정치를 구현하려다가 모함을 당하여 화를 입은 기묘사화(己卯士禍)의 조광조(趙光祖) 일파가 모두 상황은 다르나 재야(在野)의 사림 출신으로서 불의를 미워하고 올바른 기강을 세우려는 의식을 가진 선비들이었다 할 수 있다.

이와 같은 조선조 유학의 의리적(義理的) 정통성에서 볼 때 그들이 구현하고자한 이상과 개혁의지에서 모두가 일관된 정신적 흐름과 특징을 발견할 수 있다고 하겠다. 그러나 이러한 커다란 사건과 이와 같은 개혁의지를 힘써서 떨치려 하였던 중추적인 인물은 대부분이 광주권 또는 호남권과 지역적으로 혈연적으로 또는 학파의 성격으로 볼 때 그 주역을 담당하지 못하였다는 사실을 주목하게 된다. 이러한 현상은 어쩌면 고려시대에까지 도외시되었던 호남인의 처지들이 조선조 초기에까지 중요한 관료의 직책에 보임하지 못하게 되었던 점이 하나의 원인이라 할 수도 있겠지만 이들 인물에 대한 구성과 출신지역을 소개하면 매우 흥미로운 사실을 알게 된다.

정몽주는 경주 영일현(迎日縣) 사람이요, 그의 학문은 정주학의 강설에 뛰어나서 그의 학문 요지가 나중에 발견된 중국의 호병문(胡炳文)의 학설과 일치한 면을 보였다는 것은 널리 알려진 일이지만 그의 행의는 고려조에 대한 충절정신으로서 의리를 지킨 점이라 할 것이요, 길재는 선산(善山) 출신으로 금오산(金烏山) 아래 살았으므로 금오산인(金烏山人)이라 불리기도 하였다. 이 지역과 가까운 선산(善山) 출신 김숙자(金叔滋)가 또한 길재에게서 배웠고, 이 시기에 이르러 김숙자의 제자인 영남의 학자들이 조선조 초기 학문의 융성을 이루었다 할 만큼 많은 사람이 배출 되었으니 김굉필(金宏弼)·정여창(鄭汝昌)·김일손(金馹孫)·유호인(俞好仁)·김맹성(金孟性)·박한주(朴漢柱) 등등 대부분이 영남 사림들이었다. 이들의 스승이라 할 수 있는 김숙자는 산림에서 대부분 생활하였으므로 산림학자라 할 수 있으나, 그의 문하생은 대부분 현실참여를 희망하였다. 그의 아들 김종직 또한 영남출신임은 물론 사림의 거두로서 이극돈(李克墩)·노사신(盧思愼)·윤필상(尹弼商) 등의 훈구 대신들과는 의견이 대립되었을 뿐 아니라 서로 다른 당파로서 반목과 갈등을 일으키게 되었다. 이 결과로 무오사화(戊午士禍)가 일어나게 되었던 것이다. 종직의 문하에서 정여창(鄭汝昌)과 김굉필(金宏弼)이 나왔으니, 정여창은 함양(咸陽) 사람이요 김굉필은 현풍(玄風) 사람이었다. 김굉필은 무오사화와 연관되었다고 하여 나중에 피살되었으나 그가 함경도 희천(熙川)에 귀양살이를 하고 있을 때, 희천 찰방(察訪)으로 부임한 아버지를 따라와서 그의 제자 되기를 희망한 13살 소년이 있었으니 그가 조광조(趙光祖)였다.

조광조는 본래 경기도 용인 출신이었다. 조광조가 도학정치를 부르짖고 선비의 원기를 세워 현실정치를 개혁하자고 하는 새로운 바람을 일으키자 이에 위협을 느낀 남곤(南袞), 심정(沈貞) 등의 훈구대신들이 화를 일으켜 조광조 일파를 숙청하였으니 이를 우리는 기묘사화(己卯士禍)라고 부른다.

실제로 중종조 이전까지에는 호남출신의 유학자로서 중앙의 관료로서 두드러진 업적을 남긴 사람을 찾아보기 힘들다. 위에서 소개한 것처럼 무오사화(연산군 4년)와 관련되어 참화를 당한 김종직 일파나 갑자사화(연산군 10년)에 화를 당한 김굉필, 정여창 등의 일파 또한 호남인과의 깊은 인연을 발견하기 어렵다.

실제로 호남인이 조선조 유학사상의 주역으로 참여하고 자기의 사상적 의지를 표현 할 수 있었던 것은 중종조 초기 기묘사림파의 일원으로 참여하면서부터라 할 수 있다. 물론 그 이전부터서 조정에 참여한 인물이 없었던 것은 아니지만 새로운 신진 세력으로서 하나의 학파로서 사림의식을 가지고 의리정신을 굳건히 떨치고 일어선 것은 기묘명현으로부터라 할 수 있을 것이다. 따라서 광주 유학사상의 연원은 조선조 도학사상에 그 연원을 두었다고 할 것이며 실제로 조광조와 더불어 조정의 개혁을 부르짖었던 인물들로부터 그 시원을 찾을 수 있을 것이다.

그 시기에 활동하였던 인물로는 최산두(崔山斗)·기준(奇遵)·고운(高雲)·양팽손(梁彭孫)·박상(朴祥) 등이 있는데 기준은 기묘사화에 화를 당한 분이요, 최산두는 기묘명현으로서 낙향하였고, 고운은 기묘 당인(黨人)의 한사람으로서 기록되고 있으며, 양팽손은 조광조의 도우(道友)로서 그의 귀양살이를 보살피다가 그가 죽자 그의 시신(屍身)을 거두었고, 박상은 기묘사림의 의식을 공고히 하고 조선조의 의리정신을 형성시킨 사람이다. 대체적으로 이와 같은 인물들이 조선조 초기 도학사상의 형성기에 있어서 광주의 인물이라 하여도 무리가 없을 것이다. 그러나 우리는 위의 몇몇 인물이 호남뿐 아니라 조선조의 유학사에서 차지하는 영역을 과소평가 할 수 없음을 알아야 할 것이다. 다름 아니라 그것은 이분들의 문하에서 또는 이분들의 후예들이 조선조의 사상적 특징과 발전을 이룩한 주역이 되었다는 사실이요, 또한 조선조의 구국운동과 의병활동에 앞장서는 인물들 거의가 이분들의 후세 자손이거나 문하생이었다는 사실이다. 이를테면 조선조의 의리정신을 형성하게 한 박상의 업적과, 조선조 유학사상의 발전을 이룩한 기대승(奇大升)의 숙부가 기준이라는 사실과, 임진왜란 때 의병활동에 앞장서서 구국운동이 일어나게 한 금산 전투의 선봉장 고경명이 고운의 손자라는 점과, 조선조 가사문학의 으뜸을 이룩한 송순(宋純)과 정철(鄭澈)이 모두 박상의 문인이었다는 사실을 감안 한다면, 조선조 초기 도학사상이 발전하였던 이 시기에 찾아 볼 수 있는 호남의 인물들은 호남 유학사상의 출발점이라 할 수 있는데 이들로부터 발전된 호남의 유학은 조선조의 학풍과 성리학과 절의정신에 있어서 뛰어난 공적을 쌓았다고 아니할 수 없을 것이다.

이상에서 조선조 초기 도학사상의 형성기에 이르기까지 유학사상의 시원과 호남 유학사상이 형성되기 이전의 형태로서 호남 유학사상의 전기, 그리고 고려 말과 조선조 초기에 이르기까지의 유학사상의 특징과 그 출신 배경 및 호남인과의 관계 그리고 호남 유학사상의 형성이라 할 수 있는 도학 사상에 나타난 호남의 인물과 그 위치 등을 일별하여 보았다. 이제부터는 각 편에 따라서 그 특징을 고찰하여야 할 것이다.

제1장
도학사상의 발전과 호남의 인물

1. 눌재 박상 訥齋 朴祥

1) 생애

박상(1474-1530)은 자가 창세(昌世), 호는 눌재(訥齋), 본관은 충주(忠州)로 조선조 초기 문인이며 사림학자(士林學者)이다. 1474년 5월 18일 광주 방하동(芳荷洞)에서 출생하였는데 아버지는 성균진사 지흥(智興)이고, 어머니는 계성(桂城) 서씨(徐氏) 종하(宗夏)의 딸이며, 형은 정(禎)·동생은 우(祐)이다. 16세에 형에게 학문을 배우고, 18세에 진양(晋陽) 유씨(柳氏)와 혼인하였다. 23세에 생원시험에 합격하고 28세에 중정시(中廷試)에 합격, 교서관 정자가 되었으며, 29세에는 승문원 교검을 거쳐 시강원 사서가 되었다. 32세에 전라도사가 되었는데 우부리(牛夫里)를 나주 금성관에서 때려 죽였다. 그 때, 우부리의 딸이 연산군의 후궁이었는데, 우부리는 천한 신분으로 포악하게 날뛰었으나 아무도 말리지 못하였다. 이에 그를 처형한 것이다. 38세에 홍문관 수찬, 이듬해 홍문관 응교가 되었다. 가을에 어머니를 가까이서 봉양하기 위하여 담양부사가 되었다. 42세 되던 해에 순창군수 김정(金淨)과 함께 중종의 고비(故妃) 신씨(愼氏)를 복위시켜야 한다는 상소를 올렸다. 조정에서는 양사(兩司)가 빈청(賓廳)에 모여 죄 줄 것을 의논하였으나 의논이 엇갈려, 태장(笞杖) 일백대에 도형(徒刑) 3년으로 외역(外驛)으로 유배되었다. 44살에 순천부사에 제수되었고, 46세 때는 조광조(趙光祖)가 기묘사화로 화를 입고 능주로 유배가 되어 가면서 광주를 거쳐 가자, 광주 남문 밖 십리쯤에 있는 분수원(分手院)에서 만나 면회하였다.

이듬해, 조광조가 능주에서 사사(賜死)되고 이 해 봄에 광조의 동생 숭조(崇祖)가 소수레로 반상(返喪)하자 애사(哀詞)를 지어 보냈다. 48세 때는 상주(尙州) 목사가 되었다가 충주(忠州) 목사를 제수 받았는데 충주의 지비천(知非川) 위에 공자(工字)처럼 생긴 집을 짓고 김안국(金安國), 김세필(金世弼)과 더불어 학문을 강론하였다.

이 때 양명학(陽明學)이 전래되어 그 내용을 잘 몰랐는데 박상과 김세필이 바로 불교의 학문이라고 배척하는 시를 썼다. 이 때가 1521년인데 조선조에 양명학이 처음 전해진 시기를 알려주는 좋은 자료가 된다. 57세 되던 4월 11일에 방하동(芳荷洞) 집에서 세상을 떠났다.

문집 7권이 있다.

2) 사상

박상의 사상은 의리적 정통성을 높이기 위하여 신비(愼妃)를 복위시켜야 한다고 상소를 올림으로써 조선조의 사림파를 형성하게 하고 의리적 정통성을 확립한 점, 문장가로서 이름을 떨친 점, 호남 유학의 우두머리가 되어 조선조의 학문에 기여한 점을 들 수가 있으며, 그의 양명학 초전 자료는 매우 귀중한 가치로 평가 되고 있다.

1515년에 담양부사로서 순창군수 김정과 함께 올린 신씨 복위소(復位疏)를 요약하면,

> 우주의 질서는 인륜의 근원이 되므로 이를 본받아야 한다. 이 질서의 단서는 부부의 윤리를 으뜸된 덕목으로 삼는다. 중종비 신씨는 그가 폐출되어야 할 까닭이 없는데, 권력을 용사하는 신하의 간계에 의하여 희생된 것이다. 이들 훈신을 벌주고 신비를 복위시켜 조정의 기틀을 바로잡는데 주저하여서는 안 될 것이다.

라는 내용이었다. 이와 같은 박상의 상소는 다음의 몇 가지로 그 의의를 발견

할 수 있다.

첫째, 인륜의 대원을 우주의 질서로부터 찾아야 한다는 주장은 당시 성리학의 토착화 시기에 있어서의 학문적 경향을 말하는 것으로서, 윤리적으로는 나의 행위가 우주의 원리와 일치하여야 한다는 생각을 전제로 한 것으로 "천지와 함께 함"의 경지를 실현한다는 생각에 근거한 것이니, 이는 우주의 질서를 현실에 적응시켜야 한다는 그의 학문관을 엿볼 수 있는 것이요,

둘째로는 의리를 행하려는 이 상소로 인하여 당시의 집권층인 훈구대신에 대한 공격은 신진사류의 의도를 반영한 것으로서, 이로부터 소위 사림파(士林派)를 형성하게 된 동기가 되었고, 가까이는 기묘사화의 기폭제가 되었다.

셋째, 국가의 기강은 정의를 정통성으로 이루어져야 할 것이요, 정의를 떠난 어떤 권력이나 집권세력도 이를 용서할 수 없다는 그의 생각은 사림사상 이후의 조선조의 사상계에 많은 영향을 준 점이라 하겠다. 그러면 이러한 신비복위소(愼妃復位疏)에 대하여 당시 사림들과 훈신들은 어떤 반응을 보였으며, 어떤 입장으로서 이 사건을 해결하려 하였을까? 이 상소가 조정의 대신들 사이에 어떻게 받아들여졌는가? 대사헌 권민수, 대사간 이행 등은 말하기를,

> 담양부사 박상, 순창군수 김정은 상소에서 감히 사특한 의논을 발했으니, 놀랄만한 일입니다. 붙잡아다가 하옥하고 추문하기를 청합니다. 이 두 사람은 무식한 자도 아니요, 문자를 좀 안다는 사람인데도 이와 같으니 반드시 그 뜻이 있을 것입니다. 신 등이 근래 시관(試官)에 들어갔다가 오늘에야 이를 들었기에 아뢰는 것입니다. 소장을 대궐에 보관하지 말고 속히 대관들에게 보여 아랫사람들이 주상의 뜻을 분명히 알도록 해야 합니다.[1]

고 하였으니 이 말은 당시의 대사헌 권민수(權敏手), 대사간 이행(李荇), 집의 허지(許遲), 사간 김내문(金乃文), 장령 김영(金瑛), 지평 채침(蔡枕) 등이 한 말이다. 이는 박상, 김정 등이 사의를 발하였으니 붙잡아다가 하옥하고 추문

1 『중종실록』, 중종 10년(을해, 1515) 8월 11일 을축일 기사.

해야 한다는 것이다. 이러한 의견을 듣고 이에 대한 사신은 객관적 입장에서 다음과 같이 설명하고 있다. 사신이 말하기를,

> 이행이 먼저 발의하여 말하기를 "박상 등이 이런 사특한 의논을 말하고 있으니 추문하지 않을 수 없다"고 하였기 때문에 다른 사람들도 거기에 따른 것이다. 이행의 뜻은 대개 '장경왕후(章敬王后)가 원자를 낳고 승하했으니 곤위(坤位)가 비었더라도 국본은 정해진 것이다. 다시 신씨를 복위시키면 신씨가 앞이요, 장경왕후가 뒤가 되는데, 그렇게 되면 국본이 동요된다'는 것을 우려한 것이었다. 헌납 유돈(柳墩)이 홀로 그렇지 않다고 반대했는데, 그의 뜻은 대개 '상소했다 하여 붙잡아다 추문을 한다면 언로를 방해할 염려가 있다'는 것이었다.[2]

그러면 신비복위상소는 당시의 사림들에게 어떤 영향을 주었을까? 이 경우 상·정의 뜻을 옹호하고 훈신들을 공격하는 사림의 태도는 단순한 공감이나 동류의식이라 보기 어렵고 정의와 진리를 수호하는 신념으로 보인다. 특히 정암의 청파양사계(請罷兩司啓)는 구대신들이 항상 주장한 종사보호라는 명분론 밑에 도사린 자기 권력의 유지라는 실체를 드러내게 하는데 결정적인 역할을 하였던 것이다. 이 사림의 정신은 정몽주의 사상을 이은 것이었다. 단순한 그 시대의 산물로 나타난 것이 아니라, 역사적인 배경을 기초로 하여 성숙한 것이었다. 이 정신은 위로는 정몽주를 잇고 아래로는 진리의 근원을 천리(天理)에서 찾으려는 올바른 학문관을 심었으니, 조선조에 있어서 전성기의 성리학자들의 학문관에 올바로 수용되었던 것이다.

박상이 청복고비신씨소를 올린 지 229년 후, 즉 조광조가 죽음을 당한지 225년 후, 이재(李縡 1680-1747)는 이 역사적인 상소를 기념하기 위하여 삼인대를 세우고 비에 다음과 같이 적고 있다.

> 아아 이 대는 바위와 시내의 좋은 경치 있어, 고금에 걸쳐 퍽 많은 고관대작들이 다녀갔지만, 그들은 모두다 안개나 구름이 눈을 스쳐가듯 하여 버리고,

---

[2] 같은 책, 같은 곳.

오직 세 선생의 풍모만이 늠름하게 죽지 않고 전해지는 것은, 군신과 부자의 윤상(倫常)이 하늘과 땅의 변함 없음과 같이 만세토록 살아있는 때문이 아닌가 ……. 선생들의 의논이 한 때 굽혀지기는 했지만, 마침내는 백년 후에 펴지게 되었다. 하늘이 정한 것이 인위적인 것을 이긴다는 것은 분명하다 할 것이다. 시비가 이미 확고하게 정해졌으니 저 훈신이라는 자들이 그래도 평안하게 종형되는 차례에 끼어 있을 수 있겠는가. 우둔한 나는 이 일에서 더욱 윤상을 지키고 덕을 좋아하는 마음이 사람마다 다 갖추고 있음을 알게 되었다.[3]

박상이 생존해 있던 1500년대 이전까지는 비교적 학문의 연구가 자유스러웠으니, 노장(老莊)이나 불교에 대하여도 퍽 관용하였다는 것을 알 수 있다.

주자학 만을 주장하던 이황(李滉 1501-1570)의 영향, 특히 그의 전습록변이 쓰여진 1566년(퇴계 66세) 이전까지는 소위 이단(異端)의 논쟁이 엄격하지 않았던 것이다. 이러한 시기에 있어서는 김안국(1478-1543)도 상산집(象山集)을 인출하기도 하였고, 눌재 역시 노·불·양명에 대하여 철저히 이단이라고 배척한 것으로는 보이지 않는다. 그의 시·부 가운데는 도가적 사고가 많이 나타나고 있으니, 그의 황종부에 "아득한 옛날 태초에는 고요하고 이름도 없고 소리도 없었다." 라는 말은 도가사상이 짙게 깔려 있음을 알 수 있는데, 그의 시 가운데는 장자를 인용한 부분이 많이 발견된다. 또한 그는 불교에 대하여도 많은 관심을 보이고 있는데 그의 시문 속에는 당시의 많은 도학자들이 그랬듯이 산사를 주제로 하여 읊은 시들이 산견되고 있다.

그의 학문에 있어서는 정주학자들이 우주의 추서(推序)를 법(본)받아 인간행위로 발견함을 최고의 이상과 목표로 여기었다고 할 때, 그가 실천한 입신(立身) 행의(行義)는 이러한 윤리적 덕목을 실현하였다는 점을 높이 평가하여야 할 것이다. 또한 조선조 초기 정주학의 토착화 과정에서 보인 학문적 경향은 특히 사림학자들을 중심으로 하여 절의적(節義的) 성격이 두드러지는데, 이러한 사상의 형성이 눌재의 행의와 연관, 또는 연원을 갖는다고 할 때, 그의 인도정신의 실천은 그의 도학자적 면모를 보여준다 하겠다.

---

3 李縡, 『陶菴集』 권30, 「三印臺碑」.

3) 사상적 의의

다음으로는 박상이 그 주변과 그 제자들의 학문에 어떤 영향을 주었는가 하는 점이다. 이는 박상 문하 제생의 학문적 성격과 행의가 될 것이니, 지역적으로는 호남지역의 학문적 특성이 될 것이다. 박상은 어려서 큰형 정(禎)에게 수학하였는데, 김종직(金宗直 1431-1492)과 깊은 관계를 맺고 많은 지도를 받은 것으로 기록되고 있다. 동생 우(祐)는 곧 박순(淳 1523-1589)의 아버지이다. 박상의 문하에서 임억령(1496-1568), 송순(1493-1583), 정만종 등이 직접 사사하였지만, 간접적으로는 기묘사림과 뜻을 같이 한 기준(奇遵 1492-1521)의 참화로 그의 조카 기대승(奇大升 1527-1572)이 광주와 인연을 맺게 되었고, 또한 기묘명현의 한분인 고운의 손자가 고경명(高敬命 1533-1592)이며, 송순(宋純)의 문하에서 정철(鄭澈 1536-1593)이 배출되었다. 이렇게 볼 때 박상 이후의 사상적 특징은 성리학, 문학, 춘추사상의 세 가지 두드러진 성격을 보이면서 전개되어 갔다고 보인다. 이러한 사상적인 변천은 각기 조금씩 다른 형태로 보일 수도 있지만, 그 근원적 배경으로서의 주체는, 사림들이 추구하였던 인도의 실현을 목표로 한 도학사상이었다. 그러므로 도학사상(道學思想)의 발전이 곧 이 세 가지 특징으로 성숙되어 나갔다고 보이며, 특히 호남 유학에서는 더욱 두드러진 면이 발견된다 할 수 있다.

첫째, 성리학의 발전은 우리가 흔히 조선조의 사상을 도학 성리학이라는 발전적 맥락으로 여겨왔거니와, 이를 사림사상과 연관지어 볼 때, 사상적 영향은 물론 혈연, 지연, 환경 등의 여건에서 이러한 발전적 계기를 발견할 수 있는 것이다. 이는 고봉의 사상적 배경과 연원으로 보아서도 분명하다 하겠다.

둘째, 문학 사상으로서의 발전이라 볼 수 있는데, 박상의 사림정신은 송순에 이어지고 송순의 문학과 사상은 정철에 의하여 꽃피워지니, 이들의 문학세계가 도학 정신으로부터 발전하고 있음은 두 말할 필요가 없겠고, 시인 박상의 문학은 그 기개와 아름다움이 성당(盛唐)과 맞설만하고, 문장은 서경(西京)에 맞설 수 있다고 할 때, 그의 문학은 송순, 정철에 의하여 조선조

가사 문학으로 토착화되었다고 볼 수 있으니, 이는 중국의 송학이 도학의 시기를 거쳐 조선조의 성리학으로 발전한 것과 그 성격적 궤를 같이한다 하겠다.

셋째로, 사림의 절의정신은 정의와 진리를 바탕으로 한 것이다. 이 진리를 정통으로 옹호하는 것은, 불의의 난신적자를 몰아내는 춘추정신과 상통한다. 박상이 대신들을 향하여 "춘추의 뜻이란 이런 무리를 위한 것이다."라고 한 것도 모두 정의를 수호하려는 생각이며, 이러한 정의를 정통으로 할 때 국가 민족도 정의로와지는 것이다. 여기에서 국가를 위하여 희생할 수 있다는 신념은 진리를 위하여 희생할 수 있다는 소신의 발로인 것이다. 이러한 춘추정신은 고경명에 의하여 분명히 밝혀지고 있다. 고경명의 정신 또한 사림정신을 배경으로 하고 있음은 앞서 지적하였거니와, 이는 춘추 정신의 실천이라는 점에서 호남유학의 특징을 나타낸다 하겠다.

이렇게 볼 때, 기대승의 학문은 조선조 성리학의 전성기를 장식하였으며 송순·정철의 문학은 조선조 가사 문학의 최고봉을 이루었고, 고경명의 절의는 국난을 극복하는 춘추정신으로 꽃피웠으니, 이는 박상과 더불어 이루어진 호남유학의 특징이라기보다는 조선조 유학의 발전이라 할 수 있겠으며 그렇기 때문에 박상의 학문과 업적은 매우 뜻깊은 의의를 갖는다 하겠다.

4) 원문 번역

이 글은 1515년 박상이 42세 때 담양부사로 있으면서, 순창군수 김정(金淨)과 더불어 중종반정 당시 중종의 본부인이었던 신비(愼妃)를 복위시킬 것을 청한 상소문이다.

1506년 유순정(柳順汀)·성희안(成希顔) 등이 연산군을 몰아내는 반정(反正)계획을 세우고 강귀손(姜貴孫)을 시켜 당시 좌의정이었던 신수근(愼守勤)을 보내 반정에 가담할 것을 은밀히 요청하였다. 이 때 신수근의 여동생이 연산군의 비(妃)였고 진성대군이 사위였으므로 "매부를 폐위하고 사위를 왕으로 추대하는 일인데 무어라 말할 수 없다"고 하였다. 이에 박원종 등이 훈련원에 모여 신수근에게 왕명이라 거짓으로 불러들여 창덕궁 하마비(下馬碑) 앞에서 살해하였다. 그리고는 중종반정을 일으켜 진성대군을 임금으로 추대하고 그 때 진성대군의 부인이었던 신씨(愼氏)를 비(妃)로 책봉하여 궁중으로 들게 하고 모든 벼슬아치의 하례를 받게 하여 왕비로 예우하였다. 그러나 다음날, 박원종·유순정·성희안 등이 이품(二品) 이상을 거느리고 궁궐에 들어가 신수근의 딸을 밖으로 보내도록 강요하였다. 이는 신비(愼妃)의 아버지인 신수근을 죽였으므로 신비(愼妃)의 노여움을 사서 스스로 신변이 위태로울 것을 걱정하여 자기들의 안전을 도모하기 위한 수단으로서였다. 그 후 1507년에 박원종 등이 윤여필(尹汝弼)의 딸로 비(妃)를 삼게 하였으나 8년 만에 원자(元子: 인종)를 낳은 다음 죽고, 여러 후궁 가운데 아들이 있어 동궁을 다투었다. 이렇게 조정이 어려워지고 날씨가 고르지 못하자 임금은 언론을 구하였다. 이 때 박상은 김정과 함께 "원자가 아직 어린데 만약 후궁을 정비(正妃)로 삼게 되면 동궁의 자리가 위험하기 때문에 신씨(愼氏)를 왕비로 책봉하는 것만 못하다"하고 정통성을 세우고 질서를 바로 해야 한다는 내용으로 이 글을 올린 것이다. 그러나 이는 반정(反正)의 공신들이 교만하고 방약무인하여 사욕을 채우기 위해 국모를 축출하였으니 이를 처벌하고 올바른 의리정신이 발휘되도록 하자는 것이다.

문집 가운데는 이 글이 부록에 실려 있는데 박상의 의리정신을 잘 이해할 수 있을 것으로 보인다.

청복고비신씨소 請復古妃愼氏疏

담양부사 신(臣) 박상과 순창군수 신 김정 등은 주상전하께 말씀드립니다. 엎디어 생각하옵건대 제왕이 하늘의 뜻을 받들어 군주의 자리에 오르는 방법치고 처음을 바로 잡는 것으로 근본을 삼지 않은 것이 없습니다. 그렇기 때문에 발단을 만들어 처음을 굳히는 것이 바른데서 나오면 큰 벼리와 큰 근원이 법도가 정연하게 위에서 빛나고 움직여서 온갖 일과 온갖 가르침에 미쳐가는 것이 그림자가 몸에 따라다니는 것 같고 메아리가 소리에 호응하는 것 같아서 어디에 가도 합치하지 않는 것이 없게 됩니다. 이와 반대되게 하고서 교화가 이룩되기를 바라는 것은 마치 그 근원을 흐려놓고서 흐름이 맑기를 바라는 것 같으니 또한 어렵지 않겠습니까?

역경에 이르기를

> 하늘과 땅이 생긴 연후에 만물이 생기고, 만물이 생긴 연후에 남녀가 생기고, 남녀가 생긴 연후에 부부가 생기고, 부부가 생긴 연후에 부자가 생기고, 부자가 생긴 연후에 군신이 생기고, 군신이 생긴 연후에 상하가 생기고, 상하가 생긴 연후에 예의가 적용될 데가 생긴다.

라고 하였습니다. 시경의 대서에 이르기를

> 주남과 소남은 처음을 바로잡는 도리이고 왕자의 교화의 기본이다.

라고 하였습니다. 역경은 건과 곤을 첫머리에 내놓았고 시경은 관저(關雎)편부터 시작되어 있습니다. 배필을 맞이하는 것은 인륜의 시작이고 온갖 가르침의 근원이고 기강의 첫머리이고 왕도의 큰 발단입니다. 노나라 애공이 공자에게

> 면류관을 쓰고 친히 아내를 맞이하는 것은 그 '예'가 과중하지 않습니까?

하고 묻자 공자는 자세를 가다듬고 정색을 하고 이렇게 대답하였습니다.

> 이성의 좋은 사이를 합쳐 선대 성군의 뒤를 이어서 천지와 종묘와 사직의 주인이 되는데 임금께서는 어떻게 과중하다고 말씀하시는 겁니까? 제환공의 규구에서의 회명 첫 조목이 "첩으로 처를 삼지 말라" 하였습니다.

성인이 자세를 가다듬고 정색을 한 것은 애공이 천지와 종묘와 사직의 주인을 소홀하게 여겨 그 예를 무시해서 그 때문에 한심해져서가 아니었겠습니까? 환공은 패자였을 뿐입니다. 그런데도 배필의 소중함은 알 수 있어서 그

분수를 어기는 것을 원치 않았던 것입니다. 이런 것들은 다 진실로 발단을 만들어 처음을 굳히는 도리가 왕자로서 신중하지 않을 수 없는 일이었기 때문에 그렇게 하였던 것입니다.

옛날 주의 가문이 처음 시작되었을 때 태왕과 왕계와 문왕은 다 성덕을 지녀 가문을 다스리는 도리를 잘 해낼 수 있어서 예법을 문란하게 하지 않아 대대로 현숙한 왕비를 얻어가지고 인륜의 근본을 바로잡고 왕자의 교화의 근본을 밝게 하였던 것입니다. 그래서 주나라 사람의 시에 이렇게 말했던 것입니다.

> 옛 임금 단보는 일찍이 와서 말을 달렸다. 서쪽 물가를 따라 기산 아래에 당도하였다. 그리고는 강씨네 딸과 함께 몸소 와서 살 곳을 살폈다.

그 뜻은 태왕은 적인의 환난이 황급하였을 때에도 돈독한 은애를 어기지 않고 왕통의 기초를 잡아놓았다는 것입니다. 또 이렇게 말하였습니다.

> 조신하오신 태임은 문왕의 어머니로 주강을 사랑하길 생각하여 왕실의 며느리 노릇하였다.

그 뜻은 왕계는 이러한 조신하고 유덕한 배필이 있어 주강(태왕비)에게 며느리의 도리를 다해 주실의 며느리가 되는데 부족함이 없어 자손에게 복된 근원을 길러놓았다는 것입니다. 또 이렇게 말하였습니다.

> 점괘로 그 길일을 정하여 몸소 위수에서 맞이하였다. 배를 만들어 다리를 놓으니 그윽한 곳에서도 빛이 들어났다.

또 이렇게 말하였습니다.

> 조종의 신령에 순종하여서 신령은 원한 없고 신령은 고통 없다. 큰 마누라를 올바로 대하고 형제에까지 그렇게 하여서 집안과 나라를 다스리도다.

그 뜻은 문왕이 혼례를 성대하게 치뤄 아리따운 비를 얻어 종묘사직의 신기의 주인이 되게 하여 위로는 성스러운 태임의 뒤를 이었고 아래로는 규문의 법도가 되어 나라에 빛을 내게 하였다는 것입니다.

주왕가에서 처음을 바로잡고 근본을 올바르게 한 것은 섞임 없이 깨끗하고 흠이 없으며 짙고 후하여 엷은 데가 없었습니다. 그러하였기 때문에 그 임금의 교화가 침실의 사이에서 시작되어 넓게 조정 위에 흘러 움직였고 벅차게 사방을 두루 엎게 되었으니 그것은 천지의 조화가 음양에 근본을 두고 별들을 운행시키고 추위와 더위가 돌게 하고 산천과 조수와 초목에 가득 차게 됨과 같았습니다. 그 때에 있어서는 지아비는 지아비다웠고 지어미는 지어미다웠고 아비는 아비다웠고 아들은 아들다웠고 임금은 임금다웠고 신하는 신하다웠으며 약간의 사악함이나 조금의 폐단도 감히 그 사이를 범하는 일이 없어가지고 하늘과 땅이 바로 자리 잡히고 만물이 자라나고 추우와 기린의 아름다운 상서가 남김없이 호응하여 800년이 되도록 국조가 계속되기에 이르렀으니 이는 어찌 관저와 작소(후비의 덕)의 교화가 아니었겠습니까?

주나라가 쇠미해지게 되자 부녀의 교훈은 무너져 해이해버려 까닭없이 정후를 폐해 물리쳐 버리는 자가 생겨서 마침내는 융적의 화를 불러 왔고, 첩을 적실로 올려서 예의 분수를 어지럽게 한 자가 생겨 끝내는 쟁탈하는 난동을 재촉하였던 것입니다. 그 밖에 당 고종은 왕황후를 폐해서 마침내는 종사가 복멸하고 자손이 죽임을 당해 없어지는 꼴을 보게 되었고, 송 철종은 맹황후를 폐해서 근본이 뒤집혀 음흉하고 사악한 자들이 앙화를 빚어내어 정강의 변난을 초래하였던 것입니다. 하물며 또 첩으로 부인을 삼아 그 정해진 예를 더럽혀 없앤 자가 있었으니 그 앙화가 어찌 작았겠습니까? 위 문제가 정귀빈을 황후로 세우려고 하자 중랑 교잠이 그 일을 다투어 간했고, 당 명황이 무혜비를 황후로 세우려고 하자 어사 반호예가 다투어 간했습니다.

옛날부터 치란과 흥망의 자취를 뚜렷하게 알아볼 수 있음이 이와 같으니 정녕 제왕의 배필을 존중하고 교화의 근본을 바로 잡기를 원한다면 어찌 구차스럽게 해서야 되겠습니까?

신등이 보건대 전 왕비 신씨는 배척되어 있은 지가 이제 와서는 거의 일기(십년)가 되었습니다. 신등은 그 시초의 사유는 잘 몰라 무슨 큰 일이 있었는지 모릅니다마는 무슨 큰 명목을 들어 이러한 정상이 아닌 놀랄 일을 하시었습니까?

왕자가 대통을 이어나가는 데는 먼저 부부의 도를 바로 잡아서 천지와 짝을 이뤄 안으로는 그것으로 음교를 닦고 밖으로는 그것으로 양덕을 다스려 종묘사직의 신에 제주(제사 드리는 주인)가 되는 것입니다.

대체로 배필의 계제는 그 중대함이 이와 같으므로 만약에 어버이에 불순하거나 종묘사직에 죄를 지은 것이 아니면 비록 미세한 허물이 있다 하더라고 결코 끊어버리는 도리는 없는 것입니다. 하물며 죄명도 없고 까닭도 없이 폐척한대서야 어떻게 조상을 이어 받고 하늘의 마음을 받들겠습니까?

옛날에 한 광무제는 원한 때문으로 해서 곽후를 폐했고 송 인종은 질투 때문으로 해서 역시 곽후를 폐했는데도 당시와 후세에 여전히 기자하여 마지 않고 명군의 큰 흠으로 여겼던 것입니다.

이제 신씨는 폐할만한 까닭이 있다는 것을 듣지 못하였는데 전하께서 그를 폐하셨으니 과연 무슨 죄명입니까? 반정 초기에 박원종·류순정·성희안 등이 신수근을 제거하고 나서는 왕비가 그의 소생인데 그분의 아비를 죽이고서 그분의 조정에 서면 후일의 근심거리가 생길까 염려하여 사악하게 자신들을 보전하는 사사로운 계교를 꾸며 폐출하는 모략을 피웠으니 이는 진실로 이유도 없고 죄명도 없는 것입니다. 신씨는 전하께서 용잠하시던(왕위에 오르기 전의 시기) 초년에 점괘가 잘 맞아서 좋은 배필을 이루시고 의례를 갖춰 자전께 알현하시었으니 고부의 의가 이에 정해졌던 것입니다. 전하께서 들어오셔서 대통을 이으시게 되자 왕후의 자리에 올라 신민의 가례를 받고 종묘 사직의 주인이 되었으니 전하의 왕후의 존귀한 자리는 이미 조종과 신기에 세워놓은 것이고 제물 올리는 일을 국민이 바랐던 것입니다. 모후의 직분이 이미 뚜렷하여졌고 자전께서는 어기고 거슬린다는 견책이 없으셨고 내실에서는 버릴만한 허물이 없었고 신기와 조상에는 원망 받을 죄과가 없었습니다. 전하께서는 강포한 신하들에게 압제를 받으셔서 자기 배필의

소중한 것을 지키시지 못하셨던 것이니 어찌 가슴 아프지 않겠습니까? 옛말에 이르기를,

빈천했을 때의 친구는 잊어서는 안 되고 조강지처는 대청을 내려서지 않게 한다.

라고 하였습니다. 신씨는 대저에서 주식을 마련하고 집안을 소제해드리고 한 것이 무릇 여러 해였습니다. 죽든 살든 서로 고생하는데 있어 의리를 지켰고 군(연산군) 치하의 비바람을 다 같이 겪었습니다. 하루아침에 왕위에 올라 존귀하여져 천승의 재부를 누리게 되자 내버리 듯 버려, 높고 낮음의 처지가 달라짐이 구름 뜬 하늘에 오른 것과 깊은 못 밑에 들어 간 것 같이 되었습니다. 지존하신 분의 배필이며 금슬의 벗으로 궁전을 떠나버리고 여염에 내려가 섞여 있어 기상이 쓸쓸하여 듣는 사람은 눈물을 떨구고 지나는 사람은 탄식을 하니 태왕이 적인의 환난이 황급할 때에 있어서도 두터운 은애를 어기지 않았던 일과는 다릅니다. 예에 이르기를,

아들이 자기 아내를 퍽 좋아하여도 부모가 기뻐하지 않으면 내보낸다. 아들이 자기 아내를 좋아하지 않아도 부모가 "이 아이는 우리를 잘 섬긴다"라고 말하면 아들은 그녀와 부부의 예를 행하고 종신토록 쇠하지 않는다.

라고 하였습니다. 이것을 가지고 본다면 폐출하는 도리는 다 부모에게 따른다는 것이 분명합니다. 지금은 자전의 명령에서 나온 것이 바뀌었으니 왕계가 한 것과는 다릅니다. 역경에 이르기를,

부부의 도는 오래가지 아니하면 안된다.

라고 하였고 풀이란 사람은

부부는 종신토록 변하지 않는 것이다.

라고 하였습니다. 그것이 오래가고 변하지 않는 까닭은 부부를 맹세한 예를 지키고 만대의 시초를 존중하여서 감히 바꾸지 않아서 입니다. 지금은 처음에 혼례로 정한 배필을 생각하지 않고 보불의 제복과 빈조의 제물을 마련하는 주인을 돌보지 않고서 흙덩이 같이 버려서 궁내의 법도를 실추하였으니 그 일은 문왕이 한 일과는 다릅니다.

치국평천하의 방법은 가정에다 근본을 두는 것으로 한번 가정을 바로 잡으면 천하가 안정됩니다. 옛날부터 난동과 멸망이 생기는 것은 가법이 바르지 않은 데 근원을 두지 않은 적이 없습니다. 아조의 가법은 모두 올바른데서 나왔다고는 말 할 수 없습니다. 태조께서는 창업하여 모범을 드리운 성군으로 애첩에의 총애에 미혹되어 적서의 구별을 문란하게 하려 하셨습니다.

선릉(성종)대에 와서는 암매했다는 까닭으로 해서 인종의 폐단있는 전철을 밟았던 것입니다. 근본을 세우는 일이 한번 어긋나자 그 흐르는 물결이 연산에 이르러서 드디어 동탕하여 인륜의 강기가 끊어져버려 종묘사직이 거의 폐허가 되어 그 앙화는 참혹하였습니다. 전하께서는 대횡(최상의 복조)의 길괘를 얻어 억조의 촉망에 순응하시어 불안을 헤쳐서 평탄한 데로 돌리고 황폐하고 어두운 것을 쳐내서 맑고 꽃다운 데로 올려놓으셨습니다. 이는 바로 삼령(천신·지기·인귀)이 눈을 닦고 바랐던 일로 우러러 그 혁신의 날을 기대하였던 것이니 의당 한 가정의 근본을 천지와 백성의 정상이 되어 만대의 큰 기틀을 든든하게 세워 해와 달이 하늘 복판에 걸린 것같이 밝은 광채가 빛나게 드러나게 하였어야 했습니다. 이 좋은 기회에 컴컴하니 스스로 진작하는 일을 해내지 못하고 인륜과 군왕의 교화의 근원을 위에서부터 먼저 흐렸으니, 그렇게 하여 정치와 교화의 성공을 바라려 드는 것은 나무에서 물고기를 찾는 것과 같아 그 미혹됨이 대단합니다.

아아! 어찌 홀로 전하의 허물 뿐이었겠습니까? 저 처음에 권력을 잡고 일을 저지른 신하들은 그들의 죄야 이루 열거할 수도 없지 않습니까? 저 원종 같은 사람들이 어찌 명분의 중대함이 천지가 뚜렷하여 범할 수 없는 것 같음을 몰랐겠습니까? 다만 그들의 자신들의 안전을 꾀하는 교활한 계교가 지나쳤기 때문에 멋대로 꺼리는 것이 없이 질서가 잡히지 않고, 위험을 느껴 주저하던 때를 틈타서 전하께서 오직 그들이 하는 대로 내버려두고 막지 못하리라고 생각하여 군부를 위협하여 누르는 짓을 손아귀에서 놀리듯이 해내고 국모를 쫓아내는 짓을 병아리 내던지는 것이나 진배없이 하였으니 그런 짓들을 저질러낼 수 있다면 어떤 짓인들 저지르지 못하겠습니까? 그러한 마음을 미루어 나간다면 비록 동탁이나 조조의 지경에 이른들 또한 무엇을 꺼리겠습니까? 신하는 거역함이 없어야 하거니와 거역하면 반드시 죽이는 것으로 춘추의 대의는 바로 이런 무리들 때문에 마련된 것입니다.

만약에 신씨가 죄인의 소생이어서 지존하신 분께 배필이 되어 종묘의 제사를 주관할 수 없다고 하여 그것을 가지고 핑계를 댄다면 수근의 죄는 본래 종묘사직에 관련된 것이 아닌데 어찌 그것으로 왕비에게 허물이 가게야 되겠습니까? 설사 종묘사직에 죄를 저질러서 처형되었다 하더라도 왕비께서 간여하여 안 일이 없은 즉, 이 또한 그것으로 허물이 되어서 관련 될 일이 아닙니다. 옛날 한 선제 때에 곽씨가 역적을 도모하여 족속이 처형되었으나 곽후는 간여하여 알지 않았다는 이유로 폐위되지 않을 수 있었으며, 아조의 심온은 헌릉(태종)께 죄를 저질렀으나 소헌왕후(세종비)께서는 흠이 없으셨으니 지난날의 사례를 뚜렷하게 알아볼 수 있습니다. 하물며 수근은 나라에 관련되는 죄가 아니었으니 주례의 의친의 전장에 따라 용서하여 무사하게 하여주었어도 괜찮았던 것입니다.

이제 이미 형벌을 가하고 나서 또 기어코 왕비께 허물이 가게 하여서 폐출하였으니 이는 자신들을 아끼고 임금을 무시한 때문이었음에 불과합니다. 이뿐이 아닙니다. 전하께서는 왕실의 혈통으로 들어와 대통을 이으셨으니 명분이 이미 올바랐고, 말이 이미 순리로 왔으니 삼대(주의 태왕·왕계·문왕)가 대를 이은 것에 부끄러움이 없었습니다. 그런데도 원종 등은 나라를 도모함이 나빠 전하를 쇠세의 영역에 세워놓았던 것입니다. 왜냐하면 연산의 무도함은 극도에 달해서 삼강이 민멸하여 사람의 정의가 전연 없어 천신지기가 그를 싫어하였고 조종이 그를 끊어버렸고 친척이 그를 반대하였고 인심이 그로부터 떠나버렸으므로 고립된 사나이가 이미 옮겨져 버린 자리에서 장차 이성의 희생자가 되려는 처지에 놓여 있었습니다. 다행히 보이지 않는 신명의 도움과 사방의 구가에 힘입어 삼보(토지·인민·정사)가 전하께 예속하려들게 되었던 것입니다. 그러하였기 때문에 전하께서 이렇게까지 되실 수 있었던 것입니다. 대통을 이어 대를 계승하는 것은 천지와 고금의 대사입니다. 진실로 명백정대하고 터럭만한 그늘진 데도 없어서 태양이 하늘에서 아름답게 빛나 만물이 시원하게 보게 되는 것 같아야 할 것을 구차하게 다룰 수 있겠습니까? 반정 초기에 마땅히 대비의 명을 받들어서 연산이 천지와 조종과 신민에게 버려진 죄를 있는 대로 열거하여 종묘사직에 폭로한 연후에 천자에게 그것을 고해바쳐서 명령을 청해 뚜렷하게 왕위에 오르셨어야 했습니다. 그렇게 하였더라면 대통을 이어 대를 계승하는 도리가 명백정대(明白正大)하고 그늘진 데가 없이 사방에서 만세토록 태양이 하늘에서 아름답게 빛나는 것 같이 우러러 보게 되었을 것이니 어찌 훌륭하지 않았겠습니까? 어쩌자고 원종 등은 대의에 밝지 못해 전하께서 대통을 이으신 것의 광명정대한 것을 가지고 구차스럽게 대를 물려받는 글을 빌어서 명나라를 속였는지요? 아깝습니다. 전하께서는 강포한 신하들에게 압제를 받으셔서 집안의 교훈이 어그러져 인륜의 근본과 왕자의 교화의 근원과 처음을 바로잡는 도리를 빛나게 세워서 널리 드러낼 수 없었던 것입니다. 무엇을 가지고서 중(中)과 화(和)를 발휘하여 하늘과 땅이 바로 자리 잡히고 만물이 자라나게 하는 공을 미루어서 천심을 안정시키게 할 수 있겠습니까? 만물의 화육이 그것에 따라 잡박하여지고 풍속과 교화가 절로 퇴폐하여 어그러진 기운이 세차게 솟아나고 음과 양이 차례를 바꾸고 해와 달이 희미해져 먹혀들어가고 홍수와 한발이 끓어오르고 꽃과 열매가 겨울에 나오고 된서리가 여름에 떨어지고 비가 내리며 햇볕 쪼이고 바람 불며 우박 치는 일과 패성과 무지개와 곤충의 요사함이 번갈아 나타남이 빈번하기에까지 이릅니다.

근자에 후궁의 반열에서 애도하는 일을 멈춘 지 얼마 되지 않았는데 창경왕후께서 급작스레 세상을 떠나 왕비의 자리가 참담하게 쓸쓸하여졌습니다. 생각하옵건대 하늘이 전하께 경고하는 것이 심각한 것 같습니다. 전해지는 말에 이르기를 "부드러운 기운은 상서를 가져오고 어그러진 기운은 이변을 가져 온다"라고 하였습니다. 옛날에 서민의 여인이 억울함을 품으면 서리를 날려 제비를 쳤습니다. 저 빈촌의 한 여인의 미천함이란 보잘 것 없이 작아서 하늘에는 관계없을 것 같지만은 그 억울함이 맺힌 기운이 그래도 감동시켜 서리를 날리는 변고를 불러오기에 충분하였습니다. 만약에 지존하신 분의 배필로 천지와 종묘사직을 주관하여 신기와 인귀와 상제가 보이지 않는 중에 돌보아 주는 일인데 까닭 없이 폐척되어 한 방에서 쓸쓸히 지내 영원히 답답함이 맺혀지게 된다면 그렇게 하고서 천지의 부드러운 기운을 해쳐 뒤따르는 재해를 가져오는 것은 괴이하게 여길 것이 못 됩니다.

전하의 생각이 이 점에 미친 적이 있으셨는지요? 아아 지나가버린 실수는 어쩔 수 없습니다마는 어찌 끝내 다시 바로 잡아낼 수 없기야 하겠습니까? 전하께는 한 번의 돌려놓을 수 있는 기회입니다. 지금 내정에 주인이 없어졌으니 마땅히 이 때를 빌어 시원스럽게 결단을 내리셔서 다시 신씨를 왕후의 자리로 바로잡아 놓으신다면 천지의 마음이 받아들일 것이고 조종의 신령이 용서할 것이고 신민의 소망에 따르게 될 것입니다. 전하께서는 이 자리를 누구에게 맡기시려는 것입니까? 실추된 대의를 살리고 떠나버렸던 옛 은정을 온전하게 하는 것이니 이것이 바로 큰 의리와 바른 이치에 합치함은 뚜렷하고 의심할 여지가 없습니다. 가사 미혹된 자가 있어 이미 폐했다는 일을 가지고 핑계삼아 망령되게도 인륜을 낸다 하더라도 그것은 지난날의 의론(폐출)을 주장했던 신하들에 부동하는 것에 지나지 않으므로 관망하기라도 한다면 다시 전하의 가법을 어지럽힐 것입니다.

저 원종 등은 비록 왕실에 대공이 있었다고 말하기는 하지마는 그 당시에는 천명과 인심이 다 전하께 속해 있었으니 이 무리들이 아니었다 하더라도 신기가 누구에게로 돌아갔겠습니까? 마침 천명과 인심이 모여진 기회를 틈타 자기네 힘을 내고서는 자기네 공로를 믿고 멋대로 기탄없이 군부를 협박하여 국모를 내쫓아 천하고금의 대의를 범하였으니 이는 만세의 죄인들이라 그 공로가 그 죄를 가릴 수는 없습니다. 그들이 발호하던 때에 전하께서는 확고한 태도로 폐후의 청을 들어주지 않으시고 협박하는 상황을 따져서 법전의 형법을 밝혀 바로 시행하셨으면 되었던 것입니다. 이미 그렇게 하지 못하고 그들로 하여금 태연하게 부귀영화를 누리게 하시었으니 그것으로 충분히 그들의 공로를 보상해 주신 것입니다. 지금 비록 죽어버렸지만 마땅히 그들의 죄를 밝혀서 바로 다스려 관작을 추탈하고 중외에 알려 당대와 만대에 걸쳐 대의의 한계가 분명하여 범해서는 안 됨을 환히 알도록 해야 합니다.

엎드려 원하옵기는 전하께서 이 몇 가지 일을 의리에 비추어 처리하시어 막히고 어려워하심이 없으시기를 바라오며 그렇게 하시게 되면 기왕의 오류를 깨끗이 씻어버리게 될 것입니다. 그렇게 되면 인륜의 근본과 왕자의 교화의 근원과 처음을 바로 잡아가는 도리가 깨끗이 밝아지고 크게 빛나 천지가 어둡게 막혔다가 다시 깨어나 활짝 트일 것입니다.

전하께서 또 정성스럽고 한결 같이 하여 홀로 계실 때를 근신하시어 생각을 성실하게 하고 마음을 바로잡는 데서부터 미루어 나가시어 그것을 정치하는 데에 충족시킬 수 있으시다면 주왕가의 인지와 추우의 덕화는 거기서부터 이룩되어 왕업은 8백년을 넘어서서 만세 무궁토록 갈 수 있을 것입니다.

신 등은 멀리 떨어져 있는 신하들로 지위를 넘어선 짓이라는 책망을 피하지 않고 감히 전하의 총명을 모욕하는 것은 진실로 이 몇 가지 일이 분수와 의리에 관련됨이 지극히 중대하여 마음속에 감춰두고 전연 군주에게 알리지 않아서는 안 되어서 이옵니다. 신 등이 가슴 속에 울분을 품고 있은 지가 오래 되었습니다마는 이 이전에 토로하지 못한 것은 바로 창경왕후께서 곤위에 계셔서 만약에 신씨를 복위시킨다면 창경왕후의 처지가 곤란하여지기 때문이었습니다. 지금인즉 창경왕후께서 세상을 떠나셔서 곤위가 비게 되었으니 바로 바른 데로 돌아갈 기회입니다. 또 언론을 구하는 때인지라 신 등이 서둘러서 자세히 진술하는 것입니다.

지금 하늘의 견책이 멎지 않고 정교가 순수하지 못하고 여러 일들이 방향이 어그러져 있사온데 엎디어 원하옵건대, 전하께서는 오직 신중하시어 하늘의 마음을 받드시기에 힘쓰시옵소서. 신 등의 구구한 하찮은 마음속에는 울결한 생각이 아직도 많사오나 이루 다 말씀 올리기가 어렵사옵니다. 엎디어 바라오니 전하께서는 이 점을 살피옵소서.

5) 訥齋集 目錄

卷首

傳敎　御製賜祭文 (正宗大王弘齋全書日得錄所載)

卷首別篇

備忘記(肅宗)　傳敎(英宗, 英宗, 正宗, 正宗, 正宗)　賜祭文(英宗, 正宗) 英宗己未賜祭金文簡公淨文節錄　正宗己未御製賜祭金文簡公淨文節錄 正宗己未金文簡公後孫 參奉臣聖泰三勳臣黜享疏批節錄

〈 文集序 〉

卷之一

賦: 黃鐘賦 外2篇 / 古詩(五言): 止石歌 外79首

卷之二

古詩(七言): 賞梅 外55首

卷之三

律詩: 題愛蓮軒 外29首

卷之四

甄城次國卿錦江韻 外109首

卷之五

律詩(七言): 過金山寺贈韓判書 外106首

卷之六

排律(五言): 監司黃公孟獻錄知分存問招要 恩送老母藥物且及病季賦十二韻爲謝 外10首

卷之七

排律(七言): 寄重卿 外6首

〈 續集 〉

卷之一

詩: 月下同恕卿登釜山亭 外169首

卷之二

詩: 投石川文右 外229首

卷之三

詩: 遊瑞石山韻贈鄭萬鐘 外12首

卷之四

序: 聽松堂序 外2篇 / 記: 念佛寺重創記 外1篇 / 跋: 靖節陶徵士詩集跋 外1篇 / 祭文: 祭神井文

〈 別集 〉

卷之一

賦: 夢遊 外8篇 / 詩: 用杜甫五十韻贈柳啓彦兼寄金元沖 外10首 / 文: 李文胡公神道碑銘幷序 外6篇

〈 附錄 〉

卷之一

行狀

卷之二

請復古妃愼氏疏 三印臺碑銘幷序 外6篇

〈 別集 〉

卷之一

登瑞石山賦 外21篇

卷之二

爲善最樂賦 外4篇 / 文集跋文 / 年譜序

卷之三 世系 / 卷之四 年譜 年譜後(二)

2. 신재 최산두 新齋 崔山斗

1) 생애

최산두(1483-1536)는 자가 경앙(景仰), 호는 신재(新齋) 또는 나복산인(蘿葍山人). 총중자(寵中子)이며, 본관은 초계(草溪)이다. 조선조 중종조의 문신이며 기묘명현 중의 한 분이다.

최산두는 1483년(成宗 14년) 4월 14일 전남 광양군 백운산 기슭에 있는 산저리에서 아버지 최한영(崔漢榮)과 어머니 청주 한씨(韓氏)의 사이에 장남으로 태어났다. 신재집 연보(年譜)에 의하면 그는 신골(神骨)이 영준하고 기국(器局)이 활달하였으며, 어려서부터 배우기를 부지런히 하여 늘 경서(經書)를 가까이 하고 잠심(潛心)하여 성현의 삶을 본받아 수행하기를 독실히 하였으니 그 뜻하는 바가 남다른 바 있었다고 한다. 6세 때부터 이웃마을에 있는 서당에를 다니기 시작하였으며, 8-9세 때에 '영우두(詠牛頭)', '영오(詠烏)'와 같은 시를 지어 주위사람들을 놀라게 하였고, 10세가 넘어서는 문장과 필법이 뛰어나 주위사람들의 칭찬이 자자하니 당시 광양현감 이공(李公)이 이를 기특히 여겨 문방제구(文方諸具)를 보내 치하하였다고 한다.

15세 때에는 공부를 독실히 할 뜻을 품고 주자강목(朱子綱目) 80권을 안고 석굴(石窟)에 들어가 2년 동안을 기거하며 주자강목을 천 번 통독하고 춘추대의(春秋大義)를 밝혀 해석한 뒤 굴문을 나왔다 한다. 그리고 석굴 위 절벽 석면(石面)에는 학사대(學士臺)라는 글자가 새겨져 있는데, 후일 신재가 문과에 급제하여 학사가 되었으므로, 사람들이 이곳에서 학사가 나왔다 하여 이곳을 "학사대"라 지금까지 불리고 있다.

19세 때에는 상경하여 조광조(趙光祖)·한충(韓忠)·김구(金絿)·김식(金湜)·김안국(金安國)·김정국(金正國) 등과 더불어 도의지교(道義之交)로 사귀며 매일 서로 방문하여 경학을 강구하니, 당시 사람들이 이들을 일러 낙중군자회(洛中君子會)라 하였다 한다.

22세 때에 강목부(綱目賦)와 백량대시(栢梁臺詩)를 지어 진사시에 합격했고, 31세 때에 별시문과에 급제하여 이듬해 6월 홍문관저작이 되어 환로(宦路)에 나아갔다. 이어 34세 때에 박사에 승직했고, 35세 때에는 홍문관 수찬에 올랐으며, 이어 사간원 정언, 경연 검토관 등을 역임하였다. 36세 때에는 사헌부 지평에 제수되니, 곧 차례를 뛰어 넘어 승직한 것을 미안히 여겨 사직을 청하였으나 윤허를 얻지 못하였다. 이어 홍문관 교리, 사간원 헌납을 역임했으며, 또 이 해에 중종으로부터 특별히 '일인유경보명유신(一人有慶寶命維新)'이라 새긴 옥홀(玉笏)을 하사 받았다. 그리고 이 해 11월 정원에서 성리대전(性理大全)을 강할만한 사람 26인을 뽑아서 아뢰었는데 신재가 그 가운데 들었으며, 이로부터 호당(湖堂: 독서당의 다른 이름)에 들어가 더욱 학문에 전념했다. 37세 때(중종 14년 己卯 9월)에 사헌부 장령에 승임되고 이어 의정부 사인(舍人)에 올랐다.

그러나 이 해 11월 15일 홍경주(洪景舟)·남곤(南袞)·심정(沈貞) 등 훈구세력들의 구화(構禍)에 의한 기묘사화가 일어나 조광조(趙光祖)가 귀향지인 능주에서 사사되는 등 신진사류 8인이 먼저 화를 입었고, 곧이어 신재 등 23인이 유배 또는 파직되는 화를 입었다. 신재는 이 해에 삭탈관직되어 전남 동복현에 유배되었다. 후세 사람들은 당시 신진사류들에게 죄를 씌워 그들을 일망타진했던 남곤·심정 등을 '소인'이라 하고 그들로부터 화를 입었던 사류들을 '기묘명현'이라 불렀다.

이후 51세 때까지 신재는 14년간을 길고 암울한 적거(謫居)생활로 보내게 되며, 51세 때에야 비로소 해배되었다. 그러나 그는 병을 얻어 미처 적소(謫所)를 떠나지도 못한채 54세 되던 해 4월 14일에 세상을 떠나고 만다.

신재가 환해(宦海)에 머문 것은 고작 5년 남짓한 짧은 기간에 불과하였다. 그래서 그는 경륜대지(經綸大志)를 펴보지도 못한 채 의정부 사인(議政府舍人)으로 그 관직을 마감하였으니 그의 관계생활은 문자 그대로 불우 그것이었다.

그는 동복(同福)에 적거하는 동안 세사(世事)의 득실 따위는 마음에 두지 않고, 물염(勿染)·적벽(赤壁: 동복현에 있는 명소들. 특히 적벽은 신재가 명명한 것이라 전해진다) 간을 소요하며 시주(詩酒)로 소일하는 한편, 인근 유생들을 모아 강학하기에 열중하였다. 하서 김인후(河西 金麟厚)나 미암 유희춘(眉巖 柳希春)은 이 때에 신재의 명망을 듣고 찾아와 수학했던 그의 고제(高弟)들이다. 문집은 7권 1책이 있다.

2) 사상

신재의 사상은 불행히도 그의 학문적 업적을 살필 수 있는 저술들이 인멸되어 상세히 상고할 길이 없다. 그러나 그의 유작과 당시의 정황들을 참작하면 그의 사상의 대강이나마 엿볼 수 있지 않을까 한다.

신재의 사상적 특징은 대체로 호남 도학(道學)의 사종(師宗)을 이룬 점이라고 할 수 있다. 신재의 학문적 바탕은 정주학(程朱學)이다. 그는 15세 때 주자의 자치통감강목 80권을 안고 석굴에 들어가 천번을 반복하여 읽고 춘추대의(春秋大義)와 대일통지의(大一統之義)에 정통하였고, 22세 때에는 주자강목을 시제(試題)로 한 '강목부(綱目賦)'를 지어 진사시에서 장원하였다. 그는 이 글에서 주자강목의 연원·사관(史觀)·정통론(正統論)·위대성·의의 등을 논하고, 주자의 학문을 계승. 강구(講究)하고 실천해 나갈 것을 강조하였다.

신재는 또한, 이 주자학을 이념으로 한 지치주의(至治主義)를 실현코자 하였다. 그는 일찍이 김종직·김굉필을 사숙하여 정몽주-길재-김숙자-김종직-김굉필로 이어지는 조선초 사림파 성리학의 학통을 이었고, 당시 조광조(趙光祖) 등 사림파 신진사류들과 함께 도학정치를 통해 당시의 해이된 사습(士習)과 풍속을 개혁하여 요순의 지치(至治)를 이루고자 하였다. 중종 13년에 순창군수 유중익(俞仲翼)이 도회취재(都會取才: 지방에서 실시하는 시험의 하나)의 시관(試官)이 되었을 때 어떤 유생이 "맹자는 전국시대의 담사(談士)요, 두 정자(程子)는 이락(伊洛)의 당류(黨類)이다"하여 맹자·정자와 같은 성현을 깎아 내렸는데도 유중익은 그를 억지로 칭찬하여 수위로 뽑은 일이 있었다. 이에 신재는 이러한 사실을 임금께 아뢰고 유중익을 파직하여 사습을 바로하고 선비가 지향할 바를 알게 해야 한다고 하여 결국 유중익을 파직케 하였으니 이 사건은 그의 도학정치에 대한 신념을 보여준 한 좋은 예라 하겠다.(중종실록 제34권)

실록에 따르면 중종 8년에 신재는 한미한 출신이므로 학문이 있더라도 홍문록(弘文錄: 홍문관의 관원으로 쓸만한 사람을 가려내어 기록한 기록)에 합당치 않다는 정언(正言: 당시 정언직은 蘇世讓이 맡았음)의 반대를 받았으나 결국 그는 중종 10년에 그의 학문과 덕행을 인정받아 홍문록에 천거 되었다. 또한 중종 13년에 '성리대전(性理大全)'을 강독할 만한 사람 26인을 뽑았는데 그 가운데 신재가 발탁되었다. '기묘록(己卯錄)'에 의하면 당시 중종은 유학을 숭상하고 문치(文治)에 뜻을 두어 조광조 등 신진사류들을 중용하였는데, 이들은 경연에 나아가 한 장을 강할 때마다 의리를 이끌어 비유하고 경전에 출입하여 미묘한 곳까지 관철하였으며, 강(講)이 기준·박세희·양팽손·최산두 등에 이르게 되면 말이 지리(支離)하게 이어져 끝날 줄 몰랐고 조강(朝講)이 해가 기울어서야 끝나곤 했다고 한다.

이상의 기록이 신재 사상의 대강을 알아볼 수 있는 것들이다. 이에 의하면 신재는 학문적으로는 김종직·김굉필을 사숙하여 정몽주·길재·김숙자·김종직·김굉필로 이어지는 조선초 사림파 성리학의 정통을 이었고, 정치적으로는 비록 뜻을 이루지는 못하였지만 당시 사림파 신진사류들과 함께 도학정치를 통하여 요순의 지치를 이루고자 하였다. 그리고 유배 시에는 동복에 적거하면서 성리학을 힘써 전수하여 김인후·유희춘과 같은 거유들을 배출하였다. 이러한 사실들을 미루어 보면 그의 학문의 도통과 사상의 대강은 짐작하기에 충분한 것이니 박상 등과 함께 가히 호남도학의 사종(師宗)이루었다고 할 수 있을 것이다.

그리고 신재는 또한 시인으로서 새로운 문학적 기풍을 진작시켰다. 그러나 신재의 시문 역시 문집이 실전(失傳)되어 국역본으로 간행된 신재집에 겨우 부 1편(賦一篇). 한시 18수(漢詩 18首). 서간 11편(書簡 11篇)이 남아 있을 뿐이다. 그나마 이것들도 당시 교우했던 분들의 문집이나, '대동야승(大東野乘)', '연려실기술(燃藜室記述)'과 같은 문헌, 그리고 구술설화나 정자의 제영(題詠) 가운데 전해지는 것들을 모은 것이다.

그러나 남아 있는 시문과 함께 당시의 여러 가지 정황이나 기록들을 유추해 보면 신재는 많은 시문의 술작을 남겼을 것으로 보여진다. 그는 앞서 본 바와 같이 8-9세 때에 이미 '영우두'·'영오'와 같은 고사(故事)에 박통(博通)한 시를 지어 주위를 놀라게 했고, 청년시절부터 사우(師友)와 더불어 소요·유람하며 가는 곳마다 시를 남겼으며, 또한 석천 임억령·귤정 윤구·나재 유성춘·학포 양팽손·눌재 박상·복재 기준·사재당 안처순과 같은 지기(知己)들과 시를 주고받았다. 그리고 그의 관직생활은 홍문관·사헌부·사간원 등 대부분을 언로에 종사하였고, 아울러 경연검토관·시강관직을 겸하였으니 이러한 그의 직책에 따른 술작이 많이 있었을 것으로 추측된다. 또한 유배 이후에도 하서·미암 등과 같은 제자들에게 시문을 가르치고 상화(相和)한 시문들이 있었을 것으로 생각된다. 그 외에도 신재가 안처순에게 보낸 서간 말미에 "그 밖에 신배경(申裴卿)에게 보낸 절구 여덟 편은 이미 읽어 본적이 있으신지"라 한 것과, 또 다른 서간에서 "그 동안 군이 송광불지(松廣佛紙: 종이 이름)를 보내준 것이 오백여 권이었는데 다만 두 책만 나누어 보냈으니 실로 본래의 바람을 너무나 크게 저버렸소"한 것, 그리고 하서가 신재를 찾아와 수학하면서 지은 시에 "신재가 지어 놓은 / 두 세 편 부(賦)는 / 우리 동방 옛 사람도 못 가본 경지"라 한 것과, 또한 하서가 신재의 시 '문주(問酒)'·'양벽정(漾碧亭)' 운을 차운(次韻)하여 지은 시가 '하서집'에 전하고 있는 것, 그 밖에 양팽손이 신재가 진사시험에 합격한 것을 축하하여 보낸 글에 "응시작 '강목부'와 '백량대시(柏樑臺詩)'는 전인미답의 천고기절(千古奇絕)한 문장"이라 절찬한 것 등을 종합해 보면 신재의 시문은 지금까지 전해진 것보다 훨씬 많음은 물론, 보다 넓고 깊은 사상을 그 속에 간직했으리라는 것은 쉽게 짐작할 수 있을 것이다. 그가 당시 나재 류성춘(懶齋 柳成春)·귤정 윤구(橘亭 尹衢)와 더불어 호남삼걸(湖南三傑)로 일컬어졌다는 사실에도 주의해 봄직하다.

3) 원문 번역

이 글은 신재가 22세(1504년) 때에 주자강목을 시제로 받아 지은 것이다. 이 강목부는 신재가 주자강목의 연원·사관·정통론·위대성·의의 등을 논하고, 또한 주자의 학문을 계승 강구하여 실천해 나갈 것을 강조한 글이다.

강목부 綱目賦

송(宋)의 해가 중천에 솟아 국운이 열려 문치(文治)가 행하여지매, 온 나라에 광악(光岳: 삼광오악, 즉 해·달·별의 삼광[三光]과 동악[東嶽: 泰山]·서악[西嶽: 華山]·남악[南嶽: 衡山]·북악[北嶽: 恒山]·중악[中嶽: 嵩山]의 다섯 큰 산)의 정기가 오롯하여 선비들이 성히 일어났도다. 이에 하늘이 회옹(晦翁: 朱子)을 내어 오도(吾道: 유교의 가르침)를 길이 전케 하니 오도가 탁연히 백세(百世)에 우뚝 서게 되도다.(본문 중 一句 빠짐)

회옹은 염계(濂溪)의 학문을 이어 받고 용문의 유음(龍門之遺音: 용문은 漢나라 司馬遷의 출생지로 사마천을 일컫는 말이며, 유음은 곧 사마천이 남긴 저서 '史記'를 뜻한다)에 빛이 있게 하였으니, 그 깊디깊은 기국(器局)과 지식은 하늘처럼 높고 바다처럼 깊도다. 그 구부리며 펴며 사색해 온 길고 긴 생각들 속에는 우주만고(宇宙萬古)가 다 담기어 있도다.

일찍이 백왕(百王)이 왕통을 계승하여 대대로 이어 나온 것들을 생각하면, 대(代)마다 일이 일어난 까닭이 같지 아니하고 세태의 변천이 심하도다. 이에 대대로 사씨(史氏: 사관)가 있어 역사의 변천을 기록하였으되, 저마다 그 소견에 구애되고 생각을 따라 저앙(低昻: 낮추었다 높였다 함)하니 시비를 분변키가 심히 어렵다. 그러나 어찌 청론(淸論)을 민멸케 하고 공도(公道)를 부전(不傳)케 하며, 곧은 것과 굽은 것과 향내 나는 것과 악취 나는 것들을 뒤섞어 다 한가지로 마멸케 하랴.

이에 사마광이 편찬한 사서(史書)를 깊이 음미하고 공자의 춘추필삭(春秋筆削)의 의미를 정밀히 궁구하여, 위로 삼진(三晉: 晉의 三大夫. 魏斯·趙籍·韓虔)이 처음 제후로 봉함을 받던 해로부터 아래로 팔성(八姓: 五代때 帝位에 올랐던 여덟 姓)이 질창(迭倡: 서로 바꾸어 일어나 창성 함)하던 시대까지를, 마음 가운데에 그 사료(史料)들의 경중을 저울질하고, 세밀한 살핌 끝에 버리고 두는 것을 결정하며, 또 주고 빼앗는 기틀을 엄격히 기록하고, 명과 실(名·實)을 상세히 기술하기 어려운 바를 헤아리기를 또한 얼마나 오랫동안 하였던가. 이토록 수년을 깊은 생각에 잠겨 이 한 책을 이루어내니 엄연히 강(綱)과 목(目)이 비로소 제자리를 잡았도다.

아 강한(江漢: 중국의 陽子江과 漢水)은 호호(浩浩)하여 그 연원이 깊고 해와 별은 소소(昭昭)히 삼렬(森列: 촘촘히 배게 늘어서 있음)하였도다. 14대(十四代: '資治通鑑綱目'이 처음 시작되는 周로부터 五代의 後周에 이르기까지의 正統 十四王朝)의 세도를 다 헤아려 어루만지고 1362년의 문물을 다 담아 다루었으니, 거울이 스스로 티가 없어 곱고 추함이 그 모습을 도망치지 못하고, 저울이 이미 바르고 공평하니 그 실정을 숨기지 못하는도다. 명기(名器: 名은 爵號, 器는 車服을 나타내는 말로 나라의 벼슬과 그에 따른 수레와 의복 즉 나라의 관직과 제도)가 지중(至重)하니 강약을 어찌 가르며, 절의를 숭상하니 부귀를 어찌 논하랴. 의리에 의지해서 바르게 행함이 되니 사람이 비로소 충(忠)을 알게 되도다.

측천무후(則天武后: 唐高宗의 황후)가 독을 풍겨 중하(中夏: 중국)를 난동하니 누가 "제(帝)가 방주(房州)에 있으니 벼슬을 버리고 전리(田里)로 돌아간다"고 말하지 않으랴. 그러나 마침내는 선비의 곧고 아름다운 사업을 생각해야 한다. 그리하여 새로이 어려운 난국에 몸을 던져 국정을 어지럽힌 대부들을 주멸(誅滅)하여 천고강상(千古綱常)이 이에 힘입어 무너지지 않게 하며, 춘생추살(春生秋殺: 生과 死가 순행하는 이치를 말함)의 천리를 순행케 하여야 한다. 이미 백골이 구원(九原)에 묻힌 지 오래이지만 이것이 바로 회옹이 세도(世道)를 유지키 위해 권권불망(卷卷不忘)하며 생각하던 바다. 그러므로 비록 성인이 다시 일어난다 해도 또한 반드시 당시의 필산지여법(筆刪之餘法: 공자의 春秋筆削을 말함)을 깊이 얻었다 하리로다.

저 소위 '기박(奇博: 기발하고 박식함)하다'는 사마천의 사기나 '농욱(醲郁: 문장이 질박하고 광택이 있어 묘미가 있음)하다'는 반고(班固)의 한서(漢書)

며, '근거 없는 글'이라고 하는 범엽(范曄)의 후한서(後漢書)며, '거짓된 글'이라고 하는 진수(陳壽)의 삼국지 등은 다 그 지리중설(支離衆說)들을 징험할 수가 없으니, 이에 이르러서 이것들이 다 그 긍현(矜眩: 자랑)을 얻지 못함은, 비유컨대 귀뚜라미 소리가 홍종(洪鐘: 매우 큰 종)의 큰 소리를 만남에 스스로 놀라 그 울음을 그침 같도다. 이것이 바로 강목이 병병랑랑(炳炳烺烺: 휘황히 빛나는 모양)히 사람의 이목을 휘황케 하는 바요, 윤기(倫紀)를 부식(扶植: 도와서 일어나게 함)하는 것이니, 이는 마치 숙속(菽粟: 콩과 조)이 생민(生民)의 생명을 유지해 주는 것으로서 하루도 없지 못하는 것과 같음이다.

아! 저서를 후세에 남기는 일이 비록 선비의 일이고, 임금의 지우(知遇)를 입어 도를 행하는 일이 당년(當年)의 뜻이긴 하지만 어찌 이다지도 아름다움은 누리기 어렵고 명류(名流)들은 또 비방을 많이 받는건가. 간사한 말들이 이미 들어오매 정학(正學: 여기서는 성리학 곧 주자학)이 당류(黨類)에 연좌(連坐)되도다.

임금을 바른 길로 인도하겠다는 오직 한 생각에서 어진 선비를 가까이 부르는 임금의 부름에 응해, 비록 간절히 정치의 여섯 가지 급무를 논주하였으나 탁주(託胄: 韓託胄를 말함. 道學을 僞學이라 하여 배척하고 朱子를 죄줄 것과 도학을 금할 것을 주장함)가 농권(弄權: 권력을 제 마음대로 씀)하던 때니 어찌 뜻을 펼 수가 있었으리오. 마침내 세상을 경륜할 큰 뜻이 다만 언어 문자 사이에 부쳐지고 말았으니, 송(宋)이 사문(斯文)에 참여치 못함이 어찌 개탄스럽지 아니한가.

비록 그러하나 도(道)가 당대에 행하여진즉 다만 일세(一世)의 치평에 이를 뿐이요, 도가 후세에 전하여진즉 이것이 곧 만세의 문명을 여는 길이로다.

하늘이 이미 앞에서 공자를 곤궁(困窮)케 하여 주나라가 동천한 후에도 왕조의 정통을 주나라에 두어 역사를 기록케 함으로써 대일통(大一統)의 의(義)를 펴게 하였고, 하늘이 또 뒤에 회옹을 곤궁케 하여 송나라가 남으로 옮긴 후에도 중하(中夏)와 이적(夷狄)을 내외로 구분하여 중하를 높이고 이적을 낮추는 뜻을 펴게 하도다.

이렇듯 하늘이 성인의 몸을 곤궁케 한 까닭은 그 도를 형통케 함으로써 후세의 향도자로 하여금 더불어 그 도의 진미를 맛보는데 참여케 함이니, 이것이 곧 성현이 춘추를 수찬하고 강목을 저술한 뜻이다. 그러므로 우리가 어찌 선후를 떨쳐 일으키기 위해 분발치 않으랴.(본문중 二字 빠짐)

이제 태운(泰運)이 바야흐로 통하고 도맥(道脈)이 정히 살찌고자 하도다. 하늘이 심의(深衣: 학문과 덕이 높은 선비)에게 내린 의탁을 어찌 전배(前輩)들만의 할 일이라 하리요. 이락(伊洛)의 연원을 거슬러 올라가 궁구하고, 수사(洙泗)의 전형을 사복(思服)하며, 주자의 뜻을 지향하여 당시에 행하여지지 못하였던 뜻들을 강구하여 행함으로써, 하늘이 이 도를 내려준 중한 뜻에 보답함이 있기를 대아불기(大雅不器: 바르고 아름다운 덕이 있고 인격과 才藝가 갖추어져 모든 방면에 능함)한 군자에게 바람이 있노라.('국역신재집' 참조)

4) 新齋集 目錄 (1990년도 草溪崔氏 新齋集 刊行委員會 刊本에 따름)

序文 / 解題

卷之首

內賜玉笏銘　賜祭文　新齋先生實記序　新齋崔先生文集序　新齋先生文集序　新齋先生文集重刊序　新齋先生實記跋(二)　新齋先生實記跋　新齋先生文集重刊跋　新齋先生文集重刊跋

卷之一

賦: 綱目賦　詩: 詠牛頭　詠烏　贈尹橘亭衢　贈安順之　司馬宴　題勿染亭　題丑川亭　天子菴霖雨吟　天子菴遊觀　與柳眉巖同宴　附柳眉巖次韻　鳳仙花炊煙　魚網　附柳眉巖次韻　更登天子菴　初秋會天子菴　贈安順之歸養南原(二首)　輓安思齋堂(二首)　附金河西和先生詩(三首)

卷之二

書: 與安順之十一篇

卷之三

行狀. 碑銘. 祭文: 家狀(二) 行狀(二) 神道碑銘 祭崔新齋先生文(金河西) 崔蘿菖先生文(柳眉巖)

卷之四

遺事一: 遺事一 朝鮮王朝實錄抄 己卯錄略 朝野輯要抄 大東野乘抄 燃藜室記述抄 己卯人疏釋 國譯新增東國輿地乘覽 光陽邑誌抄 眉巖日記抄 河西全集抄 己卯黨籍 國史大辭典 湖南三傑詩 附河錦沙南征行略 學士臺筆蹟錄 同福赤壁原因 赤壁江李般相詩 崔山斗와 出殯 白雲山의 三精 崔山斗의 修學處 學士臺 白雲山李般相詩 玉笏調查報告書

卷之五

遺事二: 鳳陽祠事實 鳳陽祠重建祠宇狀 鳳陽祠遺墟碑銘 鳳陽祠事蹟碑文 鳳陽祠丁享祝文 道源書院丁享祝文 鳳陽祠重修上樑文 鳳陽齋記 鳳陽齋上樑文 道源書院事實 同福縣建祠議 道內通文 道源書院請額疏 道源書院重修記事 道源書院上樑文 同福道源書院復舊建立陳情書 同福道源書院復舊建立에 對한 陳情書 回答 通文(鳳陽祠位牌奉安式) 道源書院遺墟碑除幕式通文 道源書院遺墟碑文 道源書院遺墟碑除幕祭文 同福道源書院重建上樑文 新齋先生位牌奉安式記事 記事文(全南每日新聞)

卷之六

遺事三: 新齋崔先生請諡事道會盟案 會盟序 道會所時到記 崔新齋先生請諡事蹟序 中廟朝湖堂錄 中廟朝癸酉別試榜 湖南三傑 淵源錄 洛中君子會 同福道源書院 光陽鳳陽祠 湖南道義交 道會請諡案 新齋崔先生遺事後書 私諡狀 私諡擬議 私諡評議 私諡案 私諡贈呈時到記 古今私諡參考

卷之七 附錄: 世系 / 年譜 / 新齋先生事蹟記載錄

3. 면앙정 송순 俛仰亭 宋純

1) 생애

송순(1493-1582)은 자가 수초(守初) 또는 성지(誠之)이고 호는 기촌(企村) 또는 면앙정이며 본관은 신평(新平)이다. 조선조 중기의 문신이요 학자이다.

1493년 11월 4일 아버지 효사당(孝思堂) 태(泰)와 어머니 순창 조씨(淳昌趙氏)의 아들로 전남 담양부 남기곡면 상덕리 기촌마을에서 태어났다.

3세 때 이미 문자를 해득하여 글 읽기를 좋아했으며 재예가 나타났다. 9세 때 참새를 가지고 놀다가 죽자 새를 곡하는 글을 지어 슬퍼했다. 23세 때의 8월 21일에 진사에 오르고, 박상의 문하에 나아가 수학했는데 스승이 그를 사랑하고 재주를 칭송했다. 또 박상의 동생 박우의 문하에도 출입하며 지도를 받았다.

24세 때 태학에 들어가 명성을 날렸고, 여러 사람의 기대를 모았다. 26세 때 송세림(宋世琳)이 능주현감으로 있었으므로 그의 문하에 나아가 수학했다.

27세 때의 10월에 별시에 급제했는데 당시 시험관이었던 안당(安瑭), 조광조(趙光祖), 김정(金淨), 김구, 남곤 등은 송순이 대책 읽는 소리를 듣고 '김일손 이후에 이와 같은 문장은 없었다'고 칭찬했다. 그러나 끝 구절이 매끄럽지 못하다 하여 3위에 합격되었다. 과거에 급제하고 집에 있을 때 남곤, 심정, 홍경주 등이 사화를 일으켜 조광조, 김정 등 수십명이 죽거나 귀양을 보낸 참상을 듣고 벼슬할 생각이 없었으나 부모 봉양을 위하여 출사 여부를 망설였다. 이 해 겨울에 승문원 권지부정자가 되었다. 28세 때의 겨울에 예문관 검열관 겸 춘추관 기사가 되었고, 홍문관 녹수정자로 뽑혀 사가 독서하게 되었다.

29세 때의 봄에 다시 예문관에 돌아갔는데 거기서 칠언시(七言詩)로 장원하니 왕이 상을 내리고 칭찬하였다.

30세 때의 1월에 승정원 주서가 되고 31세 때 예문관 봉교가 됐으며, 8월에 부친 효사당의 상을 당하여 여묘했고, 32세 때 향리인 기촌 서북쪽에 면앙정 터를 사들였다.

33세의 10월에 부친의 담제를 마치고 세자시강원 설서가 되었으며, 34세 때 홍문관의 수찬과 지제교 겸 경연검토관에 승진되고, 이어 사간원 정언과 병조좌랑 등을 거쳐 다시 홍문관 수찬이 되었다.

35세 때 벼슬을 그만두고 고향에 돌아갔으나 가을에 다시 사간원 정언으로 등관되었으며, 마침 그 때 조정에서 베푸는 시험이 있었는데 그는 도원팔경시(桃源八景詩)로 2위를 했다. 36세 때의 여름에 홍문관 교리가 되었고, 38세 때 왕이 김안로를 석방하여 동궁 우익으로 등용하려 하였으므로 그는 대간으로서 옳지 않다고 하였다. 뒤에 경상도 어사가 되었다가 돌아와 봉상시 첨정을 거쳐 의정부 사인으로 승진했다.

39세 때 동궁에 요사스런 소문이 퍼지고 쥐를 태운 사건이 일어났는데 이 사건의 처리에 대하여 불가함을 극력 주장하다가 뜻을 이루지 못하자 벼슬을 그만두었다.

41세 때 고향으로 돌아와 면앙정에서 유유자적하게 지내다가 45세 때 다시 홍문관 직제학과 지제교 겸 예문관 응교, 충청도 어사를 역임했다.

47세 때의 봄에 통정대부로 승진되고, 이어 도승지, 지제교 겸 경연참찬관, 춘추관 수찬관, 예문관 직제학, 상서원정으로 있으면서 도원시 1률로 장원하여 말의 안장을 하사받았다. 4월 명나라 요동도사가 오게 되어 선위사의 임무를 맡았다.

48살 때 가선대부로 승진되고 경상도 관찰사가 되었으며, 49살 때 동지중추부사 겸 오위도총부 부총관을 거쳐 사간원 대사간이 되었다.

50살 때 전라도 관찰사가 되었고, 51세 때 한성부 우윤에 제수되었는데 모친이 연로하기 때문에 자청하여 광주목사가 되어 지성으로 모친을 섬겼다.

53살에 모친의 상을 당하여 3년 동안을 묘 옆에서 시묘하였고, 55세 때의 2월에 모친의 복을 벗자 동지중추부사가 되어 인종실록을 찬수하고 장예원 판결사를 거쳐 5월에 주문사로 북경에 다녀왔다.

56세 때 개성부 유수가 되었고, 58세 때의 4월에 대사헌을 거쳐 이조참판이 되었는데 진복창(陳復昌)·이기(李芑) 등의 모함을 받고 충청도 서천으로 귀양 갔다가 수일 후에 평안도 순천으로 이배되었다.

59세 때의 6월에 감형하여 수원부에 이감되었고 60세 때 귀양에서 풀려 선산 도호부사로 임명되었다. 그는 이 고을에서 선정을 베풀어 크게 교화되니 왕이 옷감 한 벌을 특사하였다. 이 해 8월에 면앙정을 중수하였다. 기대승이 면앙정기를 쓰고, 임제(林悌)가 부(賦)를 짓고 김인후·임억령·박순·고경명 등이 시를 지어 주고 받았다.

61세 때 부인 설씨가 세상을 떠났고, 62세 때의 2월에 부인의 장사를 마쳤으며, 7월에 자신의 시문 원고를 정리했다.

66세 때 전주 부윤이 되었고, 68세 때 병으로 일시 귀향했는데 12월에 명나라 사신이 온다는 소식을 듣고 조정에서는 이황, 임억령 등과 함께 그를 불러 들였다. 그는 69세 때의 1월에 상경했으나 명나라 사신이 오지 않으므로 나주목사에 제수되었다.

70세가 되자 기로소(耆老所)에 명단이 올랐고, 76세 때 한성부 좌윤이 되었으며 명종실록을 찬수했고 형조참판으로 옮겼다.

77세 대 자헌대부 한성판윤으로 승진되고, 다시 의정부 우참찬 겸 지춘추관사가 되었다. 병이 나자 고향에 돌아가려고 해직을 청했으나 선조는 이를 허락하지 않고 지중추부사를 명했는데 그는 끝내 벼슬을 그만두고 귀향했다. 이후 90세까지 14년 동안 향리에서 유유자적하는 생활을 하였다.

87세 때의 10월에 자손들이 면앙정에서 그의 과거급제한 예순돌을 기념하는 회방연(回榜宴)을 베풀었는데 선조가 호조에 명하여 꽃과 술을 하사했고, 정철·고경명·기대승·임제·송인수 등과 인근 수령 100여명이 참석했다.

1582년(선조 15년) 2월 1일 고향집 에서 세상을 떠나니 90세였다. 그 때 하얀 기운이 집안에서 솟아올라 하늘에 무지개처럼 떠오르니 사람들이 모두 기이하게 여겼고, 조정에서는 그가 세상을 떠났다는 소식을 접하고 3일 동안 쉬면서 예관을 보내어 조문했다. 그의 유고집으로 면앙정집 7권 4책과 속집 1책이 전한다.

2) 사상

면앙정의 사상적 특징은 다음 몇 가지로 분류하여 볼 수 있다.

첫째, 그는 조선 중기의 문인으로서 너그럽고 덕망 있는 도덕적인 유가사상에 투철했다. 그가 27세 때 등과하여 77세로 치사할 때까지 무려 50여 년 간을 관직에 몸을 담고 있으면서 많은 직책을 맡아 수행했으며, 때로는 외직으로 나가 목민관으로서 치적을 올리기도 했다. 그와 같이 반세기 동안의 관직생활에서도 다른 사람과 비교할 때 큰 애로가 없었던 것은 그가 덕망이 있고 성품이 관후하였기 때문이라 하겠다. 그 실례를 들어보면 그가 사론(邪論)을 편다고 문정왕후(文定王后)에게 무고했던 이무강까지도 '송순은 군자이다'라고 칭송했다(行狀)고 하며, 또 선산 도호부사로 있을 때 선정을 베풀어 백성과 관리를 크게 교화시키니 부민들이 '아버지'라 부르고 그 고을을 떠날 때 온 군민이 길을 막고 울면서 떠나지 말 것을 간청했다고 한다. 그리고 그가 떠난 뒤에는 송덕비를 세워 그의 치적을 기렸다는 사실과, 그가 세상을 떠났을 때 조정에서는 3일간 쉬고 관민이 모두 옷을 바꾸어 입고 수십일 동안 고기를 먹지 않으며 애통했다는 사실 등은 당시 유교적인 근본이 되는 덕치주의를 그가 확고히 실천하였던 모범적인 목민관이었기 때문이라 하겠다.

둘째, 그는 시문에 뛰어나 많은 한시 작품과 국문가사를 남겼고 호남지방의 시가문학을 배태시킨 공로자였다. 그는 천품적으로 시재를 타고 났으므로 3세 때 이미 문자를 해득하여 9세 때에는 죽은 새를 곡하는 시구를 지어 주위 사람들을 놀라게 했다. 그는 평생 동안 많은 작품을 지었으며 국문학사상 불후의 위치를 확보하는 찬란한 업적을 남겼다. 그가 지은 한시가나 국문시가는 모두 면앙집에 수록되어 있으며 국문시가는 다시 한문으로 번역 게재 하였다. 그 주요 작품을 열거해 보면 치사가(致仕歌) 3편, 몽견주상가(夢見主上歌) 1편, 오륜가(五倫歌) 5편, 단가 7편, 잡가 2편, 소시 옥당수사 황국가(少時玉堂受賜黃菊歌) 1편, 춘당대경응제농가(春塘臺耕應製農歌) 1편 등은 모두 충군애민과 효제를 주제로 하는 유가의 근본정신을 토로한 작품들이다.

특히 이 중에서도 몽견주상가나 오륜가는 충효사상이 두드러진 가사로 후세인의 모범이 되는 작품이어서 이러한 그의 도학정신은 후손이나 문인들에게 지대한 영향을 끼쳤다.

스승의 연원관계를 보면 그는 당시 학덕이 높았던 박상과 박우 형제의 문하에서 수학하였는데, 그의 문하에는 김인후·임형수·노진·박순·기대승·고경명·정철·임제와 같은 명류 석학들이 배출되어 그의 인격과 학문을 전수했다. 이와 같은 인물들은 호남지역의 문화를 중흥시키는 밑거름과 견인차의 역할을 하였다. 그리고 이들은 호남의 대표적인 학파를 형성하게 되었으며, 조선조에 있어서 호남의 기개와 정신을 떨치게 하였던 것이다. 이러한 사실로 미루어 볼 때 송순의 인격과 공헌, 특히 호남 학맥에서 그의 위치를 높이 평가하지 않을 수 없을 것이다.

이상의 몇 가지를 요약해 보면 그는 유가로서 대인군자(大人君子)였고, 정감이 넘치는 시인으로 시를 잘 짓는 풍류인이기도 했다. 그리하여 호남지방의 백성들이 흠모하고 그 유풍을 칭송하며 기리었으니 그는 이 지방의 우뚝한 인물이라 하겠다. 다만 이 글에서는 그의 문학적 성격에 대한 특징에 대하여는 다른 서술이 있을 것이므로 생략한다.

3) 원문번역

면앙정 7권 4책 중 3권의 뒷 부분에 편지글과 발문이 있다. 본고에서는 발문 중에서 '노송선조 일본행록발(老松先祖 日本行錄跋)'을 번역, 그의 면모를 이해하도록 한다.

노송은 면앙정의 고조부이며 세종 때 첨지 승문원사로 있으면서 일본에 사신으로 다녀왔는데 그 때의 기행사실을 기록한 것이다. 이 책이 중간에 유실되었던 것을 외종제인 양산보가 남원의 오상으로부터 입수하여 보내 주었다. 면앙정은 그 책을 받고 기뻐하면서 다시 교정하여 간행하면서 쓴 발문이다.

노송선조 일본행록발 老松先祖 日本行錄跋

고조부가 태종조에 등극했으니 곧 영락 임오년(1402)이다. 바로 한림원에 선입되었다가 여러번 옮겨 사간원 정언과 헌납을 지냈다. 신묘년(1412, 태종 12년)에 명나라 황제에게 바치는 서장관으로 명나라에 다녀왔는데 사신의 직분을 잘했다고 태종이 포상하였고, 세종 2년 경자년 봄 1월 15일에 승문원사로서 일본에 사신으로 가게 되었으니, 곧 명나라 황제가 우리나라에 행병마도(行兵馬島)를 명한 다음 해였다. 일본왕이 고조부를 구류하려고 하자 고조부는 의연하게 잘라 말하기를 '너의 나라가 왕년에 명나라를 침범했기 때문에 황제가 노하여 대의를 들어 문죄한 것이니 죄가 너희들에게 있는 것이다. 우리는 일찍이 너희들이 간사하고 포악하였지만 규탄하지 않았는데, 도리어 명나라를 욕되게 하여 우리나라 사신을 끌어들이게 한 것은 우리나라를 자기 멋대로 하려는 것이다'고 했다. 왜인이 말하기를 '그대가 가지고 온 글에는 무슨 연호(年號)를 썼는가?'고 물으니 할아버지는 대답하기를 '영락(永樂)이라 썼노라' 했다. 왜놈이 이르기를 '그렇다면 돌아가지 못할 것이니 용집(龍集) 두자로 고쳐 쓰는 것이 좋을 것이다'고 했다. 부군이 큰 소리로 잘라 말하기를 '우리가 비록 죽는다 하여도 어서(御書)를 어찌 감히 고치겠는가?' 하니 왜놈들도 그의 절기를 꺾을 수 없음을 알아차리고 도리어 그의 충성스런 마음을 본받고 따르고자 하면서 자기 왕을 달래어 설득시키니 왜왕이 크게 감동하고 특별히 예물을 갖추어 호송하였다. 돌아와 복명한 날은 그 해 10월 하순이었다. 세종께서는 외교 직분을 잘 수행했다고 특별히 칭찬하고 편전에 들게 하여 예우로 환대하였다. 그리고 그 뒤 할아버지의 일본행록이 세상에 인행(印行)되었다.

1422년(세종 4년)에 태종이 승하하자 할아버지는 실록 수찬에 참여했고, 늙은 부모 때문에 여러 번 부모님 모시기를 청하여 함양 군수로 내려와 부모님께 지성을 다하고 고을을 잘 다스려 교화시키니 고을 사람이 모두 감화되었다.

만년에 판사재(判司宰)로 있다가 치사하고, 전남 담양에 내려와 지내니 담양에 우리 송씨가 이 때부터 거주하게 되었다.

할아버지께서는 청렴한 명성과 곧은 절조를 가졌고, 학업에 힘쓰고 문장을 닦아 타인의 모범이 되었다. 그러나 불행하게도 집안의 내력이 유실되어 항상 절통하고 있었는데, 병진년(1556년) 여름 내가 담양의 옛집에 있을 때 외종 양산보가 책 한 권을 싸 보내면서 '이 책을 우연히 원로의 선비인 오상(吳祥)이란 분한테서 얻었다'고 써 있었다. 우리 문중에서도 구할 수 없었던 이 보배로운 책을 받아보고 나는 황망히 펼쳐보니 곧 할아버지의 일본행록이었다. 수륙 만 리의 풍파를 겪으며 고생하신 내용들은 비록 집안에 전해오는 이야기로 들은 바 있으나 그와 같이 자세한 내용은 알 수 없었는데, 이제 다행하게도 남기신 글을 얻어 한줄한줄 끝까지 읽어 보니 형언할 수 없는 행복과 기쁨이 느껴졌다. 그 중에서도 험난한 풍파를 당하고 도적을 만나 위태로웠던 대목을 읽을 때는 머리끝이 쭈뼛 일어나 차마 더 견딜 수가 없었다. 무릇 서로 전쟁하던 여가에 이역 땅에 사신 가는 일이 사람으로서는 어려운 것인데 무사히 귀국할 수 있었던 것은 실로 하늘의 도움에 의한 것이요 인력으로 되는 일이 아니다. 내가 신축년(辛丑: 1421)에 영남의 관찰사가 되어 지방을 순시하다가 함양에 이르러 동헌에서 할아버지께서 읊으셨던 화죽시(花竹詩)가 걸려 있는 것을 보고 즐거운 마음이 직접 뵙고 음성을 듣는 듯 했다.

뜻밖에 오늘 다시 이와 같은 유적을 뵈옵게 되니 추모하고 사모하는 느낌이 일어나 그 내용을 갖추어 자세히 기록하는 것이다. 사물을 읊는 묘미가 옛날의 좋은 글에 뒤질 수 없는 것으로 우리 자손에게 길이 막중한 보배가 이 기록보다 더 할 수 없을 것이다. 지금 헤아려 보니 영락 경자년은 130년이 지났다. 그동안 이 귀중한 유적이 남의 집에 들어가 있다가 훼손되거나 더럽혀지지 않고 마침내 본손에 돌아왔으니 얼마나 다행한지 모른다. 후손된 사람으로 누가 어루만지고 비감하지 않겠는가? 다만 옮겨 쓰는 사이에 자획이 어긋나거나 오자가 없을 수 없으므로 내가 손을 씻고 교정하여 다른 종이에 옮겨 영구히 보존할 것을 도모하는 것이다.

가정 37년 무오(1558년) 겨울에 후손 가선대부 전주부윤 순은 느껴 울면서 삼가 기록한다.

4) 俛仰集 目錄

卷之一

賦: 次李太白愁陽春賦(月課竝序) 外192首

卷之二

詩: 次全州梅月亭韻(壬寅 爲全羅監司時作) 外182首

卷之三

詩: 安不忘危 外215首 / 書: 與林進士子順(悌) 答林上舍子順 與林正字子順 附三簡牘作帖跋

卷之四

雜著: 哭鳥文(辛酉 九歲時作) 哭子文 呈禮部文(丁未) 新飜俛仰亭長歌一篇 俛仰亭短歌七篇 俛仰亭雜歌二篇 自上特賜黃菊玉堂歌一篇 夢見主上歌一篇 致仕歌三篇 五倫歌五篇 / 墓碣銘: 學生金公墓碣銘 有明朝鮮國通訓大夫楊州牧使誠齋金公墓碣銘(竝序) 東萊府使水雲亭曺公墓碣銘 / 行狀: 楊州牧使同州鎭兵馬節制使誠齋金公行狀 / 遺事: 送守初罷官歸鄕(立巖) 次宋掌令(純)別章(知止堂) 祭俛仰先生文(松江) 回甲宴詩(湖陰) 行蹟(外孫崔棄灑) 嘉善大夫行府使宋公遺愛碑(碑在善山 宋希奎) 善山府誌宦蹟 栗谷全書經筵日記一段 夢窩續自警編一段

卷之五

右參贊企村宋公謚狀

附錄: 有明朝鮮國故資憲大夫議政府右參贊兼知春秋館事企村先生宋公家狀(德殷 宋煥箕謹狀) 議政府右參贊俛仰亭先生年譜(外孫 崔棄撰) / 御製湖南校準儒生應製試題 / 詩 - 荷與俛仰亭 / 賦 - 將軍樹 / 箋 - 擬本朝群臣賀用周家祀后稷之禮建肇慶廟 / 詩義 - 我圖爾居莫如南土 解見詩大雅崧高 / 策 - 王若曰....

卷之六

附錄: 同門錄 / 有明朝鮮國贈嘉善大夫吏曹參判兼同知義禁府事宋公墓碣銘(竝序, 眞城李滉書)

卷之七

俛仰亭題詠海東名賢錄 / 俛仰亭雜錄.

4. 하서 김인후 河西 金麟厚

1) 생애

하서 김인후(1510-1560)는 자가 후지(厚之), 호는 하서, 이름은 인후이며 본관은 울산이다. 조선조 중기의 문신이며 도학자로서 학문과 덕행이 높았다.

1510년 7월 19일 장성현 대맥동(大麥洞)에서 태어났는데 모습이 단정하고 기상이 컸다. 일찍부터 영특하여 학문에 뛰어났으며 6,7세부터 시를 지었다. 9살 때 기준(奇遵)이 보고 당시 태어난 지 몇 년 되지 않은 세자, 곧 인종의 신하가 되겠다고 예언하였는데 마침내 인종의 사부가 되었던 것이다. 10살 때는 호남의 관찰사로 와있던 김안국(金安國)에게 소학을 배우기도 하였다. 18세 되던 해 화순 동복에 유배와 있던 최산두(崔山斗)를 찾아가 학문을 강론하였고, 이듬해 성균관에서 실시한 시험에 장원하고 몇 달을 머물렀다. 24살 때는 성균관에서 이황(李滉)과 교육하고 학문을 강론하였다. 31세 때 별시 문과에 합격하고 승무원 부정자가 되었으며, 이듬해 사가독서 하였다. 34세 때 홍문관 박사 겸 세자시강원 설서가 되었다. 이 때 인종이 세자였으므로 인종에게 학문을 강하였는데 인종은 평소에 그의 학문을 이해하고 있었으므로 매우 우대하여 깊은 정을 나누었다.

부수찬이 되었을 때 동궁에 화재가 일어나자 이를 보수하기를 청하는 상소를 올렸는데 그 내용이 매우 깊고 간절하였다. 옥과 현감이 되어서는, 정치를 잘 펴서 풍습이 순후하게 되었다. 1645년에는 명나라 조사(詔使) 장승헌(張承憲)이 오게 되어 그의 제술관(製述官)으로 올라갔다. 그 때 인종이 즉위했던 때였으므로 조정에 남아서 인종을 보필할 것을 권유했지만 부모의 병환으로 사양하고 다시 옥과로 내려왔다. 옥과현감으로 있을 때 뜻밖에 인종의 부음(訃音)을 듣고, 슬퍼하다가 병을 얻어 고향으로 돌아왔다. 돌아온 후에 성균관 전적과 공조좌랑을 제수 받았으나 취임하지 않았다. 1549년에 부친상을 당하고 3년상을 마치기 전에 또한 모친상을 당하여 6년 동안을 시묘하였다. 시묘하는 동안 모든 예의와 범절을 예에 맞게 집행하였다. 상례가 끝나자 홍문관 교리, 지제교 겸 경연시독관 춘추관 기주관에 제수되었는데 사양하였다. 명종임금이 군신의 대의명분으로 권하였으나 모두 사양하였고 성균관 직강을 제수했으나 사양하였다. 1560년 봄에 갑자기 병이 들어 위독하자, 옥과현감 이후의 벼슬에 대하여 기록하지 말 것을 부탁하고 장성 맥동에서 별세하니 51세였다. 그의 문집은 시문집 12권 부록 4권이 있다. 초간본은 선조 무진년인 1568년에 간행되었고, 숙종 병인년인 1686년에 박세채(朴世采)가 증보하여 별집 9권을 편성하였다. 또한 정조 20년인 1796년에 문묘에 배향된 후 어명에 따라 정리한 증간본은 1802년에 완성되었다. 그 후 성균관대학교 대동문화연구원에서 이를 영인하였고, 1988년에는 하서기념사업회에서 국역하고 역사적 사실에 따른 자료들을 함께 수습하였다.

2) 사상

하서의 사상은 그 특징을 세 가지로 설명할 수 있다. 첫째는 도학적 성격이요, 둘째는 성리학적 업적이며, 셋째는 문학적 업적과 호남 유학의 스승으로서 맑은 덕성과 인품을 갖춘 점이라 할 것이다.

하서의 사상은 첫째로 도학적 성격을 지니고 있다. 도학이란 뜻은 본디 성리학이라는 이론 유학이라기보다도 인도(人道)정신의 실천적 특성을 강하게 나타내고 있다. 이는 곧 인륜도덕의 실천이라는 뜻에서, 인격의 수양과 학문적 밑받침이 없이는 이루어지기 어려운 일이다. 200년 후 정조는 하서에 대하여,

> 나는 김하서에 대하여 특별한 존경심을 가지고 있다. 도학과 절의, 문장을 모두 구비한 사람은 오직 김하서 한 분이기 때문이다.
>
> 김문정공의 독실한 도학을 나는 본래 존중하는 바이거니와 그의 선행후지(先行後知) 직내방외(直內方外)의 공부는 실로 우리 동방의 제일인자이며, 문장이나 절의는 오히려 둘째의 일에 속한다.

라고 평하였다. 이것은 정조가 하서의 도학적 실천과 인품 곧, 진정하고 독실한 성품과 깊은 수양을 쌓은 결과로서의 실천성을 높이 평가하고 있는 것이요, 이것은 또한 하서의 도학을 문장과 절의보다도 더 높이 이해하였다는 것을 의미하는 것이다. 또한 정조는

> 김문정공으로 말하면, '대학' '서명(西銘)'의 은미하고 오묘한 뜻을 비로소 발명했을 뿐 아니라 그 거경직내(居敬直內)의 공부와 도학연원(道學淵源)의 올바름이 실로 사문(斯文)의 종장(宗匠)이라 할 만하다. 그러므로 내가 세대는 멀리 떨어져 있지만 흠모하는 정을 느끼는 것은 이러한 때문이다. 지금 김문정공을 말하는 자들은 모두 도학, 문장, 절의를 아울러서 일컫고 있지만 문묘에 배향하는 커다란 은전은 마땅히 사문 도학을 들어서 말할 뿐이며 절의나 문장은 오히려 그 나머지에 속하는 일이다. 김문정공 같은 절의도 오히려 나머지의 일인데 하물며 도학의 높음이야 더 말할 필요가 있겠는가?

라 하였으니 정조의 이와 같은 평가는 하서의 도학적 성격과 인품을 잘 나타낸 자라 할 것이다.

이러한 그의 도학적 성격과 인품에 대하여는 그의 어릴 적 행적과 사환(仕宦) 이후의 삶의 태도에 있어서도 잘 나타나 있다.

인종이 승하하고 경원대군이 왕위에 오르니 이분이 명종이었다. 당시 명종은 12살이었으므로 문정왕후가 수렴청청을 하게 되었는데 이 때 을사사화(乙巳士禍)가 일어났다. 그러자 하서는 벼슬을 버리고 자신을 폐인처럼 여기며 우주의 넓음과 함께 호흡하려 하였다. 즉 그는 인종의 승하 소식을 듣자, 문 밖 출입을 삼가하며 인종의 제삿날에는 제수를 만들어 제사를 드리고 눈물을 흘리고 실성할 정도였으며, 명종이 즉위한 이후에도 성균관 전적, 공조정랑의 벼슬로 불렀으나 모두 취임하지 않고 오직 공자와 주자를 사모하며 산수 사이에 머물며 시와 술을 벗 삼았다. 39살 때인 1538년(명종 3년)에는 순창 쌍치면 둔전리 점암부락에 거처를 정하고 선비들과 학문을 강론하면서 그의 생각을 시로 나타내었는데 그가 지은 시는 맑고 아름다울 뿐만이 아니라 그의 도학군자로서의 풍모를 잘 나타내주고 있다.

둘째로 하서 사상의 특징은 성리학적 업적을 들 수 있다. 그의 성리학 사상을 나타내고 있는 저술로서는 '노과회(盧寡悔)'와 '숙흥야매잠(夙興夜寐箴)'을 해석한 별지(別紙)와 친구에게 준 편지(與友人書) 그리고 최근 고려대학교에서 발견된 그의 천명도(天命圖)에 잘 나타나 있다. 그는 친구에게 준 편지에서 "스스로 가슴 속을 돌아보면 비록 조금 트이고 시원한 생각은 있는 듯하나 근기가 두텁지 못하고, 함양이 익숙지 못하여 실천할 즈음에는 나의 소유로 되지 못하였다"고 전제하고, "이를 위해 주렴계의 태극도설을 가져다 읽기를 시경 읽듯 하였지만 그 공은 10배나 더했어도 다만 그 방불함을 상상할 뿐이었으며, 마침내 대학의 글을 읽고서야 소학과 종시가 된다는 것을 알았다. 초학자로서 덕을 쌓기 위해서는 이를 버리고서는 방법이 없다고 생각되어 자세히 보게 되었다"고 하였다. 이어서 그는 "한가하고 조용한 때가 적고 번잡하고 요란스러운 날이 많아서 어둡고 방일(放逸)함이 많아지게 되면 소인의 길로 가지 않을 자가 없을 것이다"고 경계하였다. 이로써 보면 하서의 성리사상은 주렴계의 태극도를 사상적 기초로 삼고 소학과 대학을 학문의 종시로 이해하고 있음을 알 수 있다.

주지하는 바와 같이 주렴계의 천명도는 인간의 본성이 천명과 어떻게 연관 지어질 수 있으며, 이러한 성(性)이 정(情)으로 발하면서 선과 악의 작용은 어떻게 나타나는가 하는 점을 밝힌 그림이다. 조선조 초에 만들어진 양촌 권근(權近)의 천인심성합일지도(天人心性合一之圖)와 그 뒤 추만 정지운(鄭之雲)이 만든 천명도 등은 모두, 이 주렴계의 태극도에 근거한 것들이다. 그 후 정지운의 천명도에 대해 이황(李滉)이 일부 수정을 하게 되었는데, 이 수정에 대하여 기대승(奇大升)이 이론을 제기하여 조선조 이기논쟁의 분기점을 이루는 이른바 사칠이기논변(四七理氣論辨)이 이루어지기도 하였다. 김인후 역시 천명도를 그리게 되었으니 이를 하서 천명도라고 부른다.

하서의 천명관(天命觀)은 그의 천명도에 잘 나타나 있다. 그는 하늘(天)과 땅(地)과 사람(人)을 하나의 명(命)으로 연결시키고, 하늘에 대한 설명을 음양(陰陽) 오행(五行) 사덕(四德: 즉 仁義禮智)과 성(誠)으로써 하고 있다. 원으로 표현된 하늘의 둥근 외곽으로부터 세 개의 원을 안으로 그리고, 12간지(干支)를 표시하여 시간의 순환이 끝이 없음을 나타내고, 음양오행의 변화를 그렸다. 안으로 원형이정(元享利貞)의 성(誠)이 일관되어 있음을 표시하고, 그 안에서 음양의 변화를 나타내고 있다.

만물은 명(命)에 따라 자시(子時)에 정(貞)의 이치로 인하여 물의 본질로 발동되며, 이 발동은 하늘의 도(道)인 성(誠)이므로 성의 끊임없는 영원성 속에 담겨져서 진행됨을 나타내고 있다. 땅의 그림은 모난 땅에는 인간과 동물, 식물이 살고 있는 것으로 나누었으며, 모두 천명에 따라 태어났으므로 하늘의 명(命) 아래에 땅의 모난 것이 있고 그 가운데에 인간 금수 초목이 나뉘어져 있다. 초목은 거꾸로 자라고 금수는 옆으로 살고 있는 것으로, 그리고 인간의 머리는 하늘처럼 발은 땅처럼 표현하였다. 그는 인간의 성(性)의 핵심을 중(中)이라 표현하였다. 이 중이란 인의예지의 이치를 갖추고 있어서 이 네 가지가 혼연하게 한 몸이 되어 있으므로 서로 분리될 수 없는 것이며, 마음은 천명(天命)으로 음양을 벗어날 수 없기 때문에 하나로 이어져 있다. 이상에서 보면 하서 천명도의 특징은 인성을 중(中)으로 표시한 점과, 중이 갖는 의미가 인도(人道)의 정신을 나타내고 있다는 점에서 그의 인간의 이해에 대한 독특한 성리학적 관점을 확인할 수 있다. 또한 하서는 인성(人性)을 인의예지신(仁義禮智信)이라는 오상(五常)의 이치로 파악하고 있는 점이 특징적이다. 그것은 조선조 성리학의 사칠이기논변을 불러일으킨 정지운의 천명도와는 다른 특징을 갖고 있기 때문이다.

또 하나 관심을 끄는 것은 하서의 천명도가 1549년에 완성되었으므로 하서의 천명도가 나온 지 10년 후에야 이황과 기대승의 사칠이기논변이 시작되었다는 점이다. 그러므로 결국 하서의 천명도가 그려진지 10년이 지나서 사칠이기논변이 시작된 것이다. 이와 관련된 기록으로는 하서 연보(年譜)에 "기대승의 사칠이기논변은 김인후에게 물어서 이루어진 것"이라는 대목이 있다. 이 기록이 사실이건 아니건 간에 퇴·고 논변이 시작되기 이전에 하서와 고봉 사이에 천명도에 관한 토론은 있었을 법한 일이다. 그래서 그 뒤 우암 송시열이 편찬한 신도비문에서도,

퇴계 이선생이 사단칠정 이기호발(理氣互發)의 이론을 제창하자 고봉(高峰) 기선생(奇先生)은 이를 깊이 의심하여 선생에게 질문한 바, 선생의 설명이 물 흐르듯 막힌 바 없으므로 기선생은 드디어 이선생에게 논변하여 그 글이 거의 수 만자에 달하였다.

고 지적한 것으로 보인다. 또한 정조 10년 병오년에 문묘에 배향할 것을 상소한 박영원(朴盈源)의 글에 보면,

문헌공 신(臣) 기대승은 일찍이 사단칠정의 논변에 대하여 질의한 바가 많아서 그 인증을 얻었는데, 뒤에 이황과 왕복 논란한 것이 거의 수만 자였으나 요는 다 인후에게 나아가 올바름을 얻은 뜻에 근본을 둔 것이었고, 이황도 역시 일찍이 그의 도학 문자를 보고 해박한 지식에 깊이 공경하였다.

라고 기록하고 있다. 그리고 하서의 연보에 보면

일재가 고봉에게 편지를 보내서 태극 음양이 한 물건이라는 뜻을 극론하고, 이 서한을 선생에게 보내서 고봉에게 전하도록 하였으므로 선생은 이 편지를 보고 일재에게 짧은 글을 보냈는데, '기군에게 보낸 서간에 대해 감히 의논하지는 않겠으나 이기(理氣)는 혼합하여 천지에 가득한 것은 거기에서 나오지 않는 것이 없는 것이며 태극이 음양과 분리되어 있다고 할 수는 없다'고 하였다. 당시 고봉은 고향에 있었으므로 언제나 하서에게 찾아와 의리를 토론했는데 퇴계의 사단칠정론(四端七情論) 가운데 이기호발(理氣互發)설이 의심이 나서 하서에게 질문하니 하서가 분석하고 논변하기를 투철하고 정밀하게 해주었다고 한다. 고봉은 퇴·고 이기사칠논변 이전에 하서로부터 배운 바가 이와 같았으므로 하서가 돌아간 후 고봉은 퇴계와 사단칠정에 대해 토론할 때 하서의 뜻을 많이 조술해서 분변하였다고 할 수 있다.

이상의 내용으로 미루어 보면 하서는 성리학에 대해 해박하고도 명쾌한 지식을 갖고 있었음을 알 수 있게 된다.

셋째로 하서 사상의 특징은 그의 문학사상과 호남유학사에서의 위치를 들

수 있다. 호남의 유학은 넓은 뜻에서 보면 기호학적인 특징을 지닌다. 기호학은 기대승과 이황의 사단칠정에 대한 논변을 계기로 하여 영남의 주리파(主理派)와 기호의 주기파(主氣派)로 양분됨으로서 생겨난 것이지만, 기호학의 사상적 선하(先河)를 보면 김인후의 도학적 공헌과 기준(奇遵)의 절의정신 그리고 박상(朴祥)의 의리정신을 손꼽지 않을 수 없을 것이다. 이러한 점에서 김인후와 박상은 호남의 도학과 문학사상을 발전시키는데 있어서, 기대승은 성리학을 발전시키는데 있어서 그들이 기여한 공로는 지극하다고 할 것이다.

김인후는 특히 가사문학으로서 호남가단의 영수가 된다는 점에 유의할 필요가 있다. 그와 교유하였거나 직접 간접으로 사승의 관계에 있었던 인물로는 임억령(林億齡), 송순(宋純), 정철(鄭澈)을 들 수 있다. 특히 이항(李恒)과 더불어 전라북도 태인의 김약해(金若海)의 한정(閒亭)에서 교유한 점을 고려해 보면 그의 문학사상은 담양 창평을 중심으로 한 호남의 가단(歌壇) 뿐만 아니라 전라북도 태인의 문화권에도 깊은 영향을 주었다고 할 것이다.

이렇게 볼 때 김인후의 학문은 조선조 성리학의 절정기를 이룬 기대승의 학문과 함께 선하를 이루고 있고, 그와 교유하였거나 직접 간접으로 사승의 관계를 맺었던 인물들이 임억령·송순·정철·이항 등이었다는 점을 고려한다면 그의 사상은 호남의 유학에 있어서 뿐만이 아니라 조선조 유학의 발전에도 많은 영향을 주었다고 볼 수 있을 것이다. 특히 그의 문학세계를 이어받은 문인들의 작품이 조선조의 가사문학을 대표하고 있다는 점에서 본다면 김인후의 학문과 업적은 매우 뜻깊은 의미를 갖는다 하겠다.

3) 원문 번역

하서 문집 연보에 따르면 "1543(중종38)년, 그의 나이 서른네 살 되던 해 6월에 홍문관 부수찬 지제교 겸 경연 검토관으로 승진하였는데 동궁에 화재가 발생하였다. 이 때 갑자기 그는 느낀 바가 있어 수성(修省)의 도리를 말하게 되었다"고 한다. 그 구체적인 내용은 다음과 같다.

> 임금이란 어진 인재를 가까이 하고 선비의 기강을 바로 잡는 것으로 근본을 삼고 어진 인재의 보필을 받아야만 나라가 잘 다스려질 수 있다고 전제하고, 기묘사화에 대하여 모든 사람들이 가슴 아파하고 원통하게 여기면서도 그 어느 누구하나 그러한 본심을 개진하고 무죄함을 밝히려 하지 않으며, 이러한 생각으로 말을 꺼내는 사람은 배척받고 있으니, 임금은 스스로 겸양하고 이를 살펴서 올바름과 사사로움을 구분하고 시비를 분명히 하여, 교화가 무너지고 풍속이 퇴폐해 짐을 날로 걱정하고 힘써 주기를 바란다는 것이다.

하서문집은 화재로 인하여 남은 글이 별로 없다. 지금 전해진 것들은 모두가 시문이며 제문과 묘표, 그리고 몇 편의 편지 정도이다. 그 가운데서 그의 인품을 엿볼 수 있는 것은 여기에 소개한 '홍문관 차자'이다. 이 글도 전문(全文)이라기보다는 어찌 어찌 어렵사리 전래된 듯한 인상을 받고 있으며 실제로 글이 중간에서 끊어져 있음을 알게 된다. 다만 이 내용에서 보면 중종조에 일어난 기묘사화의 환란이 가시기 전에 기묘 사림의 억울함을 신원하여 주고 임금 자신은 언제나 수신하고 반성하여 국가의 착한 원기를 북돋아서 나라의 정치를 올바로 이룩하여야 할 것을 주장한 것이다. 이로써 보면 그는 문약한 선비가 아니라 강직한 인품의 소유자였음을 이해하게 된다. 따라서 이 글에서 우리는 지금 우리가 접할 수 있는 시문과 국문 가사로서 느낄 수 있는 문인으로서의 풍모만이 아니라 그는 강직한 신하로서, 선비로서의 자질도 함께 간직하고 있었음을 발견할 수 있게 된다.

홍문관 차자 *弘文館 箚子*

엎드려 뵈온 바 전하께오서는 학문에 마음을 두시고 어진 이를 좋아하시고 선(善)을 즐기시며 소의간식(宵衣旰食)으로 정신을 가다듬어 다스림을 꾀하신 것이 삼십여 년이오니, 거의 아름다운 징조가 모두 응하고 좋은 상서가 담 쌓여올 것이라 생각되옵는데 조정의 화와 인륜의 변과 재앙의 발작이 오늘보다 더한 적은 있지 않았사옵니다.

근년이래로 삼신(三辰: 日月星)이 흉(凶)을 알리고 서리 우뢰가 때를 잃고 수재와 한재가 서로 겹치고 질병조차 간간 발생하여 민생은 날로 줄어들고 국가는 피폐한데 더더구나 일식(日蝕)의 변이 바로 삼조(三朝)에 나타나고 동궁(東宮)의 화재가 거의 하늘을 후끈거렸으며 열흘 이내에 재액(災厄)이 연첩하여 나타났으니 보고 듣는 사람치고 어느 뉘들 한심하지 않겠습니까.

신들은 듣자온 바 사람의 일이 아래서 느끼게 하면 하늘의 도(道)는 위에서 응한다 하였사온데 신들이 반복하여 생각해 보아도 전하께오서 이 일을 당하시게 된 것은 과연 무엇 때문이었는지 알지 못하겠사옵니다.

아마도 전하께오서 호학낙선(好學樂善)의 실상이 위와 아래를 진실하게 못하시며 궁행심득(躬行心得)의 묘오(妙悟)가 혹시라도 미진한 바 있어, 잠깐의 사이에 가끔 간단이 생기고, 섬개(纖芥)의 미세(微細)에 성찰(省察)을 놓게 되어 몸과 마음, 안과 밖이 능히 여일하지 못함으로써 일신(日新)의 공(功)이 도리어 일퇴(日退)의 지경에 돌아간 것이며 무릇 일에 있어서도 비록 하늘에 순응하는 글월과 백성을 근념(勤念)하는 말씀과 간언(諫言)을 받아들이는 이름은 있지만 성의의 축적이 반드시 후하지 못하면 재변이 생기는 것이 또한 그런 원인이 아니었다고는 전연 배제하지 못할 것입니다.

아무리 온 나라가 넓다지만 한 사람이 다스릴 수 있고 온갖 일이 많다고 하지만 한 마음이 주재(主宰)할 수 있어온 즉 임금의 한 마음에서 교화(敎化)와 기강(紀綱)이 나오고 서게 되는 것입니다. 진실로 때마다 경계와 삼가를 더하여 그 마음을 일으키고 깨우쳐서 항상 비고 신령하고 명백하고 투철하게 함으로써 느낌이 있으면 반드시 통하게 하지 못한다면 비록 본체(本體)가 거울같이 비치고 저울대처럼 공평하다 할지라도 자못 사의(私意)에 가리게 되어 마침내 막힘없이 유행(流行)하는 광명정대의 용이 되지 못할 것입니다.

그래서 한 막(膜)의 밖은 문득 호월(胡越)이 되어 정과 뜻이 서로 통하지 못하며 안과 밖이 서로 관섭(管攝)하지 못하여, 심지어는 교화가 행하지 못하고 기강이 해이해지고 모든 일이 절도가 없고 풍속이 날로 야박하며 그 혹 사위(事爲)의 말(末)에 애를 쓴고 방금(防禁)의 즈음에 급급하지만 법에 따라 폐단이 생기고 성(誠)이 아니면 물(物)이 없는지라 역시 한 때의 부득이한 조처에 불과할 뿐이오며 지속되고 오래 갈 수 있는 도(道)는 아니옵니다.

전하께오서 스스로 생각하시기를 당조(堂2)의 위에서나 방 아랫목 속에서

도 뜻이 과연 다 성실하고 마음이 과연 다 바르다 여기십니까. 그 기질을 함양(涵養)하고 덕성(德性)을 훈도(薰陶)하는 것은 대개 몇 날이 없는데 혹은 연닐(宴3)의 사정에 가리고 은애(恩愛)의 치우침에 얽매어 스스로 극복하지 못한다면 전하께오서 비록 총명예지(聰明睿知)의 자질을 지니셨다 할지라도 역시 침지(浸漬)되고 편파(偏頗)되어 달로 달라지고 해로 틀려져 오는 근심이 어찌 없겠사옵니까?

이 때문에 예로부터 잘 다스리는 임금은 누구나 다 어진 인재를 친근히 하고 선비 풍습(風習)을 바로잡는 것을 근본으로 삼았던 것이오니 대개 어진 인재를 친근히 한 연후에야 보익(輔翼)을 전위(專委)하여 교화를 시행할 수 있으며 그 교화의 시행 같은 것은 또 반드시 선배 풍습을 바로 잡는 것에서 비롯되어야만 이륜(彝倫)을 밝히고 풍속을 도탑게 할 수 있는 것입니다.

진실로 이를 선무로 삼지 아니하고서 기필 혼자 결단하며 치우친 처사로 나간다면 비단 형세가 미치지 못할 뿐만 아니오라 출치(出治)의 근원도 어찌 능히 맑음을 보장하오리까.

더구나 바른 사람이 없으면 능히 간사(姦邪)를 분별하지 못하고 곧은 말이 아니면 과실을 들을 길이 없으므로 반드시 항상 우용(優容)하고 장려하여 그 기절을 배양한 연후라야 강상을 유지하고 왕실(王室)을 호위하여 반석불발(盤石不拔)의 형세를 굳히게 되며 혹시 만에 하나 생각지 않은 변이 생길 경우 반드시 붙잡고 매달리어 넘어지거나 위태로움이 없게 하며 목숨을 바쳐 임을 다하는 것입니다.

신등은 그윽이 듣자온 바 세종(世宗), 성종(成宗)께오서 이를 장려하고 이를 배양하여 극진히 하지 않은 것이 없었기 때문에 당시에 성취된 사람들은 대개 다 세상에 이름난 인재요 우뚝 솟은 선비로서 능히 생(生)을 달관하고 목숨을 버리어 대절(大節)에 다다라도 뜻을 변하지 않고 칼날을 무릅써도 더욱 열렬하여 이제껏 생기가 늠름하게 살아 있는 것이옵니다.

전하께오서 즉위하신 처음에 전거(前車)의 엎어짐을 거울삼고 대업(大業)의 어려움을 생각하시와 어진이 구하기를 목마른 듯이 하시고 선(善)을 따르되 거슬림이 없으시므로 선비들 역시 즐거이 용(用)이 되어 스스로 힘을 다할 것을 기약하며 내심에 "이와 같은 임금을 만난 즉 옛날 제왕의 정치를 기필코 이루고야 말겠다"는 생각 아래 예전 시대를 인거하여 실지로 누적된 폐단을 통렬히 개혁하고 시속의 수다쯤은 돌아보지 않으며 분연히 일어서서 장차 큰일을 해보려고 하였으니 진실로 사심이란 일호도 없었던 것입니다.

다만 그 뜻을 같이한 선비들의 학식이 천심 후박의 차이가 있는 때문에 간혹 속성하려는 생각을 갖는 반면에 자못 함홍(含弘)하는 도량이 적었으며 점진의 의(義)를 상실하고 급격한 근심을 부르게 된 것입니다.

그래서 뭇 시기하는 자들이 마구 발작하여 위태롭고 의심스러운 기틀을 만들었으며 전하의 마음도 정(精)하기는 처음 살필 적만 못하고 일(一)하기는 처음 지킬 때만 못함과 동시에 긍장(矜莊)한 모습과 귀에 거슬리는 언론은 점점 보기에 껄끄럽고 듣기에 싫어지는 것이오라 이에 간사한 소인 무리들이 그 틈을 타서 그 기(機)를 발동하게 되니 평소에 기약했던 요순군민(堯舜君民)의 뜻은 백에 한 두 가지도 실현하지 못하고 도리어 비정의 이름을 받으며 불칙의 베임을 당하고 말았습니다. 그 천총(天聰)을 현혹시키고 성명(聖明)을 기폐(欺蔽)하며 선류(善類)를 무함한 것이 아무리 심하다 한들 이 지경에까지 이르렀단 말입니까.

이로부터 이후로는 윗사람도 성의로써 아랫사람을 부리지 못하고 아랫사람도 성의로써 윗사람에게 믿음을 보이지 못하며 몸을 허락하여 스스로 담임하려는 뜻이 없고 모두 불안한 마음만 스스로 가지고 있으므로 관수(官守)하는 자는 과감히 그 직을 다하지 못하고 언책을 가진 자도 그 말을 다하지 못하며 유유범범(悠悠泛泛)하여 구차스레 성명(性命)만 보전할 따름입니다.

이 버릇이 날로 자라나서 투박(偷薄) 태타(怠惰)가 풍기를 이루었으므로 책난(責難), 진선(陳善)의 충언은 면전에 올라오는 날이 없어 위에서는 총명을 넓힐 수 없고 아래서는 사정(邪正)을 분별할 수 없으니 이 때문에 권간(權奸)이 가름해 일어나서 갈수록 더욱 치성하여 흉계를 자행(恣行)하여 전혀 기탄이 없는데도 온 조정이 입을 다물고 앉아서 구경만하며 구출할 생각조차 못했습니다.

다행히도 종묘(宗廟) 사직(社稷)의 권우(眷佑)와 전하의 위령을 힘입어,

죄가 극에 달한 자들은 각기 백일하에 처형을 당하였으니 만일 그렇지 않았더라면 당시의 일을 생각할 때 어찌 아슬아슬하지 않으오리까. 삼흉(三兇)의 말기엔 대세는 이미 기울어졌는데도 오히려 두려워서 움츠리고 꺼리다가 겨우 없앴거니와 그 한창 치성할 때에는 말로 대항하여 화를 저촉한 자는 두세 명 광견(狂狷)의 선비에 지나지 않았으니 이러고도 나라에 사람이 있다 이르오리까.

전(傳)에 이르기를 "어질고 착한 이를 믿지 아니하면 나라가 공허하다(不信仁賢 卽國空虛)"하였으니 이때를 당하여 가사 급한 일이 생긴다면 전하께오서 장차 무엇을 믿고서 편안하시려 하시나이까.

전하께오서 아직도 간사한 자들의 어진이 무함한 정상을 깨닫지 못하시어 쾌히 뉘우침을 열어 보이지 않으시므로 조야의 사림(士林)들이 기묘(己卯)의 원왕(寃枉)을 민망히 여기지 않는 자 없으면서도 이제껏 본 마음을 개진(開陳)하여 죄 아니라는 것을 명백히 사뢰어 위로 전하의 의이(疑貳)의 일념을 풀어드리고 아래로 지하의 캄캄한 충분(忠憤)을 씻어 주지 못하니 사기(士氣)가 퇴폐하고 타락된 것은 역시 이에도 그 일단을 엿볼 수 있는 것입니다.

아! 세종 성종의 고명하신 학문은 실로 생지(生知)를 말미암아 조용히 도(道)에 적중하여 생각하고 힘쓸 것이 없었으니 마땅히 외부에 의존할 일이 없을 것 같사오나 오히려 급급히 서둘러 장려하고 배양하여 시종이 여일함으로써 인재를 작성하는 아름다움을 이룩하였습니다.

이들을 풀 베듯이 베어버린 참화가 후일에 일어나서 지금까지 사람들은 오히려 애석히 여기옵는데 하물며 몸소 전하의 배양을 입은 자들이 바로 전하의 시대에 화를 받고도 천일(天日)의 조림(照臨)을 만나지 못한 적이 우금 이십여 년이오니 어찌 심각한 민망스러운 일이 아니겠사옵니까.

신등은 일찍이 보온 바 소학(小學)의 글은 본시 성현이 교(敎)를 만들어 낸 유의(遺意)로서 무릇 입심(立心), 행기(行己), 처사(處事), 접물(接物)하는 준칙이 모두 이에 들어 있으니 실로 계왕개래(繼往開來)의 요전(要典)인 동시 정학(正學)의 계제(階梯)가 되는 것입니다.

그러 하온데 이제 와서는 이것이 기묘년 화를 가져온 본밑이라 하여 도리어 서로 헐뜯으며 하나라도 단언정색(端言正色)하는 사람이 있으면 선뜻 소학의 무리라 배척하니 사습(士習)이 바르지 못함이 유래가 있어 그런 것입니다. 이러고서 인륜의 밝음과 풍속의 후함을 바란다는 것은 어렵지 않겠사옵니까.

선비 된 자가 인륜이 무엇을 하는 것인지를 알지 못하고 관직에 있는 자가 교화(教化)란 것이 무엇인지 알지 못하며 학(學)은 구하지 아니하고 이름만 구하며 마음은 찾지 아니하고 일만 찾으니 군자로도 오히려 이러할진대 소인이 어찌 보고 느끼어 흥기할 수 있겠습니까.

이런 때문에 경기근방 주군(州郡)의 사이에는 너무 흉악하여 귀로 차마 듣지 못하고 입으로는 차마 말을 못할 일들이 자주자주 일어나니 성명(聖明)의 시대에 있어 이와 같은 비상의 변이 있으리라고 뉘가 이르겠습니까.

무릇 삼강(三綱)이란 국가의 동량(棟梁)이온데 들보가 꺾이고 기둥이 흔들리면 집이 어찌 오래 지탱하겠습니까. 그런데도 위에서는 편안하고 아래서는 즐거워하며 모두 이미 다스려졌고 이미 안정되었다 여기며 경각심을 크게 가지고서 빨리 개혁해야 된다는 것을 알지 못하니 이 어찌 치세(治世)의 상이라 하오리까. 신등의 사우과계(私憂過計)로는 장차 토붕(土崩)의 근심이 조석에 일어날까 걱정이온데 스스로 깨닫지 못하는 것입니다.

전(傳)에 이르기를 "정사로써 인도하고 형으로써 가지런히 하면 백성이 면하기는 하되 부끄럼이 없어지고 덕으로써 인도하고 예로써 가지런히 하면 부끄럼이 있고 또 감복한다(道之以政 齊之以刑 民免而無恥 道之以德 齊之以禮 有恥且格)"하였으니 전하께오서 이미 이와 같은 실덕(實德)을 안에 지니신 즉 이로써 백성을 감화하는 근본을 삼으시고 본연(本然)의 권도(權度)로써 품절(品節)하여 구규준승(矩規準繩)을 지켜 나갈 수 있게 하신다면 저 "그물이 벼리가 있어야 조리가 있어 어지럽게 않다(若網在綱 有條而不紊)"는 것과 같아서 조정의 온갖 관원들이 감히 정(正)에 모이지 않을 수 없으며 백성들도 부지중에 날로 선(善)에 옮겨지고 말 것입니다.

이를 버리고 힘쓰지 않으며 한갓 그 말(末)만 믿는다면 비록 형살(刑殺)이 날로 베풀어지고 정령(政令)을 자꾸자꾸 변경해 보았댔자 죄를 면케 하기에 오히려 불가능하온데 더더구나 선(善)에 옮겨지길 바랄 수 있겠습니까.

이런 까닭에 오늘 한 호(號)를 발하고 명일 한 영을 내지만 영을 냈다 해서 반드시 시행되는 것도 아니요 금한다 해서 반드시 그쳐지는 것이 아니며 시행되지 않으면 도리어 저지되고 그쳐지지 않으면 다시 살아나서 구차와 인순(因循)으로 아침에 변하고 저녁에 바뀌어져도 실효를 보지 못한 적이 대개 오래였습니다.

우선 요즘의 일로만 보더라도 궁곤(宮 5)의 안에 대해 관방(關防)이 엄밀하고 수비가 철저한 것은 반드시 통섭(統攝)하는 바 있어서 이온데 훨훨 타는 불길이 이미 치열해진 다음에야 발각되었으며 끝내는 모든 왕래하는 사람에게 핑계하고 있으니 신등은 자상히 알지 못하는 바이오나 관방의 느림과 수비의 소홀에 관하여는 신등도 당초 이를 염려하지 않은 것은 아닙니다.

심지어는 온갖 관요들이 허둥지둥하고 예졸(隷卒)들이 전지도지하여 단지 소요스럽기만 하였고 선뜻 불길을 잡지 못했으니 어찌 평시에 관할을 잘하지 못하고 모든 일을 일찍이 밝히지 못해서 이리된 일이 아니겠습니까. 이는 비록 사람의 일이 미쳐 주선이 못되어 그런 것이오나 역시 하느님의 견책(譴責)임을 깊이 엿볼 수 있겠거늘 아직도 전하의 측석(側席)하여 수성(修省)하는 실상과 허물을 인책하고 말을 구하는 명(命)을 보지 못했으며 다만 번거롭게 편오(編伍)를 점검하여 잃어버린 물건을 수색하기에만 급급하니 정문(正門)이 대낮에 닫혀 있어 첨시(瞻視)에도 해괴하려니와 넓지 못함을 보여 주는 것도 같습니다. 진실로 군율(軍律)이 본래 밝고 문금(門禁)이 본래 엄숙했다면 소소한 사곡(邪曲)은 저절로 용납할 바 없으리라 생각되옵니다.

엎드려 바라옵건대 전하는 청단(聽斷)의 나머지에 허심탄회하시와 몸에 돌이켜 살피고 일에 따라 체험하며 강학(講學)의 사이에 기미를 연구하고 조존(操存)의 때에 치국(致曲)을 다하며 재앙을 이룬 근원을 깊이 생각하여 통절히 스스로 각책(刻責)하고 오직 날로 척려(脊膂)하여 학은 반드시 성(聖)에 이르러 간 뒤에 말며 다스림은 반드시 전고에 미쳐 간 뒤에 그치되 요는 본원(本源)이 맑고 안팎이 다 실하게 하여 그 하늘을 움직이는 정성과 그 물(物)에 접하는 마음을 극진히 하여 일호라도 사위(私僞)가 끼임이 없게 한다면 사와 정을 분별하기 어렵지 않고, 옳고 그름도 정해진 바가 있어 이미 흐려진 사습(士習)도 일어나고 이미 해이한 기강(紀綱)도 떨칠 수 있사오며 교화의 능이(陵夷)와 풍속의 퇴패는 족히 근심할 것이 없을 것입니다.

혹시라도 천연하고 고식(姑息)하여 해이와 타락에 주저앉아 스스로 강력하지 못하고 한갓 허문(虛文)만 일삼으며 그 실덕(實德)을 힘쓰지 않거나 말절(末節)만 다스리고 그 본원을 어떻게 인사를 바로 잡으며 어떻게 위태로움을 돌리어 편안하게 하며 어떻게 화(禍)를 돌리어 복으로 만드오리까. 정사의 실책도 개혁하자고 해도 개혁할 수 없게 되며 사람을 잘못 쓴 것도 버리자고 해도 버릴 수 없게 될 것입니다.(이하 原文이 빠져 있음)

4) 河西先生全集 目錄 (1988. 河西紀念事業會刊 國譯河西全集에 따름)

卷之一

御製賜祭文(二) 賜祭文 文廟從祀敎書 文廟從祀頒敎文 文廟陞配祝文 序(二)

卷之二

五言古詩: 讀白鹿洞規 外82首

卷之三

五言古詩: 遊仁王洞次贈梁公燮 外85首

卷之四

七言古詩: 筆戰 外66首

卷之五

五言絶句: 上元夕 外272首

卷之六

七言絶句: 詠天 外190首

卷之七

七言絶句: 和李太守(彦忱) 外265首

卷之八

五言律詩: 正月朔日書 外131首

卷之九

五言律詩: 拜李壯元座上有詩 外124首

卷之十

七言律詩: 贈孝先 外206首 / 五言排律: 用觀貽堂韻題源上人軸 外24首 / 七言排律: 天柱峯翫月 外5首

卷之十一

箚: 弘文館箚子 / 書: 上李太守書 與友人書 與盧寡悔論夙興夜寐箴解別紙往復語後語 與一齋書 上右相書 / 序: 學專上人詩軸序 己卯諸賢帖序 / 記: 平泉莊記 / 跋: 孝經刊誤跋 大學講義跋

卷之十二

贊: 高麗太祖眞贊 / 銘: 斬蛇劒銘 / 頌: 耕者讓畔頌 / 箋: 賀冊封王世子箋 辭弘文館校理箋 謝賜食物仍命病愈乘驛上來箋 / 啓: 謝柳氏納采啓 / 上樑文: 大麥洞新營寢堂上樑文 / 祭文: 祭尹士栗文 外3篇 / 墓誌銘: 先府君墓誌 外4篇 / 雜著: 李至男字說 誅沙門論 佯狂爲奴論 策(四首) 家禮考誤

〈 附錄 〉

卷之一

家狀 行狀 神道碑銘 墓表 墓誌銘

卷之二

敍述(六十五條) 祭文(三) 祝文(三) 詩(三十九首) 上梁文(二) 跋

卷之三

世系 年譜

卷之四

年譜

〈 續編 〉

四言古詩: 次聽松堂韻 / 五言古詩: 贈尹仁叟(衡柚) / 七言古詩: 華表鶴 外4首 / 五言絶句: 挽宋生(庭篁) 外4首 / 七言絶句: 贈梁君子民(二首) 外2首 / 五言律詩: 贈閔杏堂復 外4首 / 七言律詩: 伴仙亭韻(亭主楊公休) 外3首 / 祭文: 祭宋生庭篁文 / 墓表: 承議副尉趙公墓表 / 雜著: 洪範：著作卦圖 百聯抄解 河西草千字 河西遺墨

〈 續編附錄 〉

朝鮮實錄抄 弘齋全書抄錄(五條) 傳敎 啓辭 獻議 從享時諸公往復敍述 詩(二十首) 序(三) 記(三) 跋(三) 碑(二) 湖堂修契錄 東湖契會圖 刊集事實 蓮榜曹司契會圖 碩識 別試策題

〈 續集外錄 〉

卷之一

卷之二

5. 금호 임형수 錦湖 林亨秀

1) 생애

임형수(1514-1547)는 호가 금호(錦湖)요, 관향은 평택(平澤)이며, 벽서사건으로 모함을 당하여 34살의 짧은 생애를 마친 중종 때의 문신이다.

아버지 준(畯)은 함경북도 병마절도사였으며 어머니 안동 권씨(權氏)는 현감 석지(錫之)의 딸이다.

대대로 나주의 솔 고개(松峴) 금수(禁輸)의 남쪽에 살았으므로 스스로 금호(錦湖)라고 호를 삼았다.

1514년에 태어나 1531년, 17살의 어린나이에 사마시(司馬試)에 합격하고 22살 때인 1536년에 문과에 합격하였으며, 곧 한림이 되고 시강원 설서를 지냈는데 인종이 동궁에 있었을 때였으므로 특별한 사랑을 받아 홍문관 수찬으로 특채되었다. 1538년 호당에서 사가독서 하였으며, 이듬해 봄에 병조좌랑이 되었다.

회령부 판관이 되어서는 북쪽지방이 기근이 심하여 특히 회령지방에 피해가 많았는데 이웃 고을을 다스리는 사람들은 무관들이었기 때문에 모두 등한하였으나 그는 조정에 알리고, 이를 막아서 많은 인심을 얻었다. 임기를 끝내고 이조좌랑, 홍문관 교리, 이조정랑, 사헌부 장령, 사간원 사간, 의정부 사인, 홍문관 응교, 전한의 벼슬을 지냈다. 중종이 돌아가고 중국의 사신 장승헌(張承憲)이 사신으로 오자 영접의 책임을 맡았으며, 많은 시를 주고받았다.

인종이 등극하여 크게 등용하고자 하였으나 곧 돌아가고, 명종이 보위에 오르자 중종의 계비였던 문정왕후가 조정에 간여하게 되어 간신들이 을사사화(乙巳士禍)를 일으킴에, 맑고 큰 인품을 지녔다하여 먼저 배척의 대상으로 삼았다.

제주목사로 나아가서는 한 해가 되기 전에 정치의 감화가 크게 떨치고 인심이 순화되었다. 그가 제주를 떠나올 때는 섬사람들이 눈물을 흘리며 어머니를 잃은 어린이와 같이 하였다. 돌아오자 벽서의 사건이 일어나 당시의 어진 사람들이 모두 화를 면할 수 없게 되었는데 맨 먼저 금호를 외딴 섬에 가두도록 하고 곧이어 사약을 내리니 유배 길의 금호를 금부도사가 뒤따라 달려갔다. 나주에서 뒤따라 온 금부도사를 만나 사약을 받고 임종에 임하여 부모에게 하직하고 자식에게 훈계하고 기꺼이 최후를 마치니 이때가 34살로서 1547년 9월이었다.

돌아간 날 온 나라사람들이 슬퍼하지 않는 사람이 없었다. 선조 때에 이르러 공론이 일어나 신원되었다. 그는 인품이 뛰어나고 작은 일에 얽매이지 않으며 문장에 능하였고 하는 말은 많은 사람의 의표를 적중시켜 나라의 인물로서 이름을 떨쳤다. 이황(李滉)은 교분이 깊어 그가 돌아감에 슬픈 마음을 그치지 않았고, 김인후(金麟厚) 또한 노래를 지어 슬픔을 나타냈는데 동량(棟樑)으로 비유하였다.

아들 하나와 딸 둘을 두었는데 아들은 현감이었으나 후사가 없다. 금호유고 2권이 있는데 김수항(金壽恒)과 송시열(宋時烈)의 발문이 있다.

그는 젊은 나이에 한 때의 중망을 한 몸에 지니고 있었지만 큰 뜻을 펴보지 못한 채 벽서사건에 연루되어 억울한 일생을 마치게 되었다. 그러나 그의 행의는 이 고장의 자랑스러운 업적으로 남아있으며 당시의 명현들이 이를 추모하고 있다. 이러한 정신이 바로 호남의 의리정신으로 맥맥히 이어오고 있음을 알 수 있다.

2) 원문 번역

이 글은 금호유고 부록에 실려 있는 제가잡기이다. 지금 남아 있는 금호유고 2권 가운데 제가잡기는 하(下)책 첫 부분에 실려 있다. 이 글은 동각잡기(東閣雜記) 등에 실려 있는 그의 평생에 대한 사실들을 가려 뽑아 수록한 것이다. 이 내용들은 벽서사건으로 몰려 임종할 때의 상황과 그의 죽음에 임한 인품을 자상하게 그리고 있다. 지금 남아있는 다른 글 보다는 그의 인격을 객관적으로 잘 그려주고 있다는 점에서 여기에 소개한다.

제가잡기 諸家雜記

가정(嘉靖) 을미년 홍섬(洪暹)이 이조좌랑이 되었는데 이때에 허항(許沆), 채무택(蔡無擇) 등이 바야흐로 김안로(金安老)와 결탁이 되어 위엄을 누리는 판이었다. 항(沆)이 애써 김안로의 아들 김기(金祺)를 이조정랑으로 천거하려했는데 홍섬이 따르지 아니하고 말이 허항의 비위를 건드려 항(沆)이 얽어넣어 옥사가 이루어졌다. 뜰 앞에서 국문을 받고 곤장을 맞아 거의 죽게 되었다. 그리고 멀리 흥양(興陽)으로 귀양을 가게 되었는데 금부도사가 끌고 공주의 금강에 다다랐을 때에 매 맞은 상처가 심하여 옷이나 소매에 핏자국이 범벅이 되었거늘 보는 사람들이 피하였다. 이때에 과거가 있어서 남쪽의 선비들이 모두 서울로 몰려오다가 나룻목에서 이 광경을 보게 되었다. 그런데 그 중의 한 선비가 나이도 가장 어린데 모습이 당당하였다. 여러 사람에게 외치기를,

> 내가 듣기에 홍섬은 사류(士流)라 하던데 이제 죄 없이 곤장을 맞고 귀양가는 것을 보니 반드시 소인이 뜻을 펴고 나랏일을 맡아 정치가 혼란한 것이니 우리가 이런 때에 과거는 봐서 무엇 하겠소? 차라리 돌아갑시다.

하거늘 홍섬이 남여 속에 누어서 끙끙 앓고 있다가 이 소리를 듣고 문득 심신이 상쾌해져 천천히 그 성명을 물으니 임형수 였다.(東閣雜記에 나왔음)

정미년 정언각(鄭彦慤)의 벽서의 화가 터졌을 때 윤인경(尹仁鏡) 등이 죄를 줄 사람들의 이름을 새기고 거기에 경중을 나누어 올렸는데 임형수(林亨秀), 노수신(盧守愼), 정황(丁熿), 유희춘(柳希春), 김난상(金鸞祥)을 외딴 섬에 안치케 하였다. 그런데 언각이 홀로 아뢰기를,

> 임형수는 윤임과 한마을에 살았던 관계로 그의 발톱과 어금니나 다름이 없습니다. 그래서 언제나 "윤원형을 죽여야 한다"고 여러 사람 앞에서 외쳤던 것

이니 윤임과 같다는 것을 더욱 알 수 있습니다. 그런 사람을 귀양만 보낸다는 것은 너무 죄가 가벼운 듯합니다.

하자 대왕대비가 칭찬을 하면서

양재역의 벽서는 길가는 사람이 보기를 한 둘이 아니었을 것인데 너 혼자만이 와서 아뢰었으니 신하로서 직분에 당연한 것이다. 임형수는 죄는 똑같은데 벌을 다르게 내려 내가 몹시 괴이하다 했노라.

하고 임형수를 사사할 것을 명하였다. 언각은 뒤에 경기감사가 되었는데 말에서 굴러 떨어지면서 발 하나가 안장 사이에 끼어서 빠지지 않은데다가 말이 뛰면서 뒷발로 차서 머리통 뼈마디가 으깨져서 죽으니 사람마다 통쾌하게 여겼다.(東閣雜記)

임형수가 제주목사에서 파직되어 나주의 본가로 돌아왔는데 얼마 안 가서 사사되었다. 금부도사가 말을 달려 전라도에 다다르니 관례대로 나주목사가 함께 가기로 되어 있었으나 마침 목사와 판관이 모두 다른 일이 있어 양희(梁喜)가 고을의 교수로 있다가 함께 갔다. 임형수가 나와서 꿇어앉아서 전교를 듣더니 "들어가서 부모에게 작별을 하고 나와 죽겠다"고 청하므로 불쌍히 여겨 허락을 했으나 들어간 뒤에 소식이 없어서 결별하기가 어려워 시각이 늦은 것이라 여기고 사람을 시켜 엿보게 했던바 형수는 다시 안으로 들지 않고 다만 뜰 가운데서 절만 두 번하고 나왔으며, 그 아들이 나이가 10살 못되었는데 불러다가 훈계하기를 "글공부를 하지 마라"하더니 다시 이르기를 "글을 배우지 않으면 무식한 사람이 되니까 글은 배우되 과거만 보지 마라"하고 나와서 죽었다. 형수는 젊어서 과거에 급제하였고 문장에 능했으며 활쏘기를 잘했다. 풍신이 아름답고 기개가 당당하여 당시 국기(國器)라고 했다. 수찬에서 회령 판관으로 나갔는데 어떤 때는 이틀에 한 끼니 만 먹기도 하고 어떤 날은 하루에 몇 사람의 몫을 먹기도 하면서 "장수가 되려면 불가불 이런 습성을 익혀야 한다"하였다. 국경에 있는 오랑캐들을 잘 어루만져 그들의 환심을 얻었는데 그 뒤에 강섬(姜暹)이 명나라로 사신가는 길에 조공을 바치러가는 오랑캐를 만났는데 그는 우리나라와 가까운 데서 사는 자였다. 통역관에게 "너희 나라 임형수가 지금 있느냐?"고 묻더니 미처 대답하기도 전에 오랑캐가 말하기를 "형수는 좋은 사람인데 너희 나라에서 죽었다고 들었다. 그게 사실이냐?"하니 통역관이 대답을 못했다.(東閣雜記)

금호 임형수는 풍류가 호탕하고 그 시도 펄펄 날았다.

> 꽃이 나직하니 선녀가 술에 취한 얼굴이요(化低玉女Β觴面),
> 산이 끊어졌으니 푸른 용이 바닷물을 마시는 허리로다(山斷蒼龍飮海腰)

란 시는 사람들의 입에 널리 알려졌는데 이황이 몹시 사랑하여 말년에 곧잘 생각하며 "어떻게 임처사와 만나볼까?"하였다. 퇴계선생이 언제나 임형수의 사람됨을 감탄하면서 "참으로 뛰어난 남자였다. 죄 없이 죽으니 원통한 일이다" 하면서 탄식하기를 마지않았다.

권충정(權忠定)은 귀양간 곳에서 형수가 죽었다는 말을 듣고 술을 내오라 하여 몇 그릇을 가득 부어 마시고는 "이 사람도 죽었다니?" 하면서 실성을 하도록 울었다. 당당하고 훤칠하여 기운이 일세를 덮을 만했다.

언젠가는 퇴계와 함께 같이 서당에 들어가 술이 취하면 곧 노래도 부르고 시도 지으며 즐기다가 퇴계의 이름을 부르며 말하기를

> 그대도 남자의 기특하고 장쾌한 일을 아시는가? 나는 아네.

하였다. 선생이 웃으면서 말해보라고 하니 그는 말하기를

> 큰 눈이 산에 가득히 쌓였을 때 검은 갓옷을 입고 허리에 흰 깃털 붙인 긴 화살을 차고 팔뚝에 백 근 뿔로 만든 활을 걸고 천리마를 타고 채찍질을 하여 골짜기로 들어가면, 긴 바람이 골짜기에 일고 모든 나무들이 떨 때에 갑자기 큰 멧돼지가 일어나 길을 잃고 달릴 적에 곧 화살을 잔뜩 당겨 쏘아 말에서 내려가 칼을 빼서 썰어놓고 고사목을 베어 불을 지핀 다음 긴 꼬챙이로 그 고기

를 꿰어 구우면 기름과 피가 뚝뚝 떨어지지. 그것을 걸터앉은 채 베어 먹고 커다란 술잔에 술을 가득 부어 시원하게 마시고 취기가 오른 뒤에 위를 쳐다보면 골짜기의 구름이 눈이 되어 한 조각 솜과 같아 취한 얼굴에 떨어지지. 이런 맛이야 그대가 어찌 알겠는가. 그대가 아는 것은 다만 선비의 붓장난 작은 재주일 뿐일세.

하고는 곧 무릎을 치면서 크게 웃었다. 선생이 언제나 그 사람됨을 일컬을 때마다 반드시 그 말도 이렇게 외웠다.

죽을 때에 도사가 사약을 가지고 문에 다가서서 재촉을 하자 곧 차분하게 집안일을 처리하고 하는 말이

종이 울고 시각이 다되어 운명이 경각간에 있다함이 바로 이런 때를 두고 한 말이리라.

하면서 빙그레 웃고 나와서 죽음에 나아갔다.

3) 錦湖遺稿 目錄

錦湖遺稿重刊序(奇宇萬)　錦湖遺稿序(李敏敍)

詩: 同震河次使相韻　外209首

冊文: 中宗大王謚冊　有朋朝鮮國　中宗恭信徽文　昭武欽仁誠孝大王靖陵誌

雜著: 書開山別曲後　遊七寶山記　錦湖林公墓碣銘竝序　行蹟紀略　諸家雜記 / 詩: 錦湖贈林禮曹亨秀　外54首

6. 죽천 박광전 竹川 朴光前

1) 생애

박광전(朴光前 竹川 1526-1597)은 자는 현재(顯哉), 호는 죽천(竹川)으로 1526년 1월 16일 보성군 조양리(寶城郡 兆陽里: 현재 鳥城面 龍田里)에서 박이의(朴而誼)와 낭주 최씨(朗州 崔氏)의 맏아들로 태어났다.

3,4세부터 장난을 하며 놀아도 우스갯소리를 많이 하지 않았고, 기쁨과 노여움을 겉으로 드러내지 않았으며, 홀로 앉아서 다른 아이들이 잡다하게 노는 중에 끼어들지 않았다고 한다. 5세 때에 학문을 시작하였고 독서를 하다 중요한 뜻을 발견하면 반드시 힘써 탐구하고 깊이 물었다.

8세 때에 아버지가 도(道)자로부터 시작하여 위(爲)자에서 끝나는 운을 부르자 곧 이르기를 "도(道)는 천명으로부터 나오는 것이니 사람이 어찌 하리오"라 하고, 다시 이를 뒤집어 위(爲)자로부터 도(道)자에서 끝나도록 하자 역시 "한번 대성(大成)하는 것은 공자(孔子)의 도(道)이다"라고 즉석에서 답하였으므로 부형들이 기이하게 여겼다 한다.

9세에 홍섬(洪暹)에게 나아가서 학문을 닦았는데, 홍섬은 그 때 흥양현(興陽縣)에 귀양 와 있었다. 박광전이 사는 곳과 홍섬이 사는 곳은 상당히 먼 거리였는데도 박광전은 날씨가 춥거나 덥거나 아랑곳하지 않고 걸어서 왕래하였다. 그런 가운데 한 번도 일과를 빠뜨리지 않아서 홍섬은 그의 독실한 뜻을 기특히 여겨 가르침에 더욱 정성을 쏟으며 자식처럼 아꼈다고 한다.

11세 되던 해 감사가 자리를 마련하고 박광전을 불러 시를 짓도록 하였는데 그는 즉석에서 시를 지어 올렸다. 이에 감사는 경탄하며 "비단 재주가 출중할 뿐만 아니라 장래에 반드시 유학(儒學)의 종사(宗師)가 되리라"고 하였다.

12세가 되자 그의 아버지는 과거를 급선무로 여겨 사장(詞章)을 공부할 것을 재촉하였으나 박광전은 사사로이 『성리대전(性理大全)』 등을 얻어 여가가 나면 그것을 읽어 뜻을 통하였고, 13세가 되어서는 문리의 통함이 더욱 밝아서 스승과 친구들의 도움이 없이도 능히 책을 읽을 수 있었고 『중용(中庸)』을 읽어서 깨우친 바가 있었다.

15세가 되자 닭이 울면 일어나서 세수를 하고 문안을 드리고 물러나면서 실(書室) 앞을 쓸고 독서를 그치지 않는 것을 생활의 법도로 삼았다.

20세에 부모의 권유로 과거를 보러 나섰으나 도중에 임억령(林億齡)을 만나 군자(君子)는 역시 율기(律己) 공부에 치중하여야 한다는 말을 듣고 다시 돌아왔으며 21세에 장흥 문씨(長興 文氏) 량(亮)의 딸과 혼인하였다.

22세에 양응정(梁應鼎)에게 수학하였다. 당시에는 을사사화(乙巳士禍) 직후여서 사기가 몹시 쇠잔해 있었는데 박광전은 홀로 수기(修己)의 공부에 더욱 치중하였다.

23세에 할아버지의 상을 당하였으며, 27세에 할머니의 상을 당하여 예법에 따라 상을 치렀다.

31세에 한윤명(韓胤明)과 더불어 고의(古義)를 토론하며 일 년 동안 같이 공부를 하였다. 올연히 단좌하여 밤에는 촛불을 밝히고 닭이 울면 세수를 하고 서로 격려하고 책망하면서 공부에 몰두하였다. 그리고 32세에는 죽천(竹川) 곁에 정사를 짓고 오로지 위기지학(爲己之學)에 침잠하였다.

34세에 천봉산(天鳳山) 대원사(大原寺)에서 강학하였는데 여러 친구들과 강학하는 틈을 내어 축대를 쌓고 못을 파서 쉬는 장소를 만들어 우계(遇溪)라고 이름 짓고, 「우계기(遇溪記)」를 지었다.

35세 때 맏아들 근효(根孝)를 낳은 지 10년 만에 둘째 근제(根悌)가 태어났다.

41세 때에 예안(禮安: 현재 경북 안동 도산면)에 있던 이황(退溪 1501-1570)에게 나아가 제자의 예로 섬기며 학문을 익혔다. 돌아올 때에 이황은 손수 베낀 『주자서절요(朱子書節要)』 한 질을 박광전에게 주었다. 그 후 박광전은 『주자서절요』를 줄곧 연구하면서 의문점을 낱낱이 적어 이황에게 질의하였고, 이황 역시 진지하게 여기에 답을 하였다. 이렇게 하여 두 사람 사이에 주고받은 문답을 뒷날 『절요질의(節要質疑)』라는 책으로 정리하였다.

42세에 초시에 합격하고, 43세에 증광시에서 진사에 합격하였는데 이때 어머니의 병이 위독하다는 소식을 듣고 곧 고향으로 내려왔다. 그는 몸소 탕약을 끓이고 주야로 어머니 곁에서 시중을 하였으나 효험이 없이 어머니는 세상을 떠나고 말았다. 상례와 장례, 제사를 모두 가례(家禮)에 의거하여 치렀다.

45세에 유희춘(柳希春)의 천거로 다음 해에 경기전(慶基殿) 참봉(參奉)에 제수되었으며 다음 해에 다시 헌릉(獻陵) 참봉에 제수되었다.

50세에 관직을 버리고 고향으로 돌아왔으며 52세 때 아버지의 상을 당하였다. 그 후 그는 벼슬길을 멀리하고 오직 위기지학(爲己之學)으로 학문의 목표를 삼았다. 그리고 어린아이들에게 소학을 먼저 읽고 실천할 것을 권하였다.

55세에 동빙고(東氷庫) 별좌(別坐)에 제수되었으나 곧바로 돌아와 버렸고, 56세에는 왕세자의 사부(뒷날 光海君)가 되었다.

58세에 함열(咸悅) 현감(縣監)을 제수 받아 선정을 베풀고 61세 되던 가을에 현감을 그만두고 귀향하였다.

62세에 다시 회덕(懷德) 현감(縣監)에 제수되어 역시 행정의 치적을 남기고 64세에 그만 두었다.

67세 때 임진왜란(壬辰倭亂)을 당하여 임계영(任啓英) 등과 더불어 의병을 일으켰다. 그러나 그는 노병으로 인하여 직접 출병하지 못하고 임계영과 맏아들 근효, 안방준(安邦俊) 등으로 하여금 의병을 이끌도록 하였다.

68세에 익위사 익위(翊衛司 翊衛)에, 70세에 익위(翊衛)에 임명되었고 그해 여름에 신창(新昌) 현감(縣監)에 제수되었으나 노병을 이유로 하여 부임하지 않았다.

72세(1597) 정유년에 왜적이 다시 침입하자 또다시 의병을 모집하도록 하였으며 그해 10월에는 부인 문씨의 상을 당했다. 당시 각 읍 수령들이 박광전을 시기하여 감사에게 무고하는 일이 있었으므로 잠깐 진원(珍原)으로 돌아갔다가 그해 11월 18일 72세를 일기로 세상을 떠났다.

1602년(宣祖 35) 안방준 이하 도내 사림들에 의하여 보성 용산 아래에

'용산서원(龍山書院)'을 지어 배향하였고, 1605년(宣祖 38)에 통정대부 승정원 좌승지(通政大夫 承政院 左承旨) 겸 경연참찬관(經筵參贊官)에 증직되었다.

1703년(肅宗 29) 용산서원은 호남 유생들의 상소에 의하여 사액서원이 되었고, 1841년(憲宗 7) '문강(文康)'이란 시호가 주어졌다.

그의 문집은 1809년 용산서원에서 원집 2책과 속집 1책으로 간행되었으며 1929년에 원집과 속집을 합편하고 부록을 더하여 9권 4책으로 정리, 간행되어 오늘까지 전한다.

2) 사상

조선 시대의 선비들은 일반적으로 말이나 글보다 행실에 중점을 두었던 관계로, 오늘날 그들의 사상을 헤아리기 쉽지 않은 경우가 예사로 되어 있다. 특히 16세기의 조선사회처럼 쟁쟁한 사림들이 많이 배출되었던 시대에는 이런 경향이 더욱 두드러진 편이었다. 박광전의 경우 역시 몇 가지의 단편들을 통하여 그의 사상의 대강을 짐작하는 수밖에 없다.

그의 학문적 경향은 역시 바깥을 꾸미는 것보다는 실천궁행에 중심을 두고자 하였다는 것이 뚜렷이 드러난다. "군자의 학문은 자기 자신에 절실한 것이 무엇보다도 중요하다. 마땅히 실지(實地)에 힘을 써야 하는 것이니, 어찌 겉보기 좋게 꾸미기만 할 것인가?"라고 하는 그의 말은 그의 학문 경향을 보여주는 단적인 예이다. 20세에 과거를 중도에서 포기하고 돌아온 것도 역시 율기(律己) 공부에 치중하기 위함이었다고 하니, 그의 학문의 목적이 어디에 있었는지 알 수 있다.

박세채(朴世采)의 『동유사우록(東儒師友錄)』에 의하면,

> 선생의 학문은 밖에서 구하지 않고 효제에 근본하여 이를 근신과 공손으로 실행해 보였으며, 그 용모에 나타나는 것은 한 덩이 화기(和氣)였다. 더욱이 성리(性理)의 학에 깊이 파고들어 자득한 바가 있었는데, 사람들은 그 경지를 더 이상 엿보지 못하였다.

고 묘사하고 있다. 박세채의 기록에 의하면 이기사칠논변(理氣四七論辨)에 관한 상당한 저술이 있었을 것으로 추정되지만 지금 문자로 남아 전해오는 것은 거의 없다.

한편 박광전은 처음부터 보성에서 성장한 호남의 유학자였다. 이황의 제자로 수학한 것은 그의 나이 41세 때의 일로 이 때 이황은 『주자서절요(朱子書節要)』를 가르쳤고, 그의 귀향시에 『주자서절요』 한 질과 시 5편으로 송별의 선물을 삼았었다. 이황의 시에 "늙고 병들어 실추됨이 많아 얼마나 부끄러운지 몰랐는데 그대가 일깨워 다시 밝아짐이 많았네"라는 구절을 보면 사제간의 돈독함이 짐작된다.

박광전의 문집은 9권 4책이지만 실제로 그의 저술은 얼마 되지 않으며 그 중에서 그의 '上退溪先生問目(朱子書節要疑義)'은 『주자서절요』에 대해 의문을 제시한 것으로 학술적인 면에서 중요한 의의를 갖는 것이다. 주로 주자(朱子)의 언설 중에서 상반되는 것에 대한 의문이거나 혹은 뜻이 애매한 부분에 대한 질문으로 이루어졌고, 태극도설(太極圖說) 중의 주정(主靜)과 인의예지(仁義禮智)에 대한 질문, 또 존덕성(尊德性)과 도문학(道問學)에 대한 질문도 포함되어 있어 그의 학문적 경향을 단편적으로 살펴볼 수 있는 저술이라 할 것이다.

「상퇴계선생문목」에서 동정음양(動靜陰陽)과 심성(心性)에 관한 질문과 이황의 답을 살펴보면,

> 질문: 태극도설의 "오직 인간은 그 빼어남을 얻어서 태어나 가장 신령하다"는 장(章)의 소주(小註)에 "동정음양이 마음이다"라고 하였는데 이것은 음양을 마음이라고 한 것인지 알 수 없습니다.
>
> 답: 천지(天地)의 태극(太極)이 사람에게 있으면 성(性)이요, 천지의 동정음양이 사람에게 있으면 마음이며 천지의 금수목화토(金水木火土)가 사람에게 있는 것이 인의예지신(仁義禮智信)이요, 천지의 화생만물(化生萬物)이 사람에게 있는 것이 만사(萬事)이다. 대개 한번 음하고 한번 양하는 조화와 유행은 곧 천지의 마음이다. 그러므로 사람은 이를 얻어서 생(生)하고 또한 이것을 마음으로 삼는 것이다.

박광전은 태극도설의 소주에서 곧장 음양이 마음이라고 단정한데 대하여 의문을 제기하였고, 이에 대한 이황의 답변은 한번 음하고 한번 양하는 천지의 조화와 유행이 곧 천지의 마음이고, 이런 천지의 마음을 근거로 하여 사람의 마음이 존재한다는 요지를 전개하였다.

또 주정설(主靜說)과 인의예지의 관계에 대하여는,

> 질문: 주자(朱子)는 장흠부(張欽夫)에게 답한 서한에서 "주자(周子)가 주정(主靜)을 말한 것은 곧 중정인의(中正仁義)에 나아가서 말한 것으로서 정(正)으로써 중(中)에 상대하면 중(中)은 소중하고, 의(義)로써 인(仁)에 짝하면 인(仁)은 본(本)이 된다. 이 네가지 밖에 별도로 주정(主靜)이라는 일반사가 있는 것이 아니다"고 말하고 다른 곳에서 의(義)와 정(正)으로써 정(靜)을 삼는다고 하였습니다. 이와같이 그 주장하는 말이 다른 것은 무엇 때문입니까?
>
> 답: 눈에 보이는 것으로는 그러하다. 그러나 가만히 도설의 주정장(主靜章) 아래의 소주를 참고하여 보면 이러하다. 어떤 사람이 묻기를 "인(仁)은 용(用)이요 의(義)는 체(體)라고 하는데 만약 체통(體統)으로써 논하자면 인(仁)은 도리어 체(體)가 되고 의(義)는 도리어 용(用)이 되는 것이다"고 하였다. 주자(朱子)가 대답하기를 "인(仁)은 체(體)요 의(義)가 용(用)이라 하지만 대저 인의(仁義)에는 각기 스스로 체용(體用)이 있는 것이다. 즉 측은(惻隱)이 동(動)이라면 인(仁)은 곧 정(靜)이며, 수오(羞惡)가 동(動)이라면 의(義)는 곧 정(靜)인 것이다. 무릇 이 네 가지에는 대개 각기 스스로 동정(動靜)과 체용(體用)이 있는 것이니 또한 가히 서로 체용동정(體用動靜)이 될 수 있다는 것을 미루어 알 수 있다. 마치 중(中)과 인(仁)의 정(靜)으로써 주를 삼는다면 곧 정(正)과 의(義)의 동(動)으로써 용(用)을 삼는 것이 가능하며, 정(正)과 의(義)의 정(靜)으로써 주를 삼는다면 곧 중(中)과 인(仁)의 동(動)이 용(用)이 되는 것도 가능한 것이다.

박광전은 주정(主靜)과 인의예지의 동이(同異)에 대한 주자(朱子)의 언설이 경우에 따라 다른 점이 있음을 질의하였고, 이황은 이에 대하여 체용(體用)의 논리를 가지고 경우에 따라 다른 점들이 있음을 말하였다.

위와 같은 내용들을 살펴본다면 박광전의 성리학에 대한 소양의 규모를 짐작할 수는 있다. 그러나 이런 단편을 제외하고는 구체적으로 박광전의 성리학에 관한 논설들을 살펴볼 수 없음이 유감이다.

다른 한편으로 박광전의 학문의 면모는 「천심인애인군론(天心仁愛人君論)」이라는 글을 통해서 살펴볼 수 있다. 이글은 천심(天心)과 군주를 인애(仁愛)를 통하여 매개시킴으로써 이상적인 군주론을 전개하고 있는 정치론의 일종이라고 볼 수 있다. 그러나 이 글은 다른 유학의 저술들이 그런 것처럼 사상적인 것과 정치적인 것이 함께 뒤섞여 있다고 볼 때 그의 사상의 일면을 이해하는데 도움이 된다.

박광전은 「천심인애인군론」에서 말하기를 "하늘에 인애의 마음이 없다면 인군의 덕을 권면할 길이 없고, 하늘에 재앙의 발현이 없다면 인군으로 하여금 인애의 마음을 드러내게 할 길이 없다"고하여 일단 천심이란 다름 아닌 인애라는 것을 전제한 후, 군주의 역할이란 천명을 이어받아 때에 맞추어 그것을 보존하고 발현하는 것이라고 하였다.

그래서 그는 "하늘이 군사(君師)를 세우는 것은 곧 하늘이 군주에 대하여 반드시 인애의 마음을 갖고 있음이요, 군주가 하늘의 공능을 대신한다면 즉 군주는 하늘에서 반드시 인애의 보답을 본다"고 하여, 군주의 임무를 하늘의 뜻에 근거지우고 있다. 그리하여 정치의 이상이란,

> 군주의 덕이 하늘과 더불어 그 체(體)를 같이하고, 인군의 정치가 하늘과 더불어 그 용(用)을 같이 한다면 이는 곧 하늘이 군주인 것이요 군주가 곧 하늘인 것이다. 상하가 일치하고 드러난 것과 은미한 것 사이에 틈이 없는 것이다. …대개 천·인(天·人)의 나뉨이 없게 되면 인애의 베풀어짐이 있게 되는 것이다.

고 하였다. 천인상응(天人相應)에 의한 인애의 정치가 곧 인정(仁政)임을 가리킨 것이다.

그래서 박광전에 의하면 인정의 베풂을 실현하지 못하여 국가가 쇠퇴하고 망하는 것은 엄연히 하늘의 뜻이 아니라 군주 자신이 불러들인 재앙이다.

그는 다음과 같이 말하고 있다.

> 하늘이 가히 수치스러운 일이 아닌데도 욕되게 하고, 가히 버릴만한 것이 아닌데도 버리는 것은 곧 하늘이 군주를 인애하지 않아서가 아니라 군주가 스스로 재앙을 일으킨 것이다. 그 쇠퇴하여 망하는 지경에 이르러서 하늘을 가리켜 "하늘이 어찌 나를 긍휼이 여기지 않는단 말인가"라고 말한들 어찌 이런 이치가 있겠는가?

박광전은 군주는 천명의 담지자라는 전통적인 인식 위에서 천심과 군주를 잇는 토대로서 인애(仁愛)를 상정하고 있는 것을 볼 수 있다. 이것은 선진(先秦)의 인(仁)의 개념이 우주적인 원리로부터 정치적인 원리까지를 포괄하는 데까지 확대된 것으로 송대(宋代)의 인설(仁說)의 영향으로 보인다. 그리고 박광전이 의도하고 있는 것은 이러한 사상적 토대 위에서 군주의 인정(仁政)을 통한 지치주의(至治主義)를 실현하려고 한 의도가 뚜렷하다. 박광전은 유가의 천명관에 근거하여 지치주의 이상의 실현을 위해 토로한 정치론이 그의 「천심인애인군론」이라고 하겠다.

한편 박광전은 임진왜란을 당하여 의병을 모집하는 충의와 절의 정신을 삶 속에서 보여주었는데 이를 통하여 그는 호남의병의 정신적 지주로서 후인들에게 호남의 절의정신을 드높이는 또 하나의 모범을 보였다. 그는 임진왜란을 당하여 의병을 일으키는 격문(檄文)에서 말하기를,

> 아! 우리나라를 유지하는데 걱정이 없었던 곳은 아래의 3도(전라 경상 충청)였는데 경상도와 충청도는 이미 무너져 적들의 소굴이 되고, 오직 호남만이 간신히 남아 한 모퉁이를 보존하고 있다. 군량을 나르고 정병을 징발하는 모든 것을 오로지 도(道)에 맡긴다면 부흥의 기틀은 진실로 여기에 있는 것이다. …무릇 우리 도내에는 반드시 남은 장정들이 있고 흩어진 병졸들이 있다. 학식있는 선비들로 하여금 서로 불러 모집하게 하고 권면하고 협력하여 떨쳐 일어나 적들의 움직임을 살펴서 그 요충지를 지키게 한다면, 이것은 위로는 왕사의 성원이 되는 일이요, 아래로는 한 경계 안의 생령들을 보전하는 일이 될 것이다.

고 하였다.

애초에 박광전의 관직은 유희춘의 천거에 의하여 참봉의 직책으로 40대 중반에 시작되었고, 그가 임진왜란을 당한 것은 관직생활을 떠난 후 향리에 돌아와 면학과 후진교육에 힘쓰고 있을 67세 때였다. 그는 이 때 큰아들 근효와 제자인 안방준을 휘하에 데리고 노구에 도내 열읍에 격문을 돌려 의병을 모집하였다. 그러나 이미 노병으로 인하여 일선에 출전하기 어려웠으므로 임계영 등의 후진에게 군무를 맡겼으나 정유재란 때에도 거의와 출병항쟁의 정신적 지주로 활약하였다.

이러한 박광전의 실천하는 도학자의 상은 그의 제자 안방준에 의하여 높이 평가되었으니 안방준은 '죽천행장(竹川行狀)'에서 박광전의 실천독행을 높이 평가하고 있다.

> 고려말 이후 조선조 일대에 호남에서 학문으로 이름난 이는 하서 김인후(河西 金麟厚)·고봉 기대승(高峯 奇大升)·일재 이항(一齋 李恒)·미암 유희춘(眉岩 柳希春)과 우리 선생님(朴光前)이다. 하서의 학문과 조행, 절의와 문장은 탁월하여 미칠 수 없으나, 고봉의 이론의 명쾌함과 일재의 강직함의 불굴함과 미암의 박식다문함도 세상에서 드물게 보는 바이다. 그러나 천리(踐履)의 독실(篤實)함에 이르러서는 저 세 분과 우리 선생님 중 누가 나은지를 알 수 없다.

요컨대 박광전은 조선조 중기의 호남 사림을 대표하던 유학자의 한사람으로서 도학에 근거한 지치주의의 이상을 실현하고자한 치세의 경륜을 가졌고, 국난에 임해서 의병의 영수로 참여하였으며, 개인적인 생활 속에서는 성리학적인 수기와 심성의 함양을 추구한 호남의 대표적인 유학자이다.

3) 원문 번역

'우계기(遇溪記: 원제는 記遇溪)'는 박광전이 1559년 34세 때에 지은 문장이다. 우계(遇溪)란 보성군 문덕면 죽산리 천봉산 아래 대원사에서 흘러내리는 계류를 말하는 것으로 우계라는 이름 역시 박광전이 이 글을 통해서 명명한 것이다. '우계기'에 관한 자세한 전말은 본문에 상세하게 언급되어 있는 것처럼 천봉산에서 강학을 하는 도중에 공부하고 쉬는 장소로 만든 곳에 대한 기록이다. 박광전의 대표적인 명문으로 알려진 것이며 일찍이 김창협(金昌協 農巖 1651-1708)은 우계기에 관한 평론에서 "좋은 문장이다. 그 문장이 진실하면서도 화려하니 만일 도학으로부터 유출된 것이 아니라면 어떻게 문(文)과 질(質)이 이처럼 빛날 수 있겠는가?"라고 극찬한 바 있다. 『죽천집(竹川集)』 5권의 처음에 실려 있다.

우계기 記遇溪

기미년(명종 14, 1559) 봄에 의봉(宜峯) 남언기(南彦紀)[4]와 내가 대원난야(大原蘭若)[5]에서 놀이하기로 약속했었는데 내가 집에 일이 있어 가지 못하였더니 그 뒤 열흘 만에 의봉이 찾아 왔었다.

의봉은 산수를 찾아 놀기를 좋아하는 사람이라서 일찍이 선경의(宣景義)[6] 군과 함께 절 남쪽 수백 보쯤에 하나의 특별한 구역[別區]를 잡아 놓고, 내가 오기를 기다려 함께 집을 짓자고 하였다.

---

4 남언기(南彦紀): 1534년(중종 29) 부사 남치욱(南致勗)의 아들로 태어났다. 자는 장보(張甫) 또는 계헌(季憲)이며 호는 고반(考槃) 또는 정재(靜齋)다. 본관은 의령(宜寧)이다. 동강(東岡) 남언경(南彦經)의 아우로 이황(李滉)·김인후(金麟厚)의 문인이다. 어려서 이항(李恒)과 함께 인심도심설(人心道心說)을 토론하며 학문에 열중하였다. 아울러 정철(鄭澈)·변성온(卞成溫)·기효간(奇孝諫) 등과도 교유하였는데, 특히 이황은 '동방의 도학을 전수할 사람'이라고 하였다. 1568년(선조 1) 생원이 되고 학행으로 영의정 이탁(李鐸)의 천거를 받아 동몽교관(童蒙敎官)·빙고별좌를 제수 받았으나 나아가지 않았다. 그러나 곧 사직하여 전라도동복(同福)의 사평촌(沙坪村)에 정자를 짓고 인근의 선비들과 학문을 토론하며 서예에 열중하였다. 저서에는 『고반유편(考槃遺編)』이 있다.

5 대원난야(大原蘭若): 전남 보성군 문덕면 죽산리 천봉산(天鳳山) 아래에 있는 대원사를 말한다. 백제 무령왕 3년(503년)에 아도화상(阿道和尙)이 세웠다고 전해지는 데, 한때 죽원사(竹原寺)·죽원사(竹院寺)로 불리기도 했다. 난야는 아란야(阿蘭若)의 줄임말로 공한처(空閑處), 즉 한가롭고 고요하여 비구(比丘)가 수행하기에 적합한 곳이라는 의미를 담고 있다.

6 선경의(宣景義): 경의(景義)는 죽천의 문인인 선정달(宣廷達)의 자(字)다.

나를 보고는 함께 도모하기를, "이곳은 두 줄기의 물이 합친 곳으로 숲이나 천석(泉石)이 아름답지만, 좋은 경치를 구경경하는 이가 없어 황폐화 된지 몇 해나 되었는지 알 수 없으니 이를 내가 매우 애석하게 여기는 바이네. 더구나 내가 자네와 함께 여름을 지낼 계획을 하였으나, 절은 허물어지고 중은 몇 사람 남지 않았으며, 거처할 집은 좁고 낮으니, 쇠를 녹이는 무더운 여름철을 만나면 놀며 쉴만한 곳이 없어서는 안 될 것이네. 어찌 하루의 수고로움을 아끼려다 삼복(三伏)의 더위를 먹어서야 되겠는가?" 하였다.

곧 이러한 뜻을 동지들에게 알리고, 그곳에 살고 있는 중 노소(老少) 30여 명을 동원하여 좌우로 나누어 일을 시작함으로써 그들의 기운을 고무시키고, 말술로 상을 주어 마음을 즐겁게 해주었다. 함께 공부하는 사람들은 각각 한 가지씩 일을 맡아 책임을 다하게 하였다.

이에 우거져 그늘을 이룬 풀이나 나무 가운데 제거할 만한 것은 베어내고 무성하여[葱籠] 보기 좋은 것은 북돋아주고, 바위나 비탈이 잡초에 덮여 있는 것은 드러나게 하고, 못이나 웅덩이가 막힌 것은 소통시키며, 돌로 받쳐서 기울어진 것을 바로잡고, 모래를 파내서 맑은 물이 흐르게 하였다. 그렇게 한 뒤에 높은 곳은 자연히 대(臺)가 되고, 낮은 곳은 자연히 못이 되니 대개 자연스럽게 이루어져 경비나 인력을 허비한 것은 없었다.

큰 시냇물이 절 남쪽으로부터 가로질러 흐르는데 넓이는 몇 대의 끌채를 담을만했고, 작은 시냇물은 절의 뜰을 뚫고 흘러내리는데 얕아서 발꿈치도 채 묻히지 않는다. 모래와 돌은 맑고 깨끗하였으며 경내는 맑고 그윽하여, 밖에서 보면 평범하지만 그 가운데에 들어가면 둘레가 겨우 백보인데도 온갖 경치가 두루 갖춰져 있어 구석구석마다 앉을만하고 보이는 곳마다 시를 읊을 만하니, 이는 참으로 빛나고 뛰어난 점을 숨겨서 드러내지 않은 자[藏輝者]가 노닐며 쉴만한 곳이다.

깨끗이 청소를 마치고 시험 삼아 친구들과 감상하다가 흥에 겨워 시선을 빼앗겨 오랫동안 한 곳에 앉아 있을 수가 없었다. 이곳저곳 두루 돌아다녀 다리가 한가할 시간이 없어서, 애써 감정을 억누르지 않으면 거의 미치광이가 될 지경이었다. 이에 그 가운데 이름 붙일만한 곳 스무 군데를 골라 이름을 지었는데 어떤 것은 그 모양에 따라 짓고 어떤 것은 그 덕으로 지어 각각 의미를 부여하였다.

그 곁에 그윽한 오솔길이 작은 시냇물을 끼고서 무성하게 바람을 머금고 있는 것을 '운혜(篔蹊)'라 하였는데, 실은 절의 문으로부터 내려온 것으로 (아름다운 경치로) 들어가는 입구이다. 그 오솔길에는 옛날에 대나무 숲이 매우 무성하였는데, 중간에 절의 중들이 혹독한 세금에 시달려 방치한 채 가꾸지 않고 베어만 간 나머지 초췌(憔悴)하여 차마 눈으로 볼 수가 없을 정도였다. 이에 백낙천(白樂天)[7]의 「양죽기(養竹記)」에 의거하여 우거진 초목을 없애고 땅에 거름을 주니, 얼마 되지 않아 옛 가지는 무성하고 새잎은 싱그러워 마치 알아주는 사람을 만나 감응(感應)하는 뜻이 있는 듯하였다.

거기서 남쪽으로 여섯 일곱 걸음쯤에 늙은 나무 두어 그루가 있었는데 푸른 등나무가 서로 얽히고설켜 무더위를 식힐 곳이 있으니 이를 '기정(檵亭)'이라 하였고, 앞뒤와 오른쪽 왼쪽이 가지런하고 방정(方正)하여 치우치거나 기울어지지 않는 곳이 있어 이를 '구정(矩亭)'이라 하였으며, 큰물과 작은 물이 합류하는 곳에 깎아지른 듯한 낭떠러지가 불쑥 솟아 있어 이를 '예정(汭亭)'이라 하였다. 실제로는 가로 놓인 하나의 언덕이지만 높낮이가 있어서 셋으로 나누었으니, 모두 오른쪽으로는 큰 시내와 닿았고, 왼쪽으로는 작은 시내와 닿아서 짙은 그늘과 시원한 바람은 삼복더위에도 맑은 가을처럼 시원했다. 또한 지세가 가장 높아서 스무 곳의 아름다운 경치를 한눈에 모두 감상할 수 있다.

예정(汭亭) 아래의 작은 시내가 '석감(石坎)'이다. 시냇물이 위로부터 폭포가 되어 떨어지니 모양은 마치 가마솥과 같고, 크기는 사방 한 길쯤 된다.

---

7 백낙천(白樂天): 당나라의 시인으로 이름은 백거이(白居易, 772-846)이다. 낙천은 그의 자이며 만년에는 스스로를 향산거사(香山居士), 취음(醉吟)선생이라고 하였다. 산서성 태원(太原) 출신으로 당 덕종 정원 14년(798) 진사에 합격하여 비서성교서랑(祕書省校書郎)에 제수되었다. 이후 항주자사(杭州刺史)·형부상서 등의 관직을 역임하였다. 작품으로 저 유명한 당 현종과 양귀비의 사랑을 노래한 장한가(長恨歌)가와 비파행(琵琶行) 등이 있다. 문집에는 『백씨장경집(白氏長慶集)』이 있다.

푸른색의 차가운 물빛이 맑고 깨끗하여 갓끈을 씻기에[濯纓] 좋았다.[8] 웅덩이[科臼]에 가득찬 물은 돌 솔기[石縫]로부터 흘러내려와 또 작은 폭포가 되어 깊은 못으로 떨어진다. 돌 솔기의 위아래 바위와 언덕에는 향기로운 창포가 여기저기 배어나 겨울과 여름을 무성하게 보내니, 청고(淸苦)한 아취(雅趣)를 두 손으로 움켜쥐고 싶을 만큼 완상하기에 가장 기이한 곳이어서 '손애(蓀崖)'라 이름 하였다. 석감(石坎)의 동쪽머리에 작은 대(臺)가 우뚝 솟아 있는데, 북쪽으로는 산기슭과 이어졌고, 남쪽으로는 깊은 못에 닿았으며, 서쪽으로는 예정(汭亭)과 서로 마주보며 솟아 있되 조금 약한 곳이 있어 '양대(陽臺)'라 하였으니, 산의 남쪽, 물의 북쪽이라는 뜻을 취하였고, 또 선경(仙境)을 빌려 이름을 지었다. 푸른 물결이 새로이 넘쳐 물고기는 활발(活潑)하게 헤엄치고, 맑은 달이 물결 따라 흘러 만곡(萬斛)의 황금과 같으니 이는 대(臺) 가운데에서 말로 표현할 수 없이 좋은 곳이다.

양대(陽臺)에서 동쪽으로 10걸음쯤 가면 이곳이 '풍주(楓洲)'이다. 시냇가 양쪽 언덕에는 푸른 단풍나무가 빽빽이 서있어 겹겹으로 맞닿은 잎사귀들이 어둑어둑한 그늘을 만들고, 자욱한 안개[蔭霞]가 시내에 끼어 있어 시냇물을 거슬러 올라가고 내려올 때에도 해가 보이지 않으니, 바람과 서리를 기다리지 않아도 자연스럽게 기이하고 사랑스럽다.(농암(農巖) 김창협(金昌協)은 "기애(奇愛)의 기(奇)는 가(可)로 보아야 할 것 같다"고 말했다.)

풍주(楓洲)에서 남쪽으로 곧장 흐르는 시냇물 속에 여기저기 흩어진 돌이 서로 기대거나 포개진 것이 없으니 이것이 바로 '산도(散島)'이다. 산도에서 건너가면 시내의 남쪽 언덕이다. 넓고 편편한 돌 위에 규룡(虯龍)이 서려 있는 것 같은 나무가 있으니 모양이 의자와 같아서 정신이 혼미하고 몸이 피곤할 때에 손을 오므리고 발을 물에 담근 채 안석[几]처럼 기대어 있으면, 정신과 영혼[神魂]이 상쾌하게 통하여 오래된 병이 몸에서 떠난 것 같다.

정자 위쪽에 걸터앉은 듯 가로놓인 돌이 있으니 형상은 마치 비석 밑에

---

8 갓끈을 씻기에 좋았다: 굴원(屈原)의 「어부사(漁父辭)」에 "창랑의 물이 맑으면 내 갓끈을 씻을 수 있고, 창랑의 물이 흐리면 내 발을 씻을 수 있다."(滄浪之水淸兮, 可以濯吾纓, 滄浪之水濁兮, 可以濯吾足.)이라는 구절이 있다.

거북좌대와 같은데, 그 길이는 사람만하고 등은 높이 솟아있고 머리는 우뚝 하여 장육(藏六: 거북이)[9]과 인갑(鱗甲: 용)의 모양을 하고 있으니, 솜씨 좋은 장인이 정성을 다해 만들었다 하더라도 이보다 낫지는 않을 것이다. 그러므로 의봉에게 권하여 '우계(遇溪)'란 두 글자를 크게 쓰도록 하였는데 글자의 획이 서까래와 같았다. 정을 준비하고 석공을 불러 등 위에 새겨 놓고 멀리서 바라보니 마치 대구이일(戴九履一: 거북)[10]의 형상과 같았다. 이것은 하늘이 만들고 땅이 숨겨 놓았다가 오늘을 기다린 것인가? 그렇지 않다면 어찌 이처럼 기이하고 교묘한가? 그것이 거북이와 비슷하기 때문에 '구암(龜巖)'이라고 이름 하였다.

그 밑에 아름다운 평원이 있는데 스무 명은 앉을 만하기에 호미로 풀을 뽑고, 평평하게 만들어 아름다운 풀을 심고 이름을 '구원(龜原)'이라 하였으니, 구암(龜巖) 때문에 붙여진 이름이다. 북쪽으로 깊은 못을 굽어보면서 양대(陽臺)와 서로 마주하는 평원의 서쪽에 작은 돌 바위가 있는데, 울퉁불퉁 높고 낮아 무산(巫山)의 12봉과 비슷하니 이것이 바로 '유선봉(遊仙峯)'이다. 손애(蓀崖)에서 유선봉을 건너는 사람은 반드시 '통진석(通眞石)'을 밟아야 하는데, 돌이 손애와 연결되었고 유선봉과의 두어 자쯤 끊어져 있다.

유선봉 밑에 작은 대가 있는데 단풍나무 한 그루가 쓸쓸하게 서 있어 사랑스럽다. 가을에는 백로(白露)에 취해 그림자가 가을 물에 담겼으니, 이것이 '유하대(流霞臺)'이다. 대 위에는 어두운 골짜기와 조그만 샘이 있는데 버드나무로 인하여 제방이 되었다. 물을 모아 연못을 만들고 연뿌리를 심으니 연잎이 비로소 물위로 나와 둥실둥실 떠 있다. 그러나 훗날 꽃이 피면 화산

9 장육(藏六): 거북이의 다른 이름이다. 머리와 꼬리, 그리고 네 발 등 여섯 부분을 거북껍질 속에 감추고 있으므로 그 모양을 묘사하여 이렇게 부른 것이다.

10 대구이일(戴九履一): 거북이의 다른 이름이다. 낙서(洛書)는 낙수(洛水)에 나타난 신구(神龜)에서 유래된 것으로 알려져 있다. 우임금이 순임금의 명령을 받아 9년 동안 치수(治水)할 때에 신령스런 거북이가 낙수에서 출현하였는데, 등에 나타난 45개의 점무늬에서 신묘한 이치를 깨우쳐 치수(治水)에 성공했다고 전한다. 낙서를 거북의 형상으로 살펴보면, 한 가운데 5를 중심으로 꼬리 부분에 1, 머리 부분에 9, 왼쪽이 3, 오른쪽이 7이며, 좌우어깨에 4,2 그리고 8과 6이 좌우 발 모양을 이루고 있다.

(華山)의 열 길이나 되는 연꽃 한 장으로 고질병을 치료한다는 것도 방드시 부러울 것이 없으니 바로 이것이 '하당(荷塘)'이다. '비류암(飛流巖)'은 버드나무 제방[琉堤]의 머리에 있으니 곧 세 정자[三亭: 기정(棋亭)·구정(矩亭)·예정(汭亭)]의 남쪽이다. 큰 시냇물이 비폭(飛瀑)이 되어 깊은 못으로 쏟아지는데 물이 많을 때에는 곧장 유선봉과 부딪혀 어지럽게 차 오르고, 세차게 뛰어올라 형세는 곧 지축을 흔들 듯하며, 물이 적을 때에는 튀기는 구슬과 뿜어대는 옥처럼 긴 산비탈에 흩어져서 손애(蓀崖)의 작은 폭포와 마주보고 매달려 있으니, 크고 작은 폭포가 서로 기이함을 다투며 유하대의 장관을 이루고 있다.

'은병암(恩屛巖)'은 제일 상류에 있는데 그 형상이 마치 병풍과 같아서 시내의 맑은 경치가 바위에 이르러 숨어버리기 때문에 은병암이라고 이름 하였다. 시냇물 흐르는 곳마다 모두 반석에 구멍이 뚫려 두세 곳이 웅덩이가 되었는데, 정자 밑에 이르면 평탄하게 굽이친 곳이 없으므로 비류암에서 쏟아져 내린 후에 깊은 연못을 이루었다. 통진석 밑에 단아하면서도 무거운 돌이 물결의 중심에 우뚝 서있으니 겸가(兼葭: 갈대)의 시(詩)[11]에 "완연히 물속에 있는 듯하네"라는 뜻을 취해서 '완도(宛島)'라고 이름 지었다. 완도 아래 흩어진 돌 위에 갈대와 물 억새 몇 떨기가 길게 자라서 자연스럽게 강호의 흥취(興趣)가 있으므로 '위도(葦島)'라고 이름 지었는데, 모두 깊은 연못 가운데에 있는 것이다.

연못이 비류암으로부터 산도(散島)에 이르기까지 길이는 수십 길 되고, 넓이는 두어 길쯤 되는데, 발도 씻을 만하고 낚시질도 할 만하며 목욕도 할 만하고 헤엄도 칠만하여 하나로 이름 짓기는 만족할 수 없으므로 '우계(遇溪)'라 이름 붙여 바로 구암(龜巖)에 새긴 것이다.

---

11 겸가(蒹葭)의 시: 겸가는 갈대를 지칭하는데, 『시경』「진풍(秦風)」〈겸가(蒹葭)〉장에 "갈대 우거지더니, 이슬 맺히고 서리 내리네. 사랑하는 저 사람은 물 저쪽에 산다 하네. 거슬러 올라가 좇으려 하니, 길이 험하고 멀고, 물 따라 내려가자니, 완연히 물에 있는 듯 하네"(蒹葭蒼蒼, 白露爲霜. 所謂伊人, 在水一方. 遡洄從之, 道阻且長, 遡游從之, 宛在水中央.)라는 시가 있다.

여기서 만난다[遇]는 것은 무엇을 말한 것인가? 적막한 물가에서 무료할 때에 흐르는 시냇물을 따라 걷다보면 우연히 시냇가[溪頭]에 이르러 경치 좋은 곳을 얻게 되니 이는 사람이 시내를 만난 것이다. 처음 천지가 열려 사물이 생길 때에 경치가 뛰어난 곳을 갖춰 놓았건만 광채를 감추고 숨긴지 몇 해가 되었는지 모르는데 비로소 우리에게 발견되었으니, 이것은 시내가 사람을 만난 것이다.

천지 사이의 만물에는 모두 운수가 있다는 것을 나는 여기에서 징험하였다. 뒷날 어찌 또 못 만나게 될지 알겠으며, 또 반드시 오래도록 만나지 못함이 없을는지 누가 알겠는가? 돌에 새긴 것은 뒷사람에게 자랑하려고 한 것이 아니라 훗날 만나는 자로 하여금 오늘의 만남을 알게 하려는 것이다.

이름이 이미 정하여졌으니 마음 내키는 대로 열 지어 앉아, 경서를 읽기도 하고 사서(史書)를 읽기도 하고 시를 읊기도 하고 글자를 배우기도 하였다. 글읽는 소리가 낭랑하고 시냇물 소리는 청명한데, 화사한 바람이 멀리서 불어오니 북을 두드리고 종을 치며 즐길 만하다. 이것은 다만 편안하게 즐기고 탐하는 자를 위한 것이 아니다. 때로는 즐겁게 놀되 세속을 벗어난 곳에 뜻을 두고, 선가(仙家)의 이른바 삼청(三淸)[12]이라는 것을 모방하여 세 정자[三亭]으로 상청(上淸)을 삼아 통괄하지 않은 것이 없게 하고, 의정(椅亭)으로 중청(中淸)을 삼고, 산도(散島)로 하청(下淸)을 삼아, 맨 먼저 들어간 자는 선생이 되고 뒤에 온자는 제자가 된다. 풍주(楓洲)에서 하청(下淸)에 들어가고, 하청에서 중청(中淸)에 오르고, 중청에서 상청(上淸)에 올라가게 하여 모두 절차와 조목을 만들고, 세속의 인연[俗緣]을 말하는 자는 비록 선생이라 하더라도 가볍고 무거움을 가려 중·하청으로 귀양 보내 공부를 독실하게 한 연후에

12 삼청(三淸): 도교(道敎)에서 말하는 삼원(三元)의 화생(化生)인 삼보군(三寶君)이 관할하는 영역인 옥청(玉淸)·상청(上淸)·태청(太淸), 또는 천보군(天寶君)·영보군(靈寶君)·신보군(神寶君)의 삼보군(三寶君)을 지칭한다. 일반적으로 옥청에는 원시천존(元始天尊)이, 상청에는 영보도군(靈寶道君)이, 태청에는 태상노군(太上老君)이 존재한다고 알려져 있다. 아울러 도교의 성수숭배(星宿崇拜)와 관련하여 하늘 위에 있는 별들의 세계를 옥청·상청·태청으로 나누고 이를 합쳐 삼청이라고도 한다.

상청에 다시 오르는 것을 허락한다.

예를 중히 여기고 명령을 엄하게 하여 의관을 단정하게 하고 걸음걸이를 질서 있게 하여 한 마디라도 세속의 일을 말하지 않는다면 마음을 맑게 하고 기운을 기르는 데 도움이 없지 않을 것이다. 상청에 있을 때는 자기가 있는 곳이 높은 줄을 스스로 알지 못하지만 중·하청에서 우러러 보면 두 개의 폭포가 높이 매달려 계단이 현격(懸隔)하고 삼베옷이 희고 깨끗하여 그림자가 숲 사이에 비치어 눈이 어지러울 정도로 황홀할 것이다.(농암 김창협은 "자(自)자는 목(目)자가 아닌가 한다"라고 했는데, 포암(圃巖) 윤봉조(尹鳳朝)도 "농암의 말이 옳다"고 하였다.) 과연 우인(羽人)과 선객(仙客)이 배회하고 노니느라 세속의 소식[音塵]도 접할 수는 없지만, 그것이 놀이하는 것임을 스스로 알지 못할 것이다.

우리로 하여금 이곳에서 10년을 학문을 닦고[藏修] 나오게 한다면, 세속을 벗어나 마음을 맑게 하고 텅 비움[淸虛]은 배울 바가 없지만 풍채와 골격은 세상 사람과 큰 차이가 날 것이다. 세상살이란 얽매인 것도 많고 부평초(浮萍草)처럼 흩어지는 것이라서 오랫동안 모일 수 없으니, 훗날 서로 지난날을 돌이켜 생각하면 이 아름다운 곳에서 노닐던 일(포암(圃巖) 윤봉조(尹鳳朝)는 "기(期)는 사(斯)의 오자가 아닌가 한다. 그렇지 않다면 기(奇)자로 볼 수도 있다"고 말했다.)이 아마도 마음속에서 떠오를 것이기에, 그 전말(顚末)을 기록하여 한번 보는 자료로 마련한다.

농암(農巖) 김창협(金昌協)은 "좋은 문장이로다. 좋은 문장이로다. 그 말이 진실하고 화려하여 한 시내의 맑은 경치를 먼 훗날 사람의 눈에 밝게 비추어 주었으니, 도학(道學)에서 우러나온 것이 아니라면 어떻게 이처럼 문질(文質)이 환히 빛날 수 있겠는가?"라고 말했다.(선생의 후손 화석(華錫)이 농암의 문하에서 공부할 때 농암이 이 글을 외우면서 이렇게 말했다 한다.)[13]

---

13 『죽천선생문집(竹川先生文集)』 권5, 「기(記)」, 〈기우계(記遇溪)〉. 己未春, 南宜峯彦紀, 與余約遊大原蘭若. 余有事于家. 後宜峯旬日至焉, 宜峯喜遊山水者也. 與宣君景義, 先得一別區於寺南數百步許, 而待吾共成焉, 及見余, 乃相與謀曰, 此地當二水交流之會, 有林藪泉石之美, 無人濟勝. 埋沒榛荒者. 不知其幾多年矣. 此吾所甚惜者也. 況吾與子已作過夏之計,

寺廢僧殘, 室廬湫卑, 値銷金鑠玉之日, 不可無遊息之所, 何惜一日之勞, 以貽三庚之病乎. 卽以此意, 詢于同榻, 盡發居僧老少三十, 左右起役, 以皷其氣, 酌斗酒行賞, 以歡其心. 同榻數人, 各主一事, 以責其成. 於是, 草樹之蒙翳可去者菑之, 蔥蘢可悅者封之, 巖崖之蕪沒者出之, 潭渦之壅閼者疏之, 補石以正其傾, 沙汰以揚其淸, 肰後高者自爲臺, 下者自爲池. 蓋自天成, 無甚費力也. 大溪自寺南橫帶闊容數輈, 小溪穿寺庭來注, 淺不沒跟. 沙石明淨, 境宇淸幽, 自外面視之, 無異尋常. 入其中, 周圍僅百步, 百勝俱足, 角角皆可坐, 面面皆可詠, 是眞莊輝者所遊息也. 掃灑旣畢, 試與友生賞之, 興移眼奪, 不能久坐一處, 周旋百匝, 脚無閑時, 苟不定情, 庶幾爲狂. 於是, 採其中可標號者二十, 以定名焉, 或以其形, 或以其德, 而莫不各有意義存焉. 其傍幽逕, 挾小溪, 含風猗猗者曰篔溪, 實自寺門來下者, 所從入之始也. 溪舊爲竹林甚盛, 中間, 寺僧苦於誅求, 頓廢不養, 刑餘憔悴, 不忍寄目. 乃依白樂天養竹記, 去翳薈, 糞壤, 未幾. 見舊枝依依, 新葉欣欣, 若有情於感遇也. 其六七步許, 老樹數株, 蒼藤籠絡, 不受盛暑者曰檻亭. 左右前後, 均齊方正, 不偏不倚者曰矩亭. 大水小水, 當頭流合, 斷岸斗起者曰汭亭. 實一橫阜而位有高下, 故分而爲三, 皆右臨大溪, 左臨小溪, 濃陰爽氣, 三伏淸秋, 又地勢最高, 二十淸致, 一擧目而可盡賞也. 汭亭下小溪爲石坎. 溪水自上作瀑而下, 其形如釜, 其大方丈, 紺寒澄澈, 政好濯纓, 盈科而自石縫流下, 又作小瀑, 注于深潭, 石縫上下巖崖間, 芳蓀散秀, 夭夭冬靑, 淸苦可掬, 最是奇玩, 名之曰蓀崖. 石坎東頭, 小臺屹肰, 北連山根, 南臨深潭, 西與汭亭對峙而稍弱者曰陽臺. 乃取山南水北之義, 而又假仙境者, 寓名焉. 綠波新漲, 游魚潑潑, 霽月流波, 黃金萬斛, 此是臺中不可形之勝也. 距臺而東十步許, 是爲楓洲. 沿溪兩岸, 靑楓無數, 接葉冥冥, 蔭霞溪流, 沂洄出入, 不見天日, 不待風霜, 已自奇愛. 金農巖曰, 奇愛之奇, 恐可. 由洲而南, 直溪流中, 點點亂石, 不相倚疊, 是爲散島. 由島而越, 是溪之南崖也. 盤石上, 有樹虬蟠, 狀如椅子. 氣昏體疲之時, 斂手投足, 凡肰而倚, 則斗覺神魂快豁, 沈痾去體也. 亭之上, 有石蹲橫, 狀如碑下龜趺, 而其長比人, 其背隆肰, 其頭屹肰, 藏六之形, 鱗甲之狀, 雖巧匠凝神, 殆不足以過此. 勸宜峯書遇溪二大字, 字畫如椽, 備釘請工, 鐫之背上, 遠而望之, 怳肰如戴九履一之狀焉. 此則天作而地藏之, 以待今日者乎. 不肰, 何其奇巧之若是耶. 因其似, 名之曰龜巖. 其下平原膴膴, 可坐二十人, 鋤治平正, 列植佳卉, 名之曰龜原者, 以巖而得也. 北俯深潭, 與陽臺相對, 原之西偏, 有小石巖, 蹲蹲起伏, 似巫山十二者, 遊仙峯也. 由蓀崖, 渡遊仙者, 必躡通眞石, 石與蓀崖相連, 而距遊仙數尺而絕, 遊仙峯之側, 有小臺, 楓樹一株, 蕭疏可愛. 秋酣白露, 影醮淸波, 所謂流霞臺也. 臺之上, 有暗谷細泉, 因柳爲堤, 渟水作池, 種藕根, 浮錢初出水上田田肰, 異日開花, 華山十文, 一片痊痾者, 不必多羨也. 卽所謂荷塘也. 飛流巖, 當柳堤之頭, 直三亭之南也. 大溪飛瀑, 瀉下深潭, 水盛則直蹴, 崩騰奮躍, 勢撼坤軸, 水淺則跳珠噴玉, 散布崖脈, 與蓀崖小瀑對懸, 大小爭奇, 作流霞臺之奇觀矣. 隱屛巖, 最居上流, 其狀如屛, 而溪中淸致, 至巖而隱, 故命名以隱屛也. 溪流處處, 皆盤大石爲科, 作渦者數三, 到亭下平迤無曲, 瀉下飛流巖, 肰後爲深潭, 通眞石之下, 有石端重, 特立波心, 取蒹葭之詩宛在水中央者, 名之以宛島. 宛島下亂石上, 蘆荻數叢脩肰, 自有江湖之趣, 名之以葦島, 皆深潭中所有者也. 潭自飛流巖至散島, 長幾十丈, 闊可數丈可濯可釣, 可游可泳, 不一而足矣, 合

4) 竹川集 目錄

卷之一

賦: 正心賦 外25首 / 詩: 題宣廷達楚辭冊 外24首

卷之二

疏: 上王世子撫軍時書　辭翊衛疏(續)

卷之三

書: 上退溪先生問目　上退溪先生(以下五首續)　與南張甫論遇溪記別紙　答白誠之(承宗)　答金汝嘉(成章)　與長子根孝

卷之四

雜著: 壬辰擧義時檄文　帝謂文王論　天心仁愛人君論　陳寔送張讓父喪論　項伯翼蔽沛公論　對策(三)　書贈安基賢(重黙)說(2, 以下四條續)　示諸生　示門族

卷之五

記: 遇溪記　附南張甫跋　冬栢亭記(續) / 跋: 朱書節要序後識(以下二首

而名之曰遇溪. 卽龜巖之所刻者也. 其謂之遇者, 何.也. 寂寞之濱, 無聊之際, 步隨流水, 偶到溪頭, 得所謂奇勝者, 是人遇溪也. 子丑之初, 融結之始, 已具形勝, 埋光鏟彩者幾年, 而始發於吾儕, 是溪遇人也. 天地間萬物, 莫不有數, 吾於此益驗矣. 後日安知還不遇也, 而亦未必長不遇也. 銘之于石者, 非是誇耀後人也. 欲令後日之遇者, 知今日之遇也, 名旣定矣. 隨意列坐, 或經或史, 或哦詩或學字, 誦聲琅琅, 溪韻玲玲, 和風遠暢, 可當鼓鍾. 此則不但玩愒者爲也. 時或遊戲, 托意物外, 倣仙家所謂三淸者. 以三亭爲上淸, 無所不通, 以椅亭爲中淸, 以散島爲下淸, 先入者爲先生, 後來者爲弟子. 由楓洲入下淸, 由下淸昇中淸, 由中淸上上淸, 皆有節目. 語及俗緣者, 雖先生, 分輕重, 謫中下淸. 篤工夫, 肰後許還上淸. 禮重令嚴, 衣冠森肰, 步趨秩肰, 不能出一語及世俗事, 淸心養氣, 不無助也. 在上淸, 不自知其所處之爲高, 而自中下淸仰視之, 則兩瀑交懸, 階級有截. 麻衣皎潔, 隱映林間, 怳惚自玄. 金農巖曰, 自字目疑目字. 尹圃巖曰, 農巖說是. 果是羽人仙客, 徘徊游行, 音塵若不可接, 而不自知其戲爲也. 使吾儕藏修十年而出, 則物外淸虛, 非所學, 而風骨自與世人懸矣. 生世多累, 萍蓬分散, 不可久聚. 他日相思期, 尹圃巖曰, 期疑斯之誤. 不然則或是奇. 游勝事, 想往來胸中, 書其顚末, 以備一覽云.

金農巖曰, 好文章, 好文章. 其辭眞實華麗, 能使一溪淸致, 照耀百代人目. 自非道學中流出, 那得文質之若是炳煥哉. 按先生後孫華錫, 遊於農巖之門, 農巖爲誦此文云云.

續) 先祖葦南公筆蹟後識 / 墓誌: 通政大夫僉知中樞府事鄭公(惟一)墓誌

卷之六

附錄: 年譜

卷之七

附錄: 行狀 墓誌銘(幷序) 墓碣銘(幷序) 墓表 諡狀 神道碑銘(幷序) 龍山書院遺墟碑

卷之八

附錄: 建院通文 請建院疏 龍山書院請額疏 請爵諡疏 請諡疏上領府事南公(公轍)書 龍山書院享祝文 竪神道碑告墓文 龍山書院齋憲

卷之九

附錄: 龍山書院重修上梁文 龍山書院重修上梁文 山仰亭上梁文 山仰亭記 竹川亭記 諸家記述雜錄 諸賢答院儒

7. 창랑 정암수 滄浪 丁巖壽

1) 생애

정암수(1534-1594)는 자는 응룡(應龍), 호는 창랑(滄浪)이며 본관은 나주다. 1534년(중종 29) 화순군 동복에서 정진(丁璡)과 김옥명(金沃命) 딸, 광산 김씨 사이에서 태어났다. 부인은 강화 봉(奉)씨로서 1남 2녀를 두었다. 아들은 임진왜란 때 양사형(楊士衡)의 천거로 군자 주부가 되었으며 후에 공조참의를 증직(贈職) 받았다. 사위는 이몽구(李夢九)·위홍원(韋洪源)이다. 선조 때의 강직한 성품을 지닌 학자이며 효자로서 성산에 살았다.

그는 성질이 정직하고 도량이 컸으며, 일찍 문예를 성취하고 학문에 뜻을 두어 독서하는 바는 반드시 실천하였으며, 학문과 저술도 구태의연하지 않았다. 1561년(명종 16) 신유 식년시(式年試) 진사 2등 18위로 합격하였다. 효성이 지극하여 중풍에 걸린 어머니를 잘 봉양하고 돌아가신 뒤에 3년간 시묘살이를 하였다. 이러한 효행이 알려져 모든 사람들이 흠모하고 천거하였다. 1655년(효종 6)에 정려(旌閭)가 내려졌다.

1589년(선조 22) 정여립이 반란을 일으켰는데, 수습과정에서 주모자급이 체포되지 않았다 하여 박천정(朴天挺) 등 50여명과 함께 상소하여 국법을 올바로 집행할 것을 요청하였다. 그리하여 정철(鄭澈)을 지원하고 그의 결백을 주장하였다. 1589년 12월 박천정(朴天挺)·박대붕(朴大鵬)·임윤성(任尹聖)·김승서(金承緖)·양산룡(梁山龍)·이경남(李慶男)·김응회(金應會)·유사경(柳思敬)·유영(柳瑛) 등과 연명하여 이산해(李山海)·정언신(鄭彦信)·정인홍(鄭仁弘)·유성룡(柳成龍) 등은 나라를 병들게 하는 간인(姦人)이며 역당이므로 멀리할 것을 청하는 상소를 왕에게 올렸다. 뒤에 이 무함(誣陷)하는 상소가 실은 정철(鄭澈)에게서 나온 것이라는 소문이 정철의 문객(門客)으로 드나들던 심희수(沈喜壽)에 의해 퍼지기도 하였다. 상소를 본 선조는 연명한 사람 모두를 잡아들일 수 없으니 정암수(丁巖壽)를 포함하여 위에서 10명만을 추국하도록 명하였다. 그러나 1591년(선조 24) 사헌부(司憲府)와 사간원(司諫院)이 논집(論執)하고 태학생(太學生)들도 그를 탄원하는 상소를 올려 구원받았다.

임진왜란 때는 고경명을 따라서 금산전투에 참가하였으나 전사하지 않고 고경명의 시체를 수습하는데 힘썼다. 그 후로는 함께 죽지 못한 것을 부끄럽게 여기며 고향 마을에 정자를 짓고 그 고을 마을이름을 따서 창랑(滄浪)이라 스스로 호를 지었다. 이에 정철(鄭澈)이 시를 보내서 칭찬하였으며 교제하는 사람이 많았다. 그는 고향의 창랑정(滄浪亭) 앞 바위에 청정재(淸淨齋)라고 새겼는데 이는 우암 송시열이 정자의 이름을 청정재로 바꿔주었기 때문이다.

그의 문집 1책이 있는데 송병선(宋秉璿)이 서문을 써서 1897년(광무1년)에 간행하였다. 문집의 내용은 대부분이 시(詩)이며, 기축사실(己丑事實)·성산계류 탁열도(星山溪柳 濯熱圖) 등이 실려 있다.

2) 원문 번역

이 글은 그의 문집 가운데 그의 행적에 관한 기록으로서 그의 면모를 이해하는데 도움이 될 것으로 여겨 옮겨 싣는다.

행적 行蹟

가정(嘉靖) 갑오에 텃골 집에서 태어났다. 성질이 정직하고 기골이 크고 어릴 때부터 어른스러운 데가 있었다. 행동이 장중하고 사물을 대함에 너그러웠으며, 독서를 좋아하였고 의리를 천명하였으며, 그의 저술 또한 시세에 답습하지 않았다.

14살 때 생원시험에 합격하고 문장이 일찍 성숙하였다. 고경명을 따라 교유하며 배우고 독실하게 실천하였으며, 우뚝 사림의 추천과 중망을 받았다. 평생 효제를 근본으로 어버이 섬김에 음식과 보살핌이 한결같았으며, 명절 때나 부모가 병약할 때는 마음을 기쁘게 해드리기 위해 애를 썼다. 어머니가 10년 동안 병이 들었을 때도 밤낮 약을 끓이고 단지(斷指)하여 소생시키려

하였으며, 돌아가심에 예절을 다하여 여묘하였다.

선조 기축 년에 정여립의 모반사건이 일어나자 권간(權奸)의 속임수와 권횡을 지적하고 잔당을 소탕할 것을 말하였다. 조정에서 모함이라 하여 붙들려갔으나 성균관 유생 최기남(崔起南) 등이 상소를 올려 구명운동을 하였으므로 벌을 받지는 않았다. 이러한 사건이 있었던 다음부터는 세상 벼슬에는 뜻을 두지 않고 정자를 짓고 한가롭게 거처하며 '창랑'이라 스스로 호를 삼았다. 이는 굴원(屈原)의 어부사에서 말한 맑고 흐린 물에 따라 처신하면 그뿐이라는 뜻을 취한 것이다. 고제봉(高霽峰)·정송강(鄭松江)·김설월(金雪月)·정한강(鄭寒崗) 등과 시를 짓고 읊으며, 정송강이 고을의 책임자로 있을 때는 각별한 사이였다. 또한 이러한 행의들이 전라감사에게 알려지자 감사는 그를 극진히 대우하였다. 송시열의 효행지(孝行誌)에 이러한 사실이 기록되어 있으며, 청정재(淸淨齋)의 수필 및 편액들은 모두 스스로 청탁(淸濁)의 뜻을 취한 것이다. 이는 맑은 의론으로 역적을 성토하고 맑은 정치를 표방하고자 하는 춘추정신의 마음이었던 것이다.

임진란 때 나라를 지키겠다는 마음으로 처음부터 숨으려 하지 않고 제봉과 함께 전투에 나아가려 계획했으며, 금산에서 패하자 제봉의 시체를 수습하여 돌아왔으나 전쟁에서 죽지 못한 것을 가슴 아파 하였다.

만력 갑오 8월 9일에 세상을 떠났다. 창랑정 북쪽에 중산이 바라보이는 곳 산의 모습이 아름다워 유언에 따라 그 곳에 묻혔다(이하 생략)

3) 滄浪遺集 目錄

卷之一

世系 / 詩: 科場程文　五言絶句　金雪月(富倫)醉贈韻　七言絶句　和鄭松江(澈)滄浪亭韻　附元韻　朴思庵(淳)會葬日絶筆韻　高霽峯(敬命)滄浪六詠(兼韻 四)　鄭寒崗(逑)自滄浪還到赤壁仙臺韻　附續詠滄浪亭韻　金圃陰(昌輯)來遊詩　李候(徽中)詠滄浪亭韻　李三山(台重)登太守臺憶丁上舍韻 / 己丑疏(宣祖大王求言諭旨)　應旨疏　附館學儒生伸救疏 / 行蹟 / 己丑事實 / 孝行誌

/ 墓碣銘

卷之二

星山溪柳濯熱圖　濯熱諸賢姓諱錄 / 追附: 羅滄洲(茂松)滄浪亭序 / 附赤松遺集 / 詩: 五言絕句(附次韻)　五言律詩(附次韻)　七言絕句(附次韻)　七言律詩(附次韻 附赤壁題詠)　七言絕句　七言律詩 / 附丙子倡義報帖 / 附節義薦 / 墓表 / 跋

8. 송강 정철 松江 鄭澈

1) 생애

정철(1536-1593)은 자가 계함(季涵)이고 호는 송강, 또는 칩암거사(蟄菴居士)이며 본관은 영일이다. 고려 때 문하시랑(門下侍郎) 평장사를 지낸 균지(均之)의 후손이며 조선조 중기의 문신이고 대시인이다.

1536년 윤 12월 6일 서울 장의동에서 아버지 돈령부 판관 유침(惟沈)과 어머니 정경부인 죽산 안씨 사이에서 4남 2녀 중 막내로 태어났다. 그는 어려서부터 총명함이 뛰어났으며, 큰 누나가 인종의 귀인이었고 작은 누나는 계림군 유(瑠)의 부인이었으므로 큰 누나와의 인연으로 동궁에 출입하면서 동갑인 명종과 친하게 놀았다.

10살 때 을사사화가 일어나 자형 계림군이 화를 입고 이 여파가 정씨 문중에 미쳐 큰 형 정랑공 자(滋)는 태형을 맞고 귀양 가다 죽었으며, 부친은 관북 정평으로 귀양 갔다가 다음 해 영일로 이배되었다.

16살 되던 해 부친이 5년 만에 석방되어 가족을 거느리고 선산이 있는 담양군 창평의 당지산 아래로 낙향함으로서 송강도 함께 이곳에서 살게 되었다. 그는 학업에 뜻을 두고 김인후의 문하에서 수학하였다. 김인후는 그의 재주를 매우 사랑하였고 점차 성장하면서 기대승의 문하에서도 수학했다.

17살 때 문화 류(柳)씨 강항(强項)의 딸에게 장가들었다.

21살 때 이이와 서로 교유하기 시작하였고, 25살 때 성혼과 교유했는데 성혼이 파산으로 돌아갈 때 송별시를 쓰기도 하였다.

26살 때 진사시험에 1등으로 합격하고 이듬해 3월에 문과별시에 장원했는데 명종은 합격자 명단에 정철의 이름이 들어있는 것을 보고 기뻐하며, 아이 때의 이름을 부르면서 편전에 불러다가 술을 나누었다고 한다. 그는 성균관 전적 겸 지제교를 제수 받고, 이어 사헌부 지평이 되었고, 4월에 형조좌랑, 7월에 예조좌랑, 8월에 보령현감, 다시 전적을 거쳐 9월에 예조좌랑이 되었다.

28살 때 공조좌랑이 되었고, 다음해 6월에 병조좌랑, 공조정랑, 예조정랑을 두루 거치게 되었다.

30세 때 경기도사, 31세 때 형조정랑, 2월에 예조정랑, 3월에 성균관 직강과 사간원 헌납, 4월에 다시 직강과 지평, 5월에 공조정랑, 9월에 병조정랑이 되었고, 북관어사로 나갔다가 10월에 돌아와 옥당의 부수찬이 되었는데 이때 율곡과 함께 있었다.

33살 때의 3월에 이조정랑이 되고, 6월에 박순이 원접사가 되었을 때 종사관이 되었다.

34살 때 이황이 귀향할 때 시를 지어 송별했다. 5월에 수찬, 홍문관 교리, 지평 등을 지냈으며, 성혼과 학문하는 방법을 논하고 시를 읊으며 주고받았다. 6월에 직강과 부교리, 7월에 예조정랑, 10월에 부교리, 12월에 직강과 예조정랑 등을 지냈다.

35살 때의 4월에 부친 판관공이 세상을 떠나자 고양의 신원에서 여묘살이를 했다.

37살 되던 해 6월에 상기를 마치고 직강과 헌납과 이조정랑을, 9월에 의정부 검상, 10월에 사간원 사간, 11월에 직강과 사인 등을 지냈다.

38살 때 홍문관 전한과 군기시정 등을 지내고, 4월에 모친의 상을 당하여 고양에서 여묘했다.

40살 되던 6월에 복을 벗고 돌아와 내자시정과 사인, 7월에 홍문관 직제학과 성균관 사성, 8월에 사인과 상의원정과 직제학, 10월에 사간이 되었다.

41살 되던 2월에 부응교, 3월에 사성, 5월에 집의, 9월에 선교감정, 11월에 응교와 종묘서령, 12월에 사성이 되었다.

42살 되던 4월에 내섬시정, 5월에 장악원정, 8월에 제용감정과 사복시정 등을 지냈다.

43살 때의 5월에 통정대부, 승정원 동부승지 겸 경연참찬관, 춘추관 수찬관과 11월에 사간원 대사간 등을 지냈고, 12월에 성균관 대사성과 공조참의가 되었다.

44살 때의 3월에 사헌부에서 송강을 사당(邪黨)이라 배척하였는데 이에 관계없이 5월에 형조참의, 6월에 우부승지, 8월에 동부승지가 되었다.

45살 되던 1월에 강원도 관찰사가 되었다.

46살 때의 2월에 참지, 4월에 대사성이 되었으며, 노수신(盧守愼)에 대한 응지(應旨)를 지었으나 사헌부에서 물러나라는 요청이 있어 8월에 창평에 돌아왔고, 9월에 전라도 관찰사가 되었다.

47세 때의 9월에 가선대부 행 승정원 도승지 겸 경연참찬관, 춘추관 수찬, 상서원정(尙瑞院正), 예문관 직제학, 12월에 예조참판을 거쳐 함경도 관찰사가 되었다.

48세 때의 2월에 예조참찬, 3월에 자헌대부 예조판서를 지냈고, 9월에 사간원의 탄핵을 받았다.

49세 때의 2월에 대사헌, 12월에 숭정대부 의정부 우찬성 겸 지경연사가 되었다.

50세 때의 3월에 판돈령이 되었고, 4월에 스스로 물러나기를 요청했으며, 8월에 양사의 논척을 받아 고양(高陽)에 돌아갔다가 곧 창평으로 귀향했다.

54세 때의 8월에 큰아들 기명이 요절하자 고양에 가 있었는데 10월에 정여립이 모반했다는 소식을 듣고 서울로 달려와서 선조에게 비밀로 차자(箚子)를 올렸다. 선조는 이와 같은 위기에 일신의 안일을 돌보지 않고 행동한 정철을 충절이라 칭찬하고, 11월에 우의정을 제수하고 사건 취조의 위관을 삼았다.

55세 때의 2월에 좌의정에 승진되고, 모반을 잘 다스렸다 하여 광국평난의 공훈으로 인성부원군을 봉했다.

56세 때의 윤2월에 세자책봉 문제가 일어나자 정철은 광해군을 추대하다가 양사의 탄핵을 받고 파직당하여 명천으로 유배되었다가 곧 진주로 이배되었고, 또다시 강계로 옮겨진 뒤 위리(圍籬)되었다.

57세 때의 4월에 임진왜란이 일어나자 선조가 의주로 몽진하게 되었다. 이 때 공론에 따라 석방시켜 어가를 수행하게 하였다. 9월에 호서 호남의 체찰사(體察使)가 되었다.

58세 되던 5월에 사은사로 명나라에 갔다가 11월에 돌아오니 남인들이

다시 그를 공박하여 모함하므로 송강은 벼슬을 그만두고 강화의 송정촌으로 물러나 울분과 빈한(貧寒), 지병으로 고통을 겪다가 12월 18일 파란 많은 일생을 마쳤다.

2월에 고양의 신원에 장사했는데 6월에 권유(權愉)·김우옹(金宇顒) 등이 상소하여 관작을 삭탈 당했다.

1623년 김장생이 신원을 청하여 마침내 1626년에 관작이 내려지고, 1665년 3월에 고양에서 충북 진천의 지장산에 천장되었다. 1684년에 문청(文淸)이란 시호가 내리고 창평의 송강서원 별사에 제향 되었다. 문집으로 『송강집』 11권 7책이 있다.

2) 사상

송강의 사상적 특성은 다음 몇 가지로 요약할 수 있다.

첫째, 그는 올바른 군자로 사악을 용납하지 않고 지조를 지키며 날카로운 판단력을 지니고 강인한 일생을 마친 점이다. 당시 학문하는 사람은 모두가 임금이 부르면 나아가 그 도를 펴 나라와 백성을 위하여 힘쓰고, 그러한 뜻을 실행할 수 없으면 물러가 산림에 묻혀 학문을 닦고 후학을 기르는 것이 일반적인 통례였다. 송강도 그러한 방법으로 공부하고 과거에 응시하여 벼슬길에 올랐다. 그는 태어나면서부터 성품이 강직하고 선을 좋아하고 악을 싫어했다. 따라서 조정에 들어가 주요 관직을 거치면서 항상 소신을 잃지 않았다. 이를테면 명종의 종형인 경양군(景陽君)이 처가의 재산을 빼앗고 처족을 몰래 죽인 사건에 연루된 일이 있었다. 이 때 사헌부 지평이었던 정철이 사건을 담당하게 되었는데 명종이 불러 "그는 나의 형이 되는 사람이니 죽이지 말아 달라"고 부탁했다. 그러나 끝내 듣지 않고 법대로 처리하여 경양군 부자가 옥중에서 죽으니 이로 인하여 명종의 미움을 사게 되었던 것이다. 이는 원칙과 법을 그대로 지키고 사사로운 정에 흔들리지 않는 강인한 일면을 보여준다.

둘째, 그는 충성심이 강했다. 그가 홍문관 교리로 있을 때 김개(金鎧) 등이 이황 등의 사류를 몰아내려고 하자 정철은 임금에게 상소를 올려 도리어 김개 등을 내쫓았으며, 동부승지로 있을 때는 박근원·홍여순·허봉 등 3간신을 귀양 보낼 것을 소청했는데 김우옹 등이 "사화를 일으키려고 선동한다"고 탄핵하자 선조는 "정철은 마음이 정직하고 행실이 방정하며 말이 곧기 때문에 남들에게 미움을 사고 있다. 그는 맡은 직책에 충심으로 진력하고 청렴하며 절개가 있어 초목까지도 그의 이름을 알고 있다. 참으로 보잘 것 없는 날짐승 속의 독수리요, 전상(殿上)의 맹호이니 정철을 처단하는 것은 주운(朱雲: 한나라 때의 대장)을 베는 것과 같다"고 옹호한 다음, 친히 고충(孤忠)이라 써주고 독대를 허락했다.

또 강화에 귀향 가 있을 때 임진왜란이 일어나 선조가 의주로 몽진을 떠날 때 군중이 송강의 석방을 외치자 그를 소환하여 의주까지 어가를 호송케 했다.

송강이 한때 강원도와 전라도에 관찰사로 나갔는데 그 때 인근 방백을 불러 모아 조세 거두는 규범과 부역하는 조례 등을 정하여 일률적으로 시행하니 그 지방 백성들이 원성이 없어지고 치적이 올랐다.

이와 같이 송강은 정의를 숭상하고 철저한 선비정신으로 임금에게는 충성하고 부모에게 효도하며 형제간에 우애하고 몸소 실천하며 치자로서 목민관으로서 최선을 다하면서 파란만장한 정치생활을 하였다.

그는 열다섯 살 전에는 가정의 피화로 제대로 배우지 못했다. 그는 창평으로 내려간 뒤 열여섯 살 때부터 당시 이름 있는 도학자인 하서 김인후와 고봉 기대승의 문하에서 수학하면서 학행을 본받았으며, 뒷날 벼슬살이 할 때에도 도학정신을 발휘하였다. 그는 군자와 소인을 잘 구별하여 한번 소인의 무리로 간파하면 절대로 합류하거나 동조하지 않았다. 그러므로 당시 퇴계·율곡·우계와 같은 이름 있는 선비들과 교유하면서 김개와 같은 무리에게는 끝내 허락하지 않았다.

이러한 충성되고 강직하며 청렴한 인품과 학문적 태도는 아들 기명(起溟)과 홍명(弘溟) 등이 전승하였고, 문인으로 성뢰(成輅)·권필·이덕언·이대윤·조홍립(曺弘立)·김경수(金景壽) 등이 있다.

그의 학문과 교화의 정신은 문학작품으로 표현되고 있는데 송강의 문학적 특징에 관한 서술은 생략한다.

3) 원문번역

송강은 27세에 등과하여 30년 동안 거의 관직생활로 보냈다. 그는 조정에서 각급의 요직을 역임했고 외직으로 강원도와 전라도의 관찰사를 지냈다. 본고에서는 그가 1581년(선조 14년)에 전라감사로 내려와서 도민이 겪고 있는 생활상을 관찰하고 시급히 시정할 내용을 선조에게 올린 '전라감사시 진폐소' 전문을 번역 소개한다.

전라감사시 진폐소 全羅監司時 陳弊疏

삼가 아뢰옵니다. 신은 맡은 직무를 감당할 수 있는 재목이 아니면서 나라를 근심하는 뜻을 가졌고, 세상이 용납할만한 책략도 없으면서 한갓 임금을 사랑하는 마음을 품고 고굉의 신하로서 충성을 다하려고 하였습니다. 그러나 배운 것이 고루한데다가 몸까지 병들어 있어 산야에 물러가야 할 처지인데 뜻밖에도 성상께서 형편이 여의치 않은 곳을 굽어 살피시고 외직의 중책을 맡기시니 신은 감격으로 몸을 떨며 힘써 달려 왔습니다. 이에 벼슬아치를 각 곳으로 널리 보내서 백성들의 폐가 되는 일을 묻고, 정부에서 시키는 노역이 균등하지 못한 것이나 부세가 과중한 것은 본래 조정의 뜻이 아니요 부정을 행하는 것은 모두 관리의 손에서 나오는 것이므로 아직까지 고치지 않고 있다면 마땅히 바로 잡아야 되겠습니다.

그 사이 군대와 백성이 연계된 일이 습관화된 것은 성상께 알려드리지 않을 수 없습니다. 삼가 생각하건대 전하가 밤잠이 불안하고 일찍 일어나 바닷가 변방의 창생까지 염려하여 한 가지라도 빠뜨릴까 걱정하면서 애쓰고 근심으로 세월을 보내시는데, 신이 60의 나이에 이러한 중책을 맡게 되었으니 실오라기만큼이라도 국군(國君)에게 도움 되는 일을 할 수 있다면 만 번 죽어도 피하지 않겠습니다. 하물며 참혹한 일이 눈에 띄는 것이 한두 가지가 아닌데 감히 피하여 책임지지 않고 정사를 그르쳐야 되겠습니까? 신이 삼가 생각하건대 호남 일로(一路)에는 가축이 가득하며 넉넉하고 풍성한 것이 영남과 병칭됩니다. 그리고 의논하는 자들이 호남은 배로 물건을 나르기 때문에 국가의 기본이 되는 지역이라 합니다. 게다가 땅은 비옥하고 들은 넓으며 시내와 연못이 많아 논밭에 물대기가 좋고 오직 벼만 심기 때문에 비록 흉년이 들어도 기근이 드물어 백성들이 살기에 알맞으며 갖가지 곡식이 넉넉합니다. 그러나 지금 내려와 살펴보니 백성들은 일하기를 걱정하고 풍속은 투박하며 선비들은 옛것을 익히지 않고 학교는 퇴폐하였으며 군정(軍政)이 닦여지지 않아 변방이 텅 비어 있고, 눈에 띄는 곳마다 쓸쓸하여 다스려진 세상의 기상이 없으며, 닥쳐올 환란이 이루 다 말할 수가 없으니 어찌 한심하지 않겠습니까.

무릇 백성이란 나라의 근본인지라 백성이 기뻐하고 슬퍼함을 보고 국가의 안위를 알게 되는 것인데 지금 그들이 몸으로는 1000묘를 경작해야 하고 얼굴은 누렇게 떠 있으며 집안에 있는 그릇이 모두 비어 있고, 한결같은 생산이 없는데 공물과 부세 이외에도 명목 없는 세금을 내야하니 고혈은 한정되어 있는데 징수하고 독촉하는 관리가 날마다 문 밖에 찾아와 온 마을이 떠들썩하여 마치 초상이나 난리를 당한 것 같고, 독에는 담겨있는 곡물이 없으며 베틀은 텅 비어 있습니다. 이렇게 되니 처음은 가구를 팔고 다음은 소를 팔고 마침내는 전답과 집을 팔게 되어 세상을 한탄하는 노래가 자식들에게 불리는데 가렴주구를 노래한 석서(碩鼠)의 시[14]를 알지 못하는 관리들은 닥치는 대로 가져가 버리니 백성들은 늙은이를 부축하고 어린이를 이끌며 떠돌아다니는 자가 적지 않고, 구중궁궐(九重宮闕)은 하늘 같이 높아 알릴 길이 없으

---

14 석서의 시(碩鼠之詩): 『시경』「위풍(魏風)」〈석서(碩鼠)〉장에 나오는 시로 위나라의 위정자들이 가렴주구 하는 것을 비유한 시다. "큰 쥐야, 큰 쥐야 내 기장을 먹지 마라. 3년 동안 너와 알고 지냈거늘, 나를 기꺼이 돌아보지 않을진댄, 떠나서 장차 너를 버리고 저 도가 있는 세상으로 가리라. 도가 있는 세상이여, 도가 있는 세상이여. 이에 내 살 곳을 얻으리로다."(碩鼠碩鼠, 無食我黍. 三歲貫女, 莫我肯顧, 逝將去女, 適彼樂土. 樂土樂土. 爰得我所.)

며 백성의 생활이 이 지경에 이르렀으니 진실로 답답합니다. 아아! 백성들은 항산이 없어 함부로 하는 일을 고치지 않으니 풍속의 불미가 어찌 괴이하다 않을 수 있습니까? 무릇 강상(綱常)의 변함은 천하에 드문 일인데 지금 일로의 가운데서 어미를 친 놈이 둘이고 어미를 고소한 놈이 다섯이며, 어미의 손가락을 자른 놈이 하나이고 아비가 자식을 죽이려고 찾는 놈이 둘이며, 그 밖에 아우가 형을 고발하고 아내가 지아비를 배반하며, 골육 간에 싸우는 놈들을 일일이 헤아리기가 어렵습니다. 아아! 이게 무슨 풍속입니까.

선비의 풍속을 살펴보면 겨우 학문에 나아가게 되면 서로 따른다고 웃고 업신여기며, 한번 착한 선비라 이름나면 비방이 계속되니 용기 있게 나아가고 힘껏 행하여 시속에 얽매이지 않을 사람이 몇이나 되겠습니까. 그리고 궁벽한 시골은 동떨어지고 비속하여 학술이 정밀하지 못하므로 재질이 둔한 자는 날로 비루한데 빠지고 재주가 있는 자는 함부로 의논함에 흐르기 쉬우며, 심한 자는 윗사람을 능멸하는 것을 용기 있는 일로 삼고, 교만하고 남을 깔보는 것으로 깃발을 삼으니 바른 길이 잡초에 가려지고 인륜의 가르침이 씻은 듯이 없어집니다. 그리고 학교는 문묘에 있으므로 많은 선비들이 편안하게 여기는 바로 몸에는 선비 옷을 꿰입고 입으로는 성현을 말하면서 일단 교문에 들어서면 시장의 박달나무 같고, 한 결 같이 교생이라 부르면서 반목하고 성내어 꾸짖으니, 마침내 묘정(廟庭)이 황량하고 학교가 적막하여 버려진 사당이나 잡신을 모신 신당만큼도 못합니다. 아아! 학교란 풍속을 교화하는 근본이요 사습이란 학교의 근본인데 지금 사습이 이와 같이 되어버린다면 강상이 변하고 윤리와 기강이 문란한 것이 어찌 괴이하다고 하겠습니까.

군정(軍政)에 대하여 말하면 조정의 군적에는 비록 올라 있으나 그 장정들은 모두 권세 있는 집에 투입시키고 다만 보고되지 않은 미약한 자를 뽑아 그 머리수만 채워 놓으니, 혹은 나돌아 다니고 혹은 죽어 없어져 일이년도 지나지 않아 호구가 끊어지므로 호적은 있으나 빈 문서뿐이니 만약 변경의 왜구가 엄습하여 달려들면 무기를 들고 대항할 자가 몇이나 되겠습니까? 비록 먹이는 말이 있다 하더라도 어찌 대적할 수 있을 것이며, 게다가 나라를 지킬 목적으로 세금을 거두는 일을 행하지 않으면서 변방의 군졸을 수자리에 보낸다는 말은 듣지 못했습니다. 수납자가 되면 여러 가지 이름으로 세금을 물어야 하고 관리의 약탈하는 상태가 끝이 없고, 한 번에 만족하지 못하면 다시 매질을 하기 때문에 졸병은 장교를 호랑이처럼 무서워하고 미워하기를 원수같이 하여 원망의 소리가 가득하고 이탈하고 배반하지 않는 날이 없습니다. 아아! 한 배를 탄 사람이 오히려 적이 되고 있습니다. 더욱 외딴 성과 궁벽한 지역에서 수자리 하는 동안 탈영하는 병졸이 있고, 멋대로 물고 뜯으며 울부짖는 짐승처럼 모여드는 난민을 생각하면 호남의 한 구석이 이 나라의 소유가 되지 못할까 근심스럽습니다. 이제 전하를 도와 나라 다스릴 자로는 방백(方伯)이 있고 절도사가 있으며 수령이 있습니다. 지금의 풍속이 이와 같고 사습이 이와 같으며 군정이 이와 같은 결과는 적격하지 못한 자에게 직책을 맡겼기 때문으로서 봉직하는 자가 치적도 없이 우물우물 넘겨 오늘에 이르렀을 뿐입니다. 다만 그것만이 아니고 근자로부터 기강이 부진하고 명령이 시행되지 않아 아랫사람을 능멸하고 윗사람을 갈아치우는 행위가 점점 더해지고 있으니, 비유컨대 고질병에 걸린 사람이 원기는 이미 폐하고 사지가 저리어 움직이고 싶어도 되지 않는데 뛰고 소리 지르고 남에게 무섭게 보일 수 있겠습니까. 그러므로 오늘의 계책은 기강을 일신하여 인심을 수습하는 일만한 것이 없는데 그 변화의 기틀이 전하의 한 마음에 달려 있습니다. 삼가 원하오니 전하께서 유념하시옵소서.

아아! 한 편이 이와 같으니 다른 편이 어떤지를 알 수 있고 다른 편이 이와 같으면 온 나라를 알 수 있습니다. 이미 떠난 인심을 살피고 임금께서 위엄을 드리워 다시 시작하는 대책을 가지고 백성을 물불 속에서 구제하기에 겨를이 없는데도 아는 자는 시세의 흐름을 보고 어리석은 자는 심상한 일로 여겨 안찰하는 자는 책임을 느끼지 못하고 수령된 자는 마음의 죄를 물리치는데 어둡습니다. 이것이 신이 밤낮으로 가슴을 치고 팔을 저으며 분개하고 탄식하며 눈물짓는 일입니다.

삼가 원하건대 전하는 단연코 그것을 행하시고 부박한 의논에 얽매이지 않으신다면 심히 다행이겠습니다.

아아! 지금 호남지방의 주부(州府)의 약간과 군현(郡縣) 약간에 먼저 학교를 수리하고 백성으로 하여금 예의를 알게 하며 농사를 권장하면 백성들은 생업에 종사할 수 있을 것입니다.

무기를 수리하고 버려진 군마를 조련시키는 일은 비록 세상에 드믄 인재라 하더라도 임기 동안에 그 성과를 거둘 수 없는데 하물며 지금 내려와서 묻고 맞이하고 보내면서 계속 호령하고 있으니 한 가지라도 따를 바를 일깨워주게 할 뿐입니다. 다만 우편으로 전해 알리는 폐단만 남기고 한 푼의 교화도 없다면 어찌 그것이 조정에서 방백을 둔 본뜻이겠습니까.

삼가 바라옵건대 문무의 위풍이 있는 자와 본디 명망이 드러난 자를 선택하여 보내어 신의 직분을 가름하게 하신다면 삼년 안에 이루는 성과가 나타나도록 책임지겠습니다. 또 몸을 돌보지 않고 충성하는 뛰어난 인재를 뽑아 병사(兵使)와 수사(水使)를 삼고 감사와 함께 협력하여 국사에 진력하게 하시면 해이된 인심을 수습할 수 있고 군정도 다스릴 수 있으며 변방도 걱정이 없을 것입니다. 신의 직분은 중하고 힘은 약하지만 다만 마음은 있사오니 모기가 산을 진듯 새가 바다를 메우려는 듯 하온데 감히 미치광이의 도모와 어긋난 계산으로 성충을 어지럽혔습니다. 삼가 바라옵건대 전하께서는 신을 거칠고 미천하다 하여 그 말씀을 버리지 마시고, 시세에 어둡다 하여 그 계책을 방치하지 마시며 또 군병과 백성을 위한 계책이나 손익의 교시를 내려주신다면 다행함이 이루 더할 수 없겠습니다.[15]

---

15 『송강집(松江集)』「속집(續集)」권2, 「소(疏)」 〈전라감사시진폐소(全羅監司時陳弊疏)〉. 伏以, 臣材非識務, 而尙有憂國之志, 策短容世, 而徒懷愛君之心, 誓竭股肱, 以效忠貞, 而只緣學術泥古, 加以疾病纏身, 自分屛棄於山野, 不意聖上俯察於衆惡之中, 寄以方面之責. 臣 撫躬感激, 強疾驅馳, 又分遣長吏, 廣詢民瘼, 若其傜役之不均, 賦稅之或重者, 初非朝家之意, 而一出於汚吏之手, 例爲因循者, 則皆當一切釐革, 而其間務繫軍民, 事涉沿革者, 則不容不上聞. 伏惟殿下丙枕不安, 尙衣宵御, 念及於海隅蒼生, 猶恐一夫之失所, 憂勤愓慮, 日月逾邁. 臣遇知明時, 職是宣化, 若絲毫有補於君國, 則身雖萬死, 亦所不避. 況慘目之事, 非一非二, 敢避喜事之誚, 不體如傷之政乎. 臣伏惟, 湖南一路, 鷄狗四境, 其富麗殷盛, 與嶺南竝稱, 而議者以湖南便於漕運, 故尤爲國家根本之地也. 且土饒野大, 又多川澤, 田宜灌漑, 惟種秔稻, 雖不有年, 亦罕饑饉, 宜乎生民樂業, 旣富方穀, 而以今觀之, 則百姓愁勞, 而風俗渝薄, 士習不古, 而學校頹廢, 軍政不修, 而邊徼空虛, 滿目蕭條, 頓無治世之氣象, 將

來之患, 有不可言, 思量至此, 寧不寒心. 夫民者, 國之所本也, 觀民休戚, 知國安危, 今者身耕千畝, 面有菜色, 室如懸罄, 一無恒產, 而貢賦之外, 又出無名之稅, 膏血有限, 徵督無厭, 日復一日, 吏胥臨門, 村落騷然, 若遭喪亂, 瓮盎無儲,機杼俱空. 於是, 始賣家具, 次賣耕牛, 終賣田舍, 萇楚之歌, 樂子無知. 碩鼠之詩, 庶將去汝, 扶老携幼, 流離者比比, 而九重如天, 無路可聞, 民生到此, 誠可於悒, 嗚呼. 民無恒產, 放辟無已, 俗之不美, 何足怪乎. 凡綱常之變, 雖舉天下, 亦所罕有, 而今一路之中, 毆母者二, 訴母者五, 斷其母指者一, 父求殺子者二, 其餘弟訴兄, 妻背夫, 骨肉爭鬪者, 難以悉計, 嗚呼. 此何等風俗也. 以言其士習, 則纔稱向學, 笑侮相隨, 一名善士, 詆謗繼至, 其勇往力行, 而不拘流俗者, 有幾人哉. 然而窮鄕孤陋, 學術不精, 質魯者日趨於汚下, 才高者易流於横議, 甚者以陵上爲氣節, 以傲物爲標致, 正道蓁蕪, 名教掃地, 而至如學校者, 聖廟所在, 多士攸寧, 而身穿縫掖, 口談聖賢者, 一入校門, 若撻于市, 一稱校生, 反目怒罵, 遂使廟庭荒凉, 黌舍寂然, 反不如叢祠野廟之或有往來者. 嗚呼, 學校者, 風化之本, 而士習者, 學校之本也. 今士習如此, 則綱常之變, 倫紀之紊, 何足怪哉. 以言其軍政, 則朝家之籍軍雖勤, 而其丁壯者, 盡投於豪勢之家, 只抽其無告微弱者, 苟充其額, 故或流離, 或死亡, 不過一二年, 而還爲絕戶, 故戶籍雖存, 而只是空紙, 若邊警奄至, 倭寇豕突, 則其所以稱戈立矛者幾人, 而雖有頗, 牧安可以一騎獨當乎. 兼以干城之器不聞, 繭絲之政未行, 其邊卒之赴戍也. 例爲輸納者, 則曰番價, 曰役價, 曰到防, 而其外剝割之狀, 靡有紀極, 一不滿意, 又加鞭笞, 故將卒之間, 畏之如虎, 疾之如讐, 怨讟盈路, 離叛無日. 嗚呼, 舟中之人, 尙爲敵國. 況孤城窮戍之間, 脫 有無賴之卒, 縱其窮獸之噬, 嘯聚思亂之民, 則湖南一隅, 恐不爲朝家之所有也. 今殿下之所以委任分憂者, 有方伯焉, 有節帥焉, 有守令焉, 而今風俗如此, 士習如此, 軍政如此, 此不過倚任非人, 奉職無狀, 依違姑息, 以至于今日耳, 不獨此也. 近年以來, 綱紀不振, 號令不行, 下陵上替, 其漸有自, 譬如痼疾之人, 元氣已廢, 四肢已痿, 雖欲運動, 亦不可得也. 況望其踴躍叱咤, 作威於人乎. 故今日之計, 莫若一新紀綱, 收合人心, 而其轉移之機, 只在人主之一心, 伏願殿下留神焉. 嗚呼, 一路如此, 諸路可知, 諸路如此, 擧國可知. 人心已離, 天象垂威, 其安危更始之策, 當如救焚拯溺之不暇, 而知者觀於時勢, 愚者狃於尋常, 按察者無范滂之志, 字牧者昧距心之罪, 此臣所以日夜搥心扼腕, 歎息流涕者也. 玆敢以州縣弊瘼事件, 條列以聞, 伏願殿下斷然行之, 毋爲浮議所拘, 則不勝幸甚. 嗚呼, 今湖南之地, 州府若干, 郡縣若干, 若欲先修學校而使民知禮義, 勸課農桑而使民有恒產, 修葺干戈, 習閑軍馬, 則雖以間世之材, 其成效不可必於一期之內, 而今者來詢未久, 送迎連年, 號令不一, 莫知所從, 徒貽郵傳之弊, 而未有一分之化, 此豈朝家設方伯之本意也. 伏願擇遣有文武威風名望素著者, 來代臣職, 期於三年之內, 責以成效, 又擇靖忠許國才堪撫馭者, 爲兵使, 爲水使, 與監司同心戮力, 盡瘁王事, 則已散之人心, 猶可復合. 已澆之風俗, 猶可還淳, 軍政或可以修明, 邊徼或可以無虞矣. 臣任重力綿, 只有寸心, 如蚊負山, 如鳥塡海, 敢以狂圖謬算, 仰瀆聖聰. 伏願殿下勿以臣疏賤而棄其言, 勿以臣迂闊而置其策, 亦有垂念於軍民之計, 損益之訓, 不勝幸甚.

4) 松江集 目錄

〈 原集 〉

卷之一

詩: 五言絶句 – 秋日作 外101首 / 七言絶句 – 夜坐聞鵑 外78首 / 五言律詩 – 次息影亭韻 外14首 / 七言律詩 – 送辛君望宣慰使之行 外34首 / 五言古詩 – 霞堂凉夜 / 七言古詩 – 挽笑庵 外5首

卷之二

雜著: 戒子帖 戒酒文 洪川館板記(庚辰 江原監司時) 祭亡女崔家婦文 祭趙汝式文 與牛溪書 / 疏箚: 請討標魯山君墓道疏(爲江原監司時) 擬救崔永慶獄事箚 體察兩湖時疏(壬辰) 行朝應獻議箚(癸巳) 赴京時箚(癸巳) 附華谷遺稿

〈 續集 〉

卷之一

詩: 五言絶句 – 詠鶴贈宋仁叟(英耉) 外105首 / 七言絶句 – 待李景魯(希參)不至 外119首 / 五言律詩 – 次壽翁韻(三首) 外22首 / 七言律詩 – 次廣寒樓 外47首 / 七言排律 – 失題(十韻) / 五言古詩 – 李生廷冕工詩嗜酒薄於世味病酒而軆因自號爲軆戲題古詩三十韻投贈求和 外6首 / 七言古詩 – 次玉川子送孤竹之韻

卷之二

雜著: 水月亭記 通諭水原潰散軍卒文 / 疏: 江原監司時陳一道弊M疏 全羅監司時陳一道弊瘼疏 被劾乞免疏 卞謗疏 / 啓: 政院啓辭 江原監司時啓 兩湖體察時啓(第一 第二 第三 第四 第五) 赴京時啓(第一 第二) 請冕服呈文 / 祭文: 祭金河西先生文 祭奇高峰先生文 祭梁松川(應鼎)文 祭宋俛仰(純)文 祭朴三可(遂良)文 祭白玉峰(光勳)文 竹樹書院祭趙靜菴文 古龍書院祭文 祭栗谷文 / 書: 與牛溪書(八) 與李仲補書 答延豊倅書 與李魯翁(希參)書(六) 與海翁書 答金從事景晦書 與趙重峰(憲)書 答宰相書 與宰

相書　與或人書　與或人書　與左台(斗壽)書　答副使金(瓚)書　與尹汀叟(根壽)書　與成仲深書　答李峰叟(民覺)書　答霞翁書　謝慕伯書　謝李別座書　與環碧諸生書　(附)峒隱與牛溪書(二)

〈 別集 〉

卷之一

詩: 五言絶句 – 剛叔逢差上京訪高陽村居 外9首 / 七言絶句 – 剛叔示以其先祖所製七言一絶謹次(己巳) 外3首 / 五言律詩 – 遊南嶽聯句 外8首 / 五言古詩 – 安君請賦三景走筆書之(三首) / 七言排律 – 挽人 外1首 / 七言古詩 – 布帆無恙掛秋風 外3首 / 賦 – 春秋成麟至 外3編 / 墓碣 – 竹巖安公墓碣銘(竝書) / 祭文 – 祭柳眉巖(希春)文 / 書: 答白松湖(振南)書　與高霽峰(敬命)書　家間書(寄起溟 寄振溟 寄子) / 雜著: 諭邑宰文　江原監司時李順弼兄弟相訟題辭　日記十五條　疑禮問目　策問

卷之二

附錄: 世系圖　年譜(上)

卷之三

附錄: 年譜(下)

卷之四

附錄: 賜祭文　祭文　挽章　行錄

卷之六

附錄: 神道碑銘　墓表　傳

9. 관해 임공직 觀海 林公直

1) 생애

임공직(1562-1624)은 이름은 회(檜), 호는 관해(觀海), 관향은 평택(平澤)이다. 임형수의 조카로서 이괄(李适)의 난을 맞이하여 반군과 싸우다 전사한 충신이다. 그의 아버지는 모두 3형제였다. 친아버지는 정수(貞秀), 위로 길수(吉洙), 그리고 맨 큰아버지가 형수이다. 어머니는 전의(全義) 이씨(李氏)로서 현령 진남(震男)의 딸이었다. 1562년에 태어났는데 가운데 숙부인 길수(吉洙)가 후사가 없어 양자가 되었다.

태어나면서부터 체구가 크고 말과 글을 일찍 깨우쳤으며, 6살 때부터 책을 읽고 글을 짓는데 남달리 총명하였다. 점점 자라자 시문을 잘 짓고 가는 곳 마다 이름을 날렸다. 21세 때 모친상을 당하고 이어서 친부와 양부의 상을 연달아 당하였다. 이처럼 7년 동안이나 상제로서의 도리를 다하였기 때문에 정철(鄭澈)의 딸과 약혼한지 8년만에야 혼사를 치를 수 있었다. 마침내 양가에 혼인이 이루어지자 두 집안의 신의에 탄복하지 않는 사람이 없었다. 1593년 서모의 상을 당하였는데 왜구가 쳐들어온 난리 속에서 상례를 끝까지 치룬 다음 가묘(家廟)를 피난시켰다.

정철이 죽고 당파가 일어나게 되자 일체의 벼슬길에 나아갈 것을 사양하고 시를 짓고 술 마시며 스스로 즐겼다. 1611년 비로소 과거에 등과하게 되니 그의 나이 50세였다. 성균관 전적을 제수 받았다.

그 후 바닷가에 있는 옛 집에 돌아와 관해(觀海)라 스스로 호를 삼고 즐겼다. 1613년 다시 전적이 되고 제관으로 장연(長淵)에 갔었는데 무고한 옥사가 일어났다.

글 가운데 임호(林浩)라는 이름이 있었는데 이이첨이 임회(林檜)와 음이 같다 하여 죄를 씌웠다. 부인과 어린 아들 득붕(得朋)까지 연루시키려 억지를 부렸으나 양산에 유배되고 아들은 곤양 땅에 유배되는데 그쳤으나 모두

험한 곳이었다. 귀양간지 10년만인 1623년에 인조반정이 일어나고 이이첨의 무리가 쫓겨나자 예조정랑이 되었다가 군기시 첨정이 되었다. 조정에서 남한산성을 수선하자는 논의가 일어나자 신흠(申欽)의 추천으로 광주(廣州)목사가 되어 어려운 임무를 맡게 되었다. 광주는 서울 가까이 있는 요새지로서 중요한 임무를 맡아 축성하는 일에 힘썼다.

이듬해 봄 이괄(李适)이 반란을 일으켰다. 이괄의 반란군으로 나라가 흔들렸으나 그의 수하에는 군대가 없었다. 빈손으로 덤볐으나 아무런 방도가 없었다. 하는 수 없이 시골 사람들에게 대의를 일깨워 몇 백의 군사를 모았으나 이괄은 서울을 짓밟고 임금은 남쪽으로 피난하였다. 이 소식을 듣고 밤길을 달려 과천으로 임금을 맞이하러 갔으나, 이미 떠나버린 다음이었다. 하는 수 없이 반군을 뒤따라 달려가다가 경안 역에서 오합지졸과 함께 반군에 잡혔다. 당시 이괄과 함께 반란을 일으킨 한명련(韓明璉)이 이괄에게 후환을 없애기 위해 죽이자고 하였다. 그러나 그의 당당한 모습에 감히 어쩌지 못하였다. 이괄이 무릎을 꿇게 하자 꾸짖어 말하기를,

> 나라에서 너의 공훈에 녹을 주고 벼슬을 높여 주었는데 어찌하여 배반하였느냐. 너의 목을 베지 못한 것이 한스럽다.
> 빨리 죽이지 못하겠느냐?

고 소리쳤다. 이괄이 크게 성내고 칼로 찌르니 성한 곳이 없었다. 그러나 끝까지 욕설을 퍼붓자 이괄은 더욱 화가 나서,

> 너 같은 서생이 어찌 안고경(顔C卿: 당나라 현종 때의 충신)의 죽음을 모르느냐?

하고 혀를 잘라 죽였으니 2월 12일이었다. 그가 죽은 지 여러 날이었으나 얼굴색이 변함이 없고 늠름한 모습이 생기가 있었다.

이 소식이 임금에게 전해지자 임금은 놀라고 슬퍼하여 유사에 명하여 벼슬과 정려를 세우고 관을 짜서 장례를 치루니 5월이었다. 그는 태어난 기상

이 깨끗하고 마음이 크고 집에서는 효도하고 우애하며 몸가짐이 단정하여 귀양 가서도 조상을 받드는 예를 잃지 않았다. 재물에 집착하지 않고 베풀기를 좋아하며 걸림이 없었다. 재산의 분배에도 형제자매에게 먼저 택하게 하고 나머지를 거두어 친목하였다. 잘못을 미워하고 화복과 이해에 구애되지 않고 평소의 지킬 바를 분명히 하였다. 억울한 귀양살이 끝에 마침내 벼슬길에 나섰으나 또한 충신의 의리를 지키고 돌아가니 모든 사람이 애석해 하였다. 그의 문집은 모함을 당할 때 모두 없어지고 다만 귀양살이하며 읊은 시와 몇 편의 제문이 남아 있어 『금호집(錦湖集)』 속에 전하고 있을 뿐이다.

이상에서 살펴본 그의 인품은 넓은 기상과 큰 뜻을 지니고 있으면서도 뜻하지 않는 화란(禍亂)에 몰려 10년의 유배생활 끝에 마침내 스스로의 포부를 펼칠 기회를 얻었으나 또한 이괄의 난으로 인하여 마지막 헌신하는 충성을 남겼으니, 가히 자랑할 만한 일이라 하겠다.

2) 원문 번역

수은(睡隱) 강항(姜沆)은 영광 출신으로 1597년 정유재란 때, 이광정(李光庭)의 종사관으로 남원에서 군량보급에 힘쓰다가 남원성이 함락되자 의병을 모집하여 싸우다가 이순신의 휘하로 들어가기 위해 남쪽으로 내려가다가 일본군의 포로가 되었다.(→ 강항)

일본에 끌려가 일본 불승(佛僧)과 교유하면서 점차로 지식인들에게 이름이 알려져 성리학을 가르치고 일본에 주자학을 전해주었다. 1600년에 포로생활을 청산하고 귀국하였는데 1618년에 사망하였다. 이 글은 「관해고(觀海稿)」에 실려 있는 제문이다. 이 제문은 처음으로 강항의 사망소식을 듣고 지은 글로서 당시 그의 애국정신과 강항의 인품을 잘 표현하여 준다.

수은 강항의 제문 祭姜睡隱文

만력 무오년 가을이 가고 겨울이 다가오는 무렵에 멀리 귀양 간 친구. 나는 우리 학자 강태초(姜太初)의 죽음을 도중에서 듣고 믿어야할지 안 믿어야 할지를 몰랐다. 태초는 천지의 아름다운 기운을 타고 이 세상에 태어났으니 하늘이 반드시 뜻이 있어서 낳게 한 것인데 아무런 일없이 죽다니 이는 하늘의 뜻이 아닌 듯하다. 그래서 끝내 태초가 죽었다는 것이 믿어지지 않았다. 그런데 이 해 12월에 고향에서 편지가 왔는데 그 기별에 의하면 태초의 죽음이 틀림없다. 천지간의 아름답고 빼어난 기운을 걷어가지고 가버린 것이다. 하늘이 뜻이 있어서 세상에 낳게 하였다는 것을 끝내 믿기가 어렵도다. 드디어 슬프게 곡을 하면서 글을 써서 기미년 7월 초사흘에 고향에 살고 있는 종손 윤(崙)에게 부쳐 박주(薄酒)를 준비하여 우리 친구 태초의 영혼에게 드리게 하노라. 아! 좋아하고 싫어함은 사람이 같은 것인데 선을 좋아하고 악을 싫어하는 사람이 있고 악을 좋아하고 선을 싫어하는 사람이 있는 것은 사람의 성질이 다른 것이지만 그렇다고 그 본성이 다른 것은 아니다. 자기의 이익과 녹이 그 밖에서 녹여 들어가고 탐욕이 그 속을 닳게 하기 때문인 것이다. 정직하고 순수한 사람이 자립한 것이나 탐욕스럽고 고약한 사람이 멋대로 놀아나는 것은 그 좋아한 바가 다르기 때문에 취하고 버린 바도 또한 다른 것이다. 천하에 선한 사람은 적고 악한 사람은 많기 때문에 정직하고 순수한 사람은 언제나 남에게 미움을 받고 탐욕스럽고 고약한 사람은 도리어 남에게 좋아함을 받는다. 미워하게 되면 배척하고 내쫓고 억눌러 용납되지 못하게 하고, 좋아하면 칭찬하고 꾸미고 밀어 올려 세상의 도에 끌어내어 화려한 수레의 광채가 사람을 현란케 하므로 마을에서는 사모하고 길거리에서도 영화스럽게 여겨 왔다 갔다 하면서 같은 사람끼리 모이게 된다. 아! 착한 사람이 세상에 태어난다는 것이 그 또한 액운이었다. 지난 병술 정해 연간에 호남 선비들이 일시에 모두 모이게 되어 온 나라의 영웅준걸들의 모임자리가 되었는데 이때에 태초가 약관의 나이로 학문을 넓게 하고 지식이 깊어서 글을 짓는데 우리들 가운데서 당당한 으뜸이 되었었다. 그러다가 세상이 어지러워져서 선비들은 별처럼 흩어지고 그 집도 혹 화를 당하였는데 그 효제의 행실은 그로 인해 더욱 드러났다. 어언 수십 년이 흐르는 동안 나는 서해로 표류하여 고향으로 돌아갈 뜻도 못하고 있었는데 태초의 온 집안은 왜병에 붙잡혀 일본으로 가서 억류생활을 했는데도, 그 충의와 절개는 왜놈들도 감복하고 되놈도 감탄했었다. 그런데 절의를 온전히 하고 돌아온 날에 애써 배척하는 사람이 누구인가? 공교로운 말로 헐뜯는 자가 누구인가? 아! 태초가 세상에 태어남은 애초에 우연함이 아니었다. 문장은 당대에 으뜸으로 임금 말씀에 빛을 더하였고, 재주와 기국은 무리에 뛰어나 세상의 일을 해낼 듯 했고 효제도 옛 법대로 하여 악인들을 감화시킬 듯 했는데, 문장은 다만 일가의 언어에 그치고 말았고, 재주는 조금도 세상에 쓰이지 못했고, 그 덕에 감화하여 선량해진 사람도 몇 사람이 되지 않았으며, 목숨도 쉰 살에 그치고 벼슬도 낮은 지위에 그쳤으니, 하늘이 이 사람을 태어나게 한 것은 무슨 뜻이고 이 사람을 궁하게 한 것은 무슨 뜻이며 이 사람으로 하여금 수를 누리지 못하게 함은 또 무슨 뜻일까? 하늘이 이 사람에게 뜻이 없는 것이 아니라 이 세상에 뜻이 없음이로다. 아! 내가 귀양을 온 뒤로 태초가 한번 편지를 보내왔는데 내용에 모친상을 당하여 형제간에 함께 시묘살이를 하고 있다고 했는데 내가 편지로나마 조문을 못한 채 어느덧 몇 해가 지났다. 실로 태초가 혼탁한 세상을 싫어하여 이렇듯 빨리 떠날 줄이야 누가 알 수 있었겠는가? 백년의 지기가 영원한 작별이 되었다. 천고의 문장들을 누구와 의론을 하리요? 태초에 아우가 있어서 그 문장을 잇고 아들이 있어서 그 선을 잇고 있으니 그 밖의 여러 가지 일은 눈을 감고 잊을지어다. 그대를 배척하고 헐뜯고 하여 끝까지 궁하게 하던 사람은 지하에서 한번 웃어버리면 그만일 것일세. 오직 백발이 된 친구가 하늘가를 바라보며 글을 봉하는데 옛날에는 산천만이 막혀 있었는데 이제는 구천의 아래서 무엇을 알겠는가. 그러나 평생 동안 우리의 깊은 마음이 항상 훤히 통하여 의심이 없었으니 아마도 나의 성의가 통하여 아름다운 영혼이 살피시리라. 제물과 술을 천리에 보내니 조금이나마 나의 슬픔은 풀지만 다만 선후가 있을 뿐이지 마침내 다시 만날 때가 있으리라. 아! 슬프도다.

3) 觀海遺稿 目錄

詩: 贈士欽 外52首

雜著: 逍遙閣記 / 祭睡隱姜太初文 / 進士金公墓碣銘 / 進士宋公墓誌 / 觀海林公行蹟 / 觀海遺稿跋

10. 은봉 안방준 隱峰 安邦俊

1) 생애

안방준(牛山 1573-1654)은 조선이 일본과 청국으로부터 각각 침략을 당한 16세기 후반과 17세기 초의 난세를 살면서, 도학(道學)과 절의(節義) 또는 충절(忠節)을 지상으로 여겼던 호남의 대표적인 유학자이다.

안방준의 본관은 죽산(竹山), 자는 사언(士彦), 호는 은봉(隱峰) 또는 우산(牛山)이요, 시호(諡號)는 문강(文康)이다. 그는 1573년 11월 20일 보성 오야리(寶城 梧野里: 현재 寶城郡 寶城邑 牛山里 宅村)에서 첨지중추부사(僉知中樞府事)인 안중관(安重寬)과 진원박씨(珍原朴氏)의 둘째 아들로 태어났고, 뒤에 숙부인 안중돈(安重敦)의 양자로 입양되었다.

안방준은 열한 살에 박광전(竹川 朴光前 1526-1579)에게서 수학하였고, 열네 살에는 매부인 박종정(蘭溪 朴宗挺)의 문하에서 수학하였으며, 열아홉 살 때의 4월에 성혼(牛溪 成渾 1535-1598)의 문하에 나아가 수학하였다. 이 해에 「이대원전(李大源傳)」을 저술하였다.

스물이 되던 1592년에 임진왜란이 일어나자 박광전 선생을 따라 의병을 일으켰으며, 1596년 12월 「진주서사(晉州敍事)」를 저술하여 김천일(金千鎰) 장군 등 여러 의장들이 진주성을 사수하다 순절한 사실을 기록하였다.

1611년(39세)에는 가족을 데리고 한양으로 가서 살았으며, 다음해 조헌(重峰 趙憲 1544-1592)의 소장(疏章)과 격문 등을 모아 「항의신편(抗義新編)」을 저술하였다. 이듬해(41세) 겨울 다시 보성 우산(牛山: 현재 昇州郡 松光面 牛山里)으로 새 터를 잡아 낙향하여 냇가에 정사를 짓고 전원생활을 시작하였다. 이는 당시 조정의 질서를 혼란시키는 간신들의 유혹을 피하기 위함이었다 한다. 다음 해에는 「호남의록(湖南義錄)」과 「임정충절사적(壬丁忠節事蹟)」 「삼원기사(三寃記事)」를 저술하였다.

1622년 「동환봉사(東還封事)」를 편집하고 그 발문을 지었으며, 1624년 동몽교관(童蒙敎官), 사포서 별제(司圃署 別提) 등의 벼슬이 주어졌으나 취임하지 아니하였다. 다음 해에는 오수도 찰방(獒樹道 察訪)에 제수되어 취임하였다가 19일 만에 사임하고 귀향하였다. 그리고 이정구(李廷龜)에게 이이(栗谷 李珥 1536-1584)의 「석담일기(石潭日記)」를 속히 사고(史庫)에 소장하여 훗날 부당한 비방과 불의의 화를 면하게 할 것을 부탁하였다. 그 해 10월 인조(仁祖)로부터 「항의신편(抗義新編)」을 간행할 것을 하명 받았으며, 다음 해에는 '호남의록(湖南義錄)'을 편집 간행하였다.

1627년 정묘호란(丁卯胡亂)을 당하여 호남의 의병 수백 인을 이끌고 완주(完州: 현재 全州)로 직행하여 영무사(領撫使)였던 이원익(李元翼)과 군기를 의론하였으며, 그 대책이 조정에 받아들여질 무렵 화의가 성립되자 의병을 해산하였다.

1632년에는 제원도 찰방(濟源道 察訪)의 벼슬이 주어졌는데 역시 취임하지 않았다. 1633년 '백사 이공 임진제장사론변(白沙 李公 壬辰諸將士論辨)'을 편술하고, 1635년 봄에는 능주 쌍봉동(綾州 雙峰洞: 현재 和順郡 梨陽面 梅亭里)으로 거처를 옮기고 「혼정편록(混定編錄)」을 저술하였다. 혼정(混定)이란 시비는 비록 한 때 뒤섞이는 일이 있더라도 공론(公論)은 백세에 걸쳐 확립되는 것이라는 뜻으로서, 이것은 1575년으로부터 1650년까지의 70여 년간 조야에 산재하였던 동인 서인 양편 사람들이 시비를 다툰 것을 모아 편집한 것으로 조선 당쟁사의 연구에 귀중한 자료로 평가받고 있다.

1636년에는 성혼과 이이가 무고당한 곡절을 밝힌 「변무소(辨誣疏)」를 지어 올렸고, 이 해 병자호란(丙子胡亂)을 당하자 의병청을 설치하고 도내 여러 읍에 격문을 띄워 수백의 의병과 군량을 모으며 군세를 정비하여 여산(礪山)까지 북상하였다. 그러나 남한산성에서 굴욕적인 화의가 성립되었다는 소식을 듣고 통곡하며 귀향하였다. 1638년 「사우감계(師友鑑戒)」를 저술하였고, 1640년에는 임·병 양란에서 입은 국가의 치욕을 씻고 춘추대의를 천명할 것을 간청한 「척화소(斥和疏)」를 올렸다. 이듬해 다시 거처를 동복의 복천 용안(葍川 龍岸: 현재 和順郡 南面 龍里)으로 옮기었다. 1641년에는 「기묘유적(己卯遺蹟)」을 저술하고 그 발문을 지었으며, 다음 해에는 「기축기사(己丑記事)」

와 「우산문답(牛山問答)」을 저술하였다. 1644년 복천에서 보성 우산으로 돌아왔으며, 「부산기사(釜山記事)」를 저술하였다. 8월에 형조좌랑의 벼슬이 주어졌으나 취임하지 않았다. 1646년 11월에 우산에서 매정리로 다시 거처를 옮기고 그 곳에 정사를 지어 '은봉정사(隱峯精舍)'라 하였다. 이는 포은 정몽주(圃隱 鄭夢周)와 중봉 조헌(重峯 趙憲)의 충효와 절의를 경모하는 의미에서 그들의 호에서 한 자씩을 딴 것이다. 같은 해 시폐(時弊)를 바르게 하고 조정의 기강을 바로잡을 대책을 직언한 「언사소(言事疏)」를 올렸다.

1647년 가을 「은진송씨충효전가서(恩津宋氏忠孝傳家序)」를 지어 송시열(尤庵 宋時烈 1607-1689)에게 주었으며, 1648년 「선양소차(善養疏箚)」를 수정하고 그 발문(跋文)을 지었다. 1649년 11월에 공조좌랑(工曹佐郎)의 벼슬이 주어졌는데 취임하지 아니하였고, 12월에 다시 사헌부 지평(司憲府 持平)의 벼슬이 주어졌으나 이듬해 정월 상소하여 사퇴하였다. 1650년 할아버지인 안축(安軸)의 「둔암공유사(鈍庵公遺事)」와 「박난계유적(朴蘭溪遺蹟)」을 저술하고 「기평군 유백증 신도비명(杞平君 兪伯曾 神道碑銘)'」을 지었다. 1651년 「노랄수사(老辣灑辭)」를 수정하고 그 발문을 지었으며, 11월 사헌부 장령(司憲府 掌令)의 벼슬이 주어졌으나 상소하여 사의를 표하였고, 그 다음 해 정월 재차 상소하여 체직(遞職)되었다. 1652년 여름에 우로전(優老典)으로 통정대부(通政大夫)에 승진되었으며, 이 해 '경대동법(京大同法)'과 '유민추쇄령(流民推刷令)'을 폐지할 것을 상소하였다.

1653년 「매환문답(買還問答)」을 저술하였고, 3월에 공조참의(工曹參議)의 벼슬이 주어졌으나 상소하여 사임하였다. 그 해 여름에 「송강 정문청공 연보(松江 鄭文淸公 年譜)」를 정리하여 수정하였고, 「죽천선생 행장(竹川先生 行狀)」을 지었다. 1654년 「우계선생 연보(牛溪先生 年譜)」를 수정하였으며, 그 해 11월 13일에 은봉정사에서 향년 82세로 세상을 떠났다. 이듬 해 보성 죽방면(寶城 竹坊面: 현재 蘆洞面 鶴洞里 甲洞) 자좌원(子坐原)에 안장되었다가 1665년 보성 척사(寶城 尺沙: 현재 寶城邑 快上里) 선영하(先塋下) 경좌원(庚坐原)으로 이장되었고, 1704년 동복(同福: 현재 和順郡 南面 福橋里) 갈학등(渴鶴嶝) 병좌원(丙坐原)으로 다시 이장되었다.

1656년 능주(綾州)의 유생들이 능주(현재 和順郡 寒泉面 牟山里)에 도산사(道山祠)을 세워 그를 배향하였고, 보성의 유생들은 보성(현재 寶城邑 東倫洞)에 대계서원(大溪書院)을 세우고 그를 배향하였으며, 호남의 유생들은 동복(현재 和順郡 同福面 蓮月里)의 도원서원(道源書院)에 최산두(新齋 崔山斗 1483-1536), 임억령(石川 林億齡 1496-1568), 정구(寒岡 鄭逑) 등과 함께 그를 배향하였다. 한편 1658년 가선대부(嘉善大夫) 이조참판(吏曹參判) 겸 지의금부사(知義禁府事)의 벼슬이 증직되었다.

1689년 색론(色論)의 와중에 휩싸여 관직 추탈(官職 追奪)과 서원 훼철(書院 毁撤)의 화를 당하였다가, 1694년 공론에 의해 다시 관직과 서원이 회복되었고, 이듬 해 다시 대계사원에 배향되었으며, 대계서원은 1704년 사액서원(賜額書院)이 되었다.

그가 남긴 저술들은 1773년 대계서원에서 문집(文集) 5책으로 처음 간행된 이래, 1861년 역시 대계서원에서 40권 20책으로 다시 간행되었으며, 1969년에 유림과 후손들의 노력으로 유묵(遺墨)과 자료를 모아 44권 21책으로 된 『은봉전서(隱峰全書)』가 간행되었다.

2) 사상

안방준은 임진과 병자의 양란을 생존 시에 직접 겪었던 인물이며, 그의 관심은 도학(道學)과 절의(節義)에 있었다는 것이 그의 저술을 통하여 단적으로 드러난다. 여기에 대하여 송시열은 "무릇 그의 저서는 충효(忠孝)를 말하고 윤강(倫綱)을 밝히며, 사우(師友)를 높이고 사정(邪正)을 분별하며, 도학을 숭상하고 억울함과 잘못됨을 밝히어 모두 절의를 권장하는 글이 아닌것이 없다"고 말하고 있다. 그가 15세 때에 지은 「이대원전(李大源傳)」은 일찍부터 그의 학문적인 정열이 충절의 기상을 표장하는 데에 기울고 있음을 드러내고 있다. 「이대원전(李大源傳)」의 내용은 녹도만호(鹿島萬戶)였던 이대원이 왜적과 싸워 장렬하게 순절(殉節)한 사실의 기록이다. 그의 이와 같은 충절에 대한 경모와 표장은 그 이후의 저술에도 계속되었다. 그 가운데 중요한 몇 개의 저술을 살펴보기로 한다.

「진주서사(晉州敍事)」는 진주성 전투상황을 직접 의병에 참가한 사람들로부터 전해 듣고 기록한 것이다. 이 글에서 그는 왜적이 1592년 수륙으로 강을 나누어 호남을 침공하였다가 해전에서는 이순신(李舜臣)의 한산대첩에 의하여 실패하고, 육지에서는 김시민(金時敏)이 지키고 있던 진주성을 함락하지 못하고 패퇴했으며, 또한 다음 해 왜적은 재차 호남을 공략할 목적으로 진주성을 공격해왔을 때, 김천일(健齋 金千鎰 1537-1593) 이하 진주성의 장사들이 8일간 성을 지키다가 중과부적으로 성은 함락되고 군은 전멸하였으나, 왜적의 의도 또한 좌절된 사실을 기록하고 있다. 이 글의 말미에서,

> 무릇 나와 뜻을 같이하는 사람들은 다른 사람들이 말하는 것을 버리지 말고, 만약에 들은 바가 있거든 나의 글에 더하고 보충하여서 정충장절(精忠壯節)이 민멸하여 전해지지 못하는 데에 이르게 하지 않는다면 이것이 나의 구구한 바램이다.[16]

고 하여 자신의 저술의 의도가 절의와 충절의 기상을 드높이려하는 데에 있다는 것을 밝히고 있다.

「항의신편(抗義新編)」은 조헌의 유문(遺文)과 사적(事蹟)을 모아 그의 단충장절(丹忠壯節)과 학적 유업이 사라질까 두려워하여 지은 것이요, 「호남의록(湖南義錄)」은 진주성 싸움에서 전사한 최경회(崔慶會)·정운(鄭運)·백광언(白光彦)·소상진(蘇尙眞)·황진(黃進)·장윤(張潤)·김경노(金敬老)·안영(安瑛)·유팽로(柳彭老)·양산숙(梁山璹)·문홍헌(文弘獻)·최희립(崔希立)·강희열(姜希悅)·오비(吳玭)·김인혼(金麟渾) 등의 절의에 대한 사적을 기록한 것이다. 그는 이 글의 첫머리에서,

> 제봉(霽峯) 고선생(高先生) 부자와 건재(健齋) 김선생(金先生) 부자, 이 양가의 사적은 비단 온 나라 사람들이 알 뿐만 아니라 중국의 조정에까지 알려져서 그 이름이 천하에 퍼졌고, 또한 문자로 전해져 이미 세상에 성행하고 있다.

16 「隱峰全書」 卷 7, 「晉州敍事」, 23쪽.

> 그러므로 여기에서는 많은 것을 생략하고 말하지 않았다. 뒤에 이 책을 보는 사람은 이러한 뜻을 알지 않으면 안 될 것이다.[17]

고 하였다. 즉 그는 이미 세상에 행적이 널리 알려진 고경명 부자와 김천일 부자의 사적을 일부러 제외하고, 드러나지 않았던 16인의 사적을 기록하여 충절의 기상을 드러내고자 하였던 것이다.

「임정충절사적(壬丁忠節事蹟)」은 유명한 동래부사였던 송상현(宋象賢) 등의 순절사적을 기록한 것이다. 「부산기사(釜山記事)」와 「노량기사(露梁記事)」는 임진왜란을 당하여 국가의 성쇠가 호남을 보전하는데 달려있었다고 할 때, 호남의 보전은 이순신의 해전과 호남 의병의 봉기로 가능하였고, 이순신의 해전의 승리는 녹도 만호인 정운(鄭運)의 협력에 힘입었다는 사실과 이순신과 정운이 노량 해전에서 전사한 사실을 기록하고 있다.

한편 「임진기사(壬辰記事)」는 조정이 이이(李珥 栗谷)의 양병론(養兵論)과 조헌의 절왜론(絕倭論) 및 예비책, 그리고 김천일의 방어책 등을 쓰지 아니했기 때문에 마침내 임진왜란을 초래하였다는 사실을 기록한 것이다.

또한 송시열이 말한 것처럼 그에게는 사정(邪正)에 대한 논변의 글이 많다. 그 중의 한 예를 1636년의 「변율우양선생피무소(辨栗牛兩先生被誣疏)」에서 볼 수 있다. 이 소에서 그는,

> 우리 동방 도학의 융성함은 본조(本朝)와 같은 때가 없었으니, 다섯 분의 현철이 앞에서 창성하게 하고, 두 분의 현철이 뒤에서 그것을 계승하였기 때문입니다. 다섯 분은 이미 문묘에 배향되었는데 다섯 분을 연이어 문묘에 배향한 전례가 두 분에게는 해당되지 않고 있습니다. 우리나라의 서쪽에는 노적(奴賊)이 있고, 동쪽에는 왜구(倭寇)가 있어서 만에 하나 불행히도 오랑캐와 금수의 땅이 된다면 모르겠으나, 그렇지 않고서 백세 뒤에 은원(恩怨)이 함께 사라지고 공론이 스스로 확정된다면 문묘에 배향될 이가 이 두 분 현철이 아니고 누구이겠습니까?[18]

---

17 위의 책 卷 8, 「湖南義錄」, 3쪽.

18 같은 책 卷 2, 「辨栗牛兩先生被誣疏」, 1쪽.

고 하여 이이와 성혼이 송시형(宋時瑩)·채진후(蔡振後) 등의 무고로 말미암아 문묘에 배향되지 못함이 부당하다는 것을 주장하였다.

이상의 저술들만 보더라도 우리는 그의 사상의 특징들이 어디에 있었는가 하는 것을 한 눈에 알 수 있다. 국란의 시대를 맞이한 조선 유자(儒者)의 절의와 충절의 정신이 그로 하여금 전란의 와중에서 이러한 숱한 기록들을 저술하고 편찬하도록 하였고, 또 그는 언제나 정몽주와 조헌을 사모하고 그들의 호에서 각각 한 글자씩 따서 그 자신의 당호를 삼을 정도로 절의와 충절에 대한 투철한 의식을 지니고 있었다. 그리고 이런 의식만큼이나 정(正)과 사(邪), 시(是)와 비(非)를 가리는 강한 의리정신을 갖고 있었다.

게다가 그러한 의리 내지 절의 정신을 바탕으로 한 충의의 실천은 더욱 돋보인다. 그는 임진왜란에 20세의 몸으로 의병장 박광전의 막하에서 군사기무의 참모로 활약하였고, 병자호란이 일어났을 때는 64세의 노령으로 도내의 여러 읍에 격문을 보내어 의병을 규합하여 통솔하고 북상하였던 것이다.

그는 앞에서 말한 바와 같이 정몽주와 조헌에 대하여 남다른 흠모의 정을 가지고 있었다. 「항의신편(抗義新編)」의 편찬과 조헌의 구기(舊基)가 있던 김포(金浦)의 우저지(牛渚地)를 사들여 그곳에 조헌의 사우와 유적비를 세우도록 하고, 50세 때 조헌의 「동환봉사(東還封事)」를 수찬한 것 등은 그의 조헌에 대한 남다른 흠모의 정에서 나온 것이었다. 그는 「항의신편」에서 이르기를 "선생은 고사에 박식하고, 현실의 일에 달통하여 명쾌하게 사리를 잘 판단하고, 천부의 자질이 성실하고 두터워 바깥으로 꾸미는 일을 하지 않았다[19]"고 하면서 사람들이 조헌을 '복절사의(伏節死義: 절의를 위하여 죽음)'라고만 평가하는 것은 잘못이라고 하였다. 이어서 이지함(李之菡)의 말을 빌려서 "안빈낙도(安貧樂道)하고 명리를 멀리하며, 군주를 공경하고 나라를 걱정하는 것이 지성(至誠)으로부터 나와 고인을 구함이 진실로 짝이 될 만한 이가 드물다"[20]고 그 인품을 평가하였다. 이러한 언설들은 그가 대의에 따라

19 같은 책 卷38, 「抗義新編」, 78쪽.

순국한 정몽주를 충절신(忠節臣) 조헌과 함께 흠모하였다는 사실과 더불어 그의 학문의 규모와 그 자신의 포부를 짐작하게 한다.

뿐만 아니라 안방준의 사상과 정신을 알 수 있는 것은 병자호란 이후 그가 조정의 사론(史論)과 밀접한 관련을 맺으면서 조광조(靜庵 趙光祖 1482-1518)의 사적들을 정리하는 데에 노력을 기울이고 있는 데서도 찾아볼 수 있다. 그의 저술인 「기묘유적(己卯遺蹟)」은 조광조의 참화를 기록한 것으로, 김정(沖庵 金淨)·박상(訥齋 朴祥 1474-1530)의 단경왕후(端敬王后) 신씨복위소(愼氏復位疏)로부터 기묘사화의 전말, 조광조의 문묘배향에 이르기까지를 소상히 기록하고 있다. 안방준은 조광조가 기묘사화로 유배당했던 능주에서도 학문을 연마하여 많은 제자를 길러낸 바 있는데 이러한 도학정신과 도학정치의 추구는 결국 그의 학문의 지향하는 바가 매우 강직하게 일관되었음을 말해 준다.

그가 열네 살에 지었다고 하는 시에서는 세상 사람들이 모두가 부귀만 좋아한다는 것을 탄식한 후 자기는 그러한 것에는 뜻이 없고 차라리 깊은 산속에서 살고 싶다는 심정을 토로하였지만, 국가 사회의 현실에 대처함에 있어서는 때때로 경국(經國)의 방략(方略)을 상소하는가 하면, 64세의 노령에 의병을 일으켜 근왕(勤王)의 전선에 나설 정도로 현실에 대한 적극적 실천을 주저하지 않았다. 그러면서도 스스로 계속 벼슬을 사양하는 모습을 보여 준 것은 그의 사상적 기조가 도학에 있음을 말해주고 있는 것이라 해야 할 것이다.

그럼에도 불구하고 그의 출신지인 호남 지방에서 오히려 널리 인식되지 않았던 것은 그가 기축옥사에서 정철(松江 鄭澈 1536-1593)의 입장을 옹호하였으며, 또한 병자호란 이후 조정의 여러 논판에도 직접 참여하여 친노론적(親老論的) 경향으로 나감으로서 뒷날 소론이나 남인계의 인사들로부터 배척의 대상이 되었기 때문이 아닌가 한다. 그의 사후에 그를 배향했던 서원들이 훼철되었다가 다시 복향(復享)·복설(復設)되는 우여곡절을 겪은 것도 이러한

20 같은 책, 같은 곳.

그의 입장 때문이었다고 하겠다.

원래 그는 재야의 선비로 관직에 오래 머물거나 높은 관직을 맡은 적도 없었다. 그러나 조정의 인사들과 여러 인연으로 밀접한 관계를 갖고 있었던 만큼 자연히 노론계의 호남인맥을 주도하는 입장에 서게 되었고, 대체로 반노론적(反老論的) 성향이 강했던 호남지역 인사들의 일반적인 분위기와는 배치되지 않을 수가 없었던 것이다. 이런 관계로 안방준에게는 당연히 당쟁과 관련된 저술이 없을 수 없게 되었다. 송환기(宋煥箕)가 쓴 「혼정편록서(混定編錄序)」에,

> 당시의 시비가 서로 번갈아가며 나타나는 것은 비록 마치 뒤섞여서 분간할 수 없을 지경이었지만, 은봉 선생이 두 선생(이이와 성혼)과 함께 좋아했던 사람들은 퇴계(退溪)·사암(思庵)·송강(松江)·중봉(重峯) 등의 여러 현인들이었고, 미워하였던 사람들은 홍노(弘老)·인홍(仁弘)·여립(汝立)·자헌(自獻) 등이었다.

고 한 말로 보더라도 그의 입론을 간접적으로나마 알 수 있다. 본인 스스로가 공론임을 강조한 이 글은 후일 많은 인사들에 의하여 거론되고 인용되었으며, 그런 만큼 오늘날 조선후기 당쟁사의 귀중한 자료로 인정받고 있다. 다만 그의 입장이 노론계에 가까웠기 때문에 그의 저술 속에 나타난 의견에 대해서는 견해의 차이가 있을 수 있지만, 진실한 그의 사상적 특징에 대한 면밀한 검토가 요구된다 하지 않을 수 없다.

이 밖에도 성리학 이론에 관한 「대학연의(大學演義)」·「예설고증(禮說考證)」·「이기사칠변(理氣四七辨)」 등의 저술을 한 것으로 알려지고 있으나 성리학과 예설에 관한 저술은 전해지지 않으니 안타까운 일이다.

3) 사상적 의의와 평가

(1) 의의

조선시대의 학문적 주류는 성리학이었다. 지배 이데올로기로서 성리학은

시대와 사회분위기를 일정하게 반영하면서 지역적 특징을 드러내면서 발전하였다.

이러한 시대별 특징과 정신사적인 흐름을 살펴보면서 우리는 과연 호남지역에서는 어떤 사람들이 있었으며, 이들의 사상이 다른 지역과 어떻게 다를 것인가 주목하게 된다. 같은 지역에서 성장하였던 지식인들 사이에는 시기는 다르지만 분명히 일관된 정신사적 흐름이 있었을 것으로 추론할 수 있고, 바로 이러한 흐름이 호남정신사의 역사적 맥락을 형성한다 할 수 있다.

대체로 호남사림은 기묘사화를 시발점으로 형성되었다 할 수 있다. 사화기에 피해를 입었던 사림 중 호남출신 인사들이 매우 많았고, 사화를 겪으면서 호남지역과 연고를 맺게 된 세력들의 영향력은 뒤이은 임진왜란과 병자호란의 와중에 의병·충절로써 호남사상의 커다란 특징을 형성하였다. 이 같은 정신적인 흐름에 뒤이어 나타난 실학(實學)도 동학(東學), 한말의 의병활동도 모두 호남 사림의 정신사적 흐름 속에서 영향을 받아 활발히 전개될 수 있었다.

안방준의 저술의 대부분은 이른바 '사림(士林)'정신의 본질이라 할 수 있는 도학사상을 바탕으로 하여 국가의 위기에 대처하여 분발, 순절한 숱한 인물들에 대한 기록으로 일관하고 있다. 우리는 안방준의 저술에서 한말 의병운동으로 이어지는 정신사적 맥이 사림의 도학적 학풍에서 발원되어 호남의 학풍을 형성한 근거를 찾을 수 있다. 바로 이 점이 안방준의 사상이 지닌 한국사상사적 의의라 할 수 없다. 일찍이 홍직필(梅山 洪直弼 1776-1852)은 임래경(林來卿)에게 답한 글에서,

> 영남의 학문으로는 회재 이언적(晦齋 李彦迪), 남명 조식(南溟 曺植), 한강 정구(寒岡 鄭逑), 여헌 장현광(旅軒 張顯光), 우복 정경세(愚伏 鄭經世)가 성대하였고, 호남의 학문으로는 하서(河西), 고봉(高峯), 일재(一齋), 은봉(隱峯), 손재 박광일(遜齋 朴光一)이 가장 저명하다.

고 하였다. 이러한 평가는 안방준이 호남 유학사에서 차지하는 위치를 대변

한다.

「사칠이기변(四七理氣辨)」 등 성리학에 관한 저술이 있었다고 하나 기록에만 나타날 뿐 전하여지지 않는 것은 사상사적인 명확한 위치를 평가함에 있어서 안타까운 일이 아닐 수 없다. 그의 도학적 사상 전모를 밝히는 일은 사상사적 의의를 평가하는데 있어서 연구되어야 할 과제다.

⑵ **평가**

안방준이 살았던 시대는 사화(士禍)의 와중 속에서 정(正)과 사(邪)의 구분이 혼탁해지고, 밖으로는 왜적과 만주족으로부터 대침을 당하여 나라는 일대 위기에 봉착하였고, 전후에는 전란의 여파로 사회전반에 모순과 혼란이 축적되고 있던 시대였다.

그는 왜란이나 호란을 전후한 이 시기의 사회모순과 혼란에 대응하여, 그것을 성리학 본연의 도학과 충절로써 바로잡고자 했던 것으로 보인다. 그가 정통성리학자로서 호남의 유학적 전통 내에서 커다란 비중을 차지하는 것도 이러한 그의 사상적 태도에서 비롯된 것이었으며, 그 때문에 인멸위기에 있던 호남의 많은 충절 인물들과 사적들이 그에 의해 재정리되고 수집되어 오늘에까지 보전되고 있는 것은 무엇보다도 빼놓을 수 없는 그의 업적이라고 해야 할 것이다. 그는 「죽천행장(竹川行狀)」에서,

> 고려 말 이후 조선조 일대에 호남에서 학문으로 이름난 이는 하서 김인후(河西 金麟厚), 고봉 기대승(高峯 奇大升), 일재 이항(一齋 李恒), 미암 유희춘(眉岩 柳希春)과 우리 선생님(朴光前)이다. 하서의 학문과 조행, 절의와 문장은 탁월하여 미칠 수 없으나, 고봉의 이론의 명쾌함과 일재의 강직함의 불굴함과 미암의 박식다문함도 세상에서 드물게 보는 바이다. 그러나 천리(踐履)의 독실(篤實)함에 이르러서는 저 세 분보다 우리 선생님이 더 낫지 않을까?

라고 하여 그의 스승 박광전의 실천적인 면을 높이 평가하고 있다. 이와 같은 평가는 그 자신이 박광전에게서 수학하였던 정신이 무엇이었는가를 역설적

으로 표현해주고 있는 것이라 할 수 있다.

그가 왜란과 호란의 양란에 대한 의병 활동에서 보여준 충절의 적극적 실천은 그 자신이 관직에 나아가는 것을 싫어하였던 개인적 취향이 소아적(小我的)인 것이었다고 한다면, 그것은 대아적(大我的)인 유가의 '견위수명(見危授命)'의 태도를 상징적으로 드러내고 있는 것이라고 해야 할 것이다.

1623년 인조반정(仁祖反正)이 일어나자 안방준은 평소 자신이 지니고 있던 경국(經國)의 방략을 정리하여 병조판서(兵曺判書)였던 김류(金瑬)에게 보내 당쟁의 병폐를 지양할 것과 인재의 고른 등용과 군병의 확충, 수령의 탐학을 방지할 것 등을 급선무로 제시하였으며, 그 외 여러 차례에 걸친 당쟁의 시비논쟁 속에서도 선현들에 대하여 충절과 절의의 시비를 가리는 논변의 글을 상소를 통하여 개진하였다. 이이와 성혼이 무고를 당하였을 때 그 부당함을 밝혀 상소를 올린 것은 그 대표적인 예이다. 이러한 면에 비추어 볼 때 그의 정신적 기조는 한 결 같이 도학과 절의를 준수하는 사림의 전통적 기풍을 간직하고 대의에 근거한 충절을 선양하는 유자의 근본적인 소신을 간직하였던 대표적인 인물이라 하지 않을 수 없을 것이다.

송시열이 안방준의 「신도비문(神道碑文)」에서,

> 선생은 일찍이 문인들에게 가르치기를 '사람이 시서(詩書)를 강학(講學)하는 것은 덕(德)을 쌓고자 함이요 성인이 수도입교(修道立敎)한 까닭은 인륜의 삼강오륜(三綱五倫)을 세우는 절의를 심는 데 있다. 그러므로 절의는 학문중의 일사(一事)인데 후세에 의리(義理)가 밝지 못하여 학문을 도학과 절의의 양사(兩事)로 나누니 사대부의 개탄할 바이다. 나는 자고로 절의를 버리고 학문을 이룬 사람을 보지 못했다'고 하였다.

안방준의 학문 정신을 잘 나타내주는 표현이다. 요컨대 그는 유학자로서 국가의 위기를 당하여 도학에 기초한 절의와 충절의 기상을 드높인 호남의 대표적 인물이었으며, 평생토록 저술과 실천 속에서 그것을 추구하고 실현하고자 했던 대표적 인물이었던 것이다. 기축옥사(己丑獄事)와 관련한 그의 입장이 선명하게 밝혀진다면 상대적으로 과소평가된 호남 유학사에서의 그의 위상과 사상사적 의의가 분명해 질 것이다. 또한 이를 통해 그의 도학사상적 실체가 밝혀진다면 그의 면모가 뚜렷하게 드러나리라 기대한다.

4) 원문 번역

안방준의 「언사소(言事疏)」는 1640년(68세) 5월과 1646년(74세) 12월에 쓴 두 편의 상소문을 말한다. 안방준의 기본적인 정치관은 사림의 한 사람으로 지치주의(至治主義)의 이상을 갖고 있었으리라는 것은 쉽사리 짐작할 수 있으려니와, 게다가 절의와 충절에 대한 굳은 신념을 갖고 있었다는 것은 앞에서도 말하였다. 안방준은 광해군의 실정 뒤에 반정(反正)으로 들어선 인조의 정치가 당연히 지치주의의 도를 따라 행해져야 함에도 불구하고 구태의연한 옥사와 당파싸움만이 조정에서 행해지는 정치현실을 보고 여기에 대한 강한 비판의식을 갖고 있었다. 더구나 대외적으로는 명·청(明·淸) 교체기에 국론의 혼란까지 곁들여져 국가의 기강이 위태로운 지경에 처해 있었다.

안방준은 이러한 시대상황에 대하여 이미 1623년에 당시의 병조판서인 김류를 통해 경국의 방략을 제시한 적이 있었다. 그러나 그것이 제대로 받아들여지지 않고 조정의 구습이 여전히 횡행하는 것을 보고서 직접 상소를 올린 것이다. 언사소는 이러한 배경 하에서 나온 상소문으로 안방준의 경세론이 잘 드러나 있는 중요한 글이라 하지 않을 수 없다.

그 내용은 구시대의 폐단과 해이해진 기강을 바로잡을 것을 강조하고, 절의를 지키다 죽어간 사람의 기상을 높이며, 청과 왜국에 대한 방어책을 수립할 것 등을 말하고 있다.

두 편의 언사소는 『은봉전서』 권 2에 실려 있는데 여기서는 1640년 5월에 올린 「경진소」를 번역하여 수록하기로 한다.

언사소 言事疏

삼가 아룁니다. 신은 본디 포의(布衣)로 멀리 변방에 수어 살면서 일찍이 폐조(廢朝: 광해군 당시의 혼란한 조정) 시절의 위망(危亡)한 형세를 눈으로 보고 깊이 비통해 한 나머지 순모(郇謨)의 통곡[21]을 한지가 오래되었습니다. 그러다가 다행히 성상의 반정(反正)을 만나 온 나라의 신민이 환호하고 춤을 추며 지치(至治)를 기대하였으나 전하께서 임어(臨御)하신 뒤로 별로 사람들의 이목을 새롭게 할 만한 선정이 없어 마치 홍수가 더욱 깊어지는 듯 백성들이 수심하고 병사들이 원망하고 있습니다. 이는 실로 무식한 무리가 조정의 요직에 깔려 있으면서 벼슬을 놓칠까 전전긍긍하고 국가의 안위와 생민의 휴척(休戚)을 도외시하며 편당 짓는 것만 힘써 날로 공격을 일삼으므로 역옥(逆獄)이 자주 일어나고 억울한 자가 사뭇 많아 의구(疑懼)한 인심이 시간이 갈수록 이반(離叛)되어 전하로 하여금 위에서 고립되게 하고, 필부들이 원수 관계가 되게 하였기 때문이니 신은 이를 가슴 아프게 생각합니다.

무오년(1618년) 이후 서북의 오랑캐가 염려되므로 생취(生聚)와 교훈(敎訓)[22]이 급선무가 되어왔는데도, 계해년(1623년) 이전은 사실 따질 것 없고 계해년 이후에도 이점에 생각이 미친 자는 한 사람도 없었으며, 연작(燕雀)의 처지에 있는 군신이 아궁이의 불꽃이 용마루와 처마까지 올라 장차 태울 것을 모르면서 위아래가 서로 경하하여 마치 태평한 세상이 돌아올 것처럼 여겼습니다. 신은 삼가 이를 근심하고 있었습니다. 신이 상신(相臣) 김류와 친분이 있으므로 반정 초에 즉시 당론을 억제할 것, 인재를 가려 쓸 것, 인심을 수습할 것, 군사를 훈련할 것 등 몇 개의 조항을 서신으로 권하고, 또한 정묘호란(丁卯胡亂) 후에 변경을 방비할 것을 요구하였는데 김류는 다 감히 감당하지 못하겠다는 말로 응답하였습니다. 김류는 전하의 원훈중신(元勳重臣)이니 국사에 있어서 마땅히 마음을 다해야 할 것인데도 그 말이 이와 같으니 또 어디에 기대를 걸겠습니까? 지난해 북사(北使)가 왔을 때 유언비어가 널

21 순모(郇謨)의 통곡: 순모는 당나라 진주(晉州) 사람이다. 대종(代宗) 때 원재(元載)가 권력을 전횡(專橫)하는 것을 보고, 장안의 동쪽 저자거리에서 상복을 입고 원재를 탄핵하였다. 이에 대종은 그를 불러 만나고 옷을 하사했다고 한다. 은봉이 순모를 인용한 것은 절박한 마음으로 상소하는 자신의 취지를 강조하기 위한 것이다.

22 생취(生聚)와 교훈(敎訓): 생취는 자식을 많이 낳아 인구를 늘리는 것이고, 교훈은 백성들을 교화(敎化)하여 나라에 충성하도록 하는 것이다.

리 퍼져 나라 안팎이 흉흉할 때 신은 온 조정이 아녀자처럼 순종하는 것을 정도로 삼을까 염려하여, 곧 병조판서 이시백(李時白)에게 글을 보내 미리 방비하라는 뜻으로 깨우쳐 줬습니다. 그 답서에 '약석(藥石)과 같은 훌륭한 계책이니 영상 대감과 의논 하겠다'는 말이 있었는데 1년이 지나도 어떤 일을 조치했다는 말을 듣지 못하였으니 혹 차마 말하지 못할 일이 생긴다면 장차 무슨 수로 대응할 것입니까? 이는 곧 신자(臣子)로서 그지없이 황급할 때인데도 남쪽의 월(越)나라가 멀리 진(秦)나라의 재앙을 보듯 심상한 일로 부쳐버리니 군부(君父)를 사랑하는 도리가 과연 이런 것입니까?

우리나라는 땅이 좁고 병력은 약하여 저들 강자의 뜻에 따라 피폐(皮幣)로 섬기기를 삼국시대부터 고려 말기까지 모면하지 못하였으니 오늘날 변란에 대처한 처사가 이상할 것이 없습니다마는, 원수인 적을 도와 상국(上國)을 범한 일은 우리 동방이 개벽한 이후 일찍이 없었던 일입니다. 더구나 임진년 난리에 선왕(先王: 宣祖)께서 용만(龍灣: 義州)으로 옮겨가 장차 조석 간에 요동(遼東)으로 건너가시려 할 때 민간에서는 다 나라가 이내 망하였다고 생각하였습니다. 그래서 수령으로서 병사를 모은 자를 활을 겨누어 모욕을 주고, 사대부로서 피난한 자를 결박하여 왜적에게 넘겨줬으며, 또한 이몽학(李夢鶴)·송유진(宋惟眞)·이홍범(李弘範)·국경인(鞠慶仁) 등 역적들이 전후에 걸쳐 계속 나와 국가의 위태로움이 이루 말할 수 없었습니다. 만약 중조(中朝)가 구제해 준 힘이 아니었다면 선왕께서는 만에 하나 나라를 수복할 수가 없어 종묘와 사직은 영원히 제향을 받들지 못했을 것입니다. 그래서 선왕께서는 황은에 감사하는 뜻을 갚을 길이 없어 일찍이 '재조번방(再造藩邦: 변방의 나라를 다시 살림)'이란 네 큰 글자를 친히 써서 중국 장수들에게 보이셨는데 당시의 필적은 아직도 뚜렷이 남아 있습니다. 그런데 전하께서 의리를 버리고 은혜를 잊으심이 이처럼 극도에 이르렀으니 '장차 어떻게 나는 후손을 두었다는 선왕의 기대에 부응하실 것이며, 또 어떻게 지하에서 선왕을 뵐 것이며, 어떻게 신민에게 윗사람을 아끼고 윗사람을 위하여 희생하는 의리를 요구하겠습니까?' 말이 여기에 이르면 연약한 신과 같은 자도 자신도 모르게 실성하여 길게 호곡하는데 전하께서는 선왕의 친손으로 어찌 서글픈 한 생각이 동하지 않겠습니까. 매월 30일과 매일 12시간을 선왕을 상상하고 그 뜻을 경외하는 마음으로 받들어, 혼령의 영기가 충만하여 위에 있는 듯 좌우에 있는 듯이 한다면 성상의 마음에는 반드시 뉘우치고 깨달음이 싹틀 것이며, 그렇지 않고 끝까지 역적을 도와 기꺼이 천하와 후세의 죄인이 된다면 신은 광해(光海)가 가시울타리 속에서 뛰며 좋아하고 정인홍(鄭仁弘)과 이이첨(李爾瞻)이 지하에서 야유할까 염려됩니다.

지금 계책을 세우는 자들은 모두가 지성으로 그들을 섬기면 왕자가 돌아올 수 있고 종묘와 사직은 보전할 수 있다고 말하며 전하는 그 말만을 깊이 믿어 좋은 계책이라 하시는데 이는 전혀 그렇지 않습니다. 신이 일찍이 매년 조공으로 바치는 수효와 사신을 접대하는 비용을 계산해 보니 반드시 민간의 산업을 다 끌어댄 뒤에야 겨우 몇 년간 지탱할 수가 있겠는데, 몇 년 뒤에 재력이 탕진되어 계속 뒤를 이을 수 없으면 출제(出帝)와 휘종(徽宗)·흠종(欽宗)의 치욕[23] 같은 것이 진(晉)나라와 송(宋)나라에만 있지는 않을 것입니다. 그렇다면 왕자가 어느 때 돌아오겠으며 종묘사직을 어떻게 보전하겠습니까? 전하의 신하 중에 심복으로 믿을 만하다고 온 나라 사람이 다 같이 알고 있는 자는 신이 낱낱이 이름을 들어 셀 수 있는데, 남한산성의 포위 때 전하를 위하여 칼을 들고 앞을 다투어 죽은 자가 몇 사람이며, 산성을 나오던 날 전하를 부둥켜안고 통곡하며 적을 꾸짖는 자가 몇 사람이며, 환궁한 뒤에 전하와 복수할 것을 모의한 자가 또한 몇 사람이나 됩니까? 이런 상황에 이르러 전하께서 조금이라도 깨달은 점이 있을 법한데도 끝내 어떤 조처가 있다는 말을 못 들었고, 따라서 수백 년을 이어온 왕업으로 하여금 앉아서 망하게 하시니 신은 항상 여기에 생각이 미치면 심장이 무너지고 쓸개가 갈라지는 듯하며 노란 머리털이 위로 솟구쳐 눈물을 훔치면서 말하지 않을 수 없습니다.

---

[23] 출제와 휘종·흠종의 치욕: 946년 12월에 후진(後晉)의 출제가 거란의 침략에 항복하여 국새를 바치고 광록대부로 강등되어 발해의 황룡부(黃龍府)에 안치된 사실과 북송의 휘종·흠종 부자가 1127년 금의 침략으로 오국성(五國城)으로 잡혀가면서 북송이 멸망한 사실을 가리킨다.

지금 적을 막는 계책은 다만 상벌을 밝히고 기강을 세우는 데에 있는데도 나라의 권력을 쥐고 일을 그르친 신하가 배회하며 주위에서 관망만 하던 장수가 아직도 머리를 보전하여 의기가 태연하고, 주벌(誅罰)을 입은 자는 작은 군관 몇 명뿐이며, 명백하게 절사(節死)한 김상용(金尙容)과 같은 자는 포휼(褒恤)의 은전을 받지 못하고 있습니다. 전하의 상벌이 이와 같으니 기강이 무엇을 통하여 서겠습니까? 이는 모두가 편당이 고질화되고 시비가 공평하지 못한 소치입니다.

아! 간신이 나라를 그르친 일이 어느 시대인들 없겠습니까마는 오늘날처럼 심한 적은 없습니다. 강보에 싸인 어린 원손(元孫)을 가지고서 세자가 잠시 동안 근친(覲親)함과 바꾸어, 마침내 모두 이국땅의 포로가 되었고 원근에서 이 말을 들은 자는 모두가 슬픔에 겨워 낯빛을 변하게 되었으니, 이것이 어찌 온 나라의 큰 경사라고 하겠습니까. 일을 주도하는 신하들은 이 일을 스스로 다행으로 여겨 기분이 좋아서 잘 처리한 것처럼 한단 말입니까? 이런 무리는 개돼지도 그 고기를 먹지 않을 것인데 전하께서는 장차 그들을 어디에 쓰시렵니까? 전하의 신하는 오직 김상헌(金尙憲)·정온(鄭蘊)·유백증(兪伯曾) 등 몇 사람으로서 그들의 강상을 부식한 뜻과 의리에 넘친 바르고 곧은 말은 기타 녹록하고 범상한 신하들에 비할 바가 아닙니다. 국가가 오늘날까지 유지되어 온 것은 모두가 이 사람들의 힘인데도 논하는 자는 도리어 상헌더러 임금을 잊고 나라를 등졌다고 마음대로 공격하기를 꺼리는바가 없습니다. 이런 짓을 하니 무슨 짓인들 차마 못하겠습니까? 한 가닥 실오라기 같은 국맥은 마침내 이 무리들의 손에서 끊어질 것이고, 장차 위급한 일이 있을 때 임금께 충성하고 어버이에 효도하는 대의를 주창할 사람이 없을 것이니, 전하의 가사(家事)는 아아! 위태롭습니다.

저번에 명군(明軍)을 치러 서쪽으로 배가 떠날 때 격졸(格卒)이 서로 한탄하기를 '우리들이 중국을 도와 심양(瀋陽)을 공격한다면 죽어도 후회가 없겠다'하며 눈물을 흘리는 자도 있었으니 인심을 참으로 알 수 있을 것입니다. 배가 출발한 뒤에는 하루도 바람이 불지 않은 날이 없고 비가 내리지 않은 날이 없는데다 번개와 우박이 여러 번 발생하여 항해 중에 침몰된 배가 30여척에 이르렀으니, 하늘의 뜻도 알 수 있을 것입니다. 위로 하늘의 뜻을 거스르고 아래로 민심을 잃고서도 능히 그 나라를 보전한 경우는 고금을 두고 신은 들어보지 못하였습니다.

한편, 신이 우려하는 것은 이보다 더 큰 문제가 있으니 대략 말씀드리겠습니다. 왜국(倭國)은 천하에 막강하여 중원을 통일한 원세조(元世祖)의 위력으로도 항상 토벌하려 하였으나 끝내 뜻을 이루지 못했으니 이는 화이(華夷)가 모두 알고 있는 일입니다. 요즘에 와서 군정을 닦는 일은 옛날보다 더 열심히 하여 기계(器械)의 정밀함과 창검의 예리함과 군량의 풍족함이 예전보다 몇 갑절이 되기 때문에 무인년 봄에 사랑(四郎)의 무리 30여만 명이 공격 명령을 받은 지 얼마 안 되어 스스로 섬멸되고 말았으니 이는 우리나라가 들어 알고 있는 일입니다. 그리고 그 풍속은 본디 호전(好戰)의 성품을 타고나 항상 용맹을 과시할 뜻을 품고 있는데도 병자년 이후 우리나라가 일이 많아 서쪽에만 전념하고 다른 것은 생각해 볼 겨를이 없었으며, 해마다 그들에게 주는 물자를 갈수록 숫자를 줄임으로서 환심을 잃고 분노를 사게 하였으니 그들이 끝까지 우호를 유지할 것이라고 보장할 수 없을 것입니다.

육도(六道)의 인민은 병화를 매우 혹독하게 입어 부모와 처자가 거의 다 죽거나 잡혀가 청인(淸人)을 원수로 보고 원한이 골수에 박혔으며, 게다가 수령을 받들기에 진기가 빠지고 세금을 바치기에 곤란을 겪어 외롭게 남은 백성이 숨돌릴 날이 없으니, 혹시 왜병이 중국을 구원하고 이웃 나라를 돕는다는 것을 명분으로 내걸고 나온다면 어찌 육도의 백성이 그들의 길잡이가 되어 그 원수를 갚으려 하지 않으리라 생각하겠습니까? 왜국은 양남(兩南: 호남과 영남)과의 거리가 가까워 범선으로 순풍을 만나면 순식간에 도착하여 전하께서 청국에 구원병을 요청하는 사이에 왜적은 이미 새재를 넘어와 한강 이남은 그들의 소유가 되고 도하(都下)는 크게 놀라 막을 자가 없을 것이니, 전하는 부득이 서울을 떠나 서쪽 심양으로 들어가야 할 것입니다. 설사 청국이 힘을 다하여 구원해주고는 싶더라도 정병과 건실한 말이 산동(山東)에서 크게 패하고 몽고에서 여러 차례 꺾였으며, 조총병(祖摠兵)은 대군을 거느려 광녕(廣寧)에 머물고, 진도독(陳都督)은 주사(舟師)를 끼고 지금 바다 섬에 있어, 의각(猗角)의 형세가 이미 이루어지고 앞뒤 적이 두렵기 때문에 와서 구원하는 군사는 두세 갈래에 지나지 않을 것이니, 청국에 힘을 빌리는 것은 보장할 수 없습니다. 이는 사실 큰 걱정거리인데도 전하의 신하들은 태연히 날짜만 보내고 우려하지 않으니 어찌 나라에 인재가 있다고 말할 수 있겠습니까?

전하께서 참으로 신의 충성을 살피고 신의 말을 받아들여 상벌을 밝히고 기강을 세워 사기를 진작하고 나라의 기초를 회복시키려 생각하신다면 온 나라 인민은 비록 아이들, 노예, 벙어리, 귀머거리, 절름발이일지라도 모두 환호하고 분발하여 싸우다 적에게 죽을 마음을 가질 것이니, 수 십 만의 정병과 군량을 마련하기 어려울까 염려할 것도 없을 것입니다. 비록 곧장 요동 심양을 쳐들어가 그들의 소굴을 쓸어버리지는 못하더라도 정묘호란(丁卯胡亂) 이후의 치욕을 씻어 대의를 천하에 밝히고 길이 후세에 체면이 설 것입니다. 방비할 책략에 대해서는 신이 우둔하고 모자라지만 평소에 계책을 생각해 둔 것이 없지 않으나 지금 감히 말씀드리지 못하는 것은 반드시 전하께서 확실히 생각을 고쳐 대계를 굳게 정하여 부정한 논의에 흔들리지 않은 다음에야 신의 계책을 쓸 수 있을 것이기 때문입니다. 그렇지 않고 미리 군기(軍機)의 중대한 일을 중외(中外)에 발설하여 잘못 적에게 탐지된다면 허명만 있고 도리어 재앙을 입을 것이니, 신이 입을 막고 혀를 묶어두어 우선 후일을 기다리는 이유는 참으로 이 때문입니다.

삼가 원하건대 전하께서는 즉시 신의 상소를 정원(政院)에 내려 대신들에게 물어보시고 만약 그들이 옳지 않다고 한다면 전하는 신을 어전 가까이 불러 묘당의 모든 대소 문무 신료(臣僚)들과 얼굴을 맞대어 이해득실을 진술하게 하여 만약 신의 말이 도움이 없고 국가의 형세가 다시 떨치고 일어날 수 없는 지경에 이른다면, 청컨대 신의 머리를 베어 간인(姦人)의 마음을 시원하게 하소서. 모초(茅焦)처럼 끓는 솥에 던지더라도 신은 참으로 달갑게 들어가겠습니다. 자신의 위치를 벗어나 정사를 꾀하는 것은 성현이 경계한 일로서 신이 이런 이치를 모르는바 아니지만, 생삼사일(生三事一)[24]이라는 옛 가르침도 있으니 이처럼 위급한 날을 당하여 어찌 한 마디 말이 없이 군부

(君父)를 저버릴 수 있겠습니까? 더구나 신은 조부 이상은 벼슬을 세습해 오다가 신 부자에 이르러 백신(白身)으로 있던 중 특별히 전하의 은총을 입어 5품의 관원에 초수(超授)되었으니 비록 질병 때문에 공직(供職)하지는 못하더라도 황공하여 은혜를 갚고자 생각하고 있습니다.

돌아보면 신은 금년에 68세로서 죽을 날이 얼마 남지 않았습니다. 전하의 뉘우치는 마음이 혹시 미신(微臣)이 죽기 이전에 일어나고 신의 기력이 다행히 걸음을 걷기 어려울 정도로 다 되지 않는다면 억지로라도 병든 몸을 부축하고 한치씩 한치씩 전진하여 전하께서 머물고 계신 곳으로 따라가, 비록 전장에서 말을 달리고 적군을 물리치지는 못하더라도 혜소(嵇紹)가 자기 몸으로 진혜제(晉惠帝)를 보호하듯 할 수는 있을 것입니다. 그렇지 않을 때는 신은 서슴치 않고 머리를 풀어 헤치고 산으로 들어가 영원히 짐승들과 동류가 되어 여생을 마치겠습니다. 이것이 신의 뜻이자 소원입니다.

글씨는 거칠어 졸렬하고 말로써 뜻을 다 드러내지 못한데다 늙고 병들어 정신이 혼미하여 말이 절실하지 못하니 충분히 성상의 뜻을 감동시키지 못할까 염려됩니다. 엎드려 바라옵건대 전하께서는 용서하고 살펴주십시오. 신은 울분에 겨워 피눈물이 솟구칠 지경입니다.

5) 隱峯全書 目錄

〈 原 集 〉

卷之一

詩: 五言絶句 – 詠懷(二首) 題清遠亭 偶吟 贈宋英甫(時烈) 贈金牧使(元立) 贈松石亭寄贈金使君 贈僧 五倫歌(八首) 別成滄浪(文濬) 味橘 / 七言絶句 – 偶吟(三首) 題嘯歌堂序後 遣興(三首) 寄李姪安臣 贈金牧使 遊開興寺 感吟 別南宮別坐(眞) 贈金尚範 / 五言律 – 贈松石亭感舊贈金牧使 次梁生松石亭韻 與金牧使遊開天寺作詩贈之 寄南平太守 李杞泉

24 생삼사일(生三事一): 백성은 세 가지 때문에 살아가지만 섬기기는 한결 같다는 것을 말한다. 여기서 세 가지는 낳아준 아버지, 가르쳐준 스승, 먹여주는 임금을 지칭한다.

(喜熊)挽　次尹白蓬松月亭韻 / 七言律 － 次風詠亭韻　寄林松里(埈)　贈金楓巖(德普) / 五言古詩 － 新月　送僧之金剛　高松鶴不群　可笑行　是非吟　蘭溪丈席言志(丙戌)　行路難　懷人曲　贈湛上人　贈徐處士(鳳齡)

卷之二

疏: 辨栗牛兩先生被誣疏　言事疏(庚辰)　言事疏(丙戌)　辭持平疏(二)　辭掌令疏(二)　辭工曹參議疏(二)　請罷京大同疏　請罷流民推刷疏

卷之三

書: 上牛溪成先生(渾)　與北渚金相公(瑬)　與月沙李相公(廷龜)　與楸灘吳相公別紙(允謙 2)　與延平李相公別紙(貴)　與海昌尹相公(昉)　與浦渚趙相公(翼 5)　與金從事(光爀)　與李判書別紙(時白)　答李汝固問目(植 3)　答兪武仲別紙(棨)　與宋英甫別紙(時烈)　與林聖翊　與方伯救魚都事(夢濂)　答鏡湖祠諸生

卷之四

墓文: 杞平君兪公(伯曾)神道碑銘 / 行狀: 竹川朴先生行狀 / 遺事: 鈍菴府君遺事　朴蘭溪遺事　三友言行

卷之五

記事: 己丑記事

卷之六

記事: 壬辰記事

卷之七

記事: 釜山記事　露梁記事　晉州敍事

卷之八

記事: 湖南義錄(附跋文)　壬丁忠節事蹟　三寃記事　白沙論壬辰諸將士辨

卷之九

祭文: 鏡湖祠宇奉安祭文 / 序: 忠孝傳家說贈宋持平英甫序　傳孝堂書示主人 / 記: 牛山田舍記(附姜睡隱上樑文 附吳翰林跋文) / 題跋: 書老辣灑辭後　書霽峯先生檄書後　書善養疏箚後 / 銘: 大愚庵銘 / 箴: 口箴

卷之十

雜著: 買還問答　牛山問答　師友鑑戒　記夢　竹川先生建院通文

卷之十一 ～ 卷之十六

己卯遺蹟(跋文 附錄)

卷之十七 ～ 卷之三十四

混定編錄

卷之三十五 ～ 卷之三十八

抗義新編(跋文)

〈 附 錄 〉

卷之一·二

年譜

卷之三

遺事　行狀　神道碑銘(竝序 2)　追記　墓表　諡狀　祭文(6)　大溪書院春秋享祀文　大溪書院復享祀文　道山書院上樑文

卷之四

戊午伸救疏　同年伸辨疏　甲戌伸辨疏　乙亥請額疏　戊寅請額疏　乙巳請躋享金浦重峯先生書院疏　癸酉請爵疏　甲戌請諡疏　丙子倡義錄序　丙子倡義錄跋　陪臣傳

〈 續 集 〉

卷之一

書: 晦元狀上(2)　孝伯老兄上狀(2)　尊兄上狀　寄愼之　寄二兒　子愼之開析　寄尙賢書　寄二兒　寄尙賢書　寄愼之　答賢兒書　寄子姪　寄兒書　寄時俊寄二兒　寄泰一書　二兒寄書　寄孫喜　寄泰一　孫泰一見　答文汝華希舜(2) / 詩: 題雨蹇堂(黃大中)

11. 추담 김우급 秋潭 金友伋

1) 생애

김우급(1574-1643)은 자는 사익(士益)이요, 호는 추담(秋潭)이며 본관은 광산(光山)이다. 조선조 중기의 학자이다.

그는 1574년에 영광에서 태어났는데 어려서부터 재주가 뛰어나 1604년에 성균관에 입학하였으며 광해군 때 폐모론(廢母論)이 일자 이를 반대하는 상소를 올렸다. 인조반정이 일어나자 사림의 천거를 받고, 선조의 능원인 목능(穆陵) 참봉에 제수되었으나 곧 돌아왔다. 병자호란이 일어나자 한림인 아들 여옥(汝鈺)에게 왕을 따르도록 하였다. 그는 절개가 굳세고 마음가짐이 단단하여 확연히 스스로를 지킴이 있었다. 위로는 효도하고 아래로는 인자하고 친우들 간에는 돈독하였으며, 모든 예절을 몸소 실천하였다. 만년에는 한가로이 자기 몸을 닦는 학문에 힘썼으며, 맑은 기상을 간직하고 학문이 탁월하여 일가친척과 마을선비들에게 많은 영향을 끼쳤다. 스스로 추담이라 호를 삼았는데 그의 글은 아름답고 깨끗하며 읊기도 잘하였다. 충과 의에 대한 노래가 많으나 모두 기록되지 못한 채 유집(遺集) 수책이 집안에 전해 내려온다. 1643년 70살로 세상을 떠나니 모암서원(慕巖書院)에 배향되었다. 부인은 서산유씨(瑞山柳氏)로서 장사랑 경진의 딸이다.

그는 인조 때 병자호란과 정묘호란 등의 어려운 난리를 겪으면서도 충성과 절개를 변하지 않고 나이로서 상소하고 불의의 적군에 대항하여 떳떳한 윤리를 심은 것은 의롭다 할 것이며, 고을 사람들은 그를 효자라고 일컬었다.

『추담집』은 모두 8권 4책으로 되어 있으며 「미산실기(微山實記)」가 부집(附集)으로 실려 있다. 미산은 그의 아들 여옥(汝鈺)인데 미산실기의 분량은 1책에 미치지 못한다. 이 문집은 1929년에 장성에서 간행된 것으로서 내용의 대부분은 시문집으로 이루어져 있다.

행장은 이만수(李晩秀)가 썼고, 묘지명은 홍양호(洪良浩)가 썼다.

2) 원문번역

이 글은 『추담집』 8권의 책(策)에 들어있는 내용이다. 그의 문집 대부분은 시문인데 4책 가운데서 시문을 제외하고 현재 남아있는 내용은 전체 분량에 비하여 매우 적은 편이다.

중화책의 내용은 나라를 다스리는 임금은 우주의 조화나 질서의 극치인 중화(中和)를 이룩하는 수양에 힘써 높은 인격을 갖추어야 모든 재앙과 어려움이 사라질 것이라고 주장한 책문(策文)이다. 다만 이 글에서 중화의 경지를 그리워하는 이상적 세계를 노나라나 한나라에 비유하고, 그 시대처럼 잘 다스려질 것을 희망하는 면이 있는데 이는 사대적(事大的) 생각을 벗어나지 못한 점으로 보인다. 그러나 그 당시 그가 생존해 있던 시대상황과 특히 전쟁의 소용돌이에서 많은 재난을 겪은 그의 생각으로서는 어쩔 수 없는 한계였던 것으로 보인다.

추담집 전체에서 많은 시문을 제외하면 중화책이 그의 사상을 엿볼 수 있는 유일한 내용이므로 여기에 소개한다.

중화책 中和策

나는 노(魯)나라 한(漢)나라를 위하여 울다가 눈물이 마르고 머리칼이 희었습니다.[25] 순광(郇筐)을 드리지 못하고[26] 정도(鄭圖)를 올리지 못하여[27] 장초(萇楚)만 노래한지 오래되었습니다.[28] 다행히도 집사께서 나라를 걱정하시는 마음이 간절하여 일에 당하여 책문(策問)을 내라는 말씀의 뜻이 간곡하시

---

25 노나라 한나라 ~희었습니다: 한(漢)나라와 노(魯)나라는 당시 조선의 정통성을 비유한 말로서 스스로 나라사랑 하는 마음을 나타내고 있다.

26 순광을 드리지 못하고: 스스로의 생각을 조정에 나타낼 수 없음을 비유한 말이다.

27 정도를 올리지 못하여: 당나라 때 황소의 난을 평정하고 올린 상소다.

28 장초만 ~오래 되었습니다: 난세에 초목의 무지(無知)가 오히려 부럽다는 것을 비유하였다. 『시경』 「회풍(檜風)」 〈습유장초(隰有萇楚)〉 장에 "진펄에 보리수나무가 있으니 야들야들한 그 가지로다. 어리고 예쁘며 반들거리니 너의 무지(無知)함을 즐거워하노라."(隰有萇楚, 猗儺其枝. 夭之沃沃, 樂子之無知.)라고 하였다.

니 아! 이런 때에 말을 하지 않으면 다시 어느 때를 기다리겠습니까? 청하건대 시름에 찬 논설을 펴고 우러러 어리석은 소견을 올리겠습니다. 삼가 말씀드리노니 천하의 큰 근본을 중(中)이라 하고 천하에 통하는 도를 화(和)라고 합니다. 무릇 하늘과 사람이 똑같은 이치요 위와 아래가 똑같은 기(氣)이니 사람의 한 몸도 하나의 천지요 그 이치가 천지와 같기 때문에 느끼는 것도 차이가 없습니다. 그래서 곧 여기에 느껴지면 곧 저기에 응하는 것이니, 그러므로 덕에 선과 악이 있으면 재앙과 상서의 징조가 다르게 나타나는 것이요 일에 잘 잘못이 있으면 상서와 재앙의 결과가 다르게 나는 것이니, 하늘과 사람의 관련이 어찌 우연한 것이겠습니까. 그러기에 나의 마음이 바르게 되면 천지도 바르게 되고 나의 기가 순해지면 천지도 순해지는 것이니, 중화가 미쳐가는 곳에 어느 것이 생육되지 않겠습니까. 비록 간혹 기수(氣數)의 변이 그 사이에 생긴다 해도 변화에 응하는 방도가 자연 묘함이 있는 것입니다. 혹시라도 하늘만을 믿고 내 마음을 다하지 않는다거나 기수(氣數)에만 맡기고 내게 있는 도리를 닦지 않으면 재앙이 없을 날에도 재앙이 더욱 다가올 것이요 재앙이 있을 때에는 재앙을 막지 못할 것이니, 모를 일이라고 하지 마시고 내 마음을 다하며, 높고 멀다고 하지 마시고 더욱 내 덕을 닦아야 합니다. 두려워하는 생각이 속에 차 있으면 화순(和順)의 효과가 자연 밖으로 통하는 것입니다. 그런 뒤에 중화의 효과가 자연히 극치에 이르러 재앙을 변화시켜 상서로움이 되게 할 것이요 허물을 돌이켜 아름다움이 되게 하여 천지가 저절로 자리를 잡고 만물이 바름을 얻을 것이니, 어찌 재앙을 걱정하고 어찌 변고를 근심하겠습니까. 청컨대 밝으신 물음을 받들어 그 만에 하나라도 진술하겠습니다. 삼대(三代) 이상에는 천지가 모두 순하여 중화의 도리가 지극했습니다. 그러나 요임금의 빛이 사방에 덮였지만 산을 안고 도는 홍수의 재앙이 있었고, 탕 임금의 덕은 공경하기는 했지만 큰 가뭄으로 땅이 타질 지경이었으니 아! 제요와 성탕의 덕이 그러했는데도 하늘은 스스로 장마가 지고 스스로 가뭄이 들었으니 이치의 순환하는 변화를 내가 어떻게 억지로 말할 수 있겠습니까. 하늘같은 성인 공자로서도 지위가 덕에 미치지 못하였으니 기운의 운수라고 하지 않고는 저도 할 말이 없습니다. 한(漢)이나 당(唐)이나 그리고 송(宋)의 경력(慶曆) 때는 비록 미진하기는 했다지만 그런대로 볼만한 것이 있었습니다. 그러나 옛일을 논해봤자 소용이 없고 책(策)이란 지금에 힘쓸 일을 아는데 있는 것이니 저는 우선 이런 오늘의 일을 논하겠습니다. 삼가 생각하옵건대 성상께서 거룩한 계통을 이으시어 얼음을 밟듯이 조심하시고 골짜기를 임하듯이 두려워하시어 하늘을 경(敬)으로 받드시고 하늘에 진실로 응하시어 덕을 닦지 아니함이 없고 성(誠)을 다하지 아니함이 없으시며, 더구나 농사일에 유념을 하시고 백성의 식량을 걱정하시니, 당연히 하늘과 사람이 서로 맞아 음양이 교합되고 바람은 72번, 비는 36번이 내려 풍년이 들고 곡식이 많아 한나라 창고에 곡식이 빨갛게 썩게 되어야 할 것입니다. 어찌하여 인사를 다했는데도 하늘이 받아들이지 아니하여 요괴가 거듭 생기고 변괴가 중첩으로 일어납니까. 봄부터 여름까지 비가 내리지 않아 논밭은 풀밭이 되고 곡식들은 큰 흉년이 들어 양혜왕(梁惠王)처럼 옮겨다 먹일 곡식도 없고[29] 한(漢)나라처럼 구휼미를 계속하기도 어렵게 되었으니, 불쌍한 우리 백성들은 씨도 남지 않겠다는 탄식만 하게 됩니다. 풀을 씹어 먹고 누더기 옷을 입고 하다가 흩어져 사방으로 가고 있으니 백성의 부모가 되어 가지고 장차 어찌하시렵니까? 아! 성명(聖明)이 위에 있는데도 재해가 이에 이르고 있으니 저는 감히 그 연고를 알 수가 없습니다. 재앙을 일으킨 이유는 감히 논할 수 없지만 재앙을 그치게 하는 방도는 안 찾을 수가 없습니다. 아! 하늘의 듣는 것은 백성으로부터 하고 하늘의 보는 것도 백성으로부터 한다고 합니다. 근래에 흉년이 극치에 달했는데 뜯어내는 것은 더욱 독촉을 하고 있으니 이래가지고 어찌 하늘을 감격시킬 도리가 있겠습니까. 저는 들

---

29 양혜왕처럼 ~ 곡식도 없고: 양혜왕이 "과인(寡人)은 나라에 마음을 다하고 있습니다. 하내(河內)지방에 흉년이 들면 백성을 하동(河東)지방으로 이주시키고, 그 곡식을 하내(河內)지방으로 옮겨가며, 하동(河東)지방에 흉년이 들면 또 그렇게 하고 있습니다. 이웃나라의 정사를 살펴보건대, 과인(寡人)처럼 마음 쓰는 자가 없는데도 이웃나라의 백성들이 더 적어지지 않으며, 과인(寡人)의 백성들이 더 많아지지 않음은 어째서입니까?"(『孟子』「梁惠王上」3. 梁惠王曰, 寡人之於國也, 盡心焉耳矣, 河內凶, 則移其民於河東, 移其粟於河內, 河東凶, 亦然, 察隣國之政, 無如寡人之用心者, 隣國之民不加少, 寡人之民不加多, 何也?)라고 물은 것에서 인용했다.

으니 사람에게는 거짓이 용납될 수 있지만 하늘에는 거짓이 용납되지 않는다고 합니다. 진실로 자책을 하고 성(誠)과 경(敬)을 다하여 하늘을 감격시키기가 어렵다고 걱정하지 마시고 내가 정성이 부족한가를 염려하며, 재앙이 났다고 걱정하지 마시고 내가 경(敬)이 부족한가를 염려하여 재앙을 만나면 두려워하고 요괴로운 것을 보면 두려워하여 자리에 편히 앉아 있지 마시고 근심하여 자신을 꾸짖는 뜻이 간절하며, 낮과 밤으로 조심하고 두려워하여 자기를 반성하는 데에 마음을 두고, 재앙을 하늘에 돌리지 마시고 더욱 그 성(誠)을 다하며 변고를 기운의 운수에만 맡기지 마시고 더욱 그 덕을 닦는 데 게으르지 마시며, 방자함이 없이 이를 생각하고 이를 살펴 성과 경의 공이 안에 쌓이게 되면 감동하고 변화하는 효과가 자연 밖으로 나타나게 될 것입니다. 그로써 천하를 경륜하고 그로써 만물을 화육하여 장차 초목과 산천도 모두 그 덕택을 입고 기린과 봉황과 거북과 용의 상서로움이 모두 오게 될 것입니다. 지금의 사태를 돌리는 방책이 어찌 이 밖에 또 있겠습니까. 글이 끝나게 되니 남은 생각이 없지 않아 비록 잘하는 말은 못되오나 청컨대 다시 아뢰겠습니다. 임금의 덕은 백성을 사랑하는 것이 근본이요 백성을 편히 하는 것인데 그 요점은 수령을 가리는 것이 상책입니다. 지금 염치가 갑자기 없어져가고 뇌물이 풍습화(風習化) 되어 저녁에 돈 꾸러미가 들어가면 다음날 아침에 큰 고을을 지키러 나가게 되고, 밤에 남몰래 금을 주면 다음날 저녁에는 큰 고을에 수령으로 나가게 되며, 책망하고 요구하는 방도가 많아 백성을 파리하게 하고 자기만 살찌게 하고 있으니, 이래서 화기(和氣)는 날로 없어지고 국맥은 망가져만 가고 있으니 재앙을 일으킨 연유가 혹시 여기에 있지 않은지요? 엎드려 원하옵건대 집사께서는 이 초야에 있는 사람의 작은 정성이 혹시 티끌만큼이라도 도움이 될까 하나이다.[30]

30 『추담선생문집(秋潭先生文集)』권8, 「策」, 〈중화책(中和策)〉. 愚也, 哭漢淚盡, 憂魯髮白, 郇筐未進, 鄭圖難上, 悲歌長楚, 日月多矣. 幸賴執事, 心切憂國, 念及弭災, 臨軒發策, 辭旨懇懇, 噫, 今者不言, 更有何俟, 請伸愁眉, 仰獻瞽說, 竊謂天下大本, 是謂之中, 天下達道, 是謂之和, 盖天人一理, 上下同氣, 人之一身, 亦一天地, 其理旣同, 所感無間, 纔感於此, 便應於彼, 是故德有善惡, 灾祥異徵, 事有得失, 休咎殊驗, 天人相與, 豈偶然哉. 然則吾心旣

3) 秋潭集 目錄

詩: 五懷詩 外1580首(卷一～卷八)

書: 答高吉州(用厚)書 / 啓: 賀太守及第啓 / 策 : 中和策

序: 自號序 郭索傳後演序 / 記: 松柏堂記 / 說: 記夢說 雜說 / 銘: 杖銘 燈銘 扇銘

上樑文: 筆巖書院上樑文 / 祭文: 祭亡室瑞山柳氏文 祭亡弟友憲文 / 墓表: 亡室柳氏墓表 附杞泉李承旨喜熊

附錄: 行狀 墓誌銘 配享慕巖書院告由祝文

正, 天地亦正, 吾氣旣順, 天地亦順, 中和所及, 何物不育. 雖或氣數之變, 發於其間, 應變之道, 自有其妙, 苟或徒恃乎天, 不盡吾心, 專委氣數, 不修在己, 則無灾之日, 災亦益至, 應災之時, 灾不得弭, 必勿謂冥冥, 以盡吾心, 毋日高高, 益修吾德, 恐懼之念, 旣實於內, 和順之效, 自達於外, 然後中和之效, 自臻其極, 變灾爲祥, 反咎爲休, 天地自位, 萬物得所, 何患乎灾, 何虞乎變. 請因明問, 陳其萬一, 三代以上, 天地咸若, 中和之道, 至矣盡矣. 光被四表, 灾甚懷山, 祇敬厥德, 旱極焦土, 噫. 帝堯成湯, 德旣如是, 天自潦耳, 天自旱耳, 理數之變, 吾何強說, 天縱有聖, 位不及德, 不日氣數, 愚亦無言. 日漢日唐, 暨宋慶曆, 雖日未盡, 亦有可觀, 論古無益, 策在識務, 愚且舍是, 請論當日, 恭惟聖上嗣有令緖, 慄慄履冰, 戰戰臨谷, 奉天以敬, 應天以實, 德無不修, 誠無不盡, 加以留心稼穡, 省念民食, 宜乎天人相孚, 二氣交泰, 風七十二, 雨三十六, 豐年多稼, 漢儲紅腐, 奈之何人事旣盡. 天不克享, 妖孽荐至, 變怪層出, 自春徂夏, 雨澤不降, 田卒汚萊, 百穀大無, 粱粟未移, 漢賑難繼, 哀我人斯, 靡孑歎極, 嚙草穿鶉, 散而之四, 爲民父母, 將若之何. 噫. 聖明在上, 災害至此, 愚不敢知, 其故何在, 致災之由, 雖不敢論, 弭灾之道, 在所不已. 噫. 天聽自民, 天視亦自民, 饑饉比極, 徵斂逾督, 以此格天, 寧有是理, 愚聞人可容僞, 天不容僞, 苟能自任, 克盡誠敬, 不患難格而患吾不誠, 不患有災而患吾不敬, 遇灾而恐, 見妖而懼, 側席憂勤, 志切責己, 夙夜寅畏, 心在反身, 灾不歸天, 益盡其誠, 變不委數, 益修其德, 無怠無荒, 念玆在玆, 誠敬之功, 旣積於內, 動變之效, 自發於外, 以之經綸天下, 以之化育萬物, 將見草木山川, 咸被其澤, 麟鳳龜龍, 亦且畢至. 轉移之機策, 豈外於是, 篇將尾矣. 不無餘感, 雖非善言, 請且再之, 人君之德, 愛民爲本, 安民之要, 擇守爲上. 方今廉恥頓喪, 賄賂成風, 宵苴有媒, 朝鎭雄州, 夜金無知, 夕宰巨邑, 誅求多門, 瘠民肥己, 以此和氣日消, 國脉凋喪, 致災之慼, 或者在是, 伏願執事, 將此蕘說, 一達楓宸, 主寶微忱, 庶補涓矣.

12. 창주 나무송 滄洲 羅茂松

1) 생애

나무송(1577-1653)은 호가 창주, 자는 수부(秀夫)요 다른 호는 만취(晩翠)이며, 관향은 나주이다. 1577년 담양 대곡면 구화동에서 태어났는데 어려서부터 총명하였고 부모의 꾸지람도 싫어하지 않는 성격이었다.

자라면서 밤낮을 가리지 않고 책을 벗 삼아 일찍부터 식견이 뛰어났다. 떳떳한 언어와 행동, 정갈한 몸가짐으로 속됨이 없었다. 착한 사람은 귀천을 가리지 않고 사랑하였다.

29살 때 성균관에 입학하였으나 어버이가 계셨으므로 오래 있지 못하고 돌아오자 모두 그를 존경하였다. 어버이를 정성껏 모셨고 돌아가셔서는 여묘살이를 극진하게 하였다. 38살 때 문과에 합격하고 우체국장에 임명되었는데 벼슬이 낮다고 하지 않고 정성껏 임무를 수행하였다. 북청에서 근무할 때 그곳에 귀양살이를 와 있는 이항복과 매우 가까이 지냈으며, 그 곳에서 그가 죽자 제문을 지어 조상하였다. 전적이 되고 예조좌랑 사간원 정언을 지냈으며, 연기 현감으로 부임하여서는 풍습을 일신시켰다. 전라도사가 되어 순찰하던 중 나주에 이르렀는데 나주의 객관에 귀신이 나타나 투숙한 사람이 연달아 죽었다고 한다. 그는 그 곳에서 잠을 잤으나 귀신이 나타나지 않았다. 예조 정랑, 사헌부 지평, 병조 정랑을 역임하였다. 병자호란이 일어나자 이에 대한 대책을 먼저 상소하였으니 미리 대비함이 이와 같았다. 임금이 남한산성으로 들어갔다는 소문을 듣고 의병을 일으키는 격문을 쓰다가 화친조약을 맺었다는 소식이 있자 그만 두었다. 대명단(大明檀)을 짓고 베옷을 입고 아침저녁 참배하였다.

1653년 7월 4일에 세상을 떠나니 77세였다. 묘소는 담양 고서면 불노리에 있다. 부인은 영광 정씨로 현감 붕(鵬)의 딸이며 재취부인은 영천 이씨로 도호군 영선의 딸이다. 그의 문집은 『창주선생 나공유고(滄洲先生 羅公遺稿)』

1책이 전해오는데 1898년에 간행된 것으로서, 기우만이 쓴 유사(遺事)와 9세손 한선(漢璿)이 쓴 간기(刊記)가 실려 있다.

2) 원문 번역

이 글은 『창주집』 속집 권2, 의(義)편에 있는 내용이다. 무왕과 탕왕은 모두 혁명을 일으켜 천하를 얻은 사람이다. 이들의 혁명 의지는 모두 공정성을 지키기 위하여 도탄에 빠진 백성을 구원하기 위한 것이다. 그러나 이 마음은 사람에게 누구나 다 있는 것으로서 다름이 없다. 그러나 그러한 마음은 전후로서 본보기가 되고 자극제가 되어 하나의 귀감이 되고 있다. 나무송은 이 글을 통하여 선을 심고 악을 징계하며 사람 누구나 다 같이 있어야 할 정의로운 마음을 무왕과 탕왕의 행적을 비교하여 설명하고 있다. 그러므로 이러한 생각은 바로 그 자신의 생각이라고 여겨진다. 이러한 뜻에서 그의 인품을 잘 나타내고 있으므로 여기에 소개한다.

탕임금에게 빛남이 있다 于湯有光

아! 천하를 통해서 성(聖)이란 고금이 일치요 천하에 공평(公平)한 마음은 전후가 똑같은 법규다. 그래서 그 성(聖)됨이 같다면 그 마음과 행적이 고금의 차이가 없는 것이요 그 마음이 같다면 사업도 전후가 다르지 아니한 것이다. 그래서 오늘날 행한 바를 옛사람에게 비교하여 부끄러움이 없는 것이요 전에 행한 일을 뒷세상에 증험을 하면 더욱 드러나는 것이니 내가 성탕(成湯)과 주무(周武)의 일에서 보았다. 무엇으로서 밝힐 수 있는가? 하(夏)나라 걸(桀)이 어둡고 포악하여 하늘을 속이자 하늘이 이미 버렸고 백성이 이미 배반하였으니 탕(湯)이 난폭을 없애고 백성을 구하는 거사는 부득이한 일이다. 그러나 걸(桀)은 임금이요 탕(湯)은 신하였다. 백성을 위로하고 죄인을 처벌하는 일이 비록 일시의 변통으로 이루어진 일이지만 신하로서 임금을 친다는 것은 실로 만세의 변통이니 탕(湯)의 마음에 어찌 부끄러움이 없겠으며 후세의 사람이 그 마음이 과연 지공무사(至公無私)하다는 것을 어떻게 알았겠는가. 그러나 무왕(武王)이 천명을 받들고 상주(商紂)를 친 뒤에야 탕(湯)의 마음이 더욱 천하에 명백해져 후세에 드러났으니 무왕의 일이 어찌 탕에게 빛이 있지 않겠는가. 무릇 걸(桀)과 주(紂)는 똑같은 폭군이다. 탕과 무왕은 똑같은 성인이다. 성탕(成湯)은 전에 걸(桀)을 내쫓았고 무왕(武王)은 뒤에 주(紂)를 쳤으니 그 마음이 똑같이 잔학한 자를 제거하고 백성들을 구제하려는 것이니 후세에 탕의 마음을 알 수 있는 것은 무왕으로 말미암게 되었던 것이요 뒷사람으로 하여금 탕의 덕을 우러르게 한 것도 무왕으로 말미암은 것이다. 그렇다면 성탕이 걸을 내쫓은 것은 성탕(成湯)이 내쫓은 것이 아니라 천하가 내쫓은 것이요 무왕(武王)이 주(紂)를 친 것도 무왕(武王)이 친 것이 아니라 천하가 친 것이다. 무왕의 일로 성탕(成湯)의 일에 견주어보아 부끄러울 바가 없고 성탕(成湯)의 일로 무왕(武王)에 증험하여 더욱 빛나는 것인즉 두 성인(聖人)의 마음이 전후에 있어서 같았다는 것을 알 수가 있다. 아! 세속의 안목으로 본다면 무왕이 탕의 자손을 쳐서 탕의 종사를 엎어버렸으니 어찌 탕에게 빛남이 있었다고 할 수 있겠는가? 그러나 의리로서 본다면 저 흉악잔포한 사람을 잡아내고 백성들을 살려냈으니 실로 천리(天理)의 올바름에서 나온 것이요 털끝만큼의 사심도 없는 것이다. 탕의 지극히 공평한 마음으로 하여금 드러나고 밝혀지기를 마치 해와 달이 밝게 비치듯 하게 하여 사방에 빛나고 만세에 드러나게 하였으니 탕에게 빛이 있게 하였음이 어찌 작다 할 수 있는가. 무왕이 탕의 뒤에 태어나 정벌을 행하지 않았다면 무왕의 마음을 어디에 견주어 밝힐 수 있겠으며 탕이 무왕 앞에 태어나서 정벌하지 않았다면 성탕(成湯)의 마음을 누구로 인하여 증험할 수 있겠는가. 이렇게 볼 때에 성인의 태어남이 앞뒤로 이어지고 성인의 마음이 이로 인하여 더욱 나타나는 것이니 실로 인력으로 되는 것이 아니요 그 속에 하늘의 뜻이 있는 것이다. 아! 걸주(桀紂)의 포악함이 있고 탕무(湯武)의 마음이 있어야만 탕무(湯武)의 일을 행할 수 있는 것이나 만약 임금이 걸주(桀紂) 같은 포악함이 아니고 신하가 탕무(湯武) 같은 마음이 없다면 이는 찬탈이요 역적인 것이다. 깊이 생각하지 않을 수 있겠는가. 삼가 의미를 되새긴다.

3) 滄洲先生遺稿 目錄

卷之一

詩: 五言絶句: 送壯元南相赴瀋陽(進士 同圭) 外14首 / 五言律詩: 贈曺判官(友仁) 外10首 / 排律: 奉呈李澤堂百韻 外1首 / 七言絶句: 次鄭直長 外48首 / 七言律詩: 勿染亭原韻 外46首 / 七言排律: 金慶州挽 外1首 / 古詩: 三登黃鶴樓詩 / 疏: 上先擇保障預備陰雨疏(壬戌九月) / 書: 與林將軍慶業 / 儷文: 上姜尙書 / 序: 勿染亭序 外1篇 / 祭文 / 輓詩 / 上樑文 / 附錄: 家狀 敍述 題滄州畵像 唱酬詩 醉後疊歌奉呈羅學士江東之行 送滄州出宰宣城 送別羅秀夫之任宣城 送別羅秀夫出宰禮安 送太常羅秀夫年兄出宰禮安(二首) 送羅使君赴禮安任所 奉別羅候遞禮安任歸鄕(二首) 自赤壁溯流訪滄浪主人不遇 吉州客館試所 勿染亭詩(附 次韻二十八首) 勿染亭序 記 滄洲先生羅公遺事 滄州先祖遺集開刊記 跋 大明壇大明紅說

卷之二

附錄: 家狀 墓表 敍述 祭文 詩 雜著

〈 續集 〉

卷之一

詩 義 表

卷之二

箋

卷之三

附錄 書札

13. 미산 김여옥 薇山 金汝鈺

1) 생애

김여옥(1596-1662)은 자는 군수(君粹) 본관은 광산 호는 미산이며, 김의급의 아들로서 광산 창교리에서 태어났다. 모습이 뛰어나서 큰 인물로 일컬었다.

엄격한 아버지의 교훈을 받고 매를 맞아 피가 나도 원망하는 마음이 없었다. 나이가 들어 학문이 점차로 발전하고 그 이름이 널리 알려지자 영광군수가 찾아보고 칭찬을 아끼지 않았다.

향시에 여러 번 합격하고 28살에 사마시험에 합격하여 명경과(明經科) 병과(丙科)에 오르고 성균관에 들었는데 모두 손꼽은 바가 되었다. 내첨시(內贍寺) 봉사(奉事)가 되고 학록(學錄)을 거쳐 봉상시(奉常寺) 봉사(奉事) 예문관 검열이 되었다. 이때가 1626년 이었다. 이듬해가 정묘 년으로 북쪽 오랑캐가 쳐들어오자 조정은 갈팡질팡하였다. 이 때 궁궐 안의 물시계가 땀을 흘리는 이변이 일어나자 어떤 사람이 "이는 두려워 할 일이 아니며 다만 지난해의 추위가 해동하는 봄을 맞이하여 물이 녹아 흐르는 것이니 재앙이 아니다"고 하였다. 그는 입시(入侍)하여 말하기를 "한양에 도읍한지 2백여 년인데 한 번도 추위로 인하여 재앙을 격은 일이 없었다. 하물며 하늘이 경계하는 바를 소홀하게 하는 것은 소인일 뿐이다"고 하자 그 사람은 머뭇거리다 물러났다. 이때 화친의 의논이 일어났으나 이를 지지하지 않았다.

11월에 시교(侍敎)가 되고 성균관 전적, 예조좌랑, 병조좌랑, 병조좌랑 겸 기주관(記注官)에 제수되었다. 병조정랑에 있을 당시 1633년에 모친의 병환이 위중하여 벼슬을 그만두고 돌아와 6월에 모친상을 당하였다. 3년의 상기를 마치고 1635년 사헌부 지평, 성균관 직강, 병조 정랑을 역임하고, 이듬해 지평의 직에 있다가 직책을 그만두고 고향에 돌아와 있었는데 그해 12월에 갑자기 병자호란이 일어나 대가(大駕)가 남한산성으로 피난하고 남한산성이 적군에 둘러싸였다는 말을 듣고 홀로 의병을 모집하여 정홍명(鄭弘溟)을 대장으로 추대하고 참모가 되었다. 격문을 짓고, 모병에 힘썼으나 정홍명과 의견이 맞지 않았다.

종사관 김광혁(金光爀)으로부터 함평고을을 맡으라는 부탁을 받고 함평으로 갔으나 관청은 여러 달을 비워버렸기 때문에 모든 것이 어수선하였고 함평에 이르러도 한 사람의 아전도 없었다. 그는 곧 관아의 노비를 시켜 명령을 내리고 위엄을 갖추어 백성들을 위로하고 기강을 잡아 나가자 많은 사람들이 몰려들었다. 백성들은 그를 믿게 되어 마침내 군정(軍政)을 이루고 병기를 손질하며 오랑캐를 방어할 계책을 세웠다.

겨우 두서가 잡히자 강화가 이루어져 집으로 돌아갔다. 조정에서는 장령에 임명하였는데 왕실이 수습되지 못했으므로, 곧 어지러움을 수습하고 명을 받들려는 찰나에 삼사(三司)에서 강화도를 지키지 못하고 도망간 죄를 문책하여야 한다는 탄핵이 일어났다. 이 때 그는 대간(臺諫)에 들어가서 의론하기를 그치지 않았다. 이에 경징(慶徵)이 사형을 당하자 그는 고향으로 돌아왔다. 9월에 장령으로 부임하자 이번에는 윤방(尹昉)을 탄핵하는 상소가 올려졌다. 그는 "윤방은 경징의 지시를 받고 있었으므로 마음대로 할 수 없었을 뿐더러 명을 받을 수 없었는데 경징과 함께 나라 일을 그르쳤다는 죄를 씌운다는 것은 부당하다"고 하였다. 이 일로 인하여 탄핵을 받고 물러났다.

얼마 후 전첨(典籤)이 되고, 종부시(宗簿寺), 시정(寺正)이 되었다가 1639년에 사간(司諫)이 되고, 신병으로 물러났다가 사예(司藝), 사간(司諫), 통훈(通訓)을 거쳐 여산군수(礪山郡守)로 나갔다.

청백리로서 법도에 맞게 하고 검소한 정치를 펴 나갔다. 아전과 백성들이 편안하였고, 4년 동안에 기강이 완성되었다. 당시에 흉년이 들었으므로 그는 구휼에 힘썼다. 그 때 방백(方伯)이 자기의 숙모를 위하여 회갑잔치를 베풀자 이러한 흉년에 잔치하는 것은 옳지 않다고 건의 하였으나 방백이 듣지 않았다. 그 결과 방백은 대간의 의논하는 바가 되자 그를 의심하게 되었다. 이에 사표를 던지고 고향에 돌아왔다.

필선(弼善)에 제수되고 통정(通政)이 되었다가 1646년에 밀양부사가 되었다. 많은 치적을 쌓았으나 방백(方伯)과 의견이 맞지 않아 이듬해 가을 사직하려 하였으나 뜻을 이루지 못했다. 4월에 가선(嘉善)으로서 북경에 갔고, 가의(嘉義)에 올랐다.

1649(己丑)년 황해도 관찰사가 되었는데 이 때 효종이 돌아갔다. 복상 가운데 있으면서도 일을 잘 처리하고 모든 폐단을 개혁하는데 손을 놓지 않았다. 이를 보고 현종은 대신들에게 "김모(金某)가 많은 잘못을 혁파하기를 상소해 올렸으니, 매우 기쁜 일이다" 하였다. 그 때 조정에서는 각도에 시녀들을 뽑아 들이도록 하였는데 다른 지역보다 가장 늦게 뽑아 올렸으므로 명령이 빗발치듯하였다. 이에 상소를 올리되 "고을의 여자들은 모두 나무꾼이요, 월아(月娥) 같은 미인은 뽑을 수 없으니 청하건대 파직시키옵소서. 하였다. 임금이 매우 화가 나서 곧 붙잡아 오게 하였다. 모두들 걱정하였으나 끝내 자기 뜻을 굽히지 않았다. 마침내 석방되고, 1650년에 충청도 관찰사에 임명되었다.

이듬해 조정에서 대동법을 실시하려 하다가 의견이 엇갈려 그만 두었다. 그해 10월에 호군(護軍) 겸 도총부 부총관이 되고, 이어 형조참판이 되었으며, 그 이듬해에 광주(廣州) 부윤(府尹), 1654년에 호군 겸 총관(護軍 兼 摠管), 그리고 다시 형조참판, 1655년에 장예원(掌隷院) 판결사(判決事) 겸 부총(副摠), 1657년 강화유수, 판결(判決)을 역임하였다.

그는 늘 "나는 국가에 도움을 주지 못했다"고 하고, "남들처럼 송사를 판결할 수 있지만 사전에 송사가 없도록 하겠다"고 하였다.

1659년 평안도 관찰사를 임명받아 거듭되는 피로가 겹쳤으나 부임하였으며, 3년만인 1661년 병든 몸으로 요양을 겸하여 서울에 왔다가 이듬해 세상을 떠나니 67세였다.

그는 오직 불의를 미워하고 정의의 편에 서서 정결한 일생을 살아온 것이다. 그의 사상은 실제를 소중히 여기는 입장에 있었으므로 강화가 함락될 때 함께 절사(節死)하지 못한 윤방(尹昉)을 보호 하였는데 이에 대하여는 그가 당색의 입장을 크게 벗어나지 못하고 있음을 지적케 하는 것이다. 이는 윤증(尹拯)이 그의 묘비명을 썼다는 사실만을 미루어 보더라도 이를 짐작할 수 있다. 그러나 그의 일생은 올바름의 편에서 깨끗한 몸가짐을 지켰다고 할 수 있다. 당시의 봉건사회에서 왕명이라 하더라도 옳지 않을 때는 받아들일 수 없다는 용기를 지켰던 것은 올바름을 위해서는 생명을 바쳐 보호하겠다는 그의 결단을 보여주는 것이다. 이러한 결단과 용기는 호남인의 정신으로 하나의 귀감이 될 수 있을 것이다.

2) 薇山公 實記

賦·詩: 人中騏驥賦(嬰兒時作) 課製詩 水螢詩(二首) 小橋成次諸公韻 辭職還鄉 輓內從弟柳洗馬(翊明)

諭書: 敎黃海道觀察使金汝鈺 敎黃海道觀察使金汝鈺 敎黃海道觀察使金汝鈺 敎黃海道觀察使金汝鈺 敎忠淸道觀察使金汝鈺 敎江華府留守金汝鈺

孝宗大王密諭文: 諭平安道觀察使兼兵馬水軍節度使 巡察使兩西管餉使平壤牧使金汝鈺 敎平安道觀察使兼兵馬水軍節度使 巡察使兩西管餉使平壤牧使金汝鈺 / 顯宗大王賜祭文 / 祭文 / 輓詞 / 行狀 / 墓誌銘 / 神道碑銘

14. 낙암 기정룡 樂菴 奇挺龍

1) 생애

기정룡(1670-1738)은 자는 현경(見卿)이요 호는 낙암이며, 본관은 행주(幸州)이다. 기대승(奇大升 1527-1572)의 후손으로 벼슬하지 않고, 화순에서 학문 연구로 일생을 마친 은일의 처사이며 학자이다.

1670년 9월 16일 광주 고룡리(古龍里) 출생, 아버지는 진성(震省)이며, 행실이 높았다. 어머니는 평양(平壤) 박씨(朴氏) 증(贈)장령 상현의 딸이다.

어려서부터 고상한 인품을 지녔으며 도량이 크고 신중하였다. 바깥출입을 삼가하고 깊이 들어앉아 의리의 학문을 닦으니 기대승 이후 첫째가는 인물이라 하였다. 일생을 겸허하고 일체의 공명과 이해를 멀리하여 연약한 듯하였으나, 그의 학문을 당할 사람이 없었다. 성리학을 논함에 은미하고 깊었으며 예학에 밝아 막힘이 없었으나 묻지 않으면 말하지 않았다. 일찍이 말하기를 사람은 마땅히 스스로 진실 공부에 힘써 정교하고 의리를 지키며 인숙(仁熟)하여 조금도 거짓이 없어야 할 것이며, 얕은 지식으로 함부로 지껄여서는 안 될 것을 말하고, 오로지 실행에 힘썼다. 천성이 지극히 효성스러워 아버지가 병들자 손가락을 끊어 피를 드리고 상을 당하여는 주자가례를 그대로 실행하였다. 어머니가 돌아가실 때는 나이가 이미 늙었으나, 슬퍼하는 모습은 이웃을 감동시켰으며, 제사는 엄숙하고 바깥일에 힘쓰지 않았다. 한겨울에도 목욕재계하며 생일에는 술과 음식을 차리지 않고 여러 아우들과 함께 살지 못한 것을 한탄하였다. 불쌍한 사람을 돕고 동복(僮僕)에게도 집안에서 가르칠 훈계를 지어주고 모든 예절을 한글로 써서 익히게 하여 집안을 다스렸다. 잘못을 보더라도 스스로 반성하고 원망하거나 미워하지 않으니 모두 복종하였다. 몇 칸의 허물어진 집은 비바람을 가릴 수 없고 가끔 끼니를 잇지 못하는 경우가 있었으나 먹는 것에 구애받지 않았으며 가난하다는 말을 입에 담지 않았다. 집안에서 비단 옷을 지으면 "어버이에게 비단옷을 해드리지 못하였는데 감히 입을 수 있겠는가"하고 끝내 사양하였다. 평소에 위험한 행동과, 현실을 벗어난 말을 하지 않았고, 옳고 그름과 깨끗하고 더러움을 분명히 판가름하고 욕심 없이 화순(和順)한 기색이 모든 이의 환심을 샀다.

어느 날 도적이 들었으나 불을 밝히고 방안에서 태연자약하게 움직이지 않자 도적이 돌아갔다. 도적이 도망가자 자식에게 꾸짖되 "너희는 어찌 이렇게 놀라느냐"하였다.

방백(方伯)과 어사(御使)가 높은 덕망을 보고 조정에 추천하였으나 사양하였다. 자손에게 이르되 "상례는 간략히 치러야 할 것이니 재산이 넉넉하여도 나의 몸을 후대할 수 없는데 하물며 재산이 없음에야 …… 손발을 싸면 된다"하고 1738년 2월 16일 돌아가니 69세였다. 부인은 성산(星山) 이씨(李氏) 남노(南老)의 딸로, 아들은 제훈(齊勳)·홍훈(弘勳)·형훈(衡勳)이며, 사위는 양명호(梁命虎)·현명직(玄命直)이다. 재취한 부인은 광산(光山) 이씨(李氏) 만휘(萬輝)의 딸로 소생에 병훈(炳勳), 태훈(兌勳)이 있다. 『낙암유고(樂菴遺稿)』 5권의 책이 전해 오고 있는데 낙암(樂菴)이라는 말은 기대승이 살았던 곳이 집 뒤에 있었으므로 언제나 우러러보는 것을 즐거움으로 삼았으므로 마을 사람들이 그렇게 일컬어 준 까닭에 말미암은 것이다.

기정룡의 은일사상은 분수를 알고 진실을 추구하는 모습으로서 많은 사람들의 추앙을 받아오고 있다.

2) 원문 번역

『낙암유고』 일책에는 그의 인생관을 이해할 수 있는 시문이 대부분을 차지하고 있으며, 서·기·발·행장 등이 있는데, 여기에 소개하는 「용호동향약서(龍湖洞鄉約序)」는 그가 살고 있는 고룡동(古龍洞)의 향약의 서문으로 보여지며 그의 인품을 이해할 수 있을 것으로 생각된다.

용호동향약서 龍湖洞鄉約序

삼가 생각하건대 고을과 마을에 모두 향약이 있으니 그 법은 본시 남전

여씨(藍田呂氏)가 남긴 법제에 바탕을 둔 것으로서 민심을 통일하고 풍속 교화를 착하게 하며 임금의 교화를 돕는 것이다. 이 오산(烏山: 화순의 옛 이름)의 고을에 옛날에는 향약이 없었다. 사대부가 이 고을에서 산지가 수백 년이 되어 명현과 큰 덕망이 있는 인물이 그 사이에 배출했지만 이런 일에 신경을 쓰지 않았던 것은 무슨 까닭인가? 그것은 선배들의 유풍이 많아서 비록 이끌고 단속하는 일이 없어도 그 풍속이 본시 순박하여 변하지 않았기 때문이다. 그런데 근래 6,70년 사이에 사람들이 죽고 세상이 멀어지자 끼쳐 내려온 바람이 이미 끊어져 선비들의 풍습이 이미 야박해지고 백성들의 풍속이 날로 퇴폐하여 비천한 자가 혹 존귀한 분에게 대들고 젊은 자가 혹 어른에게 멸시를 가하니 이래가지고는 이 고을에서 오래 살 수가 없다. 그래서 고을 사람들이 크게 느끼고 향약을 제정하여 바로잡아야겠다는 생각을 하였지만 어정어정 이루지 못하다가 금년 7월에 고을 사람들이 모두 용호의 위에 모여 서로 계를 만들고 비로소 조약을 제정하였다.

그 형태는 여씨향약의 내용을 본뜬 것이지만 번거로운 절차는 다 행하지 못하고 우선 그 대강만을 들어 그 유래를 밝히고 또 그 예절과 풍속으로 사귀고, 잘못을 규탄하고 환난을 구해주는 등의 조목을 받아들여 길흉 간에 서로 돕는 예를 만들었으며 모여서 잔치하고 술 마시는 범절이나 삼장(三章: 잘못한 자를 타이르고 안 들으면 벌주고 세 번을 그렇게 해도 고치지 않으면 탈퇴시키는 것)으로 채찍질하고 다짐하는 벌 등을 마련하여 권하고 징계함을 보이도록 하였다. 과목과 조항은 비록 간단하나 근본과 자세함이 제대로 갖추어있어 어쩌면 퇴폐한 물결을 바로잡고 옛 규모를 회복할 수 있을까 한다. 이것을 다시 다듬고 확장해나가는 것은 후손에게 있는 것이다.

이미 약속을 정하고 나서 그중의 어른이 젊은 사람을 돌아보며 탄식을 하고 말했다. "우리가 지금의 세상에 살면서 앞사람들이 거행하지 않았던 일을 시작한 것은 이미 무너진 기강을 부지하고자 함이니 그 일은 매우 아름답지만 마음은 슬프다. 그리고 마음에 또 두려운 바가 있으니 내가 보기에 멀거나 가까운 고을 가운데서 이 향약을 만든 데가 많은데 그 처음 논한 것을 보면 매우 상쾌하고 즐거워 마치 한번 변하여 그 풍속이 공맹의 고을로 변할 듯하지만 행한지 얼마 안 되면 무너져 흩어져버리고 결국은 이루어진 바가 없어, 만들기가 바쁘게 무너져서 유지가 되지 않고 있으니, 어째서 시작은 쉬운데 효과를 거두기가 어려운가? 그 연고를 찾아본다면 혹 방탕하고 멋대로 놀아나 약속을 두려워하지 않아 계에서 만든 법이 풀리는 것이요, 혹은 몸이 계원이면서도 유유하고 등한하여 그 약속의 조항을 모른척하여 함부로 범하는 잘못이 많은 것이요, 혹은 계의 일을 방치하여 뒷사람에게 맡겨버리고 자기는 빠지려하여 태만한 습관이 이루어지는 것이요 혹은 자그만 일로 싸우고 다투어 계원의 허물은 들춰내기를 좋아함으로써 돈후(敦厚)한 기풍이 없어지는 것이요, 혹은 계에서 가진 재물이나 곡식을 사취해서 쓰고 되돌려 주려하지 않음으로써 길흉의 일이 있어도 도와줄 수 없음이요, 혹은 스스로 어른이란 위세를 부리고 약속을 지키지 않았는데도 아랫사람들이 감히 말을 못함으로써 맥이 풀리는 사람이 많음이요, 혹은 약속을 어겨 벌을 받고는 그 약속을 지키게 한 사람을 원망하고 욕함으로써 그렁저렁 덮어두는 폐단이 일어나는 것이니 무릇 이 일곱 가지 행위는 실로 고을의 큰 병폐요 계를 운영하는 좀이다. 이런 사람들은 모두가 그 고을에서 명망이 있는 사람들인데 그들이 법을 크게 어지럽히고 있기 때문에 아침에 맺었다가 저녁에 풀려버리고 동쪽을 막으면 서쪽이 터져 결국은 엉망이 되고만 것이다. 내가 많이 보아 왔지만 차마 그 사람을 드러내놓고 말하지 못하고 개인적으로 마을사람들을 훈계하는 것이니 이 마을에 살면서 이 명단에 든 사람 중에 이런 일곱 가지 행위에 가까운 사람이 있다면, 지금 망치지 않으면 반드시 뒷날 망치게 되어 남들에게 조롱을 당하기를 마치 오늘 우리가 다른 사람들을 흉보고 웃듯이 하리라. 두렵지 않은가? 우리와 함께 약속한 사람들은 모두 힘써야 한다."하였다. 마을사람들은 숙연해지면서 모두가 "알았습니다"하였다. 드디어 그 일을 기록하고 아울러 그 말도 기술하여 지금 함께 약속한 자와 훗날 지금을 이을 자로 하여금 조심할 바를 알게 하노라.

3) 樂庵遺稿 目錄

賦: 次歸去來賦 次方丈幽棲賦 述懷呈季舅氏賦 和睡翁思友賦 次韓文公別賦別李友.

詩: 春日書感 喩進道 有感自警 雨中吟 異端 遊林寺 戱吟 避疫到通庵吟 謹次遯齋先生在鳳城雜詠韻 寓中吟大霧 遣懷 解悶 看孟子勉諸少 麟 鳳 龜 龍 六合吟 中央 寓中詠杜鵑 謹次遯齋先生在鳳城雜詠韻 寓中吟 愼疾 斥佛 自寓中歸家 魚寺南亭 林寺吟 尋醍醐寺 文字 謹次遯齋先生在鳳城時雜詠韻 寓中述懷 綠陰 次前韻酬沈公 綱目 淸菴偶吟 大旱後雨未周洽 次睡翁韻 和朴君聖期韻 謹次遯齋先生在鳳城時雜詠韻 用朴始汝韻述懷 次退求齋韻 聽太平簫有懷 次高淸窩韻 月院次高淸窩李睡軒韻 輓高淸窩 贈李睡軒.

書: 杏亭靜案(一, 二, 三, 四, 五, 六) 與睡軒.

序: 龍洞契約序 龍洞鄕約序.

記: 退求齋記 銀杏亭記 移建鄕亭記.

跋: 書萍水錄後 紫荊詩帖跋 書李淨汝遺稿後

附錄: 家狀 行狀 墓湯銘 行蹟 祭文 輓詞

15. 활효재 박헌가 活孝齋 朴獻可

1) 생애

박헌가(1713-1772)는 자는 성지(聖至), 본관은 함양으로 능주 출신이다. 활효제(活孝齊)라 일컬은 효자이며, 높은 학덕을 쌓고 은일의 선비로서 일생을 마친 사람이다. 아버지는 사신(思愼), 어머니는 광산 김씨 광연의 딸이요 계모는 여양(驪陽) 진씨(陳氏)였다.

1713년에 능주 냉정리(冷井里)에서 출생하였다. 태어나면서 천성이 영오(穎悟)하여 여러 사람들이 기특하게 여겼다. 5살 때 어머니를 여의고 계모인 여양 진씨에게서 성장하였는데 지성으로 계모의 뜻을 받들었다. 8살 때 학문을 시작하여 독서에 열중하다가 끼니를 잊을 때가 여러 번이었다. 23세 때 할아버지가 위독하자 손가락을 잘라 수혈하여 회생시키기도 하였다. 계속해서 아버지가 병들자 똥을 맛보아 병세를 진단하였고, 자라를 먹고자 하므로 어망을 들고 동복 냇물에 가서 고기를 잡으려다가 방법을 몰라 눈물을 흘렸다.

이 때 어떤 농부가 사연을 듣고 많은 고기를 잡아주어 병을 낫게 하였다. 또한 계모가 병들자 단지(斷指)하였고, 조상 섬기기를 게을리 하지 않아 성묘 분향에 한서 폭우를 가리지 않았으니 그의 본성이 그러했기 때문이다. 그는 효도의 정성이 나타난 것이 이와 같았다.

24살 때 고을의 책임자 한덕필(韓德弼)이 소문을 듣고 천거하였으나 지나친 칭찬을 두려워했다. 이재(李縡)의 제자가 되기를 청하였을 때 “가난은 하늘의 뜻이요 바라건대 스스로의 진리를 더하여 천명을 받든다면 죽어도 여한이 없겠다”고 하자 이재는 그를 즐겁게 받아드리고 자(字)를 성지(聖至)라 하도록 하였는데 그것은 그 고을 사람들이 성인에 이르렀다는 말의 뜻을 취함이었다. 그리고 활효재(活孝齋)라 써주고 세 글자로 집 이름을 삼도록 한 것은 신룡(神龍)한 활동이 능하지 않음이 없도록 하려는 뜻이었다. 유척기

(兪拓基)와도 교분이 깊어 많은 편지를 주고받았는데 그는 과거에 나오지 않는 것을 안타까워했다.

이러한 뜻을 받아드려 용감히 스스로의 임무로 삼고 한 치의 빈틈도 없이 열심히 애를 써서 덕을 쌓고 더욱 정미하여 천명의 편안한 경지에 들었다. 고을에서 천거하였으나 산간에 은거하고자 하는 마음을 굽히지 않고 세상의 명예를 초개와 같이 여겼다. 집안이 가난하였으나 화복에 구애받지 않고 남에게 굽히지 않았으므로 사람들은 처사라 부르고 함부로 굴지 못하였다. 이러한 그의 사상들은 그의 시와 저술 속에 나타나 있다. 60세에 아버지 상을 당하여 상제를 지나치게 하다가 건강을 잃고 1772년 9월 15일 돌아가니 한천(寒泉) 소룡동(巢龍洞)에 장사지냈으며, 1821년 유산사(酉山寺)에 배향되었다. 문집 2책이 있다.

부인은 함안(咸安) 윤씨(尹氏) 황녀(煌女)의 딸이며, 후처 달성(達成) 배씨(裵氏)는 세흠(世欽)의 딸로 두 아들이 있다.

그의 문집에는 태극도(太極圖)·서명(西銘)의 강설(講說)과 이제에게 보낸 편지, 시전(詩傳) 등이 실려 있는데 당시에 유행하였던 성리학이론에 자기의 학설을 첨가한 것들이다. 이는 글자 그대로 강설이므로 이에 관심 있는 학자들에게 참고하도록 한 구절씩 뽑아서 자기의 의견을 수록한 것이다.

그의 사상은 일생동안 청렴결백한 정신을 잃지 않고 효도의 도리를 극진히 하면서 학문연구에 상당한 업적을 남김으로서 이 고장의 의리학적 전통에 손색이 없는 학자요 은일의 처사라 할 수 있다.

2) 원문 번역

박헌가의 문집은 모두 7권 2책으로 되어있다. 간행 년대는 확실하지 않지만 1821년 사당에 올린 제문이 수록되어 있고, 이병찬이 작성한 발문과 이승욱(李承旭)이 쓴 서문이 모두 계해(癸亥)년에 지어진 것으로 볼 때 1821년 이후의 계해년인 1863년에 해당한다.

그의 사상을 한마디로 단정하기는 어려우나 그는 성리학에 심취하여 일생

동안 은일의 처사로서, 효자로서 자신을 독실하게 지켜나간 것으로 볼 수 있다. 여기에서는 그가 살면서 거처했던 망한대(望寒臺)의 기문(記文)을 소개하기로 한다.

이 글은 용암의 바위 아래 그윽한 곳에 자리 잡고 있는 환경과 그 곳에서 스스로의 도를 즐기며 사는 그의 인생관과 학문관을 말하여주는 작품으로 이해할 수 있다.

망한대기 望寒臺記

우뚝솟은 바위 아래에 대를 두었으니 깊숙하고도 궁벽하다. 그러니 사방의 소식이 들리지 않은 것은 당연하다. 사방의 산이 모두 우뚝 솟은 바위보다 높고 길이 멀기로는 한천(寒泉)보다 먼 데가 없다. 지극히 궁벽한 곳에 있으면서 지극히 먼 데를 바라본다는 것은 도저히 되지 않을 일인데 바라본다고 한 것은 마치 나무를 타고 올라가 고기를 구하는 사람마냥 남의 웃음거리가 되지 않겠는가. 그러나 내가 바라본다고 말하는 것은 나에게 있는 도리를 다하여 한천에 귀의한다는 것뿐이요 한천을 바라본다는 것은 다음의 일이다. 아! 선비가 세상을 살면서 몸을 닦고 마음을 세우고 그 도를 행하고자하는 자 진실로 성(誠)과 경(敬)을 간직하면 어찌 되지 못할 것을 근심하겠는가. 다만 사람의 마음이란 여울물과도 같아서 막지 않으면 반드시 터지는 것이다. 무릇 세상 풍속은 아쉬운 대로 간편한 것을 편히 여기고 이익에 달려감을 좋아하는데 성현의 학문은 곡식의 맛과 같은 것이다. 그래서 그것은 오래 걸리고 효과를 보기가 힘들다하여 각기 사학(私學)을 만듦으로써 드디어 의리가 망가지니 어찌 스스로 살필 바를 생각해보지 않겠는가. 우리나라 문화의 성함은 실로 삼대의 법도가 있고 선현들의 배출함도 공자의 학문과 오르내릴만하다. 그런데 세상의 변천과 많은 사고로 이제 모든 늙은이들이 불행하게도 연이어 작고했다. 사습(士習)이 떨치지 못하고 기강이 날로 무너져 이른바 천백에서 십일이나 남은 셈이니 아, 적막하도다! 하늘이 끝내 이 세상을 잊지 아니하여 우리 선사(先師) 도암(陶菴)선생께서 나시어 영특한 재주로서 세도가 날로 망가뜨려지는 것을 목격하고 몸으로 사도의 중임을 짊어지고 사설들을 물리치며 밝고 정도를 앞장서서 밝히심으로써 조그만 한 가닥 정맥이 덕분에 동방의 땅에 떨어지지 않았으니, 그 이 세상을 위하고 이 학문을 위하심이 깊고 간절하였다. 삼가 생각하건대 선현 중에 앞을 열고 뒤를 잇는 학문의 공이 율곡 우암보다 더한 분이 없지만 만약 스승께서 뒷날에 떨치고 일어남이 없었다면 두 분의 열렬한 공도 무궁토록 미쳐가지 못했으리라. 그렇다면 오늘날 스승께서 태어나심이 율곡 우암에게 빛이 되었다고 하여도 백세 뒤에도 의의가 없으리라. 아, 훌륭하도다. 내가 일찍이 하잘 것 없는 재주로서 스승께서 버리지 아니함을 무릅쓰고 가르침을 받은 지 많은 세월이 지났다. 그래서 타고난 기질의 혼탁함을 끝내는 고치리라 힘써보았지만 게으름으로 인하여 아직도 그 옛날의 기대에 부응하지 못하고 있으니 어찌 혼자서 개탄하지 않겠는가. 그래서 스승께서도 일찍이 깊은 걱정을 하시어 언제나 두 번 세 번 간곡하게 타이르고 언젠가는 손수 활효재(活孝齋) 세 글자를 써서 권해주고, 또 시를 주시기를

> 새로 지은 시는 천리의 뜻이요(新詩千里意)
> 양쪽의 차가운 샘물이 서로 비친다(相照兩寒泉)

이라 하셨으니 그 지성스럽고 애틋한 정은 사람으로 하여금 눈물겹게 한다. 주신 글씨는 없어지지 않고 손때가 아직도 새롭다. 아, 애석하도다! 돌이켜 생각해보면 스승께서 세상에 계실 때에 그 깨우쳐주고 이끌어주시려고 이렇듯 애를 쓰셨는데도 완성을 보지 못하였는데 하물며 스승이 작고하시고 선비들의 풍습이 날로 변해가니 다시는 어리석은 나를 가르쳐주실 분이 없음에랴. 어찌 넘어지고 엎어질 염려가 없겠는가. 함부로 이 대를 쌓아놓고 사모하는 뜻을 표하며 엄한 스승이 곁에 계신 것으로 알고 앞으로 정신을 가다듬으려 하지만 이 마음이 부응치 못할까 두렵기만 하다.

3) 活孝齋集 目錄

卷之一

賦: 登聳巖山賦 / 詩: 五言 – 敬次陶庵先生韻 外27首, 七言 – 上陶庵先生(五首) 外21首

卷之二

書: 上陶庵先生(三) 上兪渼陰(二) 上柳上舍 上李繡使(彛章) 上韓侯(必壽) 上閔承旨(亨洙) 上宋櫟泉(明欽) 與兪大齋(彦鏶) 與李翰林(宜哲) 與朴謙齋(聖源) 答兪相國(彦鎬) 答宋昇平倅(龍卿) 答尹海南倅(光鼎) 答茅川書院碑役所 答陽副率(應秀) 答李子仁(木)

卷之三

序: 沃州日錄序 / 記: 望寒臺記 / 祭文: 祭陶庵先生文 祭兪渼陰文 祭亡弟文

卷之四

雜著: 泉門語錄上 – 太極圖講說 西銘講說 心性講說

卷之五

泉門語錄下 – 詩傳講說 禮義疑難 師門記遺

卷之六

附錄: 詩 / 說 / 序 / 歌 / 薦狀: 列邑章甫 牧使韓德弼 牧使閔光遇 牧使韓必壽 牧使吳鉉冑 / 通文: 本邑通文 長官通文 太學通文 / 祝文

卷之七

狀: 家狀 / 銘: 墓碣銘

제2장
조선전기 성리학과 호남

1. 사암 박순 思庵 朴淳

1) 생애

박순(1523-1589)은 자가 화숙(和叔), 호는 사암(思庵)이며 본관은 충주(忠州)이다. 박상(朴祥)의 조카이며 학문과 덕망이 높았던 조선조 중기의 문신이다.

아버지는 우(祐: 눌재 박상(祥)의 동생)이며, 어머니는 생원 김효정의 딸이다. 1523년 10월에 나주에서 태어났는데 할아버지 지흥이 광주에서 살았다. 순(淳)은 태어나면서부터 자질이 뛰어났는데 6살에 어머니를 여의고, 서모(庶母)에게서 자랐다. 1519년 기묘사화를 겪고부터는 늘 한탄하고 날마다 술을 벗 삼고 학문에 힘쓰지 않았다. 18세에 진사에 합격하여 명성을 떨쳤다. 그러나 과거에 급제하는 것에 만족하지 않고 서경덕(徐敬德)에게 가서 학문을 배웠는데 서경덕은 그를 매우 칭찬하였다. 1547년 24살 되던 해 아버지를 여의었다. 상례를 치루면서 한 모금의 물도 입에 넣지 않고 소상(小喪)이 지나서야 죽을 먹었으며, 3년 동안 묘막살이에 슬픔이 지나쳐서 몸을 상하였다.

1553년 명종 임금이 정시(庭試)를 열고, 친히 경문을 강론하게 하였다. 이 때 사암은 『중용』을 강론하였는데 그 정신과 몸가짐이 상쾌하고 행동이 올바르며 깊은 뜻을 해석하고 정확히 말하였다. 이 정시에서 그는 장원 급제를 하여 성균관 전적에 임명되었다가 공조좌랑이 되었다. 1558년 이조좌랑으로 전임하였고, 홍문관 수찬, 교리, 이조정랑이 되었다가 호당에서 사가독서(賜暇讀書)하였다. 1559년 가을에 임금의 명을 받들어 화제(畵題)를 지었다. 1561년 홍문관 응교가 되었고, 5월에는 사직하고 나주 옛 집으로 돌아갔다. 12월에 한산군수(韓山郡守)를 제수 받았다. 임지에 나가서 행정이 깨끗하고 간결하였으며, 업무가 끝나면 독서를 일삼으니 이웃 고을 학자들이 다투어 찾아들었다. 1563년 7월에 성균관 사성(司成)이 되었고, 9월에 시강원 보덕(輔德)으로 옮겼는데 직책을 성실히 하였다. 이듬해 정월 홍문관 직제학이 되어 시사(時事)를 의논하였으며, 2월에 통정대부 승정원 동부승지로 승진하였고 이어서 좌승지까지 올라갔다. 10월에 이조참의가 되고 부승지를 거쳐 우승지에 올랐다. 1505년에 성균관 대사성, 사간원 대사간에 임명되었는데 이 때 이량(李樑)·이감(李戡)·윤백원(尹百源) 등의 죄를 논하고, 법에 따라 처벌하기를 요청하였다. 하루에 다섯 번 씩 말했으나 임금이 허락하지 않자, 대사헌 이탁(李鐸) 등과 함께 직책을 물러나고자 하니 임금이 만류하였다. 그 후 아홉 번을 거듭하다가 다시 나아갔다. 5월에 대사간이 되었다. 이 때 이탁(李鐸)과 함께 요승(妖僧) 보우(普雨)의 잘못을 논하여 처벌하기를 요청하여 섬으로 유배시키도록 하는 판결을 얻었다. 8월에 윤원형(尹元衡)의 죄를 논하고 또다시 글을 올려 마침내는 벼슬을 뺏고 시골로 돌아가게 하였다. 이와 같이 그는 행실이 올바른 사람이 등용되고 억울하게 죽은 사람의 누명을 벗겨 주었다. 겨울에 사헌부 대사헌에 제수(除授) 되었다가 한성부 우윤이 되었다. 1566년 6월 부제학과 대사헌이 되었고 6월에 예조참판이 되었다. 1568년 원접사(遠接使)가 되었는데 사신의 존경을 받았으며, 대사헌과 홍문관 성균관의 양관(兩館), 대제학과 한성부 판윤을 겸직하였는데 장계(狀啓)를 올려 대제학의 직책을 이황(李滉)에게 양보하고 본인은 제학이 되었다. 이를 보고 많은 선비들이 칭찬을 아끼지 않았다고 한다. 이황이 사양하여 직책이 갈리자 다시 대제학이 되었다. 그는 당시의 문체(文體)가 가볍고 속된 것을 걱정하여 문체를 바꾸려 하였다. 그의 문장론은 반고(班固)·사마천(司馬遷)·한유(韓愈)·유종원(柳宗元)·이백(李白)·두보(杜甫)를 으뜸으로 여겼고, 도학의 학문적 방편은 『소학(小學)』·『심경(心經)』·『근사록(近思錄)』으로 학문의 근간을 삼았다. 이 때 인종(仁宗)의 신위(神位)를 문소전(文昭殿)에 배향하느냐 않느냐하는 문제가 일어났는데 영상 이준경(李浚慶) 등은 '인종(仁宗)은 한 해를 넘기지 못한 임금'이라 하여 반대하였으나, 기대승과 함께 임금에게 말하여 문소전에 배향하도록 하였다. 7월 이조판서로 명을 받았는데 여러 번 사양하였으나 끝내 허락되지 않아 부득이 취임하였다. 그는 모든 일을 공도(公道)에 따라 분명히 하였으며 사사로운 청탁에 응하지 않았다. 6월에는 참찬으로 있다가 다시 이조판서가 되었고, 가을에 숭정대부 의정부 좌찬성을 특별히 명받았다. 당시에는 붕당(朋黨)의 풍조가 싹터 사림과 대신들의 의견이 분분하였고, 이준경이 죽을 때 남긴 상소문 가운데도 붕당의 문제를 거론했는데 이는 박순(朴淳)을 가리킨 것이었다. 이에 삼사(三司)와 호당(湖堂)에서 순(淳)을 옹호하는 상소를 올리고, 이이(李珥) 또한 이를 밝혔기 때문에 붕당이 아님이 드러나게 되었다.

1568년(선조1년) 8월에는 등주사(登州使)로 명나라에 갔다. 중국에 들어가 조공사절(朝貢使節)들을 모두 옆문으로 들도록 하자

> 신하가 옆문으로 드는 것은 참을 수 있으나, 천자에게 바치는 글로 말하면 지존(至尊)에게 올리는 것인데 어떻게 옆문으로 통과할 수 있는가?

라고 항의하여 정문으로 들어갔다. 다음날 좌의정으로 승진하였다.

1574년 송도(松都)에 있는 공자상(孔子像)을 철거하고 신주를 세우게 하였다. 3월에 직책이 바뀌었고, 판중추부사를 명받았으나 다섯 차례나 병을 핑계로 부임하지 않자 허락되었다. 4월에 영중추부사가 되었고, 7월에 다시 좌의정이 되었다.

1575년 여름에 서경덕(徐敬德)의 증직(贈職)을 청하여 우의정을 주도록 하고 송도(松都)의 숭양서원에 배향하도록 하였다. 가을에 대사간 허엽(許曄)의 탄핵으로 물러앉았으나 이내 출사하였다. 이 때 심의겸(沈義謙)과 김효원(金孝元)이 서로 사이가 나빠서 붕당이 생겨나게 되었다. 허엽은 김효원을 지지하였고 순(淳)은 심의겸과 가까웠기 때문에 서로 의견의 대립이 있었는데

김효원과 허엽이 공격하자 선비들은 심의겸을 고립시키려는 붕당이라하여 비난하였다. 이 일이 동서 당쟁으로 나누어지는 계기가 되었다. 1576년 봄에는 이이(李珥)가 벼슬을 그만두려고 하니 그를 만류하여 조정에 중임하여야 할 것을 간청하였다.

1578년 3월 판중추부사로 내려갔다가 다시 영중추부사가 되었으며, 경연사를 겸임하였다. 이듬해 2월 다시 영의정이 되었다. 1580년 당시의 임금인 선조가 급한 병이 들어 위독하였다. 재상 노수신(盧守愼)과 함께 들어가자 임금은

> 병이 깊어 다시 살아날 수 없을 듯하니 후사를 부탁한다."

고 하였다. 모두 당황하여 어찌지 못했는데, 사암이 급히 약을 쓰게 하고 주선하여 선조 임금이 다시 살아나게 되었다.

강원감사인 정철(鄭澈)이 단종(端宗)의 묘소를 정화하고 비석을 세워, 벼슬아치를 보내 제사하기를 청하자 또한 옳다고 여기고 서둘러 시행하도록 주선 하였다. 또한 건의하기를 길재(吉再)의 묘소에 제사하고 그의 충절정신을 선양할 것을 요청하였다. 언제나 선이 발휘되도록 하고 선비를 추천하여 기강을 세우고자 하여 이이(李珥)를 대간으로 하고 성혼(成渾)을 부르도록 하였으나 임금은 철저하게 구분하려하지 않아, 큰 성과를 거두지 못했다. 4월에 성혼(成渾)이 덕을 쌓고 나라를 바로 잡는 방법에 대한 글을 올렸는데 이에 대하여 받아들이도록 하였다. 성혼(成渾)이 임금에게 여러 번 사직하기를 요구하자 녹봉을 주어 한직을 맡기고 자문을 구하도록 하자고 하여 임금이 그 말에 따랐다. 또한 김효원(金孝元)을 등용하여 당쟁을 없애도록 하였으나 임금은 "조정을 불안하게 만든 사람은 옳지 않다"하고 듣지 않았다.

1582년에 중국의 사신을 전송하였다. 이듬해 2월에 경원지방의 오랑캐 니탕개(尼湯介)가 반란을 일으켜 변방의 보루를 무너뜨렸다. 이에 병조판서 이이(李珥)와 함께 힘을 합하여 장수를 보내 평정하고, 군사의 수송과 군량의 비축에 만전을 기하였다. 그런데 이전에 이미 북방에 흉년이 들었으므로 이

에 대한 대책을 세워야 할 것을 주장하였으나 모두 듣지 않았는데 갑자기 난리를 당하여 군량이 부족하자 여러 사람들은 그의 탁견에 감복하였다. 3월에 인재를 추천하도록 하였는데 성혼(成渾)·이후백(李後白)·김계휘(金繼輝)·구봉령(具鳳齡)·신응시(辛應時)·이산보(李山甫) 같은 사람들을 천거하였다. 7월에 임금은 병조판서를 겸임하게 하고 "국사가 이 지경에 이르렀으니, 부득이 변란에 임하여 합심(合心) 전력(專力)하여 도와주어야 하오"하였다. 이때 이이는 근거 없이 과격하고 독단적이라는 탄핵을 받았는데, 입시하여 이를 변명하고 다시 중용할 것을 힘써 말하였다. 이때 이이는 이미 파주로 돌아간 다음이었는데 성혼이 서울에 와서 상소하여 당쟁의 간사한 꾀에 휩싸이지 말 것을 말하였다. 이에 삼공을 불러 "이이(李珥)를 배척한 것이 누구인가?"묻고 "자세히 말하라"하자, 순(淳)이 자세히 말하였다. 이에 성낙(成洛) 등은 몇 가지의 죄목을 들어 파직을 청하였다. 그러자 우의정 정지연(鄭芝衍)이 장계를 올리고 윤희경(尹希慶)·변사정(邊士貞)·신급(申礏) 등 수백 명이 항의하는 상소를 올렸다. 이렇게 되자 당파의 논쟁은 극심하게 되었다. 그는 세 차례나 사직하고자 하였으나 임금은

> 청렴 근신한 우아한 절개로 사람을 아끼고 겸손하고 정직하여 조정에 서니 높은 산악이요, 신임하고 소중함이 간절하니 물러남을 용납할 수 있겠는가?

라 하며 허락하지 않았다.

1584년 이이가 죽었다. 그가 나라를 사랑하고 근심하는 마음을 펴지 못하였으니, 증직을 추서하자고 하였으나 임금은

> 증직보다 관찰사에 명하여 처자를 보호하고 상례와 장례를 치루도록 하라.

고 하였다. 이이가 죽자 정여립이 수찬이 되어 성혼과 이이를 공격하였다. 이 때 정철과 함께 정여립을 물리치므로 정여립(鄭汝立)과 대립되었다. 성혼은 돌아갔고 정철과 함께 이발(李潑)·김수옹 등의 배척으로 사직을 청하였으

나 임금이 여러 차례 허락하지 않았다. 마침내 직책을 그만 두었으나 의주부사 서익(徐益)이 장계를 올려 정여립의 배반 전말을 밝히고 순(淳)과 철(澈)을 복직시키도록 상소하였으므로 삼사(三司)에서 차자(箚子)를 올렸다. 가을에 양사(兩司)에서 심의겸을 파직시키기를 청하고 당파 13사람을 들었는데 순(淳)이 우두머리였다. 1586년 영평현(永平縣) 백운계(白雲溪)에 집을 짓고 낚시질과 약초 캐기를 일삼고, 시골 백성들과 어울렸다. 1589년 이곳에서 세상을 뜨니 67세 였다. 인조 때 문충(文忠)의 시호를 받았으며 화담서원(花潭書院)에 배향되었고, 광주와 영평에 사당을 세우고 제사했으며 나주의 사당은 1668년에 사액서원이 되었다.

부인은 제주(濟州) 고씨(高氏) 몽삼(夢參)의 딸로서, 순(淳)보다 15년을 더 살았다. 딸 하나를 두었는데 군수 이희간(李希幹)에게 출가하였다. 문집7권이 있는데 1648년 서필원(徐弼遠)에 의하여 초간본이 간행되었고, 1850년 후손인 이휴(8休) 원응(源應)에 의하여 중간되었으며, 이를 대본으로 1979년에 충주박씨 문중에서 국역하였다.

2) 사상

사암문집은 그가 서세(逝世)한 이후 곧바로 간행되지 못하여 오랜 세월을 지나온 동안 귀중한 글들이 유실되었다. 지금 남아있는 것들은 대부분 시문이며, 두어 장의 편지와 몇 편의 신도비(神道碑) 정도이다. 그러므로 그의 사상적 특징을 포괄적으로 논의하는 데는 다소의 제약이 따른다. 그러나 현재 남아 있는 문헌들을 잘 고찰하면 그의 사상의 대강은 살펴 볼 수 있지 않을까 한다.

사암의 사상적 특질은 두 가지를 들 수 있다. 첫째는 그의 의리사상을 들 수 있다. 그의 의리사상은 정의를 수호하고 사림의 원기를 북돋아 국가의 기틀을 영속시키기 위한 의식으로 나타났다. 그는 가계로 볼 때 박상(朴祥)의 조카로서 일찍이 훈구대신들의 교만한 횡포를 바로잡고 조정의 기강과 질서를 세워야 한다는 영향을 받아 모든 일을 정의의 편에서 수행하려 하였다.

이지함(李之菡)은 사암을 평하여 말하기를

> 동국의 충신은 다만 박순(朴淳)이 있을 뿐인데 순(淳)이 조정을 떠나면 나라가 위태로울 것이다.
>
> 우리나라 백성들이 다행히 살아갈 길이 열리려고 임금이 삶을 좋아하고, 영상인 박순이 청백하여 사대부에게 아부해서 명예를 구하고 뇌물을 바치는 일이 없게 하니 벼슬길이 밝아진 것이다.

하였으며, 또한 조헌(趙憲)은

> 그의 행적에 의거하여 그의 마음을 논한다면 비록 길가에 있는 사람이나 한갓 이름 없는 존재라 할지라도 박순은 자신을 위하여 모사하지 않았고 집안을 위해 계획하지 않았음을 분명히 알게 되었는데도 임금의 친척에 의탁하려 했다 하여 그가 일생동안 어진 이를 찾아내서 왕과 짝지어 준 충성심까지 묻어버리려 하고 순수한 마음으로 봉사하려는 사람들까지 애써 헐뜯고 손으로 만인의 눈을 가리려 하였다.

고 말하였다. 사암에 대한 이러한 평들을 미루어 보면 그는 언제나 불의를 배척하고 정의를 심기 위하여 노력했음을 알 수 있는 것이니, 윤원형(尹元衡)을 배척하고 보우(普雨)를 처벌하자고 주장한 것은 그 단적인 예라 할 수 있다. 윤원형은 중종의 제 2계비인 문정왕후(文定王后)의 동생으로서 문정왕후의 소생인 경원대군을 세자에 책봉하려 하였으며, 여러 가지 음모를 자행하여 왔다. 그의 죄상을 논하는 장계에서

> 원형은 자기의 욕심을 마음대로 채우고 명분을 어지럽히며, 조정을 협박하고 임금을 기만하며, 첩을 부인으로 올리며, 왕도를 무너뜨리고 아래로 반대를 두려워하지 않으며, 일신의 편한 것만 알 뿐 모든 것을 개의하지 않는다.

고 지적하고 있다. 이와 같은 사암의 장계는 정의로운 의리에 바탕한 것인가 아닌가를 밝혀 정의를 실현하고자 하는 그의 의리정신에서 나온 것임은 의

심할 나위가 없는 것이다. 그러므로 그의 이러한 의리정신의 실천은 호남의 유학에 있어서 뿐만이 아니라 조선조 유학 전반에 걸쳐 영향을 주고 있다는 점에서 중요한 의미를 지니는 것이다.

둘째는 도학사상을 실천한 그의 업적을 들 수 있다. 그는 진사시험에 합격하고도 이에 만족하지 않고 서경덕의 문하에서 학문을 더욱 깊이 연구하였으며, 또한 모든 서책을 가지고 산중에 들어가 오로지 학문을 깊이 연구한 바 있다. 여러 사람의 행장과 사실에 따르면 순(淳)의 문장은 반고(班固)·마융(馬融)·이백(李白)·두보(杜甫)·한유(韓愈)·유종원(柳宗元)을 근본으로 삼고, 도학은 『소학(小學)』·『심경(心經)』·『근사록(近思錄)』을 학문 방법으로 삼았다고 하니 이는 모두 도학의 수양방면에 있어서 가장 으뜸을 삼는 교과서였다.

이와 같이 그는 오직 도학의 실현을 목표로 학문에 몰두하였고 또한 그의 숙부 상(祥)에 의하여 확립되어진 조선조 초기 의리정신을 도학의 실천을 통하여 실현시키려 하였다. 그의 이와 같은 도학의 실천 노력은

> 송죽과 같은 절개요 강물에 비친 달과 같은 깨끗한 인물.
> 청렴 우아한 절개로 사람을 아끼고 겸손하고 정직하여 조정에 서니
> 높은 산악이요, 신임하고 소중함이 간절하다.

는 선조의 평에 잘 나타나 있다. 이로써 보면 사암의 도학정신은 또한 그의 의리정신과 함께 호남은 물론 조선조 유학에 적지 않은 영향을 미치고 있다는 점에서 중요한 의미를 지닌다고 할 수 있을 것이다.

3) 원문 번역

이 소는 43세 때인 1565년 윤원형의 죄를 논하고 삭탈관직(削奪官職)할 것을 건의한 것이다. 당시 그는 1565년 정월에 성균관 대사성·사헌부 대사헌의 직책에 있으면서 이량(李樑)·이감(李戡)·윤백원(尹百源) 등의 죄를 논하고 법에 따라 처벌하기를 요청하였으며, 4월에 문정왕후가 돌아가자 5월

에 대사간에 임명되었다. 이 때 대사헌이었던 이탁(李鐸)과 함께 요승(妖僧) 보우(普雨)의 죄를 논하여 벌하기를 요청하여 외딴 섬에 보냈다. 이어서 8월에는 윤원형의 죄를 논하였고, 두 번째 글을 올려 시골로 돌려보냈다.

순(淳)이 처음 대사간에 임명되자, 잘못됨을 바로 잡아야 한다고 결심하고 대사헌 이탁(李鐸)을 찾아가 "내가 원형의 죄를 바로 잡는 데는 그대의 도움이 필요하오"라고 간청하자 마지못해 승낙을 얻었다. 마침내 상소문을 기초하여 올리자 명종은 외숙이 되는 윤원형을 차마 물리치지 못하다가 하는 수 없이 윤허하였다. 이 상소는 8월 3일에 올린 1차의 상소와 8월 14일에 올린 2차의 상소가 있는 것으로 볼 때 당시 조정의 공론이 일치하지 않고 많은 의견이 엇갈리고 있었다는 사실을 짐작하게 하거니와 내용상으로 볼 때에도 1차의 상소와 2 차 상소는 커다란 차이점이 있지는 않다. 다만 2차의 상소는 보다 더 구체적이고 자상한 논리를 전개하고 있는데 여기에서 그는 "국가의 기강과 법도를 바로 잡는데 있어서는 올바름을 기본으로 하는데 윤원형의 죄는 본말(本末)을 알지 못하고 처첩(妻妾)의 지위를 바꾸게 함으로써 기강을 어지럽히고 독단에 빠져 뇌물을 모으고 외척을 빙자하여 국법질서를 어지럽히는 부패의 표본"임을 지적하고 있다.

여기에 소개하는 글은 두 번째 상소이다.

논윤원형 장계 論尹元衡疏

엎드려 생각하옵건대 국가를 다스리는 요체는 사람들의 마음을 편안하게 하는데 있고, 나라를 경영해 나가는 방법으로서는 공론을 신장시켜야 합니다. 사람들의 마음이 편안하면 국기는 그 일로 해서 안정으로 향하고, 공론이 신장되면 나라는 그 일로 해서 안녕으로 향함은 필연적인 이치입니다. 만약에 사람들의 마음이 어긋나서 편안하여질 줄 모르고 공론이 막혀서 신장될 줄 모르게 된다면 국세(國勢)는 반드시 위태롭게 될 것이고 나라의 근본은 뽑혀버리기에 이를 것입니다. 옛날부터 국가를 흥륭(興隆)시킨 군주는 다 사람의 마음을 편안하게 하여 주고 공론을 신장시켜 주었으며, 국가를 쇠란에 빠지게 한 군주는 다 사람들의 마음을 어긋나게 하고 공론을 막았던 것입니다. 이것은 지난날의 득실(得失)이었고 장래의 귀감입니다.

영의정 윤원형(尹元衡)은 본래 한낱 간사하고 음험한 사람이었는데, 국구(國舅)라는 폐부의 친족임에 의탁하여 불변(不變)하는 맹약에 참여하고, 자신이 모두가 우러러보는 지위에 올라가 그의 손아귀에 온 나라의 권한을 잡고 여우같이 임금의 위세를 빌어서, 주고 빼앗기를 멋대로 하고, 조정의 신하들을 휘어잡아 영화의 초췌가 그의 입에 달리게 되어 위세와 권한이 날로 대단합니다. 그리하여 그 형세가 양문(梁門)보다 빛나고, 골짜기에 바닥이 없듯이 그의 축적이 동오(董塢)보다 많아져 백료(百僚)는 달려가 그의 뜻을 기필코 먼저 받들려 하고, 팔방에서 선물을 보내는데 그의 저택에 뒤질세라 보내 주니, 길에서는 마음에 성이 나서 곁눈질하고 동네에서는 속으로 비방하여 구석으로 돌아섭니다. 임금의 권세는 날로 외로워지고 나라의 앞길은 전복될 위기에 접어들었습니다. 이것이 어찌 일조일석의 일이겠습니까? 그렇게 된 유래가 오래되었습니다. 쌓인 악이 이미 극도에 달해 머리털을 뽑아서도 헤아리기가 어렵고, 간악한 죄상이 오만가지여서 이루 다 기록할 수가 없습니다. 신 등이 잠시 만인의 입에 오르고 만인의 눈이 본 것을 모아서 전하께 조목을 들어 진술하겠습니다.

첫째는 독단적이고 멋대로 구는 것으로 그 세목이 열 가지가 있습니다. 맞아 가면 처(妻)이고 쫓아가면 첩(妾)임은 고금의 통례입니다. 비록 명문의 처녀라 하더라도 한번 첩(妾)이라 이름 지어지면 고칠 수가 없는데 하물며 공가(公家)의 천민 소생을 부인(夫人)으로 올려주어 왕의 법도를 망가뜨리고 사람의 기강을 변역하였으니 조정이 있다고 말할 수 있겠습니까? 이것이 그가 독단적이고 멋대로 군 한 가지 일입니다.

측실(側室)의 딸이 사대부에게 시집감은 옹주(翁主)가 하가(下嫁)하는 예입니다. 덕흥군(德興君)의 아들은 중종의 손자이고 정이품(正二品)의 관리인데 비천한 첩의 천한 여식을 존귀한 사람에게 혼인시키기를 꾀하려고 했습니다. 명분을 범함이 이보다 더할 수가 없으니 임금이 있다고 말할 수 있겠습니까? 이것이 그가 독단적이고 멋대로 군 두 번째 일입니다.

을사년(1545년)에 무력으로 안정시킬 때(乙巳士禍) 이미 역적(逆賊)의 인척이면 다 벽지에 몰아내어 왕법을 나타냈어야 했는데도 그는 그들과 혼인하여 한 집안으로 만들었습니다. 이것은 그 죄를 씻어주고 그 사람을 신원해 준 것이니 이는 국가의 역적을 잊어버리고 군부(君父)의 원수를 소홀하게 다룬 것입니다. 이것이 그의 독단적이고 멋대로 군 세 번째 일입니다.

왕후의 궁전은 지엄하여 내외가 단절되어 있어 외부 사람이 출입하는 곳이 아닌데도 문정(文定)이 위독했을 때에 자기 첩을 보내 곧장 들려 문안함이 사가(私家)와 다름이 없었고 심지어는 내의(內醫)에게 호령하여 망령되이 잡스러운 약을 드리게 하여 의관(醫官)과 제조(提調)는 감히 투덜거릴 수가 없었습니다. 이것이 그가 독단적이고 멋대로 군 네 번째 일입니다.

팔방(八方)의 별같이 늘어서 있는 군읍(郡邑)과 대소의 바둑판같이 펼쳐져 있는 진보(鎭堡)에 전후로 월(鉞)을 주어 수권(授權)한 자는 빚진 장수 아님이 없고 드나들면서 부절(符節)을 차고 다니는 자들은 깡그리 은혜를 입은 관리들입니다. 재물을 뭍에서 나른다고 백성들이 흩어져 도망쳐 거의 다 없어졌고, 미곡을 운반하느라 군졸의 병듦이 또한 극도에 달했습니다. 글발이 원근에 구름같이 날아 방백(方伯)들이 고과(考課)에 견제를 받았습니다. 이것이 그가 독단적이고 멋대로 군 다섯 번째 일입니다.

관작(官爵)은 임금의 대권이고 형벌(刑罰)은 천하의 큰 명령인 것입니다. 그런데 벼슬이 뇌물로 주어지되 그 높고 낮음은 그의 청탁 여하에 달려 있고, 형벌은 뇌물로 면제되며 그 경중은 그의 사주에 따릅니다. 전관(銓官)은 겨우 제목(除目)을 시행할 뿐이며 현우(賢愚)를 묻지 않고, 형관(刑官)은 손을 맞잡고 명령에 따르고 경중을 논하지 않습니다. 이것이 그가 독단적이고 멋대로 군 여섯 번째 일입니다.

살인자를 죽이는 것은 나라에 불변하는 형법이 있어서 의빈(儀賓)과 공자(公子)라 하더라도 오히려 관대한 용서를 받을 수 없는 것입니다. 그런데도 억세고 사나운 종은 세도의 불길에 빙자하여 남의 아내와 딸을 속여서 간음하고 남의 전택(田宅)을 약탈하며, 심지어는 백주(白晝)에 살인을 하여도 관리가 감히 묻지를 못하니 그의 위세가 미쳐가는 곳은 이것을 가지고 알 수 있습니다. 이것이 그가 독단적이고 멋대로 군 일곱 번째 일입니다.

산림(山林)과 하천(河川)은 백성들과 함께 쓰는 것으로 왕자의 땅이라 하더라도 여전히 그렇게 합니다. 수락산(水落山)은 도성(都城)에 밀접해 있어 나무꾼들이 가는 곳이고 꿩과 토끼가 모이는 곳인데, 온 산을 나라에서 떼어 받아 가지고 땔나무의 장소로 만들고 그 곳의 주민들을 몰아내고 그 곳의 무덤들을 파냈는데도 근처의 사람들은 호소할 곳이 없습니다. 심지어 계약 조문을 만들어 세(稅)로 내는 땔나무를 들이게까지 했으니 궁가(宮家)의 역사(役事)와 다름이 없습니다. 이것이 그가 독단적이고 멋대로 군 여덟 번째 일입니다.

노마(路馬)에게 경의를 표하고 그 마초(馬草)를 차더라도 형벌이 가해지는데 감히 구내의 마구에 있는 임금의 말로 희첩(姬妾)을 싣고 다니면서도 전연 두려워 기피함이 없습니다. 산릉(山陵)의 역사(役事)는 국가의 대사(大事)이온데 사복사(司僕寺)의 거마(車馬)가 그의 집에서 일을 하고 관리가 그것들을 사용하지 못했습니다. 이것이 그가 독단적이고 멋대로 군 아홉 번째 일입니다.

무고(武庫)의 철공(鐵工)들은 병기를 주조(鑄造)해서 비상시의 용도에 공급하는데 자기 집에서 사사로이 부려 나라 일을 할 겨를이 없습니다. 차량(車輛)의 설비(設備)는 군용기물(軍用器物)을 운반하기 위한 것으로 군국(軍國)의 중요한 일입니다. 그런데 자기 물건을 사사로이 수송하느라 수레채는 부러지고 소는 죽고 합니다. 이것이 그가 독단적이고 멋대로 군 열 번째 일입니다.

둘째는 재물을 탐내어 물릴 줄을 모르는 것으로 그 죄목으로 열 가지가 있습니다. 구름을 찌르는 일류 저택의 화려한 건물들이 거리에 연닿고 동네에 접해있는 것들이 십여 채나 됩니다. 부정하게 들어온 온갖 물품들이 그 가운데 가득 차있고, 원수의 것까지 거둬들인 재물이 남아돌아 밖으로 넘쳐납니다. 그런데도 또 영선(營繕)을 그치지 않아 토목공사가 한창 일어나자 진롱(秦瀧)의 연결된 뗏목이 강가에 계속 들어오니 어찌 당나라 때의 나무 요물이 이(利)를 추구한 정도일 뿐이겠습니까? 이것이 그가 재물을 탐하는 첫 번째 사례입니다.

바닷가에 둑을 쌓아 만든 내륙의 비옥한 땅이 발길을 연달아 있는데 이것이 모두 개인의 점유로 들어갔습니다. 공가(公家)에서 종자를 주고 수령이 농사를 감독하여 관(官)이 창고에 저장한 곡식은 태반이 농량의 거리로 되어지고, 남쪽 밭의 농부들은 다 경작하는 종노릇을 합니다. 그의 농막이 있는 곳에는 온 고장이 원망하고 괴로워하니 어찌 땅 사기를 좋아하는 버릇을 나무라는데 그치겠습니까? 이것이 그가 재물을 탐하는 두 번째 사례입니다.

전방의 상인들을 불러 모아 자기 집에서 시장을 열어 청동과 배금을 수레와 말에 싣고서 문 앞에 구름같이 와글거리는데 손으로 가리키며 물건을 보고 그 값의 다과를 매겨 사들인 것이 산더미같이 쌓이니 시장의 물건들은 하루아침에 거의 비어버립니다. 재물 밖에 모르는 사람이라 하여도 반드시 이러하지는 않을 것이니 이것이 그가 재물을 탐하는 세 번째 사례입니다.

역관(譯官)을 초치(招致)해다가 잡물(雜物)을 내주고서는 남금대패(南金大貝: 중국의 명산물)와 제환촉백(齊紈蜀帛) 등 명목(名目)을 조목지어 늘어놓아 연시(燕市)에서 사게하여 값은 적게 주고 받아들이는 것이 많아 반드시 남에게서 빌어다가 맞지 않는 수효를 채워놓은 후라야 가혹한 책망을 면할 수 있게 됩니다. 비록 되놈의 장사치의 욕심이라 한들 어찌 이 정도에까지야 이르겠습니까? 이것이 그가 재물을 탐하는 네 번째 사례입니다.

노력을 돕는 사람은 본래 정원이 있는 것인데 열읍(列邑)의 좋은 장정과 제군(諸郡)의 부유한 집을 마구 차지하였습니다. 부역의 부채를 거둬들이는데 파고들어 독촉함이 성화(星火)보다 다급하고 쌀과 포목을 내놓기를 요구하는데 그 해독이 이웃 친족에게까지 뻗어갑니다. 심지어 억눌려 요구하고 칼로 위협하여 그 밭을 무리하게 빼앗아 백성들의 집안이 기울어 파산하는 자가 즐비하게 생겨나 유리(流離)하여 제 고장을 잃고도 호소할 길이 없어집니다. 이것이 그가 재물을 탐하는 다섯 번째 사례입니다.

굶고 사나운 종이 주인을 배반하면 그 피가 강상(綱常)에 달려있는 것입니다. 그런데도 도망한 자들을 불러들여 굴혈을 만들어 죄짓고 거역하는 종들이 서로 이끌고 와 모이는 것이 몇 십 몇 백으로 무리를 이룹니다. 또한 소송을 좋아하는 무리들이 스스로 이치가 굽힘을 알면 반드시 버리는 것과 같다는 마음으로 곧 이익을 나눌 계략을 꾸밉니다. 계약서를 작성하여 그 문서를 가지고 그의 문을 찾기만 하면 비록 이치가 곧은 사람이라 하여도 입을 다물고 물러나고 감히 다투지를 못합니다. 이것이 그가 재물을 탐하는 여섯 번째 사례입니다.

와서(瓦署)의 보병(步兵)은 토기를 굽기 위한 것인데 자신이 그 반을 차지하여 그 역부(役夫)들은 유독을 고생합니다. 지사(紙司)의 자문용지(咨文用紙)는 사대(事大)를 위한 것인데도 사사로이 피저(皮楮)를 보내고 공공연하게 바꿔갑니다. 공(公)을 메마르게 하고 사(私)를 비대하게 하는 것이 모두 다 이와 유사합니다. 이것이 그가 재물을 탐하는 일곱 번째 사례입니다.

공물(貢物)을 대납(代納)하는 것은 시정(市井)에서 하는 일인데도 하나를 납품하고 열을 징수하여 수배의 이익을 취합니다. 짚을 파는 것은 촌민들조차 하려들지 않는데 배로 서울에 실어와 팔아서 곡식이나 포목의 값을 받아들입니다. 이익이 있는 것은 조금도 버리지 않으니 이것이 그가 재물을 탐하는 것의 여덟 번째 사례입니다.

윤백원(尹百源)은 그의 조카인데 죄를 짓고 유배되었던 날에 백명의 종과 성곽 근처의 좋은 밭을 협박 요구하여 빼앗아 자기 소유로 하였습니다. 김경석(金景錫)은 재상의 사람인데 을묘년(1555년)에 체포하여 심문할 때 금부당상(禁府堂上)으로서 감히 백금이 나가는 영단(纓段)의 뇌물을 받았습니다. 이것이 그가 재물을 탐하는 것의 아홉 번째 사례입니다.

각처의 농막에 소를 나누어 기르고 문서를 만들어 점검하는데 들판에 가득 차있습니다. 번식하는 수효가 만약에 줄어들게 되면 파고들어가 받아내는데 그 피해가 이웃 보증인에게까지 뻗어갑니다. 이것이 그가 재물을 탐하는 것의 열 번째 사례입니다.

셋째는 사치 참월이 과도함인데 그 조목이 셋이 있습니다. 여종이 취사를 하는 것은 집안사람들의 상례입니다. 그런데 따로 선부(膳夫)를 두었으니 내옹(內饔)과 다름이 없습니다. 식사를 과다하게 차려 반찬이 팔진미(八珍味)를 갖췄고, 매일 만전(萬錢)씩을 소비하면서 늘 하증(何曾)의 젓가락을 개탄합니다. 사치 참월이 과도한 것으로 이것이 그 가운데 첫 번째 사례입니다.

태복(太僕)의 수락(酬酪: 우유식품)은 상감께 드리기 위한 것인데 낙부(酪夫)를 시켜 기구를 가지고 가서 끓이게까지 하니 어선(御膳)에의 진상(進上)과 같은 점이 있고, 자녀와 복첩(僕妾)이 역시 배부르도록 그것을 먹습니다. 사치 참월이 과도한 것으로 이것이 그 가운데 두 번째 사례입니다.

집에는 방장을 두르고 기물은 금은의 장식을 쓰는 등 시설한 집기물의 화려함과 사치함이 왕자와 맞먹고, 희첩(姬妾)들의 복식(服飾) 또한 사치와 미려함이 궁금(宮禁)을 능가합니다. 사치 참월이 과도한 것으로 이것이 그 가운데 세 번째 사례입니다.

넷째는 잔인한 마음과 야박한 행동으로 그 조목이 셋이 있습니다. 문정왕후는 존귀하기로는 국모(國母)이시고 친근하기로는 동기(同氣)이시고 평생 동안의 은총으로는 호천망극(昊天罔極)하신 데도 승하하시던 날 부음을 듣고 대궐에 가서는 속 편하게 밥을 먹는 것이 평시와 같았으며, 재궁(梓宮)에 드실 때가 되어서는 빨리 가서 천개(天盖)를 덮고 눈물은 한 방울도 흘리지 않았습니다. 이는 잔인한 마음과 야박한 행동으로서 이것이 그 가운데 첫 번째입니다.

앞별이 빛을 잃으신 후에는 옥체가 좀 편찮아지셔서 자주 약을 쓰셨는데 중외의 신료(臣僚)들은 답답해하지 않는 이가 없었는데도 자신이 수상이 되면서도 염려한 적이 없었고, 문안 등의 일은 조정의 의론이 먼저 나오면 건성으로 따라갔습니다. 이는 잔인한 마음과 야박한 행동으로서 이것이 그 가운데 두 번째입니다.

부부는 인륜의 시발인데도 정처(正妻)를 버리고 혼인 폐백을 물려받고 아울러 가산까지 빼앗아 그녀로 하여금 굶어 죽어 영원토록 무궁한 억울함을 품게 하니 듣는 사람들은 그 일로 눈물을 흘립니다. 이는 잔인한 마음과 야박한 행동으로서 이것이 그 가운데 세 번째입니다.

무릇 26개 조목의 일들 가운데 작은 것들은 백성을 병들게 하고 정치를 어지럽히기에 충분하며, 큰 것들은 국가를 패망시키기에 충분합니다. 신하된 몸으로 한 가지만 범했다 하여도 하루도 조정에서 용납할 수 없거늘 하물며 골고루 갖추어 다 가진 자야 더 말할 나위가 있겠습니까? 원형은 이같은 죄를 짓고서도 낭묘(廊廟)에서 거드름을 피우고 간악한 짓을 자행함이 늙을수록 더욱 심해가는 데도 바른 말이 충성스러운 혀에 맺혀버리고 항의하는 논설이 곧은 입에 막혀버리는 것은 어찌 되풀이하여 떨친 위세에 저촉할 수 없고 타오르는 기염을 범하기 어려워서가 아니겠습니까? 조야(朝野)는 허둥대고 상하는 아침저녁에 어떻게 될지 모르고 있습니다. 다행히 하늘의 보이지 않는 유도(誘導)와 종묘사직의 말없는 도움에 힘입어 사람들의 마음이 울분에 차올라 그것이 격발되어 공론(公論)으로 되어졌으니 이것은 실로 위험을 돌려 안정을 가져오고 비색(否塞)함을 기울여 안태(安泰)함으로 돌아가게 하는 계기입니다. 행려자(行旅者)들은 서로 경하하고 신공(臣工)은 다 기뻐하며 목을 빼고 발을 돋우고 유배시키는 명령을 듣기를 기다리고 있는데도 한차례 재상을 갈라고 명하신 후에는 도리어 좋아하지 않으시는 뜻을 보이시면서 번번이 원훈대신(元勳大臣)을 유배시킬 수 없다고 말씀하시니 신등(臣等)은 외람되게도 당혹하게 되옵니다. 국조(國朝)의 이숙번(李叔蕃)은 태종의 좌명공신이었고 유자광(柳子光)은 삼조(三朝)에 공훈을 세워 그 공로가 위대하였습니다. 그들이 죄를 짓게 되자 일조(一朝)에 유배되어 그길로 늙어서 죽었으니 그들의 공로로 그들의 죄를 덮어두지 않았던 것입니다. 원형이 비록 원구(元舅)이고 원훈(元勳)이지만 은혜 때문에 법을 버리고 공로 때문에 죄를 덮어둘 수 없음은 뚜렷합니다.

신등(臣等)이 엎드려 보옵건대 전하께서 등극하신 이래로 밤낮없이 근심하시며 근면하게 선정(善政)에 정려(精勵)하시고, 성색(聲色) 수렵(狩獵) 토목(土木) 도사(禱祀) 등에 걸쳐 지나친 행사가 있었다는 말을 듣지 못하였는데도 정치와 교화의 실효가 드러나지 않고 국세가 날로 위축되고 은택이 철저히 베풀어지지 않고 생령(生靈)은 날로 곤궁해져 조종의 간고(艱苦)에 찬 위대한 사업과 열성(列聖)의 깊고 튼튼한 기초로 하여금 누란(累卵)의 위태로움에 이르러도 스스로 깨닫지 못하게 만들고 있습니다. 전하께서 그 형상을 보지 못하시니 그 그림자를 살피시기를 원하옵니다. 근자 천운이 변화를 보였고 지상이 흔들려 재해치고 생겨나지 않는 것이 없으니, 어떤 일의 응보라고 지적할 수 없기는 하오나 밝은 하늘이 어찌 성낸 이유가 없겠습니까?

하물며 가을 우뢰의 변과 우박의 재해가 다 공론을 굳게 거부하신 날에 일어났으니 또한 어찌 인애(仁愛)로운 천심이 전하에게 경고함이 여기에 있음을 미루어 알지 않겠습니까? 아아! 규합시키려는 인심은 저상되어 놀라 의심하고 신장시키려는 공론은 억눌려 창달하지 않아 중외(中外)가 흉흉히 두려워함이 도리어 전일(前日)보다 더 심하니, 보고 들음을 우리로부터 하는 천심 또한 알 수 있겠습니다. 전하께서는 재상을 갈아 버리는 미미한 형벌로 원형의 죄를 다스리기에 충분하다고 생각하시고 그것으로 하늘의 성냄에 답하시고 사람들의 마음을 위로하시고자 하십니까? 신등(臣等)은 국가의 일이 마침내는 어떠한 데까지 이르게 될지 모르겠습니다. 이것이 합문(閤門)에서 순일(旬日)을 넘도록 외치며 스스로 물러날 줄 모르는 까닭입니다. 전하께서 여전히 즉시 통쾌하게 결단을 내리지 않으신다면 어찌 한갓 공론이 저지되고 사람들의 마음이 어긋남에 그치겠습니까? 반드시 돌이킬 수 없는 후회를 하게 될 것입니다. 잘 보이는 어려움은 반드시 이슬을 밟을 때 시작되는 것으로 곡돌(曲突)의 계책은 이마를 데는 일보다 먼저 와야 하오니 엎디어 원하옵건대 전하께서는 이점에 유의하시기를 바랍니다.

신등(臣等)은 다 보잘 것 없는 자들로 말하는 책임을 진 곳에서 대죄(待罪)하고 있사와 늘 견마(犬馬)의 성심을 품고서도 조금의 도움도 드리지 못했습니다. 국사가 이 지경에 이른 것을 눈으로 보고 참아 끝까지 침묵할 수 없어서 감히 사람들의 마음이 같이 생각하는 것과 온 나라의 공론을 가지고 우러러 예감(睿鑑)을 더럽히오니 만약에 어람(御覽)을 베푸시어 다시금 되풀이 생각하시고 쾌히 삼위(三危: 먼 곳을 말함)로 유배를 보내시면 국가가 심히 다행할 것이옵니다.[1]

1 『사암집(思菴集)』 권4, 「계(啓)」, 〈논윤원형계(論尹元衡啓) 기이(其二)〉.

4) 思庵集 目錄

文集序

卷之一

五言古詩: 鄭季涵(澈)李汝受(山海)在湖堂折寄梅花詩以謝之 外4首 / 七言古詩: 漁父辭 外5首 / 五言絶句: 奉審康陵有感 外50首 / 七言絶句: 送李叔獻(珥)還舊隱(二首) 外21首

卷之二

七言絶句: 肅拜後歸永平 外165首 / 五言律詩: 送首陽黃牧使 外55首

卷之三

七言律詩: 慶會樓親臨觀射應製 外95首 / 五言排律: 送鄭監司(芝衍)赴嶺南 外17首 / 七言排律: 贈山人六韻

卷之四

論尹元衡啓(二) 答李叔獻書(三) 答鄭雲龍書(三) 賜祭周世鵬文 讀奇德陽遺稿讜議一篇 銘心錄序 二養亭記 治川朴公神道碑銘幷序 沖齋權先生神道碑銘幷序 高麗侍中節孝徐公旌閭碑銘幷序 退溪先生墓誌銘幷序 秋巒鄭公墓誌銘幷序 擬宋蘇軾賀擒鬼章表 擬晋山濤請釋吳以爲外懼表

卷之五

附錄: 行狀 諡狀 神道碑銘幷序

卷之六

附錄: 教書(左議政辭免不允教) 賜祭文(月井書院宣額時) 賜祭文(玉屛書院宣額時) 玉屛書院奉安文 外18篇

卷之七

附錄: 諸家記述 奉別朴吏曹 外60篇 文集跋(二) 重刊跋(六)

2. 고봉 기대승 高峯 奇大升

1) 생애

고봉(高峯) 기대승(奇大升 1527-1572)의 대승은 이름이요 고봉은 그의 아호니 그의 세거지(世居地) 고양 행주산성에 고봉산(高峯山)이 있으므로 고봉으로 호를 삼았다. 그러나 그의 일문은 기묘명현(己卯名賢) 복재(服齋) 기준(奇遵)을 위시로 하여 서울에서 자리 잡고 살았으니 지금의 청파동 만리현(萬理峴)이 그의 옛 집터인 듯하다.

그의 일가가 광주 임곡(林谷)에 은거하게 된 것은 그의 작은아버지 기준이 기묘사화(己卯士禍)에 화를 입자 그의 형인 진(進)이 가솔들을 데리고 광주로 남하하게 됨으로써 비롯하였다.

기씨 일문은 저 멀리 선우(鮮于)·한(韓)·기(奇) 삼성론(三姓論)은 별문제로 치더라도 고려 이후로 문무·명신·장상(將相)을 배출한 명문(名門)으로서, 조선조에 접어들어서는 기면(奇勉)이 공조 전서(工曹 典書)를 지냈고 그의 아들 현암 건(眩菴 虔)이 세종 때 대사헌 기백(箕伯) 등을 역임하고 벼슬이 판중추부사(判中樞府事)에까지 이르렀다.

고봉은 위에 적은 정무공(貞武公) 현암(眩菴)의 삼대손으로서 그의 증조는 부사(副使)를 지낸 축(軸)이요, 그의 조부는 응교공(應教公) 찬(纘)으로서 아들 다섯을 두었는데 장남은 지평(持平) 회(廻)요, 이남은 원(遠)이요, 삼남은 괄(适)이요, 사남이 그의 아버지인 물재공(勿齋公) 참봉(參奉) 진(進)이요, 오남이 복재공(服齋公) 준(遵)이다.

이상으로 보아 그의 가계는 응교공(應教公)의 사남 물재공 진의 아들이지만 여기서 우리들이 챙겨두어야 할 과제의 하나는 기묘명현의 후예로서의 학통문제가 아닐 수 없다.

그의 나이 11세 때 서당에서 그의 선생 김집(金緝)이 '식(食)'자를 주어 글을 짓게 한즉 즉석에서 "식무구포군자도(食無求飽君子道)"라 하였다. 이로써 재능을 높이 평가하고 복재공의 뒤를 이어 사림의 영수가 될 것이라 예견하였다. 이로 미루어 보아 고봉은 이미 명실 공히 사림의 영수가 되어 복재공의 학통을 이을 소질을 갖추었음을 알 수가 있다.

46세라는 짧은 인생을 산 고봉의 일생을 둘로 나눈다면 32세를 전후하여 전기를 수학시대, 후기를 중앙 진출 시대로 나눌 수가 있다. 그는 기묘사화(1519) 후 선친이 남하한지 8년만인 1527년에 광주 임곡(林谷) 소고룡리(召古龍里) 송현동(松峴洞)에서 출생하였다.

20세 때 향시에서 2등으로 합격할 때까지 『효경』·『통감』·『주역』·『여지승람』 등을 배웠다.

21세 때 처음으로 상경, 성균관을 견학하여 견문을 넓히었다.

22세 때 충순위(忠順衛) 이임(李任)의 딸과 결혼,

23세 때 생원, 진사 양시에 합격한 후,

25세 때 알성시(謁聖試)에 2등으로 합격하였으나 윤원형(尹元衡)의 방해로 낙방의 분루를 삼켜야 했다. 그 사이 응시 차 상경 도중 태인(泰仁)의 일재(一齋) 이항(李恒), 장성(長城)의 하서(河西) 김인후(金麟厚)와는 태극도설·이기문답(理氣問答)을 통하여 깊은 학문의 연찬을 게을리 하지 않았다. 그가 대과에 합격하고 그 해에 때마침 상경 중이던 이황을 만나고 그의 인격과 학덕에 심취하였다. 퇴계도 또한 고봉과의 만남을 최대의 수확으로 자찬, 뒷날 사칠논변(四七論辨)의 배경을 이룩하였다.

고봉은 32세로 문과에 장원급제함으로써 출사의 길이 트이기는 하였으나 퇴계를 만난 후로는 학문에 연연(戀戀)한 심정을 억누를 길 없어, 심적 갈등이 수차 귀향의 결행(決行)으로 표출된다. 그가 마지막 귀향길(1572)에 천안에서 엉덩이에 종기가 생겨 태인에서 병사하기까지 실로 눈부신 업적을 남겼다.

그의 학문적 업적은 사칠논변이나 『논사록(論思錄)』을 통하여 그의 창의적 재질을 충분히 발휘하였지만 그의 관로(官路)만은 시운(時運)과 맞물려 결코 평탄하지 않았다. 진퇴무상하고 여러 차례 귀향으로 얼룩진 그의 관로의 자취를 간략하게 기술하면 다음과 같다.

문과(文科)에 합격하자(32세) 승문관 부정자(承文館 副正字)에 임명되어 서울 생활이 시작되었고 곧장 퇴계를 만나 정추만(鄭秋巒)의 천명도설(天命圖說)에 관하여 의견을 교환하였다. 그 후 고봉은 관직(副正字)을 사임하고 귀향한 후 태극도설에 대하여 부단한 관심을 기울이고(一齋, 河西 등과 논함) 드디어 이듬해(33세) 정월에는 퇴계에게 편지를 보내 소위 사칠논변의 단서를 마련하기에 이르렀다.

이듬해 3월에 하서가 서거하자 그와는 문맥이 끊어졌으나 퇴계와는 줄곧 8년간 논변이 계속되었다.

36세 때 예문관 검열(藝文館 檢閱) 겸 춘추관 기사(春秋館 記事)를 제수받았으나 휴가를 청하여 남쪽으로 귀향하였으며, 12월에 예문관 대교(待教)로 천직되었다가 다시 봉교(奉教)로 천직되었다. 이듬해(37세) 정월에 상경 봉교로 취임하였고, 3월에 승정원 주서로 승진, 4월에는 부사정(副司正)으로 옮겼다가 8월에 이량(李梁) 일당의 탄핵으로 사임하고 귀향하였다. 다음 달 9월에 다시 봉교로 복귀, 10월에 상경 호당(湖堂: 규장각의 전신)에 뽑히었고, 11월에는 홍문관 부수찬(副修撰) 겸 경연 검토관(經筵檢討官) 춘추관 기사관(春秋館記事官)에 배수되었다.

38세 2월, 경연(經筵)에 입시(入侍)하였고, 3월에 병 때문에 전적(典籍)으로 자리를 옮기고, 6월에는 다시 홍문관 수찬 겸 경연관으로 복귀하였다. 10월에는 병조 좌랑(兵曹 佐郎) 겸 지제교(知製教)를 배수하였다.

39세 6월에는 성균관 직강(直講)을 배수, 다시 이조정랑 겸 지제교를 배수하였다. 10월에 교서관 교리(校書館 校理)를 겸배(兼拜)하였으나 11월 다시금 휴가를 얻어서 귀향하였다.

40세 4월에 예조 정랑을 배수, 10월에 홍문관교리로 이배(移拜), 또 사간원 헌납(司諫院 獻納)으로 이배되자 상경 사은(謝恩)하고 의정부사인(議政府舍人)으로 승임하였다.

41세 2월에 사헌부 장령(掌令), 3월에 성균관 사예(司藝), 5월에 홍문관 응교(應教) 및 원접사 종사관(遠接使 從事官)으로 이배하고, 8월에는 전위사(餞慰使)로 의주로 가서 복명하고, 10월에 조산대부 사헌부 집의(朝散大夫

司憲府 執義)를 배수하였다.

42세 정월에 봉정대부(奉正大夫)로 홍문관 직제학(直提學) 겸 교서관 판교(判校), 2월에는 통정대부로 승정원 동부승지에서 우부승지 겸 지제교 또 경연 참찬관을 배수하였고, 4월 성균관 대사성(大司成)의 부름을 받고 상경하자, 퇴계가 천거하여 공조 참의(工曹 參議)가 되었고, 12월에 우승지에 올랐다.

43세 3월에 대사간(大司諫)을 배수하고, 4월에 좌승지, 6월에 문정전(文政殿)에서 김개(金鎧)의 간사함을 왕에게 주상하고, 7월에 칭병 사퇴, 8월에 대사성이 되었으나 9월에 실직에서 물러났다.

44세에 귀향하여 낙암(樂庵)을 지었고, 6월에 부경사(赴京使)로 소명(召命)이 있었는데 상소하여 사양하였다. 12월에 퇴계 선생의 부음을 듣고 신위를 설치하고 통곡하였다.

45세 3월에는 서석산(瑞石山)을 유람하고, 4월에 홍문관 부제학(정삼품 당상관) 겸 경연 수찬관, 예문관직제학을 배수하였으나 고사(固辭), 또 다시 이조참의를 배수하였다.

46세 되던 해 2월에 성균관 대사성에 배하고, 2월에 종계변무주청사(宗系辨誣奏請使)로 소명되어 연경(燕京)으로 가던 중 대사간으로 배하였으나 관직에서 물러났고, 7월에 공조참의, 9월에 대사간을 배수하였으나 병을 핑계로 사퇴하고, 10월에 관직을 벗고 남쪽으로 귀향하던 도중 11월 1일 병사하여, 이듬해 2월 8일 나주 치북(治北) 오산리(烏山里) 통현산(通峴山)에 안장 영면하였다.

고봉은 일찍이 경인년에 변무주문(辨誣奏文)을 지어 녹훈(錄勳)된 것 때문에 수충익모 광국공신 정헌대부 이조판서 겸 홍문관 대제학 지경연 의금부 성균관 춘추관사 덕원군(輸忠翼謨 光國功臣 正憲大夫 吏曹判書兼 弘文館 大提學 知經筵 義禁府 成均館 春秋館事 德元君)에 추증하고, 부인 숙부인 이씨에게는 정부인을 추증하였다. 부인은 충순위 보공장군(忠順衛 保功將軍) 이임(李任)의 딸이다.

슬하에 4남 3녀를 두었다. 맏아들은 효증(孝曾)이요, 둘째 셋째는 효민(孝

閔) 효맹(孝孟)이며, 딸은 선비 김남중(金南重)에게 시집갔다. 1남 2녀는 요절하였다. 효증의 벼슬은 혁기시 첨정(革器寺 僉正)에 올랐고, 연은전 참봉(延恩殿 參奉) 김점(金坫)의 딸을 맞아들여 1남 2녀를 두었다. 손자 정헌(廷獻)은 현감에 올랐고, 장녀는 승지 조찬한(趙纘韓)에게 시집가고, 차녀는 한이겸(韓履謙)에게 시집갔다. 효민은 참봉 양홍도(梁弘度)의 딸을 맞아 2남 2녀를 두었다. 효맹은 승지 정엄(鄭淹)의 딸을 맞아 1녀를 두었고, 측실에서 1남을 두었으니 이름을 국주(國柱)라 하였다. 효민과 효맹은 정유왜란 때 중로에서 왜적을 만나 전사하였고, 김씨의 딸과 양씨 정씨는 겁탈을 피하여 굴하지 않고 다 함께 강물에 몸을 던져 죽었다.

여기서 공의 일생을 총괄하여 보면 다음과 같다.

> 선생은 천품이 뛰어나서 일찍부터 학문에 뜻을 두었고 궁벽한 시골구석에 있어서 사사할 곳도 없었지만 능히 스스로 분발하여 경적(經籍)에 마음을 깊이 쏟아 오묘한 뜻을 연구하며 항상 거기에 급급(汲汲)하여 완전히 알지 않으면 그만두지 않았다. 고금의 일에 널리 통하였고 전고(典故)에 매우 밝았다.
>
> 조정에 벼슬하여 임금을 섬길 때에는 매양 고인을 법으로 삼아 거취와 진퇴에 있어 의리에 합당하여 마음에 부끄러움이 없도록 하였다. 그리고 경연에서 임금을 가까이 모실 적에는 정성스럽게 임금을 정도로 가게끔 인도하고 도덕정치를 만회시키는 것으로 마음을 삼았다. 그래서 매양 입시할 때만 되면 한갓 글 뜻을 해석하고 의리를 강구하여 밝힐 뿐만 아니라 치란(治亂)과 현사(賢邪)에 대한 변설까지 하였는데 그 언론이 매우 자상하고 주도면밀하여 충분히 임금의 마음을 감동시키고 뭇사람의 마음을 복종시키는 바가 있었다.
>
> 또 제반 시설을 계획하는데 있어서는 반드시 선왕의 법을 준수하려 하였고 변경하는 것을 좋아하지 않았다. 그러나 조정의 처사가 세도(世道)의 장부(臧否)에 관계되는 데도 논의가 정해지지 않을 경우에는 그때마다 옛일을 인용하고 의리에 의거하여 분석함으로써 뭇사람의 의혹을 깨버렸다.(중략)
>
> 선생은 우리의 도를 존중하여 믿는 것이 지성에서 나왔다. 그래서 이현(二賢: 조광조와 이언적)의 억울함을 신설(伸雪)할 것을 청하여 사림의 뿌리를 부식하고 온 세상으로 하여금 본받을 바를 알게 하였다.
>
> 퇴계선생과 의리를 논변함에 있어서는 처음에 서로 뜻이 맞지 않았으나 만

년에는 퇴계가 선생의 말을 많이 따랐는데 자세한 내용은 사칠왕복서(四七往復書)에 있다.

어떤 이가 퇴계에게 묻기를 "고봉은 행(行)이 지(知)에 미치지 못한 것 같습니다." 하자 퇴계는 대답하기를 "예로써 임금을 섬기고 의로써 진퇴하였는데, 어째서 지와 행이 차이가 있다고 여기는가?" 하였다.

퇴계가 벼슬을 그만둘 적에 임금이 지금 학문을 한 사람이 몇이나 있느냐고 묻자 퇴계가 대답하기를 "학문에 뜻을 둔 선비는 지금도 없지는 않습니다. 그 중에도 기대승은 널리 알고 조예가 깊어 그와 같은 사람을 보기가 드무니 이 사람은 통유(通儒)라 이를 수 있을 것입니다." 하였다.

임금이 사관에게 명하여 국사에서 선생이 평소에 임금께 주대(奏對)했던 말들을 초록해서 2권을 만들게 하고 『논사록(論思錄)』이라 명명하였다.[2]

그가 저술한 얼마간의 시문 및 퇴계와 더불어 왕래했던 서한이 세상에 간행되었다. 이에 그의 업적을 그의 유저를 통하여 간추려 본다.

2) 고봉문집

『고봉문집』 15책은 원집 3책, 속집 2책, 별집부록 1책, 『논사록』 1책, 왕복서 3책, 이기왕복서 1책, 『주자문록』 4책으로 이루어졌는데 그 내용은 다음과 같다.

(1) 원집 3책

이 문집은 고봉의 손녀 사위 조찬한(趙纘韓)이 선산부사(善山府使)로 있을 때 장유(張維)와 장현광(張顯光)의 서문을 받아 간행하였다. 때는 인조 7년(1629)이었고 이는 고봉 서거 57년만이다. 여기에는 『논사록』이 빠져있다는 아쉬움이 있다.

1책은 주로 시문집(詩文集)으로서 장유·장현광의 서문(序文)과 연보(年譜)가 수록되어 있다.

---

[2] 기대승, 민족문화추진회 편, 『국역 고봉집』 제2권, 고전 국역총서 248, 1988, 206쪽.

2책은 잡저(雜著)로서 첫머리에 「의당삭방행 영장사사사명의표(擬唐朔方行 營將士謝賜名衣表)」와 더불어 명나라에 보내는 많은 표문이 실려 있고, 또 「광주향교 대성전 상량문(光州鄕校 大成殿 上樑文)」과 종계를 바로잡기 위한 「변무주청문(辨誣奏請文)」이 실려 있다. 그 밖에 「왜사계수답(倭事契修答)」·「문소전의문(文昭殿議文)」·「이주설(二主說)」·「이심법설(移心法說)」·「부서상소문(部署上疏文)」 등과 아울러 「사임소문(辭任疏文)」 8편이 있는데 「사부경사소(辭赴京使疏)」·「재사부경사소(再辭赴京使疏)」·「대사간 사장(大司諫 辭狀)」·「부사영위사 사면(部司迎慰使 辭免)」·「대사성 사장(大司成 辭狀)」·「부제학 사장(副提學 辭狀)」·「재부제학사장(再副提學 辭狀)」·「대사간 사면(大司諫 辭免)'」 등이요, 다음에 「곤지기론(困知記論)」과 각종 「기문(記文)」 「제문(祭文)」 등 여러 가지가 실려 있다.

3책은 「퇴계선생묘비명(退溪先生墓碑銘)」이 첫머리에 실려 있는데 이는 퇴계 자찬(自撰)에 고봉 병서(竝書)로 되어있다. 다음에 「회재신도비명병서(晦齋神道碑銘并序)」가 있고 「퇴계선생 선부군 묘비명(退溪先生 先府君 墓碑銘)」 외 많은 신지명(神誌銘)이 있으며, 끝으로 조찬한의 발문(跋文)이 있다.

⑵ 속집 2책

속집 2책은 『별집 부록』 1책과 같이 후손 동준(東準)이 종손 세휴(世休) 및 주현(周鉉) 동근(東根) 등과 협력하여 고종 11년에 전집간행 때에 함께 간행한 것이다. 1책은 시문집으로서 전집 간행 시 누락된 부분을 모아놓은 것이다. 권두에는 「중종대왕 천릉 만장(中宗大王 遷陵 挽章)」 3수가 있고, 2책은 서(書), 그 다음에 잡저(雜著), 서문(序文), 발(跋), 제문, 논(論), 책문(策文) 등이 있는데 이들은 원집에 누락된 것들이다.

⑶ 별집부록 1책

『별집』은 『속집』과 함께 고종 정미년에 간행된 것으로 내용은 상하 편으로 되어있으나 실은 권 1, 2에 해당된다. 권 1에는 유홍(兪泓)외 동료문인 20명의 제문(祭文)이 수록되어 있다. 권 2에는 57명의 만장이 있는데 다 선생의 동료문인들의 것이다. 그 다음에 「월봉서원사실(月峯書院事實)」이 수록되어 있고 발문으로 「청향소(請享疏)」 2장이 있다. 끝에 11대손 동준의 발문이 실려 있다.

⑷ 논사록 상하 1책

경연(經筵) 강론을 모아 하나로 편술한 것으로 기대승이 선조 5년 11월에 세상을 뜨자 그해 12월에 선조는 경연일기에서 기대승의 강론을 골라내어 출간하도록 하명을 했다. 그러나 이때의 필사본은 지금 보이지 않고 육대손 언정(彦鼎)이 정조 10년에 김종수(金鍾秀)와 함께 교정 간행하였다. 이 『논사록』은 고종 정미년에 11대 손 동준이 다른 문집을 간행할 때 합본 중간하였다. 1970년에 후손 세훈(世勳)·세익(世益)·영환(永桓) 등이 이 문집을 다시 중간하였다. 그 편차를 간추리면 다음과 같다.

[상 편]

명종 갑자	2월 13일	晝講 論居德
선조 정묘	10월 23일	朝講 大學
선조 정묘	11월 3일	晝講 大學
선조 정묘	11월 4일	朝講 大學
선조 정묘	11월 4일	夕講 禮記
선조 정묘	11월 16일	夕講 禮記 喪禮四制
선조 정묘	11월 17일	上君對丕顯閣 講大學
선조 정묘	11월 19일	夕講 禮記
선조 정묘	12월 9일	夕講 上君對丕顯閣 論伐氷之家
선조 임진	정월 12일	朝講 論語
선조 임진	정월 12일	晝講 論語
선조 임진	3월 25일	夕講 小學
선조 임진	4월 3일	夕講 小學 兼 趙光祖贈職事
선조 임진	12월 2일	晝講 論語
선조 임진	12월 6일	夜對 論語

선조 임진	12월 19일	晝講 論語
선조 기사	정월 16일	夕講 近思錄
선조 기사	4월 5일	朝講 論語
선조 기사	4월 29일	朝講 論語 衛靈公篇

[하 편]

선조 기사	5월 21일	朝講 論語 衛靈公篇 兼 晉州獄事
선조 기사	5월 21일	夕講 近思錄
선조 기사	6월 4일	朝講 論語
선조 기사	6월 9일	朝講 啓金鎧事
선조 기사	6월 20일	夕講 近思錄
선조 기사 윤	6월 6일	晝講 論語 陽貨篇
선조 기사 윤	6월 7일	講論語自子之武城止知其必不能改
선조 기사 윤	6월 24일	晝講 論語
선조 임신	5월 1일	朝講 論文昭殿議

이상으로 『논사록』 상·하편의 구도는 대강 짐작하게 하거니와 그 내용인즉 경연강론이지만 일변 기대승의 정치적 감각이 따른 시사(時事)의 분석이 또한 적지 않다. 이에 그 일단을 엿보기 위하여 임의추출의 형식으로 선조 정묘 11월 4일 조강 대학 조를 발췌하여 해석하면 아래와 같다.

> 4월 조강에 『대학』을 강의하였다. 집의(執義) 기대승이 아뢰기를 "옛날 사람들은 『소학』을 먼저 읽어 그 본원을 함양하였습니다. 그러므로 『대학』에서 격물치지(格物致知)를 먼저 말한 것입니다. 그러나 후세에서는 소학을 읽지 않으므로 학문에 근본이 없어 격물치지의 공부를 알 수 없게 되었습니다. 소학은 나이가 적은 사람만 읽을 것이 아니라 장성한 사람도 읽어야 할 것입니다. 지금 경향간에 소학을 읽는 사람이 아주 적으니 이는 교화가 밝지 못한 소치입니다. 성상께서는 비록 대학을 진강하시더라도 소학을 또한 유의하여 읽어보시도록 하셔야 할 것입니다."하고 강의를 끝낸 후 또 다시 아뢰기를 "신이 지난번에 조광조의 억울함을 논하고 억울하게 죄를 입은 뜻을 말씀드렸습니다. 그는 천품이 수미하고 학문이 순수하고 방정하였으니 진실로 불출세의 대유였습니다.

그가 장원으로 등과하자 이미 사림이 그를 영수로 받들었고 불과 4·5년 사이에 재상의 지위에 발탁되었습니다. 조광조는 성군을 만났으니 도술(道術)을 밝히고 인심을 착하게 만들어서 당우(唐虞)의 성세를 만들고 요순 같은 군주로 받들겠다는 마음을 가졌습니다. 그러나 불행히도 소인들이 틈을 타 참소하고 모함하여 끝내 대죄를 받았습니다. 그 당시 선비들은 모두 소학을 근본으로 삼았습니다. 그러므로 어버이를 섬기고 군주를 섬기는 도리를 잘 알았습니다. 지금에 와서 조정이나 향리에서 아직도 다 선행을 하려는 마음을 가지고 있는 것은 모두 다 그의 남은 교화입니다. 그런데 지난날 소인들은 어진 선비들을 모함하려고 하면서 명분 없는 죄를 뒤집어씌우기 위하여 '소학의 무리들'이란 말을 했습니다. 『소학』은 바로 성현의 훌륭하신 말씀이니 설혹 소학을 읽고도 마음이 바르지 못한 자가 있다고 한들 이 어찌 소학의 죄이겠습니까? 대저 소학은 우리나라에 유포된 지가 이미 오래되었으나 속유(俗儒)들은 이것을 높이 받들 줄을 몰랐습니다. 그러다가 김굉필(金宏弼 1454-1504)이 문도를 모아 강론한 뒤로부터 이 책이 크게 세상에 유행되었습니다. 김굉필이 지은 시 중에 "小學書中悟昨非(소학서 속에서 어제의 잘못을 깨달았다)"라고 한 것을 본 김종직(金宗直 1431-1492)은 성인이 될 수 있는 근본이라 하였습니다. 김종직은 집안에서 행동이 독실하였으며 김굉필과 정여창(鄭汝昌 1450-1504)은 학문이 순수하고 지극하여 다 유종(儒宗)이 되었는데 모두 연산군에게 참혹한 화를 입었습니다. 중종께서는 죄가 없는 사람들을 신원(伸冤)하여 이들에게 관직을 추증하였고 시호를 내렸습니다. 조광조 역시 이 예에 따라 추증하고 포숭(褒崇)한다면 이것은 실로 성덕이 빛나는 일로서 유림에게 다행스러운 일일 것입니다.

또 이언적(李彦迪 1491-1553)에 관한 일을 성상께서는 매양 선왕조에서 죄를 얻었기 때문에 추증하기가 어렵다고 하십니다. 그러나 이언적의 죄는 절대로 그렇지 않습니다. 처음에 언적이 공이 있다고 해서 공신에 참여하게 되자 그는 공신에 참여하는 것을 깊이 수치로 여겼습니다. 이에 윤원형(尹元衡) 등이 자기의 의견과 다르다 하여 공신에서 삭제하고 파직시켰으며 송인수(宋麟壽)를 모함하여 죽인 뒤 이언적을 유배하였습니다. 그러나 비록 선왕조에서 죄를 얻었다고 하나 실은 윤원형이 죄를 준 것입니다. 이언적의 학문은 김굉필과 정여창에게 뒤지지 않으니 반드시 함께 신원하고 표창한 뒤에야 시비가 분명해져 사람들이 기뻐하고 복종할 것입니다. 그는 멀리 귀양가 있는 몸이면서도 임금을 사랑하는 정성을 잊지 못하고 책을 저술하여 그 뜻을 나타내기까지 하였으

> 니 『중용』의 구경(九經)의 뜻을 미루어 서산진씨(西山眞氏)의 말을 모방하여 한 질의 책을 저술하였습니다. 그리하여 군주의 고문에 유익하게 이용하려고 하였으니 그 마음이 진실로 가엾다 하겠습니다. 이것은 소신의 사사로운 뜻이 아니라 바로 한나라의 공론이니 조정중신들에게 물어서 특별히 그를 포상해야 할 것입니다.[3]

⑸ 왕복서 3책

이는 이황(李滉)과의 사칠논변을 제외한 왕복서를 모아 3책으로 편집한 것으로 강주진(姜周鎭)은 다음과 같이 설명하고 있다.

---

3 『논사록』 상권, 정묘년 11월 4일. 上御朝講于思政殿. 進講大學. 自富潤屋. 止功不可闕如此云. 先生臨文啓. 古人先讀小學 涵養本源. 故大學先言格物致知. 後世則不讀小學. 故學無根本. 不能知格致之功. 小學非但年少所讀. 長成之人. 亦可讀也. 小學之書. 流布東土已久. 而人無能知其大義. 有金宏弼聚徒講明. 其書大行於世. 至於己卯年. 人皆以小學爲本. 不幸賢人君子. 陷於罪網. 至今閭巷之間. 無讀小學之人. 此敎化不明之致也. 自上雖進講大學. 而小學亦可留覽也. 講訖. 又啓曰. 小臣頃日. 以臺官入侍. 論趙光祖之賢. 而不幸被罪之意. 言語之間. 不得分明啓達. 至爲惶恐. 光祖非凡常賢士也. 天資粹美. 絕出等夷. 其篤學力行. 鮮有倫比. 晩屈科擧. 以大臣薦擧. 陞授六品職. 及其科第. 一時賢士. 皆以光祖爲領袖. 四五年間. 中廟擢拔. 置之宰相之位. 物望以爲允當. 光祖自以遭遇聖明. 欲明道術淑人心. 措世唐虞. 致君堯舜爲心. 不幸小人因緣讒間. 竟致大罪. 其時被罪之人不一. 而光祖則以一國之人欽倚仰重. 故被罪也尤酷. 厥後中廟仁廟亦知其無罪矣. 其時爲士者. 皆讀小學. 故至今朝廷之上. 閭巷之間. 猶有興起之心. 皆其餘化也. 頃日小人. 欲害賢士. 而無可名之罪. 則日此乃小學之徒. 小學乃聖賢之法言. 其間雖有一二人讀小學而心不正者. 豈小學之罪哉. 自上先定是非. 然後人心興起矣. 金宏弼受業于金宗直. 一日作詩日. 小學書中悟昨非. 宗直見之. 以爲作聖根柢. 宗直則家行卓異. 金宏弼, 鄭汝昌則學問純至. 燕山朝俱被大罪. 至中廟朝伸雪無辜. 此人等則以一時道學之宗. 皆贈右議政. 春秋賜祭焉. 光祖學行. 與宏弼汝昌一般人物也. 一樣追贈. 則後人必有所矜式也. 李彦迪事. 前日亦已啓達. 而以先王朝得罪之人. 表章爲難. 聖意至矣. 但彦迪之罪. 則大不然. 初日有功而參於勳籍. 彦迪之賢. 以參勳爲未安. 則李芑, 尹元衡以爲異已. 削其勳而罷其職. 旣而殺宋麟壽等. 又加遠竄之罪. 雖日得罪於先王朝. 而其實李芑元衡罪之世. 彦迪學問. 無愧於宏弼汝昌. 必須一樣伸雪表章. 然後是非可明也. 身在魑魅之鄕. 不忘愛君之誠. 至於著書以寓其志. 頃日敎以搜訪遺書. 此盛擧也. 然臣竊聞之. 則彦迪推中庸九經之旨. 倣西山眞氏之說. 作爲一帙. 欲資備問之益. 其心誠可悲也. 此非小臣私意. 乃一國公論也. 問于朝廷處置可也.

이 책은 명종 13년 10월에 고봉선생이 대과에 급제하고 처음 퇴계선생을 서울에서 찾아뵙고 사제지의(師弟之義)를 맺은 다음 서로 학문과 처세에 관해서 퇴계와 주고받은 서한을 모아 편찬한 책이다. 이 서한의 교환은 퇴계선생이 연관(捐館)하던 해까지 약 12년 동안(1558-1570) 계속되었으니 명종 13년부터 선조 3년까지 계속되었다.

퇴계와 고봉과의 사이에 왕복된 서한은 무려 수십통에 달하는 것으로서 선조 3년에 퇴계선생이 연관한 후 고봉은 무오에서 정묘(명종 13-22)까지의 편지를 모아 2권으로 편찬하였다. 책이름도 『퇴계서척독(退溪書尺牘)』이라 하였다. 그러나 무진·기사·경오(선조1-3)의 3년 동안의 것은 아직 정리해 놓지 못했다.

임신년(선조 5년)에 고봉선생이 역책(易簀)함에 그의 아들 효증(孝曾)이 뒤를 이어 3년간의 서간을 정리 편찬하여 간행하려 하였으나 그 뜻을 이루지 못하고 있던 즈음 임자년(광해 6년)에야 효증의 사위 조찬한(趙纘韓)이 영암군수로 부임해오자 조군수가 효증의 뜻에 따라 이를 출간하게 되어 다음해 계축년에 간행에 착수 다시 다음해 갑인년에 드디어 간행하게 되었다.

이때에 퇴계선생의 손자 이안도(李安道)가 퇴계 종가에 소장되어 있는 여러 부본을 보내주어 이를 상고하였고 또 서울에서 교환된 소간(小簡)도 모두 입수하여 완벽을 기하였다. 말하자면 고봉 저(著)에 고봉·효증 부자 편(編)에 조찬한이 간행한 셈이다.

이 왕복서의 중간은 정조 12년 호남관찰사 심이지(沈履之)와 고봉선생 6대손 산정(產鼎)이 김요(金燿)에게 부탁하여 발문을 얻어 중간하였다.

그 내용을 간추리면 다음과 같다.

1책은 명종 13년 1통, 명종 14년 정월~10월 3통, 명종 15년 2월~11월 4통, 명종 16년 4월~11월 5통, 명종 17년 10월 1통, 명종 18년 2월~8월 7통, 명종 19년 2월~11월 4통이며, 이 중에는 담재(湛齋)와 일재(一齋)에게 보낸 '태극도설(太極圖說)'에 관한 이론이 개진된 서한이 각각 1통씩 끼어 있다. 2책은 갑자 (명종 19년) 1통, 을축 정월~6월 5통, 병인 5월~12월 7통, 정묘 정월~12월 12통, 시간 미상 17통, 무진 12월 4통, 기사 정월 13통이며 3책은 선조 2년 3월~12월 18통, 3년 정월~11월 14통이다.

이상 116통 중, 「고봉여퇴계서(高峯與退溪書)」가 65통이요, 「퇴계여고봉서(退溪與高峯書)」는 51통에 이르고 있다.

⑹ 이기왕복서 상하편 1책

앞서 말했던 강주진은 그의 저서 『기고봉의 생애와 사상』에서 다음과 같이 설명하고 있다.[4]

> 이 책은 퇴계와 고봉 두 분의 왕복서한 중에서 이기(理氣) 내지 사단칠정(四端七情)에 관한 것만을 뽑아 편집한 것으로서 상하 양편으로 되어있다. 상편이 1권이요, 하편이 2권이다. 하편 끝에 고봉이 정추만(鄭秋巒)에게 보낸 서한과 「천명도(天命圖)」 그리고 「정추만천명도설서문(鄭秋巒天命圖說序文)」이 수록되어 있다. 정추만의 천명도설이 발단이 되어 퇴계와 고봉 간에 이기논변이 시작되었기 때문에 이 책의 부록 격으로 수록된 것 같다.
>
> 이 책은 처음 청주서원(淸州書院)에서 왕복서한 중에서 이기변(理氣辯)을 뽑아 간행했기 때문에 「이기변론(理氣辯論)」이라고 해서 간행했으나 그 뒤로 전하지 않았다. 정조 때 「사칠속편(四七續篇)」으로 책이름을 바꾸었기 때문에 고종 정미년에 후손 동준(東準) 등이 이 책과 속집 2책, 별집부록 1책과 함께 펴내 비로소 널리 알려지게 되었다.
>
> 그 뒤 후손 형섭(亨燮)이 변록(辨錄)을 지어 붙여서 1969년에 간행하려 하다가 뜻을 이루지 못한 것을 이듬해 1970 년에 후손 세훈(世勳)·영환·우홍(宇興)·세익(世益) 등이 힘을 모아 복간하였다. 이 판본에는 기유년의 형섭변록이 실려 있고, 우홍의 후지(後識)가 끝에 실려 있다.
>
> 형섭의 변론요지는 김인후(金麟厚 1510-1560) 연보에 따르면 마치 고봉이 퇴계와 질의 응답할 때 먼저 하서에게 물어서 퇴계에게 대답한 것으로 되어 있어서 이것이 잘못이라는 것을 변정(辨正)하기 위하여 퇴계선생과 고봉선생의 이기(理氣)에 관한 문답과 서한을 모아 이 책을 편찬하게 된 것이다.
>
> 또 퇴계와 고봉이 모두 나정암(羅整庵 欽順)의 「곤지기설(困知記說)」을 그대로 답습한 이론이라고 되어 있어서 이것을 바로잡자는 것이었다. 더구나 하서 연보에 이렇게 되어있기 때문에 송우암 선생이 찬한 「하서신도비문」과 박현석(朴玄石)이 찬한 「하서행장」에도 이와 같은 취지로 기록되어 있고 또 하서의

---

[4] 姜周鎭, 『奇高峯의 生涯와 思想 : 論思錄』, 서울: 朴英社, 1974.

외손 양자징(梁子徵)이 찬한 「하서가장(河西家狀)」에도 이와 같이 되어 있다는 것이다. 그렇기 때문에 이러한 기록이 잘못된 것이라는 것은 이 이기왕복서한(理氣往復書翰)만 보면 저절로 알 수 있을 것이기 때문에 형섭이 변록을 붙여서 간행하게 했던 것이다. 이러한 형섭의 뜻에 따라 이듬해 경술년에 후손 우흥·세훈 등이 복간하였다.

[상편]

퇴계여고봉서 (退溪與高峯書)

고봉여퇴계 사단칠정설 (高峯與退溪 四端七情說)

퇴계여고봉 사단칠정분리기변 (退溪與高峯 四端七情分理氣辯)

고봉답퇴계 사단칠정서 (高峯答退溪 四端七情書) 1절~12절

퇴계답고봉 비사단칠정분리기 (退溪答高峯 非四端七情分理氣) 제 1서

퇴계답고봉 비사단칠정분리기 (退溪答高峯 非四端七情分理氣) 제 2서

[하편]

고봉답퇴계재론 사단칠정서 (高峯答退溪再論 四端七情書) 제 1서

제 1.2.3.4.5.7.8.10.11.12.14.16조

제 13조: 맹자척언, 이천용언 (孟子剔言, 伊川庸言)

제 15조: 마지막조

후론이허위리지설 (後論以虛爲理之說)

사단부중절지설 (四端不中節之說)

퇴계여고봉서 (退溪與高峯書)

고봉답퇴계서 (高峯答退溪書)

사단칠정후설 (四端七情後說)

사단칠정총론 (四端七情總論)

퇴계답고봉서 (退溪答高峯書)

퇴계여고봉서 (退溪與高峯書)

별록 고봉답정추만우천명도 (別錄 高峯答鄭秋巒又天命圖)

부 정추만천명도설서 (附 鄭秋巒天命圖說序)

변록 (辨錄: 奇亨燮)

후지 (奇宇興)

(7) 주자문록 상·중·하·속 4책

기구한 운명을 지닌 이 『주자문록(朱子文錄)』은 고봉 31세 때(명종 12년) 선생이 과거 응시를 위하여 상경하기 한해 전, 어머니 강씨(姜氏)의 복(服) 중에 씌여진 고봉의 일저술(逸著述)의 하나이다. 이 저술은 연보에도 기록되어 있었지만 국내에서는 일실본(逸失本)으로 처리되어 있었는데 일본유학자 아부길웅(阿部吉雄)이 선생의 13대손 세훈을 통하여 일본내각문고에 『주자문록』이 소장되어 있음을 알려오자 비로소 국내에 영인 반포하게 된 것이다. 이는 아마도 정유재란 때 피탈된 것으로 추측된다.

이 저술이 퇴계와의 해후 이전이요 호남에서는 얻어 보기 힘든 『주자대전(朱子大全)』을 저본으로 했다는 점에서 고봉학의 중요한 이정표의 하나로 간주하지 않을 수 없다. 고봉은 그의 나이 30을 전후로 하여 이미 주자의 성리학을 독자적으로 이수(履修)하였음이 분명한 것이다. 이상이 15책의 내용이며 이밖에 근래에 간행된 국역본이 있다.

(8) 국역 고봉집 3책

이는 지금까지 간행된 (『주자문록』 제외) 고봉의 시문집을 위시로 하여 이기왕복서에 이르기까지를 3책으로 국역한 것이다. 민족문화추진회 고전국역총서 247호로서 1989년 12월에 간행되었다. 원문(原文)을 게재했고 상세한 주석까지 달려있다.[5]

내용은 고봉문집 서(序), 고봉 연보, 고봉문집 제1권, 시, 외집, 고봉문집 제2권, 고봉문집 제3권, 속집 1권 시, 속집 2권 서(書)·잡저·서(序)·발·제문·논, 양선생왕복서 1권, 양선생왕복서 2권, 양선생왕복서 3권, 양선생사칠이기왕복서 상편 1권, 양선생사칠이기왕복서 하편 2권.

---

[5] 민족문화추진회는 문집의 번역본을 수정 보완하여 최근 다시 출판하였다. 기대승 지음, 성백효·이승우 옮김, 『고봉전서』(전5권), 민족문화추진회, 2007.

3) 사상

(1) 사칠논변에 나타난 고봉사상

기대승(奇大升)의 사후 한국의 성리학은 기호(畿湖) 영남(嶺南)의 두 학파로 나누어짐에 따라 율곡과 퇴계가 양대 학파의 정상이 됨으로써 고봉은 스스로 그의 설 자리를 잃고 말았다. 그나마도 『논사록』은 선조의 지시에 따라 고봉서거 직후인 선조 5년에 간행되었으나 고봉사상의 핵으로 간주되는 「사칠이기왕복서(四七理氣往復書)」는 훨씬 후대로 내려와 정조 때에 간행되었으니 사칠논변도 퇴계의 일방적인 승리로 해결되고 말았다.

게다가 사칠논변 그 자체도 송우암(宋尤庵)의 「하서신도비명」에서 "고봉이 퇴계의 이기호발설을 듣고 의심스러워 하서에게 묻고 난 후 퇴계에게 답했다.[高峯聞退溪理氣互發之說 心竊疑之 問河西而後答退溪云]"라고 하여 이 내용이 '하서연보'에서 굳히었을 뿐 아니라 박현석(朴玄石)의 「하서행장」에서도 이를 채용하고 그의 외손 양자징이 찬한 「하서가장」에 기록함으로써 사칠논변의 기틀이 '문하서(問河西)'에 의하여 이루어졌다는 설은 하나의 깰 수 없는 철벽으로 굳어짐으로써 고봉사상의 기초가 송두리째 흔들리게 되고야 말았다.

이 설의 변증을 위하여 고봉의 후손 형섭의 변록이 없지 않았으나 유구한 유학사의 주류는 상기 양대 학파의 맥락에 의하여 이루어짐으로써 현상윤(玄相允)의 『조선유학사(朝鮮儒學史)』에서도 고봉의 위치는 퇴계사상 형성의 부수적 위치에 놓이게 되었다. 그러면 이러한 전통의 그늘에 가린 고봉의 사상은 퇴계사상의 그늘 속에 그대로 묻혀버리고 말 것인가?

1979년 3월에 간행된 『아세아연구』 제16집 제1호는 『고봉사상연구특집』을 냈는데 이 연구는 고려대학교 아세아문제연구소 소관으로 되어 있다. 그 간행사의 일절은 정곡을 찌른 정론이기에 여기에 발췌한다.

> …… 실상 근대에 관한 이(理)의 모든 부문의 연구가 무엇보다도 성리학에 대한 이해를 필요로 한다고 생각하고 있습니다. 조선조 성리학에 대한 연구의

일환으로 착수한 것이 바로 본지에 소개하는 고봉(奇大升 1527-1575)선생의 사상입니다.

이것을 성리학 연구의 첫 대상으로 선정한 데에도 그만한 이유가 있습니다. 원래 조선조 성리학의 특성은 '사단칠정설에 의한 심성설의 탐구'에서 찾아지는데 그 사단칠정설의 논구(論究)가 당시 학자들의 중심적인 문제로 대두된 것 자체가 퇴계의 사단칠정설에 대한 고봉의 이론(異論)에서 비롯된 것입니다. 그런데 오늘날 학계의 연구경향은 오직 퇴계사상 일변도에 그칠 뿐 그와 대조되는 고봉사상에 대한 연구는 별로 찾아볼 수 없는 실정입니다.

이러한 고봉사상에 대한 역사적 반성은 급기야 이러한 특집 간행으로 나타났던 것이니 여기에는 다음과 같은 연구논문이 수록되어 있다.

① 四七論辨과 對說 因說의 意義 (李相殷)
② 性理學과 奇高峯(裴宗鎬)
③ 高峯思想淵源小考(李乙浩)
④ 奇高峯의 政治思想(姜周鎭)
⑤ 高峯의 人性論(崔東熙)
⑥ 退溪와 관련해서 본 高峯의 人性論(全斗河)
⑦ 高峯心性說의 理氣論的 特色(尹絲淳)
⑧ 高峯 性理學硏析(蔡茂松)

이에 앞서 1965년 6월『아세아연구』제8권 제2호에 김경탁(金敬琢) 교수의 '퇴고사칠논변(退高四七論辨)'이 실려 있는데, 이는 근세 고봉연구의 선도적 역할을 담당했다는 사실을 잊어서는 안 되며 단행본으로는 1976년 9월에 '박영문고 제 95집'으로 간행된 강주진의『기고봉(奇高峯)의 생애(生涯)와 사상(思想)』도 간과해서는 안 될 것이다. 이러한 고봉사상의 선양을 위한 과정에서 세훈(世勳)을 위시로 한 기씨일문(奇氏一門)의 성금지원도 여기에 기록으로 남겨두고자 한다.

고봉의 유학사적 위상이 자리 잡아 감에 따라 그의 사상적 독자성이 결코 퇴계사상에 따른 부수적인 것이라는 평가절하는 있을 수 없음이 인식되기 시작하였다. 그리하여 드디어 1990년 10월에는 고봉의 출생지인 광주시 주최로 '고봉사상(高峯思想)의 현대적(現代的) 조명(照明)'이라는 제하에 학술대회를 가짐으로써 고봉사상 재정립을 위한 계기를 마련하였다. 이때에 발표한 주제는 다음과 같다.

① 고봉의 생애와 시대적 배경(안진오)

② 고봉의 성리학(최근덕)

③ 고봉의 경학(이을호)

④ 고봉의 경세학(김충렬)

⑤ 고봉의 성리학사적 위치(윤사순)

⑥ 고봉사상의 현대적 의의(송석구)

이상의 여러 논문을 통하여 정리된 고봉사상은 사칠논변을 중심으로 한 성리학이라고 할 수 있다. 그러나 군자학(君子學)으로서 유학에 있어서의 경세정치사상(經世政治思想)의 측면도 결코 과소평가해서는 안 된다는 입장에서 생각해 볼 때 이에 관한 논문은 전체 16편 중 강주진, 김충렬의 2편에 지나지 않았다는 사실은 지치주의(至治主義) 유학정신의 화신으로서 기묘명현(己卯名賢)의 후예인 고봉사상 연구의 편향성으로 지적되지 않을 수 없다. 그러한 의미에서 적어도 고봉사상은 성리학과 경세학이 수기치인(修己治人)의 원리에 입각하여 균형 있게 다루어지지 않으면 안 될 것이다.

고봉이 『주자대전』을 읽으면서 그의 주자어록(朱子語錄)을 편술하는 과정에 있어서 크게 회의를 느낀 것은 이(理)와 기(氣)는 '결시이물(決是二物)'이나 '불가분개(不可分開)'라는 사실이었을 것이다. 그리하여 그는 얼핏 보기에는 양존할 수 없는 '결시이물'과 '불가분개'의 관계에서 일보 전진하여 묘합(妙合)관계로 이해하였다는 사실을 여기서 지적하지 않을 수 없다. 그러한 경지에 도달하고 있는 고봉의 눈에 비친 정추만의 천명도설(四端發於理 七情發於氣)이 마음에 찰 리가 없다. 퇴계는 이를 비록 "사단의 리가 발한 것이고 칠정은 기가 발한 것[四端是理之發 七情是氣之發]"이라 수정하였다 하더라도 그들 리(理)와 기(氣)는 '결시이물'의 관계로 존재하고 있음에는 의심의 여지가 없다. 이 '결시이물(二元論)'과 '묘합(妙合)의 원리'와의 차이는 퇴계와 고봉과의 관계에 있어서 천리지류(千里之謬)의 관계를 빚고야 말았다고 할 것이다.

이러한 관계를 인설(因說)과 대설(對說)이라는 단어로 설명하라 한다면 고봉은 주자의 '사단은 이의 발이며 칠정은 기의 발[四端是理之發 七情是氣之發]'이란 말이 인설로서 말한 것이지 대설로서 말한 것이 아니라는 지적에서 논쟁의 여지를 남겨놓았던 것이다. 이는 곧 리(理)와 기(氣)의 관계는 좌우대대(左右對待)에 의한 불상용(不相容)의 관계가 아니라 상하로 인잉(因仍)된 상호관계를 의미한다. 이러한 관계를 가지고 7년 논변을 계속하였으나 끝내 의견의 일치를 가져오지 못한 채 끝을 맺고 말았던 것이다.

고봉은 사칠논변의 서두에서 '사단은 정이다 칠정 또한 정이다. 모두 정인데 어떻게 사단과 칠정의 다른 이름이 있겠는가[四端情也 七情亦情也 均是情也 何以有四七之異名耶]'라는 대전제 하에서 사단과 칠정에 관하여 이를 정리하였다. 이에 그는 인설적 입장에서 사단은 칠정 중 사단으로서 '칠포사(七包四)'의 포괄적 일자상(一者像)을 정립하기에 이르렀던 것이다. '칠포사(七包四)'란 칠정이 사단을 포괄한다는 의미임은 더 말할 나위도 없다. 그러므로 사단이란 칠정중 선일변(善一邊)이 아닐 수 없다.

'칠포사(七包四)'의 논리로 따지자면 사칠(四七)을 이기(理氣)에 배분한다는 사실 자체도 의미가 없다. 여기서 이미 정추만·이퇴계·주희(朱熹) 세 사람의 공통의 '사단이발 칠정기발(四端理發 七情氣發)'은 의미를 상실하였기 때문에 퇴계의 '이기호발(理氣互發)'은 그가 성립할 수 있는 기반을 잃고 만 셈이 된다.

사칠논변의 긴 장정을 통하여 얻어진 퇴계의 이기호발설에 가늠하여 고봉의 주정설(主情說)적 정발설(情發說)을 우리는 주목하지 않을 수 없다. '정이 발함에 이가 동하여 기를 갖추고, 기가 느껴서 이가 탄다.' 여기서 고봉은 이동기감(理動氣感)으로써 이기호발을 부정하는 근거로 삼았다. 여기에 고봉 인성론(人性論)의 새로운 일면이 있음을 주목해야 할 것이다.

이러한 주정설적(主情說的) 인성론은 그것이 이기론적 인성설의 부정에서 이루어진 새로운 인성론이라는 입장에서, 한걸음 더 나아가 송유(宋儒)의 주일무적(主一無適)한 주정설(主靜說)적 인성에 필적하는 활성론(活性論)적 인성론의 제시라는 점에서도 우리들의 주목을 끌기에 넉넉한 것이 아닐 수 없다. '정이 발함에'의 정(情)은 '성지동(性之動)'으로서, 정(情)이란 항상 동적 상태로 이를 파악하지 않을 수 없기 때문이다.

여기서 송유의 정적(靜的) 우주관이 고봉에 의하여 동적(動的)인 인정론(人情論)에로의 변화를 가져오게 된다. 그러므로 송유의 이기관에도 근본적인 견해차가 나타나게 된다. 그러한 의미에서 그의 이약기강설(理弱氣强說)을 우리는 주목하지 않을 수 없다.

이약기강이란 단어가 내포한 기본적인 개념은 송유의 주리론적인 개념이 주기론적 개념에로의 전이를 의미한다. 그러한 의미에서 고봉의 뒤를 잇는 주기론자 율곡(栗谷)이 퇴계의 이기호발설에서 이발(理發)을 부정하고 기발(氣發)만을 받아들인 연유를 짐작하게 하고도 남음이 있다.

⑵ 논사록에 나타난 경세사상(經世思想)

고봉의 경세사상은 한마디로 말해서 고전적 왕도정치(王道政治)에 그 기반을 두고 있으면서도 현실적으로는 정암(靜庵)일파의 지치주의(至治主義) 정신에 깊이 뿌리를 내리고 있다. 그 중 몇 가지 특색을 간추려 본다면,

첫째, 그의 거현론(擧賢論)을 들 수가 있다. 그는 특히 중종시대의 통한(痛恨)을 자주 회고하면서 소인배의 참소가 얼마나 가공할 만한 결과를 초래하는지를 지적한다. 유가의 왕도정치가 바로 현인정치(賢人政治)사상임은 다시 말 할 나위도 없다.

둘째, 유가정치사상의 근간은 '용인(用人)'과 '이재(理財)'에 있는 것이다. 용인은 이미 그의 거현론(擧賢論)에서 잘 나타나있고 이재론(理財論)에서는 그것이 곧바로 택민론(澤民論)과 직결되어 있음을 알 수가 있다. 그는 절용이재(節用理財)야말로 애민(愛民) 곧 택민(澤民)의 근본요소임을 『논사록』에서 다음과 같이 설파한다.

> 군왕이 거저 정치한답시고 애민하는 마음이 없다면 이는 근본이 없는 셈이다. 그저 마음만 간직할 뿐 고루 민생을 돌보는 정치를 하지 않는다면 혜택이 아래까지 이르지 못할 것이다. 『대학』에서 혈구(絜矩)를 위주로 하고 재용(財用)에 관한 이야기를 많이 한 것은 민생이 날마다 쓰는 것에 없을 수 없는 것은 재화(財貨)이기 때문이다. 군왕은 재용을 선용하여 민생들로 하여금 고루 그의 혜택을 입게 하는 것이 좋을 것이다.[6]

이를 우리는 고봉의 경세사상에 있어서 '이재택민론(理財澤民論)'이라 이를 수 있다. 이는 소위 경제적 균민론(均民論)으로서 현대어로 말한다면 빈부의 차이를 줄임으로써 균등사회를 지향하게 하는 경제정책이라 이르지 않을 수 없다.

셋째, 그의 언로통색론(言路通塞論)을 들지 않을 수 없다. 요즈음 말로 표현하자면 언론통제해제론(言論統制解除論)이라 이를 수 있다. 그는 언로를 다음과 같이 이해하고 있다.

> 언로(言路)는 국가에 있어서 대사(大事)인 것이다. 언로가 열리면 국가가 안정되고 언로가 막히면 국가는 위태롭다. 지금 언로가 훤하게 열려있는지는 모르겠다. 앞서 천변(天變)으로 인하여 구언(求言)한지 오삭(五朔)에 이른 연후에야 비로소 상소하는 자가 있었는데 이제 또다시 언로를 궁힐(窮詰)하려하니 이로부터 더욱 진언하는 자가 없을까 두렵다.[7]

이렇듯 언로가 막힐까봐 몹시 두려워하고 있다.

> 세상일은 시비가 없을 수 없으니 시비가 분명한 연후에 인심이 열복(悅服)하

---

6 『논사록』 상권, 갑자년 12월 9일. 人君徒政而無愛民之心. 則是無根本也. 徒心而無均民之政. 則澤不下究矣. 散財者. 謂與民共之也. 貨悖而入者. 亦悖而出矣. 大學以絜矩爲主. 而多言財用者. 人生日用. 不可無者. 財也. 人君善處財用. 使民均蒙其澤可也.

7 『논사록』 상권, 갑자년 2월 13일 명종조. 言路. 於國家大矣. 言路開則國家安. 言路塞則國家危. 方今言路洞開則未知也. 頃者自上因天變求言. 至於五朔. 然後始有上疏者. 今又自上窮詰言根. 臣恐自此益無進言者也.

> 고 정령(政令)이 순조로울 것이다. 무릇 시비란 인심에서 나오는 것이 아니라 사실은 천리에서 나오는 것이니 한 때 비록 가려지기도 하고 잘리기도 하지만 그 시비의 본심은 끝내 없어지지 않는다.

라 하여 언론이란 시비를 가리는 기능으로서 이는 소인의 참소를 막는 길이기도 함을 말했다. 또,

> 현자(賢者)를 등용하고자 하는 자는 반드시 먼저 시비를 밝혀 인심을 열복시킨 연후라야 현자를 가려낼 수 있을 것이다.

라 하여 언로통색은 곧 거현(擧賢)의 길이기도 함을 강조하고 있다.

이상과 같은 고봉의 경세사상은 모름지기 경제적 평등과 현인의 언론자유라는 두 큰 기둥에 의하여 지탱되는 것이라 이르지 않을 수 없다.

4) 고봉학의 위상

고봉학을 새롭게 정립하기 위해서는 적어도 다음 몇 가지 사실에 유의할 필요가 있을 것이다.

첫째, 퇴·고 양현의 사칠논변(四七論辨)은 다만 고봉학의 인성론에 지나지 않고 더구나 퇴계학의 부수적 입장에서 벗어난 독보적 인성론이라는 사실을 밝혀야 할 것이다. 고봉학에 있어서의 인성론은 그의 경세론과 쌍벽을 이루는 것으로서 이 양자의 합일에 의하여 비로소 고봉학의 전모는 명료하게 된다.

둘째, 고봉의 인성론에 있어서 그의 이이일(二而一)적 묘합의 사유양식은 이원론적 세계관에의 도전이라는 점에서 우리의 주목을 끌지 않을 수 없다. 묘합의 원리는 '한국적 사유양식'이라는 사실에서도 그는 결코 이원론적 세계관에서 탈피하지 못한 퇴계학의 부수적 입장에서 만족할 수가 없음은 너무도 당연하다 이르지 않을 수 없다. 이러한 고봉의 입장은 다음 세대인 율곡(栗谷)의 이기묘합(理氣妙合)의 사유양식과도 일맥상통된다는 점에서도

우리의 주목을 끌지 않을 수 없다.

셋째, 고봉의 경세학은 그의 사칠논변에 지지 않으리만큼 고봉학 성립을 위하여 중요한 구실을 담당하고 있다는 사실을 잊어서는 안 될 것이다. 그러한 그의 경세론적 사상은 그의 경연강론인 『논사록』에 충분히 개진되어져 있기는 하지만 그러한 경연강론의 배경은 어디까지나 지치주의(至治主義) 학통과 그 맥을 같이하고 있다는 사실을 알아야 할 것이다. 지치주의적 경세론의 실천이 비록 기묘사화로 인하여 불행한 좌절을 감수하지 않을 수 없었다 하더라도 진리로서의 학통마저 단절할 수 없지 않겠는가? 고봉의 경세론에서 이러한 기묘명현들의 지치주의적 학통의 단서가 생동하지 않는 한 고봉학의 생명은 어디에서고 찾아볼 수 없을 것이다.

이로써 고봉학은 한국유학사에 있어서 새로운 인성론의 좌표를 마련한데 그치는 것이 아니라 그의 경세론은 지치주의를 근간으로 하는 실천유학의 맥을 계승하여 관념화하기 쉬운 신유학에 새로운 생기를 불어넣었던 것이다. 여기에 고봉학이 설 수 있는 새로운 위상이 정립되어 있다고 해야 할 것이다.

5) 원문 번역

독자의 이해를 돕기 위하여 고봉이 퇴계에게 보낸 글 두 편을 번역하여 여기에 소개한다.

1) 고봉이 퇴계에게 답한 사단칠정서 高峰答退溪論四端七情書

보내 주신 사단칠정분이기변(四端七情分理氣辯) 1편을 받아 보니 성정(性情).이기(理氣)의 사이에 대해서 널리 인용하고 곡진히 비유하여 반복해 발명한 것이 자세하고 극진하다고 할 만합니다. 완미(玩味)해 반복하고 사색해 뜻을 찾으니, 감발(感發)되는 바가 많았습니다. 그러나 그 중에 의심을 갖지 않을 수 없는 바가 있습니다. 이것은 의리는 궁구하기 어렵고 사람의 소견에는 이동(異同)이 있기 때문에 그런 것이 아니겠습니까. 이것이 바로 강구(講究)하고 체찰(體察)하여 지당한 귀취(歸趣)를 구하는 이유이므로 감히 보내신 변(辯)에 따라 조목 별로 자세히 품고(稟告)하여 선생께서 끝까지 가르쳐 주시기를 바랍니다. 선생께서는 밝게 오류를 지적하여 후학(後學)을 깨우쳐 주시면 천만다행이겠습니다.

제1절

저는 생각하기에 성정(性情)의 설은 선유(先儒)들이 더 이상 풀리지 않은 뜻이 없을 정도로 다 논변하였으나, 혹은 자세하기도 하고 간략하기도 하여 다 같지 않으니, 후세의 학자들은 그 변론의 상략(詳略)에 따라 반복 궁구하여 내 마음 속으로 스스로 터득해야지 한갓 이미 만들어져 있는 설에 따라 대략 이해하고서는 이의 참모습이 이와 같은데 불과하다고 해서는 안 된다고 생각합니다.

주자가 말하기를 "심(心)·성(性)·정(情)의 구분을 정자(程子)와 장자(張子)께서 원래 정확히 알고 단정해 놓으신 것이 전혀 오류가 없는데도 스승이 완성해 놓은 말만을 전해 받은 정자의 문인들은 도리어 한 결 같이 오류가 있었다."고 하였습니다. 스승의 말을 전수한 정자의 문인들도 오히려 오류가 있는 것을 면하지 못하였는데, 하물며 후세의 학자이겠습니까.

지금 변론하신 것을 자세히 보건대, 그 대강에 있어서는 비록 통하지 않는 것이 없는 것 같지만, 그 곡절(曲折)의 사이에는 미안한 곳이 많으니, 작은 차이가 없지 않은 듯합니다. 주자가 말하기를 "제유(諸儒)의 성을 논한 것이 같지 않은 것은 선악에 대하여 분명히 몰라서일 뿐만이 아니라 성 자(性字)를 정확히 인식하지 못해서이다."라고 하였는데, 나의 생각에는 지금 변론하신 바도 이기(理氣)에 대하여 분명히 몰라서일 뿐만이 아니라 심(心)·성(性)·정(情)의 글자를 정확히 인식하지 못해서 그러한 것인 듯합니다. 『주자어류』 중에 한 조목을 상고해 보건대 "성이 발하면 바로 정인데, 정에는 선악이 있지만 성은 온전히 선하며, 심은 또 성과 정을 포괄하고 있는 것이다." 하였고, 또 한 조목에 "성·정·심에 대한 설명은 오직 맹자와 횡거(橫渠)의 설이 매우 좋다. 인(仁)은 바로 성이고 측은(惻隱)은 바로 정이니 모름지기 심으로부터 발해 옴으로 심이 성정을 거느린다는 것이다. 성은 다만 본래 이와 같은 것이어서 이(理)일 뿐이고 물사(物事)가 있는 것이 아니다. 만약 물사가 있다면 이미 선이 있는 이상 악도 있을 것이다. 그러나 그 성에는 이 물이 없고 다만 이일뿐이기 때문에 선하지 않음이 없는 것이다." 하였고, 또 한 조에, "성은 선하지 않음이 없고, 심이 발하는 것이 정인데, 정에는 혹 불선(不善)이 있기도 하다. 그러나 불선을 심(心)이 아니라고 한다면 안 된다. 심의 본체가 본래 선하지 않음이 없으나, 흘러서 불선이 되는 것은 정이 외물(外物)로 옮겨가서 그렇게 되는 것이다. 성은 바로 이의 총명이고, 인·의·예·지는 모두 성 중에 있는 일리(一理)의 명칭이며, 측은·수오·사양·시비는 정이 발한 명칭이니, 바로 이 점이 정이 성에서 나와서 선하다는 것이다."라고 하였으니, 이 세 조목을 보면 심·성·정을 이해하는데 많은 도움이 될 것입니다.

사단 칠정을 이와 기로 나누어 말한 것은 전에는 보지 못했었는데, 지금 주신 변론을 받아 보니 『주자어류』의 말을 인용하여 운운하셨습니다. 그렇다면 선유께서도 이미 말씀한 것인데, 저의 학문이 고루하여 보지 못했던 것뿐입니다.

그러나 주자가 "사단은 이가 발한 것이고 칠정은 기가 발한 것이다."라고 말한 데에는 아마도 곡절이 없지 않을 듯합니다. 보내 주신 변론에서 "정(情)에 사단 칠정의 구분이 있는 것이 마치 성(性)에 본성(本性)·기품(氣稟)의 다름이 있는 것과 같다."고 하신 말씀이 매우 타당하여 주자의 말과 서로 발명하였으니, 저도 그렇다고 생각합니다. 그러나 주자의 말에 "천지의 성을 논할 때에는 오로지 리(理)만을 가리켜 말하고, 기질의 성을 논할 때에는 이와 기를 섞어서 말한다."는 것이 있으니, 이로써 본다면 주자가 "사단은 이의 발이다."고 한 것은 오로지 이만을 가리켜 말한 것이고, "칠정은 기의 발이다."고 한 것은 이와 기를 섞어서 말한 것입니다.

사단이 이의 발이라고 한 말은 진실로 바꿀 수 없는 정론(定論)이지만, 칠정이 기의 발이라고 한 말은 오로지 기만을 가리킨 것이 아니니, 이것이 바로 곡절이 없지 않다고 한 것입니다.

대체로 보내 주신 변론이 저의 생각과 같은 곳이 많으나 달리한 곳도 적지 않은데, 더구나 그 달리한 곳은 바로 큰 절목(節目)이니, 이 절목에 있어서 서로 의견이 같지 않다면 그 다른 설의 이동(異同)·득실(得失)은 논할 것도 없고, 반드시 이곳에 대하여 밝게 분변하고 독실하게 믿은 뒤에야 다른 설의 이동 득실을 말할 수 있습니다.

대개 보내 주신 변론에서 "사단은 인·의·예·지의 성에서 발하기 때문에, 비록 이 사단이 이(理)·기(氣)가 합쳐진 것이기는 하지만 가리켜 말한 것은 리(理)를 주로 하고, 칠정은 외물(外物)이 그 형기(形氣)에 접촉이 되어 마음에 감동을 주어 경우에 따라 나오기 때문에, 리(理)가 없는 것은 아니지만 가리켜 말한 것은 기에 있다. 그러므로 사단은 속에 있을 때는 순리이기 때문에 발하여도 기에 섞이지 않으며, 칠정은 밖으로 형기에 감촉되어 그 발하는 것이 이(理)의 본체가 아니다. 때문에 사단 칠정의 소종래(所從來)가 같지 않은 것이다."라고 하신 몇 마디 말씀은 실로 선생께서 자득하신 것입니다. 그러므로 1편 가운데서 누누이 여러 번 말씀하셨지만 그 대의는 여기에서 벗어나지 않았습니다.

저의 어리석은 의견은 이와 다릅니다. 대개 사람의 정은 하나인데, 그 정이 되는 소이(所以)는 진실로 이기를 겸하고 선악이 있기 때문입니다. 다만 맹자는 이기(理氣)가 묘합(妙合)한 속에서 오로지 이에서 발하여 선하지 않음이 없는 것만을 지적하여 말하였으니 사단이 바로 그것이고, 자사는 이기가 묘합한 속에서 혼륜하여 말하였으니 그렇다면 정은 진실로 이기를 겸하고 선악이 있는데 칠정이 바로 그것입니다. 이것이 바로 가리켜 말한 바가 같지 않다는 것입니다.

이른바 칠정이 비록 기와 관계가 되는 것 같지만, 이(理) 또한 그 속에 있습니다. 그 발하여 절도에 맞는 것(發而中節)은 곧 천명의 성[天命之性]의 본연의 체[本然之體]로서 맹자가 말한 사단과 내용은 같으면서 이름만 다른 것입니다. 발하여 절도에 맞지 않은 것[發不中節]은 기품(氣稟)과 물욕의 작용으로서 다시 성의 본연이 아닙니다. 그러므로 제가 전설(前說)에서 "칠정 밖에 다시 사단이 있는 것이 아니다."고 한 것은 바로 이것을 이른 것이었고, 또 "사단 칠정이 애당초 두 가지 뜻이 있는 것이 아니다."고 한 것도 이를 이른 것이었습니다.

이로써 말한다면 "사단은 이를 주로하고 칠정은 기를 주로 한다.……"고 말씀하신 것이 그 대강은 비록 같지만 곡절에는 같지 않은 바가 있습니다.

주자의 말씀이 명백 간략한데도 학자들의 보는 바에 이동(異同)이 없을 수 없다면 이것이 어찌 호리(毫釐)의 차이란 것이 아니겠습니까. 그러나 주자의 말씀을 선생의 뜻으로 해석하면 직선이어서 깨닫기 쉽지만, 저의 소견으로 해석하면 곡절이 많아 통하기가 어려우니, 이른바 호리의 차라는 것이 선생께 있지 않고 저에게 있는 듯합니다. 그러나 『중용장구』·『중용혹문』과 주자의 평생의 여러 설들로써 상고해 보건대 아마도 이와 같아야 될 듯합니다. 자세히 살펴 주시기를 바랍니다. 어떻게 생각하시는지요.

제2절

사단은 이에서 발하고 칠정은 기에서 발한다고 한 이 두 구절을 정장(鄭丈, 정지운(鄭之雲))이 천명도(天命圖)에 나타낸 것은 바로 주자가 말한 바와 다르지 않으니, 만약 깨닫는다면 어찌 병통이 있겠습니까. 제가 전일 의심했던 바는 깨닫지 못한 자들에게 병통이 생기게 될까를 염려했기 때문입니다. 대개 사단 칠정을 범론(泛論)하여 사단은 이에서 발하고 칠정은 기에서 발한다고 한다면 진실로 불가할 것이 없지만, 지금 그 말을 도에 드러내어 사단은 이의 동그라미 속에 배치하여 이에서 발한다고 하고, 칠정은 기의 동그라미 속에 배치하여 기에서 발한다고 하였습니다. 그림으로 만들자니 사정이 그렇게 하지 않을 수 없었겠지만, 사단 칠정의 위치를 배열하는 사이에 분석한 것이 너무 심한 듯합니다.

만약 후학들이 보고서 이미 정해 놓은 도형(圖形)을 지적하여 이와 기를 나누어 두 가지를 별개로 여겨 논한다면 사람들을 그르치는 것이 너무 심하지 않겠습니까.

뒤에 주신 편지를 보니 "사단이 발하는 것은 순리(純理)이기 때문에 선하지 않음이 없고, 칠정이 발하는 것은 겸기(兼氣)이기 때문에 선악이 있다."고 고치셨는데, 이 고친 말이 전설(前說)보다 더욱 분명합니다. 그러나 저의 생각에는 역시 타당치 않게 여겨집니다. 그 이유는 대개 사단 칠정을 대(對)로 열거하고 서로 분리해 말하여 그림 속에 게시해서 혹은 사단은 선하지 않음이 없다 하고, 혹은 칠정은 선악이 있다고 한다면 사람들이 보고는 마치 두 정이 있는 것으로 의심할 것이고, 설령 정이 둘이라고 의심하지 않는다 하더라도 정 속에는 두 가지의 선이 있어서 하나는 이에서 발하고 하나는 기에서 발한다고 의심하는 자가 있게 될 것이므로 부당하게 여기는 것입니다.

그러나 제가 전에 의심했던 바도 여기에 있었는데, 지금 보내신 변론을 자세히 보고, 이어 다시 도설(圖說)을 검사해 보니, 의심스러운 것이 이에서 그치지 않습니다. 이에 대해 참으로 옳고 그름이 제 쪽에 있는지 선생 쪽에 있는지는 모르겠으나, 전에 "분명히 깨닫지 못한 자들에게 병통을 일으키게 한다."고 의심했던 것이 지나친 걱정만은 아니었습니다.

제3절

저는 우활하고 천박하여 학문의 방법을 알지 못하므로 그 성정·이기의 설에 대해서 하루도 실지의 공부를 하지 못하였는데, 하물며 몸에 돌이켜 체험한 효과가 있겠습니까. 이와 같으면서도 참람함을 생각지 않고 번번이 소견을 고하였으니, 옳지 못한 죄를 범하고 증거도 없는 말을 하였다고 할 수 있는데, 선생께서 나무라지 않으시고 편지를 왕복하시면서 수작(酬酌)하심이 이처럼 간절할 줄을 어찌 생각이나 하였겠습니까. 이 점이 바로 제가 경모하고 탄복하여 마지않는 바입니다. 매우 다행입니다.

제4절

사단과 칠정이 본래 똑같은 정인데 그 명칭을 세운 데 다름이 있는 것은 어찌 지적하여 말한 바가 같지 않았기 때문이 아니겠습니까. 저의 전설(前說)의 뜻이 바로 이런 것이었는데, 보내신 변론에서도 그렇다고 하셨습니다. 그러나 가리켜 말한 바가 같지 않다는 한 구절을 저의 설로써 통해 보면, 본래 하나의 정이지만 가리켜 말한 것에 같지 않음이 있다는 뜻에 무방합니다마는, 보내 주신 변론으로써 질정(質正)해 보면 사단 칠정을 각기 소종래가 있으니 말한 것만이 같지 않을 뿐만 아니라 비록 같은 말이라 하더라도 피차의

주의(主意)가 각각 따로 있는 곳이 있으니 이 점을 살피지 않을 수 없습니다. 하물며 자사와 맹자의 말한 바가 같지 않은 것은 다만 그 말뿐이 아니라 그 뜻에도 또한 각기 주장한 바가 있음이겠습니까.

일찍이 주자가 진기지(陳器之)에게 답한 글을 보건대 "성(性)은 비로 태극의 혼연(渾然)한 체(體)이니 본래 이름을 붙여 말할 수 없다. 그러나 성 속에는 모든 이치를 갖추고 있고 강(綱)이 될 만한 큰 이치가 넷이 있기 때문에 이름 하여 인·의·예·지라고 한 것이다. 공문(孔門)에서는 일찍이 인·의·예·지의 명칭을 구체적으로 말하지 않았는데, 맹자에 이르러서 비로소 구체적으로 말한 것은, 대개 공자 때에는 성선의 이치가 본래 밝혀져 비록 그 조목을 자세히 드러내지 않아도 그 설이 저절로 갖추어졌고, 맹자 때에 이르러서는 이단이 벌떼처럼 일어나서 성을 불선하다고 하는 자가 더러 있었으므로 맹자는 이 이치가 밝지 못할까를 염려하여 밝히기로 생각하였다. 그런데 다만 성을 '혼연한 전체'라고만 말한다면 마치 눈 없는 저울이나 치(寸) 없는 자(尺)와 같아서 끝내 천하 사람을 깨우칠 수 없게 될 것임을 염려하여 구별해 말하고 쪼개어 네 개로 만들어 사단의 설이 성립되었다."[8]고 하였으니, 이것이 어찌 가리켜 말한 것이 같지 않고, 뜻 또한 각각 주장하는 바가 있다는 것이 아니겠습니까.

대개 자사는 성정(性情)의 덕을 논할 때 중화(中和)로써 말하면서 희(喜)·노(怒)·애(哀)·락(樂)이라 하였으니, 이것은 곧 정이 이·기를 겸하고 선·악이 있는 것을 혼륜하여 말한 것으로, 제가 전에 말한 그 전체를 이른 것이라는 것이고, 맹자는 성선의 이치를 드러내 밝힐 적에 인·의·예·지를 말하면서 측은·수오·사양·시비라 하였으니, 이것은 곧 다만 정의 선한 것을 들어 말한 것으로, 제가 전에 말한 한 쪽만 떼어냈다는 것입니다.

옛날 성현들이 이·기와 성·정을 논할 때에 혼합하여 말한 것도 있고 구별하여 말한 것도 있으나, 그 뜻 역시 각기 주장하는 바가 따로 있다는 것을

---

8 『주자대전』 권58. 「진기지에게 답함[答陳器之]」 2. 주희, 『주자대전』 Vol.12, 주자대전 번역연구단 옮김, 전남대학교 철학연구교육센터, 대구한의대학교 국제문화연구소, 2010, 384-389쪽 참조.

학자들이 정밀히 살펴야 할 것입니다.

2) **고봉이 퇴계에게 답한 글** 高峰答退溪書

지난번 사단·칠정의 설에 대하여 저의 말이 막혀서 통하지 않는다는 것도 헤아리지 않고 좁은 소견을 차례로 개진하여 거의 남김없이 토로했던 것은 오직 가르침을 받아 참으로 옳은 것을 구하고자 했던 것입니다. 그러나 그 사이에 더러 이동(異同)의 의논이 없지 않았던 것은 대개 저의 소견에 따라 발언한 것일 뿐, 감히 고의로 어지럽게 하려 한 것은 아니었습니다. 그런데 보내 주신 절구(絕句) 한 수(首)를 받아 보니 매우 망연자실하여 다시 여쭙고 싶은 마음이 없었습니다. 그러므로 오랫동안 감히 여쭙지 못했던 것입니다.

그런데 생각하건대 선생께서는 한가한 사이에 깊이 완색(玩索)하시어 조예가 더욱 정명(精明)해졌을 것으로 생각되고, 저 역시 한적한 틈에 때때로 다시 사색해 보니, 자못 지난날의 설에 궁구(窮究)하지 못한 바가 있음을 알게 되었습니다. 그러므로 감히 「후설」 1편과 「총론」 1편을 기술하여 품달(稟達)하려 하였으나 인편이 없어 부치지 못했었는데, 이번에 아울러 올립니다. 바라건대 살펴주심이 어떻겠습니까.

사단칠정 후설 四端七情 後說

사단·칠정의 설에 대하여 전에는 발하여 절도에 맞는 칠정은 사단과 다를 것이 없다고 알았기 때문에 사단·칠정을 이와 기에 분속하는 것에 의심을 가져 "정이 발하는 데는 이·기를 겸하고 선·악이 있는 것인데, 사단에 대해서는 오로지 이(理)에서 발하여 선(善)하지 않음이 없는 것만을 가리켜 말하고, 칠정에 대해서는 진실로 이·기를 겸하고 선·악이 있는 것을 가리켜 말하고서, 사단을 이에 분속하고 칠정을 기에 분속한다면 이것은 칠정 중 이(理)에 해당하는 한쪽이 도리어 사단의 몫이 되어, 선·악이 있다는 것이 다만 기에서만 나오는 것이 되는 것 같으니, 이것은 언어의 사이에 의심이 없을 수 없는 것이다."고 생각하였습니다.

그러나 주자의 "사단은 이(理)가 발한 것이고 칠정은 기가 발한 것이다." 고 한 말을 반복하여 참고해 보고서야 끝내 부합하지 않음이 있음을 깨달았고, 이어 다시 생각해 보고서야 곧 저의 전일의 설에 상고한 것이 자세하지 못하고 살핀 것이 극진하지 못함이 있다는 것을 알았습니다.

맹자가 사단을 논하면서 "나에게 있는 사단을 알아서 모두 확충한다." 하여, 사람들로 하여금 자신에게 있는 사단을 확충하게 하려 하였으니, 그렇다면 사단이 바로 이가 발한 것이란 말이 진실로 당연하며, 정자(程子)가 칠정을 논하면서 "정(情)이 너무 성하여 더욱 방탕해지면 그 성(性)이 해를 입는다. 그러므로 깨달은 자는 그 정을 단속하여 중(中)에 맞게 한다." 하여, 칠정이 성하면 더욱 방탕해지기 때문에 사람들로 하여금 단속하여 중에 맞게 하도록 하려 하였으니, 그렇다면 칠정이 바로 기가 발한 것이란 말이 또한 당연하지 않겠습니까. 이로써 보면 사단·칠정을 이와 기에 분속시키는 것은 의심의 여지가 없고, 사단·칠정의 명의(名義)에도 진실로 각각 그럴 만한 까닭이 있다는 것을 살피지 않으면 안 됩니다.

그러나 칠정 중에 발하여 절도에 맞는 것은 애당초 사단과 다르지 않습니다. 그것은 칠정이 비록 기(氣)에 속하지만, 이(理)가 본래 그 가운데 있으므로 그 발하여 절도에 맞는 것은 바로 천명의 성[天命之性]과 본연의 체[本然之體]이니, 그렇다면 어찌 이것을 기가 발한 것이라 하여 사단과 다르다고 할 수 있겠습니까. — 주신 글에 "맹자의 기쁨(喜), 순(舜)의 노여움(怒), 공자의 슬픔(哀)과 기쁨(樂)은 바로 기가 이(理)를 순종하여 발한 것이어서 일호의 구애도 없다."는 말과 "각각 소종래(所從來)가 있다."는 등의 말은 모두 타당치 못한 줄로 압니다. 대체로 발하여 모두 절도에 맞는 것을 화(和)라고 하였으니, 화는 바로 이른바 달도(達道)입니다. 그런데 만약 보내오신 말씀대로라면 달도도 기가 발한 것이라 하겠습니까. — 이것은 또 살피지 않아서는 안 될 것입니다.

주자가 일찍이 말하기를 "천지의 성을 논할 때는 오로지 이(理)만을 가리켜 말하고, 기질의 성을 논할 때는 이와 기를 섞어서 말하는 것이니, 이것이 바로 이발(理發) 기발(氣發)의 논이다." 하였는데, 일찍이 이 말을 인용하여

"이가 발했다는 것은 오로지 이만을 가리켜 말한 것이고, 기가 발했다는 것은 이와 기를 섞어서 말한 것이다."고 한 말이 이치에 대단히 어긋나지도 않는데 선생의 인정을 받지 못하였으니, 이것은 말을 만든 것이 꼭 들어맞지 않아서 그런 것이 아닌지요.

보내 주신 변론에 "정(情)에 사단과 칠정의 구분이 있는 것이 마치 성(性)에 본연(本然)과 기품(氣稟)의 다름이 있는 것과 같다."고 하신 말씀이 저의 의견과 다르지 않은 것 같은데, 어찌하여 살펴주시지 않고서 "근본은 같으나 취향(趣向)이 다르다." 하시는지 모르겠습니다. 이른바 "기질의 성은 이와 기를 섞어서 말한 것이다."라는 것은 대개 본연의 성이 기질 속에 떨어져 있기 때문에, "섞어서 말했다."고 한 것입니다. 그렇다면 기질의 성 가운데 선(善)한 것은 바로 본연의 성이고 따로 하나의 성(性)이 있는 것이 아닙니다. 그렇다면 저의 설에 "칠정 중에 발하여 절도에 맞는 것은 사단과 내용이 같으면서 이름만이 다르다."고 한 것이 아마도 이치에 해가 되지 않는 듯합니다.

그러나 사단·칠정과 이·기의 변론에 대하여 분명히 결단하지 못하였기 때문에 그 논설이 자못 한편으로 치우쳤고, 말하는 사이에 실수가 없지 않았습니다. 이제 감히 요점만을 추려 논하여서 비평해 가르쳐 주기를 바랍니다. 그리고 기타 타당치 못했던 문구에 대해서는 지금 일일이 분석하여 잘못을 바로잡아 주시기를 빌 겨를이 없습니다. 그러나 큰 것이 이미 같다면 작은 것은 굳이 힐난(詰難)하지 않아도 끝내 반드시 의견이 같아질 것입니다. 바라건대 분명한 회답을 주신다면 매우 다행이겠습니다.

사단칠정 총론 四端七情 總論

주자가 말하기를 "사람이 천지의 중(中)을 받아 태어나서 감응되기 이전에는 순수하고 지극히 선(善)하여 모든 이치가 갖추어 있으니, 이른바 성(性)이다. 그러나 사람에게 이 성(性)이 있다면 바로 이 형(形)이 있고, 이 형이 있다면 바로 이 심(心)이 있어서 물(物)에 감응됨이 없을 수 없고, 물에 감응하여 움직이면 성(性)의 욕(欲)이 나와서 선과 악이 여기에서 갈라지는 것인데 성의 욕이란 바로 이른바 정(情)이다." 하였습니다. 이 몇 마디 말은 실로 「악기

(樂記)」의 동정(動靜)[9]의 뜻을 해석한 것으로 말은 비록 간략하나 이치는 모두 갖추어져 있으니, 성정(性情)의 설에 대해서 다 설명이 되고 풀리지 않은 남은 뜻이 없다 하겠습니다.

그러나 주자가 이른바 정(情)이라는 것은 바로 희(喜)·노(怒)·애(哀)·락(樂)·애(愛)·오(惡)·욕(欲)의 정으로서 『중용』에 이른바 희·노·애·락과 동일한 정입니다. 대체로 이미 이 심(心)이 있어 물(物)에 감응됨이 없을 수 없다면 정(情)이 이와 기를 겸하였다는 것을 알 수 있으며, 물에 감응되어 마음이 움직여 선과 악이 여기에서 갈라진다면 정이 선과 악을 가졌다는 것도 알 수 있습니다.

희·노·애·락이 발하여 모두 절도에 맞는 것은 곧 이른바 이(理)이고 선(善)이며, 발하여 절도에 맞지 않는 것은 바로 기품의 치우침에서 나오는 것이므로 불선이 있는 것입니다. 맹자가 이른바 사단은 정이 이·기를 겸하고 선·악이 있는 가운데서 이(理)에서 발하여 선하지 않음이 없는 것만을 떼어 내어 말한 것입니다. 대개 맹자가 성선의 이치를 드러내어 밝히면서 사단을 가지고 말하였으니, 그렇다면 사단이 이(理)에서 발하여 선하지 않음이 없다는 것을 또 알 수 있습니다.

주자가 또 말하기를 "사단은 바로 이가 발한 것이고, 칠정은 바로 기가 발한 것이다." 하였는데, 대체로 사단은 이가 발하여 선하지 않음이 없기 때문에 이가 발한 것이라고 하는 것이 진실로 의심할 바가 없겠으나, 칠정은 이·기를 겸하고 선·악이 있는 것이고 보면 그 발하는 것이 오로지 기만은 아니로되, 기질의 섞임이 없지 않기 때문에 기가 발한 것이라고 한 것이니, 이 말은 바로 기질의 성[氣質之性]의 설과 같습니다.

대체로 성이 본래 선하다 하더라도 기질 속에 떨어져 있으면 편벽되고 지나침이 없지 않기 때문에 기질의 성이라 하고, 칠정이 비록 이·기를 겸하였다고 하지만 이는 약하고 기가 강하여 이가 기를 통섭할 수 없어 쉽게 악으

9 『예기』「악기(樂記)」의 동정(動靜): "사람이 나서 고요한 것은 하늘의 성이고 물에 감응하여 움직이는 것은 성의 욕이다.[人生而靜, 天之性也, 感於物而動, 性之欲也.]"라 한 말을 지칭한다.

로 빠져들기 때문에 기가 발한 것이라고 한 것입니다. 그러나 칠정 중에 발하여 절도에 맞아 선하지 않음이 없는 것은 곧 사단과 더불어 애당초 다른 것이 아닙니다. 다만 사단은 오로지 이가 발하는 것이기 때문에 맹자의 생각은 사람들로 하여금 확충하도록 하고자 하였으니, 학자가 사단의 발함에서 체인(體認)하여 확충시키지 않아서야 되겠으며, 칠정은 이·기의 발함을 겸유(兼有)하였으나, 이의 발함이 기를 주재할 수 없고, 기의 유행이 도리어 이를 가릴 때도 있는 것이니, 학자가 칠정의 발함에서 성찰하여 잘 다스리지 않아서야 되겠습니까. 이것이 또 사단과 칠정의 명의(名義)에 각각 소이연(所以然)이 있는 것이니, 학자가 진실로 이로 말미암아 확장 충만하기를 구한다면 도움이 많을 것입니다.

또 『중용혹문』을 보건대, 희(喜)·노(怒)·애(哀)·락(樂)이 인의(仁義)에 근사한가라는 물음에 주자는 진실로 근사한 곳이 있다고만 말하고, 서로 근사한 것을 정확히 말하지 않은 데는 아마도 깊은 뜻이 있는 듯합니다. 그런데 지금 논하는 자들은 대부분 희·노·애·락을 인·의·예·지에 배속시키니, 주자의 뜻에 과연 어떠할지 모르겠습니다. 대개 칠정·사단의 설은 각각 한 가지 뜻을 발명한 것이니, 혼합하여 한 가지 설로 만들어서는 안 될 듯합니다. 이 점 역시 알지 않아서는 안 될 것입니다.

6) 高峰全集 目錄

〈 高峰文集 〉

序 / 目錄 / 年譜

卷之一

詩: 二月二十五日泛舟 外208題

卷之二

表·箋: 擬唐朔方行營將士謝賜冬衣表　擬唐中書侍郎顔師古請作王會圖表　朝鮮國王賀新皇帝登極表　謝恩表　方物表　皇太后上尊號賀表　方物表　聖節表(三首) / 擬成均館請令儒生勿觀雜書箋 / 上梁文: 光州鄕校大成殿上樑文 /

奏·議 疏: 擬廣寧都御史某請留摠兵官揚照奏 辨誣奏 倭書契修答 文昭殿議 祥後冠服議 / 說: 二主說 移心法說 郎署上疏(二首) 辭赴京使疏(二首) / 狀·箚·論·記: 大司諫辭狀 都司迎慰使辭免 大司成辭狀 副提學辭狀 再辭狀 大司諫辭免 擬下政院批 論文昭殿箚 周宣遇旱論 論困知記 求觀聖人之道必自孟子始論 / 記: 俛仰亭記 藏春亭記 光州鄕校重修記 南薰殿記 景賢堂記 玉川書院記 俛仰亭記 / 祭文·祝文: 穆宗皇帝祭文 明宗魂殿祭文 祭奇判尹文 祭退溪先生文(二首) 祭柳景深文 祭鄭校理文 祭朴致道文 明宗大王祔文昭殿樂章 竹樹書院祝文 祭趙文正公文

卷之三

碣·誌·狀: 退溪先生墓碣銘自銘幷書 贈領議政文元李公神道碑銘幷序 贈左贊成兼判義禁府事李公墓碣銘 贈判書李公墓碣記 坡山成先生墓誌銘 贈戶曹參判金公墓碣銘 贈吏曹參判尹公墓碣銘 贈謚恭武張公墓誌銘 平山都護府使趙公墓碣銘 慶基參奉奇府君墓記 先妣孺人姜氏遷墓記 玉果縣監申湛善政碑 茂朱縣監金春墓碣銘 退翁壙名 吏曹正郎鄭公行狀 漢城府判尹奇公行狀 贈右議政兼領經筵事金先生行狀 / 書: 答金晦叔書 與金晦叔論景賢堂祭儀書 答龜巖書 / 跋: 朱子書節要序跋 朱子書節要跋 / 書: 答退溪先生問目 又答退溪先生問目 答鄭哀侍澈 又答鄭哀侍澈 答龜巖書 / 跋 / 後識

〈 兩先生往復書 〉

卷之一

明彦拜謝奇先達前 明彦拜問奇正字宅 上退溪先生 答奇正字明彦書 明彦拜問奇正字光州 答上退溪先生座前 小貼子 贈奇正字 湛齋與一齋小柬贈奇正字書 重答湛齋書 答一齋書 奉復奇正字 答上存齋契右 明彦拜問奇正字文右 答示論太極書書 先生前上狀 卷末論太極書書 寫寄宿梅溪館詩別紙武夷櫂和韻 前秋所賜書 明彦拜復奇正字侍史 先生前答上狀 明彦謝復光州奇正字宅 先生前上狀 明彦拜問奇正字寓所 先生前拜上狀(別紙) 明彦謝復奇翰林宅 先生前答上狀 先生前上狀李同知宅 明彦拜復奇注書侍史 先生前拜上狀李同知宅 明彦拜復奇翰林宅 先生前上狀李同知宅 明彦拜復

奇修撰宅　先生前答上狀李同知宅

卷之二

明彦拜復奇佐郎宅　先生前上狀　主祭說(別紙)　握手說　先生前上狀　明彦拜復奇佐郎侍史　先生前答上狀　明彦拜復奇直講宅　先生前上狀　明彦拜復奇正郎宅光州　先生前答上狀李知事宅　先生前上狀李知事宅　明彦拜復奇檢詳侍史　明彦重答奇舍人宅(別紙)　答友人論學書今奉寄存齋　先生前上狀李知事宅　先生前上狀李知事宅　明彦拜白奇舍人侍史　先生前答上狀李知事宅　明彦拜復奇掌令宅　先生前答上狀　先生前上狀李知事宅　先生前上狀　明彦拜復奇應教行次　先生前上狀李知事宅　答明彦書奇應教宅好賢坊　先生前上狀李知事宅　兄弟相繼相爲服及后夫人服議　先生前上狀李知事宅　先生前上狀　明彦令前上白奇參議宅　先生前答上狀判府事宅　令前拜謝右令公侍史　先生前上狀判府事宅　令前拜復右副承旨宅　先生前上狀　答上　令前拜問奇承旨宅　先生前答上狀判府事宅　拜復奇承旨宅　令前再復承旨宅　先生前上狀判府事宅　先生前上狀判府事宅　令前上白右副侍史　先生前答上狀　答上　令前上白奇參議宅　先生前答上狀判府事宅　令前拜問　先生前答上狀　令前拜復大司成宅　先生前再上狀判府事宅　令前再復大司成宅　答上曰右副令前　先生前答上狀判府事宅　再復右副侍史　先生前上狀判府事宅　拜復右副侍史　先生前上狀判府事宅　令前拜復奇承旨宅　先生前上狀判府事宅　令前拜復右承旨侍史

卷之三

先生前上狀判府事宅　明彦令前拜復奇大司成宅　先生前答上狀判府事宅　令前上曰奇大諫宅　先生前答上狀　先生前上狀　令前上狀奇承旨宅　先生前上謝狀判府事宅　明彦令前拜復奇承旨侍史　令前拜復狀奇大司成宅 (別紙 碣文稟目)　先生前答上狀李判府事宅　令前拜復奇大司成侍史　先生前答上狀李判府事宅　先生前上狀判府事宅　令前拜狀奇僉知侍史　令前拜謝復狀奇大司成宅　先生前上狀判府事宅　先生前答上狀判府事宅　先生前答上狀判府事宅　先生前拜上狀判府事宅　明彦令前拜復奇大司成宅光州　明彦令前拜白奇承旨宅　答奇明彦論改心統性情圖書　先生前上狀判府事宅　論退溪先生改心統性情圖書　拜答上狀奇承旨宅　先生前上狀判府事宅 / 後識 / 跋

〈 兩先生四七理氣往復書 〉

卷之一

退溪與高峰書(節略) 高峰上退溪四端七情說 退溪答高峰四端七情分理氣辯 高峰答退溪論四端七情書 退溪答高峰非四端七情分理氣第一書 退溪答高峰非四端七情分理氣辯第二書 (後論)

卷之二

高峰答退溪再論四端七情書(第一書改本, 條例, 首條第二條, 第三條, 第四條第六條, 第五條第七條第九條第十二條第十四條, 第八條第十六條, 第十條第十一條, 第十三條孟子剔言伊川兼言, 第十五條一有之而不能察, 末條, 後論以虛爲理之說, 事端不中節之說, 擬定天命圖, 俚俗相傳之於非出於胡氏) 退溪與高峰書 高峰答退溪書(四端七情後說, 四端七情總論) 退溪答高峰書(節略) 退溪與高峰書(節略) 高峰答秋巒書(天命圖, 鄭秋巒天命圖說序) 辨錄 / 後識

〈 論思錄 〉

致祭文(二) / 重刊後 / 上編 / 下篇.

〈 文集續集 〉

卷之一

詩: 中宗大王遷陵挽章 外239題

卷之二

書: 擬李太白與杜子美書 上從兄書判尹公 謝惠德陽遺稿書 答柳眉巖書 上牧使書(姓名缺攷) 答金河西護喪所書 / 雜著: 過庭記訓 自警說 三解幷序 (跡解, 意解, 理解) 天使許國魏時亮問目條對 / 序: 贈山人祖雄詩序 / 跋: 退溪先生陶山記文跋 / 祭文: 祭河西金先生文 / 論: 論封不義侯 / 策: 佚題

〈 朱子文錄 〉

卷之上

元亨利貞說　仁說　樂記動靜說　王氏續經說　養生主說　觀心說　讀大記　玉山講義　白鹿洞書院揭示　諭諸生　諭諸職事　答陸子靜書　答陳器之書　與湖南諸公論中和第一書　答林伯和書　答陳同甫書　答陳同甫書　答汪尙書書　答程允夫書　困學恐聞編序　家禮序　論孟集義序　詩集傳序　律呂新書序　大學章句序　中庸章句序　資治通鑑綱目序　張南軒文集序　傳伯拱字序　克齋記　復齋記　名堂室記　江州重建濂溪先生書堂記　建寧府建陽縣學藏書記　書近思錄後　跋黃仲本朋友說　周子通書後記　跋蔡神與絶筆　周禮三德說　書臨漳所刊四子後　答宋容之書　又諭學者　讀書之要　學古齋銘　尊德性齋銘　敬恕齋銘　求放心齋銘　敬齋箴

卷之中

戊申封書　上宰上書　賀陳承相書　答張敬夫書　與留丞相書　與王龜齡書　與陳丞相書　與劉共父書　戊午讜議序　送張仲隆書　承相李公奏議後序　向薌林文集後序　金華潘公文集序　瓊州學記　徽州婺源縣學藏書閣記　建寧府崇安縣學田記　邵武軍學丞相隴西李公祠記　盡心堂記　建寧府崇安縣五夫社倉記　江西運司養濟院記　射圃記　建寧府建陽縣主簿廳記　衢州江山縣學記　講座銘　致仕謝表　癸未垂拱奏箚(一)　垂拱奏箚(二)　垂拱奏箚(三)　戊申延和奏箚　行官便殿奏箚(甲寅)

卷之下

讀唐志　答鞏仲至書　答陳體仁書　楚詞集註序　王梅溪文集序　謝監廟文集序　黃子厚詩序　家藏石刻序　贈徐端叔命序　送郭拱辰序　高士軒記　歸樂堂記　通鑑室記　江陵府曲江樓記　袁州州學三先生祠記　信州鉛山縣學記　鄂州州學稽古閣記 漳州州學東溪先生高公祠記　德安府應城縣上蔡謝先生祠記　氷玉堂記　南嶽遊山後記　百丈山記　雲谷記　臥龍菴記　西原菴記　跋余巖起集　跋李參仲行狀　跋病翁先生詩　六先生畫像贊　書畫像自警　聚星亭畫屛贊幷序　滄洲精舍告先聖文　祭延平李先生文　祭汪尙書文　又祭張敬夫殿撰文　祭呂伯恭著作文　又祭蔡季通文　靜江府虞帝廟碑　旌忠愍節廟碑　韓溪翁程君墓表　曹立之墓表　程君正思墓表　陳師德墓誌銘　朱府君遷(墓記)　尙書吏部員外郎朱君孺人祝氏壙誌　亡嗣子壙記　濂溪先生事實記　白鹿洞賦　感春賦　至樂齋

銘 / 附錄: 朱先生行狀

續集

答張欽夫　答汪尙書　延和奏箚(五)　己酉擬上封事 (其一 所謂講學以正心者, 其二 所謂修身以齊家者, 其三 所謂遠便嬖以近忠直者, 其四 所謂抑私恩以抗公道者, 其五 所謂明義理以絶神姦者, 其六 所謂擇師傅以輔皇儲者, 其七 所謂精選任以明體統者, 其八 所謂振綱紀以勵風俗者, 其九 所謂絶財用以固邦本者)　甲寅擬上封事　論災異箚子　答廖子晦　與臺端書　與留丞相書　與黃樞密書　與陳侍郎書　與劉子澄　論韓文公與孟簡尙書　上黃端明　與留丞相書　不自棄文　補試榜諭　答趙致道　伊川先生年譜　卷後

〈 文集 附錄 〉

卷之一

行狀 / 諡狀

〈 別集 附錄 〉

卷之一

祭文(二十)

卷之二

挽章(五十七) / 月峯書院事實　書院文獻錄　高晴沙答月峯疏會儒生書　請額疏　禮曹回啓　藝文館回啓　春秋祭享祝文　愼獨齋金先生答月峯儒林書(二)　重修上樑文　三先生合享時祭文　祭存齋先生書院文 / 疏: 請享疏(二)　抵太學通文　大學答通　敍述 / 後識

3. 수은 강항 睡隱 姜沆

1) 생애

강항(姜沆)은 1567년(명종 22년) 5월 17일 영광군(靈光郡) 불갑면(佛甲面) 유봉(酉峯)에서 출생하여 1618년(광해군 10년)에 서거하니 그의 나이 52세였다.

강극검(姜克儉)의 넷째로 위로는 학(壑), 준(濬), 환(渙) 등의 삼형제와 더불어 네 사람이 두루 문명을 날리었다. 자는 태초(太初), 호는 수은(睡隱)이요 본관은 진주(晋州)로, 세종 때의 명신이었던 강희맹(姜希孟 私淑齋 1424-1483)의 5대손이다. 어려서 큰형에게서 수학하였고, 7세에 『맹자』 한 질을 암송한 일화를 남기었다.

16세 때에 책문(策文)으로 향시(鄕試)에 합격하였고, 22세 때 진사시에도 합격하였으며, 26세 때에 왜란(倭亂)을 당하자 영광 수성장(守城將) 이응종(李應鍾)의 막하에서 활약하였다.

27세 때 감국(監國: 광해 세자)이 전주에 머물러 있으면서 치룬 정시(庭試)에서 병과 제오(丙科 第五)로 합격하였으나 벼슬은 겨우 교서관(校書館)에 예속하여 하류에 머물게 한 것은 당고(黨錮) 때문이었는데 강항은 이에 조금도 개의하지 않았다. 당시 소인배에게 미움을 받아 문하(門下)가 고요하던 성혼(成渾, 牛溪, 1535-1598)선생을 찾아뵈니 성혼선생은 강항의 단량(端諒)함을 칭찬하였다. 겨울에 은대가랑(銀臺假郎)으로 입시(入侍)하였다. 29세 때 박사로 승진하고, 30세에 성균관 전적(典籍), 가을에 공조 좌랑, 겨울에 형조 좌랑으로 이배(移拜)되어 벼슬이 승진하였다.

31세 정유년 봄에 휴가로 고향 영광으로 돌아왔을 때 정유재란(丁酉再亂)의 심상치 않은 조짐이 보이자, 명장(明將) 양원 총병(楊元 總兵)이 남원에 주둔하고 참판 이광정(李光庭)이 분호조청(分戶曹廳)을 설치하고 양곡을 독운(督運)하였다. 7월 그믐께 통제사 원균(元均)이 한산도에서 패전하므로 월

말께는 적의 선봉이 남원을 침공하고 총병(總兵)마저 성을 빠져나가니 성은 고스란히 함락되고 말았다. 이로써 강항의 「섭난사적(涉亂事迹)」의 환란기록이 시작된다.

행장(行狀)에 의거하여, 포로생활을 끝내고 돌아온 후의 행적을 초록하면 다음과 같다.

선조 34년 34세 여름에 대마도를 거쳐 귀국하여 서울에서 대명궐하(待命闕下)할 새 '승정원 계사(承政院 啓辭)'를 올리고 9월에 향리로 돌아왔다.

이듬해에 상국(相國) 이덕형(李德馨)의 막하에서 예부 절왜서(禮部絕倭書)를 대초(代草)하였다.

36세 때 승의랑 대구 교수(承議郎 大邱 教授)를 제수하매 당세에 별로 뜻이 없었으므로 부임하였다가 곧 돌아왔다.

그 이듬해에 순천 교수(順天 教授)를 제수하였으나 역시 부임하지 않고, 오직 후진의 계도에 전념하였다. 1604년 38세 때 「이회재 언적 승무소(李晦齋彦迪昇廡疏)」를 지었다.

41세 때 '건재 김천일 정열사 봉안문(健齋 金千鎰 旌烈祠 奉安文)'을 지었으며 44세 때 「광주향교 상량문(光州鄉校 上樑文)」을 지었다.

인조 2년(1628) 문인 윤순거(尹舜擧)가 찬한 행장(行狀)이 마련되었다.

인조 13년(1635) 유봉(酉峯)에 사우(祠宇)를 건립하고 송시열(宋時烈 尤庵 1607-1689)이 제문을 지음.

인조 14년에 유봉사가 화재를 당하여 소실되므로 판서 임담(林潭)·사성 김지수(金地粹)·참봉 김우급(金友伋) 등이 발의하여 용산(龍山)에 복원하고, 송시열이 용계사(龍溪祠) 편액을 씀.

효종 7년(1656) 『간양록(看羊錄)』 출간, 유계(俞棨 市南)가 서문을 씀.

효종 9년 통정대부 승정원 도승지(通政大夫 承政院 都承旨)로 증직됨. 현종 8년 『강감회요(綱鑑會要)』가 출간됨. 고종 19년, 자헌대부 이조판서 양관 대제학(資憲大夫 吏曹判書 兩館 大提學)을 증직함. 1952년 이을호(李乙浩 玄菴) 박사가 『간양록』 한글역을 출판. 1984년 박종명(朴鍾鳴)의 『간양록』 일어판이 출판됨.

2) 환란생활의 기록

해상에서 포로가 된 후의 환란기록을 3기로 나누면 다음과 같다.

(1) 제1기: 논잠포(論岑浦)에서 대진성(大津城)까지

8월 보름 무렵에 남원 함락의 소식에 접하자 시세가 불리함을 깨닫고 함평 순창을 거쳐 북상하였음을 전달하고 다시금 영광으로 돌아왔다. 순찰사 종사관 김상준(金尙雋)과 더불어 여러 고을에 격문을 띄워 의병을 모집하였더니 나라 일을 걱정하는 무리들이 수백에 이르렀다. 그나마도 적병이 노령(蘆嶺)을 넘어서 바닷가를 휩쓸었다는 소식을 듣고 오합지졸들은 일시에 흩어지고 말았다. 종사관도 북상해 버리고 강항은 집으로 돌아와 가족들을 데리고 논잠포에서 탈출을 시도하려고 하였다. 때마침 새 순찰사 황신(黃愼)이 강항을 종사관으로 추천하였으나 육로도 이미 끊겨버려 어찌할 수 없었다.

9월 14일에는 이미 영광고을도 분탕되고 산해를 샅샅이 수색하여 모조리 도살하니 강항은 야반을 틈타 승선하였다. 부친은 평소에 수질(水疾)에 약하므로 배가 작으면 더욱 심한지라 작은아버지의 배로 옮기셨고, 종형제들은 배가 협착하여 함께 탈 수 없었다. 부득이 두 형수, 처조부와 처부모, 그리고 강항의 처첩이 한 배에 타고 이모부의 아버지 심안평(沈安秤) 일가가 갈 데가 없는지라 함께 타도록 하였더니 배는 작고 사람은 많아서 뱃길이 더디었다. 아버지가 탄 배에는 아버지 형제들이 한 배에 탔고, 강항과 두 형 준(濬)과 환(渙), 부옹(婦翁) 김봉(金琫) 등은 다른 한 배에 탄 셈이다.

15일에는 두 배가 괴머리에서 동숙하였는데 피난선 수백 척이 운집하였다. 16일에도 괴머리에서 쉬고, 17일에는 비로초(飛露草)에서 잤다.

18일에는 종형 협(浹)이 선전관으로 표신(標信)을 가지고 새 통제사 이순신(李舜臣)에게 교부한 후 우수영(右水營)으로부터 달려서 선소까지 이르렀다.

20일 처음으로 물길 따라 왜선 1,000여 척이 이미 우수영에 도착하였고, 통제사도 중과부적하여 서해로 북상중이라고 들었다. 이에 문중의 부형들은 향방을 모의하니, 혹은 배를 버리고 상륙하자 하고 혹은 흑산도로 들어가자고 하였다. 강항은 종형 홍(洪)·협(浹)과 더불어 말하기를 두 배안에 있는 장사(壯士)를 합하면 거의 40여명이 되므로 통제사에게 붙을 수 있을 것이니, 나아가거나 물러나다가 일이 성사되지 않는다 하더라도 죽는 것은 명백한 일이라고 했다. 의논이 이미 끝맺음이 되자 사공 문기(文己)란 놈이 몰래 엿듣고 그의 자녀 넷이 어의도(於矣島)에 있으므로 그들을 태울 양으로, 21일 야반에 강항의 형제가 깊은 잠에 빠진 틈을 타 바람 따라 돛을 걸고 배를 띄우니 드디어 아버지가 탄 배와 갈라서게 되었다. 진월도(珍月島)에 이르자 통제사의 배 10여척은 이미 각씨도(各氏島)를 지나갔다는 것이다. 사공을 꾸짖어 회선하여 서쪽으로 올라가도록 하였지만 북풍이 거세어 올라채지 못했다. 적세가 이미 코앞에 다가섰는데 부자가 서로 엇갈리니 그나마도 이 궁한 처지에 기댈 자는 사공들뿐이요 또 그를 치죄할 수도 없었다.

22일에는 부친께서 탄 배가 염소(鹽所)로 돌아갔다는 소식을 잘못 듣고 염소 당머리를 찾아갔으나 또 찾아내지 못했다.

심안평 일가족은 배가 좁다 하여 하선하였고, 종놈 만춘(萬春)은 아끼던 놈인데 물을 길어온다는 핑계로 육지로 올라 달아나고 말았다.

23일 아침 사시(巳時)에 당머리에서 다시 논잠포로 향했는데 행여나 부친께서 잠포에 계신지 해서였던 것이다. 때마침 안개 속에서 문득 이상한 배 한 척이 날듯이 나타나니 사공이 외치기를 '왜선이다'라고 하였다.

강항은 스스로 피할 수 없음을 깨닫고 옷을 벗어 던지고 물속으로 뛰어드니 처자 형제들과 한 배에 탄 남녀 태반이 함께 빠졌다. 갯가가 얕았던 탓으로 모조리 끌어올려 돛을 뉘어 매단 후에 일으켜 세웠다. 오직 외가의 동생 김주천(金柱天) 형제와 노비 10여인만 기슭으로 올라가 도망쳐 붙잡히지 않았다. 돌아가신 어머니와 형의 위패는 중형이 등에 지니고 물속으로 빠졌는데 구출될 때 드디어 수습할 수 없었으니 사망사생지지(事亡事生之志)가 일거에 무너지고 말았다.

어린자식 용(龍)과 첩의 소생 애생(愛生)은 모래사장에 버려두었는데 호수가 들자 위로 떠올라 울음소리가 귓전을 울리더니 얼마 후에 그나마도 끊어지고 말았다. 그의 나이 30에 비로소 이 애를 얻었었다. 바야흐로 잉태하자 꿈에 아이 용이 수중에 떠 있는 것을 보았기에 드디어 용(龍)이라 이름을 지었거늘 뉘라서 그가 수중에서 죽으리라 생각이나 했겠는가? 부생만사(浮生萬事)가 이미 정해지지 않은 자는 없거늘 사람이 스스로 그것을 모르고 있을 따름이 아니던가?

왜적들은 강항의 탄 배를 그들의 선미에 매달고 바람 따라 남하하여 배는 쏜살같이 달리었다.

24일에 무안현 어느 낙도에 이르니 '낙머리'라 부른다. 왜선(倭船) 수십 척이 항구를 메우고 홍백기가 햇볕 아래 번쩍인다. 우리나라 남녀 태반이 뒤섞여 뱃전 양쪽에는 시신이 낭자하게 흩어져 산같이 쌓여있다. 곡성이 하늘에 사무치고 조수도 울부짖는다. 산다는 게 대체 무엇이며 죽은들 무슨 죄란 말인가? 평생 비겁하여 만부(萬夫)의 밑에 깔린 못난이지만 이 처지를 당하고 본즉 살고 싶은 마음은 조금도 없었다.

배가 이미 중류로 접어들자 왜적 한 놈이 통역을 대동하고 묻기를 "당신네 수군대장 이순신은 지금 어디에 있는가?" 강항은 대답하기를 "태안(泰安) 안행량(安行梁)은 옛날 난행량(難行梁)이라 불렀는데 그곳을 지나는 배는 모조리 표류 침몰되므로 이름이라도 좋게 해서 이를 누르기 위하여 이름을 안행으로 고친거야. 대체로 수로가 험란한 곳인 까닭에 명장 명(名)·고(顧) 두 유격(遊擊)이 과선(戈船) 만여 척을 거느리고 안행량을 상하를 가로질러 유격선은 이미 군산포(群山浦)에 도착하였다. 통제사는 중과부적하여 퇴각한 명군과 합세하였다."고 하였다. 왜구들은 서로 쳐다보면서 안색이 질린 듯하였다. 강항은 몰래 묻기를 "우리들을 잡아가는 자는 누구인가?" 통역이 대답하기를 "이예주수(伊豫州守) 좌도(佐渡)의 부하 신칠랑(信七郎)이다." 저녁 이경(二更)쯤 장인이 몰래 밧줄을 풀고 알몸으로 바다로 뛰어들자 적도들은 무리지어 고개를 설레면서 곧장 구출하였다. 이 까닭에 우리 일가족은 더욱 단단히 묶어 놓았기 때문에 피부를 파고들며 손과 손등은 거북껍질처럼 파열되어 끝장에는 대종(大腫)이 생기고야 말았다. 3년이 지나도록 굴신이 부자유스럽고 오른손에는 지금도 그때의 창흔(瘡痕)이 남아있다.

돌아서서 통역에게 묻기를 "적들은 왜 우리들을 죽이지 않는가?" "그대들은 사립(絲笠)을 쓰고 가볍고 따뜻한 옷을 입은 것을 보면 관료임이 분명하므로 포박하여 장차 일본으로 데려가려는 것이다. 그러므로 경계가 이처럼 엄중하다."고 한다.

오호라! 영진기례(嬴秦棄禮)에 중연(仲連)은 오히려 동해를 밟고자 하였고, 무왕벌폭(武王伐暴)에 백이(伯夷)는 오히려 서산(西山)에서 아사하였거늘 하물며 이 적도들이야 모든 오랑캐 중에서도 추악한 종자로서 우리나라 신민(臣民)과는 불공대천(不共戴天)의 원수가 아닌가? 한 점 살아남기 보다는 만 번 죽는 것이 더 쉬우련만 밧줄이 몸에 감겨 그나마도 자유롭지 못하다.

3일이 지나가 적은 통역을 대동하고 와서 묻기를 "누가 본부인인가?" 부인들은 모두 자기가 본부인이라 하였다. 모조리 몰아다가 그들의 왜선에 태우고 강항의 형제들도 그 쪽으로 옮겨 태운 후 이르기를 "네놈들은 모조리 죽일 것이다."고 하였다.

강항의 처·처조부·구수(丘嫂)·종아이들 십여 인·처부의 여러 제매는 따로따로 태우기도 하고 혹자는 살해되기도 하였다.

슬프다, 망형이 죽던 날 글을 남겨 강항에게 이르기를 "너는 이승에 있을 것이니 과처(寡妻)의 신세가 될 것이다."하였는데 뉘라서 갑자기 이 꼴이 될 줄 알았으랴. 생사존몰(生死存沒)을 생각하자 문득 통곡하고야 말았다. 그러나 또한 어느 때 어찌될지 명운을 알 수 없지 않은가? 노비들 중에도 버리고 도망친 놈들은 모조리 살아남았지만 주인과의 정을 못 잊어 차마 도망치지 못한 놈들은 모조리 죽었으니 아아! 이 또한 슬픈 일이다.

얼마 후에 왜놈들의 많은 배들이 무리지어 출발하니 배는 남하하여 영산창(榮山倉) 우수영을 지나 순천 예교(曳橋)에 이르렀다. 판축(板築)은 이미 갖추어져 해안에 축성하니 높이는 하늘을 가르는 듯하였다. 무리지은 왜선만이 거기에 정박하고 오직 포로들을 실은 배 100여 척은 모조리 해양 중에 떠 있었다. 대체로 포로가 되어 오늘에 이르기까지 무릇 9일이 되었고, 그간에 물 한 모금을 마시지 않았건만 아직 죽지 않으니 실로 목숨의 질김이란 이러한 것일까?

뒤에 온 남녀의 태반은 친구들의 가족이었으므로 비로소 양우상(梁宇翔)의 전 가족이 몰사하였음을 알았다. 그날 왜녀가 밥 한 그릇을 사람들에게 나누어 주었는데 쌀이 탈곡이 되지 않았고 사석이 반은 섞여있는데다가 이상한 냄새가 코를 찔렀건만 워낙 굶주린 참이라 씻은 듯 가려먹음으로써 허기를 달랬다.

야밤중에 옆의 배에서 곡성이 그치며 노래 소리가 들렸는데 옥을 깨는 슬픔이었다. 일가의 전몰로 두 눈의 눈물마저 말라버렸건만 이 밤에는 눈물로 옷소매가 온통 젖었다. 시 한 수를 읊으니

님 그려 우는 여인
달빛도 유난한 밤.
눈물이 바다 되어
뱃전을 적시나니
이 설움 저 설움 얽혀
헤어날 길 없어라.

이튿날 왜선 한 척이 스쳐 지나가는데 급히 "영광사람! 영광사람!"하고 부르는 소리가 들렸다. 중형수가 나가서 물은 즉 그는 애생의 어미였다. 나누어 탄 후로 이미 귀신이 된 줄로만 알았는데 비로소 산 줄을 알게 되었고 애끊는 애소는 귀로는 차마 들을 수가 없다. 이로부터 밤마다 통곡하니 비록 왜놈들이 난타를 하여도 멈추지 않는지라 마침내 굶어죽고 말았다는 소식을 듣게 되었다. 드디어 한 수를 읊으니

아득한 바다에 달빛 어린 밤이어라.
눈물 섞인 찬 이슬에 옷깃이 젖네
넘치는 물결은 임 그린 눈물인가.
견우야 너는 알리라 너는 이 밤을 알리라.

중형의 아들 가련(可憐)이 나이 팔세에 기갈로 짠물을 마신 것이 병이 되

어 구토가 심하거늘 왜병은 바다 속으로 던지니 아비를 부르는 소리는 오래도록 끊이지 않았다. 애들이야 부모도 기댈 수 없다지 않았던가.

그다음 며칠 만에 처부와 두형은 몰래 나룻배 한 척을 타고 탈출하려다가 왜병에게 발각되어 곧장 신칠랑(信七郎)에게 잡혔다. 그날 밤 일가를 큰 배 한척에 태우고 사족자녀들을 다른 배에서 옮겨온 자 아홉이었다. 그 안에는 홍군옥(洪群玉)의 딸도 끼어있었다. 서로 옛이야기를 나누면서 통곡하였고, 처부의 시누이 우영(羽英)은 나이 13살로 미모를 갖추었는데 나누어 탄 후로 생사를 몰랐다가 그날 그녀도 돌아온지라 비로소 처부모와 함께 노비들도 다 함께 죽은 것을 알았다.

배는 이미 닻을 푸니 해도 따라서 기울었는데 그 밤은 안골포(安骨浦)에서 쉬고 이튿날 안골포를 떠나 때로는 남으로 또 때로는 동으로 가면서 대해를 가로지르는데 하루를 꼬박 지새웠다. 밤길도 쉬지 않고 이어졌는데 멀리 닭소리가 들리고 새벽녘 운무 중 대륙이 옆으로 뻗어있는 모습이 바라다 보이는데 곧 대마도(對馬島)였던 것이다.

집들의 제도가 다르고 의건(衣巾)도 다 이상야릇한지라 비로소 딴 세계가 된 것을 깨달았다. 남자로 태어나면 본래 상봉(桑蓬)의 무구(武具)로 천지사방을 쏘아 맞추어야 하거늘 뉘라서 자신이 왜국에 올 줄이야 알았겠는가?

풍우로 2일을 유숙하고 이튿날 또 한 대해를 건너 어느 육지에 도착한즉 곧 일기도(壹岐島)이다. 이튿날 또 한 바다를 건너 장산 대관시(長山 大關市)에 도착하니 곧 장문주(長門州)의 하관이다.

이튿날 또 한 바다를 건너 해안선을 따라가다가 또 한 대관시에 도착하니 곧 주방주(周防州)의 상관(上關)이다. 바다와 산이 그림과 같고 감귤이 햇빛에 번쩍이나 아깝게도 여기는 귀굴(鬼窟)이 아닌가.

이튿날 한 바다를 건너 이예주(伊豫州)의 장기(長崎)에 도착한 후 배를 버리고 육지에 올랐다. 주림과 피로가 극심하여 10보에 아홉 번은 넘어지고 여섯 살 난 계집아이는 제대로 걷지도 못한다. 처와 처모가 번갈아가면서 등에 업고 한 냇물을 건너나가 문득 물속으로 넘어졌지만 다시금 일어설 기력조차 없다. 해안선 언덕 위에 왜인 한 사람이 눈물을 흘리면서 부둥켜 세우더니 "애처롭다 대합(大閤: 豊臣秀吉)은 이런 사람들을 포로로 잡아다가 장차 무엇에 쓰겠다는 것일까? 어찌 천도가 없으랴."하고 급히 제 집으로 달려가더니 기장밥과 차로 일가족을 공양하니 비로소 이목이 트인다. 왜놈 중에도 성품이 이와 같은 자가 있는 것을 보면 그들의 죽이기를 좋아하는 기풍은 특히 법령으로 강요하기 때문이리라. 왜놈들은 수길(秀吉)을 대합이라 부르므로 이렇게 말한 것이다.

십리쯤 가다가 이예주 대진성(大津城)에 도착하자 거기에 유치하고 두 형과 처부의 가속들은 집을 함께 쓰되 거실만은 달리하였다. 적은 왜졸 한 사람, 왜년 한 사람으로 조석을 공급하니 밥과 국이 각각 한 그릇이요 생선이 한 마리였다.

섬 오랑캐가 사는 절역중(絕域中)이지만 형제가 함께 있도록 된 것은 그윽이 행운이 아닐 수 없다. 동지가 되자 울적한 마음 풀길이 없어 한 수 읊으니

> 지난해 이날에는 우리 님 뫼셨거니
> 엎드려 올린 술잔에 태평을 빌었더니
> 임 그린 일편단심 어디선들 잊으리오.
> 한줄기 솟치는 시름만 가슴 속에 어리누나.
> (「섭난사적」에서 발췌)

(2) 제2기: 대진성 시절

정유(1597)년 9월에 붙잡혀 대진성에 억류된 후 해가 바뀌어 무술(1598)년이 되었다. 정월 그믐께 비로소 명나라 대군이 도착하여 적병의 주둔을 소탕하였다는 소식을 들었고, 2월에야 비로소 적장들이 잇달아 항복하면서 목숨을 구걸한다는 소식도 들었다.

5월에 강항은 서울 죽사(竹肆)에 산다는 임진년 포로(성명미상)와 함께 서쪽으로 도망갈 것을 모의한 후 두 형과 더불어 밤길 80리를 걸었는데 두 발이 피로 낭자하였다. 판도현(板島縣: 지금의 宇和島市)을 지날 때 성문에다 대서로 써 붙여 왜국 군신들의 죄악상을 열거하여 천명(天命)의 소재를 들먹

이며 그들의 경각심을 돋웠다. 그 후 얼마 되지 않아서 적괴 수길이 제풀에 쓰러졌다. 강항의 말이 징험으로 나타난 셈이다.

3일간을 도망치다가 문득 좌도(佐渡)의 부하를 만나니 그들은 강항 등이 몰래 도망친 줄을 알고 판도시 문밖으로 끌고 갔는데 그곳은 적중의 형장이었다. 때마침 칼을 붙잡고 이를 저지시킨 후 대진성으로 돌려보냈다.

왜승 호인(好仁)이란 자가 있었는데 강항의 처지를 동정하여 예로써 대우하며 왜국의 지리지(地理志)를 보여주니 강항은 이내 이들의 지리와 직제(職制) 등을 등사하였고, 또 좌도의 집에 소장된 왜국지도를 통역을 시켜 모사하도록 하여 이들을 하나로 묶고, 게다가 적정과 방략을 서술하여 곤장 울산인 김석복(金石福) 편에 송부하여 조정에 도달하도록 하였다.(행장에서 발췌)

금산(金山) 출석사(出石寺)는 이예주에서 남으로 멀리 30리나 된다. 한 승려가 있는데 비전인(肥前人)이었다. 어릴 적에 조선에 가는 사절을 따라 우리나라에 와 본 적이 있었다. 우리들을 예우하며 부채에 시를 써달라는 청을 하였다.

대진성은 고산의 절정으로서 산 아래에는 장강이 흐르며 맑고 푸른 물이 둘레를 휘감고 있다. 매양 빈 성에 올라 서쪽을 바라보며 통곡하다가 멈추었다.

탈출을 시도하다가 판도성문에 붙인 대서의 내용은 아래와 같다.

> 너 일본 군신들은 명분 없는 군사를 일으켜 무죄한 나라를 정벌하여 그들 선왕의 종묘(宗廟)를 손상하고 그들 선왕의 능침(陵寢)을 파헤치며, 그들의 노예(老倪)를 참살하고 그들의 자제들에게 누를 끼치며, 그 참화가 개와 돼지에게까지 미쳤으니 곤충 초목과 같은 미물도 그의 도독(도毒)을 면할 길이 없다. 아마도 생민(生民) 이래 병화의 참상이 너희 군신들의 소위보다 더 심한 것은 없을 것이다. 너희들은 일월에 제사함으로써 길상을 구하기를 좋아하며, 석가를 존숭함으로써 복리를 구하기를 좋아하니 일월은 내 두 눈이라 이 세상의 선악을 소림(昭臨)함으로써 내게 고하여 화복을 주는 자니라. 석가는 내가 파견하여 생민의 사표가 되게 한 자로서 살상을 금하여 나의 호생(好生)의 뜻을 계도하게 하고 있다. 환해(環海)의 바깥도 다 내가 덮어 있고, 조선의 민생들도

다 나의 적자(赤子)니 너 일방의 군신이 이들을 진멸잔상(殄滅殘傷)하여 미쳐 유육(遺育)하지도 못하고 있다. 일월이 어찌 너희들에게 사사롭게 아부하랴. 석가가 어찌 너희 의가 아님을 받아들일 것인가? 접때에 경사(京師)의 성이 함몰되고 백성과 가축이 압닉(壓溺)하되 너희들은 깨닫지 못하고 금년에 동남 지방이 수재로 곡물이 영글지 못했지만 너희들은 증험을 깨닫지 못하니 너희들은 눈과 귀가 그처럼 멀었기 때문이다. 이제 동방주 석가모니불(東方主 釋迦牟尼佛)을 보내어 글로써 너희 모든 군신들에게 고하되 조선 유민들의 민생을 위하여 너희들 군신들에게 청명한다. 너희 군신들이 만일 각오하지 못한다면 나는 장차 해를 너희들에게 크게 내리고 조금도 늦추지 않을 것이다. 깊이 생각할지니라. 내 두말하지 않으리니 너희들은 후회함이 없도록 하라.

유월에 강항일행을 강제로 대판성(大坂城)으로 이송하고, 칠월에는 대판에서 또다시 복견성(伏見城)으로 옮기니 이곳은 괴수 수길의 새 도읍지였다.

⑶ 제3기: 복견성 시절

강항이 대판을 거쳐 복견성으로 옮겨온 후로는 항상 구금 중에 있는 것을 가엾게 생각한 수직(守直)한 왜놈이 형제·남매들끼리는 서로 볼모를 두고 만나게 하니 비로소 틈을 얻게 되었다. 이 시기에 가장 중요한 사실의 하나는 강항이 왜승 순수좌(舜首座: 藤原醒窩)와 적송광통(赤松廣通)을 만난 사실이다.(항을 달리하여 서술함)

경자(1600년)년 여름에 강항은 날마다 귀국할 것만을 도모하였지만 스스로 구제할 길이 없었고, 돈이 있으면 가히 사면될 수 있음을 안 강항은 순수좌를 통하여 글을 써준 삯으로 은전 50여량을 챙겨 김우정(金禹鼎)·신계리(申繼李) 등과 함께 몰래 배 한 척을 샀다. 준(濬)과 통역이 먼저 선소로 갔는데 물가에 있던 왜인이 좌도(佐渡)에게 알리니 졸개를 보내어 잡아다가 대판에다 가두었다. 통역 이하 모조리 죽이고 준 이하는 왜말을 모르고 남의 꾐에 빠졌다 하여 풀어주었다.

수길이 죽자 북교(北郊)에다 묻고 그 위에 황금전(黃金殿)을 지었다. 강항은 일찍이 그 곳을 지나면서 그 문에 글을 써 붙였다. "반평생 경영한 것이

흙 한 줌이요 십층의 금궁전도 부질없이 높도다. 탄환도 또한 남의 손에 쥐어졌거늘 뭣하러 조선땅을 침범했던가?" 순수좌가 이 글을 보고 "왜 자신의 몸을 돌보지 않소?"라 하였다.

적왜들은 우리나라 사람들의 코를 베어 한 구릉마냥 쌓았는데 강항의 제문 중에는 "코 귀는 서쪽으로 솟았고, 긴 뱀은 동쪽에 감추었도다. 제(帝)의 건육(乾肉)은 소금으로 절였고 썩은 고기는 향기롭지 않도다."라는 말이 있는데 강항은 비분이 중심에 쌓여 말씨가 격발하므로 비록 범의 입 안에 들어있다 하더라도 조금도 꺼리지 않았다. 때로는 손수 적왜를 손으로 쥐어박음으로써 그들의 노여움을 사는 일이 있었지만 그들도 강항의 의기에 복종하여 감히 가해하지 못하였다.

강항은 적중의 허실을 탐지하기 위하여 항상 여러 중들과 교유하였는데 그들 중에서 문자를 해독하는 자는 경중(敬重)하지 않는 자 없었다. 왜 속에서 관백(關白) 이하 모두 스승으로 떠받들었다. 강항이 그동안 죽음을 면한 것도 다 그들 승려의 덕이었다.

순수좌는 왜장 광통(廣通)의 사부로서 매우 총명하고 사리에 밝았으며 경서에도 통하지 않는 것이라고는 없었다. 실상 중국과 우리나라의 기풍을 흠모하여 특히 강항을 후대하며 경애하였다. 광통 또한 경서를 좋아하며 예속을 본받되 모두 강항의 뜻을 따랐다. 육경(六經)의 대문자를 복사하도록 요구하여 은전으로 보상함으로써 귀국의 노자로 쓰게 하였다.

경자(1600)년 봄에 강항은 좌도(佐渡)에게 서한을 보내 "열 식구 공양에 너희들 이익도 되지 않고 4년 동안 외롭게 갇혀 있으니 나도 죽는 것만 못하다. 만약 죽이고 싶지 않거든 문밖으로 나가게 해 달라. 출문을 허락하지 않는다면 살고 싶은 마음이 조금도 없다."하니 왜승 경안(慶安)이 힘써 좌도에게 권하기를 "부모를 생각하고 고향을 그리워하는 것은 피차가 일반이니 혹시 출문을 허락한다면 혹시 귀국의 편이 있을지 모른다." 하자 좌도는 이내 허락하였다.

강항은 풀려나오자 곧장 이미 서로 약속했던 사람들을 불러 준비해 둔 은전으로 배와 식량을 준비하여 싣고 귀국길에 오르려고 할 무렵에 순수좌가 광통에게 서장(書狀)을 청하여 뱃길과 관시(關市)에서 조사당할 것에 대비하여 주었고, 또 뱃사공 중에서도 물길을 잘 아는 자를 보내어 항해를 인도하게 하여줌으로써 대마도까지 도착하게 되었다.

강항은 드디어 두 형과 가족 10인을 데리고 탈출을 약속했던 자 30여인과 함께 사월에 왜경(倭京)을 출발하여 5월에 부산에 도착하였다. 우리나라 사람으로 귀국을 바라면서 이를 망설이는 사람들을 위하여 '고부인격(告俘人檄)'을 써서 돌아가는 왜놈 편에 보내주었다.

3) 세 사람의 인연

강항은 정유년 8월에 포로로 잡혀 일본 사국 대진성(日本 四國 大津城)에 억류되었다가 이듬해 무술년 6월에 대판성을 거쳐 복견성으로 이송되었다가 경자년 오월에 부산으로 귀국할 때까지 햇수로는 4년이요, 만으로는 약 2년 10개월의 세월을 왜국에서 보냈다. 강항의 대진성 시절은 이미 위에서 상술한 바 있거니와 그의 복견성 시절이야말로 강항 스스로도 기대하지 않았던 큰 자취를 역사에 기록하게 되었으니 그것은 다름 아닌 강항과 순수좌인 등원성와(藤原醒窩)와 적송광통(赤松廣通)의 만남이라 이르지 않을 수 없다.

(1) 등원성와(藤原醒窩)

『간양록(看羊錄)』에서는 순수좌라는 이름으로 기록되는 인물로서, 강항의 교화에 의해 일본에서 신유학(新儒學)으로서의 주자학(朱子學)을 창도한 최초의 학자가 되었다. 등원성와의 이름은 사(事), 자는 염부(斂夫), 성와(醒窩)는 그의 호로서 다른 곳에서는 시립자(柴立子), 옥호(屋號)를 묘수(妙壽)라 하였으니 이는 그가 승적을 가졌을 때의 일이다.

성와와 강항과의 교류 이전에 있어서, 성와는 순수좌라는 승명으로 행세하였다. 그렇다고 해서 학문은 불교에 국한되지 않고 유학일반에까지 널리 미치고 있었다. 이에 우리는 그를 이해하기 위해서 강항과 만나기 이전 그의 행적을 약간 알아둘 필요가 있다.

그가 소년기에 있어서는 불교의 선학(禪學)을 수업한 것으로 알려져 있다.

임진왜란 직전에 조선통신사로 정사 황윤길(黃允吉), 부사 김성일(金誠一), 서장관 허성(許筬)이 일본에 파견된 일이 있는데 이때에 서장관 허성이 순수좌를 위하여 '시립자설(柴立子說)'을 지어준 일이 있다. 여기에 그 전문을 싣기에는 너무 길어 이를 생략하는데 허성은 이 시립자설에서 교묘하게 유교사상을 가지고 시립(柴立)의 뜻을 설명하면서 유교와 불교는 단연코 불상용(不相容)의 상극관계임을 순순연하게 논술하였다. 말하자면 엄격하게 노불비판(老佛批判)의 저의를 감춘 채 유교 본래의 입장을 밝힌 것으로 볼 수 있다. 유불일치(儒佛一致) 유석불이(儒釋不二)의 사상적 전통 중에서 성장한 성와로서는 이와 같은 자기 자신의 시립자에 빙자한 유교론에 대하여 크게 감동을 받지 않았나 싶다. 이는 그의 사상체계가 불교에서 유가에로 이동하는 첫 계기가 되었다고 보아야 할 것이다. 그리하여 전국시대를 겪어온 젊은 청년승 순수좌는 평화로운 조선이나 중국의 유교문화에 크게 감동한 것만은 틀림이 없었다고 보아야 할 것이다.

그 후 명사 사용재(謝用梓)·서일관(徐一貫) 등과의 필담을 주고받은 것에 관하여서는 생략하는데, 그 결과 풍신수길이라는 무장이 지배하는 자기나라를 비하·비판하면서 대륙에의 흠모의 정을 더욱 굳히었다. 그리하여 그는 신유학에 대한 지향(志向)을 더욱 강하게 간직하였다.

명나라 사신들을 만난 후로 그는 덕천가강(德川家康)의 초청으로 강호(江戶)에서 『정관정요(貞觀政要)』를 강의하였다. 이로써 덕천 강호막부(德川江戶幕府)가 유학을 장려하게 된 단서가 됨으로써 그는 점차 선승으로서의 임무를 소홀히 하고 차츰 유가 쪽으로 경도하게 되었던 것이다.

그런 까닭에 그는 강호에서 경도(京都)로 돌아오자 환도소연(環堵蕭然)히 성현의 책을 읽음으로써 그의 생활의 근거가 된 사원을 잃고 생활마저도 불안정한 상태에 빠지게 되었다. 그리하여 적송광통의 도움으로 송명(宋明)의 성리서(性理書)도 강독함으로서 이제는 유학을 매개로 하여 성와와 광통과는 뗄 수 없는 우의로 굳게 맺어지게 되었다.

이렇듯 선승에서 유자(儒者)로의 변신 과정에서 역사적 정세가 이들 삼자의 기연을 맺게 하였던 것이다. 맨 처음 새롭게 유자로 태어나기를 결심한 성와는 적송씨와 함께 강항으로 하여금 신주(新注)에 따른 사서오경의 훈점본(訓點本) 간행을 시도한 것을 들 수가 있다. 이 때 필사한 사서오경은 강항 3형제를 위시로 한 10여인이 참여한 듯하다. 다행히도 이 필사 원본이 전화를 피하여 일본 내각문고(內閣文庫)에 보존되어 있으며 국내에서는 그것의 복사본도 아직 찾아볼 수 없다.

이때에 이루어진 강항의 유문(遺文), 유필(遺筆)은 다양하므로 그 목차만을 표기하면 다음과 같다.

1598년: 歷代名醫傳略序(同書 所收)
1599년: 五經跋(醒窩藁續 卷三 所收)
동 년: 文章達德錄綱領序(같은 곳)
동 년: 袖珍本四書五經跋
동 년: 曲禮全經識語
동 년: 小學識語
1600년: 通書識語
동 년: 正蒙識語

이 밖에도 연대미상의 「시상와기(是尙窩記)」·「성재기(惺齋記)」 등이 있다.

그들과 나눈 시문은 『간양록』에 실려 있으니 적지에서나마 풍류로 마음을 달랜 일면을 엿볼 수가 있다.

이 시기에 등원성와는 송학(宋學)에 접근하였을 뿐 아니라 더욱 더 신유학에 심취하게 됨으로서 일본 신유학 창도의 선구자가 되었음은 다시 말할 나위도 없다.

(2) 적송광통(赤松廣通)

적송씨의 인물에 관하여 대강 기록하면 다음과 같다.

그의 조부는 하야수(下野守)로서 풍신씨에게 종군하여 공을 세웠다. 그러나 덕천(德川)시대로 옮긴 전란(關原役이라 함)에서 패하여 스스로 목숨을 끊으니 39세였다. 그러나 우리는 그러한 무인으로서의 적송씨 보다는 등원씨와 더불어 포로 강항의 원조자로서 더욱 돋보이며, 그가 공자의 유도에 깊이 심취한 점이 가상한 것이다. 『간양록』에는 성와가 강항에게 다음과 같이 말하고 있다.

> 일본의 장관(將官)은 모조리 도적이지만 오직 광통만은 사람의 마음을 갖고 있다. 일본에는 본래 상례(喪禮)가 없었지만 광통만은 3년 상을 치루고 중국과 조선의 예(禮)를 좋아하여 의복이나 음식에 이르기까지 반드시 중국과 조선을 본받으려고 하였다.

그리하여 그는 자기 저택의 한 방을 치워 공자의 위패를 모신 후 석전제(釋奠祭)를 모시고 과거제도를 시행하기 위하여 그 내용 등을 강항에게 물어 이를 실시하려고 하였다. 이로써 그는 비록 학자는 아니라 하더라도 유학진흥에 따른 그의 공은 일본에 있어서는 적어도 등원씨와 더불어 불멸의 자취를 남겼다고 이르지 않을 수 없다.

등원성와가 드디어 귀유(歸儒)를 선언하게 된 당시의 상황을 아부길웅(阿部吉雄)씨의 글을 빌어 요약하면 다음과 같다.

> 성와·광통·강항 등 삼인이 교유한 시기는 성와의 사상전환기인 동시에 일본의 정치도 전환기를 맞았던 시기였다. 사월에 강항이 귀국한 후 6개월이 되자 천하의 형세는 일변하였고, 9월 15일 소위 관원역(關原役)의 대회전은 급기야 광통의 자결로 종말을 고하였다.
>
> 성와가 맨 처음 심의도복(深衣道服)을 걸치고 덕천가강(德川家康)의 이조성(二條城)으로 알현한 것은 9월(12월 설도 있음)로써 이때는 광통이 조취성(鳥取城) 공략을 위하여 출발하던 때를 전후한 시기이기 때문에 성와의 심중은 더할 수 없이 착잡하였을 것임에 틀림이 없을 것이다. 아니나 다를까 가장 측근의 학승 승태(承兌)·영삼(靈三)과 격돌하기에 이르렀다. 당시 문교의 실권을 장악한 승사록(僧司錄)의 요직에 있던 승태는 성와의 환속한 모습을 보고 참 길을

버리고 환속한 것은 선림(禪林)을 위하여 애석한 일이라 하고 혹은 이해(利害)로 유인하기도 하였으며, 명나라에로의 파견을 권유하기도 하여 환속을 중지하도록 하였지만 성와는 이를 단호하게 거절하였다. 불자의 입장에서 말한다면 진체(眞諦)와 속체(俗諦)가 있고 세간(世間)과 출세간이 있으나 자기 쪽에서 말한다면 인륜은 다 진(眞)으로써 아직 군자를 일러 속(俗)이라고 한 말은 들어본 적이 없다고 하였다. 이 시기가 바로 성와가 천하에 환속을 선언한 때가 아닌가 싶다. 학문이 사원(寺院)으로부터 이탈한 단서가 여기에서 열리게 된 것이요, 내세지향적 불교의 세계관이 부정되고 새롭게 현실사회의 질서 인륜도덕을 주로 하는 세계관이 공공연하게 창도되기에 이르렀던 것이다.

이에 사서오경의 필사로부터 비롯한 삼인 교유의 성과는 성와의 심의도복에 의하여 일본은 신유학(新儒學)의 새 시대를 맞게 된 것이다.

4) 신유학(新儒學)의 성격

강항에 의하여 신유학으로 전신한 성와의 학문은 어떠한 방향으로 발전하였을까? 이는 강항은 이미 귀국한 후의 일이요, 뿐만 아니라 그의 역사적 발전은 삼인의 교유의 결과로서는 아무도 예측불허의 경지이기도 했던 것이다. 성와는 신유학 곧 근세 주자학의 개조(開祖)가 되기는 하였지만 그의 학풍은 주자학 만을 유일절대적인 것으로 신봉하지는 않았다. 육왕학에 관하여서도 안식을 넓히었고 한당시대(漢唐時代)의 주소에도 그 가치를 인정함에 있어서 조금도 인색하지 않았다.

그러나 학문의 중심은 어디까지나 주자학에 두고 그의 주자의 '연평문답(延平問答)'을 가장 존신하여 이를 그의 수제자 임라산(林羅山)에게 전수하였다. 등원씨를 일본 근세 주자학파의 개조라 한다면 임라산이야말로 이의 계승 발전 대성한 자라 이르지 않을 수없다. 특히 질적 면에 있어서도 성와는 전통적 유불일치사상에서 유교를 불교에서 분변하였으나 그의 박학벽은 주륙절충적(朱陸折衷的)이요 때로는 용육(用陸)의 일면이 없지 않았지만 임라산에 이르러서는 주자학만을 신봉함으로서 불교는 물론 육왕학까지도 배격하였다는 점에서 그의 스승 성와와 학풍을 달리하고 있다. 그러므로 어떤 의미에서는 일본 근세 주자학은 임라산(林羅山)에 의하여 그 기초를 굳게 다져 놓기에 이르렀다고 해야 할 것이다.

덕천막부가 들어서자 앞서도 잠깐 언급한 바 있거니와 성와는 스님 승태(承台) 등의 유혹을 물리쳤지만 임라산은 덕천씨의 막부와 협력하여 신유학 진흥을 위하여 크게 기여하였다.

그야말로 임라산은 정력적으로 광범위한 독서영역을 확대하였으니 우리나라의 서적류만을 대충 열거한다 해도 이회재(李晦齋)의 『중용구경연의(中庸九經衍義)』·이이의 『격몽요결』·이황의 『주자서절요』·권근의 『입학도설』·『남추강집(南秋江集)』·「천명도설(天命圖說)」·『성학집요(聖學輯要)』·『유선록(儒先錄)』·『동국사기(東國史記)』·『표상록(漂湘錄)』·『속몽구(續蒙求)』·『전등신화(剪燈新話)』 등을 기록할 수가 있다. 그의 학문은 중국과 조선에서 새롭게 발흥된 사상과 학술을 그는 최대한의 노력으로 이를 충분히 흡수하여 그것을 일본의 현실(유불전수 내지는 국정 쇄신)에 적응하여 사상의 혁신과 지식의 향상에 위대한 공적을 남기었던 것이다.

이 시기에 특히 우리의 주목을 끄는 것은 그가 이황의 「천명도설」에 깊은 관심을 기울인 나머지 이를 그의 스승 성와에게까지 빌려주고 「발문삼칙(跋文三則)」까지 씀으로서 퇴계의 이기설에 마음을 두게 되었다는 사실이다. 이는 주자학을 매개로 하여 퇴계학의 일본 유입을 의미하는 자가 아닐 수 없다. 이는 후일 일본에서의 산기암재(山崎闇齋)와 같은 퇴계 신봉자를 배출하게 된 역사적 배경을 이루는 자로 평가해야 할 것이다.

이로써 굳이 일본 근세 주자학의 계보를 작성한다면 다음과 같은 계열이 이루어질 수 있을 것이다.

주자 - 퇴계 - 강항 - 성와 - 임라산 - 산기암재

이제 여기서 결론적으로 강항의 공적을 다시 말하면 등원성와가 일본 문화사에 끼친 공적이 어떻게 평가되어졌는가를 알기 위하여 일본에 있어서

고학파의 태두 적생조래(荻生徂來)의 다음과 같은 지적을 음미해 봄직하다.

> 왕인(王仁)씨가 있은 연후에 백성들은 처음으로 문자를 알게 되었고, 황비(黃備)씨가 있은 연후에 경예(經藝)가 처음으로 전하게 되었고, 관원(菅原)씨가 있은 연후에 문사(文史)를 송독하게 되었고, 성와씨가 있은 연후에 사람들이, 말하면 곧장 천(天)을 칭하고 성인을 말하게 되었다.(『조래집』 28)

라 하여 왕인·길비진비(吉備眞備)·관원도진(管原道眞)·등원성와 등 4명을 일본 문화사상 4대 공로자로 지목하고 있다. 이 4대 공로자 중 최초의 왕인과 최후의 성와가 한 결 같이 조선 문화와 깊은 관련이 있다는 사실은 실로 우리의 흥미를 돋우고 남음이 있다 이르지 않을 수 없다.

5) 수은의 저술

이제 끝으로 강항이 남긴 문집을 살펴봄에 있어서 우리는 적어도 이를 두가지 측면에서 살펴보지 않을 수 없다. 그것은 그가 그의 모국에서의 저술활동을 집성한 문집과 아직 고국에 소개되지 않은 일본에 있는 자료에 따른 문집(아직 미간)을 의미한다.

전자에 관해서는 『운제록(雲堤錄)』·『건거록(巾車錄)』: 나중에 『간양록』으로 개제함)·『강감회요(綱鑑會要)』·『좌씨정췌(左氏精萃)』·『문선찬주(文選纂註)』 외에 『수은집(睡隱集)』(6권)이 있다.

이 중 『간양록』은 국역 및 일본어역이 간행되었고 『수은집』 또한 국역본이 출간되었다. 『수은집』에는 시(詩), 부(賦), 전(箋), 계(啓), 상량문(上樑文), 제문(祭文), 명(銘), 소(疏), 문(文), 서(序), 기(記), 서(書), 잡저(雜著), 행장(行狀), 묘지(墓誌), 묘비(墓碑) 등이 수록되어 있고, 별집으로 시(詩), 부(賦), 기(記), 표(表), 의(議), 설(說), 책(策), 행장(行狀), 시(詩), 서(書), 제문(祭文), 초(招), 제묘문(祭墓文), 사우상량문(祠宇上樑文) 등이 있다. 『간양록』에는 서(序)와 아울러 적중봉소(賊中封疏), 왜국팔도(倭國八道), 왜국백관도(倭國百

官圖), 기내오국(畿內五國), 고부인격(告俘人檄), 예승정원계(詣承政院啓), 섭난사적(涉亂事迹), 지도(地圖), 발(跋) 등이 있다.

강항의 재외 문집으로서 일본 내각문고에 소장 중인 강항휘초 16종의 내용을 소개하면 다음과 같다.

〈 사서(四書) 〉

1. 大學 1책 附姜沆跋
2. 中庸 1책 附姜沆跋
3. 論語 1책 附姜沆跋
4. 孟子 2책 附姜沆跋

〈 오경(五經) 〉

1. 易 2책 合朱子本義 附姜沆跋
2. 書 1책 附姜沆跋
3. 詩 1책 附姜沆跋
4. 禮記 現存2책 缺제1책 附姜沆跋
5. 春秋 2책 附姜沆跋

〈 성리제서 7종(性理諸書 七種) 〉

1. 曲禮全經 1책
2. 小學 1책
3. 近思錄 1책
4. 近思續錄 1책
5. 近思別錄 1책
6. 通書 1책
7. 正蒙 2책

6) 원문 번역

여기서 강항의 대표작인 「고부인격」을 해석하면 다음과 같다.

포로들에게 알리는 격문 告俘人檄

슬프다. 같은 날 같이 못 죽고 사는 사람이 여기에 여러 동지들께 한 말씀 아뢰려 하는 것은 이렇듯 애달픈 유리(遊離)의 신세들이지만 다 같이 추로(鄒魯)의 문화에 젖은 향토의 여러 교육기관을 통해 나왔고 거기서 낳고 거기서 자란 사람들 때문입니다. 우·탕·문·무, 주공·공자의 도를 보아 알고 들어 알지 않은 이는 없으리다. 문화와 야만의 구별이란 입이 다르고 귀가 먹먹할 지경이며, 군왕을 존경하고 웃어른을 모시는 뜻은 밖으로 피어나고 마음속에 가득하리다. 더구나 국은(國恩)이 뼈에 젖어 사람들의 가슴 속에서 사라지지 않고 조부나 아비 이상 때부터 예닐곱 분의 성군이 나셨으며, 아들이나 손자 때에는 다시 삼십년의 은육(恩育)을 이어 받았으니 2백년 오랜 세월의 일을 천만대가 된들 잊을 수 있겠습니까? 이제 국운이 불행하여 이처럼 다난한 시절임을 생각할 때 풍형예대(豊亨豫大)의 시절은 끝이 나고 태왕비래(泰往否來)로 뒤바뀌려 하니 많은 무리 넓은 땅에 망나니의 싹이 트고 역적들의 선동과 재화가 벌써 나타나 보입니다. 문(文)은 덤덤하고 무(武)는 장난 같아서 군정을 혁신하지 못했기에 이런 병화를 당한 것입니다. 보시오! 저 이(齒)에는 칠을 칠한 더러운 고장, 정말이지 눈은 가로 찢어졌으나 괴이한 작자들, 우(禹)왕도 못 와 본 곳 주궤(周軌)와도 같잖은 곳, 안사고(顔師古)는 그의 화이도(華夷圖)에도 싣지 않았고 유종원(柳宗元)은 그의 풍토기(風土記)에서 빼 놓은 곳 입니다. 뻔뻔하게도 해에서 나온 천자라 하면서 몰래 해외로 떨어진 고장에다 임금을 바둑 놓듯 박아 놓고 난신적자(亂臣赤子)만이 잇달아 우글우글합니다. 사람을 풀에 벌레같이 여기기 때문에 참혹한 형벌만을 눌러 씌웁니다. 적과 수길(秀吉)이는 이리 떼 같은 마음씨로 벌레 같은 추물이매 땅벌레가 큰 차를 떠밀듯 해를 보고 화살을 쏘듯 실컷 먹어 보자는 생각에서 우리나라 태평이 길고 장정들의 군사훈련이 부족한 틈을 타고 여러 해 기근으로 창생이 길거리에서 구르고 있는 것을 기화로 먼저 침략의 군졸을 이끌고 약육강식의 계획을 세워 마구 삼켜 보려하였으니 가축이란 가축은 새끼조차 남은 것이 없으며, 초목 곤충도 쓰라린 독기에 시달리고 말았습니다. 국가의 원수로 따져 본다면 우리의 사직을 불사르고 우리의 궁안에서 버티며, 구중궁궐 성가에서 난데없는 불빛의 꽃바다를 보아야 하고, 누대로 내려오는 능터에 도둑이 들어 한 줌 흙으로 남고, 유능한 인재는 모조리 전쟁터의 원혼으로 사라지며 왕자가 흰 옷으로 밤이슬에 눈물을 짓는 그러한 슬픔은 이 나라 백성으로는 원통히 생각하지 않을 수 없으며, 피 끓는 사람이면 뉘라서 이런 감정이 없겠습니까? 우리들 자신의 일을 살펴보면 우리의 가묘를 불사르고 우리의 선영을 파헤치고 남녀노약을 잡아다가 놈들의 칼부림의 희생이 되게 하여 어여쁜 어린 것들이 창끝에 꽂히어 춤을 추며 살고 죽는 건 말도 못 내며 형제끼리 서로 위급을 돕지 못하매 인륜의 화가 이러하니 골육의 정을 어찌 끊을 수 있으리오. 겨우 살게 된 놈은 그대로 잡아다가 제아무리 귀공자라도 원수의 더부살이를 만들고 규중처자들도 모조리 되놈 집종으로 만드니 옛날의 고운 모습은 찾을 길이 없고, 한관 위의(漢官 威儀)는 어디로 갔을까? 머리는 깎이고 옥에 가두어 갖은 곤욕에 울게 하니 원한이 사무쳐 하늘도 떠는 듯합니다. 정기(精氣)는 씻은 듯이 없어졌으니 나는 신복(臣僕)이 되려 하지 않고, 송나라 미자(微子)의 말씀을 명념해야겠습니다. 죽어서 되놈의 땅에 묻히어 이소경(李少卿)같은 귀신이 될 수 있겠습니까? 하물며 고향을 그리워함은 만물의 정이니 촉(蜀)새도 돌아가기를 재촉하고 넘나드는 새도 남쪽 집을 향하니 날짐승이 그렇고 여우는 언덕으로 향하고 말은 북으로 가니 땅 짐승도 그렇습니다. 하물며 지혜 있는 사람으로서 그 근본을 찾을 마음이 없겠습니까? 이 언덕 저 두덕에서 부모가 우리를 찾으시는 모습이 역력하고 이 물결 저 고개에서 어린애들 낚시질 놀음도 생각나오. 부슬비 자는 연기 모두가 마음을 상해 주는 빛이 아닙니까. 우는 닭 짖는 개 모두가 창자를 끊는 소리요. 덤불에 묻힌 선영에 한 종기 보리밥인들 누가 올리며 거치러진 마을 정자에는 삼년 들어 기장이 널렸으니 어떻게 느티나무 우거지겠소? 서늘한 가을 들녘에선들 차마 떼지어 노래할 수 없고, 늦은 봄 강남에는 멀리 아롱진 꽃송이 그득할 것을 생각하니 슬프기만 합니다. 우리 같은 유리의 신세로 어찌 애통하고 분한 생각이 없겠습니까. 이 사람은 본래 강남의 귀족이요 머리를 쪽지고 육경(六經)을 외웠으니 군신의 대의는 어렴풋이나마 알기는 압니다. 그래서 세 가지 안책을 만들어 알렸지요. 일찍이 일월의 빛에 의거함이라 털 오라기도 모두 국은인 것이요. 이마에서 발끝까지 다 임금이 마련하여 주신 것이니 겨우 4년 만에 6품의 벼슬에 올랐으니 나라인들 잊을까, 임금인들 잊을까. 뱀을 움켜쥐고 범의 등을 타는 일도 싫어 않으리. 살고도 싶고 의롭고도 싶다면 물고기를 버리고 곰의 장심(掌心)을 가려서 차지할 줄도 알리라. 임금을 도울 힘은 비록 약하나 해를 우러르는 정성은 항상 절절함이여, 뜻밖에 흐르는 물살에 노가 부러져 붙잡힌바 되었으나 어느 때인들 털 오라기 목숨을 아낄 거야 있겠소. 여드레를 굶어도 한 목숨은 그래도 붙어 있으니 죽지 않는 것은 쓸 데나 있을까 해서일까요. 자결하여 버린다고 치욕을 씻는 것은 아닌 것입니다. 비수를 품고 교하(橋下)에 엎드려 조맹(趙孟)의 원수를 갚듯 사중(沙中)에서 철퇴를 들고 장량(張良)의 분을 풀듯 진(秦)을 진(陳)에서 부신 후 양양자사(襄陽刺史)를 돌아오게 한 거나 관서(關西)에서 하사(夏師)를 빌어다가 부(鄜)에서 공을 세운 연부장(延副將)의 장한 뜻. 이런 따위는 모두 평소의 맺힌 바 있는 데에서 우러난 것이니 귀신께 물어도 알 수 있는 일입니다. 하물며 조벽(趙璧)이 아직 완실하고 한절(漢節)이 아직 그대로 있거늘 저양(羝羊)을 안 길러도 19년의 소중랑(蘇中郎)이 될 수 있고 미산(彌山)에서 말을 기르면 어찌 수만 중(衆)의 위률(衛律)을 참아 낼 수 있겠소. 흰 머리로 귀국 할 것을 생각하되 흑두(黑頭)로 귀가하려는 생각조차 안하오. 사람의 목숨이란 닭이나 돼지 같고 몸은 나무나 돌이 아닙니다. 바다 밖 푸른 언덕을 가리키면 산천이 아득하고 하늘 끝 흰 구름을 바라보면 가슴이 설레는구려! 애끓는 임금의 조서(詔書) 외우던 것이 아직도 귀에서 넘치며 용봉 같으신 임금의 모습이 눈앞에 계신 듯합니다. 하늘께 물어 고개를 들고 땅을 두드리며 주먹을 쥐고 이겨낼 계책만 선다면 사람의 힘으로 될 수 있는 것입니다. 돈만 있으면 귀신도 부릴 수 있으니 동해에 어찌 징검다리가 없겠습니까. 물결을 뚫고 오기도 어려울 것 없으니 서녘 바람도 힘을 빌려 줄 것이오. 배 부리기란 말 부리기 같은 것 어찌 그만한 사람이 없겠소. 적을 잡자면 먼저 그의 왕을 사로잡기도 어려울 것 없지요. 여씨(呂氏)가 되어 우단(右袒)하되 누가 역순(逆順)의 분을 모르겠소. 관중(管中)이 아니면 좌임(左衽)할 뻔 하였다 함은 모두 존왕양이(尊王攘夷)의 뜻을 알게 하려 함이니 멀리 남의 나라에 의탁하려 하지 말고 모두 세 번 사느니 보다 의(義)가 중함을 알아야 합니다. 성패는 하늘의 뜻이니 역도(逆睹)하기 어려우나 정성이면 해도 뚫을 것이오. 반드시 성공하리니 나는 두 말을 안 합니다. 한 번 힘을 모아 보시오. 무왕은 어진이로 폭군을 정벌하였으되 백이와 숙제는 서산에 들어가 굶었으며 영진(嬴秦)이 국례(國禮)를 버리니 상공 중련(仲蓮)은 동해를 밟아 넘으려 하였지요. 해바라기도 해를 보면 목을 숙이나니 사람이 되어 초목만도 못하리까. 되놈의 산에는 들어가지 않음이 복이려니와 문화가 야만으로 변한다는 것은 부끄러운 일입니다. 말과 글로 이루다 뜻을 펴지 못하노니 격문이 도착하면 글대로 따르시오.[10]

---

10 『간양록』, 「격(檄)」, 〈告俘人檄〉. 嗟我一介未亡之人. 告爾同盟有志之士. 哀此流離瑣尾之屬. 盡出文明鄒魯之鄉. 術序學校家塾黨庠之中. 盡是生於斯長於斯者. 禹湯文武周公孔子之道. 莫不見而知聞而知之. 內夏外夷之分熟口順耳. 尊君親上之志暢外弸中. 矧國恩之已深. 在人心而不泯. 自乃祖乃父以上. 親逢六七作聖君. 於若子若孫之身. 更承三十年之恩育. 蓋二百歲之久. 雖千萬世可忘. 豈意我生之多艱. 逢此國運之不幸. 豐亨豫大之欲未. 泰往否來之交承. 物衆地大孼芽其間. 旣見逆賊之煽禍. 文恬武嬉兵革不用. 竟致戎馬之生郊. 顧玆漆齒之陋邦. 實是橫目之異類. 禹迹之所未訖. 周軌之所不同. 顏師古今載華夷圖. 柳宗元亦遺風土記. 僭稱日出底天子. 竊據海外之地方. 置君如奕棋. 亂臣賊子接迹於後世. 視人若草芥. 薄物細故並斮於淫刑. 賊魁秀吉. 豺狼禍心. 蜑蠻醜種. 依豢牽之舊主. 旣作桃蟲之拚飛. 抗螳螂之大車. 敢注射日之毒矢. 犬馬之心不若. 溪壑之求無饜. 乘我家百年昇平. 白丁不習兵革. 幸我家累歲飢饉. 蒼生多轉街衢. 先擧侵沅徂共之師. 敢爲滅虢取虞之計. 雞豚狗彘靡有孑遺. 草木昆蟲並被荼毒. 蓋以國家之讎言之則焚燒我社稷. 汚穢我郊畿. 夷我左城右平. 據我南宮北內. 九重城闕忍見三月紅. 十世園陵終盜一壞土. 兵符黃石老. 幾作戰場之冤魂. 玉子白衣行. 久詠旄丘之泥露. 爲臣子不忍言之痛. 有血氣者孰無是心. 以一身之讎言之. 則燒夷我家廟. 撥掘我先塋. 劫掠其耄倪. 係累其子弟. 劍下橫分. 盡顧我復我之遺體. 槊上盤舞. 皆婉兮變兮之孩兒. 鳳凰枝頭. 罔保死生之成說. 鶺鴒原上. 不堪兄弟之急難. 人倫之禍有如是焉. 骨肉之情烏可已也. 其免於殺戮者. 又從而生致之. 崔盧王謝之兒. 半屬讎人之役. 欒

7) 睡隱集 目錄

〈 文集 〉

序

恩津 宋時烈

卷之一

詩: 五言古詩 - 田家卽事 三首, 又 二首 外5首 / 七言古詩 - 上山去 外11首 / 五言律詩 - 手植小檜 外39首 / 五言排律 - 送慶候還移守南原 外7首 / 七言律詩 - 與休菴泛西浦 外63首 / 五言絶句 - 和權石洲 外9首 / 六言絶句 - 題吳子 / 七言絶句 - 文績李琛夜坐呼韻 外92首

卷之二

郤范韓之女. 盡作胡家之婢. 秀眄疎眉. 已壞宣和裝束. 裒衣博帶. 不復漢官威儀. 或效衛輒之夷言. 或剪仲雍之吳髮. 或滯三年之燕獄. 或悲四座之楚囚. 寃號徹天. 正氣掃地. 我罔爲臣僕. 宜念宋微子之徽言. 死則葬蠻夷. 豈忍李少卿之胡鬼. 矧故鄕之可念. 乃常物之大情. 蜀禽催歸越鳥巢南. 羽族乃爾. 水狐首丘代馬依北. 走獸猶然. 況我體仁之人. 豈無反本之志. 彼岵彼屺. 須憶父母之瞻望. 某水某丘. 盍記童子所釣遊. 冷雨殘烟. 孰非傷心之色. 鳴鷄吠犬盡作斷腸之聲. 宿草先塋. 誰薦一盂之麥飯. 喬木荒閭 缺 入三年之禾黍. 是用依依. 焉能鬱鬱. 涼秋塞外. 不堪吟嘯之成群. 暮春江南. 遐想雜花之滿樹. 嗟我流離瑣尾之屬. 孰無哀痛憤惋之心. 若余者. 江南舊族. 魯中諸生. 結髮誦六經. 粗識君臣之大義. 應制獻三策. 早依日月之末光. 毫髮盡是國恩. 頂踵皆歸天造. 四年之內. 六品之官. 國耳忘君耳忘. 不憚握蛇騎虎. 生所欲義所欲. 自分捨魚取熊. 補天之力雖微. 擎日之誠常切. 不意中流之擊楫. 遽成五坡之就擒. 片時偷生. 豈容鴻毛之顧惜. 八日不食. 猶恨一息之尙存. 顧不死欲將以有爲. 而殺身未足以滅恥. 伏匕首於橋下. 期復趙孟之讎. 奉鐵椎於沙中. 誓雪張良之憤. 呼秦敗於陣後. 擬遂襄陽刺史之來歸. 乞夏師於關西. 願效鄜延副將之壯志. 此其素所蓄積. 堪可質諸鬼神. 況趙璧之猶完. 而漢節之尙在. 羝羊不乳. 可作十九年之蘇卿. 馬畜彌山. 豈忍數萬衆之衛律. 常思白首歸國. 遠愧黑頭還家. 命如雞豚. 身非木石. 指靑丘於海外. 山川渺然. 望白雲於天涯. 方寸亂矣. 誦奉天哀痛之詔. 猶在耳汪洋. 望晉陽龍鳳之姿. 不違顔咫尺. 問天矯首. 擊地奮拳. 幸義勝之謀成. 而人衆之力濟. 有錢可使鬼. 東海豈患無梁. 通波非難圖. 西風想必借力. 使船如使馬. 豈無其人. 擒賊先擒王. 亦非難事. 爲呂氏右袒. 誰昧逆順之分. 微管仲左衽. 共厲尊攘之志. 幸無遠托異國. 皆念義重三生. 成敗由天. 縱未逆覩. 精誠貫日. 定有功成. 吾無二言. 爾可一力. 嗚呼武王以仁而伐暴. 伯夷猶餓西山. 嬴秦棄禮而上功. 仲連欲蹈東海. 葵藿猶傾白日. 可以人而不如草乎. 吉了不入蠻山. 恥用夏而變於夷者. 詞不盡意. 檄到如章.

賦: 幼成若天性賦　芝蘭不以無人而不芳賦 / 箋: 冊皇太子賀箋　大殿誕日賀箋　中宮冊立賀箋　冬至賀箋　上尊號賀箋　正朝賀箋　大行大王昇遐慰新王箋　卽位賀箋　新蠶賀箋　親耕賀箋/ 頌: 影殿歌訟 / 啓: 答長子修貴生啓　金瑱聘啓　子時萬聘啓　答魯公識認啓 / 上梁文: 坡山四賢書院察倫堂上梁文　光州鄉校上梁文　安士彦牛山新居上梁文 / 祭文: 旌烈祠奉安祭文　佛甲祈雨祭文 / 銘: 銅鏡銘

卷之三

疏: 請從祠晦齋疏　請褒尹軫疏　呈遼東指揮使文　呈中朝差官文　依禮曹答馬島文　李青蓮書院新刱通文　佛甲寺重修勸施文 / 序: 送義玄入頭流序　陽城李氏族譜序　送僧印悟求族譜於嶺南序 / 記: 重修文廟記　癡軒記　李子顯新築記　水月亭記　花雪堂記　清夢堂記　三梅堂記　萬松堂記　雲錦亭記 / 書: 與宋生檣書　答宋生書　再答宋生書　與辛生思孝書　答崔丕承繼祖書　答邊子餘慶胤書　上朴太守書 / 雜著: 詩話　牛戒　瘤戒

卷之四

行狀: 倡義使金公行狀　楓岩林公行狀　栗亭尹公行狀　祖考行狀 / 墓誌銘: 金君晋卿墓誌　贈右尹宋公碑銘 / 事實: 金時極旌門事實

〈 看羊錄 〉

賊中封疏　賊中見聞錄　倭國百官圖　倭國八道六十六州圖　壬辰丁酉入寇諸倭將數　告俘人檄　詣承政院啓辭　涉亂事迹

〈 別集 〉

詩: 題廬山高詩後　杏園　春盤　哀鸚鵡洲十韻　吳興病起賞白蓮花　雪中芭蕉圖　臥雪　送區冊　李白送姪耑遊廬山　岳陽樓望君山　柳州聞黃鸝　流民圖 / 賦: 寃牛賦　歌舞望西陵賦 / 擬: 擬宋仁宗開天章閣詔 / 表: 擬呂后請勿以太子將兵擊黥布表　擬晋刀協請須還洛乃議郊祀之禮表　擬燕將樂毅辭封齊王表　擬秦山五松辭封大夫表　擬宋洪皓子适等謝賜文諡表　擬宋張九成謝親擢壯元及第表幷引　擬宋翰林學士洪皓乞得鄉郡以養老母表 / 議: 文武幷用長久之道

議 / 說: 存心養性說 / 策: 地理策　都邑策　讖緯策　天文星曆策

〈 附錄 〉

承議朗守刑曹佐郎睡隱姜公行狀(門人 尹舜擧)　姜太初疏自賊中來感而成詩(權石洲韠)　贈睡隱姜太初(趙玄州 纘韓)　古意贈睡隱(任鳴皐錪)　又贈古意(五首)　論姜太初與月沙書(沙溪金長生)　回答使見聞事件(上使呂祐吉 副使慶暹) / 祭文: 林觀海 檜　金去非 地粹　吳得源 希道 / 挽詩: 吳子英 挺南　陳汝郁 景文　鄭畸菴 弘溟　李文縝 瑮　羅應瑞 海鳳　柳起之 興世　改葬挽: 尹魯直 舜擧　尹吉甫 宣擧　吳子舒 以翼　金美仲 塡　柳起之 興世　姜大老 弼周　朴長遠 仲久　答尹魯直舜擧書 / 祭墓文: 洪元九 錫箕 / 上梁文: 祠宇上梁文(洪錫箕 元九) / 附錄: 睡隱 姜沆先生 年譜

4. 약포 정오도 藥圃 鄭吾道

1) 생애와 사상

정오도(1647-1736)는 자가 일관(一貫), 관향은 하동(河東), 약포는 그의 호이다. 1647년 광주 오치에서 출생하였다. 태어나면서부터 총명하고 뛰어난 기상을 지녔다. 자라면서 학문의 절차에 따라 수업하였는데 어떤 글이나 막힘이 없었다. 젊어서는 송시열의 문하에서 성리학과 실천공부에 독실하였던 바 송시열은 칭찬을 아끼지 않았다.

향리에 돌아와 후학들을 지도하였는데 배우는 사람이 크게 감화하고 마을에 학문하는 기풍이 일어났다. 평생 공부하는 바는 주자학이었으며 그 학설을 꿰뚫고 암송하였다. 어머니가 병들어서는 밤낮으로 자리를 지켰으며, 가세를 돌보지 않고 여러 곳의 의원을 초청하여 치료에 힘썼으나 특별한 효험이 없었다. 우연히 뜰 앞에 자란 천궁(川芎) 당귀(當歸)를 발견하고 이를 달여 드리자 병이 차도가 있게 되자 여러 가지 약초들을 재배하고 응용하여 다른 사람에게까지도 덕을 베풀었다. 이에 마을 사람들은 효자라 칭찬하였다. 이러한 연유로 약포(藥圃)라 호를 삼게 된 것이다.

숙종 기사년에 일어났던 소위 기사환국 때는 김수항의 도움으로 화를 면하였다. 이이와 성혼의 문묘배향의 의논에 참여하기 위해 서울에 올라가 당시의 세태를 한탄하고, 자고로 위로 인륜이 변하고 아래로 사문(斯文)의 화를 보면서도 죽음이 두려워 아무 말도 않고 돌아가는 것은 국가를 배반하고 스승을 배반하는 일이라 하여 상소를 올렸다. 이는 효종이 승하함에 있어서 효종의 계모요 인조의 계비인 자의대비가 몇 년 복을 입어야 하는가 하는 의논이 일어났는데, 서인이었던 송시열과 송준길은 기년설을 주장하고 남인인 윤휴와 허목은 3년설을 주장했던 것이다.

정오도는 윤휴와 허목의 설에 반대하고 송준길과 송시열의 입장을 지지했던 것이다. 상소를 올린 후 궐문 밖에서 며칠 동안 명을 기다리다 고향에 돌아와 세상과 인연을 끊고 군주를 사랑하는 장문의 시를 쓰고 독서하며 한가롭게 살았다.

백록동 규약의 고사에 소급하여 동계(洞契)를 만들고 향약을 완성시키니 마을 어른들이 그를 우두머리로 추천하였다. 마을에 예절과 습관이 분분할 때는 그에게 물었다. 그의 집과 멀리 떨어진 곳에 거북이 물에 잠긴 형상의 산이 있었는데 그 곳을 좋아하여 조그만 집을 짓고 읍취헌(挹翠軒)이라 이름하고 산에 올라 휘파람 불고 물가에 시를 읊으며 한 질의 책이 되면 간행하였다. 글은 모두 모방하지 않아 힘 있고 덕에 관한 내용이었다.

1710년에 간행된 책이 반포되자 첨지중추부사에 제수되었다. 1736에 돌아가니 90살이었다.

오늘날 남아있는 그의 문집은 2책 2권이다. 시문집의 서문은 1804년 송흠(宋欽)이 썼고, 행장은 1803년 오연상(吳淵常)이 썼다.

그는 조선조 성리학이 한창 발전할 당시에 살았던 인물이었으므로 그의 사상도 자연히 성리학적 특색을 지닌다. 그의 태극도설은 태극의 동정과 선후의 문제와 음은 동에 속하고 양은 정에 속한데 오히려 "동이생양(動而生陽) 정이생음(靜而生陰)"이라고 한 까닭은 무엇인가. 천지 체용(體用)의 문제 등을 논한 글로, 그는 송시열과의 편지 가운데서 『맹자』의 성설(性說), 『역』의 음양 동정, 정이천의 태극설, 『중용』 귀신장(鬼神章)에 대한 음양 조화의 문제 등의 관하여 많은 토론을 남겼다. 그러나 그의 사상은 그의 시대가 다 그러하듯이 송시열의 당론에 서서 노론(老論)의 이론을 크게 벗어나지 못한 감이 있다.

2) 원문 번역

이 글은 『약포문집』 2권에 실린 것이다. 내용은 모든 사실을 올바로 파악하지 못하고 하나의 편견으로 범할 수 있는 오류가 있는데 일반 사람들은 이를 깨닫지 못하고 있다는 사실을 말하고, 우리가 흔히 이단이라고 취급해 버린 제자(諸子) 가운데 양주나 묵적이 있는데 그들의 사상 또한 맹자의 이단사설이라는 한마디의 말만 믿고 진실을 살펴보지 않는다는 점을 꼬집은 글이다. 여기에서 그의 학문 방법, 곧 사실을 정확히 파악하고 진실을 밝혀야 한다는 주장을 엿볼 수 있다.

만필 漫筆

진나라의 허자(許孜)가 공충(孔沖)을 스승으로 모시고 수학을 하다가 고향으로 돌아간 뒤에 충(沖)이 죽자 3년의 복을 입었고, 곧 두 어버이가 작고하자 앙상하게 야위어 뼈가 튀어나오고 지팡이를 짚고서야 일어설 수 있었다고 하며, 고을의 동쪽 산에 묘소를 마련하면서 몸소 흙을 나르고 고을 사람들의 도움도 받지 않았다고 하는데 이 사실의 내용이 전기 속에 실려 있다. 내가 일찍이 분수 넘게 논평하기를 이렇게 했다. 허자가 이미 상례를 치를 때 지나치게 슬프게 하여 앙상하게 야위고 뼈가 튀어나와 지팡이를 짚어야만 일어설 정도였다면 무슨 힘이 있어서 능히 스스로 흙을 져다가 묘소 쓰는 일을 마칠 수가 있었단 말인가? 만약 어제의 병이 오늘은 나았었다고 한다면 아주 잘못된 것이다. 왜냐하면 옛날의 예를 살펴보면 선비의 신분은 1개월을 넘겨서 장례를 치르게 되었다. 허자가 묘소를 마련할 때도 당연히 이 기간을 어기지 않게 했을 것이다. 슬퍼하고 야위어 예를 지나치게 해서 병을 얻은 사람은 평상시 불의의 병을 얻었다가 약을 먹지 않고도 저절로 낫는 예와는 다를 것이거늘 한 달 동안 병에 괴롭힘을 당하다 금방 판이하게 건강해졌다면 종신토록 슬퍼해야 하는 도리에 어찌 어긋난 일이 아니겠는가. 고을 사람들의 도움을 받지 않고 몸소 흙을 날랐다면 허자의 병이 지팡이를 짚어야 일어설 정도에 이르지는 않았던 것이다. 옛 사람은 문자를 몹시 조심스럽게 쓰는데 이 한 대목만은 퍽이나 의심스럽다. 하물며 후세에 와서 말하는 서(序)나 전(傳) 같은 것을 과연 모두 믿을 수가 있겠는가. 그리고 내가 이를 생각하건대 지금도 미생(眉生)[11]이나 효이(孝已)[12] 같은 행실이 있으면서도

---

11 미생(眉生): 여자와의 약속을 지키기 위하여 다리 밑에서 기다리다 홍수에 떠내려간 사람.

죽은 뒤에 금방 묻혀버린 사람이 얼마나 많은가. 그런데 천박한 사람들은 털끝만큼 실오라기만큼 한 재주만 있어도 거의가 떠들어대고 스스로 자랑하며 그것으로 인연해서 남에게 간청을 하는 자료를 삼으려 하는데 침착하게 살펴보면 꼭 그런 사람이 아닌 수가 있다.

학문의 유래는 오래 되었다. 노자(老子) 장주(莊周)가 도덕의 뜻을 밝혔지만 그 큰 뜻은 허무로써 종지를 삼고 있으니, 그 결과를 살펴본다면 그럴듯하면서도 실은 거리가 멀다. 그 밖에 백가의 말은 한마디라도 도에 가까운 것이 있는가 찾아보아도 없다. 묵적이란 사람은 전국시대의 숨은 군자였다. 똑같이 사랑해야 한다는 도는 마음의 덕에서 나온 것으로서 박시(博施)나 범애(汎愛)의 교훈에 어긋난 것이 아니니 공자 본래의 가르침과 서로 어긋나지 않는 듯하다. 다만 그 학문이 모두가 순수하기만 하지 넓지 못하므로 그 글에 병이 없지 않은 것이다. 그러나 털 하나를 뽑아서 천하에 도움을 준다 해도 하지 않는 양주와는 어찌 함께 말할 수 있겠는가. 불행히도 당세 속된 선비들의 주어 붙인 바가 되어 그 흐름의 폐단이 참다움을 혼란케 함을 면치 못하기 때문에 맹자가 그 폐단이 오래가면 잘못되어질 것을 걱정하고 변론을 하여 물리친 것이다. 그래서 사람들이 함부로 이단으로 여겨버리고 그를 변명해주는 사람이 없으니 뒷날에 자기의 이익만을 찾고 궁한 사람이 돌아갈 바가 없는 것을 보고도 무관심하게 보아 넘기는 사람들이 맹자의 말을 들어 그 구실을 삼고 있으니 이 어찌 묵자의 죄인이 아니겠는가. 한유(韓愈)는 일찍이 밝혔었다. "공자의 도는 묵자와 같다." 하였으니 무릇 취한 점이 있어서 그렇게 말했던 것이다. 그 글을 읽고 문득 마음에 와 닿는 것이 있었다. 그리고 나는 여기에서 느낀 바가 있다. 묵자의 겸애의 도가 세상에 행해지지 않는다면 우리 집 어미 없는 자식이 어떻게 자라가기를 보장할 수 있겠는가.

---

12 효이(孝已): 은나라 고종의 아들로서 효자로 알려져 있다. 아버지가 첩의 고자질하는 말을 듣고 쫓아냈다.

3) 藥圃鄭公文集 目錄

卷之一

行狀: 書疏本後　疏本跋後　續疏本跋　詩文序　文集記　五言絶句(三十二首) 五言古詩(八首)　七言絶句(七十五首)　七言律詩(六十四首)　古賦(二首)　挹翠亭上樑文　方丈幽捿歌

卷之二

藥圃齋序　自序　家藏論孟記　漫筆　冬夏下　族譜序　疏草　上宰相書 野繭說　洞契案序　祭古塚文　太極圖說　先後甲三日圖解　答李聖兪　答趙鳴世　答宋命錫　答南鵬路　上尤菴先生書(三首)　尤菴先生答書(三首)　尤菴先生書(二首)　與權遂菴問答　丈席禮說問答

5. 창계 임영 滄溪 林泳

1) 생애

임영은 자는 덕함(德涵)이요 호는 창계(滄溪)이며, 송시열·송준길·박세채 등의 문인으로서 함평 사람이다.

지금 남아있는 『창계문집』에는 그의 행적에 관한 기록이 빠져있으나 그를 추모한 제문에 따르면 병자 2월에 죽은 것으로 기록하고 있으니 이 해는 1696년(숙종 22년)에 해당한다. 벼슬은 부제학에 이르렀고 서울 성동에서 세상을 떠났으며 함평에 안장하였다.

그가 죽은 지 12년 만인 1708년에 문집을 간행한 그의 동생 정(淨)은 문집 말미에,

> 시문집 등의 원고는 분산되고 써놓을 때 제목과 년 월일을 정확히 기록하지 않아서 연대의 앞뒤를 가릴 수 없고, 상소문이나 차자도 또한 세월이 오래라서 올린 글인지 올리지 않은 글인지 알 수 없으나 기록할 수밖에 없으며, 편지글 또한 물어오는 글에 답한 것이라서 편수가 많고 긴 글들이었는데 대부분 그 자리에서 쓴 것이거나 초고를 만들지 않은 것이어서 집에 있는 것은 매우 적다. 집안 상자에 있는 독서차록 등은 한두 편의 편목을 갖추었지만 끝까지 완결되지 못하여 못마땅할 뿐 아니라 글자마저 분간할 수 없었다. …… 이를 최석정과 김창협에게 교정을 받아 펴낸다.[13]

고 기록하고 있다. 이로 미루어 본다면 지금 우리가 볼 수 있는 『창계집』

13 『창계집(滄溪集)』「창계집발(滄溪集跋)」[林淨]. 詩篇多片簡漫書. 亦無題與年月. 故今之所次. 多失其先後. 疏箚亦取於亂稿. 歲月既久. 或不能詳其上徹而竝錄焉. 書牘. 則或被叩問. 勉强酬報. 故編數最多. 而雖連紙長牘率多臨便立書. 初無起草. 以是家藏甚少. 而皆出於親舊箱篋中. 讀書箚錄者. 諸書篇目雖具. 不過一二編而止. 無一書首尾完備. …… 歸于明谷崔相國錫鼎, 農巖金尚書昌協. 以求檃括. 兩公反復尋繹. 證其差誤. 整其篇秩而後. 草集始成.

27권 7책의 내용은 많은 부분이 잃어졌거나 수집되지 못하였음을 알 수 있다.

지금 남아있는 문집의 대부분은 천인성명(天人性命)을 논한 것을 볼 때 그는 조선조 전통적인 성리학자라는 사실을 알 수 있다. 그러나 전통적인 학설만을 맹신하거나 그대로 따르지 아니하고 자기의 학설을 세운 부분이 많다. 또한 그의 문집에는 경연에서 임금과 더불어 토론한 내용을 「경연록(經筵錄)」으로 기록하고 있는데 이는 숙종 6년 경신 7월 7일부터 이듬 해 10월 2일까지의 사이에 있었던 일들을 틈틈이 기록한 것으로서 거의가 경연 강의와 이에 따른 문답들이다. 또한 독서하여 느낀 바의 문제점과 내용들을 차록(箚錄)으로 기록하였는데 시경·서경·예기·춘추 및 논어·맹자·대학·중용 등의 광범한 경서에 관한 기록이며, 내용은 각 구절의 의심난 부분을 인용하고 자기의 견해와 남의 의견을 대조하여 내용의 확실한 이해를 돕도록 하였다. 이로 볼 때 그의 사상은 매우 광범하고 폭넓은 것이었음을 알 수 있다. 그러므로 김창협은 그의 문집 서문을 쓰면서 그를 지적하되 "학문의 폭이 넓고 그가 생각하는 바는 성실하였다."라고 평하고 있다.

2) 사상적 특징

그 당시의 성리학의 사상적 주류는 이기설과 인물성 동이(同異)의 문제였다. 이기설은 본래 주자가 말한 것으로서 우주의 현상을 설명하되 "우주의 현상에는 형상과 형체를 이루는 구체적인 기운이 있고 이를 움직이게 하고 작용하게 하는 원리와 원칙이 있으니, 형체와 기운을 기(氣)라고 하고 원리와 원칙을 리(理)라고 하는데 이 두 가지가 하나가 되어서 하나의 사물을 이루게 된다."고 말하였다. 그런데 조선조에 이르러서는 이러한 이와 기는 서로 나누어진 것이라고 말할 수 있느냐 없느냐 하는 것과 발용할 때 어느 쪽이 더 먼저 발하는가 하는 것이 논쟁의 초점이었다. 조선조의 이기설에 대한 견해가 크게 나누어진 것은 이황과 이이의 두 사람에 의하여 비롯되었다. 이황은 이기는 하나일 수 없으므로 두 가지 요소로 보아야 한다고 하여 이원론을 말하였고, 이이는 분리할 수 없는 하나의 요소이므로 일원론을 말하였던 것이다. 그런데 조선조에 있어서 이러한 문제에 대한 논란의 대상은 우주의 사물이나 현상에 있었던 것이 아니라 인간의 성과 정에 따라서 나타나는 현상을 어떻게 해명해야 하는 것인가 하는 문제였다. 그리하여 리(理)에서 발용하는 마음은 선한 마음이며 기에서 발용하는 마음은 악한 마음이라고 구분할 수 있는 것인가 구분할 수 없는 것인가 하는 의견이 분분하였다. 그러므로 흔히 이를 인성론 또는 인심도심론(人心道心論)이라고 부른다.

임영보다 앞서 기대승과 이황은 이에 대한 논변을 벌인바 있었고, 이이는 기대승이 말한 것을 그대로 지지하여 "성(性)은 리(理)이고 정(情)은 기(氣)로써 성과 정, 이와 기는 하나이다."고 주장했던 것이다. 또한 기가 발하면 이가 자연히 기에 편승하게 된다는 것이 그 요점이었다.

임영은 이러한 종래의 학설에 대하여 자기의 학설을 내세웠다. 즉 그는 이와 기가 각각 선하고 악한 개별적인 마음을 낳는 것은 아니지만 '선하다' '악하다'라고 구별될 수 있는 마음이 분명히 있는 이상에는, 리(理)에 거스리는 마음과 리(理)를 그대로 따르려는 마음을 구분하지 않고 어느 경우에나 "기(氣)가 발용하면 리(理)가 작용하게 된다."고 하는 학설은 잘못된 것이라고 하였다. 이 말은 곧 이이의 학설이 잘못이라는 주장이라고 할 수 있다. 그렇다고 이이의 학설 모두를 부정한 것은 아니다. 즉 그의 견해는 이와 기는 서로 떨어질 수 없다는 것은 인정하지만 기(氣)가 발(發)하면 리(理)가 편승한다는 말에는 반대한 것이다. 그의 이러한 견해는 다른 말로 표현하면 이와 기가 존재하고 있을 때는 하나라 할 수 있지만 작용할 때에 있어서는 분명히 선인 리(理)와 악이라 할 수 있는 기(氣)를 구분하여야 한다는 것이니, 존재와 작용으로 나누어 볼 때는 다르다는 것이 그의 주장이다. 이러한 사상은 이황의 입장과 이이의 양쪽의 입장을 취하고 두 학설을 절충한 것이 되므로 유학사에서는 그를 절충파라고 한다.

이에 대하여 이이의 학설을 지지하는 학자들은 모두 율곡의 학설을 인정하지 않는 임영을 매도하거나 비판하기 시작하였다. 그를 비난한 사람으로서 이간(李柬)이 있다. 이간은 "발용하는 것은 기(氣)이며, 발용하는 까닭은 리

(理)이다. 기(氣)가 아니면 능히 발하지 못하고 리(理)가 아니면 발할 수가 없다는 것은 율곡선생의 말인데 창계는 이에 불만을 품고, 리(理)가 발한다고 하는 말에 대하여 '발하게 하는 것은 리(理)요 따라서 발하는 것은 기(氣)이다'라고 하니 '리가 아니면 발할 수 없고 기(氣)가 아니면 편승할 수 없다'라고 하여야만 옳다는 말인가?"라고 지적하여 이이의 입장을 옹호하였던 것이다.

임영의 사상은 지금까지 학계에 알려진 대로 대체적으로 이황과 이이의 중간 입장을 취하고 있다. 그것은 리와 기가 발함에 있어서 스스로 발할 수 있는 것은 리인가 기인가 하는 문제였다. 그리하여 이이가 기의 작용성을 더 강조하자 임영은 이에 반대 의사를 나타냈던 것이다.

여기에서 우리는 조선조 성리학의 일반적 성격과 호남 성리학의 특징에서 살펴볼 때 임영은 어느 위치에 있었던가 생각하지 않을 수 없다.

호남 성리학의 특질은 리와 기가 근본적으로 하나라는 입장이었다. 그것은 존재에 있어서나 작용에 있어서나 마찬가지였다. 이러한 이론은 기대승의 주장이었고, 기대승의 사상을 계승한 이이 또한 기대승의 설을 따랐으므로 이는 자연히 기호학파의 학설이 되어 기호학의 특징으로 되었던 것이다. 이러한 사상은 김장생, 송시열 등이 계승하고 근대에 전우 또한 이이의 학설을 발전시킴으로서 호남의 학풍은 자연히 이기일원론을 신봉하게 되었다. 그러나 호남 성리학의 특징이 모두 그러한 것은 아니다. 이와 견해를 달리한 경우가 있으니, 여기에 소개하는 임영과 기정진이 있다. 기정진은 본체와 작용은 물론 우주의 모든 현상까지 유일한 리(理)의 표현에 불과하다고 하였던 것이다. 그러므로 이 또한 기호학설과는 다른 성리학설을 제시한 것이다. 이렇게 본다면 임영은 이황과 이이 학설의 중간 입장을 절충한 것이요, 기정진은 새로운 성리학설을 창안한 것이라 할 수 있다. 이러한 점에서 임영은 학문적 연원에 있어서나 그 계승에 있어서 기호학을 이어받고 있지만 성리설에 있어서는 이이의 학설을 수정하여 자기의 주장을 내세웠다고 할 수 있다.

3) 원문 번역

이 글은 『창계문집』에 실려 있는 「독서차록」 가운데 권21에 실린 「대학」 편의 일부를 번역한 것이다. 독서차록이란 일종의 독서 기록이다. 그가 기록한 책은 4서 5경을 중심으로 하였는데 경서의 각 조목을 인용하고 그에 대한 학자의 해석과 자신의 의견을 더하였다. 이에 『대학』편을 소개한다.

대학 大學

주자의 「대학 서문」에서 '대학의 책은'이라고 하였는데, 대학이란 소위 학문의 학을 말하며, 옛날의 대학이라고 할 때의 대학은 소위 학교의 학을 말한다. 주자가 서문에서 '무릇 하늘이 백성을 내릴 때부터'라는 말의 '무릇'이란 말은 이미 '하늘이 백성을 내릴 때'라는 뜻이 들어있는 것이며, 그 말 뒤에 '아니함이 없다'는 말 또한 이러한 이치를 잘 말해주고 있다. 무릇 하늘이 백성을 내릴 때 이미 성(性)을 주지 않음이 없은즉 하늘이 사람을 생겨나게 할 때 곧 성(性)을 주었고 '내릴 때로부터' '곧'이라고 하면 위 아래로 합하여 갖추어져 있다는 것을 말한다. '성을 간직하지 아니함이 없다'는 말은 사람마다 모두 성(性)이 갖추어져 있음을 말함이요, (그 성이)처음부터 넉넉하거나 인색함이 있다는 뜻은 아니다. 주자가 일찍이 말하였듯이 '실제의 이치는 허자(虛字)에서 깨달을 수 있다'고 하였는데 대학의 이러한 구절들을 함부로 보아 넘겨서는 안 될 곳이다. 주자의 설은 얽매이면 발명할 수가 없으니 이 구절은 마땅히 깊이 연구해야 할 것이다. '하늘이 백성을 내릴 때 이미 인의 예지의 성을 주지 않음이 없었다.'는 뜻은 육경에서 성(性)을 언급한 시초이며, 이 서문이 본문의 뜻과 맞는가 하는 것은 다시 말할 필요도 없으니 이는 정자(程子)가 말하는 학문의 헛수고와 같다는 것이다. 기질의 성이 '더러는 가지런하지 못하다'는 것은 온전함을 모두 알지 못하게 되어 온전하려고 하는 것은 사람의 기질이 진실로 가지런한 까닭으로 반드시 '더러는'이라는 말을 꼭 넣어야 할 것이요, '더러는'이란 말을 쓰는 것은 리(理)자이며 하나로 가지런한즉 기(氣) 또한 마땅히 하나로 가지런한 까닭으로 반드시 '더러는 능히 가지런히 할 수 없으므로'라고 말했고, 또한 '모두 능히 온전하지 못하다'는 뜻은 가지런하지 못함을 애석하게 여기고 능히 온전하지 못한 것을 민망히 여긴다는 뜻이 있다.

'하늘이 반드시 명하시어'라고 하는 이 '명한다'는 뜻은 생겨난 처음에 있어서 덕이 이루어진 다음에 있는 것이니 성인의 덕성이 처음 이미 부여된 때임을 알 수 있다. 여기에는 다른 순서가 없으니 만일 돌이켜 본다면 성인의 덕성이 완성된 다음에 하늘이 명하였다고 하여야 할 것이다. 무릇 천명이 명하여지는 그 때에 먼저 깨닫고 늦게 깨닫고 하는 시간을 분별하는 것은 꼭 정해진 것이라 말할 수 없으나 삶을 부여받은 처음에 있어서 '하늘이 성을 명하였다'고 하는 이른바 명(命)이란 또한 성(性)이므로 명은 같은 것이니, 모두 하늘이 그렇게 시키는 것이다. 다만 사람이나 만물이 받을 때 이를 말하여 '큰 덕은 반드시 천명을 받는다.'고 한다. 마음의 덕으로서 덕을 완성하고 하지 않는 것은 다름이 있다. 그러나 이는 천명 또한 성(性) 밖의 이치가 아니라 지혜로서 알고, 인(仁)으로서 체득하여 본성에 모든 이치가 갖추어 있으니 이것은 이치가 하나이기 때문이다. 성인이 세상을 다스릴 때 말하는 바는 모두 천명이다. 이를 언급하지 않고 억지로 하는 것은 모두 사사로운 뜻에 불과하다. 세상에 성인이 없었다면 그 책임은 어진 사람에게 있다. 이에 힘쓰지 않는다면 이 또한 천명을 버린 사람이라 할 수 있다.[14] (이하 생략)

---

14 『滄溪先生集』 권21, 「讀書箚錄」「大學」. 序. 大學之書. 此大學. 似謂學問之學. 古者大學. 此大學似謂學校之學. 蓋自則旣莫不此數語. 皆語助歇後之字. 然亦所以深明此理. 蓋自天降生民. 則旣莫不與之以性. 則便見天之生人. 卽與以性. 曰自曰則旣. 則所謂合下便具者可見矣. 曰莫不. 則見人人皆具. 初無豐嗇之殊矣. 朱子嘗云實理在虛字中. 嘗驗之誠然. 此等處最不可放過. 新安說拘泥而無所發明. 此節當深究自天降生民. 則旣莫不與之以仁義禮智之性之意. 若夫六經言性之始. 與此序本書意與否. 更不須說. 更不須理會. 程子所謂似此學問徒費心力者. 正此類之謂也. 或不能齊. 不能皆知而全之. 人之氣質. 固是不齊. 不必言或. 而必言或者. 理旣齊一則氣亦當齊一. 故必言或不能齊. 又言不能皆全. 似有惜其不齊而憫其不能全之意.

天必命之. 此命是在賦生之初. 是在德成之後. 生知之聖. 賦生之初. 德已成矣. 更無次序. 若反之之聖賢. 則謂德成之後. 天乃命之可也. 蓋天命去就之際. 先覺有以時日分別者. 不必謂已定於賦生之初也. 天命之謂性. 此所謂命亦性耶. 命則一㨾. 皆天之所使然者. 但彼以人

4) 滄溪先生集 目錄

卷 一 ~ 三: 詩

卷 三 ~ 五: 疏

卷 六 ~ 十五: 書

卷 十六: 敎書　箋　祭文　記　序　跋　雜著　上樑文

卷 十七: 墓文　行狀

卷 十八: 經筵錄

卷 十九 ~ 二十四: 讀書箚錄

卷 二十五 ~ 二十六: 日錄 附錄

物稟受而言. 此以大德必受而言. 彼爲心之德. 此爲德之致. 所指則不同矣. 然此天命. 亦非性外之理. 智以知之. 仁以體之. 性具萬理. 此則其一理也. 聖人理世立言. 皆天命也. 不及是而强爲之. 皆私意也. 世無聖人. 則其責在賢者. 責在矣而不勉焉. 則亦爲棄天命者矣.

6. 백야당 박광원 白野堂 朴光元

1) 생애와 사상

박광원(1659-1742)의 자는 사선(士善), 호는 백야당(白野堂)으로 광주사람이며, 조선조 중기의 학자이고 문신이다.

아버지는 상현(尙玄), 형은 광일(光一)이며 어머니는 장택(長澤) 고씨(高氏) 부민(傅民)의 딸인데 그는 1659년 광주 진곡리(眞谷里)에서 출생하였다. 이곳은 그의 조상들이 세거(世居)한 곳이었다.

여덟 살에 『소학(小學)』을 배우기 시작하였다. 성품이 명민하여 단정하고 게으르지 않았으며 불의를 매우 싫어하였다. 1693년 34살 때 아버지를 여의고 형을 아버지처럼 섬겼다. 어려서 형을 따라 화양동(華陽洞) 송시열(宋時烈)을 찾아간 일이 있어 그 뒤 송시열과 교유하였다. 『예기유편(禮記類編)』에 대한 최석정(崔錫鼎)의 논의가 있었을 때 그는 많은 선비들과 함께 그의 의론을 변별하여 배척하는 상소를 올리는데 모든 힘을 기울였다.

1699년에 생원시험에 1등으로 합격하였다. 1712년 경기전 참봉에 임명되고 곧 강릉(康陵: 성종의 릉) 침랑이 되었으며, 종묘 봉사로 전임되었다. 강릉 참봉으로 있을 때 권상하(權尙夏 1641-1721, 송시열의 문인)의 문하를 왕래하면서 성리학을 토론하였다. 1720년 금부도사가 되고, 1721년(경종 1년)과 1722(경종 2년)년에 걸쳐 간신들이 환란을 일으키자 벼슬을 그만 두고 돌아와 두문불출하였다. 영조가 임금이 되자 다시 금부도사가 되고, 형조·이조의 좌랑과 정랑을 지냈다. 1738년에는 팔순의 나이로 첨지중추부사가 되었다.

그는 호숫가에 집을 짓고 편액을 '백야당'이라 했는데 백야당에 대한 기문(記文)은 박광일(송시열의 문인이며 광원의 친형)이 썼다. 거기에 보면 백야란 지명이지만 결백한 인품과 몸소 밭갈이하는 뜻이라 하였다. 만년에 오산(鰲山) 녹동(鹿洞)에서 세상과 인연을 끊고 후손들을 가르치며 예경과 성리학을 강론하였다. 이때 형 광일의 유고들이 정리되지 못한 것을 보고 이를 정리하였다. 1742년 10월 12일 83세로 세상을 떠났다. 묘소는 장성 하청산(夏淸山)에 있다. 문집 4권 2책이 전해오고 있다.

그는 일생을 통해 자신의 지조를 지키는 것을 신념으로 삼고 불의와 타협하지 않았다. 권상하의 문하에서 학문을 연마하였으니 송시열의 재전(再傳) 문인이었기 때문에 당파로서는 노론에 치우친 듯하지만, 이는 학문적 의리를 바탕으로 한 것이었다. 그의 학문은 소위 기호학의 계열로서 예학파를 잇고 있는데, 그가 『예기유편(禮記類編)』을 배척한 통고문은 그 스스로의 학문관을 잘 말하여 주고 있다. 또한 신임(辛壬)사화 이후 벼슬을 그만두고 학문에만 힘쓴 것은 결백한 성품의 한 면이라 하겠다.

박광원은 호남의 인물로서 기호학과의 학문적 교류를 이해하는데 중요한 인물로 이해될 수 있다. 지금 볼 수 있는 그의 문집은 후손 언동(彦東)·신동(信東) 등이 초간본을 펴냈으나 잘못된 부분이 많아서 1899년에 기우만(奇宇萬)이 다시 교정하여 간행한 것이다. 초간본에는 김병운(金炳雲)의 발문이 실려 있고, 1899년 간행본에는 기우만의 발문이 실려 있다.

2) 원문 번역

최석정(崔錫鼎 1646-1715)은 최명길(崔鳴吉)의 손자이며 남구만(南九萬), 박세채(朴世采)의 문인이다. 그가 『예기유편』을 편간 하였는데 『예기유편』의 내용 가운데 최석정 자신의 견해에 따라서 분장(分章)과 해석이 이루어진 부분이 들어 있어 주자의 견해와 다른 데가 있었다. 이를 먼저 송시열이 지적하고 나서자 많은 사람들이 이에 동조하였는데 박광원도 그 가운데 하나였다.

이 글은 1709년 광원의 나이 약관인 20살 때에 친형인 광일을 따라 송시열을 찾아 갔다가 송시열로부터 『예기유편』에 관한 말을 듣고 이 글을 올린 것이다. 그런데 최석정은 윤증(尹拯)의 편에서 김수항(金壽恒)을 배척하여 소론의 우두머리가 되었으므로 자연히 송시열과는 당파로서 대립된 입장이었다.

이 글은 내용에 있어서 주자의 정통성을 옹호하고 사문(斯文)의 권위를 높여야 한다는 주장이지만, 당파적 입장에 대한 선입견과 지나친 감정의 노출이 표현되어 있는 것이 사실이다. 그러나 당시의 주자학에 대한 인식과 박광원이라는 인물을 이해하는데 도움이 될 것으로 보여 여기에 옮겨 싣는다.

『예기유편』을 배척하는 상소 排斥禮記類編疏

엎드려 아뢰옵니다. 신(臣)등은 초야에 엎드려 살면서 멀리 임금님의 소식을 듣자오니 한번 잘못된 글이 만들어져 나옴으로부터 선현의 모욕이 극에 달하고, 경전의 혼잡해짐이 극에 달했습니다. 성상께서 처분을 잘못하심으로서 사림의 기가 죽음이 극에 달했고, 권력을 쥔 승상이 전횡을 자행함으로서 조정 벼슬아치들의 아첨과 아부가 극에 달했습니다. 이는 실로 우리의 학문에 막대한 변일 뿐만 아니라 실로 국가가 반드시 망할 징조입니다.

저희들이 비록 어리석지만 경을 높이고 그르침을 물리치며 임금을 사랑하고 나라를 걱정하는 성심은 실로 똑같이 받은 본성입니다. 그래서 발을 싸매고 수백 리의 길을 와서 구중궁궐에 심혈을 털어놓아 혹시라도 일월의 잠식이 언뜻 걷히고 다시 비쳐 조금이라도 바깥의 공정한 의논이 펴질 것인가 하였사온데, 성의가 믿겨지지 못하여 임금의 귀에 들림이 더욱 멀어져 받아들여지지 않았을 뿐만이 아니라 도리어 "남을 욕하고 헐뜯었다"는 명목으로 엄중한 배척을 당하고, 또 『유편(類編)』이 간행된 지가 거의 10년이 가까운데 경문을 훼손하고 어진 이를 모욕한다는 조목이 갑자기 오늘날에 나타나서 주상께서 말씀하심이 마치 저희들의 상소가 최석정을 억지로 얽어 넣는 것처럼 여기시니, 저희들은 서로 놀라고 더욱 의혹이 심하게 됩니다. 그래서 부득이 온 도(道)가 연판장을 해서 다시금 엄하신 어좌(御座) 앞에 번거로운 말씀을 올리오니, 원컨대 성명(聖明)께서는 우레 같은 위엄을 잠시만 누그리시고 공평하게 저울질하시어 살펴보시옵소서.

저희들이 석정이 만든 책을 상고해보니 편의 끝에 "이 책은 계해에 처음 편집하고, 경진년에 교서관을 명하여 정문(正文)을 인출케 했으며 신사년에 옥당의 계사(啓辭)로 말미암아 집설(集說)과 부주(附註)를 합쳐 대전(大全)을 만들어, 정해년에 영남에서 인쇄했다"고 쓰여 있습니다. 이것으로 보면 신사년 이전에 간행한 것은 다만 정문뿐이니 자기 생각대로 억지로 천착한 흔적은 아직 드러나지 않았던 것이요, 정해년에 이르러 집설(集說)과 부주(附註)를 합쳐서 간행한 뒤에야 그 장을 나누고 구절을 쪼개고 위를 보충하고 아래를 첨가한 자취가 비로소 환히 드러난 것입니다. 그렇다면 전서(全書)를 인쇄하여 반포한 것이 불과 1년 남짓한 사이였고, 또 그 책이 긴요하지 않는데다가 권·질이 엄청나고 인쇄 배포한 것도 많지 않아서 서울 선비들이 올린 상소가 있은 뒤에야 찾아보았을 정도이니, 저희같이 시골에 궁벽하게 있는 자들이야 즉시 구경을 못한 것은 형편상 당연한 것입니다. 하물며 우리의 학문에 변고가 났다면 마땅히 그 일의 곡직에 대하여 옳고 그름을 바로잡을 뿐이지 어찌 햇수의 오래되고 가까움을 가지고 치켜 올리거나 누르거나 하겠습니까? 그런데 이제 10년에 가깝다는 말씀은 혹시 석정이 미리서 자신의 입장을 해명하기 위한 말을 넣어가지고 능히 우리 전하의 해와 달 같은 밝으심을 가려 그리된 것이 아니겠습니까?

아! 주자가 일생동안 힘을 쓴 책이 어찌 털끝이라도 미진한 곳이 있겠습니까? 그런데 감히 작은 지혜와 천착하는 소견으로 제멋대로 분열하여 이렇듯 낭자하게 만들어 놓는단 말입니까? 비록 어떤 사람이 묻는 말에 대답한 말만 가지고 보더라도 스스로 말하기를 "익히 강구하고 정하게 연구하여 자연스럽게 꼭 맞는 묘한 점을 알게 되었다." 하여 그 홀로 얻은 소견을 자랑하고 있으니 마치 정자 주자가 통하지 못한 곳을 보았다는 것처럼 말하고 있습니다. 이 어찌 사특하고 망녕 되게 어진 이를 능가하고 압도하려는 뜻이 아니겠습니까? 장구(章句)를 나누는 자취가 이미 그러하고 주자를 능멸한 뜻이 또 그러하니 이것이 경문을 높이는 것입니까? 경을 망가뜨리는 것입니까? 어진 이를 높이는 것입니까? 어진 이를 모욕하는 것입니까? 그러니 저희들이 말하는 경을 망가뜨리고 어진 이를 모욕한다는 네 글자는 실로 석정에게 꼭 맞는 말씀이요, 또 석정이 전후에 자명한 상소문을 보더라도 혹은 "이미 돌려줌을 명했다"하고, 혹은 "더불어 시끄럽게 다투기가 부끄럽다" 하여 벗어날 수가 없고 스스로 해명할 수가 없게 되었는데, 전하께서 "억지로 욕설을 한다"는 말씀으로 전일에 준엄한 척출(斥黜)을 하셨기 때문에 지극히 원통함을 뒷날 구제함인데도 어찌하여 전하께서는 하나의 아첨 아부하는 신하에게 현혹되시어 시비를 전도하심이 이토록 심하십니까? 전하께서 비록 군주의 위엄을 가지고 한때의 공론을 억눌러 그 죄상을 가리려고 하시지만 나라의 역사가 기록하고 야사가 기록되어 이웃나라에도 전파되고 후세에도 전해질 것이니 장래에 전하를 어떤 임금이라고 하겠습니까? 이것이 저희들이 통곡하고 눈물을 흘리며 글월을 두 번이나 올리고도 그칠 줄 모르는 바입니다.

아! 이제 이 『유편(類編)』이란 글이 하나의 화복의 자료가 되었으니 배척을 했다가 화를 당한 사람이 몇 사람입니까? 두둔하고 옹호했다가 보답을 받은 사람이 또한 몇 사람입니까? 벼슬아치 중에 정직한 선비로서 배척하는 말을 했다가 당파를 한 사람들이 서로 공격하여 구덩이에 빠뜨리고 돌을 던져 봉변을 당한 사람이 많습니다. 이관명(李觀命)이나 이만성(李晩成)이 한결같이 삭출(削黜)된 것도 이를 입증합니다. 대각(臺閣)의 위에서 아첨하는 무리들에게 두둔하고 옹호하려는 뜻을 두면 이조에서 금방 불어주고 날개를 붙여줘 하늘에 오르게 했던 것이니, 이정겸(李廷謙)과 윤회(尹會)·윤성준(尹星駿) 등이 곧바로 좋은 벼슬을 차지하게 된 것이 그 증거입니다. 탄핵을 위한 글의 욕됨이 모든 유림에게 미쳐가게 했는데 이는 예로부터 없던 것을 간악한 윤회가 만들어냈습니다. 이들의 방자하고 기탄없음이 어찌 이같이 극치에까지 이르렀을까요? 이것은 모두 석정이 위복(威福)을 부린 까닭입니다. 이로 말하자면 신(臣) 등이 말하는 "권세가 임금과 맞먹는다" 함은 오히려 가벼운 말입니다. 전하께서는 도리어 저희들을 음험하다고 하시니 무릇 음험이란 허한 것을 실이라 하고 없는 것을 꾸며 있는 것으로 만들며 조작해서 죄인을 만들고 억지로 사람을 모함하는 것을 말합니다. 이것이 어찌 조금이라도 저희들이 말하는 바와 가깝습니까? 전하께서 이전 역사를 낱낱이 보시옵소서. 당의 이임보(李林甫)나 노기(盧杞)나 송의 가사도(賈似道)가 제 생각대로 위엄을 부리고 욕심을 부릴 때에 모든 상벌과 내치고 등용하는 권한을 어찌 다 제가 가지고 제가 행했겠습니까? 오직 그의 심복들이 조정에 깔려있어서 우익이 누대에 가득 차가지고 원한을 갚거나 은혜를 갚는 일을 마음대로 했던 것이니, 이래서 권력과 은총을 얻은 간신이라고 하는 지목을 받게 되었던 것입니다. 이제 최석정의 심복과 우익은 당·송의 몇 신하들에게 내리지 않고 있으니 권력 쥔 간신이라고 지적함을 어찌 면할 수 있겠습니까? 하물며 이 책이 한번 나오자 비록 최석정에게 아부하고 좋아한 자라도 모두 마음속으로 그르다 하고 의심을 하면서도 경연에서나 글월을 올리는 가운데 한 사람도 그 옳지 않다는 것을 드러내놓고 말하지 못하고 있으니, 이는 전하에게 마음을 속이고 석정에게 아부를 하고 있다는 것을 적실하게 알 수가 있습니다. 어찌 크게 한심한 노릇이 아니겠습니까? 또 그 부록에 경상의 이름을 나열하여 현혹하려는 계획을 한 것도 더욱 공교롭고 세밀한 뜻을 볼 수가 있습니다.

그 『중용』·『대학』을 변경하고 고쳤을 당시에 오늘의 시비가 있을 것을 염려하여 이런 대목을 넣어 놓고 미리 핑계하려고 먼저 그 죽은 스승인 박세채(朴世采)의 이름을 강론한 명부에다 함부로 기록했던 것이지만, 이는 그 문생들의 상소에서 이미 거짓이라는 반박을 받았습니다. 그 밖의 경상(卿相)의 이름이 그 속에 들어있는 자는 참으로 강론한 일이 있었다면 경을 망친 죄가 석정과 다를 것이 없을 것이요, 실로 참여한 일이 없었다면 한번쯤 그 참인지 거짓인지 변론하여 드러내는 것이 일의 성격으로 보나 도리로 보나 결코 그만둘 수 없는 일인데도, 당을 보호하고 잘못을 숨겨 감히 밝히지 못하고 있으니 끝내 석정에게 아부하고 주자를 배반한 결과를 가리지 못할 것입니다. 저희들이 말한 바 "비록 주객의 차이는 있으나 똑같이 경을 망치는 죄가 된다" 함은 억지가 아니라 실로 적확한 말입니다.

아! 저희들은 석정에게 원래 털끝의 혐의나 원한이 없는데도 이제 먼데서 찾아와 죽음을 무릅쓰고 번거롭게 말씀을 올리는 것은 열성조(列聖朝)께서 선비를 길러내 주신 효과라고 볼 수 있는데도, 전하께서는 그런 성의를 헤아리지 아니하시고 언제나 엄하신 말씀으로 곧잘 꺾어버리시니 실로 요순 같은 밝으신 살피심으로 "유림의 상소는 공의에서 나왔고 편당은 깊이 배척해야 한다"는 것을 꿰뚫어 보시지 못한 것은 아닐 것입니다. 다만 사기(士氣)를 꺾어 놓지 않으면 상소가 그치지 않을 것이고 상소가 그치지 않으면 석정이 불안해 할 것이라 여기시어 억지로 그를 보호하기 위해 분명하게 밝히지 않으시려는 뜻임을 알고 있습니다. 그러나 이렇게 전하께서 그의 뜻을 위안하시려는 일은 오히려 그의 죄를 드러내는 것이요 성덕의 밝으심에 누만 끼치게 되는 것입니다.

아! 그 책을 불태우지 아니하고 그 사람을 내쫓지 아니하면 주자를 위하여 기꺼이 화망(禍網)으로 들어갈 사람이 셀 수 없이 뒤따를 것입니다. 비록 칼·톱을 앞에 두고 솥을 뒤에 버려둔다고 해도 한 사람의 아당하는 신하를 편애하고 공의를 오래 거스르지 못할 것입니다. 이제 저희들이 여관에서 주머니를 다 털고 이틀에 한 끼니를 먹으며 농사철도 불구하고 기어이 천의(天意)를 돌리려는 것은 한 몸의 이익을 위해서가 아닙니다. 엎드려 원하옵건대 전하께서는 곧은 것과 굽은 것을 통쾌하게 분별하시고 속히 시비를 바로 찾아 빨리 반포하신 책과 판각을 거두어 불 속에 던져버리시고 또 아당하는 신하들이 현인을 욕되게 한 죄를 바로 다스려 분명하게 좋고 싫어함을 보여주시면, 우리의 학문에 다행이요 국가가 다행할 것입니다. 저희들이 상소문을 작성하여 올리려는 때에 윤성준(尹星駿)의 상소를 보니 경기(京畿)의 선비가 올린 상소에서 학임(學任)에게 벌을 내릴 것을 약간 논한 일을 가지고 도리어 크게 꾸짖으며 심지어 저희들이 없는 사실을 꾸며 하늘을 속이고 있다고까지 하고 있으니 부득이 그 대강을 간략하게 진술하겠습니다.

저희들이 상경한 뒤에 사림들의 공공한 의론을 들어보니 지난번 사학재임(四學齋任)[15]이 옛 예에 따라서 신문(神門)에 엄숙히 모여 생원·진사 중에 부정한 짓을 한 자 다섯 사람을 벌을 주려고 했는데, 성준(星駿)이 급히 책임자들을 바꾸려고 즉시 그 내용의 방문(榜文)을 철거해버리고 오히려 사학(四學)의 책임자를 정지시켜버렸다고 합니다. 명색이 스승이라고 하는 자가 이 같은 행동을 하여 전례를 남겨도 되는 것입니까? 그가 올린 상소에서 말하는 "사학의 유생이 학교의 생원·진사에게 벌을 줄 수 없음은 이것이 삼백년 내

15 사학재임(四學齋任): 동서남북에 세웠던 학교 책임자를 말한다.

려온 정규(定規)다"함은 이것이 실상 거짓을 꾸며 하늘을 속이려는 속셈인 것입니다. 저희들이 청하건대 옛 근거를 들어서 밝히겠습니다.

김육(金堉)이 유생으로 있을 때 정인홍(鄭仁弘)에게 황표(黃標)를 붙이자 비록 광해군 때같이 간신들이 많았을 때에도 마음대로 뜯지를 못하여 지금까지도 사림들이 정론이라고 하고 있고, 을묘년에는 학임(學任) 유회일(俞晦一)이 신문(神門)에 모여 성균관 책임자인 정동악(鄭東岳)에게 벌을 내리자 그 당시 좨주(祭酒)였던 윤휴가 그 벌표를 뜯어내려고 했는데 그렇게 방자했지만 그래도 유벌(儒罰)의 중함을 알고 기록을 한 뒤에야 변통을 했던 것입니다. 이제 성준은 비록 이것을 증거로 삼는다 할지라도 기록도 하지 않고 사사로이 처벌의 공고를 철거하였으니 이는 윤휴도 하지 않았던 바입니다. 또 가까운 예로 말하더라도 지난 정축년에 학임 민진보(閔鎭普) 등 네 사람이 역시 성균관 책임이었던 성효석(成孝錫)과 한배휴(韓配休)에게 황표를 붙이자 그때의 사유(師儒)였던 이돈(李墩)이 다만 상소만을 올리고 맘대로 뜯어내지 못했던 것이요 그래서 벌을 받은 책임자도 공직을 수행하지 못했던 것입니다. 무릇 이런 전례가 한 둘이 아닌데 '삼백년 정해진 규정'이라는 것은 무슨 뜻입니까? 무릇 관학에서 시행한 벌은 비록 임금의 위엄으로도 뜯어낼 수가 없습니다. 그래서 전번 김재로(金在魯)가 책임자가 되었을 때 전하께서 유생의 벌을 푸는 일로 누차 엄하신 분부를 내리셨지만 재로가 끝까지 봉행을 하지 않았고, 전하께서도 강박하시지 않았던 것은 유생의 처벌은 사론이 관련되어 있는 것이기 때문에 위협으로써 뜯어낼 성격이 못되기 때문인 것입니다. 만약 시비를 논하지 않고 일의 대체를 돌아보지 않고 마음대로 붙여놓은 것을 성준처럼 뜯어낸다면 전하께서 어찌 명령할만한 사람 하나가 없어서 학교 책임자에게 하교를 전하셨겠습니까?

성준이 방자하고 기탄이 없어 사유(師儒)의 체모를 망친 일은 이뿐이 아닙니다. 학교 책임자의 문서철은 책임자가 아니면 감히 열고 닫지를 못하고 추천과 삭제, 성균관 유생의 천거는 책임자가 아니면 마음대로 못하는 것이 변통할 수 없는 옛 규정입니다. 그런데도 지난번 성준은 책임자를 바꾸려고 하면서 그 새로 선정한 장의(掌議)의 이름이 추천을 삭제하는 명단에 들어있음을 안타깝게 여겨, 멋대로 문서함을 열고 생도들을 불러들여 칼로 삭자(削字)를 도려내게 하고 새로 책임자를 선정하였던 것입니다. 이것은 실상 석정이 선비들의 상소를 막아 끊으려는 심산에서 나온 것으로서 아침에 책임자를 갈아치우고 저녁에 이조에 천거를 하여 웃고 꾸짖음을 마음대로 하고 좋은 벼슬을 알아서 하는 것이 바로 성준인 것입니다. 이제 사림들이 모두 버리고 공의가 이미 나와 버렸으니 제아무리 낯가죽이 두껍다 한들 어찌 감히 거짓을 꾸미고 스스로 해명을 하겠습니까?

아! 성준(星駿)이 석정(錫鼎)에게 아부하고 주자를 배반함이 이와 같이 드러나 가리기가 어렵게 되었으니 장차 무슨 얼굴로 의기양양하게 성균관을 출입하겠습니까? 그가 '가르치는 우두머리'라는 이름을 빙자하여 사림의 배척을 대항하려 든다면 대단히 잘못된 것입니다. 저희들은 진실로 비굴한 사내와 더불어 시끄럽게 말다툼을 벌려 입을 더럽히고 싶지 않습니다.

삼가 죽기를 무릅쓰고 아뢰나이다.

상소가 올라가자 정언 안시상(安時相)이 멀리 귀양을 보내야한다고 극청을 하였으나 임금께서 끝내 허락하지 않았다.

3) 白野堂文集 目錄

卷之一, 卷之二

詩

卷之三

疏: 排斥禮記類編疏　興德兩賢祠請額疏　代興陽儒生製疏(2) / 書: 上尤庵先生書　尤庵先生答書　上遂菴書　遂菴答書　上遂菴書別紙　遂菴答書　芝村答書　與退漁子金副學遊山行中　與隱谷李上舍　與金喚庵　答柳承旨

卷之四

序: 肅宗大王國葬都監所三房禊弁分御屛風序　和慶宴賀序　五松堂序 / 記: 孔孝子行蹟記　將軍拔二毛營記　孝子徐公行蹟記 / 跋: 題疑禮問解續集後

題 頒教文後 / 雜著: 懷川問答 東海無潮汐辨 王荊公論 雷霆問答 山石間蚌解 水邊風生說 論林滄溪讀書錄 / 祭文: 祭奇樂庵文 / 通文: 禮記類編排斥通告文 道峯書院黜享後伸辨設疏通告文 慶其殿請立碑文

附錄: 白野堂記 白野堂朴公行狀 白野堂公墓表 白野堂集跋

7. 삼족당 위세보 三足堂 魏世寶

1) 생애와 사상

위세보(1669-1707)는 자가 국미(國美)이고 호는 석병(石屛) 또는 삼족당(三足堂)이며 본관은 장흥(長興)이다. 그는 조선 후기 문인으로 시(詩)·서(書)·화(畵)에 뛰어나 삼절(三絕)의 칭호를 받았다.

1669년(현종 10년) 4월 14일 부친 통덕랑(通德郎) 동식(東寔)과 모친 영광김씨(靈光金氏: 父는 光遠) 사이에 장남으로 장흥부(長興府) 계춘동(桂春洞)에서 출생했다. 그는 신장이 8척이 넘고 미목이 수려하였으며 재예가 뛰어났다.

1671년(현종 12년) 3세 때 글자를 가르치니 모두 외우고 그 뜻을 이해하였다.

1672년(현종 13년) 4세 때 다른 아이들과 소꿉놀이를 하지 않고 항상 부모의 곁에서 지냈다.

1676년(숙종 2년) 8세 때 글 짓는 재주가 뛰어났고 글씨와 그림의 솜씨가 어른과 같아 그의 천재적인 재능이 드러났다.

1677년(숙종 3년) 9세 때 아우 춘담공(春潭公)이 소꿉놀이만 하여도 꾸짖어 타일렀다.

1780년(숙종 6년) 12세 때 박이태(朴以泰)의 문하에서 공부했고 해서(楷書)를 잘 썼는데 집안사람들이 그의 서첩을 구하기도 하고 병풍이나 족자 글씨를 써달라고 부탁하기도 했다.

1683년(숙종 9년) 15세 때 경·사·제자서(經史諸子書)를 두루 섭렵하고 시(詩), 부(賦), 표(表), 책(策) 등을 모두 잘 지었는데 특히 시에 뛰어났다.

1685년(숙종 11년) 17세 때 고을원이 그의 재주 있다는 소문을 듣고 불러들여 시험 삼아 시 짓고 글씨쓰기를 시키니 그는 매화꽃과 학, 포도의 그림을 그렸다. 원님이 그 그림을 보고서 서울에서도 보기 드문 솜씨라고 감탄하고 칭송했다.

1686년(숙종 12년) 18세 때 모친 김씨가 세상을 떠나자 남들과 말 한마디 나누지 않는 슬픈 모습을 지었으며 곡소리를 그치지 않고 예법대로 상을 치렀다.

1689년(숙종 15년) 21세 때 영광 김씨(靈光金氏) 정길(鼎吉)의 딸에게 장가들었다.

1694년(숙종 20년) 26세 때 그는 독서에 정진하여 한 때도 손에서 책을 놓지 않았다

1697년(숙종 23년) 29세 때 2월 11일 장남 명초(命初)가 출생했다.

1698년(숙종 24년) 30세 때 1월 5일 부인 김씨가 세상을 떠나자 아우 춘담공과 살림을 합쳐 같이 살았다.

1699년(숙종 25년) 31세 때 수원 백씨(水原白氏) 명시(命蓍)의 딸에게 다시 장가들었다.

1702년(숙종 28년) 34세 때 8월 19일 장남 명초가 요절했다.

1703년(숙종 29년) 35세 때 『논어』와 『맹자』를 베껴 써서 책을 만들었다.

1704년(숙종 30년) 36세 때의 12월 8일 차남 태평(太平)이 출생했다.

1706년(숙종 32년) 38세 때 병이 나서 눕게 되자 아우 춘담공이 의약을 구하여 지성으로 간병했다.

1707년(숙종 33년) 39세 때 봄에 나주(羅州) 정의원(鄭醫員)댁에 가서 치료했으나 차도가 없었다. 가을에 장천재(長川齋)에서 요병했고 겨울에 삼족당에 돌아와 12월 2일 임종구호시 1편을 남기고 세상을 떠났다.

삼족당은 태어나면서부터 신체가 걸출하여 8척 장신으로 자랐고 미목이 수려하고 재예가 뛰어났다. 그는 약관 이전인 18세 때 모친의 상을 당하자 곡소리를 그치지 않았고 초종(初終) 상절(喪節)을 예법대로 행하였다. 또 아우 춘담공과는 한 집에서 같이 살면서 우애가 극진하여 서로 거스르는 말 한번 오고 가지 않았으므로 친척이나 마을 사람들이 그 효행과 우애를 극구 칭송했다.

그는 천재적인 예술적 재능을 타고 났으며 시·서·화를 모두 잘하여 삼절

(三絕)의 칭호를 받았고 그의 글씨나 그림을 보는 사람마다 소장하려 했다. 그 고을 원이 그의 시와 글씨, 그리고 그림을 보고 서울에서도 보기 드문 솜씨라 하면서 '광문(廣文) 뒤의 제 1 인자'라고 칭송했다. 종형 세직(世稷)이 글씨와 그림을 좋아하였는데 봉사(奉事) 송일중(宋日中)의 초서(草書) 8첩을 입수하여 그 중의 두 첩을 떼어내어 삼족당에게 보였다. 그 다음날 삼족당이 그 글씨를 모사하여 함께 내놓으니 세직이 어느 것이 자기가 준 것인가를 구별할 수 없었다. 세직은 "그대의 글씨는 이미 입신(入神)의 경지에 이르렀다"고 칭찬해 마지않았다.

죽천(竹川) 아래에 송화대(松花臺)가 있었는데 허주자(虛舟子) 박수구(朴壽龜)의 강각(江閣)이었다. 삼족당이 그 곳에 가서 '차송화대운(次松花臺韻)'을 다음과 같이 지었다.

> 소나무는 천고의 빛을 띠었고(松含千古色)
> 대나무는 가을 한 강을 드리웠네(竹帶一川秋)
> 누대 위에는 사람이 보이지 않고(臺上人不見)
> 빈 배만 달빛 싣고 떠있네(虛浮載月舟)

박수구의 아들 만초(萬礎)는 당시 서울에서도 작문에 능숙한 자였다. 그는 이 시구를 보고 이 사람은 옛날의 선재(仙才)라고 감탄했다.

운정(雲亭) 선도중(宣道重)이 어느 날 삼족당을 찾아 와 이르기를 "내가 포도를 좋아하여 심어 기르고 있는데 겨울에는 그 모습을 완상할 수 없으니 한 폭 그려주면 좋겠다."고 했다. 삼족당은 그 자리에서 붓을 내둘러 포도를 그려 주었다. 선도중이 그 그림을 가지고 집에 돌아가 방안의 벽에 붙였더니 그의 어린 아이가 포도 그림을 보고 포도를 따달라고 졸랐다 하니 그의 그림 솜씨가 얼마나 뛰어났는가 짐작할 수 있다.

삼족당은 8폭 병풍을 만들어 한 면에는 매화와 달을 그려놓고 한 면에는 그의 시를 쓰고 화제(畵題)를 삼절병(三絕屛)이라 했는데 그것이 집안에 전하고 있다.

그는 본래 집이 가난하였으나 농사에 손을 대지 않았고 재리(財利)에 관한 말은 한 번도 입에 올리지 않았으며 항상 손에서 책을 놓지 않았다. 남과 교유할 때도 속된 상소리를 하지 않았고 다만 경서나 시화만을 이야기 했다. 간혹 외출했다 돌아오면 곧 책을 들고 독서하였다. 그는 초라한 작은 집이지만 용신할 수 있으니 족하고, 끼니를 이을 수 있는 전답이 있으니 족하며, 시와 서를 접할 수 있으니 족하다 하여 삼족당(三足堂)이라 자호했다.

이와 같이 부귀와 명리를 꿈꾸지 않고 시골에서 안회(顔回)처럼 안빈낙도하는 그가 30이 넘자 신병이 들어 수년 동안 병고에 시달리다가 세상을 떠났는데 그가 임종할 때 종제 세윤(世潤)에게 받아쓰도록 한 구호시(口號詩) 절구 1수는 다음과 같다.

> 누가 일렀는가. 뜻을 이룬다고(有志誰云事竟成)
> 40세 인생이 애통하게도 이름이 없네(四旬人世痛無名)
> 가련타 시 짓는 혼 어느 곳에 돌아가리(可憐詩魂歸何處)
> 피눈물로 봄 동산엔 풀도 나지 않으리(血泣春山草不生)

시·서·화 삼절로 뛰어난 그가 39세의 단명으로 요절한 것은 이 방면의 큰 손실이 아닐 수 없다. 그러나 그는 짧은 인생을 깨끗하고 선량하게 시골에서 보낸 선비요 예술가였으며 가학을 세워 아들 문덕(文德)은 진사(進士)가 되었고 손자 백규(伯珪) 백순(伯純) 등에 이르러 학문과 관직으로 가문을 드러냈다. 유고집으로는 『삼족당집(三足堂集)』 3권 1책이 전한다.

2) 원문 번역

『삼족당집(三足堂集)』 3권 1책에는 많은 시문이 있는데 그 대부분이 시작품이다. 이 시들은 모두 뛰어난 수작들로 역대 어느 시인의 시와 견주어도 조금도 손색이 없다 하겠다. 그 밖에 서(序)가 2편, 기(記)가 1편, 제문(祭文)이 4편 밖에 없다. 본고에서는 서 1편 즉 「열락재서(說樂齋序)」를 선정하여 번역하였다.

열락재서문 說樂齋序

객이 나에게 이르기를 "사자봉 한 기슭이 남쪽으로 뻗어내려 바다에 이르자, 지세가 우뚝 솟았는데 그 곳에 올라서 위를 바라보면 열락재(說樂齋)라 부르는 재각이 있다"고 하였다. 나는 그 말을 즐겁게 듣고 마음속으로 기뻐하면서 "재각이란 공부를 하는 곳인데 '열락'이라 한 것은 무슨 뜻을 취한 것인가" 하고 물으니 객이 이르기를 "동진(東晋)의 정절선생(靖節先生: 陶淵明을 말함)이 귀거래사(歸去來辭)에서 이른 바 친척의 정다운 이야기를 기뻐한다(悅親戚之情話)의 기쁨(悅)과 거문고를 타고 책을 읽으면서 근심을 잊는 즐거움(樂琴書以消憂)의 낙(樂)이 아니겠는가? 산에 있는 재각은 마을에 있는 집과는 다른데 어찌 그렇게 말하는가" 했다. 나는 "그 산수를 즐기는 즐거움과 기쁨은 싫어할 사람은 없겠지" 하니 그는 "그렇지 않다"고 했다. 나는 이르기를 "그렇다면 공부자가 말한 바와 같이 '배우고 때로 익히면 기쁘지 않겠는가?'의 기쁨과 '먼 곳으로부터 찾아오는 벗이 있으면 즐겁지 않겠는가'의 즐거움이란 말인가" 하니 그는 그렇다고 했다. 나는 이르기를 "그렇다면 재각의 이름은 그럴 듯한데 그렇게 이름 지은 사람은 참으로 즐겁다 군자라야 할 수 있겠으니, 나 또한 마음으로 기뻐하면서 진실로 굴복하겠노라" 했다.

대저 기뻐한다는 것은 배움을 그만두지 않는다는 것을 이름이니 또한 기쁘지 않겠는가? 그리고 즐거워한다는 것은 믿고 선(善)을 따름을 이르는 것이니 또한 즐겁지 않겠는가?

대개 재각이란 뛰어난 경치가 있고 감상할 수 있는 산의 한 구역에 있는 것이니 한 구역이란 나누면 8경이 된다. 그리고 사시(四時)의 기상은 천태만상이어서 항상 변하므로 이것은 열락재란 즐거움이 넉넉하다는 것이다. 솟아오르는 태양은 아침의 시작을 말하고 꽃빛이 타는 듯이 아름다운 것은 여귀꽃 언덕의 경치를 말하며, 저녁놀이 붉은 빛을 거두고 어스름한 기운이 수풀을 덮는 것은 우뚝한 바위의 경치이며, 검은 구름이 갈라서 날고 소나기가 한바탕 씻은 듯이 지나가면 용은 주발에라도 숨은 것인가 생각된다. 새벽별은 반짝반짝 빛나고 종소리의 여운은 은은한데 사자가 산에서 울부짖는 것인가. 바람과 서리는 고결하고 물이 줄어드니 어찌 여산(廬山)의 폭포에 지겠는가. 푸른 물결은 넘실넘실하고 돌아가는 돛단배는 느릿느릿하니 영해(瀛海)의 신선이 타고 가는 배인가? 남호(南湖)에 달이 뜨고 사촌(沙村)에 안개 끼니 옛사람의 청풍(淸風)을 생각하면서 감회가 끊이지 않고 일어난다. 아! 옛날에 이른바 '즐거움이 다하면 슬픔이 온다'고 한 것이 이것을 두고 한 말이 아니겠는가? 객이 이르기를 '그렇다면 어느 때 기쁘고 즐거우리' 하므로 내가 이르기를 "즐겁다는 것은 마음이 기쁨으로 해서 얻어지는 것이니 글을 가지고 벗과 만나는 것도 즐거움이 아니겠는가?" 하니 객은 기뻐하면서 물러갔고 나는 즐거워서 이렇게 기록하는 것이다.

3) 三足堂遺稿 目錄

卷之一

詩 ; 五言絶句: 竹谷懷古 外26首 / 五言四律: 次盆梅韻 外8首 / 七言絶句: 訪九精庵 外90首 / 七言四律: 俯溪堂春思 外37首

卷之二

詩 ; 七言四律: 三月暮訪長川 外72首 / 七言長律: 次林君滲韻 / 七言排律: 道不虛行只在人 外2首 / 七言古詩: 失幼子 / 七言行詩: 次江湖羅友韻 外2首

附錄: 年譜 / 行錄 / 跋

8. 영이재 위문덕 詠而齋 魏文德

1) 생애

위문덕(1704-1784)은 자가 의여(懿汝)이고 호는 춘곡(春谷) 또는 영이재(詠而齋)이며 본관은 장흥(長興)이니 조선조 후기의 유학자이다.

1704년(숙종 30년) 갑신(甲申) 12월 8일에 전남 장흥의 회주(懷州) 계춘동(桂春洞)에서 부친 삼족당(三足堂) 세보(世寶)와 모친 수원 백씨(水原白氏) 수우당(守愚堂) 명기(命耆)의 딸 차영(次英)과의 사이에서 태어났다.

1707년(숙종 33년) 4세 때부터 모친의 엄격한 교훈을 받아 집안에 들어오면 비속한 말을 쓰지 않고 능히 글자를 배우기 시작했다.

1711년(숙종 37년) 8세 때 장천재(長川齋)에 머물고 있는 서종숙 세윤(世潤)에게 나아가 글을 배우기 시작하였다.

1716년(숙종 42년) 13세가 되자 사서(四書)와 이경(二經: 『시경』과 『서경』), 『통감강목(通鑑綱目)』을 읽었고 근체부(近體賦)를 짓기 시작했다.

1719년(숙종 45년) 16세 때 『춘추좌씨전』과 제자서(諸子書)를 섭렵했다.

1723년(경종 3년) 20세 때부터 부(賦) 짓기를 그만두고 시를 지어 1,000여 수가 넘었으나 만족하지 않았다.

1725년(영조 1년) 22세 때 해주 오씨(海州吳氏)에게 장가들었다.

1734년(영조 10년) 31세 때 광주(光州)시험장에서 해서(海西)사람 원덕형(元德亨)의 「사서의(四書疑)」 1편을 보고 곧 그 작문법을 본받아 글을 지어 생원 초시(生員初試)에 2등으로 합격했다. 이 뒤로부터 주자(朱子)의 『집주(集注)』에 잠심한지 수 년 만에 활연하게 통한 바가 있었다. 그는 다시 『맹자』를 백번이나 읽어 문리가 달통하고 글 짓는 솜씨가 익숙해졌다.

1740년(영조 16년) 37세 때 시 짓기를 그만두고 다시 부(賦) 30수를 지어 성균 진사(成均進士)가 되었다. 그의 문장은 간이하면서 기교가 있었다. 진사에 오른 뒤 간혹 대과(大科)에 응시하라는 사람이 있으면 벼슬을 하지 않고 편안히 지내려는 의지를 토로했다 한다.

1779년(정조 3년) 76세의 고령으로 향음주례(鄕飮酒禮)를 설치하여 자손과 향민들을 교도했다.

1784년(정조 8년) 2월 10일 향제에서 세상을 떠나니 향년 81세였다. 『영이재집(詠而齋集)』 6권 3책이 전한다.

2) 사상

영이재의 사상적 특성은 첫째 독실한 유학자요 산림처사(山林處士)로서 수신제가(修身齊家)를 실천한 점이다. 그는 특히 모부인의 엄격한 가정교육 밑에서 자랐고 그런 생활신조는 평생을 지속하였다. 그가 장천재에서 공부하던 어린 시절 어느 날 예고도 없이 집에 돌아왔다. 모부인 백씨는 마음속으로는 몹시 반가웠지만 조금도 내색하지 않고 오히려 정색하고 회초리를 꺾어오게 하여 종아리를 몇 차례 때려 돌려보냈다. 영이재가 담 밖에서 모친의 흐느껴 우는 소리를 듣고 돌아갔는데 그 뒤 다시는 까닭 없이 집에 오지 않고 공부에 열중했다.

영이재가 37세 때 생원이 되자 그의 가까운 친척이나 동료가 대과에 응시할 것을 권하니 영이재는 "우리 가정만큼 태평하게 사는 집안이 없었는데 무엇 하러 벼슬하느냐"고 반문했고, 그는 오직 책 읽고 글을 지으며 가정을 다스리고 자손교육에 힘썼다.

그는 지조가 견실하고 곧으면서 천성이 검약하고 겸손하여 항상 종족이나 향민의 존경을 받았다.

그는 항상 손에서 책을 놓지 않았고 80세가 다 될 때까지 시문을 짓고 아들이나 손자가 글을 지으면 꼭 소리 내어 읽게 하고 잘못된 점을 지적하여 고치도록 했다. 평생 동안 호미나 쟁기 같은 농구를 잡아보지는 않았으나, 늘 전답의 관리에도 신경을 썼고 요행수나 뜻밖의 이득을 원치 않았다. 그의 문집에 실려 있는 장남 백규의 「사성록(思成錄)」을 보면 자손들에게 남겨준 십이계(十二戒)와 같은 가정의 계율이 있었고 관혼상제(冠婚喪祭)와 같은 가례 등이 있는 것으로 보아 예서에도 남달랐음을 알 수 있다.

그는 6남 3녀를 낳아 길렀고 22명의 손자와 손녀를 두었으나 한 아이에 편애한 바가 없었고, 15세 전에 문자를 가르쳐 영민한 자에게는 학문을 권장하고 그렇지 못한 자에게는 무예(武藝)나 농사를 권장하였다.

그는 어렸을 때 학문과 인격이 높은 종숙이요 스승인 반곡(磻谷) 위세윤(魏世潤)의 인품을 존경하고 따랐으며 벗을 사귀는 데도 항상 상대방의 장점을 취했다. 그는 15세나 위인 도천(陶泉) 위세옥(魏世鈺)과 망년지교(忘年之交)를 하면서 그의 많은 영향을 받았다. 그 밖의 교우한 사람의 이름을 들어보면 묵촌(墨村) 이사덕(李思德)·금장(金莊) 이태광(李泰光)·도계(道溪) 오정권(吳挺權)·춘정(春亭) 문덕최(文德最) 등이 있는데, 당시 그 고을의 이름 있는 선비들이다.

그의 학문 수준은 상당한 경지에 이르렀음을 알 수 있는데, 『영이재집』 3권 잡저에 『논어』의 구절인 "군자이불인(君子而不仁)"에 대한 의(疑)와 「무극이태극론(無極而太極論)」이라든가, 「전가사례(傳家四禮)」나 「전가십이계(傳家十二戒)」의 문장은 성리학(性理學)과 예학(禮學)에 수준 높은 조예를 입증하는 것이라 하겠다.

결론적으로 영이재는 벼슬로 크게 영달한 사람은 아니지만 진사에 합격한 학문의 실력과 많은 시문을 남긴 학자였고 80장수를 누리면서 조신한 선비로 많은 자손이 학문적으로 이름을 낼 수 있게 가정을 다스리고 사회에 모범을 보이면서 인생을 보낸 깨끗한 선비였다.

『영이재집』 6권 3책에는 많은 시문이 게재되어 있다. 그러나 본고에서는 잡저(雜著)에 들어있는 「전가십이계(傳家十二戒)」를 번역 소개하기로 한다. 이 「전가십이계」는 12항목으로 되어 있는 경계할 사항으로 그가 자손들에게 물려준 일종의 가훈이다. 이 문장의 내용은 어느 시대 누구에게나 중요한 생활의 지침이 된다고 보아 선정한 것이다.

3) 원문 번역

전가십이계 傳家十二戒

㈎ 안과 밖의 분별을 엄격히 한다.[嚴內外之辨]

비록 부모와 자식, 남편과 아내 같은 지극히 친한 사이라도 서로 문안하고 찾아보는 데는 떳떳한 도리가 있어야 하며 친압하거나 외람되어서는 안 된다. 그러므로 대체로 남녀 사이는 처소가 다르며 서로가 사적으로 만나지 아니하고, 서로 해학하지 아니한다.

㈏ 첩을 두지 않는다.[無蓄妾媵]

비록 잘 사는 집안이라 하더라도 첩을 두지 않아야 한다. 만약 본부인(嫡妻)이 자식이 없으면 반드시 친족 중에서 가려 입대(入代)할 것이며 첩을 두지 않고 후사를 구해야 한다. 상처(喪妻)한 뒤에 나이로 보아 다시 아내를 두어야 할 사람은 반드시 재취를 해야 한다. 다만 나이가 많고 자식이 없을 때는 첩을 얻을 수 있고 그 여자가 50세가 넘었을 경우에는 물 긷고 절구질하는 힘센 일은 시키지 않아야 한다. 또 먼 지방으로 벼슬살이 갈 때 자기 가족을 동반할 수 없을 경우에도 첩을 두어서는 안 되며 자식이 없는 자가 후사를 세우지 못했을 때는 선영(先塋)의 봉사를 위해 부득이 첩을 두어도 되겠다.

㈐ 기녀와 음악에 탐닉하지 않는다.[無耽妓樂]

비록 잘 사는 집안이라 하여도 반드시 기녀를 두지 말 것이며 어쩌다가 우연한 기회에 기녀나 음악을 대하게 되었을 경우라도 그것을 다른 사람과 함께 구경하고 들을 뿐이지 노래 소리나 춤추는 모습에 탐닉해서는 아니 된다. 즉 뛰어난 노래 소리와 교묘하게 추는 춤을 지나치게 좋아하지는 말아야 한다.

㈑ 술주정을 해서는 안 된다.[無嗅酗酒]

무릇 술을 마실 때는 두·세잔을 넘기지 말고 술을 즐겨 제멋대로 술을 사마시거나 자신이 술을 잘 마신다고 자랑해서는 안 된다.

(마) 장기와 바둑을 두지 않는다.[無博奕]

글공부도 아니 하고 무예(武藝)도 아니하는 사람은 농사일을 하거나 길쌈하고 자리 짜는 일을 할 것이요, 장기나 바둑 같은 잡기로 친구를 사귀어 시간을 허송하지 않아야 한다.

(바) 남의 결점을 드러내지 않는다.[無揚人釁累]

비록 남이 나에게 상식에 벗어나는 무뢰한 행동을 하더라도 다만 마땅히 못하게 할 뿐이요, 그 사람의 지난날의 결점을 들추지 말아야 한다.

(사) 향교나 서원에서 소리 내어 다투지 않는다.[無爭戞校院]

향교나 서원에서 제사를 지내는 일은 여러 사람들이 집행하는대로 따를 뿐이다. 꼭 일일이 통문을 하거나 잘못되었다고 조목조목 들추어서 경건해야 할 향교나 사당에서 큰 소리로 다투거나 쓸데없이 그 곳에서 빈둥거리면서 지내지 말아야 한다.

(아) 관장을 업신여기지 않는다.[無慢官長]

관청의 명령은 비록 못마땅한 점이 있더라도 마땅히 힘써 따를 것이며 관리들이 비록 간사하게 속이는 일이 있더라도 그것을 탄핵하거나 들추어내는 일이 없어야 한다. 또 관리들과 사적으로 교통하고 수령을 단독으로 찾아본다든가 아전들과 친압하지 않아야 한다.

(자) 귀양살이 하는 사람과는 사귀지 않아야 한다.[無交謫客]

높은 관직에 있다가 귀양살이 온 사람은 반드시 사귀고 찾아보는 일이 없어야 한다. 다만 산림처사(山林處士)[16]로 덕망이 있는 사람이 귀양왔을 때는 예외라 하겠다. 그리고 나이가 적고 헛된 명성을 도용하는 자도 또한 만나지 않아야 한다.

(차) 오래된 노비는 그 근본을 들추어 내지 않는다.[無推久遠奴婢]

사건이 100년 이전에 있었던 노비가 숨어 살면서 발신(發身)[17]한 지

16 산림처사(山林處士): 관직이나 세속을 떠나 산 속에 파묻혀 글이나 읽고 사는 지조 있는 사람을 가리킨다.

가 오래된 자와, 침체되어 의지할 곳 없는 자는 모두 그 근본을 들추지 않아야 한다.

㈎ 잡된 빈객과는 교통하지 않는다.[無交通雜賓]

쓸모없는 이야기를 잘하거나 큰 소리 치는 사람, 그리고 비정상적으로 영리를 추구하는 사람, 고을 관장과 교통하면서 남을 해치는 사람, 노래와 춤을 즐기고 좋아하는 사람, 어긋나는 짓을 잘하는 사람, 실속 없이 겉만 화려한 사람, 남을 잘 속이는 사람, 그리고 그 시대의 풍습이나 유행을 비방하기 좋아하는 사람 따위는 모두 친근히 해서는 안 된다.

㈏ 많은 이익에 도박을 걸지 않는다.[無賭厚利]

무릇 생산을 경영하고 재산을 늘리는 일로 작은 물품을 사고팔면서 이익을 배가 넘도록 해서는 안 되며 또 지나치게 싼 값으로 도둑질한 장물을 사들여도 안 된다.

이상의 십이계(十二戒) 중 한 가지만 내 몸에 있게 되면 작게는 자신의 명예나 몸을 더럽히고 크게는 몸을 망치고 가정을 망치게 된다. 마치 그림자처럼 또는 메아리처럼 백 가지 중 한 가지도 면할 수 없는 것이다. 진심으로 경계할 줄 알아서 내 몸에 한 가지도 있지 않게 되면 군자가 될 수 있으며 아래로는 가족을 보존하고 오직 이러한 사람만이 관·혼·상·제를 전할 수 있기 때문에 아울러 기록하여 두는 것이다.

4) 詠而齋集 目錄

卷之一

賦: 先誇車甲後私情賦 外2篇 / 詩: 閑居遣興(四首) 外181首

卷之二

---

17 발신(發身): 비천하고 구차한 환경에서 벗어나 몸을 일으켜 세우는 것을 말한다.

謹次屛溪尹先生寄題詠而齋韻(幷序) 外118首

卷之三

書: 上屛溪尹先生書　寄伯珪兒書(十五)　寄伯昊兄弟書 寄伯純兄弟書 / 序: 長興魏氏族譜序 外3篇 / 記: 金溪祠請堂記 / 銘: 與麴卉絶交銘(幷序)　鼎銘(幷序) / 箴: 四畏箴 / 雜著: 君子而不仁疑　無極而太極論　俯溪堂紀事　南倉上樑紀事　願留閔侯(光遇)文　傳家四禮　傳家十二戒 / 墓表銘: 十二代祖忠烈公諱(繼廷)墓表銘 / 行狀: 伯曾祖聽禽先生(廷勳)行狀　舒川郡守贈兵曹參議金公(允明)行狀　淸江先生李公(昇)行狀　八溪丁公(景英)行狀　五友堂金公(應全)行狀　訓練副正魯公(鴻)行狀

卷之四

行狀: 魏氏春谷家狀(春谷 詠而齋 一號) / 狀: 請褒鄭孝子(檪)狀 / 祭文: 祭羅郞(纘複)文

卷之五

詩: 寄題魏上舍懿汝詠而齋(尹屛溪鳳九) 外4首 / 書: 屛溪先生答書　閔副率(昌洙)答書(二)　柳雲冀與書　李侯(普溫)與書(二)　李正言(鎭儀)答書　柳侯(敍五)答書

卷之六　附錄: 思成錄(前編 後編) / 行錄 / 跋

9. 서계 위백순 書溪 魏伯純

1) 생애

위백순(1737-1815)은 자가 자건(子建)이고 호는 서계(書溪) 또는 통재(通齋)이며 본관은 장흥(長興)이니 존재(存齋) 위백규(魏伯珪)의 넷째 아우이다.

1737년(영조 13년) 11월 24일 부친 진사공(進士公) 문덕(文德)과 모친 평해(平海) 오씨(吳氏) 사이의 5남으로 장흥부(長興府) 계춘동(桂春洞)에서 태어났다.

1739년(영조 5년) 3세 때 부친 영이재(詠而齋)가 글자를 알려주면 모두 외고 잊지 않았다. 그러나 공부에 뜻이 없었다.

1745년(영조 21년) 9세 때 "사람이 배우지 않으면 도를 모른다."[18]는 말을 듣고 독서와 작문에 전력하기 시작했다.

1750년(영조 26년) 14세 때 자기 방문 위에 '천하문장위백순야(天下文章魏伯純也)'라 써 걸었는데 같은 또래가 "재주는 없으면서 뜻만 크다."고 비웃었다. 그는 부친 영이재에게 "제가 천하문장이 못 되겠습니까?"라고 물으니 영이재가 "네가 힘써 공부하면 소국문장(小國文章)은 될 것이다. 천하 문장은 네 큰형(위백규)도 어려운 일인데 하물며 네가 되겠느냐."고 대답했지만 그는 더욱 독서와 작문에 정진했다.

1752년(영조 28년) 16세 때 비로소 과거에 응시할 마음을 정하고 공부에 정진하니 학문이 날로 발전했다.

1756년(영조 32년) 20세 때부터 명성이 크게 나고 문장 구법이 기묘하면서 뜻이 또한 긴절하여 문장을 이루면 탁월한 점이 있었다.

1759년(영조 35년) 23세 때 수원백씨(水原白氏) 숭채(崇采)의 딸에게 장가들었다.

---

18 『예기』「학기」. 人不學, 不知道.

1763년(영조 39년) 27세 때의 8월에 보성감시(寶城監試)에 부(賦)로 합격하고 9월에 영이재공의 명으로 백씨 존재(存齋)를 따라 병계(屛溪) 윤봉구(尹鳳九) 선생을 배알하고 경·례(經·禮)에 대한 문답을 나눴는데 답변을 제대로 하여 선생의 칭찬을 받았다.

그는 이후로 과거 공부를 작파하고 『맹자』를 탐독한지 6년 만에 그 내용을 관통했다. 그 때 보림사(寶林寺)에서 지냈는데 독서를 마치고 집으로 돌아가기 전날 밤의 꿈에 봉황새가 방문 앞에 나타나 춤을 추었다. 그 봉황새는 온 몸이 기이한 털과 채색된 날개를 가지고 문 앞의 땅에 앞발을 대고 있었으며 긴 목을 빼어 공(公)을 직시하였다고 한다.

1783년(정조 7년) 47세 때부터 다시 과거 문장을 지었으나 번번이 급제하지 못했다. 그는 부문(賦文)에 특히 능하였으나 누구도 알아주지 않았는데 오직 당시의 강진 군수(康津郡守) 성종인(成鍾仁)이 그의 부 문장을 볼 때마다 탄복하면서 남방의 기재(奇才)라 하였다.

1796년(정조 20년) 60세 때 당시 옥과 현감(玉果縣監)이던 큰 형 존재를 따라가 그 곳 현재(縣齋)에서 독서를 하고 있었다. 그 때 마침 현청 앞에서 광대가 푸닥거리 굿을 하게 되어 인근 사람들이 하던 일을 그만두고 몰려나와 구경을 하였다. 그날 밤 존재가 아우 서계에게 그 굿을 구경했느냐고 물으니 서계는 전혀 모르고 있었다. 존재는 아우가 독서에 그처럼 몰두하고 있었음을 알고 극구 칭찬하고 가상하게 여겼다. 또 담양(潭陽) 옥천사(玉泉寺)에서 친구 나정발(羅挺發)과 함께 글을 지었는데 한 달쯤 지나자 나정발이 공의 문장에 대하여 탄복하였다.

1797년(정조 21년) 61세 때 순창감시(淳昌監試)에 합격하였다.

1798년(정조 22년) 62세 때 성균(成均) 생원(生員)이 되었으며 그해 여름 도과(道科)에서 책문(策文)으로 합격했다. 6월 1일 부인 수원백씨(水原白氏)가 세상을 떠났다.

1800년(정조 24년) 64세의 봄에 회시(會試)[19]에 응했으나 불합격되었다.

---

19 문무과(文武科)과거의 초시(初試) 급제자가 서울에 가서 다시 보는 복시(覆試).

그는 과거에 운이 없어 합격되지 못하여 늙도록 임천(林泉)에 묻혀 살면서 학문에 힘쓰고 후생 교육에 진력하였다.

1815년(순조 15년) 79세 때의 봄에 장남 도흡(道洽)을 잃고 그도 병이 나서 6월 7일에 통재(通齋)에서 세상을 떠나니 향년 79세였다. 유고집(遺稿集)으로 『서계집(書溪集)』 4권 2책이 전한다.

2) 사상

서계는 조부(祖父) 이래로 학자 집안에서 태어났고 특히 그의 백씨인 존재 위백규는 호남 실학의 거봉이다. 서계는 이러한 가정에서 성장하였기 때문에 유학자로 자랄 수 있었고 또 실제로 그의 가통을 계승한 한 사람이 되었다. 그리하여 그는 이 지방 유학의 한 맥을 이었으니 그 실증으로 파평 윤영선(尹榮善)이 편찬한 『조선유현연원도(朝鮮儒賢淵源圖)』를 보면 그의 백씨 위백규는 병계 윤봉구(尹鳳九)의 문하생이고 윤봉구는 수암 권상하(權尙夏)의 문하생이며 권상하는 우암 송시열(宋時烈)의 문하생으로 학통이 이어졌고 서계는 위백규의 문하생으로 연결되어 있다.

앞에서 본 바와 같이 서계는 어려서 영특했으나 글 배우기를 좋아하지 않았는데 9세 때 "사람이 배우지 않으면 도를 알지 못한다."는 말을 듣고 자각한 바 있어 열심히 공부하기 시작했고, 14세가 되자 문 위에 '천하문장위모'(天下文章魏某)라 써 붙였는데 부친 영이재공이 웃으면서 "네가 힘껏 공부하면 소국문장은 되겠지만 천하문장이야 네 큰형도 기약하기 어렵다."고 하였다. 그러나 서계는 조금도 좌절하지 않고 공부를 계속했다. 그는 그 뒤 과거 공부를 준비했으며 번번이 등제의 길을 얻지 못했으나 꾸준히 학문에 정진하고 시문을 지었다. 그리하여 평생 동안 지조 있는 산림처사(山林處士)로 살면서 유고집 4권 2책을 남겼고 당시 그 고을 학자들의 인정을 받았다. 그의 학문적 사상은 다분히 유교적이라 하겠다. 그것은 그의 가문이 전통적인 유학자 집안이었으며 그 또한 유교경전을 통독하여 시서와 백가서를 두루 섭렵했고 특히 『대학』을 계속 궁구하면서 그 중에서도 성정장(誠正章)을 더욱 탐독하고 모든 행동의 준칙을 삼았다고 한다. 두 어버이를 섬김에 추호의 기만이 없었고 형제들과도 우애가 지극했으니 가히 효제의 실행에 힘썼다고 하겠다. 나아가 임금에게도 등용은 되지 못했으나 소(疎)를 올려 시폐(時弊)를 지적하여 그 개혁과 개선을 진언했다.

다음, 그는 실학적인 면에도 괄목할 만한 점이 있다. 그의 문집 권2의 소(疎)나 책(策) 등의 내용이 모두 현실생활과 직접 관련이 있고 또 치자들이 하루 속히 마음을 두고 무엇보다 먼저 해결해야 되는 일차적인 것들이다. 그 예를 칠정책(七政策)에서 보면 시급한 정치의 요건으로 일곱 가지를 들고, 그것을 제대로 힘써서 기틀을 만들고 한 나라를 융성시키는 요체로 만들어야 한다고 했으니, 그 항목을 들어보면

첫째 전결(田結)
둘째 조적(糶糴)
셋째 균세(均稅)
넷째 조전(漕轉)
다섯째 군정(軍政)
여섯째 관방(關防)
일곱째 법령(法令)

등으로 이른바 시폐를 구하는 방도를 구체적으로 지적하였는데, 이와 같은 일들이 제대로 되지 않아 나라가 병들었다 하였다. 왕도 이 소를 보고 가상히 여겼으며 당시 정책에도 적지 않게 반영되었다고 본다.

서계는 평생 동안 학문을 닦았고 산림처사로서 조신하는 선비였으나 관계(官界)에 등용되는 과거에는 번번이 떨어졌다. 그러나 그것이 오히려 그의 학문을 깊고 넓게 하였음도 부인할 수 없는 사실이라 하겠다. 그것은 그가 남긴 유고에서도 입증이 되는 사실이다. 그는 당시에는 관계에 등용되지 못하여 곤궁하고 어려운 생활을 하며 남쪽 바닷가 벽지에서 평생을 보냈으나, 그의 학문과 인격이 그 지방민에게 많은 영향을 끼쳤고 빛나는 그의 가문의 학통을 계승하게 하였다고 할 수 있다.

3) 원문 번역

서계의 문집인 『서계집』 2권에 책(策) 두 편이 실려 있다. 그 처음은 「칠정책(七政策)」이요, 두 번째는 「심책(心策)」이다.

「칠정책」은 서계가 62세 때의 여름에 도과(道科)에 응시했을 때 시제(試題)로 주어진 것이며,[20] 당시 정부에서 시폐 때문에 그런 문제의 해결책으로 시제까지 낸 것이 아닌가 한다. 따라서 이 「칠정책」은 전결(田結), 조적(糶糴), 균세(均稅), 조전(漕轉), 군정(軍政), 관방(關防), 법령(法令) 등의 일곱 가지에 대하여 그 해결책을 논한 것이다. 그러나 이 글의 전문이 길기 때문에 본고에서는 그 중에서 칠정책의 항목이 열거되는 부분만을 번역 소개하기로 한다.

칠정책 七政策

성상께서 물으시는 바를 조목 조목 들어 말씀드리오리까. 전결(田結: 조세를 내는 논밭)은 토지를 측량하여 무(畝: 땅 넓이 단위)를 제정하고 자(尺)로 측량하여 세금을 부담시키는 것이 당초에는 백성을 편안하게 하고 나라에 이익 되는 법이었습니다. 그러나 민속이 점차 나빠지고 간사스런 관리가 층층이 생겨 척관법은 갑술년의 법을 따르는 것이 비록 무방하지만, 장부 정리는 경자년의 법을 쓰고 있으니, 어찌 큰 혼란이 없겠습니까. 이미 부과된 돈과 무명(錢帛)을 봄 가격으로 수납시키고 이미 바르게 된 것을 은결(隱結: 일부러 양안[量案]에 올리지 않고 사사로이 경작하는 은토(隱土)에 매긴 결세(結稅)로 장부에 맞춘다면 의당 백성의 피로는 덜어주고 교활한 서리(胥吏)들의 손을 거두게 하는 듯하나 수납할 때나 장부에 맞출 때, 가지가지의 방법으로 빼내는 간교한 작용이 있다는 사실을 일일이 매거할 필요도 없습니다. 어찌 다만 봉록(월급)을 내주는 폐단뿐이겠습니까.

궁결(宮結: 각 궁宮에 사사하던 결세)이 편중됨을 오히려 잘한다고 이르고 있으면서 화결(火結)[21]은 너무나 과중하니 뭐라 이르겠습니까. 결세로 거두

---

20 「칠정책」은 ~ 주어진 것이며: 「칠정책」의 제명 아래에 '응제(應製)'라는 부제가 붙어 있고 『연보(年譜)』에 62세 때 도과(道科)에 응시했다는 항목이 있다.

는 돈이 이제 반드시 근심할 것은 못 된다 하더라도 결세 거두는 각 계층의 명령이 백성에게 한심하게 들리고, 또 그들이 결세를 사들여 호구(戶口)를 기르는 폐단과 결세를 부과하고 거두어드리는 횡포 등의 몇 가지 피해는 다만 대강만을 아뢰었을 뿐이요, 그 자세한 것을 논하려면 하루를 다해도 부족합니다.

조적(糶糴: 환곡의 출납)의 폐단과 같은 것도 고을을 돌며 곡식을 옮기는 일, 벼를 쌀로 정미하는 일에 가족을 징발하거나 또는 다니면서 거두는 일, 공판하는 일, 백성에게 진휼하는 곡식을 빼돌리는 일 등은 모두 근본을 세우는 행위를 속이는 일입니다. 또 기한을 연장하는 간사한 짓과 가을이 지나면 곱으로 징수하고 겨울 동안 창고에 쌓아둘 환곡(還穀)을 소비하고 장부에는 거짓으로 기록하며 간악한 관리에게 환곡을 후하게 시키고 창고가 비게 되면 백성을 잔혹하게 수탈하며 배(船)에서 소비하는 양곡이나 성(城)에서 먹이는 양식의 폐단에 대해서는 성상께서도 잘 알고 계시는 바요, 이는 오히려 만의 하나라고 봅니다.

오직 저 나리포(羅里鋪)만 하더라도 제민창(濟民倉)[22]을 이관하고 곡식 관리를 폐지하여 관청에서 쓰는 것을 축적하는 것이 폐단이 되는 것도 어찌 감히 많은 말씀을 드리겠습니까.

균세(均稅) 제도의 설치는 이익 되는 일은 많으나 해되는 일은 아직 보지 못했습니다. 다만 그 조세가 날로 축소되어 마치 물고기가 줄어드는 듯하니 법이 무슨 잘못이 있겠습니까. 집안 다스림의 어려움이나 법 지키는 일이 청맹(눈뜬 봉사)이 허(虛)와 실(實)을 총괄하는 것에 비유되며, 배(船)의 용량이 다름과 비어 있는 배의 수를 파악하는 일, 문서에는 등재되어 있는데 조세를 거두면서 채워놓지 않는 일 등 이것은 모두 법을 집행하는 자들의 잘못이요, 제도나 법률의 과실이 아니며 오직 저 망녕된 생각에서 일어나는 잘못이라 하겠습니다.

조전(漕轉)[23]은 애당초 제도가 만들어졌을 때는 마땅함을 얻었을 것이나

---

21 화결(火結): 화전(火田)의 결수(結數)다.

22 제민창(濟民倉): 조선시대 때 구호사업기관의 하나다.

그 연혁의 시말에 대해서는 알 수 없습니다. 나암창(羅巖倉)에서는 무슨 곡물을 운송했고, 영산창(榮山倉)은 어디에 병합되었는지 아는 사람이 없습니다.

이정표(里程標)를 세우는 규격이나 길을 가리키는 법이나, 연변을 따라 서로 만나는 지점, 그리고 어느 곳에서 호송 되는가 등의 사실이 옛날의 규정에는 상세했을 것이나 그 법을 집행하면서 조심하지 않았기 때문에 폐가 많아진 것을 어찌 하겠습니까.

오직 저 배의 수가 준 것은 재력이 부족해서가 아니오며 배 만드는 목재가 줄었기 때문이라 하겠습니다. 어찌 꼭 조세 거두는 것이 옛날만 못해서이겠습니까. 배를 조종하는 사공이 뇌물을 바쳐 운송할 양곡을 미리 팔아버리는 따위나 여러 고을이 서울 배를 임대하여 강제로 운송하는 폐단과 같은 것은 그 단서가 한 가지만 아니므로 일부러 패하거나 실제로 패한 모양들이 매년 계속 보고되고 있으니 또한 무엇을 의심하겠습니까.

군정(軍政)에 대하여 말씀 드린다면 성상의 실책을 늘어놓은 폐단이 상세하게 다하지 않음이 없고 그 밖의 소모되고 감축된 폐단은 열 손가락을 다 꼽아도 다할 수 없으니 장차 어느 지경에 이를지 모르겠습니다.

관방(關防: 국경을 방비하는 일)과 같은 일은 그 설치의 편의나 지형의 요긴하고 해로움 등을 어느 것이 옳고 어는 것이 옳지 못하다고 제가 감히 잘 알지 못하므로 말씀드릴 수 없습니다.

법령(法令)에 대하여 말씀드린다면 봉산(封山: 나라에서 벌채를 금하는 산)의 명령은 연변의 각 고을에 벌채를 금하는 법이 두루 알려져 있어서 오히려 그 고을의 수령의 명령보다 더욱 엄합니다. 그러나 옛날 울창했던 산이 지금은 민둥산이 되어 있고, 목재가 번성하여 본래는 변산(邊山: 전북 부안의 산)이라 하였으나 날이 갈수록 그 무성함이 완도(莞島)만 못하오니 바야흐로 모두 없어지고 또 관청의 벼슬아치들이 산을 벗겨내고 작은 땅이라도 개간하며 어쩌다 부유한 백성의 전답에 조세가 누락되면 법대로 하지 않고, 가축 도살을 금하는데도 가축이 번식하는 것을 볼 수 없습니다. 또 부채를 만드는

---

23 조세로 거둔 미곡이나 포백을 실어 나르는 일. 조운이라고도 함.

데 닥나무와 대나무는 보기 드물고, 교자 타는 것을 금하는데도 소민들이 늘 범하고 있는데 법으로는 금하면서 관장이 그것을 엄격히 시행하지 않고 있으며 그 밖의 추쇄(推刷: 부역이나 병역을 기피하여 다른 지방에 도망 다니는 사람을 찾아 잡아내는 것)의 제도라든가 도장(導掌)[24]의 책임, 곡척(斛尺)의 법도, 추태(箠苔)[25]의 법식, 그리고 마땅히 진휼해야하거나 분수를 권하는 보잘 것 없는 일에 이르기까지 모두 명령하면 행하고 금하면 그만두는 효험을 보지 못했습니다. 그러하오니 어찌 재물과 이익이 관련된 것과 영욕이 매여 있는 것이나 세부(稅賦), 군정(軍政)과 같은 것이야 더 말할 필요도 없습니다.

4) 書溪集 目錄

賦: 遲遲行賦 / 詩: 敬次伯氏存齋先生田畔講會月課(附原韻) 外 81首 / 疏: 農疏 / 策: 七政策 心策 / 狀: 請褒李孝子(鐘震)狀 / 書: 與成康津(鐘仁)書 / 雜著: 鬼神爲德疑 夫子待價疑 子文文子忠清未知仁疑 經禮說 / 序: 顧醉堂序 外 4篇 / 記: 崔氏三世忠孝記 外 2篇 / 跋: 五益齋(金萬堂)遺墨跋 / 贊: 岐山八賢贊(幷引) 宋氏忠孝家傳贊(附宋氏忠孝家傳) / 墓表銘: 族曾祖通政大夫行祥原郡守公(東H)墓表銘 / 墓誌銘: 隱亭李公(宗震)墓誌銘 / 行狀: 叔高祖皤溪先生行狀 伯氏存齋先生行狀 石湖魏公(敬相)行狀 / 傳: 金孝子(時鉉)傳 孝婦金氏傳 / 祭文: 祭季弟子勉文 / 年譜: 伯氏存齋先生年譜

〈 附錄 〉

詩: 敬呈魏上庠詞案(二首) 外 3首 / 書: 與舍弟(進士伯純出存齋集) 魏上舍春服前 咸興宗人持平(迪喆)答書(戊辰) / 說: 釋解士字贈魏上舍(伯純) / 家狀略 / 行狀 / 墓碣銘 / 跋 / 敬書書溪先生遺集後

---

24 도장(導掌): 조선왕조 후기에 사궁장토(司宮莊土)의 관리를 도급 맡은 궁방(宮房)의 직원이다.

25 추태(箠笞): 채찍으로 죄인의 볼기를 치는 것을 말한다.

10. 죽오 위도한 竹塢 魏道僩

1) 생애

위도한(1763-1830)은 자가 슬혜(瑟兮)이고 호는 죽오(竹塢)이며 관향은 장흥(長興)이다. 조선조 후기의 산림처사(山林處士)이다.

1763년(영조 39년) 2월 18일 전남 장흥부(長興府) 동산리(東山里)에서 부친 동산(東山) 백신(伯紳)과 모친 장흥 임씨(長興任氏) 사이에서 태어났다.

1768년(영조 44년) 6세 때부터 큰아버지인 존재(存齋) 백규(伯珪)의 문하에서 글을 배웠는데 존재가 그를 몹시 사랑하여 학문의 근원을 배양했다. 그는 성품이 영오하여 일찍 경전을 통달하고 경서를 섭렵했으며 특히 『주역』에 밝았다. 그는 풍부한 학식을 겸비하고도 항상 자신의 행위에 잘못이 있을까 조심하고 경계하였으며, 입신출세보다 수신제가에 힘쓰면서 후진양성에 진력하였다. 또 양친 봉양과 형제간의 우애가 돈독했고, 남의 착한 점을 좋아하고 나쁜 점을 싫어했으며, 친척과 화목하고 벗에게는 신의가 있었으며, 자식을 의로운 방법으로 지도했다. 그는 또 선조들의 제향 때 사용되는 홀기(笏記)나 사례(四禮)에 대한 내용을 시속에 맞게 개정하여 쓰도록 하였다. 그는 묘역설(墓易說)이라든가 묘비(墓碑), 석비(石碑), 지석(誌石), 망주(望柱), 신도비(神道碑) 등을 세우는 유래 등을 상세히 밝히는 글을 썼고, 지방의 수재(秀才)들을 모아 향음주례(鄕飮酒禮)를 가르쳤고, 여씨향약(呂氏鄕約)[26]을 강하여 향리 교화에 진력하였다. 이러한 그의 생활내용은 그의 유고집인 『죽오선생유고(竹塢先生遺稿)』에 전해지고 있으나 그의 『연보(年譜)』가 없어서 연도별로 상술할 수는 없다.

죽오는 선조 대대로 이어오던 가학(家學)을 계승하였으니 스승인 존재는 조선조 후기의 큰 학자이며 특히 실학자로 이름이 높고, 부친 동산(東山)도

---

26 중국 북송(北宋)때 남전 여씨(藍田呂氏) 문중에서 향리 교화를 위하여 정한 규약.

재주가 뛰어나 경세하는 능력이 있어 형인 존재와 병칭되었으며, 할아버지 영이재(詠而齋)는 진사(進士)로 당시 큰 선비인 병계 윤봉구(屛溪 尹鳳九)의 칭송을 받은 학자이며, 증조부인 삼족당(三足堂)은 시·서·화 삼절의 칭호를 받던 학자였다. 이와 같은 가학을 계승한 죽오는 학문과 행의가 뛰어났으나 상술한 것처럼 입신출세의 야망을 갖지 않고 오직 순수한 시골선비로 바르고 깨끗하게 살면서 자손과 후진양성에 힘을 썼다. 그는 일반학자들이 중국의 사서(史書)에는 밝으면서 자국의 역사에 대하여는 관심을 두지 않는 것을 근심하고 단군(檀君)·기자(箕子) 이래 역대의 사실을 찾고 연구하여 '동사촬요(東史撮要)'를 저술하였으니, 그의 조국애와 민족자존의 애국심은 당시로서는 생각할 수 없는 것이었다. 다만 그 책자가 세상에 빛을 보지 못하고 서상(書床)에 초고 뭉치로 남아 있다는 사실이 「죽오집 발문」에 보일 뿐이니 애석한 일이 아닐 수 없다.

결론적으로 죽오는 안빈낙도하면서 부모를 성실히 섬기고 형제간에 우애하며 자손에게 깨끗이 사는 생활태도를 일깨우고 향민의 교화에 힘을 썼으니, 그러한 학문의 태도와 생활 모습이 집안의 모든 사람과 그가 가르친 후학들에게 지대한 영향을 끼쳤다고 하겠다.

2) 원문번역

『죽오선생유고집(竹塢先生遺稿集)』 3권 1책의 내용을 보면 시부가 적고 산문이 많은 편이다.

본고에서는 그가 유학자로서 경서를 어떻게 이해하고 있는가의 한 단면을 알아보기 위하여 의(擬) 4편 중에서 공자와 맹자의 도(道)에 관한 해석이라 할 수 있는 "공자는 도가 둘이라 하고 맹자는 하나라고 한데 대한 물음(問子曰道二 孟子曰夫道一而已矣 聖賢之言 若是 其相反何歟)"에 답한 글을 번역하기로 한다.

답 答

도(道)는 말미암는 바에 따라 보면 두 가지이고 품수 받은 바의 이치로 말하면 하나이다. 왜냐하면 도에는 군자와 소인의 구분이 있으나 예나 지금이나 현명하고 어리석은 차이는 없는 것이다. 그러므로 그 도가 말미암는 바의 길로 말하면 두 가지라는 가르침이 되고, 도가 품수 받은 바의 이치로 보면 하나만 있다는 말이 된다. 다만 그 도가 하나라고 하는 한일(一)자로 보면 둘이라 할 수 없는 것 같고, 또 그 도가 둘이라고 하는 두이(二)자로 보면 하나라고 할 수 없는 것 같다. 그런데 그것이 인(仁)과 불인(不仁)의 도라고 말하면 어찌 둘이라 할 뿐이며, 그것이 선하지 않음이 없다고 한다면 어찌 하나라고만 하겠는가. 그러므로 공자가 말한 도라 하는 것은 다만 그 말미암은 바의 길을 말한 것이요, 그 품수 받은 바의 이치를 말하지 않은 것이다.

맹자가 도라고 이른 것은 다만 품수 받은 바의 이치를 말한 것이고 그 말미암은 바의 길을 말한 것이 아니다.

도는 본래 하나이다. 그러나 말미암은 바는 두 가지이니 도가 비록 둘이라 해도 품수 받은 바는 오직 하나이다. 그렇지 않다면 어찌 도를 텅 빈 그릇이라고 이르지 않겠으며 그렇지 않다면 어찌 성(性)은 본래 하나의 이치라고 말을 하겠는가? 사람이 행하는 바는 인(仁)하고 인하지 않는 것이 있으니 인에서 벗어나면 불인이 되는 것이다. 이 두 단서가 이른바 도는 둘이라고 하는 까닭이다.

또 사람의 본성은 선하지 않은 것이 없고 어질고 어리석음도 없으며 한가지로 이러한 이치를 받았기 때문에 도는 하나라고 말하는 것이다. 그렇다면 도가 둘이라고 말하는 것은 다만 그 말미암는 바가 두 가지가 있다는 것이고, 도가 하나라고 말하는 것은 다만 그 품수 받은 바의 근원이 하나라는 것이다. 이러한 이치로 말미암으면 인(仁)이 되고, 말미암지 않으면 불인이 되는 것이니 도를 둘이라고 하지 않겠는가. 성인도 이 이치를 받았고 나도 이 이치를 받았으니 도가 하나라고 말하지 않겠는가.

어떻게 그것을 밝힐 수 있겠는가. 사람에게 이미 인과 불인이 있다면 이것은 도가 두 가지가 아니겠는가. 사람이 모두 요순이 될 수 있다면 이것은 도가 하나가 아니겠는가. 공자에 있어서는 다만 그 말미암은 바의 길을 말했기 때문에 도가 하나라고 말하지 않고 둘이라고 했으며, 맹자에 있어서는 다만 그 품수 받은 이치를 말했기 때문에 둘이라 말하지 않고 하나라고 말한 것이다.

이상의 사실로 본다면 도가 둘이라는 가르침은 진실로 도가 하나라고 가르친 것에 해될 것이 없고, 도가 하나라고 가르친 것은 도가 둘이라고 가르친 것에 해될 것이 없는 것이니, 어찌 이런 문제에 대하여 의혹을 가질 수 있겠는가.

아아, 도가 둘이라고 하는 그 하나는 곧 맹자의 도가 하나라고 하는 그 중의 하나이고, 도가 하나라고 하는 그것 이외의 것이 곧 공자가 둘이라고 한 것 중의 하나인 것이다. 만약 공자의 가르침에서 그 하나만 택하고 그 하나를 버리거나 또 맹자의 가르침에서 밝힌 그 하나를 둘로 나눈다면 물고기가 물을 마시면서 차고 더운 것을 저절로 감지한다는 이치가 아니겠는가.

3) 竹塢先生遺稿 目錄

卷之一

賦: 黎民於變時雍 外2篇 / 詩: 謹次冠山耆英會詩 外7首 / 書: 與金上舍(吉羽)書　白場東抵隣齋書　白場檄書 / 序: 四禮祝辭常變通解序 外10篇 / 記: 墓田記　南倉重修小記 / 跋: 書無名堂公記聞遺事後 外4篇 / 雜著: 孜疑贈金遯齋光吉文 / 祝文: 益齋李先生金谷書院寫位版祝 外10篇 / 祭文: 代鄭友(基說)祭先師文 / 上樑文: 竹川祠神室重修上樑文 / 說: 阜復說　易墓說 / 策: 鬼神策　書院策 / 疑: 孔子與之言孟子不與之言　夫子道二孟子道一　曾子告孟敬子夫子告衛靈公天生德於予

卷之二

行狀: 族五代祖考成均進士公行狀　嘉義吳公行狀　五代祖考縣監公行狀　曾王考三族堂公行狀略　族兄頤醉堂公行狀　王考成均進士詠而齋公行狀　伯考

桂巷先生行狀　仲考鷛巖公行狀　先府君東山處士公行狀　叔考成均生員西溪公行狀　季考竹書齋公行狀 / 傳: 金氏四孝家傳 / 義: 襲斂義 / 辨: 父在母喪布網巾辨　國恤成服辨 / 誌: 族姪榮堉壙誌

卷之三　附錄: 行狀　墓碣銘　跋

제3장
구국 운동과 호남의 절의

1. 경렬공 정지 景烈公 鄭地

1) 생애

정지(1346-1391)는 초명은 준제(準提), 시호는 경렬(景烈), 본관은 나주(羅州), 고려 말의 무관이다. 고려사의 정지전에 나주 사람이라 하여 『신증동국여지승람』에서는 나주의 인물로 분류하였으나 나주인이란 나주 정씨임을 뜻하는 것이요, 위 책 「정지전」에 "광주 별장에 물러나 살았는데 태종 3년에 판개성부사(判開城府事)를 내렸으나 부임하지 못하고 병으로 죽었다. 나이 45세였다."는 기록으로 미루어 광주가 고향이었다고 사료된다. 금성군(錦城君) 성(盛)의 손자로 생긴 모양이 걸출하고 성격이 관후하였고 어려서부터 뜻이 컸으며 독서를 좋아하였다.

고려 말에 정치적 문제로는 왜구(倭寇)가 가장 심각한 문제였다. 일찌기 신라 때부터 시작된 이 왜구는 삼국시대에는 그다지 많지 않았으나 고려 중기 이후 이조 초기에 이르는 동안 우리나라와 중국 연안을 무대로 많은 인명과 재산을 해치고 또 약탈하였는데 고려 말에서 이조 전기에 이르는 사이에 가장 심하였다. 고려 말에 왕조별 왜구 침입 횟수를 보자면, 고종 때 7회로 갑자기 많은 횟수가 나타나기 시작하였다가 원종, 충렬왕, 충숙왕 때에는 각각 2회로 잠시 잠잠하였다가 충정왕 때에는 10회로 본격적인 침입이 시작되었다. 다음 공민왕 때에는 74회로 급증하다가 우왕 때에는 378회라는 경이적인 침입이 이루어져 절정에 달하였다. 다시 창왕 때에는 5회, 공양왕 때에는

4회로 다시 수그러들기 시작하였다.

한편 지역적으로는 함경북도를 제외하고 전국적인 분포를 보여주고 있으며, 경상도 지역이 압도적으로 많다. 이것은 지리적인 여건 때문인 것으로 생각된다. 즉 함경남도 5회, 강원도 32회, 경상북도 54회, 경상남도 85회, 전라북도 24회, 전라남도 31회, 충청북도 9회, 충청남도 53회, 경기도 56회, 황해도 27회, 평안북도 8회, 평안남도 4회, 제주도 1회 등으로 나타나 있다.

이처럼 빈번하게 창궐하는 왜구에 대해 고려에서는 일본 막부(幕府)에 사신을 보내 왜구 단속을 요구하는 한편 최영, 이성계 등이 이를 쳐 격퇴시키기도 하였는데 이들과 같은 때에 전라도를 중심으로 혁혁한 공을 세운 이가 바로 정지이다.

정지의 일대기를 『고려사 정지전』 및 『고려사절요』 등을 토대로 정리하면 다음과 같다.

28세(공민왕 23년 1374년)에 검교중랑장(檢校中郎將) 이희(李禧)가 상서하여 수군(水軍) 익히기를 청하니, 임금은 초야에 묻혀있는 이희와 같은 신하는 이처럼 훌륭한 계책을 내는데 여러 관직에 있는 자는 한 사람도 희와 같은 자가 없다고 한탄하자, 정지가 속고적(速古赤)[1]으로 임금을 호위하고 있다가 전에 작성하였던 왜구 토벌 계책을 보이니, 정지를 전라도 안무사(全羅道按撫使)로, 이희를 양광도 안무사로 삼는 한편, 정지와 이희에게 천호공명첩(千戶空名牒) 20과 백호첩(百戶牒) 2백을 주자 이들은 두세 번에 결쳐 수십조의 계책을 올렸다. 『고려사』에는 그 대략을 이렇게 적고 있다.

> 깊은 육지의 백성은 배에 익숙하지 못하니 왜를 막기가 어려운지라 다만 섬에서 성장하였거나 수전(水戰)을 스스로 청하는 자에게만 등록시켜서 신등으로 하여금 거느리게 한다면 5년 안으로 왜구를 숙청할 것입니다. 도순문사(都巡問使) 같은 것은 한갓 군량만 허비하고 민생만 고생시킬 뿐이니 이것은 그만두소서.

---

1 속고적(速古赤): 원명은 sigurchi인데 원나라의 영향을 받아 설치된 고려 말기의 관직이다. 숙위병(宿衛兵) 내지는 임금의 측근에서 잔심부름을 하는 관원으로 추측되는데 숙위병으로서의 성격이 더 강하였다.

라고 하여 수군 정병주의를 주장하였는데 이와 같은 주장을 하게 된 상황을 위 책에서는 이렇게 기록하고 있다.

> 임금이 왜구의 대책을 순찰사 최영을 불러 의논하니, 최영은 처음 6도를 순찰하고 전함 2천척을 만들어 여러 도의 군을 시켜 왜인을 잡도록 하였는데 백성이 다 싫어하고 고통스럽게 여겨 집 버리고 도망하는 자가 10사람에 5,6사람이 되었는데 정지가 건의하여 중지하게 되었다.

하였으니, 정지의 건의가 있기 전까지는 별도의 수군이 정해진 것이 아니고 어떤 병사든 수전에 투입함으로써 전과는 그만두고라도 그 수전 자체를 겁내고 싫어하여 민심이 흩어졌다는 것이다.

정지의 건의 이후 어느 정도 정책에 반영되었는지는 분명한 기록이 없어 단언할 수는 없으나 다음 몇 가지 사례로 보아 그의 뜻을 상당히 실행할 수 있었던 것으로 생각된다.

1382년(우왕 8년)에는 정지가 모든 도에 전함을 건조하여 왜구에 대비토록 청하자 이를 좇았다는 기록이 보이고, 1387년(우왕 13년)에는 다음과 같이 동정(東征)을 주장하기도 하였다.

> 근자에 중국이 왜를 정벌한다고 소리치니 만약 우리 국경에까지도 전함을 나누어 정박한다면 그들을 접대하기가 어려울 뿐아니라 우리나라의 헛점을 엿볼까 두렵습니다. 왜는 온 나라가 도적질을 하는 것이 아니라 반란을 일으킨 백성이 대마도나 일기도(一岐島)에 웅거하였다가 이 섬들이 우리나라 동쪽 해안과 가까우므로 아무 때나 노략질하려고 오는 것입니다. 만약 그들을 성토하고 크게 군사를 일으켜 먼저 이 섬들을 쳐서 그들의 소굴을 전복시키고 한편 일본에 글을 보내 도망한 죄인들을 쇄환(刷還)시켜 귀순하게 한다면 왜의 근심은 길이 없어질 것이요, 중국의 군사 또한 오지 않을 것입니다. 지금 수군은 수전을 잘하여 신사년 일본을 정벌할 때 배에 익숙지 못했던 군사와는 비교할 바가 아닙니다. 만약 때에 순응하여 바람을 기다렸다 출발한다면 성공하기가 쉬울 것입니다. 다만 배란 오래 되면 썩고 군사란 늙으면 피로하게 되며 요즘 수군이 요역에 지쳐 날로 도망치고 흩어지기만을 생각하고 있으니 마땅히 이번

기회를 타서 묘책을 결단하여 소탕해야지 늦추어서는 안 됩니다.

신사년 일본정벌이란 충렬왕 7년에 여몽(麗蒙) 연합군이 합포(合浦: 지금의 마산)에서 일본 정벌을 위해 출정할 때를 말한다. 이상 예문에서 본다면, 당시에 이미 상당수의 전함을 구축하였고, 정지는 왜구 정벌에 대해 자세한 계획을 이루어 놓은 것으로 생각된다. 그러나 이 의견이 받아들여지지 않았는지 아니면 바로 이듬해에 이루어진 위화도 회군의 종사로 인해서인지 실제로 성사되지 못하였다.

31세(우왕 3년 1377년) 6월에 순천병마사(順天兵馬使)로 순천, 낙안(樂安)에 침범한 왜구 18급을 사살하고, 3명을 생포하였다. 또 같은 해 11월 왜적 40여급을 베고 2명을 생포하였다.

32세(우왕 4년 1378년) 10월 왜적이 영광, 광주, 동복현을 침범하자 도순무사(道巡撫使) 지용기(池湧奇)와 더불어 적을 쫓아 옥과현에 이르자 적이 미라사(彌羅寺)로 들어가니, 우리 군사가 포위하고 불을 놓자 모두 불타 죽고 말 1백여 필을 얻었다. 첩서가 이르러 은 50냥을 하사 받았다. 같은 해 11월 왜가 담양현을 침범하니 지용기와 더불어 17급을 사살하였다.

33세(우왕 5년 1379년) 2월 왜적이 순천, 조양(兆陽) 등지를 침범하여 적과 싸웠으나 패하였다. 최영이 몇몇 재상에게 "왜적이 침노함이 이 지경에 이르렀는데 여러 재상은 어찌해서 걱정을 하지 않소. 정지 한사람만이 아무리 용맹한들 많은 도적을 어찌 하겠소"라 하여 정지의 공을 치하하였다.

34세(우왕 6년 1380년) 3월 왜적이 능성(綾城), 화순 두 현을 침범하니 원수(元帥) 최공철(崔公哲) 등과 같이 막았다. 같은 해 8월, 왜적이 사근내역(沙斤乃驛)에 둔치자 원수 배극렴(裵克廉) 등과 공격하였으나 패하여 장교와 군사 500여명을 잃었다.

36세(우왕 8년 1382년) 10월 왜적이 남원을 침범하고 또 왜선 50여척이 진포(鎭浦)에 들어오자 해도원수(海道元帥)로 치니, 달아나자 군산도(群山島)까지 쫓아 배 4척을 노획하였다.

37세(우왕 9년 1383년) 1월 해도원수로 왜적을 크게 격파하여 금대(金帶)

한 벌과 백금 50냥을 하사받았다.

같은 해 5월 남해현(南海縣)에서 왜적을 대파하였다. 이 때 정지가 거느린 전함은 겨우 47척으로 나주와 목포에 머물러 있었다. 적선 1백 20여척이 쳐들어오자 경상도 바닷가가 크게 동요하여 합포의 원수 유만수(柳曼殊)가 위급함을 고하므로 정지가 주야로 행군을 독려하여 손수 노를 젓기도 하니, 군사들도 더욱 힘을 다해 섬진(蟾津)에 도착하여 합포의 군사를 모았다. 이 때 적이 남해의 관음포(觀音浦)에 이르렀는데 형세가 대단히 등등하여 전진하자 정지도 군사를 독려하여 박두양(朴頭洋)으로 나갔다. 적의 큰 배가 20척인데 한 척에 용감한 군사 1백 40명씩 태워 선봉으로 삼았다. 정지가 나가 크게 쳐부수니 적선 17척이 불에 타고 떠 있는 시체가 바다를 메웠다.

같은 해 11월 지문하부사(知門下府事)로서 여러 도에서 전함을 만들어 왜구를 방비토록 하자고 청하니, 그대로 따랐다.

41세(우왕 13년 1387년) 동정(東征)을 청하는 글을 올렸다.

42세(우왕 14년 1388년) 안주도원수(安州都元帥)로서 이성계와 더불어 대요전(對遼戰)에 참여하였다.

같은 해 8월 양광전라경상도도지휘사(楊廣全羅慶尙道都指揮使)로서 함양(咸陽)·운봉(雲峰)·남원의 왜구를 격파하여 58명 사살, 말 60여 필을 노획하였다.

43세(공양왕 원년 1389년) 8월 양광전라경상도도지휘사로 왜구를 토벌하고 백성에게 전지(田地)를 경작시키며 성곽 수축하는 일을 아울러 맡았다.

같은 해 8월 우왕 영입 모의에 연좌되어 계림(鷄林)에 유배당하였다.

44세(공양왕 2년 1390년) 이른바 이초의 옥(彝初獄)에 연루되어 계림에서 국문을 당하였다.

45세(공양왕 3년 1391년) 9월 판개성부사(判開城府事)로 부름을 받았다. 같은 해 10월 세상을 떠났다.

2) 사상적 의의

정지는 젊을 때 큰 뜻이 있고 자질이 장하고 훌륭하였으며 성품이 너그럽고 후하였다. 장수가 되어서도 글 읽기를 좋아하여 대의(大義)에 통하였으며 드나들 때는 대개 서적을 지니고 다녔다. 윤이(尹彛)·이초(李初)의 옥사에 잡혀서 청주에 갇혔는데 불복(不服)하고 말하기를 "이시중(이성계)이 대의를 주장하여 군사를 돌이킬 때에 내가 이윤(伊尹)·곽광(霍光)의 고사로써 시중에게 암시한 것은 깊은 뜻이 있었는데 어찌 윤이·이초에게 편당하였겠는가?" 라면서 말할 때마다 반드시 하늘에 맹세하며 말이 감격스러웠다. 마침내 수재(水災) 때문에 면죄되었다. 물러나 광주에서 살았는데 이때에 왕의 부름을 받았으나 나아가기 전에 졸하였다고 하였으니, 이초의 옥에 연루되어 계림에서 국문당하다가 이성계의 회군을 도운 공과 수재 때문에 면죄되고 판개성부사에 제수되었으나 직에 나아가지도 못하고 졸하였다.

이상의 일대기에서 본다면 그의 왜구 토벌은 31세에 시작하여 42세까지 11년에 지나지 않으나 9회나 수륙에서 왜구와 부딪쳐 1회를 제외하고 8회는 혁혁한 공을 세웠다. 전과 내용으로는 전함 소각 17척, 전함 나포 4척, 말 노획 160여 필, 적 생포 5명, 적 살상 133명에 달한다. 또한 접전 지역으로는 경남의 남해와 함양, 전북의 남원, 진포, 운봉, 나머지 순천, 동복, 낙안, 영광, 담양, 조양(兆陽)은 모두가 전남 지역이었다. 이렇게 본다면 호남 지역의 왜구를 격퇴하는 데에 그의 짧은 일생을 바쳤다 하겠다.

2. 삼도 임계영 三島 任啓英

1) 생애와 의병활동

임계영(1528-1596)은 자는 홍보(弘甫)요 호는 삼도(三島)이며, 본관은 장흥(長興)이다. 조선조 임진왜란 때 전라좌도 의병장이다.

아버지는 진사 국담(菊潭) 희중(希重)이요, 어머니는 김해(金海) 김씨로 진사 규(奎)의 딸이다. 장흥에서 보성으로 이사하여 보성 대곡(大谷)에서 태어났다.

삼도는 어려서부터 자품이나 재기가 비범하였고 글을 한 번만 봐도 문득 외우고 그 대의를 생각하지도 않고 문득 깨우치는지라 신동이라 지목하였다.

형 만영(萬英), 천영(千英), 백영(百英), 정영(挺英) 그리고 동생 말영(末英) 등 6형제가 모두 문장으로 이름을 날렸다. 그는 문장 가운데서도 특히 변려문(騈儷文)에 특장이 있었다.

삼도는 문장뿐 아니라 무(武)에도 깊은 관심을 가졌으며, 또한 효심이 지극하여 아버지 상을 당했을 때나 어머니 상을 당했을 때는 3년 여묘(廬墓)를 살면서 한 번도 집에 간 적이 없었다고 한다. 그래서 전라도 유생들이 보성군의 선비 안중홍(安重洪), 정길(鄭佶) 등과 함께 삼도의 효행을 당시 전라도 감사였던 정철(鄭澈)에게 알려 정철이 장문(狀聞)을 올렸다고 한다. 그러나 포전(褒典)은 내려지지 않았다. 그는 공명을 급히 여기지 않고 집안 자제를 훈도하는 일로 지냈다.

1577년 49세에 비로소 문과 별시에 합격하였으며 진보현감(眞寶縣監)을 지내다가 임기가 차자 이내 고향으로 돌아와 후진양성에 전념하였다.

1592년 64세에 임진왜란이 발발하고 의병장 고경명(高敬命)이 금산(錦山)에서 패했다는 말을 듣고 임계영은 "국사가 이 지경에 이르렀으니 죽을 곳을 얻었다"고 말하고는 왕자사부(王子師傅) 박광전(朴光前), 전정자(正字) 정사제(鄭思悌), 장흥 진사 문위세(文緯世), 능성 현감 김익복(金益福) 등과 더불어 동년 7월 20일에 보성 관문에 모여 격문을 각 고을에 보내서 의병 수백 명을 모집하였다. 박광전이 병으로 군사를 거느릴 수 없어 임계영을 대장으로 삼았다. 그는 박광전의 아들 근효(根孝)를 참모로 삼고 정사제를 종사관으로 문위세를 양향관(粮餉官)으로 삼았다. 순천에 이르러서는 순천부 수성장(守城將) 장윤(張潤)을 부장으로 삼았고, 남원에 이르러서는 남원부사 윤안성(尹安性)이 군비를 힘껏 도와 병사 1,000여명을 얻어 군세를 크게 떨쳤다. 이에 호(虎)자를 장표(章標)로 삼고 좌의병장(左義兵將)이라 칭하였다.

이 때 마침 우의병장 최경회(崔慶會)가 군사를 이끌고 남원에 이르자 두 군사는 합세한 후 장수(長水)에 진군하여 금산, 무주, 진안으로 쳐들어오는 왜적을 막았다. 당시 왜적은 장수를 거점으로 하여 개령(開寧), 금산(金山), 지례(知禮)로 통하기도 하고 거창(居昌)을 통하여 침략하거나 퇴각하기도 하였다. 따라서 이들 전라좌·우 의병은 전면전을 펼치지 못하고 지형지세에 의한 작전, 매복을 통한 기습공격으로 무주, 금산 일대에서 수차에 걸쳐 전승을 올렸다. 그 결과 왜적은 금산성에서 성주(星州), 개령 방면으로 퇴군하였고, 무주에 있던 왜병 역시 같은 방향으로 퇴군하게 되었다.

이와 같은 전황에 따라 전라도의 적세는 약화된 반면 경상도는 더욱 치성하게 되었다. 그러자 동년 10월에 경상우감사 김성일이 공조정랑 박성(朴惺)을 보내 진주성이 포위되어 위급하니 와서 도와줄 것을 청하였다. 이에 일부의 반대도 있었으나 전라좌·우 의병은 출병을 결의하는 한편 행재소에 글을 올려 호종하지 못하는 불충을 아뢰기도 하였다. 10월 하순부터 11월 중순까지 전라좌·우 의병은 경상도 의병 김면(金沔)군과 연합하여 개령 공격전을 전개하였고, 11월 중순 이후에는 좌·우 의병이 나뉘어 우의병은 김면군과 개령에서, 좌의병은 정인홍(鄭仁弘)군과 더불어 성주에서 수복전을 펴기 시작했다.

11월 중순부터 계속된 성주 싸움에서 왜장 촌상경친(村上景親)이 중상을 당하면서부터 적세가 크게 꺾였다. 이 때 전라좌의병은 정인홍군 및 그 밖의 관군과 함께 총공세를 펴기로 하였으나 정인홍을 비롯한 여타 경상도 군사들이 약속을 어겨 참전하지 않았다. 그러나 전라좌·우의병만은 공격을 감행하여 왜적을 대파하는 큰 공을 세웠다. 그 결과 왜장 계원강(桂元綱)은 성주에서, 모리휘원(毛利輝元)은 개령에서 각각 몇 기의 잔여병만을 거느리고 철병하지 않을 수 없었다. 이때 좌의병의 별장인 소상진(蘇尙眞), 남응길(南應吉) 등은 추격전을 펴다 전사하고 말았다.

이 때 조정에서는 서울을 수복하고자 여러 의병을 모집하여 철군토록 하였다. 그 가운데 특히 곽재우·최경회·임계영군이 가장 뛰어난 의병이므로 그들로 하여금 급히 근왕(勤王)토록 하자는 비변사의 결의도 있었다.[2] 그리하여 당시 전라도 체찰사 정철은 좌·우 의병장에게 군사를 거느리고 서울로 향하도록 하였으나 이를 완강히 거부하는 경상도 유생들의 상소, 특히 경상우도 관찰사 김성일의 반대로 중지하게 되었다. 어떻든 전라도 의병이 경상도 지방에서 물러가리라는 소문이 퍼지자 그 지방 사람들은 집을 버리고 여기저기 숨는 자들이 잇달았다. 이러한 사실은 전라도 의병이 영남지방 방어에서 차지하는 위치가 어떠했는가를 짐작하게 한다.[3]

1593년 6월 19일에 왜적의 진주성 공격은 시작되었다. 왜적이 진주성을 공격의 목표로 삼은 것은 지난해의 패전을 설욕하고자 하는 뜻도 있었지만 더욱 중요한 것은 진주가 호남으로 통하는 요충지라는 점에 있었다. 즉 진주를 함락시킴으로서 전라도 곡창지대를 차지한다면 전세를 반전시킬 수 있다고 보았기 때문이다. 전황이 이렇게 되자 도원수 김명원(金命元), 순찰사 권율, 의병장 곽재우 등이 이끄는 영남의 의병과 관병은 대부분 방관하거나 퇴군의 자세를 보이거나 하였다. 그러나 전라 의병장 김천일과 최경회, 그리고 충청병사 황진(黃進) 등은 이에 반대하고 결사고수를 주장하였다.

이때 전라 좌의병은 의령에 주둔하였다가 곧바로 진주성으로 향하였는데 임계영은 부장 장윤으로 하여금 병사 3백여 명을 이끌고 진주성에 들어가 사수하게 하고, 그 자신은 군량과 군비를 조달한 후에 입성하고자 하였다. 그러나 임계영이 진주성에 돌아왔을 때는 왜적이 이미 성을 포위한 이후인

---

2 趙湲來, 「全羅右義兵과 崔慶會 一家의 義兵運動」, 『和順地方의 壬亂義兵活動』, 和順郡, 1988. 120쪽.

3 같은 책, 121쪽.

지라 그는 결국 입성하지 못하였다. 진주성이 함락되자 그는 같이 참전하지 못한 것을 평생의 원한으로 여겼다.

임계영은 잔병을 수습하고 다시 훈련봉사 최억남(崔億南)을 부장으로 삼아 요새처(要塞處)에서 왜적을 지켰다. 10월에 어가가 서울에 돌아오자 그는 의병과 왜병의 군정, 진주성 함락에 대해서 다음과 같이 상소하였다.

> 진주성 싸움에 신은 부장 장윤으로 하여금 군사 3백을 거느리고 지키게 하고 신은 밖에서 병사와 군량을 조달하여 돕고자 하였으나 불행히 진주성이 함락되어 정병이 모두 죽었으니 통탄스럽습니다. 신은 부득이 같이 죽지 못한 것을 원통하게 여기고 남은 힘이나마 바치고자 하동에 있으면서 호남의 경계를 막고 있습니다.

1594년 세자 광해군이 전주에 머물자 박광전은 "보성과 장흥에서 의병을 일으킨 자는 모두 좌의병에 소속시키도록 하고 군량을 도와주도록" 상언하였다. 이 때 왜적은 거제(巨濟)에 들어가 웅거하였고 임계영은 부장 최억남과 하동에 있었는데 그는 기병을 내어 고성·거제에 매복시켜 왜적을 소탕하였다.

4월에 여러 도의 의병을 모두 김덕령에게 소속토록 하는 명이 내리자 모든 군사를 귀의토록 하였다.

9월에 양주목사에 제수되고 1596년 정월에 정주목사로 옮겼다가 바로 장단부사가 되었다. 이후 해주목사를 거쳐 순창·양주군수를 역임하였다.

정유재란 때에 임계영은 늙고 병이 들어 거의하지는 못하고 시를 지어 자신의 회포를 술회하였다. 그는 이 시에서 다음과 같이 답답한 울분을 펴 보였다.

> 젊은 시절 태평하더니(小壯太平日)
> 늘그막에 전쟁이로다(老衰戎馬時)
> 창강의 백조야(滄江有白鳥)
> 너와 더불어 지낼 수밖에(吾與爾相隨)

임계영의 전후 행적이나 교명(敎命), 기타 저술은 병란에 모두 잃어버리고 구전되어 오는 작품이기도 하다.

그 후 1974년 조경남(趙慶南)의 『난중잡록(亂中雜錄)』과 김성일의 집에서 임계영에 대한 유적 수편을 뽑아 『삼도실기(三島實記)』라는 제호의 책을 간행하였다.

2) 三島實記 目錄

卷之一

詩: 退仕後感吟　次鄭五峯思悌韻 / 疏: 駐屯咸陽時上疏(2)　車駕還京時上疏(2) / 狀: 報體察使狀 / 書: 答慶尙右巡察使 金誠一(3) / 檄文: 擧義時檄列邑文(壬辰)　檄長興章甫文　到樂安檄鄕中文　到順天檄鄕中文　到南原檄列邑文　檄本道諸義兵文　傳令本道兵營虞候　通湖南文

卷之二 附錄

宣廟中興誌節錄　王朝實錄節錄　忠武公李舜臣亂中日記節錄　山西公趙慶男日記節錄　擧義實蹟　摭錄 / 通文: 寶城儒林通長興楓庵書院文　答通　全州儒林通文　道會通文　建祠通文　上巡相薦狀　褒啓

卷之三 附錄

家狀　行狀(三)　神道碑銘(幷序)　墓誌銘(幷序)　墓表陰記

卷之四 附錄

龜山亭事實記　龜山亭記　龜山亭銘(幷小敍)　跋文

3. 충의공 최경회 忠義公 崔慶會

1) 생애

최경회(1532-1593)는 자는 선우(善遇), 호는 일휴당(日休堂) 또는 삼계(三溪), 본관은 해주(海州), 조선 중기의 문인으로 임진왜란시의 의병장이다.

1532년 11월 22일 화순현(和順縣) 삼천리(三川里)에서 출생하였다. 아버지는 천부(天符), 어머니는 임씨(林氏)로 진사 철공(鐵恭)의 딸이다. 어려서부터 태도가 훤칠하였고 국량이 넓었다. 어려서는 가학(家學)을 익혔고 16세에 교수(敎授) 김원(金遠)의 딸인 나주 김씨와 결혼하였다.

17세에 나주 박매골에 거주하는 송천(松川) 양응정(梁應鼎)의 문하에 들어가 학문을 닦았다. 양응정은 기묘명현(己卯名賢) 양팽손(梁彭孫)의 아들로서 문과 중시에 장원급제하여 대사성을 지내 호남에서 문명을 떨치던 인물이었으며 그의 집안 또한 6세를 정려(旌閭)하였는데 임진왜란 때 거의한 양산숙(梁山璹)은 그의 아들이다. 그는 문인 최경회의 사람됨과 기절을 평하여 “성품이 강직하니 난리를 당하더라도 의연히 대처할 자는 반드시 이 사람이다.”라고 하여 병서를 권하는 등 최경회의 거의를 미리 예측하였다.

최경회는 양응정의 문하에서 3년간 학문을 닦았는데 집을 떠나온 지 1년 뒤에 그의 작은형 경장(慶長)이 진사시험에 합격하였다는 소식을 듣고 더욱 학문에 정진하였다.

21세에 아버지 상을 당하여 3년 상을 예대로 마쳤다.

26세에 광주의 기대승(奇大升)을 찾아가 사사하였다. 그는 최경회보다 5년 연상에 지나지 않았으나 성리학에 대한 깊은 경지에 들어 이황과 이기론 논쟁을 벌여 학명이 자자하였다. 또한 고경명(高敬命)과 같은 소장 명유들이 그의 문하에 출입하여 그들과도 교유를 하게 되었다.

30세에 사마시(司馬試)에 응하여 생원 진사 병과에 급제하였으며 36세에 식년(式年) 문과에서 을과 제1인으로 급제하였다. 이 해에는 큰형 경운(慶雲)

도 급제하여 일가 세 형제 모두 등과하는 영예를 누렸다.

문과에 급제한 최경회가 환로에 오른 것은 7년 후인 43세에 당시 우의정이었던 사암(思庵) 박순(朴淳)의 천거에 의해서였다. 최경회가 56세 때 모친상을 당하여 담양부사를 그만두고 귀향하기까지 17년간의 관력(官歷)을 보면,

43세(선조 7): 성균관전적(成均館典籍), 사헌부감찰(司憲府監察), 형조좌랑, 옥구현감.

46세(선조 10): 장수현감.

48세(선조 12): 무장(茂長)현감

51세(선조 15): 영암군수

53세(선조 17): 호조정랑, 형조정랑, 영해부사(寧海府使)

56세(선조 20): 사도시정(司導寺正), 담양부사

등을 거쳤으며, 59세(선조 23)에 모친상을 당하여 벼슬을 사직하고 귀향하였다.

61세 때, 의병활동을 일으키고 남강에 투신하였다.

2) 의병 활동

위 관력에서 특이한 점은, 경직(京職)기간은 3년여에 불과하고 대부분 지방수령 즉 목민관(牧民官)으로 일관하였다는 점이다. 그리고 최경회의 지방관으로서의 치적은 뛰어났으니, 최경회가 거쳐 가는 곳마다에는 현지 고을 백성에 의하여 송덕비(頌德碑)나 선정비가 세워졌고 특히 영해부사 재임 시에는 최영회의 상을 그려 생사당(生祠堂)까지 건립하였던 사실로써 알 수 있다. 이와 같은 경향은 대부분의 다른 의병장에서도 엿볼 수 있거니와 백성을 사랑하는 관인정신의 발로로써 나라의 난리에 부의하는 의병과도 직결되는 태도라 하겠다. 최경회가 모친상을 당하여 사직 귀가한 때는 임진왜란이 발발하기 1년여 전이요 그의 나이 또한 환갑을 수개월 앞둔 노령이었다.

호남의 의병은 기병시기로 보아 1기와 2기로 나누어 볼 수 있다. 1기 의병으로는, 고경명을 비롯하여 유팽로(柳彭老)·양대박(梁大樸)·안영(安瑛) 등을

지도부로 하는 전라좌도 의병군과 김천일을 의병장으로 하고 송제민(宋濟民), 양산룡(梁山龍), 양산숙(梁山璹) 등을 지도부로 한 전라우도 의병군으로 나눌 수 있으며, 2기 의병은 최경회·임계영(任啓英)·최경장(崔慶長)을 받들던 의병군을 지칭한다.

여기에서 전라 좌·우도 의병이라 함은 전라도의 행정구획을 좌·우도로 분리한 것이 아니라 편의상 관례적으로 나눈 것이다. 나주가 전라우도 지역에 위치하였고 담양이 좌도 지역에 속해 있다는 점에서 나주를 중심한 의병을 '전라우도의병', 담양을 중심한 의병을 '전라좌도의병'이라 칭한 것이다.

제1기 의병장이었던 김천일과 고경명이 처음 거의할 당시 최경회에게도 동창(同倡)할 것을 요청하였으리라는 점은 의심할 여지가 없다. 특히 고경명은 금산(錦山)싸움에 진군한 뒤에도 글로 최경회의 참여를 요청하였다. 그러나 최경회는 상중에 있었고 건강도 좋지 않아 자신이 직접 참여하지는 못하고 조카인 재홍(載弘)으로 하여금 향병(鄕兵)과 함께 고경명 군에 참가토록 하였다.

최경회가 기병을 결심한 것은 이광(李洸)군의 용인(龍仁) 패전과 고경명의 전라좌도의병군의 금산 패전에서 기인하였다. 기대승 문하의 동학이었던 고경명의 전사는 최경회에게 커다란 충격이 아닐 수 없었을 것이다.

최경회 의병군의 주류는 고경명의 금산싸움에서 패퇴한 군사가 대부분이었고, 여기에 화순을 중심한 최씨 일문이 중심이 되었으며, 최경회에게 의병장으로서 활약하기를 간청한 이는 문홍헌(文弘獻)이었다.

문홍헌은 관향은 남평(南平), 1515년 능주(綾州) 교촌리(校村里)에서 진사 검(儉)의 아들로 태어났는데 자는 여징(汝徵), 호는 경암(敬菴)이라 하였다. 이이의 문하에 들어가 수학한 다음 1582년 진사시에 급제하였다. 그는 임진왜란이 발발하자 동향인 구희(具喜: 기대승 문하에서 수학한 최경회의 동문후학)·박혁기(朴赫起)·노희상(盧喜尙)과 더불어 향병 300여명을 모아 담양에서 고경명 등과 회맹하고, 의병을 이끌고 금산싸움에 나아갔다. 금산에 당도한 후 모속관(募粟官)이 되어 동복(同福)에 이르렀다가 금산 패전과 고경명의 순사 비보를 접하게 되었다. 그러나 그는 다시 거의할 것을 결심하고 최경회에게 가 주장이 되어 줄 것을 간청하였다. 최경회는 문홍헌의 아우인 홍유(弘猶)의 빙부였을 뿐 아니라 평소에 존경해온 명사였기 때문이었다.

또 평소에 최경회는 왜적에 대하여 남다른 적개심을 가지고 있었는데 그것은 최경회의 작은형 경장이 울산군수로 있을 적에 경내에 나타난 왜선 한 척을 나포하지 못하여 충군(充軍)되었던 치욕을 잊을 수 없었기 때문이었다. 어떻든 최경회는 문홍헌의 청이 왔을 때 묵최거병(墨衰擧兵)을 결심하였다. 국난을 당하여 충과 효의 비중은 대개 충이 우선이었으나 많은 개인적인 갈등을 겪을 수밖에 없었을 것으로 사료된다. 그리하여 큰형 경운, 그리고 작은형 경장과 힘을 합하여 향리에 의병청(義兵廳)을 세우고 기의함으로써 전라우도의병의 맹주가 되었다.

화순·능주 등지를 중심으로 하여 8백여 명을 모집, 7월 26일 광주에서 기고(旗鼓)를 세우되 골(鶻)자로 장표(章標)를 삼아 '우의병(右義兵)'이라 칭하였다. 담양·순창·남원 등지를 거치는 동안 병세가 보강되자 막료(幕僚)를 조직하였으니, 전부장(前部將)에 전판관 여산(礪山) 송대창(宋大昌: 여산에 거주), 좌부장에 전 군수인 용담(龍潭) 고득뢰(高得賚: 남원에 거주), 후부장에 전 현감인 양천(陽川) 허일(許鎰: 순천에 거주), 우부장에 전경력(經歷) 안동 권극평(權克平: 태인에 거주), 참모에 진사 남평 문홍헌(文弘獻: 능주에 거주) 등이었으며 의병의 수는 800여명으로 북상하여 장수(長水)로 진군하면서 주변의 왜적을 토벌하기 시작하였다.

9월 22일에는 전라우도의병군 최경회군과 전라좌도의병군 임계영군이 남원으로 진을 옮겼다. 이처럼 진을 옮긴 동기는 부산에서 전라도 전주로 향하는 왜적을 중간에서 차단할 수 있는 곳이 남원이며 금산 등지에 남아있던 잔적이 경상도로 후퇴하였기 때문에 장수에는 더 이상 머무를 필요성이 없어졌기 때문이었다.

전라좌·우도의병군이 남원에 10여일 머물고 있었는데 경상우순찰사가 경상도로 와서 도와주기를 요청하였다. 그것은 왜적이 경상도 쪽으로 모여 더욱 치성해졌기 때문이었다. 이에 대해 우의영 일부에서는 "지금 왜적의 형세가 사방으로 뻗혀 있는데 호남을 버리고 영남우도를 구원해야 합니까?"라며 반대도 있었다. 그러나 최경회는 "호남도 우리 땅이요, 영남도 우리 영토다. 의병장으로서 어찌 멀고 가까움을 따져 영남을 구원하지 않을 수 있겠느냐" 면서 영남 출병을 결의하였고 좌우병 역시 마찬가지였다. 남원을 출발하여 운봉·함양을 거쳐 산음(山陰)에 당도하였다. 당시 산음에 머물고 있던 우관찰사 김성일(金誠一)과 의논한 끝에 우의병군을 진주 살천창(薩川倉)에 주둔시켰다. 이들은 제1차 진주성 싸움의 외원(外援) 임무를 띠고 단성(丹城)으로부터 살천에 이르는 지역을 방어하는 임무였다. 10월 5일에서 10일까지의 제1차 진주성 싸움은 김시민(金時敏) 이하의 수성군(守城軍)의 선전과 의병장 곽재우를 비롯한 최강(崔堈), 이원(李遠) 그리고 전라좌우군의 관군과 의병 등 외원군이 외곽에 있는 왜군을 격퇴함으로써 우리의 승리로 끝났다.

그러나 영남지방에 내원한 전라도의병이 10월 중순부터 이듬해 2월까지 펼친 주요전투는 성주(星州)·개령(開寧) 지역의 수복전이었다.

진주성 승리 후 최경회 군은 거창(居昌)·합천(陜川) 일대의 치안 확보를 맡은 의병장 김면(金沔)을 돕기 위해 개령으로 이동하였고 임계영군은 의병장 정인홍(鄭仁弘)을 도와 성주성 방면의 왜적과 싸우고 있었다. 그런데 성주성 방면의 왜적과 싸우는 정인홍군이 위급해지자 김면군은 성주성 방면으로 부원하고 최경회군은 개령에 있는 모리휘원(毛利輝元)의 군대가 성주성을 구원하지 못하도록 중간에서 차단하는 임무였다.

11월 중순부터 쉼없이 계속된 이 전투는 왜장 촌상경친(村上景親)이 중상을 당하면서부터 적세가 크게 꺾였다. 이에 전라·경상의병은 이듬해 1월 15일에 총공세를 펴 적장 계원강(桂元綱)은 성주성에서 철수하였고 개령싸움에서는 모리휘원군 2백여 명을 사살하고 포로로 잡힌 자 4백여 명을 구원하는 등 큰 전공을 세웠다. 당시 영남 지방의 선비들은 좌우의병장의 전과에 대해 다음과 같이 평하였다.

> 의병장 정인홍과 김면의 군사가 감히 홀로 당하지 못하여 전라좌우의병장에게 구원을 청함에 두 의병장이 군사를 이끌고 거창·합천 등지로 달려와서 지난해부터 지금까지 혹은 요로를 지키기도 하도, 성주와 개령을 나누어 공격하여

싸우지 않는 날이 없었고 이기지 못한 적이 없었다. 그래서 적은 움직이지 못하였고, 영남의 6,7개 고을이 온전히 살게 되었으니 두 장수의 공은 이로써 보더라도 크다는 것을 알 수 있다.

1593년 4월 최경회는 김면을 대신하여 경상우병사가 되었다. 의병장으로부터 관작이 병사로 바뀐 것이다. 더욱 그때 경상감사 김륵(金玏)이 전시의 감사로는 적합하지 않다하여 공을 감사직에 추천할 정도였으니 당시 최경회의 활약이 어떠하였음을 미루어 짐작할 수 있겠다.

2월에서 5월까지 우리의 관군과 의병군은 함안(咸安)을 중심으로 선산(善山), 의령(宜寧) 등지에 포진하고 왜군을 감시하는 소강상태가 계속되었다. 그러다가 6월 15일부터 왜의 대군이 작전을 시작하여 함안을 점령하고 이어 반성(班城)과 정진(鼎津) 부근에서 낙동강을 건너 의령을 점령하였다. 이것이 진주성 공략의 전초전이라 할 수 있다.

진주성 공략의 목적은, 지난해 패전을 설욕하여 명예를 회복하겠다는 풍신수길(豊臣秀吉)의 뜻도 내재해 있겠지만 진주가 호남으로 통하는 요충지란 점에서 그 곳을 장악하게 되면 곡창지인 전라도를 차지할 수 있다는 데에 그 저의가 있는 것이다. 그리하여 같은 해 6월 19일에 진주성 공격이 시작되었다.

그러나 진주성 수성에 대해 관군과 의병의 지휘관 의견은 서로 달랐다. 즉 30만이나 되는 대적을 당할 수 없으니 작전상 비워두어야 한다고 주장한 이는 도원수 김명원(金命元), 순찰사 권율, 의병장 곽재우였고, 죽음으로 고수해야 한다고 주장한 이는 김천일을 비롯하여 경상우병사 최경회, 충청병사 황진 등이었다.

이 두 가지 서로 상반된 논의에 대해 진주성을 비워두어야 한다고 주장한 곽재우의 의견은,

> 임기응변을 아는 자는 능히 용병(用兵)을 할 수 있고, 지략이 있는 자는 적을 잘 헤아린다. 진실로 용병할 수 있으면 승리할 수 있고 적을 헤아리지 못하면 반드시 일을 그르치고 만다. 지금 적군이 심히 많고 정예하여 천하의 어느

누구라도 감당할 수 없는 형편인데 3리 밖에 안 되는 외로운 진주성으로 어찌 감당할 수 있으랴. 더구나 모든 군사가 성안으로 들어가 버리면 밖에서 호응하는 군사가 없게 되니 나는 성 밖에서 지원군이 되고 성안으로는 들어가지 않겠다. 내 한 몸의 죽음이야 전혀 아까울 것이 없지만 어찌 내 휘하의 군졸을 사지에다 버리겠는가. 차라리 내가 자결할지언정 성안으로는 들어가지는 않겠다.

라 하였고, 죽음으로 고수하자고 주장한 김천일의 주장은,

적의 계책을 헤아리기 어려우니 진주성만 공격하겠다는 말을 믿을 수 있겠는가? 오늘날 호남은 나라의 근본이요 진주는 호남의 울타리이니 진주를 버린다면 왜적의 병화가 반드시 호남에 미칠 것이다. 그러니 힘을 합해 진주를 지켜야 한다.

하였다. 군사 전략상 본다면 곽재우의 의견이 합당한 듯하고 근본적인 대책으로 본다면 김천일의 주장을 따르지 않을 수 없다. 그러나 여기서 한 가지 빼놓을 수 없는 점은, 김천일의 이러한 주장으로 전라도의병을 향토보호 차원에서 해석한다는 것은 단장취의(斷章取義)의 우를 범한 것으로 경상도 지방에서의 호남의병 활동을 전반적으로 검토해야 할 줄 안다.

여하간 전술과 전략상의 이견으로 김명원·권율 등은 남원, 운봉 등지로 떠나고, 이빈(李蘋)과 곽재우는 산읍(山邑)으로 돌아갔고, 전라좌도 의병장 임계영은 사천(泗川)에서 호남으로 돌아가고, 선거이(宣居怡) 등 제장도 흩어져버렸다.

한편 최경회는 600여명의 군사를 이끌고 입성하였다. 입성 동기로는 호남지방을 보호해야겠다는 향토애의 발로라는 점도 무시할 수 없겠지만 무엇보다도 경상우병사라는 관직상의 책임 때문이었을 것이다. 그리고 입성한 최경회는 도절제사(都節制使)가 되어 주로 관군을 담당하였을 것으로 여겨진다.

6월 21일부터 29일까지 9주야에 걸친 10만의 대병으로 밀어닥친 왜군에 대항하여 이에 맞선 수성군의 병력은 1만 5천을 넘지 못한 것으로 추측된다. 우세한 화력과 압도적인 병력을 앞세워 공격하는 왜적은 이제까지와는 달리

①참호를 끊고 그 곳을 육지로 만들어 공격점으로 삼는 방법 ②성벽의 주춧돌을 파내어 성책(城柵)을 무너뜨리는 방법 ③귀갑거(龜甲車)라는 특수 장비 동원 ④토산(土山)을 쌓아 성안을 내려다보며 공격하는 방법 ⑤많은 병력을 이용하여 새로운 정예군을 계속 투입하는 방법 ⑥나무판자로 방패를 삼는 방법 등을 써서 적극적으로 공격하였다. 또한 이 기간 동안에는 장맛비가 계속 내려 성안에 새로 쌓은 성들이 줄줄 흘러내려 방어벽을 구축하기 어려웠다.

그러나 수성군은 큰 나무, 큰 돌을 투하하거나 섶에 불을 붙여 내던짐으로써 접근해 오는 적을 막았다. 그러나 외원군이 이르지 않고 날짜가 지남에 따라 화살은커녕 불 붙일 섶까지 다해가자 여러 장수는 촉석루로 후퇴하기에 이르렀다. 이리하여 김천일은 큰아들 상건(象乾)과 양산숙(梁山璹)이 붙들고, 최경회는 문홍헌이 호위하였으며 고종후는 오빈(吳玭), 김계휘(金繼輝) 등이 부축하여 북향 재배한 다음 남강(南江)에 몸을 던졌다.

3) 사상

성이 채 무너지기 직전 이른바 진주 '삼장사(三壯士)'로 알려진 이들 최경회·김천일·고종후는 모든 것을 체념하고 서사시(誓死詩) 일편을 남겼는데 최경회가 지었다 한다.

촉석루 삼장사
한 잔 술로 긴 강물 가리키며 웃네
남강 물 흘러 도도하니
저 강물 흐르듯 우리네 넋 영원하리.

또한 최경회는 조카 홍우(弘宇)에게 그의 유품을 전하면서 자신의 뒤를 이어 집안에서 다시 거의할 것을 당부하였으니 죽음을 목전에 둔 의병장의 구국혼은 흐르는 남강 물처럼 영원하였다. 이 때 최경회를 따라 순절한 이는 현감 허일(許鎰)·경력 권극평(權克平)·진사 문홍헌 등의 초기 부장 등 21인과 군사들이었다. 그리고 군민 사상자는 도합 6만여 인에 이르러 임진왜란 중 가장 참혹한 비극을 가져왔다.

위와 같이 참혹한 결과를 가져온 진주성 함락의 원인에 대하여 유성룡의 『징비록(懲毖錄)』 2권에

> 천일이 거느린 군사들은 다 서울의 시정(市井)에서 모집해 온 무리들이며 천일 또한 병법을 모르면서 자기 고집이 너무 지나쳤다. 게다가 평소부터 서예원(徐禮元)을 너무 미워하여 주와 객이 서로 시기하였으므로 호령이 어긋나고 틀려서 이 때문에 크게 패한 것이다.

하여 진주성 함락을 김천일 개인이 화를 불러들여 패전을 자초한 것처럼 묘사하고 있다.

그러나 안방준(安邦俊)의 『은봉전서(隱峰全書)』 권7 「진주서사(晉州敍事)」에서는,

> 서애 유성룡의 『징비록』에서는 진주성 함락이 모두 공(김천일)의 실책 때문이라 하고, 또 죽음에 이르러 통곡한 것이 마치 죽음을 두려워해서 한 것처럼 말하였는데 서애의 뜻이 어디에 있는지 모르겠다.[4]

고 전제하고,

> 공이 진주에서 죽은 일이 다만 인명만 죽였다 하는데, 아! 성을 쌓고 못을 판 것은 장차 왜적을 물리치고자 함이었다. 하물며 공이 진주를 지키지 않았다면 왜적의 기세는 꺾이지 않았을 터인즉 호남의 50여 성은 모두 짓밟혀 반드시

---

4 안방준, 『은봉전서』 권7, 記事, 「晉州敍事」. 西崖徵毖錄. 以爲晉州之陷. 全由於金倡義失策. 又以爲臨死痛哭. 若畏死者然. 西崖之意. 未知何故.
김천일, 『건재선생문집』 부록 권5, 「晉州敍事」. 晉州之陷. 西厓懲毖錄. 以爲全由於金倡義失策云者. 晉州之城東南. 有矗石大江. 賊不敢犯. 惟西北一面受賊. 故金倡義以爲令諸將禦守. 則慮有不謹之患. 與黃進, 張潤等獨當之. 其餘諸將. 分守東南. 及城陷. 賊自西北闌入. 所謂失策者. 其謂此耶. 西厓之言可怪.

> 진주성의 참화보다 더욱 심하였을 것이다. 호남 한 도의 인명(人命)의 수가 어찌 진주 한 성의 그것과 같다 하겠는가?[5]

하여 진주성 싸움이 있었기 때문에 왜적들의 기세가 꺾였고 호남이 보전될 수 있었다고 기록하고 있다.[6]

4) 업적과 일가의 활약

사실 왜군은 일단 진주성을 공격 함락하여 그들의 일차적 목표를 달성한 다음, 7월에는 전라도 고부(古阜) 경내까지 깊숙이 침략해 들어왔으나 진주성 싸움에서 입은 막대한 병력 손실과 그로 인한 전력상의 차질로 인하여 사실상 호남 공략의 2차적인 목표를 이루지 못하였으니 그들의 궁극적인 목표는 결코 실패하고 만 것이 되었고, 의병군은 진주성에서 참패당하였지만 그들의 궁극적인 목표는 달성한 셈이 된다.

또한 성의 함락 책임을 묻는다면 수성군에게 있었던 것이 아니라 공방간에 병력 차이가 현격하였다는 점에서 진주성 싸움을 기피해 달아난 관군과 곽재우를 위시한 영남의병에 있다고 보아야 할 것이다. 이는 의병장 변사정(邊士貞)의 상소에서도 잘 나타나 있다.

> 이 때 만일 한 주장이 감독 명령하여 병사를 합해 전진해서 혹은 근교에서 지원하였거나, 혹은 산위에서 횃불을 밝혔거나, 혹은 요해지(要害地)에서 매복하여 구원하는 형세를 보였다면 성은 반드시 쉽게 무너지지 않았을 것입니다. 그런데 제장이 모두 많은 군사를 거느리고 가까운 데에 주둔해 있으면서도 나아가 구원하지 않았던 것입니다. 진주성이 위협을 당한 지 7·8일이 지났는데도 군사를 보내 돕는 자는 한 사람도 없었습니다.

---

5 같은 책, 같은 곳. 以公之死於晉州. 爲徒殺人命. 噫. 築斯城. 鑿斯池. 將使委而去之耶. 況公不守晉州. 賊鋒不挫. 則湖南五十城之魚肉. 必有甚於晉城者. 一道人命之多小. 孰如一城之民命哉.

6 안방준, 『국역 은봉전서(Ⅰ)』, 안동교 역주, 신조사, 2002, 354-355, 358-359쪽 참조.

하여 대부분의 군사는 위협을 느껴 달아나고 뜻있는 호남의병만이 지켰으며 성이 함락된 것은 군사 숫자에서 보이는 것처럼 어쩔 수 없는 정황이었다. 사실 관군은 영남의병장인 곽재우에게 돕도록 하면서도 자기들은 달아났고 곽재우는 자결할지언정 진주성에는 들어가지 못 하겠다 하였으니 통수계통이 전혀 서있지 않은 상태였음을 잘 알 수 있다. 이러한 상황에서 성에 들어간다는 것은 백사(白沙) 이항복(李恒福)이 이른바 '세 가지 어려움' 가운데 첫째가 아니겠는가?

진주성이 함락되었다는 보고는 7월 16일에야 황해도 방어사 이시언(李時言)을 통해 조정에 올라갔다.

선조는 같은 달 21일에 전사자에 대한 애통교서(哀痛敎書)를 내렸는데 최경회를 가리켜 "명나라 장수가 칭찬하고 왜구가 두려워하니 이름이 세 나라에 떨쳤도다" 하고 8월 7일에 이조판서 겸 대제학을 증직하였다.

진주 창렬사(彰烈祠)에 김천일, 고종후와 함께 배향되었다.

1627년(인조5) 좌찬성이 가증되고 화순·능주에 포충사(褒忠祠)를 세워 배향하였다.

1747년(영조 23)겨울 진주 병영의 관기인 귀동(貴同)과 득손(得孫)이 남강 가에서 쑥을 캐다가 물속에서 반짝이는 도장을 발견하였다.

이 도장에는 '경상우도병마절도사인'이라 새겨져 있으며 뒤 쪽에는 '만력 10년(선조15년 1582년) 3월 모일 조래(造來) 4월 11일 위시행용(爲始行用)'이란 글자가 선명하여 최경회가 품고 강에 뛰어든 줄을 알게 되었다.

이 관인을 본 영조는 감동하여 구리로 갑을 만들게 하여 고인명서(古人銘序)를 친히 써서 갑 위에 새긴 다음 진주에 인각(印閣)을 세워 보관케 하였다.

이어 영조는 충의(忠毅)라는 시호를 내렸다.

화순에서 최경회 일가를 육의일렬(六義一烈)로 지칭한다. 이 지칭은 임진왜란, 정유재란을 거치면서 얻어진 이름이기도 하다.

진주성 함락 당시 최경회로부터 칼(왜적에게서 빼앗은 언월도[偃月刀])과 그림, 조복을 물려받은 조카 홍우는 전쟁터를 벗어난 지 닷새 만에 화순에 도착하였다. 홍우는 큰아버지 경운, 아버지 경장을 위시하여 여러 형제들에게 작은아버지의 유지와 그의 최후를 전하였다. 그러자 그해 8월에 전라우의병 최경회의 유지를 따라 다시 의병을 일으키게 되었다. 앞 서 언급한 것과 같이 최경운·최경장은 이번이 처음은 아니었다.

〈 최경회 일가의 가계 〉

- 天符
  - 慶雲◉ (1567, 進士)
    - 弘載(1591, 문과, 正言)◉
    - 弘受
  - 慶長◉ (1564, 문과, 正)
    - 弘宇(洗馬)◉
    - 弘有
    - 弘遠
    - 弘城
  - 慶會◉ (1567, 문과, 兵使)
    - 弘器(1589, 進士, 直長)◉
    - 弘式(요절)
    - 弘績(1591, 무과, 奉事)

위 표에서 '◉'표 한 이가 바로 화순 최씨 문중의 육의이니, 최경회 3형제와 그들의 큰아들들이 모두 여기에 포함된다. 또 특기할 만한 것은 그들이 모두 대과, 소과, 무과에 급제한 사람들이란 점이다.

진사 최경운은 자는 선장(善章), 호는 삼천(三川)이며 송천(松川) 양응정(梁應鼎), 고봉(高峯) 기대승(奇大升)의 문인이었다. 임진왜란이 일어나자 최경회는 두 형제와 의논하여 말하기를 "우리 형제는 나라의 은혜를 입었으니 마땅히 나라의 난리에 죽어야 한다." 면서 고경명, 박광옥(朴光玉)에게 편지를 보내고 삼천(三川)에 의병청을 세워, 고을 백성에게 효유하여 수천 명의 병정과 전마 3백 필을 모은 한편 가재를 털어 군량미에 대비토록 하고 조카 홍우로 하여금 거느리고 고경명의 막하로 가게 하였다. 그러나 고경명이 전사하자 그의 막하 문홍헌이 그의 잔병을 거느리고 와서 그의 막내 동생 경회에게 기복(起復)[7]하고 기의토록하자 공이 권하여 부의하였고, 최경회가 제2

7 상중에 상복을 벗고 국사에 나아가는 것.

차 진주성 싸움에서 자결하자 그는 다시 둘째 동생에게 권하여 의병을 이어 일으키게 하였다. 또한 최경장이 사천(泗川), 고성(固城) 등지에서 곤궁을 당하자 아들 홍재로 하여금 초유사(招諭使)의 명에 따라 개성(開城)으로 가게하고, 조카 홍우로 하여금 무주, 금산 등지에서 군사를 모으게 하였으며, 또 조카 홍기로 하여금 직산(稷山)에서 총병(總兵)유정(劉綎)을 따라 다방면으로 계획하고 조치케 하였다. 이와 같이 최경운은 최씨 일가의 의병운동 지도자였다. (그의 의병 활동은 후술하겠다.)

동생 최경회의 유지에 따라 기의한 최경장은 자는 선림(善林), 호는 죽계(竹3溪), 진사 문과시를 거쳐 내외직을 두루 역임하였다.

1598년 최경장은 동생 경회의 유지를 따라 65세라는 늙은 나이에 의병을 일으켰다. 그가 의주에 있는 선조에게 올린 상소에서,

> 아! 신의 장성함은 오히려 개나 말의 나이만도 못하옵니다. 하오나 60성상을 지나서 근력이 이미 쇠진되었으니 장차 어떻게 친구들에 대한 책임을 지겠으며 나라나 우리 집안의 원통함을 씻을 수 있겠습니까?

하였으니 이미 허약해진 몸이었음에도 불구하고 가정의 우애와 나라에 대한 충성심만으로 기의한 것이다. 더욱 동생의 유품인 언월도를 어루만지면서 "내 아우의 충정이 이 칼에 서려 있는 듯하다" 하여 죽음을 각오한 기의였음을 보여준다.

8월 9일 전라우의병의 잔병과 함께 군사 수백을 규합하여 '계의(繼義)'라 장표(章標)하니, 대개 동생의 의병을 이었다는 뜻이다. 도원수 권율이

> 전내섬시정(前內贍寺正) 신 최경장이 죽은 동생의 잔병을 거느리고 도의 경계에 주둔하니 인심이 의지하여 안정되었습니다.

고 아뢰니, 선조가 하교(下教)하기를,

> 동생은 나라를 위해 죽고 형은 동생을 이어 일어섰으니, 이런 사람은 옛날

사람에서 찾아도 드물 것이다. 곧 계의병 대장에 배수하고 인(印)을 주조해 내려주라.

하였다. 명을 받은 최경장은 훈련부정(訓練副正) 선의문(宣義問)을 부장으로, 전 군수 김윤명(金允明)을 종사관으로 삼아 약속을 정하고 호령을 엄하게 하였다. 또한 부족한 군량을 보충하기 위해서 영광에 사는 참봉 이굉중(李宏中)과 진사 강항(姜沆)으로 하여금 그들의 사재를 털어 소금과 생선을 팔아 군량미 1백석을 실어 오게 하였다.

제2차 진주성 패전 이후 의병활동은 아주 어려운 상태에 놓여 있었다. 그것은 명나라가 일본과 화친하고자 하여, 명나라 뿐 아니라 관군까지도 의병의 활동을 저해하였으니 이와 같은 사정에 대하여는 최경장의 소장에,

> 염려스러운 바는 죽거나 이리저리 흩어진 나머지 많은 사람들의 마음이 이산되었을 뿐 아니라 주현(州縣)의 관리까지도 대부분 견제하여 의병의 뜻이 저상된 것입니다.

한 것으로도 알 수 있겠다. 이러한 상황에서 최경장의 군대는 옥과(玉果)에 출진한 다음 남원으로 향하면서 왜군을 추격, 이후 함양을 거쳐 곤양(昆陽)·사천 등지에서 주로 유격전을 펴 왜적을 격퇴한 다음 고성(固城) 견내량(見乃梁)을 지키고 있었다. 그 사이 왜적과 10여 전을 벌여 큰 전공을 세우자 명나라 장수 오종도(吳宗道)는 탄식하기를,

> 동생이 죽자 형이 일어서니 그 충의가 격렬하며 군사를 잘 다루어 큰 공을 세우니 아마도 고금에 제일이다.

하였다. 마지막에는 구례에 있는 석주관(石柱關)으로 진을 옮겨 방어전을 펴던중 얼마 안 있다가 충용장(忠勇將) 김덕령(金德齡)이 담양에서 거의하였으나 군졸이 모이지 않고 더욱 전국의 의병을 김덕령군에게 통합한다는 명령이 내려짐으로써 그해 12월에 그의 병사와 병기, 병량을 모두 김덕령에게 보냈다. 1725년(영조 1) 유림의 상소에 의하여 하비(下批)하기를 "두 신하의

충절은 늠연히 살아있는 듯하다"면서 도승지(都承旨)를 추증하고, 공이 썼다는 청룡도를 올리라 하여 보았다. 고을 사람들이 삼충사(三忠祠)를 세워 배향하였다.

다음은 최씨 3형제의 큰아들들인 홍재, 홍우, 홍기의 활동상을 알아보고자 한다. 최씨 일가 가운데 가장 먼저 의병활동에 참여했던 최홍재는 자는 덕여(德輿) 호는 죽은(竹隱)이다. 문무의 재주를 겸비하였으며 문과에 들었다. 담양회맹에서부터 종군치는 않았으나 아버지 최경운의 명을 받아 의병을 모집하여 금산성까지 진군하였으나 고경명이 순절하자 고향으로 돌아와 작은아버지 최경회를 도와 전라우의병을 일으켰다. 금산, 무주 등지의 전투에는 군관으로 참전하여 많은 전공을 세웠다.

제2차 진주성 싸움에서는 호서지방에 파견, 병사와 병량을 모으느라 병화를 면할 수 있었다. 진주성의 원한을 잊지 못한 그는 다시 둘째아버지 최경장을 도와 계기의병(繼紀義兵)을 일으킬 때는 운량 책임을 맡았었다.

정유재란 때에는 정언(正言)으로서 초유사를 특별 제수 받아 개성으로 가 의병을 규합하고 민심을 무마하였다. 같은 해 10월 아버지와 아우 홍수가 오성산(烏城山) 싸움에서 전사하자, 다시 고향으로 돌아와 복수코자 하였으나 이미 왜병이 물러간 뒤였다.

1613년(광해군 5년) 폐모론이 일어나자 당시 사헌부 지평으로서 항소(抗疏)를 올려 굽히지 않다가 권간(權奸)의 미움을 사 멀리 울산(蔚山)에 좌천되자 울분을 참지 못하여 죽었다.

그는 최씨 일가의 종자(宗子)로서 집안형제 가운데 유일한 문과 출신으로 가문의 유풍과 절의를 난리 중이나 난리 후에도 변함없이 실천한 인물이다.

최경장의 장자 홍우는 자는 덕용(德容), 호는 인재(忍齋). 작은아버지 최경회를 도와 전라우의병을 일으켜 금산, 무주, 개령 싸움에서 큰 공을 세웠다. 제2차 진주성 싸움에서 성이 함락되자 작은아버지가 그에게 말하기를,

> 두 형님이 비록 몸은 쇠미하지만 뜻은 강개하여 내가 죽었다는 말을 들으면 반드시 이에 기의할 것이다.

면서 진중에서 왜적으로부터 빼앗은 지도와 칼을 그에게 주었다. 고향으로 돌아와 아뢰니, 작은아버지의 뒤를 이어 다시 아버지가 의병을 일으키자 스스로 군관의 임무를 맡아 군기를 수습하는 등 시종 부친과 같이 행동하여 옥과, 고성 등지에서 큰 공을 세웠다. 후에 조정의 명으로 계의병군이 김덕령군에 합류되자 고향으로 돌아와 두문불출하고 세상과 멀리 하였는데 그것은 나라의 부끄러움과 집안의 원수를 갚지 못했기 때문이었다. 그래서 조정에서 세마(洗馬)·별제(別提) 벼슬로 여러 번 불렀으나 나아가지 않았다. 뒷날 이괄(李适)의 난 때에 고종후(高從厚)와 더불어 군사와 군량을 모아 태인(泰仁)까지 진군하였다가 평정되었다는 소식을 듣고 돌아온 예도 있었다.

최경회의 장자 홍기는 자는 덕주(德周), 호는 사촌(沙村). 종형 홍재·홍우와 함께 아버지를 따라 전라우의병에 종군하여 금산, 무주, 개령 등지에서 큰 전공을 세웠다. 제2차 진주성 싸움 때는 아버지의 명으로 호남지방으로 가 병량을 모으느라 병화를 면하였다. 둘째 아버지 최경운을 도와 계의병군에 참여 큰 공을 세우기도 하였다. 아버지의 복을 마치자 조정에서 찰방(察訪)·직장(直長)을 제수하였으나 두 번 다 나아가지 않았다.

정유재란 때에 명나라 장수 총병(總兵) 유정(劉綎)이 직산에 진군하여, 홍기가 충직하다는 것을 알고 방량관(放粮官)으로 삼자 그는 명군의 힘을 빌어서라도 복수하겠다는 생각으로 극력 도와 큰 공을 세웠다. 전쟁이 평정되자 고향에 돌아와 조정의 부름에 나아가지 않았다.

임진왜란과 정유재란 때의 전황과 조선의 대응 태도는 사뭇 달랐다. 임진왜란은 임진년(1592년)부터 무술년(1598년)까지 7년 동안에, 사실상 전쟁은 임진, 계사 두해 동안에 7할 이상이 이루어졌고 나머지는 정유·무술 2년 사이에 이루어졌다. 중간의 갑오·을미·병신 3년 동안에는 명나라에서 심유경(沈惟敬)을 내세워 일본과 화의를 추진키 위해 의병활동마저 저지하였기 때문에 소강상태에 들어갔었다.

임진왜란 때 전라도는 이순신 장군의 해상 활동과 의병의 활약으로 8도 가운데 유일하게 보전될 수 있었다.

그러나 1597년(선조30) 정유재란 때는 이순신 장군이 모함에 빠져 옥에 갇히고 원균이 수군통제사를 맡고 있어서 수륙 양면으로 전라도에 진출할 수 있었다. 그리하여 같은 해 10월에는 전라도 화순에도 3천여 명의 왜군이 밀어닥쳤다. 이와 같이 도내 전역이 유린당하게 된 까닭은 이상의 외부적인 원인도 있었지만 전라도가 전쟁회복의 기지가 될 수 있다는 점에서 "전라도를 빠짐없이 공략하라"는 풍신수길의 명령도 깊은 관계가 있었고, 현지 주민의 태도에도 많은 문제가 있었던 듯싶다.

당시 왜적은 전라도 일대 즉 순창, 담양으로부터 창평·광주·옥과·동복·능주·화순 지역에까지 뻗쳐 있었고, 이들 왜적은 임진왜란 때와는 달리 무력적인 전쟁보다는 패(牌)를 발급하여 항복을 종용하는 정책으로 일관하였다. 이에 대처하는 주민들은 미리 피난을 하거나 왜적의 종용에 따라 그들에게 붙좇는 자들이 날로 늘어났다는 것이다.

왜군이 화순에 들이닥치자 사람들은 놀라 뿔뿔이 흩어져 피난을 가는데 부호 전호(全昊)라는 자만은 피난을 가지 않고 남았다가 왜적을 반겨 맞았다. 더욱 그는 창고를 열어 그들의 군량으로 쓰도록 하였다.

동복에 사는 생원 김우추(金遇秋)라는 자는 왜장에게

> 누구를 부린들 백성이 아니며 누구를 섬긴들 임금이 아니겠습니까? 원하옵건대 한 뙈기의 땅을 얻어 성인의 백성 되기 원하옵니다.

하고, 또 시를 지어

> 칼을 차고 동해 건너시니, 장군은 임금을 도울 재주올시다. 만약 살인을 싫어한다면, 사해의 백성은 귀의하라.

고까지 극찬하였다 한다. 이와 같은 상황에서 최씨 일가의 의병 활동은 정유재란에까지 이어졌으니 바로 일문의 제일 어른인 최경운이었다. 최경운은 임진왜란 때의 활동은 이상에서 대개 언급하였다.

최경운은 자는 선장(善章), 호는 삼천(三川). 당시 73세의 노유(老儒)로 왜적이 쳐들어온다는 말을 듣고 가족과 노비를 불러놓고

> 너희들이 아는 바대로 우리 집안은 충의를 목숨보다 중히 여겨 왔다. 그래서 막내 동생 경회는 진주성 싸움에서 최후를 마쳤고 그 위 경장도 계의병장이 되었다가 지금 상감의 뒤를 따르고 있다. 그리고 내 아들 홍재는 초토사로 특별 배수되어 개성에서 의병을 규합하고 있으며 경장의 아들 홍우도 싸움터에 나가 있고 경회의 아들 홍기 역시 직산에서 방량관이 되어 군량을 모으고 있다.

고 이르고는, 막내아들 홍수와 함께 향리의 남아있는 졸병이나 집안의 가동을 거느리고 화산읍 다산(茶山) 부락 뒤에 위치한 오성산성(烏城山城)에 올랐다. 왜적이 대대적으로 몰아와 포위하자 최경운은 1주일을 저항하였으나 화살과 돌이 다하자 몸을 빼어 곧바로 전진하다가 왜적에게 붙잡혔다. 왜적이 항복하라 위협하자 그는 큰소리로 "우리의 원수 왜적 놈아! 어찌하여 빨리 죽이지 않느냐" 하면서 계속 욕을 하다가 막내아들과 함께 순절하였다. 1597년 10월 7일에 일어난 일이었다.

5) 日休堂實紀 目錄

年譜 / 遺稿 : 次珍島旅館韻 次座上吟 寧海賦歸時贈人 矗石樓殉節吟 松竹菊爭長說 焚香露天賦 三月不違仁賦 孝感得魚頌 祭高峰奇先生文 乞遞寧海府使疏 / 倡義敍錄 / 列聖宸章(附啓辭) / 諸公敍述

4. 건재 김천일 健齋 金千鎰

1) 생애

김천일(1537-1593)은 자는 사중(士重), 호는 건재(健齋), 본관은 언양(彦陽), 임진왜란 때 의병장이다.

1537년 1월 10일 전라도 나주(羅州) 흑룡동(黑龍洞)에서 출생하였다. 대대로 창평(昌平) 대산리(台山里)에서 살았으나 김천일의 아버지 때부터 이곳에서 거주하였다. 아버지는 진사(進士) 언침(彦琛)이요, 어머니는 양성(陽城) 이씨 적순부위(迪順副尉) 감(瑊)의 딸이다. 일재(一齋) 이항(李恒)에게서 배웠다.

1537년 1월 언침의 독자로 태어났으나 태어난 다음날 어머니 이씨의 상을 당하고, 같은 해 7월에는 아버지상까지 당하여 외할머니에 의해 자랐다.

1544년(8세) 작은아버지인 참봉 김신침(金信琛)을 따라 창평에 가서 할머니 조씨(曺氏) 부인을 뵈었다.

1549년(13세) 작은아버지에게 나아가 사우(師友)가 없고 외할머니가 갑자기 내보내지 않아 향학의 뜻을 펼 수 없음을 한탄하였다.

1551년(15세) 창평에 가서 작은아버지 참봉공으로부터 처음으로 글을 배우는데 영민함이 걸출하였다.

1554년(18세) 위원군수(渭原郡守) 김효량(金孝亮)의 딸 김해김씨를 부인으로 맞이하였다.

1555년(19세) 태인(泰仁)에 은거하던 일재(一齋) 이항(李恒)에게 수업하였다. 가까운 데서 배워도 될 것을 무엇 때문에 멀리까지 가서 배워야 하느냐는 외할머니의 물음에, "경서의 스승은 쉽지만 인생에 대한 스승은 더 어렵습니다."라고 답하였다. 『소학』과 『대학』을 배우는데 거경궁리(居敬窮理)의 공부가 날로 성취되었다.

1557년(21세) 장자 상건(象乾)이 태어났다.

1558년(22세) 하서(河西) 김인후(金麟厚)를 찾았다. 김인후가 그의 공부한 바를 묻고 말하기를, "실지 공부를 한 선비[實得之士]를 이제야 보겠다."고 칭찬하였다. 생원(生員) 초시(初試)에 들었다.

1559년(23세) 창평에 있는 대산서사(台山書舍)에서 강학을 하였는데 참봉인 박희안(朴希顔) 조세경(曺世鏡)이 참여했다. 이해 둘째 아들 상곤(象坤)이 태어났다.

1561년(25세) 나율(羅慄)과 더불어 당시 진도에 유배 중이던 소재(蘇齋) 노수신(盧守愼)에게 경의를 강론 받았다.

1563년(27세) 봄에 부암강사(覆岩江舍)를 짓고 '극념당(克念堂)'이라 편액하였다.

1565년(29세) 노수신의 '주자의 인심도심설(人心道心說)은 정자의 옛 설을 따랐으나 그에 미치지 못한다'는 설과 이항의 '나정암(羅整菴)의 설을 비난하여서는 안 된다'는 말에 대하여 글로 변론하였다.

1567년(31세) 이항이 남쪽지방의 보고를 듣고 여러 생도들에게 말하기를, "이 또한 난세이니 예전처럼 한결같이 편안히 지낼 수 없다."면서 5일간 음식을 전폐하고 근력을 징험해 보는데 김천일도 선생을 따라 그대로 하였다.

1568년(32세) 조정에서 유일(遺逸)을 천거토록 하니, 미암(眉巖) 유희춘(柳希春)이 방백(方伯)에게 말하여 천거토록 하였으나 글을 보내 중지토록 하였다.

1573년(37세) 조정에서 경서에 밝고 행동이 닦여진(經明行修) 선비를 천거토록 하자 이지함(李之菡), 조목(趙穆)과 함께 피천되어 이해 6월에 군기시 주부(軍器寺主簿)를 제수 받았다가 가을에 용안현감(龍安縣監)으로 전보되었다.

1575년(39세) 용안현감으로 있었다. 상이 이조에 묻기를, "오늘날 고을을 다스리는 자로 누가 제일인가?" 하니, 이조에서, "여주목사 황림(黃琳), 해주목사 이린(李遴), 그리고 김천일이다."고 답하였다.

1576년(40세) 정월에 강원도도사(江原道都事)에 승진되었으나 신병으로 체직되었다. 이어 경상도도사에 제수되었다. 이해 6월에 스승 이항의 상을 듣고 관직을 버리고 분상(奔喪)하였다.

1577년(41세) 5월에 '일재선생행장'을 지어 노수신을 뵙고 남고(南皐)에 서원을 지었다.

1578년(42세) 사헌부 지평(持平)에 제수되자 사은소(謝恩疏)를 올려 시무(時務)를 아뢰었다. 입시(入侍)해서는 시폐를 극론하고 어진 인재를 부르도록 청하였다. 4월에 병으로 귀향해 돌아갔다가 임실현감에 제수되었다.

1581년(45세) 제봉(霽峰) 고경명(高敬命)이 부암강사로 내방하여 교유하였다.

1582년(46세) 조정에서 순량(循良)한 고을원을 뽑도록 하여 첫째로 피선되어 순창군수에 제수되었다.

1584년(48세) 담양부사에 제수되었다.

1585년(49세) 담양부사로 있으면서 선조가 한발로 구언(求言)하자 시폐를 극론하였다. 처음에는 오랑캐가 경원부(慶源府)를 피폐케 하자 조정에서 6도의 경범자를 사변(徙邊)하도록 한데 대한 문제점 다섯 가지를 들어 아뢰고, 진주(晉州)의 옥비(玉非)의 후손 추쇄(推刷) 문제점에까지 미쳤다. 마지막에는 성학(聖學)을 밝혀 사습(士習)을 바로잡아야 한다는 것, 재상을 중히 여겨 조정의 위신을 높여야 한다는 것, 수령을 가려 뽑아 나라의 근본을 튼튼히 해야 한다는 등 나라를 걱정하고 국민을 사랑하는 말이 수천 마디나 되었다. 선조는 심히 격려하였다. 글이 지금 남아있지 않다.

1586년(50세) 봄에 벼슬을 버리고 고향으로 돌아가 제자들과 경전을 강론하였다.

1587년(51세) 소를 올려 왜변의 대비를 논하였다. 이 때 호남 흥양(興陽)에서 왜변의 조짐이 있었다. 집에 있으면서, 사태에 대한 대응책이 도리에 어긋나고 상벌이 아무렇게나 시행되고 있음을 한탄하고 소를 올려 극론하였는데 조정에서 일어나고 있던 동서 붕당의 화에까지 미쳤다.

또한 늘 여러 생도들과 극념당(克念堂)에서 학문을 강론하고 석양에는 스스로 말을 달리고 활쏘기를 익히며 제자들에게 또한 그렇게 하도록 하였다. 어느 날 저녁에 천상(天象)을 보며 말하기를, "나라에 곧 큰 화가 있을 터인데 어찌 편안히 지낼 수 있겠느냐." 하였다.

1588년(52세) 여름에 왜(倭)가 화의를 요구하자 정승 유성룡(柳成龍)에게 글을 올려, 왜 방어의 대책과 화의 허락은 잘못이라는 점을 극론하였다. 이 해 한성부 서윤(漢城府庶尹)에 제수되었다.

소를 올려 정여립(鄭汝立)의 반역 정황을 논하였다.(글은 남아있지 않음) 이 때 여립의 변이 일어나자 병중이었으나 글을 올려, 조정에서 인심을 잃어서 이러한 역변이 일어났음을 극론하였다. 선조는 그의 충성스런 뜻을 가상히 여기고 조정에서 종사(從仕)토록 하였다.

군자감정(軍資監正)에 제수되었다. 다시 지난 정여립 역변에 대해 소를 올렸다.

수원부사(水原府使)에 제수되었다. 수원과 같은 근기(近畿) 지방에는 토호(土豪)나 귀족의 전장(田庄)이 많았는데 정세(征稅)를 바치지 않자

> 세금이란 균등하게 내야 하는데 어찌 내 한 몸의 이해만을 생각하여 위급한 백성을 구원하지 않을 수 있느냐.

며 세금 균일 원칙을 시행하다가 대간(臺諫)의 탄핵을 받아 벼슬을 그만두고 고향으로 돌아왔다.

12월에 우계(牛溪) 성혼(成渾)에게 편지를 보냈다. 이 때 나라일이 날로 어긋나자 어진 사람이면 벼슬에서 물러날 뜻만을 생각하였다. 우계에게 편지를 보내, 서울에 머물면서 인재들을 붙잡아 위태로워진 나라를 부지하라 하고, 또 송강(松江) 정철(鄭澈)을 내보내지 말라고까지 하였다.

1590년(54세) 우계에게 편지를 보냈다. 이 때 호남 유생 가운데 소를 올려 우계를 헐뜯는 자가 있자 우계가 물러나려 하였다. 편지를 보내 유생들의 부박(浮薄)한 말에 개의하지 말라 당부하였다.

1592년(56세) 4월에 왜구가 이르자 거의(擧義)하였다. 4월에 서울이 함락되고 선조가 파천하였다는 소식을 듣고, 전부사 고경명(高敬命), 전목사 박광옥(朴光玉), 전정랑(正郎) 정심(鄭諶), 전군수 최경회(崔慶會)에게 편지를 보

내 거의를 약속하였다.

5월 6일 담양(潭陽)에서 고경명과 만나 창의 문제를 논의하였다.

5월 16일 향리의 제자들을 불러 모으는데 의사(義士) 송제민(宋濟民), 양산룡(梁山龍), 양산숙(梁山璹), 임환(林懽), 이광주(李光宙), 서정후(徐廷厚) 등이 모였다. 김천일은 좌중에 앉아

> 나라 일이 이 지경에까지 이르렀으니 우리들이 어찌 구차히 살려 하리오. 가령 살려고 한들 혼자만이 온전할 리 없고 다만 빠르고 늦기만 다를 뿐이오. 그러니 도망하여 구렁에서 죽는 것보다는 적과 싸우다 죽는 편이 낫지 않겠소.

하니, 모든 사람들은 그렇다면서 군량을 바치겠다거나 전마를 돕겠다는 사람 등등 채 하루가 가기 전에 3백 명이 되었고 군기도 대강 갖추어 의병의 깃발을 올렸다. 6월 3일 김천일이 부서를 정하고 약속하기를

> 풀을 매려면 반드시 뿌리를 없애고 적을 잡으려면 우두머리를 잡는다 하였으니 바로 서울에 있는 적을 쳐야겠다.

하니 모든 무리가 그대로 따랐다.

중도에서 3도의 군사가 용인(龍仁)에서 무너졌다는 말을 들었는데 흩어진 병사가 그의 휘하를 보고,

> 10만의 병사도 하루아침에 무너졌는데 수백의 군사로 무엇을 하려는가.

하자 군중이 자못 두려워하므로 타이르기를,

> 우리 군사는 의병이라 관군과는 다르다. 너희들이 따르지 않겠다면 어찌 강제로 몰아세우겠느냐. 그러나 이 적을 토벌하지 않는다면 산에 오르고 바다로 들어간들 만에 하나 살아남을 길이 없거늘 하물며 임금이 죽으면 신하는 죽는 법, 너희들은 누가 2백 년간 기른 백성이더냐. 진실로 죽을 마음을 품으면 살 길이 생길 것이라.

하니, 모두들 죽음으로 따르겠다면서 도망하는 자 하나가 없고 흩어진 관군 또한 가끔 따라붙어 호서에 이르니 수천 명에 달하였다.

공주(公州)에 이르자 중봉(重峰) 조헌(趙憲)이 찾아와 호서의병 봉기에 대해 상의하였다.

금강(錦江)을 건널 때, 많지 않은 군사로 깊이 들어갔다가 응원하는 군사가 없음을 걱정하는 자가 있자 김천일은 눈물을 뿌리며

> 나도 이 군사로 강한 왜구를 반드시 숙청하리라고는 생각지 않는다. 그러나 앞으로만 전진하고 뒤로 후퇴하지 않는 까닭은 관군을 격동시켜 흥기하려는 것이다. 내가 먼저 오르지 않으면 누가 따르겠느냐.

면서 척후병을 멀리하고 대오를 정리하여 바로 천안(天安)을 거쳐 6월 13일 수원에 도착하였다.

6월 23일 수원에 도착한 다음 의병 지원자가 더욱 늘어 군세를 떨쳤다. 이는 김천일이 수원부사로 있으며 선정을 베풀어 그의 의를 사모하여 모여든 자가 많았기 때문이었다.

김천일은 장사들을 네 부대로 나누어 오늘날 이른바 유격전투를 벌여 왜를 시험하기도 하고 목을 베기도 하다가 용인(龍仁)에 있는 금령(金嶺)의 왜를 습격하였다. 10여 급을 베고 칼이나 창, 갑옷, 전마(戰馬) 등 노획한 것이 헤일 수 없는 전공을 이루었다. 또한 서쪽 길이 막혀 양궁(兩宮)의 안부를 모른다 하여 소를 지어 막사(幕士) 곽현(郭賢)과 양산숙(梁山璹)을 보내 의병 봉기에 관한 소식과 경성 이남의 소식을 아뢰었다. 또 격문(檄文)을 초하여 황해, 평안, 강원, 함경 등에 포고하였다.

수원에 주둔할 적에는 전라병사 최원(崔遠)이 병마 2만을 거느리고 독성(禿城)에 주둔하여 서로 의지하다가 근왕(勤王)의 청을 따라 서쪽으로 올라가고, 김천일은 안산(安山)으로 가서 바로 서울로 들어가려다 방향을 바꾸어 강화도(江華島)로 이군(移軍)하였는데 경기순찰사 권징(權徵)이 수원부에 이서(移書)하여, "관군으로 의병의 진에 따른 자를 낱낱이 가두어 치죄하리라."

하므로 김천일의 예하 병사 중에 있던 많은 관군이 이탈하였기 때문이었다. 또한 강화도는 사면이 천험의 땅으로 서쪽으로는 양궁에 통할 수 있어 국맥(國脈)이 통하고 남쪽으로는 충청 이남의 군량미를 운수할 수 있으며 북으로는 서울의 인심을 수습할 수 있는 요충지였기 때문이기도 하였다.

이 때 대가(大駕)는 의주(義州)에, 동궁(東宮)은 이천(伊川)에 머물러 있었는데 의주의 왕세자 분조(分朝)로부터 김천일을 포장하는 글이 내려지고 얼마 있다 중추부첨지(中樞府僉知)에 배수되었다. 또 행조(行朝)로부터는 장악원판결사(掌樂院判決事)가 제수되고 창의사(倡義使)란 칭호가 내려졌다. 이로부터 양조의 명령이 관동을 통하여 강화도에 이르렀다가 다시 호남과 영남으로 전달되어 그야말로 국맥이 통하게 된 것은 김천일이 강화도에 주둔하면서부터였다.

강화도가 이처럼 군사 요충지가 된 것은 난을 피한 삼강(三江)의 배가 대부분 강도(江都)에 모여 있다는 소문을 듣고 막사 임환(林懽)을 보내 타일러 강화도로 옮기게 하니 크고 작은 선박이 수백 척이요, 수군(水軍)이 5백여 명에 이르렀으며 근왕하기 위해 떠났던 전라병사 최원 또한 합세하였기 때문이었다.

양조로부터 은명을 받은 김천일은 서울 회복을 꾀하였는데 그러기 위해서는 서울의 민심을 수습해야 한다고 믿었다. 당시 서울에는 피난했던 사민이 다시 서울에 들어가 왜의 앞잡이 된 자가 많았는데 우선 이들을 이용하기 위해 날쌘 병사를 서울에 투입, 격문(檄文)으로 타이르기도 하고 한글로 이해(利害)를 깨우치기도 하였다. 혹 밤을 타 몰래 나와 자수하는 자에게는

> 너희들이 적을 따른 것은 어찌 네 본심이겠느냐. 다만 죽음이 두려워 부득이 복종한 것이니 참으로 민망할 뿐이다.

면서 민심 진압을 위해 부지런히 타이르자, 왜적을 참하여 성의를 보이는 자, 군기나 군자금을 바치는 자, 의복이나 비단을 바치는 자 등 내응한 군사가 3만이나 되었다.

또한 무력으로 화장포(化藏浦) 싸움, 김포 싸움이 있었으나 공과는 별로 없었지만 양천(陽川), 금포의 왜적은 약탈을 더하지 못하고 밤에 도망하였다.

전라병사 최원, 추의사(秋義使) 우성전(禹性傳), 경기수사 이빈(李薲), 충청수사 변양준(邊良俊) 등과 합세하여 양화도(楊花渡) 싸움에서 죽인 왜적의 수효를 알 수 없을 정도로 승리하였다.

비변사(備邊司)에서는 적세의 강약이나 의병의 형편도 모른 채 김천일에게 육지로 나가 싸우도록 독촉하였고, 또 교지를 내리기를, "강화는 머물러 있을 곳이 못되니 속히 육지로 나오라." 하였다.

김천일은 원래 약한데다 오랜 야영생활로 병이 깊었는지라 이런 교지를 받고 송구하여 날쌘 군사 수백 명을 뽑아 종사(從事) 임환(林懽)에게 주며 전라순찰사 권율(權慄)의 진으로 가 돕게 하는 한편 강화도의 지리적 군사적 중요성을 상소하기도 하였다.

이때에 왜의 통역 주계강(朱繼康)·박대빈(朴大彬)이 급히 아뢰기를

> 적장 평조윤(平朝允)이란 자가 보옥을 탐내어 강릉(康陵), 태릉(泰陵)을 파고 다른 원릉(園陵)에도 손을 대려 하므로 백방으로 타일렀지만 듣지 않습니다.

하였다. 김천일은 비단과 은을 넉넉히 두 통역에게 보내 막도록 하고 또 『가례(家禮)』와 『오례의(五禮儀)』를 보내 우리나라 능에는 제도상 보옥을 순장하지 않음을 보이게 하니 곧 중지하였다.

1593년(57세) 병이 점점 심해지고 군무는 날로 어려워 가는데 만약 갑자기 죽게 되면 품은 생각을 아뢰지도 못할까 두려워 곧 소를 올렸는데 그 소의 대강은 이러하다.

> 조정에서는 서로 화합하지 못하여 명령이 여러 곳에서 나오고 관군과 의병은 서로 시기만 하고 있습니다. 마음을 합하면 큰일도 해낼 수 있지만 마음을 달리하면 조그마한 일조차 하기 어렵습니다. 지금 3도(道)가 함락되고 백성이 어육이 되었으니 군신(君臣) 상하가 힘을 합하여 마음을 같이해서 쓸개를 맛보고 창을 베개 삼아야 할 때인데도 조정에서는 이러한 많은 사람들의 뜻을 헤아

려 고치지 않고 있으니 왜적을 토벌하여 국토를 회복하기란 기약하기 어려울 듯합니다.

이에 비변사에서는 아뢰기를

천일의 상소 가운데에 오늘날의 폐단을 바루는데 절실하지 않은 말이 없으되 그 중에서도 상하가 마음을 같이 하여 오직 왜적 토벌하는 것으로만 마음을 삼으라는 말은 바로 오늘의 병통에 딱 맞는 말입니다. 조정에서는 뜻을 돈독히 하여 다른 생각을 말아야 하거늘, 직책을 자주 바꾸고, 왜적을 잡아 바치는 이에게 포상을 하지 않거나, 호령을 내리는 데가 많다는 말 역시 오늘날 분명한 폐단이오니 유사(有司)로 하여금 살펴 시행하도록 하심이 어떻겠습니까?

하니, 선조는 윤허하였다.

1월 명나라 장수 이여송(李如松)이 평양을 쳐 수복하고 개성에 이르니, 곧 서울을 공격하려는 것이었다. 김천일은 서울의 형세, 도로의 험하고 평탄함, 그리고 왜적의 상황을 그려 막사 임전(任錪)으로 하여금 이여송에게 바치도록 하였다. 또 경기수사 이빈(李蘋), 충청수사 정걸(丁傑)과 같이 모든 수군을 거느리고 선유봉(仙遊峯)에 주둔하여 노량진을 끊고 육군을 나누어 사현(沙峴)을 쳐 붙잡거나 죽인 왜가 셀 수 없었다. 후일 명나라 군사가 서울에 들어와 장표(章標)를 보고는

창의(倡義)란 푯말이 어찌 이다지도 많은가. 힘과 충성을 다함이 이 같은가. 참으로 창의사란 이름은 믿을 만하구나.

라 하였다.

1월 14일 서울의 왜적이 서울의 백성은 거의 의병의 진영에 속하여 명나라 군사가 서울을 진공하면 도성 안의 백성과 서로 합세할 것을 탐지하고, 분하게 여겨 도서의 백성을 죽이는데 쌓인 시체가 산과 같았고, 인가와 삼강(三江)에 불을 질러 불길이 열흘이 지나도록 꺼지지 않았다. 또한 상처를 입고

성을 빠져 나와 김천일에게 귀의한 자 수 십만이었는데 그들을 다 정성껏 구휼하였다.

서울의 왜적이 형세가 불리하게 되어가는 것을 알아차리고 날마다 사신을 명나라 장수에게 보내 화친을 애걸하자, 명나라 유격(遊擊) 심유경(沈惟敬)과 주홍모(周弘謨)는 왜장 평행장(平行長)을 불러 화친을 의논하였다. 이에 김천일은 분함을 이기지 못하고 두 유격에게 글을 보내

> 왜는 사특하여 이랬다저랬다 하는 놈들인지라 믿을 수 없다.

며 극력 주장하자 회답에,

> 천조(天朝)의 큰 계획을 소방(小邦)에서 알 바 아니다.

하고 패(牌)를 보내기를,

> 왜놈을 죽이거나 잡는 자는 엄중히 추궁하고 용서치 않겠다.

하였다. 김천일은 그 말을 듣지 않고 왜적 잡기를 그전처럼 하니 주홍모는 노하여 관리를 보내 공과 경기순찰사 성영(成泳)을 잡아다 힐책하였다. 김천일은 정색하여 답하기를

> 우리나라 신민(臣民)은 만대토록 이 왜적을 잊을 수 없다. 더욱 부모를 여읜 자제는 스스로 원수를 갚는 것인데 이것을 일일이 금할 수 있겠는가?

며 말씨가 격렬하되 전혀 흔들리지 않자, 주홍모는 좋은 말로 위로하여 보내주었다.

임해(臨海), 순화(順和) 두 왕자가 붙잡혀 서울에 있으면서 언서(諺書)를 김천일에게 보내 왔는데 마침 명나라 장수 지휘(指揮) 오종도(吳宗道)가 자리에 같이 있었다. 한자로 번역하여 보여주기를 청하므로 막사를 시켜 번역하

기를,

> 화친하는 일이 이미 끝났으니 왜적은 곧 도성에서 나갈 것이요, 죽지 못한 이 천한 목숨도 영영 고국을 하직하게 되리라. 다시 임금님의 얼굴을 보고 싶긴 하지만 어떻게 그럴 수 있겠느냐. 원하건데 비상을 얻어 스스로 서울에서 죽는다면 혼백은 그래도 의탁할 곳이 있으련만.

이라 하니, 오종도는 눈물을 줄줄 흘리며,

> 화의는 참으로 미룰 수 없지만 이 편지를 가지고 이 제독에게 가 추격할 계책을 정하겠으니 공은 군사를 정돈시키고 기다리시오.

하였다. 김천일은 심히 기뻐 막사 이영노(李榮老)를 이 제독에게 보내 화의의 실책을 극력 진술하였으나 제독은 전혀 움직이지 않았다. 접반사(接伴使) 이덕형(李德馨)이 김천일의 글을 보고는,

> 여러 장수가 창의사의 충성만 하다면 명장의 뜻을 돌리련만.

하였다. 왜적이 도성을 빠져나가자 김천일은 다시 글을 명장에게 올려, 왜적을 그대로 놓아 보내면 후환이 될 것이라며 만류하였으나 제독은 전혀 꿈쩍도 하지 않았다.

김천일은 도성에 들어가 막사를 거느리고 즉시 종묘터에 나아가 통곡하며 재배하고 돌아왔다. 마침 선조의 유지(諭旨)가 내렸는데 왜적 추격을 허락한다는 것이었다. 김천일은 병중이었지만 곧 일어나 말하기를, "이제야 죽을 곳을 얻었다"고 기뻐하였다. 당시 김천일의 군대는 다른 관군에게 거의 빼앗기고 수백 명의 군대만을 수습하여 남하하였다. 왜적은 영남 해안지방에 30만 명을 나누어 웅거시켜 놓고 호남 지방을 칠 계획으로 진주를 엿보고 있었다. 도원수나 여러 장수는 모두 김천일의 의견과 달랐으며 심유격 또한 이르기를

> 왜가 지난해에 진주에서 패하였으므로 이번에 분풀이를 하려할 터이니 진주 백성이 성을 비우고 달아난다면 왜도 어쩔 수 없이 철병할 것이라.

하였다. 그러나 김천일만은 아뢰기를,

> 호남은 바로 우리 국가의 근본이요, 진주는 호남의 울타리가 됩니다.

고 하면서 죽음으로 호남 지키기를 청한 바, 비변사에서 회계(回啓)하기를,

> 김천일이 죽음으로 진주를 사수한다는 것은 나라를 걱정하는 충성에서 나온 것이라.

면서 극히 가상하게 여겼으나 그 유지가 그에게 이르지 못하였다.

6월 14일 유지를 기다리지도 않고 300명의 병사를 거느리고 제2차 진주성 싸움에 대비하여 가장 먼저 입성하였다. 그러나 진주에는 왜적이 쳐들어올 것이라 염탐하고 모두 달아나 성을 지키는 병사는 2명이요, 성지(城池)와 병기도 심히 소루하였고 믿을 곳이라고는 촉석루뿐이었다.

김천일은 경상병사 최경회(崔慶會)·충청병사 황진(黃進)·복수장(復讐將) 고종후(高從厚)·의병장 장윤(張潤) 등과 같이 지키기를 맹세하고 말하기를

> 이 성은 한 쪽만 적의 공격을 받겠고 더욱 무너져 도망갈 길이 없으니 참으로 배수진(背水陣)이다.

하였다. 19일 전라병사 선거이(宣居易)·의병장 홍계남(洪季男) 등이 병사를 거느리고 지나가자 김천일은 그들을 맞이하며 같이 지키자 하니, 모두 말하기를, "중과부적이라 물러나 피해야 한다."면서 떠나버렸다.

21일 왜적의 돌격부대가 성의 동쪽에 다다르자 정예 기병을 뽑아 나가 쳐서 10여 급을 베었다.

22일 정오에 많은 왜적이 이르러 좌측이나 우측의 산을 점령하고 성을

빙둘러 진을 치고 목책(木柵)을 세우고 돌을 언덕이나 골짜기에 가득 모았다. 보병은 화포(火砲)를 메고 기병은 칼과 창을 휘두르며 바로 성문을 돌격해 왔다. 중군(中軍) 오영념(吳永念) 등은 먼저 오른 적을 쏘아 맞추니 거꾸러지지 않는 자가 없었다.

김천일은 싸움이 시작되기 전에 성 밖의 인가를 철수시켜 성 안으로 들어오게 하였다가 싸움이 시작되자 초저녁부터 새벽까지 성 위 두 첩마다에 횃불을 하나씩 밝히도록 하고 왜적이 올 때마다 쏘니 왜적이 감히 접근하지 못하였다.

23일 어둔 새벽 무렵 왜적은 대나무를 엮어 갑옷을 만들고 판자를 붙혀 방패를 만들되 중앙에는 총구멍을 만들어 공격해 오는데 대(臺)를 사이에 두고 우리 사수가 나가면 곧 쏘아댔다. 우리 군사는 죽을 힘을 다해 싸우는데 끓인 물이나 불화살, 돌 같은 것을 일시에 내려뜨리니 데어 죽고 눌려 죽는 왜가 이루 헤아릴 수 없었다. 그러나 왜군도 번을 교대하여 밤중에는 공격이 더욱 심하였다.

24일 해 뜰 무렵 적추(賊酋) 4인이 동쪽 산 위에 모여 무슨 일을 의논하는 듯하였다. 김천일이 여러 포수를 불러다가 다섯 개의 구멍을 열고 승자통(勝字筒)을 일시에 쏘아대니 두 번째 앉은 자가 거꾸러져서 작은 수레로 싣고 갔다. 정오에는 대거 육박하여 우리 군사가 쳐 물리쳤다.

25일 왜적이 동문 곡성(曲城)[8]에다 산(山)을 쌓고 그 위에 집을 지어 성 가운데를 굽어보면서 철환(鐵丸)을 쏘아댔다. 성중 군민이 많이 죽어가자 김천일은 곧 왜적과 같은 높이의 산을 쌓도록 명하였다. 충청병사 황진(黃進)은 몸소 흙과 돌을 지어 나르니 병사들도 힘을 다해 쌓아 잠깐 사이에 왜적의 산과 가지런해졌고, 현자통을 쏘아대니 적의 산과 집이 부셔지고 죽은 왜적도 많았다.

김천일은 밖의 구원병이 이르지 않자 한역(漢譯) 심연환(沈連環)에게 사병을 딸려 보내 명나라 장수에게 급함을 고하고 도원수(都元帥) 김명원(金命元)

---

8 성문을 밖으로 빙 둘러쌓은 성.

에게 구원을 청하였으나 군사 하나 오지 않았다.

26일 27일 왜적이 군사를 더하여 성의 동남쪽을 공격하며 성중에 글을 보내되

> 명나라도 항복하려는데 너희들이 감히 항거하려느냐. 속히 항복하지 않으면 내일 도륙하리라.

하고, 또 우리나라 어린아이를 시켜 외쳐대기를,

> 조선 사람들아, 왜의 글을 받아 가거라. 너희들이 항복 않으면 저 왜는 끝내 떠나지 않으리라.

하고, 또 글을 화살에 묶어 성중에 쏘기를,

> 듣자니 성중에는 세 대장이 있다는데 그들이 쓰는 전립을 가져다 성 위에 걸면 우리는 물러가리라.

하였다. 김천일은 좌우 막사로 하여금 대답하기를,

> 왜적 놈아, 왜적 놈아, 무익한 싸움 하지 말고, 쓸데없는 소리 하지도 말거라. 우리에겐 좋은 계책이 있는데다 죽기로 맹세한 군사도 있다. 명나라 장수 관군 의군 몰고서 하루가 멀다 하고 구원해 온다니, 너희들 속히 물러가지 않으면 바로 죽어서 돌아가리.

하였다.

이 때 왜의 대추(大酋) 수길(秀吉)은 여러 왜가 서울에서 나와 영남으로 내려온 데에 대해 화를 내고 왜경(倭京)으로부터 친히 비전주(肥前州)에 이르러 육오주(陸奧州)의 대장 정종(政宗)이란 자를 우리나라로 보내 독려하되, 큰 도(都), 성(城)을 기필코 함락시켜 부끄러움을 씻도록 하라 하니 왜적은 반이 넘도록 죽어갔지만 물러나지 않았다. 성(城)이 오래 된 곳은 비에 무너

져 다시 새로운 성을 쌓는데 포위당한 후로는 비가 오지 않는 날이 없었다.

28일 장마로 새로 쌓은 흙이 죽처럼 줄줄 흘러내렸으나 설치해 놓은 장비를 따라서 왜적을 막았다. 황진이 흔연히 성을 굽어보며 말하기를, "오늘 싸움에서 죽은 왜적이 수천을 넘겠다." 하는 순간 시체 속에 묻혀있던 한 왜적이 그의 얼굴을 쏘아 쓰러졌다. 의병장 장윤(張潤)도 성을 순회하다 탄환을 맞아 쓰러졌다. 두 공은 신장이 8척으로 힘이 뛰어나 성중 병사들이 의지하며 중히 여겼는데 이번에 이어 죽으니 사졸의 사기가 떨어졌다. 밤새도록 비는 그치지 않았다.

29일 동틀 무렵 사면의 적이 성 동남쪽으로 모여들었다. 적의 괴수는 금빛 단선(團扇)을 세우고 여러 왜를 지휘하는데 휘파람 소리 북소리가 천지를 진동하였다. 널찍한 판자를 이고 대나무 방패를 쓰고서 앞의 놈이 쓰러지면 뒤에 있는 놈이 이어 개미처럼 기어오르며 한 발자국도 물러서지 않았다.

성중에는 물, 돌, 화약, 탄환이 다 바닥이 나고 다만 대와 나무로 치거나 때리는데 사대(射臺)가 협착하고 사다리도 드물어 성첩을 지키는 자 죽어도 교대도 하지 못하고 곡성(曲城)이 무너지고 격대(隔臺)가 내려앉았다. 적병은 이 틈을 타 성에 오르자 우리 군사는 우왕좌왕 질서가 없었다. 중군장(中軍將) 오영념(吳永念)·별장(別將) 지득룡(池得龍)은 같이 신지(信地)를 지키다 죽었다. 김천일은 객관(客館)에 있었는데 별안간 왜적 한 명이 담을 뛰어넘어 돌진해 들어오니 군관 장천강(張天綱)이 몽둥이로 머리를 쳐 죽였다.

김천일은 활과 칼을 가지고 촉석루에 올라 왜적을 쏘는데 좌우 군사들은 창황히 흩어지고 오직 그의 아들 상건(象乾)·종사관 양산숙(梁山璹)·기실(記室) 이영노(李榮老)·군관 조인호(曺仁浩)·장천강·이성철(李成哲)·최덕남(崔德男)·아병(牙兵) 정계인(鄭繼仁)·김득(金得)·김붕(金鵬)만이 김천일을 지키고 떠나지 않았다. 인호가 울며 아뢰기를

> 주장은 어찌 하시겠습니까?

하니 답하기를,

나의 죽음은 거사하는 날 이미 결정하였다. 오늘 죽어도 오래 산 것이다. 다만 너희들이 나를 따르느라 2년을 고생하다 이 지경에 이르러 가련하구나.

하고는 곧 일어나 북쪽을 향하여 두 번 절하고 차고 있던 활과 칼을 풀어 먼저 물에 던지고는 상건을 안고 스스로 깊은 물에 뛰어들었다. 따르던 자 가운데는 같이 뛰어들기도 하고 그렇지 못한 자는 흩어져 갔다.

결국 제2차 진주성 싸움은 6월 21일부터 29일까지 연일 주야간에 걸쳐 100여전이 계속되다가 성이 함락되었다.

둘째 아들 상곤(象坤)이 김천일의 시체는 찾지 못하고 평소에 남긴 이, 머리카락, 손톱만을 모아 나주 남쪽 영산(榮山)에 예장하였다.

조정에서는 숭정대부 의정부 좌찬성겸판의금부사에 추증하였다.

1606년(선조 39년) 나주의 사인들이 나주 서쪽 5리쯤에 있는 월정봉(月井峰)에 사우(祠宇)를 세우고 조정에서는 정열사(旌烈祠)라 사액(賜額)하였다.

1607년 진주에 창렬사(彰烈祠)가 건립되어 위패를 봉안하였다.

순창(淳昌)의 사인들이 화산서원(花山書院)을 세우고 김천일과 함께 김정(金淨)·김인후(金麟厚)·고경명(高敬命) 등을 배향하였다.

1608년 임실(任實)의 사인들이 학정서원(鶴亭書院)을 세워 김천일과 함께 박훈(朴薰)·박번(朴蕃)·홍붕(洪鵬)·이흥발(李興渤)·조평(趙平) 등을 배향하였다.

1618년(광해 10년) 대광보국숭록대부 의정부영의정 겸령경연홍문관예문관춘추관관상감사에 추증되었다.

1627년(인조 5년) 문렬(文烈)이란 시호가 내려졌다.

1685년(숙종 11년) 태인(泰仁) 사인들이 일재(一齋) 이항(李恒)을 모신 서원에 김천일을 함께 배향하고, 남고서원(南皐書院)이라 사액 받았다.

1745년(영조 21년) 나주의 정렬사에 부조지전(不祧之典)의 교서가 내려졌다.

2) 사상과 의병 활동

이상의 연보를 통해 그의 학문적 사상과 의병활동을 나누어 요약하자면 다음과 같이 설명할 수 있겠다.[9]

만학으로 시작한 김천일의 학문과 사상의 형성에 가장 커다란 영향을 미친 이는 그의 스승 이항이었다. 그는 성리학에 대한 여러 설을 섭렵하였음은 물론이요, 실천궁행하는 학문 태도를 익혀 이것을 실천에 옮기고자 노력하였다. 가령 국난(國難)에 대비해서 며칠간 식사를 폐하면서 체력과 정신력을 시험해 본 것과 같은 일이나, 당시의 부실한 학문 풍토를 개탄하는 일이나, 외조모를 위해 3년 여묘를 살았던 일이나, 15세가 넘도록 천자문도 배우지 못하여 무지함이 이를 데 없었지만 숨김없이 말할 수 있는 그의 태도에서 여실히 엿볼 수 있다.

이러한 김천일의 학문 태도는 관료재직 시 그의 행적에서 잘 나타난다. 37세 때 유일(遺逸)로 처음 천거되어 15년 동안 모범관료로 계속 뽑혀 승진한 점이다. 그의 관료정신은 위민의식(爲民意識)을 바탕으로 관리의 도를 실현하는 데에 있었다. 이와 같은 그의 사상은 여러 번에 걸쳐 올린 '나라의 근본인 백성을 편히 해주고 튼튼히 해주자는 소'에서도 엿볼 수 있다. 백성을 제일로 여기는 그의 관료 태도는 전란 시에 창의기병(倡義起兵)하여 구국운동에 앞장서게 되었다.

김천일은 임진왜란 이전에 이미 국난을 대비하여 자제들이나 문하생과 더불어 미리 말을 달리며 활 쏘는 군사훈련을 익혀 호남의병의 선봉장이 되었다.

그는 호남지방에서 가장 먼저 기병하였으니 임진년 5월 16일에 이미 나주에서 군사를 일으켰고 그 때 나이 57세였는데 이는 의병장 고경명(高敬命)이 담양에서 회맹한 것보다 13일이 앞선 것이다.[10] 또한 조헌(趙憲)이 호서에서

---

9 이 부분은 趙湲來, 『壬亂義兵將金千鎰研究』-附錄 健齋集 全載-(學文社, 1982)의 結論 부분을 요약하였다.

10 이에 대하여는 다른 견해가 있으니 宋正炫, 「義兵의 蜂起와 그 戰果」, 『光州市史』, 光

기병하는 데에도 지대한 영향을 끼쳤음도 그의 연보에서 볼 수 있다.

김천일의 의병활동 목표는 다른 의병과는 전혀 다른 데가 있었다. 즉 다른 의병의 목표는 자신들의 향리 보호에 있었음에 비해 김천일의 경우는 향리 보호 차원을 벗어나 근본적으로 국토방위 및 국난극복 자체에 그 목표가 있었다. 14개월간의 그의 의병활동은 크게 두 단계로 나누어 생각할 수 있다.

제1단계는 수원의 독성산성(禿城山城)에 진을 치고 토적활동을 펴다가 강화도로 진을 옮겨 한강연안을 중심으로 활동함으로써 한양 수복의 기틀을 마련하는 한편 행재소와 충청, 전라도간의 맥이 통하도록 한 것이요, 제2단계는 왜군이 한양을 철수하여 진주성을 공략하고 전라도를 엿보자하는 의도를 분쇄한 제2차 진주성 전투를 주도한 데에 있다.

제1단계 활동 기간 중 강화도 장기 유둔은 많은 오해까지 불러 일으켰지만 군사전략적 계책에 의하여 이루어진 것이었으며 그의 의도가 끝까지 이루어지지 못한 것은 당시 의병장으로서의 어쩔 수 없는 한계점이라고 생각할 수도 있다. 만약 당시에 관군의 적극적 협조가 있었다고 가정한다면 한양 수복은 물론 제2차 진주성 싸움도 사전에 봉쇄할 수 있었지 않았을까 상정된다. 또 대민활동에 있어서 유화책을 썼다든가, 원릉 보호를 위해 금화로 왜구의 마음을 돌렸다는 점 등은 그가 한갓 의분에만 의존하는 의병이 아니라 전략에도 뛰어났다는 점을 잘 보여주고 있다.

그러나 김천일의 의병활동 중에서 가장 중요시할 부분은 역시 제2차 진주성 싸움이라 할 수 있다. 제2차 진주성 싸움은 1차 진주성 싸움을 설욕하고 곡창지대인 호남을 공략하여 전세를 유리하게 회전시킬 목적으로 10만이란 대군을 이끌고 쳐들어와 이루어진 싸움이었다. 이 때 아군의 주력부대가 영남 일대에 포진하고 있으면서도 왜적을 겁내어 모두 진주성을 피하여 흩어져 달아났을 뿐이었다. 이러한 상황에서 김천일은 아무 책임도 없는 의병장으로서 고군(孤軍)을 이끌고 수성군을 조직, 1백전의 악전고투 끝에 성이 함락 당하자 그의 장자 상곤과 함께 순절하였다.

州市史編纂委員會, 1979, 506쪽 참조.

이처럼 김천일은 그의 뜻과 같이 진주성을 지켜내지는 못하였지만, 의병장으로서 주장(主將)의 책임을 지고 최후까지 저항하다가 순절한 그에 대한 평가는 다음과 같이 상반된 이견들이 있다.

유성룡(柳成龍)의 『징비록(懲毖錄)』 권2에

> 천일이 거느린 군사들은 다 서울의 시정(市井)에서 모집한 무리들이며 천일 또한 병법을 알지 못하면서 자기 고집이 너무 지나쳤다. 게다가 평소부터 서예원(徐禮元)을 너무 미워하여 주와 객이 시기하였으므로 호령이 어긋나고 틀려서 이 때문에 크게 패한 것이다.

하여 김천일이 마치 화를 불러들여 패전을 자초한 인물인 양 묘사하고, 진주성 함락의 원인에 대해서도,

> 진주성이 함락될 때에 객지의 군사가 많아 호령이 일치하지 않았기 때문에 크게 패한 것입니다. 수성군의 인적 구성이 잘 되었더라면 진주는 큰 고을이라 반드시 함몰에까지는 이르지 않았을 것입니다.[11]

하여 진주성 함락의 원인을 김천일군의 오합지졸로 그 원인을 돌리고 있다. 그러나 이에 대한 상반된 견해도 많이 찾아볼 수 있다.

위 유성룡의 말은 선조와 함께 진주성 함락의 원인을 말하는 자리에서 나온 대답인데 이에 대해 선조는

> 내 생각에 진주성 함락은 사세가 어쩔 수 없이 그럴 수밖에 없었다. 1차와 2차의 진주성 싸움은 병력의 강약이 자못 달랐으니 1차 싸움에서는 왜적의 한쪽 군사만 왔기 때문에 보전할 수 있었지만 2차 싸움에서는 모든 병사가 대대적으로 육박해 와 반드시 무너뜨릴 계획으로 성 밖의 참호까지 끊어 물을 다 빼낸 다음 구덩이를 채우고 성을 넘어올 정도였다.[12]

---

11 『宣祖實錄』, 27년 3월 20일.

12 같은 곳.

면서 진주성 함락의 원인을 어쩔 수 없는 상황으로 간주하고, 김천일의 인물됨에 대해서도,

> 김천일은 심지는 고귀한데 성질이 현실에 어두워 남과 어울리지 못한 데가 있는 사람이다.[13]

고 평하였다. 이 점에 대해 사관은 평하기를,

> 신하를 아는 데는 임금만한 이 없으니 상께서 천일을 논함에 천일의 사람됨을 분명히 알았다 이를 만하다.

고 하였다. 이로 본다면 자신의 불이익을 돌아볼 줄 모르고 자기가 일단 옳은 일이라 생각하면 남들과 절대 타협하지 못하는 그런 사람인 듯하다.

또한 김천일이 병법을 몰라 진주성을 지킴으로써 많은 인명을 다치게 하였다는 데에 대해, 안방준(安邦俊)은 그의 『은봉전서(隱峰全書)』[14]에서

> 서애 유성룡의 『징비록』에는 진주성 함락이 모두 공(김천일)의 실책 때문이라 하고, 또 죽음에 이르러 통곡한 것이 마치 죽음을 두려워서 한 것처럼 말하였는데 서애의 뜻이 어디에 있는지 모르겠다. 공이 진주에서 죽은 일이 다만 인명만 죽였다 하는데, 아! 성을 쌓고 못을 판 것은 장차 왜적을 물리치고자 함이었다. 하물며 공이 진주를 지키지 않았다면 왜적의 기세는 꺾이지 않았을 터인즉 호남의 50성은 모두 짓밟혀 반드시 진주성의 참화보다 더욱 심하였을 것이다. 호남 한 도의 인명수가 진주 한 성의 그것과 어찌 같다 하겠는가.

하여 진주성 싸움이 있었기 때문에 그들의 기세가 꺾이고 호남이 보전될 수 있었다고 하고 있다. 이를 두고 김천일의 의병도 향리 보호 차원에서 이루어진 것이라든가 진주성 싸움에서의 인명피해만을 강조하여 병법도 모르는 오

13 같은 곳.

14 安邦俊, 『隱峰全書』 권7, 「晉州敍事」.

합지졸의 군대라고 말할 수 있을까. 요컨대 성의 함락 책임을 묻는다면 수성군에 있는 것이 아니라 이 싸움을 피하여 달아난 관군과 곽재우(郭再祐)를 위시한 영남 의병에게 문제가 있었다고 보아야 할 것이다.

백사(白沙) 이항복(李恒福)은 그의 저서에서 다음과 같이 남이 할 수 없는 세 가지 어려운 일을 하였다고 지적하였다.

> 진주의 위급함을 당하여 천일이 의병장으로서 마침 도내에 있었는데 이때에 상장(上將)으로서 명하여 지휘할 사람이 없으므로 5월 24일에 홀로 300명을 이끌고 가장 먼저 성에 들어간 다음에 황진·최경·고종후(高從厚)·장윤(張潤)·이계련(李繼璉)·민여운(閔汝雲) 등이 소식을 듣고 차례로 입성하였으니 이것이 그 첫째 어려움이다. 선거이(전라병사)·홍계남(경기조방장) 두 사람이 최후에 입성하여 말하기를, "적은 많고 아군은 적으므로 내륙지방으로 물러나 지키는 것만 못하다" 하였는데, 이 두 장수는 평소부터 싸움에 능숙하다는 명성이 있었는데도 그처럼 말하는지라 여러 장수들이 모두 그럴 것이라 여기거늘 천일이 좌중에서 항변하여 동요하지 못하게 한 다음 결국 성을 지키는 계책을 결정하고 거이와 계남은 스스로 나가서 운봉(雲峰)에서 진을 쳤다. 이 두 사람은 관군(官軍)을 통할하는 사람으로 나아가고 물러남에 절제가 있어야 하거늘 마음대로 성에서 나아가 금하는 바 없었다. 천일은 의병장으로 마음대로 나아가 자기 보신을 할 수도 있었는데 이와 같이 하였으니 이것이 그 두 번째 어려움이다. 성이 무너지는 날, 이종인(李宗仁)이 동문을 지키다 죽고 군중이 크게 혼란스러워졌으며 진주목사 서예원(徐禮元)이 놀라 달아나고 적이 성에 기어올라 육박하려 하매 좌우가 천일에게 잠시 피하도록 권하였으나 천일은 꼼짝 않고 앉아서 아들 상건을 돌아보고 말하기를 "마땅히 여기에서 죽어야 할지로다" 하고 결국 그 말대로 하였으니 이것이 그 세 번째 어려움이다.[15]

3) 健齋先生全集 目錄

卷首: 御製教書 宣祖朝教書 宣祖朝諭湖南士民等書 東朝諭書 / 賜祭文:

15 李恒福, 『白沙集』 권13.

宣祖朝賜祭文　東朝致祭文　東朝致祭象乾文　仁祖朝賜祭文　肅廟朝賜祭南皐院文　英廟朝賜祭旌烈祠文　賜祭彰烈祠文　純廟朝賜祭文 / 序(2)

卷之一

疏: 請安固邦本疏　待罪兼陳兵勢疏 論討復之要疏 / 書: 上蘇齋盧公守愼書　上眉巖柳公希春書　與成牛溪渾書(7段)　與松江鄭公澈書　與實城府院君書　與巡察使權公慄書　與或人書　與松湖白公振南書 / 賦: 授琴歌雉飛賦　終南是捷徑賦 / 銘: 座右銘 / 祭文: 祭一齋李先生恒文　祭玉溪盧公禛文　祭玉峯白公光勳文 / 檄: 壬辰倡義檄　警示倭寇榜

卷之二

附錄: 世系　年譜

卷之三

附錄: 行狀　旌烈祠碑銘　旌忠壇碑銘　神道碑銘　墓碑文　上樑文 / 祭文: 皇朝指揮使吳宗道祭文 外9篇

卷之四

蘇齋答書　牛溪答象坤書　三忠祠請額啓　白沙收議　白沙記事　晉州敍事　遺事　題詠(18首)　稟目(2段)　跋

5. 제봉 고경명 霽峰 高敬命

1) 생애

고경명(高敬命)의 자는 이순(而順)이요 탐라(耽羅) 고씨(高氏)의 후예로서 본관은 장흥(長興)인데 제봉(霽峰)은 그의 아호이다.

고경명의 9대조 복림(福林)은 고려조 검교군기감(檢校軍器監)이요, 그의 8대조 합(合)은 지녕주사(知寧州事)요, 그의 7대조 백안(伯顔)은 좌우위보승별장(左右衛保勝別將)이다. 조선조로 들어와서 6대조 신부(臣傅)는 태종과의 친분으로 호조참의 겸 판사복사사(判司僕司事)를 지냈다. 5대조 열(悅)은 은덕(隱德)으로 벼슬하지 않았고, 4대조 상지(尙志)는 부사직(副司直)으로서 아들 7형제를 두었는데 넷째 자검(自儉)이 그의 3대조이다. 자검은 아들 형제를 두었는데 그의 큰아들 운(雲)이 고경명의 할아버지로서 문과에 합격하여 벼슬은 형조좌랑을 역임했고, 조광조(趙光祖 1482-1518)와 도의로 교분했던 것으로 인하여 배척을 받아 시골로 내려갔는데 이 사실은 『기묘명현록(己卯名賢錄)』에 기록되어 있다. 운(雲)은 아들 3형제를 두었는데 큰아들 맹영(孟英)이 고경명의 아버지로서 문과에 급제하여 벼슬은 홍문관 부제학(弘文館 副提學)에 이르렀다. 맹영은 아들 3형제를 두었는데 고경명은 그의 큰아들로 태어났다. 고경명의 직계비속을 보면 아들 6형제를 두었는데 종후(從厚), 인후(因厚), 준후(遵厚), 순후(循厚), 유후(由厚), 용후(用厚)이다.

큰아들 종후의 호는 준봉(隼峯), 진사로서 문과(文科)에 합격 임피(臨陂)현령을 지냈고, 증직은 이조판서로서 시호는 효열(孝烈)이다. 1593년에 아버지의 복수를 위하여 의병을 일으켜 김천일(金千鎰)·최경회(崔慶會)와 함께 진주성 싸움에서 적과 싸우다가 남강에 투신 순절하여 삼장사(三壯士)로 이름을 남겼다.

국가에서 정려(旌閭)와 부조전(不祧典)까지 내렸으며, 광주 포충사(褒忠祠)에 배향하였고 또 진주 창렬사(彰烈祠)에도 배향하였다. 자손은 광주에서 살고 있다.

둘째 인후의 호는 학봉(鶴峯), 진사로 문과에 합격하여 벼슬은 성균관 학유(學諭)를 지냈다. 증직은 의정부 영의정이요 시호는 의열(毅烈)이다. 임진년에 아버지를 따라 금산(錦山)싸움에서 같은 날 함께 순절하였다. 국가에서 정려와 부조전을 내렸으며 금산 종용사(從容祠)와 광주 포충사에 배향하였다. 자손은 창평에서 살고 있다.

넷째 순후의 호는 정헌(靜軒)이요 진사에 합격, 벼슬은 형조좌랑을 지냈다. 1624년 이괄(李适)의 난과 1627년 정묘호란에 의병을 일으켜 항전하였다. 자손은 동복(同福)에 살고 있다.

다섯째 유후는 충렬공(고경명) 순절 후 지나치게 애통하다가 3년상을 마친 후 요절하였다.

여섯째 용후의 호는 청사(晴沙), 진사와 문과에 합격한 후 호당에 들어가 사가독서(賜暇讀書)하였으며, 벼슬은 판결사(判決事)까지 이르렀다. 아버지의 유고(遺稿) 간행에 힘썼다. 자손은 나주에 살고 있다.

2) 사상

고경명은 중종 28년(1538) 11월 30일에 광주 압보촌(鴨保村 또는 復村) 옛터에서 태어났고, 임진년(1592) 7월 10일에 금산 싸움에서 순절할 때 그의 나이는 60이었다.

그의 생애는 금산의 순절(殉節)로 꽃피웠지만 그의 평생은 시재(詩才)로 혹은 문장력(文章力)으로 뛰어난 업적을 남겼다. 벼슬도 공조참의 지제교(知製教)로써 당상관(堂上官)에 올랐다

인물은 풍모가 명랑하고 식견과 역량이 어려서부터 어른과 같았다. 백인걸(白仁傑)이나 정렴(鄭礦) 같은 이들은 고경명이 장래에 큰 인물이 되리라고 예견 칭찬하였다.

20세(1552) 때 진사시험에 장원 합격하였다.

21세 때 울산김씨(蔚山金氏)를 부인으로 맞이하였다.

26세(1558) 때 문과에 합격 갑과(甲科)에 1등하였다. 명종이 반궁(泮宮)에 직접 나와 시험을 보일 때 고경명이 수석이 되자 곧장 전시(殿試)에 응하도록 하였고 거기서도 제일로 뽑히자 곧장 성균관 전적(典籍)에 제수시키고 얼마 되지 않아 호조좌랑으로 옮기게 하였다.

이듬해 봄에는 세자시강원 사서(世子侍講院 司書)가 되었고 이듬해에 치룬 문신정시에서도 1등을 하고 말 한필을 하사받았다. 봄에 벼슬은 사간원 정언(正言)으로 옮겼다가 여름에 형조좌랑이 되어 지제교에 뽑혔다. 이후부터 늘 삼자함(三字銜)[16]을 띄고 휴가를 얻어 호당(湖堂)에서 독서하게 되었다.

이듬해 29세(1561)가 되자 사간원 헌납으로 있다가 사헌부 지평(持平)으로 옮겼다. 가을에는 열무정(閱武亭)에서 잔치를 베풀고 의정(議政) 이하 모두 시를 짓게 하니 응제시(應製詩)를 다음과 같이 지었다.

> 푸른 장막 펄럭이고 날씨가 화창한데
> 구슬같은 자리위에 여러 선비 모였었네.
> 차례대로 마주 앉아 마음껏 이야기하니
> 이보다 더 좋은 일 어디에 있겠습니까?
> 노자에 가득한 꽃 우로에 젖은 듯하고
> 박자에 따라 부르는 노래 신선도 감동됩니다.
> 향안(香案)을 모시는 이 못난 신하도
> 온종일 하늘 위에서 노는 듯합니다.

또 홍문관 부수찬이 되었다가 홍문관 부교리(副校理)로 승급, 10월에 소명을 받고 입시(入侍), 창경궁에서 음식을 하사받고 모든 학사들로 하여금 시를 지어 바치도록 하니 고경명은 다음과 같이 지었다.

> 하늘에 닿는 이 구중궁궐 멀고 높은데
> 빛나는 오운(五雲) 속으로 선관(仙官)이 나와 인도하네.
> 금지(禁地)에 들어설 때 마음이 더욱 엄숙해지고

---

16 삼자함(三字銜): 의식에만 출사하고 종신토록 녹봉을 받는 것을 말한다.

여러 선비와 함께 오니 걸음이 느려진다.
우수한 대우 난전(鑾殿)에서 부를 때보다 더 뛰어나니
특이한 은총 옥당을 위해 융숭한 듯합니다.
백수준(白獸樽)에 향기로운 술 얼마나 마셨는지
돌아갈 때 금련촉(金蓮燭)까지 하사하셨네.
있는 기분 다 내서 노래 부르고
미친 듯이 일어서서 춤도 추었죠.
이렇게 흐뭇한 일 누가 알랴
겨울철에 봄날씨보다 더 따듯하다.
버리지 않으시고 가끔 소명(召命)을 내리시건만
어떻게 보답할지 생각할수록 부끄럽습니다.
갑자기 꿈을 깨고 일어나 앉으니
치달리는 이 마음 북두성으로 향해 갑니다.
아! 우리 님 오래오래 사시어서
이런 모임 해마다 계속하기를….

그의 나이 30세가 되자 옥당에서 숙직하고 이해 별시를 볼 때 시험관이 되어 진사 정철을 장원으로 뽑았다. 이후 정철과는 기연이 계속된다.

이에 9월에는 동호(東湖)에서 뱃놀이를 하였고, 10월에는 소명 입시(入侍)한 바 있다. 왕명으로 읊은 시작(詩作)이 많다.

그의 나이 31세에 당로자(當路者)들과 틈이 생겨 홍문관 교리에서 전적(典籍)으로 옮겨 울산군수로 좌천되자 부임하지 않고 향리로 돌아와 19년간 칩거하였다. 귀향하기 전에 정철이 병조좌랑에서 공조정랑으로 승진하자 다음과 같은 시 절구(絕句)를 지었다.

임술년 무렵에 문하에 있던 이 선비가
지금은 깨끗한 수조(水曹)로 돌아왔다네.
늙은 나는 쓸모없는 가래나무처럼 되었건만
소나무가 무성하면 잣나무도 반가워한다오.

이때에 기대승도 동호(東湖)에 있으면서 고경명에게 편지를 보내온 까닭에 그는 이에 시로써 응답하였다.

> 깨끗한 동호에서 좋은 종이 펴놓고
> 술 한 잔씩 마시면서 시 한 편씩 휘두르는거야.
> 고맙게 부쳐준 편지 몇 차례 읽어보니
> 옛날에 놀던 일이 새삼스레 생각나네.

49세(1581)에 영암군수로 재기용되고 다시 얼마 후에 변무사 서장관(書狀官)에 임명되고 성균관 직강(直講)으로 옮겨 사헌부 지평을 겸직하여 경사(京師)로 다시 들어갈 때까지의 중요한 사항은 다음과 같다.

32세 때 7월에 셋째 준후가 출생하였고, 37세 때에는 넷째 순후가 출생하였다. 38세 때 기대승이 적벽(赤壁)에 놀러간다는 소식을 듣고 다음과 같이 축하시를 지어 보냈다.

> 겨울철 강물에 바위가 다 드러나고
> 내리던 가랑비도 깨끗이 개었었지.
> 자네가 돌아올 줄 산신령이 미리 알고서
> 지팡이 끌고 갈만한 데는 티끌 한 점 없이 했다오.

큰아들 종후가 진사에 합격하였고, 여름에 교명(教命)을 받아 금중(禁中)에 나아가 기우제문(祈雨祭文)을 지어 바쳤다.

40세 때 준후가 요절하였다. 이 해에 면앙정 송순(宋純)과 만나 많은 시작을 남기었다. 41세(1573) 때 월출산에 올랐고 42세 때 광주목사였던 갈천 임훈(葛川 林薰)과 함께 서석산(瑞石山)에 올랐는데 「유서석록(遊瑞石錄)」이라는 명문을 남기었다.

43세(1575) 때 정철이 시골로 내려온다는 소문을 듣고 전일 장생동(長生洞)에서 지은 시운(詩韻)을 따 다음과 같이 절구 한 편을 지었다.

삼경쯤 누워서 늘 꿈을 꾸었지
10년 동안 떠도는 이 신세인데
늙은 얼굴 이상하게 여기지 마라.
온갖 걱정 싸몰려 정신이 다 빠졌네.

이 해 겨울에 「불이재명(不已齋銘)」[17]을 짓고 토정 이지함(李之菡)을 만났다.

45세(1577)에 여섯째 용후가 출생하였다. 큰아들 종후는 문과에 합격, 소쇄정(瀟洒亭)에서 정철과 상봉하여 시작으로 화답하였다. 46세 때 「정허명설(靜虛名說)」[18]을 짓고, 둘째 인후가 진사에 합격하였다. 49세 때 19년간의 낙향생활에서 벗어나 비로소 다시금 서울생활이 시작된 사실은 이미 위에서 기록한 바와 같다.

고경명에게 있어서 30-49세에 이르는 19년간의 낙향은 그의 생애에 있어서 어떠한 의미를 가지는지, 이제 늦게나마 재기하여 서울에 들어온 후 어떠한 생활이 이어지는지 잠시 살펴보자. 그는 변무사 서장관(辨誣使 書狀官)으로 북경에 갔었는데 당시의 변무사 서장관은 왕실의 파계(派系)가 잘못된 점이 있어 이를 변정하려는 임무를 띠고 있었다. 북경에 도착하여 황제를 알현하고 읊은 지감시(志感詩)가 있는데 다음과 같다.

두 눈을 닦고 신극(宸極: 임금의 자리)을 쳐다보니
붉은 주름 자미(紫微)에 둘러져 있네.
향로에 피운 향냄새가 풍기는데
황제의 음성은 공중에서 울리는 듯하다.
놀랜 마음이 미처 안정되기 전에

---

17 『제봉집유집』 雜著 「不已齋銘」. 惟天於穆. 行健無彊. 惟聖純亦. 法天自强. 一息或停. 天運隳哉. 一念或怠. 聖功虧哉. 天所以天. 文所以文. 其機至要. 不已之云. 已與不已. 天人判焉. 希天者聖. 希聖者賢. 積此不已. 有爲若是. 神之聽之. 斃而後已.

18 『제봉집유집』 雜著 「靜虛名說」. 靜. 躁之君. 虛. 明之體. 靜鎭躁. 虛生明. 易曰. 坤至靜. 周曰. 道集虛. 靜虛之義. 悉乎哉. 夫善靜. 不躁役. 善虛. 不明奪. 貌閑神散. 斯謂坐馳. 外郞中昏. 斯謂梏亡. 觀於水. 方靜方止. 觀於鑑. 方虛方明. 042_137c吾語若. 靜卽定. 虛卽慧. 試歸而叩之淸虛子. 其必有說.

느껴지는 눈물부터 쏟아지는구나.
분수에 넘는 이 은총을 받음은
옷이 없어서 하사하는 것은 아니겠지.

북경을 떠나 성동(城東)에 이르러 삼충사(三忠祠)에 이르자 이곳은 제갈후(諸葛侯)·악무목(岳武穆)·문승상(文丞相) 등 세 분을 모신 사당인지라, 고경명은 특히 문승상에게 느낀 바 있어 한 수를 읊으니 다음과 같다.

비바람 몰아치고 온갖 귀신 부르짖을 때
하늘은 말이 없고 시시(柴市)가 깜깜했었다.
땅밑에 묻힌 피 3년 동안 그대로 있고
청사에 드리운 마음 만고에 빛나는구나.
연옥에 외로운 혼 사라지지 않았을텐데
애산(崖山)에서 남긴 한 어느 날 풀 것인가?
지나는 길에 술 한 잔 올리기 어려워
시 한편 읊으니 눈물만 흐릅니다.

50세 되던 해 봄에 명나라에서 돌아와 복명한 후 서산군수(瑞山郡守)가 되었다. 가을에는 원접사 종사관(遠接使 從事官)에 임명되어 종부시 첨정(宗簿侍 僉正)을 맡았다가 사섬시 첨정으로 옮겨 사신을 영접하였다. 이때의 원접사는 이이(李珥)선생이었는데 고경명의 문장이 뛰어남을 인정하고 그를 종사관으로 추천하였다.

고경명의 사우관계를 따지자면 김인후·기대승·정철과 더불어 가장 좋아했고, 이이(李珥)와는 도(道)가 같고 지기(志氣)도 맞는 처지였다. 『하서집(河西集)』을 읽다가 깊이 느낀 바 있어 시를 읊었는데 다음과 같다.

하늘처럼 높은 이 하서자(河西子)는
붙잡으려 해도 따를 수 없네
이런 사람 지금은 어디 갔는지
올바른 우리 길이 묻혔구나

보배 같은 문집을 펴놓으니
엄숙한 마음이 저절로 생긴다
문장조차 떨어지는 이 오늘날에
두 번 세 번 읽을수록 눈물만 나오

고경명은 일찍이 기대승을 찾아갔다가 만나지 못하고 그의 뜰 앞에 노란 국화와 흰 국화가 있는 것을 보고,

정색(正色)은 노란 꽃이 좋다지만
깨끗한 모습은 흰 빛깔도 괜찮아
세상사람 제 나름대로 구별하나
풍상을 겪는 데는 일반이라오

라는 절구를 지었다.

51세(1583)가 되자 이해 봄에 한성부윤(漢城府尹)이 되었다가 얼마 후에 한산군수로 이배되었다. 겨울에는 예조정랑을 제수했으나 취임하지 않고 향리로 돌아왔다.

52세 때 여름에는 종부시정(宗簿侍正)이 되었다가 사복시 첨정(司僕寺 僉正)으로 옮겼으며 겨울에는 사예(司藝)가 되었다.

53세 때 봄에 왕의 특명으로 세 단계 뛰어올라 군자감정(軍資監正)이 되었다가 여름에는 다시 순창군수로 나갔다가 56세에 순창군수를 그만 두었다. 57세 때 둘째인 인후가 문과에 합격했고, 58세 여름에 다시 기용되어 내섬시정이 되었다가 승문관 판교 지제교로 옮겨 춘추관 편수관을 겸임하였으니, 이는 대신이 탑전(榻前)에서 고경명의 문장을 애석하게 여겨 추천하자 왕이 이렇게 지시했던 것이다.

가을에는 통정(通政)에 승급하여 동래부사로 부임했다. 청백리로 이름을 남기고 59세 봄에 광국훈(光國勳)에 녹명되었으니 이는 종계(宗系)가 변무(辨誣)되자 제공(諸公)이 모두 녹훈(錄勳)됨에 따라 그도 서장관(書狀官)을 지냈다는 이유로 입록(入錄)되었다. 여름에 동래부사를 그만두고 돌아왔는데 정

철이 간관(諫官)들의 논박을 받자 정철과의 연루로 배척을 받고 해직된 것이다. 넷째 순후가 진사가 되었다.

동래부사를 마지막으로 향리로 돌아온 이듬해 60세(1592) 되던 해 봄에 드디어 임진왜란의 침범으로 고경명의 생애는 일대변고로 이어졌다.

3) 순절

지금까지 그의 문신(文臣)으로서의 생애는 끝이 나고, 나이 60으로 의병장이 되어 금산에서 순절하게 될 때까지의 사실을 간략히 기록하면 다음과 같다.

임진 1592년 4월 13일 부산에 상륙한 왜적 50만기는 동래를 거쳐 파죽지세로 북상하여 29일에 충주 연천이 함락되니, 30일에는 왕의 대가(大駕)가 도성을 떠나게 되었다.

5월 1일 대가는 송경(松京)에 이르렀는데 초3일에는 드디어 경성이 함락되었다. 삼로(三路)에서 집결한 관군 5만도 용인에서 무너지고 대가는 또다시 송경에서 평양으로 떠났다. 이때에 도순찰사(都巡察使) 이광(李洸)이 고경명에게 격문을 요청한 바 있다.

5월 22일에는 또다시 대가는 평양을 떠나 의주(義州)에 이르렀는데 이때 호종관원(扈從官員)은 겨우 수십 명에 불과했다. 이때 고경명은 시골집에 있었는데 대가가 의주까지 파천했다는 소식을 듣고 주야로 통곡하였다.

두 아들 종후와 인후를 시켜 그곳으로 도망쳐 와있는 병졸들을 거느리고 수원 진영에 가서 수원목사 정윤우(丁允祐)에게 붙여주고 돌아오도록 하였다.

이때 뜻밖의 사태가 벌어졌다. 그것은 순찰사 이광이 군졸을 해산시킨 사건이다. 그는 왜적이 경성에 침입했다는 소식을 듣고 당장 교서(敎書)와 인신(印信)을 전주 진전(眞殿)에 내버려둔 채 그의 고향 본가로 가서 숨어 있다가 비방이 들끓고 징병하라는 교시가 내리자 도내 군사를 출동시켜 공주까지 이르렀다.

그러나 다시금 대가가 평양으로 파천했다는 소문을 듣고는 바로 공주에서 진영을 해산시키는 변을 저질렀다. 여러 군사들은 뿔뿔이 흩어지고 본도 내에 있던 군졸들까지 흩어지고 말았다.

이에 고경명이 분기하지 않을 수 없는 시운을 맞게 된 것이다. 이때까지 시골집에 머물고 있던 고경명은 순찰사 이광의 행위에 통분하여 박광옥(朴光玉)과 더불어 이리저리 쫓아다니면서 도망친 군사들을 불러 모으기 시작하였다.

드디어 5월 29일 담양 추성관(秋城館)에서 단을 세우고 분향하며 하늘에 맹서한 다음 창의기(倡義旗)를 높이 세웠는데 이때 그를 대장으로 추대하고 일제히 삽혈동맹을 맺은 것이 호남의병의 첫 출발이었다.

이때 나주의 김천일과 더불어 거의(擧義)하자, 유팽로(柳彭老)·안영(安瑛)·양대박(梁大樸)은 종사관이 되었고, 최상중(崔尙重)·양사형(楊士衡)·양희적(楊希迪)은 모량유사가 되었으며, 좌도에서 고경명을 대장으로 뽑으니 우도에서는 김천일을 대장으로 추대하였다.

6월 1일 도내에 격문(檄文)을 전달시켰는데 내용이 이러하였다.

> 요즈음 본도의 근왕병(勤王兵)이 첫 번에는 금강에서 깃발을 돌리던 날 모두 흩어지고, 두 번째는 각 고을에서 초유(招諭)할 때에 다 흩어지게 되었으니, 이는 대개 기율(紀律)이 제대로 잡히지 않고 와언(訛言)이 자주 일어나 군중의 마음이 두려워하고 의심스럽게 여긴 때문인 듯하다. 지금 흩어진 군사를 불러 모은다 하더라도 사기가 이토록 꺾인 채 용맹을 제대로 가다듬지 않는다면 이 급박한 일을 무엇으로 대응하며 다음날 성과를 어떻게 기대하겠는가!
>
> 대가(大駕)가 멀리 파천하기까지 했어도 바로 달려가 문안하지 못하고 종묘와 사직이 잿더미로 되었는데도 숙청(肅淸)시킬 계획조차 않으니 이 모든 것을 생각할 때 뼈가 저절로 저리지 않을 수 없다. 오직 우리 도는 옛날부터 정예한 군사와 억센 말이 많아 성조(聖祖)께서 황산 승리(荒山 勝利) 때 삼한을 재건하다시피 한 공이 있었고, 선조(先祖)께서도 낭주전쟁(朗州戰爭)때 배 한척도 물러서지 않았다는 전설이 지금까지 내려오니 그 당시 용감스럽게 남보다 먼저 일어나 적의 장수를 목 베인 자가 이 우리 도(道) 사람이 아니었던가!

더구나 근세 이후로는 유도가 크게 진흥하여 사람마다 학문에 힘쓰게 되었으니 임금 섬기는 대의에 있어서 누군들 모른다 할 수 있겠는가. 그런데 오늘날에 이르러서는 저 적과 더불어 대항할 생각을 갖는 자가 한 사람도 없고 사뭇 자기 자신과 처자나 보전하겠다는 계획만 하여 마치 고양이를 본 쥐가 구멍 찾는 것처럼 도망치면서 혹 남보다 뒤질까 두려워하니 이는 이 우리 도 사람으로서 오직 국가의 은혜를 저버릴 뿐만 아니라 옛날 조상에게도 욕되게 하는 셈이다.

지금은 적세가 많이 꺾이고 왕령이 차츰 신장하게 되었으니 이때가 바로 대장부로서 한 번 공명을 이루고 군부(君父)를 위해 보답할 시기이다. 나는 다만 장구(章句)만 일삼던 선비로서 도검(韜鈐)잠에 있어서는 본래부터 잘 모르는데 이제 등단할 무렵에 대장이라는 책임을 맡게 되었으나 벌써 흩어진 군사의 마음을 제대로 수습하지 못하고 몇몇 동지들에게 부끄러움을 끼칠까 두렵지 않을 수 없다.

그러나 이 막중한 책임을 맡은 만큼 피눈물을 뿌리면서 힘껏 행진을 해야만 국은을 조금이라도 보답할 수 있기에 이달 11일로 거사할 날짜를 정하였다. 오직 우리 도내 모든 사람은 아비는 그 아들에게, 형은 그 아우에게 모두 잘 타이르고 깨우쳐서 한 마음 한 뜻으로 빠짐없이 집합하도록 해야 할 것이다. 이상과 같은 몇 마디의 말로 마음을 다하여 충고하오니 이 격서가 이르는 즉시 꼭 장정(章程) 그대로 이행해주기 바란다.

이 소식이 의주에 전해지자 파천 중에도 불구하고 왕은 가상히 여기어 공조참의 겸 초토사(招討使)를 제수한 후 편지까지 하사하여 이르기를 "열읍(列邑)을 절제(節制)하고 도성을 회복하라"는 교령까지 있었다. 공조좌랑 양산숙(梁山璹)이 행조(行朝)에서 호남으로 돌아올 때도 왕이 직접 타이르기를 "네가 빨리 돌아가 나의 이 말을 고경명과 김천일에게 전하고 너희들 모두 빨리 도성을 회복시켜 나와 한 자리에서 만나보도록 하라" 하였다. 왕의 막중한 분부가 아닐 수 없다.

6월 11일 담양에서 군사를 출동시켜 태인까지 이르렀다. 이때 큰아들 종후가 태인에 와서 문안하자 고경명은 바로 종후를 시켜 금구현(金溝縣)으로 달려가 품꾼을 시켜 격서를 탐라(耽羅)로 띄워 좋은 말을 뽑아오도록 하고,

또 김제와 임피(臨陂) 등지로 가서 병기와 군량을 모아 여산에서 대기토록 하였다.

고경명은 또 전주에 이르러 남원의 군사를 집합시키고 잇달아 본도의 각 고을에 지령을 내렸다.

이 때 둘째 인후는 휘하용사(麾下勇士)들을 거느리고 진안 무주 등지에서 복병을 설치하여 영남에서 몰려오는 적들을 호남에 침범하지 못하도록 방어하게 하였다. 얼마 후에 적병은 영남으로 되돌아가게 된 까닭에 고경명은 비로소 군사를 정돈하여 북상할 계획을 세웠다.

도순찰 이광에게 격서를 보내어 전죄를 꾸짖고 재기하여 전화위복의 기회로 삼도록 충고하고 국난극복에 협조하도록 각성을 촉구하였다.

6월 20일 체찰사(體察使) 정철(鄭澈)에게 편지를 보내어 창의(倡義)의 전말을 고하였다. 장문의 서한은 주로 순찰사 이광의 비리와 자기의 의거에 대한 당위성의 호소로 일관하고 있다.

6월 22일에는 전주에서 군사를 거느리고 여산까지 이르렀다. 이때 새로운 작전을 세워 진영을 여산으로 옮기었다. 큰아들 종후도 임피의 모량소(募糧所)에서 달려왔고 둘째 인후도 무주 설복소(設伏所)에서 달려왔다. 이때 금산에서 들어온 통보에 의하면 옥천과 양산(梁山)에 머물러 있던 왜적이 여산 진영을 향하여 진군했다는 것이다. 금산 수호를 결의하면서 강진 해남 양수령에게 솔선수범하여 의병을 모집해준데 대한 감사의 격문을 띄웠다.

6월 14일, 금산에서 들어온 통보에 따르면 "본군에서 10리쯤 떨어진 거리에 적병이 집결하고 있다"는 것이다. 왜적과 일전을 각오한 고경명은 또 호서·경기·해서, 그리고 평안도까지 격문을 띄워 보냄으로써 대의를 선양하였다.

6월 27일에는 군사를 이끌고 은진으로 진출하였다.

이 때 황간(黃澗)에 있던 적이 금산으로 넘어와 잇달아 완산(完山)을 침범하려 했으나 "저 왜적들이 한시인들 이 호남을 잊었겠는가, 만약 우리 군사가 북상한다는 소문을 들으면 반드시 그 때를 틈타 기세를 정돈한 후 이곳 호남으로 몰려올 것이 분명하다. 만일 완산을 제대로 지키지 못하면 호남 전체가 위태로울 것이오, 더구나 이 완산은 진전(眞殿)이 있는 곳인 만큼 먼저 방어하지 않을 수 없다"하여 드디어 호남부터 보호할 계획을 세웠다.

7월 1일, 군사를 연산으로 이동하였다.

7월 5일, 충청의병장 조헌(趙憲 1544-1592)에게 서한을 보내어 함께 형강(荊江)을 건너 적을 토벌하자고 약속하였다. 이때 조헌은 호서(湖西)에서 의병을 일으켰다.

7월 6일, 그대로 연산에 머물렀다. 이때 이광이 그의 군관을 보내 그만 회군하여 함께 방어하자고 제의하였으나 고경명은 이를 받아들이지 않고 연산에서 다시 진산(珍山)으로 진을 옮긴 다음에 정예병을 뽑아 양쪽으로 적병의 동태를 정찰하게 하였다.

이광은 또 곽영(郭嶸)에게 전령을 보내 빨리 달려오도록 하였으나 곽영도 이에 응하지 않고 고경명의 의병을 따랐다.

7월 9일, 드디어 고경명의 의병은 진산에서 행군하여 금산(錦山)으로 들어가 방어사 곽영과 함께 군사를 나누어 좌우익으로 만들었다.

이때 고경명은 정예병 수백 명을 미리 파견시켜 적의 소굴로 바로 달려가도록 했다. 적은 숨어서 망을 보다가 틈을 타 벌떼처럼 다가와서 돌격하므로 모든 군사가 퇴진하려 하였다. 고경명은 북을 울리면서 선두로 달려가 모든 군사에게 격려하여 힘껏 싸우도록 하였다. 토성 속에 꽉 차있는 적병을 사방으로 포위한 다음 성 밖에 있는 관사는 모조리 불태우고 또 성안을 향하여 포를 퍼부었다.

성 밖에서 대항하던 적들은 거의 다 쓰러져 버렸고 성안에 있던 적들도 버티다 못해 튀어나오기는 했으나 사방으로 포위한 의병에게 감히 대항하지 못했다.

이 때 해가 거의 저물게 되어도 관군이 응원하지 않았고 적의 토성도 워낙 견고해서 갑자기 함락시킬 수 없어서 그만 퇴진할 수밖에 없게 되었는데 이날 저녁에 방어사가 사람을 보내어 다음날 합력하여 공격하자고 통보해왔다.

또 공의 큰아들 종후도 고경명에게 여쭙기를 "오늘은 우리 군사가 승리한 셈입니다. 그만 전군이 다 진영으로 몰려가 있다가 다시 기회를 보아 토벌하는 것이 좋을 듯합니다. 이 깜깜한 들판에서 저 적의 보루를 마주 대하고 하룻밤을 새운다면 혹 무슨 변고가 생길까 염려됩니다"라 하였다. 이에 고경명은 이르기를 "너는 부자간의 애정을 생각하여 내가 죽을까 두려워하느냐? 나는 국가를 위하여 한 목숨 바치는 것이 나의 직책이다"라고 하였다. 과연 이날 밤에 적들이 몰려와 의진(義陣)을 침범하려다가 나졸에게 발각되자 본진으로 되돌아갔다.

7월 10일, 고경명이 순절하자 막하에 있던 안영과 유팽로(柳彭老)도 함께 전사하였다. 고경명의 둘째아들 인후도 무사를 거느리고 항상 선봉이 되어 싸웠는데 일이 이렇게 되자 그의 부하를 정돈하여 꼭 복수하려 했으나 일이 뜻대로 되지 않아 결국 아버지의 뒤를 따라 순절하고 말았다.

이때 고경명은 적과 5리쯤 떨어진 거리에서 작전태세를 갖추었으며 방어사가 이끈 관군도 건너다 볼만한 지점에서 유진(留陣)하고 있었다. 고경명은 800명이 넘는 기병을 앞세우고 적의 진영으로 달려가 도전하였다. 미쳐 관군과 합세하기 전에 적은 모조리 성 밖으로 나와 먼저 관군에게 졸지에 달려들었다. 방어사의 휘하장 김성헌(金聲憲)이 말을 달리면서 선두에서 도망치자 적은 광주·흥덕 출신의 두 의병 진영에 육박하였는데 방어사의 관군은 모두 건너다보기만 하다가 다 흩어져 버렸다.

고경명은 홀로 감당할 계획을 하여 군졸에게 모두 활을 바짝 세워들고 충분한 대비를 하도록 하였다. 갑자기 몇 명의 군사가 아우성치면서 "방어사의 진영이 다 무너졌다" 하자 의병들도 물밀듯이 흩어지므로 다시는 제지할 수 없었다.

고경명은 유팽로(柳彭老) 등에게 이르기를 "내가 궁마(弓馬)에 익숙하지 못한 탓으로 불행이 패전하게 되었으니 나는 오직 죽음이 있을 뿐이다"라고 하자 좌우에서 모두 말을 달리면서 후퇴하자고 간청하였다. 고경명은 또 이르기를 "내가 어찌 구차스럽게 죽음을 피하겠느냐! 너희들이나 빨리 후퇴하여 적에게 포위되지 않도록 하라"하므로 유팽로가 여쭙기를 "우리들이 어찌 대장을 버리고 살기를 구하겠습니까!"라고 하였다.

이때 적병이 바짝 휘몰려오자 공은 결국 순절하게 되었다. 유팽로는 그의 몸으로 공을 가리고 전사하였으며 안영도 그 자리에서 순사하였다. 그의 둘째 인후는 무사를 거느리고 선봉이 되어 모든 군사를 독려하다가 갑자기 진영이 무너지자 말에서 내려 다시 대오를 정돈시켜 꼭 복수하려 했으나 일이 제대로 되지 않아 역시 순절하고 말았다.

고경명의 큰아들 종후는 군사가 모두 흩어질 무렵에 말이 마침 가시밭 속에 넘어지므로 빨리 일으켜 세워서 안장을 지우고 있었다. 노복(奴僕)이 헐떡이면서 달려와 여쭙기를 "선공께서는 벌써 멀리 가셨습니다" 하므로 급히 달려가 30리나 간 후에 비로소 충렬공[高敬命]과 학유공[柳彭老]이 함께 순절한 사실을 알았다. 그만 말에서 떨어져 한참동안 졸도하였다가 다시 정신을 차리고 빈손으로 적에게 달려가 복수하려 하였다.

좌우에서 모두 끌어안고 만류하기를 "일이 이미 이렇게 되었으니 한갓 죽기만 하는 것은 유익함이 없고, 또 선령공의 체백(體魄)이 지금 저 적시(積屍) 속에 있는데 공이 또 죽는다면 거두어 염할 사람이 누가 있겠는가?"라고 하였다. 종후는 잠시 동안 울부짖다가 "그렇겠다"하고 적들이 다 물러간 후에 전쟁터로 들어가 부친의 유체(遺體)와 유팽로의 유체를 다 찾았다.

두 분의 옷자락 안에 모두 성명(姓名)이 적혀져 있었으니 이는 아마 거의(擧義)하던 날 꼭 죽음을 바치겠다는 결심을 갖고 수시(收屍)의 증거로 삼도록 한 것이다. 그리하여 금산 산중에 몰래 묻어 두었다가 이해 8월에 비로소 관곽을 갖추게 되었다. 날짜를 따지면 40일이 넘었고 여름철 장마도 많이 겪었는데 안색이 살아계실 때와 똑 같았으므로 보는 이가 모두 이상하다 하였다. 이렇듯 일전다운 일전도 벌이지 못하고 금산성 개전벽두에 산화한 충렬공 부자의 원혼은 달랠 길이 없다.

왕[선조]은 고경명 부자가 순절했다는 소문을 듣고 특명으로 '예조판서' 증직을 내리고 나중에 또 '의정부좌찬성'을 가증하였으며, 둘째 인후에게는 '예조참의' 증직을 내리고 나중에 그의 아들 부천(傅川)에게 녹훈으로 '의정부영의정'을 가증하고 시호는 의열이라 하였다.

10월 4일에 고경명의 유체를 화순현 흑상평(黑上坪)으로 이장하였다.

이듬해 (1593년) 6월 29일 고경명의 큰아들 종후가 진주성 싸움에서 남강에 투신 순절하여 김천일·최경회(崔慶會)와 더불어 삼장사(三壯士)라 칭하였다. 그에게 도승지를 증직하고 이조판서를 가증하였으며, 시호는 효열이라 하였다.

그 후 선조 28년(1595년) 여름에 왕의 특명으로 고경명의 집안에 정려를 세우도록 하였는데 고경명의 큰아들 종후와 둘째 인후도 함께 배향하였다.

1597년 정유재란(丁酉再亂) 때 출가한 딸과 질녀가 모두 적의 능욕을 피하여 자결하였다. 왕은 특명으로 정문(旌門)을 세우도록 하였다.

선조 34년(1607년)에 왕의 특명으로 광주에 사당을 세우도록 하였는데 종후·인후·유팽로·안영 등 사위(四位)도 함께 배향하도록 하였다.

2년 후 6월 2일에 왕은 포충사를 사액하였는데 이는 이항복(李恒福)의 주청에 따른 것이다. 그 후 왕은 수차에 걸쳐 제문을 보내 사제(賜祭)하였다.

광해군 원년(1609년) 고경명의 묘소를 장성부 오동리(梧桐里)로 이장하였다. 인조 10년(1632년)에는 금산 종용사에 제향되었는데 문렬공 조헌(趙憲)과 함께 배향되었고 1608년에 사액하였다.

인조 13년(1685) 3월 28일 충렬공(忠烈公)이라는 시호를 내리었다.

1970년에 포충사가 중건되어 그 중수기는 고경명의 11대손인 윤계(允桂)가 찬하고, 1980년에 포충사 묘정비(褒忠祠 廟庭碑)를 세워 고경명의 유덕을 칭송하였다.

4) 유업

지금까지의 서술을 통하여 고경명의 생애와 인품을 말하라 한다면 그의 60평생은 어쩌면 금산성의 일전을 위하여 살았지 않았나 싶은 것이다. 금산(錦山)일전이 비록 왜적과의 중과부적을 탓하기에 앞서 아군의 관군과의 협조체계가 이루어지지 않은 전술적 결함 때문이기는 하지만 금산에서 좌절은 천추의 한을 청사에 남긴 처음이요 마지막 싸움이었던 것이다. 그러나 이 싸움으로 인하여 호남을 넘보던 왜군이 그 예봉을 돌림으로써 금산 방어전의 목적은 일시적이나마 달성했다는 사실에 우리는 만족할 수밖에 없다.

여기서 우리는 금산성 순절이라는 대의(大義)에 신명을 바친 고경명의 일면을 제외한다면 그의 생애는 문신으로 일관하였고, 게다가 그의 뛰어난 시재와 문장력은 당대에 있어서의 그 누구보다도 돋보인다. 그러므로 그의 사후 그의 유고들이 서둘러 간행되기에 이르렀으니 분류하자면 『정기록(正氣錄)』·『유서석록(遊瑞石錄)』·『시문집(詩文集)』 등으로 요약할 수가 있다.

⑴ 정기록 正氣錄

1599년에 고경명의 다섯째 아들 유후(由厚)가 부친의 격문을 모아 한 권의 책으로 만들었는데 『정기록』이라는 책명은 월정 윤근수(月汀 尹根壽)가 지었고, 이는 중국 송대 충신인 문천상(文天祥)의 「정기가(正氣歌)」에서 취한 것이다. 이때 다섯째 용후(用厚)가 선조 41년에 태인군수로 있으면서 판각하여 본원에 간직해 두었다. 본문의 내용을 살펴보면 다음과 같다.

○ 檄道內書
○ 檄濟州節制使楊大樹書
○ 檄諸道書
○ 通諸道文
○ 檄全羅道都巡察使書
○ 與宰相書
○ 答都巡察使書
○ 同別紙
○ 與崔潭陽遇書
○ 檄海南康津兩使君書
○ 檄道內
○ 再檄道內
○ 通諸使僧徒文
○ 檄濟州
○ 通濟州三家文
○ 答李適書

○ 又答書

○ 同別紙

○ 檄道內書

○ 答白進士書

이상은 5월 22일 거의(擧義)하여 7월 10일에 순절하기까지 날짜로 따지자면 겨우 49일 동안 쓴 격문들로서 실로 눈부신 우국정열을 느끼게 한다. 60평생의 애국정신이 활화산처럼 폭발한 것이 다름 아닌 이 『정기록』이 아닐 수 없다.

이 『정기록』에는 수많은 지사들의 서문과 발문이 쓰여 있다.

[서 문]

月汀 尹根壽(선조 32년)

月沙 李廷龜(선조 34년)

漢陰 李德馨(선조 36년)

白沙 李恒福(선조 38년)

西坰 柳 根(광해 4년)

[발 문]

愚伏 鄭經世(선조 37년)

象村 申 欽(선조 38년)

退憂堂 林承宗(광해 1년)

海興君 尹 喧(광해 9년)

明人御使 孫元化(인조 9년)

晴沙 高用厚(인조 8년 연경에서)

이 밖에도 김수항(金壽恒)·신익성(申翊聖)·임성헌(林聖憲)·조명교(曺命教)·박광일(朴光一)·조현명(趙顯命) 등의 발문이 인조·숙종·영조 연간에 쓰여졌다.

이로써 『정기록』의 체제는 갖추어졌다. 실로 『정기록』의 진수는 그 내용을 분석하여 의미를 찾아냄으로써 밝혀질 수 있다. 이 점에 대하여는 후학의 성심어린 학문적 연찬을 기대할 따름이다.

⑵ 유서석록 遊瑞石錄

본래는 『유서석산록(遊瑞石山錄)』이라 해야 하지만 이를 약하여 『서석록』이라 이른다. 서석산(瑞石山)은 광주의 진산(鎭山)인 무등산(無等山)의 옛 이름으로 전라도 명산의 하나다.

앞서 밝힌 바와 같이 고경명은 나이 31세 때 향리 광주로 낙향한 후 19년간 머물다가 49세 때 비로소 경사(京師)로 복귀하였는데 이 서석산 등정은 그의 나이 42세 되던 해 4월 20일의 일이다. 24일에 하산하였으니 날짜로는 5일간의 기행문이다.

이 『서석록』이야말로 문장가로서의 고경명의 면모가 수려하게 나타난 명문으로서 천언만어의 설명이나 소개보다도 본문 그대로를 읽는 것이 오히려 그의 진수에 접할 수 있겠으므로 본문의 서두 몇 절을 다음에 소개한다.

> 만력(萬曆) 경술년(1574년) 초여름에 목사 임훈(林薰)선생이 앞으로 틈을 타서 손님과 수종들을 데리고 서석산에 유람하기 위하여 편지를 보내어 나를 초청하였다. 생각하건대 웃어른과 약속하고 뒤늦게 갈 수 없으므로 20일 갑자일에 등산준비를 갖춘 후 먼저 증심사에 가서 기다렸으니 서석산은 곧 우리고을의 진산이었다.
>
> 어려서부터 장성하기까지 여러 번 등산하여 깍아 지른 절벽과 그윽한 시냇물과 깊숙한 숲을 두루 구경하여 내 발자국이 이르지 않은 곳이라곤 없었다. 그러나 그저 범연히 보기만 했지 요령을 얻지 못한다면 나무꾼이나 목동들이 보는 것과 무엇이 다르며 혼자 올라 정신을 손상한다면 또한 유의(柳儀)나 조남간(曺南澗)의 슬픔에서 모면할 길이 없으니 산의 경지를 소상하게 안다면 옳거니와 산의 풍취만을 얻는데 그친다면 옳지 못할 것이다.
>
> 이제 선생의 뒤를 따라 눈을 씻고 다시 관광하게 되니 황홀하여 마치 신선이 타는 수레에 깃을 달고 곤륜산 정상에 올라 노니는 듯하니 이 얼마나 즐거운 일인가! 이에 흥취가 돋아나서 소매를 드날리고 걸음을 재촉하여 해가 정오가 되기 전에 벌써 동문에 다다랐다. 누교(樓橋)를 거쳐 올라가니 수목은 더욱 울창하고 바위마다 모조리 기괴하게 생겼으며 시냇물 소리는 구슬이 구르는 듯 했으니 점점 아름다운 지경에 들어감을 깨달았다.

나는 이제 말에서 내려 옷을 벗고 맑은 물에 발을 씻으며 태고적 창랑(滄浪)의 가사를 외우고 소산(小山)이 지은 초은(招隱)의 곡조를 읊으니 서늘한 기운이 가슴에 가득하고 번잡한 마음이 없어져 쇄연히 진세에서 벗어난 감상이 솟았다.

해가 장차 저물 무렵에 지팡이를 짚고 신을 끌며 천천히 걸어서 들어간즉 절 앞에 조그마한 다리가 있어 시내에 걸쳤으며 좌우에 고목이 우거져 있었다. 그 그윽한 경치에 취하여 한동안 구경하였는데 절의 중들은 내가 그곳에 온 것은 꿈에도 생각하지 않았다.

드디어 취백루(翠栢樓)에 올라 난간에 의지하여 잠깐 휴식을 취하였는데 취백루라고 이름 한 것은 "백수정전취(栢樹庭前翠)"라는 시구에서 취한 것이 아니겠는가? 벽 위에는 권흥(權興)등 여러 선비들의 시를 편액에 새겨 걸었는데 대개 홍무(洪武) 연간에 쓴 것으로 김극기(金克己)의 시만이 유실되었으니 이 어찌 후인의 한탄할 바가 아니겠는가? (이하 생략)

이로부터 전문을 요약하여 그의 노정을 살펴보면 다음과 같다.

그리고 증심사의 노승 조선(祖禪)이 옛날 노소재(盧蘇齋)가 등산 와서 놀던 이야기를 들려주었는데 매우 흥미 있는 이야기였다. 누교(樓橋)에 최응룡(崔應龍)의 시가 돌에 새겨져 있었지만 오래되어 다 읽어 내리지 못하게 된 것이 매우 안타까웠다.

증심사 법당은 여초에 세워진 것이라고 하며, 옛날에는 여기에 대장경 판본이 있었다고 했다. 이날 저녁에는 이만인(李萬仁)과 김향(金逈) 등과 함께 합숙하고, 21일에 임목사(林牧使)와 신형(愼衡)·박천정(朴天挺)·이신(李愼)·안극지(安克智) 등이 올라와서 취백루에서 서로 만났다. 여기서 술 한 잔씩 나누고 증각사(證覺寺)로 향했다. 다시 냉천정(冷泉亭)을 거쳐 저녁에 입석암(立石菴)에 도착하였다.

냉천정에서 불사의사(不思議寺)를 거쳐 장불사(長佛寺)에 올랐다. 여기서 판관 안언룡(安彦龍)·찰방 이원정(李元禎)과 합석하였다. 장불사의 암자는 일웅(一雄)이 연산군 10년에 지었는데 중창기(重創記)는 박상(朴祥)이 지었다.

22일에 삼일암(三日菴)을 거쳐 석문사(石門寺)·금석사(錦石寺)·대자사(大慈寺)를 둘러보고 규봉(圭峯)을 지났는데 이 규봉을 보고 김극기는 "석형재면출

봉세탁규성(石形裁綿出 峯勢琢圭成)"이라는 시를 지었다.

여기의 경치에 대해서는 권극화(權克和)의 기행문이 있고, 신라 김생(金生)의 글씨로 된 암액(岩額)이 있었다고 하지만 도적맞고 없어졌다 한다.

이 부근에 광석대(廣石臺)가 있고, 삼존석(三尊石)도 있다. 여기서 자일암(慈日菴)·풍혈대(風穴臺)·요점암(搖颭庵)·장추대(藏秋臺)로 빠져 은신대(隱身臺)로 왔다. 저녁에 문수암(文殊庵)에 와서 하룻밤을 지내고 다시 광석대로 자리를 옮겨 시유(詩遊)하고 남쪽으로 내려와 송하대(送下臺)로 왔다. 여기 산길은 좁은데다가 굽어서 동파(東坡)가 말한 "노전산요삼면곡(路轉山腰三面曲)"과 같은 곳이었다. 여기에 소(沼)가 있는데 옛날 남언기(南彦記)가 창랑담(滄浪潭)이라 이름을 지었다고 한다. 적벽에 도착하니 현령 신응항(申應亢)이 먼저 와서 장막을 쳐놓고 일행을 맞아주었다.

옛날 최산두(崔山斗)가 기묘사화에 관련되어 이곳으로 유배되어 와 있던 곳이라 하여 많은 문사들이 놀았는데 여기에 관한 임석천(林石川)의 시와 김하서(金河西)의 시가 있은 후 나라 안의 명소가 되었다.

여기서 출발하여 오봉사(五峯寺)에 도착하였다. 오봉사 위에 작은 정자가 있는데 이는 정현(鄭弦)이 지었으며 민덕봉(閔德鳳)이 현감으로 있을 때 이정(李楨)과 함께 산유하며 시를 지어 그 시의 현판이 지금도 걸려있다. 이 근처에 정암수(丁巖壽)의 별장과 현감 송정순(宋庭筍)의 별장이 있고, 또 양산보(梁山甫)의 구업(舊業)이 있었다.

저녁에 식영정(息影亭)에 도착하였다. 이 정자는 김성원(金成遠 剛叔)의 별장이었다. 이 때 소쇄원 주인 양정(梁渟)이 술상을 차려왔다. 여기에 '식영(息影)'과 '서하(棲霞)' 두 액자가 있는데 이는 모두 박상의 글씨라고 한다. 식영정에서 보면 정자가 나란히 있는데 하나는 김윤제(金允悌)가 살던 곳이요 하나는 신잠(申潛)이 환벽정(環碧亭)이라고 이름을 붙인 정자이다.

24일에 창평 현령 이효당(李孝黨)이 찾아와서 임선생을 뵙고 서하당에서 주연을 베풀어 주었다. 24일에 하산하여 임선생 집으로 동행했다가 작별인사를 나누고 물러날 때까지의 수행기행문이다.

(3) 시문집

고경명의 육십 평생에서 금산성(錦山城) 순절(1592년 5월 22일부터 7월 10일까지의 49일간)과 『유서석산』(1574년 4월 20일부터 24일까지의 5일간)을 빼고 보면 온통 시문으로 채워져 있음을 볼 수가 있다. 그에게 만일 임란이 없었다면 의병장으로서보다는 차라리 시재와 문장력에 뛰어난 문신으로 후세에 알려졌으리라고 보는 것이 결코 허언이 아닐 것이라는 사실은 그의 시문집을 들추어보는 사람이라면 누구나 느끼게 될 것이다.

그의 시문집은 그의 다섯째 아들 용후(用厚)에 의하여 1617년에 그러니까 그의 순절 이후 25년 만에 간행되었다. 용후는 부친의 유고를 정리하여 발문을 쓴 다음 「남선인유고유감(覽先人遺稿有感)」이라는 글에서 다음과 같이 말하고 있다.

> 선인이 근왕창의(勤王倡義)할 때 내 나이는 겨우 성동(成童)이 될 무렵인데 나는 울면서 선인을 따라 나섰다. 선인은 길에서 나의 손을 잡고 울지 말라고 타이르면서 "나는 나라를 위해 죽기로 작정하였다. 그러나 너는 집으로 돌아가서 어머니와 잘 있어라. 그리고 부탁할 것은 내가 지은 시문이 약간 있는데 이를 모두 편집하여 두었다. 이를 너에게 맡기니 잘 받아서 간직하고 있거라. 왜적이 아무리 강하다고 해도 반드시 우리 국운이 다시 살아나서 중흥을 이루고 말 것이다. 네가 만일 출신해서 조정에 출사하게 되거든 충성을 다할 것이며 가문에 욕되는 일이 없도록 유의하라. 늙은 아비는 이렇게 떠나면 죽기로 작정하였으니 다시 만나보기 어려울 것이다. 오늘 이 말을 꼭 명심하여라" 하시고는 떠나가셨다.[19]

그 후 용후는 부친의 말대로 출사하여 남원부사가 되자 유고 간행의 대업을 완수하게 되었던 것이다. 본래 『제봉집(霽峰集)』은 5권 5책인데 여기에

---

19 『제봉집유집』 霽峯集遺集跋[高用厚], 「覽先人遺稾有感」. 先人之倡義勤王也. 余齒纔過成童. 泣而隨之. 先人於路次. 執手而語之曰. 汝勿泣也. 吾爲國一死職耳. 汝歸. 與汝母好在. 吾所著詩文若干編. 悉以付汝. 汝受而謹藏之. 賊勢雖大熾. 我朝國運靈長. 當必中興. 汝若出身而立朝. 宜思盡忠. 莫墜家聲. 老父此行. 以死爲限. 父子相見. 更無其期. 今日之言. 汝其銘骨. 遂上馬而去. 追而思之. 夢想慘然. 二十五年猶隔晨也. 今家藏先稾之遺墨. 迄俱存而無失焉. 蓋丁酉之亂. 余納諸布帒. 躬自負肩. 而獲全於兵火之餘者也. 常願繡梓而傳於世. 私力難辦. 惟累襲而藏諸篋笥. 是年夏. 因曝書而披覽焉. 則手澤如新. 而音容不可復見矣. 捧玩摧咽. 涕血交零. 乃賦一詩. 以言其志.

속집(續集) 1권 1책, 유집(遺集) 1권 1책이 따로 간행되어 있다. 그 방대한 양의 시문은 고경명의 전 생애가 담겨져 있는 작품집으로서 따로 연구되어져야 하리라고 믿거니와 그의 문재(文才)의 뛰어남을 기록한 몇 분의 서문을 요약하면 다음과 같다.

먼저 명나라 예부상서 장응회(莊應會)는,

> 내가 그의 시문을 보니 경치를 어루만지는데 따라 운이 생기게 하고, 그 운의 유동함이 마치 봄날 촉강(蜀江)의 물이 흘러가는 곳에서 사마상여(司馬相如)의 처 탁문군(卓文君)의 비단 빨래와 같고(탁문군은 시를 잘했다), 또 당대(唐代)의 문장가 왕유(王維)가 강천별장(綱川別莊)에서 지은 시와 같아서 시 중에 그림이 있고 그림 속에 시가 있으니 중국의 이름난 문학인인 원미지(元微之)·백락천(白樂天)·위응물(韋應物)·유우석(劉禹錫) 등과 비교할만한 시인이라는 것은 물론이거니와, 근대에 제남(濟南)·북지(北地)·낭야(琅琊)·신양(信陽)·건표(建標) 등이 중국에서 이름을 드날리는데 제봉이 어찌 이들만 못하다고 하겠는가?

이렇듯 극찬을 아끼지 않은 고경명의 시문의 수준은 짐작하고도 남음이 있다.

다음, 유근(柳根)은 그의 서문에서 제봉의 시를 당대의 명문장가인 왕유(王維)나 저광의(儲光義)의 문장에 비유하였다.[20] 왕유는 안록산(安祿山)의 난 때 절의를 지킨 대문장이요, 화가로서 남화의 비조가 된 분인데 제봉을 이에 비했으며, 저광의도 안록산의 난 때에 절의를 지킨 문장가이므로 선생을 여기에 비한 것이다. 그리하여 제봉은 문장과 절의가 겸전(兼全)되었다고

---

20 『제봉집』 권5, 霽峯集跋[柳根]. 高苔軒有季子日用厚. 旣求正氣錄跋文于余. 余不敢以不文辭. 正氣錄. 卽苔軒與二子死節時文字也. 苔軒有詩集. 今將刊刻. 又求跋語甚懇. 於余心有所感焉. 自古文章節義. 鮮備於一人之身. 其故何哉. 文章固小技也. 不專心致志則不得也. 惟其所重在此. 則於其大者. 或有所曠闕也非怪. 節義實懿行也. 非聲音笑貌所可爲也. 惟其所立卓然. 則於其小者. 或有所不屑焉何病. 王維, 儲光羲之詩. 非不翛然淸遠也. 顧於大節何如耶. 顏太師, 張中丞其大節. 誠不可尙已. 二公天資甚高. 其於文藝. 亦豈不大過人也. 其詩之行于世者. 皆不過一兩篇. 豈有之而不盡傳也耶. 雖謂之不屑爲之可也.

할 만하다. 처음에는 시로써 이름을 얻고 끝내는 절의로써 나라를 위해 절사했으니 절의와 문장이 뛰어나며 빛났다고 하였다.

또 어화(御畵) 62폭에 선생이 부시(賦詩)한 것을 보더라도 선생은 시화에 비범한 재질을 갖추었음을 알 수 있다. 이렇듯 고경명의 생애야말로 하늘이 낳은 청아(淸雅)한 선비의 일생이라 이르지 않을 수 없다.

5) 원문 번역

도내에 보낸 격서 檄道內書

만력 20년(1592) 6월 1일, 절충장군(折衝將軍) 행(行) 부호군(副護軍) 고경명(高敬命)은 도내 열읍 인사들에게 통고한다.

현재 본도 근왕군(勤王軍)은 금강(錦江)에서 깃발을 돌리던 날 일차로 무너지고 열읍에서 초유(招諭)하던 때 재차로 무너졌으니, 대개 공어(控禦)의 방법이 틀리고 기율(紀律)이 탕진하여 유언비어가 자주 퍼져서 군중이 의구심을 갖게 된 때문이다. 지금 비록 흩어져 도망한 나머지를 수습한다 한들 사기가 저상되고, 정예(精銳)가 둔화되었으니 어떻게 시급(時急)한 용도에 대응하며, 상유(桑楡)의 공을 기대할 수 있으리오.

매양 생각하면 승여(乘輿)가 파천(播遷)해 계시되 관수(官守)는 달려가 위문하지도 못하고, 종묘(宗廟) 사직(社稷)이 잿더미가 되었으되 왕사(王師)는 아직도 적을 숙청하지 못하니, 말이 이에 미치면 슬픔이 심장을 뚫는다.

오직 우리 도는 본래 병마(兵馬)가 정강(精强)하다는 말이 있다. 성조(聖朝) 때 황산(荒山)의 승첩은 삼한(三韓)을 재조(再造)하신 공이 있고, 선조(先祖) 때 낭주(朗州)의 전투는 "적의 배 한 척도 돌아가지 못했다"는 노래가 있어, 지금까지 사람의 이목에 혁혁하게 빛나거니와 그 때에 용감하게 먼저 적의 진에 뛰어들어 장수의 목을 베고 깃발을 빼앗은 자는 이 도내 사람이 아니었던가.

하물며 근년 이래로 유도(儒道)가 크게 흥기하여 사람마다 뜻을 가다듬어 학문에 힘쓰고 있으니 임금을 섬기는 대의를 어느 누가 익히지 않았겠는가

만 유독 오늘에 와서 의기가 박약하여 공포에 떨어 스스로 무너지고 일찍이 한 사람도 기력을 내어 적과 더불어 싸울 생각을 하는 자가 없으며 제 몸과 제 처자를 보전하는 데만 급급하여 머리를 쥐고 쥐구멍을 찾되 행여 뒤질까 걱정하는 형편이니, 이는 본도 사람이 너무나 국가의 은혜를 저버릴 뿐만 아니라 또한 제 조상을 더럽히는 일이다.

지금은 적의 형세가 크게 꺾이고 왕령(王靈)이 날로 신장되어가니 이야말로 대장부가 공명을 세울 기회요, 군부(君父)에게 보답할 날이다.

경명(敬命)은 글만 아는 오유(汚儒)요, 병법[韜鈐]에는 전혀 어두운데 이번 등단(登壇)에 있어 망녕되게 장수로 추대되었으니, 능히 군사들의 흩어진 마음을 수습하지 못하고 두 세 동지들에게 누만 끼치게 될까 걱정이다.

마땅히 피눈물을 뿌리고 전장으로 나가서 조금이라도 임금의 은혜에 보답해야 할 것이니 금월 11일이 바로 출정기일인 즉, 무릇 우리 도내 사람은 아비가 아들에게 명하고, 형이 아우에게 권하여 의도(義徒)를 규합해서 함께 일어나게 하라. 속히 결단하여 선(善)을 따르고 머뭇머뭇하여 스스로 그르치지 말기 바란다. 짐짓 이렇게 충고하노니 격서가 이르거든 곧 시행하라.

각 도에 보낸 통문 通諸道文[21]

---

21 『제봉집유집』 檄文 「檄諸道書」. 萬曆二十年六月日. 全羅道義兵將, 折衝將軍, 行義興衛副護軍, 知製教高敬命. 謹馳告于諸道守宰及士民軍人等. 頃緣國運中否. 島夷外猖. 始效逆亮之渝盟. 終逞勾吳之荐食. 乘我不戒. 擣虛長驅. 謂天可欺. 肆意直上. 秉將鉞者. 徘徊岐路. 纍郡印者. 投竄林幽. 以賊虜遺君親. 是可忍也. 使至尊憂社稷. 於汝安乎. 是何百年休養之生民. 曾無一介義氣之男子. 孤軍深入女眞. 本不知兵. 中行未答大漢. 自是無策. 長江遽失其天塹. 虜騎已薄於神京. 南朝無人之譏. 誠可痛矣. 北軍飛渡之語. 不幸近之. 肆我聖上. 以大王去邠之心. 爲明皇幸蜀之擧. 蓋亦出於宗社之至計. 玆不憚於方岳之暫勞. 鞏洛驚塵. 玉色屢形於深軫. 峩岷危棧. 翠華遠涉於脩程. 天生李晟. 肅淸正賴於元老. 詔草陸贄. 哀痛又下於聖朝. 凡有血氣而含生. 孰不憤惋而欲死. 奈何人謀不善. 國步斯頻. 奉天之駕未回. 相州之師已潰. 惷玆蜂蠆之醜. 尙稽鯨鯢之誅. 假息城闉. 回翔何異於幕燕. 竊據畿輔. 跳躑有同於檻猿. 雖天兵掃蕩之有期. 亦兇徒迸逸之難保. 敬命丹心晚節. 白首腐儒. 聞半夜之鷄. 未堪多難. 擊中流之楫. 自許孤忠. 徒懷犬馬戀主之誠. 不量蚊虻負山之力. 玆乃糾合義旅. 直指京都. 奮袂登壇. 灑泣誓衆. 批熊拉豹之士. 雷厲風飛. 超乘蹺關之徒. 雲合雨集.

전라도 의병대장 장하사(帳下士) 성균관 학유(成均館學諭) 유팽로(柳彭老) 등은 삼가 두 번 절하고 충청(忠淸)·경기(京畿)·황해(黃海)·평안(平安) 네 도의 각읍 수령 및 향교(鄕校)의 당장(堂長) 유사에게 통고한다.

섬 오랑캐가 공순치 못하여 임금께서 멀리 파천길을 떠나시고 오묘(五廟)는 잿더미가 되고 모든 백성이 도탄에 빠졌으니, 이야말로 고금에 없는 큰 변고라 충신 의사가 목숨을 바쳐 국가에 보답할 시기다.

그런데 방진(方鎭)의 중신(重臣)이 관망만 하고 있으며, 군사를 징발하라는 교서가 내린 것이 한두 번이 아닌데 한 사람도 북으로 머리를 돌리어 적에게 죽은 자가 있다는 말을 듣지 못했으니, 오늘의 사대부는 가위 조정을 저버린 셈이다.

우리 호남은 본래 군사가 강하다 칭하는데 근왕(勤王)의 군사가 겨우 금강(錦江)에 당도하자, 도성(都城)이 함락을 당하여 유언비어가 멀리 전파되니 소위 주장은 미처 중의(衆議)를 들어보지도 않고 별안간에 전령(傳令)하여 진(陣)을 파하라 하므로 십만의 군중이 까닭 없이 헛걸음만 하게 되었으며, 따라서 일도의 인심이 흉흉하여 마치 거센 물결에 밀리는 것 같았다. 그리고 다음 두 번째 군사를 일으킬 적에는 어리석은 백성들이라 명령에 복종하지 아니하니 칠실(漆室)의 근심이 실로 말할 수 없는 지경에 이르렀다.

그런데 다행히 사직의 복과 조종(祖宗)의 영(靈)을 힘입어 흩어진 군사가 날로 모여들어서 군성(軍聲)이 크게 떨치므로 거의 궁금(宮禁)을 청소하고 어가(御駕)를 받들어 모시리라 여겼는데 사람의 꾀가 잘못되고 하늘이 화 준 것을 뉘우치지 아니하여, 몇 날 안 되는 적을 만나자 대군이 또 무너졌다. 그래서 무기와 양식을 버리는 바람에 도리어 적을 유리하게 만든 셈이 되고

蓋非迫而後應. 强之使趨. 惟臣子忠義之心. 同出至性. 在危急存亡之日. 敢愛微軀. 兵以義名. 初不繫於職守. 師以直壯. 非所論於脆堅. 大小不謀而同辭. 遠近聞風而齊奮. 咨我列郡守宰. 諸路士民. 忠豈忘君. 義當死國. 或藉以器仗. 或濟以糗糧. 或躍馬先驅於戎行. 或釋來奮起於農畝. 量力可及. 唯義之歸. 有能捍王于艱. 竊願與子偕作. 緬惟行宮. 逖矣西土. 廟謨行且有定. 王業夫豈偏安. 善敗不亡. 福德方臨於吳分. 殷憂以啓. 謳吟益思於漢家. 豪俊匡時. 不作新亭之對泣. 父老徯后. 佇見舊京之回鑾. 想宜出氣力以先登. 是用敷心腹而忠告.

말았다.

아! 우리나라 역대 임금께서 수백 년을 두고 길러 내셨건만 어찌 적개심을 가진 한 낱의 신하가 없단 말인가. 공론이 아래층에 있는 것은 옛 사람이 이미 불행한 일이라 칭하였으니 초야(草野)에서 창의하는 것도 역시 득책이 아님을 알지만 군부(君父)가 어려운 고비에 처했는데 딴 것을 돌아볼 겨를이 있겠는가.

지금 생각하면 영남(嶺南)과 양호(兩湖)는 실로 우리나라의 근본이라 할 수 있거니와 영남으로 말하면 의병이 비록 일어난다 해도 적의 소굴이 가로막혀 있는 이상 곧장 서울에 도달하여 왕실(王室)에 충성을 바치기는 어려울 것이며, 호서(湖西) 역시 천리의 지방이라 어찌 의기 있는 남아가 없겠는가만 죽이고 약탈하는 적의 위세에 겁내어 자신을 구출할 겨를조차 없을 것인즉 오늘날 조야(朝野)에서 믿는 것은 오직 호남 한 도에 있지 아니한가.

그래서 우리 막부(幕府)는 만 번 죽음을 각오하고 한 지방의 군중을 고동시키자 민심은 조국을 생각하여 열사가 구름 모이듯 하는지라, 장차 북로(北路)로 길게 몰아쳐 요얼(妖孽)을 쓸어버릴 생각인데 천리 길에 군량을 운반하는 것은 자력으로 판출하기 어려우니 만약 의를 좋아하는 여러분이 힘 모아 서로 부조하지 않는다면 비상한 큰 공이 어찌 한 사람의 손으로 이루어질 수 있겠는가.

오늘날 국내 어느 곳을 막론하고 왕의 땅 아닌 것 없으니 양호(兩湖)의 군사를 가지면 족히 흥복시킬 수 있다. 바라건대 여러분은 함께 순국(殉國)의 뜻을 분발하고 지균(指囷)의 의를 본받아서 각기 속미(粟米)를 염출하여 군량을 보조해 준다면 저 맹자(孟子)의 이른바 "능히 양·묵(楊墨)을 막을 것을 말하는 자는 성인의 무리이다."[22]라는 그 말씀이 아니겠는가.

또 생각하면 산길은 험하고 평탄한 데가 있고, 도로는 바로 가고 돌아가는 데가 있으므로 향병(鄕兵)의 지도에 의뢰하지 않으면 역시 창졸간의 곤란을 면하기 어려울 것이니, 과연 지방민들을 모집하여 우리 군세(軍勢)를 확장시

---

22 양묵을 ~ 성인의 무리이다: 『맹자』 「등문공하」 9. 能言距楊墨者, 聖人之徒也.

켜 준다면 비단 종묘사직의 치욕을 쾌히 씻을 뿐 아니라 적의 칼날에 넘어진 부자 형제들도 역시 지하에서 눈을 감게 될 것이다.

오늘의 일은 비록 어리석은 남자나 여자들도 역시 다 마음이 쓰라리고 머리가 아픈데 하물며 각 읍의 수재(守宰)야 모두 국가의 은혜를 받았거늘 어찌 차마 앉아서 진척(秦瘠)을 보듯이 하겠는가. 반드시 옷소매를 떨치고 일어나는 자가 있을 것이다.

옛말에 "그 사람의 밥을 먹은 자는 그 사람을 위해 죽는다." 하였으니 만약 소문을 듣고 의롭게 일어나 군사를 거느리고 와서 참전하는 자 있다면 입에 피를 바르고 서로 맹세하여 함께 나라 일에 힘쓸 것이며, 혹은 군량과 무기만이라도 진중에 수송해 준다면 역시 일조가 되리니 어찌 아름답지 아니하랴.

해서(海西)나 관서(關西)는 비록 도로가 불통이라 하지만 각기 믿을만한 사람을 모집해서 샛길로 나가 차례차례 서로 전하여 일각이라도 지체 없이 한다면 원근(遠近)이 듣고서 장차 믿어 걱정하지 않을 것이니, 통문이 도착하는 그 날로 열읍 향교 당장·유사는 각기 한 통씩을 등사해서 경내 인사에게 전달하여 모르는 사람이 없게 하기 바라는 바다.

6) 霽峰全書 目錄

〈 上 卷 〉

卷之一

詩: 夜坐書懷 外155首, 應製御屛六十二詠62首, 次雲谷雜詠 外8首.

卷之二

詩: 寒日禁庭別賜酒 外187首, 俛仰亭三十詠 30首, 挽石川先生七言排律五十韻 50首, 寒食日風雨有感示季弟四十韻 40首.

卷之三

詩: 奉寄尹博士自新 外237首, 晩翠亭十詠 10首, 息影亭二十詠 20首, 茅山八景 8首, 春湖十詠 10首

卷之四

詩: 先王諱辰有感再疊前韻 外227首 / 東槎和稿: 次東岡小集男山韻 外20首 / 黃華和稿: 車輦盤松 外16首

卷之五

詩: 次宋進士惟諄韻 外69首

續集

詩: 九日發漢江有感 外40首, 遊白沙汀宿金沙五十韻 50首, 書天印軸五言排律二十韻 20首

遺集

賦: 秋霜賦 無錢對菊花律賦 雪寒賦 / 雜著 其他: 雪夜訪戴記 胡安國不識秦檜論 不已齋銘 靜虛名說 述醫對 上禮部尙書書 酹偃盖叟文 祭安牧使容文 趙牧使墓碣銘 / 表箋·教書·檄文: 擬淨妃郭氏謝賜御製樂府表 擬禮曺請改鐘石磬以正雅樂箋 一等輸忠貢誠翼謨修紀光國功臣海平君尹根壽書 檄諸道書 / 詩: 至日 外41首 / 跋

〈 中 卷 〉

高霽峯遊瑞石錄: 遊瑞石錄 跋瑞石錄

正氣錄: 序(尹根壽·李延龜·李德馨·李恒福·柳根攘) 檄道內書 檄濟州節制使楊大樹書 檄諸道書 通諸道文 檄全羅道巡察使書 與宰相書 答都巡察使李洸書 與崔潭陽遇書 檄海南康津兩使君書

復讐文: 檄道內書 再檄道內 通諸寺僧徒文 檄濟州書 通濟州三家文 答李適書 檄道內書 答白進士振南書 正氣錄跋(五)

附錄: 賜祭祭文 忠烈公謚狀 神道碑銘 墓表文 孝烈公謚狀 毅烈公謚狀 毅烈公墓碣名 附重峯狀啓別紙 附松江鄭公澈書 附苔軒先生褒忠祠歌引 附霽峯先生馬上檄草親筆 附馬上檄草跋(七) / 霽峯高先生年譜 / 世系 / 年譜 / 跋(二)

〈 下 卷 〉

霽下彙錄 卷之上

忠烈公 遺蹟: 諱號科宦及廢起事蹟 壬辰倭變初記事 擧義立勤事蹟 宋濟民檄道內書 兩道教書 道體察使鄭公澈書 忠淸左義大將趙公狀啓別紙 金山寺鄭公祭高趙兩公 錦山戰亡辨誣事實 月川君李公廷馣八哀詩 波潭子撻川夢遊錄 白沙論辨 與延平李相公別紙 與海昌尹相公書 海昌答牛山書 書霽峯先生檄諸道書後 夢先大夫說 節行實錄 贈議政府左贊成霽峯高公謚狀 建祠賜額贈謚年記 賜祭年記 苔軒先生褒忠祠歌引 褒忠祠位次 附四先生記事總目 錦山從容祠立壇建祠始末 從容堂祠宇上梁文 從容祠位次 霽峯高先生殉節記 復舊追記文 錦山星谷書院記 星谷書院賜額祭文 星谷書院位次. 祝文 星谷書院韻 淳昌華山書院位次 戊午榜目 附湖堂望

霽下彙錄 卷之下

大諫公復職追贈事實 晴沙公爲祖父鳴寃疏 忠烈公文集華人序跋 朝鮮故贈禮曹判書霽峯高君文集序 跋瑞石錄 上禮部尙書徐玄扈先生書 答高使君晴沙書 謝兼翰林學士徐尙書書 正氣錄跋 上孫軍門都御使書 答高侍郞晴沙書 本官題辭 孝烈公遺蹟 檄列邑文 賜祭祭文 晴沙公祭伯氏文 生員公祭伯父於南江文 贈謚延謚事實 丁丑榜目 晋州彰烈祠位次 申維翰矗石樓詩 壬辰倡義直方齋輔元行狀 矗石樓日休堂詩實蹟 道晋州文 呈嶺營文 嶺南三壯士辨 嶺湖三壯士靈實卞釋 毅烈公遺蹟 遺札三張 遺藁三首 領議政贈職事實 延謚宴席上吟 奉呈鶴峯先生延謚所 墓碣文 改葬時晴沙挽詞 己丑榜目 行軍日記 靜軒公遺狀 甲子湖南募義錄 丁卯兩湖擧義錄 盧氏婦遺蹟 晴沙公祭盧氏姊墓文 晴沙公遺蹟 年譜 詞律 高使君詩序 晴沙集序 丙午榜目 晴沙影堂奉安祭祝文 月峯公遺蹟 詞律 附公朝天時贈韻二首 書札 疏啓 月峯集序 挽章 墓碣銘 乙卯榜目 參奉公行蹟 跋文 悔過堂遺蹟 請不祧事上言疏

〈 褒忠祠誌 〉

卷首: 賜祭文 序文 目錄 建祠事實 請建祠疏 開基祝文·上梁文 奉安文 請額疏 賜額時禮曹啓下 五先生位次春秋享祝文 褒忠祠歌引 五先生事實記略 題名錄序 題名錄 儒籍 歷代院長錄 任員錄 院長答院儒書 晴沙影堂春

秋享祝文

卷下: 院儒上巡察使書　院儒上城主　謁先生祠宇　祝文　純祖壬申賜祭時禮曹啓辭　權侯抵昌平本孫書　重修通文　再通文　重修有司分定·移安祝　還安祝·重修記　義親王題辭　廟庭碑　見承軒記·見承軒重修記　重修上梁文　保存契創立發文　保存契案序　續修保存契通文　薇菊契案序　通告道內文　告倡義諸公文　告就義諸公文　殉國烈士建碑後援會發文　任員分定案　湖南殉國烈士碑陰記　答龍山祠儒會所通文　褒忠祠各項節目　祭物記笏記　陳設圖晴沙影堂笏記　晴沙影堂陳設圖　院宇　院上　位上田永納成文　守直奴永納成文　忠奴事實　節目關文　從容祠奉安霽峯重峯二先生文　春秋享祝文　位次圖　純祖壬辰殉節成設壇致祭節目　星谷書院記　請額疏　賜額祭文　跋文

附錄: 藏板目錄　文獻錄序·跋　褒忠祠重修記　褒忠祠重修事實記　晴沙影堂重建記　褒忠祠重修及晴沙影堂重建事實記　刊成任員錄

6. 규정 박천붕 樛亭 朴天鵬

1) 생애

박천붕(1545-1592)은 호는 규정(樛亭)이요 본관은 밀양(密陽)이다. 조선조 중기 학자이며 박씨 오충(五忠)의 한 사람이다. 오충이란 박씨 부자 5인이 임진왜란과 병자호란에 순절함으로써 붙여진 이름인데 아버지 천붕은 왜란 때에, 네 아들인 원겸(元謙)·인겸(仁謙)·예겸(禮謙)·의겸(義謙)은 각각 호란 때에 순절하였다.

박천붕은 어려서부터 효성이 지극하였다. 1553년(9세)에 아버지가 병으로 앓아눕자 손가락을 잘라 피를 내어 봉양하였고 마침내 유명을 달리하자 어른처럼 예에 맞게 상을 치렀으며, 13세 때에는 어머니마저 돌아가자 지난번 아버지상과 똑같이 하였다. 각각 3년 동안 시묘살이를 마친 다음 학문과 무예에 힘쓰다가 중봉(重峯) 조헌(趙憲)을 찾아가 제자의 예를 갖추었다. 중봉은 그의 이야기를 듣고 뒷날 큰 그릇이 되라는 칭찬을 아끼지 않았으며, 같은 동문인 노응탁(盧應晫)은 "우리 선생님 문하에 수많은 제자가 있지만 호학(好學)과 독행(篤行)은 오직 이 사람뿐이다"고 하였다. 민욱(閔昱)은 "이처럼 훌륭한 군자를 뒤늦게 만난 것이 아쉽다"고 하였고, 곽숭인(郭崇仁)은 "후일 몸을 바쳐 순국할 자는 오직 이 사람일 것이다"고 하였다.

47세에 무과에 급제하여 벼슬이 한성부 참군(漢城府 參軍)에 이르렀으나 당론으로 나라가 극심하게 어지러워지는 것을 보고 고향으로 돌아와 규목(樛木)에 의미를 두어 규정이라 자호하고 「좌우명」과 「자경문」을 지어 스스로를 경계하였다. 그의 좌우명은 다음과 같다.

> 의관을 반듯이 하고 바라보기를 존엄히 하며, 태도는 엄정하게, 말은 간략히 하며 정의와 사리를 분별하고 사도(邪道)와 정도를 밝히며, 나의 잘못은 기꺼이 받아들이고 남의 잘한 일은 칭찬을 아끼지 않으며, 이단을 배척하고 성인의

도를 본받으며, 충심으로 몸가짐을 하고 용서로 남을 대하며, 부지런함으로 생활하고 검박함으로 덕을 기르며, 애경사에는 찾아가고 어려운 이를 도와주며, 일가와는 화목하고 이웃과는 사이좋게 지낸다.

자경문의 내용 일부는

글을 읽을 때에는 성현에 뜻을 두고, 벼슬할 때는 국가와 임금에게 마음을 다하며, 몸을 닦고 마음을 바르게 하여 보이지 않는 곳에서도 남들이 보는 듯이 하고, 혼자 있을 때에도 많은 사람이 함께 하는 것처럼 하여 이 마음을 항상 태양과 같이 모든 사람이 다함께 볼 수 있도록 해야 할 것이다.

2) 의병 활동

그는 이처럼 몸을 닦으며 일생 동안 은거하려 했다. 그러나 1592년 4월 임진왜란이 일어나자 중봉이 규정에게 격서를 보내니 그는 "왜적을 토벌하여 나라에 보답하다가 말가죽에 시체를 싸서 돌아올 시기는 바로 이때이다"고 하면서 중봉의 휘하로 들어가 종사관이 되었다. 규정은 대오를 정비하고 군기를 엄정히 한 다음 영규(靈圭)대사에게 군사를 보내어 "한 목숨을 바쳐 나라에 보답하는 길은 승려나 속인이나 다를 바 없다"고 격려하며, 영규대사와 함께 청주(淸州) 싸움에서 배수진을 치고 맨 먼저 적진으로 뛰어들어 왜적 수십 명을 베어 열세에 있던 전세를 역전시켰다. 그러나 갑자기 서북쪽에서 소낙비가 몰아쳐 사방이 어두워졌는데 이 때 그는 유시(流矢)에 맞아 진중에서 전사하였다. 이러한 규정의 장쾌한 희생으로 중봉의 군사는 청주 싸움을 승리하여 청주성을 회복할 수 있었다.

이에 조정에서는 선무원종훈(宣務原從勳)에 기록하였고, 1747년(영조 23년) 8월에는 정려를 특명하였다. 이에 관한 기록은 『중봉집(重峯集)』·『항의신편(抗義新編)』·『여지승람(輿地勝覽)』·『광주지(光州誌)』 등과 후인의 편집에 의한 실기에 자세히 수록되어 있다.

부인은 장수 황씨(長水 黃氏) 달효(達孝)의 딸로 네 아들을 낳았는데 그들이 곧 원겸·인겸·예겸·의겸이다.

박인겸 朴仁謙

박인겸(1584-1636)은 박천붕의 둘째 아들로 어려서부터 기국이 활달하였으며, 또한 무예를 익혀 일찍이 무과에 급제하여 지위가 선전관(宣傳官)에 이르렀다. 그는 효성과 우애가 뛰어나 형(元謙, 判官)과 두 아우(禮謙은 僉正으로 호가 松潭이며, 義謙은 主簿로 호는 竹軒임)와 함께 생활하고 함께 학문을 닦으면서 전란에 비명에 돌아가신 아버지를 가슴 아프게 생각하였다. 그들은 틈틈이 병서를 탐독하였으며 모두 무예가 비범하였다.

1636년 병자호란이 일어나자 분연히 일어나 말하기를,

> 아버님은 왜적에게 돌아가셨는데 오랑캐가 또다시 침범해 오니, 왜놈과 오랑캐가 종족은 다르지만 우리나라 적임에는 한가지이다. 우리가 아버님의 원수를 갚고 나라의 치욕을 씻을 때가 바로 오늘이 아니겠는가?

라 하면서 형제들이 함께 병마사 충장공 이의배(李義培)의 막하로 달려가 선봉이 되기를 지원하여 검천(儉川)싸움에서 용감하게 적을 무찔렀다. 그러나 그들은 중과부적으로 고군분투하다가 형제 4인이 모두 일시에 적진에서 전사하고 말았다.

이에 관한 사실은 『이충장집(李忠壯集)』·『삼강록(三綱錄)』·『여지승람(輿地勝覽)』·『광주지(光州誌)』 등에 수록되어 있다. 그러나 중봉이나 충장공이 전사함으로서 그들의 사실이 알려지지 못하였고, 더욱 자손이 분산되어 오랫동안 정려의 포장을 받지 못하다가 1891년(고종28)에 비로소 명을 받아 보성군 벌교읍 장암리에 정려가 세워지게 되었다.

박인겸의 집안은 대대로 충청도 연기(燕岐)에 살았었다. 그가 검천 싸움에서 순국하였을 때, 해주오씨(海州吳氏) 부사 응정(應鼎)의 딸인 부인은 그의 시신을 찾지 못한 채 어린 두 아들을 데리고 남쪽으로 내려와 낙안(樂安)에서 살게 되었다. 그 후 부인이 두 아들에게 "현 벌교 장람리 나이 등에 초혼장(招

魂葬)을 하고 그 왼편에 나를 합장하라"는 유언을 남겼는데, 부인의 유언에 따라 비로소 그 곳에 묘소를 마련하고 후예가 살게 되었다.

위의 오충에 관한 비기(碑紀)와 사실(史實) 등은 역대 여러 선현의 기록에서 적지 않게 찾아볼 수 있다. 예컨대 송환기(宋煥箕)·임헌회(任憲晦)·최익현(崔益鉉) 등의 비기와 기실문(紀實文) 등등의 찬술이 바로 그것이다.

7. 양산숙 梁山璹

1) 생애와 의병 활동

양산숙(1561-1593)은 자는 회원(會元)이요 본관은 제주이다. 조선조 중기의 무관으로 임진왜란 때 의병을 일으켰다.

나주 박산(朴山)에서 출생하였는데 할아버지는 기묘명현으로 홍문관 교리 양팽손(梁彭孫)이요, 아버지는 대사성 양응정(梁應鼎)이며, 어머니는 죽산(竹山) 박씨 판관 중윤(仲允)의 딸이다. 이 집안은 양대에 걸쳐 6인에게 정려를 내린 충·효·절의의 집안이다. 응정의 아들은 넷인데 장남 산해(山海)는 일찍 죽고, 다음 산룡(山龍)은 생원인데 효로 정려하였고, 다음 양산숙은 충으로 정려하였고, 다음 양산축(梁山軸)은 처사인데 효로 정려하였으며, 둘째 딸은 진사 김광운(金光運)의 부인인데 열(烈)로 정려되었고, 양산룡의 서녀는 현령 임환(林懽)의 첩이 되었는데 또한 열로 정려되었다. 이들은 모두 임진왜란과 정유재란 때에 화를 당하였으니, 양산숙은 진주성 싸움에 참전 순절하였고, 양산룡은 또한 군량 수송 임무를 맡아 화는 면하였지만 참전하여 큰 공을 세웠다. 정유재란 때 양응정의 부인은 양산룡·양산축과 나주 삼향포(三鄕浦)에서 피난하다가 왜적의 배가 갑자기 밀어닥치자 부인은 화를 면치 못할 것을 알고 바다에 뛰어 들었는데 두 아들 또한 어머니를 붙들고 같이 뛰어 들어 익사하였다. 이 때 양산룡의 처 유씨, 김광운에게 시집간 딸, 김두남(金斗南)에게 시집간 족녀(族女) 또한 모두 물속으로 뛰어들어 익사하였다. 양산숙의 처 이씨와 양산축의 처 고씨는 종들이 끌어내 살아남아, 시신을 수습하려다 다시 왜적에게 발각되자 이씨는 자결하고 고씨는 끝내 살아 시어머니의 시신을 수습하여 시아버지의 묘 곁에 안장하였다.

양산숙은 어려서부터 성혼(成渾)에게 수학하여 학문에 연원이 있었으며 뜻은 절의를 숭상하였다.

1588년(27세) 왜사 귤강광(橘康光)이 조선에 오자 양산숙은 남원에 가서 일가인 양대박(梁大樸)과 적정을 살피고 남쪽지방에 왜병의 침략기미를 탐지하였으며, 다음 해에는 혼자 상소를 올려 당시 재상들의 잘못을 낱낱이 지적하기도 하였다. 한편 천문 지리와 병서를 연구하여 밤에는 천체를 보고 낮에는 인사(人事)를 살펴 큰 난리가 있으리라 예측하고, 1591년에 또 상소하여 시사를 논하니 조정에서는 요망한 말을 한다고 죄를 내리려고까지 하였다.

임진왜란이 일어나자 양산숙은 형 양산룡과 더불어 창의하여 김천일을 맹주로 삼았다. 그러나 진주성 싸움에서 양산숙은 김천일과 같이 순절하였고 양산룡은 중간에 귀향하여 어머니를 붙들고 익사하였다.

김천일의 거의는 호남에서 가장 먼저 독자적으로 이루어졌는데,[23] 그의 의병활동은 두 단계로 나누어 생각할 수 있다. 제1단계는 북상하여 수원·강화·한강·연안 등지에 거점을 두고 한양 탈환을 목표로 활약한 시기이며, 제2단계는 임진왜란 이듬해 4월부터 남하하는 왜적을 추격, 6월에 있은 제2차 진주성 싸움을 주도한 것이다.[24]

1단계에서 김천일은 강화도 싸움, 장단 싸움으로 한양 주위에 진을 친 왜군을 격파하였고, 한양 수복을 대비하여 한양의 형세와 도로의 험난함과 평탄함 그리고 왜적의 진영을 화공에게 그리게 하여 명장 이여송(李如松)에게 보냈다. 또한 한양의 민심 수습을 위해 국문으로 격문을 보내 설득시키니 자수하는 자가 속출하였고 한양 안에서 내응키로 한 자도 많았다.

이 때 김천일의 더욱 중요한 공적은 바로 행궁과 동궁의 명령이 비로소 영·호남에 통할 수 있게 하여 국맥을 이은 점에 있다. 임진년 7월 선조가 서천(西遷)한 이후로는 통신수단이 두절되어 명령계통이 전혀 이루어지지 못하였다. 이 때 김천일의 창의군은 수원에 주둔하였는데 그의 종사관 곽현(郭賢)과 양산숙이 바닷길을 따라 의주 행궁에 도착하여 의병 봉기 사실을 선조께 아뢰었다. 이에 선조는 김천일에게 장례원 판결사를 제수하고 창의사

---

23 趙湲來, 『壬亂義兵將金千鎰研究』, 學文社, 1982, 43쪽.

24 같은 책, 45쪽.

(倡義使)란 칭호를 내려 주었으니 이것이 의병장에게 내려준 최초의 시호였다. 양산숙은 이에 감읍하여 다음과 같은 시를 지었다.

> 머나먼 천리 길 애간장 녹여 임을 뵈니
> 이런저런 도타운 말씀도 많으시네.
> 뼈에 사무친 남다른 은혜, 어이 보답할까.
> 죽음만이 그 은혜 보답이어라.

제2단계 즉 2차 진주성 싸움에서 양산숙의 활약은 명군에게 지원군을 요청하는 것이었다. 그는 홍함(洪涵)과 같이 직접 주장의 글을 써서 명장 유정(劉綎)에게 지원병을 요청하였는데 말씨가 강개하자 유정은 옷매무새를 바루고 얼굴빛을 고치면서도 군사를 낼 뜻이 없음을 보였다. 그러자 그는 울면서 "주장만 사지에 빠져 죽게 하는 것은 의리가 아니다"면서 단기로 진주성에 들어갔다. 그러나 9일간의 혈전에도 불구하고 마침내 진주성이 함락되려 하니 산숙은 창의사를 따라 순절하고자 촉석루에 올랐다. 이때 여러 의병장들은 "그대는 수영을 잘하니 빠져 나가 후일을 도모하라"고 말렸으나 그는 "서로 같은 일을 하였는데 어떻게 나 혼자만 살 수 있겠느냐"면서 절의의 죽음을 택하였다. 뒷날 이들의 죽음에 대해 이항복은

> 세상에서 조헌과 고경명의 죽음을 절의라고 한다. 그러나 이들의 죽음은 국사로 죽었다는 말은 가하지만 절의의 죽음이라 할 수는 없다. …… 조용히 의리에 나아가 지킬 바를 잃지 않은 자는 오직 김천일·양산숙 두 사람뿐이다. …… 세상의 논자들이 대체로 네 사람을 같은 열에 놓는 것은 정론이 아니다.[25]

고 평하였다.

뒤에 양산숙은 승지에 추증되고 정려를 내렸으며, 진주 창렬사와 나주 정렬사에 배향되고 선무원종(宣武原從)의 공훈에 수록되었다.

---

25 이긍익, 『국역 연려실기술』(Ⅳ), 민족문화 추진회, 1969, 384쪽.

2) 양씨 일가와 의병 활동

앞에서 본 바와 같이 양산숙 일가는 양대에 걸쳐 6인에게 정려를 내린 충·효·절의의 집안이다. 그러나 이 외에도 양산숙의 아버지 양응정은 임진왜란 때 직접 전쟁에는 참여하지 못하였으나 교육으로서 의병에 지대한 영향을 끼쳤으니 그의 공 또한 빼놓을 수 없을 것이다.

양응정(1519-1581)은 호는 송천(松川)이요 자는 공섭(公燮)이다. 능주(綾州) 월곡(月谷)에서 태어났는데 뒤에 나주 박산으로 이거하였다. 그는 1540년에 생원시에 장원하여 관로에 나아갔는데, 그의 지위는 호당을 거쳐 대사성, 부제학, 경주부윤 등에 이르렀다.

양응정이 처음 나주로 이거하여서는 후진 양성에 힘썼는데 당시 그의 문인으로는 정철·백광훈·최경창 등 문장과 행의로 이름을 날린 사람만이 아니라 고경명·김천일 등 충절을 남긴 사람들도 있었다. 그 뒤 진주목사 때 신립(申砬)이 통판이었는데 그가 국량이 있는 줄 알고 "뒷날 크게 쓰일 것이니 나를 좇아 배우라" 하니 신립이 사제의 예를 갖추었다. 또한 만년에는 아직 과거에도 들지 못한 권율에게 과거에 개의하지 말고 학문에 정진하라면서 "뒷날 이 나라를 제도할 것이라" 하였고, 문인 최경회에게는 "어려움에 임해서도 구차한 짓을 하지 않을 사람이다"면서 병서 읽기를 권하기도 하였다.

한편 후손들에게는 늘 충과 효에 힘쓰도록 하고, 강학하고 난 여가에는 병서를 주면서 "병서란 유자(儒者)가 우선적으로 할 일은 아니지만 이치를 궁구하는 한 가지 일이요 선유들도 궁구했으니 몰라서는 안 된다"고 하면서 병서 읽기를 권하였다. 또한 한가할 때에 이야기가 국사에 미치면 강개(慷慨)히 말하기를 "나라의 형세가 누란의 위기에 처했는데 아무 계책을 세우지 않고 있으니 걱정스럽다"면서 "남쪽의 병란이 얼마 남지 않았는데 나는 보지 못할 것이다. 병란이 일어나면 너희들은 평소 공부한 바를 저버리지 말고 또한 선조 대대로 녹을 받은 나라의 은혜에 보답하라" 하는 등 나라를 걱정하고 임금을 사랑하는 정성이 대단하였다. 뒷날 예조참판에 추증되었다.

8. 금계 노인 錦溪 魯認

1) 생애

노인(1566-1622)의 자는 공식(公識), 호는 금계 혹은 금리(錦里), 본관은 함평(咸平), 조선 중기의 학자이자 의병장이다.

1566년 나주(羅州) 하의리(荷衣里) - 지금의 나주시 노안면(老安面) 하의리에서 태어났다. 증참의(贈參議) 사증(師曾)의 아들로 참봉 나항(羅恒)의 문인이다. 선조 15년(1582)에 진사과에 합격하고, 동 18년(1585)에 빙고별제(氷庫別提)가 되었다. 동 25년(1592) 임진왜란 때에는 아버지의 명에 따라 가동을 거느리고 권율(權慄)의 휘하에 들어가 모의사(募義使)로 이치(梨峙)에서 싸우고 행주에서 수천 명의 목을 베었다. 진주(晉州)가 함락되자 또 권율을 따라 의령(宜寧)에서 전첩(戰捷)을 이루었다.

동 30년(1597) 정유재란 때에는 8월에 남원(南原) 싸움에서 성이 함락되자 명나라 장군 양원(楊元)은 도망하고 노인은 혼자서 필마단과(匹馬單戈)로 적의 형세를 엿보다가 적병을 만나 싸우게 되었는데 안개로 때문에 화살을 맞고 말에서 떨어지고 말았다. 이때 왜적의 포로가 되어 일본에 끌려갔다.

일본에 끌려간 노인은 어떤 길을 거쳤는지 지금 상세하게 고찰할 수는 없지만 살마주(薩摩州)의 도진의홍(島津義弘) 밑에서 포로생활을 하게 되었다. 그러나 왜병에게 끝까지 굴복하지 않고 이듬해 정월 15일에는 명나라의 대사마(大司馬) 서광악(徐匡岳)과 무안(務安)의 양반으로 포로로 잡혀 온 서경춘(徐京春) 및 함께 잡혀 온 수십 명과 몰래 배를 타고 밤에 강어귀를 나가다가 찬기수부곡사랑(讚岐守部曲四郎)이란 자에게 붙잡혔다. 이때 칼로 죽인다고 위협하자 노인은 크게 꾸짖으며

> 빨리 죽여라. 임금도 어버이도 없이 여기는 도깨비 고장에서 내 어찌 살기를 바라겠는가![26]

하며 굴복하지 않자 왜인들도 어찌할 수가 없었다. 왜승(倭僧) 희안(希安)이 그 충렬에 감탄하고 고기반찬을 제공하였으나 노인은 아버지와 임금의 생사를 몰라 죄인으로 자처하여 어육(魚肉)을 먹지 않고 백의(白衣)를 입고 밥을 대할 때마다 눈물을 흘렸다. 희안은 감탄하여 말하기를, "법도를 지킬 줄 아는 사람이다"고 하면서 항상 친절히 대해주었다. 또 노인의 일본의 풍토기(風土記)를 보기 원하자 희안은 그의 안서당(安西堂)에 소장한 그림들을 보여주었다. 이에 노인은 그 산천의 험함과 허실(虛實)을 기록하여 귀국을 도모하였다.

2차 탈출 시도는 다음해 1599년 명나라 간첩사(間諜使) 임진혁(林震赫) 및 그의 부하 진병산(陳屛山)·이원형(李源瀅)[27]의 도움을 받아 임진왜란 때 포로로 잡혀 온 흥양(興陽) 살던 정병(正兵) 기효순(奇孝淳)과 밀양(密陽) 살던 정동지(鄭東之)와 함께 이루어졌다. 임진혁이란 사람은 명나라의 복건군문도독(福建軍門都督)이 조선에 군사를 보낸 도진씨(島津氏)를 풍신수길(豊臣秀吉)의 진영으로부터 이탈하도록 공작하기 위해 보낸 사람이다. 그는 말 그대로 간첩으로 보낸 사신이었다. 노인이 임진혁을 만난 것은 같은 해 3월 16일이었는데 진병산과 이원형은 노인을 이렇게 소개하였다.

> 조선의 6품 관리로서 성은 노(魯)씨이고, 이름은 아무개이다. 정유년 난리에 형제, 처자 모두 20여 골육이 다 적의 칼에 죽고 그만이 홀로 목숨을 보전했으나 포로로 이 땅에 들어와 돌아가지 못하고, 밤낮으로 피눈물을 흘리며 우는 모양은 보통사람이 보아도 몹시 불쌍히 여겨지는데, 하물며 그 사람됨이 시(詩)·문(文)에 능하고 서(書)·화(畵)에도 능하며 더욱 의기가 많은 사람임에랴. 대체로 그가 몹시 바라는 것은 우리들과 배를 같이 타고 중국으로 건너가서 탐지한 왜놈들의 사정을 명나라 조정에 고하고 포로가 되어 일본에 있는 자들을 모두 쇄환(刷還)한 뒤 뒷날 복수할 기회를 만드는 것이라 하니, 그의 원통한

---

26 노인, 『금계집』 권7, 「부록(付祿)」, 湖南節義錄, "速殺我 速殺我. 我何求活於無君親醜域乎!"

27 형(瀅)이 징(澄)으로 된 데가 많으나 '국역 해행총재(속편) Ⅸ'(민족문화추진회 간행)에 의해 바로잡았다.

회포는 하늘에 사무치고 그 성의가 장합니다. 이 사람과 배를 같이 타고 돌아가시지요.[28]

하여 마침내 임진혁으로부터

그대의 기상을 보니, 과연 오랑캐 지방에 장사 지낼 인물이 아닙니다. 장차 우리들과 배를 같이 타고 바다를 건너가면 복건성(福建省) 군영에서 마부와 말을 내어 북경으로 호송하여 주겠습니다.[29]

는 약조를 받았고, 바로 다음날 일본을 탈출하여 중국행 배에 동승하게 되었다. 명나라 복건성 한 항구인 '민'에 도착한 노인은 항구의 장관(將官)이 "왜 곧바로 조선으로 건너가지 않고 수만리 타국으로 왔느냐"[30]는 물음에

우리나라는 비록 뱁새나 초목이라도 모두 왜놈들의 피해를 보았고, 더구나 나는 정유년 가을에 부모 형제 처자 20여명이 모두 왜놈의 칼에 죽었는데, 나만이 요행으로 모면하였다. 한때 같이 죽지 못하고 포로로 적지에 들어가서 그들의 정세를 탐정해보니 풍신수길은 비록 죽었어도 남은 도적은 성내고 부끄러워하며 잔악한 마음을 고치지 못하였으니, 어쩔 수 없어 후퇴한 것을 보고 깨끗이 숙청했다고는 볼 수 없다. 이러한 사실을 명나라 조정에 아뢰어 조선을 회복하고 일본을 멸망시키고자 해서이다.[31]

---

28 노인, 『금계일기』, 3월 15일. "有一朝鮮六品官者, 姓魯名某. 丁酉之亂, 父母兄弟妻子並二十餘骨肉,皆陷賊鋒, 而渠獨得全, 俘入此土, 而未能生還, 日夜血泣, 凡人所見, 極爲矜憐況爲人. 能詩文善字畫, 又多義氣, 蓋渠之至願, 與吾輩同舟渡中華, 所探倭情, 上達天朝, 俘民之在日本者, 盡數刷還, 然後以回他日復讎之機云云, 冤懷通天, 其誠壯矣, 未可與斯人同舟乎."

29 노인, 『금계일기』, 3월 15일. "相爾之氣像, 果不葬蠻夷者. 將與吾輩, 同舟渡海, 則福建軍門, 必夫馬護送北京."

30 노인, 『금계일기』, 3월 28일. "若朝鮮人, 何不直渡本國, 而枉來萬萬里他國乎?"

31 노인(魯認), 『금계일기』, 3월 28일. "弊邦雖鷦鷯草木, 皆被倭禍, 況我則丁酉秋, 父母兄弟子姪妻孥並二十餘, 皆陷賊鋒, 而認獨幸免. 未得共死於一時, 擄入賊土, 探察情勢, 則秀吉雖死, 餘賊憤恥. 狼心不悛, 不可以姑退, 永謂之廓淸. 擬哭秦庭, 治彼吳宮." ※ 擬哭秦庭治彼吳宮은 초나라의 신포서(申包胥)가 진(秦) 나라에 호소하여 잃었던 초나라를 회

하여 그 취지를 분명히 하였다. 또 '민' 땅 군영(軍營)의 종4품인 파총(把悤)이 성찬을 차려놓고 권도를 써서 고기와 술을 들도록 권하자, 부모와 임금의 안부를 듣지 못하고서는 그럴 수 없다면서 눈물만 흘리니 중국의 사대부들은 모두 감탄하여

> 조선을 예의의 나라라 일컬음이 과연 빈말이 아니로구나![32]

라 말하면서 대신 채소와 과일을 접대하고 흰옷과 갓을 만들어 주며 진(秦)나라 조정에서 3일 밤낮을 울며 원군을 청하여 잃었던 고국 초(楚)나라를 회복시켰던 신포서(申包胥), 그리고 흉노에 사신으로 갔다가 19년간 굴복하지 않고 돌아온 소무(蘇武)에 비견하였다. '장주'와 '흥화' 등지를 거쳐 4월 9일에 '복건'의 치소(治所)로 갔다. 여기서 군문도독(軍門都督) 김학습(金學習)을 만나 본국으로 송환해주기를 요청하였다. 이즈음 황제에게 보낸 소(疏)와 대사마군문(大司馬軍門)·포정사아문(布政司衙門)에 보낸 정문(呈文)과 감찰어사(監察御使)에게 보낸 글이 노인의 문집인 『금계집(錦溪集)』에 실려 있다. 그곳에 있는 동안 시문(詩文)의 재주를 인정받아 양현사(兩賢祠), 즉 무이의 주회암서원(朱晦庵書院)에 들어가니 원장(院長)과 원유(院儒) 수백 인이 상좌(上座)에 앉히고 정주(程朱)의 학문과 강목(綱目), 춘추(春秋), 시서(詩書), 백가어(百家語)를 토론하는데 막히는 데가 없음에 여러 학사들이 모두 탄복하여 말하기를 "노선생은 해동(海東)의 공자이다"라고 하였다. 몇 개월을 머물면서 원중의 여러 현사들이 각각 노래를 지어 송별하였는데, 그 책이름을 황조유운(皇朝遺韻)이라 하였다. 대사마 서광악(徐匡岳)은 백금(白金) 10냥과 명종록(明宗錄) 8권을 주었는데, 이 책은 심성(心性)의 제책(製策)이요 공맹(孔孟)의 도통을 전수하는 글이다.

1599년 7월에 소를 올려 귀국을 하소연하니, 신종황제(神宗皇帝)는 조서

복한 일과 춘추 시대에 월나라가 오나라를 멸망시키고 오나라의 궁성에 못을 판 일을 비유하여 표현한 것이다.

32 노인, 『금계일기』, 3월 29일. "朝鮮文獻之稱, 信非虛矣."

(詔書)를 내리기를

> 공의 충성은 문천상(文天祥)과 같고 공의 절개는 소무(蘇武)와 같다. 험난한 파도를 건너 귀국하려는 뜻 또한 가상하다.

면서 좋은 말 한필을 내려주고 원외랑(員外郎) 사여매(史汝梅)로 하여금 본국으로 호송하게 하였고, 무이서원의 수유(首儒) 진사(進士) 예사화(倪士和), 진사 사조신(謝兆申) 등 10여인은 북경의 산해관(山海關)에까지 좇아와서 시를 짓고 술을 권하여 전송하였다. 노인은 오(吳)·초(楚)·주(周)·진(晉)·한(韓)·위(魏)를 거쳐 노(魯)에 이르러서는 궐리(闕里)에 들려 공자묘(孔子廟)와 주공묘(周公廟)에 참배하고 여러 군자들과 경학의 어렵고 의심난 점을 문답하는데 시원스럽게 대답하니 칭송하지 않는 자가 없었다.

또 노에서 연경, 요동을 거쳐 이듬해 선조 34년 정월에 한양(漢陽)에 당도하니 그 사이 세월은 3년 5개월간이었다. 서울에 돌아와 바로 선조에게 왜적 복수계책을 올리니 선조는 그 충절을 가상히 여겼다. 역마를 타고 귀가하니 부모는 다행히 왜란 중에는 죽음을 당하지 않았으나, 왜국에 있었던 때인 선조 31년에 별세하였으므로, 여묘(廬墓)하고 추복(追服)하였다.

복을 벗고 나서 선조 36년에 권무과(勸武科)에 들어서 선전관(宣傳官)이 되었다. 이듬해 6월에 여도만호(呂島萬戶)로서 통제사(統制使) 이경준(李慶濬)을 따라 당포(唐浦)에서 일본의 잔병(殘兵)을 격파하자 선조는 칭찬하고 승전도(勝戰圖)를 그려주며 말하기를,

> 노인이 몸을 청렴하고 부지런하게 유지하고 항상 복수하고자하여 기이한 시책으로 방어하니 옛날의 사직신이다.[33]

하고 수원(水原)과 옹진(瓮津) 두 진(鎭)의 책임을 맡겼다.

---

33 노인, 『금계집』 권4, 「부록」, 좌천군산후(左遷群山後). "魯認持身淸勤, 每欲復讎, 抗陳奇策, 古有社稷臣."

동 40년에 황해도 수군절도사가 되었으나, 정인홍(鄭仁弘)의 헐뜯는 바가 되어 군산(群山)으로 좌천되었다가 병 때문에 사직하고 고향으로 돌아가 광해군 14년에 별세하였다.

형인 전(詮), 아우 언(諺), 종형 의(誼)와 연(謰)이 모두 정유재란 때에 순절하였다.

2) 사상

그의 저서로는 문집 『금계집(錦溪集)』 이외에 『금계일기(錦溪日記)』가 있다. 이 일기는 금계의 후손인 광주(光州)에 사는 노석경(魯錫俓)씨의 소장으로, 금계의 자필이라 여겨지는 모필묵서로 초서와 행서가 섞였고 난 밖에 월(月)을 써 넣는 등, 완전히 정리된 것이 아니었는데 1977년 민족문화추진회에서 이 원본을 정사(正寫)하고 대본으로 삼아 국역하여 『국역 해행총재 속편 Ⅸ』에 넣어 간행함으로써 비로소 세상에 알려졌다.

본 일기는 선조 32년 2월 일본에서 탈출을 기도하는 데서 시작하여 명에서 본국 송환을 청원하고 그 하회를 기다리며 마음 졸이는 6월 27일에 끊겼다. 주요내용으로는 명에서의 견문(見聞)과 여러 수재(秀才)들과 담화하는 동안에 오간 피아(彼我)의 여러 제도와 풍속 그리고 몇 편의 시로 되어 있다.

정유재란 때 조선인 적중 일기로는 영광군 불갑면 출신의 수은(睡隱) 강항(姜沆 1567-1618)의 『간양록(看羊錄)』, 함평군 엄다면 출신의 월봉(月峰) 정희득(鄭希得 1573-?)의 『해상록(海上錄)』, 월봉의 친형인 호산(湖山) 정경득(鄭慶得)의 『만사록(萬死錄)』, 월봉의 조카인 은와(隱窩) 정호인(鄭好仁)의 『정유피란기(丁酉避亂記)』 등이 있다.

이러한 기록에 대해 일기의 날짜, 내용을 비교하여 이을호 교수는 다음과 같은 결론을 내리고 있다.[34]

34 이을호 지음, 『한국문화의 인식』, 『이을호전서』 21책, 다산학연구원 편(파주: 한국학술정보, 2015), 402-403쪽.

① 『해상록』, 『만사록』, 『피란기』 3자는 거의 같은 곳에서 같은 사실들을 견문하여 따로 따로 기록한 것이다. 그러므로 그의 내용은 비슷하다.

② 같은 내용을 기록하였지만 문체는 달라야 할 것인데 『해상록』과 『만사록』은 자귀(字句)의 선택마저도 동일한 것이 165일(동일하지만 구절의 보완 혹은 결락이 있는 것은 제외하고서라도)이나 된다.

이는 『만사록』이 『해상록』보다 그이 간행이 106년이 늦었기 때문에 이때에 기록된 것이 아닌가 일단 의심을 품어보지 않을 수 없다.

③ 그것은 『해상록』, 『만사록』, 『피란기』 세 가지가 동일 문체로 된 것이 12일이 있는데 이들은 거의 귀국 후 6월 17일자인 점으로 미루어 볼 때 이는 어느 한 사람의 일기에 의하여 상호 보완된 것으로 짐작할 수 있다.

하였으니, 이들 세 기록은 거의 비슷한 내용으로 다만 『피란기』만이 다른 두 가지 기록에 비해 문체가 아주 생신하여 증인적 구실을 충분히 하고 있다고 하였다.

한편 『간양록』과의 비교에서도 그 내용이 서로 비슷한 점이 많은데 이는 영광과 함평은 지리적 여건으로 보아 자료가 서로 교환되었을 가능성이 높다고 지적하고, 강항의 자료가 정씨의 가(家)에게 넘어왔는지, 정씨의 자료가 강씨의 참고가 되었는지의 여부는 가릴 길 없다 하더라도 그들의 자료의 동일성만은 밝힐 수 있다고 하였다.

금계일기와의 관계는 금계의 적중 기간에 정씨가는 대마도에 체류 중이라 서로 교통도 있을 수 없는 시기요, 금계는 줄곧 구주(九州)의 살마(薩摩)에 체류하였다가 중국에 건너갔기 때문에 전혀 관계가 없다하여 독특성을 주장하고 있다.

3) 錦溪日記 目次

9. 충장공 김덕령 忠壯公 金德齡

1) 생애

김덕령(金德齡 1567-1596)은 자는 경수(景樹), 시호는 충장(忠壯), 본관은 광주(光州)로 임진왜란 때 의병장이다. 1567년 광주 석저촌(石底村)에서 출생하였다. 아버지는 붕섭(鵬燮)이고 어려서 글을 배워 장성하면서 형 덕홍(德弘)과 매부 김응회(金應會)와 함께 우계(牛溪) 성혼(成渾)의 문인이 되었다.

김덕령의 평생 특히 그의 용력에 대해서는 '실록' 등과 같은 관찰사료와 일반 민중을 독자 대상으로 한 야사류의 문헌, 또한 구비설화와 사이에 큰 차이를 보이고 있다.

임진왜란이라는 국운의 존망이 달려 있는 난시에 특히 관군과 의병이 곳곳에서 패배했을 뿐만 아니라 명군은 조선을 구원한다면서도 싸우지는 않고 관망하던 시기였기 때문에 일반민중 심리 속에는 신출귀몰한 인재등용을 기원하였고 그 기대는 역사 현장에서 반역의 죄인으로 체포되어 심문을 받다가 죽은 김덕령이 아닐까 하는 대중심리로 발전하였던 듯하다. 특히 세자 광해군이 김덕령을 불러 직접 재능을 시험해 보고 '익호장군(翼虎將軍)'이란 칭호를 하사했던 점이나, 선조가 김덕령을 체포하게 하면서 그의 용력을 매우 두려워하였다는 점으로 미루어 그의 용력은 뛰어난 점이 있었으므로 이러한 민중의 기대나 심리는 당연하였다고 할 수도 있다. 따라서 본고에서는 첫째 역사적 행적, 둘째 문헌·구비설화상의 행적으로 나누었다.

2) 행적

1592년 그의 나이 25세 때 임진왜란이 일어나자 의병을 일으킨 형 덕홍을 따라 전주까지 갔다가 노모와 어린 동생을 돌보라는 형의 권유로 귀향하였다. 그 때 그의 형은 고경명(高敬命)의 참모로 금산(金山) 전투에 참여했다가 순국하였다.

이듬해 8월에 모친상을 당하였다. 주위 사람들로부터 여러 번에 걸쳐 기병(起兵) 권유를 받았으나 상중죄인의 신분으로 응하지 못하다가 담양부사 이경린(李景麟), 장성현감 이귀(李貴) 등의 잇따른 천거와 전라관찰사 이정암(李廷馣)의 추천으로 11월에 형조좌랑이 되어 상복을 벗고 담양에서 5천명을 모집하였다. 당시의 심정을 「모병격문(募兵檄文)」에서 이렇게 토로하였다.

> 광주 상인(喪人) 김덕령은 도내 여러 고을 모든 군자에게 삼가 고한다. 김덕령은 일찍부터 구속받지 않는 기질을 지니고 나라를 위해 몸 바칠 뜻이 간절하였다. 변고가 일어난 처음에 군중에 몸을 던질 생각은 있었으나 다만 늙은 어머니가 병을 얻어 해가 서산에 걸린듯하여 끝내 봉양하고 싶은 심정 간절하고, 옷소매를 부여잡는 어머니의 손을 차마 떨쳐버리지 못하여 두 해를 엎드려 숨어 칼을 만지며 동쪽 일본만을 흘겨볼 따름이었다. 이제 어머니가 이미 별세하였으니 신하로서 절의를 다할 수 있겠다. 그래서 상복을 벗어던지는 애통함을 누르고 갑옷으로 바꾸어 입었다.

여기에서 보는 바와 같이 김덕령은 노모를 모셔야 하고 사후에는 당연히 3년 상을 마쳐야 하는 효(孝)와 나라를 전란에서 구원하고 형의 원수를 갚아야 되는 충(忠)과의 사이에서 많은 갈등을 겪다가 결국 충을 따라 기병하였다. 기병한 이후 권율로부터는 초승장(超乘將)이란 칭호를 받았고 조정으로부터는 충용군(忠勇軍)이란 군호를 받아 그에 대한 조정의 기대가 대단하였다.

그러나 당시의 국내 상황은 김덕령이 자신의 능력을 마음껏 발휘하여 왜적과 싸울 수 있는 여건이 아니었다. 명나라에 의해 일방적으로 왜와 화의가 진행되어 급기야는 명나라 장수 송응창(宋應昌)의 주장으로 전투 중지령이 내려져 많은 의병들은 정세만 관망하였다. 또한 의병들 가운데에는 적당히 때만 넘기려드는 납미(納米) 누락자가 상당수 있었고 군량과 병기가 부족하여 의병들의 사기는 저하되고 군율 또한 점점 해이되어가는 상황이었다.

이 때 김덕령은 진주(晉州)에서 전쟁 준비를 마치고 싸울 것을 요청하였으나 허락이 안 되었다. 원수를 눈앞에 두고도 싸우지 못하는 울분과 점점 불리해지는 주위여건을 쇄신시키기 위해 그는 군법을 엄히 다스렸다.

한번은 태만한 역졸을 죄주어 죽이고, 도망간 군사 대신 그의 아버지를 잡아와 치죄하려 했는데, 그 군사는 윤근수(尹根壽)의 노비였다. 마침 남방을 순시 중이던 윤근수가 이를 알고 김덕령에게 석방해 줄 것을 부탁하였다. 그러나 김덕령은 그의 요청을 승낙하고서도 윤근수가 돌아간 다음 그 노비를 처형하고 말았다. 이 일로 앙심을 품은 윤근수는 "김덕령은 신의가 없고 살인을 좋아하여 장수의 자질이 없는 자"라 모함하여 결국 옥에 갇히고 말았다. 그러나 정탁(鄭琢)의 강력한 구원으로 풀려나고 선조 또한 석방하면서 전마를 하사하는 등의 관심을 보이기는 하였지만, 이 일로 인하여 김덕령에 대한 조정의 기대와 평가는 부정적으로 변하기 시작하였다.

또한 1594년 8월 윤근수의 형 좌의정 윤두수(尹斗壽)는 선조의 윤허를 얻어 김덕령으로 하여금 권율·이순신·곽재우 등과 함께 거제도에 숨어 있는 왜적을 소탕하게 한 적이 있다. 이 사건 또한 김덕령의 용력이 허명에 지나지 않았다는 점을 온 천하에 드러나게 하는 계기가 되었는데, 그 사건의 전말에서 음해가 있었다는 점을 간과할 수 없다. 여기에 관하여 '연려실기술'의 기록을 보면 다음과 같다.

곽재우가 사사로 김덕령에게,

"이번 거사는 장군이 일을 만든 것이라고 원수(권율)에게서 들었는데, 그렇소?"

"아니오."

"장군은 바다를 건너 왜적을 멸망시킬 방책을 궁리하였소?"

"아니오."

"나라에서 장군을 믿고서 이번 일을 시작하였고, 군졸 또한 장군을 믿고서 싸우려 하는데 지금 장군의 말씀은 그와 같단 말이오?"

"나 또한 이번 일의 시말을 전혀 모릅니다. 굴에 숨어 있는 적을 무슨 수로 제어할 수 있겠소."

하니, 곽재우는 탄식하며

"아, 일이 어떻게 된지는 알겠소. 오늘의 일은 요컨대 장군의 용맹을 시험하려는 것이오. 장군의 명성은 오랑캐 땅에도 널리 퍼져 흉한 오랑캐가 말만 들어도 움추리고서 달아나는데 만약 경솔하게 출전하여 약점을 보이게 되면 뒷날 좋은 방책이 없을 것이오."

하고 곧 원수에게 보고하여 다시 물러나 뒷날의 변에 대비토록 여러 번 요청하였으나 원수가 듣지 않으므로 여러 장수들은 마지못해 배에 올랐다. 김덕령은 익호기를 배 양쪽에 꽂고 북을 울리며 전진하였으나 총알이 비 오듯 쏟아지니 어쩔 계책이 없어서 군사를 퇴각시키고 장수들도 돌아왔다. 김덕령은 이로써 뭇사람의 총망을 잃고 더욱 좌상 윤두수에게 미움을 받았다.

김덕령이 이와 같은 어려운 상황에 처해 있을 때 이몽학(李夢鶴)이 충청도 홍산(鴻山: 夫餘)을 중심으로 반란을 일으켰다. 그들은 청양(靑陽)·임천(林川)·대흥(大興) 등지를 함락시키고 홍주(洪州)·덕산(德山)에까지 침입하여 세력이 점점 커지니 도원수 권율은 토벌군을 거느리고 이산(尼山)으로 향하는 한편 김덕령에게는 영남에 있는 항복한 왜를 이끌고 오게 하였다.

그러나 이몽학이 민심과 군사를 모으기 위해 "김덕령·곽재우·홍계남(洪季男) 등이 자기편에 가담했으며 병조판서 이덕형이 내응하기로 되어 있다."고 소문을 냈다. 이 소문에 따라 평소에 김덕령과 사이가 좋지 않던 충청병사 이시언(李時言)과 경상병사 김경서(金景瑞)는 조정에 밀고하는 한편 심복 10여 명을 각지로 보내 김덕령이 이몽학과 관련이 있다고 소문을 퍼뜨렸다.

한편 조정에서는 밀고를 접하자 승지 서성(徐渻)은 "덕형은 반란을 일으킬 리가 없다"고 주장하고 대신 정탁·김응남(金應南)도 모두 힘껏 구원하였으나 영상 유성룡만은 "이후 만약 뜻밖의 일이 생기면 신은 알 바가 아니다" 하여 결국 이몽학의 공초에 거론된 다른 모든 사람은 무죄가 인정되었지만 유독 김덕령만은 여기서 헤어나지 못하였다.

김덕령은 이러한 저간의 사정을 모른 채 권율의 명을 받고 이몽학의 반란 진압을 위해 운봉에 갔었으나 이미 진압된 다음이었다. 이 때 김덕령은 고향에 가겠다는 뜻을 권율에게 알렸으나, 허락을 얻지 못해 진주의 진으로 다시 돌아왔다. 그런데 거기서 김덕령은 아무런 영문도 모른 채 권율에 의해 체포되고 말았다. 그것은 권율이 이몽학의 진중에서 김·최·홍이란 세 성이 적힌 문서 쪽지를 얻었는데 후일 이몽학의 심복 공초에서 세 성이 바로 김덕령, 최담령(崔聃齡), 홍계남이라는 자백을 받고서였다. 이에 권율은 이 사실을 조정에 보고하고 조정의 명을 얻어 옥에 가두었다.

한편 조정에서는, "김덕령은 반란할 리가 없다."면서 김덕령을 극구 변명한 서성을 잡아오도록 하였다. 서성이 전주를 거쳐 진주에 당도하니 권율은 김덕령이 명에 항거할까 염려하여 비밀리 성윤문을 시켜 잡아 옥에 가두었다. 이에 서성은 장계를 올렸으나, 권율이 "김덕령에게 몽학을 토벌토록 하였는데 나흘을 머뭇거리면서 성패를 보고만 있어서 가두었다.(四日 遲留 觀望 成敗)"는 여덟 글자가 김덕령의 죄안이 되어 죽음을 면치 못하였다.

김덕령이 죄 없이 억울하게 잡혀 심문을 당하게 되자 이를 억울하게 여기는 자들이 많았으나 모두 꺼려하여 구원하고자 하는 사람이 아무도 없었다. 다만 김덕령에게 기복종군을 요구했던 이정암만이 그의 억울함을 말하며 해원을 요구했으나 선조에게 보고도 되지 않았다. 여덟 차례에 걸쳐 심한 고문을 당한 나머지 정강이뼈가 부러지고 목숨만 간신히 붙어 있었지만 자신의 무죄만은 끝까지 주장하였다. 그는 그의 마지막 진술에서 그의 심정을 이렇게 말하였다.

> 신이 만약 다른 뜻이 있었다면 당초에 도원수의 명을 받고 어찌 운봉에 갔겠으며 또한 명을 받아 군사를 거느리고 진주의 진으로 돌아왔겠습니까? 신에게는 만 번 죽더라도 면치 못할 죄가 있나이다. 그것은 지난 계사년에 자모가 별세하였는데도 불구하고 3년 상의 슬픔을 잊고 한 하늘아래 같이 살 수 없는 원수에 흥분되어 모자의 정을 끊은 채 상복을 벗어던지고 칼을 잡고 나섰으나, 여러 해 종군하여도 조그마한 공도 세우지 못하였으니 충성도 이루지 못하고 효도마저 어겼습니다. 저의 허물은 이것뿐이오니 만 번 죽어도 용서받기 어려우며 구구한 충정은 하늘이 굽어 살필 것입니다.

김덕령의 이러한 주장에 선조는 더욱 노하여,

김덕령이 형장을 아무렇게도 여기지 않으니 참으로 적(賊)이다.

하고 반역죄가 아니더라도 살인죄만으로도 충분히 죽일 수 있다면서 용서하지 않았다. 이에 김덕령은 심한 고문을 당한데다 그의 용력을 의심하여 큰 나무토막을 묶어 옥문을 출입토록 하여 결국 형장 아래에서 29세라는 나이에 죽고 말았다.

김덕령은 그 후 현종 2년에 신원되었는데, 이는 당시 전국적인 가뭄 때문에 비를 오게 하기 위해 조정에서 취한 일종의 주술신원(呪術伸寃)이었다. 이어 현종 9년에 병조참의가 추증되고, 숙종 4년에는 의열사(義烈祠)에 배향되고 동 7년에는 병조판서가 추증되었다. 정조 12년에는 충장(忠壯)이란 시호가 주어지면서 의정부 좌찬성에 추증되고, 태어난 마을을 충효리(忠孝里)라 입석(立石)하였다. 그의 부인 이씨(李氏) 또한 정려(旌閭)토록 하고 유적(遺蹟) 간행을 명하고 어제 서문을 내렸다.

역사현장에서 탁월한 능력을 지녔음에도 불구하고 현실이 그를 용납하지 못하여 비극적인 종말을 당했던 인물들은 역사현장 밖에서 민중에 의해 그들의 영웅으로 다시 창조된다. 김덕령은 비범한 능력 때문에 천거를 받아 충·효의 심각한 갈등을 극복하고 기병하였으나, 그 결과는 너무나 처참하게도 충이나 효에 모두 실패하고 반역 죄인이라는 억울한 누명으로 희생을 당하였다.

당시는 처참한 전쟁의 와중에서 유능한 인재가 한 사람이라도 더 필요했기 때문에 또한 전쟁이란 참상의 원인은 결국 위정자의 비정이라고 밖에 생각할 수 없는 민중의 심리 속에는 김덕령에 대해 더욱 안타깝게 생각했을 것이고, 주로 야사류 기록의 이야기는 더욱 극적으로 변이하였을 것이다. 뿐만 아니라 김덕령은 죽은 지 60여년이 지난 뒤에 공식적으로 해원되어졌기 때문에 김덕령 이야기에 대한 긍정적인 변이는 당연하다 하겠다.

3) 문헌과 설화 속의 김덕령

문헌설화는 문자로 기록되어 전승되고, 그 담당계층이 권력계층에서 대부분 소외된 문화적 지배집단에 속한 자들이라는 점에서 역사적 변이에는 상당한 한계성을 가지고 있다. 그러나 왕조사관에 의해 기술된 김덕령의 역사는 민중에게는 별다른 의미가 없다. 왜냐하면 잘못된 김덕령의 죄목을 지배집단의 입장을 합리화하는 과정으로 밖에 볼 수 없기 때문이다. 또 김덕령이 해원된 다음에도 왕조사관의 한계성이 완전히 극복된 것도 아니었다. 그것은 김덕령을 완전히 평가하기 위해서는 그를 억울한 죄목으로 얽은 당시 위정자들에 대한 비판이나 장치가 먼저 이루어져야 하기 때문이다.

그렇다면 이러한 한계성을 극복하고 김덕령의 정당한 평가를 위해서는 민중 차원의 역사의식을 올바로 평가해야 한다. 그런데 민중차원의 역사의식은 주로 구전되어지거나 그 구전은 후일 관심이나 의식이 있는 문인에 의해 문헌으로 기술되기도 한다. 또한 기술 과정에서 서술자의 주관, 다시 말하면 개연성과 필연의 법칙 등이 개인적인 정서를 통해 기록으로 나타난다. 그렇다고 한다면 문헌설화에는 역사적 사실과는 상이한 점이 있다하더라도 거기에는 민중의 의식이 깃들여 있기 때문에 역사기록 이상의 의미와 가치가 있다 하겠다.

문헌설화에는 담당계층의 신분적인 특성에서 오는 윤리적인 한계성 때문에 김덕령이 역사현장에서 당했던 억울한 죽음에 대해서는 직접적인 관심을 드러내지 못하고, 단지 그의 용력을 과장시키는 과정을 통해 그가 할 수 있으리라 믿어지는 가능성을 내보이고, 또한 그의 죽음을 통해 제기되었던 사회적인 모순만이 비판적으로 조명되어 있다. 그러나 죽음에 대해서도 그의 용력을 부각시켜 신이한 인물로 변이시키는 차원에서 조명되어 있을 뿐 그를 억울하게 죽게 했던 선조를 위시한 위정자에 대해서는 직접적인 비판을 가하지 않고 있으니 역사인식과 현실인식에 있어서 그 한계를 드러내고 있다.

4) 김덕령의 탄생과 성장 설화

김덕령의 탄생과 성장에 대한 문헌 설화는 위에서 언급한 바와 같이 그의 용력만을 신이한 것으로 표현하여 역사성을 상실하였다. 그러나 실록이나 당시 야사류에서는 단편적이고 추상적으로 그렸음에 반해 문헌설화에서는 매우 다양하고 그럴듯하게 표현함으로써 역사적인 인물이 아니라 민담적인 영웅으로 기인화하였음을 알 수 있다. 먼저 문헌설화에 나타난 이야기를 몇 가지 소개한다.

① 김덕령은 체구는 작았지만 용력이 절륜하여 화를 내면 눈에서 불빛이 나서 밤에도 수리를 비췄다. 혹은 말을 타고 방으로 들어갔다가 곧장 돌아 나오기도 하였으며, 누각의 지붕에 올라갔다가 처마를 타고 가로 누워 방으로 내려오기도 하였다. 일찍이 대나무 숲 속에 맹호가 있다는 말을 듣고 가서 활로 호랑이를 쏘아 맞혔는데, 호랑이가 달려들자 호랑이를 찔러 요동하지 못하게 하여 잡았다. 또한 진주의 목장에 있는 사나운 말이 달아나 높이 뛰어 다니며 농작물을 상하게 하자, 김덕령이 달려가 말을 이끌어 올라타자 말이 순해졌다. (『동야휘집』, 3-116면)

② 김덕령은 용력이 절륜하였는데 스스로 둔갑술을 할 줄 알았다. (『풍암집화』, 8-95)

③ 김덕령이 칼을 뽑아 좌우로 휘두르자 나뭇잎들이 비바람처럼 떨어졌다. 이귀가 말하기를 "김덕령은 용호를 잡을 수 있으며, 공중을 날아다니는데 지혜가 제갈공명과 같았으며 용맹이 관운장 같았다."고 한다. (『대동기문』, 권2, 63장)

④ 김덕령은 일찍이 양 허리 밑에 백 근이 넘는 철추를 달고 다녀 모든 사람들이 신장이라 하였다. 왜인들이 듣고 심히 두려워하여 석저장군이라 하였는데, 이는 김덕령이 석저촌에서 태어난 것을 잘못 알고 한 말이었다. (『청야만집』, 10-51면)

⑤ 청정이 김덕령의 용력을 듣고 화공을 몰래 보내어 김덕령의 화상을 그려오게 하였는데, 청정이 김덕령의 화상을 보고 정말로 장수라 하면서

군사를 후퇴시켰다. (『동야휘집』, 3-121면)

위 이야기 가운데서 ⑤는 김덕령과 청정과의 대결양상을 설정하여 어느 정도의 역사성을 개입시키면서 민족적인 대결의지를 보이는 것 같기도 하지만, 이는 민족의식에 입각한 대결양상이라기 보다는 김덕령 개인을 영웅화 시키기 위해 설정해 놓은 것으로 보인다. 그리고 이와 같이 영웅시 하는 것은 역사적 사실에 대한 의도적 변이라기보다는 김덕령에 대한 일반 민중의 시각변화에서 온 것이며, 그 시각변화의 기조는, 역사현장에서 김덕령이 비록 공을 세우지는 못했을지라도 현실적인 그의 가능성은 거기서 끝나지 않았으리라는 기대감과 애석함이었을 것이다.

한편 김덕령의 탄생과 성장에 대한 구비설화에서 이미 그의 비극적인 삶이 암시되어 있는데, 이는 문헌 기록에서 단지 신이한 탄생 이야기를 통해 김덕령을 영웅시하는 것과는 아주 대조적이다.

중국의 한 명사가 천하명당을 찾아다니다가 중국에서는 찾지 못하고, 광주 무등산에 와서 비로소 천하명당을 발견하고 김덕령 부친의 집에서 하룻밤 유숙하게 되었다. 중국의 명사가 밤중에 김덕령 부친에게 계란을 하나 달라고 하자 김덕령 부친이 이상히 여겨 삶은 계란을 주고 명사가 어떻게 하는지를 살펴보았다. 중국의 명사는 삶은 계란인 줄도 모르고 산에다 묻고 와서 기다리다가 새벽이 되었는데도 닭소리가 나지 않자 이상하다고 하며 다시 하나 달라고 하였다. 김덕령 부친이 이번에는 날계란을 주자 명사는 같은 장소에 묻고 왔다. 다음날 새벽에 닭 울음소리가 그곳에서 나니 명사는 과연 그곳이 명당이라 하면서 1년 후에 다시 오겠다면서 본국으로 부친의 묘를 파러 갔다. 김덕령 부친도 그곳이 천하명당이라는 것을 알고, 명사가 돌아간 다음 자기 부친의 묘를 옮겨 쓰는데, 그 안에서 석회암이 나오자 그것을 드러내고 묘를 썼다. 중국의 명사가 1년 후에 돌아와서 그것을 알고는 묘의 임자가 따로 있었다고 포기하면서 석회암을 드러내고 쓴 것이 큰 실수였다고 하였다. 그것으로 인해 김덕령 부친은 딸을 먼저 낳고 김덕령을 낳았는데, 둘 다 장사였지만 누이의 용력이 김덕령을 능가했다.(『구비』 5-1, 256면, 김덕령 장군 일화)

이 설화에서 몇 가지 중요한 사실을 지적할 수 있다. 첫째 중국에 대해 대대로 내려온 민족적 열등의식을 극복하고 중국에 대한 선민의식이 내재되어 있다. 중국의 명사가 중국에서 찾지 못한 명당을 조선에서 찾았다는 것이나 명당임을 확인하는 과정에서 중국의 명사가 김덕령의 부친에게 패배하고 만다는 점에서 잘 나타나고 있다.

그러나 묘를 쓰는 과정에서 석회암을 그대로 두고 써야 함에도 불구하고 그것을 드러내는 실수를 범하였다. 그리고 이로 인해 딸을 먼저 낳고 김덕령을 뒤에 낳는 결과를 빚었다. 이 전설의 표면에 드러나는 의미는 중국에 대한 조선의 한계성을 말하고자 한 내용 같지만, 결국은 김덕령이 조선사회에서 태어남으로써 맞아야 하는 비극을 내포하고 있다. 김덕령이 천하제일의 용력을 지닌 장자로 태어나지 못하고, 천하제일의 용력을 지닌 누이가 먼저 태어났다는 점에서 구체적으로 나타난다. 즉 여자로서 천하제일의 용력을 지니고 태어나는 것은 조선과 같이 폐쇄된 사회에서는 김덕령이 천하제일의 용력을 지니고 태어나지 못한 것 이상으로 비극이 전제된 것이다. 그러나 이 설화에서는 이러한 모든 비극이 김덕령 부친의 실수 때문으로 귀결되어 있다. 이와 같이 천하제일의 용력을 지닌 오누이의 관계에 대한 설화로는 이와 같은 전설이 전한다.

김덕령이 힘자랑을 너무하고 다녀서 누이가 항상 근심하며 자중하라고 타일렀으나 김덕령이 듣지 않았다. 씨름판에서 김덕령을 당할 자가 없자 김덕령이 자만하는데, 김덕령의 누이가 이를 알고 남장을 하고 나가 김덕령을 이기자, 김덕령은 이 세상에서 자기보다 더 힘센 자가 있음을 알고 좌절하였다. 누이는 자기 때문에 김덕령이 좌절하는 것을 보고 김덕령과 목숨을 건 내기를 하자고 자청해서 일부러 져주어 김덕령에게 죽임을 당했다. (『구비』 5-1, 256면, '김덕령 장군 일화')

이와 같은 유형의 다른 구비설화에는 김덕령이 누이와의 시합에서 질 것처럼 보이자, 어머니가 딸보다는 아들을 살리기 위해 일부러 딸을 방해하여 지게 함으로써 딸을 죽이고 아들을 살리는 것으로 되어 있다. 그러나 이 보다는 누이가 동생을 살리기 위해 일부러 져주고 스스로 죽어간다는 것이 훨씬 비극적으로 조명된다.

역사현장에서 김덕령은 자신의 뛰어난 용력 때문에 시기하는 무리들로부터 모함을 당하여 원사하였다. 위 설화에서 김덕령의 누이가 김덕령이 힘을 자랑하면서 자만하는 것을 근심한 것은 김덕령의 행적에서 그대로 나타난다. 이와 같은 현상은 바로 민중특유의 역사의식에 나타나는 것으로 역사현장에서 뛰어난 용력 때문에 결국에는 불행해진 김덕령에게 다른 차원의 세계를 열어주기 위한 민중의식에서 나온 것이라 할 수 있다. 또 누이의 스스로 죽음을 자초한 내기는 자기희생을 통한 동생의 구원으로 볼 수도 있지만 남성위주의 조선사회가 안고 있는 신분제도를 극복할 수 없었던 여성의 좌절과 한계성이 표출된 것이기도 하다.

따라서 위 설화는 김덕령의 용력을 부각한 것이기도 하지만 사회 비판적인 의미를 강하게 표현한 것이다. 그것은 민중이 절실하게 체험했던 조선사회가 지닌 모순에 대한 일종의 비판이자, 사회제도적인 질곡에서 벗어나지 못하고 좌절당할 수밖에 없었던 여성들의 현실적인 한계성을 여성의 입장에서 표출한 것으로 보아야 한다.

5) 김덕령의 수학 설화

김덕령의 탄생과 상장과정을 내용으로 한 설화에서 그의 삶이 비극적일 수밖에 없다는 점을 암시하는 것이 대부분이었는데 이러한 현상은 수학과정 설화에서도 보인다.

김덕령이 태어나자 한 도사가 10년을 기한으로 그를 데려다 공부시키기로 하였는데, 8년이 되자 김덕령은 천문지리와 육도삼략에 모르는 것이 없었다. 그런데 그 도사는 김덕령이 잠든 사이에만 몰래 어딘가를 갔다 오곤 하였다. 하루는 김덕령이 잠든 체하고 있다가 선생 몰래 뒤를 따라가 보았더니 선생은 큰 석문이 달려있는 동굴로 들어갔다 한참 있다가 나왔다. 다음날 김덕령이 선생이 잠든 사이에 그곳으로 갔더니 석문이 열려있어 들어가 보았다. 동굴 안에는 그것을 먹으면 천하에서 당할 자가 없는 장군이 될 수 있는 장군수가 흐르고 있어 김덕령이 훔쳐 먹고 나왔다. 아침이 되자 도사는 김덕령을 불러 10년 공부를 시키려 하였지만 더 이상 가르칠 수 없고, 또한 장군수를 훔쳐 먹었으니 더 이상 머물 필요가 없다면서 하산하라고 하였다. 하산할 때 도사는 김덕령에게 어느 곳에 가면 한 대갓집이 있는데 그 집에는 붕뎅이로 변한 왜장이 출입할 것이라 하면서 그 왜장을 죽이지 말라고 당부하였다. 그러나 김덕령은 선생의 부탁을 저버리고 왜장을 죽이고 말았다. (『구비』 2-5, 390면, '김덕령을 죽인 간신')

위 이야기는 역사적 배경을 전혀 무시한 가공의 이야기다. 본래 김덕령은 유학에 뜻을 둔 문사 지망생이었지만 임진왜란이 일어남으로 본래의 뜻을 버리고 잠시 칼을 잡았으나 불행하게도 그것마저 도중에 좌절되면서 결국 둘 다 실패하게 되는 비운의 인물이었다.

위 설화에서 김덕령은 장군수를 선생 몰래 훔쳐 먹음으로써 10년을 채 채우지 못하여 미완의 장군이 될 수밖에 없는 운명을 말해 주고 있다. 따라서 위 설화에서도 김덕령의 이러한 역사적 현실을 토대로 해서 그의 비극적인 종말을 암시하는 이야기로 보인다.

6) 김덕령의 출세와 왜장 살해 설화

김덕령에 대한 설화로 가장 많이 전해진 것은 바로 이여송의 부탁으로 이여송이 당할 수 없는 왜적을 살해했다는 이야기이다. 이여송이 임진왜란 때에 조선을 구원 와서 천기를 보다가 경상도 고령에 기이한 별이 있는 것을 보고 그 곳에 영웅이 있다고 하며 데려오게 하였다. 김덕령은 평양감사의 비장으로 있을 때 화월이란 기생을 애인으로 두고 있었는데, 부친상을 당하여 집에 와 있다가 이여송의 천거를 받게 된 것이었다. 이여송은 김덕령에게 평양에 웅거하고 있는 조섭이가 두려워 공격할 수 없다면서 조섭이를 죽여 달라고 부탁하였다. 김덕령이 응낙하고 평양으로 가서 먼저 화월이의 집으로 가니 화월은 조섭에게 수청들러가고 없고 화월의 모친이 반갑게 맞아 주면서 화월에게 기별하여 오도록 하였다. 모친의 기별을 받고 온 화월은 김덕령을 오랜만에 만났으면서도 모른 체하고 돌아갈 때에, 모친에게 며칠 후 다시 오겠다면서 술과 안주를 많이 준비해 놓도록 하였다. 김덕령은 화월의 태도를 보고 변심했다 분개하며 화월이 다시 나오면 죽이리라 마음을 먹었다. 며칠 후 화월이 다시 나와서 따라 나온 왜병들에게 술을 먹여 취하게 한 다음 김덕령을 만났는데, 화월은 이미 김덕령이 자기를 찾아온 이유를 알고 있었으며 왜병들로부터 의심을 받지 않기 위해 일부러 모른 체한 것이었다. 김덕령이 비로소 화월의 세심한 배려를 알고 같이 왜장 조섭을 죽일 일을 도모하는데, 화월은 왜장이 등신을 만들어 항시 셋이 같이 잔다는 것, 체구가 집통만하다는 것, 방울진을 쳤기 때문에 나는 새라도 들어갈 수 없다는 것, 잠자는 습관은 첫날은 눈을 감고 자고, 둘째 날은 눈을 반만 감고 자고, 셋째 날은 눈을 다 뜨고 자는데 이때가 진짜로 잔다는 것, 적이 방안에 들어오면 왜장의 칼이 저절로 움직인다는 것 등 조섭의 용력을 자세히 일러주며 그에 대한 대비책을 미리 강구해 놓겠다고 하였다. 김덕령이 화월과 약속한 시간에 성으로 들어가자 화월은 이미 솜으로 방울진의 방울을 모두 싸서 소리가 나지 않게 해놓고 김덕령을 안내했다. 김덕령이 조섭의 방에 들어가자 조섭의 칼이 부르르 떠는데, 화월이 왼발을 세 번 구르자 칼이 멈추었다. 김덕령이 화월의 지시대로 조섭의 코를 발로 차자 조섭이 자면서도 화를 내니 조섭의 온 몸에 덮여있던 비늘이 일어섰다. 이 때 김덕령이 칼로 목의 비늘 사이를 치자 조섭의 목이 떨어졌다. 그런데 목이 없어진 조섭이 일어나 자기의 칼을 휘두르자 칼이 대들보에 박히면서 조섭은 쓰러졌지만 조섭의 목이 다시 붙으려 하였다. 이 때 화월이 치마에 매운재를 담아 와 조섭의 목에 뿌리자 목이 붙지 못한 채 죽었다. 김덕령이 조섭의 목을 가지고 나오려 하자 화월은 왜병들이 자기를 그냥 두지 않을 것이라며 자기의 목도 잘라 가라고 하였다. 김덕령이 차마 화월을 죽이지 못하고 망설이자, 화월이 세 번이나 재촉하여 할 수 없이 화월의 목을 잘랐다. 김덕령이 나와 화월의 목을 모친에게 가져다주자 그녀는 화월이 정말로 열녀이자 충신이라 하였다. 왜장을 살해한 것을 이여송이 알고 김덕령이 만약 중원에서 태어났더라면 천하의 영웅이 되었을 것이라 하였다. (『구비』 7-2, 654면, '이여송과 김덕령')

김덕령이 기생과 공모하여 왜장을 살해했다는 설화는 문헌기록이나 '임진록'에 두루 들어있기는 하지만 여기에는 오히려 김응서의 이야기로 되어 있는 것이 대부분이다. 그렇다면 이 이야기는 원래 김응서의 이야기였던 것이 구비설화로 유입되는 과정에서 김덕령의 이야기로 변이된 것으로 보이는데 그 이유는 두 가지 측면에서 생각해 볼 수 있다. 첫째는 구비설화가 지니고 있는 전반적인 성격 때문이고, 둘째는 역사현장에서 찾아볼 수 있는 김덕령과 김응서와의 관계 때문으로 여겨진다.

역사현장에서의 두 사람은 대조적인 삶을 살았다. 김응서는 조선의 사회제도 속에서 정상적인 절차를 밟아 현달한 자이며, 그의 죽음 또한 조선 사회가 요구하는 가장 이상적인 것이었다. 이에 반해 김덕령은 탁월한 능력을 지녔음에도 불구하고 초야에 묻혀 지내야 했으며 임진왜란 때에는 그의 능력을 알아주는 자들의 천거를 받아 세상에 나가긴 하였지만 자신의 능력을 한 번도 발휘해 보지 못한 채 시기하는 자들의 모함을 받아 반역죄인이라는 억울한 누명을 쓰고 죽었기 때문에 두 인물에 대한 민중의 태도는 극단적으로 상반된 것이었다. 그래서 김응서의 역사적 행위가 김덕령을 민중을 대변하는 민족적인 영웅으로 부각시키는 과정으로 전이되었을 것이다.

역사현장에서 이 두 사람의 개인적 관계를 들 수 있다. 확실하지는 않지만 일부 문헌에는 김덕령이 이몽학의 반란에 연루되었다는 소문으로 어려운 입장에 처해있을 때 김응서가 김덕령을 시기해서 소문을 퍼뜨려 모함했다는 기록이 보인다. 그렇다면 김응서의 특이한 행위를 김덕령의 행위로 바꾸어 미화했을 가능성이 높다.

또한 이 설화에서 김덕령은 이여송이 당할 수 없는 왜장을 살해함으로써 이여송을 능가하는 민족적 영웅으로 부각된다. 또한 이여송은 김덕령이 만약에 중원에서 태어났더라면 천하제일의 영웅이 되었으리라 말함으로써 중국에 대한 민족적 열등의식을 극복하는 의미도 있고, 만약 김덕령이 역사현장에서 억울하게 희생당하지 않았다면 설화에서 보여주는 것과 같은 영웅적 행동을 함으로써 왜란의 상황이 달라졌으리라는 가정적인 역사의식이 표출된 것이다. 또 기생 화월의 적극적 행위가 크게 부각되어 있는 것은 남성에 대한 여성의 우월의식이 개입되어 있음도 간과할 수 없다.

7) 김덕령의 원사 설화

김덕령의 죽음은 자기의 능력을 전혀 발휘해보지도 못한 억울한 죽음임과 동시에 나라에 대한 충성이나 부모에 대한 효를 모두 잃어버린 것이었다. 그는 기복전이나 죽음 직전에도 충·효의 갈등에서 고민해야 했다.

「김충장공유사」에는 명군에 의해 왜와의 협상이 진행되면서 전투중지령이 내려지자 울분과 안타까움을 여실히 드러내는 한편 머지않아 자신에게 닥칠 암울한 운명을 암시한 시조 한 수가 보인다.

> 춘산에 불이 나니 못다 핀 꽃 다 붙는다.
> 저 뫼 저 불은 끌 물이나 있거니와
> 이 몸의 내 없는 불 일어나니 끌 물 없어 하노라.[35]

또한 그가 남긴 한시에는 문사로서의 성격보다는 무인으로서의 기개를 자부하지만 하루 빨리 전쟁을 끝내고 고향으로 돌아가 본래의 일을 다 하고자 하는 간절한 소망이 들어 있다. 권필(權韠)의 꿈에 김덕령으로부터 얻었다는 「취시가(醉時歌)」에는

> 취할 때 노래하니 이 곡 듣는 사람 없구나.
> 나는 꽃 달 아래서 취하려 하지 않고,
> 나는 공훈 세우기도 구하지 않네.
> 공훈 세우는 것 뜬 구름이요,
> 꽃 달 아래서 취하는 건 뜬 구름일세.
> 취할 때 노래하니 내 마음 알아 줄 이 없구나.
> 다만 칼 잡고 밝은 임금 받들고 싶네.[36]

---

35 김덕령, 『김충장공유사』 권1, 「春山曲」, "춘산(春山)의불이나니못다핀꼿다붓ᄂᆞᆫ다져뫼져불은끌물이나잇거니와이몸의ᄂᆡ업슨불니러나니끌물업서ᄒᆞ노라"

36 권필, 『석주집』, 「醉時歌」. "醉時歌此曲無人聞, 我不要醉花月. 我不要樹功勳, 樹功勳也是

라 하여 삶과 세상사에 달관한 듯한 김덕령의 심정이 나타나 있지만 이는 김덕령을 비의한 권필의 심정일 것이다. 이에 대한 권필의 답시(答詩)에서는,

> 지난날 장군께서 창을 잡았으나
> 장한 뜻 중도에서 꺾이니, 운명인 걸 어찌하나.
> 지하의 영령, 한(限) 끝없으리.
> 취시가 한 곡조여.[37]

라 하여 김덕령의 비극적인 일생과 그의 좌절을 철저한 운명론으로 귀결시키고 있다.

임진왜란 때 김덕령은 부친 상중의 몸으로 모친이 살생해서는 안 된다 해서 전장에는 나가지 못하고 다만 왜진에 들어가 왜병들의 모자에 꽃을 다는 재주를 보여 왜병들로 하여금 스스로 물러가게 하였다. 이 때 나라에서 재주 있는 김덕령이 전장에 나가 싸우지 않았다고 역적으로 몰아 죽이려 하였다. 그러나 김덕령은 신력으로 사형을 거부하며 역적으로는 죽지 않겠다면서 자기를 죽이려면 '만고충신 김덕령'이라는 비를 세워달라고 하였다. 선조가 그렇게 해주자 김덕령은 오금에 붙어있는 비늘을 떼고 쑥대로 세 번 치라고 하여 죽었다. 나라에서 김덕령의 장례를 지내주고는 김덕령이 무슨 충신 효자냐면서 비를 땅에 묻었는데, 다음날 아침이 되니 비가 다시 나와 윤택이 났다. 이상하여 그의 묘를 파 보니, 김덕령이 무릎을 꿇고 일어나려해서 김덕령을 죽이고 비를 없앴다. 김덕령은 나라에서는 역적이었지만 죽어서는 효자가 되었다. (『구비』 1-4, 896면, '김덕령일화')

이 설화에서 김덕령은 효를 온전히 하기 위해 충에 상당한 한계성을 설정하고 있다. 이는 역사현장에서 김덕령은 이와 같은 충효의 갈등에서 효보다

浮雲. 醉花月也是浮雲. 醉時歌無人知我心, 只願長劍奉明君."

37 권필, 『석주집』, 「醉時歌」. "將軍昔日把金戈, 壯志中摧奈命何. 地下英靈無限恨, 分明一曲醉時歌."

는 충을 선택하여 출전했지만 김덕령이 성공하지 못하고 억울하게 죽는 바람에 충은 물론 효까지도 어긋나게 되었다는 점에 비추어 본다면 상당한 차이를 보이고 있는데, 설화의 이러한 변이는 김덕령이 역사현장에서 다하지 못했던 효에 대한 일종의 보상심리에서 나온 것으로 민중의 가정적인 역사의식이 투여된 것으로 보인다.

설화에서 김덕령은 이미 성장과정에서부터 그의 비극적인 삶이 암시되어 있다. 그것은 부친의 실수에서 비롯된 것이기도 하지만 비극적인 죽음의 결정적 요인은 조선사회가 안고 있는 유교적 윤리관 때문이었다. 그리고 설화 대부분은 김덕령의 역사적 사실을 그대로 수용하지 않음으로써 역사현장에 대한 민중의 저항의지가 엿보인다. 설화에서 김덕령은 충보다는 효를 선택한 것, 이여송이 당할 수 없는 왜장 조섭과 풍신수길을 퇴치한 것, 일방적으로 사형을 당한 것이 아니라 스스로 죽어주고 그 대가를 받아낸 것 등은 부조리한 역사현장에 대한 민중의 비판과 저항의지, 그리고 김덕령이 펼칠 수 있는 가능한 세계를 보인 것으로 보상심리에서 비롯된 것이리라.

8) 忠壯公遺事 目錄

卷之一

手蹟 御製序 御製賜祭文 綸音 金忠壯公遺事卷二.三 金忠壯公遺事附錄上.下目錄 金忠壯公遺事續編卷一.二 金忠壯公遺事後續編目錄 金忠壯公遺事後續編附錄 金忠壯公遺事三續編目錄 詩: 題瑞鳳寺壁上 軍中作 子胥遺怨浙江潮煙月古隋城 / 歌: 春山曲 / 書: 與郭再祐書(2回) 獄中上宰相書 / 檄: 移檄道內列邑文 移檄嶺南文 / 祭文: 祭晉州戰亡將士文

卷之二

年譜

卷之三

記實 傳 傳後敍 謚狀 碑 義烈祠配享祭文 義烈祠春秋享祝文 追述詩贊訟冤疏 翼虎軍中通文 請謚上言 請合享上言

10. 장암 나덕헌 壯巖 羅德憲

1) 생애

나덕헌(1573-1640)은 자는 헌지(憲之)이고, 호는 장암(壯巖)이며, 본관은 나주(羅州)고 조선중기의 무장이다. 1573년(선조 6년) 6월 25일 나주 남산 아래 지금(나주시 남계동)에서 출생하였다. 아버지는 금호(錦湖) 사침(士枕)이요, 어머니는 정경부인 광주정씨(光州鄭氏)이다.

나덕헌은 사침의 여섯째인데 당시 세상에서 이 여섯 형제를 나씨육룡(羅氏六龍)이라 칭하였으니, 덕명(德明, 進士 義禁府都事, 忠旌享祠), 덕준(德俊, 行誼로 被薦, 報恩縣監, 孝著享祠), 덕윤(德潤, 義禁府都事로 王子師傅, 司憲府監察), 덕현(德顯, 孝로 參奉에 추증, 妻 河洞鄭氏 烈旌), 덕신(德愼, 靈巖郡守, 茂長縣監, 露梁大捷으로 宣武從動一等에 錄勳됨), 덕헌 등이었다. 나덕헌은 어려서부터 기국이 원대하고 지혜가 뛰어나 세상 사람들이 원대한 그릇으로 지목하였다.

17세(1589년) 정여립(鄭汝立)의 모역 사건이 일어나 많은 사대부가 연루되었는데 그 가운데에는 아버지 사침과 형 덕명과 덕준과 덕윤도 들어있었다. 당시 17세 소년으로 학업이 숙성하여 문명을 떨치던 때인지라 형 덕현과 함께 소청(疏廳)에 가 정암수(丁巖壽) 등의 투소(投疏)를 저지하였으나 이 때문에 철원(鐵原)으로 유배되고 세 형도 북변(北邊)에 귀양을 갔으나 아버지 사침만은 "명참효자자원지(名參孝子者原之: 이름이 효자에 든 자는 용서한다)"라는 율에 의해 용서되었다.

20세(1592년) 임진왜란을 당하자 유배에서 돌아온 즉시 유학에 전심할 여가가 없음을 알고 무(武)에 전력하였다. 1596년에 부친상을 당하여 예제(禮制)를 극진히 하여 3년 거려(居廬)하였다

30세(1603년) 별시무과(別試武科)에 뽑히자 이덕형(李德馨)은 충효와 재지가 크게 쓰일 만한 인물임을 알고 천거하여 당상선전관(堂上宣傳官)에 제수

되었다가 부안현감으로 승진되었고, 1612년에 의주판관(義州判官)에 제수되었다. 2년 후에는 모친상을 당하여 고향에 물러와 3년을 거려하였다. 1616년에는 수원중군(水原中軍)이 되었다가 재임 중에 통정대부(通政大夫)의 가자에 올랐다.

당시 광해군의 정치는 어지러워 윤강(倫綱)이 무너졌고, 만주족은 강성하기 시작하더니 1616년에는 건주위(建州衛)의 추장 누루하치(奴兒哈赤)가 참람되게 국호를 후금(後金), 연호를 천명(天命)이라 하고 동서를 요란하게 하였다. 나덕헌은 울분을 참지 못하고 북방 수비를 스스로 맹서하더니 결국 1619년에는 47세의 나이로 정주목사(定州牧使)에 전임되었다.

1624년에 이괄(李适)이 난을 일으키자 전목사의 자격으로 도원수 장만(張晩)의 휘하에 들어가 남이흥(南以興), 정충신(鄭忠信)과 더불어 안현(鞍峴)에서 이괄을 대파하였다. 이에 도원수가 주상에게 봉상(封賞)을 품달하려하자, 그의 후부인이 장만의 처와 자매 사이였으므로 굳이 사양하며 "대장부가 조그마한 공 때문에 남의 혐의를 받겠느냐!"라고 하면서 사양하고, 다만 진무원종훈(振武原從勳) 1등에 참여하고 곧 봉산군수(鳳山郡守)에 제수되었다.

55세(1627년) 금주(金主) 홍타시가 안주성(安州城)에 쳐들어와 성을 격파하자 목사 김준(金浚)이 순절하니 그의 따님 김씨(바로 나덕헌의 큰 자부)는 친가에서 유서 두 통을 두 노비에게 주고서 부군(夫君)에게 전하도록 하고 자결하였는데 난 후에 조정에서 정려를 명하였다.

1630년에 어사(御史)의 무고로 체포되었다가 가도부장(椵島副將) 유흥치가 주장을 살해한 사건이 일어나자 그 실정을 파악하기 위해 옥중에서 충접사(充接使)로 충임 되어 가도에 들어가 유의 실상을 비밀리 살피고 다음해에 돌아왔다.

61세(1633년) 충신사(充信使)로 심양(瀋陽)에 들어가니 금주(金主)가 병위를 떨치며 맞이하였으나 조금도 동요함이 없이 다섯 가지 위약(違約) 조항을 따져 물었다. 그 내용은 다음과 같다.

첫째, 도망하여 방랑하는 자들을 데려다가 우리나라 서북방을 소란하게 만드니 되겠는가?

둘째, 차사(差使)를 보내 우리 국경 안에 들어오게 하고 말이 죽으면 값을 억지로 징수해 가니 되겠는가?

셋째, 의주부에다 관시(關市)를 세워놓고 물화를 강제로 탈취해 가니 되겠는가?

넷째, 인삼을 보내 억지로 팔게 하니 되겠는가?

다섯째, 우리 차사 김애남(金愛男)을 구속시키고 보내지 않으니 되겠는가?

등이었다. 그러나 말 값 억지 징수만 중지되었다.

다음해 1634년에 재차 통신사로 심양에 갔다. 이 때 금나라에서는 조선이 명나라를 도와 협공해 올 것이라는 낭설이 떠돌아 나덕헌을 수개월 동안이나 구류해 놓고 여러 가지로 욕을 보이자 조선에서는 선전관 이정현(李廷顯)을 보내 금을 타일러 방환해 왔다.

다음해에 창성도호부사(昌城都護府使)가 되었다가 다시 의주부윤(義州府尹)이 되었다.

64세(1636년) 64세라는 노구로 첨지중추부사(僉知中樞府事)로서 다시 춘신사(春信使)가 되어 심양으로 떠났다. 평양에 이르자 마침 이곽(李廓) 역시 회답사로 금에 가는 길이라서 동반하게 되었는데 금사(金使) 용골대(龍骨大), 마부대(馬夫大), 오조음(吳曺音) 등 삼호(三胡)도 마침 와서 만나게 되었다. 그 때 삼호가 나덕헌을 위협하였는데 나덕헌은 조선의 사신으로서 당당하게 답하고 있다. 그 문답 내용을 소개하면 다음과 같다.

삼호: 한(汗)이 우리더러 귀국 사신과 함께 심양에 돌아오라 하였으니 사신들은 우리와 함께 한양으로 되돌아가 일을 마친 다음에 동행하는 것이 옳소.

덕헌: 나는 이미 군명(君命)을 받고 대궐문을 나섰으니 의리상 다시 돌아갈 수 없고 또 예단이 전날에 비해 많아져 인마(人馬) 일행이 같이 오지 못하였으니 세 장수는 다녀오시오.

용호: 한의 명령이라 지엄하니 감히 어쩔 수 없소. 사신들이 꼭 먼저 가겠다면 나도 그만두고 가리라.

덕헌: 용장이 한의 명령을, 내가 조정의 명령을 어기지 못함은 매 한가지거늘, 용장은 매양 한의 명령만 따르라 하고 나에게는 조정의 명령을 버리라 하니 자신의 계책으로는 좋은 일이나 남에게는 잘못된 처사가 아니오.

용호: 사신의 말에도 이치는 있으나 우리가 올 때 이미 통원보(通遠堡)의 수장에게 들여보내지 못하도록 부탁하였으니 앞서 간들 들어가지 못할 것이니 서울로 다시 가기 어려우면 여기서라도 기다리시오.[38]

하면서 여러 차례 위협하였다. 또,

용호: 우리나라는 이미 대원(大元) 50여 왕자를 수합하여 땅이 가장 넓고 병민(兵民)이 또한 성대하니 하늘의 뜻이 붙어 있는 곳이요 인심이 돌아오는지라, 우리 모든 장수와 왕자들은 한에게 대호(大號)를 올려 그의 공렬을 나타내려 하오. 귀국은 아우요, 우리나라는 형인지라 형이 경사가 있는데 아우가 모른 체 할 수가 있는가. 서달(西㺚)과 똑같이 이 일을 하려 하니 귀국의 모든 왕자들도 차례대로 와서 경사를 치하하도록 하시오.

덕헌: 이 무슨 말이오. 서달은 천조의 반로(叛虜)라 이미 금의 포로가 되었으니 마땅히 한의 명령을 따라야겠지만 우리나라는 금과 형제인지라 서로 마땅히 예의가 있어야 할 것이오. 비록 귀국이 연호를 붙인다 하더라도 어찌 우리 왕자가 서로 경사를 치하하리요? 우리를 부로와 같이 취급한다는 것은 큰 잘못이오.

용호: 서달은 남조(南朝)가 망하고 금나라가 흥할 줄을 알고 있으니 하늘에 순응하고 형세를 안다 하지 않으리오?

덕헌: 신하가 임금을 섬김에 혹 형편을 따라 지조를 바꾼 데서야 어찌 천지간에 설 수 있겠소! 우리나라는 오직 의리만을 알 뿐 추세를 모르니, 서달의 하늘이니 형세니 하는 말은 우리로서는 듣고자 하는 것이 아니요.

용호: 귀국이 비록 상을 당하였다고는 하나 예단(禮段)이란 연수(宴需)와는

---

38 황윤석, 『이재유고』 권18, 「行狀」. "三胡曰汗令吾等偕貴國使臣入瀋, 使臣幸與我還京, 待我竣事同往可矣. 公曰吾已受命辭闕, 義不當復路, 況今禮段比舊有加, 一行人馬時未齊到, 若待裝完則日期自應稽延, 三將尙可追赶也. 龍胡勃肰曰汗令極嚴, 吾不敢違. 儻使臣必欲先行, 吾亦從此徑歸矣. 公曰龍將之於汗令, 我之於朝命, 其不敢違一也, 而龍將只欲一依汗令, 使我委棄朝命, 自爲計則善矣. 獨不錯於爲人乎! 龍胡曰使臣言亦有理, 但吾等之來, 已囑通遠堡守將不令納, 雖或先行, 奈必阻何."

달리 받지 않을 수가 없거늘 감사가 핑계를 대어 우리의 예물을 물리치니 사람 접대를 이처럼 박절하게 할 수 있소. 나는 밤새도록 부끄러웠소.

덕헌: 용장이 먼저 실수를 해놓고 남을 책할 수 있소? 예물이란 명분이 있어야 받을 수 있거늘 지금 아무 명분도 없이 물건을 품속에 두었다가 사교(私交)와 같이 하니 감사인들 어찌 편안히 받을 수 있겠소.

용호: 감사의 하는 짓을 내가 따져 말하고 싶지 않으니 사신은 다시 어떤 말이든 하지 마시오.[39]

하여 결국 다시 말을 꺼내지 못하도록 하였으나 변이 생길까 두려워 마침내 용호 등과 동행하게 되었다. 3월 29일에 심양에 당도하니, 여덟 호장(胡將)이 늘어섰다가 종호(從胡)를 시켜 모두 관에 가두었다. 4월 1일에 두 사신(나덕헌과 이곽)이 국서를 한소(汗所)에 바치니 한이 기뻐하지 않고 옛날 예에 비해 극히 간략하고 경홀히 하였다. 또 예부에 가서 잔치할 적에도 술을 두어 순배 돌리고 한도 궁칙(躬飭)하지 않았다.

이틀이 지난 뒤에 만호(滿胡)를 시켜 말하기를,

교린(交隣)과 조제(弔祭)에 상례를 따를 뿐이었는데 사신이 오면서 예단까지 가지고와 답례하니 미안하게 생각하면서도 사양하지 못하였소. 이제 생각해 보니 참으로 잘못된 일이니 귀국할 때 가져 가시오.[40]

---

39 황윤석, 『이재유고』 권18, 「行狀」. "乃曰我國已收大元五十餘王子, 土地最廣, 兵民又盛, 天意所屬, 人心所歸, 故我諸將諸王子擬加汗大號, 以顯功烈, 貴國弟也, 我國兄也, 兄既有慶, 弟不可不知, 西獟之偕, 爲講定此事耳, 貴國王子弟, 亦當次第來慶也. 公毅肰曰此何言哉? 西獟天朝叛虜也, 既爲金俘, 所宜一遵汗令, 我國于金, 兄弟相與, 當以禮義將之. 設令金國加號, 何遽至於王子弟相慶乎? 而乃齒我以俘獟, 亦大誤矣. 龍胡曰西獟亦料南朝之必傾, 金國之必興, 豈非知天知勢者乎? 公曰人臣事君, 一或惟勢而易操, 無以立乎天地矣! 我國惟義是知, 不知趨勢, 則西獟所謂天與勢, 非我之所欲聞也. 龍胡默久曰貴國雖曰有喪, 而禮段有異宴需, 宜無不可受者, 乃監司託言卻我, 待人若是薄乎. 吾誠達夜大慚爾. 公曰此則龍將先失, 何暇責人? 禮之儀物, 有名乃可, 而今既無名, 直置于懷, 有若私交者肰, 監司其忍晏肰受諸. 龍胡益恚曰監司所爲, 吾不欲索言, 使臣勿復道也."

40 황윤석, 『이재유고』 권18, 「行狀」. "交隣弔祭, 不越循常, 而使臣之來, 乃兼禮段爲答, 于心不安, 亦不及致讓. 今始思之, 吾實謬矣, 其歸盍亦賚還."

그러자 나덕헌이,

> 이는 조명(朝命)이요 예물이라 나라를 떠난 신하로서 중히 여겨야 할 것인데 혹 가지고 돌아간다면 풀밭에 버리는 격이나 다름없으니 본국에 돌아가서 뭐라 말하겠습니까.[41]

라 하니 만호가 말을 못하였다. 용호는 두 사신이 묵는 관을 지나면서도 한 번도 들리지 않더니 6일만에야 와서 떠들썩하게 외치기를,

> 귀국에서 동맹 어기기를 이미 많이 하였소. 지난 정묘 년에는 도중(島衆)으로 하여금 나오지 못하게 하고서는 이제 한인(漢人)에게는 금하지 않을 뿐만 아니라 도리어 먹을 양식까지 도와주는 것은 어찌된 일이요? 이미 귀중한 물건을 서로 교역하기로 해놓고 이제 와서 일체 막아버리고 교역하는 사람을 죽이니 어찌된 일이요? 우리나라 여러 왕자가 여러 번 왕복하면서 화친이 이루어졌는데 지금 서신을 펼쳐 보지 않는 것은 어찌된 일이요? 무릇 사신이란 관에서 한 발자국도 떠날 수가 없는데 지난번 우리가 갔을 때 재부(宰府)에 억류하여 놓고 경홀히 대한 것은 어찌된 일이요? 조제(弔祭)에 우리에겐 환도(環刀)마저 차지 못하게 하고서 당신들은 병기로 호위하여 우리에게 겁을 주는 것은 어찌된 일이요? 서달(西㺚)이 우리와 같이 갔으니 예모에 차등이 없을 수 없는데 말단에 앉히고 교의(交椅)하지 못하게 하여 우리를 박대함은 어찌된 일이요? 돌아오는 날, 거리가 요란하고 기와장과 돌을 우리에게 던져 난의 조짐을 보인 것은 어찌된 일이요? 우리나라에서는 진실로 맹호(盟好)를 지키려 하는데 귀국에서 먼저 어기려 드니 우리로서는 어쩔 수 없소.
>
> 덕헌: 용장이 짐짓 생트집을 잡고자 이런 말로 겁을 주지만 조목조목 밝히겠소. 우리 두 나라의 화친이 이루어지면서 사포(蛇浦)의 한인은 그 때 즉시 철수했으나 선철(宣鐵) 경계에 있는 한인만이 내왕이 있는데 이는 천조(天朝)가 우리와는 부자의 사이이기 때문에 한결같이 금단함이 의리가 아닌 줄을 귀국은 어찌 모르시오! 재부에서 맞이함은 친하고 정이 있게 하고자 함인데 도리어

---

41 황윤석, 『이재유고』 권18, 「行狀」. "此朝命也, 幣禮也, 出疆之臣, 所重在是, 若或以還, 何異委諸草莽, 歸到本國, 亦將何以爲辭?"

노하시오. 조제에 객사(客使)는 칼을 품고 주국(主國)에서 창을 나열함은 예경의 위의이니 어찌 조금이라도 다른 뜻이 있었겠소. 서달은 우리와 전혀 듣지도 보지도 못한 사이인 만큼 장수와 함께 오는 것은 전혀 불가한데 극진한 예까지 바라겠소. 우리나라가 비록 금과 화친했다고 금의 속국에까지 미치겠소. 기와장과 돌멩이 사건은 아이들의 장난으로 사신의 존중함을 모르는 우스꽝스러운 일이요. 어찌 난을 일으킬 조짐이 이 같으리오.

용호: 이제 보니 사신은 아주 간사하오. 명나라의 주씨(朱氏)는 본래 황제의 후손이 아니라 황각사(皇覺寺)의 한 중에 불과하오. 더욱 천하는 한 사람의 천하가 아닌데 주씨만이 오래 오래 전할 수 있겠소! 우리나라 한은 사람대접하기를 정성으로 하되 싸우면 반드시 이기고 돌아오면 구원하여 잘 살도록 해주니 이것이 성인의 도리가 아니오! 요즘 남조에서는 열번(列藩)이 이반하되 대신들은 오히려 계속 모르는 척하고 속이기만 하면서 평정할 줄을 모르니 망할 것이 분명하거늘 조선에서는 남조만 오로지 믿고 있으니 그것이 잘한 생각이오?

덕헌: 우리는 천조에 신분(臣分)이 이미 정해져 있으니 온 나라 군신의 뼈가 부셔지더라도 딴 마음은 있을 수 없소. 그러니 망한다 한들 함부로 대할 수 있겠소? 우리나라가 한쪽에 치우친 조그마한 나라지만 예의를 알고 있는지라 의리에 어긋나는 일은 절대하지 않을 것이요.

용호: 귀국은 예의를 혼자만 지닌 척하고 문필(文筆)을 혼자만 잘하는 척하는데 우리가 만일 동침(東侵)한다면 예의로 싸울 것인가, 문필로 싸울 것인가.[42]

---

42 황윤석, 『이재유고』 권18, 「行狀」. "貴國渝盟, 亦已多矣. 粤丁卯毋令島衆出陸, 今漢人不惟無禁, 又助其粮餉何也? 既許以珍貨通市, 今一切阻搪, 如有市者必殺何也? 方國王避我江華, 我諸王子往復不一, 得成和事, 今有書不坼何也? 凡使者不應離舘一步, 而囊我有行, 押赴宰臣府中, 其輕我何也? 我之弔祭, 亟令毋佩環刀, 而自以兵衛槍戟閃爍, 其劫我何也? 西㺚既與我往, 禮貌不必差殺, 而坐以弊席, 不于交椅, 其薄我何也? 畢竟歸日街巷紛聒, 至以瓦礫投擲, 其兆亂何也? 因言吾國固將永守盟好, 而貴國先自乖戾, 吾亦奈何. 公曰龍將故欲生釁, 爲此劫持, 吾且逐一辨之. 一自和成, 蛇浦漢人已皆登時撤歸, 而宣鐵之境, 尙有漢撥來往, 此則天朝於我父子故耳, 一向禁斷, 其義不可, 金國豈不知此! ……宰府有邀, 親之耳欵之耳. 有何所侮而反怒爲. 弔祭之地. 客使解刀. 主國列戟, 亦爲禮敬威儀, 夫肰後兩盡耳, 豈容毫有他意! 西㺚與我, 聲聞本不相及, 兩將偕至. 已甚不可, 而又望其致禮耶! 我國雖與金和, 亦豈迤及金俘. 乃若瓦礫一事, 此直童戲可笑, 不識使臣尊重耳. 致亂之兆, 固若是乎? 三胡曰使臣今太詐矣. 又言朱氏本非帝裔, 不過皇覺寺一僧爾. 況天下者非一人之天

다음날 용·마는 조선에서 명에 청병하여 청을 치려 한다고 다시 우기면서 그렇다면 우리 청이 먼저 조선을 치겠노라고 성내며 겁을 주었다.

10일 예부(禮部)의 두 오랑캐가 정명수(鄭命壽)를 대동하고 와서,

> 호병: 한이 출교(出郊)하려 하니 사신은 가 보셔야 하오.
>
> 덕헌: 출교하는 것이 무슨 일인데 나를 청하는 것이오.
>
> 호병: 우리도 자세히 모르겠으니, 사신은 우리에게 물을 것이 아니라 가보시오.
>
> 덕헌: 내가 금나라 사신으로 온 것이 두 번이지만 예에 따라 한 번 접견하면 그만이었는데 지금 무엇을 또 보려고 억지로 부른단 말이오?
>
> 호병: 두 나라는 형제 나라요. 형이 교례(郊禮)가 있다면 아우는 마땅히 가 보아야 하거늘 어찌 나를 힐책하고 나의 말을 거절하는 거요? 하물며 한의 명령이 지엄하니 어긴다면 죄를 받을 것인데 끝내 거절하겠소?
>
> 덕헌: 사신은 밖에 있으면서 임금의 명이 아니면 하찮은 일이라도 감히 마음대로 못하는 것이오. 내 비록 용맹이 없지만 어찌 한의 명을 무서워하여 우리 임금의 명을 욕되게 하리오.[43]

라면서 끝까지 거절하였다.

11일 호장(胡將) 10여 명이 병사 30여 명을 거느리고 관 밖에 떼를 지어 서고 예부의 두 호가 와서,

> 호병: 한이 지금 나가려 하니 사신은 빨리 의관을 정제하고 기다리시오.

下, 朱氏安得獨有而久傳哉! 惟我國汗待人以誠, 有戰必勝, 其有歸附, 恤深而贍厚, 此非聖人事耶! 近者南朝刻薄甚矣, 列藩離叛而大臣猶欺誤不戢, 其亡可立待也, 朝鮮專仰南朝, 其計得乎? 公愀肰曰我於天朝, 臣分已定, 擧國君臣, 粉骨靡他. 尙忍以其將亡而忽之乎? 我國雖曰偏小, 猶知禮義, 悖理之事, 决不爲也. 龍胡曰貴國固以禮義自持, 文筆自高, 我若東侵, 將以禮義爲戰乎? 文筆爲戰乎?"

43 황윤석, 『이재유고』 권18, 「行狀」. "明日汗將出郊. 使臣當往觀.……公曰出郊者何事, 必請我耶?……公曰吾使金再矣, 依例一接, 更無相見之儀, 今何可觀而必勒我? 二胡拂肰曰兩國兄弟也. 兄有郊禮, 弟當觀之, 何乃詰我拒我? 況汗令至嚴, 有違必罪, 使臣其得終拒耶? 公曰使在外, 苟微君命, 雖小不敢擅, 吾雖不武, 何乃獨畏汗令 而辱我君命乎!"

덕헌: 의리상 갈 수 없다는 점은 내 이미 말하였으니 차라리 여기서 죽는 편이 흔쾌한 일이요.[44]

라면서 이 곽과 함께 동남쪽을 향해 네 번 절하고 사모(紗帽)와 단령(團領)을 찢어서 내던지고 칼을 빼어 정명수에게 주면서,

덕헌: 너희들이 겁을 줄 바엔 빨리 죽여라.[45]

면서 두 사람이 머리를 한데 머리를 묶고 손을 마주잡고 반듯이 누워 꼼짝도 하지 않으면서 가지 않을 뜻을 보였다. 이 때 마침 한이 문을 지나다가 이들을 보고 호종하는 대열에 서도록 명하니 따르던 호병이 두 사람의 머리와 허리, 손과 발을 나누어 잡고 억지로 대열에 내다놓으니 두 사람 또한 강력히 저항하여 의관이 찢어지고 머리칼이 빠지고 흙이 입에 가득하여 숨도 쉬지 못할 지경이 되도록 불굴(不屈)의 의지를 보였다. 한은 크게 화를 내어 철편(鐵片)을 던져 한쪽 갈비뼈가 으스러졌다. 이 때 이 광경을 지켜본 한인 포로 수십 명은 눈물을 줄줄 흘리며 두 사람에게 "공의 큰 절조를 가상히 여긴다[嘉公大節]"라는 글귀를 땅 위에 써보였다.

한이 다시 나덕헌을 굴복시키고자 예부의 두 호를 통해 말하기를,

한: 사신이 단지 한 번만이라도 하례(賀禮)에 참여한다면 살아 돌아갈 수 있지만 그렇지 않으면 결코 살아 돌아가지는 못하리라.

덕헌: 오늘의 죽음은 참으로 마음에 달려있다. 그러나 살아 돌아가고자 어찌 너희나라 뜰에 배(拜)하겠느냐.[46]

---

44 황윤석, 『이재유고』 권18, 「行狀」. "汗今出矣, 使臣亟整服等候. 公曰義不可往, 吾已言之, 寧死此爲快."

45 황윤석, 『이재유고』 권18, 「行狀」. "爾等必欲劫我, 速斷我頭."

46 황윤석, 『이재유고』 권18, 「行狀」. "使臣只一參賀, 便當生還, 不肰決不生矣. 公乃厲聲曰今日之死, 實所甘心, 豈以生還爲幸, 遽拜爾庭耶."

하였는데 이번에는 진수성찬을 차려 와서 회유하여도 듣지 않고 상을 걷어차자 여러 호가 끌고 차고 쳐서 온몸이 성한 데가 없고 숨이 깔딱 깔딱 넘어가는 지경이 되었다.

12일 한이 성 밖에서 교례(郊禮)를 거행하는 날이다. 다시 철편(鐵片)과 칼을 지닌 여러 호가 와서 협박하자 두 사람은 동면하고,

> 내 머리를 빨리 베어다 한에게 가져다주어라. 내 머리는 벨 수 있어도 내 뜻만은 빼앗지 못하리라.[47]

하면서 완강히 거절하였다. 용호가 다시 와서,

> 한이 대례(大禮)에 참여토록 할 것이니 시키는 대로 하는 것이 옳을 것이다. 만약 다시 거역하면 크게는 교외에서 죽음을 당할 것이요, 작게는 관외에서 구류를 당할 것이다. 아침에 축하 반열에 참여하였다가 저녁에 귀국하게 되면 좋지 않겠소.[48]

하자, 나덕헌은 마음대로 하라면서 전혀 생각을 바꾸려 하지 않자 용호도 전혀 어찌 할 도리가 없어 말을 잇지 못하였다.

한이 출성(出城)하자, 여러 호가 다시 반열에 세우려 하였다. 두 사람은 다시 힘을 내어 밀어제치고 더욱 화가 나서 꾸짖으니 여러 호가 다시 밟고 치고 하여 오른쪽 갈비뼈가 부러졌다. 아파서 참지 못하는 광경을 본 한인 포로들은 "차라리 죽여 버리는 것이 낫겠다"면서도 폭행을 자제시켰다. 다시 음식을 올리자 그전대로 발로 차버리자 여러 호도 서로 얼굴을 보며 망연자실하였다.

13일 한이 삽혈대연(歃血大宴)을 베풀면서도 끝내 두 사람을 부르지 않았다. 하도 기이하여 경원(慶源)에서 잡혀와 관을 지키는 하일(河逸)이란 자에

---

47 황윤석, 『이재유고』 권18, 「行狀」. "此頭可斷, 此志不可奪也."

48 황윤석, 『이재유고』 권18, 「行狀」. "今汗必令參大禮, 惟令可矣. 若復有拒, 大則受刑郊外, 小則受拘舘中. 孰若朝參班而夕歸國乎!"

게 물으니 일의 대답은 이러했다.

한이 두 사람을 죽이려고 여러 장수들과 의논할 때, 한의 조카 요사(要士)라는 자가,

> 몇 일째 사신이 굴복하지 않고 말로 반드시 죽여 달라고 하니 그들은 죽음을 요행으로 생각하는 자들입니다. 그런데도 그들을 죽인다면 우리나라는 사신을 죽였다는 악명을 받을 것이요 저들은 살신성인(殺身成仁)의 충절을 이루어 뒷날 화평한 날에 다른 나라의 웃음거리로 남을까 두렵습니다.[49]

하니, 한은 불현듯 잘못을 깨닫고 다시 부르지 않았다 한다. 이미 죽이지 않기로 한데다 그대로 계속 억류할 수도 없게 되자, 10일이 지나 귀국 날짜를 알려왔다.

25일 용·마가 많은 군사를 이끌고 와서 공을 위협하며 쫓아내듯 귀국길을 서둘렀다. 마침 한의 국서를 가지고 왔는데 봉함이 심히 견고하여 열어보지 못하게 되었다. 이에 나덕헌이,

> 전의 규정에 의하면 열어 보도록 되었는데 이번 국서는 그렇지 않으니 받을 수 없소.[50]

하자, 용호는 화를 발끈 내고 한의 국서를 위협하여 행장에 넣고는 백여 명의 군사를 동원시켜 억지로 강변(江邊)으로 내몰았다.

나덕헌 등은 중상을 입은 데다 내달리는 통에 정신을 잃었다가 정신을 차리고는 한의 국서를 가지고 왔으며 그 국서의 피봉에는 새 인장을 사용하고 새로 고친 연호가 쓰여 있음을 알아차리고는 즉시 던져버리니 호장이 대노하였다.

다음날에도 호병이 나덕헌의 양팔을 끼고 억지로 내달아 통원보(通遠堡)

---

49 황윤석, 『이재유고』 권18, 「行狀」. "近日使臣終不屈, 言必求死, 是以死爲幸者. 若果害之, 我受殺使之惡名, 彼成殺身之令節, 方當順天之日, 恐貽他國笑也."

50 황윤석, 『이재유고』 권18, 「行狀」. "見亦已有例, 則不肰, 可受也."

에 당도하였고 다음날에는 호장은 되돌아갔다.

나덕헌은 협박을 받아 억지로 여기까지 온 것은 어쩔 수 없다 하나 국서를 그대로 가지고 갈 수도 없고, 그렇다고 찢어버릴 수도 없다 생각하였다. 그래서 꾀를 내어 절름발이 말에 국서를 수백 권의 백지 뭉치 속에 숨겨 놓고, 호에게,

> 이 말은 짐이 무거운데다 병이 들어 끌고 갈 수 없다.[51]

고 하면서 심양으로 되돌려 보냈다.

29일 먼저 돌아온 군관 신여호(申汝豪), 김명길(金命吉) 등을 보내 장계를 올리자 비국(備局)에서는 나덕헌의 항의불굴(抗義不屈)을 듣고 표창해야 한다고 떠들썩하였다. 그러나 나덕헌이 채 조정에 이르기도 전에 평안감사 홍명구(洪命耉)가 사실을 자세히 탐지해 보지도 않고 죄를 청하여 말하기를,

> 나덕헌 등은 오랑캐의 조정에 참배하였고 또한 국서를 거절하지 못하고 통원보에 두었다가 부치게 하였습니다.[52]

하니, 상은 이 문제를 조정에 내려 논의토록 하였다.

청음(淸陰) 김상헌(金尙憲)이 당시 이조판서로서 힘껏 말하기를,

> 두 사람이 사신으로 가서 항의한 것은 신이 자세히 들은 바인지라 그들의 명백함이 청천백일과 같이 분명하니 죽여서는 안 됩니다.[53]

하여 죄가 없음은 분명해졌지만 여러 중론이 바야흐로 마구 일어 잡아다 문초하기를 청하니 상이 허락하였다. 그런데 때마침 수재가 심하여 특명으로

---

51 황윤석, 『이재유고』 권18, 「行狀」. "馬病裝重, 難以運也."

52 황윤석, 『이재유고』 권18, 「行狀」. "謂公等旣皆參拜, 又不拒辱書, 留付通遠."

53 황윤석, 『이재유고』 권18, 「行狀」. "力言二人奉使抗義, 臣之所詳聞也, 其爲明白如靑天白日, 宜不至致死."

나덕헌은 백마성(白馬城)에, 이곽은 선천(宣川)으로 귀양을 보냈다.

7월에 가도접반사(椵島接伴使) 이필영(李必榮)이 의를 지켜 굴복하지 않은 상황을 보고하고, 더욱 마호(馬胡)가 통원보에서 몰래 보내온 한의 국서를 가지고 와서 조선 사신이 참배하지 않고 국서를 받지 않았다는 조건을 들어 죄를 청하였다. 또 역관(譯官)이었던 신계암(申繼黯)도 그간의 실상을 비국에 글로 올리자, 정승 최명길(崔鳴吉)은 상소하기를,

> 나모(羅某)가 설사 잘못이 있다 하더라도 참작이 있어야 하거늘 하물며 항례불굴하여 한의 글을 버린 사실이 분명하게 남에 있겠는가? 당초 장계가 왔을 때 묘당에서 포장하려다가 갑자기 비난하는 의논이 일어 죄를 더하고, 그렇지 않다고 하면 불끈 화만 내니 이것이 어찌 인정이랄 수 있겠습니까! 도독(都督) 심세괴(沈世魁)가 천조(天朝)에 아뢴 글이 이르자 천하 사람의 의심이 얼음이 녹 듯 풀리더니, 이제는 황조(皇朝 명나라)를 속였다는 말이 나오니 앞으로 어떻게 명나라에 해명하겠습니까! 지난번 신계암도 비국에 호소하기를, "지난날 사신들의 불굴은 무식한 자라도 다 알고 감동하였으며 오랑캐에게 항복한 한인 장교들도 눈물을 흘리며 칭찬하면서, 환국하면 반드시 중상을 받으리라"고 하였는데 우리 조정에서는 사신이나 그의 일행의 말은 믿지 않고 사죄(死罪)를 논하여 입이 있어도 말을 하지 못하였습니다. 심도독의 보고도 듣고, 마호 역시 불참배 불수서의 죄를 청하였으므로 이제 원통한 형상이 자세히 밝혀졌으니 어떤 조처가 다시 있으리라 생각하였습니다. 그러나 벌써 들은 지 반달이 지나도록 아무 말이 없으니 하늘에까지 미친 원통함이 이보다 클 수가 없습니다. 더욱 더 사신이 여러 차례 구타를 당해 흉터가 온몸에 지고 실오라기 같은 기식(氣息)은 조석을 보전하기가 어려운데 만에 하나 은명을 받지 못하고 갑자기 죽는다면 사신의 포원뿐 아니라 조정의 후회 또한 클 것입니다. 그러니 어찌 감히 묵묵히 앉아 있을 수 있겠습니까?[54]

---

54 황윤석, 『이재유고』 권18, 「行狀」. "羅某設有所失, 亦宜稍存斟酌, 況其抗禮不屈, 捐棄汗書事狀, 明白在人耳目乎! 當初狀啓之來, 廟堂至欲褒賞, 而橫議猝發, 加以屈膝之罪, 有明其不肰則勃肰大怒, 此豈人之性情哉! 沈都督至於奏聞, 天下之疑, 固已冰釋, 今此欺皇朝之語發於我, 將使國家何以自解於天朝乎! 繼黯等又訴備局, 以爲頃使臣不屈, 雖以無識, 亦知感動, 天朝降將及遼民等, 莫不稱歎, 至有流涕者, 意其還國必重賞矣, 朝廷乃以使臣及一行

하여, 상이 특명으로 나덕헌을 석방하니 9월이었다.

나덕헌이 비록 석방은 되었으나 온 몸이 다 상하여 꼽추병 환자가 되어 고향에 돌아와 치료하였다.

두어 달 뒤에 금(金)의 대병이 침입하여 남한산성이 포위되었으나 나덕헌은 나주(羅州) 시골집에서 병으로 호종하지 못하였다.

다음해 정월에 상이 군영에 거동하니, 한이 갑자기 묻기를,

> 나모는 어디 있소? 지난번 엄청나게 항거하더니 이번에는 볼 수가 없군요.[55]

하니, 대개 나덕헌의 불굴을 힐책하고자 하였으나 나덕헌이 없어서 하는 말이었다.

1637년 정월에 상은 교서를 내려 교동수사(喬桐水使)로 발탁하고 경기·황해·충청 삼도수군통어사(三道水軍統禦使)를 겸직하게 하였다. 나덕헌은 이에 애써 부임하였으나 병이 고질화되어 1639년에 체직되고 1640년 정월 초3일에 서울 자택에서 졸하니, 수(壽)가 68세였다.

2) 사상적 의의

1684년(숙종 14년)에 당시 개성유수(開城留守) 지호(芝湖) 이선(李選)이 상소하기를,

> 지난 병자년에 절도사 나모·이모 등이 춘사(春使)로 심양에 들어가 마침 개호 존칭(改號尊稱)의 즈음을 당하여 하반(賀班)에 참여할 것을 강요당하였으나

言不足, 論以死罪, 故有口無言. 今聞沈都督詳奏天朝, 臺論卽停, 國人從此渙肰, 皆謂天朝將降勑褒美, 則使臣守義, 實天下公論所共許, 其光國不細, 而馬胡亦以不參拜不受書請罪, 其不辱命亦明矣, 臺論初非有他, 特疑其辱國耳, 今冤狀旣白, 當有處置. 而側聽半月未有聞, 通天之冤, 無大於此. 況使臣重被毆辱, 瘢痕滿身, 氣息如線, 朝夕難保, 如使未蒙恩命, 遽至滅死, 不但使臣抱冤, 其爲朝廷之悔, 亦不少矣.……安敢終始默默?"

55 황윤석, 『이재유고』 권18, 「行狀」. "羅某安在, 向者苦不屈, 今不得相見耶."

> 죽음으로 따르지 않았으니 오랑캐가 구타를 가하여 의관이 다 찢어지고 기식이 탈진되어도 끝내 불참하니 한인들은 모두 찬탄하며 눈물을 흘렸습니다. 돌아올 적에는 한의 국서를 말이 병든 데다 짐이 무겁다고 핑계를 하고 중도에 버려두고 돌아왔습니다. 그런데 관서의 관찰사가 이것을 죄로 삼아 국경에서 효시(梟示)하기를 청하고 삼사(三司)나 유생들도 극형으로 다스릴 것을 청하되 오직 선정신(先正臣) 김상헌만이 그렇지 않다 하여 겨우 대죄를 면하였습니다. 나모 등이 하반에 참석하지 않음은, 심양에서 이서(移書)하여 말했을 뿐 아니라 정축년 이후 우리나라 조관들이 자주 왕래하여 그 자세한 내용을 알게 되었습니다. 그래서 나만갑(羅萬甲)은 "나모 등이 갑옷과 투구를 쓴 무사로써 임금의 명령을 욕되게 아니하여 공훈을 세웠지만 다른 나라에서 일이 일어나 처음에는 여러 사람의 비방을 받았고 후에는 천양하는 사람이 없어 마침내 민몰되니 진실로 한탄스럽고 민망합니다." 하였습니다. 대개 사람 보는 법은 대국적인 처사를 보아야 합니다. 그래서 자질구레한 일에는 비록 착오와 허물이 있다 하더라도 병이 되지 않습니다. 만에 하나 그 국서를 물리치지 않은 것을 험으로 삼아 포장하지 않는다면 이는 털방석을 씹어 먹던 소무(蘇武)에게 부인 맞이하고 양(羊) 기른 것을 들어 큰 절의가 아니라 하는 것과 한 가지 이치입니다. 세도(世道)가 날로 비루해지고 인심이 더욱 무너지며 형벌을 무서워하고 의리를 업신여기는 자가 많으니 민이(民彝)를 부지하고 신절(臣節)을 표장함이 국가에서 마땅히 뜻을 다 해야 할 바입니다.[56]

라 하니, 영의정 김수항(金壽恒), 행판부사(行判府事) 정지화(鄭知和)와 이상진(李尙眞), 청성부원군(淸城府院君) 김석주(金錫胄) 등도 함께 포장을 헌의

56 황윤석, 『이재유고』 권18, 「行狀」. "故節度使羅某李某等, 以春使入瀋, 適當改號尊稱之際, 脅參賀班, 羅某等抵死不從, 差胡勒加毆辱, 衣冠盡破, 氣息垂盡而終不參, 漢人莫不嘖嘖, 或有垂涕者. 及其將還, 又付答書, 則羅某等託以馬病任重, 留置中路. 其時關西按臣以此爲罪, 請梟示境上, 三司舘儒請治極罪, 而獨先正臣金尙憲議不肽, 得免大何. 夫羅某等之不參賀班, 不徒瀋中已移書言之, 丁丑後我國朝紳絡繹往來, 益得其詳. 而故臣羅萬甲 至筆之於書, 卽丙子錄, 羅某等以介胄之士, 乃能不辱君命, 克有所樹, 特以事在他國, 初被羣議深詆, 後又無人揄揚, 終至堙沒, 誠可歎惜. 大槩觀人, 當於大處. 若其小處則雖或差過, 不足爲病. 今若疵以不能卻書, 終靳褒美, 則是齧氈海上之蘇卿, 亦當以娶婦牧羝, 掩其大節, 此豈理也. 目今世道日卑, 人心益壞, 怵惕刑憲, 弁髦義理者滔滔, 其於扶樹民彝, 表奬臣節, 尤宜國家之所致意."

(獻議)하니 상은 이를 아름답게 여겨 병조참판(兵曹參判)을 특증(特贈)하였다.

1778년(정조 2년) 채제공(蔡濟恭), 정일상(鄭一祥), 심염조(沈念祖)가 진주사(陳奏使)로 연경에 가서 건륭(乾隆)이 지은 전운시(全韻詩)를 얻어 보니, 거기에는 "조선 사신이 배례를 않아 뜻이 유독 어긋났다.[乃有朝鮮使 不拜意獨乖]" 라는 글귀가 있고, 자주(自注)에 "태종 황제가 건호(建號)하고 제사를 지내는데 여러 나라 사신이 와서 축하하거늘 조선 사신 나덕헌과 이곽만이 배례를 하지 않아 좌우 신하들이 죽이려 하니, 황제가 '저 사람은 예의를 지키느라 굴복하지 않는 것이니 죽여서는 안 된다'면서 본국으로 방환하였다." 고 쓰여 있었다. 사신 일행은 모두 찬탄하고 특히 채제공은 이석행(伊昔行)을 지어 슬퍼하였다.

이 사실을 상에게 알리자, 상은 "장하다, 우리나라에도 이런 신하가 있구나." 하고 그 책을 구입하도록 명하여 다음 해 4월에 동지사(冬至使)가 돌아오는 편에 전운시 4편을 사 왔다.

9월 주강(晝講) 때에 연신(筵臣)이 계하기를,

> 충신 나덕헌·이곽은 빛나는 큰 절개가 천추에 전해져도 부끄러움이 없습니다. 이처럼 특이한 사람은 마땅히 별도로 격양시키는 방도가 있어야겠기에 우러러 아룁니다.

하니, 상은 특히 하교하기를,

> 충신 나덕헌은 절의가 탁월한데 아직도 시호가 없으니 이것이 부족한 일이다.

라면서 자헌대부병조판서(資憲大夫兵曹判書)를 추증하고 동시에 충렬(忠烈)이란 시호를 하사하였다.

1789(정조 13년) 관학(館學)으로부터 통문(通文)을 내어 나주 반남(潘南)의 옛터에 서원을 세우고 충강공(忠剛公) 이곽을 아울러 배향하였다.

3) 壯岩遺稿 目錄

箋文: 誕辰箋文 冬至箋文 加禮箋文 正朝箋文 / 記: 北行日記 / 統禦營錄 / 傳旨 教書 / 啓: 到任狀啓 辭勳狀啓 鎭狀褒貶狀啓 / 狀·銘·傳·其他: 行狀 諡狀 墓碣銘 傳類 輓章 乾隆全韻詩 伊昔行 忠烈祠韻 贈諡事蹟 御禦敬奉閣韻 建祠事蹟 忠烈祠上樑文 忠烈祠奉安文 丁享祝文 淸溪書院 幷享祝文 錦湖祠重建上樑文 辨誣事蹟 記聞 遺事 褒贈事蹟 敍述 記跋類 / 湖南節義錄 / 三綱門記 / 年譜(附 磻溪公狀錄) 行狀 墓碣銘 郡薦文 道薦文 錦城孝錄 孝烈帖後識 靈巖公狀錄 行狀 烈婦彦陽金氏行錄

11. 경암 문홍헌 敬菴 文弘獻

1) 생애

문홍헌(1515-1593)은 자는 여징(汝徵)이요, 호는 경암(敬菴)이며, 본관은 남평(南平)이다. 임진왜란 때 의병을 일으킨 조선조 중기의 문인이다.

1515년 능주(綾州) 교촌리(校村里)에서 출생하였는데 아버지는 진사 검(儉)이었다. 8세 때부터 향교에 취학하여 글을 익혔으며 장성해서는 이이(李珥)의 문하에 들어가 수학한 다음 1582년(선조 15) 진사시에 급제하였다.

경암은 일찍부터 도학과 어진 이를 존숭하였다. 당시 호남 사류들이 당을 나누어 서로 비방하였으나 경암만은 어느 당에도 치우치지 아니하여 호남 사류 가운데 거벽이라는 말을 들었다. 특히 기묘명현(己卯名賢) 조광조(趙光祖)를 흠모하고 그의 원통한 죽음을 애통해 하였다.

1570년(선조3)에는 조광조의 서원을 건립토록 조정에서 명하였으나 부지를 마련하지 못하자 사우를 세울 땅을 내놓고 노비까지 헌납한 일도 있었다.

이처럼 선비들에게 추앙 받을 만한 행동을 한 그는 임진왜란이 발발하자 동향인 구희(具喜)·박혁기(朴赫起)·노희상(盧希尙) 등과 더불어 향병 3백여 명을 거느리고 담양회맹(潭陽會盟)에 참여하여 고경명(高敬命)과 함께 금산전(錦山戰)에 참가하였다.

2) 의병활동

임진왜란 때 먼저 활동한 호남의병은 김천일(金千鎰)이 송제민(宋濟民)·양산룡(梁山龍)·양산숙(梁山璹) 등을 지도부로 한 나주의병과 고경명이 유팽로(柳彭老)·양대박(梁大樸)·안영(安瑛) 등을 지도부로 한 담양의병이 있었다. 가장 먼저 의기한 이 두 의병 사이에는 의병장의 견해 차이로 분리되어 나주의병은 급히 북상 진군하여 강화도를 거점으로 기내(畿內) 일원에서 활동하였으며, 담양의병은 기병이 늦기는 하였으나 6천여 대군을 일으켜 북상중 금산성에서 외병과 접전하였다.

위의 두 호남 의병이 강화도 일대와 금산성에서 활동하게 되자 도내에는 자위병조차 없게 되었는데 곧 이어 전라좌·우의병이 다시 봉기하였으니 보성의 임계영(任啓英)군과 화순·능주를 중심으로 일어난 최경회(崔慶會)군이 바로 그것이다.

금산에 이른 경암은 고경명의 요청에 따라 모속관(募粟官)의 임무를 띠고 활동하였다. 『경암실기』에는,

> 제봉(霽峰)이 문공(文公)에게 "군중에 군량이 떨어지니 장차 이 일을 어찌하겠습니까. 군량 모으는 일은 오늘날 가장 급한 일인데 그대가 아니면 누가 하겠습니까. 그대가 여러 군을 두루 다니며 군량을 모아 보시오."라고 하므로 그는 그 날로부터 원근의 군을 돌아다니며 군량을 모으다 동복현에 이르렀을 때 금산이 무너지고 제봉이 피살되었다는 말을 듣고 군진으로 돌아가지 않았다.[57]

고 기록하고 있다. 이 기록에 의하면 경암은 모속관의 임무를 띠고 여러 고을을 거쳐 동복에 이르렀다가 금산 패전으로 환진(還陣)하지 못하였음을 알 수 있다.

그러나 재차 거의할 것을 결심한 경암은 부모 봉양과 집안일 일체를 아우 홍유(弘猷)에게 맡기고 때마침 어머니상으로 복중(服中)인 화순의 최경회(崔慶會)를 찾아가 주장이 되어 줄 것을 간청하였다. 당시 최경회는 담양부사를 마지막 벼슬로 하고 낙향해 있었다. 환갑을 수개월 앞둔 노령의 최경회는 경암의 아우 홍유의 빙부(聘父)라는 인척관계도 있었지만 두 사람 모두 향린(鄕隣)의 명사인터라 그는 경암의 충절어린 간청을 떨치지 못하고 상중임에도 거의를 결심하게 되었다. 최경회가 거의를 결심하게 된 것은 이러한 이유 외에도 기대승 문하의 동학이었던 고경명이 금산에 진군한 후에 글로써 최

57 문홍헌, 『경암실기』 권3.

경회에게 참전토록 청한 사실과, 그리고 경암이 상중 거의를 간청할 때 동심 협력한 동향인 능주 사람 구희(具喜)란 사람이 있었는데 구희 또한 최경회에게는 동문후학이었다는 사실 또한 간과할 수 없을 것이다.

아무튼 화순·능주 등지를 중심으로 병력 8백여 명을 모집, 최경회를 맹주로 추대하고 1592년 7월 26일 골(鶻)자로 장표(章標)를 삼아 전라도 우의병이 광주에서 기병하게 된 것은 문홍헌의 공헌이었음이 '경암실기' 가운데 다음 두 군데의 글에 잘 나타나 있다.

> 일을 일으킨 자는 홍헌이나 일을 성취시킨 자는 족하요, 공을 시작한 자는 홍헌이나, 공을 끝맺은 자는 족하입니다.[58]

> 군사를 모집하는 격문이나 계획이 모두 홍헌의 손에서 나왔으니 최경회가 상중 창의하여 살신성인한 것은 첫째도 문홍헌이요, 둘째도 문홍헌이다.[59]

전라 우의병이 기의한 다음 경암은 참모(參謀)로서 모든 계획을 맡아 담양, 순창, 남원 등지를 거치면서 세력을 보강해 갔다.

이로써 본다면 경암은 고경명을 중심으로 한 담양 의병과 최경회를 중심으로 한 전라 우의병에서 중추적인 역할을 하였다고 볼 수 있겠다.

또한 문홍헌이 참모로서 참가한 최경회 의병의 활약을 간략히 요약한다면 다음 몇 단계로 나누어 설명할 수 있겠다.

제1차로는 장수(長水)를 활동 거점으로 하여 무주·진안·금산 사이를 왕래하면서 왜병과 접전한 것이다. 당시 이곳은 왜군의 소굴로서 영남지방의 왜군이 개령(開寧)·금산(金山)·지례(知禮)로 통하거나 거창(居昌)을 통하여 침략하고 퇴각하는 중심지였다. 따라서 그들은 전면전을 펼치지는 못하고 지형지세에 의한 작전, 매복을 통한 기습공격으로 무주·금산 일대에서 수차에

58 문홍헌, 『경암실기』 권1, 「與崔慶會書」.

59 문홍헌, 『경암실기』 권4, 「請贈旌疏」.(이 글은 숙종 31년에 진사 조황(曹滉) 등이 쓴 글임.)

걸친 전승을 거두었다. 그 결과 왜적은 금산성으로부터 성주(星州)·개령 방면으로 퇴군하였고, 무주에 있던 왜병 역시 같은 방향으로 철군하였다.

제2차로는 경상도에 진군하여 제1차 진주성 싸움의 외원(外援)으로 참전한 것이다. 이상에서 언급한 무주 일원의 왜적이 성주·개령 방면으로 철군함으로서 전라도의 적세는 약화된 반면 영남지방의 적세는 더욱 치성하게 되었고, 따라서 영남 의병장 김면(金沔)은 전라좌·우 의병장에게 와서 도와줄 것을 요청하였다. 이에 전라우의병장 최경회는 군사를 진주 살천창(薩川倉)에 주둔시키고 단성(丹城)으로부터 오는 왜적을 막아 진주성에 대한 외원(外援)의 역할뿐 아니라 경상도 민심을 안정시키는 데에도 커다란 공을 세웠다.

제3차로는 성주·개령지역 수복전에 참가한 것이다. 위 두 지역에서는 모리휘원(毛利輝元)과 그의 주장인 계원강(桂元綱)의 군사 약 1만여 명이 일찍부터 웅거하고 있었을 뿐 아니라 금산성 전투로 전라도에서 퇴각한 군사까지 가세하여 더욱 강력한 세력을 떨치고 있었다. 이에 전라좌우의병은 영남의병과 연합하여 개령과 성주에서 4개월간의 수복전을 편 결과 이 지방을 완전 수복시켰다.

마지막으로는 제2차 진주성 싸움에 참가한 것이다. 진주성 싸움은 1593년 6월 21일부터 29일까지 9주야에 걸쳐 이루어진 혈전이었는데 10만의 대병력으로 밀어닥친 왜병에 대항하여 맞서 싸운 수성군은 1만 5천을 넘지 못한 것으로 추측된다. 거기다가 경상의병은 대부분 수성전에 참여를 거부하였으니 진주성 싸움은 대부분 전라도의병이 맞서 싸운 것이다. 이 싸움에서 김천일과 최경회는 도절제(都節制)로서 김천일은 의병을, 최경회는 관병(官兵)을 통솔하였으며 황진(黃進)을 순성장(巡城將)으로 삼았다. 최경회는 5백 명을 이끌고 참전하였는데 경암과 구희 등은 끝까지 싸우다가 순절하였다. 특히 문홍헌은 마지막까지 최경회를 호위하고 북향재배한 다음 "우선 몸을 피하여 후일을 도모하라"는 최경회의 말을 거절하고 남강(南江)에 투신하였다.

1630년(인조 8년)에 현 한천면 모산리에 있는 포충사(褒忠祠)에 배향하였다. 1675년(숙종 1년)에는 정려(旌閭)를 명하였으며 사헌부 지평(司憲府 持平)을 추증하고, 능주면 잠정리에 있는 삼충각(三忠閣)에 배향하였다.

12. 은와 정호인 隱窩 鄭好仁

1) 생애

정호인(1579-?)은 자는 영백(榮伯)이요, 호는 은와(隱窩)이다. 그는 정유재란 때 만 18세의 나이로 일본에 잡혀가 『정유피란기(丁酉避亂記)』를 저술하였다. 이 글은 1597년 8월 12일부터 다음 다음해인 1599년 7월 23일까지의 기록으로 어린 나이로 적중에 포로가 되어 어려운 상황에서도 굽히지 않은 절의와 기개를 잘 나타내 주고 있다.

정호인은 정절의 큰아들로 함평(咸平)에서 태어났다. 정절은 임진왜란 때 장성(長城)의 남문 창의(倡義)에 주역으로 참여하였고, 정유재란 때 일인에게 잡혀 양팔이 잘리고 끝내는 목숨을 잃은 충의지사이다.

1597년 8월(19세) 피난 차 영광읍 양평리에 있는 둔전포(芚田浦)에서 노를 젓는 배를 타고 구수포(九峀浦)로 향하였는데 당시 동승한 사람은 다음과 같다.

정호인 이외에 호인의 아버지 절, 동생 호례(好禮) 및 할머니 함평 이씨, 어머니 영광 김씨, 아내 함평 이씨(이상 세 부녀는 왜인의 포로가 되자 물에 뛰어들어 자결함), 그리고 3종 대부(大父) 함일(咸一)과 그의 아들 경득(慶得 『만사록』의 저자), 희득(希得 『해상록』의 저자) 및 함일의 아내 함평 이씨, 경득의 아내 순천 박씨, 희득의 아내 함평 이씨, 함일의 딸(이상 네 부녀 또한 순절함)와 척조(戚祖) 정돈(鄭燉)의 모친 오씨(吳氏: 운길[雲吉]의 아내로 또한 순절함),[60] 그리고 심화백(沈和伯), 권사위(權士偉), 오굉(吳宏), 정등(鄭燈) 등이었다.

1597년 9월 칠산대해(七山大海)에 왔을 때 왜적의 배가 사방으로 포위하였

60 이상 순절한 여덟 여인의 정절을 기리기 위해 숙종 때 함평군 월야면 월야리에는 팔렬부녀정려각(八烈婦女旌閭閣)이 세워졌다.

다. 적의 배가 접근하니 할머니, 어머니, 그리고 아내가 물에 뛰어들어 자결을 결심하고 영결(永訣)하는 말에, "왜적이 박두하였으니 사는 것이 오히려 죽는 것만 같지 못하다. 너희들은 남자니 아무쪼록 목숨을 부지하여 종사(宗嗣)가 끊이기를 면하게 되면 이 또한 효도가 아닐 수 없다. 만일 살아서 고향에 돌아가게 되면 집 뒤 선산에 검장(檢葬)하라."하였다. 말이 채 끝나기도 전에 우리 형제와 족속 형제는 선상에 구류되었다. 1597년 12월 14일 일본 평대도(平隊島)에 이르러 가시나무 울타리 집에 갇혔다.

일본에 도착한 이후에는 일본의 학인들과 주로 시를 주고받으며 지내는 한편 이들을 통해 귀환 운동을 벌렸다. 시는 주로 족숙인 경득과 희득의 시가 많은 반면 호인과 호례 형제의 시는 불과 몇 수에 지나지 않는다. 그것도 족숙들과 화답하는 자리에서 지은 몇 수에 불과하고 일본인에게는 대부분 짓지 못한다는 핑계로 거절하였는데 다음 기록에서 정호인의 일본에 대한 적개심과 불굴의 기개를 잘 엿볼 수 있다.

> 1598년 5월 19일 반운자(半雲子) 아파주(阿波州)의 고승(高僧) 동수좌(東首座)가 찾아와서 간곡히 시를 청하면서, "가객(佳客)이 이곳에 와 있으면서 목숨을 구해 고향으로 돌아가려는 계획을 세움은 모두 일을 꾸미기에 달렸으니 좋은 시를 많이 지어 사람들로 하여금 애호심을 일으키게 해야 하니 이제부터라도 시 읊기를 싫어 마시오."라고 하기에, 내가 "나는 연소한 사람으로 본디 학식이 없고 다만 놀기만 좋아하는 처지였는데 국운이 불행하여 이곳에 잡혀 와서 차마 앉아서 죽음을 기다릴 수 없고 바다에 떠 있을 때에 할머니, 어머니, 그리고 아내가 몸을 깨끗이 하기 위하여 모두 물속으로 뛰어들어 자결하고, 아버님은 일본인을 꾸짖으며 굽히지 않다가 칼끝에 해를 당했고, 우리 형제만 죽지 못하고 구박되어 여기에 왔으니 천지에 큰 죄인이라 이제 죽어도 늦다 할 것인데 무슨 면목으로 사람들을 대하리오. 그러나 죽지 않고 구차하게 연명하여 여기까지 왔으니 바라는 바는 다행히 귀환하여 돌아가신 아버님의 유해를 검열하고 또 바다 속의 원혼을 불러 조금이라도 통탄함을 풀어 주어야 할 것입니다. 시를 읊는 일은 능하지 못할 뿐 아니라 이미 썩을 대로 썩어버린 간장 조금도 살고 싶은 생각이 없소이다."라고 하며 눈물을 뿌리니 반운자도 슬픈 빛을 띠고 갔다.

1598년 7월 19일 가정(家政: 성은 蜂次賀, 가정은 이름, 벼슬은 阿波守임)이 병졸을 시켜 편지를 보내기를 "두 명의 아름다운 소년(정호인, 호례 형제를 이름)이 음영(吟詠)도 복역(服役)도 하지 않으니 우리나라에서는 쓸모없는 사람이다. 속히 와서 역사에 응하라."라고 하여 나는 회답하기를 "……우리 형제가 묶여 여기에 끌려온 지 이미 한 해가 다 되고 또한 안일(安逸)하게 커 와서 학업에 태만했고 손발의 노고를 알지 못하니 음영은 무엇으로 하며 복역은 어떻게 따르겠습니까? 다만 한 됨은 한 번의 죽음이 이처럼 더딘 것뿐이요."라고 하였다.

1598년 7월 22일 반운자가 글을 보내 "어제 가정이 가객(佳客)에게 한 편지는 일영(一詠)을 얻고자 함이지 참말로 사역을 시킬 뜻은 아니니 가객께서 그 요청에 따르면 훗날 방환(放還)에 큰 관계가 있소. 나는 천명(天命)을 받드는 자이니 어찌 남을 속이겠소."라고 하여 내가 회답하기를 "……천지간의 죄인으로 형이 죽으려하면 아우가 붙잡고 아우가 죽으려 하면 형이 구원하여 아직까지 우둔한 목숨을 부지하고 있는 까닭은 다만 한 가닥 희망인 방환이 이루어지면 …… 대를 끊기지 말라는 유명을 받들려 함입니다. …… 다만 고지식하고 흐리멍덩하여 권변(權變)할 줄 모르는 점 등은 참화를 당한 여생의 정상을 보아서 불쌍히 여겨 주십시오."라고 하였다.

1598년 8월 9일 복취사(福聚寺)의 중이 와서 시를 청하면서 말하기를 "포로가 된 사람들은 모두 바삐 방환을 서둘고 있는데 당신 형제는 유독 그런 태도가 없으니 돌아갈 생각을 아예 잊었단 말인가? 그렇지 않으면 복역을 달게 받으려는가?"하자, 정호인은 이상에서 서술한 바와 같은 내용으로 답하였다.

1598년 9월 2일 의승(醫僧) 장연(長延)이 찾아와 시를 청하여 말하되, "방환의 의논은 이미 이루어졌으니 참으로 다행한 일이나 다만 일영(一詠)의 사례가 없으면 아파수(阿波守)가 이상히 여겨 중지할 마음이 생길까 염려되오."라고 하여, 내가 "국란에 집이 망하였는데 죽지 못하고 구박되어 여기까지 왔으니 천지간에 큰 죄인입니다. 방환시키자는 의논은 불쌍히 여기는 마음에서 나왔을 것인데 시장(詩章)의 답이 없다고 해서 방환시키지 않을 기미가 있다 함은 실로 유감입니다. 그러나 속언(俗言)에 측은한 마음은 어짊[仁]의 발단이라 하였으니 기왕에 어진 마음이 발로 되었으면 적선(積善)을 하는 경사라 이를진데 조그마한 이유 때문에 본뜻을 거둔다는 것은 남에게 차마하지 못하는 본심이라 하겠습니까?"라고 하니, 장연은 "아파수는 군이 참으로 무식이 아니고 다만 항절불굴(抗節不屈)의 뜻이 있어서 처음부터 이국땅에서는 수창(酬唱)하지 않으려 한다는 것을 알기 때문에 중지설이 있게 된 것이요."라고 하여 내가 "이미 국란에 죽지 못하고 구차히 우둔한 몸을 지금까지 연장시켜 온 몸으로써 무슨 항절(抗節)의 논란이 있겠습니까?"라고 하니, 장연은 "비록 그렇더라도 가정의 비위를 맞추어야 하오."라고 하였다.

1598년 9월 12일 반운자가 필묵을 주기에 "무식한 사람에게는 소용이 없소." 라고 하며 끝내 받지 않았다.

1598년 9월 20일 동생이 굶주림 병에 걸려 일어나지 못함에 내가 붙들어 일으키며 "적의 칼날에도 죽지 않았던 네가 어찌 며칠간의 굶주림을 참지 못한단 말이냐! 믿는 것은 오직 하늘뿐이다."라고 하였다.

1598년 9월 22일 아우가 나더러 말하기를 "이미 살아 돌아갈 계획을 세웠는데 그전에 굶어 죽으면 어찌 하겠습니까? 글씨 품을 팔아서라도 구구한 생명을 이을 수만 있다면 절의를 훼손하더라도 무방할 듯합니다."라고 하여 내가 말하기를 "우리는 이미 일본인에게 무식하다 자처해 왔는데 이제 어찌 하겠느냐?" 라고 하니, 아우가 "베끼는 것과 짓는 것과는 그 성격이 다른데 어찌 구애받을 것 있겠습니까?"라고 하여, "너 알아서 하라"고 했다.

1598년 9월 24일 동생이 글을 베껴 왜인 집에다 팔아 굶주림을 면했다.

이 기록을 통하여 아우 호례의 현실적 융통성을 짐작하게 하거니와 아울러 형 호인의 고집불통의 일면도 엿볼 수 있게 한다. 호례의 융통도 살아 돌아오고자 하는 한 계책일 따름이지 결코 형이 염려하는 것처럼 절의를 훼손시키는 것이 아니겠지만 호인의 고집은 일본인에 대한 증오심, 20세의 젊은 패기로 왜적의 갖은 고초에서도 꺾이지 않았던 것이다.

이후 동수좌(東首座), 도전사랑(稻田四郎) 등의 주선과 가정(家政)의 허락으로 1598년 11월 21일에 귀국하는 배에 올랐다. 당시 동승한 사람으로는 당숙 정등(鄭燈), 족숙 정경득(鄭敬得)·희득(希得) 형제, 포로로와 도전사랑의 집에서 하인으로 지내다가 정경득의 요청으로 귀국하게 된 주현남(朱顯男), 유여굉(柳汝宏) 형제, 임득제(林得悌), 정호인·호례 형제, 정(貞)과 응(應) 두 아이였다.

1598년 12월 21일 대마도(對馬島)에 도착하였으나 도주(島主) 평의지(平義

智)와 평조신(平調信)이 왜경(倭京)에 가고 없어서 다음해 6월 17일까지 6개월여를 대마도에서 체류하였다. 그 사이 평의지의 참모였던 현소(玄蘇)에게 방환을 주선해 주도록 간청하였고, 현소 또한 시를 좋아하는지라 정호인 일행의 귀환을 도왔다. 또한 마침 대마도에 도착한 명나라 사신 하응조(河應祖), 왕양(王洋)이 적극 도와 1597년 6월 17일에 대마도를 출발하여 같은 해 6월 29일에 부산 앞바다에 이르렀고, 7월 18일에 드디어 집에 도착하였다. 3일 뒤에는 상복을 지어 입고 두 형제가 상막에서 지내며 가례(家禮)와 의례(儀禮)에 따라 모든 일을 예대로 처리하였다.

일기의 말미에는 다음과 같은 말로 끝을 맺고 있다.

> 정유년(1597년) 9월 아버지를 잃은 슬픔과 일본과 대마도에서 만 번 죽을 번한 나머지 겨우 살아 온 길을 눈물이 범벅이 되어 기록한다. 슬프다, 나의 후손들이여! 때때로 펼쳐 보고서 괴롭고 궁할지라도 지조를 변하지 말 것이며 편안하다 하여 지키기를 쉽게 함이 없게 할지니라.

정유재란 포로의 적중 일기로서 이미 간행된 것으로는, 수은(강항: 영광출신 1567-1618)의 『간양록(看羊錄)』(1597년 9월부터 1600년 5월까지), 금계(노인: 함평출신 1566-1622)의 『금계일기(錦溪日記)』(1599년 2월부터 동년 3월[중국 기록은 제외]), 월봉(月峰) 정희득(鄭希得 영광출신 1573-?)의 『해상록(海上錄)』, 월봉의 친형 호산(湖山) 정경득(鄭慶得)의 『만사록(萬死錄)』이 있다.

이상 4종의 적중 기록 중에서 『해상록』과 『만사록』과는 본 『피란기』의 필자와 생활을 함께 한 기록이기 때문에 중복이 많은 가운데 다른 점도 없지 않으나 대동소이하거니와 『간양록』 또한 일기체가 아니라 하더라도 그들의 체재 기간이 같은 시기였기 때문에 그들의 견문에 유사한 대목이 적지 않다.

그러나 본서는 내용에 있어서 『해상록』이나 『만사록』과 거의 맞먹는 것이기는 하지만 다음 몇 가지 점에 있어서는 그 새로운 가치가 인정된다.[61]

---

61 이을호, 「정유피란기 해제」, 『국역 정유피란기』, 함평군 향토 문화 연구회, 1986년.

첫째, 『해상록』이나 『만사록』은 이미 간행된 책들로서 간행 이전의 초고(初稿)는 찾아볼 수 없음에 반해 본서는 1973년에야 찾아낸 적중 일기의 유일한 초고라는 점이다. 원본은 한백지(韓白紙) 6절본(六切本, 長 23Cm, 廣 21Cm)으로서 모필(毛筆) 흑사(黑寫) 순한문체 일기이다.

둘째, 따라서 『피란기』의 내용이 훨씬 정확할 뿐 아니라 그의 원형이 그대로 기록 보존되었다는 사실은 크게 중요시 되어야 할 것이다. 실지로 『해상록』이나 『만사록』에 빠진 부분이 본 『피란기』에는 다수 기록되었음이 본 국역서의 각주를 통해서 알 수 있으며, 더욱 『해상록』이나 『만사록』이 출간 당시 누구인가의 손에 의해 가필된 흔적이 있었다고 말한 본 해제를 믿는다면 그 정확성에 있어서 본서의 가치는 크다 하겠다.

셋째, 20세 소년의 적중일기의 최고수택본(最古手澤本)이라는 점에서 최고의 가치를 부여해야 할 것이다.

부모를 죽인 원수와 어찌 시구를 화답할 수 있겠느냐는 효심과 적개심으로 일관된 그의 정신은 죽음을 초월할 수도 있었고 왜적의 호의에 의연할 수도 있었다.

2) 丁酉避亂記 目錄

日記: 丁酉 八月 ~ 己亥 七月 / 日本八道六十六州 / 倭國風物記 / 壬辰之役軍數 / 丁酉再亂軍數

제4장
조선후기 성리학과 호남

1. 노사 기정진 蘆沙 奇正鎭

1) 생애

기정진(1798-1879)은 자가 대중(大中), 호는 노사(蘆沙)이며, 본관은 행주(幸州)이다. 1798년(정조 22년) 6월 3일 유시에 전북 순창군 복흥면에서 아버지 참판공 재우(在祐)와 어머니 정부인 안동 권씨의 아들로 출생하였다. 아버지의 꿈에 금빛 얼굴을 한 대인(大人)이 남아를 안아다 주는 것을 받고 낳았다 하여 아명(兒名)을 금사(金賜)라 하였다.

노사는 비범한 천품을 타고나 말을 하면서부터 문자를 해득하였으며, 5세에 효경과 격몽요결 등을 읽어 문리가 날로 성취되고 글을 짓는 데도 능하였다. 6세에 종두로 왼쪽 눈을 잃었다. 7세에 『소학』과 경서를 비롯하여 『제자백가서(諸子百家書)』를 읽었다. 8세에 『대학(大學)』의 '격물치지(格物致知)'에 대한 물음에 대하여 답하기를 "마음이 사물을 향하여 도달하는 것을 '격물(格物)'이라 하고 마음이 사물을 알게 되는 것을 '치지(致知)'라 한다. 여기에 걸린 거울에 사물이 비치면 그 사물의 아름다움과 추악함을 알게 되는데, 마음은 곧 거울과 같은 것으로 사물이 거울에 비칠 적에 그 아름답고 추악함이 저절로 나타나는 것이다."[1] 따라서 '격물'과 '치지'는 한 가지 일이지 두 가지

---

1 기정진, 『노사선생문집』, 「부록」 권2, 「行狀」. "心向到物曰格物, 心得知物曰致知. 今有懸鏡照物, 知其姸醜鏡卽心, 懸照之初, 姸醜自呈."

일이 아니다. '대학'의 '격물'과 '치지'는 두 가지로 구분하여 말한 것이 아니라고 하였다.

또 성리(性理)에 대한 물음에 대하여 "천리(天理)는 사물의 본성이니 성(性)은 곧 리(理)이다. 리(理)에는 애초에 성(性)이 없으나 성(性)에는 곧 리(理)가 갖추어져 있는데 어린애는 무지하여 그것이 어찌된 줄을 알지 못한다."[2]고 하였다. 이와 같이 그는 어려서부터 성리학에 대해 깊은 조예가 있었다.

14세에 하서 김인후(金麟厚)의 후손인 진사 김의휴(金宜休)의 딸 울산김씨를 아내로 맞이하였으며, 18세 되던 해(1815) 5월 15일에는 아버지가 돌아가시고 같은 달 17일에는 어머니 권씨가 별세하자 9월에 순창군 조동리 안산에 합장하였다. 같은 해 10월에는 아버지의 유명(遺命)에 따라 선대의 고향인 장성군 하남면으로 이사하였다.

34세에 아버지의 유언에 따라 사마시(司馬試)에 응시하여 장원하였고, 그 뒤 몇 차례에 걸쳐 관직을 제수 받았으나 나가지 않았다. 45세에 또 다시 전설사(典設司) 별제에 임명되었는데 나라의 부름을 계속 사양하기가 송구스러워 취임하였다가 6일 만에 병을 핑계로 그만두었으며, 그 뒤로 계속 주어진 벼슬을 그때마다 사양하였다.

46세 되던 여름에 남암(南菴)에서 피서하면서 『납량사의(納凉私議)』 초고를 작성하였는데 이 글은 이기(理氣)를 논한 글이다. 48세에 '정자설(定字說)'을 지었는데, 이는 제자 이봉섭(李鳳燮)이 「태극도설(太極圖說)」의 '성인정지(聖人定之)'라는 '정(定)'자는 스스로 내 몸을 정함인가 타인까지 정함인가를 물은데 대해 여러 번 서신으로 그 뜻을 가르쳐준 일이 있었으나 그가 쾌히 알아듣지 못했기 때문에 이 글을 지어보인 것이다. 또 '우기(偶記)'를 지어 사단(四端)과 칠정(七情)에 대하여 변론하였다.

56세에 「이통설(理通說)」을 지었는데 이는 권우인(權宇仁)이 율곡의 이통

2 기정진, 『노사선생문집』, 「부록」 권1, 「年譜」. "天理物性, 性卽理也. 理初無性, 性乃具理. 童子無知, 未知如何.

기국설(理通氣局說)을 잘 알지 못하고 이리저리 잘못 해석하여 율곡의 본지를 어지럽게 하므로 이 설을 지어 밝힌 것이다. 59세에는 『산서잡록(山西雜錄)』의 서문을 지었다.

65세 때 소위 '임술의책(壬戌擬策)'을 올리려다 그만두었는데, 그는 여기에서 삼정(三政)의 폐단을 열거한 다음, 군포를 폐지하고 환곡을 면제하여 상평(常平)을 세우고 민전(民田)을 제한할 것 등의 개혁방안과 그것을 실시할 규모를 개진하였다. 이 글에는 시대현실을 예리하게 꿰뚫어 본 그의 정치적 경륜이 잘 나타나 있다. 69세인 병인년에는 이른바 '육조소(六條疏)'를 올렸다. 여기에서 그는 간사한 오랑캐의 정상을 말하고 이를 방비할 계책을 말하였으며, 또 안으로 덕(德)을 닦는 것이 밖으로 오랑캐를 물리치는 근본이 된다고 하였다. 그리고 '결인심(結人心)' 석자로써 간곡히 경계에 임할 것을 개진하였다. 이 소(疏)의 내용은 당시 이항로의 척사론(斥邪論)과 함께 그 후로 계속된 위정척사론(衛正斥邪論)의 기본논리가 되었다.

81세에 『외필(猥筆)』을 초하고 그동안 수정을 거듭한 『납량사의』를 문인 조성가(趙性家) 등에게 보였으며, 그 다음 해 (1879년, 고종 16년) 12월 29일에 82세를 일기로 세상을 떠났다.

문집으로는 『노사집』 40권 20책이 있다.

2) 사상

기정진은 일생동안 초야에 묻혀 소유(素儒)의 몸으로 공맹(孔孟)의 가르침을 몸소 실천하고, 또 공맹의 도(道)를 이론적으로 깊이 파헤친 주자학(朱子學)의 연구와 사색에 심혈을 기울였다. 그는 저명한 스승을 사사(師事)하지도 않았고 퇴계학파니 율곡학파니 하는 학파적 연원도 없었다. 그러나 스스로의 줄기찬 학문연찬과 체득에 의하여 하나의 독자적인 사상을 체계화하기에 이르렀다. 그것이 이른바 이일분수(理一分殊)라는 그의 유리론적(唯理論的) 사상체계로서 퇴계·율곡 이후 300년에 걸친 이기철학(理氣哲學)의 주리적(主理的) 또는 주기적(主氣的) 논쟁을 극복하려고 한 것이었다. 그리고 그의 사상은 수많은 제자들에게 전수되어 조선조말 성리학사에서 대표적인 문호의 하나인 노사학파(蘆沙學派)를 이루게 되었다.

여기에서는 그의 철학사상을 이일분수(理一分殊)의 논리, 이존무대(理尊無對)의 이기관(理氣觀), 이함만수(理涵萬殊)의 심성론(心性論)으로 나누어 정리해 보기로 한다.

(1) 이일분수(理一分殊)의 논리

노사의 철학은 리(理)의 철학이다. 그는 주자학에 근거하면서도 다른 이기철학자들과는 달리 태극(太極)의 리(理)의 분수(分殊)만을 가지고 우주만유(宇宙萬有)를 설명하고, 리(理)를 인간을 포함한 우주만물을 생성하는 근원적 존재라고 하였다.

> 천하에 씨가 없이 생겨난 것은 없다. 리(理)여! 리(理)여! 그야말로 만유(萬有)의 종자로다.[3]

즉 리(理)는 우주만물을 생성하는 종자라는 것이다. 또 그는 리(理)를 우주만유가 동정(動靜) 운행(運行)하는 소이연(所以然)의 천명(天命)이라고도 하였다. 요컨대 노사에 의하면 리(理)는 우주만물의 종자요 본령(本領)이며 소이연의 천명으로서 그것은 우주만유의 동정 운행을 떠나서 있는 것이 아니다. 그러므로 그는 현상계의 개물(個物)의 가지가지 차이를 태극의 리(理) 자체의 분화로 보았으며[소위 理一分殊], 만유의 차이를 이기철학들처럼 기(氣)로 인하여 생긴다고 보지 않았다.

> 원두(源頭)를 좇아 말하면 일리(一理)의 처음[太極]을 논할 때 만유가 리(理)에 포함되고, 만물의 운행 면에서 볼 때는 일물(一物)이 있으면 곧 일리(一理)가 있고 만상(萬象)이 있으면 곧 만리(萬理)가 있다.[4]

---

3 기정진, 『노사선생문집』 권16, 「잡저」, 「答人問第二」. "天下未有無種而生者, 理乎理乎, 其萬有之種子歟."

즉 본체 면에서 보면 태극의 일리(一理)에는 이미 만유(萬有)가 함유되어 있고, 현상 면에서 보면 일물(一物)에 일리(一理) 만물에 만리(萬理)가 있다는 것이다. 다시 말하면 태극의 일리(一理)는 만수(萬殊)의 개물(個物)에 내재하여 만상(萬象)을 이루고, 만상의 개물에 내재한 태극의 일리(一理)는 만리(萬理)를 이룬다는 것이다.

따라서 노사에 있어서는 리(理)의 일(一)과 분수(分殊)는 원융무간(圓融無間)의 관계가 된다. 그는 말하기를,

> 만일 리(理)와 분(分)을 두 쪽으로 갈라놓는다면 체(體)와 용(用)은 근본을 달리하게 되고[二本이 있음], 현(顯: 현상)과 미(微: 본체)는 서로 떨어져 있게 되어 끝내 회통(會通)할 길이 없을 것이다.[5]

고 하였다. 즉 태극의 일리(一理)와 분수의 만리(萬理)는 따로따로 갈라놓을 수 없는 것으로서 리(理)의 일(一)과 분수(分殊) 사이는 원융무애하다는 것이다. 또 그는 리(理)의 일(一)과 분수(分殊)의 원융무애한 관계를 '일본만수(一本萬殊)'라고도 표현했다.

> 일본만수(一本萬殊)란 대개 리(理)는 비록 일(一)이지만 일(一)은 곧 만수(萬殊)를 함유한다는 말이다. 만수를 가지고 말하면 천지(天地)에 있어서는 천지의 리(理)가 되고 인물(人物)에 있어서는 인물의 리(理)가 되며, 초목의 리(理)가 금수의 리(理)가 될 수 없고 금수의 리(理)가 인간의 리(理)가 될 수 없으며, 인간의 리(理)가 천지의 리(理)가 될 수 없는 것이니, 분명히 조리가 있어서 서로 얽힐 수 없는 것이다.…… 그러나 만물을 합쳐서 말하면 일본(一本)이란 전체를 통섭한 한 태극(太極)이요 만수(萬殊)란 만물이 각기 차별됨이다. 또 일물(一物)에 대해서 말하면 일본(一本)은 각기 갖춘 한 태극[一太極]이요

---

4 기정진, 『노사선생문집』 권16, 「잡저」, 「答人問第二」. "若從源頭論, 一理之初, 萬有已足. 如種著土, 不得不生, 故萬有之氣, 由此而生. 若就流行看. 有一物方有一理, 有萬象方有萬理."

5 기정진, 『노사선생문집』 권16, 「잡저」, 「納凉私議」. "理分隔斷, 乃是體用二本, 顯微有間, 同者自同, 異者自異, 終無會通之期矣."

만수란 일물(一物) 중의 세조리(細條理)이다. 물(物)을 가지고 말하면 만물이 일물(一物)이요 일물(一物)이 만물이다. 소위 만수(萬殊)가 태극 밖에 있는 것이 아닐진대 말(辭) 때문에 뜻을 해쳐서는 안 될 것이다.[6]

즉 리(理)는 하나(一)이면서 만수(萬殊)를 함유하고 있는 것으로서, 만수를 가지고 말하면 인간·초목·금수의 차별(分)이 있지만 이일(理一)을 가지고 말하면 만물이 일물이요 일물이 만물로서 본원인 태극의 일리(一理) 밖에 만수의 물(物)이 있는 것이 아니라는 것이다. 그러므로 노사에 있어서는 '일리(一理)라 함은 만리(萬理)를 총괄하여 이름 한 것으로서 마치 사지백체(四肢百體)를 총괄하여 한 사람이라고 말하는 것과 같다'는 것이다.

더 나아가 그는 도기(道器), 형이상하(形而上下)의 설을 올바로 이해하는 것이 이일분수(理一分殊)의 리(理)를 파악하는 길임을 강조하고, 이일분수의 리(理)는 반드시 유전(流轉)하는 현상(形氣) 속에서 파지(把持)되어야 함을 역설했다. 즉,

도(道)는 기(器) 속에 있다. 그 경지에 이르러서는 말하기 어려우므로 성인이 상하(上下)자를 빌어서 이를 형용한 것일 뿐 실은 상하가 있는 것이 아니다.[7]

이와 같이 도기(道器), 형이상하(形而上下)의 설은 성인이 언어표현의 한계성 때문에 편의상 도와 기 또는 형상과 형하로 나누어 말한 것이다. 그러므로 상일단(上一段)의 태극일관지지(太極一貫之旨)와 하일단(下一段)의 형이상하지언(形而上下之言)을 올바로 이해하여 도기(道器)가 무간(無間)하고 형

---

6 기정진, 『노사선생문집』 권9, 「서」, 「答閔克中」. "一本萬殊者, 蓋理雖一而一便有萬殊, 以萬殊而言, 則在天地, 爲天地之理, 在人物, 爲人物之理, 草木之理, 不可硬作禽獸之理, 禽獸之理, 不可硬作吾人之理, 吾人之理, 不可硬作天地之理, 井井有條理, 不可相紊也.…… 合萬物而言之, 則一本者統體之太極, 而萬殊者萬物之散殊也. 就一物而言之, 則一本者各具之一太極, 而萬殊者一物中細條理也. 以物言, 故雖有萬與一之分言, 而以理言則萬物一物也, 一物萬物也. 然所謂萬殊者, 非在太極之外, 則亦不可以辭害義也."

7 기정진, 『노사선생문집』 권9, 「서」, 「答鄭季方」. "道在器中, 其界至本自難言, 故聖人借上下字形容之, 其實非眞有上下也.

이상하가 일체임을 이해한다면, 리(理)는 일(一)이면서 곧 분수(分殊)의 만리(萬理)라는 이일분수(理一分殊)의 논리를 이해하게 된다는 것이다.

그는 다시 형기(形氣) 안의 분수(分殊)의 리(理)가 곧 이일처(理一處)임을 알아야 한다고 하여,

> 천하에 형기(形氣)를 떠나서 독립한 리(理)는 없다. 어찌 분수(分殊) 밖에 이일(理一)이 따로 있겠는가? 마땅히 이 분수(分殊)가 곧 이 이일처(理一處)임을 안다면 분수(分殊)가 일리(一理)됨을 추지(推知)하기 어려운 일이 아닐 것이다.[8]

즉 분수(分殊)라는 현상을 떠나 이일(理一)이 있는 것이 아니므로 우리의 공부는 곧 현실적, 구체적인 분수(分殊) 위에서 리(理)의 일(一)됨을 알아내는 일이라는 것이다.

이상에서 살펴본 것처럼 노사에 의하면 한마디로 우주만물의 생성 운행은 태극의 리(理)의 유행(流行)에 불과한 것으로서, 그것은 태극의 일리(一理)가 분수(分殊)의 만상(萬象)을 이룸(理一分殊)이라는 것이다. 이러한 이일분수(理一分殊)의 논리는 이기철학(理氣哲學)에서의 본체와 현상에 대한 종적인 논리구조를 횡적으로 전환시킨 것으로서 그의 리(理)의 철학의 형이상학적 기초를 이루고 있다. 그리고 그는 이러한 논리구조의 전환에 의하여 퇴계(退溪)·율곡(栗谷) 이후 계속된 주리(主理)·주기(主氣)의 논쟁을 극복하려 했다고 할 것이다.

(2) 이존무대(理尊無對)의 이기관(理氣觀)

앞에서 본 바와 같이 노사는 리(理)를 일(一)과 분수(分殊)의 통일체로 보고, 그 리(理) 속에서 수명자(受命者)로서의 기(氣)의 역할을 인정할 뿐, 리(理)와 기(氣)를 대거(對擧)하는 이기이원관(理氣二元觀)에는 반대하고 이일

---

8 기정진, 『노사선생문집』 권16, 「잡저」, 「納涼私議」. "天下無離氣獨立之理. 分殊之外, 曷嘗別有所謂理一者耶? 須知秖此分殊便是理一處, 分殊之爲一理, 亦無甚難曉者."

분수(理一分殊)의 논리에 의한 이귀기천(理貴氣賤)의 입장을 취하였다.

> 기(氣)를 리(理)와 더불어 대거(對擧)하여 이기(理氣)라 부르게 된 것은 어느 때 시작됐던가? 나는 생각하기를 이는 반드시 성현의 말씀이 아니라고 본다. 어찌 이렇게 말할까? 리(理)의 존귀(尊貴)는 상대(相對)가 없으니 기(氣)가 어찌 가히 이와 더불어 짝하리오. 그 원활(圓闊)함은 상대(相對)가 없다. 기(氣)는 또한 리(理) 속의 일(事)이요, 리(理)가 유행(流行)하는 손발(手脚)이다. 따라서 기(氣)는 리(理)와 본래 대적이 안 된다. 그러니 짝도 아니요 상대도 아닌데 이를 대거(對擧)함은 어찌된 일인가?[9]

이와 같이 리(理)와 기(氣)를 대거하지 않고 리(理)를 우위에 둔다는 점에서 노사의 이기(理氣)관은 우선 이존무대(理尊無對)의 이기관(理氣觀)이라고 할 수 있다. 그리하여 그는 학자들이 함부로 '리(理)'니 '기(氣)'니 하는 글자를 쓰는 것을 꺼리고 특히 '기(氣)'자를 즐겨 쓰는 주기론적 입장을 비판하였다.

먼저 리(理)와 기(氣)를 대거(對擧)하는 병통에 대하여 그는 "리(理)와 기(氣) 두 자를 쓰는 것이 지금 학자들의 고질이 되었다"고 전제하고 다음과 같이 말했다.

> 옛날에는 '이기(理氣)'자를 쓰지 않아도 이기(理氣)가 밝았는데 후세에 와서 '이기(理氣)'자가 써지면서 도리어 이기(理氣)는 어두워지기 시작했다.[10]

즉 후세에 리(理)와 기(氣)를 대거함으로 해서 도리어 이기(理氣)의 문제에 대한 견해가 어두워지기 시작했다는 것이다. 그는 또 이기(理氣)라는 글자를 쓰게 된 본지와 그 필요성에 대하여 말하기를,

---

9 기정진, 『노사선생문집』 권16, 「잡저」, 「猥筆」. "把氣與理對擧, 喚作理氣, 始於何時? 愚意此必非聖人之言. 何以言之? 理之尊無對, 氣何可與之對偶? 其闊無對. 氣亦理中事, 乃此理流行之手脚. 其於理本非對敵. 非偶非敵, 而對擧之何哉? 十分停當, 罔有滲漏, 曷嘗見一處對峙而雙擧者乎?"

10 기정진, 『노사선생문집』 권14, 「서」, 「答宋聖澤」. "古不用理氣字而理氣明, 後世理氣字用而理氣始晦."

> 대저 천하에는 하나의 옳은 것(是)과 하나의 그른 것(非)이 있을 뿐 그 밖에 딴 일이 없으며, 지난날 성인들의 수세입교(垂世立教)가 다만 이 옳은 것을 찾는 것뿐 이었다. 사리가 옳은 곳에 있어서는 기(器)가 또한 도(道)요 도(道)가 또한 기(氣)여서 이기(理氣)를 논할 필요가 없는데, 시비가 얽힌 곳에 이르러 성인들은 하는 수 없이 이기(理氣)를 말하게 된 것이다. 오늘날 사람들은 그렇지 않고 '시(是)'자 위에서 또다시 '이기(理氣)'를 구하는구나.[11]

고 하였다. 즉 과거의 성현들은 사실의 옳고 그른 것을 가리기 위하여 부득이 이기(理氣)를 말하게 되었는데, 후세에 와서는 이기(理氣)를 말함으로써 도리어 이기(理氣)에 어두워지게 되었으니, 마치 '옳은 것' 위에서 다시 '이기(理氣)'를 찾는 격이 되었다는 것이다. 이것은 옳은 도리를 알아서 옳은 일을 행하려고 힘쓰기보다 입으로만 이기(理氣)를 따지는 당시 학자들의 폐습에 대하여 일침을 가한 것이라 하겠다.

또 그는 '리(理)'자나 '기(氣)'자가 잘못 쓰임으로서 주기설이 성행하게 된 것이라 하여,

> 학자가 리(理)를 말하지 않으면 해될 것이 없다. 리(理)를 말하지만 정밀하지 못한지라 진리를 혼란시키는 구렁에 들게 되고 주기(主氣)의 설이 세상에 성행하게 되었다. 이것이야말로 세상의 변괴이다.[12]

고 하였다. 즉 이분수(理分殊)의 논리를 모르고 리(理)를 말하면 이기관계(理氣關係)의 진리를 혼란시켜 주기의 설에 떨어지기 쉬우며, 근세 주기의 설은 율곡의 기발이승설(氣發理乘說)에 근원한다는 것이다.

그러면 이기이원관(理氣二元觀)을 지양해 보려는 노사의 이일분수(理一分殊)의 체계에서 리(理)와 기(氣)의 관계는 어떠한 것인가. 노사의 이일분수의

---

11 기정진, 『노사선생문집』 권11, 「서」, 「答李元瑞叔瑞弼瑞」. "蓋天下, 只有一箇是一箇非, 更無餘事, 從上聖人垂世立教, 只是尋箇是處而已. 事到是處, 器亦道道亦器. 理氣不須論也, 及到是非相參處, 聖人不得已而說理氣. 今人則不然, 是字上, 又求理氣."

12 기정진, 『노사선생문집』, 「부록」 권2, 「行狀」. "學者不說理固無害, 說而不精, 入於亂眞."

입장에서도 이기(理氣)를 상대적으로 말할 때는 주자(朱子)나 퇴계·율곡에서와 같이 동(動)하고 정(靜)하는 자를 '기(氣)', 동정하게 하는 소이연(所以然)을 '리(理)'라고 한다. 즉 "동(動)하고 정(靜)하는 것은 기(氣)요, 동하게 하고 정하게 하는 소이연(所以然)과 이기오행 만사서물(二氣五行 萬事庶物)이 그러하지 않을 수 없는 까닭은 리(理)이다"고 함이 그것이다.

그러나 그는 리(理)와 기(氣)의 관계를 대등한 것으로는 보지 않았다. 즉,

> 기(氣)의 발동과 유행[發與行]은 실재로 리(理)의 명령을 받는다. 명하는 재[命者]는 주인이요 명령을 받는 자는 하복(下僕)이니 하복은 그 노역(勞役)을 맡고 주인은 그 공로를 차지하는 것이 천지의 경의(經義)이다.[13]

> 기(氣)가 리(理)의 명령에 따르는 것은 귀인(貴人)이 거마(車馬)를 타고 출행(出行)할 때 이를 본 사람들이 귀인이 나간다고 하지 거마(車馬)가 나간다고 하지 않는 것과 같은 것이다.[14]

기(氣)의 발동과 유행[發與行]은 사실 리(理)의 명령을 받는 것이므로 리(理)와 기(氣)의 관계는 하명자(下命者)와 피명자(被命者), 귀인과 그가 탄 거마의 관계와 같이 차등의 관계를 갖는다는 것이다. 그뿐 아니라 노사에 있어서 이기(理氣)의 관계는,

> 이기(理氣)가 일체임을 알아야 하지만 기(氣)가 고르지 못한 것은 역시 리(理)가 그렇게 시킨 것이다. 천하에 리(理) 밖에 기(氣)가 있겠는가.[15]

> 기(氣)에 즉하여 리(理)를 보라.

---

13 기정진, 『노사선생문집』 권16, 「잡저」, 「猥筆」. "氣之發與行, 實受命於理. 命者爲主而受命爲僕, 僕任其勞而主居其功, 天之經, 地之義."

14 기정진, 『노사선생문집』 권16, 「잡저」, 「猥筆」. "貴人之出, 非無車馬騶從, 而見之者但以爲貴人出, 未嘗言其車馬騶從出也."

15 기정진, 『노사선생문집』 권15, 「서」, 「答景道」. "要知理氣一體, 氣之不齊, 亦理之使然, 天下寧有理外之氣也."

(이기의) 불상리(不相離)함과 동시에 불상잡(不相雜)한 곳에서 이기(理氣)관계를 보아야 정당한 안목을 갖추는 것이 된다.

즉 실제의 사물에서 보면 리(理)와 기(氣)는 상즉불리(相卽不離)한 일체의 관계에 있지만, 기(氣: 現象)에 천차만별이 있는 것은 리(理)가 그렇게 시킴에 이해 그렇게 되는 것으로서 기(氣)의 행하는 바는 결국 리(理) 속의 일(事)에 지나지 않는다. 그러므로 이기(理氣)의 불상리(不相離)·불상잡(不相雜)한 곳에서 이기(理氣)관계를 볼 수 있어야 한다. 말하자면 본체즉현상(本體卽現象)이요 현상즉본체임을 간파해야 한다는 것이다.

이상에서 살펴본 바와 같이 노사의 이기관(理氣觀)은 이기상대(理氣相對)의 이기관(理氣觀)이 아니라 리(理)를 절대시하고 기(氣)의 발동과 운행을 리(理)의 명령 또는 사역에 의한 리(理) 속의 일(事)로 보는 이체이용(理體理用)의 이기관(理氣觀)이다. 이것은 그의 독자적인 이일분수(理一分殊)의 논리의 당연한 귀결이라 하겠거니와, 그는 이러한 이체이용(理體理用)의 논리에 의하여 이기(理氣)를 대거(對擧)하는 이기철학(理氣哲學)의 이기이원론(理氣二元論)을 극복하려 했다고 할 것이다.

(3) 이함만수(理涵萬殊)의 심성론(心性論)

한국 성리학에서는 심성문제(心性問題)가 주요논점이 되어 사단(四端)과 칠정(七情), 인심(人心)과 도심(道心), 나아가서 인물성동이(人物性同異) 문제가 중심과제로 다루어졌거니와 이들 심성(心性)문제에 대한 형이상학적 해명은 결국 이기(理氣)의 문제에 귀착되지 않을 수 없으므로, 여기에서 퇴계·율곡을 고비로 주리(主理)와 주기(主氣)의 논쟁이 벌어지게 되었다. 그 후 수백 년간 계속된 이 주리·주기의 논쟁을 종합 지양한 것이 노사의 리(理)의 철학이라고 할 것이다.

그러면 노사의 리(理)의 철학에서는 심성(心性)의 문제가 어떻게 해명되고 있는가? 그는 이일분수(理一分殊)의 논리와 이존무대(理尊無對)의 이기관(理氣觀)에 근거한 우주구성의 원리를 가지고 인간 심성의 본질 내지 실상과 선악의 문제를 밝히려고 하였다. 그는 인간의 심(心)에 갖추어져 있는 성(性)을 리(理)라 하였다.

> 성(性)은 곧 리(理)이다. 하늘에 있는 것을 리(理)라 하고 사람에 있는 것을 성(性)이라 하는데 이름은 다르나 실리(實理)는 같다.[16]

> 심(心)은 비록 기분사(氣分事)이지만 심(心)에 갖추어져 있는 것은 성(性)이다.[17]

즉 천(天)에 있는 것을 리(理)라 하고 인간에게 부여된 리(理)를 성(性)이라 하며, 이 천리(天理)의 성(性)은 인심(人心)에 갖추어져 있다[性卽理]는 것이다. 그리고 천리(天理)인 성(性)은 곧 천명(天命)의 성(性)인데 천명(天命)인 리(理)의 소부(所賦)에는 각각 분한(分限)이 없을 수 없다. 즉,

> 성(性)이 비록 이 일이(一理)를 같이한다 하더라도 리(理) 속의 분한(分限)은 없을 수 없다.[18]

> 하늘이 명한 성(性)이 곧 리(理)인데 리(理)는 곧 분수(分殊)한다. ……이는 대저 두승작합(斗升勺合)의 물은 많고 적음은 같지 않아도 물의 성미(性味)에 가감이 없는 것과 같은 것이다.[19]

천명의 성(性)은 동일한 하나의 이치(一理)이지만 각 개체에 품부된 성(性)에는 분한이 없을 수 없으며, 이 분한은 마치 두승작합의 물이 다소의 양적

---

16 기정진, 『노사선생문집』 권14, 「서」, 「答金國衡」. "性卽理, 在天曰理, 在人曰性, 異名而同實也云爾."

17 기정진, 『노사선생문집』 권16, 「잡저」, 「納凉私議」. "心雖氣分事, 而乃所具則性也."

18 기정진, 『노사선생문집』 권16, 「잡저」, 「納凉私議」. "性雖同此一理, 而理中之分限不能無也."

19 기정진, 『노사선생문집』 권10, 「서」, 「答安義敬」. "天命之性卽理也, 而理則分殊者也. …… 大抵升斗勺合之水, 雖多寡不同, 水之性味, 無加無減."

차이는 있을지라도 수성(水性)에는 가감이 없는 것과 같다는 것이다.

또 노사에 의하면 본연지성(本然之性: 理一)과 기질지성(氣質之性: 分殊) 사이에는 단계적인 층절(層節)이 없다고 한다. 그는 말하기를,

> 대개 스스로 통체일태극(統體一太極)인지라 이일(理一)과 분수(分殊) 사이에는 간격이 없다.……도출하면 리(理)는 본래 일(一)이므로 이일(理一)을 위주해도 만수(萬殊)가 그 가운데 함유되는 것이요, 형기(形氣)에 즉(卽)하면 형기는 이미 분수(分殊)하므로 분수를 위주해도 이일이 그 속에 존재하는 것이다. 화단(話端)이 이 두 갈래로 되었지만 어찌 성에 여러 층이 있겠는가.[20]

고 하였다. 즉 본연지성(本然之性)을 위주로 말할 때도 만수(萬殊)의 성이 그 속에 함유되어 있고, 기질지성(氣質之性)에 대해서 말하더라도 이일(理一)이 그 속에 내재하는 것이니 본연지성(本然之性)과 기질지성(氣質之性)은 서로 다른 것이 아니라는 것이다. 그러므로 그는 본연지성(本然之性)과 기질지성(氣質之性)을 따로 떼어서 말하지 않고 기질지성(氣質之性) 속에서 찾아야 한다고 하였다. 즉,

> 대개 본연(本然)이라 함은 기질(氣質)에 대하여 명명한 것이다.

> 기질지성(氣質之性)은 태어남과 함께 생긴 것으로서 때에 따라 있을 수도 있고 없을 수도 있는 것이 아니다. 대충 말한다면 그렇지 않다고 말할 수 없다. 소위 본연(本然)이란 것은 어디에서 찾아볼 수 있는가? 다만 기질(氣質)이 리(理)의 궤도에서 불란(不亂)한 곳이 이것(本然性)이다.[21]

이와 같이 노사에 의하면 기질지성(氣質之性) 속에서 보는 순궤불란처(順

---

20 기정진, 『노사선생문집』 권12, 「서」, 「答金景範問目」 참조. "萬物各具一太極. 統體一太極, 前此以爲統體合萬物言之, 各具分萬物言之. 統體各具, 只有分合之殊, 而非有兩項地頭也."

21 기정진, 『노사선생문집』 권16, 「잡저」, 「納涼私議」. "氣質之, 與生俱生, 非可隨時有無者. 汎論之, 不可謂不然矣. 第未知所謂本然者於何見得? 秖氣質之循軌不亂處是也."

軌不亂處)가 곧 본연지성(本然之性)인 것이다. 바꾸어 말하면 그에게 있어서는 이일처(理一處)의 성(本然)과 분수처(分殊處)의 성(氣質)이 리(理)를 떠나 있지 않음은 마치 손바닥과 손등이 손을 떠나 있지 않은 것과 같은 것이다.

또 한편 그는 만물에 주어지는 성을 리(理)의 본연(本然)과 편전(偏全)을 가지고 설명하기도 하였다. 그리하여 그는 인성(人性)과 물성(物性)은 본연처에서 태극(太極)의 일리(一理)를 같이 하고 분수처에서 리(理)의 편전(偏全)을 달리하는 것으로서, 단지 태극의 일리(一理)를 받을 때 완전하게 받느냐 불완전하게 받느냐의 차이가 있을 뿐이라고 하였다. 뿐만 아니라 그의 기본 입장은 분수처에서 본연의 일리를 보는 이일분수의 논리이므로 동이(同異)의 양면을 함께 포섭하는 것이 된다. 그러므로 그는 "인성과 물성은 같으면서 다름이 있고[同中有異], 다르면서 같음이 있다[異中有同]"고 결론을 지었던 것이다.

또 성(性)의 발현인 사단칠정(四端七情)에 대하여서는, 퇴계나 율곡의 이기이원론(理氣二元論)적인 입장을 비판적으로 수용하였다. 그리하여 그는 사단칠정(四端七情)의 이발(理發) 기발(氣發)의 문제에 대하여,

> 모름지기 사단(四端)과 칠정(七情)은 양정(兩情)이 아니며 이기(理氣)는 호발(互發)함이 없음을 알아야 한다.[22]

> 인신(人身)에 대하여 말하면 칠정(七情)만이 존재할 뿐 사단(四端)이 별도로 존재하는 것이 아니므로 호발(互發)한다는 '호(互)'자는 좋지 않다.[23]

고 하였다. 특히 그는 율곡의 기발이승(氣發理乘)의 '승(乘)'자에 대하여 통렬한 비판을 가하였다. 그에 의하면 율곡의 후학들은 기자이(機自爾)라 할 때의 기의 작용을 '비유사지(非有使之)'한 '기자이(機自爾)'로 보고, 리(理)가 '승지(乘之)'한다고 봄으로써, '리(理)'를 조정력도 갖지 못하고 따라서 그러하게

---

22 기정진, 『노사선생문집』 권10, 「서」, 「答鄭希淸」. "須知四七非兩情, 理氣無互發."

23 기정진, 『노사선생문집』 권11, 「서」, 「答柳德鄰」 참조. "七情之外, 本無四端, 互字不好."

시키는 묘력(妙力)도 없는 것으로 여기게 되었다. 그렇게 되면 리(理)는 경시되고 기(氣)를 소중히 여기게 되므로 결국 기가 리(理)의 지위를 빼앗는 변고를 가져오게 될 것이라는 것이다.

그러나 한편 그는 율곡의 입장에서처럼 칠정(七情) 가운데 선한 것을 사단(四端)이라고 하였다.

또 인심(人心) 도심(道心)에 대하여, 그는 "도심(道心)과 인심(人心)은 그 묘맥(苗脈)이 각기 다르다. 인심(人心)의 착함은 곧 도심(道心)이 주재하여 그러한 것이다"라고 하였다. 그리고 묘맥(苗脈)이 다르다는 것은 도심(道心)이 지선(至善)한 것임에 반해 인심(人心)은 선악을 겸하고 있기 때문이며, 따라서 인심(人心)이 선할 수 있는 것은 지선한 도심(道心)이 주재한 경우라고 하였다.

그는 다시 선악의 문제에 대하여, "리(理)의 본연은 순선무악(純善無惡)하지만 리(理)가 올바로 가지 못하거나 리(理)에 배치되거나 승기유행(乘氣流行)할 때의 과불급(過不及)으로 인하여 악이 생기는 것이므로, 그것은 이세(理勢)가 그러한 것일 뿐, 리(理) 밖에 따로 선악의 근저가 있는 것이 아니다"라고 하고 하였다. 다시 말하면 선악은 다 같이 리(理)에 근거한 것인데 다만 유행할 적에 본연의 리(理)의 명령을 따라 올바로 나가지 못하거나 이를 어기어 중도에 지나치거나 미치지 못할 경우에 악이 생긴다는 것이다.

이처럼 그는 성의 본질로부터 그 발현인 선악의 문제에 이르기까지 리(理)와 기(氣)를 대설(對說)하는 주자나 퇴계·율곡의 이기이원론적인 입장을 비판적으로 수용하면서 자기의 이일분수의 논리에 의한 심성론을 전개하였던 것이다.

이상과 같이 볼 때 노사의 리(理)의 철학은 (1) 일(一)과 분수(分殊)에 대한 이기철학자들의 종적인 논리를 횡적인 논리구조로 전환시킴으로서 독자적인 이일분수(理一分殊)의 논리를 확립시켰고, (2) 기(氣)의 소위(所爲)를 이유행(理流行)의 손발(手脚) 또는 이(理) 속의 일(事)로 봄으로서 현상계의 설명에서 리(理)와 기(氣)를 대거(對擧)하는 이기철학자들의 이기이원관(理氣二元觀)을 극복하였으며, (3) 그의 독자적인 이일분수(理一分殊)의 논리와 이존무대(理尊無對)의 이기관을 근거로 하여 이기철학자들의 이기론적 심성론을 극복함으로서 한국 성리학에서 300여 년간 계속된 주리(主理)·주기(主氣)의 논쟁을 종합 지양했다고 할 것이다.

이와 같이 노사는 이일분수의 사상체계를 확립하였고, 그의 학문과 사상은 수많은 그의 제자들에 의해 계승되었다. 노사의 문하에는 영호남 각지에서 모여든 학인들이 600여 명이나 있었고, 재전제자(再傳弟子)까지 합하면 4,000여 명이나 되었다(『蘆沙淵源錄』 참조). 그 중 이희석(李僖錫)은 문학(文學)으로, 조성가(趙性家)·정시림(鄭時林)·김석구(金錫龜)·김한섭(金漢燮)·정재규(鄭載圭)·정의림(鄭義林)·오준선(吳駿善)은 이학(理學)으로, 이최선(李最善)·김록휴(金祿休)은 덕행(德行)으로, 기삼연(奇參衍)은 충절(忠節)로 노사의 학문과 절의를 더욱 잘 드러낸 제자들이었다. 뿐만 아니라 재전 삼전의 제자 중에도 석학 준재들이 많았으니, 정재규 문하의 남정우(南廷瑀)·정기(鄭琦)·권재규(權載圭)와 기우만(奇宇萬) 문하의 이종택(李鐘宅)·공학원(孔學源)·양회갑(梁會甲)·김진현(金珍鉉) 등이 바로 그들이다.

이리하여 노사와 그 제자들은 하나의 학파를 형성하여 퇴계·율곡 이후의 이기철학(理氣哲學)과 다른 이일분수(理一分殊)의 사상체계로써 한국 성리학의 마지막을 장식하였다.

3) 원문 번역

노사는 스스로 저술하기를 좋아하지 않았지만 제자들과의 강학(講學)과 문답(問答)을 통하여 이루어진 주옥같은 저술(問答類篇)이 그의 문집에 남아 있다. 그 중에서도 그의 리(理)의 철학의 핵심을 이루고 있는 『외필(猥筆)』과 『납량사의(納凉私議)』는 그의 대표적인 저술이라 하겠다.

노사는 우주의 구성으로부터 사단칠정(四端七情)·인심도심(人心道心) 등의 심성(心性)의 문제, 인물성동이(人物性同異)의 문제와 선악의 문제에 이르기까지 일관된 이일분수(理一分殊)의 논리를 가지고 설명함으로서 독자적인 리(理)의 철학의 체계를 수립하였음은 앞에서 살펴본 바와 같다. 이러한 그의 학설의 핵심이 『외필』에 잘 나타나 있다.

81세 되던 해(1878년)에 지은 『외필』은 6단으로 구성되어 있다. 그 내용을 살펴보면 다음과 같다. 첫째, 기(氣)의 '기자이(機自爾)'와 '비유사지(非有使之)'를 주장한 주기론자들에 대한 비판이다. 둘째, '기가 스스로 움직인다'고 주장한 자들은 형이상하(形而上下)의 설에 어둡다. 셋째, 리(理) 자체가 움직이는 것은 아니며 기(氣)라는 글자는 경서에 보이지 않는다. 넷째, 주기론자들은 주자가 "음양은 소승지기(所乘之機)이다"라고 한 '승(乘)'의 의미를 바르게 이해하지 못했다. 다섯째, 리(理)와 기(氣)는 한 물건인데 둘로 나누어 보는 것은 잘못이다. 여섯째, 『외필』을 짓게 된 경위를 간략히 기술했다.

『**외필**(猥筆)』

(1) 양(陽)이 운동하고 음(陰)이 정지(靜止)하는 것은 그 현상만 얼핏 보면 과연 독자적으로 움직이고 정지하는 것 같다. 그러나 그 실상을 깊이 궁구해 보면 한결같이 천명(天命)이 그렇게 시킨 것이다. 천명이 그러한 까닭에 음양이 그러하지 않을 수 없다. 이것을 일러 '소이연(所以然)'이라고 하나니, 천명 밖에 별개의 '소이연'이 있는 것이 아니다. 그런데도 오늘날 학자들은 그것을 "기(氣)의 기동력이 스스로 그러할(機自爾) 뿐이다"고 한다. 그것이 독자적인 작용일 뿐이라면 설사 힘써 함을 기다리지 않더라도 이미 자기에 의존할 뿐이요 타자에 의존하지 않는다[由己不他由]는 의미를 함축한다.

게다가 "그렇게 하도록 시킨 실체가 있지 않다[非有使之者]"고 한다. 스스로 그러하다[自爾]고 설명할 때는 말이 오히려 허황된 듯하더니, 그렇게 시킨 실체가 있지 않다[非有使之]는 구절에 이르면 용어의 의미가 명확해져서 음양은 참으로 관계하는 실체도 없이 독자적으로 운동하고 정지하는 것처럼 된다.

이 두 구절만은 나의 옅은 식견으로는 이해할 수 없다. 『주역』에 "한 번은 음이 되고 한 번은 양이 되는 것을 도라 한다[一陰一陽之謂道]"고 하였으니, 하루라도 음양이 없으면 천명은 시행할 데가 없을 것이며, 『중용』에 "성실함이 없으면 만물은 존재치 않는다[不誠無物]"고 하였으니, 천명이 하루라도 멈추면 음양(陰陽)은 존재하지 않게 된다. 천명이 존재하지 않는데 어떤 사물이 동정(動靜)할 수 있겠는가? 그런데 그렇게 하도록 시키는 실체가 있지 않다[非有使之]는 한 구절은 천명이 이미 멈추어 버린 것이 된다. 천명이 멈추었는데 음양이 여전하다는 말은 진정 아직 듣지 못했다.

천명은 모든 사물의 본령(本領)이다. 오늘날 독자적으로 움직이고 정지하여 천명에 관계하지 않는 것이 있다면 천명 밖에 또 다른 본령이 있는 것이 된다. 두 개의 본령이 각각 추뉴(樞紐: 만물조화의 要樞)가 된다면 조화의 작용에는 이런 일이 결코 있을 수 없다. 또 리(理)는 약하고 기(氣)는 강하게 될 것이니, 그렇게 되면 기가 리(理)의 위치를 빼앗을까 두렵다.

이 뿐만이 아니다. 스스로 그러할 뿐[自爾]이라 이르고, 그렇게 하도록 시키는 실체가 있지 않다[非有使之]고 말할 때, 그러지 않을 수 없는 까닭[不得不然之故: 理를 말함]은 이미 기(氣)의 영역에 속하게 된다. 그러하지 않을 수 없는 까닭이란 곧 '소이연'이다. 천지 사이의 만물은 그 소이연을 말한다면, 곧 소이연은 궁극적인 근원이므로 재론의 여지가 없겠지만, 오히려 리(理)를 연접하여 "소이연은 리(理)이다"고 말한다면 그 때는 소이연을 초월하여 존재하는 것이 될 것이니, 다시 무슨 소이연이 있겠는가? 이는 어찌 헛된 명칭만 있고 실제적인 사실이 없는 것이 아니겠는가?

나의 견해로 논구해보면 '자이(自爾)' 두 글자와 '소이연(所以然)' 세 글자는 매우 대립적이다. 따라서 '자이'가 주체가 되면 '소이연'은 물러나야 할 것이다. 이제 이 '자이'와 '소이연'을 병존시켜 사용코자 하면 그 모양이 마치 위연(魏延)과 양의(楊儀)가 함께 승상부에 있는 것과 같을 것이니, 결국 일이 어긋나게 됨을 어찌 면할 수 있겠는가? 이는 또 일의 형세가 결코 그렇게 될 수 없는 것이다. 운동과 정지의 작용은 기(氣)이고 운동과 정지의 원인은 리(理)이니, 운동과 정지의 원인이 그렇게 작용하도록 시킨 실체가 아니라면 어떻게 그러할 수 있겠는가?[24]

---

24 기정진, 『노사선생문집』 권16, 「잡저」, 「猥筆」. 陽動陰靜, 驟看皮面, 果似自行自止. 若

⑵ 귀인(貴人)이 외출할 때 마차와 수종자가 없지 않지만, 이것을 본 사람들은 다만 귀인이 외출한다고 하고 언제나 마차와 수종자에 대해서는 말하지 않는다. 이 점으로 말하면 '태극동정(太極動靜)'은 본래 평범한 말인데도 주자(朱子)는 후세의 학자를 위해 세밀하게 설명하였다. 그는 도리어 학자가 태극동정에 관한 학설을 보고 형이상하(形而上下)의 구분에 어두워서 태극이 기의 기동력[氣機]을 기다리지 않고 독자적으로 운동하고 정지하는 것으로 여길까 두려워한 까닭에 주석 가운데에서 '타는 바의 기동력[所乘之機]'이란 네 글자를 덧붙였다. 생각하건대 일단 리(理)라고 이름 하면 문득 타는 바가 있게 되는 것이니 탄다는 것은 한 털끝만큼도 기의 기동력을 침범한 것이 아니다. 그런데 오늘날 학자들이 '타는 바'라는 말을 해석하는 것은 이와 달라, 태극이 도무지 주장함이 없다가 문득 말이 앞에 있음을 보고 재빨리 올라타는 것처럼 이해한다. 그렇게 된다면 이 말(馬)은 결국 변방 늙은이(塞翁)가 얻는 것과 같을 뿐, 자기가 원래부터 타게 된 것이 아니니 말에 올라탄 뒤의 일을 또한 알 만하다. 형세가 이리저리 쏠릴 적에 오직 말머리만을 보는 격이다. 아! 위태하도다.[25]

深原其實, 則壹是天命使之然也. 天命然也, 故不得不然. 此之謂所以然, 非天命之外, 別有所以然也. 今日其機自爾. 自爾雖不竢勉強之謂, 而已含由己不佗由之意. 又申言之曰非有使之者. 說自爾時, 語猶虛到, 非有使之, 語意牢確, 眞若陰陽無所關由, 而自行自止者. 秖此兩句, 淺見已不可曉, 一陰一陽之謂道, 一日無陰陽, 則天命無所施, 不誠無物, 天命一日或息, 則無陰陽矣. 皮之不存, 何物可以動靜也? 非有使之一句內, 天命旣息矣, 天命息而陰陽因舊, 實所未聞. 天命爲萬事本領. 今有自行自止, 不關由天命者, 則天命之外, 又一本領也. 兩箇本領, 各自樞紐, 則造化必無此事. 又理弱氣強, 吾懼夫氣奪理位也, 非惟此也, 曰自爾, 曰非使時, 其不得不然之故, 已被氣分占取, 不得不然之故, 卽所以然也. 天地萬物, 說到所以然, 卽是窮源, 更無餘地, 猶夫繼之, 曰所以然者理, 則架出所以然之上, 復有何所以然也? 豈非有虛名, 而無實事者歟? 論以愚見, 自爾二字, 與所以然三字, 恰是對敵. 自爾爲主張, 則所以然不得不退縮. 今欲兩存而并用, 其貌樣頗似魏延楊儀同在丞相府, 安能免畢竟乖張乎? 此又事勢之必不可行者也. 動者靜者氣也, 動之靜之者理也, 動之靜之, 非使之然而何?

25 기정진, 『노사선생문집』 권16, 「잡저」, 「猥筆」. 貴人之出, 非無車馬騶從, 而見之者, 但以爲貴人出, 未嘗言其車馬騶從出也. 由此言之, 太極動靜, 本是平坦語, 而朱子之爲後世慮周矣. 却怕學者見太極動靜之說, 昧形而上下之分, 誤以爲太極不待氣機, 而自動自靜也, 故於註解中, 著所乘之機四字. 蓋一名爲理, 便有所乘, 乘非絲毫犯氣力字. 而今人看所乘字與

⑶ 기(氣)가 리(理)를 따라 발현하는 것은 기발(氣發)이니, 기발은 곧 이발(理發)이다. 리(理)를 따라 움직이는 것은 기행(氣行)이니, 기행은 곧 이행(理行)이다. 리(理)는 조작하여 스스로 준동하는 작용력은 갖지 못한다. 따라서 리(理)의 발현과 움직임은 분명히 기의 작용인데도, 이발·이행이라 한 것은 무엇 때문일까? 기의 발현과 움직임은 실제로는 리(理)에게서 명령을 받은 것이니, 명령하는 것은 주인이 되고 명령을 받는 것은 종이 되는 것이다. 종이 노동을 담당하고 주인이 공로를 차지하는 것은 천지의 질서이고, 땅의 의리이다.

그러므로 『논어』에서 "흐르는 물이 이와 같구나[逝者如斯]"라 말할 때 단지 '서자(逝者)'라고만 했지 "리(理)가 기를 타고 이와 같이 흐른다[乘氣如斯]"라고 하지 않았으며, 『주역』에서 "하늘의 도가 변화한다[乾道變化]"라 말할 때, 단지 '건도'라 했지 "리(理)가 기를 타고 변화한다[乘氣變化]"고 하지 않았으며, "태극이 음과 양을 낳는다[太極生兩儀]"라 말할 때도 그러했고, 『중용』에서 "성실은 사물의 처음과 끝이다[誠者物之終始]"라 말할 때도 그러했다. 주렴계의 '태극도설(太極圖說)'도 이것을 준칙으로 삼았으므로 서두에서 "태극이 운동하여 양을 생성하고, 정지하여 음을 생성한다"고 설명했지 기라는 글자는 한 자도 보이지 않는다. 이는 기기(氣機)를 버린 것이 아니다. 주인이 나아가는 곳에 종이 어찌 따라가지 않음이 있을 수 있는가라는 것이다.

주렴계의 이론은 명료하고 단정적이어서 의심할 것이 없는데, 그러나 중(中)에서 지나치거나 미치지 못한 곳에 이르러서는 부득이 기를 말할 때가 있었다. 미끄러지거나 갑자기 내달리는 것을 기라고 하는 것이 그것이다. 생각하건대 지나치거나 미치지 못한 것도 비록 리(理)에 근본 한 것이지만, 말류(末流)에 가서는 리(理)를 해치게 되니 구별하지 않을 수 없는 것이다.

우리 동방에서 근세에 리(理)나 기(氣)에 대한 설명이 왜 그렇게도 침체되었을까? 그들은 대개 한데 엉긴 덩어리로서 가고 안 가는 것도 없고[無適

此異, 有若太極漫無主張, 忽見馬匹當前趫捷, 而騰上様. 然則是馬也, 終是塞翁之得, 非自家元來所乘, 騰上後事, 又可知矣. 勢必之東之西, 惟馬首是瞻. 嗚呼! 危哉.

莫] 주장할 능력도 없는 것을 리(理)라고 여겼기 때문에 이발(理發) 두 글자는 오늘날 학자들이 철저히 회피하는 용어가 되어버렸다. 그리하여 기껏 단락(段落)이 있거나 변화를 일으키거나 조리를 이루는 것을 보면 곧 기(氣)라고 말한다. "누가 이 기를 주장하는가?"라고 물으면 곧 "기의 기동력이 스스로 그러할 뿐, 그렇게 하도록 시키는 실체가 있지 않다[機自爾非有使之]"고 말한다. "이른바 리(理)는 어디에 있는가"라고 물으면 "그것을 타고 있다"고 말한다. 애초부터 이미 그렇도록 시키는 신묘한 원리도 없고 게다가 조종할 힘도 없다면 의지해서 탔다고 하더라도 무슨 일을 할 수 있겠는가? 있어도 도움될 것이 없고 없어도 부족할 것이 없어 살에 붙은 흙덩이나 말 등에 붙은 등에에 불과할 것이다. 아! 가련하도다.

그 실마리를 궁구해보면 "승(乘)"자에서 그 본뜻을 잃으므로 해서 이내 리(理)를 경시하고 기를 중시[理輕氣重]하게 되었으며, 그리하여 곧바로 기가 리(理)의 위치를 빼앗아 모든 사물의 본령이 된 뒤에야 그치게 되었으니, 한 글자가 그 본지를 잃음으로서 그 화가 결국 여기에 미친 것이다.[26]

(4) "승(乘)"자를 원래 "소승(所乘)"으로 보지 않고 기(氣)를 만날 적에 문득 타는 것으로 보는 것은 주인을 객으로 인식할 뿐만 아니니, 어찌 그 리(理)에

---

26 기정진, 『노사선생문집 권16, 「잡저」, 「猥筆」.氣之順理而發者, 氣發卽理發也. 循理而行者, 氣行卽理行也. 理非有造作自蠢動. 其發其行, 明是氣爲, 而謂之理發理行何歟? 氣之發與行, 實受命於理, 命者爲主, 而受命爲僕. 僕任其勞而主居其功, 天之經, 地之義. 是以言逝者如斯時, 直言逝者, 未嘗言乘氣如斯, 言乾道變化時, 直言乾道, 未嘗言乘氣變化., 言太極生兩儀時亦然, 言誠者物之終始時亦然. 濂溪圖說, 傳法於此, 故劈頭言太極動, 而生陽靜而生陰, 不見一氣字. 非遺却氣機也. 主之所向, 僕豈有崖不者乎. 其言光明直截, 無可疑貳, 而到過不及處, 不得已而有說氣時. 蹶者趨者氣也是也. 蓋過不及, 雖亦本於理, 而末流害於理, 則不可無區別耳. 我東方近世說理說氣, 何其滯也? 其言太槩以混淪一塊, 無適莫沒主張者爲理, 故理發二字, 爲今日學士家一大禁避語. 而纔見有段落行變化成條理者, 則曰氣也. 問孰主張是, 則曰其機自爾, 非有使之者. 問所謂理者落在何方, 則曰乘之矣. 初旣無使之然之妙, 末又非有操縱之力, 寄寓來乘, 做得甚事? 有之無所補, 無之靡所闕, 不過爲附肉之疣, 隨驥之蠅. 嗚呼! 可憐矣. 究厥端由, 原於乘字失其本旨, 駸駸致得理輕而氣重, 直至氣奪理位, 爲萬事本領, 而後已, 一字之失其本旨. 其禍乃至於此乎.

준동함이 없겠는가? 그렇게 되면 대지(大旨)를 이미 잃어버린 것이다. 또 '승(乘)'자 자체에는 내력이 있다. 생각하건대 '형이상하(形而上下)'의 상하 두 글자를 곰곰이 생각해보면 나눌 수 없는 곳에서 나누어 말한 것이다. 그런데 오늘날 학자들처럼 기(氣)를 만날 적에 문득 타는 것으로 본다면 이것은 본시 두개의 본체를 합쳐서 말한 것이 되니 본지와는 거리가 매우 멀다.[27]

⑸ 리(理)와 기를 대립시켜 이기(理氣)라고 명명하는 일이 어느 때 시작되었을까? 나는 그것은 결코 성인의 말씀이 아니라고 생각한다. 왜 그렇게 말하는가? 리(理)는 존귀하여 대립물이 없는데, 기가 어찌 리(理)에 상대될 수 있겠는가? 리(理)는 광활하여 상대될 물건이 없나니 기 또한 리(理) 속의 사물이요, 리(理)가 유행하는 손발(手脚)이다. 리(理)는 본래 대립물이 없는 것인데 짝도 아니요 적도 아닌 것을 대립시키는 이유는 무엇인가?

본원(本源)에 대한 설명은 결단코 공자만한 이가 없고, 공자의 본원에 대한 설명은 결단코 『주역』만 한 것이 없다. 리(理)를 말할 때는 반드시 리(理)로써 기를 거느리게 하고, 기를 말할 때는 곧 리(理)를 밝혔는데, 『주역』에서 "한 번은 음이 되고 한 번은 양이 되는 것을 도라고 한다[一陰一陽之謂道]"와 "태극이 음과 양을 생성한다[太極生兩儀]"라고 한 것이 이것이다. 논리가 매우 합당하고 빠진 데가 없다. 어찌 한 곳에서 양자를 대립시켜 둘을 다 열거한 해석을 하겠는가?

그렇다면 "형이상하(形而上下)는 대립시켜 열거한 것이 아닌가?" 이 물음에는 다음처럼 대답하고자 한다. "이 구절의 주안점은 상하(上下)란 글자에 있는데 상하는 분명히 대립적인 개념이다. 먼 훗날에 도(道)와 기(器)를 분별하는 방법을 제시하고자 어쩔 수 없이 그렇게 언표한 것뿐이다. 그러나 이상(而上)과 이하(而下)는 형(形)이란 글자로 머리를 삼았으니, 나눌 수 없다는

27 기정진, 『노사선생문집(蘆沙先生文集)』 권16, 「잡저」, 「猥筆」. 乘字不作元來所乘看, 而作隨遇輒乘看, 不惟認主爲客, 安在其理無蠢動乎? 大旨已失. 且乘字自有來歷. 蓋自形而上下之上下二字, 咀嚼出來, 乃不可分開處, 分開底說話. 今人作隨遇輒乘看, 則乃本是二體而合一底說話, 於本旨燕越矣.

뜻이 그 속에 내포되어 있다. 어찌 오늘날처럼 각각 한 형식으로 각자의 핵심을 삼는 경우가 있겠는가? 오늘날 학자들은 리(理)라는 글자를 보기만 하면 반드시 기를 찾아 대립시킨다. 따라서 유행변화를 일으키는 리(理)의 중요한 일들이 모두 기의 영역에 속하게 되고, 남은 것이라고는 한데 엉긴 덩어리, 공허하고 광막하여 조짐을 볼 수 없다는 말 뿐이다. 이것은 두 개의 본령을 세우는 잘못이다. 아! 슬프다"28

⑹ 이상에서 언급한 모든 말들이 간혹 선현의 이론을 비판하기도 하여 옳지 못한 짓임을 잘 안다. 가만히 생각하건대 전대의 성인들이 고심하고 온갖 정성을 다하여 세상에 가르침을 세운 취지는 도(道) 한 글자 외에 다른 것이 없었다. 옛날의 이른바 도는 오늘날의 리(理)와 같다. 성인들은 유행, 발현, 변화, 소저(昭著)의 작용이 오직 이 도의 작용이라는 사실을 명확히 파악하였으므로 "어진 이가 그것을 보면 인(仁)이라 하고, 지혜로운 이가 그것을 보면 지(知)라 부른다"고 하였다. 비록 사물의 거친 자취를 들어 "구름이 떠다니고 비가 내린다", "솔개가 하늘을 날고 물고기가 물에서 뛴다"고 들어난 자취를 말한 것도 도를 밝히는 소이이다.

오늘날 사람들은 '도리(道理)' 두 글자를 아득히 불가사의한 곳으로 몰아붙이고, 발현하고 드러난 것은 한결같이 기(氣)라고 한다. 이와 같이 설명하는 자는 이기(理氣)를 알았다 하고, 이와 반대인 이는 이기를 알지 못했다고 한다. 그들은 비록 허명무실한 학설로 도(道)와 리(理)를 설명하는데, 그 실상은

---

28 기정진, 『노사선생문집』 권16, 「잡저」, 「猥筆」. 把氣與理對擧, 喚作理氣, 始於何時? 愚意此必非聖人之言. 何以言之? 理之尊無對, 氣何可與之對偶, 其闊無對, 氣亦理中事, 乃此理流行之手脚. 其於理本非對敵, 非偶非敵, 而對擧之何哉? 說本原, 宜莫如孔子, 孔子之說本原, 宜莫如大易, 言理時, 必理以率氣, 說氣時, 便卽以明理,, 日一陰一陽之謂道, 日太極生兩儀是也. 十分停當, 罔有滲漏, 曷嘗見一處對峙而雙擧者乎? 形而上下, 非對擧乎? 日此節眼在上下字, 上下乃的對也. 欲爲千萬世. 開分別道器之門戶, 其言不得不爾. 雖然而上而下, 以形字爲冒頭, 不可分開之意自在, 何嘗如今各立窠窟, 各自頭腦耶? 今人纔見理字, 必覓氣來作對偶, 於是理之流行一大事, 盡被氣字帶去作家計, 所餘者, 秪混淪也冲漠也. 此雙本領之履霜也. 悲夫!

기가 리(理)의 지위를 빼앗아 그것을 모든 사물의 근본으로 삼는 것이 된다. 만약 이와 같다면 천하에 피음사둔(詖淫邪遁)한 학설이 다시없을 것인가? 전도되고 그릇된 현상이 무슨 일엔들 있지 않을 것인가? 설사 힘을 다하여 오류를 바로잡고자 하더라도, 그들은 반드시 "전현도 이미 그렇게 말했다"고 주장할 것이다. 어린 학자도 한결같이 나를 이길 것인데 항차 전현을 머리에 이고 확실한 증거를 들어 논변을 하게 되면 희망이 없겠는가. 그래서 안타까운 마음을 품은 지 팔십 년이 되었으나 감히 입 밖에 내지 못했었다. 이제 하산하는 날에 비록 온갖 생각은 소멸되었더라도, 이 한 가지 일만은 오히려 뚜렷하게 마음에 남아 있다. 곰곰이 생각하건대 전현의 논의가 간혹 비약적으로 발표되어 그 오류가 여기에 이르게 된 것을 보면, 여기에 세심한 사색이 부족했던 것 같다.

전현이 아직 살아 계신다면 진정 질문하고 싶지만, 이미 있을 수 없는 일이요, 질문할 곳은 후현 밖에 없다. 질문해서 나의 의심한 바가 망령된 것이라면 다행이겠지만 혹시 망령된 것이 아니라면 동방의 이기론(理氣論)에 어떤 영향을 미칠는지? 조직교(趙直教, 호는 月皐 이름은 性家)가 편지로 물은 것에 대하여 마음을 단단히 먹고 이 글을 써 놓았으나, 황송한 생각이 들어 감히 조직교에게 보내지 못했다. 나의 제자인 조직교에게도 못 보내는 것을 하물며 타인의 눈에 띄게 할 수 있겠는가? 그렇다면 뒷날에 비록 현명한 학자가 배출된다고 하더라도 누가 이것을 가지고 정중히 질문할 수 있을 것인가? 이를 생각하면 또 한 번 한없는 탄식을 하게 된다.[29]

---

29 기정진, 『노사선생문집』 권16, 「잡저」, 「猥筆」. 凡此所言, 或干犯先賢語句, 極知不韙. 竊以前聖苦心血誠, 垂世立教之旨, 一道字之外無佗. 古所謂道, 今所謂理也. 聖人的見流行發見, 變化昭著, 莫非此道之爲, 故日仁者見之謂之仁, 知者見之謂之知. 雖事物粗迹, 雲行雨施, 鳶飛魚躍, 纔說著時, 便所以明道. 今人驅道理二字於冥漠不可思議之地, 而纔有發見昭著, 一屬之氣. 如此者爲識理氣, 不如此者爲不識理氣. 雖以虛名過去說. 說道說理, 而其實則氣奪理位, 爲萬事本領而已. 若是則天下更無詖淫邪遁矣, 顚倒昌披? 何事不有? 設欲以瑣力矯捄, 則彼必日前賢亦嘗云爾. 童行學子, 一能勝余, 況頭戴前賢, 以爲確證, 爭辨必無幸矣. 是以內抱耿耿八十季, 不敢發口明言. 今雖下山之日, 萬念灰冷, 於此一事, 耿耿猶存. 竊意前賢之論, 或發之太快, 末弊之至斯, 容有未之細思也. 前賢尙在, 實有奉質之願,

4) 蘆沙全集 目錄

〈 蘆沙集 〉

卷之一

詩: '謹次立齋從叔清音亭韻' 外185首

卷之二

詩: '丁巳除夕' 外187首

卷之三

疏: 丙寅疏　應旨進言仍請削濫資疏　請復萬東廟疏(代湖南儒生作) / 辭狀: 辭茂長縣監上監司狀(三) / 策: 壬戌擬策

卷之四

書: 答李七迂潤聖　答外兄洪祐德　與李星賢　成　與金東里照(與一答二) 答權信元宇仁(答五與一)　答金乃淵載愚(答一與一)　答黃聖儀錫進(答二與一) 答李孝一僖錫(答五與一)　答李贊文重吉 與李青一可白　與鄭文一柾燦(與一答一) 與李汝重正敏(與一答一)　答朴周彬濟文 答許上舍埉(二)　答鄭而見海暻(二) 答宋希聖一賢　答李稺固奎亨(答二與一)　答朴舜聞濟邦(答四與二)　答柳美仲㦤(二).

卷之五

書: 答朴和甫泰赫　答金乃良元龍(答四與一)　答盧元益光亨(四)　與金允性大源(與二答一)　答姜太和寅會(三)　答蘇上舍鎭璜　答金子彦濟宅　答朴道卿履郁　答尹伯文柱憲　答李容壽　答盧弼瑞錫一　答閔謙吾在南(答九與一)　答金稺晦在林(答二與一)　答鄭雲之海龍　答李能白遇春九　答李稺文敬秀(二) 答尹昌汝泰文　答沈駉之等問目　答鄭禹瑞龜奎　答朴大潤濟裕　答吳魯源晃洙(二).

卷之六

而旣不可得, 則所可質者後賢而已. 質之而吾所疑者妄則幸矣, 苟或不妄, 奈東方理氣何? 因趙直敎書, 銳意寫此, 皇恐不敢寄直敎. 直敎猶不敢寄, 則況敢掛他人眼乎? 然則後雖有賢者出, 誰當奉以質者? 又爲之, 曠然一欷也.

書: 答尹坡光君宗儀(答七與二) 答李參判應辰(二) 與趙光州徹永 答閔參判胄顯(答五與一) 與閔仲德三賢(與一答一) 答李節度承淵(二) 答崔參判益鉉(二) 答任祭酒憲晦 答宋祭酒秉璿(二) 答李參判潤壽(二) 答朴參議東龜(二) 答趙城主應和 答閔城主世鎬 答李季賢守根 答晦溪金氏(二) 答趙都事敏植(二) 答朴瑩壽 答李一華 答韓達裕 答宋義伯正求(二) 答崔直夫敬休.

卷之七

書: 答李羽瑞鳳燮(九) 答鄭殷賚煥弼(七) 答金敬中漢澤(二) 答孟景淵希顔 答河潤汝達弘(五) 答直指使 答鄭命新煥周(二) 答朴而見龍休(二) 答愼明吾在哲(二) 答崔誠進惟允(三) 答趙國彦廣賢(二) 答鄭大綏 答白武弘奎鎭 答高伯範濟琳(二) 答吳聖集甲善 答完山會所 答宋聖賴致萬 答文質中載實 與金景東在箕 答李進一重八 答朴應之源應(三) 答鄭命瑞濟玄 答梁纘永 答朴聖章以燦 答南原浩濟三 答鄭可軒冕奎(二) 答吳台至相鳳(五) 答李而晦崑壽 答李德一昌八(二) 答李寬瑞章銑(三) 答朴德文性愚(二) 答河國贊圭錫 答宋景玉.

卷之八

書: 答李玄秀烋(二) 答朴商用海楫 答金貫一永疇(二) 答宗人權黙 答鄭景行敏采(二) 答金敏麗璟源(三) 答李德三達鉉 答朴大甫鐘浩二 答柳君寔是漢 答李圭生(二) 答李元昌 答朴益貞契晩(四) 答鄭國彦在弼(四) 答鄭致三鐘台 答朴壽慶永魯(二) 答朴寅叔萬東 答安舜華重燮(二) 答金子元勳(七) 答金子元安聖贊時德.安允克最煥 答安允克 答李洗之潁憲 答鄭景華在榮 與金聖則義鉉 答李君輔淵臣 與李乃成淵弼 答柳可輝景善(二) 答李乃賢淵休 答申士楫濟模 答鄭士國在鶴二 答朴元式喆炫(二) 答楊聖允相一 答李敬敎載鎬 答文掌令東瑝 答林僉使始得(二) 答忠孝里金氏 答裵啓益裵錫紳 答裵孟裕裵啓賢 答裵士賢正學 答金性必仁壽.

卷之九

書: 答蘇君明弼基(十一) 答趙直敎性家(答十六與四) 答金穉敬祿休(六) 與鄭叔斗濩(與一答一) 與尹君護喪所 答尹宇泰熙泰 答尹宇泰 答盧敬賓寅壽(三) 答李士亨奎永(五) 答閔克中誼行(二) 答閔仲浩璣容(七) 與李樂裕最

善(與一答五)

卷之十

書: 答朴弼瑞鼎鉉(七) 與李國卿承赫 答韓信之弘佶(二) 答吳道範啓烈 答李誠之奎顔(三) 答李國賢新容(四) 答金琪淵 答宋載華 答崔乃亨遇讚 答趙良彦昌驥 答鄭周伯滎 (三) 答金章汝致熙 答李和卿敦厚 答李夏卿敦亨 答李尙彦志容(十) 答魏聖憲成祚(二) 答李允慶允善(二) 答禹乃範琪疇(十) 答鄭周應在憲 答魏儀範鳳祚(答二與二) 答鄭希淸河源(四) 答鄭希章漢源 答安義敬貞晦(五) 答李日瑞升煥(二) 答朴光五萬采 與李在完在基(與一答二) 答朴道兼廷奎(二) 答羅致文燾圭 答尹士賢泰憲 答呂而見鳳燮(二).

卷之十一

書: 答鄭伯彦時林(答七與一) 答申禹瑞龜休(二) 答吳瓚瑞元圭 答趙仁瑞德浩(二) 答趙平汝秉憲 答金仲浩濡(五) 答金振汝懿鉉(二) 答金士亮瀏 答金致容漢燮(二) 答張而直錫愚 答鄭道心士源(三) 答金鳳鉉 答金德汝文益(二) 答禹士永宅禧(三) 與李甥止洙 答李甥根昇(三) 與朴甥晛東繪東 答金永植 答李聖憲宗浩 答金龜淵 答李元瑞泰鉉·叔瑞廷鉉 答李元瑞叔瑞弼瑞直鉉 答盧錫愼吳啓烈盧敬洙 答申翼汝曦模 答柳可浩鐘源 答崔士玉鏘翰 答曺士弘毅坤(九) 答柳德隣漢新(二) 答鄭得志在綬.

卷之十二

書: 答金景範錫龜(答十一與一) 與鄭厚允載圭(與二答四) 答鄭厚允·鄭季方義林 答鄭季方八.

卷之十三

書: 答崔元則琡民(答八與二) 答李希文奎魯二 答閔君賢致完(答四與一) 答金乃善佑鐘 答柳天汝樂浩(三) 答鄭兌一鐘澤(七) 與李泰華魯錫 答文德彦敬憲(二) 答李尙三台容(二) 答文雲甫龍鉉(二) 答朴璋叔玟洙 答申周卿彦晃(二) 答安行五達三(三) 答文相甫淙林 答李慶運啓徵(二) 答李信叔輗 答宋鳳擧翼天 答朴昇陽 答吳重涵繼洙(二) 答趙季豪性宙 答趙直敎崔元則趙季豪 答曺仲昭鎔 答金樂三漢驥(二) 答鄭靈一鐘麟(二) 答金士性榮琡.

卷之十四

書: 答吳德行駿善(三) 答宋聖澤榮淳 答金國衡以權(七) 答宋聖一漢榮(二) 答閔周賢致亮(三) 答鄭士一禧源(四) 答李文贊周相(二) 答李公三淵宇 答金潤化堯悳 答趙和一相燮(三) 答李禮伯敎文(九) 答金公實穢(二) 答許益新！(二) 答朴翰中彦東 答李述古承迪 答崔而仰濟泰 答鄭五鉉 答朴道謙海量(八) 答金豊五顯玉(五) 答洪文吾 答鄭大舒榮源(二) 答金良賢洪澤(五) 答李道觀泰魯 答鄭彦國鳳鉉(四) 答鄭周允冕圭陳仲文樸 答鄭周允 答鄭道麟學仁 答權舜卿雲煥 答金聖五鼎烈 答李國瑞熙容 答宋海士漢宗(二) 答安聖贊時德 答鄭貫一道源 答盧季玉柱鉉(二) 答廉敬甫洙學 答廉敬儒在業 答高錫柱 答金興瑞在河 答金性湜 答金德興敬潤 答安處仁秉宅 答邊德基 答葛細凉夏帛(二) 答李基璞 答文繼元頌奎 答宋晉五龍洙 答或人 答或人.

卷之十五

書: 上從叔立齋(二) 答族敍師賢 答再從兄允鎭 答三從弟子九重鎭 答三從弟稱受禧鎭(二) 與三從弟濬卿禹鎭 與再從弟致謙益鎭(二) 答族弟恒錫 與再從弟現道鳳鎭 與再從弟羽用文鉉(與一答二) 答族弟景和一鎭(答一與一) 答族弟聖一 答族姪敬文東燦 答三從姪乃久準衍 答再從姪子敏陽衍(二) 答三從姪景道弘衍(答五與一) 答再從姪德叟亮衍 與長孫宇夔.

卷之十六

雜著: 理通說 答人問(三) 納凉私議 偶記 定字說 猥筆 名子辛說 形質氣質說贈鄭季方 李承迪勸學文 脫灑說贈金景範 服制說寄再從弟羽用 送再從姪陽衍入京說 字羅舜功說 勤復說贈韓信之 蘆沙說 愚氓說 李子和字說 啞溪說 金公實字說 臺山記聞 三愧說 吾師說贈崔卿五宗衡 歃歌說贈車庸汝 李徠而相柏字說 書贈盧公瑞應鉉 書贈鄭厚允 書贈朴文瑞正佑 書示孟景淵 書寄曺仲昭 書贈金豊五 書與崔錫胤永祚爲別 贈李振和堉 送李達支根培 書贈或人.

卷之十七

序: 奇氏族譜序 外32篇.

卷之十八

序: 山西雜錄書 外37篇.

卷之十九

序: 曺時中遺蹟序 外40篇.

卷之二十

序: 七迂遺稿序 外44篇.

卷之二十一

記: 光州文廟重修記 外25篇.

卷之二十二

記: 心谷齋記 外36篇.

卷之二十三

記: 爰斯二柏記 外21篇.

卷之二十四

跋: 扶風七老會唱酬錄跋 外84篇.

卷之二十五

箴: 書室箴 / 銘: 茂長縣監成侯大永氷玉臺銘 / 辭: 梧潭辭寄鄭季國 送喜懼子辭 誠齋辭 立夫字辭 續驪駒送鄭周伯 / 上樑文: 長城府文廟上樑文 外3篇 / 檄文: 丙寅召募檄文 / 祝文: 告昡庵先生文 外5篇 / 祭文: 祭再從弟國寶文 外6篇.

卷之二十六

碑: 平昌郡守贈漢城府右尹高公衣 藏碑 耽津崔氏始祖墓碑 晩六崔公遯蹟遺墟碑 光陽縣平賊碑 / 墓碣銘: 壬辰義士韓公墓碣銘 宣武原從功臣行寶城郡守金公墓碣銘 莫知處士趙公墓碣銘 同副承旨金公墓碣銘 茅山逸人墓碣銘序 工曹參判鄭公墓碣銘 數竹先生曺公墓碣銘 通德郎朴公墓碣銘 三吾堂曺公墓碣銘 草堂許公墓碣銘 / 墓誌銘: 學生金公墓誌銘 可隱李翁墓誌銘 懼而軒鄭翁墓誌銘 竹溪處士鄭公墓誌銘 族弟魯齋墓誌銘 夔孫墓誌銘.

卷之二十七

墓表: 石底阡表 外33篇.

卷之二十八

行狀: 曾祖考府君行錄 從祖謹齋公家狀 從叔立齋公行狀 睡軒處士朴公行

狀　長田李公行狀　處士金公行狀　再從叔進士公行狀　梧潭處士鄭君般賚行狀　成均生員槐陰金公行狀　晚翠堂孔公行狀　司勇李公行狀 / 傳: 東里處士傳　任生傳 / 遺事: 宣敎郎軍資監參奉朴公遺事.

〈 答問類編 〉

序 凡例 目錄

卷之一: 論道體第一　總論五十條(附理通說·猥筆·答人問)

卷之二: 性命 三十一條(附納凉私議)

卷之三: 心性情二十五條(附偶記), 形氣神理七條(附形質氣質說), 鬼神命數十一條.

卷之四: 論學第二 總論四十九條 持守三十六條.

卷之五: 知行(讀書法附) 三十條(附書室箴) 出處(語黙辭受附) 十一條.

卷之六: 論經第三 小學 三十九條, 大學 百二十五條.

卷之七: 論語 百四十條.

卷之八: 孟子 七十九條 中庸 七十七條.

卷之九: 詩十八條, 書二十一條, 易十八條, 春秋三條, 禮記二十七條.

卷之十: 論周程張朱之書第四(附諸儒) 周子二十八條(附定字說) 程子二十一條　張子五條 朱子二十九條 諸儒十五條.

卷之十一: 論禮 第五 通禮 四十三條 冠禮 六條 昏禮 十一條.

卷之十二: 喪禮上 百五十九條(附服制說).

卷之十三: 喪禮下 九十六條(附新阡錄二條).

卷之十四: 祭禮 四十六條 邦禮校院儀節(十二條).

卷之十五: 論史 第六(二十六條) 訓門人·知舊附 第七(五十二條).

〈 附 錄 〉

卷之一: 賜祭文 / 年譜.

卷之二: 行狀 神道碑銘.

卷之三: 追錄 墓碣銘.

〈 淵源錄 〉

目錄 先生門人編 諸家門人編 跋 編輯委員 重刊委員.

2. 석전 이최선 石田 李最善

1) 생애

이최선(1825-1883)은 자는 낙유(樂裕), 호는 석전경인(石田耕人)이며, 태종의 큰아들인 양녕대군의 후예로 순조 25년(1825)에 담양 장전(長田: 현 담양군 창평면 장화리)에서 태어났다.

열 두세 살에 이미 경서(經書)와 사서(史書)에 널리 통하여 과거시험장에 드나들었으며, 문장이 유려하여 보는 이의 감탄을 자아냈다. 그는 15살 되던 해에 장성으로 노사 기정진(蘆沙 奇正鎭 1798-1879)을 찾아가 제자의 예를 갖춰 40년을 하루같이 정성껏 섬겼다.

훗날 영재 이건창(寧齋 李建昌)으로부터 '호남학(湖南學)을 꽃피운' 인물로 칭송받은 노사의 문하에서, 석전은 예법과 경전을 탐구하여 학문의 역량을 축적하였다. 특히 스승의 저술인 『외필(猥筆)』이 학계에 소개되어 세유(世儒)들의 의혹이 제기되자, 석전은 『독외필(讀猥筆)』을 지어 스승의 학설을 명확히 변호함으로써 탁월한 제자로 추존받기도 했다.

38세에는 『삼정책(三政策)』을 지어 "기강(紀綱)의 해이(解弛)와 염치(廉恥)의 상실은 삼정의 폐단보다 더욱 심하다"는 논지를 폈으나 담양부사에 의해 기각되어 조정에까지 알려지지 않았다. 『삼정책』을 본 노사는 석전의 경륜이 주도면밀하고 재능이 우수하여 세상에 쓰일만하다는 칭찬을 아끼지 않았다.

석전의 척사정신(斥邪精神)의 확고한 실천은 병인양요(丙寅洋擾)를 당해 의병활동을 주도했다는 사실에서 찾을 수 있다. 그는 도내에 격문을 띄워 의병을 구암(九巖) 땅으로 모은 뒤, 싸움에 임하고자 하는 사람은 맹첩(盟帖)에 서명하게 하고, 뜻은 있으나 일에 거리낀 사람은 옷·군량·무기 등을 마련하여 뒤를 잇게 하고서 곧장 서울 종친부로 달려갔으나, 그들이 도착했을 때는 이미 양적(洋賊)이 도망친 뒤였다. 석전은 성이 수복되었다는 보고에 기쁜 마음을 감추지 못하면서도 한편, 살아서 돌아간 적이 후일에 또 침략할지도 모른다는 걱정이 앞서 당시의 집정(執政)이었던 흥선대원군(興宣大院君)을 만나 아래와 같이 진언하였다.

> 대원군: 현종(賢宗: 석전을 가리킴)의 금일의 행동은 종친 가운데에도 인재가 있음을 보여준 것입니다. (재상을 돌아보며) 우리 종친은 의기가 충천한 진남아(眞男兒)입니다. (석전에게) 요망한 적이 물러갔지만 모든 정사가 제대로 시행되지 못하고 있는데 지금 무엇에 먼저 힘을 써야 하겠소?
>
> 석전: 인재를 얻는 일과 독서를 하는 일 뿐입니다. 합하(閤下)는 재주가 높고 요직에 있으면서 뭇 백성의 마음에 광명과 화합을 심으려합니다만 민생은 날로 피폐하고 요망한 적은 그 틈을 노리고 있으니, 그 책임은 합하에게 달려 있습니다. 오늘날은 군정이 모든 일을 맡아보아야 하지만, 한가할 때 경사(經史)를 읽어 천고의 흥망을 거울로 삼으시면 견식이 저절로 분별력을 갖게 될 것입니다.
>
> 대원군: (석전의 유창한 응수에 자세를 고치며) 이를 계기로 자주 볼 수 있겠는가?
>
> 석전: 초야에 묻혀 있어 다시 배알할 길이 없을 듯합니다.[30]

대원군에게 병인양요 같은 변란의 책임을 추궁한 석전은 전대주머니 속에 들어있던 200금을 털어 순무영(巡撫營)에 바쳐 군수품의 마련을 돕고 곧장 말머리를 돌려버렸다.

또 임오군란(1882년)이 일어나자, 석전은 조정에 있던 삼종형 준선(駿善)에게,

> 오늘날 천고에 없던 변란을 당해 산관(散官)의 거취는 비록 국가경영과 무관하나, 한 걸음도 도성문에 내딛을 수 없다고 자처하여 정세가 조금 안정되기를

30 기우만, 『송사선생문집』 권47, 「行狀」, 「石田居士李公行狀」. "賢宗今行, 宗中有人. 顧時相日, 吾宗義氣眞男兒. 因問妖寇雖退, 百揆未擧, 今務何先? 公日得人耳讀書耳. 閤下才高當路, 輿情熙洽, 而民生日困, 妖孼乘間, 責在閤下. 今雖在軍國百務, 暇閱經史, 監千古興亡, 則見識自別矣. 應酬如流, 執政改容日, 繼此可數見乎? 日草野疏蹤, 無階再謁."

기다려 떳떳이 국정을 떠나면 마음에 부끄럽지 않을 것입니다.

라는 편지를 보내 변란에 대처하는 관리의 행동관을 제시해 주었다.

1874년 50세의 나이로 왕세자의 탄생을 축하하기 위해 열린 증광회시(增廣會試)에 응시했다가 낙방한 석전은 한강을 건너면서 차고 있던 은도(銀刀)와 옥경(玉鏡)을 강에 던져 "다시는 이 강을 건너지 않겠노라"고 강신(江神)에게 맹세했다. 국가경영에의 의지가 남달리 강렬했던 그였지만 매관매직이 성행했던 당시의 문란한 인재등용방법에 좌절감을 느꼈던 것이다.

고향으로 돌아온 석전은 벽에다 "지팡이 짚고 산을 나서지 않을 것이며, 붓은 서울로 띄우는 편지를 쓰지 않으리라"(최치원의 시)와 "푸른 이끼 낀 황량한 돌밭 띠풀집에서 여생을 밥이나 배불리 먹는 게 소원이네"(두보의 시)를 붙여놓고, 동구에 문일정(聞一亭)을 지어 친척·친구들과 시를 읊조리며 세상을 마치려 했다.

1883년 그 해도 저물어 가던 어느 날 병에 걸려 위독해진 석전에게 한 친구가 비감어린 마음으로 편지를 보내 위로했다. 그는 웃으면서,

남아는 죽음을 본래의 자리로 돌아가는 것 같이 여기나니 어찌 아녀자 같은 모습을 하겠는가?[31]

라고 말하고 평상시처럼 담소를 나누다가 11월 23일 조용히 숨을 거두었다. 그의 나이 쉰아홉이었다.

2) 사상

석전은 일생을 통해 거의 저술을 남기지 않았다. 현존하는 그의 문집은 2책에 불과하며, 그나마 사상적으로 탐구할만한 저술은 『독외필(讀猥筆)』·

---

31 기우만, 『송사선생문집』 권47, 「行狀」, 「石田居士李公行狀」. "男兒視死如歸, 豈作兒女子態."

『삼정책(三政策)』·『격본도오십삼주제종문(檄本道五十三州諸宗文)』 등 몇 편이 고작이다. 이 중에서 지극히 단편적이기는 하나 『독외필』을 통해 그가 견지했던 성리학적 사유의 틀을 살펴볼 수 있고, 나머지 두 편에서 시국관을 짐작할 수 있다.

석전의 스승인 노사는 조선조 성리학의 6대가의 한 사람으로 꼽힐 만큼 성리학에 대한 조예가 깊었다. 그의 성리학은 감각이 가능한 기(氣: 모든 현상과 존재의 바탕이 되는 재료)에 치중하는 입장이 아니라 감각을 넘어서는 이(理: 모든 현상과 존재의 원인이 되는 원리·원칙)에 치중하여 모든 것을 설명하였다. 따라서 그의 성리학은 주리(主理) 또는 유리(唯理)라고까지 일컬어진다.

노사는 리(理)와 기(氣)의 관계를 설명할 때 불가피한 경우에는 어쩔 수 없이 기(氣)라는 용어를 사용하지만, 되도록이면 기(氣)라는 용어를 사용하지 않고 그것을 '분(分)'이라고 표현하였다. 그러면서 그는 그 기(氣)로서의 '분(分)'이 실은 "전체적인 리(理)에 내재된 부분적인 리(理)"이며, 기(氣)는 "리(理)와 짝이 될 수 없다"고 주장하였다. 그에 의하면 기(氣)는 리(理)와 대립 내지 대칭될 수조차 없는 것이다. 그는 이를 "기(氣) 또한 리(理)에 내재된 사물"·"기(氣)가 어찌 리(理)의 짝이 될 수 있겠는가"라고 표현했다. 그의 이기설(理氣說)을 유리설(唯理說)이라 하는 이유가 바로 여기에 있다. 즉 기를 리(理)에 포함시켜 종래의 이기이원론(理氣二元論)을 이일원론(理一元論)으로 재구성하고 있기 때문이다.

노사가 『외필』을 저술하여 자신의 이기론(理氣論) 체계를 명백히 주장하고, 나아가 근세 주기론자의 그릇된 견해를 신랄히 비판한 것은 이기 이원론자였던 권신원(權信元: 이름은 宇仁)과의 토론에서 연유한다. 노사는 당시 정읍(井邑)에 살았던 권신원과 다섯 차례의 왕복서한 논쟁을 전개하였으나 신원의 성격이 몹시 고집스러워 도무지 설득할 힘이 없었던 것이다.

노사는 『외필』에서 율곡에 있어 기(氣)의 작용이 기(氣) 스스로에 의해 일어난다는 '기자이설(機自爾說)'을 거부하고 모든 기(氣)의 작용은 리(理)로부터 명령받은 것임을 강조했다. 이러한 노사의 입장이 율곡을 배척한 것이라고 비난하여 『노사집』을 훼판(毁板)하려는 주장까지 일어나게 되었다. 이 때 석전은 『독외필』을 지어 스승의 견해를 적극 옹호하였다.

석전은 『율곡전서(栗谷全書)』를 고증하여 "리(理)를 주재로 삼는다"와 "기를 주재로 삼는다"는 두 논리를 추출하고, 전자는 노사의 학설과 일치하고 후자는 일치하지 않지만 실제로 후자는 유행적 입장에서의 부득이한 설명일 뿐, 본원적 입장에서 리(理)를 주재로 삼는다는 견해이므로 결론적으로 율곡과 노사는 모두 주리론자로 볼 수 있다고 주장했다.

그러나 리(理)를 주재로 삼는다고 해서 리(理)의 작위성을 긍정한 것은 아니다. 석전은 "도의 본체는 작위함이 없다"고 할 때의 '없다'는 것은 다만 능동적인 작용이 없음이요, 필연적인 묘용은 고유한 것이라고 설명한다. 따라서 그는 "인간이 도를 넓힐 수 있는 것이지 도가 인간을 넓히는 것은 아니다"고 말한 공자의 학설을 "도가 진실로 인간을 넓히는 것은 아니지만, 도 자체에 넓힐 수 있는 묘용이 내재되어 있으므로 인간이 넓힐 수 있는 것이지 도에 그 묘용이 없다면 인간이 무엇에 근거하여 넓힐 수 있겠는가"라고 반문하여 리(理)에 담지 된 필연적인 묘용을 명확히 인식하였다.

석전은 이러한 인식을 뒷받침하는 실례를 역사적인 사실에서 찾고 있다. 즉 순임금이 천자의 지위에 있으면서 작위함이 없었지만 9관(九官)·12목(十二牧)의 관리들이 예·음악·병기·식량 등을 주관하여 각각 그 직책을 수행하되 예악과 정벌은 천자로부터 나왔다고 함으로써 순임금의 무위(無爲)와 도체(道體)의 무위를, 예악과 정벌이 천자로부터 나왔다는 사실과 도체의 필연적인 묘용을 대비적으로 분석하였다.

따라서 그는 "인간이 도를 넓힐 수 있다"는 말을 기(氣)의 자발성으로 보거나 기(氣)가 발동하여 리(理)가 타는 하나의 과정[氣發理乘一途]으로 보면, 기(氣)만 홀로 작용하게 되고 리(理)는 주재작용이 없는 사물로 되어버려 천하의 대본(大本)이 어그러진다고 판단한다. 그가 노사의 "리(理)는 능동적인 힘은 없지만 필연적인 묘용은 내재한다[理無能然之力而有必然之妙]"라는 열두 글자를 명백하고 정확하여 깨뜨릴 수 없는 논리로 받아들인 것도 따지고 보면 '이치의 필연성'이 가치의 영역에서 차지하는 비중을 실감했기 때문이라 생각된다.

석전이 살다간 19세기의 조선조는 내외적으로 격심한 변화와 충격으로 혼란이 날로 심해가고 있었다. 안으로는 안동김씨·풍양조씨 등 외척에 의한 세도정치(勢道政治)가 자행되는가 하면, 삼정(三政)의 문란으로 민생이 도탄에 빠진 나머지 홍경래의 난·진주민란을 정점으로 하는 각종 대소 민란이 일어났고, 대소 규모의 유민현상이 많았다. 밖으로는 천주교의 전파와 함께 병인(1866)·신미양요(1871)를 겪게 되었고 마침내는 병자수호조약(1876)에 의한 개항을 초래하게 되었다.

이러한 내외의 현실에 대하여 석전은 결코 외면하거나 무관심하지 않았다. 오히려 그는 매우 심각한 우려를 표명했고, 대응책을 강구하기에 부심했다.

1862년(철종 13년), 조정에서는 대소 민란이 빈번히 발생하는 원인이 삼정의 극심한 문란에 있다고 인식하여 이를 시정하기 위해 이정청(釐整廳)을 설치케 하고, 조정의 신하는 물론 나무꾼과 꼴꾼에 이르기까지 삼정에 대한 치유책을 물었다. 이에 응하여 석전은 6000여 자에 달하는 장문의 '삼정책'을 구상하여 치유책으로 제출하였다. 그는 이 치유책에서 삼정보다 심한 습속의 불치병을 기강(紀綱)의 해이와 염치(廉恥)의 상실이라고 보았다.

따라서 석전은 이 기강과 염치의 재정립을 문제해결의 근본적 접근방법으로 여러 번 강조하고 있다. 그는 "기강이 위에서 세워지면 형벌과 상이 시행되어 모두 공적으로 빛나고, 염치가 아래에서 숭상되면 명분과 의리가 지켜져 온갖 방도가 모이게 된다"고 하였으며, "오늘날 기강을 버리고 삼정을 구하려 하면 왜곡된 습관을 끝내 혁신할 수 없고 염치를 버리고 삼정을 바로잡으려 하면 탐욕에 찌든 습속을 결국 척결할 수 없다"고 역설하였다.

무기력한 국정과 부패된 사회에 대한 혁신의 문제가 민족적 과제로 논의되고, 그 실천적 모색이 시작된 시점에서 재야 지식인의 한 사람으로서 석전은 가치체계의 근본원리와 최선의 문제해결 방법을 제시하고 있다. 그는 기강과 염치의 재정립을 근본으로, 삼정 폐단의 치유를 말단으로 인식하였다. 그래서 그는 근본을 다스리지 않고는 말단을 가지런히 다스리지 못하며 근원을 맑게 하지 않고서는 지류를 깨끗이 하지 못한다고 보고 이것은 마치 모래를 가지고 터진 냇물을 막고, 장작을 안고 화염을 구하려는 것과 같다는 비유를 들어 기강과 염치의 중요성을 강조하였다.

석전은 가치체계의 근본원리를 제시함에 있어 구체적 내용을 담는 것을 간과하지 않았다. 그는 기강과 염치를 확립할 수 있는 주체를 정치하는 군주와 신하로 보고, 냉철한 관찰과 솔직한 반성을 통해 신속히 실천으로 옮길 것을 촉구하였다. 석전도 삼정을 올바로 시행하는 일이 국정을 운영하는 데 절실한 문제임을 공감하고 있었다. 그리고 그 삼정을 올바로 시행하기 위한 근본작업으로 탁월한 인재를 등용해야 한다고 판단했다. 그래서 그는 "오늘날 조정은 심하게 막혀 있는데 만일 이제라도 그런 사정을 환하게 깨달아 과감히 인재를 등용하면 삼정의 폐단을 바로잡을 방도가 논의될 수 있을 것"이라고 주장하였다. 이와 같은 석전의 주장은 국정을 군주 한 사람이 독재적으로 운영해서는 안 되기 때문에 반드시 국가를 경영할 수 있는 탁월한 능력과 민중을 거느릴 수 있는 지도력을 겸비한 현명한 인재와 공조체제를 유지해야 한다는 시대적인 요청의 반영이라 할 것이다. 석전이 관중(管仲)과 유안(劉晏) 같은 경세가의 출현을 희구했던 까닭이 바로 여기에 있었던 것이다.

조선조의 인재등용방법은 과거제(科擧制)와 음서제(蔭敍制)로 구분될 수 있으나 일반적으로는 과거제를 중시하는 경향이 있었다. 그러나 석전이 목도한 당시 조선조 사회에서는 객관적이면서 공정한 평가가 요구되는 과거제가 금전으로 거래되거나 힘 있는 자가 개입하면서 혼탁해졌고, 이를 통해 관직에 임명된 목민관(牧民官)은 농부의 고충을 보살피기는커녕 월권을 자행하고 탐욕을 채우기에 바빴다. 이 와중에 피해를 보는 사람은 선량한 민중들이었다. 석전은 『삼정책(三政策)』에서 삼정의 문란으로 고통을 받는 민중의 비참한 생활상을 상세히 기록하고 있다.

담양과 인근 여러 고을에서 삼정의 문란한 모습을 목도한 석전이 이 문제를 해결할 수 있는 현실적 접근방법으로 먼저 올바른 인재의 선발을 강조한 것은 당연한 귀결이었다. 그는 인재를 얻는 근본은 과거시험을 엄격히 하는 데 있고, 과거시험을 엄격히 하는 근본은 언로(言路)를 개방하는데 있으며, 언로를 개방하려면 성학(聖學)에 힘써야 하고, 성학에 힘쓰면 마음으로 이치를 밝히게 되는 과정을 제시하였다.

조선조 말 삼정의 문란을 치유함으로써 국정의 쇄신과 사회의 개혁을 열망했던 석전은 기강과 염치의 재정립·현명한 인재의 선발을 강력히 촉구하였으며, 나아가 문제해결을 위한 근본적·현실적 접근방법을 제시하고 있음을 확인할 수 있다.

3) 원문 번역

(1) 『외필』을 읽고[讀猥筆]

공자는 "인간이 도(道)를 넓힐 수 있는 것이지 도가 인간을 넓히는 것이 아니다"고 말하였고, 장자(張子)는 "마음은 본성을 극진히 발휘할 수 있으나 본성은 그 마음을 검색할 줄 모른다"고 말하였는데, 훗날 유학자들이 겉모습만 얼핏 보고 이를 "기틀(機)의 자발성일 뿐 무엇이 그렇게 작용하도록 시키는 것은 아니다"라는 명제의 증거로 삼았다. 그러나 도가 진실로 인간을 넓히는 것은 아니지만 도 자체에 넓힐 수 있는 묘용(妙用)이 내재되어 있으므로 인간이 넓힐 수 있는 것이지 도에 그 묘용이 없다면 인간이 무엇에 근거하여 넓힐 수 있겠는가?

주자는 "주재하여 항상 일정한 것은 마음이고, 발현하여 일정하지 않은 것은 본성"이라 하였으니, 이른바 도를 넓히는 것은 다만 주재하여 항상 일정한 본체와 묘용이 발현하여 일정치 않은 본성을 검색하여 확충함이요, 이러한 작용이 매우 활발해지면 천지자연과 함께 만물을 만들어 자라게 할 수 있으니, 이 어찌 마음이 타는 바의 기틀[心所乘之機]이 자발적으로 한 것이겠는가?

생각하건대 "도의 본체는 작위할 수 없다"고 할 때의 '없다'는 것은 다만 능동적인 작용이 없음이요, 필연적인 묘용은 곧 그 속에 고유한 것이다. 예를 들면 순임금이 자신의 높은 덕을 드러내어 천자의 지위에 있으면서 작위함이 없었지만 9관(九官)·12목(十二牧)의 관리들이 예·음악·병기·식량 등을 주관하여 각각 그 직책을 수행하되 예악과 정벌은 천자로부터 나왔으니, 이미 그들에게 명령하는 유래가 있었다. 이것이 지존(至尊)의 실체이며 만물의 주재(主宰)가 되는 까닭이다. 따라서 "태극은 음과 양을 생성한다"하고, "하늘의 도가 변화하여 각각 성명(性命)을 바르게 한다"하였으며, "태극이 운동하여 양을 생성하고 정지하여 음을 생성한다"하였으니, 성인과 철인의 수많은 언어는 모두 리(理)를 중심으로 하였다. 그래서 "솔개가 나르니 고기가 뛴다"·"흐르는 물이 이와 같구나"라는 구절에 대해서도 곧장 "리(理)의 묘용이다"·"이것이 도의 본체이다"라 하고, 여기에 일찍이 기(氣)를 언급하지 않았던 것이다.

후세에 선가(禪家)와 육씨(陸氏)가 모두 기를 리(理)로 인식하는 폐단이 있었으므로 주자가 '태극도설(太極圖說)'의 '동정'(動靜)을 해석하면서 '태우고 있는 바의 기틀[所乘之機]'이라는 네 글자를 덧붙여 도기(道器)·상하(上下)의 구분을 밝혔다. 율곡선생이 우연히 "기틀의 자발성일 뿐 무엇이 그렇게 작용하도록 시키는 것은 아니다"라는 말을 썼는데, 이것이 구르고 굴러 권신원(權信元)에 이르러서는 곧장 리(理)를 기(氣)로 인식하였으므로 노옹(蘆翁: 奇蘆沙를 말함)이 특별히 『외필』을 저술하여 주자의 '동정은 태우는 바의 기틀'이라는 말을 해명하여 주복(主僕)·선후(先後)의 구분을 밝힌 것이다. 이에 옛 성현의 주리학(主理學)의 참된 깨달음이 비로소 세상에 천명되었다.

대개 율곡의 해석은 "태워 실어지는 것은 작위함이 없고 기틀은 작위함이 있다"는 풀이였다. 따라서 우계(牛溪)에게 보낸 답장에 "기틀의 자발성일 뿐이다"라는 설명이 보이며, "인간은 도를 넓힐 수 있다"는 말로 "만약 기(氣)가 발동하여 리(理)가 타는 하나의 과정[氣發理乘一途]이 아닌 리(理)에 별도의 작용능력이 있다면 '리(理)는 작위함이 없다'고 말할 수 없다"고 추단하였다. 이와 같다면 기(氣)만 홀로 작용하게 되어 의혹이 제기될 수 있으나, 『율곡전서』를 고증해보면 "리(理)를 주재로 삼는다"는 한 구절은 노옹의 학설과 일치하고, "기(氣)를 주재로 삼는다"는 한 구절은 노옹과 다르니, 한 책 속에서 마치 두 가지 논리를 펴는듯하지만 실제로 아래 한 구절은 유행적 입장에서 한 말이므로 그렇게 설명한 것이다.

그런데도 오늘날 유학자는 언어만을 우겨대다가 그 취지에는 미혹되어 자칫 본체로 오인하니, 이에 리(理)는 주재하는 작용이 없는 사물이 되어버려 천하의 대본(大本)이 마침내 어그러졌다. 주나라 평왕(平王)이 마루 아래에서 제후를 보거나, 한나라 헌제(獻帝)가 측근의 종이 되어 헛되이 호령했던 것도 생각해보면 작위함이 없는 가운데에 반드시 그렇게 되는 묘용을 알지 못했기 때문이다. 탄 뒤에야 리(理)라고 하는 것은 주자의 본뜻이 아니며, 인간이 넓힌 뒤에야 도라고 부르는 것 또한 공자의 본 뜻이 아니다.

그렇다면 노옹이 말한 "리(理)는 능동적인 힘은 없지만, 필연적인 묘용은 내재한다"라는 열두 글자는 명백하고 정확하여 깨트릴 수 없는 논리이며, 실로 앞 사람이 미처 말하지 못한 것을 천명하여 성인의 문하에 위대한 공을 남긴 것이다.

⑵ 삼정책(三政策)

신(臣)이 엎드려 생각하건대 우리나라가 태평한 나날을 보낸 지 오랜만에 음양이 박복(剝復)한 운수를 만나 금년 봄에는 진주(晉州)의 소동이 삼남(三南)으로 이어짐이 마치 동성상응(同聲相應)한듯하여 국세가 몹시 위태로워 장차 포상(苞桑)의 경고가 있을 것입니다. 삼가 생각하건대 우리 주상전하께서 밤낮으로 근심하고 힘써 바야흐로 을병(乙丙)의 생각을 모으시어 특별히 재상에게 명령하여 이정청(釐整廳)을 설치하고 널리 치도(治道)를 물어 위로는 내외 조정신하로부터 밖으로는 꼴꾼과 나무꾼에 이르기까지 삼정이라는 요목으로 대책을 물으시니, 참으로 세상에 드문 성전(盛典)이요 신자가 극진히 말할 때입니다. 신은 재능이 부족하고 학문이 보잘 것 없어 전하의 물음에 삼가 대답할 바를 알지 못하겠지만 어찌 종시 묵묵부답하여 성지를 저버릴 수 있겠습니까?

신은 삼가 생각하건대 오늘날 삼정의 폐단은 비록 보고 들어 잘 아는 바이지만 신은 습속의 불치병이 삼정(三政)보다 더욱 심한 것이 두 가지가 있다고 생각합니다. 하나는 기강(紀綱)의 해이요, 또 하나는 염치(廉恥)의 상실입니다. 신은 예전부터 주자의 "근본을 바르게 하는 자는 비록 완만한듯하지만 실제로는 힘쓰는데 쉽고, 말단을 구하려는 자는 비록 절실하지만 실제로는 공을 세우기 어렵다"는 말을 외우고 있습니다. 여기서 말하는 기강·염치는 어찌 근본을 바로잡아 힘쓰는 데 쉽게 하는 방도가 아니겠습니까? 전정(田政)·군정(軍政)·환곡(還穀)의 삼정은 또한 말단을 구하지만 공을 세우는 데는 어려운 방도가 아니겠습니까? 기강이 위에서 세워지면 형벌과 상이 시행되어 모두 공적으로 빛나고, 염치가 아래에서 숭상되면 명분과 의리가 지켜져 온갖 방도가 모이게 됩니다. 오늘날 기강을 버리고 삼정을 구하려 하면 왜곡된 습관을 끝내 새롭게 할 수 없고, 염치를 버리고 삼정을 바로잡으려 하면 탐욕에 찌든 습속을 끝내 척결할 수 없습니다.

아! 천지는 하나의 조화를 부리는 풀무이며, 음양은 하나의 쇠붙이를 불리는 요소입니다. 이제 전하께서 천지조화를 부리는 풀무의 자루를 조종하고, 음양의 쇠붙이를 불리는 기계를 가지고서 진정 삼정의 폐단을 바로잡고자 하시면 곧장 먼저 기강을 진작하는데 힘쓰고 염치를 격려하여 온 나라를 감화시키시면, 한(漢)나라 유학자가 말했던 것처럼 조정·백관·만민을 바르게 하는 일은 크게 기대할 수 있으며, 삼정의 폐단도 저절로 바로잡을 수 있을 것입니다. 참으로 전하의 결단을 극진히 넓히지 못하시고 오로지 옛날처럼 일상적으로 일처리를 하면 기강은 서지 못하며, 염치도 숭상되지 않아 점점 위로는 실제적인 폐단을 바로잡지 못하고 아래로는 실제적인 감화를 입지 못할 것입니다.

신은 "틈난 구멍을 따라 막으려는 자는 해가 다하도록 틈새 막는 효과를 얻을 수 없고, 제방이 터진 곳을 따라 막으려는 자는 종신토록 터진 곳을 막는 공을 세울 수 없다"고 들었습니다. 이는 모두 근본을 다스리지 않고는 말단을 가지런히 하지 못함이요, 근원을 맑게 하지 않고서는 그 지류를 깨끗이 하지 못한다는 비유입니다. 그러므로 근본을 다스리고 근원을 맑게 하는 방도는 다른 데 있는 것이 아니라 오직 기강과 염치에 있는 것입니다. 우주를 지탱하는 동량도 생민을 안정케 하는 주석(柱石)도 오직 기강에 있으며, 나라에 이것이 없다면 문화민족은 미개인으로 변할 것입니다. 천하의 기세를 회복하고 천하의 심신을 맑게 하는 것도 오직 염치이니 신민에게 이것이 없다면 인류는 금수로 변할 것입니다. 따라서 정치하는 군주와 신하는 반드시 이 두 가지를 혹 소홀히 하는가에 급급하여 가장 급무로 삼아 정신을 만유(萬有)에 쏟아 붓고, 신기(神奇)로 삼극(三極)을 움직여 귀에 친숙한 것은 그 오물을 씻어버리고 눈에 익숙한 것은 그 주저할 바를 쓸어버려야 합니다. 기강을 바로잡아 지주가 파도 속에 우뚝 서 있듯이 확고하고, 염치를 돈독히 닦아 보감(寶鑑)이 맑아 찌꺼기가 없듯이 밝으면 위의 시행이 아래에 효과를 나타냄이 메아리보다 빠를 것이요, 전하의 성스런 책략 속에 열거된 삼정의 폐단은 바로잡으려 기대하지 않아도 마치 커다란 활을 당겨 많은 버들 잎사귀를 꿰뚫듯 쉬울 것입니다.

전하가 지금 삼정 때문에 심려가 되어 원대한 방도를 찾으시는데 신은 크게 무너진 습속은 홍수보다 앞서므로 삼정의 폐단은 여기에 비교할 바 아니라고 생각하여 감히 기강과 염치 두 조목으로써 세상의 가르침을 만회할 위대한 방법으로 삼아 손을 모으고 머리를 조아리며 삼가 아룁니다.

신이 엎드려 살피건대 국가를 다스리는데 먼저 힘써야 할 것은 삼정(三政)보다 절실한 것이 없습니다. "정치는 땅의 경계(經界)를 짓는데서 시작된다"고 함은 『맹자』에 드러난 설명이요, "토지를 균등히 한다"함은 『주례』에 있는 훈계이니 이는 전제(田制)를 말한 것입니다. "국방에 힘써 농업을 보호하고 농업에 힘써 국방을 튼튼히 한다"함은 선배 유학자의 말이요, "식량과 무기를 풍족하게 한다"함은 공자의 가르침이니 이는 군제(軍制)를 말한 것입니다. "거두고 나눔을 적절히 하여 풍흉(豊凶)에 대비한다"함은 옛 사람의 말이요, "평적으로 물건 값을 일정케 하고 관시(關市)를 지속케 한다"함은 『사기』의 훈계이니 이는 환정을 말한 것입니다.

대개 민중은 생업이 없어서는 안 되므로 전답을 나누어 그 생산을 통제하고, 전답은 일정한 제도가 없어서는 안 되므로 토지를 측량하여 그 제도를 균등히 하는 것입니다. 전정(田政)이 공평하면 민중은 저축하는 즐거움을 누리며, 국가의 세금이 공평하면 재정의 고갈을 근심하지 않아도 될 것이니 부전(賦田)의 제도는 참으로 위대합니다.

국가는 병사가 없어서는 안 됩니다. 국가에 병사가 없다면 방어할 대비가 없습니다. 병사는 기르지 않을 수 없습니다. 병사를 기르지 않으면 훈련할 인재가 없습니다. 은의로써 기르면 윗사람을 친근히 하여 장로를 섬기고, 법으로 가르치면 침략을 막아 국가를 보위할 것이니 양병(養兵)의 제도는 참으로 훌륭합니다.

흉년을 막지 않을 수 없고 빈민을 구휼하지 않을 수 없습니다. 흉년을 막으려면 풍년에 잉여분을 저축할 수 있어야 하고, 빈민을 구휼하려면 저축하여 거두고 나누는 방법이 있어야 합니다. 실로 이렇게 해야 군주가 인정(仁政)을 베푸는 것입니다. 국가의 급선무는 생산을 통제하고 세금을 균등히 매기는데 있으며, 훈련하여 방어하는데 있으며, 재화를 운용하여 풍족히 사용하는데 있습니다. 참으로 경계가 바른 뒤에 민중에게 취함이 제한이 있고, 은의가 두루 퍼진 뒤에 병사를 기름이 법도가 있으며, 민중에게 취함이 절도가 있은 뒤에 재화를 생산함이 많아질 것입니다.

이는 자사(子思)가 말한 "그 사람(탁월한 군신)이 존재하면 정치가 행해지고 그 사람이 없으면 정치가 소멸된다"는 것이요, 『역경』에서 말한 "위를 덜어서 아래를 더하고 아래를 덜어서 위를 더한다"는 것이요, 『대학』에서 말한 "재화가 모이면 민중이 흩어지고 재화가 흩어지면 민중이 모인다"는 것이요, 선배 유학자가 말한 "검소한 사람은 재화가 항상 남음이 있고 사치한 사람은 재화가 항상 부족하다"는 것입니다.

이에 옛날 명철하신 군주는 모두 이를 소중히 여겨 여러 군주의 법을 헤아려 한 때의 제도를 만들었습니다. 봇도랑을 파는데 진력하여 반드시 먼저 경계를 짓고, 무사할 때에 병사를 길러 반드시 먼저 어루만져 사랑했고, 근심이 없을 때 미리 준비하여 재산을 해치지 않았으니 이로써 삼정의 제도는 최우선으로 국조(國朝)의 대법전·대급무가 되었습니다. 삼정의 제도를 먼저 하지 않고서 "나는 천하국가를 다스렸다"고 말하는 사람은 아직 없습니다.

비록 그렇지만 삼정의 올바름은 실로 탁월한 사람을 얻는 데에서 비롯되므로 선대 유학자는 "전제(田制)가 파괴되면 또한 "사람을 시켜 정돈케 해야 한다"고 말하고, 군정·환정도 마땅히 전제와 같이 인재를 얻어 바르게 할 수 있으니, 그 근본을 다스리지 않고 말단을 다스리려고 하는 사람은 역시 곤란하다"고 논평했습니다. 이른바 '근본'이란 무엇입니까? 인재를 얻음을 말합니다. 인재를 얻는 데에 근본하지 않고 말단에만 치중하면 아무리 부지런히 다스린다 해도 효과는 더욱 멀어질 것이고, 아무리 많이 개정한다 해도 효과를 나타내기는 더욱 어려울 것입니다. 이는 "모래를 쥐고서 터진 냇물을 막고, 장작을 안고 화염을 구하려는 것"과 무엇이 다르겠습니까?

오늘날 조정은 심하게 막혀 있습니다. 만일 이제라도 그런 사정을 환하게 깨달아 과감히 인재를 등용하시면 삼정의 폐단을 바로잡을 방도가 논의될 수 있을 것입니다.

신(臣)이 사는 곳은 담양부(潭陽府)입니다. 담양의 삼정은 부사(府使)가 있으니 신이 감히 알 바 아니지만 신이 여러 고을에서 들은 것을 말해보면, 양안(糧案)은 여러 해 시행되지 않고 경계는 이미 혼란하여 비록 일자오결(一字五結)이라 하지만 전답의 수는 서로 접속될 수 없고, 해마다 재앙 때면 공급한다고 말하나 실제적인 혜택은 내려올 수 없습니다. 구릉에 무덤을 한 번 쓰면 면제하기 어렵고 청산벽해도 모두 양안에 들어 있으며, 죽은 자가 누운 무덤과 어부의 채집지도 각 읍의 은결(隱結)에 포함되고 서원(書員)의 주머니로 들어가지 않음이 없어 부자는 전답이 줄을 잇고 빈자는 송곳을 세울 땅도 없습니다.

마침내 태평세월의 흥겨운 노래는 가을언덕의 과부의 곡성으로 변했습니다. 민중은 한 푼도 포탈하지 않았는데도 상납은 해마다 쌓이고, 아전들은 수 만 금의 뇌물을 받는데도 법령은 두어 달을 죄수로 가둡니다. 포(布)를 거두어 군번을 가름하고 한갓 쓸모없는 장부를 끼고 다니며 사망한 자·유리걸식한 자·어린 아이를 군적에 올리니 한 몸의 군역(軍役)이 혹 서너 번에 이르고, 한 이름으로 대역(代役)함이 혹 예닐곱 번에 이릅니다. 피로와 병에 시달려 의지할 곳 없는 사람·아들 없는 사람·홀아비·과부가 되어도 이를 하소연할 곳이 없고 하늘에 무죄를 호소하려 해도 길이 없습니다. 살아서 헤어지고 죽어서 이별하며, 자신을 팔고 자식을 파니 울부짖는 소리가 우레와 같아 화기를 도무지 찾을 수 없습니다.

생각하건대 그들이 증오하고 두려워하는 것은 죽음보다 더 심하니, 먼저 그 습속의 폐단을 구하지 않고 삼정의 말단만을 구하려 한다면 비록 한나라 조정의 직지팔사(直指八使)가 날마다 엄중한 법을 시행하더라도 그 마음을 복종케 하고 그 법을 정초하여 공평중정한 길로 유도하기 어렵습니다. 주자가 말한 "때에 이르러 변통하지 않으면 관갈(管葛: 관중과 제갈량)이라 하더라도 어떻게 할 수 없다"는 한 마디는 바로 오늘의 병폐를 맞춘 것이니, 전하께서 조석으로 반성하며 좋은 말을 구하심은 이 때문이 아니겠습니까?

신이 서생(書生)의 오활한 의논으로 감히 국가를 경영할 계책을 아뢰지 못했는데 전하께서 이미 물으셨으니 신이 어찌 한 마디도 대답치 못해 전하의 아랫사람에게 들으시려는 성덕을 저버리겠습니까? 정치는 홀로 시행하지 못하니 인재를 기다려 시행해야 합니다. 천하는 한 사람이 독재할 수 없고 천하의 정사는 한 사람이 운영할 수 없습니다. 삼정은 인재를 얻으면 걱정거리가 될 수 없습니다. 진실로 그 인재가 아니라면 하나의 일도 운영할 수 없거늘 하물며 삼정 같은 큰 폐단이야 어떻겠습니까? 때문에 제(齊)나라가 한 명의 관중을 얻으니 제나라의 병식(兵食)은 풍부해지고, 당(唐)나라가 한 명의 유안(劉晏)을 얻으니 당나라 조정의 재화사용이 끊이지 않았습니다. 참으로 그 인재를 얻으면 무슨 불능함을 걱정하며, 절검을 숭상하면 무슨 부족함을 걱정하겠습니까?

엎드려 바라옵건대 전하께서는 능히 목마른 듯한 정성을 모아 널리 인재등용의 길을 열어 놓으십시오. 삼정의 미진함을 걱정하지 마시고 오직 인재를 얻지 못할까 걱정하십시오. 반드시 국가를 경영하고 민중을 거느릴 수 있는 인재를 얻어 그에게 삼정의 법을 부여함으로써 삼정의 잘못된 것을 이 사람으로 하여금 바르게 하고, 전제에 지나친 징수를 없애고, 군적에 헛된 호적을 삭제하며, 환곡에 가혹한 몰수를 없애면 가까운 시일에 두어 가지 폐단은 곧 기러기 털이 타오르는 화염 속에 있는 듯할 것입니다. 앞에서 말한 "바로잡아 구제하는 방도"가 바로 여기에 있습니다. 요임금은 농정을 소중히 여겨 파종하는 일을 후직(后稷)에게 일임했고, 헌제(軒帝)는 병사(兵事)를 처음 생각하여 국방의 임무를 역목(力牧)에게 부여했으니 고금이 하나의 이치요 앞뒤가 하나의 규칙입니다.

인재를 얻으려면 어떻게 해야 하는가? 우리나라는 인사를 뽑는 방법으로 오로지 과거제를 숭상합니다. 그러나 과법(科法)의 폐단도 오늘날 삼정의 폐단과 같습니다. 굽은 길을 걷지 않고 평탄한 길을 걸은 사람은 몇 사람 되지 않습니다. 청춘에 시부(詩賦)를 짓다가 흰머리에 경전을 궁구하니 그가 죽을 때는 명정(銘旌)에 '학생'이라고만 씁니다. 황금을 바치거나 선조의 음덕을 입어 과장에 들어가면 소년장원입니다. 그들은 관직에 등용되기 전부터 부귀가 극에 달해 농사의 어려움을 알지 못하고, 하루아침에 고을 원이 된 뒤에는 욕심이 격동하니 어찌 농부의 고충을 돌아보겠습니까? 이런 사람을 목민관(牧民官)의 지위에 앉혀두면 이 삼정의 폐국(弊局)을 당해 무기만을 들지 않은 도적이 되지 않을 사람이 거의 드물 것입니다.

인재를 얻는 근본은 과정(科程)을 엄격히 하는데 있고, 과정을 엄격히 하는 근본은 언로(言路)를 개방하는데 있습니다. 참으로 언로를 개방하면 타인의 이목을 나의 이목으로 접하게 되니 어찌 인사를 선발함에 있어 인재를 얻지 못할까 근심하겠습니까? 언로를 개방하려면 어떻게 해야 합니까? 성학(聖學)에 힘써야 합니다. 성학에 힘쓰면 날마다 어진 사대부를 접하여 치란득실(治亂得失)을 강습하고 마음에서 이치를 밝히게 되니 어찌 언로가 개방되지 않음을 근심하겠습니까? 이치를 밝혀 성학에 힘쓰고, 성학에 힘써 언로를 개방하며, 언로를 개방하여 과정을 엄격히 하고, 과정을 엄격히 하여 현인을 얻으면 주자가 말한 "한 명의 호부상서(戶部尙書)를 얻으면 전곡(錢穀)이 다스려지지 않을까 걱정하지 않는다"는 주장처럼 될 것입니다. 신의 우매한 생각으로는 한 명의 이조판서를 얻으면 삼정은 다스려지지 않을까 걱정하지 않아도 될 것이니 어찌 몸소 쉬지 않고 방백(方伯)·수령(守令)에게 칙령을 내리는데 이르겠습니까?

생각하건대 법(法)이란 인재를 기다려 시행되는 것인데 오늘날 세상은 습속을 변화시키지 않으니 삼정을 구제하기 어렵습니다. 인재를 얻음에 있어서도 양리(良吏)를 선택하고, 양리를 선택함에 있어서도 절검(節儉)을 숭상하여 그 습속을 바루어야 하니, 어찌 다른 곳에 있겠습니까? '기강'과 '염치'에 불과합니다. 이 기강과 염치를 붙잡아 세우려면 위로는 대신과 중신이 유지해야 하고, 아래로는 선비가 격려해야 할 것입니다. 사습(士習)의 해이는 곧 세교(世教)의 해이를 가져옵니다. 그런데 오늘날은 자신을 단속하며 고행하고 분수를 지키는 사람을 얻기 어렵습니다. 경쟁하는 습관이 점차 풍속을 이루고, 선비에게 예의염치가 없으니 어떻게 국정을 이끌겠습니까?

4) 石田集 目錄

卷之一

詩: 謹步上蘆沙先生(二首) 外127首

卷之二

策: 三政策 / 書: 上蘆沙奇先生(三) 上蘆沙奇先生喪禮箚疑 上三從兄正言(駿善) 答趙直敎(性家) 與金穉敬(祿休) 上宋參判(宗洙) 答奇德叟(亮衍) 答任致和(昱) 答崔參判(益鉉)附原韻 答奇會一(宇萬)別紙 與李校理(建昌) / 雜著: 讀猥筆 / 論: 四皓論 / 序: 送石山李尙書赴燕序 送錦霞李學士赴定州序 同義契案序 / 跋: 題南塘居觀錄後

卷之三

檄: 通告隣邑諸宗文 檄本道五十三州諸宗文 / 祭文: 祭李尙書(是遠)文 祭蘆沙先生文(二) 祭晦沙高公(彦鎭)文 祭外舅可隱公(箕大)文 祭亡室文 祭奇魯喜(晩衍)文 祭南侯(廷顯)文 / 阡表: 智音阡記

卷之四

附錄: 觀佛菴贈李樂裕序 蘆沙先生手墨(丙寅倡義時) / 挽(李僖錫 趙性家 吳繼洙 曺毅坤 梁相衡 吳駿善 吳丙善 金濡 李儒哲 李鍾大 金敎性) / 祭文(趙性家 奇陽衍 奇亮衍 奇宇萬 鄭鳳鉉 族從奎永 魏成祚 從弟允善 李志容 金濡 金喜昌) / 行狀 / 墓碣銘: 書狀碣後 / 墓誌銘 / 墓表/ 傳 / 讀蘆沙先生送石田進士赴義韻 倡義錄序 倡義傳贊 倡義錄後敍 讀倡義錄 題石田詩稿後 高山書院配享時光州儒林通文 南原儒林通文 筆巖書院通文 武城書院通文 高山書院配享時告由文 石田集跋

3. 월파 정시림 月波 鄭時林

1) 생애

정시림(1833-1912)은 자는 백언(伯彦)이요, 호는 월파(月波)이며, 본관은 광산(光山)이다. 전남 보성(寶城) 태생으로 용모는 볼품이 없었으나 천부적으로 총명한 자질을 타고나 견식이 정밀했다고 한다. 그는 어려서부터 학문에 남다른 열의를 보여 일찍이 육경사서(六經四書)를 독파하고 학문의 영역을 넓혀 천문·율력·산수에 정통했으며, 고금의 역사를 꿰뚫어 그 핵심을 이해하고 원인을 탐구하였다. 이로 인해 그는 노사 기정진(蘆沙 奇正鎭)의 문하에서 학문과 문장이 탁월했던 인물로 평가되었으며, 노사(蘆沙)의 손자인 송사 기우만(松沙 奇宇萬 1846-1927)도 『월파집(月波集)』 서문에서 "노백헌 정재규(老柏軒 鄭載圭 1843-1911), 일신 정의림(日新 鄭義林) 등과 서로 친근히 지내면서 실제적인 공부에 힘써 스승의 가르침을 받았으며, 충실히 배워 고향으로 돌아가서는 학문의 지엽을 깎아버리고 화려함을 숨긴 채 진실만을 추구했다"고 기술하여 월파의 위치와 학문경향을 간략히 소개하고 있다.

월파는 서양의 문물이 거세게 밀어닥쳐 유교이념이 붕괴되어가는 소용돌이 속에서 묵묵히 후진양성에 온 정성을 기울였던 숨은 유학자였다. 형편상 한 곳에 정착하지 못하고 이곳저곳을 떠돌며 강학에 전념했던 그는 만년에 보성군 문덕면 법화(法化)에 있는 강습재(講習齋)에서 학문 활동을 하면서 수많은 제자들을 양성했다. 그 때 제자들과 문답을 나눴던 기록이 지금도 「강습재 강록편(講習齋 講錄篇)」에 전해지고 있는데(이 외에도 「답문편(答問編)」 2권이 있음), 유가의 경전은 물론 『근사록(近思錄)』·『서명(西銘)』·역사적 평론 등의 내용을 포괄적으로 언급하고 있다. 그의 제자인 이교천(李敎川)이 발문에서 "경학을 강의하고 예를 익혀 사풍(士風)이 크게 변화했으며, 우리 고을의 학자가 성리설(性理說)을 얻어들을 수 있었던 것은 실로 공[月波 鄭時林]의 힘"이라고 회고한 말 속에서도 월파가 제자들에게 끼친 영향이 지대했음을 알 수 있다. 후일 월파의 문집이 모두 제자들의 손에 의해 수습·편집·간행되었다는 점은 우연한 일이 아닐 것이다.

노사의 제자 중에서 월파처럼 가정형편이 빈한했던 사람은 없었던 것 같다. 『노사집(蘆沙集)』에는 다음과 같은 일화 한 토막이 적혀 있다. 노사의 회갑 때 많은 제자들이 좋은 옷감으로 만든 고운 옷들을 스승을 위해 선물했다. 그러나 형편이 어려웠던 월파는 버선 한 켤레를 소중히 가지고 갔다. 그러자 노사는 "버선이 비록 보잘 것 없으나 그대의 형편상 극력으로 주선하지 않았다면 마련할 수 없었을 것이니, 이번에는 물리치지 않겠지만 다음에는 절대로 가져오지 말라"고 당부했다고 한다. 제자의 스승을 위한 정성과 스승의 제자를 위한 보살핌이 잘 표현된 장면이다.

『월파집(月波集)』은 원집 5책과 속집 3책으로 구성되어 있다. 원집은 그가 죽은 다음 해인 1913년에 제자들의 노력으로 간행되었고, 속집도 1940년 아들 찬주(贊周)와 제자들의 정성으로 세상에 전해지게 되었다. 그러나 행장(行狀)·묘문(墓文) 등의 자료가 실려 있지 않아 그의 평생의 행적을 상세히 추적해 볼 수 없는 점이 안타깝다. 그는 「용학차기(庸學箚記)」, 「사문질의(師門質疑)」, 「만록(漫錄)」, 「법화문답(法化問答)」, 「외필상질설(猥筆相質說)」 등 다수의 저술을 남겼다.

2) 사상

월파는 '주리주기설(主理主氣說)'에서 리(理)를 모든 사물이 필연적으로 그렇게 존재하게 되는 묘(妙: 신통하게 조화를 유도하는 불가사의한 속성)로 파악하여 리(理)를 천지·인물의 총화적 이치이며 최고표준으로 설정하고 있다. 그는 또 리(理)는 기(氣)를 떠나 허공에 매달려 있지 않고 항상 음양·오행·만사·만물 가운데에 있으면서 그것의 주재자가 된다고 본다. 즉 음양의 기(氣)에 의해 이루어진 천지 가득한 만물 속에 고정불변의 본체로 존재하면서 조화를 도맡는다는 것이다. 나아가 월파는 리(理)는 작위함이 없고 기는 작위함이 있으므로 모든 사물은 기(氣)가 아니면 발현될 수 없고 리(理)가 아니면 발현할 곳도 없다고 함으로써 이(理)는 기(氣)에 내재되어 있고 기(氣)는 리(理)에 외재하지 않는다는 전통적인 이기철학의 사유방식을 따르고 있다.

그렇다면 원리를 중심으로 하는 주리적(主理的) 사유와 재료를 중심으로 하는 주기적(主氣的) 사유는 어떻게 발생했으며, 어떤 의미를 갖는가? 월파는 이에 대해서 사물이 도를 얻어 이치에 합당함은 사물의 입장에서 기(氣)가 없지는 않지만 본연의 이[本然之理]에 합당한 것이므로 리(理)를 중심으로 삼을 수 있고, 사물이 도를 잃어 이치를 어김은 사물의 입장에서 리(理)가 없지는 않지만 본연의 리(理)를 어기는 것이므로 기(氣)를 중심으로 삼을 수 있다고 설명하고 있다. 이것은 사물이 도를 얻어 순수 본연의 이치에 합당한가 합당하지 못한가라는 관점에 따라 구별되는 것이다. 그에 의하면 기(氣)의 본연의 모습은 또한 순선이다. 왜냐하면 기(氣)는 리(理)에서 생성되어[氣生於理] 그 리(理)의 순선함을 따르기 때문이다. 그러나 기(氣)는 능히 형상을 이루고[能凝結] 능히 작용을 하는[能造作] 운동을 하므로 청수(淸粹)한 본연의 모습 이외에 탁박(濁駁)한 모습도 지니게 된다. 따라서 "발용처(發用處)에는 리(理)가 없지 않지만 그 기틀은 기(氣)이다"라는 그의 주장에 근거해보면, '리(理)의 본래선'에 어긋나게 작용하는 것은 리(理)가 기(氣)의 탁박한 모습에 가려졌음을 말하는 것임을 알 수 있다.

위의 진술을 요약하면, 월파에 있어 주리(主理)·주기(主氣)의 문제는 리(理)가 동정하는가 하지 못하는가라는 본체론적 입장에서 말한 것이 아니라, 사물이 본연의 이치에 합당한가 합당하지 못한가라는 가치론적 입장에서 말한 것이다. 예컨대 인간이 선(善)을 행하는 것은 기(氣)가 순수 본연의 이치를 따라 합리적으로 행하는 것이요(主理的), 악을 행하여 죄를 얻는 것은 순수 본연의 이치가 탁한 기(氣)에 엄폐되어 비합리적으로 행하는 것이다(主氣的). 즉 인간의 실천적 당위규범이 주리·주기의 판단의 기준이 되는 것이다.

이처럼 성리학의 본령을 주리론으로 인식했던 월파는 「외필상질설(猥筆相質說)」에서 율곡을 주기론자로 보는 견해를 일축하고 주리론자였음을 논증하였다. 그리고 노사가 『외필(猥筆)』을 저술한 이유에 대하여, 세상 사람들이

"기(氣)의 기틀이 스스로 발동할 뿐, 그렇게 하도록 시키는 것이 있지 않다[機自爾 非有使之者]"는 율곡의 학설을 후학이 주기론자라고 잘못 볼까 염려하여 지은 글로서 후학의 잘못된 견해를 구하려 한 것이라고 설명하였다.

그러면 월파가 율곡을 주리론자로 보는 근거는 무엇인가? 그는 '이자성리서(李子性理書)'의 '이일분수부(理一分殊賦)' 가운데에 "무엇이 그 기틀을 주관하는가, 오! 태극이로다"와 우계에게 보낸 답장[答牛溪書]에 "대저 리(理)는 기(氣)의 주재자이다", "리(理)가 아니면 기(氣)는 근거할 곳이 없다", "발동하는 것은 기(氣)요, 발동케 하는 원인자는 리(理)이다", "무형·무위(無爲)이면서 유형·유위(有爲)의 주재자는 리(理)다"고 한 점을 증거로 들어 기(氣)의 움직임에 있어 리(理)는 주재자가 되고, 기(氣)의 근거가 되며, 기(氣)의 발동하는 원인이 되며, 유형·유위의 주재가 됨은 매우 분명하여 '기(氣)의 독자적인 운동'은 아니라고 확신하였다. 그리고 그는 율곡이 이(理)를 주재로 인식한 것이며, 『외필』도 율곡의 이 뜻을 증거로 삼았다고 주장하였다.

그렇다면 율곡은 이미 주리론자(主理論者)인데 무엇 때문에 "기틀이 스스로 발동할 뿐 시키는 자가 있지 않다[機自爾 非有使之]"라고 말했는가? 여기에 대해 월파는 리(理)는 작위할 수 없고 기(氣)는 작위할 수 있으며, 리(理)는 능동적이지 못하고 기(氣)는 능동적이라는 이기(理氣)의 고유한 성능을 언급한 뒤, 만일 "시키는 자가 있다"고 하면 이는 작위함이 있고 능동성을 지니게 되기 때문이라고 해명하였다. 이는 기자이(機自爾)의 '자(自)'를 독자적(단독적) 운동을 의미하는 것으로 보지 않고 다만 능동적인 면을 지닌 것으로 파악하는 것이며, 기(氣)의 독자적 운동을 부정하는 것은 기(氣)의 동정이 이(理: 천명)의 본령에서 벗어나지 않음을 의미한다. 여기에 그의 이주재(理主宰)의 관점이 잘 드러나 있다.

그러면 이 이주재(理主宰)의 실효성을 어떻게 증명할 수 있는가? 월파는 신국범(申國範)에게 보낸 답장에서 이주재(理主宰)에 대한 확신을 강조하였다. 즉 일시적으로 현자(賢者)·지사(志士)·의사(義士)가 소인·권력자·침략자에게 굴욕과 탄압과 죽임을 당하더라도 종국에는 후자가 죄악으로 평가 받고 전자가 칭송을 받는 진실(眞實)의 승리라든가, 우둔하고 어리석은 사람이 학문에 힘쓰면 명철한 사람이 될 수 있다는 필연성에서 세계의 궁극적·보편적 주재자인 리(理)가 인간의 삶의 영역에서 갖는 주재(主宰)의 실효성은 충분히 확인된다.

월파의 이러한 사고는 인간과 동물의 본성이 같은가 다른가[人物性의 同異]라는 문제의 해결과 긴밀한 관계를 갖는다. 전통 성리학에서 성(性)은 곧 리(理)이므로 불선(不善)이 있을 수 없다. 단지 인간들이 서로 다른 이유는 기품에 의한 것이므로 리(理)나 본성 그 자체는 요순(堯舜) 같은 성인에서 길거리에 다니는 보통사람에 이르기까지 다를 것이 없다. 이는 보편성으로서의 본성만을 강조한 것이 아니라 사실은 모든 인류에게 공통적으로 있는 본성을 의미한다. 이러한 논리는 자연스럽게 "만물과 내가 하나의 이치이다[物我一理]"로 발전하여 형이상학의 이치로 말하면 동물이 갖추고 있는 리(理)는 본래 인간의 리(理)와 같으나, 기질에 제한이 있어서 그 리(理)를 드러낼 수 없다고 말하게 된다. 따라서 강여홍(姜汝洪)이 인간과 동물의 본성은 다르다고 주장했을 때, 월파는 리(理)는 본래 동일하나 그 기품의 다름[理同氣異]에 따라 인물의 본성이 동일하지 않게 된다고 설명하였다. 그에 따르면 인간과 동물의 성(性: 氣質之性)은 다를 수 있겠지만, 인간과 동물의 본성[天命之性]은 같을 수밖에 없다. 왜냐하면 '본성'이라는 글자 자체가 기품 속에서 리(理)만을 끄집어내어 말한다는 뜻이기 때문이다. 만일 강여홍처럼 인물의 다른 원인을 천명의 성의 편전(偏全) 때문으로 돌리면 스스로 천명의 성의 보편성을 부정하게 되고, 천명의 성의 편전으로 인물의 본연을 이해함으로써 기질의 성의 한계를 모호하게 만들어 합리적 타당성을 갖지 못한다는 것이다. 그의 이러한 사고는 천명의 성이 지닌 '선(善)의 본래적 절대성'·'참된 근본성품'을 강조함으로써 인간성의 권위를 확립하려는 의도의 표현으로 볼 수 있다.

월파에게서 천명의 성은 '진(眞)'으로 표현되고 있다. 오인화(吳仁華)에게 준 '양진설(養眞說)'에 의하면, 이 '진(眞)'은 리(理)의 본체이다. 즉 내가 하늘에서 얻어 나의 인의예지(仁義禮智)의 본성으로 삼은 것이다. 그는 우리가 날마다 행하는 크고 작은 일이 모두 인의예지에서 나온 것으로 파악한다.

그러나 자칫 기품에 거리끼고 물욕에 가려지면 나의 '진(眞)'을 해치는 경우가 많다. 월파는 진을 해침으로써 파생되는 해로움을 다음과 같이 설명한다.

> 한 터럭만큼의 남을 해치려는 생각은 인(仁)을 해치는 도끼날이 되고, 조금이라도 훔치려는 생각은 의(義)를 해치는 해충이 되며, 한 터럭만큼의 오만한 마음은 예(禮)를 해치는 창이 되고, 약간의 간사한 의도는 지(智)를 해치는 구덩이가 된다.

그렇다면 기품과 물욕에서 '진(眞)'을 구제하여 기를 수 있는 약은 무엇일까? 그것을 예방할 수 있는 묘약이 중요한 문제로 떠오른다. 월파는 "붙잡으면 보존된다[操則存]"는 한 구절을 격률로 삼고, "일을 함에 있어 그 결과를 예정하지 말며, 마음에서 잊지 말며, 인위적으로 조장하지 말라[勿正心 勿忘勿助長]"는 세 구절을 마음 붙잡는 잣대로 삼는다면 우리의 심신을 고요한 상태에서 보존하고 움직이는 상태에서 관찰하여 그 감정을 추수려 중용에 합당하게 함으로써 사물의 준칙 속에서 사고와 행위의 작용이 이루질 수 있다고 확신한다. 고요한 상태에서 보존한다는 것은 무엇을 의미하는가? '각지설(覺知說)'에 의하면, 그것은 감정이 아직 드러나지 않았을 때, 본성을 기르는 것은 오직 마음이 항상 깨어 있는가[覺]에 달려 있다는 뜻이다. 그렇지 않다면 어둡고 어리석어 다만 마른 나무, 불 꺼진 재에 불과할 뿐이다. 움직이는 상태에서 관찰한다는 것은 무엇을 의미하는가? 그것은 본성이 이미 드러났을 때, 그 감정을 추스르는 것은 오로지 마음이 항상 멈출 곳에 있는가[止]에 달려 있다는 뜻이다. 그렇지 않다면 방탕하여 뒤집어진 수레나 사나운 말이 되기 쉽다. 이와 같다면 일상생활을 통해 동정(動靜)의 상태에서 사물에 따라 감응하여 재제하고 운용함은 오직 마음이 깨어있는가 그러하지 않는가, 멈출 곳에 있는가 없는가에 달려 있을 뿐이다.

참을 함양하는[養眞] 주체는 인간 개개인의 마음이다. 인간은 만물 가운데 하나의 존재에 불과하지만 주재적 기능인 마음을 지닌 가장 탁월한 존재이다. 그런데 내 마음이 홀연히 외물에 이끌려가도 성찰할 줄 모르면 이 마음은 결국 외물과 동화되어 버리며, 나아가 마음을 한번 보존하지 못하면 곧 하늘을 거슬리는[逆天] 결과를 낳게 된다. 뿐만 아니라 「만록(漫錄)」에서는 외물에 구애를 받으면 가슴이 오그라들고 호흡이 급해져 자신의 한 몸도 포용할 곳이 없게 되며, 중심에 외물의 유혹이 없으면 이목이 총명하고 마음이 넓어져 천지의 본성을 회복할 수 있게 된다고 주장한다.

"욕심을 적게 하는 것[寡慾]이 도에 들어가는 지름길"임을 생활신조로 삼았던 월파, 그는 조선조 말 붕괴되어가던 유교이념을 수호한 학자로서, 학식과 인격을 갖춘 지성으로서, 모범적인 행동의 실천가로서 대중을 지도하고 교화하는 데 앞장섰던 사람이다. 그는 의리(義理)를 정신적 기반으로 삼았기 때문에 이해(利害)와 의리가 충돌할 때에는 이해를 버리고 의리를 지킬 줄 알았다. 가난한 환경 속에서도 꿋꿋이 구도자의 길을 걸었던 그는 천리(天理)를 지키고 인욕(人欲)을 억제하는 것을 수양의 기본과제로 제시하였고, 나아가 선비는 모든 물질적 욕망을 억제하면서 의리를 지키는 것이 최대의 임무라고 강조하였다. 언제까지 다 채울 수 없는 물질적 욕망에 이끌려 하늘이 준 순선한 본성을 상실한 채 살아가는 인간에게, 그는 여전히 자신을 두려워하고 경계하며 성찰할 수 있는 시간을 갖도록 요구하였다.

3) 원문 번역

(1) 신국범에게 보낸 답장[答申國範]

질문: 하늘이 인간에게 품부할 적에 반드시 그 본성을 선하게 하면서도 그 기(氣)를 일정하게 하지 않은 것은 왜입니까? 리(理)는 만물 조화의 주재자이면서도 간혹 그 기(氣)를 제재할 수 없어 전적으로 기(氣)의 작용에 맡김으로써 천하의 사물로 하여금 치우친 것이 많고 온전한 것이 적으며, 지혜로운 사람은 적고 어리석은 사람을 많게 하니, 어떻게 그 리(理)가 주재자가 되겠습니까?

답변: 하늘이 음양·오행(陰陽 五行)으로 만물을 조화·생성한다면 음양·오행의 기(氣)는 이미 일정하지 않은 것이며, 만물이 품부한 바의 기(氣)는 일

정하지 않은 가운데에서 또 일정하지 않은 것이니, 갖가지의 맑고 흐리고 순수하고 순수하지 못한 속성은 부득이한 것입니다. 리(理)는 기(氣)를 주재하는 것이며, 기(氣)는 리(理)를 싣는 것입니다. 리(理)는 비록 기(氣)를 주재하지만, 리(理)는 작용력이 없고 기(氣)는 작용력이 있습니다. 따라서 기(氣)가 혹 때때로 궤도를 따르지 않게 되어 리(理)가 기(氣)에 가려지면 리(理)가 과연 제재할 수 없다는 것은 보내주신 편지에서 말한 바와 같습니다. 그러나 만일 어진 이가 혹 소인에게 굴욕을 당했다 하더라도 결국 소인이 죄를 얻고 어진 이가 칭송된다면, 리(理)가 궁극적인 주재자임을 알 수 있을 것입니다. 인간의 우둔함과 어리석음을 반드시 기(氣)의 죄로 돌려서는 안 될 것입니다. 기(氣)의 국한성은 본래 우둔함·어리석음의 분별을 만들지만, 진실로 학문에 힘쓰고 독실하면 우둔한 자도 반드시 명민해지고, 어리석은 자도 어진 이가 될 것은 명확합니다. 이것이 리(理)의 주재처가 아닌지요?

질문: 주자는 "본성과 지각(知覺)을 합한다"고 말하였으니, 마치 본성 밖에 지각이 있는 듯하고, 또 "본성 자체에는 지각이 있다"하고, 석씨(釋氏)의 정신·혼백에 지(知)와 각(覺)이 있다는 것을 그르게 여겨 통렬히 배척하니, 이는 본성에 지각이란 것이 없음을 말한 것입니까?

답변: 지각의 리(理)가 지(智)이니, 본성 가운데에 과연 지각이 없겠습니까? 지(智)가 발현하여 지각이 되니 이것이 마음의 경계입니다. 그러므로 "본성과 지각을 합하여 마음이라는 명칭이 주어진다"고 말합니다. 만약 지각으로 본성을 삼으면 이는 마음을 본성으로 인식하게 되므로 결코 본성의 경계가 아닙니다. 더구나 "정신·혼백에 있는 지각이라는 것을 본성이라 한다"고 말하면 그 주장은 더욱 정밀하지 못합니다. 그것을 통렬히 배척하지 않을 수 있겠습니까?

(2) 강여홍에게 보낸 답장[答姜汝洪]

보내주신 글월 중 주자의 여러 학설을 인용하여 "이는 인물(人物)의 본성이 같지 않음을 말한 것"이라고 하니, 의심을 품을 만합니다. 대개 이 몇 단락의 말은 모두 리(理)는 본래 동일하나 그 기품의 다름에 따라 인물의 본성이 동일하지 않음을 말한 것입니다. 대저 그 '기(氣)에 따라 다른 곳'에 나아가 본성의 다름을 말하는 것은 무엇 때문인가? 주자는 이미 "인물의 본성은 본래 동일하다"하였고, 또 "리(理)로 말하면 온전하지 않음이 없다. 세 가지 색깔의 주발(椀) 가운데에 놓여 진 것은 다만 이 물(物)일 뿐이요, 길고 짧은 틈 사이로 비추는 햇빛은 다만 이 해일 뿐"이니 이는 본래 리(理)의 동일함이 아닙니까? 이미 "단지 기품이 다를 뿐"이라 하고, 또 "기(氣)로 말하면 편벽되지 않을 수 없다"고 하면서, 또한 "형기가 이미 다르면 하늘에서 얻은 리(理)도 다르다" 하였다면, 이는 기품에 따라 다름이 있음이 아닙니까? 그러므로 이는 인물의 성이 다르다고 하면 옳겠지만, 만일 인물의 본성이 다르다고 하면 옳지 않습니다.

'본성부동(本性不同)' 네 글자는 이치를 깨닫지 못한 말 같습니다. '본성'이라는 글자는 기품(氣稟) 속에서 끄집어내어 리(理)만을 가리켜 말한 것이니, 주자가 말한바 '천명의 성[天命之性]'·'천하를 통틀어 하나의 성[通天下一性]'·'어찌 서로 근사하다 말하리오[何相近之有]'가 이것입니다. 그러나 이상의 여러 학설을 아울러 인물의 본성은 다르다고 말한다면 또 의심을 품을 만합니다. 대개 이 리(理) 밖에 다시 다른 리(理)가 없으므로 리(理)만을 가리켜 그 본성을 말한 것이라면, 인물의 본성은 같지 않음이 없습니다. 인물이 이미 생성되면 기품은 다르므로 기품을 겸하여 그 품부한 바를 말한다면, 인물의 본성이 각각 같지 않습니다.

⑶ 외필상질설(猥筆相質說)

손님의 질문: 세간에는 간혹 율곡을 주기론자(主氣論者)로 말하는데 믿을 만한가?

대답: 아니다. 그렇지 않다. 율곡은 주리론자(主理論者)이다.

질문: 주리론자라면 노사(蘆沙)가 왜 『외필(猥筆)』을 저술하였는가?

대답: 세상 사람들이 그의 "기(氣)의 기틀이 스스로 발동할 뿐 그렇게 하도록 시키는 것이 있지 않다[機自爾 非有使之者]"는 학설을 잘못 보아 결국 주기론자라고 말하므로 이 『외필』을 저술하여 후학의 잘못된 견해를 구하려 한

것이다.

질문: 노사의 이 『외필』이 율곡의 본지와 상반되는 이유는?

대답: 노사의 설명은 본래 율곡의 뜻과 같다. 율곡의 '이일분수부'(理一分殊賦)에는 "돈후한 조화는 무궁하고, 흐르는 냇물은 쉼이 없네. 무엇이 그 기틀을 주재하는가, 아! 태극이로다"라고 되어 있다. 이는 돈후한 조화나 흐르는 냇물의 유동성은 태극의 주재가 아님이 없고, 돈후한 조화나 흐르는 냇물의 기틀이 스스로 발동하지 않으면 태극은 관여할 곳이 없다는 뜻을 말한 것이니, 노사가 『외필』에서 서술한 것은 '이일분수부' 중의 태극이 주재하는 기틀에 근거하여 말한 것이다.

질문: '기(氣)의 자동성과 고유한 기능성[自爾, 非有使之]'은 결국 기(氣)가 주재자가 된다는 것이 아닌가?

대답: 이것에 대해서도 설명이 있다. 주자는 "본원(本原)으로 말하면 리(理)가 앞서고 기(氣)가 뒤이다[理先氣後], 품부로 말하면 기(氣)가 앞서고 리(理)가 뒤이다"고 말했고, 또 "기(氣)가 형상을 이루면 리(理)가 여기에 부여된다"고 말하였다. 대저 유행으로 말하면 반드시 먼저 기(氣)를 말하고 나중에 리(理)를 말하므로 노사는 율곡의 이 말을 특별히 유행 쪽에 관한 설명으로 인식하여 말했다.

질문: 율곡의 주리설(主理說)을 상세히 들려줄 수 있겠는가?

대답: 율곡의 이기설(理氣說)은 『율곡전서』 속에서 자세히 말해지고 있지만 그 정밀한 요점만을 간추려보면 '이자성리서(李子性理書)'에 한층 잘 갖춰져 있으니 그의 주리설을 개괄적으로 살펴볼 수 있다. 책머리에 있는 '이일분수부' 가운데에 "무엇이 그 기틀을 주관하는가, 오! 태극이로다"하였고, 우계에게 보낸 답장[答牛溪書]에는 "대저 리(理)는 기(氣)의 주재자이다", "리(理)가 아니면 기(氣)는 근거할 곳이 없다", "발동하는 것은 기(氣)요, 발동케 하는 원인은 리(理)이다", "무형(無形)·무위(無爲)이면서 유형(有形)·유위(有爲)의 주재자는 리(理)이다"하였으니, 이 같은 유례(類例)는 수 없이 많다. 이것으로 말해보면 기(氣)의 움직임에 리(理)가 주재자가 되고 기(氣)의 근거가 되며, 기(氣)의 발동하는 원인이 되고, 유형(有形)·유위(有爲)의 주재가 됨은 진실

로 매우 분명하며 기(氣)의 독자적인 운동은 아니다. 이는 곧 율곡이 리(理)를 주재로 인식한 것이며, 『외필(猥筆)』의 주된 의미도 모두 율곡의 이 뜻을 증거로 삼았다.

질문: '이일분수부' 중 태극(太極)이 그 기틀의 주재자가 된다 함은 리(理)를 위주로 말한 것이다. 이는 본원으로 말한 것이지 유행으로 말한 것은 아닌 때문인가?

대답: 돈후한 조화, 흐르는 냇물, 무궁히 쉼이 없다는 것은 유행이 아닌가?

질문: 유행할 때에 리(理)가 주재가 된다면 유행 일면을 말함에 있어 하필 먼저 기를 말하는가?

대답: 기(氣)가 아니면 리(理)는 안정할 곳이 없으므로 형체상으로 리(理)를 말하면 부득이 먼저 기(氣)를 말해야 한다.

질문: 율곡은 이미 주리론자인데 무엇 때문에 "기틀이 스스로 발동할 뿐 시키는 자가 있지 않다"고 말했는가?

대답: 리(理)는 작위할 수 없고, 기(氣)는 작위할 수 있다. 리(理)는 능동적이지 못하고 기(氣)는 능동적이다. 만일 "시키는 자가 있다"고 하면 이는 작위함이 있고 능동성을 지니게 된다. 이 때문에 이와 같이 말했다.

질문: 리(理)는 작위함이 없으나 작위하게 할 수 있는 묘(妙)를 지니며, 리(理)는 능동적이지 못하나 능동적으로 할 수 있는 묘를 지닌즉, 그 말이 너무나 비약적이며, 또 '이일분수부' 중 태극(太極)이 그 기틀을 주재한다는 것과 다르게 된다. 왜 그러한가?

대답: 율곡의 이 학설이 앞뒤가 맞지 않았으므로 노사가 『외필』 속에서 "앞 시대의 현인의 논의도 간혹 비약적이었다"고 말한 것이다. 생각하건대 주자의 말도 앞뒤가 서로 다른 곳이 있어 후에 그 앞말의 흠이 되는 곳을 개정하고, 또 후대의 현인이 보충한 곳도 있었다. 율곡의 이 말도 혹 개정해야 할 곳인가, 아니면 우계(牛溪)에게 답장을 하면서 너무 급하게 써 내려갔기 때문인가, 아니면 당시에 주리론자가 간혹 기(氣)는 절대로 리(理)에 관여하지 못한다고 말했으므로 그 편견의 폐단을 구하려고 그런 것인가? 알 수 없는 일이다.

질문: 이미 주리(主理)라고 하면 기(氣)는 혹 폐기할 수 있는가?

대답: 대저 이 논설은 기(氣)가 리(理)에게 명령을 받아 주인과 종의 형세가 있음을 말한 것이다. 마치 연나라 왕인 쾌가 도리어 신하가 될 수 없고, 자지(子之)가 왕위에 올라 왕 노릇을 행할 수 없는 것과 같다. 군주가 신하와 민중을 버릴 수 있음을 말하지 않았다. 이기(理氣)라는 두 존재는 서로 분리될 수 없고, 기(氣)가 아니면 리(理)도 유행할 수 없다. 기(氣)를 버릴 수 있는가라는 설명은 너무 융통성이 없다.

질문: 노사가 선현을 변설한 것은 또한 미안한 것이 아닌가?

대답: 무릇 의리에 입각한 논설은 고금 천하의 공적인 말이므로 선배 유학자가 혐의를 두지 않았다. 때문에 정이천의 논의를 주자(朱子)도 추종하지 않은 곳이 있고, 주자의 정리되지 않은 글을 황면재(黃勉齋)가 또한 수정하여 보충했다. 우리나라에서는 퇴계의 이기설을 율곡이 취사선택했고, 율곡이 사단(四端)을 칠정(七情) 중의 절도에 맞은 것으로 말한데 대해 우암(尤庵)이 이 설은 미안하다고 했으며, 사계(沙溪)가 형상((形上)·형하(形下)를 해석한 데 대해 우암이 문원공(文元公)의 상·하를 달리 해석한 것은 참으로 미안하다고 하였으니, 이를 미안하게 여길 필요가 없다.

⑷ 주리주기설(主理主氣說)

리(理)는 모든 사물이 마땅히 그렇게 되는 묘(妙)이다. 크고 많다고 해서 남음이 있지 않고, 작고 적다고 해서 부족함이 없다. 기(氣)를 떠나 허공에 매달려 홀로 있는 것도 아니다. 음양·오행·만사·만물 가운데에 있으면서 음양·오행·만사·만물의 주재자가 된다. 리(理)는 작위함이 없고 기(氣)는 작위함이 있다. 따라서 모든 발현되는 사물은 기(氣)가 아니면 발현될 수 없고, 리(理)가 아니면 발현할 곳도 없다. 그렇다면 리(理)는 기(氣)에 내재되어 있고 기(氣)는 리(理)에 외재하지 않는다. 사물이 이와 같은 것은 기(氣)이며 사물이 이와 같이 되는 원인은 리(理)이다. 그런즉 대저 각각의 사물을 가리켜 리(理)라고 한다면 리(理)는 본래 기를 떠나지 않는데 이는 리(理)가 기(氣)를 떠난 것이 아닌가? 만일 기(氣)라고 하면 기(氣)도 리(理)를 떠나지 않는데 이는 기(氣)가 리(理)를 떠난 것이 아닌가?

대저 이와 같다면 리(理)라고 말할 필요도 없고 기(氣)라고 말할 필요도 없다. 그런데도 둘 다 들어서 '이기(理氣)'라 하면 옳겠는가? 언어는 제법 완전한듯하지만 견식은 흐릿하여 경중·완급·내외·빈주(賓主)의 구분을 알지 못한다. 사물이 도를 얻어 이치에 합당한 것은 사물의 입장에서 기(氣)가 없지는 않지만 본연의 이(本然之理)에 합당하므로 리(理)를 중심으로 삼고, 사물이 도를 잃어 이치를 어기는 것은 그 사물의 입장에서 리(理)가 없지는 않지만 본연의 리(理)를 어기므로 기(氣)를 중심으로 삼는다. 기(氣)의 본연은 또한 순수선[純善]인데도 사물의 불선(不善)한 것을 기(氣)에게만 죄를 돌린다면 또한 치우치지 않는가? 기(氣)는 리(理)에서 생성된다. 그러므로 기(氣)의 순수선이 그 리(理)의 본선(本善)함을 따른다면 이는 기(氣)의 순수선이요, 또한 리(理)의 순수선이 아닌가? 무릇 발용처는 리(理) 아님이 없으나 그 기틀은 기(氣)이다. 그 본선함을 어긴 자는 리(理)가 기(氣)에 가려 그 본연함을 잃은 것이니 기(氣)에 죄를 돌림이 또한 마땅하지 않은가? 이것이 주리주기(主理主氣)의 대략이다.

4) 月波集 目錄

卷之一

詩: 講習齋原韻(幷柱聯散句) 外89首

卷之二

書: 上蘆沙先生書(三) 上仁山蘇持平(輝冕)書 上勉庵崔尚書(益鉉)書(二) 與金景範(錫龜) 與鄭厚允(載圭)(二) 與族弟季方(義林) 與金豊五(顯玉) 謝沈繡衣(東臣)書 與李士良(駉會) 與宋聖賴(致萬) 上沙崖閔參判(冑顯)書 上重菴金監役(平黙)書 答崔元則(琡民) 與奇會一(宇萬)(二) 答李禮伯(敎文) 與李承旨(建昌)書 與朴參判(濟彬)書 賀趙進士(章浩) 答尹兄三(滋鉉) 與族弟敬方(昌林) 與任洛瑞(勝鈺) 與金正穆 與崔錫胤(永祚) 與李仲賢(正會) 答曺鶴瑞(暻洙) 答李瀅仲(秉洛) 答鄭仁仲(啓鉉) 答梁汝正(在慶) 答李泰亨(龍鎬) 答柳

侯遠奎 與權聖審(魯洙) 與尹參奉友三(滋益) 答廉敬儒(在業) 與朴德乃(泰俊)(與一答一) 與宋進士(秉鶴) 答沈亨中(宜泰) 答吳仁華(演) 答廉敬甫(洙學) 答廉敬汝(在愼) 答梁處中(會洛) 答廉敬安(宅洙) 答安敬三(圭容) 答宋致允(鳳浩) 答朴興瑞(瑢鎭) 答梁德一(在鶴) 答金公實(稶) 答尹仁夫(相義) 答沈斗瑞(能杓) 答尹舜五(炳志) 答閔士善(膺鎬) 答權舜卿(雲煥) 答趙進士(泰鳳) 與宋允實(宗浩)(與一答一) 與申彦慶(恪休) 與任潭庵(思文) 答許應華(榮) 答廉晉叔(永洙) 答廉達叔(極洙) 答廉允彬(成鉉) 答尹邦彦(祼琠) 答文子惺(炯) 答文斗一(昌奎) 答文德之(溶鎬) 答宋允善(重浩) 答宋國彦(柱哲) 與金希雲(騏燁)

卷之三

書: 與宋善一(琪萬)(與一答一) 答任景玉(珽鉉) 答金尹明(永淳) 答宋尚範(賢燮) 與申國範(錫休)(與二答一) 答宋敬甫(柱義) 答金文洪(仁圭) 答李仁伯(秉春) 答朴潤章(濟鉉) 答廉吉元(東仁) 答黃景涵(澈源) 答高明集(厦柱) 答朴洛瑞(泰龜) 答金斗洪(炳七) 答廉子善(鐘烈) 答金聖集(勳錫) 答鄭恩涉(在洙) 答廉相三(台求) 與趙亨善(秉禮)(與一答一) 答文成允(暻鎬) 答金永壽(玟圭) 與廉仁化(建烈) 答宋在玉(熙柱) 答朴敬良(梓鉉) 與安衡中(平淳) 答李英夫(教川) 與裵純文(奎悳) 答裵士遠(致黙) 答宋允華(榮善) 答廉化善(浩烈) 答河東一(海秀) 答孫南淑(炳斗) 答姜子謙(益燮) 答朴景玄(準基) 答范善中(瀅植) 抵日憲兵所

4. 덕암 나도규 德巖 羅燾圭

1) 생애

나도규(1826-1885)는 자는 치문(致文)이요, 호는 덕암(德巖)이며, 노사의 제자이다. 문집으로는 『덕암만록(德巖漫錄)』 8권 2책이 있다.

1826년(순조 병술) 11월 4일 광주 계촌면 내동리 집에서 태어났다. 어려서 재기(才器)가 비범해서 그를 보는 사람들이 기이하게 여겼다. 문예와 이학(理學)에 뛰어났고, 예학의 정수와 궁리의 요점을 완전히 이해하여 여러 문장과 대응하는 것이 조금도 정체되지 않았다.

16세(1841년) 때 부친상을 당했는데 『주자가례(朱子家禮)』에 따라 지극한 효심을 다 했다.

26세(1851년) 때 「항검자설(恒儉字說)」을 짓고, 27세(1852년) 때 「재자설(材字說)」을 지었으며, 28세(1855년) 때 「심학도설(心學圖說)」을 지었다.

51세(1876년) 때 스승 기정진(奇正鎭)의 상을 당하여 통유문과 상례에 관한 문자를 주관하여 처리하였다.

54세(1879년) 때 「성기잠(誠幾箴)」을 짓고, 58세(1883년) 때 「자경사(自警辭)」를 지었다.

그의 제자인 고광선은 「덕암행장」에서 덕암은 젊어서 노사선생을 뵙고 노사선생이 논의한 태극음양(太極陰陽)의 이치에 매혹되어 자경사를 짓고 과거에 나아지 않기로 스스로 맹세하였다고 쓰고 있다.

60세 때인 1885년 3월 27일에 집에서 세상을 떠났다.

그의 제자로는 고광선 등이 있다.

2) 사상

나도규의 철학사상을 볼 수 있는 글로는 「심학도설(心學圖說)」·「반궁설

(反躬說)」·「성기잠(誠幾箴)」·「자경사(自警辭)」 등이 있다. 이 글들은 주로 심성론에 관한 것이다.

나도규는 먼저 성리학의 주요 주제인 마음에 관한 고찰을 한다.

> 하늘이 인간과 만물에게 부여하는 것을 명(命)이라 하고, 인간과 만물이 받은 것을 성(性)이라 하며 한 몸의 주재(主宰)가 되는 것을 마음이라 하고, 마음의 허하고 신령스러움(虛靈)이 알고 깨닫는 것을 지각(知覺)이라고 하는데 이들의 이름은 하나일 뿐이다.

그는 여기에서 본성, 마음, 천명 등은 서로 다른 어떤 것이 아니라 하나라고 말한다. 이 하나인 마음이 왜 인심(人心)과 도심(道心)으로 나누어지는가에 대해서 그는 다음과 같이 말한다.

> 형기의 사사로움과 성명(性命)의 바름이 나누어짐에 인심과 도심이 나누어진다. 인심의 사사로움의 싹은 욕망에 쉽게 빠지는 까닭으로 위태하다 하고, 도심은 리(理)가 오묘해서 형체가 밖에 드러나지 않는 까닭으로 은미하다고 한다. 따라서 정밀히 살피고 한결같이 공부하지 않으면 위태로운 것은 더욱 위태로워지고, 은미한 것은 더욱 은미해져서 방탕한 데로 흐르게 된다. 그래서 "오로지 정밀히 하고 오로지 한결같이 한다"는 이것을 천리와 인욕의 경계로 삼아, 보지 못하고 듣지 못한 것에 경계하고 홀로 아는 곳에 삼가 한 연후에 능히 사욕을 이기고 본성을 회복하고 마음을 잡아 둘 수 있다. 그러므로 "마음이 있다[心在]"는 것은 사욕을 이기고 본성을 회복하는 곳에서 체험하여 아는 것이요, "마음이 생각한다"는 것은 마음을 조절하여 보존하는 가운데서 생각하는 것이다.

이와 같이 그는 인심과 도심의 본체를 밝히고, 어떻게 인심을 극복하고 도심을 회복할 수 있을 것인가를 밝히고 있다.

나도규의 학문은 경(敬)을 바탕으로 한 수기공부(修己工夫)에 집중되어 있다. 이것은 마음을 바로 잡음으로써 성인(聖人)의 경지에 도달할 것을 목적으로 한다.

> 처음에 공부할 때 간헐적인 것을 면하지 못하면 반드시 방심을 바로 잡아 거듭 자신을 추스르고, 이것으로서 마음을 기르고 마음을 바르게 하면 자기의 마음속이 자연히 좋아져서 능히 심법(心法)을 다할 수 있다. 여기에서 힘을 얻으면 인심(人心)은 물러가고 혼연일체가 되어 사념(邪念)이 엿볼 틈이 없어진다. 그 핵심을 요약하면 경(敬)이라는 한 글자에 지나지 않으니 "옷을 단정히 입고 모자를 바르게 쓰며 대상을 보는 눈의 모습을 존엄하게 하여 마치 상제(上帝)를 대하듯이 조심스럽게 하여야 한다." 마음이 발하기 전에 존양(存養)하여 전일하게 하고 마음을 바르게 하면 마음이 발한 후에 일을 처리하는 가운데에 절도에 맞아 많은 도리를 밝게 처리 할 수 있다. 이것이 한 마음의 주재이고 학문을 하는데 있어서 최초의 마음을 단속하는 방법이 아니겠는가. 맹자의 "40세에 부동심(不動心)한다"는 것은 공부가 오래도록 쌓여서 일을 만나도 동요함이 없다는 것이다. 그리고 공자의 "70세에 하고자 하는바 대로 해도 법도를 넘지 않는다"는 것은 모든 이치가 밝아져 어떤 일을 하든지 법도를 넘지 않는다는 것이다. 이것은 옛날 대성인의 넓은 학문과 지극한 도이다. 후학이 감히 교훈으로 삼아 마음을 가라 앉혀 지경(持敬)하면 거의 성현의 경지에 이를 것이니, 힘쓰지 않겠는가?

그는 경(敬) 한 글자가 성학의 요체라고 말한다. 그리고 경은 존양(存養)공부와 성찰(省察)공부로 나눌 수 있는데 성찰공부가 극에 이르면 맹자가 말한 부동심의 경지에 이르게 될 것이고, 존양공부가 극에 이르면 공자가 말한 마음이 법도를 넘지 않는 단계에 이르게 된다고 한다.

3) 원문 번역

자경사(自警辭)

아! 내 나이 벌써 58세구나! 무슨 일을 했기에 이렇게 늙었는가. 안으로 위기(爲己)공부를 하고 위인(爲仁)공부를 했는가. 밖으로 이름을 날려 어버이를 기쁘게 해드렸는가. 이미 위기(爲己)공부와 위인(爲仁)공부도 않고, 이름을 날려 어버이를 기쁘게 해드리지도 않았는데 왜 이렇게 시간이 빨리 흘러 늙었는가. 내 모습은 용루하고 내 모습은 수척하다. 하늘이 명(命)을 부여하여 사람이 되었다. 오상(五常)은 내 안에 있지 밖에 있는 것이 아니요, 성명(聲名)은 내 밖에 있지 내 안에 있는 것이 아니다. 내 안에 있는 것을 버리고 밖에서 구하여 그 양을 알지 못하는 것을 흔히 본다. 돌아보건대 나의 재질이 노둔하여 비록 사람들과 더불어 나란히 하지 못하나 또한 노둔을 해치지 않고 바탕을 숭상하려면 어찌 그 마음의 법칙을 숭상하지 않을 것인가. 내 몸의 노고가 반세기가 되었는데도 돌아올 줄 모르니 이는 천금되는 구슬을 부수고 깨진 솥을 연연해하는 사람에 가깝지 않은가? 과거는 어릴 때 입신의 활로이다. 옛 사람이 구하는 것은 반드시 성현의 백성이 되어 덕을 숭상하고 도를 행하는 것이요, 오늘날 구하는 것은 명리(名利)뿐이다. 아! 나는 향시에 세 번 합격했지만 마침내는 세상에서 버림을 받았다. 나는 실로 재주가 없고 때의 요구에도 응하지 못했다. 원인을 이해하지 못하고 또다시 전철을 밟는구나. 남을 대해 부끄러움을 알지 못한다. 내가 명예를 구하는 것은 이름을 훼손시키는 것뿐만이 아니다. 가만히 생각하건대 나의 삶을 욕되게 할까봐 발분하여 글을 짓는다. "명예를 구하려다 도리어 이름에 누(累)가 되었구나. 한번 형체의 부림[形役]을 받으면 사람들이 반드시 너를 버릴 것이다. 네가 남들의 버림을 받으면 너의 삶이 욕될 것이다. 네가 좋아하는 바를 따르면 마음이 형통해짐을 막을 것이다. 악기를 연주하고 책을 읽는 즐거움은 산수간의 멋이로다. 구하면 반드시 얻을 것이니 하늘은 너의 도구가 될 것이다. 성찰하고 극기하고 다스리려면 성인을 스승으로 삼으라. 마음을 각성하게 하기 위해 이 맹세의 글을 쓴다."

4) 德岩漫錄 目錄

卷之一

詩: 五言絶句: 過郊山亭敬次松江鄭先生韻 外1首 / 五言律詩: 製錦樓卽事 外3首 / 五言長篇: 挽宋公在濂 外1首 / 七言絶句: 贈林琦瑞錫奎 外35首

卷之二

七言律詩: 贈林琦瑞錫奎 外170首 / 排律: 會須散作十分春 / 詩長篇: 天子

之光如鏡之至明水之至清 外4首

卷之三

書: 上朴苊皐丈鼎休氏(附答) 上族叔明集氏 上安玄庵志炯氏 與林琦瑞錫奎 與李壽瑞眲龍 上苊陽(姓諱未詳) 上金侯濟獻 上徐侯經淳 上金侯教性(附金侯書)上鄭同福丈允容氏 與鄭和順基陽 與鄭雲齋基生 上金承旨教性 與金一石奎升 答朴敬叔源大 與高伊厚濟尤 與高汝行駙柱 與梁季心憲黙 與柳敬化厚根 與高汝行 慰朴監役齊寬 上朴素山丈８休氏 與高元賓光國 答高純汝 與高伊厚 答朴道允源國 與三從弟炳龍 與朴老人蘭壽 答申侯錫遊 上南侯鎬元 與南參判廷龍 與徐鎭洙 與梁聖老敎黙 上安梅陰丈 答安澈煥

卷之四

書: 上蘆沙奇先生正鎭(附答) 上閔果軒丈胃顯氏 與高斗卿濟魯 與奇會一宇萬 與曺士洪穀坤 上朴公陰丈源應氏 與金監役祿休 與奇校理陽衍 與奇孝述宇承 與奇明叟益鉉 答族祖鼎煥氏 與崔參判益鉉 答朴道謙廷奎 答吳德行駿善 上兪侯致喜 與白敎理圭洙 與吳明老瓘洙 答朴道安源喆 與李士亨圭永 與閔判書泳穆 與兪杞南鼎煥 與柳別檢觀洙 與吳仲涵繼洙 上金重菴平黙氏(監役) 與高元汝光善 與奇梅谷鼎衍 答奇國賓東觀 與金海士聲根(完伯) 與邊白農相動(正言) 與趙直敎性家(監役) 與鄭泰一鐘澤 與曺元弘仁煥 答鄭季方義林 與南廷湜(參判) 與金大汝 上宋侯綺老 與宋致五鐘雲 與鄭景一雲五 與高道元濟東 答梁子平相衡 與金昌山綺秀 與奇會一 與奇德叟亮衍 寄家兒 與再從弟文叔燾煥 與柳敬化 與柳敬文灝根 答尹聖行範琦 與尹敬緖承儉 與崔文國相奎 與梁子平

5. 대곡 김석구 大谷 金錫龜

1) 생애

김석구(1835-1885)는 자는 경범(景範)이요, 호는 대곡(大谷)이며, 본관은 김해이다. 헌종 을미 2월에 순창군 동계면 아동리에서 태어나 51세인 을유 8월 8일에 세상을 떠났다.

10세 안팎에 가까운 마을 서당에서 『소학』을 배우면서 부모 모시기를 『소학』의 말과 같이 했는데 서당의 선생이 옛 사람이 행한 대로 오늘날 사람은 행할 수 없다고 말한 것을 듣고 서당에 나가지 않았다. 아버지가 서당에 나가지 않은 것을 꾸짖으므로 서당에서 있었던 일을 아버지에게 아뢰었다. 그랬더니 아버지가 훌륭한 선생에게 가서 공부하라고 하였다.

17세에 장성으로 기정진 선생을 찾아뵙고 제자가 되었다. 이때에 광주 대치(오늘날 담양)로 이사하였다. 이때부터 정재규(鄭載圭)와 정의림(鄭義林)과 더불어 성명(性命)의 진리와 일상생활의 예법을 연구하였다. 의문이 생기면 스승인 기정진에게 물었는데 열 가지 중에 아홉은 그가 옳다는 인정을 받았다.

노사의 손자인 기우만(奇宇萬)이 쓴 김대곡의 「행장」에 "어떤 사람이 기정진에게 묻기를 제자 가운데 스승 될 만한 사람이 누구인가 하니, 기정진은 가난하여도 독서를 좋아하고 조수(操守)가 있는 자가 김대곡이다"고 쓰여 있다. 이것으로 보면 기정진이 김대곡의 학문을 높이 평가하고 있음을 알 수 있다.

2) 사상

김석구는 노사의 제자들 가운데 특히 도학(道學)의 면에서 노사의 인정을 받았다. 그가 제기한 철학적인 질문들 대부분에 대해 노사는 그 명증성을 높이 평가하였다.

> 김석구: 태극(太極)이 움직여 양을 낳고 고요하여 음을 낳는다고 하니 태극(太極)은 리(理)이고 음양은 기(氣)이다. 기(氣)는 동정이 있으나 리(理)는 동정이 없다. 리(理)가 동정이 있으므로 기(氣)의 동정이 있는 것이니, 태극(太極)에 동정이 있는 것은 천명(天命)이 주재한 것인가 아닌가?
> 기정진: 견해가 정밀하다. (답문유편 권1 20)

김석구의 이론은 노사의 이기론(理氣論)을 그대로 계승한다. 그것은 곧 현상적으로 보면 기(氣)가 스스로 움직이는 것 같으나 실제로는 그 이면에 있는 이치나 천명(天命)이 그렇게 시킨 것이라는 노사의 입장을 계승한 것이다.

그의 도학자적인 면모에 대해 정의림은 대곡의 전기에서 다음과 같이 말하고 있다.

> 평생을 두고 조그만 일이라도 지의(指議)가 없이 초연히 고상하고 원대하여 시종일관한 이가 누구인가? 고통이 그를 농락하여도 넓은 마음으로 조금의 내색도 하지 않은 이가 누구인가? 널리 배워 요점을 취하여 천도와 왕도에 자유로이 쓰는 이가 누구인가? 나는 이를 김석구에게서 보았다.

그의 구체적인 학문관은 그의 「자경설(自警說)」에 잘 나타나 있는데 그가 25세부터 36세까지 약 10년에 걸쳐 쓴 「자경설」의 서문을 보면 그의 학문적인 태도를 짐작할 수 있다.

> 내가 어려서부터 고인의 학문에 뜻을 두었으나 뜻이 독실하지 않아 기질의 습성을 이기지 못하였고, 실천에 힘쓰지 못하여 낡은 습관을 버리지 못하였다. 그래서 말을 하면 이치에 거슬리고 행동을 하면 도리에 위배되었다. 은미한 가운데 생각이 나오는 곳에서는 말하고 행동할 때보다 이치와 도리에 거슬림이 심하였다. 또한 스스로 잘못을 알고 반성할 때도 있었으나 아침에 잘못을 뉘우쳤다가도 저녁에 잘못을 저질러 온지 36년이 되었다.

그의 학문은 성리학(性理學)에서 요구하는 수기(修己)의 공부에 있음을 알 수 있다. 그는 자신을 철저히 반성하고 그 반성을 통해서 새로운 학문의 경지로 나아갈 것을 말했다.

김석구는 학문을 하는 데에는 근본을 세우는 것이 급선무라 보고, 학문의 근본을 세우는데 참고할만한 것으로 퇴계의 『성학십도(聖學十圖)』와 율곡의 『격몽요결(擊蒙要訣)』을 든다.

> 『성학십도』의 처음에 태극도(太極圖)는 학자들로 하여금 도(道)의 본체를 알아 이교(異敎)에 빠지지 않게 한 것이요, 『서명(西銘)』을 연접한 것은 학자로 하여금 도(道)의 줄기를 알게 하여 치우친데 빠지지 않게 한 것이요, 다음으로 소학도(小學圖)와 대학도(大學圖)는 이미 도의 본원과 줄기를 알고 난 뒤에 그 규모와 조목이 『소학』과 『대학』에 따라야 한다는 것이요, 백록동규도(白鹿洞規圖)는 도(圖)의 뜻이 윤리를 밝히는데 있다. 박학(博學)·심문(審問)·신사(愼思)·명변(明辨)·독행(篤行)으로 도에 들어가는 순서를 삼아, 『소학』의 입교(立敎)·명륜(明倫)·경신(敬身)과 『대학』의 격물(格物)·치지(致知)·성의(誠意)·정심(正心)·수신(修身)·제가(齊家)·치국(治國)·평천하(平天下)함이 있음을 기록한 것이다. 또 다음으로 심통성정도(心統性情圖)는 학문하는 방법이 마음의 조존(操存)에 있다는 것이니 이것은 맹자가 "학문의 도는 다른 것이 아니다. 구방심(求放心)일 따름이다"고 함이다. 인설도(仁說圖)는 인(仁)이란 마음의 온전한 덕(德)이며 공문(孔門)에서 학자들로 하여금 구인(求仁)하는데 노력하게 한 뜻을 그린 것이다. 심학도(心學圖)는 그 허다한 조목이 모두 구인(求仁)의 방법이다. 마지막으로 경재잠(敬齋箴)과 숙흥야매잠(夙興夜寐箴) 양도는 경(敬)이란 일심(一心)의 주재이고 이학(理學)의 처음이요 끝이라는 내용이다.

대곡에 의하면 학자는 진실로 태극도·서명도에서 단서를 구하고, 『소학』·『대학』에서 규모를 세우고, 존심과 구인으로 요점을 삼아 경재잠과 숙흥야매잠을 실천하여 그치지 않으면 종국에는 진성·체인에 이를 것이라는 것이 퇴계의 뜻이라는 것이다.

대곡은 또 율곡의 『격몽요결』로 공부의 단서를 삼았다. 그러나 그의 이러한 견해는 스승인 기정진에게 규모가 너무 크다고 꾸지람을 듣고 시정했다고 한다.

김석구의 유리론적인 입장은 그가 도(道)를 근본으로 하여 성리학적인 개념들을 하나로 이해한 데서 엿볼 수 있다.

> 도(道)가 하늘에 있으면 명(命)이라 하고, 사람이 얻은 것을 성(性)이라 하고, 몸을 주재하는 것을 심(心)이라 하고, 물(物)에 감촉되어 움직이면 정(情)이라 하고, 날마다 생활하는 것은 사(事)라 하고, 몸이 실천하면 행(行)이라 하고, 입에서 나오면 언(言)이라 하고, 책에 기록하면 서(書)라 한다.

즉, 도의 위치에 따라 하늘에 있는 것을 명(命)이라 하고, 사람에게 있으면 본성이라고 파악한다. 특히 사람에게 있어서 도가 마음을 통솔하면 마음이라 하고, 도가 물에 감응되어 움직이면 이것을 감정이라 하고, 도가 일상생활 속에서 나타난 것을 일이라 하고, 도를 인간이 실천하면 행동이라 하고, 도가 기록된 것을 책이라고 한다고 하여 도를 벗어난 것은 하나도 없으며 모든 것이 도 안에 모두 포함되어 있다고 했다.

그는 인간에 대한 문제를 다음과 같이 이해한다. 그는 인간은 인간 단독적으로 이해할 수 없고 하늘과 관련하여 이해하려 했다.

> 이 몸의 형체는 천지의 기운이고, 성명(性命)은 천지의 이치이니 동정(動靜)과 어묵(語默)이 모두 천지의 작용이며 생사와 요수(夭壽)도 하늘의 운수이다. 이 몸은 하늘의 몸이니 이 몸을 가진 자가 알지 못하면 무엇이 이것보다 심하겠는가.

인간의 형체는 천지의 기운이고, 인간의 성명은 천지의 이치이고, 인간의 동정(動靜)과 어묵(語默)은 천지의 행위이며, 인간의 생사와 요수(夭壽)도 하늘의 운수라고 하여 인간과 인간의 행위가 모두 하늘과 관련되어 있다고 파악한다. 이것은 천인합일(天人合一)의 새로운 의미를 제공한 것이라 하겠다.

이것은 인간을 기(氣)를 중심으로 파악한 것이 아니라 리(理)를 중심으로 파악한 일면이다.

내가 나 된 이유는 리(理)일 따름이다. 그러므로 그 작용은 의리일 따름이니 이것이 내가 태어난 이유이고 내가 존재하는 근거이다. 이것을 떠나면 나는 이미 내가 아니다. 피와 몸이 비록 있더라도 썩은 흙과 썩은 나무와 무엇이 다르겠는가?

내가 나일 수 있는 존재근거는 이치일 따름이라는 것이다. 이것 역시 기정진의 유리론(唯理論)적인 태도를 계승 발전시킨 것이라고 말할 수 있다.

김석구는 노사의 제자 가운데서 철학적인 면과 실천적인 면에서 스승인 기정진의 방식을 그대로 따른 제자였다. 그러므로 그는 일반적인 성리학자들처럼 수양을 마음과 관련하여 파악한다. 그는 "모름지기 천리(天理)와 인욕(人欲)의 경계를 삼가하고 근엄히 하여 인욕으로 하여금 천리를 가리지 못하게 해야 한다"고 하여 인욕을 막아 천리를 보존하는 공부를 해야 할 것을 강조했다.

그러면 어떻게 인욕을 막고 천리를 보존할 것인가? 그는 "경(敬)을 가지면 마음이 허(虛)하고, 마음이 허(虛)하면 이치가 밝아진다"고 하여 경(敬)을 강조했다. 그리고 그는 "경(敬)이란 성학(聖學)의 요체이니 경으로 존양(存養)하면 마음이 허정(虛靜)하고 천리가 머무른다. 경으로 격물치지(格物致知)하면 생각이 정밀해져 물리에 투철하고, 경으로 신체를 간수하면 외물이 유혹하지 못하여 가히 천형(天形)대로 실천하며, 경으로 일에 응하면 인욕이 싹트지 않아 지선(至善)에 머무를 것이니 이 마음으로 경에서 떠나지 않아 오래되어 혼융한 성(誠)에 이르면 이것이 학문의 가장 좋은 방법이다"고 하여 경을 통해 인욕을 막고 천리를 보존하여 성(誠)에 이를 것을 말했다.

경공부의 규모는 어떠한가? 그는 "일이 없을 때는 그 몸과 마음을 수렴하여 그 본지를 세우고, 독서할 때는 마음을 비워 이해하여 알려고 마음먹은 것은 꼭 알며, 일에 응해서는 의(義)로써 제어하여 지선(至善)에 이를 것이다"고 하여 경은 일이 없을 때와 독서할 때와 일에 응했을 때 어느 경우를 막론하고 공부를 해야 한다고 했다. 그는 좀 더 구체적으로 "도(道)의 정미함에 통하기를 힘쓰되 일상생활에서 떠나지 말며, 이치는 흩어져 있지만 전부 구하되 반드시 내 마음의 허명한 가운데에서 구할 것이며, 마음의 허정혼일한 본체를 마음에 두어 사물에 응접하는 근본을 삼을 것이며, 이 이치의 대소와 정조(精粗)를 다하여 우리 도(道)의 무궁한 양(量)을 확충하여 동정하는 사이와 진퇴하는 때에 이르러 경(敬)을 가져서 성(誠)을 보존하며, 의(義)를 모으고 그 기(氣)를 기르고 흉금을 개방하여 조금도 국척한 기상이 없게 하며, 심신을 수렴하여 한 순간이라도 나태한 의사가 없게 하여 오래도록 순숙하면 자연히 진덕(進德)할 것이다"고 했다.

그는 일이 없을 때 몸과 마음을 수렴한다는 것은 존양(存養)과 양기(養氣)를 가리킨다고 말한다. 그리고 "공부하는 골자는 존심(存心)하며 양기함에 있으니 마음이 항상 존하면 기(氣)가 어지럽지 않아 마음이 정해지고 리(理)가 밝아진다"고 하여 존양과 양기를 통해 마음을 바르게 할 것을 말했다. 또 "존심이 오래되어 도가 스스로 어리는 것은 불을 때는 것이 오래되어 잘 익고 물을 대는 것이 오래되어 젖어듦이 흡족하게 되는 것과 같다"고 하여 존심하여야만 도를 체득하게 된다고 하였다.

그는 독서할 때에 천리(天理)를 체득하라고 했다. 그가 "성인의 한마디 말과 한 구절의 글은 모두 천리이다. 오직 하늘을 두려워하는 군자라야 능히 성인의 말을 두려워한다"고 함이 그것이다. 또 그는 『논어』를 읽을 때 "공자로 스승을 삼고 안자로 제자를 삼되 인(仁)을 실천하는 방법과 주고받는 비결은 시청언동(視聽言動)의 예(禮)와 비례(非禮)사이에 있을 따름이니 고인의 공부하는 방법을 가히 알아야 한다"고 하여 시청언동 사이에 예(禮)에 맞는 공부를 독서를 통해서 배워야 한다고 했다.

그러면 경(敬) 공부의 선후와 완급은 어떻게 조정할 것인가.

첫째, 경(敬) 공부할 때는 잊지 말고 조장하지 말아야 한다. 그는 "내가 항상 빨리 하고자 하는 마음이 있음은 이것이 병통이다. 성학(聖學)은 종신토록 해야 할 것이다. 학자는 마땅히 정도를 관한(寬閒)히 하여 일월로 매진하여 다만 잊지 않을 따름이니 어찌 조장(助長)하여 급한 마음을 두겠는가? 천명이 그치지 않고 성인이 쉬지 않는데 어찌 일호(一毫)라도 조장(助長)할 마음이 있겠는가? 모름지기 천지의 기상을 체인(體認)하여 얻으면 문득 장진(長進)할 것이다"고 하여 항상 잊지 말고 억지로 조장하지 말아야 한다고 한다.

둘째, 경(敬) 공부할 때는 기필하지 말아야 한다. 그는 "학자가 먼저 기필을 두지 말아야 하니, 기필한 바가 있으면 급하게 섭렵하여 너그럽고 넓은 마음을 얻기 어려울 것이다"고 하여 무엇을 이루겠다고 기필하지 말아야 한다고 한다.

셋째, 간단(間斷)이 없어야 한다. 그는 "사색을 가짐에 조용하게 함영하여 간단이 없게 할 따름이오, 억지로 찾지 말아야 할 것이니 공부하는데 조금이라도 쉬면 간단이 생겨 천리가 자연히 유동하는 묘를 얻기 어려울 것이다"고 하여 쉬지 않고 공부해야 한다고 한다. 구체적으로 그는 "학자는 마땅히 자강(自强)하여 쉬지 아니하며 아침 일찍부터 밤늦게까지 열심히 노력하여 상제(上帝)를 대하여 천명을 봉행해야 할 것이니 천명을 봉행함은 다만 일상생활의 어묵동정 사이에 있다"고 하였다.

넷째, 공부의 완급을 조정해야 한다. 그는 "공부의 어려움은 긴장하면 급박해지고 좁아지기 쉬우며, 늦추면 한만하여 유폄(悠貶)한 근심이 있게 된다"고 하여 완급을 잘 조정해야 한다고 했다.

그러면 실제적인 경(敬) 공부의 핵심은 어디에 있는가? 그는 마음이란 무엇인가에 대해 이해해야 하며, 마음을 이해하기 위해서는 태극도를 이해해야 한다고 한다. 즉 태극도의 원을 통해서 마음의 본체를 이해해야 한다는 것이다. 왜 태극의 본체를 통해 내 마음의 본체를 체득해야 한다고 하는가? 그는 "태극 중에는 본래 물(物)이 없으니 성인의 마음에 어찌 물이 있겠는가"라고 하여 태극의 본체와 마음의 본체는 같으며 그 본체의 특징은 허(虛)하다고 했다. 그리고 그는 "허(虛)는 마음의 본체이며 모든 선의 원인이다"고 하여 마음의 본체는 허(虛)이고 모든 선(善)의 원인이라고 했다. 따라서 대곡에 있어서는 이 마음의 본체인 허(虛)를 체득하는 것이 경공부의 요체인 것이다.

그러면 경공부의 구체적인 조목에는 어떤 것이 있는가? 그는 신독(愼獨)을 강조한다. 그는 "홀로 있을 때 삼가지 않으면 외면의 공부는 모두 허사이다"

고 하여 홀로 있을 때 삼가 할 것을 말했다.

그러면 경공부의 결과는 무엇인가. 첫째 그는 기질(氣質)이 변화된다고 한다. 그는 "경을 가지고 기르기를 오래하면 자연히 거칠고 사납고 우유부단한 습성을 녹여 융합하여 온후하고 정대한 기(氣)가 길러질 것이다"고 하여 사납고 우유부단한 기질이 온후하고 정대한 기질로 변화된다고 한다. 둘째, 그는 마음속에 가득 천리(天理)가 깃든다고 한다. 그는 "구하는 바가 없고 하는 바가 없으며 하고자 하는 바가 없으면 마음에 가득한 것이 천리뿐이다"고 하여 마음에 천리가 가득 차 있다고 한다. 이 천리가 바로 김대곡이 말하는 도이다.

요약하건대 김석구는 노사의 많은 제자 중에서 뛰어난 제자중의 한 사람으로서 존양성찰(存養省察)을 주로 하여 노사학파의 수양의 체계를 정립한 인물이다. 이런 의미에서 그는 스승인 기정진의 유리론적인 입장을 견지하면서 그것을 한층 발전시킨 인물이라 할 수 있다.

3) 원문 번역

「자경편」은 김석구가 25세 때부터 36세까지 10년간 도학(道學)의 요체가 될 만한 것을 터득하여 기록해 놓은 작은 책으로 완성한 것은 44세가 되던 무인년이다. 이것은 『문집』 권3 「잡저(雜著)」에 있는데 그 가운데 그의 사상과 밀접한 관계가 있는 것을 발췌 요약한다.

자경설(自警說)

㈎ 학문을 하는 자는 그 본성을 회복할 따름이다. 그 본성을 회복함은 지(知)와 행(行)에 있다. 알지 못하면 본성을 극진히 발휘하지 못하므로 이치를 궁구하여야 하며, 그 본성이 갖춘 바의 이치를 알고 행하지 아니하면 능히 본성을 이루지 못하므로 힘써 행하여 그 본성이 갖춘 이치를 실천해야 한다.

㈏ 도(道)가 하늘에 있으면 명(命)이라 하고, 사람이 얻으면 성(性)이라 하고, 몸을 주재하는 것을 심(心)이라 하고, 물(物)에 느껴서 움직이면 정(情)이

라 하고, 날마다 생활하는 것은 사(事)라 하고, 몸이 실천하면 행(行)이라 하고, 입에서 나오면 언(言)이라 하고, 책에 기록하면 서(書)라고 한다. (중략)

㈐ 이 몸은 태극(太極) 가운데 한 물건이니 죽고 사는 것도 의리 가운데 항상 있는 일이다. 그러므로 의리에 비추어 마땅히 살만하면 살고 마땅히 죽을만하면 죽을 것이다.

㈑ 이 몸의 형체는 천지의 기운이요, 성명(性命)은 천지의 이치이니 동정(動靜)과 어묵(語默)은 모두 천지가 함이며, 생사(生死)와 요수(夭壽)는 하늘의 운수이다. 이 몸은 하늘의 몸이니 그 몸을 가진 자가 알지 못한다면 무엇이 이것보다 심하겠는가.

㈒ 오직 하늘은 이치가 있으므로 거슬리지 못하고, 오직 하늘은 명(命)이 있으므로 도망할 수 없다.

㈓ 내가 나 된 이유는 이치일 따름이다. 그러므로 그 작용은 의리일 따름이니 이것이 내가 태어난 이유이고 내가 존재하는 근거이다. 이것을 떠나면 나는 이미 내가 아니다. 피와 몸이 비록 있더라도 썩은 흙과 썩은 나무와 무엇이 다르겠는가? 비록 귀함이 천자가 되고 재산이 온 세상에 있어 은과 옥을 몸에 두르고 맛있는 고기를 먹을지라도 이는 주인 없는 빈껍데기를 보호함이다. 그러므로 천하에 왕이 될지라도 의롭지 않으면 하지 아니하고, 몸을 죽이고 명을 끊을지라도 의리라면 반드시 하여 내가 나 된 바를 잃지 않을 것이다.

㈔ 하루 사이에 한 일이 선하지 않음이 있으면 하루 일이 선을 다하지 못한 것이요, 일 년 사이에 한 일이 선하지 않음이 있으면 일 년에 했던 일이 선을 다하지 못한 것이며, 일생에 한 일이 선하지 않음이 있으면 평생의 일이 선을 다하지 못한 것이니 나서부터 죽을 때까지 한 일이 선하지 않음이 없는 연후에 비로소 여한이 없을 것이다.

㈕ 양지(良知)는 하늘의 지혜요, 양능(良能)은 하늘의 능력이다. 능력은 양능보다 나은 능력이 없고, 지혜는 양지보다 나은 지혜가 없다. 그러므로 양지와 양능을 길러서 그것을 확충하여 해침이 없으면 사람이 곧 이 하늘이다.

㈖ 우(禹)임금이 근면하고 성왕(成王)과 탕왕(湯王)이 삼가하고 주공(周公)

이 굳건한 것은 어떤 노력인가? 천 백세후에 한번 조용히 생각해 보면 사람으로 하여금 심신을 두렵게 하여 성인의 당일 기상을 상상할 수 있을 것이다.

㈔ 옛 사람이 그 뜻을 기름에 어떤 힘을 썼는가? 진실로 그 뜻을 이룰진대 몸이 죽는 것도 오히려 구휼할 여가가 없는데 하물며 그 나머지를 논의하겠는가?

㈕ 선비가 뜻을 세우면(立志) 세상이 변하여도 변하지 아니하고 몸이 죽어도 죽지 않으니, 지주는 가히 움직일 수 있으나 이 뜻은 움직이지 못할 것이요, 태산을 가히 뽑을지언정 이 뜻은 뽑지 못할 것이며, 천지가 때로 멈춤이 있을지언정 이 뜻은 멈추지 않을 것이니 이와 같지 않으면 가히 뜻을 세웠다고 말하지 못할 것이다.

㈖ 뜻을 세움(立志)이 또한 세밀하거나 세밀하지 못한 면이 있다. 그 넓고 원대한 것으로써 스스로 기약하는 자는 세밀하지 못하고, 그 능히 작은 물건에도 삼가 하여 잠시라도 버리지 아니한 자는 정밀할 것이다. 내가 옛 사람의 학문에 뜻을 조금 둔 자를 뜻을 두지 않았다고 말하지 못하겠지만 그는 다만 뜻을 세움이 정밀하지 못하다. 그러므로 일상생활 가운데 있는 것도 같고 없는 것도 같으며, 혹은 들어가는 것 같고 혹은 나가는 것 같아 지리멸렬함이 여기에 이르렀다. 만일 뜻을 고인에게 둔다면 모름지기 그 지극(至極)함을 써야 할 것이다. 그 원대함을 말하면 반드시 성인이 될 것을 기약하되 잠시라도 멈춤이 있으면 조금이라도 게으름을 용납하지 말 것이다. 가까이 말하면 동정(動靜)과 사념(思念)이 지선(至善)에 그침을 구한다. 크게는 불의를 행하며 무고한 사람을 죽여 천하를 얻을지라도 하지 아니하며, 작게는 의로운 것이 아니고 도리가 아닌 것은 조그만 것이라도 감히 허락하지 말 것이다. 이와 같이 한 후에 이를 진실로 뜻이 있는 자라고 말할 수 있다.

㈗ 도의 본체는 비록 고원하고 미묘하나 도의 작용은 심히 평이하고 친절하다. 진실로 도에 뜻을 두면 모름지기 일상생활의 평이하고 친근한 곳에 한결같이 도리를 따라 힘써 그치지 않아 오래되어 순숙(純熟)해지면 고원(高遠)하고 미묘한 본체가 여기에서 마침내 도와 더불어 하나가 될 것이다

㈘ 나는 품부받은 기(氣)가 잔약하고 정력이 천근하니 세상만사에 진실로

능히 한 가지도 할 바가 있지 않은 것으로 알았다. 이로부터 성현의 책이 아니면 읽지 아니하고 일용의 도가 아니면 배우지 아니하며, 조그만 힘이라도 반드시 여기에 두고 조그만 노력이라도 반드시 여기에 기울이면 조금이라도 소득이 있을 것이니 어찌 다른 것을 바라겠는가.

4) 大谷遺稿 目錄

卷之一

詩: 偶吟 外103首

卷之二

書: 上蘆沙先生 上李心齋(崑壽 五) 答閔鳳谷仲浩(璣容) 答金吾南致容(漢燮) 與鄭月坡伯彦(時林 三) 與鄭艾山厚允(載圭 八) 答鄭日新季方(義林) 與奇松沙會一(宇萬) 答吳止巢(相鳳) 與金樂三(漢驥) 與鄭東國(鳳鉉) 與吳愚仁 答鄭周允(冕圭 四) 答權舜卿(雲煥 五) 答陳仲文(樸 二) 答鄭道麟(學仁 三) 沈致敎(魯綜 三) 答權子厚(基德) 答權衡仲 答宗人山石豊五(顯玉) 答族丈觀湖國澤 答族兄漢瑞(濟休 二) 答朴景有(準基) / 序: 送金秋槎序 外4篇 / 記: 雙槐堂記 外1篇 / 跋: 書兩鄭奇遇說後 / 祭文: 祭先師蘆沙先生文(三) 祭金章汝文

卷之三 五 六

雜著: 自警編

卷之四

雜著: 師門問答

卷之五

雜著: 知舊問答 沙上語錄

卷之六

附錄: 脫灑說 大谷記 鄭艾山答權舜卿書 挽詞 祭文 行狀 墓誌銘 傳

6. 오남 김한섭 吾南 金漢燮

1) 생애

김한섭(1838-1894)은 호가 오남(吾南)이요 자는 치용(致用)이며, 본관은 영광(靈光)이다. 이항로(李恒老 1792-1868), 임헌회(任憲晦 1811-1876), 기정진(奇正鎭 1798-1879)에게서 수학하고, 장흥(長興)과 강진(康津)에서 학문연구와 강학으로 일생을 보냈던 조선조 말의 성리학자이다.

김한섭은 1838년(憲宗 4년) 5월 23일에 장흥 흥룡동(長興 興龍洞 夫山面 內安里 內洞)에서 김로현(金魯鉉)과 해남윤씨(海南尹氏)의 4남 1녀 중 막내로 태어났다. 그의 고조인 김몽룡(金夢龍)은 성균관 생원을 지냈고, 아버지 김로현은 처사(處士)로 일생을 보냈으며, 어머니 해남윤씨는 윤적설(尹商說)의 딸이다.

그의 선대는 원래 경주김씨(慶州金氏)였으나 고려 성종조(成宗朝)에 영광군(靈光君)으로 봉해진 김심언(金審言)에서부터 영광김씨(靈光金氏)로 본관이 바뀌었다. 그 후 조선조에 들어와 조광조(趙光祖 1482-1519)의 문인이었던 김광원(金光遠)은 기묘사화 때 조광조를 구하려는 내용의 상소를 올렸다가 전남 해남에 유배되었으며 그 후 그는 정란을 피하여 전남 장흥의 흥룡동으로 남하하여 초야에 묻혀 살게 되었다. 그리고 그의 세 아들 귀년(龜年)·귀수(龜壽)·귀명(龜命)이 각각 장흥의 부산(夫山)·어산(語山)·건산(巾山)에 살게 됨으로써 그 곳은 그 후 400여 년간 영광김씨의 주거지가 되었다.

김한섭은 타고난 기품이 탁월하고 비범하여 말을 하게 되면서부터 하루에 수백 어를 익힐 정도였으며, 열한 살 때에 벌써 문장에 뛰어난 재능을 발휘하였다. 열여덟 살 때는 『중용차의(中庸箚疑)』를 지어 여러 주석자의 득실을 비판하였으며, 이 무렵 『상서(尙書)』의 '기삼백(朞三百)'에 대한 문답에서는 서숙의 훈장이 강론을 펴지 못했다고 한다.

그는 나이 25세 때 아버지를 여의었고, 위에 있는 세 형이 모두 요절하는 등 개인적으로나 가정적으로는 불운한 편이었다. 더구나 자기의 학문을 이을 수 있을 것으로 기대하였던 삼남 중 차남인 봉식(鳳植)이 24세의 나이로 요절하는 등의 불운을 겪기까지 하였으며, 한편 사회적으로도 입신의 기회를 얻지 못하고 학문에만 정진할 수밖에 없었다.

그러나 그는 가정적 내지는 사회적 불운에 구애됨이 없이 항상 가난함을 선비의 본분으로 여기고 성현의 학문과 덕행을 닦는 일에 매진함으로써 그의 후년의 생애는 더욱 고절한사(高節寒士)의 생활로 일관하였다.

30세가 되던 해에 그는 이항로(李恒老)에게 가서 현실의 명리를 좇아 수십 년간 경향(京鄕)의 과장(科場)에 출입하였던 잘못을 고백하고 그의 문하에서 수업할 뜻을 밝혔다. 그러나 그가 이항로의 문하에서 수업한지 일 년이 채 못 되어 이항로는 세상을 떠났고, 그는 상을 마친 뒤 이항로의 문집, 초록 등을 가지고 귀향하였다.

그 뒤 그는 홍직필(洪直弼 1776-1852)의 문인인 임헌회(任憲晦)를 찾아가 그가 세상을 떠날 때까지 8년 동안 그를 사사하였고, 40세를 전후해서는 기정진(奇正鎭)의 문하에 출입하면서 수업하였다. 그리고 이러한 기간 동안에 그는 이항로 문하의 김평묵(金平黙 1819-1888), 유중교(柳重敎 1821-1893), 최익현(崔益鉉 1833-1909)과 임헌회 문하의 송병선(宋秉璿 1836-1905) 전우(田愚 1841-1922) 등과 도의의 교분을 맺었으며, 또 기정진 문하의 기우만(奇宇萬 松沙 1846-1916) 이희석(李僖錫 南坡 1804-1889) 등 많은 석학들과 학문적 교류를 가졌다.

한편 그는 아버지를 여인 뒤 고향에서 홀어머니를 모시고 지내다가 40세 때 타향인 금릉(金陵)의 대명동(大明洞: 康津郡 城田面 松月里 大月)으로 이주하여 서재와 정사를 짓고 제자의 훈육에 정력을 기울였으며. 50세 때 다시 가족을 수양리(首陽里: 康津郡 道岩面 水良里 水良)로 옮기고 그 자신은 대명동에 남아 강학을 계속하였다. 3년 뒤 그는 가족이 있는 수양리 봉양동(鳳陽洞)에 봉양정사(鳳陽精舍)를 짓고 말년의 서식처로 삼아 수십 명의 제자들과 함께 병약과 가세의 빈곤 속에서 강학의 일과를 보냈다.

57세 되던 해인 1894년 동학농민혁명(東學農民革命) 때 그는 강진현(康津

縣) 보암(寶岩) 도총장(都摠將)의 책임을 지고 동학 농민군의 강진입성을 저지하려다가 총탄에 맞아 그 해 12월 7일 세상을 떠났다.

그는 평소에 저술을 좋아하지 않았다고 하지만 그의 학문적 성과인 문필이 그의 제자들에 의하여 13권 7책의 문집으로 편집되어 전한다.

2) 사상

김한섭은 “부귀도 원하는 바가 아니요 문장도 원하는 바가 아니며 공명도 바라지 않고 장생도 바라지 않는다. 소원이라면 성인을 배우는 일이다”라고 하여 자신의 학문에 임하는 태도를 뚜렷하게 표현하고 있는데 이러한 태도는 그의 학문 경향이 어떠하였는가를 말해준다. 여타의 많은 성리학자들이 그랬던 것처럼 학문이란 기송(記誦)을 일삼거나 명리(名利)를 위한 것이 아니요, 오직 일상생활에서 의리를 실천하는 데에 있다고 하여 그는 스스로 성인의 문도라는 소신을 가지고 기송사장(記誦詞章)의 학은 물론이요, 세속의 명리를 좇는 과문(科文)이나 시문(詩文)을 멀리하였다.

그는 “위학지방(爲學之方)은 기송에 그치는 것이 아니라 일상생활에서 자신에게 돌이켜 체험하여 마땅히 행할 것을 실행하는 것이 바로 독서인이다”라고 하여 독서의 태도를 말한 다음, 독서의 차서에 대하여 “『소학(小學)』과 『사자서(四子書)』를 위주로 하여 순환 숙독하고 『가례(家禮)』, 『근사록(近思錄)』, 『심경(心經)』 등도 마땅히 치력하여 궁구해야 한다”라고 그 순서를 말하였다. 주목되는 점은 『소학(小學)』, 『효경(孝經)』 등을 먼저 읽어서 뜻을 세우고 몸가짐을 할 줄 안 다음에 성리서(性理書)를 읽고 그 다음에 다시 육경(六經) 사서(四書)와 선유(先儒)의 전주(傳注)등을 보아야 한다고 한 것이다. 또 한편 그는 주희(朱熹 1130-1200)의 『동몽수지(童蒙須知)』와 이이(李珥 1536-1584)의 『격몽요결(擊蒙要訣)』, 송시열(宋時烈 1607-1689)의 『논학제서(論學諸書)』 등을 열거하고 있으니, 이런 점으로 볼 때 이른바 이이에서 송시열로 이어지는 기호학파(畿湖學派)의 학통을 그 연원으로 하고 있음을 알 수 있다.

또 그는 "정학(正學)이 날로 밝아지면 사설(邪說)은 꺼지기를 기다리지 않아도 날로 소멸할 것이다"라고 이단사설(異端邪說)을 배격하는 입장을 표명하였다. 그에 의하면 당시의 이단사설이란 현실적으로는 침략적인 서양의 학술 내지는 사상으로서, 그는 서양인을 가리켜 양추(洋醜) 또는 금수(禽獸)라 매도하고 "하늘이 어찌 이런 물건을 만들어 내어 인류로 하여금 화를 입게 함이 이같이 심한가"라고 극언한 것은 그의 척사(斥邪)의 정신을 유감없이 드러낸 것이라 할 것이다.

이와 같은 학문태도를 가지고 그는 자신의 성리학설(性理學說)을 개진하고 있는데, 기본적으로는 주희(朱熹)의 학설을 독실하게 존신하는 입장일 뿐만 아니라 자신의 의견이나 주장을 주로 주희의 설에 근거하여 피력하고 있다. 그러나 그는 이미 사상적으로 한국 성리학의 '사칠논변(四七論辨)'과 '인심도심논변(人心道心論辨)', 그리고 '인물성동이논변(人物性同異論辨)'을 거친 후의 시대에 살았기 때문에 그의 학설은 주희사상의 반복일 수는 없었다. 따라서 퇴·율 이후의 한국 성리학자들이 자기 자신의 견해를 옹호하기 위하여 자기의 주장에 합당한 주희의 이론을 채용함으로써 주리적(主理的)인 이론 전개나 또는 주기적(主氣的)인 이론 전개가 가능했던 것처럼, 주희의 학설을 수용함에 있어서 그가 어떠한 태도와 입장을 취했는가를 살펴보는 것은 그의 성리학설의 특징을 이해하는데 하나의 관건이 된다.

김한섭에 의하면 우주의 만물은 천명(天命)의 유행(流行)으로 설명되며, 태극(太極)은 리(理)요 천리(天理)의 본연(本然)으로 간주된다. 태극이 리(理)이므로 음양(陰陽)은 곧 기(氣)인 것이며, 음양의 기(氣)의 발현(發現)은 태극의 리(理)의 소위(所爲)이며, 리(理)의 일동일정(一動一靜)은 오로지 기(氣)에 의존하지만, 이는 마치 사람이 말을 타는 것과 같은 것으로서 말의 행지(行止)가 모두 탄 사람의 '시킴'에 달려 있듯이 기(氣)는 리(理)의 싣는 자요, 리(理)는 기(氣)를 타는 자라는 것이다. 부언하자면 김한섭은 "천리의 유행은 기(氣)가 아니면 이루어질 수 없으나 이미 천리의 변화유행이라고 하면 기(氣)도 역시 그 가운데 포함된다. 그러나 주재(主宰)하는 자는 리(理)이다"라고 하여 천리의 유행은 기(氣)가 아니면 이루어 질 수 없지만 기(氣)는 그 유행 속에 있는 것으로서 주재하는 자는 리(理)라는 것이다. 그리고 이 리(理)는 그 존귀함이 무대(無對)하고 그 작용이 무궁(無窮)하다고 한다. 이런 견해는 언뜻 기정진(奇正鎭)의 "리(理)의 존귀함은 상대가 없다. 기(氣)가 어찌 더불어 대우(對偶)할 수 있겠는가? …… 기(氣)도 역시 리(理) 속의 일이며, 이 리(理)가 유행하는 손발이다"라고 한 유리론적(唯理論的) 입장에 접근하고 있는 것 같이 보인다. 그러나 김한섭의 견해는 이일분수(理一分殊)를 기본논리로 하는 기정진의 유리론(唯理論)과는 달리, 이이·이황과 같은 이기이원론(理氣二元論)의 입장에 서 있다고 할 수 있을 것이요, 이기이원론 가운데서도 리(理)의 주재를 강조하는 주리적(主理的) 입장에 서 있다고 볼 수 있을 것이다.

김한섭은 또 형이상(形而上)과 형이하(形而下), 도(道)와 기(器)의 관계에 대하여, "음양은 기(氣)요 음하고 양하는 까닭은 도(道)이다. 도(道)는 곧 태극(太極)이요, 한 번 음하고 한 번 양하여 순환해 마지않는 것은 태극의 하는 바이다"라고 하였다. 또 "형(形)이란 사물의 형체이다. 사사물물에는 리(理)가 있지 않음이 없는데 리(理)는 무형으로 형체의 상면(上面)에 타고 있으므로 형이상자(形而上者)라 하며, 형이하자(形而下者)란 곧 바로 그 사물의 형체를 가리키는 것으로서 상(上)에 대응하여 말하기 때문에 하(下)라 하는 것이다. 형체이면서 다시 하(下)가 있는 것은 아니다"라고도 하였다. 그리고 이 형이상의 도(道)와 형이하의 기(器)의 관계는 "그 떨어져 있지 않는 것을 가지고 말하면 기(器)가 또한 도(道)요, 도(道)가 또한 기(器)이다. 그 섞여지지 않는 것으로써 말하면 도(道)는 도(道)이고, 기(器)는 기(器)이다. 이 형이상하라는 네 글자야말로 도(道)와 기(氣)의 관계를 가장 분명하게 말한 것이다"라고 하여 일단 도(道)와 기(器)의 불리부잡(不離不雜)한 관계를 명확하게 표현하였다. 뿐만 아니라 그는 도(道)와 기(器)의 관계는 마땅히 분리해보기도 하고, 합쳐서 보기도 함으로써 그 묘함을 보아야 하며, 또 분리해 보기도 하고 합쳐서 보기도 할 때 리(理)는 기(氣)의 주(主)가 되고 기(氣)는 리(理)의 부림에 따르는 것으로 분간하는 것이 중요하다고 하였다. 그래서 그는 "형이상의 도(道)는 기(器)를 타는 자요, 형이하의 기(器)는 도(道)를 싣는 자이다. 만일

도(道)와 기(器)를 두 물건이라고만 안다면 본연일원(本然一原)의 묘함을 볼 수 없을 것이요, 그것을 한 물건이라고만 안다면 주객(主客)이나 존비(尊卑)의 나뉨을 분간할 수 없을 것이다"라고 하였다. 이는 도(道)와 기(器)를 불리부잡(不離不雜)의 관계로 보되 도기부잡(道器不雜)의 면을 더 중시하는 입장이라고 할 수 있다. 왜냐하면 리(理)가 주(主)가 되고 기(氣)가 부림을 당하는 것이 분명해야 주객·존비의 나뉨이 분명해지기 때문이다. 그러기 때문에 그는 리(理)와 기(氣)의 관계에서 리(理)우위의 입장을 견지하면서 주기적(主氣的)인 모든 경향을 배격하였다. 이것은 앞에서 말한 것처럼 그의 기본적인 입장이 이기이원론(理氣二元論)에 근거하고 있으면서도 주리적(主理的)인 경향으로 나가고 있는 데서 자연스럽게 연유하는 것이라 할 것이다.

심(心)·성(性)·정(情)에 대하여 그는 주희의 설을 따라 성(性)은 마음속에 갖추어진 리(理)요, 동정(動靜)을 관통해서 성(性)과 정(情)을 주재하는 것인데, 마음은 리(理)와 기(氣)의 혼합물이므로 리(理)라는 관점에서만 보아서도 안 되고, 기(氣)라는 관점에서만 보아서도 안 되는 것이라 하였다. 이 때문에 그는 '심시기(心是氣)'니 '심즉기(心卽氣)'니 하여 마음을 단지 기(氣) 한 글자에 귀속시키려는 설명을 비판하였다.

한편 그는 사단(四端)과 칠정(七情), 인심(人心)과 도심(道心)에 대해서도 칠정(七情)은 리(理)와 기(氣)를 겸해서 말한 것이므로 선악(善惡)이 있고, 사단(四端)은 다만 칠정(七情) 중의 선한 쪽만을 가리켜 말한 것이라 하여 사단(四端)을 칠정(七情)속에 포함시켰다. 또 칠정(七情)이란 인심(人心)과 도심(道心)의 총명(總名)으로서 사단(四端)은 도심(道心)에 결부하는 것이 가능하며, 도심(道心)의 발현은 리(理)에, 인심(人心)의 발현은 기(氣)에 귀속시킬 수 있다고 하였다. 그러나 그는 이황의 이기호발설(理氣互發說)에 대해서는 반대하였는데 그 이유는 주희의 뜻으로 보면 사단(四端)은 오로지 리(理)를 말하고 칠정(七情)은 리(理)와 기(氣)를 겸하여 말하는 것에 불과할 따름인데 이황의 설은 도심(道心)을 사단(四端)에, 칠정(七情)을 인심(人心)에 각각 나누어 귀속시켜 대설하려 하였기 때문이라는 것이다. 그에 의하면 "대저 칠정(七情)은 통틀어서 말함이요 사단(四端)은 칠정(七情)중의 선일변(善一邊)이니, 이를 두 쪽으로 나누어 대설(對說)할 수 없다"는 것이다. 이 때문에 그는 이이의 기발이리승지설(氣發而理乘之說)에 대하여 이기(理氣)의 발(發)과 발하는 까닭의 묘함을 남김없이 들어낸 것이라고 칭찬하였다. 결국, 김한섭은 성명(性命)의 올바름에서 근원하는 도심(道心)과 형기(形氣)의 사(私)에서 생기는 인심(人心)을 다 같이 이기(理氣)의 합(合)인 심(心)의 발(發)로 보고, 마지막까지 사단(四端)과 칠정(七情)을 상대시켜 이발(理發)과 기발(氣發)로 설명하는 것은 불가하다는 입장을 취했다.

또 인성(人性)과 물성(物性)의 동이문제(同異問題)에 대하여 김한섭은 원칙적으로 인성(人性)과 물성(物性)은 같다고 할 수도 있고 다르다고 할 수도 있다는 것을 전제로 하면서도 인성(人性)과 물성(物性)의 상이(相異)를 주장하는 관점에 중점을 두고 있다. 그는 "단지 리(理)의 일원(一原)만을 알고 마침내 인간과 금수 초목의 성(性)에 조금도 차별이 없다고 여긴다면 이는 (理의) 만수(萬殊)의 묘(妙)를 모름이다"라고 하고, "품부(稟賦) 이전으로 돌아가 단지 그 리(理)만을 가리킨다면 오상(五常) 본연(本然)의 묘(妙)는 인간이나 동식물이나 같지 않음이 없지만 그 품수하는 기(氣)를 겸해서 말한다면 인간과 동식물 사이에 편전통색(偏全通塞)의 다름이 현격하게 구별된다"고 하였다. 그리고 그는 이러한 인간과 동식물의 차이란 다름 아닌 존양성찰(存養省察)에 치력(致力)할 수 있느냐 없느냐의 여부, 또는 극치수위(克治修爲)의 방술을 가지고 있는냐 없느냐의 여부에 달려있다고 보았다. 김한섭의 이와 같은 인물성상이론(人物性相異論)은 기(氣)의 편색(偏塞)을 중요시한 것으로서 주기적(主氣的) 경향의 한 단면이라 볼 수 있다.

이와 같이 살펴볼 때 김한섭의 사상 안에는 그가 수업하였던 이항로와 임헌회, 그리고 기정진의 세 가지 서로 다른 사상의 경향이 혼재하여 있다는 결론에 도달한다. 이를 요약하자면 이항로의 주리적(主理的) 입장을 주류로 삼고, 주기파(主氣派)의 임헌회와 유리론(唯理論)적인 기정진의 사상을 선별적으로 받아들여 나름대로 이기이원론(理氣二元論)에 근거한 주리적(主理的)인 사상체계를 세운 것이라고 할 수 있다.

3) 오남 사상의 의의

앞에서 말한 바와 같이 김한섭은 고향인 장흥에서 생애의 전반을 보내고 타향인 강진에서 그 나머지를 살았다. 그리고 그는 재야의 선비로서 명리를 멀리하고 학구와 강학으로 일생을 마쳤다. 그는 소학적인 실천궁행을 학문의 근본으로 삼았으며, 주자학의 연구를 통하여 성현전수(聖賢傳授)의 심법(心法)을 밝히고 성인의 덕(德)과 행(行)을 갖추는 것을 학문의 지상목표로 삼았다.

또 그의 학문은 이이에서 송시열로 이어지는 소위 기호학파(畿湖學派)의 맥락에서 그 연원을 찾을 수 있겠으나, 그의 학문적 입장은 그저 연원적인 학통만을 추종하기보다는 멀리 송대(宋代) 주희의 학설을 비판적으로 수용하는 입장이라고 할만하다. 그가 학문적 입장을 각기 달리하는 이항로, 임헌회, 기정진을 사사하고 또 그 문하생들과 폭넓은 학문적 교류를 가진 사실이나 그의 철학사상의 내용으로 미루어 볼 때 그의 학문적 입장은 더욱 명백하게 드러난다.

이리하여 그는 태극음양(太極陰陽)과 이기(理氣)의 문제로부터 인물성동이(人物性同異)의 문제에 이르기까지 주로 이황, 이이와 같은 이기이원론에 근거하면서 대체적으로는 주리적(主理的)인 입장을 취하고 경우에 따라서 주기적(主氣的)인 입장도 자연스럽게 소화 수용했다. 다시 말하면 그는 이항로의 주리적 입장을 주류로 삼고, 주기파의 임헌회와 유리론적인 기정진의 사상까지도 선별적으로 받아들임으로써 앞선 시대의 학문적 성과를 종합하는 사상체계를 이루었다고 할 수 있다.

그런데 그의 철학사상에서 주목을 끄는 것은 사단칠정(四端七情)과 인심도심(人心道心)에 관한 이론들이다. 이들 문제에 대하여 그는 한편으로 이이의 기발이승(氣發理乘)설을 일방적으로 천착함으로써 주기적 경향으로 흐르는 폐단을 경계하고, 또 한편으로 이황의 이기호발(理氣互發)설을 묵수적으로 추구하는 입장을 비판하였기 때문이다. 그런데 그러한 논리의 전개는 그 자신이 말한 것처럼 만일 견강부회가 아니라면 주희 자신이 이기론에서 리

(理)와 기(氣)는 이물(二物)임과 동시에 불가분개(不可分開)라고 한 표현상의 모순을 해결하려는 시도라고 볼 수 있으며, 스스로 이기지묘(理氣之妙)를 터득한 결과라고 할 수 있다.

한편 김한섭의 척사이론(斥邪理論)은 기정진이나 이항로의 척사론을 근거로 한 것이므로 그에 대한 평가나 영향은 기정진과 이항로를 시작으로 하여 그 후 제2, 3기로 계속되는 척사위정운동(斥邪衛正運動)과의 관련 아래에서 논해져야 할 가치가 있는 것이라 여겨진다.

따라서 김한섭의 한국사상사에 대한 기여는 앞으로의 한국 성리학의 발전과정에서 오랫동안 논쟁의 불씨가 된 주희사상의 특성을 밝히는데 일조가 되리라고 생각되며, 또 그 결과의 여하에 따라 조선조말 한국 성리학 재연기에 있어서의 김한섭의 사상적 위치도 밝혀질 수 있으리라 기대된다. 아울러 근대를 맞이하려는 한국사상사에 있어서의 노력들 즉, 실학사상(實學思想)과 개화사상(開化思想) 등의 여러 사조들과의 관련성 아래에서 그의 사상이 탐구될 때 그의 사상이 끼친 영향과 의의도 더욱 잘 밝혀질 수 있을 것이다.

4) 원문 번역

김한섭의 사상은 그의 문집의 권9부터 13에 이르는 「잡저(雜著)」를 통해서 살펴볼 수 있다. 이들 잡저의 내용은 성리학의 주요 논점들에 대한 각종의 「도변설(圖辨說)」과 예학에 대한 이론 및 벽사론(闢邪論) 등으로 이루어져 있으며, 「일감문답(一鑑問答)」은 그 중에서도 대표적인 저술이라 할 수 있다. 그러나 「일감문답」은 분량 상 한 권을 차지하는 분량이어서 전문을 소개하기 어려우므로, 여기에서는 여러 '도변설' 가운데 그의 성리학 체계의 근간이라고 할 수 있는 우주론과 심성론의 관계에 대하여 논변한 '형이상하도변설(形而上下圖辨說)'과 '심통성정도변설(心統性情圖辨說)'을 번역 소개하기로 한다. 이 두 편의 글은 오남집 권9에 실려 있다.

성리학에서 형이상(形而上)과 형이하(形而下), 도(道)와 기(器), 이(理)와 기(氣)의 관계에 대한 이해는 그 사람의 성리학적 소양과 학파적 경향을 가

늠한다고 할 수 있다. 그는 「형이상하도변설」에서 그가 주리론적인 입장에서 리(理)와 기(氣)를 형이상하로 구분하는 것은 '형(形)'이라는 전제하에서 가능한 상하 관계라 하고, 리(理)의 주재(主宰)와 기(氣)의 복역(僕役)이라는 관계를 통해서 해명하고 있는 것을 알 수 있다. 또 그의 '심통성정도변설'은 장횡거(張橫渠)에게서 비롯된 '심통성정(心統性情)'이라는 이론의 바탕 위에서 사단(四端)과 칠정(七情), 인심(人心)과 도심(道心)의 문제를 논한 것이다. 이 글에서는 장횡거의 '심통성정설'을 받아들이면서 주기론적인 입장에서 사단과 칠정, 인심과 도심의 관계를 해명하고 있는 면모를 볼 수 있다. 즉 마음이 본성과 감정을 통합하는 것처럼 칠정은 인심과 도심을 포함한 것이요, 칠정은 감정의 전체이며 사단은 칠정 가운데 선한 일면이므로 칠정과 사단이 동등하게 대비될 수 없다는 것이다.

이와 같이 두 편의 글에 나타난 김한섭의 논리는 주리론적인 입장을 받아들이면서 주기론적인 경향도 배제하지 않는 그의 사상적인 특징을 잘 나타내고 있다고 할 것이다.

형이상하도변설(形而上下圖辨說)

공자는 형이상(形而上)을 도(道)라 부르고 형이하(形而下)를 기(器)라 부른다고 말했다. 여기에서 도(道)라는 것은 무엇인가? 태극(太極)을 말한다. 기(器)라는 것은 무엇을 말하는가? 음양(陰陽)을 말한다. 음양(陰陽)은 기(氣)이고 태극(太極)은 리(理)이다. 그렇다면 리(理)는 본래 형상이 없는데 어찌하여 형이상이라 부르는가? 태극(太極)은 형기(形器)를 초월하여 독립해 있는 사물이 아니며 다만 음양(陰陽) 가운데 존재하기 때문에 형이상이라고 부른다. 음의 기운이 정지(靜止)되면 태극(太極)의 본체가 정립되고, 양의 기운이 운동하면 태극(太極)의 작용이 운행되는 것이다. 그렇다면 태극(太極)이 음양(陰陽) 가운데 있다는 것은 태극(太極)과 음양(陰陽)의 구별이 명료해 보이지 않은 듯한데 어찌하여 '상하' 두 글자를 나누어 말하는가? 생각하건대 태극(太極)과 음양(陰陽)은 하나이면서 둘이요 둘이면서 하나(一而二 二而一)이다. 리(理)는 기(氣)를 타고 기(氣)는 리(理)를 싣는다. 상하 두 글자는 무한한 의미를 함축하고 있다. 리(理)를 분리되지 않는다는 측면에서 보면 도(道)는 기(器)이고 기(器)는 도(道)이다. 혼잡하지 않는다는 측면에서 말하면 도(道)는 그대로 도(道)이고 기(器)는 그대로 기(器)로서 두 사물은 뚜렷이 구분되어 서로 관계하지 않는다. 따라서 진실로 합쳐 하나로 만들 수 없으며, 존비(尊卑)를 구별하지 않는 것도 옳지 않다. 오직 형(形)이라는 글자 하나를 놓고 상하로 구분하여 파악하면 매우 분명하다. 이는 도리를 정밀하게 볼 수 있는 위대한 성인이 아니라면 어떻게 이처럼 설명해낼 수 있겠는가?

도(道)는 기(器)가 아니면 실을 곳이 없으며, 기(器)는 도(道)가 아니면 발용할 곳이 없다. 하나는 상위이고 하나는 하위이므로 운동과 정지가 서로 작용하며, 하나는 존귀하고 하나는 비천하므로 명분과 지위가 문란하게 되지 않는다. 도(道)는 비유하자면 하늘·양·군주·부모·남편·장수·중국·인류요, 기(器)는 비유하자면 땅·음·신하·자식·아내·소인·군졸·오랑캐·금수인 것이다. 리(理)가 기(氣)의 주재자가 되고 기(氣)가 리(理)의 복역자가 되면 운동과 정지는 서로 작용하고 명분과 지위는 문란하지 않게 된다. 따라서 하늘은 시작하고 땅은 이룬다. 양은 선창하고 음은 화답한다. 군주는 명령하고 신하는 순종한다. 부모는 교육하고 자식은 효도한다. 남편은 인도하고 아내는 순종한다. 군자는 도덕을 축적하고 소인은 얼굴빛을 고친다. 장수는 군령을 실시하고 군졸은 마음으로 복종한다. 중국은 문명을 펼치고 오랑캐는 따라서 배운다. 인류는 교화를 베풀고 금수는 순화된다.

만일 리(理)가 주재자가 되지 못하고 기(氣)의 기능이 멋대로 작용한다면 운동과 정지는 서로 어긋나고 명분과 지위는 도리어 문란하게 된다. 땅은 하늘에 순종하지 않으며, 음은 도리어 양을 의심하며, 신하는 반역자가 되며, 자식은 패륜아가 되며, 아내는 남편을 반목하게 되며, 소인은 군자를 해치며, 군졸은 장수를 축출하며, 오랑캐는 중국을 어지럽히며, 금수는 사람을 핍박하게 된다. 치란(治亂)의 향배는 도기(道器)의 구분을 삼가 하느냐 삼가 하지 않느냐에 달려 있을 뿐이다. '리(理)는 작용하지 않는다'는 말은 인위적인 작용을 하지 않고 자연적 작용을 한다는 의미일 뿐이다. 그 실상은 비록 작용이 없는 듯하나 작용하지 않음이 없다. 천리(天理)가 유행하고 발현하는 것은 자연적 작용일 뿐이다. 어찌 인위적 작용으로 그러하겠는가?

선현(先賢)이 말하기를 "천지는 실제적인 마음은 없으나 그 마음은 만물에 두루 미치고, 성인은 감정이 없으나 감정은 만사를 순하게 만든다"고 하였다. 이 말이 어찌 천지는 진실로 마음이 없고 성인은 참으로 감정이 없음을 의미하겠는가? 마음과 감정이 없다는 것은 인위적인 작용이 아닌 자연적인 작용을 말한 것이다. 세상 사람이 결국 태극(太極)을 작용이 없는 사물로 인식하여 일용사물의 당연한 곳에 천리가 밝게 드러나는 현상을 기(氣)의 기능이 스스로 작용한 것이라고 말한다. 이는 자식을 도적으로 인식하고 기(氣)가 리(理)의 지위를 빼앗는 현상과 같다. 만일 그렇게 된다면 천리와 인심이 어찌 날마다 어두워지고 침식되지 않겠는가? 천리와 인심이 날마다 어두워지고 침식된다면 삼강(三綱)은 침체되고 구법(九法)은 막히며, 중국은 오랑캐로 전락되고 인류는 금수로 변하게 될 것이니, 형세가 진실로 그러하다. 아! 상하와 존비의 구분을 삼가 하지 않을 것인가?

주자의 '감흥'이란 시(詩)에 이르기를 "인심은 현묘하여 헤아릴 수 없으며, 마음의 작용은 기(氣)의 기동력을 탈 뿐"이라 하였다. 이 시는 도기(道器)를 한 마디로 구분하여 단안을 내린 것이다. "인심은 현묘하여 헤아릴 수 없다"는 것은 곧 '태극(太極)은 본연의 묘[太極者 本然之妙]'임을 의미하고, "마음의 작용은 기(氣)의 기동력을 탈 뿐"이라는 것은 곧 '동정은 타는 바의 기틀임[動靜者所乘之機]'를 의미한다. '어록(語錄)'의 '삼자류(三字類)' 중 '형이상'의 해석을 살펴보면 "아직 형체가 생기기 이전에는 다만 리(理)가 존재할 뿐이다"고 하였다. 이 말은 반드시 먼저 이 리(理)가 존재함을 말한 것이요, 형이상하(形而上下)를 구분하는 본의를 잃어버린 것이다.

심통성정도변설(心統性情圖辨說)

정자(程子)는 "마음과 본성과 하늘은 동일한 이치이니, 이치의 입장에서 말하면 하늘이요, 품수(稟受)한 입장에서 말하면 본성이요, 인간에게 존재한다는 입장에서 말하면 마음이 된다"고 하였다. 이 말은 인간이 하늘에서 받아서 일신을 주재하는 것이 리(理)임을 의미하는 것이다.

장자는 "태허(太虛)로부터 하늘의 명칭이 생겨났으며, 기화(氣化)로부터 도(道)의 명칭이 생겨났으며, 허(虛)와 기(氣)가 합쳐져서 성(性)의 명칭이 생겨났으며, 성(性)과 지각이 합쳐져서 마음의 명칭이 생겨났다"고 하였다. 이는 하나의 이치로부터 점차 세분하여 설명한 것이다. 기화가 곧 도(道)가 아니라 기화의 존재 근거가 곧 도(道)이다. 예컨대 이른바 '한 번은 음이 되고 한 번은 양이 되는 것을 도(道)라 한다'와 '성이 곧 리(理)이다'에서와 같이 깃드는 곳이 기질(氣質)이기 때문에 합친다고 말한 것이다. 기(氣)라는 글자는 특별히 대동하여 설명한 것이지 리(理)와 기(氣)를 똑같이 절반씩 합쳐서 성이라고 한 것은 아니다. 본성이 발현하면 감정이 되는데 감정은 곧 지각이 가능한 물건이며, 본성과 지각을 합한 것이 곧 '마음이 본성과 감정을 통합한다[心統性情]'는 말이다.

주자는 "마음은 물과 같고 본성은 물의 고요한 상태와 같으며 감정은 물의 흐름과 같다"고 하였다. 이 말은 마음이 본성과 감정을 통합한다는 것은 물에 고요함과 움직임이 있다는 것과 같음을 말한다. 그리고 본성은 마음의 본체이며, 감정은 마음의 작용이다. 이러한 몇 가지 설명을 종합해서 보면 마음·본성·감정의 개념과 계통을 알 수 있을 것이다.

대개 마음의 온전한 모습은 고요한 듯 허명(虛明)하여 모든 이치를 잘 갖추고 있으며, 지각에 따라 대응하므로 그 오묘한 작용은 추측하기 어렵다. 아직 발현하기 이전의 마음의 온전한 모습을 본성이라 한다. 즉 그것은 건순오상(健順五常)의 리(理)가 기(氣)에 편승했으나 고요한 상태이다. 이미 발현한 마음의 오묘한 작용을 감정이라 말한다. 즉 그것은 희노애구애오욕(喜怒哀懼愛惡欲)의 리(理)가 기(氣)에 편승하여 움직이는 상태이다. 마음이 본성과 감정을 통합한다는 말은 다만 혼합된 하나의 사물 가운데서 마음이 아직 발현하지 않았는가 이미 발현하였는가를 지칭한 것일 뿐이요, 마음이 하나의 영역을 갖고 본성도 하나의 영역을 갖으며 감정도 하나의 영역을 가짐으로서 서로 현격한 상태를 나타내는 것은 아니다.

리(理)는 순수하여 혼잡하지 않고, 기(氣)는 갖가지 현상을 보인다. 따라서 청명한 기(氣)를 타고 나면 지혜롭고 혼탁한 기(氣)를 타고 나면 우둔하며,

순수한 기(氣)를 타고 나면 현명하고 순수하지 못한 기(氣)를 타고 나면 미련하다. 그러므로 성인과 범인의 마음은 동일하지 않다는 설명이 가능하다. 그러나 마음이 아직 발현하지 않았을 때는 기(氣)가 작용하지 않으므로 비록 매우 혼탁하여 순수하지 못한 자라도 악(惡)하다고 말할 수가 없고, 마음이 이미 발현하였을 때는 지각작용이 동일하지 않으므로 선악(善惡)이 판연히 구분된다.

마음이 성명(性命)의 올바른 곳에 근거하면 '도심(道心)'이라 부른다. 도심이 발현할 때도 그 기(氣)에 편승하지 않음이 없으니 그 때는 특히 천리(天理)처럼 순수한 것이다. 예컨대 측은한 마음은 인(仁)의 단서요 부끄러워하고 미워하는 마음은 의(義)의 단서요 사양하는 마음은 예(禮)의 단서요 시비를 분별하는 마음은 지(智)의 단서다. 사랑, 공경, 충심, 공순함 같은 부류가 이에 속한다. 마음이 형기(形氣)의 사사로움에서 생겨나면 '인심(人心)'이라 부른다. 인심이 발현할 때도 리(理)에 근원을 두지 않음이 없으나 그 때는 특히 감각을 주관하는 것이 형기이다.

예컨대 입의 맛에 대한 관계, 코의 냄새에 대한 관계, 눈의 색깔에 대한 관계, 귀의 소리에 대한 관계, 사지의 안일함에 대한 관계 같은 것이다. 정기가 가득차면 아내를 생각하는 것[精盛思室], 배고프면 먹고픈 욕망, 추우면 옷을 입고픈 욕망 같은 부류가 이에 속한다. 그러나 인심에는 천리도 있고 인욕도 있다. 인심의 발현이 천리에 따르면 선하게 된다. 예컨대 당연히 먹을 것은 먹고, 당연히 입을 것은 입으며, 보고 듣고 말하고 움직이는 모든 행위를 예에 맞게 하는 것이다. 이는 맹자가 말한 "형색(形色)은 천성이니, 성인의 위치에 있어야 자연스레 실천할 수 있다"는 것이다. 인욕을 따르면 악하게 된다. 당연히 먹지 않아야 될 것을 먹고 당연히 입지 않아야 할 것을 입으며, 보고 듣고 말하고 움직이는 모든 행위를 예에 어긋나게 하는 것이다. 이는 맹자가 말한 "음식에만 열중하는 사람을 사람들이 천히 여기니, 소체(小體)를 기르다가 대체(大體)를 잃기 때문이다"는 것이다.

인심은 형기의 사사로움이요, 도심은 천리의 공정함이다. 칠정(七情)은 인심과 도심의 총칭이요, 사단(四端)은 칠정 가운데 선한 감정의 단칭이다. 인심과 도심은 본래 대칭할 수 있으나 칠정과 사단은 대칭할 수 없다. 이는 마치 본성과 감정은 대칭할 수 있으나, 마음과 본성은 대칭할 수 없는 것과 같다.

세상의 학자들이 이를 세심히 궁구하지 않고 결국 마음과 본성을 판연히 두 사물로 구분하여 언뜻하면 '마음은 곧 기(氣)이며 본성은 곧 리(理)이다'고 한다. 또 '본성이 마음의 주재자가 된다'는 학설을 새로 세워 '리(理)가 기(氣)의 주재자가 된다'는 개념을 호도한다. 만일 그와 같다면 이는 본성이 도리어 마음을 통솔한 것이니, 마음이 본성과 감정을 통합한다는 오묘한 이치를 어디에서 다시 찾을 수 있겠는가? 주자가 말한 "주재자는 마음이다"라는 학설이 도리어 전도되어 논리에 어긋나니, 만일 주자의 집종이 오늘날 다시 살아온다면 그저 수수방관하겠는가? 아니면 입이 닳도록 그릇됨을 변론하겠는가?

아! 인간마다 이 마음이 있으면서도 생각지 않을 뿐이다. 주자는 "마음의 이치는 태극(太極)이요, 마음의 동정은 음양(陰陽)이다"고 하였다. 생각하건대 인심에 적감(寂感)의 작용이 있는 것은 태극(太極)에 동정의 작용이 있는 것과 같다. 그리고 마음은 한 몸의 주재자이며 만물의 조화의 근본이니, 마음은 태극(太極)과 그 실상이 하나이다. 따라서 "마음은 태극(太極)이 된다"하고, 또 "마음과 대칭할 것은 결코 없다"고 한 것이다.

5) 吾南文集 目錄

卷之一

賦: 謹次朱子感春賦 外4篇 / 琴操: 明洞琴操 / 古詩: 民之初生十四章 外20首 / 五言古詩: 續遠遊 外7首/ 七言古詩: 次李無悶(喜冕)大明洞行 外6首 / 五言絶句: 山居(四首) 外88首 / 七言絶句: 錄先考三山府君家狀志感 外29首 / 五言律詩: 偶吟 外11首 / 七言律詩: 己卯暮春與省內諸賢會講道岬寺到大明洞和吟 外21首

卷之二

上樑文: 大明洞祠堂上樑文 外1篇 / 銘: 約軒銘 訒齋銘 止一齋銘 持敬齋銘 母/室銘 復軒銘 / 箴: 主一齋箴 紙尺箴 讀書箴 / 記: 寒泉精舍實記 外4篇

卷之三

序: 尊攘新篇序 外4篇 / 跋: 敬題永曆大統曆後 外4篇 / 行狀: 先考三山府君家狀 再從叔仁山公(德鉉)行狀 刑曹參議金公(相勉)行狀 學生金公(鯨錫)行狀 次子鳳植行錄 次子鳳植正終言行 十二代祖月峯府君諡狀本草 / 墓誌銘: 槐蔭文公(思九)墓誌銘(幷序)

卷之四

傳: 孝子安公(世龍)傳 烈婦孺人李氏傳 金耕讀齋(日淳)傳 / 贊: 先師華西李先生畫像贊 四賢贊 / 祭文: 祭華西先生文 再祭華西先生文 祭鼓山先生文 再祭鼓山先生文 祭蘆沙奇先生文 祭重軒黃先生文 外9篇

卷之五

書: 上華西先生 上鼓山先生(3) 上蘆沙先生 上重菴(13)

卷之六

書: 上李黃溪璞 上李郎海烋(2) 與柳釋程重教(4) 與崔參判益鉉(與2答1) 與宋祭酒秉璿(2) 答鄭國彥在弼 與魏芳瑞榮馥 答金子元勳 與洪汝章大憲(與1答2) 答李服汝喜冕(5) 答李敬述孝植 答田子明愚(與2答1) 與洪思伯在龜(與1答2) 答柳聖存基一 答奇會一宇萬(3) 與宋燦五鍾雲 答朴應瑞在麟 與李致道秉龜 答族弟民受永澤 答宋致承鎭風(答1與1) 答金景三在珪 答崔德汝潤燦 答李進夏三遠 答金享善泰瑀 答丁采文炳序 答尹士奎柱璨 答金贊炯永煥 答玄士明在昇(2) 答朴子善熙元

卷之七

書: 答族弟台漢 答魏衡良(3) 答郭洪翊趙宗九 答魏琫植 答族弟漢文(3) 答金永根(3) 答吳成模 答崔根完(2) 答金世輔 答白永昇(答1與1) 答金世鉉 答黃明奎 與天台山講會諸生 寄長兒麟植

卷之八

書贈: 知止說書贈寒泉諸生 外8篇 / 雜著: 論天台講說 寒泉齋夜講略辨

寒泉齋約規 寒泉精舍學規 小學箚疑 處己常則 寶巖坊契約 山齋志喜

卷之九

雜著: 經理管見

卷之十

雜著: 三極圖說 形而上下圖辨說 朞圖解說 日月會朔圖辨說 土圭地中圖辨說 律呂相生圖辨說 卦變改正圖說 心統性情圖辨說 人物性同異圖辨說 費隱圖辨說 明德圖辨說 大學全圖後說 聖賢闢邪圖說 聖賢傳敬圖說

卷之十一

雜著: 一鑑問答

卷之十二

雜著: 山中燭話 心說集解上下 心者身之所主說 儒釋心學不同辨 衣制辨答 衣制辨說

卷之十三

雜著: 寅字說 闢邪說 通貨辨答 異端總辨 農政新書序條辨 警示賊徒文

7. 일신 정의림 日新 鄭義林

1) 생애

정의림(1845-1910)은 자는 계방(季方)이요 호는 일신(日新)이며 본관은 광산(光山)이다. 감사 정인진(鄭麟晉)의 후예로 화순군 능준 대덕(大德)에서 태어났다. 1869년 24세 때부터 노사의 문하에 들어가 사사하면서 학문이 일취월장(日就月將)하여 김석구(金錫龜)·정재규(鄭載圭)와 더불어 노사 의 3대 제자가 되었다. 이들 세 사람은 친형제처럼 우의가 돈독했고, 성리학에 대한 깊이 있는 토론을 하면서 서로 많은 영향을 미쳤다. 1876년 2월 일본 군함 7척이 강화도에 들어와 통상을 요구하고 2월에 한일수호조약이 체결되자 이를 통탄했으며, 1895년 을미사변이 일어나자 분개하여 이듬해에 정재규·기우만 등과 의병을 일으켜 위정척사(衛正斥邪)를 부르짖었다. 1905년 최익현을 도와 척왜(斥倭)와 시정(時政)을 극언하는 소장을 올리고 의병을 일으켰다. 그는 국가가 존망 위기에 처한 격변기에 민족의 지성으로서 민족의 동질성 회복을 위해 노력하다가 1910년 세상을 떠났다. 문집으로는 『일신재집(日新齋集)』 21권 12책을 남겼다.

헌종 을사(1845) 11월 갑자일(甲子日)에 화순 능주의 대덕리 집에서 태어난 정의림은 천품이 영리하고 인자하며 침착했다. 연보에 태어날 때 어머니 박씨의 꿈에 한 노인이 나타나 "나는 규성(奎星)이라는 별의 정령이다"라고 하였으므로 어려서 이름을 종규(鍾奎)라고 하였다는 기록이 있다. 5세(1849)에 이웃집 할아버지가 장난으로 "너는 고기를 먹었느냐"고 했더니 그는 "점심 끼니 뒤에 남은 고기를 할아버지께 가져다 드렸다"고 응수했다. 7세(1851)에 가난한 사람들을 데려다가 밥을 먹이기도 하였으며, 8세 때 밖에서 놀다가 소나기를 만났는데 달리지 않고 천천히 걸어서 집에 돌아갔다고 한다.

정의림이 공부를 시작한 것은 9살 때이다. 이때 그는 『효경』을 공부했는데 구절을 따라 해석하고 이해가 되면 곧 실천에 옮겼다 한다.

24세(1869)에 노사 기정진을 사상(沙上)으로 찾아가 본격적인 유학공부를 시작했는데 동문인 김석구·정재규와 친교를 맺었다. 특히 정재규와 친분이 깊었다.

45세(1885) 때 김석구의 전(傳)을 지었으며, 58세(1902) 때 스승인 기정진의 문집 간행에 참여하였다. 이때 경상도의 권봉희(權鳳熙)와 최동민(崔東敏)이 기정진의 「외필(猥筆)」과 「납량사의(納凉私議)」를 비판하였다. 이 소식을 듣고 정의림은 "그들이 비록 비판하더라도 어찌 해와 달같이 빛나는 노사의 지혜를 손상하겠는가. 위로 선현을 팔고 후배를 현혹시키는 폐해가 많으니 변론하여 배척하지 않을 수 없다"고 하였다.

60세(1905) 때 을사조약이 체결되었다는 소식을 듣고 울분에 찬 소장을 작성하였다. 그는 서두에서 "섬나라 오랑캐는 물리쳐야지 화친해서는 안 되며, 나라의 도적은 죽여야 한다"고 강력한 의지를 천명하였으며, 중간에 "임금은 종묘와 사직을 위해 죽을 각오로 군왕 된 마음을 굳게 지켜야 한다" 하여 국가 존망의 위기에 대응하는 군왕의 자세를 피력하였다. 그리고 끝에서는 죽음으로 맞서겠다는 결연한 의지를 "죽을 수밖에 없다"는 말로 표명했다. 그러나 이때 조정에서 유림들의 상소를 받지 않는다 하였으므로 불살라 버렸다.

65세(1909) 때 제자들이 스승의 유상(遺像)을 남기기 위하여 사진을 몰래 찍었다. 뒤늦게 이것을 안 정의림은 그 사진 위에다 "이 모습도 싫고 이 삶도 측은하다. 좀이나 고기 곁에 두는 것이 좋겠다"고 썼다.

66세(1910)되던 해 10월 10일에 가천(佳川)의 집에서 그는 임종에 즈음하여 깨끗한 옷으로 갈아입고 관을 쓰고 바르게 누워 숨을 거두었다.

그의 문인으로는 박준기(朴準基)·홍승환(洪承渙)·황철원(黃澈源) 등 약 90명을 배출했다. 유적으로는 화순의 칠송사(七松祠)·삼산사(三山祠)·용산사(龍山祠)와 담양의 금곡사(金谷祠)가 있는데, 이곳은 사후에 그의 문인들이 정의림의 학덕과 절의를 추모하여 제향을 드리는 곳이다.

2) 사상

정의림의 사상을 한 눈에 살펴볼 수 있는 자료로는 잡저(雜著)에 「변전우소저노사선생납량사의기의(辨田愚所著蘆沙先生納凉私議記疑)」[32]와 「변전우소저노사선생외필변(辨田愚所著蘆沙先生猥筆辨)」이 있다. 이 글은 전우가 스승 노사의 「납량사의」와 「외필」을 비판하자 스승의 학설을 옹호·변론하기 위해 쓴 것이다. 이외에도 「통고영남열읍장보문(通告嶺南列邑章甫文)」, 「통고호남열읍장보문(通告湖南列邑章甫文)」, 「답통장성회소문(答通長城會所文)」 등은 주목할 만한 저술이다.

정의림이 「납량사의」와 「외필」 비판에 대하여 옹호적 반론을 쓴 것은 두 차례 있었다. 첫째는 경상도의 권봉희(權鳳熙)와 최동민(崔東敏)이 노사의 「외필」과 「납량사의」를 비판한데 대한 반론이고, 둘째는 간재(艮齋)의 노사 학설 비판에 대해 세세하게 분석하여 반론을 제기한 것이다.

먼저 권봉희(權鳳熙)와 최동민(崔東敏)이 노사의 「외필」과 「납량사의」를 비판한 데 대해 반박했다. 그 요지는 다음과 같다.

노사선생이 율곡선생을 존경했다는 것은 문집의 여러 군데에 나타난다. 그러면서도 "음양동정(陰陽動靜)은 기틀이 스스로 그러한 것이요[機自爾] 따로 시키는 자가 있는 것이 아니다[非有使之]"는 율곡의 말을 그대로 받아들이지 않았다. 왜냐하면 율곡은 항상 유행의 측면에서 활간(活看)하고자 했는데 세속의 유자들이 이 한 구절만 원용하여 비판했기 때문이다.

> 사마온공(司馬溫公)은 맹자를 의심하였으나 그 아들은 경연에서 맹자를 강의하였으며, 유원성과 그 문인들은 그를 매우 좋아 하였다. 장남헌(張南軒)은

---

32 「납량사의기의」는 노사의 「납량사의」에 대한 비판을 담은 전우의 「납량사의기의의목(納凉私議記疑目)」을 가리킨다. 이 글은 정의림이 전우의 글에 대한 반론으로 쓴 것으로 『일신재집(日新齋集)』 권11에 실려 있다. 그 체제는 「납량사의」 및 「납량사의의목」의 내용을 먼저 인용하고, 그 다음에 자신의 비판적 견해를 기록하고 있다. 인용된 「납량사의」의 내용은 『노사집』 권16, 한국문집총간 vol.310, 360-369쪽 참조. 「납량사의의목」은 『간재사고』 권29, 「잡저」, 12전면-18후면 참조.

호오봉(胡五峰)을 비판했고, 황면재(黃勉齋)는 주자를 비판했으며, 주자는 또 말하기를 '주렴계(周濂溪)의 설은 노자의 학설과 같고, 정이천(程伊川)의 설도 노자의 학설과 비슷한 데가 있다'고 하였다. 그렇다면 그들이 전현(前賢)의 이론을 훼손하기 위해 그렇게 하였겠는가. 아니다. 후현(後賢)이 전현의 실수한 곳을 잘 살펴서 비판해 밝히는 것은 전현을 존경하는 방법인데 저들이 그러한 도리를 알리가 있는가.

즉 그는 노사가 「외필」과 「납량사의」에서 율곡의 설에 비판적으로 접근한 것은 전현(前賢)을 비판하기 위한 것이 아니라 오히려 율곡의 실수를 보완하기 위한 것이라고 반박했다.

다른 한편 그는 간재가 「외필」을 비판한데 대하여 노사의 입장을 옹호하면서 간재의 논지를 비판하였다.

음양의 움직임과 고요함을 곧바로 조작과 작용으로 치환하여 보는 것이 가능한가? 움직임과 고요함은 음양이라는 두 기의 양능(良能)이다. 주돈이의 이른바 '움직이면서도 움직임이 없는 것',[33] 주자의 이른바 '고요한 가운데 움직임이 있고, 움직임 가운데 고요함이 있는 것',[34] 이러한 곳에서의 움직임과 고요함이라는 글자는 모두 이치로서 말한 것이 아니겠는가. 리란 형체가 없는 것인데 어떻게 조작이 있을 수 있겠는가. 그러나 이치가 이러하면 기 또한 이러하고, 이치가 저러하면 기 또한 저러하다. 기의 움직임과 고요함, 운행, 형체와 흔적 등은 모두 리가 만든 것이다. 이것이 바로 무위(無爲)의 위(爲)이며, 불사(不使)의 사(使)이다.

정의림은 움직임과 고요함은 기(氣)의 움직임과 고요함이 아니라 리의 고요함과 움직임이라고 한다. 다만 이 리의 움직임과 고요함은 조작이나 작용으로 표현할 수 없기 때문에 '무위의 위(爲)' 또는 '불사(不使)의 사(使)'라고

---

33 『주돈이집』 권16, 「동정」. 움직이면서도 움직이지 않고 고요하면서도 고요하지 않는 것이 신이다.(動而無動, 靜而無靜, 神也.)

34 『주자어류』 권94, 「동정」 편에 주된 논의가 있다. 그러나 여기뿐만 아니라 『어류』 권96, 『어류』 권120, 『대전』 권44, 권56 등에도 비슷한 개념이 나온다.

한다는 것이다.

정의림은 노사의 관점에 따라 움직임과 고요함은 어디까지나 리라는 점을 강조하면서 간재의 노사설 비판에 대하여 반론을 펼친다.

> 요즘 사람들은 리를 지나치게 추론하여 작용이라 하고, '시키는 것이 있지 않다'고 한다. 요즘 세상에서는 기를 지나치게 중시하여 제멋대로 하기에 이르러 '그것을 부리는 것이 실제로 있다'고 한다. 그렇지만 율곡의 글과 노사의 글은 모두 때에 따라서 리를 설명한 것이다. 모르긴 하지만, 오늘날 본지를 혼동한 상태에서 자기 말만 고집하면서 바꾸려고 하지 않는 이들 역시 그 마음은 모두 리를 밝히려는 것 아니겠는가? '사람이 도를 넓히고', '마음이 본성을 검속한다' 하였으니, 이 마음[心]이라는 글자는 신명(神明)의 주재(主宰)를 이르는 것이다. 사람의 신명은 진실로 리와 기가 합해져 있는 것이다. 그러나 그 근본과 핵심은 리에 있으니, 이른바 신명의 주재가 어떻게 기(氣) 한 글자로 이해될 수 있겠는가? 오늘날 마음을 전적으로 기기(氣機)로 치환하여 봄으로써 기가 리를 제어할 수 있다는 학설을 논증하려 하니, 성인의 말을 모독함이 참으로 크다. 사람이 도를 넓힌다는 것은 사람의 몸에서 설명한 것이고, 그 기틀이 스스로 그러하다는 것은 조화의 측면에서 설명한 것이다. 오늘날 '사람이 도를 넓힌다'는 말을 '그 기틀이 스스로 그러하다'는 말과 대비시켜 '기틀이 능히 도를 넓힌다'고 하고, '도가 사람을 넓히는 것이 아니다'는 말을 '그것을 부리는 것이 있는 것이 아니다'는 말과 대비시켜 '도가 기를 부리는 것이 아니다'고 하니, 과연 말이 되는가?

간재는 기의 작용을 밝히는 근거로 '사람이 도를 넓힌다'와 '도가 사람을 넓히는 게 아니다'를 예로 들고 있다. 이에 대해 정의림은 간재의 예증이 실제로 '사람이 도를 넓힌다'를 '기자이(機自爾)'로 대치하여 '기틀이 능히 도를 넓힌다[機能弘道]'라 하고, '도가 사람을 넓히는 것이 아니다'를 '그것을 부리는 것이 있는 것이 아니다[非有使之]'로 대치하여 '도가 기를 부리는 것이 아니다[非道使氣]'라고 말한 것이 된다고 주장했다. 이에 따르면 간재의 주장은 부적합한 예를 들어서 기의 작용성을 설명한 것이다.

정의림은 또 「변전우소저노사선생납량사의기의(辨田愚所著蘆沙先生納凉

私議記疑)」에서 간재의 노사설 비판에 대하여 논변한다. 간재는 "나뉨[分]이란 몸의 귀·눈·손·발과 같고, 치우침[偏]이란 귀 하나로만 듣고 몸의 절반이나 치우치게 이루는 것과 같은 것이다. 나뉨이란 하나[一] 가운데 본래부터 있는 리이며, 치우침은 온전한 본성에 대한 기에서의 대칭이니, 이 둘을 하나로 간주하여 설명해서는 안 될 듯하다"고 주장했다. 이에 대해 정의림은 나뉨과 치우침은 다 같이 리(理)라고 반박한다.

> 리에 나뉨이 있기 때문에 사물에 치우침[偏]과 온전함[全]이 있다. 리에 나뉨이 없다면 어떻게 사물에 치우침과 온전함이 있겠는가? 이제 '나뉨이란 몸의 귀·눈·손·발과 같은 것이며, 하나 가운데 본래 있는 것'이라고 말하는데, 이것으로 설명해 보자. 귀·눈·손·발 등을 합하여 온갖 것을 다 갖추고 있는 것은 몸의 통체(統體)이고, 사람과 짐승·초목, 온갖 사물의 모든 형상을 합친 것은 천지의 통체이다. 몸의 통체의 리는 생겨나기 본래 있는 것임을 알면서, 천지 통체의 리는 형상을 갖추기 전부터 본래 있는 것임을 알지 못하겠는가? 사람의 귀·눈·손·발이 본래 있는 것임을 안다면, 동물의 날개·털·뿔과 발굽, 초목의 가지와 잎·꽃과 열매도 또한 본래 있는 것이 아니라고 말할 수 없다. 그렇다면 사람과 사물의 치우침과 온전함이 있는 것은 천명의 본연이 아니겠는가? 만약 나뉨과 치우침·온전함이 하나로 꿰어진 것이 아니라면, 주자는 어찌하여 '하늘이 덮어주고 땅이 실어주어 생성함에 있어서의 치우침'[35]이라 하고, 또 어째서 '사람과 사물이 생겨날 때, 그 형체를 치우치거나 혹은 올곧게 부여하니, 참으로 마땅히 같지 않다'[36]고 했겠는가? 한 개임의 치우침과 같은 경우는 기(氣)가 그 평정을 잃어 아직 완성되지 못한 경우이다. 어떻게 이런 사례를 인용하여 설명하려 하는가?

정의림의 분명한 논지는 이기(理氣)의 치우침과 온전함의 문제를 논하는데 있어 간재가 나뉨을 하나[一]와 짝지어 말한 것은 옳으나 나뉨과 치우침·

35 하늘이…치우침: 「중용장구」 『주자전서』vol.6, 38쪽. "愚謂人所憾於天地 如覆載生成之偏 及寒暑災祥之不得其正者"

36 사람과…않다: 「성리1」, 『주자어류』(권4), vol.1, 56쪽. "人物之性 其賦形偏正 固自合下不同"

온전함을 대립적으로 설명한 것은 잘못이라는 것이다. 이러한 정의림의 주장은 나뉨과 치우침·온전함을 일관된 논리로 파악한 데서 기인한다.

3) 원문번역

전우는 노사의 「외필」을 읽고 1902년에 「외필변」을 써서 노사의 「외필」을 조목조목 비판하였다. 이에 대하여 정의림은 간재의 「외필변」을 8조목으로 나누어 반박하였다. 그의 논지는 노사의 관점을 강력하게 견지(堅持)하여 리는 스스로 움직이고 고요하다는 설을 중심으로 한 것이다. 여기서는 간재의 「외필」 비판과 이에 대한 정의림의 반론을 요점만을 간추려 살펴보기로 한다.

「변전우소저노사선생외필변(辨田愚所著蘆沙先生猥筆辨)」

간재의 외필 비판: 율곡은 일찍이 '음양의 움직임과 고요함은 기틀이 스스로 그러한 것이지, 그것을 시키는 것이 있는 게 아니다'고 했다. 이에 대하여 노사(蘆沙)가 「외필(猥筆)」에서 비판한 것은 옳지 않다. 그 요점을 간추려보면 다음과 같다.

(1) 주자(朱子)는 '리는 조작(造作)이 없다'고 말했는데, 움직임과 고유함은 조작이다. 그래서 '기틀이 스스로 그러하다'고 말한 것이다. 주자는 또 '조금이라도 작용이 있으면 형이하자(形而下者)이다'라고 말했다. 고요하고 움직이는 것은 작용이다. 그래서 '기틀이 스스로 그러하다'고 말했다.

(2) 공자(孔子)는 '하늘이 만물을 생육하면서, 심은 것은 북돋워주고 기운 것은 엎어버린다'[37]고 분명히 말했다. 그런데 주자는 도리어 '어떤 것이 있어서 그렇게 시키는 것이 아니다. 그러나 만물이 스스로 자라나다가 장래에 사라지는 것은 마치 어떤 것이 있어 그것을 부양하는 것 같고, 그것이

---

37 『중용』 제17장.

쇠퇴할 때는 스스로 사라져 가는 것이 마치 어떤 것이 있어 무너뜨리는 것 같다. 그렇지만 이는 리가 스스로 이와 같은 것'[38]이라고 했다.

(3) 맹자(孟子)는 '하늘이 만물을 낳을 때, 근본을 하나로 하였다'[39]고 분명히 말했다. 그런데 주자는 도리어 '이는 자연의 이치이니, 마치 하늘이 그렇게 시킨 것과 같은 것이다'[40]고 했다.

(4) 이윤(伊尹)은 '하늘이 백성을 낳을 때, 먼저 안 사람으로 하여금 늦게 아는 사람을 깨우치게 하였다'고 분명히 말했다. 주자는 드리어 '천리의 당연함이 마치 그렇게 시킨 것과 같다'[41]고 하였다. 무엇 때문인가. 사람들이 '사지(使之)의 사(使)'자를 작용(作用)의 의미로 잘못 인식할 까 염려해서였다. 그래서 주자는 따로 아래에 '약(若)'자와 '흡사(恰似)'자, '어떤 것이 그렇게 하도록 시키는 것이 있는 것이 아니다'라는 구절을 넣어 작용의 사(使)자가 아님을 나타냈다. 그러므로 '그렇게 시키는 것이 있는 게 아니다'고 했으니, 율곡이 어찌 아무런 근거 없이 멋대로 말했겠는가?

(5) 『논어』에 '사람이 도를 넓힐 수 있다'는 것은 '기틀이 스스로 그러한 것이요', '도가 사람을 넓히는 것은 아니다'는 것은 '그렇게 시키는 것이 있는 게 아니다'는 것이다. 대개 인심(人心)에 지각(知覺)이 있는 것은 음양이 움직이고 고요한 기틀이며, 도체(道體)가 무위(無爲)함은 태극의 자연스런 신묘함이다. 주자는 『논어집주(論語集註)』에 장횡거(張橫渠)의 말을 인용하였는데,[42] '본성이 마음을 검속할 줄 모르는 것'을 천명이 이미 그친 것으로 여기고, '마음이 본성을 다할 수 있는 것'을 천명 밖에 또 하나의 본령으로 간주하여 멋대로 지껄이는 후대의 현자를 본적이 없다. 만약 리가 기를 주재하고, 성이 마음의 근본임을 논한다면, 율곡은 일찍이 '기가 하는 것에는 반드시

38 『주자어류』 권63, 「중용」.

39 『맹자』 「등문공」상.

40 『맹자집주』 「등문공」상.

41 『맹자』 「만장」상.

42 『논어집주』 「위령공」. 장자가 말했다. "마음이 성을 다할 수 있으나, 이것은 사람이 도를 크게 하는 것이요, 성은 마음을 검속할 줄 모르니, 이것은 도가 사람을 크게 함이 아닌 것이다.(張子曰, 心能盡性, 人能弘道也. 性不知檢其心, 非道弘人也)

리가 주재하고 있다'고 말했고, 또 '아무 것도 하지 않으면서 유위(有爲)를 주재하는 것은 리이다'하였으며, 또 '누가 그 기(氣)를 주재하는가? 아! 태극(太極)이로다'고 하였으니, 이런 예는 한둘이 아니지만 이정도로 충분하다. 사람이 여기에 나타난 것을 통견하고, 비록 '그 기틀이 스스로 그러하다'고 하지만, 그것이 스스로 그러한 까닭은 이 리 때문이며, 비록 '그렇게 시키는 것이 있지 않다'고 하지만 그렇게 시키지 않는 시킴[不使之使] 또한 여전히 이 리이다. 어찌 위연(魏延)과 양의(楊儀)가 조정에서 서로 다투는 것과 같은 변고가 있겠는가?

간재의 외필 비판에 대한 정의림의 반비판: 움직임과 고요함을 곧바로 조작과 작용으로 치환하여 보는 것이 가능한가? 움직임과 고요함은 음양이라는 두 기(氣)의 양능(良能)이다. 어찌 조작이나 작용이 기력(氣力)을 범하여 배치(排置: 벌려 놓음)하려는 노력을 들이는 것과 비교가 되겠는가? 주돈이의 이른바 '움직이면서도 움직임이 없는 것',[43] 주자의 이른바 '고요한 가운데 움직임이 있고, 움직임 가운데 고요함이 있는 것',[44] 이러한 곳에서의 움직임과 고요함이라는 글자는 모두 이치로서 말한 것이 아니겠는가. 리란 형체가 없는 것인데 어떻게 조작이 있을 수 있겠는가. 그러나 이치가 이러하면 기 또한 이러하고, 이치가 저러하면 기 또한 저러하다. 기의 움직임과 고요함, 운행, 형체와 흔적 등은 모두 리가 만든 것이다. 이것이 바로 무위(無爲)의 위(爲)이며, 불사(不使)의 사(使)이다. 요즘 사람들은 리를 지나치게 추론하여 작용이라 하고, '시키는 것이 있지 않다'고 한다. 요즘 세상에서는 기를 지나치게 중시하여 제멋대로 하기에 이르러 '그것을 부리는 것이 실제로 있다'고 한다. 그렇지만 율곡의 글과 노사의 글은 모두 때에 따라서 리를 설명한 것이기 때문이다. 모르긴 하지만, 오늘날 본지를 혼동한 상태에서 자기

---

43 『주돈이집』 권16, 「동정」. 움직이면서도 움직이지 않고 고요하면서도 고요하지 않는 것이 신이다.(動而無動, 靜而無靜, 神也.)

44 『주자어류』 권94, 「동정」 편에 주된 논의가 있다. 그러나 여기뿐만 아니라 『어류』 권96, 『어류』 권120, 『대전』 권44, 권56 등에도 비슷한 개념이 나온다.

말만 고집하면서 바꾸려고 하지 않는 이들 역시 그 마음은 모두 리를 밝히려는 것 아니겠는가? '사람이 도를 넓히고', '마음이 본성을 검속한다'는 이 마음[心]이라는 글자는 신명(神明)의 주재(宰)를 이르는 것이다. 사람의 신명은 리와 기가 합해져서 있는 것이 사실이다. 그러나 그 근본은 리에 있고, 그 핵심은 리에 있으니, 이른바 신명의 주재가 어떻게 기(氣)라는 한 글자로 이해될 수 있겠는가? 오늘날 마음(心)을 전적으로 기기(氣機)로 치환하여 봄으로써 기가 리를 능히 제어한다는 학설을 논증하려 하니, 성인의 말을 모독함이 참으로 크다. 사람이 도를 넓힌다는 것은 사람의 몸에서 설명한 것이고, 그 기틀이 스스로 그러하다는 것은 조화의 측면에서 설명한 것이다. 오늘날 '사람이 도를 넓힌다'는 말을 '그 기틀이 스스로 그러하다'는 말과 대비시켜 '기틀이 능히 도를 넓힌다'고 하고, '도가 사람을 넓히는 게 아니다'는 말을 '그것을 부리는 것이 있는 게 아니다'는 말과 대비시켜 '도가 기를 부리는 게 아니다'고 하니, 과연 말이 되는가?

4) 日新齋集 目錄

卷之一
詩: 觀佛庵拜蘆沙奇先生 外200首
卷之二
書: 上蘆沙先生(6) 外32篇
卷之三
書: 與金景範錫龜 外58篇
卷之四
書: 與鄭周允冕圭(2) 外66篇
卷之五
書: 答文啓元頌圭(3) 外74篇
卷之六
書: 與梁處中會洛(11) 外35篇

卷之七

書: 答權君五載奎 外55篇

卷之八

書: 答黃景涵澈源(18) 外8篇

卷之九

書: 答鄭景晦在赫 外58篇

卷之十

書: 答任字卿泰柱(4) 外75篇

卷之十一

雜著: 辨田愚所著蘆沙先生納凉私議記疑 辨田愚所著蘆沙先生猥筆辨

卷之十二

雜著: 書示諸同志 外51篇

卷之十三

雜著: 節酌辨誣文 外31篇/序: 咬菜窩遺稿序 外33篇

卷之十四

記: 詠歸亭記 外72篇

卷之十五

跋: 蘆沙先生答問類編跋 外13篇/銘: 養性堂銘 外13篇/辭: 家兒字辭/贊: 老稼亭先生曺公贊(竝序) 眞像自贊(先生時年六十五) 枕漱亭贊(竝序)/上樑文: 密陽朴氏永慕齋上樑文 外2篇/祝文: 詠歸亭開基祝文 外2篇

卷之十六

祭文: 祭蘆沙先生文 外39篇/碑:嘉善大夫禮曹參判金公施義追慕不忘碑 墓碣銘: 忠義衛蓮汀李公墓碣銘 外10篇

卷之十七

墓誌銘: 左承旨尙德齋先生崔公墓誌銘 外34/墓表: 正憲大夫大護軍晩隱白公墓表 外11篇

卷之十八

行狀: 祖考通政大夫府君行狀 伯父副護軍府君行狀 先考副護軍府君行狀

先孺人朴氏行狀 白波金上舍行狀 思齋先生文公行狀 竹窩洪公行狀 農隱吳公行狀 訓鍊院奉事農隱閔公行狀 樂清軒處士魏公行狀 吏曹正郎竹林黃公行狀 鳳南軒洪公行狀 芝南處士李公行狀 竹溪洪公行狀 德林齋安公行狀 忍齋奇公行狀 淑夫人具氏行狀 松庵吳公行狀 贈嘉善大夫戶曹參判黙溪朴公行狀 竹窩處士文公行狀 贈嘉善大夫吏曹參判晩悔堂尹公行狀 通政大夫行綾州郡守孫公行狀 醉湖處士李公行狀 華庵處士李公行狀 懷愼齋李公行狀

卷之十九

行狀: 聾庵洪公行狀 梧溪文公行狀 愚忍堂朴公行狀 松下處士安公行狀 龍庵處士金公行狀 黙養齋梁公行狀 澗齋處士李公行狀 孺人光山李氏行狀 竹溪曺公行狀 晩翠軒鄭公行狀 箕隱鄭公行狀 孺人咸陽朴氏行狀 學生文公行狀 敬軒李君行狀 通訓大夫漆原縣監退隱安公行狀/傳: 贈通政大夫兵曹參議兼經筵參贊官月軒曺公傳 河東鄭氏十忠傳 大谷處士金公景範傳 敬黙齋文公傳 翠谷曺公傳 同敦寧瀛軒曺公傳 烈婦梁氏傳 孺人朴氏傳 好德齋文公傳 金孝子傳 烈婦薛氏傳 朴都正昌鉉傳

卷之二十 遺事: 贈兵曹參判行釜山僉使吳公遺事 外28篇

卷之二十一 遺事: 梧月堂李公遺事 外20篇

8. 송사 기우만 松沙 奇宇萬

1) 생애

기우만(1846-1916)은 자는 회일(會一), 호는 송사(松沙)이며, 노사 기정진의 손자이다. 헌종 12년(1846) 8월 17일에 장성부 탁곡현(卓谷縣)에서 행주 기씨 기만연(奇晩衍)의 아들로 태어났다. 그의 어머니 이씨는 죽순이 방 가운데서 자라 지붕을 뚫고 하늘 높이 자란 것을 꿈에 보고 그를 임신했다 한다. 태어나면서부터 용모가 빼어나 조부인 기정진이 매우 기특하게 생각했다.

그가 어릴 적에 독서한 순서에 대하여, 그의 연보에서는 다음과 같이 기록하고 있다. 5세에 글을 지을 줄 알았고, 8세에 고문을 읽었으며, 10세에는 『사자서(四子書)』를 읽었고, 13세에 『자치통감』과 『주자강목』을 보았고, 14세는 『심경(心經)』을 읽었고, 16세에는 『역』, 『예기』, 『춘추』 등을 읽었다.

기우만의 17세 이후의 행적을 그의 행장과 연보에 따라 간략히 기술하면 다음과 같다.

17세(1862)에 하사리(下沙里)로 이사하고, 삭녕(朔寧) 최씨를 부인으로 맞이했으며, 25세(1870)에 사마시(司馬試)에 합격하고, 그 해 여름에 『주역』을 강의했다. 26세(1871) 봄에 사서(四書)를 다시 정독했다.

31세(1876)에 아버지 기만연이 세상을 떠났고, 34세(1879) 1월에 김석구·정재규·정의림과 더불어 「납량사의」와 「외필」을 강론했다. 이 해에 기정진이 세상을 떠났다. 36세(1881)에 노사의 문집을 편집했고, 이 해에 김평묵과 함께 유생을 이끌고 정부의 행정개혁을 요구하는 만인소(萬人疏)를 올렸다. 37세(1882) 8월, 김병학이 '경명행수(經明行修)'한 인물로 조정에 천거하여 익릉참봉(翼陵參奉)에 제수되었으나 나아가지 않았다. 38세(1883) 11월에 나주의 초지(草枝)로 이사했으며 노사의 문집을 간행했다. 39세(1884) 7월, 조정이 외교를 개통하면서 의제(衣制)를 바꾸는 조령을 내려, 간편함을 추구하여 늘어진 소매 옷을 금하였다. 온 나라가 바람에 휩쓸리듯 이에 따랐으나. 그는

"임금의 명령이라도 따르지 않을 것이 있다"하고 끝내 새로 만들어진 옷을 입지 않았다. 12월에는 화서(華西) 이항로(李恒老)의 제자인 김평묵(金平默)이 내방하여 담소하였다.

41세(1886) 7월에 어머니 이씨가 별세하였고, 43세(1888) 때 「구유설(狗乳說)」을 지었다. 45세(1890)에 정재규와 함께 노사의 『답문유편(答問類編)』을 완성하여 간행했다.

그는 조부인 노사의 사상을 가학으로 이어받아 국세가 기울어져 가는 조선왕조 말기의 다난한 현실에 대처하여 위정척사(衛正斥邪)의 의리를 옹골차게 실천하였다. 49세(1894) 되던 해에 동학란이 일어나자, 그는 향회(鄕會)를 열어 기양연(奇陽衍)·기량연(奇亮衍)·김진우(金鎭祐) 등과 더불어 비적[동학도]을 소탕하는 일을 논하고, 왕의 군사에게 먹일 소고기와 양식을 선봉소(先鋒所)에 전달했다.

50세(1895) 때 을미사변이 일어나고 뒤이어 단발령이 내려지자, 12월에 친일파를 몰아내고 단발령을 철회하여 옛 제도를 회복하라는 내용의 상소를 올렸다. 그는 국모를 시해한 원수에 대하여 와신상담(臥薪嘗膽)하고, 임금이 굴욕을 당했으니 신하로써 목숨을 바쳐야 할 때임을 역설하여 모두 함께 궐기할 것을 호소하였다. 또 상소문에서는 원수의 역적을 성토할 것, 단발령을 철회할 것, 정치행정의 제도를 복구할 것을 주장하고, 개화하는 것은 난신적자(亂臣賊子)요, 임금을 속이고 나라를 그르치는 간사한 계략이라고 규탄하였다. 이듬해(1896)에 아관파천(俄館播遷)이 일어나자 2월·3월·5월 세 번에 걸쳐 연거푸 상소를 올렸다. 이 때 그는 장성향교에 호남의회(湖南議會)를 설치하고 포고문과 격문을 여러 고을에 보내 의병을 일으켜 호남의병장에 추대되었다. 그는 장성·나주·광산지역에 의병을 모집하여 군제를 정비하였다. 그러나 그의 완강한 의거는 선유사(宣諭使) 신기선(申箕善)의 회유와 고종의 밀지에 의해 좌절되고 말았다. 밀지의 요지는 지금 적신(賊臣)들이 권력을 장악하고 있기 때문에 임금의 뜻을 펼 수 없고 도리어 집권자들에게 임금을 협박할 구실을 만들어 주어 임금에게 재앙을 미치게 할 위험이 있다는 것이었다. 그는 의분과 통곡을 금치 못하면서 의병을 해산했다. 의병을 해산한 뒤 생사를 걸고 대궐에 나아가 왕명을 받들려 하였으나 그것도 뜻대로 되지 않자, 9월에 나라의 이런 지경에 놓인 터에 집에 머물러 처자의 봉양을 받을 수 없다며, 삼성산(三聖山)으로 들어가 삼산재(三山齋)를 짓고 후학의 강학에 힘썼다. 이것은 스스로 다하지 못한 우구충정(憂國衷情)의 기개를 제자들에게 고취시키기 위한 것이었다.

55세(1900) 때 신기선(申箕善)의 추천으로 중추원의관(中樞院議官)에 제수되었으나 나가지 않았다. 57세(1902) 때 영남사람 최동민과 권봉희 등이 노사가 「외필」가운데서 후기의 주기론자(主氣論者)를 배척한 대목을 가지고 율곡을 배척했다 하여 통문을 돌려 기정진의 장판각을 훼손하자고 성토했다. 이 때 기우만은 "슬프다 세상이 변했구나. 나는 같이 논쟁하지 않으리라. 마땅히 도(道)가 쭈그러지면 더불어 쭈그러지고, 도가 펴지면 더불어 펼 것이다. 하늘에는 정해진 법칙이 있는데 어찌 그 날이 없겠는가?"라고 했다. 저들은 사방에서 노사를 성토하기를 권하고 태학에까지 통문을 보냈으나 자기들의 뜻을 이루지 못하고 그만두었다.

60세(1905) 1월 관찰사 이도재(李道宰)가 향약을 설치하여 선생을 도약정(道約正)에 임명했으나 사양하였다. 이 해 을사조약이 체결되자 상소를 올려 나라를 판 오적(五賊)을 죽이고 군민(君民)이 단결해 싸울 것을 주장하였다. 그가 강습소를 헐어버린 것도 이 때이다.

이 때 최익현과 정재규는 노성(魯城)의 궐리사(闕里祠)에서 회합을 갖고 거의할 계책을 세웠다. 아울러 정재규는 기우만에게 동참할 것을 종용하는 편지를 썼다. 기우만은 "두 사람의 뜻은 사람들로 하여금 용기를 백배 불러일으킨다. 영남 인사[정재규를 가리킴]가 서로 힘을 합하자 하니 국가의 원기가 과연 영남에 있는 것 같구나. 우리지방은 조용한 걸 보니 부끄럽기 짝이 없다. 내가 비록 병약하고 나태하다고 하더라도 어찌 집안에 누워있기만 하겠는가?"라고 답장했다. 이윽고 남원과 곡성의 여러 유림들에게 편지를 띄워 회합에 참석할 것을 권고했다. 그리고 제자인 정시해(鄭時海)를 보내어 회합에 참석하게 했으나 회합이 결렬되었다.

이듬해 61세(1906) 때에 곡성 도동사(道東祠)에서 정재규·최익현 등과 함께 거의(擧義)할 것을 결심하고 동지를 모으기 위해 호남의 여러 읍에 고유문(告諭文)을 돌리려 하였으나 뜻을 이루지 못했다. 이어서 중국으로 가려고 서해안까지 갔었으나 여의치 않아 되돌아왔다가 얼마 후인 10월 16일 영광 경무서로 소환되었다. 다음 날인 17일에 당당하게 경무서로 들어갔다. 일본 경찰이 선생더러 뜰아래 서서 심문을 받으라고 하자 선생은 큰소리로 그를 질책하면서 곧장 당으로 올라가 신도 벗지 않고 기둥에 기대어 발을 쭉 뻗고 앉았다. 그리고 일본 경찰이 심문할 적에, 그는 "우리나라는 너희 나라와 300년의 원수이다. 임진왜란·정유재란은 말할 것도 없고 을미사변도 너희들이 한 짓이다. 조선 백성으로서 어느 누가 너희들의 살을 씹어 먹고 너희들의 가죽으로 이부자리를 하고 싶지 않겠는가? … 백락구가 창의한 것은 내 마음을 알아차린 것이다. … 사람은 비록 죽더라도 의리는 죽지 않으며, 나라는 비록 망하더라도 의리는 망하지 않는 것이다. … 무릇 의리가 같으면 마음이 같은 것이고, 마음이 같으면 지시하지 않더라도 같은 마음이다"고 했다. 그는 그 다음날 일본경찰의 심문에서 "언어가 통하지 않으니 글로써 대신함이 어떠냐?"고 하였다. 일본 경찰이 주는 종이와 붓을 받아 다음과 같이 말했다. 이를 요약하면, "수중에는 비록 무기가 없지만 가슴 속에는 만 명의 병사가 있다. 강물 소리를 들으면 갑옷을 입고 일본을 치러갈 것을 생각한다. 산에 나무를 보면 군사들처럼 오랑캐를 내쫓을 것을 생각하게 된다." 그는 이듬해(1907) 3월에 영광 경무서에서 광주 경무서로 압송되고 다시 목포 경무서를 거쳐 경성감옥에 이감되었다가 4월 20일에 석방되었다.

64세(1909) 때 「호남의사열전(湖南義士烈傳)」을 지었으며, 2년 뒤 일본 놈이 주는 은사금을 받지 않기 위해 남원 사촌(沙村)으로 이사했다. 68세(1913) 때 부인 최씨가 세상을 떠났고, 71세가 되던 해(1916) 10월 28일에 생을 마감하였다.

1927년 조부 기정진의 사당인 장성 남면 고산서원(高山書院)에 배향되었으며, 능주 초방리의 고강영당(高岡影堂)과 무안의 평산사(平山祠), 순창의 무양사(武陽祠), 곡성의 무산사(武山祠), 장성의 서림사(書林祠) 등에서 제향하고 있다.

문집으로는 『송사집(松沙集)』 53권 27책을 남겼는데, 「을미소(乙未疏)」, 「병신소(丙申疏)1,2,3」, 「을사소(乙巳疏)」, 「윤고열읍문(輪告列邑文)」, 「격문(檄文)」 등은 노사 성리학의 중심사상과 의리론을 이어받아 위정척사의 투쟁으로 승화한 내용이 들어 있다. 그는 1895년에 나주 동학토평비(금성토평비)를 세울 때도 비문을 지었다. 문인으로는 공학원(孔學源)·조덕승(曺德承)·양회갑(梁會甲)·이광수(李光秀)·조장섭(趙章燮)·백홍인(白弘寅)·여창현(呂昌鉉)·백형돈(白亨敦) 등 약 1,238명을 배출했다.

2) 사상

기우만은 스승이자 조부인 기정진의 성리학과 의리사상을 충실하게 계승하고 있다. 이제 노사 성리학의 중심사상을 고려하면서 그의 사상적 면모와 의리정신, 실천정신을 살펴보기로 한다.

(1) 성리학

기우만의 사상은 기정진의 사상을 근간으로 하고 있다. 그는 성리설에 관해서는 더 이상 논의할 필요를 느끼지 않을 만큼 노사를 따르는 것으로 자족하였던 것으로 보인다. 기정진은 정이천(程伊川)과 주자의 학문으로 표준을 삼았고, 기정진은 태극(太極)을 사지연지묘(使之然之妙)로, 음양(陰陽)을 스스로 동정하지는 않는 것으로, 사단(四端)과 칠정(七情)의 발현을 모두 리의 발현[理發]으로 파악하였으며, 중화(中和)의 본체와 작용을 일원(一原)의 관점에서 인식했다. 또한 명덕(明德)을 하늘에서 얻은 것으로, 리의 치우침과 온전함[偏全]을 인간과 사물의 본연으로 파악했다. 기우만은 이와 같은 기정진의 사상과 학문적 관점을 충실하게 따랐다. 그리하여 그는 리를 만사(萬事)의 본령을 삼아 분수(分殊)의 차이는 일원에 근원한다 하고, 마음은 한 몸의 주재로서 그 작용은 천명의 본체와 온전한 덕[全德]에 합치한다고 주장했다.

기우만은 천명(天命)과 인심(人心)의 비움·채움[虛實]과 움직임과 고요함의 핵심을 다음과 같이 말하고 있다.

천지는 비어있기 때문에 이른바 운용(運用)하는 것이 변동하여 머물지 않아서 각기 성명을 바루는데[各正性命] 이르면 비어있는 것이 채워진 것이 되고, 인심(人心)은 비어있기 때문에 이른바 지각(知覺)이라는 것이 감응하여 자취가 없으니 드러나고 감춤에 있어 틈이 없어 본체와 작용이 일원(一原)에 이르면 비어 있는 것이 꽉 찬 것이 된다.[45]

"태극(太極)의 움직임 극(極)에 이르면 고요해지고, 고요함이 극에 이르면 움직이게 된다"고 한 것은 마치 원·형·리·정(元·亨·利·貞)의 정(貞)이 다시 원(元)으로 되돌아오는 것과 같다. 오늘날 사람들이 움직임과 고요함, 본체와 작용을 각기 이기(理氣)에 해당시키는 것은 잘못이다. 리(理)에 움직임이 없으면, 기(氣)가 어떻게 움직이겠으며, 리(理)에 작용이 없으면 기(氣)가 어떻게 작용하겠는가?

기우만에 따르면, 리는 자체로 능동적인 작용성을 내재하고 있다. 따라서 당시의 성리학자들이 리와 기를 각각 움직임과 고요함, 본체와 작용으로 이분화 하여 짝 지우는 것은 존재의 세계를 해석하는 데 있어 큰 오류를 범하는 것이다. 왜냐하면 기의 움직임과 작용도 리의 움직임과 작용에서 비롯되기 때문이다. 그는 이러한 논란을 근거로 하여 도기(道器)와 심성(心性)에 관해서도 다음과 같이 주장한다.

상도(上道)와 하기(下器)는 이상(而上)과 이하(而下)가 붙어 있어 서로 분리될 수 없다. 그러므로 도(道) 또한 기(器)이고 기(器) 또한 도(道)이니, 실로 위·아래로 나눌 수 있는 것이 아니다. 태극으로부터 나뉘어 양의(兩儀)가 되면 태극은 형이상(形而上)이 되고 양의(兩儀)는 형이하(形而下)가 되며, 양의가 나뉘어 사상(四象)이 되면 양의는 형이상(形而上)이 되고 사상(四象)은 형이하(形而下)가 된다. 형이상과 형이하에 비록 층차(層次)가 있는 것 같으나 양의와 사상은 태극 아님이 없다. 이는 「태극도설(太極圖說)」의 해석에 "오행(五行)과 음양

45 기우만, 『송사선생문집』 권13, 「序」. 天下事, 虛實常相禪. 天地虛, 故所謂運用者, 變動不居, 而至於各正性命, 則虛者實矣. 人心虛, 故所謂知覺者, 感應無跡, 而至於體用一原, 則虛者實矣.

(陰陽)에는 틈이 없으며, 정조(精粗)와 본말(本末)은 다른 것이 아니다"라고 한 말은 이것을 두고 한 말이다. 층차(層次)가 없기 때문에 틈이 없고, 틈이 없기 때문에 앞뒤가 없는 것이다. 도와 기 뿐만 아니라 심과 성도 이와 같다. 어찌 먼저 마음[心]이 있고서 본성(性)이 그 근본이 되며, 먼저 본성이 있고서 마음이 틀을 이루겠는가?

이것은 "형이상(形而上)을 도(道)라고 하고 형이하(形而下)를 기(器)라고 한다"는 『주역』「계사전」을 근거로 이기(理氣)의 관계를 설명한 것이다. 기우만은 성리사상의 줄기에 있어서는 기정진의 관점을 따르면서도 기정진이 도와 기가 분리되어 층급(層級)이 있다고 주장한 이론에는 반대하였다. 그는 태극·양의·사상의 관계를 실례로 들어 설명한다. 즉 태극과 양의, 양의와 사상의 관계는 순차적으로 상대적인 형이상(形而上)과 형이하(形而下)의 관계에 있다. 그렇지만 실제에 있어서 사상은 곧 양의이고 양의는 곧 태극이 되어 분리 할 수 없다.

그는 이와 같은 도기(道器)의 구조를 바로 심성(心性)의 구조에 대입할 수 있다고 말한다. 이에 따라 그는 본연의 성[本然性]과 기질의 성[氣質性]에 관하여 물과 그릇의 비유를 들어 설명한다.

본성은 기(氣)의 리이고, 기(氣)는 본성의 질(質)이다. 하늘이 부여해준 것이 본성이니 마치 물로 비유하면 수원(水源)과 같고, 기질 가운데 떨어진 것은 물이 그릇 속에 담긴 것과 같다.

기우만에 따르면, 본연의 본성과 기질의 본성은 순차적인 관점에서는 차이가 있지만 실제로는 같은 것이다. 그것을 물로 비유한다면, 나누어보면 수원의 물과 용기에 담긴 물이 다르지만 물이라는 점에서는 같은 것처럼, 본연의 본성과 기질의 본성이 다르지 않다는 것이다. 그러나 이와 같이 도, 태극, 리(理), 본성, 마음 사이에 차이가 없다면 실제로 인간이나 사물에서 나타나는 차별성은 어떻게 설명할 수 있을까? 더욱이 유가의 수양론은 어떤 논리로 설명할 수 있을까? 이러한 물음에 그는 다음과 같이 답한다.

본성은 본래 선(善)하여 수양할 필요가 없지만 기품(氣稟)에 구애되고 물욕에 빠지면 그 선한 본성을 잃게 된다. 그래서 "본성을 수양한다(養性)"는 이론이 생겨났다. 마음은 본래 모든 이치를 갖추고 있어 밝게 비추지 않는 일이 없는데 그 선악의 기미에 정사(正邪)와 위미(危微)의 차이가 있기 때문에 인심과 도심의 차이가 생기는 것이다. 그래서 수양 상의 정일집중(精一執中)은 도심(道心)으로 하여금 주가 되게 하고 인심(人心)으로 하여금 도심의 명령에 따르도록 하여 그 본체의 밝음을 획득한 것이다.

기우만에 의하면 본성과 마음은 그 본원에 있어서는 문제가 없으나 본성은 기품(氣稟)의 구애와 물욕 때문에, 마음은 마음이 발할 때의 기미의 차이 때문에 본래의 본성과 마음의 상태를 상실한다. 따라서 끊임없는 '양성(養性)'과 '정일집중(精一執中)'의 수련이 요구된다. 결론적으로 그는 '양성'과 '정일집중'의 수양방법을 통해 본성과 마음의 원형을 회복해야 한다는 점을 강조했다.

⑵ 의리사상

기우만의 유리론적(唯理論的) 성리사상은 그의 의리사상을 통해서 실천적으로 구현된다. 그는 기정진이 이일분수(理一分殊)를 해석할 때 "리와 기(氣)는 대거(對擧)할 수 없다"고 한 선언적 명제에 근거하여 의리사상을 표명했다. 다시 말하면 "리가 주가 되고 기(氣)는 손이나 발과 같은 것인데 만약 리와 기를 대거한다면 신하가 국권을 빼앗고, 오랑캐가 문명국의 지위를 빼앗는 결과를 초래하는 것"과 같다는 것이다. 그의 의리정신은 세 가지로 요약할 수 있다.

첫째, 기우만의 의리정신은 이일분수(理一分殊)이론을 근거로 주체정신을 강조한다. 그는 조선을 리(理)로, 오랑캐를 기(氣)로 파악하여 오랑캐[氣]가 국권[理]을 유린하는 것은 용납할 수 없을 뿐만 아니라 오랑캐의 문화양식은 수용할 수 없다는 점을 강조한다. 이러한 맥락에서 그는 단발령과 왜국의 복장 등에 대해서 반대했다. 그는 공자가 "선왕의 법복이 아니면 입지 않는다", "신체와 머리털과 피부는 부모에게서 받은 것이므로 감히 훼손할 수 없다"고 강조한 것과, 맹자가 "요순의 도가 아니면 감히 왕 앞에서 진언할 수 없다"고 한 말을 근거로 단발령에 반대했다. 그는 철저하게 전통유가의 실천적인 의리정신을 견지하면서 목숨을 걸고 유교적 가치질서를 고수하려했다. 「을미소(乙未疏)」에서 결사(決死)의 어조로 "무릇 당당한 예의의 나라로서 오랑캐나 짐승의 지경에 빠지니 오랑캐나 짐승과 더불어 구차히 살기 보다는 차라리 온전하게 죽어서 옛 모습 그대로의 얼굴과 머리 모양으로 선성, 선왕과 선조를 지하에서 모시겠습니다. 나라는 망하지 않는 법이 없으니 단발하여 나라를 지키기보다는 차라리 머리털을 보존하다가 망하는 편이 낫겠습니다. 사람은 죽지 않는 법이 없지만 단발하여 살아 있기보다는 차라리 머리털을 간직한 채로 죽는 편이 낫겠습니다. 나라가 망하는 것은 굴욕이지만 굴욕이 망하는 것보다 심한 경우가 있고, 사람은 죽음을 싫어하지만 싫어하는 것이 죽음보다 심한 경우가 있으므로 차라리 나라가 망하고 차라리 사람이 죽을지언정 국가를 보존하고 살기를 바라지 않겠습니다"라고 진언(進言)했다. 유가의 사회윤리에 기반을 둔 조선의 주체적인 문화양식을 결코 변모시켜서는 안 된다는 것이다.

이와 같은 맥락에서 그는 개화(開化)에 대해서도 반대했다. 기우만은 개화사상가들이 개화의 의미를 잘못 인식하여 사용하고 있다고 판단했다. 왜냐하면 개화란 높은 문화를 가지고 낮은 문화를 교화시키는 것인데 저급한 오랑캐 일본을 전위(前衛)로 내세워 들어온 개화는 개화의 본래 의미와 상치(相馳)하기 때문이다. 기우만은 개화에 대해 근본적으로 반대 입장을 취하고 있지만, 설령 개화를 용인한다하더라도 주체적인 문화를 계승하고 발전시키는 것이 개화의 선행조건이 되어야 한다는 점을 강조한 것이다. 아래 글에서 이러한 관점이 잘 드러난다.

> 개화에 뜻을 둔 자는 마땅히 우리나라의 예의와 문물을 모범으로 하여 천하에 우리나라의 옷을 본보기로 하고 천하에 우리나라의 두발 형식을 확대해가야 한다. 그런데 오늘의 현실은 그렇지 않고 도리어 우리나라의 의복을 없애고 우리나라의 두발 형식을 바꾸며 우리나라의 제도를 바꾸고서 오랑캐의 문물을

> 개방하여 오랑캐의 풍속을 이루고, 오랑캐의 백성으로 만들어 오랑캐의 풍속을 이루려고 하니, 아! 얼마나 잘못되었는가?[46]

둘째, 기우만의 의리정신은 이일분수(理一分殊)의 이론을 근거로 하여 신하가 국권을 유린하는 것을 용납할 수 없다는 논조로 표출되었다. 그는 「을사소」에서 을사오적(乙巳五賊)에 대한 분노의 감정을 강하게 드러내고 있다.

> 섬 오랑캐가 우리나라를 쳐들어오려는 야심은 오래되었습니다. 우리 신하들 가운데 간신인 백비(伯嚭)나 자란(子蘭) 같은 이가 앞에서 이끌고 뒤에서 밀지 않았다면 어찌 능히 사람 없는 방에 들어가는 것 같았겠습니까? 그 때 성상의 밝은 지혜에 실책(失策)이 있어 법대로 그들을 죽이어 나라의 법률을 바루지 못해 오늘날의 재앙을 초래하게 되었습니다. 그래서 저들은 수호(修好)와 개화 등의 이론으로 시험하여 성공하고 다음으로 옛 제도를 개혁하는데 성공하고 군기(軍機)를 혁파하는데 성공하고 관청과 국가방위를 발로 뭉개는데 성공하니 곧 우리의 국토와 백성을 주머니 속에 있는 하찮은 물건쯤으로 여겨 마침내 멋대로 버리고 취하는 계략을 짜 나라를 팔아넘겼습니다. 오적(五賊)은 그들의 사냥개가 되어 사사로이 우리 군주의 토지와 백성을 넘겨주고 아울러 국권까지 팔아넘겼습니다. 난신적자가 어느 시대엔들 없었겠습니까만 어찌 이와 같이 무리의 망극한 짓이 있었겠습니까? 아아! 개나 양에게 절하라고 하면 비록 무지한 어린애라도 오히려 부끄러워하고 좋아하지 않을 것인데, 이 무리들은 어떤 심장을 가져서 만족하지 못하고 몰래 개나 양만도 못한 것들을 끌어다가 우리 사천 년 된 조국을 패망시킨단 말입니까. 이것이 이른바 "천하의 모든 사람들이 그들을 드러내 죽이려는 것일 뿐 아니라 땅 속의 귀신들조차도 그들을 죽이려고 하는 것"입니다. 그런데도 왕의 형률이 가해지지 않으니 성상의 뜻을 신은 알지 못하겠습니다.[47]

---

46 기우만, 『송사선생문집』 권2, 「疏」, 〈乙未疏〉. 有意開化者, 祇當師範我禮義文物, 法天下之服, 長天下之髮. 而今則不然, 反毁我法服, 傷我膚髮, 變改我典章, 開夷狄之物, 而成夷狄之務, 化夷狄之民, 而成夷狄之俗. 噫何其舛也.

47 기우만, 『송사선생문집』 권2, 「疏」, 〈乙巳疏〉. "島醜之狼心於吾東, 厥惟久矣, 而不有本國臣子如伯嚭, 子蘭者前之後之, 則又豈能如入無人之室? 其時聖明猶有遺策, 不能按法而誅之, 以正邦憲, 致有今日之禍. 彼乃以修好開化等說, 染指嘗試而得之, 次之以變革舊章而

국가를 팔아넘긴 사냥개 같은 오적(五賊)을 죽이라는 상소이다. 이 상소는 오적을 죽임으로써 이반된 민심을 하나로 규합하여 국권을 회복하려는 충정(衷情)에서 우러나온 것이다.

셋째, 그는 이일분수(理一分殊) 이론을 근거로 물질이나 제도보다는 정신과 의리를 중시했다. 실제로 그는 일본경찰의 심문을 받으면서 강한 어조로 "사람은 비록 죽더라도 의리는 죽지 않으며, 나라는 비록 망하더라도 의리는 망하지 않는다"고 일갈(一喝)했다.

3) 원문 번역

「을미소(乙未疏)」는 1895년(50세) 을미사변이 일어나고 뒤이어 단발령이 내려지자 그 해 12월에 올린 상소로서 친일파를 몰아내고 단발령을 철회하여 옛 제도를 회복할 것을 주장한 내용이다.

을미소(乙未疏)

엎드려 생각하옵건대 신은 단발령을 듣고 나서 문을 닫고 곡기(穀氣)를 끊어 죽음에 이르더라도 단발하지 않을 것을 맹세했습니다. 대개 왕비의 원수는 곧 신하가 원수를 꼭 갚아야 하는 것인데 국운이 날로 쇠퇴하여 설욕할 길이 없습니다. 전장(典章)과 문물은 역대 군주께서 대대로 지켜온 옛 제도인데 하루아침에 뜯어 고치니 다시 볼 날을 기약할 수 없습니다.

오늘날 단발령에 이르러서는 어그러지고 어지러움이 극도에 달했습니다. 무릇 당당한 예의의 나라로서 오랑캐나 짐승의 지경에 빠지니 오랑캐나 짐승과 더불어 구차히 살기 보다는 차라리 온전하게 죽어서 옛 모습 그대로의 얼굴과 머리 모양으로 선성, 선왕과 선조를 지하에서 모시겠습니다. 나라는

得之, 銷破軍機而得之, 涉手於朝政而得之, 頓足於官防而得之, 則吾土地人民, 視爲囊中物, 遂生括取之計, 而賣國諸賊, 爲之鷹犬, 私與吾君之土地人民, 并與其政柄而與之. 亂臣賊子何代無之, 而豈有如此輩之罔極? 嗚呼! 指犬羊而使之拜, 雖無知童子, 猶且恥而不肯, 此輩果何心腸, 有何不饜, 潛引犬羊之不如, 以覆敗我四千年父母之邦? 此所謂不惟天下之人顯戮, 亦地中之鬼陰誅者. 而王章不加, 聖意所在, 臣實未曉."

망하지 않는 법이 없으니 단발하여 나라를 지키기보다는 차라리 머리털을 보존하다가 망하는 편이 낫겠습니다. 사람은 죽지 않는 법이 없지만 단발하여 살아 있기보다는 차라리 머리털을 간직한 채로 죽는 편이 나을 것입니다. 나라가 망하는 것은 굴욕이지만 굴욕이 망하는 것보다 심한 경우가 있고, 사람이 죽는 것은 싫어하는 것이지만 싫어함이 죽음보다 심한 경우가 있으므로 차라리 나라가 망하고 차라리 사람이 죽을지언정 국가를 보존하고 살기를 바라지 않겠습니다. 대개 이와 같은 전후의 변경은 전하의 마음이 아니고, 우리나라의 신하들 가운데 왜놈의 밥통을 갖고 양놈의 창자를 가진 자가 조명(朝命)을 칭탁하여 협박한 것입니다. 아! 오랑캐가 중국을 침범함에 중국이 망했지만 선왕의 제도와 조상의 피부와 머리털을 잘 지켰으나, 우리나라만이 그렇게 하고 있습니다. 훌륭한 성왕이 나오면 반드시 그 법을 취하러 와 그 법의 핵심으로 천하의 정치를 삼고 후세에 표준을 남길 것이니 그것이 우리나라에 있지 않습니까? 따라서 우리나라 사신이 연경(燕京)에 들어감에 한조(漢朝: 한족의 조정이니 곧 명나라의 조정을 말함)의 유민이 몰래 보고 눈물을 흘리는 자가 있었습니다. 조용히 듣건대 각국 공사가 예전에 우리나라의 의관을(衣冠) 제정하여 입어보고 좋다고 칭찬했다 하니, 그들도 또한 타고난 천성이 있어 스스로 머리를 깎고 검은 옷을 입는 것이 오랑캐의 풍속이요 아름다운 제도가 아님을 저절로 알았다고 생각할 수 있습니다. 슬프다! 저 시배(時輩: 본국의 신하)들은 홀로 선왕의 신하도 아니고 선조의 후손도 아니란 말인가? 공자가 "선왕의 법복이 아니면 감히 입지 않는다"고 하고"신체와 머리털과 피부는 부모에게서 받았으니 감히 훼손할 수 없다"고 하였으며, 맹자가 "요순의 도가 아니면 감히 왕 앞에서 진언할 수 없다"고 했습니다. 저들도 또한 평소에 이 말을 암송하고 복습한 자인데 선뜻 왜양(倭洋)의 사냥개가 되어 우리의 법복(法服)을 없애고, 우리의 머리털을 손상시켜 역대 군주와 부모가 계신 나라를 오랑캐의 나라로 만들려고 하며, 우리 성상을 협박하여 천하 후세에 죄를 짓게 하고, 온 나라의 생령(生靈)에게 원한을 맺으니, 난신적자가 어느 시대인들 없었겠습니까만 이와 같이 망극한 때는 없었습니다.

아! 전하께서 지키신 강토는 바로 선왕들의 강토이고, 군림하시는 신하와 백성은 선왕의 신하와 백성이거늘 선왕의 법으로 다스리지 않으시고 난신적자로 하여금 옛 제도를 변경시키니, 하늘에 계시는 선왕의 혼령들이 어찌 기꺼이 "나에게 후예가 있어 근본을 버리지 않았구나"라고 말하겠습니까? 전하는 무슨 면목으로 선왕의 종묘에 들어갈 것입니까? 이런 무리들이 성상을 업고 나라를 그르치는 것은 외부에서는 모두 알고 있건만 오직 전하만 알지 못하여 총애하고 신임한 까닭에 그들이 전하를 속이는 것이 이르지 않은 곳이 없습니다.

개화(開化) 두 글자에 대해서는 천하 각국이 실패한 흔적이 뚜렷이 드러나서 속일 수 없는 것입니다. 대개 이른바 "도리를 깨달아 실행하여 성공하고[開物成務] 백성을 교화하여 풍속을 이룬다[化民成俗]"는 것은 본래 좋은 말이지만 저들이 그 개념을 가져다 그들의 욕심을 채우니 일의 실행이 성취되지 않고 백성의 풍속이 교화되지 않으면 선진의 풍속을 응용하여 후진의 풍속을 변화시켜 후진의 풍속이 선진 중국의 풍속으로 나아가게 하는 것이 참으로 타당합니다. 우리나라가 비록 시들어가고 일어날 힘이 없으나 한번 변하여 도(道)가 남아있는 노나라의 풍속에 이르면 족하겠습니다. 개화에 뜻을 둔 자는 마땅히 우리나라의 예의와 문물을 모범으로 하여 천하에 우리나라의 옷을 본보기로 하고 우리나라의 두발 형식을 키워가야 되는데, 오늘의 현실은 그렇지 않습니다. 도리어 우리나라의 의복을 없애고 우리나라의 두발 형식을 바꾸며 우리나라의 제도를 바꾸어 오랑캐의 문물을 개방하여 오랑캐의 풍속을 이루며 오랑캐의 백성을 교화하여 오랑캐의 풍속을 이루었습니다. 아! 얼마나 잘못 되었습니까?

또 오랑캐를 교화시키기 어렵다는 점은 오래 전 일입니다. 비록 옛 성현들이 널리 베풀었으나 도외시하여 그 한계를 분명히 하니 중국의 선진 문물과 함께할 수 없었습니다. 저들 개화당은 사천년의 예의를 지켜온 나라에서 자라나 오백년의 휴양(休養)의 은혜를 입었는데도 원수를 끌어다 마음을 삼으며 군부를 협박하고 모후에게 재앙을 미치며 우리의 좋은 옛 제도를 개혁하며 우리 신하와 백성의 머리를 깎고 온 나라를 오랑캐의 노예로 삼은 것은 또한 어떤 마음 때문입니까? 아! 가슴이 아픕니다. 예전의 의복과 제도를 개혁한 것은 스스로 아부하여 염치없는 짓을 하는 무리가 아니면 죽음을 무릅쓰고 옛 제도를 회복할 것이니, 선왕의 은택이 백성들에게 깊은 영향을 미쳤고 백성의 본성이 없어지지 않은 것을 가히 알 수 있습니다. 오늘날 단발하라는 명령은 유생(儒生)·관리·농부·노동자·장사꾼으로부터 아녀자·어린애에 이르기까지 모두 지극히 원통히 여겨 깊은 골짜기에서 울부짖음이 하늘에 닿아 물에 빠져죽거나 자진(自盡)할 것을 각오하고 있습니다. 백성은 어리석은 것 같으나 신통하니 하늘의 마음이 재앙을 후회할 그 날이 있음을 볼 수 있을 것입니다. 엎드려 바라옵건대 전하께서 신속히 결단하여 명령을 내려 외모는 조선 사람이나 속은 왜놈인 몇 명의 목을 먼저 참수하여 백성에게 사과하고 허물을 인책하며, 왕명을 개정하여 옛 제도를 회복함으로써 "원수를 갚고 적을 토벌 하겠다"는 의리를 백성에게 포고하시면 원통해하는 백성들이 누군들 전하를 위해 죽지 않겠습니까? 한 무리의 군대가 중국을 일으키고 말탄 몇 사람들이 당나라를 세웠는데 더구나 수많은 백성이 한마음으로 회복하려는 노력이라면 다른 날 꼭 성공할 것입니다. 이와 같이 한 이후에 천하에 대의(大義)를 부르짖을 수 있을 것이니 지난번의 옅게 드리운 일식이 어찌 해와 달의 밝음을 손상시키겠습니까? 구중궁궐(九重宮闕) 속에서 시정배와 같은 신하들에 가리니 오늘날의 위태로운 정황을 전하께서는 진실로 알 수 없습니다. 오늘날 백성의 뜻은 오히려 깊은 산 속에 도망하여 잠시 죽지 않고 개명(改命)을 기다리려 합니다. 명령을 취소한다는 말씀을 끝내 기약할 수 없음을 안다면, 전하의 어린 백성들 중 왜놈의 창자와 밥통을 갖지 않은 사람은 반드시 한 사람도 검은 복장을 하고 단발하여 살기를 바라지 않을 것이니 전하는 장차 누구와 더불어 성상노릇을 할 것입니까? 저런 무리들을 믿고 나라를 다스리면, 이는 이른바 도둑으로 하여금 문을 지키게 하여 믿으면 믿을수록 도둑은 더욱 더 속이는 것과 같습니다. 신은 종묘에 제사지내지 못하고 사직이 폐허화될 날이 단기간 내에 닥칠 것을 근심하고 있습니다. 설사 이에 이르지 않더라도 종묘사직의 영령들이 기꺼이 흠향하시겠습니까? 제 말이 외람되고 망령됨을 알지 못하오니 엎드려 바라옵건대 전하는 제 심정을 용서하시고 참람(僭濫)한 점을 벌주시면 비록 죽는 날이 닥친다 해도 오히려 사는 것과 같습니다.

바야흐로 국세(國勢)가 나무를 지고 불로 뛰어드는 것처럼 급박하여 길게 한탄하고 눈물 흘려 통곡할 것이 몇 건이나 되는지 알 수 없으며 이것을 받아들이지 않으면 이는 3개월 6개월 입을 상복을 따지는 격에 지나지 않으니 (3년·1년 같은 소중한 상복은 제쳐두고) 신은 더 이상 지리(支離)하게 대성통곡하며 하소연하지 않겠습니다. 신이 일찍이 외람되이 벼슬하라는 명을 받았으나 언책(言責)의 지위에 있지 않으니 감히 그럴만한 자리에 나아갈 수 없어 역내(域內)의 신료와 더불어 연명상소(聯名上疏)하여 도끼를 들고 궁궐 밖에서 하명을 기다리니, 다행히 청원한 것이 이루어지면 춤추고 고향에 돌아가 성군의 덕화를 노래할 것이고, 만약 받아들이지 않으시면 머리를 맞대고 통곡하여 선왕의 종묘의 아래서 죽을 것입니다. 간신들이 이 모임을 금하면 이 또한 이루지 못할 것입니다. 아! 나라에 불편함이 있으면 선비들로 하여금 상소를 올려 규탄케 하는 것은 선왕조에 이미 예가 있고 백성에게 물으시는 좋은 생각이니, 어찌 망극한 무리가 이를 실행하지 못하게 막을 줄을 생각이나 했겠습니까? 타고난 천성의 표현이 격식을 벗어났음을 헤아리지 못하고, 삼가 신하들의 대동단결한 충정을 모아 샛길로 달려 궁궐에 다다라 성상을 욕되게 합니다. 그리고 상소문에서 다 밝히지 못한 부분은 구술하고자 합니다. 바라건대 상소하였는데도 간신들이 막아 말씀드리지 못하게 되면 궁궐 문에 걸어놓고 바닷가에서 하명을 기다릴 것이요, 전하의 밝으신 귀에 전달될 수 있다면 살고 죽는 것에 여한이 없습니다. 신은 성심을 다해 간청합니다.[48]

---

48 기우만, 『송사선생문집』 권2, 「疏」, 〈乙未疏〉. 伏以臣自聞毁髮之令, 閉戶絕粒, 誓將溘死而無見. 蓋母后之讎, 卽臣子臥薪嘗膽者, 而國勢日削, 湔雪無望. 典章文物, 是列聖朝傳守舊制, 而一朝變改, 復覩無期. 至于今毁髮而乖亂極矣, 夫以堂堂禮義之邦, 淪爲夷狄禽獸之域, 與其爲夷狄禽獸而苟活, 曷若全而歸之, 以舊樣顔髮, 侍先聖先王先人於地下乎. 況國未有不亡, 與其毁髮而存, 寧保髮而亡. 人未有不死, 與其毁髮而生, 寧保髮而死. 國亡爲所辱, 而所辱有甚於亡, 人死爲所惡, 而所惡有甚於死, 所以國寧乎亡人寧乎死, 而不願乎存且生也. 蓋此前後變改, 非殿下之心, 乃本國臣子倭肚洋腸者, 矯制而迫脅也. 嗚呼! 蠻夷猾夏,

神州陸沈, 而保守先王典章先人膚髮, 惟我國爲然. 有王者作, 則必來取法, 以一丸泥, 爲天下政爲後世法, 其在吾邦歟? 其在吾邦歟? 所以東使之入燕也, 漢朝遺民, 有竊視而泣下者, 竊聞各國公事, 嘗制我國衣冠被服而稱善, 則可見彼亦有彝性, 而自知毁髮緇服之爲蠻俗而非美制也, 噫! 彼時輩獨非先王之遺臣而先人之遺體乎? 孔子曰, 非先王之法服, 不敢服, 身體髮膚, 受之父母, 不敢毁傷. 孟子曰, 非堯舜之道, 不敢陳於王前. 彼亦嘗素所誦習者, 而甘心作倭洋鷹犬, 毁我法服, 傷我膚髮, 欲使祖宗父母之邦, 爲夷狄禽獸之域, 迫脅我聖主, 而使得罪於天下後世, 結冤於八域生靈, 亂臣賊子何代無之, 而未有若是之罔極也. 嗚呼! 殿下所守之疆土, 乃先王疆土, 所莅之臣民, 乃先王臣民, 而不以先王之法治之, 容使亂臣賊子變亂舊章, 先王在天之靈, 豈肯曰予有後不棄基. 而殿下以何顔入於先王宗廟乎? 此輩之負君誤國, 外方皆知之, 而獨殿下不知, 尊寵而信任之, 故其所以欺殿下者, 無所不至. 至若開化二字, 是天下各國敗亡之已迹昭著而不可誣者. 蓋其所謂開物成務, 化民成俗, 未始非好語, 而彼乃竊其名而濟其欲, 若物務有未開, 民俗有未化, 則用夏變夷, 夷以進於中國固可也. 我國雖委靡不振, 其爲一變至道之魯則足矣. 有意開化者, 祇當師範我禮義文物, 法天下之服, 長天下之髮, 而今則不然, 反毁我法服, 傷我膚髮, 變改我典章, 開夷狄之物而成夷狄之務, 化夷狄之民而成夷狄之俗, 噫何其舛也. 且夫夷狄之難化也久矣. 雖以古聖王之博施, 置之度外, 以嚴其界限, 不與同中國而已. 而彼所謂開黨者, 生長四千年禮義之邦, 霑被五百年休養之恩, 而引仇賊爲腹心, 迫脅君父, 禍及母后, 革我舊典, 髡我臣庶, 擧一國而奴隷於倭洋, 抑獨何心哉? 嗚呼痛矣. 伊昔衣章之改, 自非阿附無恥之輩, 誓死服舊, 可見先王之澤入人深而民彝之未泯也. 伊今毁髮之令, 自儒士胥吏農工商賈, 以至婦孺下賤, 皆痛冤罔極, 荒山窮谷, 哀號徹天, 莫不以蹈海伏劍爲究竟結果. 民者至愚而神, 可見天心悔禍, 庶有其日. 伏願殿下雷厲風飛, 廓揮乾斷, 渙發大號, 先斷外鮮內倭者幾人頭頸, 以謝臣民, 引咎改命, 遄復舊章, 以復讎討賊之義, 布告臣民, 則凡此哀冤罔極, 孰不爲殿下一死? 一旅足以興夏, 匹馬可以昌唐, 況此億萬臣一心, 中興之功, 指日而可期也. 如是而後, 可以聲大義於天不, 向時薄蝕, 何損於日月之明? 九門深嚴, 重以時輩壅蔽, 今日岌嶪之情, 殿下固有未燭焉. 以今民情而猶思逃竄荒谷, 少須臾毋死, 以俟庶幾之改. 若知反汗之音終無其日, 殿下赤子, 非倭洋腸肚者, 必無一人服緇毁髮而爲生者, 殿下將誰與爲君乎? 恃彼而爲國, 則所謂使盜守門, 愈信而愈欺. 臣恐宗廟不祀, 社稷丘墟, 迫在朝夕. 設使不至於此, 宗廟社稷之靈, 其肯右而享之乎? 憂愛之切, 不自知其言之僭妄, 伏願殿下恕其情而誅其僭, 則雖死之日, 猶生之年. 方今國勢如負薪救火, 長太息流涕痛哭者, 不知幾件節目, 而此而不納, 則不過爲緦小功之察. 臣不敢枝蔓於大聲疾顪之日也, 臣曾忝一命而不在言責, 不敢出位, 如欲與域內臣庶聯名爲章, 持斧請命於闕門之外, 幸而得請, 則蹈舞還鄕, 歌詠聖化, 如又不入, 則騈首痛哭死於先王宗廟之下矣. 壅蔽之臣, 矯禁聚會, 此亦莫遂. 嗚呼! 國有不便則許令韋布之士抗章叫閽, 是先王朝已例, 而詢蕘之盛意也, 豈料罔極之輩, 并與此而使不得行歟? 彝性所發, 不揆格外, 謹收臣庶大同之情, 間道赴闕, 仰瀆于黈纊之下. 未悉於章者, 乞令口陳, 而竊恐痼蔽莫達, 則懸之宮門, 濱海待命, 得徹四聰. 則生死無憾. 臣無任瀝血祈懇之至.

4) 松沙先生文集 目錄

〈 松沙先生文集目錄(上) 〉

卷之一

詩: 山居二絶 外214首

卷之二

疏: 乙未疏 丙申疏(一·二·三) 乙巳疏

卷之三

書: 上李南坡先生(僖錫) 外80篇

卷之四

書: 答金景範(錫龜 二) 外125篇

卷之五

書: 答吳德行(駿善 答三與二) 外141篇

卷之六

書: 答朴純汝(魯冕 三) 外154篇

卷之七

書: 答安處仁(秉宅 四) 外180篇

卷之八

書: 答權君五(載圭 答一與一) 外194篇

卷之九

書: 答梁元淑(會甲 答二 問目一) 外115篇

卷之十

書: 上三從叔柏石(陽衍 二) 外21篇

卷之十一

雜著: 舊柏說 外110篇

卷之十二

雜著: 輪告別邑文 外64篇

卷之十三

序: 三憂堂實紀序 外64篇

卷之十四

序: 至德誌新刊序 外71篇

卷之十五

序 : 南坡遺稿序 外67篇

卷之十六

序: 月波集序 外79篇

卷之十七

記: 雲峯鄉校重修記 外76篇

卷之十八

記: 老圃堂續記 外87篇

卷之十九

記: 大谷記 外75篇

卷之二十

記: 頭流壇碑記 外80篇

卷之二十一

記: 晩睡堂記 外98篇

〈 松沙先生文集目錄(下) 〉

卷之二十二

跋: 書健齋金先生年譜後 外114篇

卷之二十三

銘: 六友亭銘 外3篇 / 箴: 三山書室課程箴 / 贊: 脊蜀花贊 / 辭: 林公直字辭 外 32篇 / 上樑文: 靜菴先生謫廬遺墟碑閣上樑文 外11篇 / 祝文: 岳陽亭釋菜朱 先生告由文 外19篇 / 祭文: 駐陣錦城祭健齋金先生文 外43篇

卷之二十四

神道碑銘: 高麗禮儀判書農隱閔先生神道碑銘 外50篇

卷之二十五

碑: 羅州平賊碑 外50篇

卷之二十六

墓碣銘: 高麗文淑公謙齋安先生墓碣銘 外53篇

卷之二十七

墓碣銘: 壺巖先生卞公墓碣銘 外56篇

卷之二十八

墓碣銘: 棄隱先生奇公墓碣銘 外41篇

卷之二十九

墓碣銘: 圃翁朴公墓碣銘 外42篇

卷之三十

墓碣銘: 月軒處士梁公墓碣銘 外46篇

卷之三十一

墓碣銘: 臯臯處士李公墓碣銘 外39篇

卷之三十二

墓碣銘: 承政院同副承旨兼經延參贊官洪公墓碣銘 外45篇

卷之三十三

墓碣銘: 睡鶴許公墓碣銘 外39篇

卷之三十四

墓碣銘: 響山李公墓碣銘 外36篇

卷之三十五

墓碣銘: 徵士老柏軒鄭公墓碣銘 外38篇

卷之三十六

墓碣銘: 青耕趙公墓碣銘 外46篇

卷之三十七

墓碣銘: 梧山李公墓碣銘 外47篇

卷之三十八

墓碣銘: 石愚居士權公墓碣銘 外46篇

卷之三十九

墓誌銘: 學圃梁先生墓誌銘 外35篇

卷之四十

墓誌銘: 嘉義大夫兵曹參判兼經筵特進官沙厓先生閔公墓誌銘 外30編

卷之四十一

墓表: 盤谷羅公墓表 外62篇

卷之四十二

墓表: 玩易堂朴公墓表 外50篇

卷之四十三

墓表: 先府君碑陰記 外46篇

卷之四十四

行狀: 高麗寶文提學謚文良郭公行狀 學齋李公行狀 公州牧使 贈吏曹參議許公行狀 通政大夫司諫院大司諫吳公行狀 司憲府監察贈承政院左承旨朴公行狀 龍湖金公行狀 梧軒李公行狀 二松朴公行狀 觀水亭曺公行狀 主簿金公行狀 訥菴姜公行狀 德洞陳公行狀 石室朴公行狀 節窩朴公行狀 圓山丁公行狀 獨醒齋許公行狀 處士柳公行狀 敬齋李公行狀 梧月齋金公行狀 晩悔鄭公行狀 筍塢趙公行狀 慵睡齋康公行狀 貞齋安公行狀 學圃孔公行狀 終慕亭尹公行狀 處士李公行狀 司憲府掌令李公行狀

卷之四十五

行狀: 資憲大夫工曹判書謚靖簡懶窩奇公行狀 啞齋柳公行狀 黙軒金公行狀 臨履齋李公行狀 學生李公行狀 臨履齋吳公行狀 德菴安公行狀 丹巖柳公行狀 處士吳公行狀 龍淵李公行狀 贈司憲府監察柳公行狀 後齋曺公行狀 柏村金公行狀 守拙處士柳公行狀 成均生員李公行狀 松隱柳公行狀 小松李公行狀 槐陰李公行狀 江圃趙公行狀

卷之四十六

行狀: 南坡先生李公行狀 小蠹先生鄭公行狀 春坡姜公行狀 安湖處士朴公行狀 進士金公行狀 止巢吳公行狀 南湖韓公行狀 秋南李公行狀 晩醒齋朴公行狀 稼隱宋公行狀 秋溪李公行狀 進士金公行狀 直方齋文公行狀 竹泉李公行狀 思孝堂金公行狀 監役張公行狀 瑞樵李公行狀 忍軒金公行狀 德溪崔公行狀 谷

隱李公行狀 忍菴朴公行狀 脩誠齋曺公行狀

卷之四十七

行狀: 柏石學士奇公行狀 石田居士李公行狀 茂南鄭公行狀 東塢處士曺公行狀 龍山奇公行狀 岐山李公行狀 橘隱金公行狀 梧村安公行狀 翠晩李公行狀 愚金公行狀 壺山魏公行狀 晩悟尹公行狀 春山白公行狀 理隱金公行狀 司憲府掌令李公行狀 茶巖庵魏公行狀 德隱文公行狀 謙山魏公行狀

卷之四十八

行狀: 大谷處士金公行狀 日新齋鄭公行狀 寒江金公行狀 嘯巖梁公行狀 兼山金公行狀 日峯李公行狀 睡菴沈公行狀 愚峯安公行狀 南雲宋公行狀 海史安公行狀 進士閔公行狀 西巖鄭公行狀 學生權公行狀 淸深堂安君行狀 松窩崔公行狀 瑞軒安君行狀 桐菴李公行狀 訥軒任公行狀

卷之四十九

遺事: 滄洲先生羅公遺事 長吟亭先生羅公遺事 海隱文公遺事 延日縣監金公遺事 湖隱鄭公遺事 池亭申公遺事 生員蔡公遺事 繼晩崔公遺事 養心堂李公遺事 兎菴朴公遺事 海隱安公遺事 耕隱金公遺事 隱亭李公遺事 杏岡文公遺事 蒙養金公遺事 處士徐公遺事 拙愚軒李公遺事 湖隱金公遺事 孺人金氏遺事 淸山朴公遺事 竹隱李公遺事 養心齋薛公遺事 希菴金公遺事 澹翁宋公遺事 松湖宋公遺事 愚谷李公遺事 都事金公遺事 藥圃吳公遺事 守軒金公遺事 孺人金氏遺事 覺齋金公遺事 處士李公遺事 竹溪申公遺事 溫齋李公遺事

卷之五十

傳: 四聾先生徐公傳 西湖先生許公傳 西坡柳公傳 許雪坡隨翁二孝子傳 孝烈婦朴氏傳 孺人陳氏傳 烈婦鄭氏傳 烈婦李氏傳 鄭將軍傳 孝烈婦金氏傳 烈婦李氏傳 曺司果傳 孺人李氏傳 孝婦金氏傳 石湖李公傳 孝烈婦崔氏傳 孝烈婦文氏傳 徐孝子傳 烈婦崔氏傳 孝烈婦金氏傳 申孝子傳 栗齋鄭公傳 梧齋全公傳 蒼泉傳公傳 孺人張氏傳 孺人鄭氏傳 南岡金公傳 河孝子傳 烈婦金孺人傳 礪山宋氏四孝傳 金月圃慕齋兩世合傳 無號李公傳 孝子竹汀李公傳 忠孝齋柳公傳 宋圭沙傳 孝子文公傳

〈 松沙先生文集續目錄 〉

卷之一

詩: 三山齋偶吟(三首) 外15首 / 書: 答羅致九(相一) 外9篇 / 雜著: 崔永好字說 外11篇 / 序: 寒碧堂遺稿序 外3篇 / 記: 日休堂先生崔公旌閭移建記 外26篇 / 跋: 書光山金氏三綱編錄後 外6篇/辭: 金聖淑字辭

卷之二

神道碑銘: 通政大夫吏曹參議贈正憲大夫禮曹判書清心堂先生李公神道碑銘 外2篇 / 碑: 咸平李氏孝烈旌閭碑 外3篇 / 墓碣銘: 嘉善大夫戶曹參判贈資憲大夫戶曹判書崔公墓碣銘 外16篇 / 墓誌銘: 南溪金公墓誌銘 外2篇 / 墓表: 樂吾齋金公墓表 外6篇 / 行狀: 道菴先生文公行狀 通德郎趙公行狀 / 遺事: 思巖先生徐公遺事 竹下鄭公遺事 / 松沙文集目錄(上下) 松沙文集續目錄/松沙文集續集(卷一 二)

9. 후석 오준선 後石 吳駿善

1) 생애

오준선(1851-1931)은 호는 후석(後石), 자는 덕행(德行)이며, 석문(石門) 오이익(吳以翼)의 후손으로 조선조 철종·고종·순종 연간과 일제강점시대를 살다 간 성리학자이다.

그는 철종이 친정을 시작한 1851년 12월 6일, 전남 광산군 도림리(道林里)에서 오하규(吳夏圭)의 아들로 태어났다. 어려서부터 몸가짐이 무거웠던 그는 8세에 이미 할아버지의 양례(襄禮)를 당하여 축사를 읽을 수 있을 만큼 재주가 출중하였다고 한다. 그는 처음에는 임리(臨履) 오태규(吳泰圭)에게서 『사서(四書)』·『삼경(三經)』·『心經』·『근사록(近思錄)』 등을 배웠다. 18세 되던 해에 당시 장성 땅에 은거하고 있던 노사(蘆沙) 기정진(奇正鎭 1798-1879)을 배알하고 스승으로 모셨다. 노사는 "너의 집안이 평소에 문헌(文獻) 명가(名家)임을 알고 있으니 열심히 학문을 갈고 닦으라"고 훈계하였다. 스승으로부터 기대를 한 몸에 받은 후석은 이때부터 더욱 분발하여 예법의 변형이나 경전의 의문점을 탐구하였다. 그는 18세의 젊은 나이로 71세의 노스승을 찾아 학문을 연마하여 긴 잠에서 깨어난 것 같은 느낌을 받았고, 이후 스승의 제삿날에 참석함은 물론, 제전(祭田)과 묘비를 세우는 데 앞장서기도 하였다. 스승의 성리설이 율곡과 다르다고 비판을 당할 때에도 "후현(後賢)이 전현(前賢)의 학설에 대해 의심이 생기면 변증하여 밝힐 수 있다"는 점을 내세워 옹호하였다.

24세에 학문의 범위를 넓히기 위해 당시 기호학파(畿湖學派)의 거유(巨儒)였던 전재(全齋) 임헌회(任憲晦 1811-1876)와 입재(立齋) 송근수(宋近洙 ?-1903)를 찾아가 배알하였는데, 전재는 "노력하여 마음의 밝은 덕을 숭상하라. 이것이 늙은이의 희망이네[努力崇明德 皓首以爲期]"라는 글을 써 주며 격려했다. 40세 때 그는 송사 기우만과 함께 매월 초하루에 강회를 개최하였다.

이때 송사(松沙) 기우만과 협의하여 임진왜란 때 의병장으로서 호남인의 기개를 드높였던 건재(健齋) 김천일(金千鎰)의 문집을 간행하여 그 절의정신(節義精神)을 기렸다.

동문(同門) 고광선(高光善)이 지은 「행장(行狀)」을 보면, 그의 나이 44세에 동학도(東學徒)들이 창궐하여 호남 전 지역이 동학운동에 휩쓸렸으나, 후석은 향약(鄕約)을 설치하여 마을 사람들에게 순응과 거역, 사특함과 올바름이 무엇인가라는 가치판단을 일깨움으로써 '표류하는 배에 북극성 같은 역할'[惑舟斗極]을 담당했다고 한다. 또 그는 목사(牧使) 민종렬(閔種烈)이 성을 사수할 때, 엽전 50꾸러미를 군비에 보태 쓰게 하는 등 다방면으로 도우면서도 난이 평정된 후에는 "주동자는 근절시키기 위해 섬멸해야 하나 어리석은 백성은 귀화시킴이 마땅하다"고 진언하였다. 이는 전통적인 왕조질서를 부정하려는 주동세력에 대해서는 단호하게 대처하면서도 무의식적으로 난에 가담한 백성들은 귀화시켜 생활에 전념토록 한 것이다.

1895년 을미사변(乙未事變)이 발생하여 명성황후가 시해되고 고종은 러시아 공관으로 피신하였으며 이어 단발령이 내려졌다. 이 때 대부분의 유학자들은 상소를 올려 단발령의 폐기를 주장하거나 화를 피해 은둔하였다. 그러나 후석은 또 다시 향약을 시행하여 남전여씨(藍田呂氏)와 율곡(栗谷)의 향약에 따라 풍속을 진작시키고[振風俗], 선비의 습성을 바르게[正士習] 함으로써 유교의 도덕을 선양하고 향리를 교화, 선도하는데 힘을 쏟았다.

50세(1900)되던 해에는 연재(淵齋) 송병선(宋秉璿 1836-1905)과 면암(勉庵) 최익현(崔益鉉 1833-1906)을 방문해 학문과 의리를 강론하여 인정을 받았다. 면암은 "남쪽 선비의 명성은 일찍이 들었다. 이렇게 만난 것이 기연이다"하고 10여일을 머물게 했다. 52세 때, 영남 단성(丹城)에서 노사선생의 문집을 간행했다. 영남의 유생들이 노사의 성리설이 율곡의 성리설과 배치된다 하여 노사를 공격하자, 후석은 노사 선생이 율곡 선생의 학설을 진실로 신봉하였기 때문에 일깨운 것이라고 변호하였다. "그대들은 우암(尤菴)이 선현의 문자는 한 글자로 고칠 수 없다고 한 점을 거론하지만, 무릇 후현(後賢)으로서 선현의 문자가 전현(前賢)과 맞지 않는 점이 있으면 마땅히 분명히 분석하여야 할 것 아닌가?"라고 강조했다.

55세(1905)에 기삼연·고광순 등과 함께 거의(擧義)를 모의했으나 노모의 봉양 때문에 의병활동에는 참여하지 못했다. 61세(1911) 때에 은사금(恩賜金)을 거절했다는 이유로 삼거리 헌병소에 10여일, 장성 분대(分隊)에서 20여일 남짓 구금되었었는데, 조금도 당황하지 않고 받을 수 없는 의리를 의연하게 설명하여 석방하였다. 1917년 후석은 용진산(湧珍山)으로 피해 들어가 용진정사(湧珍精舍)를 짓고 '도를 부여안고 산으로 들어가 후생을 가르치면서 스스로 깨끗이 지조를 지킨다[抱道自靖]'는 의리를 몸소 실천하면서 강학에 힘쓰다가, 1931년 6월 21일 "나의 명정에다 조선유민(朝鮮遺民)이라고 써라"는 유언을 남긴 채 숨을 거두었다. 뒤에 문인들이 그를 추모하여 광산군 삼도면에 도림사(道林祠)를 세웠다.

문집으로는 『후석유고(後石遺稿)』 25권 12책을 남겼다. 문인으로는 김석혁(金碩爀)·오동수(吳東洙) 등 약 103명을 배출했다.

2) 사상

후석(後石)의 성리학설에서 독창적인 이론을 찾기는 쉽지 않다. 그의 삶이 성리학설의 번쇄한 분석보다 일상적 도리의 실천으로 일관했기 때문이다. 25권 12책에 이르는 『후석유고』 가운데 성리학설을 언급한 부분이 편지와 「경의문해(經義問解)」·「증설(贈說)」 등 몇 편의 저술에 지나지 않는다는 사실에서 이를 짐작할 수 있다. 따라서 이에 근거하여 후석의 성리학설을 구성한다는 것 자체가 단편적인 서술이 될 수밖에 없다.

조선조말 성리학적 논쟁은 사단칠정론(四端七情論)·인물성동이론(人物性同異論) 같은 개념분석의 정밀화에 초점이 맞춰져 있었다. 이러한 학문적 조류와 달리 그는 구체적 행동원리를 근거지울 수 있는 마음의 속성을 파악하고 그 위상을 세우는 데 큰 관심을 보였다. 다시 말하면 마음은 리(理)의 속성을 갖는가, 기(氣)의 속성을 갖는가?, 마음의 위상은 높은가 낮은가?, 본성은 감정과 어떤 관계구조는 이루는가? 라는 물음에 답을 찾는 것이 후석이 천착했던 철학적 논점이었다. 마음의 속성문제는 화서(華西) 이항로(李恒老, 1792-1868)·한주(寒洲) 이진상(李震相, 1818-1886)·간재(艮齋) 전우(田愚, 1841-1922)학파 등에서 보편적으로 논의 되었으며, 마음의 위상문제는 화서학파의 '마음은 군주요 본성은 백성'이라는 '심군성성조민설(心君聖性兆民說)'과 간재학파의 '본성은 스승이요 마음은 제자'라는 '성사심제설(性師心弟說)'이 첨예한 대립을 보였다.(이기론과 인물성동이론에 대해서는 노사학파와 간재학파 사이에 격렬한 논쟁이 있었다.)

후석도 당시의 철학적 흐름에서 온전히 벗어날 수 없었다. 후석은 「이광술(李光述)에게 보낸 답장[答李光述]」에서 마음과 본성과 감정(感情)의 문제를 간략히 진술하고 있다. 그는 "마음은 본성과 감정을 묘합한다"[心妙性情]는 대전제를 설정한 뒤, "정적(靜寂)의 상태에서 다섯 가지의 본성[仁·義·禮·智·信]을 포함하고, 감응의 상태에서 사단(四端)을 운용하는 것은 모두 마음의 기능이며, 많은 이치를 갖추어 모든 일에 대응하는 것도 마음이다"라고 설명하여 마음의 속성을 기(氣)로만 인식하지 않고, 리(理)와 기(氣)의 양면적 속성을 지닌 것으로 보았다. 후석은 이에 대한 구체적인 증거를 율곡과 맹자의 학설에서 찾아내고 있다. 율곡이 "본성은 마음의 이치이다", "마음이 드러나지 않은 상태가 본성이다"라고 한 것은 마음을 오로지 기(氣)로 말하지 않고 리(理)의 속성이 내재되어 있음을 시사(示唆)한 것이다. 또한 맹자가 "마음에서 얻지 못하거든 기(氣)에서 구하지 않는 것이 옳다"하고, "넘어지거나 내달리는 것은 기(氣)이지만 도리어 그 마음을 움직인다"고 한 것은 마음을 기(氣)로 설명한 것이라 하였다.

후석은 이를 종합하여 "마음과 본성과 감정은 다만 하나의 길이면서 각각 고유한 경계를 지니는 것"[心性情只是一路 而各有境界]으로 규정하였다.

또 전우(田愚)의 성사심제설(性師心弟說)에 대해 「성사심제변(性師心弟辨)」과 「성사심제재변(性師心弟再辨)」을 지어 비판을 제기했던 위당(韋堂) 조장섭(趙章燮, 1857-?, 송병선의 제자로 구례사람)이 '본성은 스승이요 마음은 제자'[性師心弟]라는 전우설과 '기를 밝혀야 한다'[明氣]는 설에 관해 견해를 물어왔을 때, 그는 마음과 본성과 감정의 경계가 매우 분명함을 전제하고 마음과 본성을 사제(師弟)나 존비(尊卑) 같은 개념으로 등위를 매길 수 없다는 입장을 명백히 했다. 이런 맥락에서 그는 전우의 새로운 학설은 정도(正道)를 해치는 사특한 것이라고 혹평하였다.

후석의 관점은 두 가지 측면에서 분석할 수 있다. 첫째, 전우의 창견(創見)인 성사심제설이 "마음의 운용을 통해 드러난 본성의 선한 측면[性師]을 모범으로 삼아 본받아 배우는 것이 마음의 기능[心弟]"이라는 가치 실천론적 측면을 지향함에도 불구하고, 후석은 이미 "마음이 본성과 감정을 묘합한다"는 대전제를 설정했던 만큼 마음을 전체적인 통일성으로 보려 했다. 이는 후석이 자신의 철학적 대전제에서 벗어났다는 것을 의미한다. 둘째, 세상 풍속이 날로 오염되어 거리낌 없이 얼굴을 변형하고 머리털을 훼손하는 마당에 성사심제설이나 명기설은 세교(世敎)를 혼탁하게 만들 뿐이라는 독자적인 판단에 따른 점이다. 후석은 성리학설의 번쇄한 분석보다는 혼탁한 시대를 맞아 마음의 전체성을 잘 보존하여 성리학의 본래정신을 회복해야 한다는 점을 강조하였으며, 구체적 현실에서 의리에 근거한 실천능력이 무엇보다 중요하다는 점을 분명히 인식했다.

그는 이재춘(李載春)에게 준 「보만설(保晩說)」에서는 바람과 서리가 흩날리면 백초는 모두 시들지만 소나무와 잣나무는 홀로 빼어나 늦게까지 무성하다는 사실을 상기시키고, 인간도 무사할 때는 군자와 소인이 크게 다른 점이 없으나 혼잡하고 어지러울 때는 사사로이 이익을 추구하는 자와 공공성에 근거하여 행동하는 공직자가 분명히 구별된다고 말했다. 그리고 「광산설(狂山說)」에서는 "세상은 명예와 이익에 미치지만 나는 책에 미치고, 세상은 음악과 여자에 미치지만 나는 산수(山水)에 미치겠다"고 하여 전통적인 유교도덕이 붕괴되고 서양의 물질문명이 무분별하게 유입되는 시점에서 세속적인 탐욕에 물들기를 거부하고 특립독행(特立獨行)하는 행동유형을 제시하였다.

인간이 신체를 지니고 살아간다는 사실은 시간과 더불어 생장, 소멸하는 변화과정 속의 존재임을 나타낸다. 따라서 인간존재는 불멸의 신적 존재에 비해 불완전 할 수밖에 없다. 따라서 전통유교에서는 인간의 불완전성을 인정하고 이를 보완할 수 있는 부단한 자기수양을 강조한다. 후석은 인간의 한계를 인정하면서도 만물 가운데서 인간이 가장 탁월한 존재라는 사실에 주목한다. 즉 인간이나 사물이나 모두 물질적 조건을 함께 부여받았지만 인간은 어떤 사물보다도 맑고 순수한 기질을 타고났다는 것이다. 때문에 인간은 자기 마음의 작용, 곧 의지나 사려를 통하여 자신에게 부여된 하늘의 명령으로서 본성을 실현하고 드러낼 가능성을 갖는다. 후석은 본성을 실현하고 드러낼 수 있는 마음의 작용을 '옥돌'과 '농사'의 비유를 들어 설명한다. 인간의 마음의 작용은 옥돌을 다듬어 양질의 그릇을 만들어내는 과정과 농지를 갈아 파종하고 김매어 풍성하게 수확하는 과정과 같다는 것이다. 따라서 그가 「농은설(農隱說)」에서 "마음 밭[心田]을 가는 사람은 의(義)를 쟁기로, 인(仁)을 보습으로 삼아 마음으로 노력하고 날마다 매진해야 한다"고 한 말은 유가의 수양론적 관점에서 음미할 만한 비유다.

인간은 자신의 행동을 자신의 마음에 의하여 충분히 통제할 수 있는 능력을 지니고 있으므로 선한 행동이나 악한 행동에 대해서 스스로 책임을 지는 주체적이고 자율적인 존재이다. 그러나 마음이 육신을 통제한다고 하더라도 통제력은 자신의 결단에 의하여 발휘되는 만큼, 인간은 마음의 통제력을 바르게 발휘하지 못하거나 육신의 욕구에 이끌리게 되면 악을 저지르는 위험에 놓이게 된다. 현실적으로 인간에게서 과오나 죄악을 찾는 것은 매우 쉬운 일이요 오히려 선을 발견하기가 어려울 수도 있다. 이를 간파한 후석은 역시 곽기영에게 준 글에서 "힘쓰고 힘써 게으름 없이 자기의 사악함을 제거하여 마치 후원이 없는 외로운 군인이 많은 적을 만나듯[孤軍遇賊] 하고, 공부함에 이지러짐이 없이 시종 게으르지 않아 마치 삼태기로 흙을 날라 산을 이루듯이 꾸준히 노력하면 가슴 속이 툭 트여 영롱한 해가 드러날 것"이라 말하였다. 영롱한 해는 인간이 지닌 선한 본성을 말한다. 해가 원래 둥글고 밝은 것처럼 인간의 본성도 본래 순선한 상태이다. 가리어진 구름이 벗겨지면 영롱한 햇살이 비치듯이 본성을 가리는 온갖 사악한 것들을 억제하면 온전한 본성이 그대로 드러나는 것이다. 이것이 곧 학문에 나아가 스스로 수양한 실제적 효과이며, 마치 옥을 쪼아 바탕을 이루고 밭을 갈아 추수를 하는 것과 같다고 본다.

후석의 일제강점에 대한 저항운동은 은사금(恩賜金)의 수령거부로 표출되었다. 일제는 1910년 강제로 합방을 선포한 후, 조선의 명망 높은 유학자에게 일본천황이 주는 은사금을 하사함으로서 회유하는 한편 선비의 지조를 짓밟으려 했다. 이에 대해 후석은 은사금을 받을 수 없는 세 가지 의리를 군수에게 적어 보내 거부하였다. 첫째, 가난하게 살면서 홀로 선을 행하는 선비는 그 의리(義理)와 도(道)가 아니면 하나라도 타인에게 취하지 않으며 받지도 않는 것이니 망령되이 원수국의 돈을 받을 수 없다. 둘째, 원수를 잊고 부끄러움을 참고서 무안해 하며 돈을 받는다면 스스로 지조를 잃고 몸을 망치는 지경에 이를 것이다. 셋째, 망국의 유민(遺民)으로 한 몸을 버려 국난을 구하지 못했으니 통분을 참고 원통함을 삭이며 스스로 깨끗한 정절을 지켜 충성을 바치려 한다는 것이었다.

조선사회는 유교적 도덕규범과 의리정신이 사상적, 정신적 근간을 형성하였다. 따라서 일제의 강점을 당하여 정통유학자들은 의병운동에 적극적으로 참여하여 항의자결(抗議自決), 은둔수구(隱遁守舊) 등 나름대로의 의리관에 입각하여 행동하였는데, 후석의 사고와 행동은 은둔수구적 의리관에 가깝다 할 수 있다. 그는 유회근(柳晦根)에게 써 준 「양회설(養晦說)」에서 당시의 현실을 비바람이 몰아치는 그믐날 밤으로 비유하고, 이때에 자 벌레도 몸을 굽히고 용도 칩거한다고 설명하였다. 그리고 그는 "옥은 함 속에 깊이 넣어두지만 가치는 연성벽(連城璧)보다 월등하고, 표범은 안개에 가리어도 문채는 밝게 빛난다. 사물도 본래 그러하지만 사람은 더욱 그러하다. 선비가 처세함에 있어 산마루나 물가에 자취를 감추고 이름을 숨기더라도 잠재적 덕성이 마음에 축적되어 광채가 자연스럽게 외부에 드러난다"고 말했다. 그는 침략자들을 피하여 자신의 신념과 지조, 인간성과 문화를 지키는 방법으로 산속 깊이 숨는 방법과 외딴 물가로 자신을 감추는 방법을 택하였다. 후석은 입산을 결심한 뒤, 1917년 동지·문하생들과 협의하여 용진산(湧珍山)에 정사(精舍)를 짓고 '도를 부여안고 산으로 들어가 후생을 가르치면서 스스로 깨끗이 지조를 지키는'는 의리를 실천하면서 강학에 매진했다.

이런 점에서 후석의 절의는 현실의 외압이나 유혹을 거부하고 자신의 신념을 지켜나가는 내면의 투쟁이요 굽힐 줄 모르는 지기(志氣)를 발휘한 것이라 할 수 있다. 그는 공자의 "날씨가 추워진 다음에야 소나무와 잣나무가 늦게 잎이 지는 것을 알게 된다"[歲寒然後 知松柏之後凋]는 말대로 절의정신을 실현하려 한 것이다. 그러나 절의는 저절로 이루어지는 것이 아니다. 인(仁)이라는 보습과 의(義)라는 쟁기로 마음밭(心田)을 부단히 갈아야만 흔들리지 않는 참된 판단과 행위를 제공할 수 있는 것이다. 결국 후석은 학문과 절의를 하나의 선상에서 파악해야 함을 일깨워주었다고 하겠다.

3) 원문 번역

조장섭에게 보낸 답장 答趙章燮

아무개(여기서는 간재 전우를 가리킴)의 '본성은 스승이요 마음은 제자'[性師心弟]라는 설과 '기를 밝혀야 한다'[明氣]는 논의가 간혹 나의 귀에도 들어오지만 더불어 변론하고 싶지도 않고 결코 변론할 것도 없습니다. 사특한 학설이 정도를 해치는 일이 어느 때인들 없었겠습니까? 마음과 본성과 감정의 한계는 매우 분명한데도 이제 와서 '본성은 높고 마음은 낮다'[性尊心卑]고 말하여 뚜렷이 두 사물로 나누어 본다면 '마음이 발현하지 않았는가, 이미 발현하였는가에 따라 본성과 감정이 구분된다는 설'과 '마음은 본성과 감정을 통합한다'[心統性情]는 설은 어떻게 구별하겠습니까?

이치를 밝힌다는 설은 형의 논변이 자세합니다. 다만 저 사람(간재를 가리킴)이 앞사람을 돌파하는 데에만 힘써 새로운 학설을 만들어내니, 이는 본래 타고난 기량에 의존한 것이므로 함께 논쟁하는 것 또한 수고롭지 않겠습니까? 세상 풍속이 날로 오염되어 얼굴을 변형시키고 머리털을 훼손하는 일을 마치 즐거운 장소에 달려가는 듯하니, 폐단을 변설하다 구할 수 없다면 차라리 죽더라도 듣지 않으려할 뿐입니다. 우리들 모두 늙어 쇠약하니 구름과 나무가 어우러진 전원에 대한 생각이 간절할 뿐입니다.

이광술에게 보낸 답장 答李光述

무릇 선현의 말은 마음과 본성이 조리가 갖추어져 있고 말이 각각 합당하여 혹 본체를 가리켜 말하기도 하고, 혹 유행을 가리켜 말하기도 하였으니 이것을 들어 저것을 의심해서는 안 됩니다. 주자는 "본성은 태극(太極)과 같고 마음은 음양(陰陽)과 같으니, 마음은 역시 형이하자(形而下者)"라 말하였습니다. 그가 '같다(猶)', '역시(亦是)'라 말한 것을 보면 이는 천(天)과 인(人)을 분별하여 말한 것입니다. 따라서 "그 리는 형이상자(形而上者)이다"라고 말한 것이니, 형이상자가 과연 기(氣)입니까? 율곡(栗谷)선생은 "본성은 마음의 이치"라 하고, 또 "마음이 아직 드러나지 않은 것이 본성"이라 하였으니, 이러한 마음은 오로지 기만을 가리키지 않은 듯합니다. 대개 마음은 본성과 감정을 묘합하여 말한 것이므로 정적(靜寂)의 상태에서 다섯 가지 본성을 포함하고, 감통(感通)하여 사단(四端)을 운용하는 것은 모두 마음의 행위입니다. 뭇 이치를 갖추어 수많은 일에 대응하는 것도 마음입니다. 만일 이를 곧장 기라고 말한다면 맹자는 "마음에서 얻지 못하거든 기에서 구하지 않는 것이 옳다"하였고, 또 "넘어지거나 내달리는 것은 기이지만 도리어 그 마음을 움직인다"고 하였으니, 이 말을 잘 고찰하면 마음과 본성과 감정은 다만 하나의 길이면서 각각 경계를 지님을 알 수 있습니다. 바라건대 이 말을 시험삼아 사색해 보시는 것이 어떨까요. 경솔하게 이를 말하게 되어 매우 송구스럽습니다.

무릇 학자는 가까이 자기 몸에 반성하여 생각하고 힘써 행하는 것을 급선무로 여겨야 하며, 천명에 대해서는 갑자기 변론할 수 있는 것이 아닙니다. 이는 율곡선생의 말씀입니다. 우리들이 사법(師法)으로 삼을만하다고 생각하는데 어떻습니까?

김언경에게 보낸 답장 答金彦卿

물음: 무극(無極)이 곧 태극(太極)이란 뜻입니까? 그렇다면 결코 '이(而)'자를 쓰지 않았을 것입니다.

답변: '무극이면서 태극'[無極而太極]이라는 말은 주자(周子)가 끄집어내어

도체(道體)의 묘(妙)를 형용한 것입니다. 따라서 주자(朱子)는 "태극 외에 다시 무극이 있는 것이 아니다"고 하였습니다. '이(而)'자는 깊이 살펴볼 필요가 없습니다. 주자는 "하늘이 하는 일은 소리도 냄새도 없지만 진실로 조화의 핵심이요 모든 사물의 근거"라 하였으니, 이 '이(而)'자로 추론해 봄이 어떠하겠습니까?

물음: 주자는 "태극은 본연의 묘이며, 동정은 타는 바의 기틀"이라 하였습니다. '타는 바의 기틀'[所乘之機] 네 글자 가운데는 필시 무한한 곡절이 있지만 의미가 투철하지 못하여 말하기 어렵습니다.

답변: '타는 바의 기틀'[所乘之機] 네 글자 가운데에는 필시 무한한 곡절이 있다는 이 말뜻은 매우 좋습니다. 생각건대 기(機)는 발동의 근거가 되는 곳이니, 음양·사상(四象)·오행(五行)·팔괘(八卦)도 모두 기틀을 타고 말미암는 것이며, 본연의 묘도 여기에 있지 않음이 없습니다. 형이상하(形而上下)의 설명을 여기에서 볼 수 있습니다.

물음: 주자는 "움직임이 극에 달하면 고요해지고, 고요함이 극에 달하면 다시 움직이니, 한번 움직이고 한번 고요함이 서로 그 뿌리를 이룬다. 이는 천명[命]이 유행하여 그치지 않음이다. 움직여 양(陽)을 생성하고 고요하여 음(陰)을 생성하니 음과 양으로 나뉘어 양의(兩儀)가 성립된다. 이는 분(分)이 일정하여 옮김이 없는 것이다"하였고, 평암(平巖) 섭씨(葉氏, 葉采)[49]는 "움직여 양을 생성하고 고요하여 음을 생성하는 것은 태극의 유행에 속하고, 한번 움직이고 한번 고요하여 서로 그 뿌리가 된다는 것은 음양이 대대(對待)하여 고정불변함에 속한다"고 하였으니, 혹 주자의 말과 모순되는 곳은 없는지요?

답변: 주자는 "태극에 움직임과 고요함이 있는 것은 바로 천명이 유행하는 것"이라 하였는데, 섭씨의 주석은 대개 이에 근거하였고, 그 아래에 '계선성성 분속음양'(繼善成性 分屬陰陽)이 있으므로 천명[命]의 유행, 분수[分]의

---

[49] 엽채(葉采, ?): 자는 중규(仲圭), 호는 평암(平巖)이다. 처음에는 채연(蔡淵)에게 배우다가 뒤에는 진순(陳淳, 1153-1217)에게 배웠다. 주희가 죽은 지 48년째 되는 해에 『근사록』에 대한 최초의 주석서인 『근사록집해』를 썼다.

일정함이 있게 되었으니, 이는 부득이한 것입니다. 섭씨의 주석도 여기에 근거하여 해석하면 어찌 서로 모순이 있겠습니까? 다시 상세히 검토하심이 어떻겠습니까?

물음: 무극의 진(眞)과 음양오행의 정(精)이 묘합(妙合)하여 응결(凝結)하니, 대저 무극은 곧 태극이요, 태극은 곧 리입니다. 그래서 주자는 "진은 리를 가지고 말한 것"이라 했고, 황면재(黃勉齋)[50]는 "무극의 실리(實理)가 음양오행의 정(精)에 갖춰져 있다"고 말했습니다.

답변: 무극은 움직여 양을 생성하고 고요하여 음을 생성하는 본체이므로 진(眞)이요, 진이므로 리라 합니다. 단지 음양만을 말하면 이미 기에 속합니다. 황면재가 말한 무극의 실리는 음양오행의 정(精)에 갖춰져 있다는 것에 무슨 의심거리가 있겠습니까? 무극·음양·오행이 융합하여 사이가 없다는 말은 바로 이 뜻입니다. 어떻게 생각하시는지요?

물음: 공허하고 광막하여 조짐이 없는데[沖漠無朕] 동정음양(動靜陰陽)의 리는 이미 모두 그 가운데 갖춰져 있다고 하니, 공허하고 광막하여 조짐이 없다는 것은 맑고 고요하여 조짐을 볼 수 없다는 것입니까? 가운데란 태극의 가운데를 가리킵니까?

답변: 공허하고 광막하여 조짐을 볼 수 없다는 것은 고요하여 움직임이 없다[寂然不動]는 것에 가깝고, 가운데는 공허하고 광막하여 조짐이 없는 것의 가운데를 가리킵니다.

물음: 형체가 이미 생겨남에 신(神)이 지혜를 발한다 하니, 이 신은 공용(功用)으로 말한 것입니까? 묘용(妙用)으로 말한 것입니까?

답변: "형체가 생겨남에 신(神)이 지혜를 발(發)한다"에서 이 신(神)은 묘용

50 황면재: 황간(黃幹 1152-1221)은 민현(閩縣) 사람으로 자는 직경(直卿)이고, 호는 면재(勉齋)이다. 남송의 관리이자 철학자로 황우(黃瑀; 1109-1168)의 넷째 아들로 태어났다. 주희(朱熹)의 제자이다. 벼슬은 강서임천현령(江西臨川縣令), 임강군신감현령(臨江軍新淦縣令), 지호북한양군(知湖北漢陽軍), 지안휘안경(知安徽安慶), 대리승(大理丞) 등을 역임했다. 저서로 『주희행장』, 『면재집』, 『역해(易解)』, 『효경본지』, 『사서통석(四書通釋)』, 『의례통해(儀禮通解)』 등이 있다.

으로 말해도 좋고, 공용으로 말해도 좋습니다. 기질이 서로 운용하여 그 빼어남을 얻으니 묘용이 아닙니까? 사물에 감응하여 움직이고 선악을 분류하니 공용이 아닙니까?

물음: 성인이 중정인의(中正仁義)로 정초하고 정(靜)을 주로 하여 인간의 표준을 세웠다 하니, 중정인의로 정초하고 정(靜)을 주로 하였다는 것으로 보면 마치 스스로 정(靜)한 듯합니다. 인간의 표준을 세웠다는 것으로 보면 마치 이 사람인 듯합니다.

답변: 스스로 고요함, 인간을 정초함이란 노호(鷺湖)[51]어른의 설명이 이와 같습니다만, 노사선생은 취하지 않았습니다. 저는 무조건 스승의 학설을 따르기에 이제 또 망령되이 말할 수 없습니다. 부디 『노사집』의 「정자설(定字說)」과 「답이봉섭서(答李鳳燮書)」를 참고하면 일목요연할 것입니다. 성인에게는 욕심이 동하여 감정을 이기지 못해 이해를 따라 서로 공격함이 없은즉, 무슨 정한다는 말을 할 수 있겠습니까? 진실로 그러합니다만, 성인도 인간인지라 참으로 중정인의가 없다면 뭇 사람과 다름이 없을 것입니다. 『서경』에는 "성인이라도 생각이 없으면 미치광이가 된다"고 하였으니, 오직 중정인의가 있어야 인간의 표준이 세워집니다. 이것이 이른바 '정한다'는 것입니다. 이 '중(中)'자는 『주역』 「계사전」의 "천하의 이치를 얻어 중(中)에 위치를 지운다"는 것과 같지 않습니까?

---

51 노호(鷺湖): 이언강(李彦綱 1648-1716)은 이백린의 아들로 자는 계심(季心)이며, 호는 노호(鷺湖), 시호는 정효(貞孝)다. 1678년(숙종 4)에 증광문과에 병과로 급제하였으며, 이듬해에 문과중시에 급제하였다. 1680년 경신환국(庚申換局)이 일어나자 정언(正言)으로 재직하면서 윤휴(尹鑴)·허견(許堅) 등 남인에 대한 강력한 처벌을 주장하였다. 이후 지평(持平)·수찬(修撰)·교리(校理) 등 언관직을 두루 거쳤으며, 1682년 통신부사로 일본을 다녀왔다. 1686년 승지를 거쳐, 1688년 충청도관찰사가 되었으나 1689년 기사환국(己巳換局)으로 남인들이 정권을 잡자 삭탈관직되어 유배에 처해졌다. 1694년 갑술환국(甲戌換局)으로 서인이 재집권하자 도승지에 임명되었으며, 이후 병조참판·경기도관찰사·형조판서 등을 역임하였다. 1701년에는 장희재(張希載)의 역모사건에 연루되어 삭탈관직 되기도 했으나, 곧 복직되어 한성부판윤을 거쳐 다시 형조판서에 올랐다. 관직이 좌참찬에 이르렀다.

이교훈에게 보내는 답장 答李敎勳

물음: 혹자는 "마음은 본성에 근거한다"고 하고, 혹자는 "본성은 마음에 근본한다"고 말합니다. 누가 옳습니까?

답변: 저는 심·성·이·기(心·性·理·氣)에 본래 명확한 견해가 없으며, 또 정밀히 사색하고 세밀히 살펴 그 궁극적 의미를 탐구할 수 없으니, 어찌 감히 귀하의 말에 논의를 개진할 수 있겠습니까? 예전에 돌아가신 스승인 노사선생의 다음과 같은 답변을 보았습니다. 혹자가 "본성은 태극과 같고 마음은 음양과 같으며, 태극은 음양을 생성하는데 마음이 도리어 본성과 감정을 통합합니까?"라고 묻자, 선생은 "하늘에 있으면 태극·음양이라 하고, 사람에게 있으면 마음·본성이라 한다. 그 가운데에서 하늘과 사람을 나누어 말하는 것이니, 태극이 음양을 생성함은 혼동설로 곧 조화와 본원이 리(理)에 있기 때문에 리(理)에 중점을 두어 태극은 음양을 생성한다고 말한다. 마음이 본성과 감정을 통합함은 사람의 입장에서 말한 것으로 사람으로 말하면 동작과 운용의 주체가 되기 때문에 마음에 중점을 두어 마음은 본성과 감정을 통합한다"고 답변했습니다. 바라건대 「답문유편(答問類編)」의 본문을 참고하여 보면 생각하여 깨달은 바가 많을 것입니다.

4) 後石遺稿 目錄

卷之一

賦: 遠遊賦呈奇松沙(宇萬)兼寄奇植齋(宰)奇普山(宇承)/詩: 謹次族祖上舍公(燧)古否歌(幷小序) 外186首

卷之二

詩: 敬次寒圃齋李先生羅老島謫居韻 外257首

卷之三

書: 上蘆沙奇先生(2 別紙1) 上崔勉菴(益鉉 3) 上宋淵齋(秉璿 2 別紙1) 與尹晦山(泰元) 答閔招討(鍾烈 與1答1) 答梁柏下(相衡 2) 答羅德巖(燾圭 2) 答李判書(道宰) 答安承旨(鍾和) 與吳重涵(繼洙 2) 答吳掌令(光洙 別紙) 與奇松沙

(宇萬 與4答1) 與鄭季方(義林) 與吳德初(門魯) 與金允和(堯悳) 答外兄崔聖器(潤瑚) 與崔贊瑞(基龍) 答盧都正(在奎) 答吳伯度(甲根 答1與1) 答梁永五(逸永) 與羅明淑(英集) 與李聖述(鐸憲) 答崔正彦(圭鉉) 答盧進士(近壽 答1與1) 答奇德三(周鉉) 答鄭聖魯(遇亨 2) 答金平集(澤柱) 與奇性初(宇蒙) 答奇立夫(宰 與2答1) 答高元汝(光善 答1與1) 與高叅奉(升柱) 與崔進士(永禼) 答愼敬儀(宗鳳) 與李國瑞(熙容) 答朴仲和(采柱) 與李福一(炳壽) 答柳啓翼(昌秀 與1答1) 答李章伯(憲秀) 答李熙卿(敦植) 與奇國賓(東觀) 答曹而敬(錫休) 答柳德吾(碩永) 答鄭處仁(鍾訥) 答吳景遠(永奎) 答高養汝(弼柱) 答具德允(翼謨) 答閔叅奉(泳杓) 答李君和(錫宇) 答鄭叅奉(海鎰) 答吳而敬(榮洙) 答金載華(在夏) 與柳國賓(行源) 與金定元(用中) 答崔汝正(相廷) 答宋進士(佐憲) 與奇松友(柏度) 答閔德賢(重植) 與魯明孝(愉鐸) 答姜仲民(天秀) 與鄭致裕(俊源) 答鄭君仲(達會) 答金叅奉(在千) 答李道觀(泰魯) 與羅伯仁(禎均) 答廉敬汝(在愼) 與羅聖圭(禹成) 答文純一(在德) 答吳厚卿(根厚) 答柳道裕(厚烈 答1與1) 答宋明五(廷黙) 答宋善一(棋萬) 答金文汝(秉圭)

卷之四

書: 答李叅判(載亮 答1與1) 答白致三(樂恒) 與安德咸(時鎔) 答朴公彬(魯禎) 答林國珍(相熙 與1答1) 與崔錫胤(永祚 2) 答奇平仲(東準 與1答1) 答梁汝禎(在慶) 答李景賢(彩圭) 答金炳叔(永彩) 與尹而見(相龍 2) 答閔侯(泳采) 答金性淑(堯薰) 答金士成(晩植) 答李校理(種文) 答趙成汝(章燮 2) 答盧致雲(鍾龍) 答吳聖述(熙善 2 別紙1) 答崔順明(榮台) 答白國明(由寅) 答金德文(純黙 2) 答吳潤德(昌洙) 答金鶴老(碩赫 1答1) 答李聖道(一相) 答林仁善(炳郁) 答金良汝(永采) 與金明克(烈) 答趙贊明(淇煥) 答崔正三(禹鉉) 與羅成彬(性洙) 答柳觀之(春淵) 答康和允(基泰) 答鄭仲賢(一燮) 答林文玉(敦圭) 答李亨仲(鍾宅) 答金章叔(錫煥) 答孔道卿(學源) 答鄭孝善(成根) 與高道一(光洙) 答梁永斗(會石) 答林聖述(魯駿) 答李敬求(重權) 答鄭益三(大鉉) 答徐結城(載克) 答朴仲三(魯庠) 答卞晦叔(鍾爀) 答安敬一(京煥) 與奇國老(東奭) 答金學卿(志學 3) 答奉衡中(洛淳 2) 答羅致九(相一) 答金君翼(鳳煥 2) 答鄭聖河(潾黙) 答金汝堂(燦基) 答李景淑(莊勳) 答吳載華(在英) 答廉敬安(宅洙 2) 答李敬純(承

穆) 答奇美仲(世休) 答金侯(性基) 答吳參書(翔學) 答申議官(瑢熙) 答朴京采(淇紋) 答梁俊賢(成黙 2) 答朴孺玉(琳相) 答金君明(堯協) 答白子行(景寅 2) 答朴景立(準基) 答金京華(珉煥) 答鄭成五(鍾玉) 答朴子彦(俊東) 答羅希文(度淳) 與金贊文(墩) 答朴德吾(道東 2) 答金景淑(禹鎭) 答金聲表(敏浩) 答宣燦明(性奎) 答崔永文(潤魯) 答李慶仲(慶儀 2) 答朴禹相(均夏) 答梁元常(在亨) 答魯士遠(泳駿)

卷之五

書: 答宋原孝(曾憲) 答金伯應(在鍾) 答白浩卿(南發 2) 答奇子術(觀燮) 答李直夫(時衡) 答許恂明(炳) 答金景儒(珍鉉) 答梁行源(孝黙 2) 與金仲善(在禹) 答梁士衡(會寅) 答梁元淑(會甲 4) 答李仁彦(乙鎬) 答柳精天(星烈) 答文致仲(丞浩) 答鄭性之(燾洪) 羅性行(炳觀) 答文正晦(昌善) 答沈正五(鍾大 與1 答1) 答許晦彦(燮) 答金奉賢(容勳) 答奇光國(世觀) 答辛源汝(東旭) 答曺德瑞(昌燁) 答李光述(承燁 2) 答柳貫一(庠烈) 答林奏彦(炳一) 答李某(桓鎔) 答安仲述(鍾基) 答吳某(秉南) 答李宇現(相皓) 答金學元(昌洙) 答郭德用(基永) 答南某(鵬) 答愼準璿(容晟) 答朴峻華(魯烈) 答張處中(釋均) 答金清一(喆洙) 答閔子直(永夔) 答李炳淑(義升) 答金泰亨(永烋 2) 答梁重涵(會澈) 答閔泰亨(泳仁) 答宋榮浩(文浩) 答李某(鍾煥) 答卞某(鍾來) 答金周彦(錫棟) 答鄭允甫(允源) 答崔近術(仁宇 2) 答高某(光純) 答李春哉(鶴宰) 答任良才(公淳)/答安文哉(圭福) 答宋某(般錫) 答鄭天翼(海鵬) 答姜性太(大基) 答金行運(東璨) 答吳某(海壽) 答金仁善(容涉) 答金執中(喆煥) 答朴某(鎔相) 答金彦卿(浚植 答2 別紙1) 答吳雲汝(龍根) 答曺某(東湜)/答丁君瑞(鳳泰) 答柳秉斗(在洙) 答文元之(貞鎬) 答羅性哉(聖均) 答朴寬述(勝徹 2) 答奇欽夫(老柏) 答尹化玉(璟赫) 答林某(爀圭) 答李衡甫(璋鎬) 答吳箕範(洪根 2) 答金而習(時鎬) 答吳慶龍(武烈) 答朴升如(日圭) 答李斗氷 答李祺氷 答李尙薰 答金吉中(鎔璇) 答文汝章(冕植) 答朱某(寬植) 答馬英玉(相德 答1 別紙1) 答鄭德卿(休淙) 答安善奎(哲魯 2) 答徐基鉉(甲炫) 答崔某(林黙) 答丁某(萬烈) 答金文三(甲洙) 答朴鉉從(鍾瀚) 答金勝坤 答金主事(箕粹) 答鄭休暢(別紙) 答金洪擧(在勛) 答柳鳳煥(在鳳)

卷之六

書: 答奇公吉(老善 2) 答吳柱原(滎均) 答奇允明(堯錫) 答朴會周(英柱) 答白聖罔(鳳圭) 答崔允實(光奎 答1 別紙1) 答吳義養(直敎 2) 答朴聖居(榮洙) 答奇某(元燮) 答安永大(基成 2) 答沈南擧(翰求 2) 答梁伯慶(時模 2) 與金某(宇根) 答劉子敬(貞熙 答3 別紙1) 答高恭三(光寅) 答金文郁(堯周) 答曺武兼(文煥) 答李伯心(啓性 答3 別紙1) 答朴從賢(燦錫 2) 答金季亨(寧鎬) 答吳舜淑(孔烈 答1 別紙1) 答丁重車(炳斗) 答白某(鴻善) 答李善夫(東逑) 答楊士得(秉求) 答池泰巡(椶煥) 答宣某(楨奎) 答柳泳喆(秉寅) 答金而仲(栗寬 2) 答金子善(堯元 3) 答鄭美伯(懿衍) 答柳晦汝(根重) 答魯壽玉(琫杓 2) 答鄭子文(炳憲) 答崔伯明(昌德) 答李錫胤(鎭炯) 答金雲會(龍鉉) 答金子華(泰煥) 答金芝永(佑永) 答金某(章善) 答愼珍淑(文晟) 答李德瑞(錫驥) 答林明中(鍾炫) 答道東院儒 答南康院儒 答長淵祠儒生 寄子憲洙 答東洙姪(3) 答南洙姪 寄兌洙姪 答根浩孫(2)

卷之七

雜著: 沙上贄謁錄 西遊錄 西行錄 經義問解 狂山說 保晩說贈李載春 養晦說贈柳晦根(寅協) 持志說贈崔永文 書贈高光寅 贈別鄭美伯 書贈沈南擧 書贈林龍基 李景晦字說 書贈金永鈺 書贈李善夫 書贈吳炳鎰 柳根重字敍 三近說贈金正會 贈郭基永 農隱說 書贈金堯元 書贈白鴻善 抵本郡守 抵三巨里憲兵所却金顚末 醉山說

卷之八

序: 節齋實記序 外35篇

卷之九

序: 尊周錄序 外32篇

卷之十

記: 樂德巖記 外58篇

卷之十一

記: 竹圃記 外41篇

卷之十二

記: 晩遂齋記 外57篇

卷之十三

跋: 明谷集跋 外41篇

卷之十四

銘: / 箴: / 贊: / 辭: / 婚書: / 上梁文: 啓聖祠重修上梁文 外27篇

卷之十五

祝文: 獅狼山祈雨祭祝文 外19篇 / 祭文: 祭蘆沙先生文 外14篇

卷之十六

碑: 高麗寶文閣直提學諫議大夫贈崇祿大夫議政府左贊成門下侍中文節公雲巖車先生(原頫)神道碑銘 外29篇

卷之十七

墓碣銘: 遯菴先生梁公(山海)墓碣銘 外38篇

卷之十八

墓碣銘: 成均館典籍愛日菴李公(彦烈)墓碣銘 外39篇

卷之十九

墓碣銘: 義禁府都事槐陰先生李公(奎永)墓碣銘 外24篇

卷之二十

墓表: 司宰令金公(法生)墓表 外36篇

卷之二十一

墓表: 雲陽奇(東觀)墓表 外18篇 / 墓誌銘: 道菴鄭公(仁洪)墓誌銘 外7篇

卷之二十二

行狀: 兵使贈兵曹判書宣公(居怡)行狀 兵曹參判文村李公(光先)行狀 新峯先生李公(馥遠)行狀 順天府使默齋金公(彦恭)行狀 七迂李公(潤聖)行狀 晩晦朴公(徽鎭)行狀 兵曹參議吳公(相昱)行狀 碧梧亭李公(宗善)行狀 海隱金公(騈孫)行狀 松齋吳公(克禮)行狀 錦西柳公(希榮)行狀 龍驤衛副護軍公吳(以健)行狀 居居齋吳公(大勛)行狀 逍遙齋鄭公(仁光)行狀 老癡李公(養馥)行狀 學生吳公(相一)行狀 雲菴馬公(應井)行狀 晩圃李公(馨福)行狀 戰兢齋愼公(宗鳳)行狀 謙齋成公(敎鎭)行狀 山亞文處士(圭性)行狀 性菴文公(濟權)行狀 梅沙愼君

(濬成)行狀

卷之二十三

行狀: 六世祖守拙軒府君行錄 龍湖處士羅公(斗甲)行狀 竹軒吳公(時鼎)行狀 司憲府掌令立齋先生文公(躍淵)行狀 海隱吳公(昌煥)行狀 臨履堂金公(興龍)行狀 成均進士晩悔辛公(有章)行狀 拙齋盧公(淳聖)行狀 蘆隱處士朴公(聖濤)行狀 孝子吳公(達周)行狀 拙窩金公(錫渠)行狀 虛菴李公(文榮)行錄 黙軒李公(圭生)行狀 參奉徐公(慶潤)行狀 蘭岡處士羅公(鏶)行狀 孝友宋公(來奎)行狀 學生朴公(駿秀)行狀 先府君行錄 野菴辛公(延珪)行狀 贈敦寧都正金公(濟明)行狀 學生李公(敦鶴)行狀 溪菴吳公(鼎善)行狀 愚居安公(學淳)行狀 節婦孺人梁氏行錄 沙湖朴公(源郵)行狀 希菴梁公(在慶)行狀

卷之二十四

行狀: 柏下先生梁公(相衡)行狀 難窩吳公(繼洙)行狀 守愚崔公(潤瑚)行狀 朝鮮逸民植齋奇公(宰)行狀 石松處士柳公(昌秀)行狀 梅史李公(馝善)行狀 蘭坡鄭公(錫珍)行狀 浪菴金公(有一)行狀 石初居士金君(永琦)行狀 龜隱趙公(秉文)行狀 山谷居士崔君(基謨)行錄 東廬處士金君(九鉉)行狀 華亭朴君(宗鉉)行狀 孺人李氏行錄 贈教官趙公(有昌)行狀 學生金公(漣洙)行狀 黙隱鄭公(錫河)行狀 碧窩金公(箕爀)行狀 贈吏曹參判李公(敏謙)行狀 左副承旨晩成亭卞公(炯圭)行狀 / 遺事: 本生考府君遺事 / 傳: 金雲江(采淑)傳 貞夫人洪氏傳 義兵將奇參衍傳 義兵將高鹿泉(先洵)傳 義士金準全垂鏞合傳

卷之二十五

附錄: 家狀 行狀 墓碣銘 墓誌銘 墓表 遺事 日記

10. 회봉 안규용 晦峰 安圭容

1) 생애

안규용(1873-1959)은 자는 경삼(敬三)이요 호는 회봉(晦峰)이며 본관은 죽산(竹山)이니, 은봉(隱峰) 안방준(安邦俊 1573-1654)의 십세손이다. 한말 연재(淵齋) 송병선(宋秉璿) 문하의 탁월한 도학자였다. 처음에는 이름을 규용(圭鏞), 자를 회중(會中)이라 했으나 스승 송병선이 이름을 규용(圭容), 자를 경삼(敬三)으로 바꿔 주었다. 세상 사람들은 '죽곡선생(竹谷先生)'이라 불렀다.

그는 1873년(고종 10년) 7월 28일 전남 보성군 복내의 옥평리(玉坪里)에서 아버지 안풍환(安豊煥, 1831-1919)과 어머니 밀양박씨(密陽朴氏)의 사이에 태어났다. 어린 나이에 아버지를 따라 밖에 나갔다가 개미떼가 길 웅덩이에 표류하는 걸 보고 나무 가지를 꺾어 건너 주니, 이를 본 사람들이 "사물을 구제하는 어진 마음[濟物之仁]"을 지녔다고 칭찬했다 한다.

1893년 21세 옥평 서당에서 독서할 때에 동문 수학생들은 모두 과거시험에 보기 위해 시문(時文: 과거를 보기 위한 문장공부)을 열중했지만, 그는 홀로 오동나무 아래에 죽상(竹床)을 갖다 놓고 꼿꼿이 앉아 성현의 글을 읽으면 변함없이 도학을 탐구하였다. 이 무렵 동학운동이 일어나 교도들이 함부로 날뛰자 이를 깊이 걱정한 끝에 「동학변(東學辨)」을 지어 배척했다가 구금되어 협박을 받기도 하였으나 자기의 소신을 굽히지 않았다.[52]

1894년 22세 정시림(鄭時林, 1839-1912)이 강학하던 강습재(講習齋, 보성군 문덕면 동소산 아래)에서 독서하였다. 정시림은 기정진 문하의 고제(高弟)로 자신의 제자들이 뜻을 모아 지은 강습재에 주자의 영정을 모셔 놓고 삭망(朔望)이 되면 문인들과 함께 참배하고 봄 가을로 과강(課講)을 진행했다. 안

52 『晦峰先生文集3』, 附錄 卷1, 「行狀」, 321쪽.

규용은 강습재에서 경전과 역사서를 탐구하고, 때로는 의문 드는 대목을 질문하기도 하였다. 정시림은 서적이 가득한 안규용의 서실을 기념하는 글을 지어주면서, "부친이 서책을 모은 마음으로 마음을 삼아 글 속에서 성현의 마음을 찾는다면, 훗날의 성취를 이뤄 다 말할 수 없으리라"[53]고 격려하며 학문에 힘쓸 것을 권장하였다.

1895년 겨울에 조정의 단발령을 듣고 동지들에게 "중화와 오랑캐의 구분은 왕의 명령보다 엄정하다. 차라리 머리 없는 귀신이 될지언정 머리털 없는 사람이 되겠는가"[54]라며 도학자의 결연한 의지를 내보였다.

29세 되던 1901년 3월에 우암(尤庵) 송시열(宋時烈)의 엄격한 정통주의적 도학이념을 계승한 연재(淵齋) 송병선(宋秉璿, 1836-1905: 우암의 9대손으로 을사보호조약의 폐기와 오적처단을 요구하다가 음독 자결함)과 그의 아우 심석재(心石齋) 송병순(宋秉珣, 1839-1912) 문하를 찾아가 수학하였다. 당시 원계정사(遠溪精舍)로 찾아온 안규용에게 송병선은 『주문지결(朱門旨訣)』과 『근사속록(近思續錄)』을 주면서 공부하도록 했고, 아울러 왕도를 존숭하고 패도를 물리치는 의리와 정사(正邪)의 분별, 그리고 난세를 구제하는 임무와 출처에 대해 알려 주었다. 송병선의 문하에서 공부한 기간은 몇 달에 불과했지만, 그는 이를 통해 이이(李珥) - 김장생(金長生) - 송시열(宋時烈) - 정호(鄭澔) - 김위재(金偉材) - 김정묵(金正默) - 송치규(宋穉圭) - 송근수(宋近洙) - 송병선(宋秉璿)으로 이어져 내려온 기호유학의 한 맥을 잇게 되었다. 또한 활산정사(活山精舍)에서 강학하던 송병순(宋秉珣: 일본정부가 경학원(經學院) 강사로 추천하자 1912년에 음독 자결함)을 배알하니, 그도 『학문삼요(學問三要)』란 책을 주고, '비례부동(非禮不動) 비법부도(非法不道)', '성경근근(誠敬勤謹)', '사무사(思無邪)' 등의 글귀를 대자(大字)로 써주며 힘써 학문에 매진할 것을 당부하였다.[55]

1910년 경술국치(庚戌國恥)의 소식을 전해 듣고 만동묘(萬東廟) 제사에 관

53 『月波集』 卷8, 記, 「安敬三書室記」, 30쪽.

54 『晦峰先生文集3』, 附錄 卷1, 「行狀」, 321쪽.

55 『晦峰先生文集3』, 附錄 卷2, 「言行摭錄」 '士友之際', 321쪽.

한 일로 길을 떠났다가, 사고(史庫)가 있는 무주(茂州) 적상산(赤裳山)에 올라 '국조선원'과 '국사'를 보고 종일토록 통곡했다.

1921년 겨울에 죽곡정사(竹谷精舍)를 설립하고, 「강안」과 「규약」을 만들어 후진을 양성하기 시작했다. 이 때 그는 「향례합편(鄕禮合編)」과 「주문지결」, 「동몽수지(童蒙須知)」, 「이자학칙(李子學則)」을 간행하여 예악(禮樂)의 중요성을 강조하고 학문하는 방법을 고취시켰다.

62세 되던 1934년 봄에 왜인으로부터 서당인가를 받으라는 재촉을 받고 8월에 학생들을 해산하고 표연히 두류산(頭流山)으로 들어가 문수동(文水洞)의 서산 꼭대기에 초가집[西山草廬]을 얽어놓고 독서로 일과를 삼았다. 정치와 윤리적 지향이 급변하는 서세동점(西勢東漸)의 거센 흐름 앞에서 그는 자신의 힘이 미약함을 통감(痛感)했다. "아, 천명이 쇠해졌으니, 다시 어찌 하겠는가!"[56]

1936년 8월 문인 박규현이 모친을 뵈러 가다가 왜경에게 검색을 당했는데 그는 여기에 연루되어 아들 종선(鍾宣)과 함께 구례경찰서에 구금되었다가 9월에 광주경찰국으로 이감되었다. 그동안 그는 전후 3개월 동안 여러 번 문초와 협박을 받았으나 끝내 의연히 대처하다가 마침내 석방되었다.

1959년 8월 17일 낙재(樂齋)에서 세상을 뜨니 향년 87세였다. 문집은 본집 10권 5책, 별집 2권 1책, 부록 2권 1책으로 도합 14권 7책이 있다.

2) 사상

(1) 성리학에 관한 이론

안규용은 '본성을 따라 이치대로 하는 것(率性循理)'이 곧 성리학(性理學)이라고 간명하게 정의하였다. 제자 박원재(朴元在)의 기술에 따르면 그는 청년시절에 「명덕설(明德說)」, 「인물성동이변(人物性同異辨)」 등을 저술하여 조선조 성리학에서 일반적으로 다루어진 논쟁점을 탐구하기도 하였으나, 중

56 『晦峰先生文集3』, 附錄 卷1, 「行狀」, 324쪽. "嗚呼 命之衰矣 夫復何爲"

년 이후로는 이기론(理氣論)을 언급하기를 좋아하지 않았다.

> 근세 학자들은 신설(新說)을 만들어 내고 이설(異說)을 세우는 것을 능사로 삼지 않는 이가 없으니, 탄식하지 않겠는가.[57]

> 성리학이란 '본성을 따라 이치대로 하는 것'을 말한다. 어찌 성(性)이니, 심(心)이니, 리(理)니, 기(氣)니 하며 떠들어대는 것을 능사라 하겠는가. 정자와 주자 이래로 현인들의 말이 명백하고 적절하며 곡진하여 조목조목 분석함에 하나라도 갖춰지지 않은 것이 없으니 배우는 자는 다만 그 분들의 명확한 가르침을 삼가 지켜 독실하게 공부함으로써 스스로 터득하기를 구할 것이요, 아직 밝히지 못한 것을 밝혀서 앞사람보다 자신을 높이려고 힘쓰지 말아야 할 것이다.[58]

안규용이 성리학적 이론 논쟁에서 벗어나게 된 것은 스승 송병선의 말대로 '신기한 견해'를 표방하다가, 또한 자신의 표현한 대로 '새로운 설을 만들어 내고 기이한 이론을 세우는 것을 능사'로 여긴 결과 수많은 학문적 폐해가 드러나는 것을 목격했기 때문이다. 또한 학자들이 일상적 도리는 알지 못하면서 번쇄한 이론분석에 치우치는 폐단을 발견했기 때문이다.

그러므로 성리학에 관한 그의 견해를 이해하려면 부득이 그의 청년시절의 몇 편의 저술을 중심으로 살펴볼 수밖에 없다.

① 심성론(心性論)에서 중요한 개념으로 다루어지는 마음·본성·감정(心·性·情)에 대한 안규용의 기본적 입장은 대체로 다음과 같다.

그의 청년시절인 조선조 말의 성리학적 문제의 흐름은 사단칠정론(四端七情論)·인물성동이론(人物性同異論) 같은 개념분석의 정밀화를 추구하는데 관심을 두기보다는 구체적 행동원리를 근거지울 수 있는 '마음'[心]의 속성(屬性)과 위치에 관심을 두는 경향이 뚜렷하였다. 즉 마음은 리(理)의 속성을 갖는가, 기(氣)의 속성을 갖는가, 마음은 높은 등위를 갖는가, 낮은 등위를

---

57 『晦峰先生文集3』, 附錄 卷2, 「言行撫錄」 '訓誨', 440쪽.

58 『晦峰先生文集3』, 附錄 卷1, 「行狀」 334쪽.

갖는가 하는 문제가 주요 논점이었던 것이다. 마음의 속성에 대해서, 당시 화서(華西) 이항로(李恒老)·한주(寒州) 이진상(李震相)·간재(艮齋) 전우(田愚) 학파에서 보편적으로 논의가 되었고, 마음의 등위에 대해서는 화서학파의 '마음은 군주요 본성은 백성'이라는 '심군성성조민설(心君聖性兆民說)'과 간재학파의 '본성은 스승이요 마음은 제자'라는 '성사심제설(性師心弟說)'이 첨예한 대립을 보이고 있었다.

제자 박원재(朴元在)가 간재의 '성사심제설'과 화서의 '심군성성조민설'에 대하여 질문했을 때, 안규용은 "간재가 말한 마음은 전체의 마음이 아니요, 화서가 말한 본성은 본연의 성이 아니다"[59]고 답하였다. 나아가 문인 정해장(鄭海璋)이 '성사심제설'이 논리적으로 타당한가에 대해 질문했을 때, 안규용은 등불을 가리키면서 "등불 속에 열과 빛이 내포되어 있듯이 마음속에는 본성과 감정이 내포되어 있다"[60]고 비유하여, 심·성·정(心·性·情)의 존재구조는 마음이 본성과 감정을 내포하는 것으로 확답하였다. 따라서 마음과 본성에 '사제(師弟)'나 '군민(君民)'의 명칭을 붙여 개념화하는 태도를 거부하였다. 그런데 간재나 화서가 사용한 '사제'나 '군민'의 명칭은 대립적 가치를 의미하는 것이 아니라, 존재론적 측면에서 마음과 본성은 서로 혼잡될 수 없다[心性不相混]는 논리를 적용하여 무엇이 더 근원적이고 실질적인가에 초점이 맞춰져 있다. 안규용이 비판의 근거로 삼은 것은 마음과 본성은 서로 분리될 수 없다[心性不相離]는 측면과, 장횡거(張橫渠)가 말한 '마음은 본성과 감정을 통합한다'[心統性情]는 이론을 제시한데 있다. 그러므로 간재나 화서의 입론은 관점의 차이에 따라 비판의 여지가 있다.

안규용의 이 같은 비판적 입장은 그의 「명덕설(明德說)」에서 보다 선명하게 드러난다. 그는 주자의 소위 "공허하여 형체는 없으나 기능이 맑고 환한 것은 곧 마음이요, 이 이치가 마음속에 갖추진 것은 곧 본성이며, 감각에 따라 운동하는 것은 곧 감정"이라는 구절을 인용한 뒤, 마음·본성·감정[心·

59 『晦峰先生文集3』, 附錄 卷2, 「言行撫錄」 '論理', 452쪽.

60 위의 책, 같은 곳.

性·情] 세 글자는 명덕 가운데에서 별도의 조목을 세워 분명하게 이해시키고자 한 것일 뿐, 마음은 명덕이요 성정(性情)은 명덕(明德)이 아니라는 것이 아니며, 성정은 명덕이요 마음은 명덕이 아니라는 것도 아니라고 하였다.[61]

② 인간과 동물의 본성은 같은가 다른가[人物性同異論]에 관한 그의 입장은 또 다음과 같다.

먼저 안규용의 성론(性論)을 살펴보기로 하자. 안규용은 "본연(本然)과 기질(氣質)이 어찌 두 가지 성(性)으로 존재하겠는가. 다만 기질 속에서 혼연하여 섞임이 없는 본래모습을 가려내어 본연이라 하지만, 또한 기를 떠나서 독립해 있을 때가 없으므로 기가 곧 성이요 성이 곧 기[氣卽性 性卽氣]"라고 한다. 물론 '기즉성 성즉기(氣卽性 性卽氣)'는 정호(程顥)의 『이정유서(二程遺書)』에 나오는 이론이다. 안규용은 『유서』의 학설을 근거로 삼아 이 세상의 모든 것은 이미 드러나면서 기를 품수(稟受)하게 되므로 구체적인 존재는 결코 성과 기가 분리될 수 없는 것으로 인식했다. 따라서 그는 「독서잡지(讀書雜識)」에서 성과 기질의 관계를 '하나이면서 둘이요 둘이면서 하나[一而二 二而一]'라는 논리로 요약하고, 성은 기질이 아니면 의지할 곳이 없으며 기질 또한 성이 아니면 빈껍데기에 불과할 뿐이라고 말하였다.[62]

그는 이와 같은 심성이론을 근거로 하여, 인성과 물성이 같다는 것은 하늘이 부여한 순수한 면을 단칭(單稱)한 것이므로 당연히 인간과 동물의 본성은 동일하며, 인성과 물성이 다르다는 것은 기질에 내포된 면을 겸칭(兼稱)한 것이므로 당연히 인간과 동물의 본성은 다르다고 하였다. 그리고 하늘이 부여한 본연성(本然性 또는 本來性)으로 말하면 인간과 만물이 본래 추호의 차이도 없지만, 기질로 말하면 인간과 만물은 자체로 크게 차이가 드러나는데, 사람들이 '다른 곳'은 보기 쉽고 '같은 곳'은 보기 어렵기 때문에 다양한 논의와 이론적 논쟁이 발생했다고 주장한다. 따라서 반드시 '다른 곳'을 근거로 '같은 곳'을 추론한[因異推同] 뒤에라야 성(性)의 본질을 정확하게 말할 수 있

61 『晦峰先生文集2』, 卷5, 雜著, 「明德說」, 44쪽.
62 『晦峰先生文集2』, 卷5, 雜著, 「讀書雜識」, 75쪽.

다고 주장한다.[63]」

결국 안규용은 기질의 차원에서는 인성과 물성은 다르다고 주장함으로써 물성으로부터 인성을 분별하여 보호하고자 했고, 천명의 차원에서는 인성과 물성의 동일성을 강조하여 본성의 절대화를 꾀하였다. 이러한 주장의 배경에는 인간본성에 존중이 깔려 있다.[64]

(2) 도학정신의 실천

19세기 말에서부터 20세기 초에 역사적 상황의 불안정과 급변하는 정세 속에서 한말 도학파들은 유학의 본질을 수호하기 위해 투쟁하였으며, 따라서 역사적 변천에 저항하는 보수적 양상을 보이기도 하고, 외세의 압력에 저항하는 민족 주체의식을 드러내기도 하였다.

안규용의 두 스승인 연재(淵齋)와 심석재(心石齋)는 "목숨을 버림으로서 뜻을 관철시키는[致命遂志]" 적극적 의리관을 보여주었다. 「행장(行狀)」에 따르면, 안규용은 29세에 충청도 원계(遠溪)로 연재를 찾아가 뵙고, 다시 활산(活山)으로 찾아가 심석재를 배알하면서 정주학(程朱學)의 요체를 상세히 듣고서 마음에 회통한 바가 있어 한층 분발하여 도학을 임무로 삼더니, 연재선생이 돌아가신 뒤로는 낙이 없어 대문을 닫고 깨끗한 지조를 지켰다고 기술되어 있다. 그는 의지하던 스승을 잃은 슬픔이 채 가시기도 전에 경술국치(庚戌國恥)의 쓰라린 고통을 거듭 맛봐야 했고, 더구나 처참히 붕괴되어가는 유교질서를 목도한 그가 취할 수 있는 의리론은 '깊은 산 속으로 들어가 깨끗한 지조를 지키고[入山自靖]', '숨어 살면서 제자를 기르는[隱居授徒]'데 중점을 두고 은둔 속에서 학문을 연구하고 전통을 수호하는 행동양식이었다. 그가 죽곡(竹谷) 산 속으로, 지리산 속으로 숨어들어간 것은 이러한 의리론을 실천하는 방식이었다.

---

63 위의 책, 같은 곳, 74쪽.

64 안동교, 「晦峰 安圭容의 교육활동과 『朱門指訣』 간행의 의의」, 『역사학연구』 제56집(2014), 10쪽.

그는 「조수동군설(鳥獸同群說)」에서 당시를 "사욕에 탐닉되어 오랑캐나 금수로 변한 모습이 인간이 생겨난 이래로 이때보다 더 혹심한 때가 없었으니, 참으로 더불어 살 수 없는 세상이다"[65]고 규정하고, "차라리 몸을 깨끗이 하고 세상을 피하여 깊은 산, 거친 들판으로 들어가 새나 짐승과 더불어 사는 것이 보다 나을 일이라"[66]고 하여 자신의 극한적인 심정을 역설적으로 표출하였다. 이처럼 안규용이 세상을 떠나 깊은 산 속에서 조수와 더불어 살고자 한 것은 단순히 도피적 은둔에 그친 것이 아니다. 그래서 그는 "새나 짐승과 더불어 살 수 없다고 말한 공자에게는 죄를 지을지언정, 인간이 금수로 변해버린 세상에서 자신을 죄악에 빠뜨려 본성을 멸해버리기 보다는 다만 좋아하는 하나의 도리를 가지고서 반드시 공자의 가르침을 따르고자 하는 무리들을 거칠고 적막한 물가에 모아놓고, 분수에 따라 독서하고 강론하면서 감히 천하를 잊지 않는 마음으로 삼는다면 그런대로 괜찮을 것이다"[67]라고 자신이 의지를 천명했다. 이와 같은 그의 처신은 겨울을 나는 생명처럼 고난의 시절을 넘어서 희망의 시절을 기다리는 대망(待望)이요, 세상이 무도할 때 자신의 덕을 연마하여 새로운 시대를 준비한다는 뜻을 담고 있었다.

안규용의 이러한 신념과 의리는 국가의 원기요 생명력인 '선비정신'이 떠받히고 있다. 「사설(士說)」에서 그는 선비의 존재를 "존귀하지도 않고 비천하지도 않으며, 크지도 않고 작지도 않다. 존귀하고 크다고 해서 결코 선비가 될 수 없으며, 비천하고 작다고 해서 결코 선비가 될 수 없는 것도 아니다"[68]라고 규정했다. 또한 선비의 역할에 대하여 "선비란 도덕(道德)과 인의(仁義)를 천명하는 사람이다. 원대한 안목과 용맹스런 의지를 갖고 값진 마음과 경륜을 가슴에 품고서 우주(宇宙)의 중간에 우뚝 선다면 그 존귀함은 대적할 것이 없고, 위대함은 견줄 것이 없을 것이다"[69]고 하였다. 그는 선비를 유교

---

65 『晦峰先生文集2』, 卷5, 雜著, 「鳥獸同群說」, 55쪽.

66 위의 책, 같은 곳, 56쪽.

67 위의 책, 같은 곳, 56-67쪽.

68 같은 책, 「士說」, 40쪽.

69 같은 책, 같은 곳, 40-41쪽.

적 인간의 구현이요 도학정신의 실현주체로 파악함으로서 선비정신의 성쇠가 곧 역사의 성쇠를 가름한다고 생각하였던 것이다.

결론적으로 안규용의 사상적 특징을 살펴보면 첫째, 그는 당시 학계에서 논의되었던 성리학상의 문제들을 장횡거·정명도·주자의 이론에 근거하여 비판적으로 검토하였으며, 나아가 성리학 이론을 천착하기 보다는 일상적 도리의 실천에 역점을 두었다. 둘째, 붕괴되어가는 유교질서를 선비정신의 고양으로써 만회하려 하였다. 그가 「죽곡정사 강규」의 첫 조목에서 사족(士族)이나 서류(庶類)의 신분을 막론하고 배움에 뜻이 있는 자는 모두 입학을 허가한다고 규정한 것은 결코 우연한 일이 아니다.

이처럼 세파에 흔들리지 않고 도학을 추구하며 세상의 목탁(木鐸)이 되고자 한 것은 안규용의 역사의식과 학문적 지향성을 여실히 보여준다. 이에 따라 그는 정시림(鄭時林)·송병선(宋秉璿)·송병순(宋秉珣)과 송근수(宋近洙)·최익현·안성환(安成煥) 등 여러 스승과 선진(先進)들을 찾아다니며 도학을 이어 받았고, 송시열(宋時烈)과 송준길(宋浚吉)의 정신이 서리고 발자취가 담긴 용문영당(龍門影堂)·소제(蘇堤)·비래암(飛來庵)·만동묘(萬東廟)·대로사(大老祠) 등을 탐방하여 춘추의리 정신을 되새겼다. 그는 이후 축적된 경험과 지혜를 바탕으로 의미 있는 교육 공간에서 도학적 신념과 유교의 본질을 실천할 수 있었다.

역사를 이끄는 주체는 인간이요 인간실존의 근거는 순수한 본성을 잃지 않는 데 있다고 한다면 안규용이 실천하려 했던 도학정신 또는 선비정신은 멸성(滅性)으로 치닫는 현대인의 양심에 설득력 있게 다가설 수 있을 것이다.

3) 원문 번역

「사설(士說)」은 『회봉선생문집』 권5의 잡저(雜著)에 수록된 것으로 조선시대를 이끌어 왔던 선비의 이념과 위치를 설명하였으며, 굳건한 자율적 인격주체로서의 선비상을 재천명함으로서 도학이념을 계승할 수 있는 기반을 제시한 글이다.

선비란 무엇인가 士說

선비의 존재는 존귀하지도 않고 비천하지도 않으며, 크지도 않고 작지도 않다. 존귀하고 크다고 해서 결코 선비가 될 수 없으며, 비천하고 작다고 해서 결코 선비가 될 수 없는 것도 아니다. 선비란 도덕(道德)과 인의(仁義)를 천명하는 사람이니, 진실로 원대한 안목과 용맹스런 의지를 갖고 값지고 귀한 마음과 경륜을 가슴에 품고서 우주(宇宙)의 중간에 우뚝 선다면, 그 존귀함은 대적할 것이 없고 위대함은 견줄 것이 없을 것이니, 어찌 사민(四民: 士·農·工·商을 말함)의 첫째가 될 뿐이겠는가?

영달을 누려 윗자리에 있다 하여도 여기에 더할 것이 없으며, 곤궁에 빠져 아래에 머물러 있다 하여도 이를 손상시킬 수 없다. 필부(匹夫)이지만 천자(天子)도 신하로 삼을 수 없고, 제후도 벗으로 삼을 수 없다. 의리에 합당하면 신하도 되고 벗도 되는 것이니, 나에게 달려있을 뿐 어찌 타인에게 달려있을 것인가?

선비는 원대한 뜻을 가지고 먼 옛날로 거슬러 올라가 벗을 사귀기도 하는데, 탁월한 인물은 성인이요, 중간 인물은 현인이요, 아래에 있는 인물은 근칙(謹飭)하는 사람이다. 근칙하는 사람, 현인, 성인이라는 표현은 비록 다르지만 선비라는 점에서는 대개 같은 것이니, 아! 선비의 존재는 참으로 위대하구나. 이는 오직 도덕과 인의를 천명하는 사람만이 해낼 수 있는 일이다.

그렇다면 넓은 띠를 매고 높은 관을 쓴 사대부라고 어찌 모두 선비가 되겠는가? 무릎을 꿇고 손을 구부려 예의를 차린 사대부라고 어찌 모두 선비가 되겠는가? 문장을 화려하게 짓는다고 어찌 모두 선비가 되겠는가? 온 세상이 그를 비난해도 선비가 아니라고 할 수 없으며, 국민이 그를 옳게 여긴다 해도 선비라고 할 수 없다. 아! 노자·장자·양자·묵자 같은 무리가 어찌 진정한 고사(高士)이겠는가? 그들의 학문적 효과는 허무와 거짓, 어버이와 군주를 업신여기는 데에 그쳤을 뿐이다. 그렇게 된 이유는 무엇인가? 우리의 유학이 지향하는 도덕과 인의(仁義)를 배우다가 그릇된 곳으로 빠진 때문이니, 어찌 슬프지 않으랴? 그러므로 "선비는 도덕과 인의를 천명하는 사람"이라고 정의하는 것이다.

마음의 밝은 덕 明德說

이 글은 『회봉선생문집』 권5의 잡저(雜著)에 수록되어 있는데 여기서는 논자가 가상적으로 주인과 객을 설정하여 당시 분분했던 명덕이론을 문답식으로 설파하고 있다. 마음·본성·감정(心·性·情) 세 글자는 명덕 가운데에서 별도의 조목을 세워 분명하게 이해시키고자 한 것일 뿐이라는 주인의 설명이 주요 내용을 이룬다.

마음의 밝은 덕

어떤 벗이 먼 곳으로부터 찾아와 나에게 말했다.

나는 '명덕(明德)'에 관한 학설을 들은 지 오래 되었네. 그러나 흐리멍덩한 듯, 망연자실한 듯 그 그림자를 볼 수 없고, 소리도 들을 수 없으며, 형상도 포착할 수 없으니, 과연 명덕은 어떤 것인가? 또 고금에 학문을 강론한 학사(學士)를 낱낱이 세어보면 많지 않다고 할 수 없으나, 서로 입장을 내세워 어떤 사람은 오로지 마음을 가리켜 말하고, 또 어떤 사람은 오로지 본성을 가리켜 말하며, 다른 사람은 마음·본성·감정을 총칭하기도 하네. 따라서 자황(雌黃: 비소와 유황, 곧 옳고 그름)을 분변할 수 없게 되었으니, 누구의 학설을 추종해야 하는가?

나는 일어나 대답했다.

자네가 질문한 내용은 참으로 훌륭하네. 오늘날 우리 유학의 도덕이 해체되어가는 시점에서 자네만이 내게 이런 말을 해 주니, 내 비록 재주는 없지만 어찌 마음을 다하여 대답하지 않겠는가? 대개 하늘이 부여한 것을 '명명(明命)'이라 하고, 인간이 품수한 것을 '명덕(明德)'이라 하네. 그런데 우리가 '명명'을 말하자마자 음양과 오행의 이치는 그 가운데 존재하게 되고, '명덕'을 말하자마자 건순(健順)과 오상(五常: 인·의·예·지·신)의 덕이 그 가운데 존재하지 않음이 없지. 만일 '명덕'을 설명하면서 단지 '본성'일 뿐이라고 말한다면, 또한 어떤 것으로 오로지 '명명'을 지칭할 것인가? 대개 마음·본성·감정(心·性·情) 세 글자는 명덕 가운데서 별도의 조목을 세워 분명하게 이해시키고자 한 것일 뿐, 마음은 명덕이고 성정은 명덕이 아니라는 것이 아니며, 한 성정은 명덕이고 마음은 명덕이 아니라는 것도 아니네.

주자는 "명덕을 공허하여 형체는 없으나 기능은 밝고 환하여 모든 이치를 갖추고 만사에 감응하는 것"이라 하였고, 또 "공허하여 형체는 없으나 기능은 밝고 환한 것은 곧 마음이요, 이 이치가 마음속에 갖춰진 것은 곧 본성이요, 감각에 따라 운동하는 것은 곧 감정"이라고 했네. 이 두 언설은 정확하고 원만하여 흠잡을 수 없건만, 후학들은 무엇 때문에 이를 신봉치 아니하고 수많은 학설을 만들어내는 것일까? 또 『혹문(或問)』이라는 책을 자네가 자세히 살펴보게. 거기 명덕을 설명해 놓은 곳에 "하늘의 도가 유전 운행하여 여기에 이르면 이것이 이른바 명덕이다"라고 한 한 단락이 어디 마음만을 지칭했으며, 어디 본성만을 지칭했으며, 어디 감정만을 지칭하였는가? 『혹문』 중 '격물(格物)과 치지(致知)', '성의(誠意)와 정심(正心)', '수신(修身)'은 '명덕을 밝히는 일'이라는 이 다섯 가지 조목을 만일 '본성을 밝히는 일'이라고 한다면 문장의 의미에 타당하겠는가, 부당하겠는가?

장자(張子)의 이른바 "마음이 본성과 감정을 통합한다"는 학설은 표현은 축약적이지만 의미는 완비되어 확실하고 결점이 없다네. 진실로 이 학설을 명백히 안다면 명덕에 관한 학설은 변론을 기다리지 않아도 저절로 하나로 귀결될 것이네.

객이 나아가 다음과 같이 말했다.

자네의 말을 들으니 그럴 법하네. 그러나 자네는 앞 사람의 말을 두루 고찰하지 못하고 단지 자네가 보고 들은 것으로 그처럼 말하는가? 주자는 "하늘이 내게 부여한 것이 곧 명명(明命)이요, 내가 얻어서 본성으로 삼은 것이 곧 명덕(明德)"이라고 말하였는데, 이 말은 무엇을 의미하는가?

나는 옷깃을 추스르며 말했다.

지당한 말이네. 자네가 말한 앞 사람의 말을 두루 고찰하지 못하고 이처럼 말한다는 것은 참으로 나의 병폐를 지적한 것이니, 삼가 받아들이겠네. 그러나 주자가 말한 얻어서 본성으로 삼는다는 것은 마음과 감정이 이미 그 속에 포함되어 있는 것이니, 어찌 '오로지 이것을 지칭한다[專指]'는 치우친 표현과 같겠는가? 화양송자(華陽宋子: 우암 송시열을 말함)의 말에 "마음은 빛나고 밝은 존재로서 본성과 감정을 통합하는 것으로 그 실상은 한 가지일 뿐이지만 분석해서 말하기도 하고 종합해서 말하기도 하니, 결코 구애되어 이해해서는 안 된다"고 한 것은 바로 이것을 의미한다네.

객이 떠나려 할 때 나는 그를 돌아다보며 말했다.

나의 견해는 오류이고, 나의 언급은 외람되었네. 뒷날 지언자(知言者: 남의 의론을 파악하여 시비와 정사를 구분하는 사람)가 나온다면 아마도 나에게 죄를 줄 것이네.

4) 晦峰遺稿 目錄

賦: 觀瀾賦

詩: 圓峰書社示同志 心 讀書 戒酒 竹谷雜詠 遊金剛山 外268首

書: 上淵齋先生 上心石齋先生 上勉庵崔先生 上尹判書用求 上安蘇山成煥 與鄭庸齋奭采 與李滄上商永 與李校理種文 與閔參判丙承 與鄭丈東源 答金訥庵在珪 答梁德巖箕煥 答李心齋正會 答任桂峰時鉉 答田瘦三從兄圭華 與吳而見震泳 與李元卿祥鎬 答文純一在德 答安瑞興錫煥 答安雲卿鍾鶴 答高道一光洙 與任聖寬大鉉 與安子玉鍾珉 答金允範在洪 答李陽來道復 餘宋進士哲憲 與宋原孝曾憲 與金承旨寧漢 答曺國洪秉敦 答任星五泰奎 答宋南一明會 答李美中光秀 與宋汝寬光勉 答宋世卿運會 答任致善奇鉉 答安上舍周翰圭奭 答李章汝秉馹 與安正哉玉淳 答金允善熙淵 答宋玉瑞柱昇 與鄭公益友源 與鄭景晦琦 答廉敬汝在愼 答任聖章玉鉉 答任景玉周鉉 答安聖淑洙仁 答白子善景寅 答李敎晃 答吳敬煥東燮 答魏雲汝啓龍 答廉敬安宅洙 與任道冠正錫 答魏致明 與廉景春 答金汝擎永柱 與奇公龍雲度 與沈禮寬琪淳 答梁而見會龍 答安成玉鍾南 答鄭晦汝在煜 與朴士文 與朴南一佑龍 與許南奎炤 答李英傅敎川 答高

君玉光瓚 與朴士一璟鎭 答梁元淑會甲 答權子正載春 答李和範章宇 答曺光修錫日林連豊 答金達善熙敦 答沈準永權淳 答宋希淳洛憲 答安聖居圭嵩 答張禹範基洪 答李善長秉元 答金景孚種嘉 答鄭季賢瀷 與權顧卿純命 與柳禧卿永善 與安子潤洪天 答高聖采在馴 答高明夫在德 答任卓如洪柱 答朴性文佑淑 答朴容準昌柱 答沈允德相基 與鄭原弘毅鉉 與朴南治鎔柱 與宋聖五在晟 答金聖玉文鈺 答金重淑泳鎰 答白尙釆學善 答高瑩中在碩 答安誠之一淳 答鄭和甫永燮 答宋仁華柄燮 答魏炳植 答高有常炳五 答魏性雲啓厚 答丁聚五鍾奎 答具敎賢 答朴源哉孝秀 與趙東麟 答李容稷 答文濟宇 與李璋彦夢載 答柳根弼 與朴公善元在 答鄭壽玉永澤 答趙晶濟 答朴景庇厦柱 答邊敬中時淵 答南康院儒 與竹川朴先生大碑竪立所 答京儒會所 與遯巖院儒 答褒忠祠諸儒 答洙雲齋僉座 答大老祠諸儒 與長興康津宗中 答晩守閣僉宗 與長興宗中 寄子鍾宣

雜著:

〈 本集 〉

文康公牛山先生神道碑顚末 附追錄 附書文康公牛山安先生神道碑顚末後 氷月亭事實 竹谷精舍講規 竹谷精舍約束 書揭竹谷精舍兩楹 士說 事天說 明德說 九容九思說 愛日說 趙芑事私議 田父辭 山木說 人獸辨 鳥獸同群說 讀書雜識 贈李君舜擧在轅說 春說贈蘇春弘 金君平夫準奎字說 筆巖書院山仰契發起通文 竹谷精舍答陶山書院通文 竹谷精舍扶護石潭嗣孫發議文 鶴山齋舍通告長興宗中文 記安義士圭洪事蹟

〈 別集 〉

尊華契案規約 遇溪契案規約 氷月亭契案規約 眞鳳里四相契規約 贈趙敬斌淵猷

附錄: 行狀 遺事 墓碣 墓表 挽詞 祭文 言行拓錄 竹谷精舍記 竹谷精舍實記 竹谷精舍講案序 西山草廬記

11. 중헌 황철원 重軒 黃澈源

1) 생애

황철원(1878-1932)은 자는 경함(景涵)이요, 호는 은구재(隱求齋) 혹은 중헌(重軒)이다. 노사 기정진의 제자인 정의림(鄭義林)과 정재규(鄭載圭)의 제자이다. 방촌(彪村) 황희(黃喜)의 후손으로 고종 무인(1878) 8월 28일 능주(綾州) 운곡(雲谷)에서 장수(長水) 황씨인 초하재(樵下齋) 황찬진과 광산 김씨 사이에서 태어났다.

그의 행적을 기록한 행장에는 종질인 채오(寀五)가 초한 것과 동학인 이교우(李敎宇)가 초한 것의 두 가지가 있는데 그 기록한 내용에 조금 차이가 있다.

종질인 채오가 초한 것에는 10세에 황철원은 증조 할아버지 당암공(棠庵公)에게서 글자를 배우고, 11세에 인근 마을 장로에게서 글을 배웠으며, 20세 봄에 가천(佳川)에 있는 노사의 제자 정의림(鄭義林)에게서 본격적으로 유학 공부를 하였고, 30세가 다 되어 정재규에게 가서 공부했다고 기록되어 있다. 또 동학인 이교우(李敎宇)가 기록한 것에는 7세에 아버지 권유로 촌로(村老)에게서 글을 배우고, 병신년 봄에 정의림에게 가서 공부 하였다고 기록하고 있다. 여기서 먼저 문제가 되는 것은 언제 누구에게서 공부를 처음 시작했느냐는 것이고, 다른 하나는 정재규에게 언제부터 배우기 시작했느냐는 것이다. 필자의 견해로는 첫째 문제는 7세에 촌로에게서 수학했다는 것이 옳은 것 같고, 둘째 문제는 이교우가 찬한 행장에 "임인년(壬寅年)에 간재(艮齋) 전우(田愚)가 노사의 「외필」에 대한 비판을 써서 사방에 유출하므로 선생이 중헌에게 권하여 변론하도록 했다"라는 기록이 보이는데, 여기서 선생이란 그의 스승인 정재규를 가리킨 듯하다. 이러한 점에 그거하면 아마도 20대 중반에 이르러 정재규에게 가서 공부한 것으로 보인다. 그의 행장에 따라 그의 생애의 대략을 살펴보기로 한다.

그가 정의림에게 가서 공부할 때 그의 학문태도를 엿볼 수 있는 기록이 있다.

> 병신년 봄에 가천에 있는 정의림을 배알하고 질의와 논변이 얼음 녹듯이 풀렸다. 그가 살던 운곡에서 가천까지 한 채의 집도 없었는데 갈 때는 맹자를 외우고 돌아올 때는 논어를 외웠다.

여기에서 보듯이 그는 이때부터 실질적인 공부를 하게 된것 같다. 성실한 학문태도는 주위 사람들로부터 인정을 받은 것으로 보인다.

25세(1902)에 구례 천은사에서 최익현(崔益鉉)·기우만(奇宇萬) 등과 강론을 벌이고 스승 정재규의 권유에 따라 간재의 「외필변(猥筆辨)」을 반박하는 글을 지어 책을 만들었다.

33세(1910)에 경술국치(庚戌國恥)를 당하자 그는 "나라가 이 지경에 이르렀으니 다시 회복할 수 없을 것 같다. 오직 유학을 강명하여 후일을 도모하는 것이 옳겠다"하고 후학들에게 학문에 전념할 것을 격려하였다.

53세(1930)에 장성 고산서원(高山書院)에서 조인석·김한목·권재규·정기·양회갑 등과 더불어 송사(松沙) 기우만(奇宇萬)의 문집을 교정하였다.

55세가 되던 해(1932) 6월 20일 광주 양원(楊原)의 집에서 세상을 떠났다.

문집으로는 『중헌집』 10권 4책이 있다. 문인으로는 정현채(鄭現采)·양경묵(梁慶黙)·황호원(黃浩源)·황규원(黃圭源)·김정희(金正熙)·박충근(朴忠根) 등 수십 명이 있다.

2) 사상

황철원의 사상을 엿볼 수 있는 대표적인 저술로는 「외필변변(猥筆辨辨)」·「납량사의기의변(納涼私議記疑辨)」·「납량사의기의추록변(納涼私議記疑追錄辨)」이 있다.

황철원의 사상은 이기론과 심성론으로 나누어 볼 수 있는데 그의 이기론은 노사 기정진에서 노백헌(老白軒) 정재규로 이어지는 유리론적(唯理論的)

인 맥을 계승하였으며, 인물성동이론에 있어서는 리에는 본래 나뉨이 없으므로 인성과 물성은 근본적으로 다르다는 관점을 견지하고 있다.

그는 운동하는 사물을 현상적으로 볼 때에는 기(氣)인 것 같으나 실상을 탐구해 보면 그 본체는 리(理)라고 말한다. 그의 주장은 주자의 이론을 근거하고 있다.

> 주자가 "리는 조작(造作)이 없다"고 하였는데, 어찌 리는 시키는 것이 있지 않은데도 그렇게 되는 묘(妙)라고 말하겠는가? 주자가 "작용(作用)이 있으면 형이하자(形而下者)"라고 하였는데, 어찌 시켜서 그러한 묘가 있으면 형이하자(形而下者)라고 말하겠는가? 또 조작(造作)이 비록 기(氣)이나 기가 이와 같이 조작(造作)하는 까닭은 그 리의 묘용(妙用)의 신(神)이 주재(主宰)하기 때문이다. 작용(作用)이 비록 기이나 기가 작용하는 까닭은 그 리가 준칙이 있어서 절제(節制)하기 때문이다. 대개 기(氣)가 이 리(理)의 유행·운용하는 손과 다리라면 그 의지[意]는 어찌 이와 같이 뛰지 않겠는가? 조작(造作)·작용(作用)이 기력(氣力)·정의(情意)·모획(謀畫)이 있다면, 리가 주재의 묘(妙)가 되는 것이 이와 같겠는가? 하물며 움직이고 고요함이 자연스럽게 그러한 것은 리(理)가 아니면 무엇이겠는가?70

황철원은 조작하는 것은 기(氣)이고 조작하게 하는 것은 리(理)라고 말한다. 일반적으로 이기이원론자(理氣二元論者)들이 말하는 '기자이(機自爾)'나 '비유사지(非有使之)'는 기의 운동성만을 강조하고 리의 운동성을 부정한다는 점에서 잘못이라고 주장한다.

그는 다시 구체적으로 음양의 동정과 태극의 동정을 중심으로 하여 리의 동정에 대해서 언급한다.

> 동정(動靜)이란 글자와 조작(造作)·작용(作用)이란 글자에는 각기 분수(分數)가 있는데 이제 억지로 취하여 비유하겠는가? 양(陽)이 움직이고 음(陰)이 고요한 것이 비록 저절로 움직이고 저절로 고요한 것[自動自靜]과 같다고 하더

---

70 『重軒先生文集』2 卷7, 雜著, 「猥筆辨辨」, 207쪽.

라도 한 결 같이 천명(天命)이 시켜서 그러한 실체이다. 이것이 아니면 천명은 말할 만한 것이 없다. 이제 동정(動靜)으로 스스로 조작하고 스스로 작용한다 하고 천명(天命)을 텅 빈 곳에 따로 세우니 공연히 한 법칙[一法]의 존칭(尊稱)을 없애는 것이 아니겠는가? 대개 태극과 음양은 대대(對待)로 말하면 어쩔 수 없이 태극은 리이고 음양은 기라고 말하지만 이것은 오히려 피상적으로만 말한 것이 된다. 만약 그 이면의 실체를 말하면, 음양(陰陽)의 동정(動靜)은 태극(太極) 동정(動靜)의 모상(貌象)으로 실제로 서로 섞이지 아니하고[不相雜] 또 서로 떨어지지 아니하니[不相離], 명령하는 자는 주인이 되고 명령을 받는 자는 종이 된다. 그러므로 주자는 리를 가지고 움직임과 고요함을 말한 곳이 자못 많았다. 본체로써 말하면 '태극이 움직임과 고요함을 포함한다'고 말하고, 유행으로 말하면 '태극에 동정이 있다'고 말한 것이 그것이다.[71]

그는 주자가 말한 태극동정에 대한 해석을 보면 대대의 측면과 유행의 측면이 있는데 '태극이 동정을 포함한다' '태극에 동정이 있다'는 이 두 가지 해석은 다 같이 리의 작용성을 인정하고 있다는 것이다. 그의 이와 같은 해석의 근거는 물론 주돈이(周敦頤)의 「태극도설」을 바탕으로 한 것이다.

위와 같은 그의 리(理)의 철학은 그대로 심성론으로 전개된다. 그리고 그의 심성론은 인물성동이론(人物性同異論)의 맹점을 규명하면서 새로운 노사학파의 심성론을 형성한다.

"하늘에 원래 이러한 나뉨[分]이 없다면 사람과 만물은 어디에서 얻어서 치우침과 온전함[偏全]이 있게 되었는가?" 이 한 구절은 이미 하나의 근원을 꿰뚫어 본 것이니, 최근의 성에 대해 논한 잘못을 모두 깨뜨린 것이다. 나뉨[分]과 치우침[偏]은 하나로 관통한 것이어서 그것이 (그러한) 이름을 얻게 된 기원은 각기 마땅한 이유가 있다. 그러므로 성현이 이치를 논할 때 반드시 하나로부터 나뉨을 말하였고, 나뉨에 근거하여 치우침과 온전함을 말하였다. 그렇다면 나뉨과 치우침을 명확하게 두 부분으로 구분해서는 안 된다.[72]

---

71 위의 책, 같은 곳, 207-208쪽.

72 『重軒先生文集』2 卷7, 雜著, 「納凉私議記疑辨」, 101쪽.

황철원은 인성과 물성이 다르다는 견해는 잘못이라고 주장한다. 왜냐하면 리라는 것은 나뉨이 없으므로 여기서 비롯된 본성에도 나뉨이 있을 수 없다는 것이다. 이렇게 보면 나뉨과 치우침을 둘로 확연하게 구분하여 말하는 것도 잘못이다.

결론적으로 그의 사상은 두 가지로 요약할 수 있다. 첫째, 이기론에서 그는 노사학파의 중심사상을 계승하여 유리론적 관점을 지지하고 있다. 이에 따라 리와 기는 나눌 수 있는 것이 아니며, 리의 작용에 의해서 기의 작용이 이루어진다고 보았다. 둘째, 인성과 물성의 같고 다름에 대한 견해에서 그는 인성과 물성은 본원적으로 다른 것이 아니라 주장한다. 왜냐하면 리에는 본래 나뉨이 없는 것이므로 인성과 물성은 나눌 수 없기 때문이라는 것이다.

그의 행적에서도 알 수 있듯이 황철원 사상의 특징적인 면모는 정의림과 정재규 문하에서 기정진의 사상적 진수를 이어 받아 정통을 계승한 데 있다. 아울러 정의림과 정재규는 각각 「외필」과 「납량사의」에 대한 변론을 하였는데, 황철원은 「외필」과 「납량사의」에 대한 간재의 비판에 대하여 두 스승의 장점을 취하여 한층 논리적인 재비판을 완성하였다.

3) 원문 번역

간재는 노사 기정진이 쓴 「납량사의」를 보고 의심나는 대목을 중심으로 「납량사의기의」를 써서 비판했다. 노사의 재전 제자인 황철원은 간재의 「납량사의기의」에 대한 재비판의 글을 썼는데 이것이 「납량사의기의변」이다. 또한 간재는 「외필」을 읽은 뒤 의심나는 대목과 관점을 달리하는 부분을 중심으로 「외필변」을 써서 비판했다. 이에 대해 황철원은 「외필변변」을 써서 간재의 「외필변」을 신랄하게 재비판했다.

납량사의기의변 納凉私議記疑辨

"하늘에 원래 이러한 나뉨[分]이 없다면 사람과 만물은 어디에서 얻어서 이러한 치우침과 온전함이 있게 되었는가?" 이 한 구절은 이미 하나의 근원을 꿰뚫어 본 것이니, 최근의 성에 대해 논한 잘못을 모두 깨뜨린 것이다. 나뉨과 치우침은 하나로 관통한 것이어서 그것이 (그러한) 이름을 얻게 된 기원은 각기 마땅한 이유가 있다. 그러므로 성현이 이치를 논할 때 반드시 하나로부터 나뉨을 말하였고, 나뉨에 근거하여 치우침과 온전함을 말하였다. 그렇다면 나뉨과 치우침을 명확하게 두 부분으로 구분해서는 안 된다.

대개 하늘에 이러한 나뉨이 있기 때문에 사람과 만물이 품부한 것도 치우침과 온전함이 있는 것이다. 이러한 치우침과 온전함이 없다면 이러한 본성도 없고, 이미 이러한 나뉨이 없고 또 이러한 치우침과 온전함이 없다면 또 어찌 이렇게 사람과 만물이 있겠는가? 나뉨이라는 것은 도리가 빽빽이 갖추어진 것으로부터 그 참모습을 말한 것이고, 치우침과 온전함이라는 것은 볼 수 있는 형체와 자취로부터, 아래로부터 위로 미루어서 그 본체를 이름들어 말했다는 점을 알아야 한다. 이러한 형체와 자취를 미루어 이름붙인 본체는 도리가 빽빽이 갖추어진 참모습이다. 이는 하늘에 있어서는 나뉨이고, 사물에 있어서는 치우침과 온전함이니, 골라내어 그 미묘함을 궁구하면 '하늘에 원래 이러한 나뉨이 있다'하고, 기(氣)에 근거하여 그 실상에 이름 붙이면 '사람과 사물에 이러한 치우침과 온전함이 있다'고 말한다. 그러나 사물에는 시작과 끝이 있기 때문에 '재천(在天: 하늘에 있어서)'·'재물(在物: 사물에 있어서)'라고 말할 수 있으나, 그 내면의 일로 말하면 리는 이루어지거나 무너짐이 없어서 실제로 '여기에 있고', '저기에 있다'고 이름 붙여서는 안 된다. 이 말을 들으면 사람들은 반드시 크게 웃을 것이다.

외필변변 猥筆辨辨

주자는 "리는 조작(造作)이 없다"고 하였는데, 어찌 리가 시키는 것이 있지 않은데도 그렇게 되는 묘(妙)라고 말하겠는가? 주자가 "작용(作用)이 있으면 형이하자(形而下者)라고 하였는데, 어찌 시켜서 그러한 묘가 있으면 형이하자(形而下者)라고 말하겠는가? 또 조작(造作)이 비록 기(氣)이나 기가 이와 같이 조작(造作)하는 까닭은 그 리의 묘용(妙用)의 신(神)이 주재(主宰)하기 때문이다. 작용(作用)이 비록 기이나 기가 작용하는 까닭은 그 리가 준칙이 있어서 절제(節制)하기 때문이다. 대개 기(氣)가 이 리(理)의 유행·운용하는 손과 다리라면 그 의지[意]는 어찌 이와 같이 뛰지 않겠는가? 조작(造作)·작용(作用)이 기력(氣力)·정의(情意)·모획(謀畫)이 있다면, 리가 주재의 묘(妙)가 되는 것이 이와 같겠는가? 하물며 움직이고 고요함이 자연스럽게 그러한 것은 리(理)가 아니면 무엇이겠는가? 그렇다면 동정(動靜)이란 글자와 조작(造作)·작용(作用)이란 글자에는 각기 분수(分數)가 있는데 이제 억지로 취하여 비유하겠는가? 양(陽)이 움직이고 음(陰)이 고요한 것이 비록 저절로 움직이고 저절로 고요한 것[自動自靜]과 같다고 하더라도 한 결 같이 천명(天命)이 시켜서 그러한 실체이다. 이것이 아니면 천명은 말할 만한 것이 없다. 이제 동정(動靜)으로 스스로 조작하고 스스로 작용한다 하고 천명(天命)을 텅 빈 곳에 따로 세우니 공연히 한 법칙[一法]의 존칭(尊稱)을 없애는 것이 아니겠는가? 대개 태극과 음양은 대대(對待)로 말하면 어쩔 수 없이 태극은 리이고, 음양은 기라고 말하지만, 이것은 오히려 피상적으로만 말한 것이 된다. 만약 그 이면의 실체를 말하면, 음양(陰陽)의 동정(動靜)은 태극(太極) 동정(動靜)의 모상(貌象)으로 실제로 서로 섞이지 아니하고[不相雜] 또 서로 떨어지지 아니하니[不相離], 명령하는 자는 주인이 되고 명령을 받는 자는 종이 된다. 그러므로 주자는 리를 가지고 움직임과 고요함을 말한 곳이 자못 많았다. 본체로써 말하면 '태극이 움직임과 고요함을 포함한다'고 말하고, 유행으로 말하면 '태극에 움직임과 고요함이 있다'고 말한 것이 그것이다. 또 눈앞에 있는 것으로 말하면, "인(仁)은 움직임이고 의(義)는 고요함이다"라고 하고, 이미 또 "포함(包涵)한다"고 말하고, 또 "있다", "~이다"라고 하였으니, 이것이 과연 '기자이(機自爾)'인가? 이것이 또한 조작·작용이라고 비판할 것인가? 또 「태극도」로 말하면, 대개 조화·유행하는 측면에서 말했기 때문에 가려낼 수 없는 것을 가려내 공공(公共)의 본령으로 삼으니 음양과 동정이 곧 그 본색(本色)과 실체(實體)이다. 「태극도해」에 첫 번째 도에서 가려낸 것을 가리켜 "음양에서 떠나 있는 것은 아니다"라고 말하였으니, 음양에 나아가 그 본체가 음양에 섞이지 않는 것을 가리켜 말했을 뿐이다. 두 번째 도를 가리켜서 "움직여서 양(陽)이고 고요하여 음(陰)이다"라고 하였으니, 그 본체에 맞은 것이다. 또 "역에 태극이 있다"를 도(圖)의 총결(摠結)로 삼으면 "움직여서 양을 낳고 고요하여 음을 낳는다"것으로부터 아래로 마지막 편에 이르기까지 모두 「태극도」 내의 일이다. 이것이 과연 태극과 음양을 대대(對待)로 말하여 각각 한 층급(層級)을 차지하여 횡생(橫生)하고 리가 허공에 매달려(순수이론적) 있고 기가 스스로 작용한다는 것은 오늘날의 견해인가? 묻는 자가 재배(栽培)하고 경복(傾覆)된 것을 보고 따로 하나의 물건이 있다고 의심하여 사랑하고 미워하는 사사로움과 취하고 버리는 힘이 있어 천리보응(天理報應)의 필연을 망각한 것이다. 그러므로 주자가 "물(物)이 사지(使之)하는 그런 것이 있지 않다"라고 하니 리로서 사지(使之)하는 그러함의 묘(妙)가 없지 않다는 것이 오늘날 사람들의 견해이다. 또 물이 스스로 자라고 스스로 소멸하는 것은 비록 물(物)이 스스로 그러하는 것 같으나 실제로는 리가 그렇게 시킨 때문이다. 두 개의 스스로[自]란 글자를 합하여 "리가 스스로 이와 같다"라고 말하니, "스스로 자라고 스스로 소멸한" 것은 리가 스스로 이와 같다는 스스로(自)이고 다른 물이 스스로 함이 있지 않음에 또 따로 위에 리가 스스로 있다 함이 오늘날 사람들의 이론이다. 만약 "물이 스스로 자라고 스스로 소멸된다"라고 말함은 물이 스스로 그러함이요 '비유사지(非有使之)'하는 리라고 하고 다만 공허하게 리가 이와 같은 리라고 말하면 주자의 뜻에 멀어짐이 얼음과 숯의 관계와 같다. 성인의 눈 가운데는 도가 아님이 없는 까닭으로 물이 스스로 자라고 물이 스스로 소멸됨을 억지로 물이 스스로 그러하다고 지어서, 리를 명막(冥漠)한 가운데 이와 같은 위(位)를 도출하였다.

맹자가 "하늘이 물을 냄에 한 근본이 이것을 시켰다"라고 했는데 주자가 "자연의 이치는 하늘이 시킨 것이다"라고 하니 어찌 기(氣)가 스스로 그러한 것이며, '비유사지(非有使之)'라고 말했겠는가. 이윤이 "천(天)이 백성을 냄에 선지(先知)로 하여금 후지(後知)를 깨닫게 한다"라고 하니, 주자가 분명히 "천리(天理)가 마땅히 그러함[當然]에 시키는 것 같다"라고 하니 어찌 이것 밖에 따로 광막한 것에 소이연(所以然)의 리를 따로 세우는가? 이미 자연의 이치라고 말하는 것은 기(氣)가 스스로 그러한 것이 아님이 분명하다. 또 천리(天理)의 당연함을 말하면 어찌 '비유사지(非有使之)'라고 말할 수 있겠는가? 주자가 '사자(似字)'라 한 것과 '약자(若字)'라고 말한 것은 혹 뒷사람들이 다만 리(理)를 작용으로 간주할까 두려워해서이다. 또 형상 있는 것을 빌어 그 리의 재배(栽培)를 형용하며, 형(形)의 사(使)를 빌어 이 리의 무형(無形)한 것이 시킨 것을 밝힌 것이니 이 말은 부득불한 것이다. 대개 하나[一]를 이름하여 리를 삼으면 반드시 사지(使之)하는 묘(妙)가 있으니, 주자가 이른바 시킴이 이와 같다는 것이 옳다면 '사(使)'에는 털끝만큼이라도 기력(氣力)을 범하는 것이 아니거늘 이제 사람들이 사자(使字)를 보면, 억지로 시킨다는 사자(使字)로 인식하니 결단코 주자의 본지는 아니다. 사자(使字)는 두 가지 뜻이 있으니, 리로 말하면 주재(主宰)의 묘(妙)이고, 기(氣)로서 말하면 작용의 형(形)이다.

어떤 사람이 말하기를 "이른바 '비유사지(非有使之)'는 리가 시키는 것이 없다라고 말하면 잘못이다"라고 하니 이것은 억지로 시키는 물이 없다는 것을 말한다. 예를 들어 주자가 물이 시킴이 있지 않다는 것을 말하거늘 이제 주자의 이론을 좋다고 하면서 '비유사지(非有使之)'의 말을 크게 잘못이라고 한다면 무엇 때문인가? 대답하기를, 주자가 리를 말한 곳에 비록 기(氣)에 섞이지 않는다고 말하나, 리를 보는 곳에는 문득 기(氣)에 떠나지 않는다고 말한 까닭으로 물이 스스로 자라고 소멸하는 것을 리(理)가 스스로 그러하다고 말하면 온당하지 않으니, '비유사지(非有使之)'라고 말하면 그 리가 시킴을 가히 볼 수 있음이 분명하다. 음양이 동정하는 것은 물상(物上)에 나아가며, 한층 더 깊이 극히 정밀한 곳과 극히 묘(妙)한 곳에 천명(天命)이 시키는 묘(妙)가 이에 있다.

간재가 태극음양으로 대대로 말하니 일리(一理)·일기(一氣)를 각각 위(位)를 세워서 아득한 곳에 태극을 도출하고, 음양을 높여서 '자이(自爾: 스스로 그러하다)'고 하면 그 이른바 '비유사지(非有使之)'란 것은 바로 '비유이사지(非有理使之)'를 이름이 아니라고 하니 주자의 '비유사지(非有使之)'의 뜻과 모순된다.

또 심(心)으로 억지로 '형이하(形而下)' 한 변을 지어모아 일신(一身)을 주재(主宰)하여 만사의 강령을 삼는 것을 전적으로 형이하(形而下)에 자이(自

爾)하다고 하고, 공자의 이른바 '인능홍도(人能弘道)'로 기자이(機自爾)라고 하니 주자가 이른바 인심(人心)이 지각이 있다는 것은 음양동정의 기틀이 되는 것이거늘, '비유사지(非有使之)'라는 것은 성인의 말을 몰래 취하여 천착하여 자기의 의견에 나아가서 자기의 말을 높이니 크게 괴이하다. 아! 심(心)이 비록 기분사(氣分事)이나 마음의 본체·묘용·지신(至神)·불측(不測)은 리의 주재(主宰)의 실(實)이니 '인능홍도(人能弘道)'라고 하고 '인심유각(人心有覺)'이라 한 것은 이것이 과연 기자이(機自爾)인가, 이것이 과연 음양이 스스로 움직이고 스스로 고요하다 할 수 있는가?

천(天)에 있어서 조화의 측면에서 말하면, '기(氣)가 유행한다'라고 말하는 것은 성(性)이 주가 되니 음양과 동정이 결코 자이(自爾)가 아니며, 사람에게 있어서 수작만변을 말하면 성(性)이 유행하는 것은 심(心)이 주가 되기 때문에 '비도홍인(非道弘人)'이라 말하고, '도체무위(道體無爲)'라고 한다. 성(性)이란 심(心)의 본체이고, 정(情)이란 심(心)의 작용이니, 심(心)은 성정(性情)을 통섭하여 주재가 되는 것이다. 정신(精神)·혼백(魂魄)·정상(精爽)은 심(心)의 지반계(地盤界)이다. 그 주재의 본지를 말하면 바로 리의 묘용(妙用)이지 기(氣)의 사(事)가 아님이 분명하다. 인자(人字)를 기(氣)라 하고, 홍자(弘字)를 사(使)라고 하면 공자가 '인능홍도(人能弘道)'라고 말한 것은 '기가 리를 부릴 수 있는 것[氣能使理]'이고, '리가 리를 부릴 수 있는 것[理能使氣]은 아닌가? 진실로 이와 같다면 리는 기의 주재가 아니고, 기가 바로 리의 주재가 되니, 가능한 것인가, 불가능한 것인가? 이에 대한 견해가 있는데, 장횡거의 이른바 "마음이 본성을 다할 수 있다[心能盡性]"는 한 구절은 이러한 리의 주재의 묘(妙)가 지극히 분명함을 밝힌 것이다.

말하기를 주자가 "성(性)은 태극과 같고 마음은 음양과 같다"고 했는데, 간재가 심(心)으로 음양을 삼고, 동정의 기틀로 기자이(機自爾)을 삼은 것은 바로 여기에서 유래하거늘 이제 그대가 잘못이라 함은 무엇 때문인가? 말하기를 "심(心)에 동정이 있는 것은 태극에 동정이 있는 것과 같다"라고 말하니 그 체용과 동정이 모두 그 가운데에 갖추어진 것으로 말하면, "마음이 태극이 된다"라고 말한 것은 그 본체의 고요함으로부터 음(陰)의 묘(妙)가 되고[묘

(妙)는 신(神)을 이르고, 신은 리의 쓰임이다], 그 용(用)이 행(行)하여 양(陽)의 묘처(妙處)가 되는 것으로 말하면, "심(心)은 음양과 같다"는 것이니, 태극이 한 번 움직이고 한 번 고요한 것이 곧 음양 불측(不測)의 신(神)이니, 신(神)이란 것은 리의 묘(妙)이다. 기(氣)에서 떠나지 않고 기(氣)에 얽매이지 않는 것이니, 이른바 「태극도(太極圖)」의 제2도는 움직여서 양(陽)이 되고, 고요해서 음(陰)이 되어, 중(中)이 그 본체이다. "심(心)은 음양과 같다"는 것은 바로 그 본체를 가리키는 것이니 바로 태극이다. 양(陽)이 움직여 태극의 용(用)이 행해지고, 음(陰)이 고요하여 태극의 체(體)가 세워지니, 심(心)이 성정(性情)을 통섭하여, 성(性)이 그 본체이기 때문에, 그 가운데에 나아가서 한쪽 반을 들어 지극히 고요한 가운데 만리(萬理)가 모두 갖추어진 것을 말한 것이니, "성(性)이 태극과 같다"고 말하였다. 이것이 심(心)이 성정(性情)의 총명(總名)이 되는 까닭이고, 이것이 마음이 음양과 같은 까닭이니, 한번 고요하고 한번 느껴서 움직이니, 무엇인들 이 리의 묘용(妙用)의 신묘함이 아니겠는가? 이와 같기 때문에 도를 넓힐 수 있다. 이제 심(心)으로 단지 음양과 동정의 기틀을 지어 기자이(機自爾)라고 할 수 있을까? 인심(人心)에 지각이 있는 것은 곧 심(心)이 음양과 같다는 것이고, 도체(道體)가 무위(無爲)하다는 것은 곧 성(性)이 태극과 같다는 것이니 주자가 이른바 "원형리정(元亨利貞)은 천지생물(天地生物)의 마음인데, 사람이 이것을 얻어 심(心)을 삼으니, 미발(未發)에 사덕(四德)이 갖추어지고, 이발(已發)에 사단(四端)이 드러난다"라 하고, 또 장경부(張敬夫)에게 답하는 편지에서 "성정(性情)의 덕(德)과 중화(中和)의 묘(妙)를 논의하되 심(心)으로 주를 삼고, 또 인(仁)으로 사랑하고 의(義)로 미워하고 예(禮)로 사양하고 지(智)로 안다는 것은 마음이다"라고 하니, 이것은 심(心)으로 리를 삼지 않음이 없어 '그 도를 넓힐 수 있는' 실체를 밝힌 것인데, 어찌 이에 대해 자세히 생각하지 않았는가? 「외필」은 유자들의 폐단을 구하여 율곡의 의도를 밝힌 것이니, 어찌 기의 소위(所爲)에 반드시 리의 주재함이 있겠는가? 그리고 '무위(無爲)이면서 유위(有爲)의 주재가 되는 것이 리'라는 것과 '누가 그 기틀[機]을 주관하는가. 아! 태극 …'이란 말은 또한 의심할만한 것인가? 또 이와 같은 말이 율곡의 입에서 나온 것은

믿을 만하고, 간재가 인용한 뜻은 도리어 의심할 것이 많다.

간재가 음양과 동정을 논의하는 데 오로지 기자이(機自爾)라고 주장하고 오로지 비유사지(非有使之)를 주장하여 그 실체에 어두워 자신에게 의탁하니, 기의 소위(所爲)에 반드시 리의 주재함이 있다면 기가 한 것은 곧 자이(自爾)이다. 자이(自爾) 위에 다시 어떤 주재하는 리가 있겠는가? 비록 혹시 있다 하더라도 자이(自爾)라는 것이 기꺼이 맨 윗자리를 양보하여 존귀한 데로 돌아가겠는가? "무위(無爲)하면서 유위(有爲)의 주가 된다는 것"은 진실로 옳으나, 간재가 이미 유위(有爲)로 음양의 스스로 움직이고 스스로 고요함을 삼아 비유사지(非有使之)의 리라고 하면 비유사지(非有使之) 위에 다시 어찌 무위(無爲)의 주재가 있겠는가? 어찌 실제의 일은 없이 헛된 이름만 얻는 것이 아니겠는가?

오로지 기자이(機自爾)라고 하며 오로지 비유사지(非有使之)를 주장하여 실체에 어두워 오히려 자신에게 의탁하니, "누가 그 기틀을 주관하겠는가. 아! 태극이구나"라고 하니, 이른바 주관한다[尸]는 것은 과연 무슨 일인가? 또 기(氣)를 유위(有爲)라고 하고 기자이(機自爾)라고 하면 무위(無爲)는 무엇인가? "자이(自爾)의 소이연(所以然)은 여전히 리이다"라 하고, 또 "비유사지(非有使之)하고 불사(不使)의 사(使)라"라 하였다면 여전히 리이니, 모두 머리 주변에서 머리를 편안케 하지 않음이 없어, 반드시 어긋나는 변(變)이 있으니, 위연(魏延)과 양의(楊儀)가 동부(同府)에 있는 데서 벗어나려고 하는가?

주자가 말하기를 "리와 기(氣)로 말하면 기(氣)는 형이하(形而下)이고, 물(物)로 말하면 리와 기(氣)를 포함한다"라 하니 오로지 형이하(形而下)로만 말할 수 없다. 그렇다면 사물이 생겨날 때 저절로 자라고 저절로 사라지며[自長自消] 그 저절로 자라고 저절로 사라지는 것은 리가 저절로 이와 같은 것이니, 사물 밖에 따로 하나의 리가 있지 않음이 분명하다. 음양의 기틀이 저절로 움직이고 저절로 고요한 것 또한 리가 마땅히 이와 같다고 한 것은 과연 이렇게 본다면 바로 주자가 이른바 "역유태극(易有太極)이라 하는 것은 태극이 바로 음양 가운데 있다는 것이요, 음양(陰陽) 밖에 있지 않다"는 것이다.

만약 건곤(乾坤)이 나누어지지 않고, 대연(太衍)의 수 50이 나누어지지 않은 때로 논의하면 잘못이라고 한 것은 율곡이 말한 것처럼 리와 기(氣)가 서로 떨어질 수 있다면, 정이천이 '음양은 시작이 없다'고 한 것을 헛된 말이라고 말한 것과 같으니, 율곡의 말에 이러한 곳은 한 결 같이 완전하다고 말할 수 없다. 만약 기자이(機自爾), 비유사지(非有使之)란 구절은 자세히 살펴보면 유행하는 이론에 해가 되지 않는다. 그러나 오늘날 사람들이 미혹한 뜻[迷旨]을 붙잡아 말하여 도리어 자이(自爾) 위에서 따로 소이연(所以然)을 구한다면 대의(大義)가 어그러져 자장자소(自長自消)의 밖에서 이와 같은 리를 구하지 않을 수 없으니, 주자가 이른바 "노자가 '도(道)가 일(一)을 생한 이후에 이(二)를 생한다'라고 하니 그 리를 살핌에 정밀하지 않다"고 말한 것이다. 그러므로 『외필』에서 특별히 언급하여 폐단을 구하여 마음속으로 잊지 않고 바탕을 받드는 뜻을 이룬 것이다. 무릇 이른바 "일기(一氣)가 유행(流行)한다"는 한 구절은 주자의 본지가 과연 이와 같을 뿐이라면 진실로 속일 수 있는 방법과 밝히기 어려운 모양이 되니 이미 천자(天字)로 처음을 삼아서, "천(天)은 단지 일기(一氣)가 유행한다"라고 말한다면 저절로 생겨나고 저절로 자라는 것이 천(天)이 주재하지 않음이 없고다. 또 매조지어 "성인은 하나의 대본(大本)·대원(大原) 가운데서 나온다"하고, 또 많은 도리는 하나로 꿰뚫었다고 하였다. 이것은 아마 성인 일관(一貫)으로 천리일관(天理一貫)을 밝히니, 만물의 자형(自形)·자색(自色)은 천리일관(天理一貫) 아님이 없다. 어찌 이것을 벗어나 따로 천(天)의 행위를 구하겠는가?

4) 重軒文集 目錄

卷之一

詩: 示同社諸君 外181首

卷之二

書: 上日新齋鄭先生(5) 上老柏軒鄭先生(5)別紙 上奇松沙先生宇萬(3) 上閔土庵 上鄭月波時林 上郭勉宇種錫 上鄭農山晃圭(4)別紙 上權明湖雲煥別紙

上宋湖隱克勉(2) 上安三希澤煥 上文遯齋達煥 上吳後石駿善 上柳西岡遠重 上朴鳳村 上梁晩翠軒在鶴 上李竹塢常白(5) 上吳省軒長燮 上梁東溪會洛 答梁石軒淳默

卷之三

書: 上崔雲齋永祚 與南士珩廷瑀 與宋校理在曾 與尹灘西錫宇 答文敬於載熙 與李後庵源七 與高松賢光一 與洪華三承民 與文斗一昌圭 與安瑞興錫煥 答閔觀之泳國 與洪士極承煥 與奇仁伯春度 與安敬三圭容 與安慶伯昌燮 與朴子善熙元 與金宗汝海錫 與申國範錫休 與安景禹圭錫 與尹仁夫相義 與曺仲直弼承 答金允明漢珏 與閔子直泳夏 與白子善景寅 與吳子春東洙 與鄭元卿鉉春(2) 答梁仲涵會澈 與權應韶鳳鉉 答鄭士玉淳珍 與鄭士玉 與梁士旭會復 答閔士元丙春 與任宇卿泰柱 答文子惺炯(2) 答梁而見會龍 答權範晦春植 答沈景晦相福 答梁子善清默 答張禹範基洪 答高聲汝釪柱 答吳世慶治淑 答丁鳳泰 與李景元基春 與黃命新岐周 與朱正允坤 與文士一 與金子賢商吉

卷之四

書: 與權君五載奎(2) 答權君五 與權君五(2) 答權君五 與權君五別紙 與權君五 答權君五 與權君五(3)別紙 與權君五別紙 與鄭景晦琦 答鄭景晦 與鄭景晦 與鄭景晦別紙 答鄭景晦別紙 與鄭景晦別紙 答鄭景晦 答鄭景晦別紙 答鄭景晦(3) 答鄭景晦別紙 答鄭景晦 與鄭景晦 答鄭景晦 與鄭景晦 答鄭景晦 答李致先教宇 與李致先 答李致先(2)別紙 答李致先(4) 答李致先別紙(2) 與梁元淑會甲 答梁元淑(3) 與梁元淑(2) 答文泰振中煥 與李瑞裕種憲 答閔子仰炳斗 與鄭萬甫 答金士文銖 與族從新汝丞顯 與裵純文 答裵純文 答裵純文 與閔在錫 答李德受承福(2) 答文尚善基鎬 答高允甫翊柱

卷之五

書: 答鄭元實尚采(3) 答鄭元實論語中庸問目 答鄭元實問目 答李希遠弘信問目 答李希遠問目 答李希遠喪禮問目 答李希遠周易問目 答李希遠 答黃雲可種顯(2) 答閔泰亨泳仁 答金萬有一權 答梁泰雲會龍 寄弟士敬延源公直浩源容三圭源 答權允實炳稷 答沈斗瑞能杓 答朴景行 答梁士信謹默 答洪良彦 答朴性文佑淑 與李伯善海天 答李伯善 答李伯善問目 答梁德興會賢問目 答

梁世興問目 答陳禹玄奎範問目 答李乃亨南憲問目 與朴尹卿炳殷 答朴尹卿問目 與崔彦明欽 答金公直正熙 答李孔彦麟鎬 答朴乃晦彩圭 答弟公直浩源別紙 答吳公執在圭別紙 與吳善長吳公執吳明路 答吳善長論語問目 答金仲三甲煥中庸問目 答曺賢一東萬 與孫子誠良吉 答閔忠汝丙夏問目 答高龍叔濟雲 答魏元伯貞良 答閔建中弘基 答金克中正煥別紙 答金克中問目 答金克中 答李光受大學問目

卷之六

書: 答從侄性白釆五 答從侄性白發問對目 答從侄性白別紙 答從侄性白 答從侄性白問目 答從侄性白別紙 答從侄性白 答金春章仁植 答金春章中庸發問對目 答金春章發問對目 答鄭殷傳淳弼問目 答安紋材圭福 答鄭聖圖河種 答李公晦昌鎬 答文明五濟倫問目 與蔡成九熙鳳 答孫允燮令熙 答金性玉文鈺 答梁士行法種 答姜良彦信得 與李伯修德來 與閔正晦恒植 答朴性烈佑駿別紙 與朴性烈 答朴性烈論語問目 答朴性烈問目 答閔明重泰植 答閔明重問目 答宋君賢秀顯 答宋君賢問目 答金汝衷秉洙 答金汝衷論語問目 答金汝衷中庸問目 答尹尚夏 答吳在攸別紙 答崔允署泳 答金衡守胃連問目 答鄭源一鎮萬 答李在三營鎬中庸問目 答黃敬如奉淵 答吳和宣政杓 答金正烈寬鉉 答朴旻秀魯郁別紙 答梁啓烈佑承 答申仁圭河均 答劉老濬貞熙

卷之七

雜著: 納凉私議記疑辨 納凉私議記疑追錄辨 猥筆辨辨

卷之八

雜著: 偶記 一·二·三 記疑 澗川雜錄 答或人 人能弘道辨 辨性師心弟說示同研諸公 重軒小識 嶺湖游錄請疑辨 警省錄 矯警錄 食菰說示閔明重 寄贈高龍叔 靄雲社奉告僉友

卷之九

序: 晉州鄭氏派譜序 外3篇 / 記: 村先生影幀重模記 外16篇 / 跋: 白村先生實記跋 外1篇 / 銘: 訥齋銘 / 贊: 日新先生眞像贊 達城裵氏三綱贊 / 上樑文: 蒼龍齋上樑文 / 祝文: 雲谷書舍開基祝文 外2篇 / 祭文: 祭日新齋鄭先生文 外19篇 / 墓誌銘: 三斗齋鄭公墓誌銘 芝庵吳公墓誌銘 / 碑: 達觀亭曺公遺墟碑

外4篇/墓碣銘: 工曹參判翠亭朴公墓碣銘 贈戶參念齋兪公墓碣銘 / 行狀: 日新齋鄭先生行狀 贈議政府贊政清溪具公行狀 茅亭黃公行狀 贈戶曹參議閔公行狀 司憲府持平雲庵鄭公行狀 鳳軒梁公行狀 黙庵閔公行狀 祖考黙齋府君行狀 蘭溪李公行狀 瑞軒金公行狀 孺人黃氏行狀 高君春卿行狀 / 傳: 雲庵金公傳

卷之十 附錄: 行錄 行狀 墓誌銘 墓碣銘

12. 율계 정기 栗溪 鄭琦

1) 생애

정기(鄭琦)는 자는 경회(景晦), 본관은 서산으로 구담(龜潭) 정인준(鄭麟濬)의 후예다. 1879년 11월 16일 경남 합천군 범귀주(泛龜州)에서 태어나 1950년 10월 3일에 구례 덕천정(德川亭)에서 별세하였다. 그는 노사 기정진의 제자인 정재규의 제자이다.

그의 생애에 대해서는 그의 제자인 효당(曉堂) 김문옥(金文鈺)이 쓴 행장에 자세히 보인다. 16세인 갑오년에 아버지가 돌아가셨는데, 하루는 생각하기를 '학문하는 사람은 마땅히 독서하고 학문을 궁구하여 훌륭한 선비가 되어야 하고, 그 다음은 공명을 세워 당세에 필요한 사람이 되어야 한다고 생각했다. 그리하여 그는 그 뒤 이 둘 중에 어떤 것을 택할 것인가'하고, 행장을 챙겨 서울로 가는 도중에 스스로 생각하기를, '벼슬하는 것과 공명을 얻는 것은 그 때가 아니다. 나는 지금 독서를 해야 한다'하고, 그길로 되돌아와 문을 걸어 잠그고 숨어서 소학을 읽었다. 함께 놀던 친구들은 처음엔 서로 놀라 웃으며 이상한 일이라 여기더니 마침내는 그의 뜻을 이해하였다.

21세(1899)에 기정진의 제자 노백헌(老柏軒) 정재규(鄭載圭)가 도계(道溪)에서 강의한다는 말을 듣고 찾아가 제자가 되었다. 이 때 동학인 명호(明湖) 권운환(權雲煥)과 송산(松山) 권재규(權載奎)와 서강(西岡) 유원중(柳遠重)과 입암(立巖) 남정우(南廷瑀) 등과 사귀었다.

27세 때인 을사년(1905)에 을사늑약의 체결로 국가가 위난에 처하자 스승인 정재규는 동지를 모아 북으로 가서 맨손으로 적에게 대항할 계책을 세웠는데, 길에서 면우(俛宇) 곽종석(郭鐘錫)이 대궐에서 물러나 노성(魯城)의 궐리사(闕里祠)에서 통곡하고 있다는 소식을 들었다. 그리고 최익현을 만나 거사를 약속했는데 일이 또 순조롭지 않았으므로 최익현은 편지를 선생에게 보내고 연재(淵齋) 송병선(宋秉璿)과 곽종석에게 보내 서로 돕기로 했다고 하였다. 이 때 정기는 눈과 바람을 무릅쓰고 사방으로 가서 이 소식을 전하고 한 통의 상소를 올리려 했는데 정재규가 이를 말렸다. 그래서 소를 올리지는 않았으나 울분에 북받쳐 최재학과 백락관 두 사람에게 이 일을 말하고 스스로 함께 할 수 없음을 한탄했다.

33세(1911) 때 스승인 정재규가 세상을 떠났다. 다음 해에는 또 아버지가 돌아가셨다. 35세(1914) 때 합천의 무산(武山)에 정사(精舍)를 짓고 학규 10조를 만들어 강학을 시작하였다.

42세(1921) 이후 세 번 중국에 들어가 세계정세를 알아보고 일본의 세력이 커가고 있음을 우려하며 귀국하였다. 이 무렵 동으로 금강산, 남으로 두류산을 유람하면서 울분을 삼키려고 하였으나 좀체 가라앉힐 수 없었다.

48세(1927) 되던 해 겨울에 여러 제자를 이끌고 구례의 덕천(德川)으로 이사하여 두 정자를 짓고 강학에 열중하였다.

71세(1950) 6·25사변이 나던 해 10월 3일에 덕천정(德川亭)에서 숨을 거두었다.

문집으로 『율계선생문집』22권 11책을 남겼다. 주요 저술로는 「외필후변변(猥筆後辨辨)」·「변간재시제생설(辨艮齋示諸生說)」·「변전간재관정백헌집외필변변(辨田艮齋觀鄭柏軒集猥筆辨辨)」·「변전간재집(辨田艮齋集)」 등을 꼽을 수 있다. 이 글들은 대부분 기정진의 성리설을 비판한 전우의 학설을 철저하게 재비판하는 내용으로 구성되어 있다.

문인으로는 김문옥(金文玉)·김규태(金圭泰)·안병탁(安秉柝)·오주석(吳柱錫) 등 약 64명을 배출했다.

2) 사상

(1) 이기론(理氣論)

정기의 이기론에 관한 논의는 그의 저서 「외필후변변(猥筆後辨辨)」에 잘 나타난다. 정기는 노사 기정진, 정재규의 이론을 계승하여 작용하는 것은 기이고 작용케 하는 원인은 리라고 하였다.

주자(朱子)·율곡(栗谷) 두 선생의 논의는 특히 유행의 측면에서 운용을 가리켜 말한 것이다. 주자는 '한번 음이 되고 한번은 양이 되는 것은 비록 형기(形氣)에 속하지만 음양의 상호운동의 근거는 바로 도체(道體)의 소이(所以)이다' 하고, '물(物)의 성은 비록 스스로 자라나고 사라지지만 그 스스로 자라나고 사라지는 그 이치가 저절로 이와 같다'고 하였다. 또 '일물(一物) 중의 작용은 처음부터 끝까지 모두 실리(實理)의 소이이다'하고, '천하의 일은 비록 사람이 한 것 같지만 그 작용의 근거는 천지(天地)의 한 바 아닌 것이 없다'고 하였다. 또 '간 것은 지나가고 오는 것이 계속되는 것은 도체(道體)의 본연(本然)이다'하였다. 율곡이 말하기를 "들쭉날쭉하여 가지런하지 아니한 것[參差不齊]이 비록 기(氣)의 작용이라 하더라도 거기에는 반드시 리의 주재(主宰)가 있으며, 그것이 들쭉날쭉하여 가지런하지 못한 이유는 또한 리에 있는 것이다. 리가 이와 같지 않고 기(氣)만이 홀로 이와 같은 것은 아니다"고 했다. 이 이론은 모두 본말이 다 거론되고 상하가 다 갖추어져 도저히 부술 수 없는 논의이다. 그런데 세상의 선비들은 이 같은 이론을 버리고 강론하지 아니하면서 전적으로 '기자이(機自爾)'와 '비유사지(非有使之)'란 말만을 주장함으로써 율곡의 이론을 점점 그르쳐 스스로 기(氣)를 주장하는 데로 빠져들어 돌아올 줄을 몰랐다. 그러므로 노사가 반복 논변하여 이르기를 '선현의 말이 너무 비약적이어서 말폐(末弊)가 여기에 이른 것은 혹 자세히 생각하지 못한 때문이니 이는 바로 능숙한 장인이 마음속으로 홀로 괴로워한다'는 말과 같다고 하였다. 이제 주자 정론(定論)의 뜻을 살피지 않고 『초사집주(楚辭集註)』의 유행(流行) 한 측면만을 깊이 파고들어 자기주장의 근거로 삼으니 너무 수고롭지 않은가.

정기는 리의 의미를 바로 알면 작용이 있을 때 이기(理氣) 중 어느 것이나 작용한다고 해도 좋다고 생각한다. 그러나 리의 진정한 의미를 모르고 기(氣)의 의미만 파악하면 "천명(天命)이 유행(流行)한다" "도체(道體)가 발현(發現)한다"를 모두 "기(氣)가 유행(流行)한다"와 "기(氣)가 발현한다"로 받아들이게 되어, 오직 기(氣)만이 발현하는 것으로 착각하게 된다는 것이다.

정기는 그의 스승 노백헌(老柏軒)처럼 간재(艮齋)의 입장도 기(氣)로 보면 옳다고 한다. 그러나 이치상에서 보면 곧 "천명(天命)이 있으면 기질(氣質)이 있고, 리가 있으면 기(氣)가 있다"는 것은 이기(理氣)가 상대함을 보인 것이 아니라 리가 기(氣)를 타고 있음을 밝힌 것이라고 설명한다. 그래서 정기는 노사가 "리와 기(氣)는 상대될 수 없다"고 말한 것은 기(氣)를 완전히 무시하는 것이 아니라 기(氣)를 리 속의 일[理中事]로 설명한 것인데 간재가 오해하였다고 주장한다.

정기는 노사의 "리는 강하고 기(氣)는 약하다"는 입장을 지지하면서 노사설에 대해 비판적 관점을 개진한 간재의 이론을 다음과 같이 반박한다.

> 기(氣)는 강하고 리는 약하며, 기(氣)는 강하고 리는 은미하다고 한 것은 기수(氣數)의 변화이다. 자식이 아버지의 지위를 빼앗고 신하가 임금의 권세를 부리는 데까지 이르는 것은 난적(亂賊)의 화(禍)가 극도로 변한 것이다. 기수(氣數)의 변화를 가지고 천도(天道)의 법칙을 꾸짖고 말류(末流)의 폐단을 들어서 도체(道體)의 본연을 의심한다면 이 어찌 도(道)를 아는 사람의 말이겠는가? 이른바 이러저러하게 배척하고 상대한다는 이론들은 흡사 꿈속의 허황한 잠꼬대와 같은 것이니, 참으로 함께 말하기 어렵다. 대개 변란이 극도에 이르고 말폐(末弊)가 아무리 심하더라도 착한 자는 마지막에 가서는 반드시 이루고, 악한 자는 마지막에 가서 반드시 이루지 못하는 것은 이 리가 주가 되기 때문 아니겠는가? 다만 리에는 능연(能然)과 필연(必然)의 묘(妙)가 있으나, 작위(作爲)하고 운용(運用)하는 힘은 없기 때문에 이따금 기(氣)가 잘 따르지 않는 폐단이 있는 것이다. 이것이 군자가 리를 주장하여 기(氣)를 거느리므로 위와 아래, 주인과 하인의 분변을 엄정하게 하는 까닭이다. 대개 이러한 이론으로 방패를 삼더라도 오히려 서로 공격하는 환난이 있을 것인데 하물며 주재(主宰)와 묘용(妙用)과 권세와 호령 등 일체를 기(氣)에게 맡기고 리가 참여함이 없다고 한다면 결국에는 과연 어찌될 것인가?

정기는 '기(氣)가 강하고 리가 약한' 경우도 있다고 전제한다. 그러나 그 경우는 기(氣)의 강렬한 변화를 말하는 것으로서 그것은 천도(天道)의 변화가 변괴(變怪)로 나타날 때의 일이라고 한다. 그래서 정기는 기(氣)의 강렬한 변화에서 나타나는 '기강이약(氣强理弱)'의 현상을 가지고 천도(天道)의 법칙을 삼아 '이강기약(理强氣弱)'의 이론을 비난하는 결과를 초래했다고 반박한다. 결국 그는 기(氣)의 변화가 변괴로 일어나게 되는 원인이 기(氣)가 리를 따르지 않아서 생겨나는 것이라고 설명한다. 그것은 공자의 정명(正名)에 어긋나는 일, 곧 아버지가 아버지로서의 역할을 못하고 자식이 자식노릇 못하는 것과 같은 것으로 크게 잘못된 이론이라는 것이다.

결국 정기는 노사 후학(後學) 중의 맹장으로 노사의 『외필(猥筆)』에 대한 간재(艮齋)의 비판을 일축했다. 요점을 간추리면 현상계에서는 기가 스스로 작용하고 있는 것처럼 보이지마는 실제로는 리가 그렇게 시킨 것이고 주자한 것이다. 그리고 이기관계에 대해서도 정기는 기론자(氣論者)들의 기는 강하고 리는 약하다는 입장을 부분적으로 인정하면서도 실상은 리는 강하고 기는 약하다고 주장한다. 노사후학의 많은 사람들이 간재의 비판에 대한 재비판을 시도하였는데 정기의 경우는 상대를 인정하면서 비판하는 입장을 취했다고 하겠다.

(2) 심성론

정기의 이기론에 이어서 그의 심성론이 어떻게 전개되는가를 살펴보기로 한다. 정기는 인간과 만물의 성(性)의 치우침과 온전함의 문제에 관해서 다음과 같이 논의한다.

> 세상의 유자들이 분수(分殊)가 일(一)과 대립한다는 것은 알면서도 일(一) 가운데에 분수(分殊)가 있다는 것은 알지 못하며, 다만 일(一) 가운데에 분수(分殊)가 있다는 것은 알면서도 분수(分殊)에 치우침과 온전함[偏全]이 있다는 것은 알지 못하니 모두 잘못이다. 분수(分殊)와 치우침과 온전함은 일관된 것이니, 이 리에 분수(分殊)가 있는 것을 어떻게 알겠는가? 인성과 물성의 치우침과 온전함을 가지고 인성과 물성의 치우침과 온전함을 아는 것은 분수 이론의 결과이다. 치우침[偏]이니 온전함[全]이니 하는 개념은 비록 형기를 따라 세워지지만 치우침과 온전함의 실체는 일(一) 속의 분(分)이다. 분수(分殊)로부터 말하면 사람[人]은 온전(全)하고 사물[物]은 치우치게 되며, 이일(理一)로부터 말하면 온전함(全)도 오상(五常)이요 치우침(偏)도 오상(五常)이니 다르지 않다. 일(一)이 실은 만분(萬分)이 되고 만분(萬分)은 각각 일(一)을 갖추었으니, 이른바 같음[同] 가운데 그 다름[異]를 알고 다름[異] 가운데 그 같음[同]을 보아야 한다.

정기는 이러한 관점에 근거해서 인성과 물성을 논의하는 학자들이 일반적으로 범하는 두 가지 잘못을 지적했다. 첫째, 인물성동론(人物性同論)을 주장하는 학자들의 논리적 문제점은 분수(分殊)가 일(一)에 대립한다는 것은 알면서도 일(一) 가운데에 분수(分殊)가 있다는 것은 알지 못하는 것이요, 둘째, 인물성이론(人物性異論)을 주장하는 학자들은 일(一) 가운데에 분수(分殊)가 있다는 것은 알면서도 분수(分殊)에 치우침과 온전함[偏全]이 있다는 것은 알지 못한 데에 문제점이 있다.

이와 같은 이론은 또 그의 중화(中和) 이론에서도 두렷하게 나타난다.

> 중화(中和)라는 것은 일리(一理)를 함께한 것인데, 다만 이발(已發)·미발(未發)로 개념이 달라지는 것뿐이다. 그러므로 주자는 '중화'를 해석하여 "대본(大本)은 하늘이 명(命)한 바의 성(性)이다. 천하의 리는 이것으로 말미암아 나오니 도(道)의 본체요, 달도(達道)는 본성을 따르는 것이다. 이는 천하 고금에 공유한 도(道)의 작용이다"고 하였다. 도(道)는 리이니 체용이 비록 나누어지더라도 도(道)는 하나[一]이다. 만약 기(氣)를 타고 리가 발현하는 것을 이기합일(理氣合一)이라고 한다면 미발(未發)했을 때의 리는 기(氣)를 떠나 독립하는 것인가? 주인이 나갈 적에 노복(奴僕)들이 따르지만 그것을 가리켜 말하는 것은 다만 주인일 뿐이다. 노복(奴僕)은 수를 헤아릴 수 없기 때문이다. 그러므로 '달도(達道)'라 하고, '도(道)의 작용'이라 한다. 이제 아직 발현하지 않았을 때에 중(中)이 아님이 없음을 리라 하며, 이미 발현한 때에 화(和)와 불화(不和)가 있으므로 이기합일(理氣合一)이라 한다. 이것은 다만 미발(未發)과 이발(已發)의 경계를 나눈 것이요, 중화의 본뜻을 말한 것이 아니다. 중절(中節)의 화(和)는 기(氣)로 말한 것이 아니다. 다만 절도에 맞지 않았을 때는 기질(氣質)의 작용이니 비로소 기(氣)를 말할 수 있을 것이다.

정기는 중(中)과 화(和)의 문제를 이발(已發)과 미발(未發), 대본(大本)과 달도(達道), 체(體)와 용(用)의 관계로 이해하면서, 중화(中和)를 도(道)와 리의 양면성으로 파악했다. 그런데 당시의 학자들은 미발(未發) 시에는 중(中)이 아님이 없으므로 리라 하고, 이발(已發)시에는 화(和)와 불화(不和)가 있기 때문에 이기합일(理氣合一)이라 한다. 그러나 이것은 미발과 이발의 경계를 나눈 것일 뿐, 중화는 기로 말한 것이 아니라 리를 가지고 말한 것이다. 중화를 리의 양 측에서 파악한 것이다.

이어서 그는 마음[心]이 리인가 기(氣)인가의 문제에 대해서 논의한다.

> 근세에 마음을 논의하는 것을 보면 한쪽은 '기(氣)'라 하고 한쪽은 '리(理)'라 하여 서로 배척하고 이단시한다. 심한 경우에는 각자의 입론에 따라 근거를 들고 폐단을 들추어 서로 잘못이라고 한다. 이제 '기(氣)'라 하고 '리(理)'라 하는 것은 어찌 서로 근거가 없을까마는 양쪽 모두 잘못이 없지 않다. 마음을 '리'라고 하는 자들은 마음과 본성이 하나의 리라는 해석함으로써 기(氣)에 나아가서 억지로 발명하여 기를 심히 천하게 여기고, 박옥(樸玉)을 가공하는데 돌은 버린다는 비유를 들어 본성은 태극에 해당하지 않는다는 이론을 만들어 낸다. 이에 반하여 마음이 '기(氣)'라고 하는 자들은 음양에 대한 해석과 같다고 함으로서 리에 나아가서 논할 적에 기를 주장함이 지나쳐 마음과 본성을 두개의 물건으로 간주하고 '성존심비(性尊心卑)'니 '성사심제(性師心弟)'니 하는 이론을 만들어 지나침을 피할 수 없다. 그러면 마음이란 무엇인가? '마음은 성정을 통합한다'고 하였으니, 마음은 이기(理氣)를 합하여 말하니 리는 주재가 되고 기는 자료가 될 뿐이다.

정기는 근세 학자들은 마음이 리인가 기(氣)인가하는 문제로 상당히 갈등을 겪고 있다고 지적하면서 마음이 리라고 주장한다. 그리하여 마음이 리라고 주장한 학자들은 반쯤은 옳으나 본성이나 마음을 태극이라고 하는데 반대한 것은 잘못이라 지적한다. 또한 마음이 기라고 주장한 학자들은 마음과 본성을 두개로 나누어 본 점이 잘못이라고 주장한다. 그리고 장횡거의 '마음은 성정을 통솔한다'는 명제를 근거로 마음은 이기를 합하여 말하되 리는 주가 되고 기는 (資料)가 될 뿐이라고 결론지었다.

종합하면, 정기는 노사의 이일분수(理一分殊)론을 근거로 성리설의 논리를 가다듬어 논의를 전개했다. 즉 그는 태극의 동정에 관한 문제, 인성과 물성의 치우침과 온전함의 문제, 중화에 관한 문제, 마음에 관한 문제 그리고 여기서는 언급하지 않았지만 지각에 관한 문제 등 성리학에 관한 모든 문제들을 이일분수의 논리로 일관하는 유리론적(唯理論的)인 관점에서 기술하였다. 결과적으로 이기론과 심성론을 중심으로 한 정기의 성리설은 철저하게 노사학파의 유리론적인 입장을 견지하면서 계승한 것이라 하겠다.

3) 원문번역

이 글은 간재가 「외필후변(猥筆後辨)」을 써서 노사의 「외필」을 비판한 데 대해 정기가 노사설에 대한 간재의 비판을 재비판 한 것이다.

외필후변변 猥筆後辨辨

(1) 주자(朱子)·율곡(栗谷) 두 선생의 논의는 특히 유행의 측면에서 운용을 가리켜 말한 것이다. 주자는 "한번 음이 되고 한번 양이 되는 것은 비록 형기(形氣)에 속하나 한번 음이 되고 한번 양이 되는 소이(所以)는 바로 도체(道體)의 작용이다"하고, "사물의 생성을 비록 저절로 자라나고 저절로 사라진다[自長自消]고 말하나 그 저절로 자라고 저절로 사라지는 것은 결국 그 이치가 스스로 이와 같은 것이다"고 하였다. 또 "일물(一物) 가운데의 일은 처음부터 끝까지 모두 실리의 소이이다"하고, "천하의 일은 비록 사람이 한 것 같으나 그 작용의 근거는 천지(天地)의 하는 바가 아닌 것이 없다"고 하였다. 그리고 "간 것은 지나가고 온 것은 계속되는 것은 도체의 본연이라"하였다. 이것이 주자의 정론이다.

율곡은 또한 이르기를 '들쭉날쭉하여 가지런하지 못한[參差不齊] 것은 비록 기의 작용이라고 하나 반드시 리의 주재함이 있으며, 그것이 들쭉날쭉하여 가지런하지 못한 이유는 역시 리가 이와 같은 것이니 리 이와 같지 않고 기(氣)만이 홀로 이와 같이 되는 것이 아니다'고 했다. 이것은 모두 본말(本末)이 다 거론되고 위아래가 다 갖추어져 있어 결코 논파할 수 없는 의론이다.

세상 선비들이 이와 같은 정론을 버리고 강론(講論)하지 아니하면서 '기자이(機自爾)'와 '비유사지(非有使之)'란 말만을 주장함으로써 정론을 점점 그르쳐 스스로 기(氣)를 주장하는 구렁이로 빠져 들어 돌아올 줄 모른다. 그러므로 노사는 되풀이하여 논변하기를 "선현의 말이 너무 비약적이어서 말폐(末弊)가 여기에 이른 것은 혹 자세히 생각지 못한 때문이다"고 한 것이다. 이는 '능숙한 장인이 마음속으로 홀로 괴로워한다'는 말과 같은 언설이다. 이제 정론(定論)의 뜻을 살피지 않고 『초사집주』의 유행(流行) 측면을 천착하여 자기설의 근거로 삼으니 너무 수고로운 일이 아닌가.

(2) 간재는 전변(前辨)[간재의 제 1비판, 「외필변(猥筆辨)」]에서 말하기를 능동자(能動者)는 조작(造作)이므로 '기자이(機自爾)'라 하고, 움직이고 고요한 것[動靜者]은 작용(作用)이므로 기자이(機自爾)라 한다고 했다. 그런데 이제[간재의 제2비판, 「외필후변(猥筆後辨)」] 와서 도리어 말하기를 '자이(自爾)는 자연(自然)을 말함이라'하니 갑자기 그 견해를 바꾸어 사람을 속이는 것은 무슨 생각에서인가? 대개 동정(動靜)은 저절로 그러한 것이요, 조금도 기력(氣力)을 범한 글자가 아니다. 조작(造作)은 정의(情意)가 있는 것이어서 경영하는 데 기력(氣力)을 사용한다. 이에 동정(動靜)을 바로 조작(造作)으로 간주하여 '기자이(機自爾)'라 하니, 이는 '나로 말미암고 타자로 말미암지 않으며', '스스로 운행하고 정지하여 천명을 말미암지 않는다'는 것이 아닌가? 이제 와서 자신의 설을 바꾸어 '자이(自爾)란 자연을 이름 한다'고 하면 그럴 듯하게 들릴지는 모르지만 마침내 성현의 논의(論議)를 따르지 않는 것은 무엇 때문인지 알 수 없다.

(3) 말을 타고 말을 가게 하는 자는 비록 사람이지만. 네 발이 한 번 나아가고 한 번 물러가는 것을 스스로 말의 일에 속한다고 하는 것이 그렇지 않다고 하는 것이 아니지만 간재의 설은 도리어 이를 거꾸로 말한 것이다. 주인을 거론하면 하인이 따르고, 장수를 말하면 병졸이 따른다. 그러므로 성현들은 중요한 곳에 나아가 말한 것이다. 위에 말한바 '사물이 저절로 자라나고 저절로 사라져[自長自消] 그 이치를 궁구함에 자연스럽게 이와 같고 들쭉날쭉하여 가지런하지 못한 것은, 비록 기(氣)가 한 것이기는 하지만, 또 마땅히 리가 이와 같이 한다.' 이것으로 기준 삼으면 이는 마땅히 네발이 한 번 나아가고 한 번 물러가는 것은 자연스럽게 말의 일이지만 이를 조종한 것은 사람이라

고 말해야 한다. 「외필(猥筆)」에서 다만 '자이(自爾)'와 '비유사지(非有使之)'란 두 말을 들어 변론한 것은 세상 선비들이 정론(定論)을 버리고 글귀만 잡아 포장했기 때문이다. 움직이게 하게 고요하게 함은 시킨 것이 아니고 무엇이겠는가? 이것을 읽는 이는 자연스럽게 알게 될 것인데 속이고 욕한다 함은 잘못된 말이다. 도리(道理)는 공적(公的)인 물건이므로 리를 의논하는 자는 먼저 마음을 공평하기 의해 노력해야 한다. 그런데 남이 나와 다르다고 하여 미워하고 문득 죄안(罪案)을 들러 씌운다면 이것이 공평(公平)한 일이겠는가? 「외필(猥筆)」 가운데 조종(操縱)하여 일을 한다[做事]는 말에 어찌 이러한 뜻이 들어 있겠는가? 그 끝 구절에 '조종하는 힘이 있는 것이 아니다'[非有操縱之力]는 한 구절이 있어서 그런 것인가? '비유(非有)'는 본래 없는 것이니 그 뜻은 대개 오묘한 이치가 있되 그렇게 할 힘[力]이 없는 것을 말한다. 어찌 그것을 바로 '조종하여 일을 한다'고 하겠는가?

'동정(動靜)은 태극(太極)인데, 동정(動靜)은 음양(陰陽)의 동정(動靜)인가?'라는 질문에, 주자(朱子)는 '이것은 리가 동정(動靜)한 것이다'고 설명하고, '그렇다면 태극(太極)은 모양이 있는가?'라고 묻자 '없다'고 대답하였다. 부언하여 '만약 리에 동정(動靜)이 없다면 기(氣)에 동정(動靜)이 있겠는가?' '눈앞의 일로 논하면 인(仁)은 동(動)이고 의(義)는 정(靜)이다'고 하였다. 또 '기(氣)에 관련된 것이냐'는 질문에 '이러한 부류는 대단히 많다. 장차 어찌 변론해서 기(氣)를 가리켜 리로 보는 오류에 빠지게 할 것인가?'라고 대답하였다.

(4) 무릇 움직이는 것[動者]·고요한 것[靜者]은 기(氣)이고 움직이게 하고 고요하게 하는 것은 리이다. 그러므로 리를 안 사람이 말하면 리가 움직이고 고요하다 하여도 좋고 기(氣)가 움직이고 고요하다 하여도 좋지만, 만약 리를 오로지 기(氣)의 동정(動靜)이라고 보아 '천명이 유행(流行)한 것'을 기유행(氣流行)이라 하고, '도체(道體)가 발현(發見)한 것'을 기발현(氣發見)이라 하며, '리(理)에 동정(動靜)이 있는 것'을 기동정(氣動靜)이라 하고, '리(理)가 지식이 있는 것'을 기지식(氣知識)이라 하며, '리(理)가 극(極)에 나아간다는 것'을 기(氣)가 극(極)에 나아간다 하고, '리(理)의 발현'을 기(氣)의 발현(發)이라 하며, 리(理)의 광명(光明)을 기(氣)의 광명(光明)이라 한다면 과연 말이

되겠는가? 천명이 유행(流行)한다는 것과 도체(道體)가 발현(發現)한다는 말에 무슨 거리낌이 있어서 억지로 갖다 붙여 뱀을 그리다 발을 붙이는[畵蛇添足] 오류를 범하려 하는가? 참으로 이상스럽다.

⑸ 율곡은 분명히 '누가 그 기를 주관하는가. 아! 태극이로다'라 했고, 또 '리는 이와 같지 않은데 기(氣)가 홀로 이같이 한 것이 아니다'고 했는데, 이제 도리어 이 말을 받들기는커녕 전적으로 '기자이(機自爾)'란 한 구절을 주장하여 남의 말을 막는 방패로 삼으니, 무릇 천하의 조화와 생성과 발현에 대해 한 기(氣)자를 씌워 이른바 리라는 것을 초나라의 허울 좋은 군주인 의제(義帝)가 되게 함은 무슨 일인가? 명령하는 자가 주인이 된다는 것은 태극(太極)이 기(機)를 주장한다는 말인데 이제 이를 활용치 아니함은 무슨 일인가? 이른바 도(道)를 구함에 뜻이 있는 자는 가장 먼저 심술을 바르게 할 것을 구한다고 한다. 나는 우매하여 심술(心術)이 어떤 사람이 바르고 어떤 사람이 바르지 않은지 분별하지 못하겠으니 물어봐도 되겠는가? 이제 사람의 잘못을 선현에게 옮겨 그를 경시하고 망령되게 꾸짖는[妄誚]하는 형률을 억지로 둘러씌우니 이것이 심술(心術)이 바른 것인가 바르지 않은 것인가? 본 것이 나와 다르다 하여 고자(告子)·석씨(釋氏)·육씨(陸氏)·왕씨(王氏)를 배척하듯이 땅을 깎아 묻고자 하는 계책은 심술이 바른 것인가 바르지 않은 것인가? 선현의 말이 나에게 합당하면 취하여 증거를 삼고 합당하지 않으면 버릴 뿐만 아니라 머리와 꼬리를 깎아 버리고 단지 한 글귀만 따서 자기설의 증거를 삼으며, 주해를 그릇되게 해석하여 자기 뜻에 합당하게 하는 것은 심술이 바른 것인가 바르지 않은 것인가? 세상의 공평한 마음을 지닌 사람은 재단하여 가르쳐 주길 원하노라.

⑹ 주자(朱子)는 말하기를 "맹자(孟子)는 공손추(公孫丑)의 부동심(不動心)에 관한 물음에 답할 때, 설왕설래하는 도중에 허다한 양기(養氣)와 지언(知言)과 집의(集義)를 말했으나 그 실상은 부동심(不動心)이었다"고 하였다. 대개 고자(告子)가 말에서 얻지 못하거든 마음에서 구하지 말고 마음에서 얻지 못하거든 기(氣)에서 구하지 말라고 하기 때문에, 맹자(孟子)는 지(志)가 먼저이고 기(氣)가 다음이라 하였으며, 또 '지(志)를 지키고 그 기(氣)를

드러내지 말라'하였다. 이는 호연지기(浩然之氣)가 의(義)와 도(道)에 짝한다는 것을 끄집어내 기르는 방법을 말한 것이다. 이것은 어찌 일찍이 지나침과 미치지 못한 것 때문에 부득이 한 말이 아니겠는가? 만일 혹 이것으로 맹자(孟子)가 호연지기(浩然之氣)를 특별히 표출하여 리와 대립시켰다고 한다면 잘못이다. 그러므로 주자(朱子)는 이르기를 "맹자가 비록 야기(夜氣)를 말했으나 그 보존코자 한 것은 인의(仁義)의 마음이었고, 비록 양기(養氣)를 말했으나 그 힘쓴 것은 집의(集義)에 있었으니 대개 호연지기는 의(義)를 모아 생긴 것이요, 꼭 본래 있는 것을 말함이 아니기 때문이다"고 하였다. 그래서 주자는 이르기를 "맹자께서 그 기(氣)됨은 지극히 크고 지극히 강대하여 곧게 길러서 해치지 않는다고 했고, 또 의(義)를 모아 생기는 것이라고 하였으며, 스스로 한마디 말도 더하지 않았다. 또 의(義)와 도(道)에 짝한다는 것은 곤(坤)으로써 건(乾)에 배합함에 반드시 건(乾)이 주인이 되고, 아내로서 남편에 배합함에 반드시 남편이 주인이 됨이다. 배(配)는 따른다는 뜻이니 기(氣)로써 도의(道義)에 짝한다 함은 반드시 도의(道義)가 주(主)가 되어서 기(氣)가 따른 것이다. 이는 기(氣)가 항상 도의(道義)를 따른다는 뜻이건만, 요즘 사람들은 '발휘하고 운용한 것을 일로 여기는 것'에서 이 기(氣)를 빙자하여 드디어 리가 기(氣)를 따르는 것으로 인식하니 이상스런 일이다.

(7) 『논어』에 '반드시 그래야 할 것도 없고 안 할 것도 없다[無適無莫]'고 함은 가(可)함도 없고 불가(不可)함도 없다는 말과 같다. 그러나 이제 적(適)이 오로지 주장하는 것[專主]이 되고 막(莫)이 기꺼이 하지 않음[不肯]이 된다고 하여 이를 두 가지 병폐로 본다면 옳다고 하지 못할 것이다. 대개 이 적(適)과 막(莫)은 리가 반드시 그러한 묘[必然之妙]를 말한다. 그래서 돌아가신 스승 노백헌(老柏軒)은 이를 분별하여 해석하기를, 적막(適莫)이란 정의(情意)가 있는 인사(人事)를 빌어서 천리(天理)의 소리와 냄새가 없는 묘(妙)를 밝힌 것이다. 뿔은 항상 뿔이며 갈기는 항상 갈기이니 이것은 적처(適處)요, 겨울에 삼베옷을 입지 않고 여름에 두꺼운 옷을 입지 않는 것은 막처(莫處)이니 모두 반드시 그러하여[必然] 바꿀 수 없는 것이다.

(8) 노사(盧沙)는 율곡이 살았던 세상으로부터 300년이나 뒤지는데 어찌

율곡을 '금일학사가(今日學士家)'라고 이르겠는가? 이는 부인과 어린아이도 알 수 있는데 이제 '이는 율곡을 가리킨다'하고 또 '도리에 어긋나고 거만하여 예가 없다[悖慢無禮]'고 하여 그를 죄주어 사심(私心)을 만족시키고자 하니 이 어찌 법리(法理)에 맞는 일이겠는가? 노사선생께서 이발자(理發字)가 금지하고 피해야 할 말[禁避語]이 되었다고 이른 것은 다만 오늘날 학자들이 단지 '기발(氣發)' 한 단어에 의지하여 '이발(理發)'을 말하면 율곡과 다르다고 여겨 배척하여 감히 입을 열지 못하게 했기 때문이었다. (이하 후반부 생략)

4) 栗溪先生文集 目錄

卷之一

詩: 雪中梅問答二首(丁未) 外193首

卷之二

詩: 德隱川九曲次武夷棹歌韻 外259首

卷之三

書: 上老柏軒鄭先生(別紙一 箚疑一 大學發問對目一) 上崔勉菴先生益鉉 上鄭日新義林 上奇松沙宇萬 上郭宇鍾錫(二) 外39篇

卷之四

書: 答權松山載圭(答三與四) 外58篇

卷之五

書: 答李致善教宇(六) 外60篇

卷之六

書: 答金士文鉢 外57篇

卷之七

書: 答沈正玉鎭宅大學問目 外22篇

卷之八

書: 答金聖玉文鈺(十一) 外64篇

卷之九

雜著: 溪上隨錄 樓下瑣言

卷之十

雜著: 明氣問答與動之靜之問答合辨 格物解辨 格物物格兩格字解 夏靈峯孟子桃應章講授辨 兄弟同昭穆共一位辨 辨明美堂集論荀彧事 讀梅泉集百里奚及西皓論 讀宇集答姜佐明書 讀韓昌黎雜說 學規十條示從遊諸君 答客說示諸同志 題朴壺山集 能所說寄梁元淑 惺窩說 止堂說 省齋說 拓窩說 直軒說 沈潛說贈柳東彦興夏 鄭聲叔字說 李文甫字說 李相悅字說 吳敬立字說 書贈愼懼堂李惟常佽 書贈柳忠五 書贈奇希文兼示諸生 書示吳和宣政杓 書示金元郁奎澤 書示周亨洛禹錫亨重弘錫 書贈朴晦夫熙洙 書贈張和仲利錫 書贈張汝賢永吉 示諸生 嶺東紀行

卷之十一

雜著: 猥筆後辨辨 辨艮齋示諸生說 山房隧箚 辨田艮齋觀鄭柏軒集猥筆辨辨 觀田艮齋集

卷之十二

雜著: 小學箚疑

卷之十三

序: 近思錄葉本攷異序 外70篇

卷之十四

記: 德川記 外63篇

卷之十五

跋: 孝寧大君年譜跋 外25篇 / 箴: 自警箴 月湖書室箴 立志箴 / 銘: 臨齋銘 月林亭銘 晩翠亭銘 晩稼亭銘 慕巖亭銘 田隱堂銘 可窩銘 誠齋銘 壺石銘 八樂亭銘 蓮湖亭銘 艮菴銘 寶岡亭銘 南隱堂銘 一亭銘 兼山室銘 一青書室銘 / 贊: 三先生甲會圖贊 杏史梁公贊 石原尹公像贊 / 題辭: 祭屛十圖題辭 外5篇 / 字辭: 金元汝字辭 外3篇 / 哀辭: 奇仁伯哀辭 外7篇 / 上梁文: 感慕齋上梁文 外8篇

卷之十六

祝文: 朱夫子影禎奉安夾室告由文 外5篇 / 祭文: 祭先師老柏軒先生文 外42篇

卷之十七

碑: 軍器寺主簿贈資憲大夫戶曹判書兼知義禁五衛都摠府都摠管謚忠毅晩翠柳公衣履藏碑 外18篇 / 墓誌銘 : 司憲府持平圭南河公墓誌銘 外24篇

卷之十八

墓碣銘: 翊衛司左侍直柳公墓碣銘 外33篇

卷之十九

墓碣銘: 秉忠奮義靖國功臣行嘉善大夫刑曹參判贈資憲大夫兵曹判書謚貞毅黃公墓碣銘 外56篇

卷之二十

墓碣銘: 通政大夫承政院同副承旨兼經筵參贊官春秋館修撰官陞嘉善大夫成均館直提學河石李公墓碣銘 外31篇

卷之二十一

墓表: 印月菴處士林公墓表 外53篇

卷之二十二

行狀: 節齋金公行狀 先祖龜潭先生遺事狀 石洞先生李公行狀 通政大夫承政院右副承旨兼經筵參贊官春秋館修撰官歸樂窩柳公行狀 黙軒鄭公行狀 竹下鄭公行狀 通訓大夫司諫院司諫趙公行狀 先考松菴府君行狀 管山處士安公行狀 老圃吳公行狀 學生金公行狀 監察李公行狀 雙山處士吳公行狀 柏下鄭公行狀 趙省齋行狀 秀士許君行狀 / 傳: 南圃許公傳 南氏二孝子傳 洪烈士傳 儒人姜氏傳 鄭氏二孝子傳 金儒人傳 林孝烈婦傳 梁秀士傳 金孝婦傳

13. 간재 전우 艮齋 田愚

1) 생애

전우(1841-1922)는 자가 자명(子明)이요, 호는 간재(艮齋)이다. 구산거사(臼山居士)·태화산인(泰華山人)·화둔병부(華遯病夫)·외암(畏菴)·고옹(蠱翁)·청추당(聽秋堂) 등의 별호가 있다. 초명(初名)은 경길(慶吉) 또는 경륜(慶倫)이며, 담양인(潭陽人)으로 고려말 명유인 전녹생(田祿生)의 후예로 한말의 저명한 성리학자이다.

그는 1841년(헌종 7년) 8월 13일 전주 청석리(靑石里)에서 아버지 청천옹(聽天翁) 전재성(田在聖)과 어머니 남원 양씨(南原梁氏) 사이에 차남으로 출생했다.

9세 되던 해 겨울에 화분의 매화꽃이 활짝 피었는데 청천공(聽天公)이 향자(香字) 운(韻)을 내어 시를 짓게 하였다. 간재는 즉석에서"눈 내리는 소리 들으며 거문고를 타니 그 소리 차갑고, 매화 바라보며 시를 적으니 글씨가 향기롭네"[聽雪鼓絃琴韻冷 看梅題句墨痕香]라는 시를 지었다. 보는 자들이 모두 그 시재(詩才)에 감탄하였다.

또한 필재(筆才)가 있어 12세 때부터 왕휘지체(王羲之體)를 즐겨 썼는데, 14세 되던 해에 독필(禿筆)과 잔묵(殘墨)을 모으니, 한 상자나 되었다. 13세 때 벌써 오서육경(五書六經)을 독파하였는데 기억력이 탁월하여 열 두어줄씩 한꺼번에 읽어 내리기도 하였다.

14세(1854년)에 청천공을 따라 서울 정동(貞洞)으로 이사하였고, 다시 삼청동으로 옮겼는데, 이때부터 과문(科文)을 익혀 시문(時文)과 육체(六體)에 모두 정숙(精熟)하였다.

20세에 『퇴계집』을 읽고 위기지학(爲己之學)에 전념하기로 결심하였다. 이때 꿈속에서 주일무적(主一無適: 마음을 한 군데에 집중하여 잡념을 버리는 수양공부)에 대한 퇴계선생의 가르침을 받았다 한다.

21세(1861년)에 아버지의 명을 따라 아산(牙山) 신양(新陽)에 살던 전재(全齋) 임헌회(任憲晦)를 배알하였는데, 전재는 도(道)를 전할 만한 인재로 인정하고 「간재잠(艮齋箴)」을 써주기도 하였다. 당시 그는 가계가 풍족하여 호화(豪華)로운 생활을 하였으나, 스승이 사치스런 물건을 쓰지 않는다는 것을 알고, 자신의 생활태도를 반성하여 검소한 삶을 지향했으며 평생토록 값비싼 물건을 쓰지 않았다.

아후 정주(程朱)의 성리학을 정독(精讀)하였다. 특히 『주자전서』를 익숙하게 읽어 달통(達通)하였으므로 전주서(田朱書)라는 별칭을 얻었다. 뒷날 주자서(朱子書)를 논거(論據)하는 데 있어 하나같이 저술연대와 판행(板行)을 대조하여 언급하였으므로 다른 사람들이 감히 이설(異說)을 제기하지 못했다 한다.

23세(1863년)에 진사였던 최한기(崔漢綺)가 육왕학(陸王學)을 칭찬하고, 일본인 이또 진사이[伊藤仁齊, 伊藤維禎]가 『논맹자의(論孟字義)』를 지어 주자의 학설을 비난한 일을 칭송하자 시(詩) 세 수를 지어 타일렀다.

24세 때 고종이 왕위에 오르자, 우상(右相) 박규수는 간재와 한풍리(韓灃履)·이원영(李元永) 등 세 사람을 보도관(輔導官)으로 추천하였다. 이 해에 전재(全齋)를 따라 공주의 명강(明剛)으로 이거하였으며, 경전(經傳)과 송대의 유학자들이 안자(顔子)에 대해 언급한 글을 뽑아 「안자편(顔子編)」을 만들었다.

17세에 연이어 내외상(內外喪)을 당하여 애례(哀禮)가 극진하였다.

28세(1868년) 때에 동문인 신기선(申箕善)에게 보낸 답장과 전재에게 올린 편지에서 '기질체일설(氣質體一說)'을 논변하였다.

29세에는 「이기설(理氣說)」·「음양설(陰陽說)」·「정시기질설(靜時氣質說)」을 짓고, 또 신기선에게 보낸 답장에서 군자가 벼슬에 나아가도 물러나는 도리를 '나의 덕이 완비되었는가(己德)'·'군주의 예우가 극진한가(上禮)'·'시기선택이 적절한가(時勢)'의 세 가지로 구분하여 역설하였다.

30세에 스승의 명을 받들어 『근사록』의 체제에 따라 정암·퇴계·율곡·사계·우암 등 다섯 선생의 글을 발췌하여 『오현수언(五賢粹言)』 14권을 편찬하였다. 이 해 스승이 공주의 성전(星田)으로 옮기자, 간재는 성전과 가까운 연기(燕岐)의 죽안(竹岸)으로 이거하였다.

33세(1873년) 때부터 이항로(李恒老)의 뛰어난 제자 성재(省齋) 유중교(柳重敎)와 14년간의 왕복서한논쟁을 통해 심성이기(心性理氣)·태극명덕(太極明德)의 의미를 밝혔다. 35세 되던 해에는 오남(吾南) 김한성(金漢燮)에게 '본성이 마음의 주재가 된다(性爲心宰)'는 내용의 편지를 보냈다.

36세(1876년) 때에 내방한 중암(重庵) 김평묵(金平黙)과 심성(心性) 문제를 토론하였으며, 11월에는 그의 정신적 지주였던 스승 전재의 상을 당하였다. 전재는 병환 중임에도 불구하고 간재에게 뒷일을 당부하면서 "중암(重庵)이 율곡의 학설을 공공연히 비판하고 또 새로운 학설로 후진을 선동하고 다니니, 그대가 이를 반박한 뒤에야 도리가 밝아질 것이다"라는 말을 남겼다.

37세에 「검본(檢本)」을 완성하였다. 상편은 주자의 학설을 인용하여 마음·지각·신(神)·리(理)·정(情)·기(氣)·덕(德)·사(事) 등을 분류하였고, 하편은 후현들의 학설로 상편의 설명을 증명하여 학자로 하여금 핵심적 원리의 소재를 알게 하였다.

41세(1881년)에 「화서아언의의(華西雅言疑義)」를 지어 화서 이항로의 심설(心說)을 비판하였다.

42세에 임오군란(壬午軍亂)이 가라앉자, 장호원(長湖院)으로 피신했던 명성황후가 궁으로 돌아왔다. 이때 영의정 홍순목(洪淳穆)의 주청에 의해 선공감 감역(繕工監監役)과 전설사별제(典設司別提)·강원도도사(江原道都事)에 임명되었으나 취임하지 않았다. 10월에 정암·퇴계·율곡·사계·우암의 행장과 실기, 자명(自銘)과 묘지명을 뽑아 「연원정종(淵源正宗)」을 만들었다.

49세(1889년)에 대산 이상정(李象靖)의 성리설에 대하여 논변하였고, 52,3세 때에 「정중유물설(靜中有物說)」 3편을 지었다.

54세(1894년)에 특별히 사헌부장령(司憲府掌令)에 제수되었으나, 나아가지 않았다. 이때 동학(東學)이 일어나 『정감록』 등 도참설에 의거하여 계룡산 정씨(鄭氏)가 왕이 된다는 풍설(風說)이 퍼졌는데. 간재는 연기의 대삼(臺

三) 만뢰산(萬籟山) 밑으로 이거하여 마을 이름을 이신촌(李臣村)이라 고치고 거실의 편액에 공학당(孔學黨)이라 이름붙이고 자신이 이씨 왕조의 신하이며 공자의 가르침을 배우는 유자임을 강력히 천명하였다. 55세(1895년)에 개화파 박영효·이승욱 등은 간재를 수구당(守舊黨)의 괴수로 지목하여 고종에게 전우를 죽여 개화정책의 추진을 원활하게 할 것을 주청하였다. 10월 15일에 을미사변으로 명성황후가 살해당하자 문생들에게 대의를 밝혀 역적을 토벌할 것을 역설하였다. 다음해 순흥부사(順興府使)에 제수되었으나 역신(逆臣)들의 추천이라 하여 거절하였다.

환갑 되던 해 6월에 비로소 '심본성설(心本性說)'을 발표하여 세간의 유학자들이 마음을 리로 인식하여 본성을 근본으로 삼지 않는 오류를 지적하였다. 또 「양명심리설변(陽明心理說辨)」을 저술하여 '심즉리설(心卽理說)'을 배척하였다.

62세에 교리(校理) 권봉희(權鳳熙)에게 보낸 답장에서 노사((蘆沙) 기정진(奇正鎭)의 유리론적(唯理論的) 성리설을 대표하는 작품인 「외필(猥筆)」을 논박하고, 이어 「외필변(猥筆辨)」과 「납량사의의목(納凉私議疑目)」을 지어 조목조목 비판하고 노사의 성리설이 율곡의 이론에 위배됨을 지적하였다. 64세 때에는 노사의 제자 정재규(鄭載圭)가 그의 노사설 비판을 반박하여 「외필변변(猥筆辨辨)」을, 공학원(孔學源)이 「변외필변(辨猥筆辨)」을 저술하자, 그는 이에 대한 재반박으로서 「외필후변(猥筆後辨)」·「외필기의(猥筆記疑)」를 저술하여 비판의 요지를 정치화(精致化) 하였다.

1905년 65세(1905년) 때 을사조약(乙巳條約)이 체결되자 오적(五賊)의 처단과 조약의 파기를 요구하는 격렬한 상소문을 올리고, 「포고천하문(布告天下文)」과 「경세문(警世文)」을 지어 이토 히로부미를 탄핵하였다.

66세에 면암 최익현이 의병을 일으켰다는 소식을 듣고 편지를 보내 격려하였으며, 11월에 중추원 부찬의(中樞院副贊議)에 임명되었으나 나아가지 않았다. 이 해 대표적인 수상록 「분언(忿言)」 2편을 저술하였다.

68세(1908년) 때 마음속으로 결심했던 망명을 실행하고자 9월 4일 서해의 고도(孤島)인 북왕등도로 떠났다. 베델이 매일신문(每日新聞)의 논설에서 유림을 비판하고 자신을 조롱하자 반박문을 지어 제자에게 돌렸다.

69세에 「양집변(梁集辨)」을 지어 공자·석가·예수 3성인을 일체(一體)로, 군신·부자·부부를 평등하게 여기는 중국인 양계초(梁啓超)의 관점을 비판하였다.

70세(1910년) 때 경술국치를 당해 통분을 못 이겨 제자 몇 사람과 함께 입산하여 침식을 잊은 채 수일 동안 통곡하였다. 다음 해 「이씨심즉리설조변(李氏心卽理說條辨)」을 지어 '마음을 이치로 인식하는' 한주(寒洲) 이진상(李震相)의 입장을 비판하였다. 이해 11월에 일본인 경무부 고등관이 경비선을 타고 왕등도를 은밀히 수사하였으나, 간재는 벽에 "만겁이 흘러도 끝까지 한국의 선비요, 일생을 기울여 공자의 제자가 되리라"[萬劫終歸韓國士 平生竊附孔門人]라는 시를 게시하고 있었다. 이를 본 일경도 진짜 한국의 선비를 만났다는 내용으로 일본에 보고했다 한다.

72세(1912년) 때 왕등도에서 다시 고군산도의 안양서실(安陽書室)로 옮기고, 다시 부안 계화도(界火島)에 정착하여 계화도(繼華島)라 고쳐 부르고 장자동(壯子洞)으로 옮겼다. 이는 난곡(蘭谷) 송병화(宋炳華)가 화도(華道)를 계승한다 하여 개명한 것이었다. 이때 유고(遺稿)의 전편(前編)이 완성되었다. 73세에 「기질체청설(氣質體淸說)」을 지어 기질의 본체는 본래 청명하고 순수하다는 입장을 제시하였다.

74세에 한주 이진상의 심리설(心理說)을 변론한 「해상산필(海上散筆)」을 완성하였다. 75세에 「해옥병어(海屋病語)」를 저술하여 정세영(鄭世永)·이희진(李喜璡)의 '성리수기이품설(性理隨氣異稟說)'을 거듭 분석하였다.

76세(1916년)에 「성존심비적거(性尊心卑的據)」를 지어 본성을 마음의 근본으로 파악하는 주리론을 확립하였다. 78세에 「양가심성존비설(兩家心性尊卑說)」을 저술하여 유가는 하늘을 근본으로 삼는 학문[本天學]이요, 타가(他家)는 마음을 근본으로 삼는 학문[本心學]이라고 대비하여 설명하였다. 이해 6월 30일에 손자 일효(鎰孝)를 앞에 불러 놓고 "나는 한국의 유민으로서 어찌 타국에 입적(入籍)하겠는가. 너는 죽을지언정 도장을 찍어 입적을 허락해서는 안 된다"라는 글을 써주고 입적을 끝까지 거부하였다.

1919년 고종이 돌아가셨다는 소식을 듣고 통분을 참지 못하며 황제만세를 부르고 3년 상복을 입기 시작하였다. 이 해 파리의 만국평화회의에 독립을 탄원하는 장서(長書)를 보내자는 운동에 대해, 처음에는 대한제국의 황제가 복위되고 유교가 국가이념이 되는 일이라면 육신이 수만 개로 조각난다 할지라도 웃으면서 파리에 갈 수 있음을 결심하였으나, 뒤에 일이 자신의 의도와는 전연 다른 방향으로 진행된다고 여겨 서명을 거부하기에 이르렀다.

다음 해 5월에 동아일보 사장 박영효가 주자학의 의리를 비판한 데 대해 성토하고, 12월에 「화도만록(華島漫錄)」을 완성하였다.

1922년 7월 1일 82세를 일기로 계화도에서 생을 마쳤다. 9월13일 전북 익산의 현동(玄洞) 뒷산 기슭에 묻히니 장례를 관망한 사람이 6만여 명에 이르렀다.

전우는 심하게 요동치는 동북아의 정세와 저물어 가는 조선의 현실 앞에서 항일투쟁 만으로는 국세를 회복할 수 없다는 것을 직시하고, 이에 대응하여 유학자가 도의(道義)를 지킬 수 있는 방법을 세 가지로 요약하였다. "죽음으로 지조를 지키거나[致命遂志], 나무를 끌어안고 굶어 죽거나[抱木枯死], 숨어 살면서 제자를 기르는 것[隱居授徒]은 훗날 양(陽)의 기운을 회복할 터전을 닦는 일이다."[73] 전우는 '숨어 살면서 제자를 기르는 것'을 도의를 보존하여 훗날을 기약하는 최선의 방법으로 선택하였다. 반대로 전우의 시대의식과 형세와 조우(遭遇)하는 방식에 비판적이었던 유인석(柳麟錫)은 변란에 대처하는 방식으로 세 가지를 열거하고 전우와는 사뭇 다른 방식의 삶을 지향했다. 그는 "의병을 일으켜 외적과 역적을 쓸어 내거나[擧義掃淸], 국외로 망명하여 옛 법도를 지키거나[去之守舊], 죽음으로 자신의 지조를 지키는 것[致命遂志]"[74]으로 삶의 태도를 구분하고, 거의와 망명의 의리를 고수했다.

73 『艮齋先生全集』下, 卷1, 書, 「與宋東玉秉珣」, 345쪽.

74 『毅庵集』卷55, 附錄, 「年譜」, 乙未(1895) 11月 5日 條.

2) 사상

(1) 이기론(理氣論)

전우는 유학자가 이기(理氣)에 관한 학설을 강구 해명하는 목적을 마음과 본성의 묘(妙)를 명확히 인식하여 언어·행위·사업의 실천적 근거로 삼고서 선성(先聖)의 도(道)를 전수하여 후학의 표준을 세우며, 백왕(百王)의 법(法)을 완성하여 만세의 태평을 열려는 데 둔다고 설명했다. 그런 만큼 이기의 관계와 구조를 해명하려는 그의 철학적 탐색은 심성론(心性論)·수행론(修行論)과 불가분의 관계를 갖고 있다 할 것이다.

전우는 운동하는 재료로서의 기(氣)와 그러한 기의 근거가 되는 리(理)를 설명하고 있다. 그에 의하면 리(理)는 기의 존재(物) 및 운동, 그리고 물(物)과 물의 관계맺음(事) 등에 질서 및 조화를 부여하고 유지시키는 궁극적인 근거이다. 따라서 리 자체는 순수한 정신적인 실재이므로 기의 속성을 전혀 갖고 있지 않기 때문에 그것은 오직 기(氣)의 운동을 통해서만 다양한 방식으로 자신을 나타낼 수 있을 뿐이다.

그러나 당시의 주리론자들, 예컨대 화서학파(華西學派)나 노사학파(蘆沙學派)나 한주학파(寒洲學派) 사람들은 리를 인격적 주재성과 작위적 동정성(動靜性)을 갖는 사물로 인식하였으므로 전우의 입장과 근본적으로 상반되었다. 이로 인하여 전우는 화서의 뛰어난 제자인 성재(省齋) 유중교(柳重敎 1832-1893)와 14년간(1864-1878) 왕복서한논쟁을 거치면서 이기에 관한 기본적 사유패턴을 정립하였고, 1902년에는 노사(蘆沙) 기정진(奇正鎭 1789-1879)의 중요한 철학논문인 「외필(猥筆)」과 「납량사의(納凉私議)」를 비판함으로서 우주론에 대한 자신의 확고한 입장을 제시하였다.

① 리(理)의 주재문제

전우는 태극을 천지와 인물이 생성되기 전 원래부터 존재한 자연적인 이치로 해석하고, 천지도 이 태극에서 생겨나며 하늘의 상제는 이 태극의 이치를 얻어 하늘의 주재자가 되고 인심은 이 자연적인 이치를 체득한 데 불과하다고 생각했다. 그에 의하면 태극은 천지·인물의 총화적 이치이며 최고 표준으로 자리잡고 있는 것이다. 그리고 이 태극의 이치는 자연적 주재자로서 음양의 기(氣)에 의해 이루어진 천지에 가득한 만물 속에 '고정불변의 본체'로 존재하면서 조화를 도맡고 고금을 꿰뚫어 천하의 만물이 유기(遺棄)되지 않게 된다고 한다.

그러나 전우가 태극을 '자연적 이치' 또는 '자연적 주재자'로 인식함에 따라 문제가 되었던 것은 태극의 실제적인 주재(主宰)와 동정(動靜)의 해석문제였다. 따라서 그는 일찍이 성재(省齋)에게 음양의 변화와 조합, 오행(五行)의 생출과 완성은 모두 기 자체의 능력(氣自爾)에 의할 뿐이며, 리는 주재자의 명칭을 지니지만 실제로는 주재하는 바가 없다는 이기설(理氣說)을 제시했다. 이는 현상계의 모든 조화작용을 기의 운동으로만 파악하고, 주재의 명칭을 지닌 리를 작용은 물론이요 자연적 주재력도 없는 존재로 인식한 것이다. 전우의 이와 같은 생각은 거의 유기론(唯氣論)에 가까운 세계관이라 할 수 있다. 이에 대해 성재는 "기(氣)를 주재하여 동정하게 할 수 있는 것은 리이고, 리를 이어받아 동정할 수 있는 것은 기이다. 따라서 리의 측면에서 말하면 능동자는 리이지만 기가 아니면 능동할 수 없다고 함이 진실로 타당하며, 기(氣) 측면에서 말하면 능동자는 기이지만 리가 아니면 능동할 수 없다고 함도 또한 타당하다"고 하여, 이동(理動)과 기동(氣動)의 양 측면을 모두 긍정하는 '양동설(兩動說)'을 제시함으로써 전우가 기동(氣動) 일면에만 치우쳤다고 불만을 토로하였다.

성재의 비판을 받은 전우는 자기의 전날 '태극설'이 미진했음을 고백하고, 개정하여 말하기를 "리의 무위(無爲)는 유행의 측면에서 보면 그 동정이 항상 기(氣)의 작용하는 바에 따르지만, 본원의 측면에서 보면 이 기를 동정케 하는 것은 반드시 리가 존재하여 기를 주재한 것이다"고 하여 태극을 유행적 측면[현상적]과 본원적 측면[본질적]으로 구분지어 해석하였다. 이는 작용성이 없는 리가 본원의 측면에서 기(氣)를 동정케 한다는 것은 리가 그 기를 주재한다는 의미에서 논리적으로 가능한 설명이다. 사실 기(氣)를 동정케 한다면 여전히 동정(動靜) 작용은 기의 영역이 아닐 수 없기 때문이다.

이처럼 전우가 이의 운동(理動)을 부정하고 운동의 근거가 되는 리로만 보는 데는 무위(無爲=無形)의 리와 유위(有爲=有形)의 기(氣)로 구분해보려는 그의 철학적 특성 때문이다. 그는 「이기유위무위변(理氣有爲無爲辨)」에서 "태극은 동정의 이치를 지니지만 동정할 수 없고(그 이치를 지니므로 도체(道體)라 하고, 지능(知能)이 없으므로 무위(無爲)라 함), 음양은 동정의 이치를 싣고서 동정할 수 있다(그 이치를 싣고 있으므로 기기(氣機)라 하고, 운용할 수 있으므로 유위(有爲)라 함). 같은 논리로 인성(人性)은 적감(寂感: 정적과 감응)의 이치를 지니지만 적감할 수 없고, 인심(人心)은 적감의 이치를 지니고서 적감할 수 있다"고 하여 이기심성(理氣心性)을 동일한 논리구조로 간명하게 정의하였다.

이와 같이 전우는 성재의 리의 주재와 작용관계에 대한 견해를 비판 보완함으로서 다음과 같은 결론을 도출하였다. "리는 비록 주재자가 되지만 기(氣)에 의지하지 않으면 스스로 운용할 수 없으므로 유행 측면에서 말하면 동정할 수 있는 것은 기(氣)이고 동정을 따르는 것은 리이다. 이것이 이른바 '기(氣)는 작용력을 갖되 리(理)는 작용력이 없다'는 말이다. 기(氣)는 비록 작용자가 되지만 반드시 리가 먼저 존재한 뒤에 의거할 곳이 있으므로 본원 측면에서 말하면 동정케 하는 것은 리이고 동정하는 것은 기(氣)이다. 이것이 이른바'리는 통솔자이고 기(氣)는 추종자'라는 말이다." 그에 의하면 태극과 음양, 리와 기(氣)는 서로 떠날 수 없는 것이면서 또한 서로 섞일 수 없는 것으로서 본래 묘합자재(妙合自在)하다. 만약 양자가 분리되어 있다면 이는 하나의 관념상의 얘기이지 실제에 있어서는 있을 수 없는 일이다. 이러한 '이기지묘(理氣之妙)'의 입장이 그의 우주론에 일관되어 있음을 알 수 있다.

이러한 간재의 기본관념은 조선조 성리학의 대표적 유리론자(唯理論者)인 노사(蘆沙)의 학설을 비판하면서 확고해지는 경향을 보인다.

노사는 화담(花潭)의 '기의 자발성[機自爾]'과 율곡의 '기의 고유한 기능성'[非有使之者]에 관해서 다음과 같은 비판적 의견을 제시하고 있다. 첫째, "천명(理)은 만사의 본령인데, 이제 기가 스스로 운행하고 정지하여 천명과 관계치 않는다면 천명 밖에 또 하나의 본령이 있게 된다. 두 개의 본령이 각자

만사의 추뉴(樞紐) 역할을 담당한다면 조화작용에 결코 이런 일은 없을 것이다. 또 그렇게 되면 리는 약화되고 기(氣)는 강화될 것이니, 기가 리의 지위를 빼앗을까 두렵다." 둘째, "자이(自爾: 스스로 그러함)라는 두 글자와 소이연(所以然: 그러한 원인, 까닭)이라는 세 글자는 명확히 대칭적인 개념이므로 '자이'가 동정의 주장자가 되면 '소이연'은 물러나야만 할 것이다. 이제 이 두 개념을 공존하여 사용코자 하면 그 모양이 흡사 위연(魏延)과 양의(楊儀)가 함께 승상부에 있는 형상이다.[75] …… 운동하고 정지하는 것은 기(氣)이고

---

75 위연과 ~ 형상이다: 위연의 자는 문장(文長)이며 의양군에서 출생하였다. 유표(劉表)의 휘하에서 장수로 있다가 태수 한현(韓玄)을 죽이고 유비에게 항복하고 황충(黃忠)과 함께 촉한의 무장이 되어 여러 전장을 다니며 공적을 쌓았다. 아문장군이 되었다가 유비가 황제에 오르자 진북장군이 되어 한중태수가 되었다. 용맹이 뛰어나고 장수로서의 역량이 뛰어나 제갈량은 일선에 그를 세워 활용하였으며 유비(劉備)도 위연의 능력을 신임하였다. 그러나 자부심이 강하고 오만하여 남들이 기피하였으므로, 『삼국지연의』에서는 창작을 더하여 위연의 얼굴이 잘익은 대추와 같고 눈은 낭성과 같은 인물로 후두부에 반골이 돌출되어 반역자의 상이라 묘사하여, 훗날 모반에 대한 복선으로 삼았다. 위연은 제갈량이 북벌을 나설때 자신이 정예병 5천을 데리고 장안을 공략하겠다는 자오곡 계책을 제시하였으나 제갈량에 의해 받아들여지지 않았다. 제갈량이 죽은 뒤에 위연과 양의(楊儀)는 서로 반역을 했다는 표를 올리며 대립하여 경쟁하였으나 장완과 동윤은 모두 양의를 신뢰하고 위연을 의심하였다. 234년 양의는 마대(馬岱)를 보내 위연의 목을 베었으며, 위연의 삼족을 멸했다.

위연을 주살한 후, 양의는 성도로 돌아와 중군사가 되었으나 일이 없으므로 한가하게 지냈다. 양의는 퇴각에 성공했고 위연을 주살하였으므로 자신의 공이 크다고 여겼고 당연히 자신이 제갈량의 뒤를 이어야 한다고 생각했다. 제갈량은 생존 시에 양의의 성격이 좁으므로 장완을 자신의 후계자로 생각했다. 이때 장완은 아직 대장군에 임명되지는 않았고(양의가 쫓겨난 후에야 임명), 상서령·익주자사가 되었다, 양의는 스스로 장완 보다 나이와 경력, 재능 등 모든 면에서 월등하다고 생각했으므로 원망하여 탄식하는 소리를 일삼아 했다. 이 때문에 사람들은 양의의 말에 절제가 없음을 두려워했고 양의를 따르려 하지 않았다. 다만 비의가 양의를 위로하였는데, 양의는 비의에게 원망을 토로하였고 또 말했다. "예전 승상이 죽었을 적에 내가 만약 군을 들어 위씨에게 갔다면 지금 내 처지가 이토록 영락했겠소! 이제와서 후회해 봤자 되돌릴 수 없습니다." 비의는 은밀히 이 말을 상주했다. 건흥 13년(235년) 정월, 양의는 파직되어 서민이 되었고, 한가군에 유배되었다. 유배지에서도 양의는 비방하는 말을 하여, 마침내 군에 하명하여 양의를 사로잡도록 했다. 양의는 자결했다.

운동하고 정지케 하는 것은 리이니, 운동·정지케 하는 것은 '그것을 그렇게 시키는 것'(使之然)이 아니고 무엇인가?"

노사는 녹문(鹿門) 임성주(任聖周 1711-1788)가 이기(理氣)의 관계에 있어 리를 기(氣)의 자연(自然)·당연(當然)의 '연(然)'자로 이해함으로써 리를 기 안에 포괄한 데 반해, 오히려 기를 리 속에 융섭(融攝)함으로써 기를 '리 속의 사물'[理中事] 또는 '유행하는 리의 수족'[理流行之手脚]이라 하여 이기(理氣)를 대립개념으로 취급하지 않고 가급적 '이분(理分)'이란 용어로 사용할 만큼 철저한 '이일분수(理一分殊)'의 철학체계를 완성하였다. 따라서 태극의 주재문제에 있어서 기(氣)의 주재성은 상정할 수도 없다. 왜냐하면 기의 주재성을 인정한다면 천명[理]과 음양[氣]이 모두 움직인다는 논리가 되어 만사만물의 본령이 두 개가 되는 결과가 되고 기(氣)는 강화되고 리는 약화되어 기가 리의 지위를 탈취하는 모순에 빠지게 되기 때문이다. 이러한 모순을 제거하기 위해 노사는 리를 높여 리의 능동적 주재력을 인정함으로서 기를 다만 그 주재하는 리가 시키는 데에 따라서 동정하는 것으로 격하시켜 버렸다. 그러므로 노사에 있어서는 비록 그가 기(氣)를 동정하는 자체로 인정은 하지만 어디까지나 기(氣)는 움직이고 고요하게 하는 리의 묘용[理之妙]을 따를 따름이다.

그러나 전우는 먼저 "리는 주재능력을 지니지만 실제로는 기(氣)에 자재하고 기는 동정작용을 하지만 실제로는 리에 근본한다"는 불변적 정리(不變的定理: 이기지묘(理氣之妙)의 원리)를 강조하며, "비록 기의 기동력의 자발성[機自爾]이라 하더라도 그 자발성의 근거[所以然]는 여전히 리이며, 기의 고유한 기능성[非有使之]이라 하더라도 그 자연적 주재[不使之使]는 여전히 리"라 하여 노사의 설을 일축하고 이주재(理主宰)의 유일성을 주장하였다. 즉, 무위지위(無爲之爲)와 불사지사(不使之使)가 태극을 주재자로 인식하는 데에 전혀 논리적인 장애가 없다는 생각이다. 전우는 율곡의 설명을 들어 이를 다음과 같이 증명하고 있다. "만일 이가 기의 주재가 되고[理爲氣主] 본성이 마음의 근본이 됨[性爲心本]을 논구하고자 하면 율곡이 일찍이 말한 '기의 작용에는 반드시 리가 주재자가 된다', '작위함이 없으면서 작위자의 주재가 되는 것은 리이다', '무엇이 이 기동[機: 氣의 기동성(機動性), 곧 기기(氣機)]을 주재하는가? 아! 태극이로다' 등을 예로 들어도 충분할 것이다." 이처럼 전우가 기의 주재자로 리를 설정하고 마음의 근본태(根本態)로 본성을 위치지운 것은 궁극적·본원적인 측면에서 하나의 본령, 하나의 주재를 표명한 것이다.

전우는 율곡의 기발이승(氣發理乘)의 해석을 통해 기자이(機自爾)의 '자(自)'자와 이승(理乘)의 '승(乘)'자의 의미를 깊이 탐구해 들어갔다. 왜냐하면 이 '자'자와 '승'자의 진의가 밝혀져야만 노사와의 관점의 차이를 정리해 낼 수 있고, 나아가 율곡의 기발이승일도설(氣發理乘一途說)의 구조를 논증할 수 있다는 신념 때문이었다. 그는 "율곡선생은 일찍이 음양의 동정은 기의 기동력이 스스로 그러할 뿐이요, 그렇게 시키는 자가 있는 것이 아니라는 말로 '기발(氣發)' 두 글자의 뜻을 해석했고, 양이 운동하면 리가 운동에 편승하며, 음이 정지하면 리가 정지에 편승한다는 말로 '이승(理乘)' 두 글자의 뜻을 해석했는데, 기씨(奇氏: 노사를 말함)는 '자(自)'자를 독자적 의미로, '승(乘)'자를 첩등적(捷騰的) 의미로 오인했다"고 말하여 율곡의 기발이승의 진의는 발동하는 것은 음양의 기이고, 그 동정의 기(機)를 타는 것은 태극의 리임을 밝혔다. 그리고 기자이(機自爾)의 '자'자는 기기(氣機)의 독자적·단독적 작용을 의미하지 않고 다만 기기(氣機)의 능동적인 면(能然處)에 중점을 두고 있다고 해명했다. 여기에서 기(氣)의 독자적 작용을 부정하는 것은 기의 동정이 리[天命]의 본령을 떠나지 않음을 의미한다.

더불어 전우는 노사가 '이사(理使)'를 그렇게 하도록 시키는 묘용[使之然之妙] 또는 뭔가를 조종할 수 있는 힘[操縱之力]으로 본데 반해, 이는 '근거'를 말한 것이며 기처럼 정의(情意)를 지닌 것이 아니므로 우암(尤庵)도 '사(使)'의 의미를 조작으로 보지 않고 '스스로 그러한'[自然]것으로 이해하여 음양오행의 운행과는 다른 실체로 인식했음을 밝혔다.

'사(使)'자의 의미를 분명하게 드러내기 위해 전우는, 주자가 공자·맹자·이윤(伊尹)의 학설을 주석하면서, 공자의 '하늘이 만물을 생성할 때 심은 것은 북돋우고 기울어가는 것은 넘어뜨린다'는 말에 대해 이는 '어떤 사물이 존재하여 그러하게 시키는 것이 아니다'[非有物使之然]고 한 것이나, '흡사 어떤 사물이 그것을 밀어 넘어뜨리는 듯하다'[恰似箇物推倒他]고 주석한 것이나, 맹자의 '하늘이 만물을 생성할 때 근본을 하나로 하게 하였다'는 말에 대해 '자연적 이치는 마치 하늘이 그렇게 시킨 것 같다'[自然之理 若天使之然]고 한 것이나, 이윤이 '하늘이 백성을 낳을 때 선지자로 하여금 후지자(後知者)를 깨우치도록 한다'는 말에 대해 '천리의 당연함이 마치 시킨 것 같다'[天理當然若使之]고 주석한 부분에서 '약(若)'자·'흡사(恰似)'자·'비유물사지연(非有物使之然)'자를 덧붙인 이유는 후학이 '사(使)'자를 작용의 의미로 오해할까 봐 이러한 글자를 써서 '사'자의 무작용성(無作用性)을 수식한 것으로 생각하였다.

이상의 논의를 통해 전우의 태극의 주재문제에 대한 입장을 다음처럼 정리해 볼 수 있을 것이다. 그는 이무위(理無爲＝無形)·기유위(氣有爲＝有形)라는 기본적 이기(理氣)구조를 토대로 태극의 주재문제를 기(氣)의 능동적·자발적 작용성에 대한 근저·자연으로서의 주재성격을 지닐 뿐이며, 리 자체에 능동적인 주재력[理之爲, 理能使]이 주어진 것은 아니라는 견해를 제시하였다. 그러나 기(機)의 자발적 고유기능이 인정된다 하더라도 그 근거[所以然]는 리이며, 그 리는 자연적 주재성[不使之使]을 지니고 있으므로 전우에게 있어 기의 능동성·자발성은 어디까지나 리의 자연적 주재를 전제로 성립될 수 있다는 논리이다.

② 리의 동정문제

전우는 리와 기(氣)를 하나의 대대(對待)관계로 파악하는 철학적 기조 하에 노사의 극단적인 존리적(尊理的) 사고를 비판하여 '태극동정'에 관한 합리적 해명을 시도하고 있다. 그만큼 태극동정에 관한 정확한 이해는 제가(諸家)의 분분한 학설을 해석해 낼 수 있는 중요한 근거가 되는 것이다.

노사는 태극의 주재문제에서 기자이(機自爾)와 비유사지(非有使之)를 비판적으로 검토하여 리에 인위적 주재성을 인정하였던 것처럼, 동정문제에 있어서도 근세 주기론자들의 '기발(氣發: 기의 능동성)에 반대하여 '이발(理發: 리의 작용성)을 강조하였다.

그는 "기가 리를 따라 발동하는 것은 기발(氣發), 곧 이발(理發)이며, 리를 좇아 운행하는 것은 기행(氣行), 곧 이행(理行)이다. 리에는 조작하여 스스로 준동함이 있지 아니하고 그 발동과 운행이 분명히 기의 작용인데도 이발, 이행이라 하는 것은 무슨 이유인가? 기의 발동과 운행은 실제로는 리의 명령을 받는 것이어서 명령자는 주인이 되고 명령을 받는 자는 종이 된다. 종은 그 노역을 맡고 주인은 그 공로를 차지한다"라 하여 리를 주인·명령자·공로자로, 기(氣)를 종·수명자(受命者)·노역자로 구분하고[노사의 이귀기천사상(理貴氣賤思想)의 표현], 기의 발동과 운행도 리의 명령을 받아야만 가능하므로 그것을 리의 발동과 운행에 포괄시킴으로서 이발(理發, 이행(理行)의 정당성을 옹호하는 입장을 견지했다.

전우는 노사의 이러한 입장을 긍정하여 음양이 리에 따라 동정함으로 태극의 동정이라 지칭할 수 있겠지만, 이는 어디까지나 '근저'[리는 음양의 근거] 측면에서 종합적 설명을 전개할 때 타당성을 지닐 뿐, 현상 측면에서 분석적으로 관찰해 보면 노사의 논리는 자칫 진리를 혼란 속으로 빠뜨릴 위험이 내재되어 있다고 판단하고, 따라서 '이발(理發)' 두 글자는 반드시 리(理)는 '리(理)'로, 발(發)은 '기(氣)'로 인식해야 완전한 설명이 되며, 이렇게 보아야만 맹자가 말한 '성지(性之: 본성대로 움직임)'를 해석함에 있어 성(性)은 본래 성(性)이지만 '성지(性之)'는 '기에 속하는 일'[氣分事]로 보는 견해와 동일하게 된다고 주장한다. 이를 좀 더 구체화시켜 보면, 맹자가 언급한 '요순성지(堯舜性之: 요순은 천성이 온전하여 결코 인위적인 자태가 없었다)'는 요순이 본래성인 천성을 꾸밈없이 발휘하였다는 점에서 천성대로 발휘한 것은 기(氣)에 속하고 천성 그 자체는 성(性), 곧 리(理)라는 것이다. 이러한 설명은 노사의 유리설(唯理說)에 대한 분석적 비판이라 할 수 있다.

그렇다면 노사도 주재문제를 설명하는 구절에서 '움직이는 것, 고요한 것은 기이고, 움직이고 고요하게 하는 것은 리'[動者靜者氣也 動之靜之者理也]라고 하는 동정관(動靜觀)을 표명한 바 있는데, 이러한 관점은 율곡의 「천도책(天道策)」의 '움직이게 하고 고요케 하는 것은 리다[動之靜之者理也]'라는 구절과 어떤 차이점이 있는가? 전우는 다음처럼 분석하고 있다. "「천도책」에는 본래 운동·정지케 하는 것은 리라는 말이 있으나, 그 윗글에 또한 '자연지기(自然之氣)'라는 말이 있으니 기자이(機自爾)란 것과 본래 방해되지 않는다. 이는 마치 말을 타고 부리는 것은 사람이지만 그 네 발굽의 나아가고 물러감은 말의 일에 속함과 같다. 두 사람이 '동지정지(動之靜之)'라고 이르는 것은 같지만, 율곡은 다만 '근저자연(根底自然)'이라는 뜻으로, 노사는 '조종주사(操縱做事)'라는 뜻으로 말한 것이다." 이처럼 전우는 율곡은 리의 움직이게 하고 고요케 하는 특성을 기동정(氣動靜)의 '근저자연'[스스로 그렇게 근본이 됨]으로 인식하여 작용의 의미를 부정하였고, 노사는 '조종주사'[조종하여 일을 처리함]로 파악하여 작용의 의미를 긍정하였다는 차이점을 '말과 사람'의 관계에 비유하여 설명하였다.

나아가 전우는 기발이승(氣發理乘)의 '승(乘)'자에 대한 노사의 해석을 비판적으로 검토하고 있다. 노사는 「외필」에서 말하기를 "'승'자를 원래 '소승(所乘)'으로 보지 않고 의지할 곳을 만남에 따라 재빨리 올라타는 것으로 봄은 주인을 객으로 인식한 것일 뿐만이 아니다. 또 '승'자 자체에는 내력이 있으니, 대개 형이상하(形而上下)의 '상하(上下)' 두 글자를 곰곰이 살펴보면 곧 나눌 수 없는 곳에서 나누어 말한 것임을 알 수 있다. 그런데도 오늘날 사람들은 의지할 곳을 만남에 따라 재빨리 올라타는 곳으로 간주하니, 이는 곧 두 개의 본체를 하나로 합치한 말이 되어 본뜻과 거리가 멀다"고 하여, 리가 의지할 곳(氣)을 만나 뛰어오르는[乘] 형상으로 묘사하는 것은 주객이 전도되었을 뿐만 아니라 두 가지 본체(리와 기)가 하나로 합치됨을 의미하게 되어 본뜻과 동떨어진 것으로 파악했다.

이처럼 율곡의 기발이승(氣發理乘)에 대한 노사의 '승'자 해석은 눈앞의 말[기를 말함]을 보고 잽싸게 뛰어오르는[리를 말함] 의미로 이해된다. 그러나 그가 역설하고자 한 '승'자의 의미는 주자가 말한 '동정은 타는 바의 기틀이다'[動靜者所乘之機] 라고 할 때의 '소승(所乘)'이다. 이 '소승'은 리라는 명칭이 주어지면 그 자체에 '승(乘)한 바의 이치'가 내재된다는 의미이지 어떤 '기의 힘'[氣力]을 빌려서 '올라탄다'는 의미는 아니라는 것이다. 이는 리 자체의 동정성을 인정하고 기(氣)의 자발성을 인정치 않는 입장이라 생각된다.

이에 대해 전우는 『율곡전서』 어느 곳에도 노사가 제기한 '첩등적(捷騰的) 의미'의 '승'자 해석은 보이지 않으며, 오히려 노사가 '승'자를 첩등적 의미로 오해하였다고 지적한다. 그렇다면 율곡이 자신의 철학적 핵심논리로 내세웠던 '기발이이승지(氣發而理乘之)'의 '이승지(理乘之)'의 진정한 의미는 무엇인가? 전우는 안응휴(安應休)에게 보낸 율곡의 답장을 검토하여 "리는 어떻게 유행하는가? 기의 유행은 리가 기의 기틀에 편승한 때문이다. 리는 본래 작위가 없어 기에 편승하여 유행하므로 변화가 여러 갈래로 나뉘어지는 것이다. 비록 (리가) 유행변화를 한다 하더라도 그 작위가 없는 본체는 본래 저절로 그러하다[自若]"고 함으로서 율곡이 사용한 '이승(理乘)'이란 개념을 리는 본래 작위할 수 없으므로 작위능력이 있는 '기의 기동력'[氣機]에 편승하여 유행하고 변화하지만, 그 무위의 본체는 스스로 그렇게 존재하는 것으로 이해하였다. 이는 태극의 동정을 이기지묘적(理氣之妙的) 사유체계에 의거하여 해석한 것이다.

따라서 태극의 동정문제에 중요한 관건이 되는 주자의 '태극자 본연지묘, 동정자 소승지기(太極者本然之妙 動靜者所乘之機)'라는 명제는 전우와 노사의 관점에 따라 완전히 달리 해석되고 있음을 알 수 있다. 전우가 이 명제를 태극은 음양의 동정(動靜) 작용에도 불구하고 그 본연(本然)을 잃지 않기 때문에 '본연의 묘'라 하고, 음양은 태극을 태우는 바의 기틀이므로 '소승의 기'라 하여 이기(理氣)의 묘합(妙合) 관계에서 해석했다면, 노사는 태극은 본연의 묘리(妙理)로서 음양의 동정 자체를 태극의 동정으로 인식하여 리라는 명칭이 주어지면 기(氣)의 힘을 빌리지 않고 타는 바의 이치가 내재된다고 한 것이다.

(2) 심성론(心性論)

전우는 당시 사회에 '성사심제(性師心弟)'라는 가치체계의 근본원리를 제시하여 바람직한 사회 및 개인에 관한 목적의식의 변화, 즉 집단 및 개인의 삶에 있어서 가장 귀중하고 값진 것들이 무엇이냐 하는 물음을 갖고 가치에 관한 관념의 변화를 시도하였다. 성사심제설은 전우 주리철학의 핵심개념이며 가치체계의 근본원리이다. 이 원리의 구체적 내용은 「심본성설(心本性說)」(1901년, 61세작)과 「성사심제독계어(性師心弟獨契語)」(1914년, 74세작), 「성존심비적거(性尊心卑的據)」(1916년, 76세작), 「성사심제변변(性師心弟辨辨)」 등에 기술되어 있다. 사실 이 원리에 대한 전우의 확고한 신념은 이미 유중교(柳重教)와의 논변(1876년 36세 편지) 속에서 드러나고 있다. 여기에서 전우는 학문의 방도는 마음이 본성에 근거[心本性]해야 하며 공자 문하의 사업의 전체적인 면모도 이 원리를 명확하고 상세하게 표현하고 있음을 강조하였다. 그러나 이 원리에 대한 학설적 기술이 환갑 되던 해에 시작된 것으로 보아, 그간 수많은 토론과 검증이 있었으리라는 점을 짐작케 한다.

전우가 성사심제설을 주장하게 된 철학적 기조는 본성을 궁극적·본원적 주재자[性爲心宰]로 인식하는 데 있다. 그는 일찍이 '유가의 성인은 무엇에 근본하여 사고하고 행동하였을까?'라는 물음을 제기하여 다음과 같은 해답을 얻었다. 첫째, "성(性)이란 천하의 큰 근본이다. 천하의 모든 이치는 이 성에서 나왔다. 그러므로 순임금이 말한 도심(道心)은 도학의 영원불변한 연원으로 여겨지지만, 후대 현인(특히 주자)의 이에 대한 설명은 '마음의 지각이 성명(性命)의 올바름에 근거한다'고 되어 있으니, 여기에서 성인이 근본하는 바를 알 수 있다." 둘째, "인간의 신체의 운용은 마음에 달려있고, 마음의 운용은 본성에 근본을 둔다. 이것이 바로 성인본천(聖人本天: 성인은 천명에 근본함)의 종지(宗旨)이며, 유문주리(儒門主理: 유학은 리를 주재자로 삼음)의 정학(正學)이다."

유가에서 일반적으로 지향하는 지고의 인간상인 성인은 마음과 본성이 분열없는 완전한 조화상태를 지칭한다. 그러나 그러한 성인의 마음도 항상 성명(性命)의 올바른 지표를 따라야만(마음의 고유한 속성은 리가 아니므로) 궤도에서 벗어나지 않는다. 이 마음이 바로 도심(道心)이다. 만약 이 마음의 지각이 성명(性命)에 근거하지 않으면 성인의 마음과 다른 방향으로 흘러가며, 결국에는 속학에 빠지기 쉽고 이단에 물들기 쉽다. 따라서 전우는 유가의 성인은 『대학』에서 명덕(明德)을, 『중용』에서 성명(性命)을, 『맹자』에서 인의(仁義)를, 『논어』에서 성선(性善)을 높이 내걸었을 뿐만 아니라, 『소학』에서도 천도(天道)·인성(人性)을 표준으로 삼아 '성(性)'을 배우지 않고는 학문의 목적을 이룰 수 없음을 가르쳤다. 이처럼 마음으로 하여금 본성을 배우고 따르기를 요구하여 신체의 움직임과 머무름, 마음의 고요함과 감응(感應)함 따위의 기(氣)의 소행(所行)이 항상 본연성(本然性)에 위배되지 않는 학문이 주리학(主理學)의 본질인 것이다. 그러므로 전우가 사용하는 주리학은 리가 모든 현상을 직접 주재한다는 의미에서 존재론적 주리를 강조하는 것이 아니라, 기질과 마음을 제재해서 성리(性理)를 따라야 한다는 당위성에 요점을 둔 것이다.

전우는 성사심제설(性師心弟說)이 자신의 독창적인 견해이지만, 경전과 선현의 학설에 절대적인 근거를 두고 있다는 점을 분명히 하였다. 그리고 이 학설을 주장하게 된 직접적인 동기를 다음과 같이 설명하고 있다. 첫째, "내가 '심본성(心本性)'한 구절을 말하게 된 원인은 유치정(柳穉程)이 '심(心)'자는 매우 존귀하고 '성(性)'자는 비교적 낮다고 강력히 주장했기 때문이다." 둘째, "근세에 심(心)을 성사(聖師)로 자처하고, 성(性)을 조민(兆民)으로 일컫는 학설이 등장했다. 이는 장차 성을 가르치되 악을 제거한 뒤에 악이 없다 하고 선을 행한 뒤에 비로소 선하다고 할 것이니 논리의 도치가 너무 심하다." 셋째, "근세에 심학이 성행하니 성(性)은 위축되어 결국에는 완전하지 못한 존재로, 낮은 위치로, 이원적으로, 이질적인 사물로 되어버렸다. 나는 이 점을 몹시 개탄하여 온 힘을 기울여 심본성(心本性)·성체심용(性體心用)·성사심제(性師心弟) 등의 조어를 설명해냈다."

당시의 학자들 사이에서는 유학의 심성론에서 심(心)과 성(性)의 관계에서 비롯되는 그 위상 문제가 중요한 쟁점이었다. 심학자들은 심을 존상(尊上)의 개념으로, 성을 비하(卑下)의 개념으로 설정하였다. 예컨대 이항로는 심을 성인군사(聖人君師)로 격상시키고 성을 억조(億兆)의 민중으로 격하시켰다. 이진상은 심을 태극으로 간주하면서 성을 태극의 범주에서 제외하였다. 또한 유중교는 대리(大理)·전리(全理)를 심(心)으로, 세리(細理)·편리(偏理)를 성(性)으로 치환하여 해석하고 대리(大理)가 세리(細理)를 갖추고 전리(全理)가 편리(偏理)를 갖춘다고 주장했다. 그러나 전우는 성의 선한 측면은 마음의 행위여하와 무관한 선천적 속성을 지니며, 마음은 항상 본성에 근본을 두고, 본성은 본체이고 마음은 작용이라는 논리를 들어 이러한 설정이 불가능하다고 비판했다. 이런 점에서 전우의 성사심제설(性師心弟說)은 당시 성리학계에 유행처럼 번졌던 여러 유형의 심즉리설(心卽理說)에 대한 강한 반론의 형태로 제출된 것이다.

전우는 성사심제설의 근본의의를 선악문제의 해명을 통해 공부와 본체의 합일을 추구하는 데 두고 있다. 그는 명나라 왕백안(王伯安 곧 왕수인)이 '선도 악도 없는 것은 심의 본체요, 선을 행하여 악을 제거하는 것은 격물'[無善無惡心之體也 爲善去惡格物也]이라고 한 말을 비판하면서 그 근본의의를 밝혔다. "나는 마음의 공부가 본체와 합일되어야 한다고 말했는데, 이제 선도 악도 없다고 하면 공부는 어떻게 할 것인가? 없는 선을 행하고 없는 악을 제거한다 함은 또 공부와 본체를 뚜렷이 이분하는 것이니 사설(邪說)이 될 것은 분명하다. 이제 우리 유가는 성에는 선만 있고 악은 없다고 말한다. 그러므로 마음이 또한 선을 행하고 악을 제거하려는 것이니, 이것이 이른바 '마음이 본성에 근본함'[心本性]이요, '성은 스승, 마음은 제자'[性師心弟]라고 하는 것이다. 만일 마음만 믿고 본성을 경시하여 멋대로 행동하면 마음에 담고 있는 것과 드러난 것은 모두 선이 될 수 없다."

전우의 견해에 따르면, 유가의 성(性)은 마땅히 그렇게 해야 할 법칙[所當然之理]이며, 자체로 선한 속성을 지닌다. 『소학』에서는 도덕적 선을 생각하고[思善] 말하고[言善] 실천하는[行善] 것을 통해 군자가 되는 길을 가르쳤다. 『대학』에서는 도덕적 선을 인식하고[知善], 선을 좋아하는[好善] 삶의 태도를 통해 명덕(明德)을 밝히는 길을 제시했다. 『중용』은 직접적으로 도덕적 '선'의 의미를 가지고 '성(性)' 개념을 설명하지는 않았다. 그렇지만 『중용』의 성이 지니는 도덕적 의미는 그 형이상학 체계 속에 내재되어 있다. 『중용』 첫머리의 '천리(天理) - 성(性) - 도(道)'의 일원(一元)구조에서 '성'은 도덕성을 내포하고 있기 때문이다. 아울러 맹자는 『중용』의 '성'이 함축하고 있는 내재적 '선'을 전면에 끌어내었다. 따라서 『중용』이 원리체(原理體)로서의 의미를 '성'의 본질로 인식함으로써 부수적으로 도덕성을 확보하는 것과는 달리, 맹자는 아예 '원리체'와 '도덕성'의 의미를 성의 본질로 인정하였다.

이와 같이 맹자가 선의지의 선천성을 긍정한데서 철학적 출발점을 정초했던 것처럼 전우도 마음의 선천적 성선(性善)의 바탕에서 보편적·절대적·도덕적 가치의 근거를 찾으려 했다. 그의 철학적 신념이 잘 드러나 있는 진술을 인용해보자. "상제께서 아래 민중에게 참 마음[衷]을 내리셨으니, 인간은 마땅히 그 부여하신 것을 공경하는 마음으로 받들어야 한다. 혹시 멋대로 마음의 지혜로운 능력[慧能] 만 믿어 성천(性天)의 명령을 들으려 하지 않는다면 하늘이 벌을 내리지 않을까? 나는 매일 마음의 사고·언어·행위가 대부분 도리에 어긋난다는 점을 스스로 체험하고는 몹시 두려웠다."『서경』에서 말한 '참 마음(衷)'은 『중용』에서 말한 '본성(性)'과 동일한 의미로서 선천적으로 주어진 지고한 선(善)이다. 따라서 인간은 마음의 자의성(自意性)·혜능성(慧能性: 靈明性)을 배제하고 경건한 상태에서 성천(性天)의 명령—소크라테스가 듣곤 했던 '초자연적 음성', 즉 다이몬(daimon)과 유사한—을 따라 생각하고 말하고 움직여야 도덕적 삶을 영위할 수 있다. 여기에서 우리는 전우의 도덕적 생활과 철학적 신앙의 한 단면을 엿볼 수 있다. 도덕적 생활은 마음이 항상 성에 근본하여 선을 추구하고 악을 제거하려는 노력을 통해 성취된다. 이것이 공부하는 목적이며 공부하려는 주체로서의 마음과 공부의 대상으로서의 성이 합일되는 경지이기도 하다. 성사심제설(性師心弟說)이 하나의 철학적 개념으로 의미를 갖는 것은 바로 여기에 기인한다.

전우가 사용하는 '실학(實學)'이라는 개념이 언어 문자의 논증보다는 자신이 경험하고 이용하는 현실적인 실천방식에 비중을 두고 있다는 점을 상기할 때, 다음의 포괄적인 설명은 전우의 성사심제설의 본질을 드러내는 데 매우 적합하다 하겠다. "인민의 통치자는 먼저 천지를 경외하는 이치를 깨달은 뒤에 마음으로 경외해야 하고, 먼저 인민의 부모 노릇하는 이치를 안 뒤에 마음으로 부모 노릇을 해야 하며, 현자를 초빙하여 임무를 부여하고 정치를 행하여 인덕을 베푸는 것도 그렇지 않음이 없다. 인민의 관료는 먼저 통치자를 부모 사랑하듯이, 백성을 처자 사랑하듯 하는 이치를 안 뒤에 마음으로 사랑해야 한다. 이용·실행·폐지·보관·사양·수락·은퇴·등용도 예외가 없다.

윤리를 바루고 은의를 돈독하게 하는 제가(齊家) 공부나, 격물(格物)과 치지(致知)에 힘쓰고 성의(誠意)·정심(正心)에 힘을 쏟는 수신(修身) 공부도 모두 그 이치를 안 뒤에 마음으로 따라야 한다. 이렇게 되면 천하 국가가 다스려지지 않을 까닭이 있겠는가? 이와 반대로 되면 반드시 혼란이 닥칠 것이다."

그는 인간의 마음[人心]이 항상 당연의 법칙, 즉 천리를 지향하게 되면 수기치인(修己治人)을 궁극적인 목표로 내세우는 유가의 이상은 도달 가능한 것이라고 생각한다. 이 당연의 법칙을 준수하는 마음이 '도심(道心)'이다. 도심은 형상을 지닌 물질에너지, 즉 형기(形氣)가 지니는 육체의 다양한 욕구를 통제하여 조화로 이끈다. 비유하면 형기를 배(船)라고 할 때 도심은 키[舵]의 역할을 담당한다. 배는 키가 없으면 멋대로 움직여 파도에 휩쓸리기도 하고 안전하게 운행하기도 해 일정하지 않지만, 키를 따라 운행하면 파도에 휩쓸린다 해도 피해가 없게 된다. 그와 마찬가지로 마음이 본성을 따르고 배우는 효용은 언제나 선한 상태로 드러나기 마련이다.

전우는 오늘날의 큰 혼란이 초래된 원인이 인심이 천리를 따르지 않은 데 있다고 판단하여 '성사심제설(性師心弟說)'의 의미를 개인적, 사회적 관점에서 강조하였다.

3) 원문 번역

이 글은 1902년에 쓴 것으로 노사 기정진의 대표적 학설인 「외필」에 대한 비판을 적은 글이다. 노사의 대표적인 글은 「외필」 외에 「납량사의(納凉私議)」가 있다. 그러므로 노사 학설에 대한 간재의 비판은 이 두 편의 글에 집중되었다. 간재가 노사의 사상을 비판한데 대하여 간재 학설에 대한 노사 문인의 비판 전모를 알려면 간재의 「납량사의」의 내용을 비판한 내용을 먼저 이해해야 한다. 그러나 여기에서는 「외필」에 대한 제1차 비판인 「외필변」을 번역 소개하기로 한다.[제2차 비판의 글로는 「외필후변(猥筆後辨)」과 「외필기의(猥筆記疑)」가 있다] 이 글에서 전우는 노사의 유리설(唯理說)적 관점을 비판하고 율곡의 이기지묘(理氣之妙) 논리를 옹호하는 입장을 명확하게 제시하고 있다.

(1) 율곡이 일찍이 말하기를 '음양동정(陰陽動靜)은 기자이(機自爾)요, 비유사지(非有使之)이다'고 한데 대하여 노사(蘆沙)가 「외필(猥筆)」에서 이를 깊이 논박하였다. 그러나 내가 보기에, ①주자(朱子)는 항상 말하기를 '작용(作用)이 있으면 곧 이는 형이하자(形而下者)이니, 움직이고 고요한 것은 작용(作用)이다'고 하였다. 그러므로 기자이(機自爾)라 하였다. ②공자(孔子)가 분명히 말하기를 '하늘이 만물을 생성할 적에 심은 것을 배양하고 기울어진 것은 넘어뜨린다'고 한데 대해 주자가 이르기를 '배후에 어떤 물(物)이 있어 그렇게 하는 것이 아니다. 다만 만물이 자랄 때에 스스로 성장하는 것이 마치 어떤 물건이 있어 그것을 부지(扶持)하는 것과 같다. 그러다가 그것이 쇠퇴하게 되면 스스로 사라지는 것이 마치 어떤 물건이 그것을 밀어 넘어뜨린 것과 같으니 이치가 저절로 이와 같다'고 하였다. ③맹자(孟子)가 분명히 말하기를 '하늘이 만물을 생성할 적에 일본(一本)을 이루도록 하였다'는 말에, 주자는 이르기를 '자연의 이치가 마치 하늘이 시켜서 그렇게 된 듯하다'고 하였다. 또 ④이윤(伊尹)이 분명히 말하기를 '하늘이 사람을 생성할 적에 선지자로 하여금 후지자(後知者)를 깨우치도록 하였다'라고 한데 대해, 주자가 '리의 당연(當然)함이 마치 그렇게 시킨 듯[若使之]하다'고 하였다. 이것은 무엇 때문인가? 이는 사람들이 '사(使)'자를 잘못 인식하여 작용(作用)의 의미로 깨닫는다면 도(道)에 끼치는 해가 클까 두려워하기 때문이다. 그러므로 별도로 '약(若)', '흡사(恰似)', '비유물사지연(非有物使之然)' 등을 문구 가운데 넣었으니, (이는) 작용하는 운동이 없음을 보인 것이다. 그러므로 '비유사지(非有使之)'라 하였으니, 율곡이 어찌 전해들은 바가 없이 망령되이 말하였겠는가? 또 ⑤(『논어』에) '사람이 능히 도를 넓힌다[人能弘道]'함은 '기자이(機自爾)'요, '도가 사람을 넓힘이 아니다[非道弘人]'함은 '비유사지(非有使之)'이다. 이는 대체로 인심(人心)에 지각(知覺)이 있음은 곧 음양동정(陰陽動靜)의 기(機)요, 도체(道體)가 무위(無爲)함은 곧 태극자연(太極自然)의 묘(妙)로서, 주자가 『논어집주』에 장횡거(張橫渠)의 말을 실었다는 것은 내가 아는 것이지만, 후

현(後賢)이 성(性)이 그 심(心)을 검속(檢束)할 줄 모르는[性不知檢其心] 것으로 천명(天命)이 이미 그친 것[天命已息]으로 삼고, 심(心)이 성(性)을 다할 수 있는 것[心能盡性]으로 천명(天命) 밖의 또 하나의 본령(本領)을 삼아 붓을 휘둘러 선현(先賢)을 함부로 매도(罵倒)하였다는 것을 아직 듣지 못했다. 만약 "리가 기(氣)의 주인이 되고 성(性)이 심(心)의 근본이 됨을 논한다면 반드시 리가 있어 그 주재(主宰)가 된다"하였고, 또 이르기를 "무위(無爲)하면서 유위(有爲)의 주재가 되는 것은 리이다"고 하였고, 또 말하기를 "누가 그 기(機)를 주장하는가? 아! 태극이로다"라고 하였으니 이런 부류의 논의는 한두 가지가 아니다. 사람이 참으로 여기에 식견이 있다면 비록 '기자이(機自爾)'라 말하여도 그 '자이(自爾)'의 그렇게 된 까닭은 여전히 이 리요, 비록 '비유사지(非有使之)'라 말하더라도 그 '불사(不使)'의 사(使)는 여전히 이 리이니, 어찌 일찍이 위연(魏延)과 양의(楊儀)가 동부(同府)에서 서로 어긋나는 변(變)이 「외필(猥筆)」의 설명과 같겠는가?

⑵ 사물의 생성을 비록 '저절로 자라고 저절로 소멸한다[自長自消]'고 말할지라도 그 '저절로 자라고 저절로 소멸하는 것'은 마침내 이 이치가 스스로 이와 같음이요, 음양(陰陽)의 기(機)를 비록 "저절로 움직이고 저절로 고요하다[自動自靜]"이라 말할지라도 그 '저절로 움직이고 저절로 고요한 것'은 또한 이 이치가 마땅히 이와 같은 것이니 이것이 어찌 깨닫기 어려운 이치이겠는가? 혹 말하기를 "주자는 '저절로 자라고 저절로 소멸한다'말 아래에 '이치가 저절로 이와 같다[理自如此]'고 덧붙였으나 율곡이 부연설명을 하지 않아 노사(蘆沙)의 의심을 불러들였다." 하지만 이는 또 그렇지 아니하다. 주자가 일찍이 말하기를 "일기(一氣)가 유행(流行)함에 만물이 자생(自生)·자장(自長)·자형(自形)·자색(自色)한다"고 하였으니, 어찌 하나씩 하나씩(逐一) 일기(一氣)를 받아들여 단장[粧點]함이 이와 같았겠는가? 이는 곧 율곡의 '비유사지(非有使之)'를 일컫는 것이요, 다시 '이자여차(理自如此)'를 말한 것이 아니니 이 또한 장차 저절로 가고 저절로 멈춰서[自行自止] 천명(天命)에 관계하거나 말미암지 않음으로 (율곡을) 매도한 것인가? 또한 장차 내가 저 기(氣)가 리의 지위를 빼앗아 만사의 본령이 될까 두려워하여 배척한 것인가?

(3) 노사는 "움직이는 것[動者] 고요한 것[靜者]은 기(氣)요, 움직이게 하고[動之] 고요하게 하는 것[靜之] 리이니, 움직이게 하고 고요하게 하는 것은 정지(靜之)는 '시켜서 그러한 것[使之然]'이 아니고 무엇인가?"라고 말했다. 내가 조용히 생각해보니, '이사(理使)'라 하는 것은 다만 리가 '근저'가 된다는 점을 말한 것이요, "기(氣)에 정의(情意)가 있다"는 말이 아니다. 그러므로 송시열이 심명중(沈明仲)의 "움직이게 하고 고요하게 하는데[使動使靜] 어찌 조작(造作)이 없겠는가?"라는 물음에 대하여, "이는 자연(自然)이라 말한 것에 불과할 뿐, 음양오행(陰陽五行)의 운용(運用)과는 같지 아니하다"라고 대답하였다.[76] 이제 노사의 견해가 바로 심씨(沈氏)와 같으니, 어찌 기(氣)를 리(理)로 삼은 것으로 귀결되지 않겠는가? 무릇 리에 대해 비록 주재(主宰)한다 말할지라도 실상은 '스스로 존재하고[自在]', 기(氣)에 대해 비록 동정(動靜)이라 말할지라도 실은 리에 근본을 두니, 이는 하늘과 땅이 생기기 이전이나 생긴 이후에도 영원히 바꿀 수 없는 정리(定理)이다. 그러므로 율옹(栗翁)은 이미 "형제도 없고 작위하지 않으면서[無形無爲] 형체가 있고 작위하는 것[有形有爲]의 주재가 되는 것은 리요, 형체가 있어 작위하면서 형체도 없고 작위하지 않는 것의 기(器)가 되는 것은 기(氣)이다"고 하였다. 또 "형체가 있고 작위 하여 움직임과 고요함이 있는 것[有動有靜]은 기(氣)요 형체고 없고 작위도 없으면서 움직임과 고요함에 존재하는 것[在動在靜]은 리이다"라고 말했다. 이는 본말(本末)을 두루 아우르고 체용(體用)이 빠뜨림이 없다[無漏]고 할 수 있으니, 도체(道體)를 환히 내다보는 자가 아니 루면 그 누가 이를 언급할 수 있겠는가? 이제 이와 같이 간파(看破)하거나 이와 같이 체득(體得)하지 못하고 도리어 다만 주재(主宰)의 한 의미만을 주장하고 리에 조종(操縱)능력이 있다고 생각하여, 다시는 이 기(氣)를 검속(檢束)하여 리의 본연(本然)에 따르지 않는다면 공부에 어찌 정밀치 못한 곳이 없지 않겠는가? 나아가 그의 설명을 살펴보면, 말하는 것[語者] 침묵하는 것[黙者]은 입[口]이요, 말하

76 『宋子大全』卷105, 「書」, 〈答沈明仲〉. "所謂理之主宰使動使靜者, 亦不過曰自然而已. 不如陰陽五行之運用造作也."

게 하고[語之] 침묵하게 하는 것[黙之者]은 성(性)인데, 나는 성(性)이 말하고 침묵하는 것의 리(理)가 되므로 입과 혀가 본성을 따라 말하고 침묵한다는 말은 들었어도 이 성(性)이 스스로 말하고 침묵할 줄 안다는 말은 듣지 못했다. 그러므로 고자(告子)와 석씨(釋氏: 불교)의 지각작용(知覺作用)이 바로 성(性)이라는 설과 양명(陽明)의 양능(良能)으로서 보고 듣고 말하고 행동하는 것[視聽言動]이 곧 천리(天理)라는 설(說)은 모두 기(氣)를 리로 삼는 데로 귀착되어 우리 성인과 다르다.

(4) 주자(朱子)가 호계수(胡季隨)의 글에 답하여 '자심자성(自心自省)'이라는 말을 하였으니,[77] 어찌 성지(省之)하는 리가 성(性)에서 나와 그 능히 성지(省之)하는 자(者)는 '심(心)이요 성(性)이 아님[心而非性]'을 알지 못하였겠는가? 그러므로 입언(立言)이 이와 같고 사리(詞理)가 모두 갖추어져 조그만 결점도 없는데 후인(後人)으로서 「외필(猥筆)」의 설(說)을 익히 들은 자가 있어 저절로 행하고 저절로 그쳐서[自行自止] 성명(性命)에 말미암지 않고 두 개의 본령(本領)이 각각 근본[樞紐]이 된다는 등의 설(說)로 그릇되게도 주자(朱子)에 대하여 의심을 갖는다면, 생각건대 노사(蘆沙)의 혼령 또한 마땅히 저 세상[泉下]에서 눈살을 찌푸릴 것이다.

---

77 자심자성(自心自省): 이 말은 1194년(주자 나이 65세) 호계수에게 답한 편지에서 호계수가 "경(敬)은 병을 고치는 큰 약이고, 긍지는 병의 곁가지 증상이니, 약이 효능을 발발휘하면 병세가 물러가면서 곁가지 증상도 없어질 것이다."(大時答曰, 頃年劉仲本亦曾擧此條以爲問, 蓋嘗答之, 曰, 敬是治病之大藥, 矜持是病之旁證. 藥力旣到, 病勢旣退. 則旁證亦除矣.)라고 말한 데 대해 "이 두 구절은 글의 뜻이 어긋나 서로 조응하지 않습니다. 만약 경(敬)을 약(藥)에 비유하면 긍지는 바로 약제(藥劑)를 지나치게 복용해서 거구로 다른 병이 생긴 증세입니다. 그 원인을 따지면 대개 이 경(敬) 자를 따로 하나의 물건으로 여기고, 또 (다른) 하나의 마음[一心]으로 지키려하기 때문에 이런 병이 생긴 것입니다. 만약 경(敬) 자란 다만 자기 마음을 스스로 살펴서 당체(當體)가 바로 이것인 줄 안다면 저절로 이런 병이 없을 것입니다.(敬是病之藥, 矜持是病之旁證, 此兩句文意齟齬, 不相照應. 若以敬喻藥, 則矜持乃是服藥過劑, 反生他病之證. 原其所因, 蓋爲將此敬字別作一物, 而又以一心守之, 故有此病. 若知敬字只是自心自省, 當體便是, 則自無此病矣.)"라고 대답하면서 말한 것이다. 주희 지음, 주자대전번역연구단 옮김, 『주자대전』11(파주: 한국학술정보, 2010), 480쪽.

⑸ '리는 하나일 뿐이지만 기(氣)에 타면 그 나뉨[分]이 여러 가지로 달라진다[萬殊]'함은 율곡의 설이다. "어찌 이일(理一)일 때에 처음에는 타는 바가 없으며, 만수(萬殊)일 때에 이르러서 비로소 기(機)에 편승하겠는가?"라고 물으니, 이렇게 대답했다. "그렇지 않다. 이제 기상(機上)의 태극(太極)을 단언(單言)하자면 이일(理一)일 뿐이요 사시(四時)의 기(氣)를 아울러 들어 원형리정(元亨利貞)을 말하자면 기(氣)에 타서 그 합(合)이 만수(萬殊)라고 이를 뿐이니, 어찌 예전에 맨발로 걷다가(徒行) 이제 말에 올라 타는 것[跨馬]을 일컫는 것이겠는가?"

이제 「외필(猥筆)」에 이르기를 "리는 태극(太極)아 막연하게 주장(主張)함이 없다가 문득 몇 마리의 말이 앞에 도달한 것을 보고 재빨리 올라타는 듯하다"하였는데 이는 결코 율옹(栗翁)의 본의가 아니다. 또 말하기를 "그렇다면 이 말은 결국 변방의 늙은이[塞翁] 것이요 원래 타던 것이 아니니, 이 후(後)의 형세(形勢) 상, (말은) 반드시 동으로 가고 서로 갈 터인데 오직 말머리만 바라볼 뿐이다"하였는데 이 또한 자세히 살펴야 하지 그럭저럭 보고 넘어갈 일이 아니다. 대개 사람들은 모두 태극(太極)이 있으나 기품(氣稟)이 이미 다르면 욕심이 움직이고 정(情)이 넘쳐서 이해(利害) 때문에 서로 공격하는 병폐가 있다고 한다. 이 때 이른 바 "원래 말을 탄 주인이 이미 조종(操縱)할 힘이 있어 또한 좋아하거나 싫어하는 면이 없지 않다"하였는데, 어찌 동으로 가고 서로 감에 오직 말 만 잃어버리는 경우가 있겠는가? 이는 분명히 궁구하여 논파할 문제이다. 그렇지 않으면 「외필(猥筆)」에 이른바 "주인이 가는데 하인이 어찌 가지 않는 자가 있겠는가?"라고 한 말을 사람이 장차 믿지 않을 것이다. 아! 위태로운 일이다.

⑹ 「외필(猥筆)」에 또 이르기를 '이발(理發)' 두 글자는 오늘날 금지하고 피해야 말이 되어 일단 변화(變化)를 행하고 조리(條理)를 이룬 것을 보면 '기(氣)'라 말한다. '누가 주재(主宰)하는가'물으면 "이는 그 기(機)가 그러하고 시키는 자가 있는 것이 아니다."고 한다. '이른바 리란 어디에 의지하는가?' 물으면, "기를 탄다"고 말하니, 처음에 이미 사지연(使之然)의 묘(妙)가 없고, 마지막에는 또 조종(操縱)하는 힘이 없어 의지할 곳을 따라 타게 되니 무슨

일을 할 것인가? 있어도 도움 되는 바 없고 없어도 결여되는 바 없으니 아! 가련하구나. 그 실마리를 궁구하면 승자(乘字)에 원인이 있다. 그 본지(本旨)를 잃어 점차 리를 가볍게 여기조 기를 중시하는 데 이르게 되어 곧장 기(氣)가 리의 지위를 빼앗아 만사(萬事)의 본령(本領)이 되기에 이른 뒤에 그쳤으니, 한 글자가 본지를 상실하는 화(禍)가 바로 여기에 이르렀구나"하였다. 이에 내가 생각하건대 율옹(栗翁)이 또한 일찍이 말하기를 "누가 그 기(機)를 주장하는가? 아! 태극(太極)이로다"하였으니, 이는 어찌 일찍이 기(氣)로 만사의 본령(本領)을 삼은 것인가? 또 "성(性)이 발(發)하여 정(情)이 된다[性發爲情]"고 하였는데 이를 두고 「외필(猥筆)」에서 운운한 것은 율옹(栗翁)의 견해에 명확히 드러나 있다. 다만 그가 이발(理發)을 잘못이라 한 것은 문득 이유가 있으니 실은 이기호발(理氣互發)로 말미암아 그렇게 말했을 것이다. 대개 리를 근저(根柢)로 하는 것으로 말한다면 기(氣)는 리의 쓰임[用]이므로 비록 기발(氣發)이라도 이발(理發)이라 이를 수 있다. 예컨대 가는[行] 것이 말이라 하더라도 주재하는 것은 사람이므로 통틀어서 말하면 사람이 가는[人行] 것이다. 만약 기(氣)가 작용(作用)할 수 있다는 점에 의거하여 말하면 리는 실제로 정의(情意)가 없으므로 비록 선정(善情)이라도 다만 기발(氣發)이라 이를 수 있다. 예컨대 타는 자가 사람일지라도 가는 자는 말이므로 분명히 변별하여 말하면 말이 간다[馬行]고 한다. 만약 모두 리를 주(主)를 삼고자하여 용사처(用事處)에 이르러 또한 기발(氣發)을 쓰지 않는 것은 그 실제 사실[情實]이 아니다. 비유컨대 신하가 군령을 실행하는 것과 같아 그 소행(所行)이 진실로 군주에게서 나오나 그 행(行)함은 결국 신하가 하는 것이요 군주가 하는 것이 아니니, 만약 반드시 행(行)하는 바가 군주의 명령이라 하여 신하의 행동을 가리켜 군주의 행동이라 한다면 명분(名分)이 바르지 않고 말(言)이 순조롭지 못하다. 하물며 '신행(臣行)' 두 글자에 의거하여 신화가 군주의 지위를 빼앗는다고 여겨 그 신하를 죽인다면 어찌 법의 이치가 정당하게 발현되었다 하겠는가?

(7) 「외필(猥筆)」에서 논거로 제시한 '일음일양지위도(一陰一陽之謂道)'와 '태극생양의(太極生兩儀)' 두 구절은 누가 수긍치 않겠는가? 다만 '인능홍

도(人能弘道)'와 '비도홍인(非道弘人)'은 공자의 말이 아닌가? 기필코 하나를 고집하다가 하나를 버리지 않을까 염려된다. 조용히 생각하건대 범인(凡人)으로부터 성인(聖人)이 되고 현인(賢人)이 되면 어찌 천지(天地)의 조화(造化)를 빼앗은 사람이 아니겠는가? 그 공부가 비록 심(心)에 보존되었을지라도 그 본원이 한 결 같이 성(性)에서 나오니 그렇다면 '도능홍인(道能弘人)'이라 해도 또한 어찌 불가(不可)하겠는가마는 성인(聖人)의 말이 이와 같으니 이는 마땅히 깊이 그 까닭을 생각해 볼 일이다. 무릇 도(道)는 지존(至尊)의 실(實)로서 만물(萬物)의 주인(主人)이 되는 것이다. 만약 리를 끌어내려 작용(作用)이 있는 것과 동등하게 여긴다면 도(道)와 기(器)·위와 아래의 나뉨이 어지럽혀져 이 심(心)의 분수에 넘치는 욕망의 싹을 막을 수 없을 것이다. 아! 성인의 깊은 뜻이 은미하도다. 또 생각하건대 심(心)이 능동적으로 일하여 덕성(德性)을 높이고 의(義)로 세교(世敎)를 붙잡고, 범부(凡夫)를 교육시켜 성인이 되게 하고 사람을 세워 하늘과 나란하게 하니 사람에 대하여 공(功)이 있음이 어떠한가? 비록 형상(形上)이란 이름을 빌릴지라도 마땅히 아까울만한 점이 없을 듯하나, 성인(聖人)이 마음[心]에 대하여 도(道)와 더불어 동등하게 여기려 하지 않았으니 이는 또 무슨 까닭인가? 석씨(釋氏)가 리가 도(道)라는 것을 모르고 '천상천하 유아독존(天上天下 唯我獨尊)'이라 하였는데, 아(我)는 바로 '심자아(心自我)'이다. 심(心)이 비록 단련하여 지극히 정밀하고 세세하게 될지라도, 충막무짐(沖漠無朕)한 도(道)에 비교하면 마침내 미세하게 형적이 드러나니 대개 영(靈)이 진원(眞)과 원래 저절로 분별이 있어 그러하다. 이는 성인이 심(心)을 가리켜 도(道)를 삼고자 아니한 것이니 그 근엄한 뜻이 어찌 이 때문이 아니겠는가? 이는 바로 우리 유가(儒家)의 제일(第一)의 의리요 또한 제일(第一)의 방한(防閑)이니, 이로써 전성(前聖)에게 질문을 드리려 하나, 그럴 수 없다면 또한 금세(今世)와 후세(後世)의 현자(賢者)와 더불어 바로잡고자 한다.

(8) 정자(程子)가 이르기를, "천지만물(天地萬物)의 리는 홀로 존재하지 않고 반드시 상대(相對)가 있다"하였고, 어떤 이가 주자(朱子)에게 묻기를 "태극(太極)은 무엇을 상대합니까?"하니, 주자(朱子)가 이르기를 "태극(太極)은

곧 음양(陰陽)과 더불어 상대한다"고 하였는데 「외필(猥筆)」의 다섯째 구절에 바로 이 뜻을 논의하여 이르기를 "기(氣)와 리를 잡아 대거(對擧)하는 것은 성인의 말이 아니라 금인(今人)이 이자(理字)를 보기만 하면 반드시 기(氣)를 찾아 짝을 지으니 이에 리의 유행(流行)하는 중요한 일은 모두 기자(氣字)의 영역에 속하게 되고 남은 것은 단지 혼륜(混淪)이요 충막(沖漠)이라 하니 이는 두 본령(本領)이 비롯된 시초이다. 슬픈일이다!"고 하였다. 생각건대, 노사(蘆沙)의 뜻은 리를 존중하고자 하여 이와 같이 운운하였다. 그러나 말씨가 모나고 분에 넘쳐 존경하는 성현의 체모를 크게 손상시켰으니, 이 어찌 기(氣)가 이치를 잃은 곳이 아니겠는가? 더욱이 주자(朱子)가 어찌 성인이 아니며, 태극(太極)이 어찌 본령(本領)이 아니겠는가? 그런데도 음양(陰陽)·태극(太極)을 짝 지었으니, 이 또한 리의 유행(流行)하는 중요한 일을 빼앗아 기자(氣字)와 더불어 두 본령(本領)의 시초를 삼아 노사(蘆沙)의 슬픈 탄식을 받은 것이겠는가?

⑼ 「외필(猥筆)」에 이르기를 "성인은 만물(萬物)이 유행하여 드러나고 변화하여 뚜렷하게 나타나는 것이 이 도(道)가 한 것 아님이 없다는 것을 분명히 보았다."고 하였는데 '차도지위(此道之爲)' 네 글자는 아마도 생각에 합당할 것 같다. 주자(朱子)가 『논어집주』에 이미 이르기를 "도체(道體)는 무위(無爲)이다"라고 하였고, 송우암(尤翁)이 어떤 사람에게 답한 글에 또 이르기를 "이 리가 아니면 그 체(體)는 정의조작(情意造作)이 없고 용(用)에 이르러서 정의조작(情意造作)이 있다"하였으니, 두 선생이 어찌 도(道)가 유행하여 드러나는 것을 알지 못하여 이와 같이 말했겠는가? 이는 마땅히 거듭 사색하고 토의해야 할 것이다.

4) 艮齋先生全集 目錄

〈 前 集 〉

卷之二

書: 與宋東玉(四) 外29篇

卷之三

書: 答宋晦卿(十一) 外43篇

卷之四

書: 與李友明(二十) 外73篇

卷之五

書: 與任潤萬(十一) 外78篇

卷之六

書: 答金光國(三) 外124篇

卷之七

書: 答洪晩栢(二) 外40篇

卷之八

書: 答韓希般(九) 外18篇

卷之九

書: 答金駿榮(十八) 外85篇

卷之十

書: 答林奭榮喆榮(十) 外89篇

卷之十一

書: 與徐柄甲(二十) 外82篇

卷之十二

書: 與李喜璡(二十二) 外107篇

卷之十三

書: 答朴銖(七) 外86篇

卷之十四

書: 答吳震泳(二十一) 外89篇

卷之十五

書: 答金炳周(八) 外113篇

卷之十六

書: 答李承學(十三) 外81篇

卷之十七

書: 答崔秉心(二十六) 外106篇

卷之十八

書: 答成璣連(十六) 外96篇

卷之十九

書: 答黃瓚奎(七) 外123篇

卷之二十

書: 答田璣鎭(九) 外122篇

卷之二十一

書: 答金鐘熙(十四) 外102篇

卷之二十二

書: 答權純命(二十) 外139篇

卷之二十三

書: 與柳永善(二十一) 外125篇

卷之二十四

書: 答崔愿(七) 外162篇

卷之二十五

書: 與柳遠祺(三) 外200篇

卷之二十六

書: 答關西諸生 外79篇

卷之二十七

書: 上從兄(三) 外57篇 / 雜著: 贈安子玉 外53篇

卷之二十八

雜著: 書諭守善社諸賢 外36篇

卷之二十九

雜著: 晦退栗三先生說質疑 外15篇

卷之三十

雜著: 理氣說 外52篇

卷之三十一

雜著: 讀論語 外24篇

卷之三十二

雜著: 氣質體淸 外43篇

卷之三十三

雜著: 怢言(一)

卷之三十四

雜著: 怢言(二)

卷之三十五

雜著: 海上散筆(二)

卷之三十六

雜著: 海上散筆(三) 海屋病語

卷之三十七

雜著: 華島漫錄

卷之三十八

序: 益齋先生文集重刊後序 外35篇 / 記: 瀛陽祠記 外22篇 / 題跋: 題延平先生語後贈鄭衡圭 外21篇

卷之三十九

題跋: 敬題肅翁與桂爺書後 外26篇 / 銘: 松笄銘 外28篇 / 箴: 九容箴/贊: 否亭宋公(寅)贊 外7篇 / 字辭: 柳永善字辭 / 告祝: 闕里祠影幀還安告由文 外3篇 / 祭文: 祭全齋先生文 外31篇 / 上梁文: 瀛洲精舍上梁文

卷之四十

神道碑銘: 竹川朴先生(光前)神道碑銘 外2篇 / 碑: 三隱先生遺墟碑 外2篇 / 墓表: 十二世祖主薄公墓表陰記 外3篇 / 墓誌: 先考聽天翁壙誌 外3篇 / 行狀: 先考家狀 先妣家狀 亡室朴氏家狀 從兄嫂令人李氏家狀 東洲成先生(悌元)行狀 炳菴金處士(駿榮)行狀 / 傳: 正言李公(有白)傳 / 詩: 催菊 外124首

卷之四十一

大學記疑　中庸記疑

卷之四十二

朱子大全標疑

卷之四十三

朱子大全標疑

〈 續 編 〉

卷之一

書: 上全齋先生 外98篇

卷之二

書: 答金起帆 外142篇

卷之三

書: 答洪晩栢(二) 外107篇

卷之四

書: 答崔鐘和(六) 外117篇

卷之五

書: 答高在鵬(五) 外153篇

卷之六

書: 答鄭衡圭(三) 外154篇

卷之七

書: 答南軫永(四) 外198篇

卷之八

書: 答林秉一 外184篇

卷之九

雜著: 贈林子明 外149篇

卷之十

雜著: 陽明心理說辨 外28篇

卷之十一

雜著: 陸三魚太極論 外40篇 / 序: 遯菴金公遺稿序 外28篇

卷之十二

序: 送安晦植序 外22篇 / 記 : 孝子司勇贈左承旨田公旌閭重建記 外36篇 / 題跋: 題朱子答人書後贈陳聖元 外39篇

卷之十三

題跋: 跋皇明遺韻 外75篇 / 銘: 雜銘 外24篇 / 頌: 李氏槐頌 / 箴: 友石箴 外2篇 / 贊: 獨醒金公贊 外8篇 / 字辭: 李用庠舜敎字辭 外4篇 / 婚書: 仲子華九婚書 外3篇 / 告祝: 告先師墓文(二) / 祭文: 祭全齋先生文 外17篇

卷之十四

神道碑銘: 遯菴鮮于公(浹)神道碑銘 / 墓碣銘 : 贈左承旨李公(時益)墓碣銘 外15篇 / 墓誌銘: 沙溪房公(應賢)墓誌銘 外7篇 / 墓表: 掌令延公墓表 外7篇

卷之十五

諡狀: 司憲府掌令贈吏曹判書任公諡狀 / 行狀: 晩栢堂洪公行狀 篤守齋尹公行狀 樂圃徐公行狀 勇菴金公行狀 學生任公行狀 學生李公行狀淇竹堂朴公行狀 堅若齋李公行狀 青士沈公行狀 五衛將贈吏曹判書申公行狀 / 行錄: 金氏母子行錄 外3篇/傳: 權天台傳 外14篇

卷之十六

語錄: 全齋先生語錄 星田執燭錄 執燭別錄 苟菴語錄/詩: 桐荷 [堂二丈以詩見贈不揆樸陋輒次韻以呈幸賜斤正 外92首

〈 秋潭別集 〉

卷之一

疏: 因變亂疏 再疏(二) / 書: 答鳳岩金丈(炳昌,二) 外44篇

卷之二

書: 呈國中諸公 外83篇

卷之三

雜著: 示諸君 外1篇

卷之四

雜著: 三宜尊論 外21篇 / 序: 竹溪徐公逸稿序 外2篇 / 記: 飛飛亭移建記 外3篇 / 跋: 泉谷集跋 外11篇 / 銘: 時義銘 / 贊: 女範二賢婦贊 外1篇 / 告祝: 祭告先祖判官公墓文 外7篇 / 祭文: 祭勉菴崔公(益鉉)文 外5篇/詩: 海上記聞 – 朴毅堂(世和)趙履齋(章夏)庚戌聞變絶粒自盡 外15首

〈 艮齋先生 禮說 〉

卷之一

冠昏禮: 冠禮 昏禮 通禮: 宗法 出後

卷之二

通禮: 攝祀 班祔 晨謁 朔參 有事告 雜禮

卷之三

通禮: 冠服之制 喪禮: 復 楔齒 立喪主 易服 告喪 訃告 襲 飯含 魂帛 銘旌 成服上 成服下

卷之四

喪禮: 承重 本生服 外黨服 出母嫁母服 養母服 夫黨服 女君黨服 出嫁女本宗服 殤服 追喪 追服 師服 饋奠 靈床 朝夕哭 弔慰 葬禮 啓殯 朝祖 贈幣 題主 虞祭 告成 卒哭 祔 小祥 大祥 禫 廬墓

卷之五

喪禮: 遞遷 改葬 居喪雜儀 喪中行祭 祭禮 時祭 忌祭 墓祭 墓壇 影祭

卷之六

國禮: 國服變禮 國哀 雜錄

〈 艮齋先生尺牘 〉

卷之一

上全齋先生 外124篇

卷之二

與金駿泳 外28篇

卷之三

答吳震榮 外38篇

卷之四

答成璣運 外41篇

卷之五

與田璣鎭 外74篇

附錄: 年譜 家狀 行狀 墓碣銘 觀善錄 遺墨(先生十四歲時 所書) 跋

제5장
실학사상과 근대적 자각

1. 망암 변이중 望菴 邊以中

1) 생애

변이중(1546-1611)의 자는 언시(彦時), 호는 망암(望菴) 본관은 황주(黃州)이다. 5대조는 정(靜)인데, 고려 말 정난사정(政亂司正)으로 왕씨 외척의 난을 피하여 장성으로 이거하여 이로부터 장성에서 변씨가 세거(世居)하게 되었다. 고조는 효우(孝友)인데 교수였고, 증조는 성균관 생원 호(浩L이며, 할아버지는 참봉 처정(處楨), 아버지는 (澤)인데 통정대부 승정원 좌승지에 추증되었다. 어머니는 함풍 이씨로 이조참판 이긍(李兢)의 손녀다.

망암은 1546년 (명종 원년) 5월 17일 전남 장성군 장성읍 장안리에서 승지(承旨)벼슬을 하던 아버지 택(澤)과 어머니 함풍(咸豊) 이씨(이조참판 이긍(李兢)의 손녀)의 아들로 태어났다. 그의 모습은 단정하고 이마가 넓어 출중하였으며, 어려서는 부친에게서 배우고, 13세 때부터는 청계(淸溪) 박원순(朴元恂)에게서 글을 배웠다. 15세 때 망암이 『서전(書傳)』「기삼백(朞三百)」의 주를 읽으려하자 청계가 그 이치를 알기 어려우니 차후에 읽으라 하였으나 그는 혼자 깊이 생각하고 궁구한 끝에 그 묘리를 터득하니 청계는 탄복하여 크게 칭찬했다. 망암은 청계의 문하에서 3년 만에 경사(經史)를 독파하였으며, 거의 모든 글을 배우고 돌아갔다 하니 그 재주를 짐작할 수 있다.

그리고 20세 때에는 우계(牛溪) 성혼(成渾)을 찾아가 학문의 도를 나누었고 22세 때에는 율곡(栗谷) 이이(李珥)를 찾아가 평소에 공부한 성리(性理)의 오묘한 뜻을 물은즉, 율곡이 "옛날 공자가 이르기를 나의 학문을 일으킨 자는 상(商)이라 하였는데 그대의 아는 바가 지극히 정밀하여 의문난 점을 물으니 서로 도움이 있는 자가 어찌 그대가 아니겠는가?"라고 하니 뭇 선비들의 우러름을 받았다고 한다.

망암은 23세 때에 성균 생원에 합격하였고, 28세(선조 6년) 때에는 문과병과에 1등으로 급제하여 권지교서관(權知校書館) 정자(正字)에 임명되었으나 율곡 문하의 출신이라 하여 동인(東人)이 배척하였다. 32세 때, 4월에 어머니상을 당하고 그 이듬해 2월의 아버지 승지공의 상을 당했다. 망암은 잇달아 큰일을 당하여 깊은 슬픔으로 몸이 더욱 쇠약해졌다. 여묘(廬墓)살이를 하며 예를 행하였는데 오직 주문공가례(朱文公家禮)에 의거하였다. 묘 남쪽 봉우리에 작은 바위가 있었는데 초하룻날과 보름날 서쪽 대(臺)로 올라가 묘를 바라보며 통곡하니 그 바위를 망암(望菴)이라 불렀다. 34세(선조 12년) 때 『가례고증』 4권을 지었다. 고례절문(古禮節文) 가운데 이해하기 어려운 곳을 고증하여 4권을 편찬하였으나 난으로 유실되었다. 38세 때 성균관 전적을 거쳐 39세 때 황해도도사에 제수되었고, 조봉대부(朝奉大夫)에 가자(加資) 되었다. 이 해에 딸을 낳았는데 뒤에 김자점(金自點)이 처가 되었다. 44세 때에는 풍기군수를 역임하였다. 백성들 사이에 노비를 차지하려는 싸움이 있었는데 권세가와 결탁하여 수십 년을 끌어 왔지만 판결이 나지 않은 일이 있었다. 망암은 군에 부임하자 법을 세심하게 살펴 조금도 의심이 없게 결단을 내렸다. 관찰사가 여러 차례 청탁을 했지만 끝내 굽히지 않았다. 이에 관리와 백성들이 모두 그 엄격함과 명백함에 탄복하였다.

47세 때 임진왜란이 일어나자 전라도 초모사(招募使)가 되어 병마(兵馬)·군기(軍器)를 수습한 뒤 수원에 주둔하여 기호지방에 침범한 왜적에 대진(對陣)하였다. 이 때 명군(明軍)이 승리하여 그 기세가 높았는데 조선군은 훈련부족으로 기세가 높지 못하므로 재조련(再調練)을 요구하고 조도사가 되어 병사를 훈련시키는 한편 정병(精兵)을 골라 인솔하여 양천에 진격, 큰 공을 세웠다. 그리고 그는 화차(火車)를 발명하여 3백대를 제조하였다. 한 화차에 40개의 구멍을 뚫어 승자통(勝子筒) 40개를 장착하여 심지를 이어서 연발로

쏘았다. 이중 40대를 순찰사 권율에게 나누어 주었다. 그 뒤 권율은 "행주대첩은 실로 화차에 힘입어 승리했다"고 하였다. 추담(秋潭) 김우급(金友伋)의 시에 "주침비륜(走枕飛輪)처럼 끊임없이 쏘아대네"라고 묘사하였고, 현주(玄洲) 조찬한(趙纘韓)의 시에서는 "적진에 뛰어들어 화차를 쏠 때, 비로소 다시 살아남을 알렸네. 조선이 개국한 후 뛰어난 인재가 조정을 일으켰네"라고 칭찬하였다. 그는 조도사를 3번, 독운사를 2번 지내면서 군량 수십만 석을 거두어 명군(明軍)에게 차질 없이 조달하기도 하였다. 54세(선조 32년) 때 다시 독운사의 직책을 맡았다. 옮김 군량이 거의 30만 석에 이르니 명나라 조정의 장수와 병사들이 이에 힘입어 구제될 수 있었다. 여름에 독운직을 그만두고 선사부사를 제수 받았다가 가을에 체임(遞任)되어 장성으로 돌아왔다. 58세 때에 함안 군수에 제수되어 부임했다가 61세(선조 39년) 때, 겨울에 가족을 이끌고 장성으로 돌아왔다. 시골로 물러나 살면서 하고(霞谷) 정운룡(鄭雲龍)·추담(秋潭) 김우급(金友伋) 등 여러 벗들과 함께 경전을 읽고 토론하며 의리를 강구하면서 후진을 가르치는 데 매진했다. 또 거처하는 고을에서 여씨향약을 본 따 향헌(鄕憲) 10여조를 지어 봄가을로 강습하였다. 1611(광해군 3년), 향년 66세로 서거하였다.

그는 만년에 귀향하여 향인노부(鄕人老夫)와 향약을 맺고 춘추로 예법을 강학하여 향리의 기풍(氣風)을 크게 진작하였고, 예문(禮文)에 정통하여 고례절목(古禮節目)을 하나하나 고증하여 『가례고증(家禮考證)』이란 책을 지었다고 한다. 그러나 지금은 전하지 않는다. 문집은 6권 2책이 있다.

2) 사상

그의 사상적 특징은 두 가지로 요약될 수 있다. 첫째, 조선조 문신으로서 실천유학 정신을 높인 점이다. 앞서 밝힌 바와 같이 그는 당대의 명유(名儒) 우계·율곡에게 이학(理學)을 배우고 연구하는 한편 임진왜란을 당하여서는 병마와 군기를 수습하고 병사를 훈련시켜 공을 세웠으며 또한 군량을 거두어 조달하거나 화차와 총통을 발명 제조하여 행주대첩을 이루는 데 크게 공헌하였다. 이와 같이 망암은 비록 문신이었으면서도 그가 임란 시에 보여준 구국 충절의 정신은 강인한 실천적 유학정신을 지니고 있다고 해야 할 것이다.

둘째, 발명가로서 과학정신을 발휘한 점이다. 그는 주위의 비웃음을 무릅쓰고 넉넉지 못한 가산을 모두 바쳐 평소에 익혀오던 병기의 지식을 바탕으로 연구와 실험을 거듭하여 병기를 제작하였다. 그리하여 그는 화차도설(火車圖說)을 비롯하여 18가지나 되는 병기제조법을 남기고 있다. 특히 그의 병기제조기술은 임란 후에 권율이 행주대첩의 공은 화차에 있었다고 화차의 위력을 높이 평가한 것만 보더라도 가히 짐작할 수 있다. 이와 같이 망암이 어려운 가세와 주위의 비웃음을 받으면서도 병기를 제작할 수 있었던 것은 구국 충절의 정신과 함께 과학정신이 투철했기 때문으로 보아야 할 것이다. 그러므로 그가 임진왜란을 당하여 구국 충절의 일념으로 병기를 제작한 것은 실천유학 정신을 바탕으로 한 과학정신을 발휘하였다고 해야 할 것이다.

그러나 망암의 이와 같은 정신적 특징은 기묘사림(己卯士林)의 피화를 계기로 하여 형성된 호남의 사림정신(士林精神)과 그러한 사림정신을 바탕으로 삼아 임란의 위기에 대처하여 구국의 의병투쟁을 전개한 호남인의 절의정신(節義精神)과 결코 무관하다고 볼 수 없을 것이다. 다시 말하면 그가 실천유학의 정신과 구국충절의 정신을 높일 수 있었던 것은 이 지방에서 먼저 사림정신이나 절의정신과 같은 자각이 일어났기 때문이라 할 수 있는 것이다. 그리고 또한 그는 말년에 귀향하여 정운룡(鄭雲龍)·김우급(金友伋) 등 여러 벗들과 함께 경전(經典)을 토론하고 의리를 강구하면서 후배들을 양성하였으니 그의 이러한 실천유학 정신은 이 지역에 적지 않은 사상적 영향을 주었다고 볼 수 있을 것이다.

망암은 병기제작에 관한 글과 함께 「황극경세수해(皇極經世數解)」·「육십사괘방원도해(六十四卦方圓圖解)」·「괘변해(卦變解)」·「심득(心得)」 등의 글을 지었으나, 학문적으로 독자적인 연구 업적을 남기지 못했다. 그러나 전술한 바와 같이 그는 임란을 당하여 실천적 유학사상을 바탕으로 누구보다도 강인한 구국 충절의 정신을 발휘하였고, 또한 평소에 익혀오던 병기에 대한 지식을 바탕으로 화차를 비롯한 18가지나 되는 병기를 새로이 발명 제작하여 크게 공헌하였다. 그러기 때문에 망암의 유학정신은 경학에만 몰두하여 그것만이 학문의 전부로 여겨온 학자들과는 다른 것이며 과학적 지식을 발휘하여 몸소 병기를 발명 제작한 그의 과학정신과 생활태도는 높이 평가 되어야 할 것이다.

3) 원문 번역

『망암선생문집』은 다른 문집과 마찬가지로 시(詩)·소(疏)·서(書)·잡저(雜著)·서(序)·발(跋)·축(祝)·제문(祭文)·묘갈명(墓碣銘)·부록(附錄)의 순서로 편집되어 있다. 이 문집은 6권 2책으로 되어 있는데 망암의 사상이 담겨 있는 글은 제 3권의 잡저에 수록되어 있다. 이제 그의 사상을 알아볼 수 있는 글 가운데 「심득(心得)」을 택하여 그 중 일부를 번역하기로 한다.

마음으로 이해한 것 心得

마음(心)은 하늘에 있는 상제(上帝)이고, 본성(性)은 하늘에 있는 황극(皇極)이다. 본성(性)은 마음의 본체요, 정(情)은 마음의 작용이며, 마음은 본성과 정(情)의 기(器)이다.

마음의 물(物)됨이 신묘(神妙)하여 측정할 수 없어 놓치기는 쉽고 잡기는 어렵다. 만약 거두어 몸속에 두고자 하면 안으로 모름지기 경자(敬字)에서 구해야 한다.

마음은 오성(五性)을 갖추고 한 몸의 주인이 되어 만사(萬事)에 응(應)하니 그 본체는 허명(虛明)하고 그 작용은 신묘(神妙)하다.

"명덕(明德)은 본심이다"고 한 노씨(盧氏)의 말이 옳다. 그러나 마음은 그 본체가 본래 선(善)하나 작용은 혹 불선(不善)하다. 용(用)은 본래 선(善)하나 흘러서 악(惡)이 되니, 반드시 조존(操存)하고 정치(正治)한 공부가 있은 뒤에라야 마음의 본체와 작용이 모두 본래 선(善)함을 회복할 것이다. 명덕(明德)은 체용(體用)이 함께 갖추어져 있으나, 기욕(氣欲)의 얽매이고 가리운 바가 되어 혹 어두워져 있는 때가 있다. 그러나 그 본체의 밝음이 일찌기 쉬지 않음이 있으니, 배우는 자는 명덕(明德)이 발(發)함을 따라서 밝혀야 한다. 대개 명덕(明德) 위에서는 조정(操正)과 본말(本末)을 말할 수 없는 것이어서 리와 더불어 사이가 없는 마음이 되는 것이니, 이것이 명덕과 마음의 차이인 것이다.

원(元)은 물(物)을 낳는 시작이요 인(仁)은 마음의 온전한 덕(德)이다. 하늘에 사계절이 있는 것과 인간에게 사단(四端)이 있는 것이 원(元)과 인(仁)이 시종(始終)이 되는 것 아님이 없다.

인심(人心)과 도심(道心)은 본래 두 마음이 있는 것이 아니고, 성명(性命)에 근원하여 발하면 도심이요 형기(形氣)를 좇아 발하면 인심이다. 인심(人心)이 도심(道心)의 명령을 받는 것이 우리 유가(儒家)의 심법(心法)이다.

마음은 본성과 이치로 근본을 삼는데 스스로 존귀하게 여기고 스스로 성(聖)스럽다고 여기면 망심(忘心)이 된다. 그래서 공자는"마음이 하고자 하는 바를 따라도 법도를 넘지 않는다"하였고, 『중용』의 서문에서는 "마음의 지각(知覺)이 성명(性命)의 바름에 근원한다"하였으며, 『대학(大學)』에서는 "명덕(明德)·신민(新民)이 지선(至善)에 머무르는 데 있다"고 하였다. 대개 성현의 많은 말들이 본성(性)으로 귀착점을 삼지 않음이 없다. 그러므로 마음은 스스로 주인이 될 수 없고 본성으로써 본래의 밝음을 삼는다.

태극(太極)의 동정(動靜)과 본성이 발하여 정(情)이 되는 것은 본성이 이를 극(極)한 것이 아니다. 작용으로부터 그 근원을 궁구하면 소이연(所以然)은 본성의 극에 있어 정(情)과 동정(動靜)으로 더불어 심기(心氣)의 능연(能然)이 아니고 무엇이겠는가?

하늘에 뜬 달이 어떤 물인들 비추지 않겠는가마는 그 물의 맑고 흐림에 따라 밝고 어둠이 나눠는 것이다. 강물은 어떤 그릇엔들 담지 못하겠는가마는 그 그릇의 크고 작음에 따라서 많고 적음이 생기는 것이다. 물(物)의 본성은 어떤 물이라도 같지 않고 그 기질(氣質)의 치우침과 바름에 따라서 선악이 형성되는 것이다. 본성이 발하지 않은 때로 말하면 인간과 만물이 다르지 않고 발한 때로 말하면 인간과 만물이 같지 않을 뿐만 아니라 인간과 인간

사이에도 다르니, 모두 본성의 잘못이 아니라 하늘로부터 품부받은 기(氣)가 다른 까닭이다. 저 물과 달은 형체가 있으나 본성은 형체가 없으니, 형체가 없는 것으로 형체가 있는 것을 비유하면 누가 의심하지 않겠는가. 이것은 진실로 비슷한 것으로 말한 것이니 글로써 뜻을 해치지 말라.

본성이 선하다는 것은 사람이 만물과 같으나 밝은 덕과 큰 기운은 만물과 같지 않다. 그러므로 『중용(中庸)』과 『대학(大學)』에서 주자(朱子)가 성선(性善)을 말할 때 "인간과 사물이 같이 얻었다" 하고, 명덕(明德)은 "사람만이 오직 얻었다"고 한 것이다. 대개 기질(氣質)의 품부 받은 것이 인간과 사물에 있어 통하고, 막히고, 밝고, 어둡고 하는 차이가 있는 것이다. 인간의 마음의 허령(虛靈)한 것은 기질에 얽매이지 않아 미루어 만물을 알면 혹 한 길에 통하여 추론할 것이 없으니, 이것이 인간과 만물이 품부 받은 바가 어떠한 것인가를 볼 수 있는 것이다. 만약 성선(性善)으로 만물과 같다고 하고 아울러 밝은 덕과 큰 기운으로 같은 등급에 귀속시키면 잘못이다.

공심(公心)은 인(仁)하고 사심(私心)은 인이 아니니, 사(私)에는 인간과 만물의 차이가 있고, 공(公)은 천지와 더불어 덕(德)을 합한다.

한 마음에 다른 것이 없는 것이 경(敬)이고 실심(實心)에 거짓이 없는 것이 성(誠)이니, 한 마음은 가히 덕을 모을 수가 있고 실심은 이치를 실천할 수 있다. 경(敬)은 한결같은 것이니 경하지 않으면 한결같을 수 없다. 성(誠)은 완성하는 것이니 성이 없으면 이루지 못한다. 경을 하면 현인이 되고 성을 하면 성인이 된다. 정(情)은 곧고, 의(意)는 갈래가 있고, 지(志)는 정해져 있다.

퇴계(退溪)는 이기(理氣)가 서로 발한다고 하였는데 고봉(高峯)이 말한 것이 옳다. 율곡(栗谷)에 이르러 위의 이론이 정립되었는데 이기(理氣)가 원래 서로 떠날 수 없는 가운데에 서로 섞일 수 없는 것이니 발한 것은 기(氣)이고 발하게 하는 것은 리라고 한다. 이것은 율곡이 스스로 창조한 것이 아니고 정이천과 주자가 이미 말한 것이니 어찌 서로 발한다는 의심이 있겠는가.

명덕(明德)·신민(新民)·지지선(止至善)과 지행(知行)에 과불급(過不及)이 없는 것 이것이 성학(聖學)과 학문의 핵심이다.

사람은 천지와 더불어 삼재(三才)가 되니 천(天) 때문에 생겨나고 지(地) 때문에 기르고 사람 때문에 천지가 미치지 못한 바를 도와서 천지가 자리 잡고 만물이 길러지니 그 공덕이 과연 어떠한가.

부모를 봄에 효(孝)가 느껴져서 인(仁)의 본성이 발하고, 임금을 봄에 충(忠)이 느껴져서 의(義)의 본성이 발하고, 스승과 어른을 봄에 경(敬)이 느껴져서 예(禮)의 본성이 발한다. 대개 느껴져 발하는 것은 마음의 성능인 것이니, 느껴져 발하게 하는 것이 본성이 아니고 무엇이겠는가. 맹자(孟子)의 사단(四端)의 학설은 후학에게 많은 영향을 주었다.

독서할 때는 모름지기 먼저 대문(大文)을 가지고 그 본의를 연구함으로써 주견(主見)을 세우고, 다음에 주석을 잘 살펴야 좋다. 만약 그렇지 않고 주석과 참고서만 믿는데 그치면 마침내 소견이 고루해질 것이다.

4) 望菴文集 目錄

卷之首

序: 金魯東 撰(1958년)·權純命 撰(1955년)

卷之一

詩: 贈眞上人 奉呈海月軒 喬桐遇雨 次友人 聞天將收復兩京 次朴應邵(二首) 挽海原君尹公斗壽 寒松亭 三日浦 節句 在江華 次洪上舍就夫 送李伯胤赴體察幕(二首) 江陵使君馱送鏡仙逾大嶺至橫溪翌日 別去不堪無聊書寄 石水菴旅會奉呈座上諸賢求和 次友人 次鳳棲亭 別宋德求以奏請書狀赴京 次李長湍使君喜源 次洪上舍詠雪 次黃會元(二首) 偶吟書呈而直子定兼善三先生求和 再用前韻 次同僚韻 詠杜宇 送別陶通判(二首)

卷之二

疏: 請大駕回中道陳用賢遠姦疏(壬辰) 陳討賊書策疏(丁酉) 陳固守江都疏(戊戌) / 書: 答權元帥慄(癸巳) 答金希元長生 與具生員 與尹顯世民逸 答姜太初沆 與金成之 與許直長景時 答子慶胤 寄子喜胤 寄子喜胤孝胤等 答子孝胤 寄子泰胤

卷之三

雜著: 原理氣 太虛說 皇極經世數解 六十四卦方圓之圖解 卦變解 銃筒火箭圖說 火車圖說 心得 鄕憲 / 序: 鄕憲序 / 跋: 題重刻大承柳公墓碣文後 代柳希霖作 / 祝: 祈雨文 / 祭文: 祭栗谷先生文 祭牛溪先生文 祭林子中文 / 墓碣銘: 伯父參奉府君墓碣銘 幷序

卷之四

附錄: 敎書(十四)

卷之五

附錄: 年譜上下 / 墓誌銘(二) 墓碣銘 墓碣追記

卷之六

附錄: 師門書牘/諸賢唱和(二十四) 挽詞(十二) 祭文(二) 鳳巖書阮上樑文 鳳巖書院奉安文 鳳巖書院請額疏

卷之末: 黃城家寶跋(子 邊慶胤 1613) 跋(12世孫 邊東烈 1958)

2. 반계 유형원 磻溪 柳馨遠

1) 생애

유형원(1622-1673)은 자가 덕부(德夫)이고 호는 반계이며 본관은 문화이니, 조선조 중기 실학의 선구자이다. 그는 1622년 서울의 정릉에서 아버지 유흠(柳欽, 1596-1623)과 참찬 이지완(李志完)의 딸인 어머니 여주 이씨 사이에 큰아들로 태어났다.

2세 때 8월에 아버지를 잃고 4살부터 외숙 이원진(李元鎭)과 고모부 김세렴(金世濂)한테서 글을 배우기 시작했다.

7세 때 이미 『서경』을 읽었고 9세 때 『주역』을 읽었으며 『제자백가서』를 섭렵하기 시작했다. 15세 때 병자호란이 나자 12월에 조부모와 어머니를 모시고 원주에 피난했다. 16세 때 병자호란이 끝나자 전북 부안에 가 있는 조부를 뵈려고 여러 차례 왕래하였다. 18세 때 심수경(沈守慶)의 증손녀이자 부사 심은(沈誾)의 딸, 풍산 심씨와 결혼했다.

21세 때 스스로를 경계하는 글 「백경사잠(百警四箴)」을 지었으며, 경기도 지평현 화곡리로 이사했는데 이 해에 아들 성(星)이 출생했다. 22살 때 여주 백양동에 옮겨 살았으며, 겨울에는 함흥에 가서 김세렴과 함께 함경도 산천을 유람했다. 이때부터 몇 년 동안은 영남지방과 호서지방 그리고 금강산 등 전국 각지를 유람하면서 견문을 넓혔는데 이것이 현실을 깨닫는 계기가 되었다.

31살 때의 봄에 「정음지남(正音指南)」을 저술했고, 이때부터 그의 저술인 『반계수록』의 집필을 시작했다. 32살 때 관악산 영주대를 유람하고, 겨울에 전라도 부안현 우반동으로 이사하였다. 이때부터 그는 호남지역에 안착한 것이다.

35세 때는 박자진(朴自振)과 더불어 『동국지지(東國地志)』에 대하여 담론하고 『여지지(輿地誌)』를 완성했다. 36살 때의 가을에 호남지방을 유람하고 이듬해 추월산 등을 유람했는데 당시에 유행하던 도가(道家)서적인 『참동계(參同契)』를 얻고 정동직(鄭東稷)과 더불어 '이기사칠(理氣四七)' '인심도심설(人心道心說)'에 대하여 논변하였다. 38살 되던 9월에 다시 호남 각지를 유람했다.

39세 때의 11월에 큰딸이 정동직의 둘째 아들과 결혼하였다. 이듬해 다시 영호남 각지를 유람하고, 41세 때의 11월에 서울 정릉동에 머물렀다. 이 때 나라를 바로 세우려는 뜻으로 「중흥위략(中興偉略)」의 집필을 시작했다. 43세 때 겨울에 『동방문(東方文)』을 선집했다. 44세 때의 봄에 「동국사강목조례(東國史綱目條例)」를 편찬했고 「동사괴설변(東史怪說辨)」을 지었으며 『동국가고(東國可考)』를 편찬했다.

45살 때 허목(許穆)에게 『동명집(東溟集)』의 서문을 청하는 서한을 보냈다. 46살 때의 11월에 서울에 머물면서 『주자찬요(朱子纂要)』를 완성했고 김세렴의 행장을 지었다. 48살 때의 가을에 도연명의 문집을 편찬했다.

49살 때 『반계수록』의 집필을 마쳤다. 정동익과 더불어 예기에 있는 '향음주례'를 논하고 '향음주례 절목(鄕飮酒禮 節目)'을 정하였다.

1673년 3월 29일 세상을 떠나니 향년 52세였다. 5월에 죽산(竹山) 선산에 안장되었다.

2) 사상

정인보가 "조선 후기 실학은 유형원이 일조(一祖)이며, 이익은 이조(二祖)이고, 정약용은 삼조(三祖)라"고 하였듯이, 유형원(柳馨遠, 1611-16573)은 조선 후기에 새로운 학풍을 개척한 학자로 실학의 제일조(第一祖)로 일컬어진다. 유형원의 본관은 문화(文化)이며, 자는 덕부(德夫), 호는 반계(磻溪)이다. 세종 때 영의정을 지낸 유관(柳寬)의 후손이다. 부친 유흠은 예문관 검열을 지낸 학자로서 문학적 명성이 있었으나, 1623년(인조 1) 유몽인(柳夢寅)의 옥사에 연루되어 28세의 젊은 나이로 죽었다. 어려서 외숙 감사(監司) 이원진(李元鎭)과 고모부 판서 김세렴(金世濂)에게 배웠을 뿐 뚜렷한 사승관계 없이 독학으로 일가를 이루었다. 14세 때 병자호란이 일어나 원주로 피난 갔다 여주로 돌아왔다. 그는 23세 때 조모 상, 27세 때 모친상, 30세 때 조부 상을 당하는 등 가정적으로 불운이 연속되는 삶을 살았다. 32세에 성균관 진사가 되고 이후 학행(學行)으로 천거되었으나. 벼슬에 나아가지 않고 평생을 재야에서 학문에 전념하였다. 31세(1653년) 이후, 전라도 부안의 변산 기슭 우반동(愚磻洞)으로 옮겨와 1673년(현종 14) 54세를 일기로 세상을 떠날 때까지 처사(處士)로 지내면서 학문연구와 저술활동에 전념했다. 또한 농민들을 지도하고 구휼(救恤)사업을 펼쳐 사람들로부터 커다란 존경을 받았다.

(1) 성리설

유형원은 이기론·인심도심론(人心道心論)·사단칠정론(四端七情論) 등 성리학의 기본 이론에 조예가 깊었다. 그러나 그가 깊은 관심을 둔 것은 제도와 법 등 구체적인 현실과 긴밀한 관계가 있는 '기(器)'의 문제였다. 『반계수록』의 서문을 쓴 약산(藥山) 오광운(吳光運, 1689-1745)은 "선생의 이기, 인심도심, 사단칠정 등의 학설을 읽었는데, 그 순수하고 정심(精深)함이 근세의 제유(諸儒)가 미칠 바가 아니었다. 이에 도(道)와 기(器)가 서로 분리될 수 없음을 더욱 믿게 되었다"[1]고 하여 '도[體]'와 '기[用]'가 분리될 수 없다는 점을 강조했다. 이처럼 유형의 학문 경향은 유학의 근본이념인 '도기불상리(道器不相離)'의 관점에 정초(定礎)되어 있다. 이러한 맥락에서 유형원은 「서수록후(書隨錄後)」에서 "천지의 리(理)는 만물에 구현되는 것이요, 물(物)이 아니면 구현될 곳이 없어진다. 성인의 도는 만사에 행해지고 일이 아니면 도는 행해질 바가 없다"고 하여 원리[理]와 개체[物], 이념[道]과 현상[事]이 서로 떨어져서 존재할 수 없다는 점을 분명히 했다. 또한 "사물이 '이미 그러한 것[已然]'으로부터 보면 리(理)는 단지 기(氣)의 리이며, 기 밖에 리가 있을 수 없다. 그러나 '본래 그러함[本然]'으로부터 보면 리가 있으므로 기가 있는 것이다. 기가 한번 가고 한번 오고, 한번 닫히고 한번 열림에 반드시 원인이 있으니

---

1 吳光運, 「隨錄序」 『磻溪隧錄』.

바로 이른바 리(理)이다"[2]라고 주장함으로 리(理) 중심의 논리를 피력했다. 이러한 점은 그가 나정암(羅整庵)과 서경덕(徐敬德)의 기(氣)중심의 논리에 대해 각각 "기의 본원에 투철하지 못하고", "기를 리로 아는 데 가까웠다"고 평가한 데서 더욱 분명하게 드러난다. 유형원이 이처럼 리를 중시한 것은 질서의 궁극적인 원인자(原因者), 주재자(主宰者)로서 일리(一理), 즉 '소이연(所以然)'으로서 리의 본질을 강조하고자 한 데 있다.

유형원은 천심(天心)을 인심(人心)의 한 부분으로 생각했으며, 둘을 분리하지 않았다. 그렇다고 "리가 발현하면 기가 그 뒤를 따르고, 기가 발현하면 리가 그 위에 탄다"는 이황의 이기호발설(理氣互發說)을 긍정하지도 않았다. 유형원에 따르면, 이황의 견해가 도덕원리와 그 안에 내재한 활동성 없는 물질성을 서로 분리할 수 있는 가능성을 갖고 있는 지나치게 도식적인 이원론이라고 생각했다.[3]

그런데 여기서 주의 깊게 보아야 할 것은 성리학에 탐닉(耽溺)하는 학자들과는 달리 '실리(實理)'라는 개념을 빈번하게 사용하고 있다는 점이다. 유형원이 말하는 '실리'의 '리(理)'는 성리학적 관점에서 '진실무망(眞實無妄)'의 의미를 함축한다. 그는 질서정연하게 운행하는 자연현상을 보면서 완전한 진실재(眞實在)로서 세계에 대한 가치론적 해석을 했다. 그러나 실학(實學)의 근본 의미와 관련지을 때, 사실성(事實性)·실제성(實際性)의 리로 해석될 수 있는 개연성(蓋然性)을 간과해서는 안 될 것이다.

(2) 개혁사상

유형원이 세상이 이름이 알려지기 시작한 것은 1770년(영조 46)에 왕명으로 『반계수록』이 간행되면서부터다. 연암(燕巖) 박지원(朴趾源)은 『허생전』에서 유형원의 경륜을 높이 평가하였다.

---

2 『磻溪隧錄』 「別紙」.

3 제임스 B. 팔레 지음, 김범 옮김, 『유교적 경세론과 조선의 제도들』-유형원과 조선 후기(서울: 산처럼, 2007), 22-23쪽.

예로부터 세상에 숨어 지내는 사람이 어찌 한 둘 이리요만, …… 유형원 같은 이는 전쟁을 당해서 수만 대군의 군량을 댈 만한 경륜이 있으면서도 바닷가에 숨어 세상을 보냈다.

유형원은 31세에 『반계수록』 집필을 시작하여 49세(1670년)에 이르러 완성했다. 『반계수록』은 당시의 현실을 직시하고 우환의식(憂患意識)에서 써내려 간 개혁론을 담고 있다. 그가 『반계수록』을 집필 한 것은 우반동에서 농민들이 극심한 빈곤에 시달리고 지나친 세금부과로 고통 받던 비참한 농촌현실을 몸소 체험한 데서 연유한다. 유형원은 책 이름을 『수록』이라 하고, "이것은 세상에 주장을 세우고자 찬술에 뜻을 둔 것이 아니라 사사로이 생각한 바를 기록해둠으로써 스스로 고험(考險)하려는 것뿐이다"[4]라고 하였다. 그 내용을 간략하게 소개하면 다음과 같다. ①전제(田制: 토지제도) ②전제후록(田制後錄: 재정·상공업 관련) ③교선지제(敎選之制: 향약·교육·고시 관련) ④임관지제(任官之制: 관료제도의 운용 관련) ⑤직관지제(職官之制: 정부기구 관련) ⑥녹제(祿制: 관리들의 보수관계) ⑦병제(兵制: 군사제도의 운용 관련) ⑧병제후록(兵制後錄: 축성·병기·교통·통신 관련) ⑨속편(續篇)의 의례·언어·기타 ⑩보유편(補遺篇)의 군현제(郡縣制: 지방 제도 관련) 등 국가 체제 전반에 대한 개혁방안을 제시하고 있는데, 기존의 퇴락한 질서체제에 대한 강한 비판의식을 바탕으로 적극적인 개혁안을 제시했을 뿐만 아니라 근대지향적 요소까지 포함하고 있었다.

유형원의 개혁사상을 이해할 때, 공사(公私) 개념에 대한 관점을 빼놓을 수 없다. 그는 공(公)과 사(私)의 갈림에서 곧 천리(天理)와 인욕(人欲)이 나뉜다는 점을 전제하고, 국가를 경영하고 제도를 제정하는 데는 사사로움이 개입되어서는 안 된다는 점을 강조한다. 이러한 관점에서 그는 이이의 사회정치사상을 계승·발전시켜 토지제도의 개혁을 사회·정치적 개혁의 중심과제로 삼았다. 유형원은 『반계수록』의 첫머리에서 전제(田制)의 득실이 왕정의 성패(成敗)를 결정하는 관건이라고 보았다. 따라서 그에 따르면, "경계(境

---

4 『磻溪隧錄』 卷26, 「續篇上」.

界)가 똑바르면 모든 일이 바로잡히는 것이고, 예로부터 나라가 공고하게 유지되고 수천 년 동안 문화가 발달해 온 것은 모두 토지 제도가 올바르게 이루어진 데 말미암은 것이다.[5]"

유형원이 토지개혁의 방향으로 설정한 것은 정전제(井田制)를 이상적인 모형으로 삼으면서도 균전제(均田制)를 보완하여 수용하는 것이었다. 유형원에 따르면, 정전은 공전(公田)이므로 균등한 데 반해 사전(私田)은 사적인 욕망 추구의 수단으로 전락한다는 점에서 한계가 있다. 유형원은 평소 이상적인 토지제도의 모형으로 그렸던 정전제(井田制)에 대해 성리학의 동정론(動靜論)에 근거하여 주정철학적(主靜哲學的) 관점에서 설명하였다,

> 공부는 비록 동정(動靜)을 일관해야 하지만 '정(靜)'이 아니면 근본으로 삼을 수 없으니, 배우는 사람만 그런 것이 아니다. 조화(造化)하고 유행(流行)하는 데 동(動)과 정(靜)이 서로 그 뿌리가 되지만, 그 주된 곳은 '정(靜)'에 있다. …… 성인의 정전법은 땅에 근본하여 사람을 균평(均平)하게 하는 것이니, '정(靜: 土地)'으로 말미암아 '동(動: 人丁)'을 제어 한다는 뜻이다.

다시 말하면 전지(田地)는 일정하여 불변부동(不變不動) 하는 것이지만, 유동(流動)하는 인정(人丁)의 근본이 된다는 것이다. 그러므로 공전제(公田制)의 실시는 민생의 안정을 가져오고 그러한 토대 위에서 인간의 문화 활동도 가능하니, 이것이 바로 '유정제동(由靜制動)'이다.

그는 농업 경제제도를 완전히 개혁하여 균전제(均田制) 실시를 중심으로 하는 전제 개혁안을 제시했다. 그는 관리가 될 사(士)의 양성을 위하여 국립 교육기관으로 주현(州縣)에 읍학(邑學), 도에 영학(營學), 중앙에 대학(大學) 등 계열화·계통화된 교육 시스템을 구상했다. 또한 하급 교육기관으로부터 능력에 따라 선발되고 추천된 자는 대학을 거쳐 진사원(進士院)에 입속(入屬)시키고 등용토록 하는 공거제(貢擧制)의 표준을 제시했다.

백성들의 삶을 좌우하는 관건은 공평한 분배인데, 공평하면 항산(恒産)이

---

5 『磻溪隧錄』 卷1, 「田制(上)」.

있게 되고, 곧 백성들이 항심(恒心)을 가질 수 있다. 공평성은 항산과 항심으로 연쇄적으로 이어져 공동체에 교화가 이루어지고 풍속이 순화되며 만사가 순조롭게 성취되는 시발점이라 할 수 있다. 유형원은 사욕에 근거를 둔 제도를 개혁하고 천리에 바탕을 둔 제도로의 개혁을 강조하면서, 궁극적으로 삼대의 옛 제도로 복귀하는 데서 개혁의 당위적 방향을 찾았다.

> 삼대(三代)의 제도는 모두 천리를 따르고 인도에 순응하여 만든 것이다. 그 요체는 만물이 모두 제자리를 얻게 하고 (전설상의) 네 영물(靈物)이 이르게 하는 것이었다. 후세의 제도는 인욕을 따르고 구차스럽게 편안함을 도모하여 만든 것이다. 그 요점은 인류로 하여금 썩어 문드러지게 하며 천지가 막히도록 하여 옛날과는 정히 상반되도록 하는 것이었다.[6]

이에 따라서 그는 균전제를 내용으로 하는 과전제(科田制)를 개혁안의 주요골자로 제시했다. 다시 말하면 사사로이 소유하고 있는 토지를 무조건 몰수하여 공전(公田)으로 만든 후, 모든 사람에게 나누어 주되 신분등급에 따라 차이를 두어 분배하고, 죽은 자의 토지는 다시 국가에 반납하는 제도다. 군현제(郡縣制)는 행정구역을 구획 내의 토지면적에 따라 현은 1만호, 군은 2만호, 부는 3만호, 대부 또는 도호부는 4만호 등의 단위로 정하고, 이를 통합하는 도(道)를 다시 그 위에 두는 제도다.

토지균등분배(土地均等分配)의 원칙은 다시 사유금지(私有禁止)의 원칙에 의거해 지탱된다. 사회적 지위 높고 낮음에 관계없이 토지의 세습은 금지되며 매매도 허용하지 않는다. 이는 사유화에 의거한 대토지 겸병(兼倂)을 원천적으로 봉쇄함으로써 자영농민을 보호하는 데 목적을 둔 것이다.

유형원의 개혁안은 단순히 국가질서를 공고히 하는데 목적을 두었던 것만은 아니다. 무엇보다 인간의 존엄성을 존중하는 건강하고 품위 있는 국가를 건설하는 것이 그의 개혁론이 지향하는 본질이다. 그의 인간존중에 대한 신념은 종모법(從母法)에 의거한 노비세습법이'잘못된 법 가운데서 가장 잘못

6 『磻溪隧錄』 卷26, 「續篇(下)」.

된 법'이라고 질타하고 있는 대목에서 선명하게 드러난다.

> 천인이 어미의 신분을 따르는 법은 고려 정종 때 시작되었는데, 어미만 알고 아비를 모르는 것은 짐승의 도리이니, 사람을 짐승으로 처우하는 것이 어찌 법이겠는가? …… 결국 종모법(從母法)이 잘못된 것이 아니라 그 신분을 세습하는 노비법이 잘못된 것이다.[7]

유형원의 노비 개혁안은 노비신분을 당대로 제한하고 점진적으로 노비신분을 면제해 줌으로써 고용관계로 노비세습법을 대체해야 한다는 주장이 담겨 있다. 그는 노비를 재산으로 취급하고 노비신분이 세습되던 당시 노예제도의 문제점을 신랄하게 비판하면서, '사람은 똑같은 부류[同類]'라는 만민평등사상을 강한 어조로 주장한다.

유형원은 인재선발의 측면에서도 향약, 교육, 관리 선발 제도의 개혁안을 제시하고, 능력에 따라 인재를 공거(貢擧)하여 등용해야 한다고 역설한다. 그리고 공거의 기준으로 문사(文士)보다 덕행(德行)과 식견(識見)을 중시한다. 그는 또한 문벌제도의 철폐, 적서(嫡庶)와 지방차별에 반대하고 과거제 폐지를 주장하는 등 당시로서 파격적인 개혁안을 제시했다.

관리의 등용과 직책의 이동은 공정히 할 것을 주장하고, 경직(京職)의 당상관, 감사와 수령 등의 외직은 6년에서 9년까지로 정하였으며, 사무의 숙련과 행정의 실적을 나타내도록 하여 일종의 경쟁평가를 하도록 하였다. 중앙관제는 최고 정책기관으로 의정부와 육조를 강화하고, 동반과 서반의 양반을 구분하는 제도의 철폐와 궁실 및 관아의 대폭 폐합, 겸직제의 철폐 등 관제를 간소화하고 관원의 수를 감소시키며, 명령 계통의 확립, 기강의 진작, 행정력 제고를 위한 대책 등을 강구하였다. 따라서 녹봉의 책정에 있어서도 고위관료로부터 하급 관리에 이르기까지 능력과 직급에 적정한 녹봉을 지급하여 부정을 미연에 방지하고, 행정상의 능률을 제고할 수 있도록 하였다. 또한 국방체제는 중앙에 오위제(五衛制)를 부활하고, 지방에 진관체제(鎭管

---

7 『磻溪隧錄』 卷26, 「奴隷」.

體制)를 강화하여 유사시에 긴급하게 사태에 대응할 수 있도록 체제를 정비하고자 했다.

뿐만 아니라 백성들의 인권을 보호한다는 관점에서 형벌을 신중히 하고 태형(笞刑)을 폐지하자고 주장했다. 아울러 병농일치(兵農一致)를 원칙으로 한 징병제에 의거하여 국방 체제를 개편해야 한다고 주장함과 동시에 부정부패의 방지를 위해서는 관리들의 최소한의 생활보장이 전제되어야 한다는 점을 강조한다. 마지막으로 비변사의 폐지와 의정부 기능의 부활, 삼의정(三議政) 체제에서 영의정(領議政) 일상(一相) 체제로의 전환을 국가관제 개혁의 골자로 삼았다.

3) 사상의 의의와 한계

유형원의 크나큰 경륜과 그의 실학정신은 조선조 실학사상을 이끌어 가는 선구자로서 손색이 없었지만 그의 사상 역시 당시 학풍의 영향을 받아서 형성된 것이므로 그에 따른 한계가 있었다. 그것은 그의 사상적 기초가 정주학에 기초하고 있었다는 사실이다. 정주학은 성리설을 사상적 토대로 하고 있는 만큼 그 자신이 당시의 정주학적 풍토를 과감하게 벗어나는 데는 한계가 있을 수밖에 없었다.

또한 그는 특히 이이와 조헌의 저술을 가장 많이 인용하고 있다는 점에서 그의 사상적 규모를 짐작하게 하거니와 『반계수록』의 내용에는 조헌이 중국에 사신을 다녀온 이후에 올린 「동환봉사소(東還封事疏)」를 많이 참고하고 있다. 이러한 점은 눈여겨 봐야할 그의 한계이다. 「동환봉사」의 내용은 중국의 제도가 그대로 당시의 조정에 채택되기를 희망하면서 올린 것이었다. 그러므로 여기에는 당시의 제도나 실정에 적용할 수 없는 중국제도의 내용도 포함되어 있었다. 이를테면 관청에서는 중국의 언어와 중국의 제도를 그대로 사용하자는 것들이다. 유형원은 이러한 견해를 답습하고 주장함으로서 자칫 민족의 고유성과 시대적 적실성을 상실할 우려가 있다.

또한 호남과의 사상적 연관관계라는 측면에서 지적할 수 있는 것은 그가 부안에서 저술활동에 힘쓰고 많은 업적을 남김으로서 호남실학을 현실에 기반을 둔 실천적 기풍으로 규정하는 데 있어 지표를 제시함으로써 호남실학의 독자적인 영역을 설정하는 중요한 계기를 제공했다는 점이다. 조선조의 실학은 유형원 이후 그의 외종 동생인 이익에게로 전달되어 경기도 지역을 중심으로 한 근기실학(近畿實學)이 중심을 형성하게 되지만, 다른 한편 만년에 부안에 거주하면서 호남의 실학사상을 발전시켰고, 실학사상의 성숙기에 있어서 정약용 또한 강진에 와서 6경 4서를 정리하고 일표 이서[경세유표, 목민심서, 흠흠신서]를 짓게 되었으니 명실 공히 호남실학의 학풍이 새롭게 모습을 드러낸 것은 유형원의 학문적 천착과 실천으로부터 비롯된 것으로 평가할 수 있다. 그러므로 이러한 학풍을 처음 심어준 유형원은 조선조 실학의 선구이면서 또한 호남실학의 비조라고 할 것이다. 이익은 "국조 이래로 시무(時務)를 아는 이로는 이이·유형원 뿐"이라 하여 유형원의 개혁론을 높이 평가했다. 사상적, 실천적 측면에서 유형원의 개혁사상은 이익에게 지대한 영향을 끼쳤다.

유형원은 성리학·역사·지리·병법·음운·산술·문학 등 다방면에 박학하였고, 경세에 밝아 경세치용의 실마리를 열었다. 이는 이익·홍대·정약용 등에게 계승되었다. 유형원의 사상적 계승자로 '격세(隔世)의 사숙문인(私淑門人)'이라 할 수 있는 홍계희(洪啓禧, 1703-1773)가 있다. 그가 쓴 「반계선생전」에 유형원의 저술 목록이 있다. 이에 따르면 『이기총론』·『논학물리(論學物理)』·『경설문답』·『주자찬요(朱子纂要)』 등 성리학에 관한 저술을 비롯하여 역사서로는 『동국사강목조례』 등 3종, 지리서로는 『여지지(輿地志)』·『지리군서(地理群書)』 등 3종, 그 외에 병법·음운·문학 등 다방면에 걸쳐 20여 종이 있던 것으로 알려진다. 그러나 대부분 유실되고 『반계수록(磻溪隧錄)』만 전한다. 그는 다양한 저술과 정책적 제안을 통해 백성이 근본이 되는 새로운 이상국가를 꿈꿨다. 아울러 그가 제시한 시대를 앞서간 진보적인 생각들은 조선의 실학사상이 융성하게 발전하는 데 중요한 계기를 제공하였다.

4) 원문 번역

실학의 비조(鼻祖)라 일컬어지는 반계의 사상적 기조는 천덕(天德)과 왕도(王道)가 일치한다고 말하고 있다. 그리하여 그는 왕도의 근본을 전제(田制)를 바로 하는데 있다고 강조하고 전제의 개혁을 역설하였다. 본란에서는 반계수록 권3에 게재되어 있는 전제후록 상 가운데 상평창(常平倉)을 번역 소개하여 그의 전제의 일단을 알아보기로 한다.

상평창 常平倉

○ 서울과 지방의 각 주현(州縣)에는 모두 상평창(常平倉)을 설치하여 법규(法規)에 의거하여 곡식을 조적(糶糴: 賣買)하게 하고 지금 시행하는 환상(還上)[8]의 규정은 고쳐야 한다. 서울과 지방의 각 고을에 모두 상평창을 설치하고 그 고을에 현재 있는 환상미곡(還上米穀)과 저축된 재물과 포백(布帛)을 옮겨다가 상평창의 자본(資本)으로 삼고 옛날의 상평창 법에 의거하여 곡식이 천하여 값이 헐할 때는 그 값을 올려서 사들이고 곡식이 귀하여 값이 비쌀 때는 그 값을 헐하게 내 팔아서 곡식이 천하여도 농민을 해치지 않게 하고 곡식이 귀하여도 다른 백성을 해치지 않게 한다.

○ 상평창의 법은 다만 미곡과 포백과 전은(錢銀)만 쓰고 추포(麤布)와 잡물(雜物)은 쓰지 못하게 한다. 그리고 매매하는 가격을 넉넉히 정하여 시장가격에 비하여 대략 삼분의 일분을 더 주게 하여 규정을 삼고 [시장의 가격이 쌀 두말인 경우에는 서 말로 정하는 따위이다] 혹시라도 강제로 배정하지 말아야 되니 강제로 배정하는 해당 관리는 모두 형률(刑律)에 의거하여 논죄하고 그 곡식을 사들이고 내다 팔 때에는 서울에서는 호조에서 대신(大臣)이 품의하여 임금에게 계문하여 시행하고 지방에서는 수령이 감사에게 보고하여 시행하며, 해마다 연말에는 모두 회계기록(會計記錄)하여 임금에게 계문(啓聞)한다. 각도(各道)의 감영(監營)·병영(兵營)·통제영(統制營)·수영(水營)

[8] 환상(還上): 흉년 또는 춘궁기에 관곡을 빈민에게 대여하였다가 풍년 또는 추수기에 이를 반납케 하는 진휼제도(賑恤制度)다.

에도 또한 각기 상평창을 설치하고 법규(法規)에 의거하여 곡식을 매매하는 데 지금 각 고을에 분산해 둔 환상(還上)의 곡식은 적당히 계량하여 옮겨 상납(上納)한 외에는 그대로 두어 본 고을의 상평창의 저축으로 삼도록 한다.

○ 상고해 보건대 조적(糶糴)이란 글자의 뜻은 본시 매매한다는 뜻인데 쌀을 팔아서 물건을 사는 것을 조(糶)라 하고 물건을 팔아서 쌀을 사는 것을 적(糴)이라 한다. 지금 우리나라 사람들은 모두 환상미(還上米)를 대급(貸給)하는 것을 조(糶)라 하고 환상미를 도로 받는 것을 적(糴)이라 하고는 그 글자의 본뜻은 알지 못하고 있으니 대개 궁벽한 지방의 소견(所見)에 빠져 익혀서 그렇게 된 것이다.

상고해 보건대, 고려 시대에는 두 서울(서경과 개경)과 한 두목[一二牧]에 상평창을 설치하고 연사(年事)의 풍년과 흉년에 따라 조적(糶糴)을 시행하여 백성들이 남는 곡식이 있으면 헐값[歇價]으로 거두어들이고 백성들이 곡식이 부족하면 높은 값[重價]에 방출하게 하였던 것이다. 우리나라의 『경국대전』에도 또한 서울과 지방에 상평창을 설치하고 곡식이 귀하면 베 값을 더 주고서 베를 사들였다가 곡식이 천하면 베 값을 줄여서 베를 내팔았다 하는데 지금은 다만 서울 이외에는 팔도에 한 고을도 상평창을 설치하여 시행하는 곳이 없으니 이것은 매우 결점(缺點)이 있는 일이다.

상고해 보건대, 환상(還上)의 법도 인민(人民)에게 이익이 없다고는 할 수 없으나 그 이익은 매우 적고 그 해독은 매우 크다. 지금 백성들이 시름과 탄식으로 안주(安住)할 곳을 잃게 된 것은 대저 모두가 환상(還上)의 폐해가 그렇게 만든 것이니, 이것은 송(宋)나라 왕안석(王安石)이 만든 청묘전(青苗錢)[9]의 법과 그 해독이 다름이 없다. 소철(蘇轍)이 청묘법을 비평해 말하기를 "돈을 백성들에게 대부(貸付)하면 돈을 출납할 때에 이서(吏胥)들이 이를 기회로 협잡을 하더라도 법은 능히 금할 수 없으며, 돈이 백성의 손에 들어가면 비록 선량(善良)한 백성이라도 무리하게 소비할 경우가 있을 것이며, 그 돈을

---

9 청묘전(青苗錢): 송나라 왕안석(王安石)이 시행한 신법(新法)의 한 가지다. 봄에 벼이삭이 파랄 때에 관에서 돈 백문(百文)을 빈민에게 대여하고 추수 뒤에 이자 이십문(二十文)을 붙여 상환하게 하였다.

환납(還納)할 때에는 비록 부유한 백성이라도 기한을 어기는 경우가 있을 것이다. 이렇게 기한을 넘기게 되면 반드시 백성들에게 편태(鞭笞)의 형벌을 쓰게 될 것이니 주현(州縣)에서는 일이 많아질 것이다. 당(唐)나라 유안(劉晏)이 국가의 회계사무(會計事務)를 관장하고 있을 때에 조금도 남에게 빌려주지 않으므로 이를 비난하는 사람이 있으므로 유안(劉晏)은 말하기를 '백성들로 하여금 요행으로 돈을 얻어 쓰게 함이 나라의 복이 될 수 없으며, 이서(吏胥)들로 하여금 법을 믿고 백성들을 독촉하게 함이 백성들에게 편리한 일이 될 수 없다. 내가 비록 백성에게 일찍이 돈을 빌려 주지 않았지마는 사방의 풍흉(豊凶)과 곡물의 귀천(貴賤)을 알지 못함이 없으므로 곡물이 천하면 반드시 사들이고 곡물이 귀하면 반드시 내 팔기 때문에 사방의 곡물이 너무 귀하거나 너무 천하거나 하는 폐해가 없게 될 것이니 무엇 때문에 돈을 빌려 주는 일을 하겠는가.'라고 하였다. 유안(劉晏)의 말은 한(漢)나라의 상평법인 것이다. 진실로 능히 이 법을 시행한다면 이 보다 더 좋은 일은 없을 것이다" 하였다.

또 소식(蘇軾)도 평론하여 말했다. "청묘법(青苗法)에 돈을 방출하는 것은 옛날부터 금하였으나 지금부터 비로소 성문법(成文法)을 만들어 해마다 늘 시행하게 되면 비록 돈을 강제로 배부하지는 않는다고 하지마는 또한 이것은 실행되지 않는 규칙일 것이다. 가령 과연 강제로 돈을 배부하지 않는다 하지마는 그 중간에 돈을 쓰겠다고 원하는 인호(人戶)를 계산하여 보면 반드시 모두가 가난하여 상환하지 못할 사람들이다. 가산(家産)이 만약 여유가 있다면 무엇 때문에 관청과 대차관계(貸借關係)를 맺겠는가. 이와 같은 가난한 사람들은 나라의 빚을 못 갚아서 형벌이 이미 급하게 내리면 잇달아 도망하게 될 것이고 도망한 후에는 그 이웃의 보증인에게 해가 고루 미치게 될 것이니 사세(事勢)가 반드시 그렇게 될 것이다. 그러나 상평창의 법은 참으로 훌륭하다 할 수 있겠다. 즉 법을 지켜야 하는 일은 간략하지마는 그 혜택의 미치는 것은 범위가 넓으니 가령 만호(萬戶)가 사는 고을에 상평창의 곡식이 다만 천 곡(斛)이 있다 하더라도 곡식이 귀할 때에는 천 곡(斛)의 곡식만 시장에 나와 있으면 물가는 저절로 균등하게 될 것이니, 한 시장의 물가가 이미 균등하게 되면 온 나라의 식량이 저절로 넉넉하여 아무도 바가지를 들고 빌어먹는 폐단도 없을 것이고 이정(里正)들이 백성들을 독촉 구박하는 노고도 없을 것이다. 그런데 지금 만약 상평창의 법을 변경하여 청묘법으로 만들어 곡식 천 곡(斛)을 한 집에 일 곡(斛) 씩을 대부한다면 천 호(戶)만 대여(貸與)를 받게 되니 천호 이외에는 누가 그들의 굶주림을 구제해 줄 것인가. 상평법(常平法)에서는 관청의 돈이 항상 적은 것을 걱정하고 있는데 청묘법에서는 돈이 많아서 강제로 백성에게 배부하고 있다. 저 상평법을 파괴하고서 이 청묘법을 시행한다면 이익보다 손실이 더욱 많게 되어 관청의 위신을 손상시키고 백성들을 해롭게 할 것이니 뒷날에 가서 비록 뉘우친들 무슨 소용이 있겠는가."

지금 상고해 본다면, 소씨(蘇氏)의 다른 논설(論說)은 진실로 온당치 못한 점이 있지만 이 말만은 사정에 매우 적절하여 참으로 만세(萬世)의 사리(事理)에 통한 의론이다. 오늘날 우리나라에 환상법(還上法)의 해독은 다만 송(宋)나라 희령 연간(熙寧年間)[10]의 청묘법(靑苗法)보다 더 심할 뿐이 아닌데도 수백 년 동안이나 폐해를 쌓아 가면서 이를 더욱 힘들여 시행하기만 하고 조금도 변통할 줄을 알지 못하고 있으니 무슨 이유인가. 청묘법(靑苗法)은 비록 시행되지 않는 규정이라 하지마는 그 법은 그래도 자원(自願)에 따라서 대부하고 강제로 배정하지는 아니한다고 한다. 지금 우리나라 환상법(還上法)은 그 법을 만들 때부터 벌써 백성에게 강제로 배정하기로 한 것이니 다시 더 논할 것도 없다.

또 상고해 보건대, 한위공[11]도 청묘법(靑苗法)을 평론해 말했다. "신(臣)이

---

10 희령년간(熙寧年間): 희령(熙寧)은 송나라 신종(神宗)의 연호인데, 이 때가 왕안석이 집권하여 신법(新法)을 시행하던 시기였다.

11 한위공(韓魏公 1008-1075): 송(宋)나라 인종(仁宗) 때의 명상(名相) 한기(韓琦)의 시호(諡號)다. 한기는 북송 상주(相州) 안양(安陽) 사람으로 자는 치규(稚圭), 호는 공수(贛叟)며, 시호는 충헌(忠獻)이다. 인종(仁宗) 천성(天聖) 5년(1027) 진사에 합격했다. 우사간(右司諫)에 올라 왕수(王隨)와 진요좌(陳堯佐)·한억(韓億)·석중립(石中立) 네 사람을 파직할 것을 상소했다. 익주(益州)와 이주(利州)에 흉년이 들자 체량안무사(體量按撫使)가 되어 세금을 완화하고 탐관오리를 내쫓으며 불필요한 부역을 줄이는 등

청묘전을 방출한다는 조서(詔書)에 준하여 가난한 백성에게 혜택이 가도록 하고 토지를 겸병(兼倂)한 부호(富豪)들에게는 가난한 백성의 궁급(窮急)한 기회를 이용하여 곱절의 이식(利息)을 요구하지 못하게 하고 관청에서는 그 수입을 이익보지 못하게 하였습니다. 지금 이 청묘법(靑苗法)의 조약(條約)을 보면 향리(鄕里) 인호(人戶)의 일등으로부터 이하는 돈 백 관(貫)씩을 모두 즉시 빌려주고 삼등 이상에게는 다시 더 빌려주고 상등호(上等戶)는 곧 그전부터 토지를 겸병하는 부가(富家)인데도 지금 그들에게 돈을 많이 빌려주게 하여 본전(本錢) 일천 냥에 이식(利息) 이천삼백 냥을 바치게 하니 이것은 관청에서 돈을 방출하고서 이식을 취하는 것입니다. 또 조약에는 비록 백성들에게 강제로 배정하는 것을 금하고 있지마는 그러나 모름지기 상등호를 우두머리로 삼아서 돈을 맡겨야 할 것이며 어리석은 백성들은 먼 장래의 일은 생각하지 않고서 돈을 빌려 갈 때는 매우 쉽지마는 돈을 갚을 때는 매우 어렵게 되니, 그런 까닭으로 이 제령(制令)이 반포된 후로부터는 국민 상하가 당황하고 의혹하게 되어 모두 말하기를 만약 돈을 강제로 반출하지 않는다면 상등호(上等戶)는 반드시 빌려 쓰기를 원하지 않을 것이요, 하등호(下等戶)와 직업이 없는 객호(客戶)들은 비록 빌려 쓰기를 원하더라도 반드시 독촉하여 받아들이기가 어려울 것이므로 장래에는 반드시 형벌을 시행해

조치를 취해 기민(饑民) 90만 명을 구제했다. 보원(寶元) 연간에 추밀직학사(樞密直學士)와 섬서사로(陝西四路) 경략안무초토사를 지냈다. 범중엄(范仲淹)과 함께 오랫동안 병사의 일을 맡아 명성이 높아 '한범(韓范)'으로 불렸다. 서하(西夏)의 침입을 격퇴하여 변경 방비에도 역량을 과시함으로써 30살에 문무에 걸쳐 명성을 떨쳐 추밀부사(樞密副使)가 되었다. 범중엄·부필(富弼) 등과 함께 등용되었다. 경력신정(慶曆新政)이 실패하자 양주지주(揚州知州)로 쫓겨나고, 운주(鄆州)와 정주(定州)로 옮겼다. 가우(嘉祐) 연간에 동중서문하평장사에 올랐는데, 그 때 신종(神宗)이 병에 걸리자 황사(皇嗣)를 세울 것을 적극 권했다. 영종(英宗)이 즉위하자 우복야(右僕射)가 되고, 위국공(魏國公)에 봉해졌다. 영종의 병이 깊어지자 강력하게 건저(建儲)를 요청했다. 신종(神宗)이 즉위한 뒤 사공겸시중(司空兼侍中)이 되었지만 얼마 뒤 수흥군(水興軍)과 상주(相州) 등지를 맡으며 전전했다. 왕안석(王安石)의 청묘법(靑苗法) 실시를 비난하고, 거란이 요구해온 영토 할양에도 반대하는 등 왕안석과 대립하다가 퇴직했다. 저서에 『안양집(安陽集)』이 있다.

가면서 독촉하게 될 것이며, 대차에 관계된 서수(書手)를 강제로 협박하고 늙은 호장(戶長)을 전당잡혀 같이 보증하고 같이 배석(陪席)하게 하는 걱정이 있을 것입니다. 지난해에 하삭지방(河朔地方: 황하 이북)에 풍년이 들어서 쌀 한 말에 값이 칠, 팔십 전(錢)에 지나지 않았으니 만약 이 시기를 이용하여 곡식을 많이 거두어 들였다가 귀할 때를 기다려 내판다면 다만 옛날의 상평제도에 합치되고 아무런 실패가 없을 뿐만 아니라 겸하여 백성도 실제의 혜택을 입게 되고 또한 그 나머지 곡식도 걷을 수가 있기에, 지금 여러 창고에서 곡식을 사들이려고 하는데 이 법을 맡은 제거사(提擧司)에서 벌써 빨리 이를 중지 시켰으니 그 의도는 이 곡식을 사들이는 자본을 전용(轉用)하여 모두 청묘전(靑苗錢)의 자본으로 삼는다면 삼분의 이식 수입은 자기의 공로가 될 수 있다는 것이니 어느 여가에 다시 이 백성의 먼 장래 걱정을 돌볼 수 있겠습니까. 앞서 섬서(陝西) 지방에서 이 청묘법을 시행하여 관청에서도 소득이 있었고 백성들도 편리하게 여겼다고 말하고 있지마는, 이때는 곧 전운사(轉運司)에서 군량의 저축이 결핍될 것으로 인하여 마침 그해 겨울부터 봄까지 비와 눈이 시기에 맞추어 내려서 보리 싹이 잘 자라서 결실하게 된 때문이었으니, 한때에 시행하면 되겠지마는 지금은 이 때문에 관직을 설치하고 관사(官司)를 두고서 해마다 늘 시행하는 법을 만들려고 하지만 어찌 섬서 지방에 임시적으로 실적이 있었던 일에 비교가 되겠습니까." 사마온공(司馬溫公)[12]이 여혜경(呂惠卿)[13]과 함께 황제(哲宗) 앞에서 청묘법(靑苗

---

12 사마온공(司馬溫公: 司馬光 1019-1086): 자는 군실(君實) 시는 문정(文正)이다. 죽은 뒤 온국공(溫國公)에 봉해졌으므로 사마온공(司馬溫公)이라고 한다. 섬주(陝州) 하현(夏縣) 사람이다. 광주(光州)에서 태어났으며 어렸을 때 『춘추좌전』을 좋아하였다. 보원 원년(1038)년에 진사에 급제하였다. 처음에는 화주판관(華州判官)이 되었다가, 대리평사(大理評事)·관각교감(館閣校勘)·동지태상예원(同知太常禮院)·집현교리(集賢校理) 등을 역임하였다. 동지간원(同知諫院)에 좌천되었다가 인종(仁宗)에게 황태자의 선정을 급히 상주하여, 영종(英宗)의 즉위에 공헌하였다. 영종(英宗) 때에 용도각직각사(龍圖閣直學士)가 되어 한기(韓琦)와 구양수(歐陽脩) 등과 논쟁하였다.1067년 신종(神宗)이 즉위한 해에 한림학사(翰林學士), 이어서 어사중승(御史中丞)까지 올랐다가 왕안석(王安石)의 신법(新法)에 반대하여 임명된 추밀부사(樞密副使)를 사퇴하고, 1070년에 관직을 버리고 지방으로 내려갔다. 당시 그는 편년체의 역사서인 『자

法)을 논하여 말하였다. "청묘법(青苗法)은 이식(利息)을 내게 하는 법이니 평민들이 이런 일을 하더라도 빈민하호(貧民下戶)들의 재산을 차차로 침해하여 나중에는 배고프고 추워서 유리하는 지경에 이르게 될 것인데 하물며 현관(縣官)이 법률로써 백성들을 위압하는 것이겠습니까." 여혜경(呂惠卿)은 "청묘법(青苗法)은 백성이 빚 쓰기를 원하는 사람에게만 쓰게 하고 빚 쓰기를 원하지 않는 사람에게는 강제로 쓰게 하지 않는 것입니다"하였다. 온공이 말하기를 "어리석은 백성들이 빚을 쓰는 것이 이익 되는 줄만 알고 빚을 갚을 때에 손해되는 줄은 알지 못하니 다만 현관(縣官)만이 어리석은 백성에게 빚 쓰기를 강제하지 아니할 뿐 아니라 대금업(貸金業)을 하는 부민(富民)들

치통감』을 쓰고 있었다. 신종도 그 책의 완성을 크게 기대하여 편집의 편의를 제공, 그의 뜻대로 낙양에 거주하며 편집을 계속할 수 있도록 돌봐주는 등 원조를 아끼지 않았으며, 1084년 마침내 전 20권의 『자치통감』을 완성하였다. 이듬해 신종이 죽고 어린 나이의 철종(哲宗)이 즉위하자 조모인 선인태후(宣仁太后)가 섭정이 되었다. 사마광은 신법을 싫어하는 태후에게 발탁되어 문하시랑(門下侍郎)이 되었고 상서좌복사(尙書左僕射)에 오르자 신법을 폐지하였다. 당시의 연호(年號)를 따서 '원우(元祐)의 재상(宰相)'이라고 일컬어졌다. 재상이 되자 왕안석의 신법을 하나하나 폐지하고 구법(舊法: 保守政策)으로 대체하여, 구법당(舊法黨)의 수령으로서 수완을 크게 발휘하는가 하였으나, 몇 달 안 되어 죽었다. 그뒤로 신법당(新法黨)이 세력을 얻자, '원우(元祐)의 당적(黨籍)'(블랙리스트)에 올라 냉대를 받았으나, 북송 말부터는 명신(名臣)으로 추존되었다. 저술로는 『자치통감』 외에 『속수기문(涑水紀聞)』 『사마문정공집(司馬文正公集)』 등이 있다.

13 여혜경(呂惠卿 1032-1112): 북송 천주(泉州) 진강(晉江) 사람으로 자는 길보(吉甫)다. 인종(仁宗) 가우(嘉祐) 2년(1057) 진사가 되었다. 왕안석(王安石)과 경의(經義)에 대해 논하다가 일치하는 점이 많아 교유를 시작했다. 신종(神宗) 희녕(熙寧) 초에 집현교리(集賢校理)가 되고, 판사농시(判司農寺)를 거쳐 신법(新法) 운영에 적극 참여했다. 여러 법령들이 그의 손에서 나왔다. 지제고(知制誥)와 판국자감(判國子監)을 거쳐 왕방(王雱)과 함께 『삼경신의(三經新義)』를 편수했다. 간원(諫院)을 맡고, 한림학사(翰林學士)가 되었다. 희녕(熙寧) 7년(1074) 왕안석이 밀려난 뒤 참지정사(參知政事)가 되어 신법을 지속적으로 시행했다. 나중에 왕안석과 사이가 틀어져 진주지주(陳州知州)와 연주지주(延州知州), 태원지부(太原知府)로 나갔다. 철종(哲宗) 소성(紹聖) 연간에 연안지부(延安知府)가 되어 미지(米脂) 등 여러 요새를 쌓아 서하(西夏)의 공격에 대비했다. 휘종(徽宗) 때 일 때문에 선주(宣州)에 안치된 뒤 여주(廬州)로 옮겼다. 저서에 『장자의(莊子義)』가 있었지만 전해지지 않는다.

도 또한 그들에게 빚 쓰기를 강제하지 아니 하였습니다"고 하였다. 황제는 말하기를 "섬서 지방에서는 이 법을 시행한지가 오래 되었는데도 백성이 고통스럽게 여기지 않고 있다"고 하니, 온공은 아뢰기를 "신이 섬서 사람인데 그 병폐된 점만 보았고 그 이익 된 점은 보지 못하였습니다. 조정에서 처음부터 그런 법을 시행하지 못하게 하더라도 관리들이 오히려 능히 백성에게 폐를 끼칠 수 있는데 하물며 법으로 이를 시행하게 하는 것입니까"하였다. 한위공과 사마온공 두 분의 말이 또한 매우 분명하니 그 이해 문제는 알기가 어렵지 않겠다.

어떤 사람은 말하기를 "지금 시행하고 있는 환상법(還上法)은 그 폐해가 비록 많지마는 백성의 궁핍을 구제하는 것도 없지 않은데 만약 이것을 아주 폐지한다면 어떻게 될른지 알 수 없다"고 한다. 만약 상평창이 없다면 환상법(還上法)도 혹시 아주 폐지하기가 어렵겠지마는 상평창 제도가 이미 설립되면 환상법(還上法)을 폐지하는 것은 그 이해가 의심이 없을 것이다. 대개 환상법(還上法)은 이익은 적고 그 기간이 짧으며 그 해독은 크고 그 기간은 장구하지만, 상평창은 이익만 있고 해독이 없으며 편리하기만 하고 폐단이 없으니 나라를 다스리면서 그 이익만 있고 해독이 없는 상평창을 버리고 그 이익은 적고 해독만 큰 환상법(還上法)을 취한다면 어찌 지혜로운 일이 되겠는가. 환상법(還上法)이 비록 백성의 궁핍을 구제하는 점은 없지 않다고 하지마는 이미 기일 전에 백성에게 곡식을 주고서는 뒤에 와서 그것을 상환하기를 독촉하게 되니 형벌로써 엄하게 독촉하여 받아들이게 된다. 이 때문에 이정(里正)과 서리(胥吏)들이 백성을 독촉하고 구박하여 고을과 마을이 놀라서 소란하는 폐단이 있게 되고, 관청에서 곡식을 내어 줄 때는 말 안에 쑥 들어가고 백성에게서 곡식을 받아들일 때는 말 위에 올라가게 되는 폐단이 있게 되고, 또 백성에게 나누어 줄 적에는 받기를 원 하는가 싫어하는가는 묻지도 않고서 강제로 배급하는 폐단이 있게 되고, 가난한 백성이 받은 것을 못 갚고 도망가는 사람이 있으면 그 이웃 사람과 일족(一族)에게 대신 징수하는 폐단이 있게 되고, 이서(吏胥)들은 이것을 인연하여 협잡을 해서 속여서 받고 부당하게 침해하는 폐단이 있게 되니 온갖 폐단이 함께 일어나서 날날

이 들어 말할 수가 없겠다. 그리하여 결국은 죄수들이 감옥에 가득히 차고 편태(鞭笞)의 형벌이 한 고을에 두루 미치게 될 것이니 이 법은 다만 사람을 끌어넣는 그물이 될 뿐이고 백성을 이롭게 하는 본의는 없어지고 말 것이다. 백성들은 본디부터 아무런 일도 없이 살아가는데도 해마다 이 때문에 손해를 당하고 관청에서도 본디부터 아무런 일도 없이 지내고 있는데도 해마다 이 때문에 소란한 일이 많게 되니 이것이 어찌 좋은 법이며 이것이 어찌 백성의 부모 된 사람의 본의겠는가. 상평창(常平倉)은 연사(年事)가 풍년이 되더라도 농민에게 손해되지 아니하고 흉년이 되더라도 다른 국민에게 손해되지 아니하여 윗사람과 아랫사람이 모두 이익이 되고 관청과 민간에도 폐해가 없을 것이니 법의 완전한 것으로는 이보다 나은 것이 없을 것이다.

어떤 사람은 말하기를 "환상미(還上米)는 곧 군자(軍資)로 쓰이는 것인데 만약 환상미가 없다면 군사행동이 있을 때에 무엇으로써 군량을 공급하겠는가." 한다. 유세(留稅)로 둔 곡식이거나 상평창의 곡식이거나 어느 것이든지 나라의 저축 아닌 것이 없으며, 환상미도 또한 백성에게서 나온 것이 아닌 것이 없는데 어찌 반드시 별도로 한 가지 항목의 곡식을 더 받아서 명칭을 환상미라고 지은 후에야 군용(軍用)이 될 수 있단 말인가. 또 지금의 환상(還上)이란 것은 해마다 겨울 말월(末月)에 창고에 유치된 기간은 두서너 달에 불과하니 명칭은 비록 군자미(軍資米)라 하지마는 그 실상은 군용(軍用)에 쓰기가 어려울 것이다.

"그러면 지금 각 고을마다 이미 본읍(本邑)의 환상미가 있는데도 또 상급(上級) 관사(官司)에서 관리하는 환상미가 있어서 그 수량이 점점 많아져서 백성에게 끼치는 폐해가 더욱 심하니 만약 이것을 모두 폐지한다면 백성이 도탄을 면할 수 있을 것이다. 그러나 다만 감사나 병사들이 각 고을에 순찰하여 이르게 되어 당연히 사용할 일이 생긴다면 어찌 하겠는가"한다. 만약 그 소용이 공용(公用)에 관계된다면 [군무로 재주를 시험보아 상 주는 등류의 일이다] 본읍의 공용으로 저축된 것은 모두 당연히 사용될 재물이 아닌 것이 없을 것이고 [본읍의 留稅와 常平米는 법전에도 본디부터 지출하여 사용하도록 하고 연말에 가서 감하고 임금에게 계문한다], 만약 이것이 사용(私用)이라면 감사나 병사가 본디부터 사사로 저축한 것을 각 고을에 준비하여 둘 이치가 없었을 것이다.

어떤 사람은 말하기를 "환상법(還上法)은 비록 폐지하더라도 흉년에는 백성에게 곡식을 대여해야 될 것이니 자연히 다시 환상법(還上法)이 생길 것이다" 한다. 만약 일정한 법이 없으면 흉년에는 비록 혹시 백성들을 모두 구휼하지 못하더라도 차대(借貸)하는 일은 있을 것이니 [흉년에 飢民을 賑恤할 적에도 또한 마땅히 상평창의 곡식을 나누어 주되 토목공사를 시켜 그 노임으로 지급하게 하고, 호소할 데도 없이 그냥 구휼해야만 될 사람에게는 곡식을 차대할 것이다], 이것을 돌려받을 때의 시끄러움은 그 한 때에 그칠 뿐이요 해마다 환상을 받는 것과 한도가 없는 폐해는 되지 않을 것이다.

창고에 쌓아둔 곡식이 많을 때에는 비록 묵은 곡식을 바꾸어 새 곡식을 저축해야 하는 규정이 있지마는 묵은 곡식을 민간에 강제로 배정하지 않을 수 없는 것은 대개 곡식을 오랫동안 저축해 둘 수 없는 까닭이다. 일찍이 「전기(傳記)」을 상고해 보니 '옛날에는 나라에 9년 동안 먹을 저축이 있었다' 하고, 또 '곡식이 십년 동안 지탱하였다'고 하는데, 우리나라 각 주현(州縣)의 창고에 저축된 곡식은 대개 오랫동안을 경과하지 못하는 실정이다. 즉, 북쪽 지방에서는 비록 남쪽 지방과는 차이가 있지마는 또한 오랫동안을 경과하지 못하게 되고, 남쪽 지방에서는 두서너 해를 지나지 않아서 모두 먹을 수 없는 물건이 되고 마니, 이것은 바로 땅의 위치가 낮고 습기가 많은 때문이겠지마는 또한 창사(倉舍)의 제도가 허술하고 튼튼하지 못해서 그렇게 된 것이다. 대개 창사(倉舍)를 건축할 적에는 마땅히 성중(城中)의 높고 건조한 곳을 가려서 흙을 튼튼하게 쌓아 올리고 벽돌을 불에 구어 창고 밑바닥에 두 겹 혹은 세 겹이나 깔아서 [중국의 창고는 모두 이같이 한다고 한다] 그 축축한 습기를 막게 하는 것이 좋겠다. 지금 각 주현의 외창(外倉)은 아무런 가치가 없는 것이다. 이미 국가의 저축을 저장한 창고라 해서 관사(官司)에서 주관하고 있으면서 창고는 외촌(外村)에 분산 설치하고 있으니 평상시에도 공사간(公私間)의 폐해는 이루 말할 수 없는 지경인데 전쟁이 나면 한갓 헛되이 버린 물건이 될 뿐이다. 그러므로 창사(倉舍)는 다만 성읍(城邑)에만 설치하고 지금의 외창(外倉)은 모두 없애야 될 것이다. 만약 환상법(還上法)을 폐지한다면 이 외창(外倉)도 마땅히 저절로 고쳐질 것이다.

어떤 사람은 말하기를 "상평법(常平法)은 진실로 좋은 제도이다. 그러나 다만 불행하게도 탐욕이 많은 관리가 물가가 오르고 내리는 시기에 상사(上司)를 속이고 재물을 도둑질한다면 어찌 하겠는가"한다. 이것은 그 시대의 폐해에 관계된 일이고 법의 폐해는 아니다. 그러나 탐욕이 많은 관리들도 모두 다른 사람이 자기의 나쁜 짓을 알까 두려워하고 있을 것이니, 지금 상평법에서는 물건의 가격을 시장마다 공시(公示)하여 멀고 가까운 곳에서 누구라도 다 알게 한다면 그 관리들이 비록 상사(上司)를 속이고자 하더라도 또한 쉽사리 속일 수가 없을 것이다. 설령 그들이 도둑질하고 숨기고 하였더라도 국가에서 약간의 재물을 모손(耗損)당한데 불과할 뿐이고 인민들로 하여금 그들 관리의 잔학한 행위를 거리낌 없이 부리려는 상대는 되지 않을 것이다. 어떤 사람이 또 말하기를 "상평창에서도 만약 혹시 곡식을 방매할 적에 균평하지 못한다면 부호들이 독점하여 이익을 보게 될 것이니 어찌 하겠는가"한다. 이것은 지금 시행하는 환상미에도 또한 그러한 폐해가 있을 수 있다. 관원 된 사람이 마땅히 공명하게 곡식을 균평히 방매해야 될 것이니 관원이 스스로 편사(偏私)하게 처리한다면 저절로 그 폐해가 될 것이다. 지금의 율전(律典)에도 방납(防納)의 죄는 또한 범죄를 저지른 사람이나 이를 허가한 사람이나 똑같이 엄벌을 받게 되어있다. 대개 법이란 것은 본디부터 적당한 인재(人材)를 얻어서 이를 시행하게 되는 것이니 혹시 나쁜 사람이 있으면 조정해서 마땅히 발각되는 대로 처벌하고 다시 현재(賢材)를 가려서 임용해야 될 것이다. 적당한 인재를 얻어서 임용하는 일을 제외하고서 법의 선악을 논하는 것은 고금에 있을 수 없는 일이다.

5) 磻溪隨錄 目次

磻溪隨錄序

田制: 分田定稅節目 雜說 打量出軍出稅式 田制雜議附 諸本周尺附 鄕里

戶籍 漕運 經費 會計 別賦 常平 社倉 荒政 提堰 栽植 錢幣 麤布 空場 國朝名臣論幣政諸條附 經傳所論井田之制 秦漢以後井田議論 後魏北齊隋唐田制 高麗田制 國朝田制附 鄕黨 戶口 務農 樹藝 賦稅 水利 聽民去狹就寬 常平義倉 救荒 錢貨 附楮幣 本國錢貨說附

敎選之制: 鄕約 鄕約事目 學規 學校事目 貢擧事目 鄕飮酒禮附 鄕射禮缺 諸學選制附 三代敎人取士之法 後賢所論述 鄕飮酒禮攷附 漢以下至今取人之法 本國選擧制附 選擧議論附

任官之制: 仕滿遷轉 開政 薦擧 自代 勿限門地 外任 叅謁 褒貶 收敍 議謚 追贈 周漢以後任官之法 考績 京官職 外官職 職官因革事宜 經傳所論職官之制 秦漢以後職官之制 尙書中書省樞密院沿革附 外官 官數 品秩 封爵 總論 吏隷附

祿制: 京官祿 京吏隷祿 京各司公廨所需 外官祿公用廨公所需附 外吏隷祿田附 京外一歲支費 經史所論班祿之制 漢祿制 後漢祿制 晋祿制 後周祿制 唐祿制 宋祿制 大明祿制 高麗祿制 國朝祿制

兵制: 五衛及諸衛 訓練都監 各道營鎭鎭官 諸色軍士 復戶 本國古今軍數附 城池兵車 牧馬 郵驛 制兵 講武 戰守 城池 兵車

續篇: 朝禮 經筵講儀 燕禮 昏禮 喪葬 陵寢 坐衙 巡宜 女樂優戱 供饌 衣冠 言語 度量 製造 家舍 道路 橋梁 用車 藏氷 僧尼巫覡淫祠 奴隷 奴隷攷說 籍田 籍田攷說 養老 養老攷說

附錄: 傳 行狀 京外儒生進士盧思孝等疏 承旨梁得中疏

磻溪隨錄補遺: 郡縣制 年譜 行狀 跋隨錄 隨錄序 先生傳 遺集序 行蹟(東林書院諸先生行蹟) 碑文 答裵公謹(尙瑜) 遁庵隨錄序 解題

3. 여암 신경준 旅庵 申景濬

1) 생애

신경준(1712-1781)은 자는 순민(舜民) 호는 여암(旅庵)이며, 본관은 고령(高靈)이다. 조선 후기의 문신으로 지리학, 문자학 연구에 뛰어난 업적을 남긴 실학자이다.

1712년(숙종 38년) 4월 15일에 순창읍 남산대에서 신말주(申末舟)의 후손인 진사 래(淶)의 아들로 태어났다. 어머니는 한산 이씨로 이의홍(李儀鴻)의 딸이다. 고조 신극순(申克淳)은 참봉이고, 증조 신운(申澐)은 집의랑(執義郎)을 추증 받았다. 조부 신선영(申善泳)은 음보(蔭補)로 찰방을 지냈다.

어릴 때부터 재주가 뛰어나 출생한지 8~9개월이 되자 벽에 쓰여 있는 문자를 알아보았다고 한다. 그는 경사(經史)는 물론 학문 다방면에 뛰어난 재주를 보였다. 4세 때 천자문을 배웠는데 한 번 배운 글자는 곧 외우고 뜻을 깨우쳤다. 5세에 『시경』을 배웠고 한문의 문의(文義)를 깨달았다.

8세에 서울로 유학을 떠났으며, 9세에 비사곡(悲思曲) 3곡조를 지었는데, 높은 곳에 올라 노래 부르니 그 소리를 듣고 슬퍼하지 않는 이가 없었다고 한다.

15세 때 문장이 성취되었으며, 큰 뜻을 품고 성현의 글에 잠심(潛心)하여 성명(性命)의 근원을 궁구하고 구류(九流)와 제자백가(諸子百家)의 글을 두루 섭렵하였다. 26세에 부친상을 당해 예법대로 장사지냈으며 27세에 소사(素沙)로 이사했다. 이때 「소사문답(素沙問答)」을 지었다. 30세에 직산(稷山)으로 이사했으며 「직서(稷書)」를 지었다. 그 내용은 사물을 보고 깨달은 이치를 서술한 것으로, 그의 지식 영역이 해박한 경지에 이르렀음을 잘 보여준다. 37세에 모친상을 당하여 치상(治喪)했다.

1754년(영조 30년), 43세의 늦은 나이에 비로소 향시에 합격하였는데, 당시의 시험관은 홍양호(洪良浩)였다. 그 해 여름 증광시에 을과(乙科)로 급제여 승문원(承文院)을 거쳐 휘릉별검(徽陵別檢)·전적(典籍), 병조와 예조의 낭관(郎官)·정언(正言)·장령(掌令)을 지내고, 1762년(영조 38) 서산(瑞山)군수로 나갔다. 이어 장연(長淵)현감·헌납(獻納)·사간(司諫)을 역임한 다음 1769년(영조 45년) 종부시정(宗簿寺正)이 되어 강화의 선원각(璿源閣)을 중수한 뒤 일단 낙향하였다. 특히 지방관으로 나아갔을 때 왕도정치의 근본인 위민(爲民) 정치를 몸소 실천하여 백성들의 칭송이 드높았다. 특히 1762년(영조 38년) 봄에 서산 군수로 나아갔을 때, 마침 대기근(大飢饉)이 들자 관곡(官穀)을 풀어 군민을 구제하고 소금과 곡식을 교역케 하니 군민들이 모두 흡족해 했으며, 이듬해에 내직으로 전임되자 군민들이 눈물로 전송했다고 한다. 이듬해에 내직으로 들어가게 되자 서산 군민들이 눈물도 전송했다. 1764년(영조 40년) 겨울, 장연현감(長淵縣監)으로 부임하면서 '민은시(民隱詩)'를 지어 임금께 올리니 임금이 그 글을 보고 극찬했다. 신경중은 장연에 부임하자 간사한 사람들을 물리치고 군교로 하여금 산적을 없애는데 힘써 치적을 쌓았다.

54세에 사간원 헌납이 되었다가 곧 통례(通禮)에 제수되었다. 5세에 사간(司諫)으로 승진하였으며, 58세에는 소종부정(小宗簿正)이 되었고 여지(輿地) 편람의 감수를 맡았다. 59세에는 장악원의 악정 겸 비국랑(備局郎)에 보임되어, 『문헌비고』를 편찬할 때 「여지고(輿地考)」를 집필한 공로로 특별히 승진하여 동부승지가 된 뒤 곧 병조참지(兵曹參知)가 되었다. 왕이 「팔도지도」를 제작케 하였는데, 완성되니 왕이 걸어 놓고 칭찬했다고 한다. 69세에 세 번이나 승선(承宣)에 제수되었으나 나아가지 않고 사양하는 상소로 답하였다.

33세 때까지 보직에 따라 여러 곳으로 옮겨 다니다가 33세부터 43세까지 고향에 묻혀 살면서 저술에 힘써 대부분의 저술은 이 시기에 이루어졌다. 1771년(영조 47) 북청(北靑)부사, 1773년(영조 50) 좌승지(左承旨)·강계부사(江界府使)·순천부사(順天府使), 이듬해 제주목사(濟州牧使), 1779년(정조 3) 치사(致仕)하고 고향 순창(淳昌)에 돌아갔다.

1781년(정조 5) 70세를 일기로 세상을 떠났다. 그 해 5월 20일 공은 불현듯 두 아들을 불러놓고 평생사(平生史)를 자세히 이야기 했다. 다음 날 손님과 바둑을 두다가 현기증을 느껴 자리에 누운 뒤 세상을 떠났다. 이 해 7월에 마을 뒤 반룡강(盤龍崗)에 장사 지냈다. 훗날 위당(爲堂) 정인보(鄭寅普)는 "신경준이 국정을 담당하는 자리에 있었다면 우리가 일본에게 절대로 패망하지 않았고 오히려 일본을 능가했을 것"이라 평하였다고 한다.

저서에는 『여암집(旅庵集)』·『소사문답(素沙問答)』·『의표도(儀表圖)』·『강계지(疆界志)』·『산수경(山水經)』·『도로고(道路考)』·『산경표(山經表)』·『증정일본운(證正日本韻)』·『수차도설(水車圖說)』 등이 있다.

2) 사상

여암의 사상적 특성은 당시의 새로운 학풍이었던 실사구시(實事求是)의 학문적 태도라 할 수 있다. 그는 나이 40세 때까지 오직 학문에 전념하였으며, 벼슬길에 오른 뒤에도 어떤 공리나 출세를 목표하지 않고 학문에 열중하였으므로 그의 생활은 항상 구차하였다. 그러한 생활 속에서도 꾸준히 연구하고 많은 저술을 남겼는데, 그의 문집인 『여암유고(旅庵遺稿)』를 보면 일반 다른 학자들의 문집에 비하여 특이한 점을 발견할 수 있다. 그것은 오늘날 과학자의 논문집이라 할 수 있는 여러 가지 설계도나 투영도와 이에 대한 설명이 대부분이다. 그것을 좀 더 구체적으로 말하여 보면 오늘날 양수기인 수차(水車)를 도해한 「수차도설」을 비롯하여 수송수단이나 국방에 관한 「차제책(車制策)」과 「논선차비어(論船車備禦)」·「병선제(兵船制)」와 지리학에 해당되는 「강계지(疆界志)」·「도로고(道路考)」·「산수경(山水經)」·「사연고(四沿考)」 고을을 연구한 「직주기(稷州記)」와 언어학의 연구서인 「훈민정음운해(訓民正音韻解)」·「증정일본운(證正日本韻)」·「시칙(詩則)」 등이 그것이다.

여암은 학문이 뛰어나고 지식이 해박하여 성률(聲律)·의복(醫卜)·법률·기서(奇書)에 이르기까지 통달하였고, 실학을 바탕으로 한 고증학적 방법으로 한국의 지리학을 개척했다. 1750년에 지은 『훈민정음운해(訓民正音韻解)』는 훈민정음을 한자어 음운으로 도표를 만들어 소개한 책으로 한글의 과학적 연구의 기틀을 다졌다. 이는 소옹(邵雍)의 『황극경세성음도(皇極經世聲音圖)』

를 본보기로 하여 일종의 운도(韻圖)를 만들려고 전개한 이론인데, 훈민정음 창제 이후 가장 깊이 문자론(文字論)을 전개한 학술적인 업적이었다. 또한 조선의 산맥 체계를 도표로 정리한 책으로 영조(英祖) 때 신경준이 편찬한 것으로 알려진 『산경표(山經表)』는 한반도 산줄기의 발원지와 분포를 강물의 수계(水界)를 따져 가계도(家系圖)처럼 그림으로 표시한 것이다. 산줄기의 표현을 족보(族譜)를 기술하는 방식으로 정리하여 어떤 유역들을 거느리며 변형되고 생성해 왔는지를 상세히 밝히고 있고, 표의 기재 양식은 상단에 대간(大幹)·정맥(正脈)을 산경을 바탕으로 옆에 거리[里數]를 부기해서 이를 펼치면 조선의 옛 지도에 나타난 산맥들을 산줄기와 하천 줄기를 중심으로 모든 구역의 경계가 나오도록 도표화했다는 특징을 가지고 있다.

사실 『산경표』의 저자와 간행 시기는 아직까지 명확하게 밝혀지지 않았다. 하지만 여러 의견과 정황으로 미루어 보아, 신경준 연구가들은 『산경표』의 저자가 신경준이라고 주장하고 있다. 지금까지 전하는 대표적인 『산경표』의 본(本)은 세 가지다. 규장각 『해동도리보(海東道里譜)』 중의 『산경표』, 장서각의 『여지편람(輿地便覽)』 중의 『산경표』, 영인본으로 조선광문회 최남선이 1913년에 간행한 『산경표』가 있으나 모두 같은 내용으로 전국의 산줄기를 하나의 대간(大幹), 하나의 정간(正幹), 13개의 정맥(正脈)으로 규정하고 여기에서 다시 가지 쳐 뻗은 기맥을 기록하였고 모든 산맥의 연결은 자연지명인 산 이름, 고개 이름 등을 원본대로 족보 기술 방식으로 정리하였다.

이상의 내용으로 미루어 볼 때, 그는 이론적 연구에 그치지 않고 실용, 고증의 학문적 태도로서 자연과학이나 지리학 등에 탁월한 식견과 남다른 연구를 한 실학 정신과 태도를 갖춘 학자이며, 나아가 언어학에도 탁월한 재능을 발휘하였다는 것을 알 수 있다. 그의 사상은 성리학이 아닌 실학적 사유에 정초한 것이며, 그의 학문은 정주학만이 아니라 제자백가의 모든 사상을 수용하여 포괄적인 학문체계를 구성하였다. 이는 당시의 일반적 학풍을 뛰어넘는 것이었다. 신경준의 사상과 학문은 박학(博學)의 방법으로 체득한 포괄적인 내용을 단순히 이론적으로 서술하는 데 그치지 않고 실용학의 측면에서 현실의 문제와 접목시켰다는 점에서 독자적인 특성을 지닌다 하겠다.

3) 실학에 대한 공헌

여암은 어느 한 일정한 사승관계로서 얻어진 점이 보이지 않고, 또 교유한 학자도 거의 나타나 있지 않기 때문에 자신의 독학으로 학문을 대성한 것으로 여겨진다. 그러나 그가 생존했던 시대가 조선 후기에 정치와 학문이 다시 본 궤도를 찾기 시작한 영·정(英正)시대로, 특히 많은 학자들 사이에서 실학사상이 결실을 맺기 시작한 때였다. 즉 17세기에 이미 유형원, 이익, 박세당, 안정복 등의 실학자가 배출되어 실사구시의 학풍을 형성하였고, 이러한 시기에 태어났던 그는 이러한 학문적 전통을 계승하여 자신의 독자적인 학문을 발전시켰던 것이다. 그러한 그의 사상은 당시로서는 획기적인 일로서 후진들에게 지대한 영향을 끼쳤다. 또한 그는 관료로서 많은 치적을 남기면서도 권문세족(權門勢族)에 아첨하지 않는 강직함을 보였고 학행이 부실한 사람과는 교유하지 않았는데, 오직 홍양호(洪良浩)와는 30년 동안 교유하였다. 홍양호는『여암유고』5권의 서문에서, 여암의 학문적 식견과 인격적 탁월성을 다음과 같이 묘사하고 있다.

> 우리나라 학자들은 대개 견문이 좁아서 겨우 옛 것을 흉내 내기에 그치는데 오직 여암만은 뛰어난 재주에다가 널리 배우고 모든 이치를 깊이 깨쳤다. 그리고 그는 다시 자기의 새로운 주관을 확립한 세상에 드문 훌륭한 학자다.

이렇게 볼 때, 홍양호와 여암은 서로의 학문을 깊이 이해하고 있었음을 알게 된다. 이들의 관계는 홍양호가 영조 30년(1754년)에 호남지방 향시를 맡아보게 되었는데 그 곳 사람들이 신경준만 얻으면 큰 성공이라고 하였다. 홍양호가 과시의 글을 검토하던 중 신경준의 글이 특출하여 발탁했다. 그때 홍양호는 31세였고 신경준은 43세였다. 홍양호의 발탁으로 벼슬길에 오른 여암은 뒤 두 사람은 오랫동안 학문을 논하는 지기(知己)로서 교분을 나눴다. 또한 그는 보통사람과 다른 특이한 재능이 있었다. 서산군수 때 이상기후가 발생하자 미리 대처하여 백성들의 재해를 방지한 사실과 북청부사로 있으면서 몽매한 백성을 계몽시킨 일 그리고 순천부사로 부임할 때 도중에서 여인의 곡소리만 듣고도 여자가 간부와 짜고 남편을 살해한 범인임을 간파하고 치죄한 사실 등은 모두 그의 기이한 면모였다.

여암의 진면목은 그가 실학자로서 남겨놓은 방대한 저서에서 찾을 수 있다. 그의 저서는 해박한 지식과 뛰어난 재능 그리고 끊임없이 연찬한 학구의 결실이라 하겠다.

4) 원문 번역

『여암유고』 권 7에 실려 있는 잡저는 거의 모두가 실학에 관한 내용이다. 그러나 그 문장이 모두가 단편적인 것이 아니기 때문에 여기서는 「도로고」 서문만을 번역한다.

도로고 道路考

옛날에 경계를 바르게 설정하기 위하여 다음과 같이 원칙을 세웠던 것이다. 즉 6척을 보(步)라 하고 100보(百步)를 묘(畝)라 했으며 100묘를 부(夫)라 했다. 부 위에는 수(遂)가 있고 수 위에는 경(徑)이 있으니 9부가 방(方) 1리(里)가 된다. 또 구(溝: 밭도랑)가 있고 구 위에 진(畛: 밭 경계)이 있으며 방 10리(方十里)에 혁(洫: 봇도랑)이 있고 혁 위에 도(涂: 도랑)가 있으며 방 100리(方百里)에 회(澮: 밭고랑)가 있고 회 위에 도(道)가 있으니 도(道)와 도(涂), 구(溝)와 혁(洫)의 넓이는 모두 한정된 척수가 있다. 또 수인(遂人)[14]과 장인(匠人)[15]의 관직을 두고 때때로 검찰(檢察)하여 수리하게 하고 정해진 보(步)

---

14 수인(遂人): 옛날 지방의 들 6수(遂)를 관장하던 관명이다. 『周禮』「地官司徒」下, 〈遂人〉 조에 "수인은 국가의 들을 관장하여 토지의 지도로 전야(田野)를 경영하고 현(縣)이나 비(鄙)의 분계선을 짓는 법까지 관리한다."고 하였다.

15 장인(匠人): 일반적으로 '여러 가지 물건을 만드는 일을 직업으로 하는 사람'을 지칭하지만, 여기서는 『周禮』「冬官考工記」下, 〈匠人〉 조에서 정하고 있는 것처럼 '나라의 수도와 궁궐을 건설하는 사람', '국가의 땅을 측량하는 사람', '전답 사이의 구혁(溝洫)을 만드는 사람'을 나타내는데, 특히 세 번째 '전답사이의 구혁을 만드는 사람'을 가리킨다.

와 리(里)와 도(道)와 도(涂)의 제도를 지극히 정밀하게 관리했다. 지금 나라에서 전담시켜 도성 안에 척(尺)과 도(度)를 만들게 하고 큰 길의 너비는 56척, 중간 길의 너비는 16척, 작은 길의 너비는 11척으로 정하였으며 길 양쪽 도랑의 너비는 각각 2척으로 정하였다. 그리고 대체로 팔도(八道)에서 주척(周尺)[16]을 썼는데 이 주척 6자를 1보(一步)라 하고 300보(三百步)를 1리(里)

16 주척(周尺): 조선은 중국의 모든 문물제도가 주대(周代)에 근원을 두고 있다는 유가이념(儒家理念)에 영향을 받아 고려 때부터 국가가 관리하는 도량형의 기본단위로 주척(周尺)을 채택하였다. 주공(周公)은 상고시대에 손가락 길이를 기준으로 단위를 측정하는 방법인 지척(指尺)을 주나라의 관척(官尺)으로 제정하였다. 이것은 19.496㎝에 해당했다. 그 뒤 이 관척을 주척이라고 불렀다. 처음에는 주척 8척을 1보(步)로 하였으나, 나중에는 6척 4촌(寸)을 1보로 하였다. 『주례』의 기준척이던 주척은 우리나라에서도 예제(禮制)의 기준척이 되었다. 조선 초기의 도량형은 고려시대의 것을 계승했다. 1444년(세종 26)에 제정된 공법에서 전품을 6등급으로 재편성할 때 종래의 수등이척(隨等異尺)의 지척(指尺)에 의해서가 아니라 수등이척의 주척으로 양전을 실시하였다. 수등이척은 토지등급에 따라 기준척을 달리한다는 뜻이다. 이때 적용된 주척은 20.795㎝에 해당했다. 1등 양전척(量田尺)의 1척은 주척 4.775척, 2등은 5.179척, 3등은 5.703척, 4등은 6.434척, 5등은 7.550척, 6등은 9.550척이었다. 세종 때 『사기』의 기록에 따라 황종척(黃鐘尺)을 만들어 척도의 근본으로 삼았으나 실제 운용에 있어서는 주척을 중심으로 여러 가지 척도체계의 기준을 세웠다. 주척은 성종 때 이미 그 길이가 늘어나 『경국대전』에서는 주척이 21.04㎝로 규정되었다. 『경국대전』 도량형 조목에 나오는 것은 대체로 세종대까지 정리된 결과라고 할 수 있다. 세종대의 자로는 황종척(黃鍾尺)·주척(周尺)·영조척(營造尺)·조례기척(造禮器尺)·포백척(布帛尺) 등이 있었다. 황종척 1척은 주척 6촌 6리=6.6, 영조척 8촌 9푼 9리=8.99, 조례기척 8촌 2푼=8.23, 포백척 1척 3촌 4푼 8리=13.48였다. 임진왜란을 겪으면서 삼척부(三陟府)의 포백척을 제외한 모든 표준척이 없어진 뒤 표준척이 문란해지자, 영조 때 삼척부의 포백척을 기준으로 하여 세종 때의 척도를 복원하려 하였으나 전국적인 통일을 이루지 못했다. 이와 같은 표준척의 문란은 결국 1902년(광무 6)에 도량형제도를 개혁함으로써 어느 정도 진정되었다. 이때 미터법을 도입하면서 표준척 1척을 10/33m로 하고, 이 척도를 원척(原尺)이라 하여 일본의 곡척(曲尺)을 표준척으로 제정하였다. 『성호사설』「만물문」, 〈척(尺)〉에 다음과 같이 기록하고 있다. "『경국대전』에는 주척이 0.606 황종척(黃鍾尺)으로 되어 있으나 『증보문헌비고』에는 0.6 황종척으로 되어 있다. 일반적으로 주척(周尺)은 보통 곡척(曲尺)의 여섯 치 육 푼을 한 자로 잡는데, 주로 토지·도로의 측정과 사격장의 보법(步法) 등에 사용하였다. 『대전』에 "주척(周尺)을 황종척(黃鍾尺)에 준하면 주척이 6분 6리 더 길고,

라 했으며 30리가 1식(息: 속칭 1증게)이 되고 10리마다 소후(小堠)[17]를 세우고 30리마다 대후(大堠)를 세워 역(驛)을 설치했는데 아랫사람[庶民]들은 준행할 수 없었고 위에서는 단속하고 살피는 일이 없었다. 또 큰 길에 매어 있는 것은 그 넓이가 어느 것은 가늠할 수 없고 말을 타고 가는 데는 그 이수(里數)가 처음 자로 헤아린 것이 아니었다. 다만 다니는 사람들의 입을 통하여 주막이나 역마 사이의 거리를 말하게 되었으니 가령 7,8리 쯤 되는 거리라도 그냥 10리라 부르고 12,3리 쯤 되는 거리도 그냥 10리라 부른다.

영조척(營造尺)을 황종척에 준하면 영조척이 8촌 9분 9리가 더 길고, 조례기척(造禮器尺)을 황종척에 준하면 조례기척이 8촌 2분 3리가 더 길고, 포백척(布帛尺)을 황종척에 준하면 포백척이 1척 3촌 4분 8리가 더 길다." 하였다. 이 주척(周尺)이 바로 황종척(黃鍾尺)인데 치수가 서로 틀린 것은 무엇 때문일까? 이른바 조례기척(造禮器尺)이란 것 또한 무엇을 표준해서 만들었는지 모르겠다. 포백척(布帛尺)에 준하면 주척(周尺)은 네 치가 조금 더 될 뿐이다. 세상에서 전하는 말에 "영묘(英廟)가 율려(律呂)를 만들려고 할 적에 진리(陳理)·명승(明昇)이 우리나라에 귀양 와 있었다. 영묘는 그가 가져온 신주(神主)를 기준해서 길고 짧은 척수를 마련하도록 하였다." 한다. 그의 신주(神主)는 주척(周尺)의 치수를 쓴 것이 아니었던가? 반계(磻溪) 유형원(柳馨遠)은 "지금 서울 수표교에 세운 수표석에 새긴 주척이 바로 이것이다." 하였다."(『星湖僿說』「萬物門」, 〈尺〉. "大典曰 以周尺準黃鐘尺 則周尺長六分六釐 以營造尺準黃鐘尺 則長八寸九分九釐 以造禮器尺準黃鐘尺 則長八寸二分三釐 以布帛尺準黃鐘尺 則長一尺三寸四分八釐 周尺便是黃鐘 貳之者何也 所謂造禮器尺者 又不知何從而起也 準於布帛尺 則周尺不過四寸有奇也 世傳 英廟將造律呂時 陳理明昇謫居我邦 命量其所帶神主而知其長短之數 神主非用周尺者耶 柳磻溪云 今京中水標橋所竪 水標石刻周尺是也")

17 소후(小堠): 역로(驛路) 10리마다 설치하는 이정표(里程標) 또는 작은 돈대(墩臺)를 가리킨다. 후(堠)는 장승을 말하는 데 처음에는 흙을 쌓아 만들었으나 비가 오면 쉽게 허물어졌기 때문에 뒤에는 나무로 대체하였다. 지방마다 땅의 성질을 고려하여, 소나무·잣나무·배나무·밤나무·버드나무 등을 심어 길을 표시하고 거리와 지명을 새겨 넣었다. 『태종실록』, 태종 14년 10월 17일(丁亥) 조에 다음과 같은 기록이 있다. "후(堠)를 설치하였다. 호조에서 아뢰기를, "본국의 경내에 도로의 식수가 멀고 가까운 것이 같지 않아서 무릇 사람을 보내고 공물을 바치는 데 기한을 미리 정하기가 어려우니, 청컨대, 고제(古制)에 의하여 자로써 10리를 재어서 소후(小堠)를 설치하고, 30리에 대후(大堠)를 설치하여 1식으로 삼으소서." 하였다.(『太宗實錄』卷 28(太宗 14年) 10月, 17日), 33b. "置堠子 戶曹啓本 國境內道路息數 遐邇不同 凡差遣及納貢限期難以豫定 請依古制尺量 十里置小堠 三十里置大堠爲一息")

이와 같이 10 이하의 작은 숫자는 대부분 생략하고 부르니 그것이 수백 리에 이르게 되면 그 차이가 어떻게 되겠는가! 대체로 이 수는 서울 근처에서는 짧고 먼 지방에서는 길며 가까운 도읍은 짧고 외딴 지방은 길며 바닷가는 짧고 산골짜기에 들어가면 길며 북쪽은 짧고 남쪽은 길다. 길고 짧은 것의 같지 않음이 이렇게 심하였다. 옛날에 공(公)과 후(侯)는 영토의 사방 길이가 100리, 백(伯)은 70리, 자(子)와 남(男)은 50리였으며 40리와 30리 그리고 20리 밖에 안 되는 작은 지방은 모두 큰 지방의 부용(附庸)[18]을 삼았다.

오늘날의 주와 부와 군과 현도 또한 공·후·백·자·남 다섯 가지 벼슬의 나눔과 같다. 그러나 토지를 나누는 제도가 위의 세 방법과 균형이 맞지 않아 크고 작은 것이 서로 다르고 길고 짧은 것이 기준을 잃어 주·부·군·현의 경계가 어긋나고 섞이어 혹은 십리 안에서 타지방의 경계가 되어 있고 혹은 몇 고을을 넘어가도 서로 연접되지 못하는 바가 있으니 임금의 명이나 부역을 시킬 때 균등하지 못하고 폐단이 많아서 식자들 사이에 의론이 되어온 지 오래이다.

대체로 사람은 머무는 일이 있고 나다니는 일이 있는데 머물고자 하면 집에서 머물고 다니고자 하면 길로 다니는 것이다. 그러므로 맹자가 말하기를 '인(仁)은 편안한 집이고 의(義)는 바른 길이다'고 했던 것이다. 길과 집을 들어 비유하여 보면 길의 중요함이 집과 같다고 말할 수 있으나 집은 자기 혼자만의 것이고 길은 남들과 함께 하는 것이다. 백성들이 자신의 집에 대해서는 온갖 성의를 갖지만 길에 대해서는 소홀히 하는 것은 참으로 이 때문이다. 길은 주인이 없으면서 오직 윗자리에 있는 사람이 주관하기 때문에 옛날의 성왕이 경계를 정하고 논과 밭을 주어 길을 닦았으며 일시에 누구나 함께 갈 수 있도록 하였다. 그리하여 농부는 들에서 논밭을 경작하게 하였고 나그네는 길에서 나다니도록 하여 모두 동시에 진행하도록 한 것은 어진 정치의 큰일이라 말하였으니 진실로 까닭이 있는 것이다. 하물며 세대가 내려오면서

---

18 부용(附庸): 큰 제후국(諸侯國)에 부속된 작은 나라를 지칭한다. 『맹자』 「만장」하에 "영지가 50리 못 되면 천자에 도달하지 못하여, 제후에 부속시키니 이를 부용이라 한다." 하였다.(『孟子』 「萬章」下. "不能五十里 不達於天子 附於諸侯 曰附庸")

공적인 일이나 사적인 일이 몹시 번거로워지고 사람들이 길에 나가는 일도 많아졌음에 있어서이겠는가.

지금 나의 이 글이 나라의 정사를 관장하는 사람들에게 채택되어 취할 바가 있을 것이다. 그러나 지향하는 방향과 나누어지는 경계와 전포의 놓인 차례가 그 착오됨이 적다하여도 몇 리[數里]에 이르니 자로 헤아릴 수 없고 이미 그 정밀함을 상실하고 말았다. 또 시내와 들판은 변하기 쉽고 읍이나 마을은 자주 옮겨져서 길이 굽어지고 곧음과 길고 짧음이 예와 지금에 다름이 있어 옛날에 기록된 지리지(地理志)로는 표준을 정할 수 없고 나아가서 듣고 묻는 사람이 거의 모두 오류가 있으니 뒷날에 바로잡을 사람이 나오기만 기다릴 뿐이다.

영조 46년 경인에 신경준은 쓰다.

5) 旅庵遺稿 目錄

詩: 民隱詩(十首) 外134首

辭: 畵舫齋辭

書: 答楊副事(應秀) 與鄭滄海(瀾)入白頭山書 答柳佐郎(匡天) 答慣拭上人 寄海兒(四) 寄斗兒(二)

序: 疆界誌序(本論逸) 外23篇

記: 兼山樓記 外28篇

跋: 東國輿地圖跋 外10篇

說: 後齋說 曳尾窩說 瓦棺說

贊: 慕菴師畵像贊

銘: 蕨硯銘 古劍銘 鸚鵡盃銘 栟櫚杖銘 瘞硯銘

箋文: 誕日賀箋 正朝賀箋 北使宣詔時賀箋 元朝賀箋 誕辰賀箋 冬至賀箋

上梁文: 咸陽道谷書院重修上梁文 外1篇

祝文: 徐節孝書院配享金秋潭告由文

祭文: 祭故室崔氏文 外2篇

哀辭 再從妹閔　婦哀辭 外3篇

雜著(一): 素沙問答/雜著(二): 車制策 詩則 儀表圖(逸) 頫仰圖(逸) 疆界誌(未刊) 山水經(未刊) 山水緯 道路考 平仄韻互擧(未刊) 證正日本韻(未刊) 東音解(逸) 四沿考(未刊) 兵船製(未刊 泰定琴引 海珠詩解 擬白起請勿伐趙奏 / 雜著(三): 稷州記 / 雜著(四): 淳園花卉雜說

碑銘: 工曹參判南公神道碑銘 外14篇

墓碣銘: 鄭東野墓碣銘 外2篇

墓誌銘: 全州崔公墓誌銘 外9篇

行狀: 兵曹佐郎尹公行狀 秋城金公行狀 黙齋權公𤩀行狀

傳: 愚谷處士傳 承議郎楊公處基傳 江華崔氏傳

附錄: 行狀 墓碣銘 祭文(五) 挽詞(十九) 御製輿地圖小敍

旅菴全書總敍(鄭寅普)

道路考 目次

4. 존재 위백규 存齋 魏伯珪

1) 생애

위백규(1727-1798)는 자가 자화(子華), 호는 존재(存齋) 또는 계항(桂巷)이며 본관은 장흥이다. 조선조 후기의 문관이며 실학자이다.

1727년 5월 15일에 전남 장흥의 회주(懷州) 계춘동[지금 장흥군 관산면 방촌]에서 아버지 진사 문덕(文德)과 어머니 평해(平海) 오씨 사이에서 장남으로 태어났다.

3세 때 종조부 춘담공(春潭公)에게서 천자문을 배웠는데 배우면 곧 외웠다. 6세 때 소학을 배우면서 몸가짐이 성숙하였다.

8세 때 『대학』과 『주역』을 읽었고, 오언절구 시 '등화시(燈火詩)'를 지어 주위 사람들을 놀라게 했다. 이듬해 『공자가어』를 읽고 천관산에 올라가 오언절구 1수를 읊기도 하였다. 특히 겨울에 『주역총목』을 보고 아버지 영이재공(詠而齋公)에게 가르침을 청하였는데, 대강의 요점만 듣고도 기쁨에 넘쳐서 하도(河圖)와 낙서(洛書), 선천(先天)·후천(後天) 설을 알고 괘를 그렸다.

9세 때 『공자가어』에 공자의 상이 있는 것을 보고 이를 벽에 걸어놓고 글을 읽을 때마다 절하였다. 『서경』 「기삼백(朞三百)」의 주를 모두 이해하였다. 이때부터 비록 어른이라도 '기삼백'을 말하고자 하는 사람은 모두 존재에게 물었다.

10세 때는 문리를 통하고 천문·지리·복서·율력·의상(醫相)·도교·불교·병법·수학 등의 서적을 두루 섭렵하여 통하지 않은 것이 없었다. 존재는 이러한 책들을 한 번 보면 뜻을 깨달았으며, 하나씩 읽고 외우는 것이 아니라 의미를 터득하여 그 이치를 연역하고 추론해서 스스로 익혔다. 『예학』과 『가례』·『상례비요(喪禮備要)』·『의례문해(疑禮問解)』 등에 관심이 깊어서 스스로 대의를 파악하였다. 또한 공장(工匠)이나 여러 가지 기술에도 능하였지만 과학과 기술 한 가지만을 전문으로 하지는 않았다.

12살 때 좌우명을 지었다. "남을 보기보다는 오히려 자기를 보고, 남의 말을 듣기보다는 차라리 자신을 듣자"고 하였다. 만물이 모두 나에게 갖추어져 있다는 뜻을 깨닫고 『중용도』를 지었다. 『논어』·『맹자』 가운데서 요점이 될 만한 대목을 좌우에 써서 붙였다.

13세 때 『사서(四書)』에 침잠하였는데 언제나 주자의 설을 대비하여 그 의미를 파악하려 노력했다.

15세 때 과거 시험을 대비하여 공부하기 시작했다. 처음으로 과거시험의 답안을 연습 삼아 썼는데 주위 사람들이 탁월한 문장에 감탄했다.

17세 3월에 관례(冠禮)를 올렸다. 이때부터 장천정사(長川精舍)에서 책을 읽기 시작했다. 여러 학동들이 함께 모여 강론과 토론을 했다.

18세 때 영암 구평촌(九坪村)에 사는 김시성(金始聲)의 딸과 결혼하였다.

20세 때 부(賦)를 지었으나 과거준비와 달리 하였다. 평소에 "과거에 급제하는 것은 하늘에 달려 있으니 내가 할 수 있는 일을 다 할 뿐이다"라고 하였다.

22세 때 장천정사에 학생들을 가르치기 시작했다. 어린아이들에게는 『소학』과 『격몽요결』을, 어른에게는 『상례비요』를 가르쳤다. 학사의 규정은 율곡 선생의 것을 따랐다. 1750년(24세) 장흥현감 이진의(李鎭儀)가 존재의 뛰어난 재질(才質)과 높은 학문을 근거로 추천하였다.

25세(1751년) 봄에 병계(屛溪) 윤봉구(尹鳳九, 1681-1767)를 찾아가 예를 올리고 학문을 배웠다. 『대학』·『중용』에 대한 가르침을 받고 돌아왔다. 가을에 또 다른 사문(師門)을 찾아뵙고 경의(經義)의 의심난 곳을 물어보고 돌아왔다.

28세 봄에 증광시(增廣試) 동당시(東堂試)에 합격하였다. 돌아오는 길에 스승을 찾아뵙고 역총(易總)과 기형(璣衡)에 대하여 질문하였다.

1755년(29세)에 집안의 자제들이 학문을 닦지 못한 것을 안타깝게 여겨 마을의 친척 노인들과 규정을 마련하고, 8세 이상은 집안 동생 백침(伯琛)의 별채에 모이도록 하여 가르치고 가난한 사람은 밤에 배우게 하였다. 자질이 떨어진 사람들은 육갑(六甲) 같은 것을 가르치고 점차 『사략(史略)』이나

『상례비요』·『통감』 등을 가르쳤다. 아울러 『대학』·『맹자』도 가르치면서 덕을 쌓고 실천하는 데 중점을 두었다. 뒤에 이를 기초로 양정학숙(養正學塾)이 이루어졌다.

31세 가을에 덕산(德山)에 가서 『대학차의(大學箚義)』에 대하여 문답하였다. 이때 조정에서 과거가 있었는데 병계 선생을 찾아뵈었으나 집안이 가난하여 오래 머물지 못했다. 시폐(時弊) 십조(十條)를 지어서 병계 선생에게 보이니, 병계는 "이는 조정에 통고해 줄만한 내용이지만 초야(草野) 선비의 말이라 무익하게 여길 것이다. 그러나 그 방법을 진술하는 것은 좋은 일이다"라고 하였다.

32세 때는 『환영지(寰瀛誌)』를 지었다. 뒤에 증보하였다.

33세 봄에 과거를 보러 갔다. 돌아오는 길에 병계 선생을 찾아뵙고 『정몽(正蒙)』과 『의례문답(疑禮問答)』에 대하여 토론하였다. 5월에 용담읍(龍潭邑)에서 실시한 초시에 합격했다. 『고금(古琴)』을 편찬하였다. 경전의 전편 또는 일부 가운데 몸과 마음에 가장 절실한 것을 정서하여 잘 꾸며 간직하고 마음이 안정되지 않을 때는 소리 내 읊었는데 『고금』이라 이름 하였다. 『정현신보(政絃新譜)』를 지었다.

35세 때 병계 선생을 찾아 뵙고 인물성(人物性)의 동이(同異)에 대하여 토론하고 절구 1수를 지으니 동석한 사람들이 모두 그 글의 운율에 맞추어 시를 지었다. 병계가 답시(答詩)를 써주었는데, "본성의 선함이 하늘에서 내림을 알거늘 그대는 어찌 기질에서 치우침[偏]과 치우치지 않음[不偏]을 말하는가? 학문이란 본성 공부가 가장 큰 것이니 남이 열 번을 하면 그대는 천 번을 하라"고 하였다.

37세 되던 가을에 임실에서 실시한 증광시에 장원으로 합격했다. 넷째 동생 백순(伯純)도 함께 합격했다. 오는 길에 병계 선생을 찾아뵙고 『경사차의(經史箚義)』에 대해 문답했다. 병계가 '존존재(存存齋)'라는 세 글자의 편액을 써주었다. 39세 되던 해 2월에는 생원시험에 합격하고 남한산 옥정사에 유숙했다.

1767년(영조 43) 41세 때 천관산 기슭 계항산 속에 다산초당(茶山草堂)을 세우고 그곳에서 학문 연구와 저술에 열중하는 한편, 문중 자제들과 노비들을 모아 사강(私講)을 실시하고 주경야독하게 하였다. 12월에 스승 병계 선생이 세상을 떠났다. 1769년 43세에 집안에서 '사시회(四時會)'를 거행하였다. 봄·여름·가을·겨울, 다섯 형제와 권속들이 집안에 모아고 윗자리에 부모님을 모시고 차례로 부녀 손자까지 서쪽에 서서 잔을 올리고 가르침을 들었다.

1781년 55세 때 어머니 오씨가 세상을 떠났다. 다산도(茶山洞) 할머니 백씨의 묘 아래에 안장하였다. 그 해 『사성록(思成錄)』 전편을 완성했다. 어머니의 따뜻하고 검약한 예절과 몸을 다하여 안명(安命)하는 실상을 자손에게 가르치고자 한 것이다.

58세 2월 10일에 아버지 영이재공(詠而齋公)의 상을 당하였다. 여름에 『사성록 후편』을 편찬하여 아버지의 행실을 기록하고 배우도록 하였다. 겨울에 다산정사를 옮겨 세웠다. 1787년(정조 11) 61세 겨울에 자회가(自悔歌) 100여구를 지었다. 이것은 부모님께 봉양을 다하지 못한 후회를 실토한 것으로서 어버이 섬기는 도리를 기록한 것이다.

65세 때 겨울에 『정현신보』를 썼다. 이때부터 겨울에는 『사서차의(四書箚義)』와 「격물설(格物說)」을 지었다. 1794년(정조 18) 68세 8월에 태풍이 불어 여섯 읍을 휩쓸었다. 조정에서는 검교(檢校) 서영보(徐榮輔)를 위유사(慰諭使)로 임명하고 백성들을 위로하기 위해 파견했다. 서영보는 존재가 지은 책을 읍재(邑宰)가 보고 있는 것을 알고 그 내용을 조정에 보고했다. 가을에 「난설(難說)」을 지어 노인의 어려움 70여조를 기술하였다.

1795년(정조 19) 69세 11월에 임금이 멀리 있는 인재를 등용하겠다는 뜻으로 특별히 선생을 군직(軍職) 부사용(副司勇)에 임명했다. 본도 도신(道臣)에게 명하여 『환영지』를 올려 보대도록 하였다.

1796년(정조 20) 70세 때 위유사(慰諭使) 서경보(徐景輔)가 임금에 올린 장계에 따라 정조의 명에 의거하여 그의 여러 저술을 장흥부에서 조정으로 올려 보냈고, 그 해 1월 25일 선공감부봉사(繕工監副奉事)에 제수한다는 명령이 본도로부터 하달되었다. 2월 2일에 임금의 명을 받고 곧장 올라가지 않자 하교하기를 "때에 맞게 등대하지 않으면 엄하게 다스릴 것이라"하였다. 9일에 또 하교가 있었는데, “위백규는 임금의 부름을 받고 꼼짝도 안하니 병이 들어서인가 아지 추워서 그러한가. 매우 답답하니 빨리 올라오도록 하라”고 하였다. 하는 수 없이 19일에 둘째 아들 도급(道及), 조카 도전(道佺)과 함께 올라가서 3월 3일에 입경하여 7일에 임금을 뵈었다. 그리고 「만언봉사」를 올렸는데, 핵심은 뜻을 세우고 학문을 밝혀 어진 사람을 가려서 천거할 것 등 국가의 기강을 바로 세우는 요강(要綱)을 제시하였다. 처음에 태인 현감에 발탁되었으나 그곳은 고향과 멀다하여 다시 옥과 현감에 제수되었다. 4월에 대학생들이 존재의 「만언봉사」 내용 가운데 태학생을 배척하는 말이 있다하여 약간의 소란이 있었다. 임지에 이르러 향약을 행하고 세금과 부역을 줄이고 승려의 폐단을 없앴으며, 고기 잡는 날을 따로 정하여 고기의 개체수를 보존하고 위에 청하여 은어를 진상하는 폐단을 없앴다. 또한 유기장이, 철공 등을 관에 거주케 해 직접 일하는 사람에 4/5의 녹봉을 주도록 했다. 관아에 만연한 사색(四色)의 파벌을 물리치고 군정(軍丁)·기비(妓婢)에 이르기까지 자질구레한 폐단을 무도 제거하였다.

1797년(정조 21) 71세 6월에 장원서별제(掌苑署別提)에 임명되었으나 병으로 부임하지 못했다. 1798년(정조 22) 72세 되던 해 11월 21일 병세가 악화되어 세상을 떠났다.

존재 자신이 표현했듯이, 그의 삶은 ‘삼벽(三僻)’, 즉 “장흥이라는 사는 지역이 궁벽하고, 성씨가 궁벽하고, 사람이 궁벽한” 환경 속에서 이루어졌다.[19] 따라서 그의 저술은 노년에 이르러서야 비로소 빛을 보게 되어, 경륜을 발휘할 기회를 얻지 못했다. 그러나 현실과 유기적으로 연관된 그의 사유와 시대의식은 어릴 때부터 끊임없이 지속되어 온 독서와 사색으로부터 비롯된 것이었으며, 비록 남도의 가난하고 외딴 곳에 살았지만 시대를 통찰하는 식견은 당시 주류 지식인을 능가하는 것이었다.

---

19 위백규 지음, 강동석·오항녕 옮김, 『존재집』 I, 「유 참봉 맹환에게 보내는 편지의 별지」(전주: 흐름출판사, 2013), 402쪽.

2) 사상

존재는 『주역』과 『예기』 공부에 힘썼으나, 궁극적인 학문적 지향점은 경제에 있었다. 따라서 천문·지리·율력(律曆)·병사(兵事)·산수(算數)의 학문을 정통하고, 나아가서는 백공기예(百工技藝)의 실학에 관하여서도 눈으로 직접 보고 마음으로 이해하기를 힘썼다.[20]

이렇게 볼 때, 사상적 특징은 대체적으로 실학적 학통이라는 점을 들 수 있다. 그는 어려서부터 유교 경전을 통달한 뒤에 천문·지리·역사·정치·경제·의학 등 모든 서적을 널리 읽어 박학(博學)하는 학문적 경향을 보였으며, 이에 따라 그의 사상적 특성도 다양하게 나타나고 있다.

그의 실학사상은 어느 특정인에게 배운 것이라기보다는 그 스스로가 학문적 열성을 가지고 연구 노력한 결과로 형성된 것이라 할 수 있다. 그는 이이(李珥)가 올린 「만언봉사」에서 많은 영향을 받았다 할 수 있는데 그 자신도 「만언봉사」를 지어 정조에게 바치니 정조가 그 봉사의 내용에 지대한 관심을 갖고 그에게 벼슬을 내리게 되었던 것이다.

그는 이전의 유학자들처럼 도학적 학풍이나 의리학에 전념하여 우주와 인성의 문제를 탐구하는데 빠지지 않고 실제로 세상을 다스리고 쓰일 수 있는 학문에 전념하고 실천적인 태도에 힘썼다. 그러나 그는 그러한 학식과 포부를 가지고 있었지만 대과에는 합격하지 못하고 증광시나 소과에 합격했기 때문에 나이 50이 되도록 관직에 오르지 못했다. 그래서 그는 벼슬하지 않은 선비로 있으면서 학문에 정진하여 많은 저서를 남겼는데, 그의 저서 대부분은 실학적 내용을 담고 있다. 그의 저서가운데 경세적인 것으로는 「정현신보(政絃新譜)」·「만언봉사(萬言封事)」·「분진절목(分賑節目)」·「사중약강첩(社中約講帖)」 등이 있고, 지리서(地理書)로서는 「환영지(寰瀛誌)」·「해도지(海道誌)」·「지제지(地提誌)」 등이 있으며, 역사서(歷史書)로는 「명사평(明史評)」·「상론(尙論)」, 경서로서는 『사서차의(四書箚義)』·『예설수록(禮說隨錄)』·『병계

20 현상윤 지음, 이형성 교수, 『현상윤의 조선유학사』(서울: 심산, 2010), 518쪽.

선생경례문답(屛溪先生經禮問答)』·『경서조대(經書條對)』 등이 있다. 그리고 국문학 방면의 가사와 시조가 있으며, 그 밖에 중요한 것으로 「원류(原類)」·「연어(然語)」·「사성록」 등이 있다. 이상의 저서는 모두가 실제 생활과 직접적인 관련이 있는 실학적인 내용이다.

이 가운데서도 특히 눈길을 끄는 것은 존재 경세론의 중심 사상을 보여주는 「만언봉사」와 「정현신보」를 들 수 있다. 또한 사서(四書)에 대한 독창적인 해석을 담고 있어 존재의 경학적 이해 방식을 추론할 수 있는 『독서차의』와 사물의 인식방법과 우주론적 사유를 살필 수 있는 「격물설」과 「원류」도 중요한 의미를 지닌 저술이다. 『기해의례변』은 조선시대 당색 간 사활을 건 논쟁의 중심주제였던 예송논쟁(禮訟論爭)과 춘추의리에 대한 자신의 의견을 피력한 것이다.

「정현신보」는 존재 나이 30세 때 처음 쓴 것으로 시폐 13조로 구성했다가 1757년 병계 윤봉구의 의견을 받아들여 구폐 13조를 추가하였다. 「만언봉사」는 「정현신보」 13조목 가운데 2조목을 제외한 11조목을 바탕으로 시폐 29조목을 논한 것이다.

『독서차의』는 존재가 단순히 현실의 문제에만 편중되어 천착하는 실학자가 아니라 유가의 경전에 토대를 둔 이론과 실천을 겸비한 학자라는 사실을 잘 보여준다. 존재에 따르면, "만물을 생성하는 것은 하늘의 욕구이고, 만물을 치우는 것은 땅의 욕구다. 서계(書契)를 만들고 경전을 짓는 일 또한 천하와 후세 사람들을 교화하려는 성인의 욕구이니, 이것이 바로 욕구 가운데 가장 크고 진실한 것이다. 현인이나 군자가 경전을 읽고 이치를 궁구하고 본성을 구현하며, 성인이 되기를 희구하고 천명을 아는 것은 욕구 가운데 진실하고도 큰 것이다."이는 시세의 개혁을 제시한 그의 경세학(經世學)이 어릴 때부터 부단히 연찬해 온 경전 공부[經學]에 바탕하고 있음을 명시적으로 선언한 것이다. 이는 유학 본연의 수기치인(修己治人)의 통합적 학문방법론과 맥락을 같이 하는 태도다.

「기해의례변(己亥議禮辨)」은 조선시대 당파 간 사활을 건 논쟁의 핵심이었던 기해예송(己亥禮訟)에 대한 존재의 관점을 분명하게 알 수 있는 저술이다.

존재의 학맥은 그의 스승이 병계(屛溪) 윤봉구였고, 또 윤봉구의 스승이 우암(尤菴) 송시열의 제자인 수암(遂菴) 권상하(權尙夏 1641-1721)였다는 점에서 노론계열에 맞닿아 있다 할 수 있다. 학맥에 연유한 것인지 젊은 나이에 매진했던 예론에 관한 학문적 신념에 기인한 것이지는 알 수 없지만, 그는 기해예송에서 기년설(朞年說)을 지지하는 관점을 제시하고 있다. 존재에 따르면 기년설은 현실적으로 장자가 죽은 뒤 그 자리를 이은 사람을 또 장자로 간주하여 삼년상을 반복 할 수 없다는 종법(宗法)에 대한 실용주의적 해석에 기반하고 있다. 존재가 보기에 효종의 정통성 문제는 복제논쟁의 핵심이 아니었다. 오히려 효종의 정통성을 복제논쟁을 통해 확증할 뿐이었다. 이런 그의 관점은 왕가(王家)와 사가(私家)에 공히 적용되는 보편주의 종법관(宗法觀)으로 귀결되었다.[21]

그는 또 과거와 현재를 비판하고 미래를 전망하는 역사의식을 지니고 있었으며, 국가의 당면 문제와 현실의 사정을 정확히 파악하고 그 잘못된 점을 하루바삐 개혁하려는 선구적이고 진보적인 사상을 소유하고 있었다.

그의 개혁의지가 구체적으로 나타난 사실을 든다면, 학교교육의 방법과 제도에 있어서 선비들의 타성에 빠진 생활태도를 비판하고 교육제도의 개선을 촉구하였으며, 군정(軍政)의 문란과 무기의 불비는 외적 침략의 허를 보여주는 것이므로 이를 튼튼히 할 것을 지적했고, 관직에 종사하는 관리가 위로는 삼공(三公)으로부터 아래로는 방백(方伯)에 이르기까지 한 결 같이 개인의 이익에만 급급하고 백성들의 실정에 대하여서는 그들의 무관심한 태도가 중국 한나라나 당나라 말기의 폐단과 같다고 비유하기도 했다. 이러한 문란한 나라의 기강을 잡으려면 먼저 치자들의 마음의 기강이 되는 예의염치를 깨달아 기강을 바로잡아야만 사회의 질서가 세워진다고 하였다. 따라서 이의 시정을 위하여 사회의 부조리와 폐단을 하루 속히 개혁할 것을 내세웠다. 그의 이러한 사상은 그가 저술한 「만언봉사」에 잘 나타나 있다. 그러므로 그가 정치는 백성을 위주로 하는 민본주의를 실시할 것과 사회 각 방면의

---

21 위백규 지음, 강동석·오항녕 옮김, 『존재집』 I (전주: 흐름출판사, 2013), 28-29쪽.

시폐를 39조목으로 제시하여 왕에게 진언한 이 「만언봉사」는 그의 시대적 인식과 제도개혁사상을 담고 있는 대표적 저술이라 하겠다.

3) 사상적 의의

위백규가 살았던 시기는 조선의 실학사상이 무르익어가는 영조·정조 시대였다. 그보다 1세기 전에 부안의 유형원이 실학의 기반을 닦았고, 순창의 신경준(申景濬)은 15년 먼저 태어난 위대한 실학자였다. 또 흥덕 출신 황윤석(黃胤錫)은 위백규보다 두 살 아래였으니 친구사이라 할 수 있다. 모두 윤봉구의 문하에서 서로 학문적인 교유가 있었다. 이러한 사실들을 감안한다면 위백규의 실학사상이 체계화된 하나의 이론으로 정립된 데는 이들의 학문적 영향도 있었을 것으로 보인다. 그가 세상을 떠난 얼마 뒤에 정약용이 장흥과 인접한 강진으로 귀양 오게 되었는데, 위백규는 천관산 기슭에 있는 계항산(桂巷山)에 다산초당을 짓고 생활했고, 다산은 만덕산(萬德山)의 다산 밑에 있는 윤단의 산정에서 지내면서 호를 다산이라 했으니 다산이란 명칭이 우연히 일치되어 그들의 사이에 어떤 암시가 있는 듯도 하다. 또 화순의 하백원(河百源)은 존재가 세상을 떠나기 11년 전에 태어난 실학자였기 때문에 이들은 모두 직접적인 만남이나 학문적 소통이 있었던 것은 아니지만, 내면적으로는 시대의식과 현실인식을 공유하면서 사상적 교유(交遊)가 이루어졌다 해도 지나친 추측은 아닐 것이다. 윤영선(尹榮善)이 편찬한 『조선유현연원도(朝鮮儒賢淵源圖)』를 보면 존재의 제자로서 위수택(魏守澤)·김광길(金光吉)·위환조(魏煥祚)·위영백(魏榮百)·이재근(李在根)·한종국(韓宗國)·위도한(魏道僴)·김경택(金景澤)·위백순(魏伯純)·김중해(金重海)·하성도(河聖圖) 등 11명의 이름이 실려 있다. 이렇게 볼 때 존재는 평생을 학문과 저술에 정진하면서 많은 후학을 길러냈다는 사실을 알 수 있고, 이들 문도들은 존재의 실학사상을 계승하였을 뿐만 아니라 학문과 인격의 측면에서도 영향을 받은 것으로 보인다.

4) 원문 번역

존재의 저서가 내각에 들어가자 정조는 그의 학문과 인품이 특출함을 알고 그에게 벼슬을 내리니 그는 70세가 되어 옥과 현감이 되었다. 그러나 존재는 자신이 이미 노약한 몸이므로 감당할 수 없다고 생각하여 「만언봉사」를 지어 임금에게 올렸으나 도리어 그를 부임케 했고, 바로 다음에 장원서별제(掌苑署別提)로 승진시킨 사실은 그의 생애를 서술하면서 언급한 바 있다.

존재의 실학사상은 그의 여러 저서에 담겨 있지만 본고에서는 「만언봉사」 가운데서 일부분을 번역한다. 「만언봉사」의 대강(大綱)은 (1)임금의 뜻을 세우고 학문을 밝힐 것 (2)임금을 잘 받들고 유능한 인재를 채용할 것 (3)염치를 장려하고 기강(紀綱)을 세울 것 (4)선비의 습속을 바로하고 다툼을 억제 할 것 (5)탐관오리를 경계하고 사치를 금할 것 (6)옛 제도를 개혁하고 폐정(弊政)을 혁신할 것 등으로 구성되어 있다. '탐관오리를 경계하고 사치를 금지하라'는 확신에 찬 주장을 통해 존재 실학사상의 시대적 의미를 다시 음미해보자.

만언봉사 萬言封事_탐관오리를 경계하고 사치를 금할 것

다섯째는 뇌물을 탐하는 행위를 단속하고 사치를 금하는 것이라 하겠습니다. 재물을 탐하는 관리는 나라를 갉아먹는 좀 벌레입니다. 좀 벌레가 번성하면 나무가 죽게 되듯이 탐욕적인 관리가 많으면 나라가 망합니다. 재물을 탐하는 관리는 위로는 나라의 재물을 도둑질하고 아래로는 백성의 재물을 박탈하게 되니 백성의 재물을 박탈하는 피해가 나라의 재물을 도둑질하는 것보다 심한 것이옵니다. 나라의 재물을 도둑질 당하면 나라는 백성에 의지하여 버틸 수 있지만 백성의 재물을 박탈하기를 그치지 아니하면 백성이 망하고 맙니다. 백성이 망하면 나라가 홀로 존재코자 한들 누구와 더불어 존재할 수 있겠습니까? 이 때문에 경전에 이르기를' 세금을 가혹하게 거두어들이는 신하를 둘 바에는 차라리 도적질하는 신하를 두는 것이 낫다'[22]고 하였사

---

22 『大學章句』 傳10章.

오니, 그 뜻이 참으로 옳다고 하겠습니다. 지나간 시대를 살펴보면, 재물을 탐하는 관리 한 명도 오히려 나라를 어지럽힐 수 있었는데, 하물며 열 명, 백 명 탐관이야 더 말할 나위가 있겠사옵니까? 여러 사대부와 집사(執事)만으로도 오히려 정사를 그르칠 수 있는데, 하물며 조정의 공경(公卿)과 여러 관리의 우두머리와 지방에 있는 방백(方伯)과 안찰사(按察使)는 말할 나위도 없을 것이옵니다.

요사이 탐욕의 바람이 땅을 휩쓸고 혼탁한 물결이 하늘까지 넘실대지만, 함께 목욕하는 사람이 남이 벌거벗었다고 나무랄 수 없는 것처럼 조정에는 탐욕을 탄핵하는 옛날의 풍습이 사라졌습니다. 뒷간에 들어가는 사람은 그 냄새에 동화되어 구린내를 모릅니다. 그러므로 사람들은 모두 잘못을 본받아 예사 일로 여깁니다. 그 근본은 모든 관리가 대문을 열어놓고 한 밤중에 저자거리를 이룬데 있으니, 낮은 직급의 관리들은 재물로 벼슬을 거래하지 않을 수 없습니다. 그 재물은 모두 백성들의 피요 뼛골입니다.

간혹 조금이라도 청렴한 마음을 지닌 사람은 굶어 죽을 상(相)이라고 욕하면서 번번이 배척하여 버립니다. 이리하여 온 나라 모든 사람들이 귀로 듣고 눈으로 보며, 말하고 웃고, 기뻐하고 성내며, 잠자거나 깨어있으며, 놀고 즐기는 것이 모두 재물과 관련이 있습니다. 영접하고 전송하는 일, 친척을 맞이하고 혼인하는 일, 초상 치르고 생일잔치하며 심지어 잘되고 못되는 일, 들고 나는 문과 도로 모두 재물과 관련이 있습니다. 저 들녘을 내려 다 보면 제때에 비가 오고 바람이 불어 농사가 잘되었는데도 곡식 담는 항아리와 단지는 텅 비고, 달빛과 눈빛을 빌려 밤새 길쌈해도 베틀은 모두 비었습니다. 남자와 여자, 늙은이와 어린애 할 것 없이 비난을 삼키고 시름을 맛보면서 정신은 쇠약해지고 육체는 여위어, 살아있는 것을 원수처럼 여기고 죽고 싶어도 죽을 수 없으니, 온몸에 힘이 빠져 하늘이 내리는 화(禍) 따위를 생각할 수도 없게 되었습니다.[23] 주(周)나라 시에 있었던 대동(大東)의 슬픔도 이보다 심하지는 않았을 것입니다.[24] 시골사람들의 말에 "거꾸로 나오는 태아도

---

23 『詩經』「大雅」, 〈桑柔〉.

돈을 던져주면 순산한다."고 하니 참으로 비통한 말이옵니다.

사람의 마음은 서로가 별로 다름이 없는데 어찌하여 전에는 청백리가 많았고 지금은 탐관오리(貪官汚吏)가 이같이 많사옵니까? 이것은 사치하는 풍습이 길들여졌기 때문입니다. 우리나라는 천하에서 가장 가난한 나라입니다. 산에서는 금과 옥, 구리와 주석 등의 광물이 나오지 않고, 물에서는 진주·조개·물소뿔 같은 보물이 없습니다. 또 바다와 육지는 천리(千里)도 못될 정도로 좁기 때문에 고기를 잡거나 소금을 거둬들여도 세 배의 소득을 거둘 수 없사옵니다. 게다가 백성들의 풍습은 오랫동안 견디는 성질이 부족하기 때문에 장사하는 사람들은 십년 동안 쌓아둔 것을 지탱하지 못합니다. 곡물이 약하고 물러서 삼년 동안 쌓아둘 수도 없습니다. 또 사람들의 성품이 졸렬하고 인색하여 멀리 통상하는 능력도 없사옵니다. 우리 성조(聖祖)께서 처음 국정을 경영하실 때 검소함을 법도로 삼고 절약하는 것을 전통으로 내려 주셨으니, 옛날의 법전을 살펴보아도 징험(徵驗)할 수 있습니다. 그러하오나 태평한 시절이 오래 계속되자 겉치레만 일삼는 풍속에 젖어 서로 앞 다투어 실속 없이 겉만 화려한 것을 숭상하여 사물의 꾸밈에 분수가 없습니다. 주택·의복·음식·기물(器物)·말의 안장들을 지나치게 화려하게 꾸미고, 날이 갈수록 도에 넘치게 기교를 부리고 있습니다. 서양의 완롱물(玩弄物), 남해의 보물, 왜인의 보물, 몽고의 재화 등은 진(陳)나라와 수(隋)나라도 갖추지 못한 것들이고, 일찍이 장화(張華)도 기록하지 못한 것들까지 모두 개인의 집에 모아 놓았습니다.[25]

(사물을)얻는데 힘써 만족할 줄 모르니, 사물이 날로 늘어 임금이 타는 수레나 의복보다 몇 배나 더 사치스러운 것들이 거의 집집마다 즐비할 지경입니다. 수의사[牛醫]·땡볕에 일하는 농사꾼·떡장수·발을 짜는 사람들도 모두 명아주 국을 먹고 질그릇을 사용하려는 마음이 없어 방탕하고 사치스럽

24 『詩經』「小雅」, 〈大東〉.

25 장화는 서진(西晉) 시대의 박물학자로 천문·지리·방기(方技) 등 다방면에 깊고 넓은 지식을 갖고 있었다. 그의 저서로 『박물지(博物誌)』 10권이 전한다. 당시의 탐관오리들은 장화도 알지 못한 진귀한 물건들을 사사로이 소유하고 있었던 것이다.

지 않는 사람이 없습니다. 이렇게 그들이 쓰는 물품은 의롭지 못한 재물이거나 힘으로 강탈한 재물이요 몰래 받은 뇌물이거나 도둑질한 것이 아니라면 얻을 수 없는 것들입니다. 위아래가 서로 이익만 취하는 것이 대소(大小) 간에 풍습이 되어, 욕심의 골짜기가 바다를 삼키고 탐욕의 불길이 하늘을 불태운다 해도 이상하게 여길 것이 없습니다. 이 때문에 위로는 공경(公卿)의 세주(世胄)로부터 아래로는 향리의 문무관에 이르기까지 모두가 서울의 관직을 싫어하고 지방의 관직을 맡으려 애씁니다. 따라서 오늘 저녁 때 지방 관리에 제수되면 다음날 아침에 부임하여 그 다음날부터 음식 만드는 곳과 자신이 머무를 객사를 꾸미게 하고 이것저것 만들라고 시키기만 합니다. 진기하고 귀한 음식을 매번 새로운 맛이 나는 것으로 극진히 올리게 하고, 진기(珍奇)한 그릇이나 노리개를 매번 새롭고 교묘한 것으로 극진히 바치게 하여, 이것으로 자신을 살찌우고 이것으로 뇌물을 바치기도 해서, 수레와 역말로 실어 나르느라고 벼슬길에 줄을 잇습니다. 백성들은 소, 돼지처럼 저 목과 손과 발에 형구를 차고 있으니, 백성들이 무슨 여지가 있어서 천승의 나라의 근본이 될 수 있겠습니까? 예로부터 세속에서 높이 받드는 것이 이러한 지경에 이르고서도 망하지 않는 나라는 여태껏 없었습니다. 바라옵건대 전하께서는 깊이 생각하시고 경계하시어 탐관오리가 재물을 탐하는 것을 율법으로 다스리시는 것이 급선무로 여기시고, 사치를 금하는데 힘쓰신다면 종묘(宗廟)와 사직(社稷)에 매우 다행이고 백성들도 무척 다행일 것입니다.

5) 存齋全書 目錄

詩: 絶句四韻 外10首

賦: 萬物各具一太極 外6篇

疏: 萬言封事(①立聖志明聖學 ②簡輔弼擧賢能 ③勵廉恥振紀綱 ④正士習抑奔競 ⑤律貪贓禁奢侈 ⑥由舊軍革弊政) 湖南儒生辨聖誣疏 請文益漸從祀聖廡疏 黃武愍公請加贈上言 封事(代黃司諫榦作)

書(雜著): 去病書題辭 堯典 禹貢 史略 三皇記 伯夷傳義

傳: 去病慈母文氏傳 後傳 愼氏孝子傳 義徒金公傳 進士鄭公忠孝傳 義士梁公傳　靈岩金氏傳

狀: 請褒金節士書 請褒洪處士書 請褒崔烈女李氏書 張烈婦吳氏呈營上書 請褒魯副正書 曹烈女崔氏上書 辭狀

書: 上屛溪先生書(鳳九) 與李潭陽書(憲儒) 與李潭陽 與高參奉(時良) 答金昌平(相夔) 與尹正郎(孝寬) 與金上舍(吉羽) 與黃上舍(仁紀) 與蔡都事(一祥) 與徐寧邊書(榮輔) 答崔知事(夢嵒) 與兪參奉孟煥別紙 與邑倅 與柳長興(普溫) 與愼直長(師俊) 與柳長興(敍五) 與李大來論讀書(達運) 與曺斯文(潤洛) 抵龍山院朴斯文書(院在寶城) 與金燮之(尙權) 與鄭斯文　與白隱叟 與舍弟 與次子 白場東抵隣齋書 白場檄書

說: 人說序 外26篇

原類(圖書): 河圖洛書 外. 讀書劄義題辭 大學劄義 大學諺解劄義 論語劄義(上,下)　孟子劄義 四書劄義跋 中庸劄義

序: 歸樂窩序(柳承旨匡天) 外42篇

記: 德山行 外26篇

辨: 己亥議禮辨 春秋大義辨 小殮不結紋辨 絶鑴辨 四端七情辨 宋氏南陽辨 梳詩辨/年譜

政絃新譜: ①說弊(時弊)－學校 貢擧 用人 郡縣 官職 田制 奴婢 漕運 糶糴 官屯　田結 ②救弊－學校 貢擧 用人 郡縣 武選 官職 田制 軍制 漕運 糶糴 田結 宮屯 人吏　閥閱 戶帳 僧尼 冠服 錢布 烽燧 禁盜 堤堰 牧場 捕虎 市廛 海島 魚鹽 牛酒松禁　冢地 貢物 工匠 技術 總論後敍

寰瀛誌: 新編標題纂圖 寰瀛誌序 寰瀛誌敍圖 九天八地圖 天經成化圖 星躔圖 星躔圖摠訣 利瑪竇天下圖 禹貢圖 職方圖 歷代國都圖 九州國名圖 外41圖

寰瀛誌(木版本): 新編標題纂圖寰瀛誌序 新編寰瀛誌圖 新編寰瀛誌凡例 九天八地圖　天經成化圖 外67圖 寰瀛誌跋

祭文·祝文: 祭屛溪先生文 外44篇

文: 斥蘇州黃文 外13篇

墓表: 遯齋許公墓表 外15篇

墓誌: 成均生員李公墓誌銘 外5篇

墓碣銘: 郡守金公墓碣銘 外6篇

附錄: 社中約講會名帖 農歌九章 本草綱目 存齋歌帖 承召事實

5. 이재 황윤석 頤齋 黃胤錫

1) 생애

황윤석(1729-1791)은 자는 영수(永叟)요, 호는 이재(頤齋) 또는 실재(實齋)·서명산인(西溟散人)·운포주인(雲浦主人)·산뢰노인(山雷老人)·월송외사(越松外史) 등이며 본관은 평해(平海)이다. 조선조 후기의 문신이며 실학자이다. 황윤석의 집안은 학문과 덕망이 있는 명문가였다. 증조부 황재중(黃載重)은 농암(農巖) 김창협(金昌協)의 고제(高弟)였으며, 부친 황전(黃廛)은 벼슬은 장릉참봉(莊陵參奉)에 머물렀지만 학덕(學德)으로 명망이 높았다.[26]

1729년 4월 28일 아버지 전(廛)과 어머니 도강(道康) 김씨 사이의 장남으로 전북 고창군 성내면 조동에서 출생하였다.

5세에 할머니 김씨에게 글을 배우기 시작하였으며, 이듬해에는 시를 배웠고 어려운 글은 이웃 마을의 훈장 백시덕(白時德)에게 익혔다.

7세 때는『소학』과 경전의 독서에 몰두하였다.

10세 때부터는 문장이 능숙해졌다. 이때부터 일기를 쓰기 시작하였는데, 일기는 별세하기 이틀 전까지 평생 동안 기록하였다.

이재는 일찍이 창계(滄溪) 임영(林泳)의『창계집』을 읽었는데, 어느 날 아버지가 "임영은 11세에 기삼백(朞三百)을 이해했다는데 너는 14세에 할 수 있느냐"고 물었다. 그 뒤로 이재는 이수학(理藪學)에 뜻을 두었다고 한다.

14세 때부터는 묵당(默堂) 백시명(白時明), 수촌(壽村) 백시덕(白時德) 등에게 사사하였다. 이때부터 이기(理氣) 상수(象數)와 문자학에 관심을 갖기 시작하였다.

16세 되던 9월에 처음으로 수학에 관한 저술인『이수신편(理藪新編)』을 쓰기 시작했다.

---

26 한국철학사연구회 엮음,『한국실학사상사』(서울: 심산, 2008), 155쪽.

18세 때는 여호(黎湖) 박필주(朴弼周)에게 사사하려 하였으나 의견이 맞지 않아서 그만 두었다. 이때 정읍의 이언복(李彦復)의 집에서 자명종(自鳴鐘)을 보았는데 이를 주제로 「윤종기(輪鍾記)」를 쓰게 되었다.

21세 되던 해 10월에는 남원의 정구(丁垢)와 함께 사람의 성(性)과 동물의 성(性)이 같은가 다른가를 논란한 호락심성동이(湖洛心性同異)에 관하여 논했다.

26세 때는 금산(錦山) 동당시(東堂試)에 참석했다가 의단(義壇)과 의총(義塚)을 살펴보고 시를 지었다.

28세 때는 미호(美湖) 김원행(金元行)의 문하에 들어갔다. 학문의 규모와 인성(人性)과 물성(物性)의 같고 다름에 대한 심성(心性)의 변(辨)을 물었다.

30살 때에 다시 윤봉구(尹鳳九)의 문하에 들어가 백가서를 통독하였다.

31살 때는 향시(鄕試)인 사마시(司馬試)에 급제하였다. 아우 주석(胄錫)과 함께 김창협의 손자로 석실서원(石室書院)에서 학문연구에 전념하던 김원행의 제자로 입문했다. 이후 주자학·율려(律呂)·상수학(象數學)·자연과학 등 광범위한 학문을 두루 수학하며 평생토록 스승의 학문에 심복하였다. 이듬해(1760년 32세) 1월에 장성에 유배되었던 정신재(靜愼齋) 김시찬(金時粲)을 만나보고 음양의 변화를 논하였다. 이어서 순창의 양응수(楊應秀)를 만났으며, 선운산(禪雲山)의 도솔암과 백양산(白羊山)의 백련암 등에서 『주역』 등의 경전을 읽고 이학 연구에 정진했다.

34세에 정신재와 『주역』과 성상(星象)·일식(日蝕) 등에 관하여 논했다. 다음 해에는 다시 음양의 변화와 사상(四象)·팔괘(八卦)의 설에 대해 다시 논했다. 36세 2월 정신재개 해배(解配)되어 돌아가게 되자 전송하면서 전주에 도착했는데, 거기서 목산(木山) 이기경(李基敬)을 만나 호락심성이기변(湖洛心性理氣)에 대해 토론하였고, 나아가 이황과 이이의 사단칠정설(四端七情說), 호론과 낙론이 논쟁한 '심성동이변(心性同異辨)'에 대하여 토론하였다.[27] 다시 김원행을 찾아가 『대학』을 공부했고, 동문들과 석실서원(石室書院)에서

27 『頤齋全書』, 「頤齋續稿」 卷14, 〈年譜〉(景仁文化社 影印本), 14-21쪽 참조.

『중용』을 강론했다. 때 마침 장성에 유배되었던 정경순(鄭景淳)을 찾아가 『주역』과 제가(諸家)의 오례삼전(五禮三傳) 등과 한당(漢唐) 이하의 문장과 시를 논했다.

37세 때는 김수(金璲)와 학문을 논하고 안형옥(安衡玉)과 심성이기설(心性理氣說)을 논했으며, 백수(白水) 양응수에게 정약용의 저서인 『경세유표(經世遺表)』에 대한 의문점을 질문하고, 또한 예설에 관한 저서를 썼다.

38세 때 스승 김원행을 뵈었는데, "도학에 힘쓰고 사장(詞章)을 짓는 바라는 바가 아니다"는 훈계를 들었다. 4월에 이지덕(李知德)·서명응(徐命膺)과 더불어 역상(易象)·역학(曆學)·범수(範數)·자서(字書) 등을 논했다. 7월에 장릉참봉(莊陵參奉)이 되었고, 김원행의 부탁으로 김민적(金民積)의 『혼벽당유고(混闢堂遺稿)』를 교정했다.

39세 때에 다시 정경순(鄭景淳)을 찾아 당시의 민생을 구제하는데 대한 구시책(救時策)을 논하고 천문과 역법에 대해 논했다.

40세 6월 의영고(義盈庫) 봉사(奉事)에 제수되었다. 8월에 정지순을 방문했는데, 그의 성명이수(性命理數)의 근원과 건상(乾象) 제서(諸書)에 관한 질문을 받고 대답했다. 윤창정(尹昌鼎)과 함께 서양에서 전래된 마테오리치의 지원설(地圓說)을 논했다.

41세 3월에 김원행을 찾아가 『대학장구』와 『중용혹문』 등에 대해 질문했다. 5월에 김용겸(金用謙)과 함께 『중용』의 '비은(費隱)'과 『가례』의 '늑백설(勒帛說)', 역범(曆範)·율력(律曆)·전병(田兵)·관직(官職)·산수(算數)·음악(音樂) 등에 대하여 논의하였다. 6월에 사포서직장(司圃署直長)으로 승진했다가 곧 종부시직장(宗簿寺直長)으로 전직했다.

42세 때, 1월에 제조(提調) 정존겸(鄭存謙)이 『문헌비고(文獻備考)』를 편집할 때 이재가 음악부분을 맡아 협조했다. 또한 『삼국사』·『고려사』·『동국통감』·『사략』 등의 중요한 부분도 첨가할 것을 제의받았다. 2월에 김용겸·홍계희 등과 『주자대전』을 교정했으며, 영조의 명을 받아 신경준과 경복궁 근정전에 입시하여 예조판서 한광회(韓光會)와 함께 어첩(御牒)을 작성하여 무주 적상산(赤裳山)에 봉안하였다. 이때 아담샬[湯若望]의 역법이 들어와서 이를 교정하였는데, 임금이 이에 대해 자세히 묻고 대신들에게 이재에 대해 질문을 하여 관심을 표명하였다. 또한 외세의 침략에 대비하여야 할 방법을 논한 「방비책」을 지었다.

46세 때, 기언정(奇彦鼎)과 백성들을 구제하는 구시책(救時策)을 논하고 심정진(沈定鎭)과 경의(經義)·복서(卜筮)·율력(律曆)·성위(星緯)·병진(兵陣)을 논하였다. 또한 염영서(廉永瑞)를 시켜 자명종의 일종인 윤종(輪鐘)을 제작하였다.

47살 때에 『동국여지승람』의 내용을 손질하고 그 예를 인용하여 『의증수동국여지승람예인(擬增修東國輿地勝覽例引)』을 썼다. 또한 도량형을 고증하여 「곡석설(斛石說)」을 썼다.

48세 1월에 익위사(翊衛司) 익찬(翊贊)에 제수되었으나 곧 그만두었다.

50세 1월에 사복시(司僕寺) 주부(主簿)에 제수되고 3월에 동부도사 사예(私隷)로 옮겼는데 사퇴하였다. 당시까지 인성(人性)과 물성(物性) 같고 다름을 둘러싸고 시비가 되어왔던 호론(湖論)과 낙론(洛論)의 견해를 종합하여 「호락이학시말기(湖洛二學始末記)」를 썼다.

51세에 김용겸과 『주서유집(朱書遺集)』을 교정했다. 8월에 귀향할 것을 결심하였는데 목천현감(木川縣監)에 제수되었으나 이듬해 6월에 그만두었다. 김광한과 주자의 지행제두설(知行齊頭說)과 왕양명의 지행합일설(知行合一說)을 논했다. 10월에 목천에 부임하여 수령들이 설치한 미신적인 신의(神衣) 등을 모두 불사르고 향교에 훈장을 두어 『소학』을 강의하게 했다.

53세에 면앙정(俛仰亭) 송순(宋純)의 행장을 찬하였다. 10월에 어머니가 병상을 눕자 의대를 풀지 않고 병을 간호하였는데 몸이 쇠하도록 정성을 다하였다. 12월에 어머니 상을 당하여 상례의 절차를 예제대로 하였고 여며(廬墓)살이 3년을 극진히 하였다.

57세에 불우헌(不憂軒) 정극인(丁克仁)의 행장을 썼다.

58세 4월에 전생서주부(典牲署主簿)가 되었고, 전의현감(全義縣監)에 제수되었다. 또 높은 선비의 웃옷에 관한 「심의회통신제(深衣會通新制)」를 썼고, 조선 역대왕의 선원전에 관한 「본조조종진전사실변(本朝祖宗眞殿事實辨)」을 썼다. 『문헌비고(文獻備考)』와 이태조의 영정이 안치된 「경기전사실변(慶基殿事實辨)」을 썼다.

60세에 복식제도인 「부인회두제도설(婦人繪頭制度說)」을 지었다. 10월에 고암서원(考巖書院)의 강장(講長)을 위촉받았으나 사양했다.

62세에 소강절의 역서(易書)에 관한 「소자황극경세서사상체용성음괘수도해(邵子皇極經世書四象體用聲音卦數圖解)」를 썼다.

63세에 돈의 무게에 관한 「전화경중설(錢貨輕重說)」을 썼고, 4월 2일 김상집(金相集)과 대학·역학·서법(筮法)·병가·성력·삼식율려론(三式律呂論) 등을 강론했다. 4월 15일 「수필일기(手筆日記)」를 끝냈고 가묘를 참배하였으며, 17일 만은재(晩隱齋)의 서편 별실에서 세상을 떠났다.

이재가 지은 책으로는 1821년 송헌진(宋獻鎭)이 찬(撰)한 행장에서 「이수신편(理藪新編)」·「산뢰잡고(山雷雜攷)」·「자지록(資知錄)」·「역대운어(歷代韻語)」·「성씨운휘(姓氏韻彙)」·「성리대전주해(性理大全註解)」·「구경차의(九經箚錄)」·「군서정변(群書訂辨)」·「상위지요(象緯指要)」·「여지승람증수기례(輿地勝覽增修起記例)」·「황극경세사상체용성음괘수도해(皇極經世書四象體用聲音卦數圖解)」·「국조상례보편후(國朝喪禮補編後)」·「본척도설(本尺圖說)」·「윤종기(輪鍾記)」·「화음방언자의해(華音方言字義解)」·「자의혼와변(字義混訛辨)」·「해동이적보(海東異蹟補)」·「소학강의(小學講義)」와 『난고(亂稿)』 100여 권, 문집 수십 권 등이 거론되고 있다.

또 1824년 이서구(李書九)가 지은 묘갈명에서는 『이재집(頤齋集)』 40권과 기타 찬록(纂錄) 십여 종이 가장되어 있다고 하였는데, 이때 거론된 문집 수십 권은 장손 황수경(黃秀瓊)이 『난고(亂稿)』에서 시문을 선별하여 편차한 것으로 보인다. 황수경은 송헌진과 이서구에게 행장(行狀)과 묘갈(墓碣)을 부탁하고, 조종영(趙鍾永), 조인영(趙寅永), 김매순(金邁淳), 이서구(李書九) 등에게 질정하여 유고를 편차하였다. 김매순은 황수경에게 보낸 편지에서 본집이 장차 대문헌(大文獻)이 될 것이니 서두르지 말고 진행하되 율력(律曆), 차주(箚註) 등의 문자는 다른 문집의 예처럼 별집(別集)으로 만들고 문집 가운데 섞어 넣지 않도록 충고하였으며, 조인영도 역범주해(易範註解) 등의 글은 함부로 고증하기가 어려우니 원집의 잡저 중에 넣지 말고 별집으로 간행할 것을 권하였다. 이에 황수경은 다시 저자의 시문을 26권 13책으로 산정하여 1829년 전라도 관찰사로 재임 중이던 조인영의 도움을 받아 목판으로 간행하였다. 초간본에는 조인영이 쓴 서문이 실려 있다. 조인영의 부친 조진관(趙鎭寬)이 이재와 학문적 교류가 있었으며, 조인영 또한 순조(純祖) 때 노론계(老論系)의 문집 간행에 두루 관여했던 인물이기도 하다. 현재 초간본은 규장각(奎4154), 장서각(4-6407), 국립중앙도서관(한46-가1295), 간송미술관에 소장되어 있다. 원집의 간행 이후 황수경은 별집의 간행을 위해 유고의 일부를 다시 정리해둔 듯하나 재력의 부족으로 이루지 못하고 곧 죽은 것으로 보인다. 초간본 중 장서각본의 말미에는 증손(曾孫) 황중섭(黃中燮)이 1867년에 쓴 지(識)가 필사(筆寫)로 실려 있는데, 원집의 간행 경위가 자세히 실려 있다.

「년보」에 따르면, 1909년 봄 구동(龜洞)의 화재로 인해 「일기(日記)」·「이수신편(理藪新編)」·「자지록(資知錄)」·「성씨운휘(姓氏韻彙)」 약간 권을 제외하고는 수십 종의 유고와 수천 권의 장서(藏書)가 소실(燒失)되었다고 한다. 문집이 간행되고 나서 114년이 지난 1942년 봄에는 후손 황서구(黃瑞九)가 일기 가운데서 원집에 수록되지 못한 시문을 가려 뽑아 속집 14권 7책을 편집한 뒤 원집도 12권 6책으로 재편하여 함께 석인(石印)으로 간행하였다. 또 저자의 주요 저작인 「이수신편」도 23권 10책으로 정리하여 함께 석판으로 인행하였으며, 「자지록(資知錄)」과 「양금신보(梁琴新譜)」 등은 수필본(手筆本)을 그대로 3책으로 합본하여 석인(石印)하였다.[28]

2) 사상

황윤석의 학문적 연원을 추적하면 위로는 이이로부터 송시열, 김창협, 이재, 김원행으로 이어졌다 할 수 있다. 기호학파 내에서도 낙론계열에 속하는

28 申容南, 『頤齋遺藁』 해제.

것으로 간주할 수 있다. 이재는 당시 학계의 주류였던 주자학을 존신하고 이이를 동방 도학(道學)의 으뜸으로 추숭했다.

황윤석은 가학을 바탕으로 학문에 입문하였으나, 10살 무렵 성리설을 처음 알고 탐구하였다. 그의 학문이 박학적(博學的) 기풍을 지니게 된 것은 김원행의 문하에서 수학하면서 당시 석실서원을 중심으로 고문 운동과 상수학을 천착하고 있던 여러 동문들—김이안, 홍대용, 박윤원 등—과 교류하면서 다양한 학문을 연찬하면서 부터다. 황윤석은 신경준(申景濬), 위백규(魏伯珪)와 더불어 호남실학의 거두로 손꼽혔는데, 관로는 대체로 한미하고 부진한 편이었으나 문장과 박학으로 명성이 있었다. 정경순(鄭景淳)·김이안(金履安)·홍계희(洪啓禧)·신경준(申景濬)·홍대용(洪大容)·이가환(李家煥)·서명응(徐命膺) 등 당대 실학의 거두들과 교유하면서 학문적 관심의 대상 또한 역상(易象)·천문·지리·산학(算學)·역사·성음(聲音)·문자 등 섭렵하지 않은 분야가 드물었다. 이재는 59세에 자신의 학문적 관심이 어떻게 파급되었고 천착하였는지 간략하게 술회하고 있다.

> 나는 어려서 글을 읽고 글자를 쓰면서부터, 별을 관찰하고 달을 점치고, 높은 곳에 올라 먼 곳을 관측하고, 불을 밝혀 밤을 새우며 온갖 노력을 다했다. 경사자집(經史子集)·심성이기(心性理氣)·성음(聲音)·전서(篆書)·예서(隸書)·회화(繪畵)·상수(象數)·제자백가(諸子百家)거 모두 사색의 대상 아닌 것이 없어, 일찍이 어지럼증에 시달리기도 했다.[29]

이재의 학문적 태도와 방향은 다양하고 포괄적인 학문분야를 두루 연결하는 '박학정신'과 사물의 이치를 면밀하게 궁구하고 통찰하는 '궁리정신' 그리고 성리학의 인식론적 사유방식의 중심이론인 격물치지(格物致知)를 근거로 본성과 마음의 본질을 밝히고 행동하는 '실천정신'이 중심을 이룬다.

이재의 사상적 특징을 요약하여 설명하면 다음과 같다. 첫째, 모든 학문은 경전(經典)을 기반으로 해야 한다는 고증학적 태도를 견지했다. 둘째, 학자가

---

29 『頤齋全書』, 「頤齋續稿」 卷11, 〈自敍說〉, 14쪽.

학문을 함에 있어서는 어느 것이나 널리 알아야 한다는 점을 주장하여 소위 박학적 학문방법을 취하고 있다. 셋째, 배워서 알고 있는 것은 실제 생활에 응용되어야 한다고 주장한 점이다. 이러한 학문적 특징은 조선조 근대의 실학적 학문태도와 정확히 일치하고 있음을 알 수 있다.

황윤석의 이러한 사상적 특징을 좀 더 구체적으로 살펴보면 첫째, 과거의 유학자들의 학문방법은 한 결 같이 정주학의 '심성 이기설'에 집착한데 반하여 그의 학문방법은 경전의 올바른 이해를 기초로 하고 있다. 즉 그는 학문이란 유교 경전인 사서와 오경을 읽고 외우는 데 그쳐서는 안 되고, 그 사상에 담겨 있는 성현의 가르침을 깨닫고 가르침이 올바로 이해되고 전래되었는가를 확실히 깨달아야 한다고 주장하였다. 그래서 그는 경전의 탐독에 그치지 않고 이를 고증하여 믿을 수 있는 학문인가를 탐구하였다. 그의 문집 가운데 고증이나 의(疑)에 대한 저술이 많은 것은 이와 같은 그의 학문적 태도에 연유한다고 할 수 있다. 둘째, 그는 조선조 후기 실학자들이 그러했듯이 박학(博學) 방법에 충실하고 있다. 위에서 기술한 것처럼 그는 경전 외에 상수(象數)·복서(卜筮)·역사·천문·지리·인물·풍토·언어·습관·의례(儀禮)·법형제도·사(射)·어(御)·서예·수학 등 방대한 영역에 걸쳐 저술을 남기고 있다. 이러한 사실은 그의 학문방법이 박학에 충실하였을 뿐만이 아니라 그것을 실제생활에 유익하게 이용하는데 힘썼다는 것을 말해주는 것이다. 셋째, 이재는 이론적 지식을 모두 실천에 옮기고자 하였는데 그는 우선 배우고 연구한 것은 모두 기억하고 기록하였다. 또한 그는 서구에서 전래된 새로운 문명과 과학기술에도 지대한 관심을 가졌다. 그리하여 그는 염영서(廉永瑞)에게 자명종을 제작시켰고, 산학과 성음 그리고 음악에 이르기까지 탁월한 연구와 기록을 남겼다. 이러한 사실은 배우고 익힌 지식을 실생활에 적용하려는 그의 학문적 태도에 연유한 것임을 말해 주는 것이다. 이와 같이 그는 전형적인 실학자로서 실학적 학문과 학설에 민감했지만 다른 실학자들과 마찬가지로 그의 학문은 저술에 그치고 세상에 실제로 응용되지 못한 아쉬움을 남기고 있다. 이는 당시 사회의 정책적 범주에서 벗어날 수 없었던 어쩔 수 없는 한계로 보아야 할 것이다.

환윤석의 실학사상이 호남의 실학사상에 끼친 영향은 그의 연보(年譜)에서 그 대강을 짐작케 하지만 광주지역의 인물들에게 어떠한 영향을 주었는지 구체적으로 찾아보기는 쉽지 않다. 그러나 조선조의 실학사상은 광주를 중심으로 하여 호남의 전 지역과 광범한 사상적 연관성을 지니고 있었다. 따라서 먼저 이재가 당시 호남의 풍토와 민심에 대한 편견들을 어떻게 극복하여 했는지 살펴보고, 이어서 그의 실학이 호남실학과 어떤 관련이 있으며, 영향을 끼쳤는지 간략하게 살펴보고자 한다.

김원행의 강학과정을 통한 황윤석과의 만남을 기록하고 있는 「미상록(渼上錄)」에는 호남에 대한 김원행의 관심과 답변이 기록되어 있다. 김원행이 호남에서 스승의 자질을 갖춘 인물을 묻자, 황윤석은 자신의 집안을 포함해 백시덕(白時德)·이이정(李頤正)·임세극(林世極)·김천근(金天根)·김필태(金必泰), 김인후의 후손인 김익휴(金益休) 등 학자를 제시했다. 황윤석이 거론한 인물선정은 위기지학(爲己之學)에의 매진 여부를 준거로 한 것이었다. 황윤석은 택당(澤堂) 이식(李植)이 호남의 풍속을 부박(浮薄)하고 불교를 숭상한다고 악평을 한 이래 호남사람들을 교활하고 간사하다고 평가하는 시류가 형성된 점에 대해 적극적으로 해명하고 변호하였다. 그는 「미상록」 말미에서 호남의 학풍을 다음과 같이 제시한다.

> 호남은 선조 이후로 비록 이전 같지는 않지만 효종과 숙종 연간에는 대부분 융성하게 일어났습니다. 지금에도 그러한 유풍은 종종 없어지지 않고 있사옵니다. 이는 조정에서 어떻게 진흥시키느냐의 여부에 달려있을 뿐입니다.[30]

황윤석에 따르면, 호남의 인심이 부박(浮薄)하다는 편견은 학문적 주제나 정치적 논쟁에서 영남선비들이 통일된 의견을 제시한 반면, 호남선비들은 다양한 목소리를 드러낸 데서 연유한다. 그는 한 두 사람의 관점이 호남을 대변하고 이에 따라 호남전체를 통틀어서 평가하는 것은 부당하다고 주장한다. 이는 호남의 풍속이 영남처럼 '질각근중(質慤謹重)'하지 못한 것은 임제

30 『頤齋全書』, 「頤齋續稿」 卷6, 〈渼上錄〉.

(林悌)나 정철(鄭澈)의 영향이 남아 있기 때문이라는 세간의 소문을 염두에 두고 한 말이다.[31]

황윤석은 "호남에서 잡술(雜術)을 하는 자들이 많이 나왔기 때문에 세간에서 호남의 학문 풍토를 부정적으로 본다"는 평가에 대해서도 동의하지 않는다. 서울의 벌열가문과 명망가들이 잡술을 필요로 했고 공부했다는 점에서, 호남 선비의 배제에는 다른 의도가 깔려있다는 것이다. 그것은 호남 선비들의 결벽에 가까운 자세 때문이라는 것이다. 호남 사람 가운데 서울에 올라가 벌열가(閥閱家)에 머물고 있는 사람들은 대부분 중서이(中庶人) 등이며, 명문가의 자제들은 찾아보기 어렵다 한다. 더욱이 서울 선비들이 고관대작이 되어서 호남 명문가의 자제들과 교류하려 해도 호남선비들은 경조사에나 참석할 뿐 서울 선비들과 적극적으로 어울리려고 하지 않기 때문에 자연스럽게 부정적인 평가가 나올 수밖에 없다는 것이다.[32]

황윤석은 이러한 편견에 대해 좀더 근본적인 방법으로 해결을 시도했다. 그 방법 가운데 하나로 호남읍지를 모아 편찬함으로써 지방 학풍의 실체를 드러내는 것이었다. 그러나 황윤석이 이보다 더 심혈을 기울인 것은 호남학풍의 상징적인 인물이 김인후를 문묘에 종사하게 하는 일이었다.[33]

황윤석이 같은 스승 밑에서 공부했던 동문으로는 존재(存齋) 위백규(魏伯珪)가 있다. 황윤석은 위백규보다 두살 선배였는데 두 사람은 모두가 윤봉구의 문하에서 공부한 사람이다. 황윤석은 윤봉구(尹鳳九)의 문하에서 수학하면서 천문·지리·율력·복서·노장과 불교·병법·산수 등에 이르기까지 널리 연구하였고 위백규의 학풍 또한 널리 익히고 철저히 고증하는 실학적 학문관을 갖고 있었으므로 두 사람의 학문적 관계는 매우 주목되는 것이다. 이 두 사람은 호남의 대표적인 실학자로서 그들이 학문적으로 같은 스승의 영

31 배우성, 「18세기 지방 지식인 황윤석의 지방 의식」, 한국사연구회, 『한국사연구』 135집(2006), 40쪽.

32 『頤齋亂藁』 卷20, 甲午年 8月 14日(1774年, 英祖 50, 46세)

33 배우성, 「18세기 지방 지식인 황윤석의 지방 의식」, 한국사연구회, 『한국사연구』 135집(2006), 41쪽.

향을 받았으리라는 것은 쉽게 짐작 할 수 있는 일이다. 또한 그는 36세 때 장성(長城)에 적거하고 있던 부사(府使) 정경순(鄭景淳)과도 교유하였다. 정경순은 이재와 교류하면서 역률(易律)과 경제(經濟) 등에 관한 많은 지식을 얻고 이재를 계방(桂坊: 세자를 보필하던 익위사의 별칭)에 추천하기도 하였다. 또 이재는 동복에 거주하는 나경적(羅景績)과 나경훈(羅景勳), 나경적의 문인 안처인(安處仁)과도 교유하였으며, 나주(羅州)에 거주하던 염영서(廉永瑞) 등과도 교유하면서 여러 가지 학문에 대하여 의견을 주고받았으므로 그들과도 서로 학문적 교유가 이루어졌다고 볼 수 있다. 이러한 사실로 미루어 볼 때 이재의 방대하고도 깊이 있는 학문적 업적이 이 지역을 중심으로 널리 교류되었다는 사실을 알 수 있게 된다. 그러므로 이와 같은 황윤석의 학문적 교류는 호남의 실학사상의 한 시대적 특징을 이루는데 크게 공헌하였다고 할 수 있을 것이며, 또한 그의 실학사상은 호남은 물론 조선조의 당대 실학자들에게도 많은 영향을 끼쳤다고 보아야 할 것이다.

또한 그의 연보(年譜)에서 보아 알 수 있듯이 이재는 실로 다방면에 걸친 저술을 남기고 있다. 그는 유교 경전의 본격적인 연구 및 도덕의 소재와 인격의 수양, 그리고 정치·교육·율력·음양·이기·성명·상수·복서·시문·계잠·역사·천문·지리·인물·풍통·언어·관습·의례·법현·제도·사·어·서예·수학 등에 더해 의약·풍수·농공·술수·병법·선·불·기타 제자백가서에 이르기까지 섭렵 하지 않는 것이 없었고, 또한 이에 대한 저술을 남기고 있다. 『이재집』 서문을 쓴 조인영(趙寅永)이 "이재는 당대의 통유(通儒)였다"고 한 말은 그의 학문에 대한 적절한 평이 아닐 수 없다. 또한 '실로 호남의 호걸스런 선비'[金元行], '근래 호남선비 가운데 제일'[洪直弼], '박학한 선비'[徐命膺]라는 당시 명성이 높았던 학자들의 평가에서 이재의 학문적 위상을 충분히 가늠할 수 있다. 그는 부모의 권유를 이기지 못해 한 때 관로(官路)에 몸담기도 하였지만 관리로서의 삶은 그의 뜻이 아니었으므로 곧 관직을 그만두고 오로지 학문에 침잠하여 방대한 저술을 남겼던 것이다. 이러한 그의 저술활동은 모두 박학방법에 충실하고 이론적 지식을 실생활에 적용하려는 그의 실학적 학문정신에서 비롯된 것이라 할 수 있다. 따라서 이러한 그의 학문 정신과 그의 저술활동은 또한 호남의 실학에 적지 않은 영향을 끼쳤다고 보아야 할 것이다.

3) 원문 번역

그의 글은 방대하고 이해하기 힘들다. 특히 아직까지 정리되지 않는 많은 양의 저술이 세상에 소개되지 않고 있다. 여기서는 『이재집』「잡저」편에 들어있는 「전화경중설(錢貨輕重說)」 1편을 소개한다. 이 글은 화폐의 내력과 무게 등을 밝힌 것이다.

전화경중설 錢貨輕重說

최석정(崔錫鼎: 조선중기의 문신으로 최명길의 손자)의 「구수략(九數略)」에 이르기를 "소전(小錢) 400문(四百文)을 1량(一兩)이라 하고 대전(大錢) 200문(二百文)을 1량이라 한다"고 했으니, 지금 상고해보면 소전이란 곧 국초에 만든 옛날의 동전인 조선통보(朝鮮通寶)를 말하는 것이다. 이 돈은 세월이 오래되어 마침내 닳고 소멸되기도 하였지만 그 통용되는 것을 살펴보면 큰 것은 작은 저울(지금도 약방에서 쓰고 있는 저울)에 달 수 있다. 또 지금의 대전 이름은 상평통보라고 하는데 1량(一兩)이 100문중(文重)이며 25량(250푼)과 같은 무게이니 최씨의 설과는 다르다. 그러므로 아마도 소전을 조선통보라 부른 것은 별도로 다른 종류의 동전이 있어서 그 무게가 2리(二釐) 5호(五毫)가 아닌가 여겨진다.

지금 상평통보라 부르는 대전은 효종 갑오(1654년)로부터 양서(兩西: 황해도와 평안도)와 개성부에서 사용되기 시작했으나 널리 사용되었던 것은 아니고 그 돈을 사용하지 않으면 죄를 주었기 때문에 몸에 차고만 다녔을 뿐이다.

숙종 병자(1696년)의 큰 흉년 때 최석정이 비로소 대전(大錢) 사용을 조정에 건의하여 함경도와 평안도의 인접과 강변 7읍을 비롯하여 전라도 바다 가운데의 제주 등 3읍에서만 엄금하고 그 밖의 모든 지방에서 사용하게 했으니, 돈의 무게가 약 2돈(錢) 4푼(分)[『대전통편』에 2돈 5푼이라 했으니 지금 1푼이 닳아 없어진 것이다]이고 지름이 1치 5푼보다 조금 두꺼우며, 그것을 시행하기 시작할 때는 4문중이 1량으로 금·은·인삼·자황 등 여러 종의 무게 1량과 같았다. 단지 4문중을 준용하되 작은 저울을 쓰지 않고도 몇 량인가를 알 수 있었다. 그러한 뒤에 곧 여러 종류의 물품의 수와 가격의 높낮이를 논하여 따르게 했다.

영조 중년 이후로는 돈 만드는 사람이 많아 다만 많게 하는 것만 힘썼기 때문에 돈이 점점 얇아지고 작아지고 가벼워져서 1문중이 1돈 6푼 6리보다 조금 강했기 때문에 곧 6문중을 1량으로 했고, 금·은·삼·황 등 제종의 무게를 1양으로 했다. 성상(聖上: 정조) 원년(1777년) 이후부터 돈이 비록 점차 두꺼워졌으나 처음 돈과 비교해보면 오히려 얇어졌고 그 부피가 작으면 작을수록 가벼워졌기 때문에 1문중이 1돈 3푼이며 지름이 1치 2푼이고 두께가 1푼이 채 못 되었으니, 응당 7푼 7리보다 더 무거웠으며 1양이 금·은·삼·황 등 제종의 무게 1량에 해당된다. 그렇다면 상평대전(常平大錢)이 고대, 중세, 금세의 세 시대에 있어서 대·중·소의 3등급의 구별이 있었고 그것이 뒤에 다시 몇 번이나 바뀌었는지 알 수 없다. 또 듣건대 대전이 처음 관청에서 사용될 때 80량을 1태(駄: 말 한마리가 싣는 짐 정도의 무게)라 했으니 태의 좌우가 각 130량이다. 이것은 자연의 형세이겠으나 돈이 이미 너무 많고 너무 가벼워서 위로는 탐관(貪官)으로부터 아래로는 백성에 이르기까지 오직 이 돈을 좋아하지 않는 사람이 없었으니 세상의 도의가 떨어져도 그것을 모두 없애자고 말하는 사람이 없었다.

본조의 중엽에 베와 딱 같은 것을 썼던 일이 있었으나 올바른 일은 아니었다. 옛날의 성왕은 돈이 무겁고 가벼움 없이 통용했으니 어찌 전폐할 수야 있겠는가. 다만 옛 사람의 대전을 100에 해당시키고 1000에 해당시키는 제도를 본받아 명령없이도 일용에 편리하면 되는 것이다. 또 당나라 고조가 무덕(武德: 당나라 고조의 연호) 초에 개통원보전(開通元寶錢)이란 돈을 썼고, 주자나 양신(楊愼) 등은 모두 개통원보라 했는데 세속에서 잘못하여 개원통보라 불렀고 역사에서도 그 잘못을 그대로 기록하였던 것이다. 지금 그 돈이 우리나라에 전하여온 것은 오래되고 크고 작고 두껍고 얇은 것이 같지 않기 때문에 경중도 다르다. 내가 일찍이 관서지방의 구성부 땅 속에서 나왔다고 하는 돈을 얻었는데 (어떤 사람은 당나라 태종이 고구려를 정벌하러 왔을 때 빠뜨린 것이라 하고 어떤 사람은 명나라 모문룡이 그 곳에 빠뜨린 것이라 한다) 그것을 살펴보니 비록 닳고 닳아 진짜 같지 않으나 지금 쓰이는 작은 저울(지금 약방에서 금·은 따위를 가늠하는 저울)로 달아보니 약 9푼이 더 되었다. 그것이 당초의 역사서에서 이른바 1돈중(1錢重)인 것이다. 또 정통(正統: 명나라 영종의 연호) 연간에 세종대왕이 정한 한 자로 재어보면 지름이 약 1치 2푼 5리가 되며 역사서에서는 직경이 팔푼(八分)이라 했으니 이것은 당나라 자가 지금의 자보다 길었기 때문이다.[그 가운데 3푼을 적용했는데 1중은 9푼이고 1중은 7푼이며 1중은 6푼 5리이므로 모두의 무게가 2돈 2푼 5리이다. 3푼으로 중위치를 취하면 1문의 무게가 7푼 5리이다. 그러나 이미 무게가 9푼이라고 한 것은 이에 의하여 주기의 편의를 삼았기 때문이다.]

4) 頤齋集 目錄

辭: 幽懷辭 外2篇

賦: 打魚賦 外2篇

詩: 沈丈(泳道)來自福峽呼韻 外1109首

樂府: 奉賀李令公(錫天)新授通政大夫慶筵樂府詩幷序 水調歌頭寄師道 北樓八詠幷序

書: 擬上黎湖朴公(弼周)書 外181篇

序: 理藪新編序 外15篇

記: 守分堂記 外9篇

題跋: 麗宣明曆志 外43篇

銘: 東磯金公(知光)文房玉瑱銘 東京水晶眼鏡銘 烏晶眼鏡銘 泮人琴銘 著囊銘

箴: 自省箴 客中題壁三箴(其一 其二 其三) 集古訓題斗兒冊房示箴

贊: 擬楊誠齋自贊謹述上褒師獎親命 外2篇

疏: 請先正臣文靖公金麟厚從享文廟疏 請文忠公臣朴淳月井書院故參判臣金繼輝參判臣沈義謙文清公臣鄭澈故宣諭使臣洪千璟等幷賜牲幣疏

婚書: 一漢婚書(改本) 外1篇

上樑文: 宋聖能思權厚里新第上梁文 外4篇

祝文: 東山書院移建開基土地祝文 外20篇

祭文: 祭外姑文 外17篇

哀辭: 金士緯哀辭 外2篇

碑: 元方伯粲粲碑詞

墓表: 三槐堂安公墓表 外5篇

墓碣銘: 僉中樞永慕齋金公墓碣銘幷序 外1篇

行狀: 五代祖考安邮府君行狀 外24篇

遺事: 從叔父秀才遺事 記亡室生卒

傳: 烈婦李氏傳 大護軍朴公傳 主簿朴公傳 壺巖卞公傳(仁川附) 霞谷鄭公傳 韜庵吳公傳 樂齋趙公小傳 故處士龜巖楊公進士梅堂楊公合傳 故四山監役伴仙亭楊公傳

雜著: 題吳生在浩松下獅子畵幅寄柳孫希柱 外25篇/跋(申應朝)

6. 다산 정약용 茶山 丁若鏞

1) 생애

정약용(丁若鏞 1762-1836)은 영조 38년 임오(1762) 6월 16일 광주(廣州) 초부면 마현리에서 진주목사로 순직한 정재원[34]의 넷째 아들[35]로 태어나, 헌종 2년 병신(1836) 2월 22일 향리의 옛집에서 75세를 일기로 눈을 감았다. 다산이 쓴 「제가승촬요(題家乘撮要)」에 따르면, 조선이 정도(定都)한 후 다산의 선세는 황해도 백천(白川)에서 곧 한양으로 이주하였는데, 정승이나 이조판서, 대제학과 같은 큰 벼슬은 없었으나 9대에 걸쳐 옥당화직(玉堂華職: 홍문관 벼슬)지냈다. 고조 이하 삼대가 벼슬하지 못하고 한양을 떠나 마현(馬峴)으로 이주하였으며, 그의 아버지 정재원은 음사(蔭仕)로 진주 목사에 이르렀으니, 봉건시대의 양반사회에 있어서 중류 양반인 유사(儒士) 가문이었다. 한편 그의 모계 해남 윤 씨는 쟁쟁한 유가인 동시에 남인당의 명가였다. 윤선도의 증손인 공재(恭齋) 윤두서(尹斗緖)는 다산의 외종조(外從祖)였다. 그는 다양한 학문적 취향을 가진 박학가로서 경제·실용에 관한 도서를 많이 간직하였고 화예(畵藝)에 뛰어난 능력을 발휘하였다. 다산 스스로 "나의 정분(精分)은 외가에서 받은 것이 많다"고 자인했듯이 다산의 외모는 윤두서를 닮았다고 한다. 어릴 적의 자는 귀농(歸農)[36]이며, 자는 미용(美庸) 또는 송보(頌

---

34 정재원(丁載遠, 1730-1792)은 1762년 3월 생원시에 합격하였으며, 1767년 음사(蔭仕)로 형조좌랑에 부임하였다가 이어서 연천 현감으로 나아갔다. 1776년 가을 화순현감을 거쳐 1780년 예천군수가 되었다. 1787년 한성부서윤, 1789년 4월 울산부사, 1790년 11월 진주목사로 부임하였으나, 1792년 4월 9일 임지에서 63세를 일기로 별세했다.

35 맏형이 약현(若鉉), 둘째 형은 약전(若銓) 셋째 형은 약종(若鍾)이며 약광(若鑛)은 그의 서제(庶弟)로서 서모 김씨의 소생이다.

36 연보에 따르면, 어릴 때 자를 '귀농(歸農)'이라 한 것은 다산이 태어나던 해에 차마 말 못할 변고[영조가 아들 사도세자를 뒤주에 가둬 죽인 일]가 있어서 진주공(晋州

甫) 호는 사암(俟菴)이다. 다산(茶山)·탁옹(籜翁)·태수(苔叟)·자하도인(紫霞道人)·문암일인(門巖逸人)·철마산인(鐵馬山人) 등으로 자호하기도 했다. 당호는 여유(與猶)로 노자의 '동섭외린(冬涉畏鄰)'에서 빌린 것이다.

4세에 천자문(千字文)을 배우기 시작했고, 7세에 "작은 산이 큰 산을 가렸으니, 멀고 가까움이 다르기 때문"(小山蔽大山, 遠近地不同)이라는 시구를 지었다. 아버지 진주공이 "분수에 밝으니 자라면 틀림없이 역법과 산수에 통달할 것이다"라고 기특하게 여겼다. 2세 때, 천연두를 순조롭게 앓아 오직 오른쪽 눈썹 위에 작은 흔적이 남아 눈썹이 세 개로 나뉘었으므로 스스로 호를 '삼미자(三眉子)'라 하였다. 10세 이전에 지은 글들을 모아서 『삼미자집(三眉子集)』을 남겼다. 9세 때 모친 윤씨가 세상을 떠났다.

15세에 홍화보(洪和輔)의 딸과 결혼하였다. 장인은 무과(武科) 출신으로 승지를 지낸 홍화보(洪和輔, 1726-1791)다. 부친이 다시 출사하게 되어 서울로 이사하였다. 17세에 화순 동림사(東林寺)에서 형 정약전과 함께 글을 읽고, 가을에 물염정(勿染亭)과 서석산(瑞石山)을 유람했다.

19세에 아버지의 임지인 경상도 예천(醴泉)의 반학정(伴鶴亭)에서 글을 읽었다. 3년 후에 서울 창동(昌洞) 체천(棣泉)에 집을 마련하여 입주했다.

1783년(22세) 회시(會試)에 급제하고 선정전(宣政殿)에 들어가 은혜에 감사드릴 적에 임금이 특별히 얼굴을 들라 하고, 나이가 몇이냐고 물었다. 성군(聖君)과 현신(賢臣)의 첫 번째 만남이었다. 회현방(會賢坊) 재산루(在山樓)에 이사했으며, 9월에 장남 학연(學淵)이 태어났다.

1784년(23세) 여름에 정조에게 『중용강의』를 바쳤다. 다산은 태학에 재학 중 임금이 『중용』 조문에 대해 의문점을 기술한 80여 조목 가운데 첫머리에 사칠이기(四七理氣)의 변을 논했는데, 동재(東齋)의 여러 학생들이 퇴계의 사단이발(四端理發)을 지지한데 반해 율곡의 기발(氣發)의 설이 막힘이 없다고 생각하여 지지하였다. 이 때 정조는 "그가 진술한 강의는 일반 세속의 흐름을

公)이 시골로 돌아가기를 결심하였는데 이 때 다산이 태어났으므로 이렇게 이름을 붙인 것이다.

벗어나 오직 마음으로 이를 헤아렸으므로 견해가 명확할 뿐만 아니라 그 공정한 마음도 귀하게 여길만하니, 마땅히 이 권(卷)을 첫째로 삼는다"라고 하였다. 해 이벽(李檗)에게서 서학(西學)에 대하여 이야기를 듣고 『중용』에 대하여 문의했다. 1785년(24세) 11월 3일, 감제(柑製)[37]의 초시에 합격했는데 수석을 차지했다. 임금이 "네가 지은 것이 실은 장원보다 못하지 않으나 다만 아직 때가 이르지 않았기 때문이다"하였다. 승지 홍인호가 "아무개 같은 자는 반드시 재상이 될 것이다"라는 임금의 말을 전해 주었다. 이듬해(1786) 7월 29일 둘째 아들 학유(學游)가 태어났다.

1789년(28세) 3월에 직부전시(直赴殿試)에 갑과에 2등으로 급제하여 희릉직장(禧陵直長) 되었고, 6월에 가주서(假注書)가 되었다. 봄에 임금이 희정당(熙政堂)에 나와 초계제신(抄啓諸臣)[38]에게 『대학』을 강의하게 하였는데, 다산이 돌아와 그 내용을 기록해 놓은 것이 『희정당대학강의』다. 12월에 셋째 아들 구장(懼牂)이 태어났다. 이듬해 2월에 예문관(藝文館) 검열(檢閱)이 되었고, 3월 공서파(攻西派)에게 몰려 충남 해미(海美)에 유배되었다가 10일 만에 해배되어 돌아왔다. 9월에 사헌부(司憲府) 지평(持平), 훈련원(訓練院) 무시감찰(武試監察)이 되었다. 임금이 초계문신들로 하여금 대궐 안 각 성에 숙직하면서 『논어』를 읽게 하고, 매일 두서너 편씩 강의하게 하여 7일 만에 마치도록 하였다. 다산이 한밤중에 '상의원'에서 『논어』를 읽고 있었는데, 갑자기 각리(閣吏)가 와서 소매 속에서 종이 한 장을 꺼내 보이면서 "이것은 내일 강(講)할 장입니다"라 하였다. 다산이 깜짝 놀라 "어찌 이것을 강하는 사람이 미리 볼 수 있단 말이오?"라 하니, 각리(閣吏)가 "걱정하지 마십시오, 임금께서 하교하신 일입니다"라고 하였다. 다산이 "비록 그렇다 하더라도 전편을 읽는 것이 마땅하다"라 하고 끝내 살펴보지 아니하니, 그 각리가 웃고 돌아갔다. 다음 날 경연석상에서 올라 『논어』를 강하는데, 임금이 각신(閣臣:

37 황감제(黃柑製)의 약칭으로, 제주도 특산물인 황감을 진상하면 이를 성균관·사학(四學)의 학생들에게 나누어 주고 보이는 시험

38 당하(堂下) 문관 가운데 문학에 뛰어나 자를 뽑아 매달 강독·제술할 때 쓴 시험관인 초계문신(抄啓文臣)을 말한다.

규장각의 관원)에게 이르기를 "정 아무개는 특별히 다른 장을 강하도록 하라"고 하였다. 강을 끝냈을 때 조금도 틀린 곳이 없었다. 임금이 웃으면서 "과연 전편을 읽었구나"라 하였다. 「심삼경책」·「문체책」·「인재책」[39]·「맹자책」을 제출하였다.

1791년(30세) 『시경의(詩經義)』 800여조를 지어 올려 임금으로부터 크게 칭찬을 받았다. 겨울에는 진산사건(珍山事件)[40]이 있었다. 윤지충「다산의 외종형], 권상연[윤지충의 외종형]이 천주를 신봉하여 선조의 제사를 폐지하고 신주를 불사른 것으로 판명되어 사형에 처해졌다. 이 사건을 계기로 이기경[41]·홍낙안(홍희운의 개명)·목만중이 서학(西學)과 서교(西教)의 구분 없이 서학을 사학(邪學)으로 규정하고 이가환·정약용 등의 부류를 사학도(邪學徒)로 몰아 배척하려 하였다. 특히 홍낙안은 좌상 체재공에게 "총명재지(聰明才智)한 사대부 가운데 10중 7, 8이 모두 서교에 가입하여 장차 황건 백련의 반란이 있을 것"이라 하여 물의(物議)를 일으키려 하였다. 이기경은 무고죄로 경원에 유배되었다.

1792년(31세) 3월에 홍문관(弘文館) 수찬(修撰)이 되었으며, 4월에 부친이 진주(晉州) 임지에서 세상을 떠났다. 이 해 수원성제(水原城製)를 지어 올렸다.

1794년(33세) 10월에 홍문관(弘文館) 수찬(修撰)이 되었으며, 이어서 경기도(京畿道) 암행어사(暗行御史)로 연천(連川) 방면을 순찰하고 돌아와 지방 행정의 부패와 농민의 빈곤 상을 정조에게 보고하였다. 이 사건은 그의 사상의 한 전환점이 되었다고 할 수 있는데 이 일로 해서 그는 서용보(徐龍輔)에

---

39 당쟁이 일어난 원인이 의리와 언론을 도외시한 작록(爵祿)의 쟁탈에 있음을 지적했다. 또한 조정이 '탕평책'을 표방하면서 본래부터 당쟁의 영역 바깥에 있는 천민과 서북 백성을 등용하지 않는 것을 신랄하게 비판하였다.

40 호남의 선비 권상연과 윤지충이 윤지충의 어머니 상에 신주를 불사르고 천주교식의 장례를 했다 하여 처형된 사건으로 신해사옥(辛亥邪獄)이라 일컫기도 한다.

41 이기경(1756-1819)의 자는 휴길(休吉), 호는 척암(瘠菴), 본관은 전주다. 남인이면서도 세력가에 결탁하여 다산 일파를 모해하였다. 천주교를 공격하기 위해 『벽위편(闢衛編)』을 지었다.

게 평생의 원수로 지목되었다.

1795년(34세) 1월에 동부승지(同副承旨)가 되고 2월에 병조참의(兵曹參議)가 되었다. 7월에 청국인(淸國人) 주문모(周文謨) 사건 때 둘째 형 약전(若銓)과 연좌되어 충청도 금정찰방(金井察訪)으로 좌천되었다. 이 때 「서암강학기(西巖講學記)」를 지었고 『성호유고(星湖遺稿)』를 정리했으며, 「도산사숙록(陶山私淑錄)」 33항목을 작성했다. 12월에 용양위부사직(龍驤衛副司直)이 되었다.

1797년(36세) 6월에 승정원에 들어가 좌부승지에 제수되었으나, 상소하여 사직하고 「변방사동부승지소(辨謗辭同副承旨疏)」를 올렸다. 그 내용을 요약하면 첫째, 소년 시절에 서양 서적을 보았을 뿐만 아니라 한동안 교리에 경심(傾心)하였던 사실을 고백했다. 둘째, 교리의 허망 괴탄함을 깨달은 것과 일찍이 제사를 폐지한 일은 없었다는 점을 간곡히 개진했다. 셋째, 반대파의 시기와 중상이 심한 상황에서 벼슬에 있는 것이 국가나 개인의 측면에서 이익이 아니므로 사직(辭職)을 간청했다. 다산은 「자명소」의 마지막에 주자가 노덕장(路德章)에게 "하늘을 원망하지 말고 남을 탓하지 말며 속으로 연마하여 만년의 절개를 지키는 데 힘쓰라"고 경계의 말로 당부한 것을 인용하여, 자신도 이 말대로 실천하겠다고 다짐하였다. 따라서 현실적으로 할 일은 경전공부에 마음을 기울여 만년의 보답을 도모하고, 영달의 길을 멀리하여 자정(自靖)하는 뜻을 본받고자 한다는 것이다. 윤6월에 황해도 곡산도호부사(谷山都護府使)로 나갔는데 그 해 겨울에 주민의 두창(痘瘡) 치료를 위하여 『마과회통(麻科會通)』 12권을 편찬했다.

1799년(38세) 4월 24일, 내직으로 옮겨 병조참지에 제수되었고, 5월 초4일 동부승지를 제수 받고 부호군(副護軍)으로 옮겼다. 입성(入城)한 초5일에 다시 형조참의에 제수되어 다산은 적체되고 해결하기 어려운 형사사건들을 명쾌하게 처리하여 사법관의 능력을 크게 발휘하였다. 대사간 신헌조(申獻朝)가 권철신(權哲身)과 다산을 무고하자, 반대파의 미움을 피하여, 6월에 「사형조참의소(辭刑曹參議疏)」를 올리고 사직하였다.

1800(39세) 봄에 가족과 함께 고향 마현(馬峴)으로 돌아갔다가 6월에 왕명

을 받고 다시 상경했는데 정조가 승하하였다. 겨울에 졸곡(卒哭)을 지낸 뒤에 열수(洌水) 가로 돌아가기로 결심하고 오직 초하루 보름에만 곡반(哭班)에 나아갔다. 선왕 졸곡(卒哭) 후에 고향에 돌아가서 형제가 모여서 강론하고 『노자』의 "머뭇거리기를 겨울에 내를 건너듯 하고, 신중하기를 사방의 이웃을 두려워하듯 하네[與兮若冬涉川, 猶乎若畏四隣]"에서 '여유' 두 글자를 취하여 당호를 여유당이라 하였다. 이는 근신의 뜻을 보인 것이다. 이때부터 그는 완전히 유리의 생활에 들어갔다. 이 해 '문헌비고간오(文獻備考刊誤)'를 작성하였다.

1801(40세) 정월에 사상 탄압과 시파(時派)[42] 압살을 예고한 김대비의 '사

---

[42] 시파(時派)와 벽파(僻派)는 대칭되어 쓰인다. 정조는 영조 말 이후로 집단의 규모가 확장된 탕평당(蕩平黨) 계열의 정국주도를 극복해야 하는 문제와 아버지 사도세자의 위상을 자신의 지향대로 설정해야 하는 두 가지 문제를 안고 있었다. 영조는 숙종 이후 심화되었던 노론과 소론 사이의 시비를 양시양비론(兩是兩非論)을 통해 절충하고 노론과 소론의 주요 인물들을 외척화(外戚化)하여 안정적인 기조를 유지하려 했지만, 그 결과는 영조 말 노론계의 의리론이 재확인되고 그 속에서 탕평당(蕩平黨)이라는 이름으로 당으로 결집된 거대한 세력이 형성되기에 이르렀다.

정조는 즉위 후 외조(外祖)인 홍봉한(洪鳳漢) 계열과 반(反)홍봉한 계열을 포함한 탕평당 세력을 일소하는 한편, 노론 청류(淸流)를 등용하고 규장각(奎章閣)과 초계문신(抄啓文臣) 제도 등을 통해 친위세력을 키워 나감으로써 왕권의 기초를 다졌다. 정조는 왕권강화를 위해 노론 청류뿐만 아니라 채제공(蔡濟恭)과 같은 남인·소론계 일부를 중용하였다. 기존의 노론 탕평당 계열은 영조 말에 이미 사도세자문제를 둘러싸고 홍봉한 계열[扶洪派]과 반홍봉한 계열[攻洪派]로 분열되어 있었다. 정조는 왕권강화의 토대를 닦은 후 사도세자의 묘를 수원으로 옮기고 수원을 중심으로 새로운 상권을 형성코자 하였다. 사도세자의 죽음을 둘러싼 임오의리(壬午義理)는 이미 공홍파(攻洪派)와 부홍파(扶洪派)가 분열하였던 것처럼 영조 말 이후 문제의 소지를 안고 있었다. 정조는 즉위 후 임오의리를 둘러싼 논란을 억제하면서 왕권강화를 달성한 다음, 재위 12년 이후부터 사도세자의 위상을 자신의 의향대로 설정해 나갔다.

이러한 새로운 상황에 대해 정조 주도하의 정국에 참여하였던 계열이나 그 대척에 서 있던 벌열(閥閱)세력 등의 사도세자문제를 둘러싼 대립은 보다 심화되었다. 채제공 등 소수 남인으로서는 이 문제가 노론중심의 정국운영에 대해 문제를 제기할 수 있는 소재였으므로 이를 본격적으로 제기하였다. 이 과정에서 사도세자문제에 대한 정조의 정책에 동의하지 않는 무리가 벽파(僻派)로 결집되어, 정조의 정책에 동조하는 부류를 시류에 편승한다는 의미로 시파(時派)라 하여 배척하였다. 시파

학 엄금 교서'가 선포되었다. 2월 8일 원계(院啓)로 인하여 9일 새벽에 이가환·이승훈·홍낙민 등과 함께 투옥되었다. 같은 달 19일 천주교 '명회(明會)'장 정약종의 책롱이 압수되었고, 박장설·이서구·최현중 등은 계속 상소하여 천주신도를 반역죄로 처단할 것을 주장했다. 권철신·정약전·정약종·이기양·오석충·김건순·김백순 및 기내(畿內)의 인사와 신도들이 다수 투옥되었고, 2월에 카톨릭교도에 대한 탄압인 신유교옥(辛酉教獄)에 연좌 체포되어 경북 장기(長鬐)로 유배되었다. 이 때 둘째 형 약전(若銓)은 신지도(薪智島)로 유배되고 셋째 형 약종(若鍾)은 대역부도(大逆不道)의 죄를 뒤집어 쓰고 옥사했다. 『삼창고훈』을 참고하여 『이아술(爾雅述)』6권을 저술했다. 또 「기해방례변(己亥邦禮辨)」도 지었다. 10월에 백서(帛書) 사건의 주동자 황사영이 체포되자, 홍낙안·이기경 등이 다산을 이 사건에 옭아 죽이려고 백방으로 책동하였다. 그러나 다산 형제는 황사영과 무관함이 판명되었고, 정일환(鄭日煥)이 황해도에서 돌아와 백성에게 행한 다산의 선정을 칭송하고 다산을 죽여서는 안 된다고 영상 심환지[沈煥之, 노론 벽파의 우두머리]에게 역설하였다. 태비(太妃)도 백서사건과 다산 형제를 연루시킨 것이 모함이라는 것을 살피고 관계된 사람들을 석방하였으나, 호남에 남은 근심이 있다하여 다산은 강진으로 옮겨 유배하여 진정시키게 하고, 정약전은 흑산도에 유배되었다. 형제가 동행하여 나주 성북(城北) 율정점(栗亭店)에 이르러 작별하였다. 1802년(41세) 장남 학연이 유배지에 찾아와 문안하였다.

1803년(42세) 봄에 『단궁잠오(檀弓箴誤)』, 여름에 「조전고(弔奠考)」를 저술하였고, 겨울에 『예전상의광(禮箋喪儀匡)』 17권을 완성했다. 다산은 저술의 기본원칙을 다음과 같이 기술하고 있다. "마음에 합당하지 않은 것이 있으면 널리 옛 서적을 고찰하여 경(經)으로 경(經)을 증명하여 성인의 뜻을 얻고자 하였다. 혹 이것과 저것을 대비하여 두 상(相)을 비추어 내기도 하였다.

와 벽파의 대립은 정조가 사도세자문제에 관한 자신의 의중을 분명히 하면 할수록 그에 비례하여 심화되었다. 임오의리(壬午義理)와 정조의 정책을 둘러싼 시파와 벽파의 대립은 순조 초년 경주 김씨와 안동 김씨가 대립하게 되는 중요한 명분이 되기도 하였다.

대체로 순수해서 흠이 없는 고주(古注)는 삼가 지켜 잃지 말게 하였으며, 성지(聖旨)를 어그러뜨리고 경(經)의 뜻을 잃은 것으로 계속 와전되어 잘못 전해 내려오는 것은 바로 잡았다."「애절양(哀絕陽)」·「충식송(蟲食松)」 등의 시를 지었다.

1805년(44세) 「정체전중변(正體傳重辨)」[43]을 완성했다.

---

[43] 정체전중변: 『기해방례변(己亥邦禮辨)』이라고도 한다. 효종[鳳林大君: 인조의 둘째 아들] 승하 시, 인조의 계비(繼妃)인 자의대비(慈懿大妃)의 복상(服喪)을 둘러싸고 남인의 허목(許穆) 등은 3년을 주장했고, 서인의 송시열(宋時烈) 등은 1년을 주장했다. 기년설(期年說)이 채택되었다. 또한 경신년(庚申年) 6월에 정종대왕이 승하하자, 예를 의논하는 신하들이 말하기를 "대행(大行)이 정순대비(貞純大妃)에게 적손(嫡孫)으로 왕위를 이어 받은 것이 되므로 '정이불체(正而不體)'인지라 마땅히 자최(齊衰) 1년 복을 입어야 한다"고 하였다. 이에 대해 허목을 존모(尊慕)하는 자들이 말하기를 "태비(太妃)는 마땅히 자최 3년 복을 입어야 하는데, 예관이 잘못하여 1년 복으로 정했으니, 마땅히 상소하여 다투어야 한다"고 주장했다. '정이불체(正而不體)'는 가공언(賈公彦)이 『의례의소(儀禮義疏)』에서 주장한 것으로 3년 복을 입지 않아도 되는 네 가지 중의 하나다. 즉 적통(嫡統)이 대통(大統)을 이었을 경우, 적적(嫡嫡)으로 내려온 것은 맞지만 바로 자기 아버지에서 받은 것이 아니라는 이유로 3년 복을 입지 않아도 된다는 것이다. 또한 '체이부정(體而不正)'은 아버지에게 받기는 했으나 적자(嫡子)가 아닌 서자(庶子)가 대통을 이었을 경우에 적적(嫡嫡)으로 이어지지 않기 때문에 3년 복을 입지 않아도 된다는 것이다.

다산은 허목(許穆)이 논쟁의 핵심을 제대로 파악하지 못했다고 주장한다. '정이불체'와 '체이부정'은 본래 가공언의 교묘한 설에 불과하며, 당시에 허목이 '장(將)'자 한 글자를 가지고 논쟁의 결말을 지어야 했다는 것이다. "장차[將] 임금의 자리를 전해 받을 경우에는 참최(斬衰) 3년 복을 입을 수도 입지 않을 수도 있으며, 이미 임금의 자리를 전해 받았다면 어떤 경우이든 참최(斬衰) 3년 복을 입지 않아서는 안 되는 것이다. 이 말은 지름길이며 간결하고 엄격하여 8방으로 통할 수 있는데, 도리어 쓸데없이 적처(嫡妻) 소생이니 첩(妾)의 소생이니, 장자(長者)로 태어났느냐 둘째로 태어났느냐를 근거로 다투어 화살 떨어진 곳에 표적(標的)을 세우고 각주구검(刻舟求劍) 식으로 하니, 어찌 길이 서로 합치되기를 바라겠는가?"

설령 '체이부정', '정이불체'를 인정한다 하더라도, "효종(孝宗)의 '체이부정(體而不正)'에 대해서 갑은 '서(庶)'라 하고, 을은 '적(嫡)'이라고 하는 것은 혹 다툴만한 점이 있다고 하겠지만, 정종의 '정이불체(正而不體)'에 대해서는 할아버지는 '할아버지'라 하고, 손자는 '손자'라 하는 것은 실상 논박할 수 없는 말이다. 정종은 장헌세자(莊獻世子)의 적자(嫡子)이며, 장헌세자는 영종의 서자(庶子)이다. 정종이 장헌세자에게

1808년(47세) 봄에 강진군 도암면 만덕동(萬德洞)의 다산(茶山) 밑에 있는 윤단(尹慱) 산정으로 이사했으며 거기에서 『다산문답(茶山問答)』·「다산제생증언(茶山諸生贈言)」·『제례고정(祭禮考定)』·『주역사전(周易四箋)』24권·「독역요지(讀易要旨)」18항목·「역례비석(易禮比釋)·「주역전해(周易箋解)」·『주역서언(周易緖言)』 12권을 저술했다.

1810년(49세) 『시경강의보(詩經講義補)』·『관례작의(冠禮酌義)』·『가례작의(嘉禮酌義)』·『소학주관(小學珠串)』을 저술했다.

1811년(50세) 『아방강역고(我邦疆域考)』·『상례사전(喪禮四箋)을 저술했다. 이 해에 홍경래난(洪景來亂)이 일어났다. 다음 해 봄에 계부 가정공(稼亭公)의 부름을 받고 「가정공행장(稼亭公行狀)」을 찬술했으며, 또 홍경래난을 보고 지방 자체방어를 논한 『민보의(民堡議)』 3권을 짓고 『춘추고징(春秋考徵)』 12권을 저술했다.

1814년(53세) 『맹자요의(孟子要義)』 9권·『대학공의(大學公議)』 3권·『중용자잠(中庸自箴)』 9권·『중용강의보(中庸講義補)』·『대동수경(大東水經)』 등을 저술했다.

1815년(54세) 봄에 『심경밀험』·『소학지언』이 이루어졌다. 이듬해(1816)

있어서는 비록 적자가 되었으나 영종에게는 서손(庶孫)이 아닐 수 없다. 만약 가공언의 뜻과 같이 한다면 마땅히 임금의 자리를 이었지만 정체(正體)가 아니다"라고 할 것이다. 지금 예관들이 '정이불체'라고 의론한 것도 또한 삼가고 두려워하며 정중하고 공경하는 정성에서 나온 것인데, 그대는 도리어 허물하는가? 예전에 허미수(許眉叟)가 말하기를 "장자(長子)에게서 태어난 둘째아들이 들어와 대통을 이은 경우에는 3년 복을 입을 수 있다" 하였는데, 지금 대행대왕(大行大王: 대행은 왕이나 비가 죽은 뒤 시호를 부여하기 전의 존칭)은 장자에서 나온 둘째 아들이 아니니, 어떻게 그를 위해 3년 복을 입을 수 있겠는가? 허미수가 당시 1년 복에 대해서 마음속으로 불안하게 여긴 것은 효종이 나라의 임금이었기 때문이다. 마음속의 불안이 나라의 임금이기 때문이라는 데서 일어났지만, 송사(訟事)에 미쳐서는 적출(嫡出)이니 첩출(妾出)이니 장자니 둘째니 다투다가, 그 분이 나라의 임금이었다는 것조차 잊어버렸다. …… 이렇게 본다면 임금을 위해서 참최복(斬衰服)을 입는 것은 큰 표준이며 큰 법이다." 결국 다산에 있어서 임금의 상을 당해서 상복을 정하는 기준은 '정이불체(正而不體)'니 '체이부정(體而不正)'이니 하는 교묘한 언어적 수사에 불과한 논란이 아니라 당사자가 임금이라는 엄연한 사실에 있다는 것이다.

봄에 『악서고존』이 이루어졌다. 여름 6월(6월 6일)에 손암(巽菴) 선생의 부음을 들었다. 그 때의 심정을 다음과 같이 토로하고 있다. "돌아가심이 원통하여 나무와 돌도 눈물을 흘리는데 다시 또 무슨 말을 하리오. 외로운 천지간에 다만 손암 선생만이 나의 지기(知己)였는데 이제 돌아가셨으니 내 비록 터득한 것이 있다 한들 어느 곳에서 입을 열어 말하겠는가? 사람에게 지기가 없으면 죽는 것만도 못하다. 아내도 지기가 아니고 자식도 지기가 아니고 형제·친척도 지기가 아니다. 지기인 형님이 돌아가셨으니 또한 슬프지 아니하겠느냐? 경집(經集) 240책을 새로 장만해서 책상 위에 놓아두었는데 내가 장차 이것을 불태워버렸으면 한다. 율정(栗亭)에서의 이별이 천고에 애통하여 견디지 못할 일이 되어 버렸구나. …… 귀양살이 하는 사람이 다른 섬으로 옮기려 할 때 본래 있던 섬의 백성들이 길을 막고 만류했다는 얘기는 들어보지 못했다."

1816년(56세) 『방례초본(邦禮草本)』 40권을 초하다가 미완성인 채로 두고 『목민심서(牧民心書)』 저술에 착수했다. 1818년(57세) 봄에 『목민심서(牧民心書)』 48권을 완성하고, 여름에 『국조전례고(國朝典禮考)』를 저술하였다. 8월에 이태순(李泰淳)의 상소로 귀양에서 풀려 다산을 떠나 9월 14일에 마현 자택으로 돌아갔다. 이어서 1919년(58세) 『흠흠신서』와 『아언각비』를 저술하였다.

1822년(61세) 회갑년을 맞이하여 자기의 광명(壙銘, 자찬묘지명)을 썼고, 6월에 육향지제(六鄕之制)에 대한 신작(申綽)의 서신에 회답하였다. 「자찬묘지명」에서 자신의 삶을 이렇게 회고하고 있다. "육경·사자(四子)의 학도 두루 연구하여 마쳤고 경제·실용에 관한 책도 마쳤으니 내가 세상에서 할 수 있는 일은 끝났다. 천인성명(天人性命)의 근원에 통달하고 생사(生死)·추탈(推脫)의 근본을 체험하여 다시는 마음에 걸리는 것이 없다 …… 육경사서(六經四書)로써 자신을 닦고 일표이서(一表二書)로써 천하국가를 다스리고자 했으니 본말이 구비되었다고 하겠다. 그러나 알아주는 사람은 적고 꾸짖는 사람이 많으니, 천명이 허락해주지 않으면 불속에 넣어도 괜찮겠다."

1834년(73세) 때의 봄에 『상서고훈(尙書古訓)』과 『지원록(知遠錄)』의 합편

21권을 개정하였고, 가을에 『매씨서평(梅氏書評)』을 개정하여 완성하였다.

1836년 2월 22일 마현리 자택에서 세상을 떠나니 향년 75세였고, 4월 1일에 마현 여유당(與猶堂) 뒤 언덕에 안장되었다. "이 날은 회혼일(回婚日)이어서 족친이 모두 왔고 문생들이 다 모였다. 이보다 앞서 4일에 약한 증세가 있었는데 21일에는 뚜렷이 회복될 희망이 있었지만 공이 이미 죽을 때가 된 줄을 알고 여러 가지 지시하는 것이 평소와 같았다. 22일에 편안히 세상을 떠나셨으니 진시(辰時) 초각(初刻)이었다. …… 이 날 진시에 큰 바람이 땅을 쓸며 불었고 햇빛이 엷어져 어둑어둑했으며 토우의 기운이 누렇게 끼었다. 문인 이강회가 서울에 있었는데 큰 집이 무너져 내려 누르는 꿈을 꾸었다, 아! 이상한 일이다."

1883년(고종 20년) 왕명으로 『여유당전서(與猶堂全書)』가 전사(轉寫)되어 내각(內閣)에 수장되었고, 1910년(隆熙4년) 규장각(奎章閣) 제학(提學)에 추증되고 '문도(文度)'라는 시호(諡號)가 내렸다.

1911년 『목민심서』 절약본(1902년 간행) 3책이 일본어로 번역되었고 『경세유표(經世遺表)』가 일역되었으며, 1934-1938년 사이에 『여유당전서』 76책이 정인보(鄭寅普)·안재홍(安在鴻)의 교정으로 간행되었다.

1956년 양현(梁玄)의 절약본 『목민심서』가 원창규(元暢珪)에 의해서 국역된 이후 수종의 번역서가 나왔으며, 1959년 사단법인 '정다산 기념사업회'에서 자찬묘지 광중본(自撰墓誌 壙中本)에 의거하여 묘비가 마현의 묘정에 건립되었다.

2) 사상

흔히 다산사상을 한 마디로 잘라 말하라 한다면 대체로 이를 일러 목민사상(牧民思想)이라 한다. 이는 곧 다름 아닌 애민사상(愛民思想)이라 이를 수도 있다. 다산이 말하는 목자(牧者)는 바로 공자의 군자(君子)요 맹자의 현인(賢人)에 해당하는 인격적 존재이다.

따라서 다산은 이러한 인격적 존재로서의 목자상(牧者像)을 정립하기 위하여 원시유교의 수사학(洙泗學)적 공자교에로의 복귀를 주장하면서 훈고(訓詁)·술수(術數)·과거(科擧)·문장(文章)·성리(性理) 등 후세에 일어난 소위 오학(五學)이 본래적인 유학의 순수성을 흐리게 한 장애라고 주장했다. 이렇듯 수사학적 연원에서 얻어진 수기치인의 도(道)로서의 군자의 도(道)가 다름 아닌 다산의 이른바 목민의 도(道)에 해당된다.

그러나 다산사상에 대한 이러한 포괄적 이해는 보다 더 구체적인 내용에의 접근을 필요로 하는 것이요, 그것은 모름지기 다산학의 다양성에의 접근을 의미하는 것이다. 여기에서는 먼저 다산이 전생애를 통해 지켜나가고자 했던 삶의 준칙을 살펴보고, 철학·종교·윤리·정치·경제·사회의 항목으로 나누어 다산학의 면모를 조감(鳥瞰)한다.

(1) 삶의 준칙

1801년 겨울 살을 에는 바람이 휘몰아치던 어느 날, 긴 여정에 지친 기색이 역력한 선비 두 사람이 나주 성북(城北) 밤나무 주막에 들어섰다. 바로 다산 정약용과 그의 중형(仲兄) 손암(巽庵) 정약전이었다. 다산과 손암은 그해 겨울 백서(帛書) 사건과 연루된 것으로 모함을 받아 함께 유배 길에 올라 다산은 강진으로 손암은 흑산도로 생이별하는 고통을 감내해야 했다. 이때의 처연한 심정은 「율정별(栗亭別)」이라는 시 속에 오롯이 담겨 있다. “초가 주막 새벽 등불 푸르스름 꺼지려는데 일어나 샛별 보니 이별할 일 참담해라. 두 눈만 말똥말똥 둘이 다 할 말 잃어. 애써 목청 다듬으나 오열이 터지네.” 어쩌면 죽을 때까지 다시는 만날 수 없으리라는 불길한 예감은 들어맞았다. 다산이 유배에서 풀리기 이태 전인 1816년 6월 6일, 다산이 평생의 유일한 지기(知己)요, 학문적 도반(道伴)으로 사랑하고 존중했던 형 정약전의 부음(訃音)을 들었다. 다산은 1818년 8월 해배되어 율정을 지나면서 먼저 죽어 이 길목을 지나갔을 형을 그리워하면서 애달프고 허무한 심회를 「살아서는 미워할 율정점(栗亭店)」이라는 시로 나타냈다. “살아서는 증오할 율정점이여! 문 앞에 갈림길이 놓여 있었네. 본래가 한 뿌리에서 태어났건만. 흩날려 떨어져 간 꽃잎 같다오.”

- **신중하게 두려워하듯 경계하며 살라.**

부표(浮漂)처럼 흔들리는 부침(浮沈)의 역사 속에서도 한결 같은 지조와 옹골찬 학문적 신념으로 영글어진 다산의 삶, 그의 삶의 철학과 세계관을 확인할 수 있는 생각의 편린(片鱗)은 그의 기문과 편지글에 산재해 있다. 그러나 다산의 인생관을 직접적으로 확연하게 드러내고 있는 것은 「여유당기(與猶堂記)」다. 1800년 6월 정조가 승하(昇遐)하자 좌절감에 빠진 다산은 열수(洌水) 가로 돌아가기로 결심한다. 고향으로 돌아온 다산은 근신하는 삶의 자세를 지닌다는 신념에서 여유당(與猶堂)을 당호로 삼고 학문에 세계로 빠져 들었다. 다산은 “겨울에 시내를 건너는 것처럼 신중하게 하고, 사방에서 나를 엿보는 것을 두려워하듯 경계하라”고 말한 『도덕경』의 한 구절에서 따낸 ‘여유(與猶)’ 두 글자를 자신의 성격적 결함을 치유하는 삶의 명문(銘文)으로 삼고자 스스로 기약하였다. 다산은 자신의 병폐가 “용감하지만 지모가 없고 선을 좋아하지만 가릴 줄을 모르며, 마음 내키는 대로 즉시 행하여 의심할 줄을 모르고 두려워할 줄을 모르는 것, 그만 둘 수도 있는 일이지만 마음에 기쁘게 느껴지기만 하면 그만 두지 못하고, 하고 싶지 않은 일이지만 마음에 꺼림칙하여 불쾌하게 되면 그만 둘 수 없는 것”이라고 지적하였다. 사실 이는 다산 자신의 일에 대한 집념과 결단력, 자기 확신을 잘 드러낸 것이기도 하다. 그럼에도 이를 삶을 살아가는 데 있어 흠이 될 만한 것으로 자인한 것은 “이 때문에 선을 끝없이 좋아하였으나, 비방은 홀로 많이 받고 있다.”로 토로하고 있듯이, 수많은 환난과 고통을 겪으면서 감회를 역설적으로 표출한 것으로 볼 수 있다. 이런 점에서 「여유당기」는 짧은 글의 함축된 의미를 통해 자신의 삶을 반추하여 드러낸 고백록이라 할 수 있다.

- **부끄럼 없는 떳떳한 삶을 위하여!**

인간의 존엄성을 사고와 행동의 중심에 두는 다산의 인본주의 정신은 인간이 근원적으로 양심을 지니고 있다는 점에 근거한다. 그는 어떻게 한 점 부끄럼도 없는 떳떳한 삶을 살 것인가에 물음에 다음과 같은 다짐의 말로 답하고 있다. “남을 논박하는 소(疏)를 봉(封)해 올려서 조신(朝臣)의 옳고 그름을 말하고자 하다가 이윽고 생각하니, 이것은 남이 알지 못하게 하려는 것이었다. 남이 알지 못하게 하려는 것은 마음에 크게 두려움이 있어서이므로, 마음에 크게 두려움이 있는 것은 그만둔다. 관직에 있으면서 공금을 농간하여 그 남은 것을 훔치겠는가? 이것 또한 그만 둔다. 모든 마음에 일어나고 뜻에서 싹트는 것은 매우 부득이한 것이 아니면 그만두며, 매우 부득이한 것일지라도 남이 알지 못하게 하려는 것은 그만 둔다." 자신의 삶의 철학을 확신이라도 하듯, 다산은 「아들 학연(學淵)에게 보내는 편지」에서 옳고 그름과 이익과 손해를 큰 기준으로 삼아 인간이 나아가야 할 올바른 길을 이야기하고 있다. 이에 따르면 인간의 삶은 네 등급으로 나눌 수 있다. 옳은 것을 지켜서 이익을 얻는 것이 가장 높은 차원이고, 옳은 것을 지켜서 손해를 보는 것은 그 다음이며, 나쁜 것을 좇아 이익을 얻는 것은 낮은 등급이고, 나쁜 것을 좇아 손해를 보는 것이 가장 열등한 것이다. 이는 아들 학연이 끊임없이 다산을 모함하여 고난에 빠뜨린 홍의호와 강준흠, 이기경에게 항복하여 용서를 애걸하라고 요청한 데 대해 노여움을 표출한 것이다.

다산의 삶의 철학은 벗 사귐에 대한 지론에서도 잘 나타난다. 그는 아버지의 실제 경험을 소개함으로써 겉과 속이 다른 인간의 이중성을 싫어했던 아버지의 성격을 분명하게 드러내고, 아버지의 생생한 목소리를 통해 가난한 친구를 대하는 진실한 자세를 피력하고 있다. 다산의 아버지가 금강산에 놀러 갔을 때, 어떤 고을에 이르러 그곳의 군수와 이야기를 하고 있었다. 때마침 아전이 와서 손님이 왔다고 말했는데 곧 가난한 친구였다. 군수가 콧날을 찌푸리고 고개를 저으며 문을 열었다. 그러나 손님이 들어오자 군수는 기쁜 척 우스개와 농담을 거리낌 없이 하였다. 마치 가을날 서리와 봄날의 볕이 잠깐 사이에 오가듯 하였다. 다산의 아버지는 군수에게 충고의 말을 남겼다. "가난한 친구를 대하는 방법은 제일 좋은 것이 겉과 속이 모두 기뻐하는 것이고, 그 다음은 겉과 속이 모두 담담한 것이며, 제일 나쁜 것은 마음속으로 싫어하면서도 겉으로는 기쁜 체 하는 것이다." 평범하지만 인간을 대하는 참 태도를 잊고 살아가는 우리에게 귀감이 될 만한 내용을 담고 있다.

– **지금 '여기의' 현실을 똑바로 보라**.

쥘 미슐레(Jules Michelet)는 "모든 시대는 다음 시대를 꿈꾼다"고 말했다. 오스칼 와일드(Oscar Wilde)는 "이 세상의 지도가 유토피아라는 땅을 포함하지 않는다면, 지도를 들여다 볼 가치란 전혀 없다"고 꿈의 세계를 대변했다. 다 같이 지금 '여기의' 현실을 넘어설 수 있는 가능성을 '저 너머'의 꿈의 세계에 투사하고 있다.

「어사재기(於斯齋記)」는 청해의 절도사 이민수가 그의 재실(齋室)에 '어사(於斯)'라는 편액을 달고 다산에게 의미를 부연하여 말해주기를 요청한데 대한 화답으로 지은 것이다. 다산은 '어사' 즉, 지금 이곳의 성실한 실존의 모습에서 삶의 참된 의미를 찾을 것을 강조하면서 '어사'라는 두 글자에 공자의 현실주의 철학의 본뜻이 담겨있다는 점을 밝히고 있다. 그는 "세상에서 일컫는 미와 선이라고 하는 것은 모두 '이것'으로 되어 있으니, '이것'의 최상을 다하면 다시 더할 것이 없는 것"이라고 설명하면서 현실의 일상에서 진솔하고 내실 있는 삶이 미적 진리와 도덕적 가치를 추구하는 최선의 길임을 분명히 했다.

돌이킬 수 없는 과거, 기약할 수 없는 미래에 대한 집착은 채워지지 않는 욕망의 또 다른 표출이다. 다산은 「어사재기」에서 욕망을 극대화하고자 하는 인간의 보편적 속성이 현실에 대한 불만족에 기인한 허무주의와 회의주의로 이행될 수 있음을 지적하고, 주어진 현실의 조그만 행복에 만족하고 충실할 것을 권유하고 있다. '저' 세상의 존재와 실현여부를 감지할 수 없는 유토피아(Utopia)를 위하여 '여기의' 현실을 볼모로 잡아서는 안 된다는 것이다. 중요한 것은 '지금 여기에서의 행복'이며, 주어진 현실을 능동적으로 실현하고 사태를 타개해나가는 실천적 지혜다. 다산은 모든 인간이 신기루 같은 허황된 환락과 이상에 맹목적으로 매몰되지 말고 자신이 딛고 있는 삶의 지반을 냉철하게 직시하여 삶의 의미를 찾는 건강한 현실주의자가 되어야 한다고 말하고 있다. "나에게는 없는 물건을 바라보고 가리키며 '저것'이라 말하며, 나에게 있는 것을 깨달아 그것을 보면서 '이것'이라고 말한다. '이것'이라는 것은 내가 이미 직접 소유한 것이다. 그러나 내가 소유한 것이 나의 소원을 만족시키기에 부족하다면 그 마음은 만족할 수 있는 것을 사모하여 그것을 바라보고 가리키며 '저것'이라고 말하지 않을 수 없는 것이니 이것이 천하의 공통된 근심거리이다."

– 학문에의 열정은 고통과 고난의 삶, 고뇌에 찬 현실에서 싹튼다.

다산은 1801년부터 1818년까지 18년 동안 강진 유배시기 동안 조선은 물론 현대에 이르기까지 길이 남을 방대한 저술을 남겼다. 고통과 고난으로 점철된 삶의 역정과 치열하고 고뇌에 찬 현실인식이 거꾸로 시대를 관통하여 인구에 회자(膾炙)되는 대작을 남기는 데 학문적 자양분이 되었다는 사실은 역설이 아닐 수 없다. 가문의 참담한 몰락과 가족의 덧없는 이산 등 그의 삶의 궤적은 가시덤불의 연속이었지만, 일가가 완전히 몰락한 폐족의 처지에서 극복할 수 없는 벽처럼 다가오는 현실의 사태를 지혜롭게 헤쳐 나가는 삶의 태도가 바로 학문에의 침잠이었다. 독서와 진리탐구에 전념하는 성실한 학자는 모름지기 학문 그 자체의 향취에서 즐거움을 누릴 수 있어야 한다. 그러나 학문을 성취하는 방법에도 순서가 있다. 무엇보다 중요한 것은 경학으로 뿌리가 되는 기초를 확고하게 세워야 한다. 그 다음은 사서를 섭렵해서 정치의 득실과 치란(治亂)의 근원을 알아냄으로써 현실에 근거한 역사의식, 사회의식을 정립해야 한다. 그러나 이에 그친다면 학문은 한갓 독단에 매몰된 관념학의 나락으로 떨어지고 만다.

이런 점에서 다산은 "대개 책을 저술하는 법은 경적(經籍)이 마루가 되고, 그 다음은 세상을 경륜하고 백성들에게 은택을 미칠 수 있는 학문이어야 하며, 외적을 막을 수 있는 관문이나 기구와 같은 것도 소홀히 여길 수 없는 것이다."라고 강조한다. 진부하여 새롭지 못한 담론이나 지루하여 쓸모없는 의론을 옮겨 놓는 것은 하릴없이 펜과 종이만 허비하는 셈이다. 이는 손수 진귀한 과일나무나 좋은 채소를 심어서 생계나 풍족하게 하는 것만 못하다. 유학의 본질을 인간학(人間學)·실천학(實踐學)·현실학(現實學)으로 규정할 수 있다면, 우리에게 중요한 것은 선현들의 경세제민(經世濟民)에 관한 서적을 즐겨 읽으면서 마음속에 항상 백성을 윤택하게 하고 인간 그 자체를 존중하는 인본주의적(人本主義的) 사고와 행위를 학문의 궁극적 지향점으로 삼는 것이다.

참 학자로서 권력이나 재력과의 타협을 거부한 채, 오로지 진실만을 추구하려 했던 다산의 삶과 학문적 태도는 『악서고존(樂書孤存)』 머리말에 고스란히 드러난다. "여러 오류를 잡박(雜駁)하게 엮어 거짓을 꾸며 존속하느니, 차라리 외롭게 하나의 진실을 내세워 정말로 없어지는 것을 구제하는 것이 낫다."

(2) 철학

철학적 측면에서 다산학은 근본적으로 탈주자학적(脫朱子學的) 입장을 취하고 있다. 그리하여 그는 주자의 칠서대전(七書大全)의 세계에서 벗어나 육경사서(六經四書)의 경학을 확립하였다.

여기에서 우리가 특기할만한 사실은 다산은 주자의 천리설(天理說)에 대하여 부정적 태도를 취했다는 점이다. 그리하여 그는 주자의 천리설에 가름하여 상제천(上帝天)의 윤리적 천명설(天命說)을 내세움으로서 인격신으로서의 상제의 존재를 인정하였다. 이는 곧 주자의 무신론적 입장에서 유신론적 입장에로의 획기적 전환을 의미한다.

천명(天命)사상은 공자시대의 중심과제 가운데 하나였고, 이 천명을 이해하는 두가지 학문적 입장이 역사적으로 존재하여 왔었다. 즉 '중용'의 '천명지위성(天命之謂性)'이라는 것을 '명즉성(命卽性)'의 성명론적으로 해석하느냐 혹은 '성즉리(性卽理)'의 존재론적으로 해석하느냐 하는 것이었다. 전자를 다산의 수사학적(洙泗學的)인 입장이라고 한다면 후자는 정주학적(程朱學的)인 입장이라고 할 것이다.

다산에 의하면 천명에는 '인간의 본성에 부여되는 윤리적 천명(賦性之命)'과 '천자에게 부여되는 정치적 천명(得位之命)'의 두 가지가 있다. 정치적 천명을 부여받은 성인이 천자의 자리에 오르는 것이 일개인에게만 해당되는 것이라고 한다면 윤리적 천명은 만인에게 공통으로 구비되는 것이요, 이는 곧 '선을 좋아하고 악을 싫어하는 본성(好善惡惡)'과 '덕을 좋아하고 더러움을 부끄러워하는 본성(好德恥汚)'을 의미한다. 이러한 천명은 곧 인성(人性)이요 이 인성은 곧 도심(道心)이라고 하는 것이 일관된 다산의 논지이다. 따라서 인간은 본질적으로 상제천(上帝天)으로부터 윤리적 천명을 부여받은 존재이며, 인간에게 부여된 천명의 본질(곧 人性)은 선과 악, 그리고 덕과 더러움을 취사선택하는 '기호(嗜好)'인 것이다.

그리고 천명의 근거로서 상제천은 언제나 무형신묘(無形神妙)하고 귀와 눈으로는 볼 수 없는 것으로서 오직 도심(道心)에 의하여 감응하고, 언제나 우리들에게 감림(鑒臨)하여 있는 보이지 않는 천체(天體)요 들리지 않는 천성(天聲)이라고 다산은 말한다.

이로써 송대철학이 주축이 되어온 성리학적 인성론은 그 근저로부터 변화를 가져온 셈이 된다. 윤리적 천명의 근원이 되는 인격신으로서의 상제는 인성내존재자(人性內存在者)로서 존재하기 때문에 인성과 천명은 둘이 아니라 하나이다. 즉 천명은 어떤 외재적 존재가 될 수는 없는 것이니 곧 도심에 의하여 파악되는 내적인 존재자이다. 그리고 이를 근거로하여 천명기재도심설(天命寄在道心說)이 성립될 뿐만이 아니라 인심도심내자송설(人心道心內自訟說)이 전개되므로 주자의 주정설(主靜說)적 인성론이 활성론(活性論)적 인성론으로 바꾸어졌다고 보아야할 것이다. 다산의 인성론을 일러 이성적이 아니라 감성적이라 이르는 이유도 바로 여기에 있다.

이렇듯 주자의 성리학에 대한 다산의 부정적 태도는 주자의 이성적 인성을 성기호(性嗜好)라는 감성적 인성으로 탈바꿈해 놓았다. 그러므로 다산은 인성을 성즉리(性卽理)가 아닌 성즉기호(性卽嗜好)로 이해함으로써 그러한 성의 감성적 기호는 '선을 좋아하고 악을 싫어하는 본성(好善惡惡)'과 '덕을 좋아하고 더러움을 부끄러워하는 본성(好德恥汚)'이라는 윤리적 기호로 간주하였으며, 이로써 윤리적 존재로서의 인간의 본질을 설명하려고 하였다. 그리하여 그는 급기야 주자의 본연기질양성론(本然氣質兩性論)에 가름하여 도의금수양성론(道義禽獸兩性論)을 내세움으로써 주자학적 세계에서 초연히 탈피하고 말았던 것이다.

(3) 종교

윤리적 천명의 연원으로서의 상제설은 실천윤리학으로서의 범주를 벗어나지 못한 유학으로 하여금 신독군자(愼獨君子)의 신앙적 유교에로의 일대전환의 계기를 마련해 놓았다.

즉 상제천(上帝天)에 의하여 부여된 윤리적 천명을 인간이 자신의 본성내에서 발견하게 될 때 인간은 상제천 앞에 선 단독자로서의 경건한 자신의 모습을 발견할 수 있는 것이다. 다산은 천명을 섬겨야하는 것으로서 다음과 같이 이해하고 있다.

> 사람들은 듣지 못하지만 나 홀로 똑똑히 들으니 보다 더 상세하고 보다 더 준엄한 자 없으며, 조서(詔書)와도 같고 교해(敎海)와도 같으니 어찌 차근차근 일러줌에 그치랴 …… 천명(天命)을 본심(本心)에서 구하는 것은 성인(聖人)이 하늘을 소연(昭然)히 섬기는 학(學)인 것이다.(『중용자잠』)

> 조심조심하는 마음으로 상제를 뚜렷이 섬기니 항상 신명이 옥루(屋漏)에 임하여 계신듯 하다.(『중용자잠』)

여기서 추출된 상제설적 유일신관이 곧 당시에 성행했던 천주교의 신관에서 유래한 것인지 아닌지의 여부는 쉽사리 가려내기 어렵다. 물론 다산의 상제(上帝)가 천주교에 있어서의 천주(天主)와는 같지 않다. 그러나 정주학자들의 무신론적 입장에서 일약(一躍) 유신론적 입장을 취한 다산의 학문적 신념은 다분히 천주교리의 유신론적 입장에서 크게 시사를 받았으리라는 사실은 최소한 수긍해도 좋을 것이다. 그러나 다산경학 자체가 통틀어 수사학적 선진유학(先秦儒學)에 근거를 두고 있다는 점에서, 다산의 상제설은 모름지기 선진시대의 고전인 시(詩)·서(書) 등에 나오는 상제설로의 회귀를 시도한 것이라고 이해하는 것이 타당할 것이다. 이는 곧 유교경전에서 자주 읽을 수 있는 호천(昊天)·민천(旻天)·황천(皇天) 등의 현대적 이해의 결과라 할 수 있다.

⑷ 윤리

공자의 사상은 기본적으로 인간의 가치는 윤리적 행동을 통하여 결정된다는 것이라 할 수 있다. 따라서 이는 인(仁)을 실천하는 행인(行仁)의 실천윤리(實踐倫理)라고 할 수 있을 것이다. 공자의 중용(中庸)도 결국은 인을 실천하는[行仁] 행위가 때에 알맞음[時中]을 의미하는 것이며, 군자의 지성지도(至誠之道) 또한 인(仁)의 실천을 의미하는 것이라고 할 수 있다. 공자 후의 자사(子思)나 맹자의 성명학적(性命學的)인 인간 이해는 한 사람의 인간이 되기 위한 본질적인 바탕을 제시하고 있는 것이지 그 자체로 잠재적인 인성을 이루고만 있는 것이 아니다. 맹자의 사단지심(四端之心)만 하더라도 그것을 펼쳐 발휘할 때에 비로소 인간의 선행(善行)이 되는 것으로 이해하여야 하는 것이고 보면 결국 인간의 인간다움은 행동의 실천이 절도에 알맞는 데에 있음을 알 수 있다. 여기에 행인(行仁)의 실천윤리가 수사학적(洙泗學的) 수기치인(修己治人)의 밑받침이라고 하는 까닭이 있고, 다산의 사상이 수사학(洙泗學)에 귀를 기울이고 있는 까닭이 있는 것이다.

결국 다산의 도덕철학과 주희 도덕철학의 간극은 '사단(四端)'의 해석에서 크게 벌어진다. 다산은 '사단'의 '단'을 도덕성 실현의 가능적 단초로 이해하는 단시론적(端始論的) 관점에서 가치실현의 과정을 설명한다. 그는 단을 수(首)·시(始)로 해석함으로써 인간관계 속에서 구체적으로 실현된 인의예지(仁義禮智)의 시작·시초, 즉 도덕성 실현의 가능적 근거로써 출발점으로 이해한다. 다시 말하면 사단의 단은 주자의 해석처럼 드러난 마음을 실마리로 하여 미발(未發)의 본성으로서 성체(性體)인 사덕(四德)이 선험적으로 내재되어 있음을 역추(逆推)할 수 있는 단서가 아니다. 오히려 이를 시점으로 하여 확충해 나감으로써 인간의 도덕적 이상을 실현해 나가는 성선론적 근거가 된다고 생각한 것이다. 따라서 사심(四心: 측은·수오·사양·시비)은 인간의 내재적 본성이고 사덕은 사심을 실천적으로 확충한 것인데, 이를 사회윤리적 차원에서 규범화함으로써 건강한 도덕공동체가 이루어진다는 것이다.

신(神)과 형(形)의 묘합으로 이루어진 인간의 영체(靈體)는 선을 좋아라고 악을 부끄러워하는 기호로서의 성, 선과 악의 세계로 자유롭게 열린 인간의 능력과 권한으로서 권형(權衡), 그리고 선하기는 어렵고 악하기는 쉬운 영지의 기틀로서 행사[勢]가 갖추어져 있다. 다산은 인간의 자발적 행위능력과 자주적 권형을 특히 강조한다. 권형이란 선과 악 가운데 한쪽을 선택할 수 있는 자주권(自主權)이며, 나아가서는 선행과 악행을 실행할 수 있는 행위의 자기 결정능력을 의미한다. 다산에 따르면, 인간의 선한 행위에 대한 칭찬은 악을 선택할 수 있는 가능성에도 불구하고 선을 실천했다는 사실 때문이며, 악한 행위를 비난하는 것은 인간이 본래 선한 재질을 지니고 있다는 반면의 가능성 때문이다. 이는 인간의 성선에 근거한 도덕적 행위 가능성과 자율적인 행위 선택 가능성을 염두에 둔 결과이다.

(5) 정치

다산의 정치사상은 공자의 안민론(安民論)과 맹자의 현자왕도론(賢者王道論)의 현대적 구현이라 할 수 있다. 그것은 곧 목민자(牧民慈)를 근간으로 하여 민본주의적 위민사상(爲民思想)으로 전개되었던 것이다.

다산의 목민사상(牧民思想)은 주공(周公)·공자의 예악(禮樂)을 강령으로 삼고 맹자의 왕정(王政)을 정책화하여 요순(堯舜)의 이상국가를 현대화하려 함에 있었다. 목민의 애민(愛民)의 도(道)는 왕도(王道)의 휼민지도(恤民之道)와 다를 바 없는 것이지만 공·맹의 이념을 우리의 현실적 여건에 적응하도록 모색하였다는 데에 새로운 시대적 의의가 있는 것을 볼 수 있다. 더욱이 목자(牧者)는 왕자(王者)와는 달리 군림하는 자가 아니라 백성의 부모로서 '양육하고 길러주는 자(牧者)'에 지나지 않는다고 하는 데에 같은 인도(仁道)이지만 왕도(王道)와 이름을 달리하는 민본주의적 색채를 엿볼 수 있다.

다산은 목자의 연원에 대하여 상고시대에는 이정(里正)·주정(州正)·방백(方伯) 등을 따라 목민의 목자(牧者)가 나타나게 되었으나 후세에 이르러 이러한 부락합의제(部落合議制)의 방법이 무너지고 독선적 전제주의가 대두하게 된 것이라고 분석하고 있다. 그리고 이러한 후세의 전제주의는 존주비민(尊主卑民)의 풍조와 각하부상(刻下附上)의 사조를 낳아 상고시대의 민본주의적 경향을 뒤엎고 말았다고 한다. 다산이 목자는 인민(人民)을 위하여 존재하는 것이라고 말한 것은 인민이 한 사람의 군주를 위하여 존재하는 것이라는 것을 부정함으로써 민본주의의 이념과 다를 바 없는 면을 보여주고 있다. 통치자로서의 천자(天子) 역시 인민의 뜻을 따라 인민의 추천에 의하여 목자로서의 임무를 도맡은 자에 지나지 않는 것이다. 선양(禪讓)과 방벌(放伐)은 이러한 민본주의의 이념 하에서 의미가 있는 것이다.

그는 모름지기 천자도 그의 존립의 기반을 이정(里正)이라는 하민(下民)의 천거에 두고 있으며, 그럼으로써 천자의 위치는 이러한 상향적 천거의 정상에 지나지 않음을 설파하였다. 그러므로 하민의 뜻을 저버리는 천자라면 그는 마땅히 그 자리를 떠나야만 한다는 하민의 소환권 마저 인정하고 있는 데에 현대적 의미가 깃들어 있기도 하다.

그러나 다산은 천자의 통치는 하민에 대한 하향적 내리사랑으로서 목민자(牧民慈)의 윤리이어야 함을 강조한다. 이것이 다름 아닌 위민사상(爲民思想)이요 또 애민사상(愛民思想)의 핵심이다. 그러므로 그는 목자야말로 백성을 위해 존재하는 것이지 백성이 목자를 위해 존재하는 자가 아니라는 점을 강조한다. 이리하여 인민의 삶과 괴리된 전제군주의 설자리를 말끔히 씻어버린 데에서 그의 정치사상의 현대적 일면을 엿볼 수가 있다.

⑹ 경제

다산의 경제사상은 그가 시대적 추세를 따른 상공업의 진흥에 결코 무관심하지는 않았지만 당시에 있어서의 시급한 경제정책으로서는 중농정책(重農政策)에 기반을 두고 있었음은 다시 말할 나위도 없다.

전정(田政)·군정(軍政)·환곡(還穀) 등 삼정(三政)의 문란이 그 극에 달했던 당시에 나라를 구하는 정책으로서 농정의 개혁만큼 시급한 대책이 따로 있을 리가 없다. 따라서 다산도 다른 실학자들과 함께 그의 경제정책의 주안점을 토지개혁론에 둔 까닭이 여기에 있는 것이다. 그러므로 다산이 토지정책의 일환으로 내세운 여전론(閭田論)을 살펴볼 필요가 있다.

다산은 농경국가의 중농주의 정책이 단순한 정책이 아니라 왕정(王政)의 핵심이라는 것을 잘 알고 있었으므로 전정(田政)에 관하여 각별한 관심을 기울였다. 그래서 그는 농토의 주인은 왕(王)과 전부(佃夫) 뿐이라 하였다. 왕(王)은 국가관리권을 의미하고 전부(佃夫)란 경자유전(耕者有田)의 원칙을 의미하는 것으로 다산의 이러한 말은 왕과 농부 이외의 중간 수탈을 인정하지 않는 것을 의미하는 것이었다. 다산은 전정(田政)에 대한 언급에서 고대의 정전제(井田制)는 현재에는 비현실적인 것이므로 이를 그대로 받아들일 수 없는 것이라 하여 정전제에 반대하고 따로이 여전제(閭田制)를 주장하였다.

여전제(閭田制)는 삼십가구 정도를 한 묶음으로 한 협업농장제(協業農場制)라고 할 수 있는데 그 이론의 골자는 일려(一閭)를 단위로 하는 토지에서 공동작업에 의해 경작하고 수확의 분배는 작업일수의 비례에 의하여 결정한다는 것이었다. 여기에서는 토지소유권은 인정되지 않으며 단지 경작권과 이동의 자유만이 인정되고 있을 뿐이다.

이것은 토지의 소유만을 국가에게 인정하고 경작의 자유를 농부에게 인정한 것으로 이동경작의 자유를 인정한 집단농장제라 부를 수 있다. 여기에서는 경작이 강요되지 않는 대신에 추수 때에 출력(出力)에 의한 비례분배라는 방법으로 경작을 유도하고 있었다. 왜냐하면 단지 자기의 노력의 댓가 만큼 수확이 돌아가기 때문이다.

여전세법(閭田稅法)의 면에서는 농민의 부강을 위하여 구일조법(九一助法)이나 십일철법(什一徹法) 이외의 세는 인정되지 않고 있으며, 소위 선비나 학자라 할지라도 재능에 따른 노력의 대가로서 식량의 배당을 받아야 한다고 하였다. 이는 놀고 먹는 유민(游民)을 방지하기 위한 것이다.

단적으로 말해 다산의 여전제는 옛날 정전제에 있어서처럼 토지국유론에 근거한 공동경작의 정신을 계승한 공동경작제도라 할 수 있고, 또 이동의 자유를 허용함과 동시에 경자유전(耕者有田)의 원칙을 철저히 함으로서 중간 수탈을 방지하는 것을 목적으로 하는 토지제도라 할 수 있을 것이다.

여기에서 한 걸음 더 나아가 주목해야 할 점은 그의 병농일치(兵農一致)사상이라 할 수 있다. 곧 그의 여전체제는 영농체제일 뿐만이 아니라 그것을 그대로 민방위체제로 탈바꿈할 수 있다는 점에서 병농일치사상을 배경으로 한 것임을 알 수가 있다. 이로써 그는 백골징포(白骨徵布: 이미 죽어버린 사람을 대상으로 해서 세를 걷는 것) 황구첨정(黃口簽丁: 아직 어린아이를 군역의 의무를 진 어른처럼 계산하여 군세를 걷는 것) 등의 비리가 극심했던 군정(軍政)의 폐단을 극복하여 군포제(軍布制)의 불합리한 점을 교정하려고 하였던 것이다.

(7) **사회**

다산의 사회사상은 사농공상(士農工商)의 사민계급(四民階級)의 철폐에 근거하고 있다. 앞서 여전제에 있어서 유민으로서의 사인(士人)은 귀농해야 한다고 주장한 점에서 사농의 구별이 없어지게 됨을 알 수가 있거니와 유민으로서의 사인(士人)의 나아갈 길은 농사뿐만이 아니라 상·공업을 영위하는 방향으로 트여져야 함을 주장하기도 하였다. 이는 직업의 평등관에 따른 사민계급철폐론(四民階級撤廢論)이라 할 수 있다.

> 대체로 놀고먹는 사인(士人)이 있기 때문에 토지가 모조리 개척되지 않고 있는 것이다. 놀고 있으면 곡식을 얻지 못한다는 사실을 안다면 그도 또한 농사짓는 들판으로 나아갈 것이다. 사인(士人)이 농사짓는 들판으로 나아간다면 토지도 개척될 것이요 풍속도 순후해 질 것이며, 사인이 농사짓는 들판으로 나아간다면 변란을 일으키는 농민도 없어질 것이다.(「田論」5)

> 꼭 농사를 짓기 위하여 들판으로 나아갈 수 없는 사인은 어떻게 할 것인가. 그렇다면 공(工)이나 상(商)으로 전신(轉身)하면 될 것이다.

그러나 다산이 당시에 있어서의 노비법의 철폐에 대하여는 극력 반대했다는 사실은 그 이유가 여하 간에 전근대적 보수주의에 머물고 있다는 점에서 일말의 아쉬움을 남기고 있다.

> 이른바 존귀한 사람을 존귀하게 대접한다는 것은, 벼슬을 해서 군자가 되는

사람은 그 지위가 존귀하며, 조업(操業)하여 소인이 된 사람은 그 지위가 비천하니 두 등급이 있을 뿐이라는 것이다. 그러나 군자의 자손이 그 도(道)를 대대로 지키고 학문을 쌓고 예를 지키면, 비록 벼슬은 하지 않더라도 오히려 귀족인 것이니, 저 하민 노예의 자식과 손자들이 감히 이들을 공경하게 대하지 아니하니, 이것은 무엇보다 먼저 변별해야 하는 점이다.(『목민심서』 권23 「예전(禮典)」 〈변등(辨等)〉 조)

여기서 다산이 전통적 귀족주의에 머물고 있는 한계를 알 수 있다. 귀족과 노비의 계층을 넘어설 수 없는 것으로 본 것은 그의 사상이 결국 유가적 사대부 사상에서 벗어날 수 없는 한계점에 놓여 있기 때문이 아닐 수 없다. 그러나 주의할 것이 있다면 다산의 귀족주의의 기저에는 권력구조 보다도 교화기능을 더욱 중시하는 입장이 깔려있음을 간과해서는 안 된다는 점이다. 다시 말하면 다산은 군신간의 의리나 사우들 간의 교화를 모르는 천류의 교화는 반드시 귀족 사류의 지도가 아니면 안 된다는 입장을 강조하고자 하였던 것이다. 이것은 오늘날에 있어서도 지식인 또는 지성인의 시대적 책무는 곧 그가 처한 시대의 사회교화에 있음을 상기할 때 귀족의 몰락을 당대의 사회기강의 퇴락으로 간주한 다산의 안타까운 심정의 일단을 짐작할 수 있는 것이다.

위의 논의를 종합할 때, 다산학의 이해는 다산을 단순한 후기실학의 집대성자로 보기 보다는 오히려 본래적인 유학을 추구한 사상가로 특징지을 수 있게 하며, 또한 이렇게 함으로써 조선조 후기의 사회적, 역사적 상황과 관련한 다산학의 의의가 새롭게 논구될 수 있을 것이다.

3) 원문 번역

「자찬묘지명(自撰墓誌銘)」은 다산 스스로 그의 일생을 기록한 글이다. 그러므로 그의 생애와 사상의 전모를 개괄적으로 조감하는데 도움이 될 것이다. 여기서는 핵심적인 내용을 초략(抄略)해서 소개한다.

자찬 묘지명(集中本) 自撰 墓誌銘

이 무덤은 열수(洌水) 정약용(丁若鏞)의 묘이다. 본 이름은 약용(若鏞)이요, 자(字)는 미용(美庸) 또 다른 자는 송보(頌甫)라고도 했으며, 호는 사암(俟菴)이고 당호는 여유당(與猶堂)인데 겨울 내를 건너고 이웃이 두렵다는 의미를 따서 지었다.

아버지의 이름은 재원(載遠)이며 음사(蔭士)로 진주목사(晋州牧使)까지 지냈다. 어머니는 숙인(淑人) 해남윤씨(海南尹氏)로 영조 임오년(壬午年: 1762) 6월 16일 약용을 한강변의 마현리(馬峴里)에서 낳았다. 이 때는 청나라 건륭(乾隆) 27년이었다.

정씨(丁氏)의 본은 압해(押海)로 고려 말에 배천(白川)에서 살다가 이씨조선을 세울 무렵부터 서울에서 살았다. 맨처음 벼슬을 한 선조는 승문원(承文院) 교리를 지낸 자급(子伋)으로 이때부터 쭉 이어져 홍문관 부제학을 지낸 수강(壽岡), 병조판서 옥형(玉亨), 의정부 좌찬성 응두(應斗), 대사헌 윤복(胤福), 강원도 관찰사 호선(好善), 홍문관 교리 언벽(彦璧), 병조 참의를 지낸 시윤(時潤)은 모두 옥당(玉堂)에 들어갔었다. 그 이후부터 세상이 어긋나자 마현에 이사와서 살았는데 3세를 모두 포의로 마쳤다. 고조의 이름은 도태(道泰), 증조의 이름은 항신(恒愼), 조부의 이름은 지해(志諧), 오직 증조만이 진사였다.

약용은 어려서부터 영특하여 제법 문자를 알았었다. 9세에 어머니의 상을 당했고 10세부터 비로소 과예(課藝) 공부하기 시작했다. 그 후 5년 동안 아버지께서 벼슬을 하지 않고 한가히 계셨는데 이 때문에 나는 경전(經典)과 사서(史書)·고문(古文)을 매우 부지런히 읽었으며, 또 시율(詩律)을 잘 짓는다는 칭찬을 받기도 했었다.

15세에 결혼을 하자 마침 아버지께서 다시 벼슬을 하여 호조좌랑(戶曹佐郎)이 되셨으므로 서울에서 셋집을 내어 살게 되었다. 이때 서울에는 이가환(李家煥)공이 문학으로써 일세에 이름을 떨치고 있었고, 자형인 이승훈(李承薰)도 또한 몸을 가다듬고 학문에 힘쓰고 있었는데 모두가 성호(星湖) 이익(李瀷)선생의 학문을 이어받아 펼쳐 나가고 있었다. 그래서 약용도 성호

선생이 남기신 글들을 얻어 보게 되자 흔연히 학문을 해야 되겠다고 마음을 먹었다.

정조 원년 정유(丁酉: 16세, 1777)에 아버지께서 화순(和順) 현감으로 나가시게 되어 나도 따라가서 그 이듬해에는 동림사(東林寺)에서 독서를 했다. 경자년(19세, 1780) 봄에 아버지께서 예천(醴泉) 군수로 옮기셨으므로 진주(晉州)에 들러 노닐다가 예천으로 가서 쓰러져가는 관청 집에서 공부를 했다. 임인년(21세, 1782) 가을에는 봉은사에 머물면서 경의과(經義科)의 과목을 공부하였다. 계묘년(22세, 1783) 봄에는 경의과 진사시험에 합격하여 태학(太學)에서 공부하게 되었다. 그때 임금이 중용강의(中庸講義) 80여 조목에 관하여 답변토록 과제를 내려주셨는데 이때 나의 친구 이벽(李檗)이 학식이 넓고 품행이 고상하다는 이름을 얻고 있어서 함께 과제에 답변할 것을 의논했다. 이발기발(理發氣發)의 문제에 있어서 이벽은 퇴계의 학설을 주장했고 내가 답변한 내용은 문성공(文成公) 율곡(栗谷) 이이(李珥)의 학설과 우연히 합치되어서 임금이 다 보시고 난 후 매우 칭찬하시고 1등으로 삼아주셨다. 도승지(都承旨) 김상집(金尙集)이 밖에 나와 사람들에게 말하기를 "정아무개는 임금의 칭찬을 받음이 이와 같으니 크게 이름을 떨치리라"고 했었다.

갑진년(23세, 1784) 4월 이벽을 따라 두미협(斗尾峽)으로 배를 타고 내려가다 처음으로 서교(西敎)에 대하여 듣고 한 권의 책을 보았다. 그러나 변려문(騈儷文)의 학습에 온 마음을 기울여 공부하고 표(表)·전(箋)·조(詔)·제(制)를 익히며 그런 글들을 여러 백권 수집을 하면서, 태학에서 날마다 내리는 과제와 열흘마다 보는 시험에 높은 점수로 뽑혀 서적이나 종이 붓 등을 자주 하사받기도 하고 가까운 신하처럼 임금께서 자주 면담하도록 해주시고 경연에 올라가느라 그 밖의 일에는 참으로 마음을 기울일 겨를을 내지 못했었다.

정미년(26세, 1787) 이후로는 임금의 총애가 더욱 높아갔고 자주 이기경(李基慶)의 정자(亭子)에 나가 과거 공부에 열중하였다. 이기경도 서교 듣기를 즐겨하여 손수 한 권의 책을 베껴놓기까지 했는데 그가 두 마음을 먹기는 무신년(정조 12년, 1788)부터였다.

기유년(28세, 1789) 봄에 나는 성균관에서 보던 시험에 표문(表文)으로써 수석하여 임금 앞에서 실시하는 대과에 응시, 갑과(甲科) 2등으로 합격하여 희릉직장(禧陵直長)으로 발령을 받고 대신들의 품의로 초계문신(抄啓文臣)으로 뽑혀 규장각(奎章閣)에서 매월의 과제에 답변을 올리게 되었다.

경술년(29세, 1790) 봄에는 약용이 김이교(金履喬)와 함께 추천을 받아 한림(翰林)에 들어가 예문관 검열이 되었다. 그러나 곧 사람들의 말이 있어 스스로 벼슬에 나가지 않았다. 다시 사헌부 지평(持平), 사간원 정언(正言)에 승진하고 월과(月課)에 수석 하여 말과 호랑이 가죽을 하사받는 등 총애를 받았다.

신해년(30세, 1791) 겨울에 내각(內閣)에서 모시강의(毛詩講義) 8백여 조를 내렸었는데 나의 답변이 제일 많이 채택되었었다. 임금이 비평한 말씀에 "백가(百家)의 이론을 인용하여 나타낸 주장이 무궁하다. 진실로 평소에 쌓아둔 박식한 공부가 아니고서야 어찌 이러한 내용을 얻었겠는가?"라고 하시면서 조목마다 잘했다고 평가해 주시어 모두가 기대했던 것보다 훨씬 좋은 평가를 받았었다. 이 무렵 호남에서 권상연·윤지충의 옥사(獄事)가 있었는데 악인(惡人) 홍낙안(洪樂安) 등이 이 사건을 핑계 삼아 착한 무리들을 모두 제거해버릴 것을 꾀하려고 하여 번옹(樊翁)에게 글을 올려 말하기를 "총명한 재주와 지혜로 보란 듯한 관료와 선비들의 열 명 중 7,8명은 모두가 서교(西敎)에 빠져 앞으로 황건(黃巾)·백련(白蓮)의 난리가 있을 것입니다"라고 했다. 임금께서 채제공으로 하여금 조사하는 관청에 앉아 목만중(睦萬中)·홍낙안·이기경 등을 불러다 그 허실을 조사하게 하였다. 이기경이 답변하기를 "그 책 속에는 좋은 곳도 있습니다. 저와 이승훈이 옛날에 성균관에서 공부할 때 함께 그 책을 읽었습니다. 만약에 책을 읽은 죄를 논하게 된다면 저와 승훈은 마땅해 똑같이 엄한 벌을 받아야 합니다"라고 말했었다. 곧바로 또 나에게 편지를 보내서 답변했던 내용에 대하여 말하기를 "임금께 대답한 말에 저울질이 있었다. 풀려나게 하려고 한 것이다"라고 했다. 내가 이치훈(李致薰)을 불러다가 말하기를 "성균관에서 그 책을 읽은 것은 실로 심리를 받아야 할 것이다. 마땅히 사실로써 답변을 해야지 임금을 속이는 일은 옳지 못하다"라고 했더니, 이치훈이 말하기를 "임금께 비밀히 아뢰었으니 이미 자수한 것이므로 옥중에서 피고가 답변한 것은 사실에 위배되더라도 임금을 속인 것까지는 되지 않는다"라고 하였으므로 나는 "그렇지 않다. 밀고라는 것은 정식의 재판은 아니나 답변한 내용은 곧 임금께 고한 거다. 조정에서는 오직 옥중의 답변 내용만 관찰하지만 훌륭한 집안과 이름 있는 족당에서의 집안마다의 공론도 무서운 것이다. 지금 어지신 임금이 위에 계시고 정승이 잘 도와 처리하고 있으니 이런 때에 종기를 따내버림이 옳지 않겠는가. 나중에 비록 후회한다 해도 손을 쓸 수가 없을 거다"라고 했지만 이치훈은 끝내 듣지 않았다. 그리고는 이승훈이 감옥에서 조사받을 때 이기경이 무고(誣告)했다고 말하자 마침내 죄가 없다고 풀려나오고 말았다. 이러하자 이기경은 초토신(草土臣)으로 상소하여 조사한 일이 불공정했다고 대신을 헐뜯으니 성균관에서 서서(西書)를 읽은 일이 더욱 상세하게 드러났다. 임금께서 화를 내시고 이기경을 함경도 경원(慶源)으로 유배를 보내자 옆에서 구경하던 사람들이 통쾌하게 여겼었다. 그러나 나는 "그렇지 않다. 우리 편의 화란이 이로부터 시작하리라"고 말했다. 나는 때때로 이기경의 집에 찾아가서 그의 어린 자식들을 어루만져 주었고 그의 어머니의 소대상(小大祥) 제사 때에는 천전(千錢)의 돈으로 도와주었다. 을묘년(34세, 1795) 봄에는 나라에서 대사면이 있었으나 이기경만은 석방되지 못하고 있었다. 그래서 내가 이익운(李益運)에게 말하기를 "이기경이 비록 마음은 불량하나 송사(訟事)에는 당해낼 사람이 없습니다. 일시적으로는 통쾌한 일이나 다른 때의 우환이 될 것입니다. 들어가 상감께 고하여 풀어주게 하는 것만 같지 못합니다"라고 했더니, 이익운도 "내 생각도 그러하다"라고 하고는 곧바로 상감께 올라가 말 한대로 고했더니 임금께서 특별히 이기경을 풀어주게 하셨다. 이기경이 풀려난 지 꽤 지나서 점차로 조정에 들어와 벼슬하게 되었는데 아는 친구로서 그에게 말을 걸어주는 사람은 한 사람도 없었다. 나만이 홀로 옛날처럼 안부와 날씨를 물으며 평상시처럼 지냈다. 이른바 "친구란 친구로 삼았던 것을 없앨 수 없다"는 이유에서였다. 그런데 이기경은 그가 주모한 신유사옥에서까지도 기어코 나를 죽여 없애려고 하였다. 그러면서도 홍의호(洪義浩) 등이 나와 가까이 지냈던 사람들을 대할 때에 이야기가 나에 대해서 나오면 반드시 철철

눈물을 흘렸다고 하니, 비록 큰 계획을 수행하고 있으면서도 한 가닥 양심은 사라지지 않았던 것 같다.

신해사건 이듬해인 임자년(31세, 1792) 봄에 내가 선발되어 홍문관에 들어가 수찬이 되고 내각에 가서 「갱화시집(賡和詩集)」을 만들었다. [중략] 계축년(32세, 1793) 여름에 문숙공(文肅公) 채제공이 화성 유수(華城留守)로 있다가 영의정이 되어 들어와 상소를 올려 다시 임오년에 참소했던 사람에 대하여 논했는데, 김종수(金鍾秀)가 말하기를 "임자년에 연명으로 올린 차자(箚子) 후에 다시 이 문제에 대하여 제기하는 사람은 역적이다"라고 몹시 공격하였다. [중략] 갑인(33세, 1794) 7월에 아버지의 복을 마치자 성균관 직강을 제수하였으며 8월에는 비변사(備邊司)의 낭관을 맡고 10월에 다시 홍문관으로 들어가 교리(校理)·수찬(修撰)이 되었다. [중략] 을묘년(34세, 1795)은 바로 장헌세자의 회갑의 해여서 역시 태비(太妃)나 태빈(太嬪)에게도 존호를 올리기로 하고 예조(禮曹)에 그 문제를 전담하는 도감(都監)을 설치하였다. 채제공이 도제조(都提調)가 되고 나와 권평(權平)이 도청랑(都廳郎)이 되었다. [중략] 이 해 정월에는 특별히 사간(司諫)으로 임명되고 이어서 통정대부(通政大夫) 동부승지(同副承旨)로 발탁되었으니 도감(都監)의 노고 때문이었다. [중략] 12월(丙辰年:35세, 1796)에는 병조참지(兵曹參知)에 제수하셨고 이어서 우부승지(右副承旨)로 옮겨 좌부승지로 승진시켜 주셨다. [중략] 정사년(36세, 1797) 봄에 대유사(大酉舍)에 불리어가서 식사를 대접받고 화식전·원앙전의 의심나는 문제에 대하여 논의를 받고 답하였으며, 임금의 명을 받고 외각(外閣)에 가서 이서구·윤광안·이상황(李相璜) 등과 함께 『춘추좌씨전』을 교정하였고, 또 성균관에서 보는 시험의 대독관(對讀官)이 되었다. [중략]

경신년(39세, 1800) 봄에 나는 참소하고 시기하는 사람이 많음을 알고 낙향하여 칼날을 피하려고 처자식을 거느리고 마현의 고향으로 돌아가 버렸다. 며칠이 지나지 않아 임금께서 들으시고 내각을 시켜 급히 나를 부르신다 하기에 돌아와 보니 임금께서 승지를 통해 유시해 주시기를 "규영부는 이제 춘방(春坊)이 되니 처소를 정하기를 기다려 들어와 교서(校書)의 일을 하게 하라. 내가 어찌 그를 놓아 두겠느냐"라고 하셨다 한다.

여름 6월 12일 마침 달밤이어서 한가하게 앉아 있었더니 문을 두드리는 사람이 있어 들어오도록 하니 내각의 아전이었다. 『한서선(漢書選)』 10질을 가져왔는데 하는 말이 임금께서 유시하시기를 "오래도록 서로 보지 못했다. 너를 불러 책을 편찬하고 싶어서 주자소(鑄字所)의 벽을 새로 발랐으니 그믐께 쯤 경연에 나올 수 있을 것이다"라고 하셨다 하니 위로의 말씀이 대단하셨다. 또 "이 책 5질은 남겨서 가전(家傳)의 물건을 삼도록 하고 5질은 제목의 글씨를 써서 돌려보내도록 하라"하셨다 한다. 아전이 말하기를 유시를 내리실 때 얼굴빛이 못 견디게 그리워하는 듯하셨고 말씀도 온화하고 부드러워 다른 때와는 달랐다고 하였다. 아전이 나가자 감격하여 눈물을 흘리고 마음이 동요되어 어찌할 줄 몰라 했는데 그 다음날부터 임금의 건강에 탈이 났고 28일에 이르러 하늘이 무너지고 말았다. 그날 밤에 하인을 보내 책을 하사해 주시고 안부를 물어주신 것이 끝내는 영결의 말씀이었고 임금과 신하의 정의(情誼)는 그날 밤으로 영원히 끝나고 말았다. 나는 이 일에 생각이 미칠 때마다 눈물이 홍수처럼 쏟아짐을 참지 못하곤 한다.

임금이 승하하신 날 급보를 듣고 홍화문(弘化門) 앞에 이르러 조득영(趙得永)을 만나 서로 가슴을 쥐어뜯고 목 놓아 울었었다. 임금의 관(棺)이 빈전(殯殿)으로 옮겨지는 날에는 숙장문(肅章門) 옆에 앉아 조석중(曺錫中)과 함께 슬픔을 이야기하였다. 공제(公除)의 날이 지난 뒤부터 점차 들리는 소리는 악당들이 참새 떼 뛰듯 날뛰며 날마다 유언비어와 위험스러운 이야기를 지어내고 사람들의 귀를 현혹시키고 있다 했다. "이가환(李家煥) 등이 앞으로 난리를 꾸며 4흉 8적(四凶八賊)을 제거한다"는 이야기까지 꾸며대고는 그 네 명과 여덟 명의 이름에 절반은 당시의 재상들과 명사들의 이름이 끼여 있었고 절반은 자기네들 음험한 무리들의 이름을 끼어 넣고는 당시의 사람들에게 분노를 격발시키게 하고 있었다. 나는 화란의 낌새가 날로 급박해짐을 헤아리고 곧바로 처자를 마현으로 돌려보내고 혼자 서울에 머무르며 세상의 변화를 관찰하고 있었다. 겨울에 임금의 졸곡(卒哭)이 지나자 영영 열상(洌上)으로 낙향해 버리고는 오직 초하루나 보름날의 곡반(哭班)에 참가할 뿐이었다.

신유년(순조 1년, 40세, 1801)에 태비(太妃)가 유시를 내려 서교를 믿는 사람은 코를 베고 멸종시켜 버린다는 경고를 하였다. 정월 그믐 하루 전날 이유수(李儒修)·윤지눌(尹持訥) 등이 편지를 내어 책롱사(冊籠事)를 알려오자 나는 즉시 서울로 달려 들어왔다. 이른바 책롱이라는 것은 5,6사람의 편지들이 섞인 문서인데 그중에는 나의 집안 편지가 들어 있었다. 윤행임(尹行恁)이 그러한 상황을 알아내서 이익운(李益運)과 의논, 유원명(柳遠鳴)을 시켜서 상소하여 나를 붙잡아다 조사를 하여 나와 관계없는 일임을 밝혀내 화봉(禍鋒)을 미리 꺾어버리자고 하였고, 최헌중(崔獻重)·홍시부(洪時溥)·심규(沈逵)·이석(李晳) 등이 애쓰며 권하기를 그렇게 받아들여서 앞으로 전화위복이 되게 하라 하였지만 내가 받아들이지 않았다.

2월 8일 사헌부와 사간원에서 죄상을 적어 임금께 올리고 국문(鞫問)을 청하게 되자 이가환·정약용·이승훈이 모두 투옥되었고 나의 형 약전과 약종 및 이기양(李基讓)·권철신(權哲身)·오석충(吳錫忠)·홍낙민(洪樂敏)·김건순(金健淳)·김백순(金伯淳) 등이 차례로 투옥되었다. 그러나 그 문서 뭉치 중에서는 내가 관계 없음이 분명히 드러났다. 이어서 형틀에서 풀어주고 사헌부 안에서 편히 있게 해주었다. 여러 대신들이 모여 의논을 하고 있었는데 옥사의 위관(委官)인 이병모(李秉模)가 말하기를 "자네는 앞으로 무죄로 풀려날 걸세. 음식도 많이 들며 몸을 아끼시게"라고 했고, 심환지(沈煥之)가 말하기를 "쯧쯧, 혼우(婚友)가 운명이 어찌 될지 알 수 없구나"라고 했다. 지의금(知義禁) 이서구(李書九), 승지 김관주(金觀柱) 등도 공정히 판결하여 용서될 것이라 했고 국문할 때 참관했던 승지 서미수(徐美修)가 은밀히 기름 파는 노파를 불러다가 재판 소식을 나의 처자에게 전해 주라고 하면서 나의 죄질은 가벼워 죽을 걱정은 없으니 식사를 하게 하여 살아나게 하라고 시킨 일까지 있었다. 여러 대신들이 모두가 무죄로 풀어줄 것을 의논했으나 오직 서용보(徐龍輔) 만이 고집을 부려 안 된다고 해서 나는 장기현(長鬐縣)으로 유배당하고 형님 약전은 신지도(薪智島)로 유배형을 받았다. 약종 뿐 만이 아니라 나머지 사람들, 이가환·권철신·이승훈·김건순·김백순·홍낙민은 살아남지 못했다. 오직 이기양은 단천(端川), 오석충은 임자도(荏子島)로 유배를 당했다.

이때 악당들이 내가 죽지 않는다는 것을 알고는 헝클어진 편지 뭉치 속의 삼구(三仇)의 학설을 억지로 뜯어 맞추어 정(丁)씨 집안의 문서에 있는 흉언(凶言)이라고 무고하여 마침내 약종에게 국형을 추가함으로써 내가 재기할 수 있는 길까지를 막아버렸다. 그러나 고(故) 익찬(翊贊) 안정복(安鼎福)의 저서에 분명히 삼구(三仇)의 해석이 있으니 우리 집안에서 만든 말이 아니고 보면 그거야말로 무고임이 분명했다. 이 해 여름에 옥사가 더욱 확대되어 왕손(王孫) 인, 척신 홍낙임(洪樂任), 각신 윤행임(尹行恁) 등이 모두 사사(賜死)당하였다. 나는 장기에 도착하여 『기해방례변(己亥邦禮辨)』을 지었고 『삼창고훈(三倉詁訓)』을 연구했으며 『이아술(爾雅述)』 6권을 저술하였고 수많은 시를 읊으며 스스로 걱정과 근심을 견디며 지냈다.

겨울이 되어 역적 황사영(黃嗣永)이 체포되자 낙안 홍희운(樂安 洪羲運)·이기경 등이 백 가지 계책을 동원하여 조정을 공갈 협박하기도 하고 자기들이 자원해서 사헌부의 벼슬자리에 들어가기도 해서는 발계(發啓)하여 다시 국문하자고 청하여 약용 등을 기어코 죽이고야 말겠다는 것이었다. 홍희운이란 자는 낙안의 바꾼 이름이다. 이때 정일환(鄭日煥)이 황해도로부터 들어와 “정모(丁某)는 서쪽지방에서 백성을 아끼는 정치를 남겼으니 죽여서는 안된다”고 세차게 발언하였고, 또 죄인의 공초(供招)에 이름이 나오지도 않았는데 체포해 오는 법은 없다고 심환지에게 국문하자는 요구에 동의하지 말라고 권했으나, 심환지가 태비에게 청하여 봄철 대간(臺諫)의 계사(啓辭)를 윤허받았다. 이에 약전·약용 및 이치훈(李致薰)·이관기(李寬基)·이학규(李學逵)·신여권(申與權) 등이 또 체포되어 투옥당했다. 위관(委官)이 흉서(凶書: 帛書)를 나에게 보여주며 말하기를 “역적의 변고가 이 지경에 이르렀으니 조정에서도 무슨 걱정인들 미치지 않으리요. 무릇 서양 서적의 글자 하나라도 읽은 사람은 죽음이 있을 뿐 살아날 수는 없다”라고 하였다. 그런데 사건을 조사해 보니 모두 참여해서 알았던 정상이 없었고, 또 여러 대신들이 압수해간 예설(禮說)이나 이아설(爾雅說) 및 여러 시작품을 검토해 본바 모두가 안한(安閒)하고 정밀하여 알맹이가 있고 적(황사영)과 서로 통했던 낌새가 없기 때문에 불쌍하게 여겨서 어전에 들어가 무죄임을 올려바치니, 태비도 그것이 무고임을 살펴내고 여섯 사람을 모두 적당히 석방하라고 명령하고는 말하기를 "호남에는 아직도 서교에 대한 우려가 있으니 약용을 강진현으로 유배시켜 진정시키도록 하고 약전은 흑산도, 나머지도 모두 영남과 호남으로 옮겨서 유배하라"고 하였다. ……

내가 강진에 도착하자 문을 닫고 아무도 만나지 않고 있었는데 임술년(41세, 1802) 여름에 강진 현감 이안묵(李安默)이 하찮은 일로 또 무고를 하였으나 사실이 없어서 끝나버렸다. 계해년(42세, 1803) 겨울에 태비의 특별명령으로 나와 채홍원(蔡弘遠)을 함께 석방하라고 했지만 정승 서용보가 가로막아 버렸다. 무진년(47세, 1808) 봄에는 다산(茶山)으로 이사를 했다. 그곳에다 대(臺)를 쌓고 못을 파서 줄을 맞춰 꽃과 나무를 심고 물을 끌어다 비류폭포를 만들었다. 동암(東菴)과 서암(西菴) 두 초막을 짓고 천여 권의 장서(藏書)를 두고 저술을 하면서 스스로 재미를 느끼고 살았다. 다산은 만덕사(萬德寺)의 서쪽에 있었는데 처사(處士) 윤단(尹慱)의 산정(山亭: 茶山草堂)이었다. 바위로 된 절벽에 '정석(丁石)' 두 글자를 새겨서 표시를 해놓았다. [중략]

무인년(57세, 1818) 여름 응교(應敎) 이태순(李泰淳)이 상소하여 "정계가 되었는데도 의금부에서 석방 공문을 보내지 않는 것은 국조(國朝) 이래 아직까지 없던 일입니다. 여기서 파생될 폐단이 얼마나 많을지 알 수가 없는 일입니다"라고 하였다. 그러자 정승 남공철(南公轍)이 의금부의 여러 신하들을 꾸짖으니 판의금(判義禁) 김희순(金羲淳)이 마침내 공문을 보내어 내가 고향으로 풀려 돌아왔다. 가경(嘉慶) 무인 9월의 보름날이었다.

처음 신유년(1801) 봄에 옥중에 있을 때 하루는 근심하고 걱정하다 잠이 든 꿈결에 어떤 노인이 꾸짖기를 "소무(蘇武)는 19년도 참고 견디었는데 지금 그대는 19일의 괴로움도 참지 못한다는 말인가"라고 했었다. 옥에서 나오던 때에 당하여 헤아려 보니 옥에 있던 것이 꼭 19일 이었다. 유배지에서 고향으로 돌아옴에 당하여 헤아려 보니 경신년(1800) 벼슬길에서 물러나던 때로부터 또 19년이 되었다. 인생의 화와 복이란 정말로 운명에 정해져 있지 않다고 누가 말하겠는가.

고향 집에 돌아오고 보니 서용보가 마침 벼슬길에서 물러나 서쪽 이웃 마을에 살고 있었다. 사람을 보내어 대단히 관곡(款曲)한 위로의 말을 보내왔다.

기묘년(58세, 1819) 봄에 서용보가 다시 정승으로 들어갔는데 오고갈 때마다 은근하게 위로의 문안을 해주었다. 그해 겨울에 조정의 의논이 경전(經田)하는 일에 다시 나를 기용해서 쓰기로 결정이 났으나 서용보가 극력 저지하여 끝나버렸다. 이해 봄에 배를 타고 남한강(濕水)을 거슬러 올라가 충주(忠州)에 있는 선산에 성묘하였다. 가을에 용문산(龍門山)에 유람했다.

경진년(59세, 1820) 봄에 배를 타고 산수(汕水)를 거슬러 올라가 춘천과 청평산(淸平山) 등지를 유람했다. 가을에는 다시 용문산에 가서 유람하는 등산과 시냇가에 산보하면서 인생을 마치기로 했다.

나는 해변 가로 귀양을 가자 '어린 시절에 학문에 뜻을 두었지만 20년 동안 속세와 벼슬길에 빠져 옛날 어진 임금들이 나라를 다스렸던 대도(大道)를 알지 못했다. 이제야 겨를을 얻었구나'라는 생각이 들어 그때야 흔연스럽게 스스로 기뻐하였다. 육경(六經)과 사서(四書)를 가져다가 골똘히 생각에 잠기고 밑바탕까지 파내었다. 한(漢)·위(魏) 이후로부터 명(明)·청(淸)에 이르기까지의 유학사상으로 경전(經典)에 도움이 될 만한 모든 학설을 광범위하게 수집하고 넓게 고찰하여 잘못되고 그릇되었음을 확정해 놓고는 그런 것 중에서 취사선택하고 나대로의 학설을 마련하여 밝혀놓았다.

선대왕(正祖)의 비평을 받았던 『모시강의(毛詩講義)』 12권으로부터 시작하여 별도로 『모시강의보(毛詩講義補)』 3권을 저술해 놓고, 『매씨상서평(梅氏尙書平)』 9권, 『상서고훈(尙書古訓)』 6권, 『상서지원록(尙書知遠錄)』 7권, 『상례사전(喪禮四箋)』 50권, 『상례외편(喪禮外編)』 12권, 『사례가식(四禮家式)』 9권, 『악서고존(樂書孤存)』 12권, 『주역사전(周易四箋)』 24권, 『역학서언(易學緖言)』 12권, 『춘추고징(春秋考徵)』 12권, 『논어고금주(論語古今注)』 40권, 『맹자요의(孟子要義)』 9권, 『중용자잠(中庸自箴)』 3권, 『중용강의보(中庸講義補)』 6권, 『대학공의(大學公議)』 3권, 『희정당대학강록(熙政堂大學講錄)』 1권, 『소학보전(小學補箋)』 1권, 『심경밀험(心經密驗)』 1권을 저술했으니 이상 경집(經集) 232권이었다.

『시경(詩經)』에 대한 학설을 보면 시(詩)란 간림(諫林)이다. 순(舜)의 시대에 "오성육률(五聲六律)로써 오언(五言)을 받아들인다"라고 했을 때 오언(五言)이란 육시(六詩) 중에서 다섯을 말한다. 풍(風)·부(賦)·비(比)·흥(興)과 아(雅)가 다섯이며 단지 송(頌)만을 세지 않은 것이다. 고몽(瞽矇)이 아침, 저녁으로 풍자하는 노래를 부르면 가수들이 따라서 합창해 부르며 거문고나 비파를 타기도 하면서 임금으로 하여금 착한 것은 들어서 감발하게 하고 악한 것은 듣고서 잘못을 뉘우치게 하기 때문에 시의 포폄(褒貶)은 『춘추(春秋)』보다 더욱 무서운 역할을 하며 임금들이 두려워하기 때문에 "시가 없어지고 나서 춘추를 제작했다"라고 했었다. 풍부비흥은 풍자한다는 말이고 소아(小雅)·대아(大雅)란 정언(正言)으로 간(諫)한다는 말이다.

『서경(書經)』에 대한 학설을 보면 매색(梅賾)이 전한 25편은 가짜이다. 『사기(史記)』·『양한서(兩漢書)』 및 『진수서(晉隋書)』에 있는 유림전이나 경적지(經籍志)를 고찰해 보면 그게 가짜임이 분명하며 서경에서 그 부분을 없애지 않으면 안 된다. 선기옥형(璿璣玉衡)이란 하늘의 모형을 딴 의기(儀器: 渾天儀)를 뜻하는 것이 아니며, 우공(禹貢)의 삼저적(三底績)은 아홉 해 동안에 세 번 고적(考績)한다 는 것이고, 홍범구주(洪範九疇)는 정전(井田)의 모형이기 때문에 2와 8이 서로 대응되고 4와 6이 서로 이어지는 것이다.

『예경(禮經)』에 대한 학설을 보면 정현(鄭玄)의 주(註)는 전해 물려받은 착오가 없지 않은데 선유(先儒)가 성경(聖經)처럼 떠받든 것은 잘못이다. 상의유광(喪儀有匡)에서는 '질병(疾病)'이란, 목숨이 이에 끊어짐을 말함이다. 남녀개복(男女皆服)이란 순수한 흰색으로 갈아입는 것이다. 천자나 제후의 상(喪)에는 먼저 성복(成服)하고 뒤에 대렴(大斂)한다. 천자·제후·대부·사(士)는 삼우(三虞)로 졸곡제(卒哭祭)를 지내는 것이지 졸곡제란 따로 지내는 제사가 아니다. 부(祔)란 신도(神道)를 부(祔)한다 함이지 신주에 곁붙이는 것이 아니고 묘(廟)에다 곁붙인다는 것도 아니다. 길제(吉祭)란 사계절에 정해진 제사이지 소목(昭穆)을 가리는 일이 아니다. [중략]

『악(樂)』에 대한 학설을 보면 오성(五聲)과 육률(六律)은 절대로 한가지임이 아니다. 육률이란 악기를 제작하는 것으로 음악가의 선천(先天)이다. 오성이란 곡조를 분별하는 음악가의 후천(後天)이다. 추연(鄒衍)·여불위(呂不韋)·유안(劉安) 등의 학설인 취율정성(吹聿定聲)의 사악한 학설을 변척(辨斥)하고 삼분손익(三分損益)·취처생자(娶妻生子)의 학설이나 괘기월기(卦氣月氣)·정반변반(正半變半)의 학설은 하나도 인용하지 않았다. 육률을 각각 셋으로 나누어 하나씩을 빼내 육려(六呂)가 되는 것이니 이는 영주구(伶州鳩)의 대균세균(大均細均)·삼기육평(三紀六平)의 옛 법을 따랐다.

『역경(易經)』에 관한 학설을 보면 역에는 삼오(三奧)가 있다. 첫째는 추이(推移)요, 둘째는 효변(爻變)이요, 셋째는 호체(互體)이다. 12벽괘(十二辟卦)는 4시(四時)를 형상하였고 중부(中孚)와 소과(小過)는 양윤(兩閏)을 형상하며 거기에서 추이(推移)하여 50연괘(五十衍卦)를 만들어 내는데 그것을 추이라고 한다. [중략]

『춘추(春秋)』에 관한 학설을 보면 제후(諸侯)들이 '왕정(王正)'을 받드는 것이 예(禮)이다. 비록 주(周)나라가 쇠약해졌다 해도 마땅히 '왕정(王正)'을 내걸었다. 또 그 당시에 열국(列國)에서 하정(夏正)을 참작해서 썼으므로 여름은 온(溫)의 보리에서 취한 것이고 가을은 주(周)나라의 벼에서 취한 것이다. 반드시 왕정월(王正月)이라고 써서 그 자월(子月)이 됨을 밝혀둔 것이다. 한 글자의 포(褒)를 더러 선(善)과 같다고 하나 용례는 다르고 한 글자의 폄(貶)을 악(惡)과 다르다고 하나 용례에는 모두 같은 것으로 되어 있다. [중략]

『논어(論語)』에 대한 학설은 새로운 주장이 더욱 많다. 효제(孝弟)란 바로 인(仁)이다. 인(仁)이란 총괄해서 하는 말이고 효제(孝弟)란 분할해서 하는 말이다. 인이란 효제로부터 시작되기 때문에 "효제란 인(仁)을 하는 근본이다"라고 했다. "북신(北辰)이 제 자리를 잡았다"라고 함은 남극(南極)으로 마주 서게 한 것으로 임금이 마음을 바르게 갖는 형상을 말한다. 임금의 마음이 바르게 되면 백관(百官)이나 만민(萬民)이 더불어 운화(運化)가 되는 것이니 그래서 '모든 별들이 함께 돈다'라고 했다. '공(共)'자를 향(向)이라 함은 무의미한 말이다. [중략]

『맹자(孟子)』에 대한 학설로는 천자의 신하가 천승(千乘)을 차지한다고 하면 삼공육경(三公六卿)이 각각 천승을 차지하여 나머지는 천승뿐이다. 천자와 구신(九臣)이 각각 천승을 가지면 십경(十卿)은 녹(祿)을 받지 못한다. 소재(小宰)나 소사도(小司徒) 이하의 관리들은 한 치의 녹도 혜택받지 못하게 되어버릴 것이다. [중략]

『중용(中庸)』에 대한 학설로는 순(舜)이 전악(典樂)에게 명령하여 주자(冑子)를 가르치는데 곧되 온화하며 너그럽되 씩씩하며 강하되 포학하지 말며 간이(簡易)하되 거만하게 하지 말라고 했는데, 주례에 대사악(大司樂)이 국자(國子)를 가르칠 때 중화(中和)와 지용(祗庸)으로 한 것은 바로 그 유법(遺法)이었다. 고요(皐陶)는 구덕(九德)으로써 사람을 등용하였고 주공(周公)이 입정(立政)에서 "구덕의 행실을 충실히 행할 줄 알았다"고 한 것도 그 유법이다. 홍범(洪範)에 "높고 밝은 이는 부드럽게 다스리고, 깊고 잠긴 이는 강(剛)으로 다스린다"고 한 것은 모두 중화(中和)의 뜻이고, "진실로 그 중을 잡으라"한 것은 오히려 대강(大綱)을 말한 것이다. 용(庸)이란 항상적이어서 오래토록 끊이지 않는 덕이다. "도(道)란 잠시도 떠날 수 없다"는 것은 용(庸)이다. "할 수 없는 사람들이 거의 없어진지 오래다"라 것도 용(庸)이다. "한 달을 제대로 지키지 못한다"는 것도 용(庸)이다. "중간에 그만두어 버리는 자는 나도 어찌하지 못한다"함도 용(庸)이다. "용덕(庸德)의 행(行)과 용언(庸言)의 근(謹)"이라 함도 용(庸)이다. '지성무식(至誠無息)', '불식즉구(不息則久)'도 용(庸)이다. 문왕(文王)의 순역불이(純亦不已)도 용(庸)이다. "회(回)는 석 달 동안 인(仁)을 어기지 않았고, 그 밖에 사람은 하루 아니면 한 달 동안 인에 있을 뿐이다" 한 것도 용(庸)이다. "능히 하루가 다하도록 임금의 교도(敎導)를 힘쓰지 아니함"도 용(庸)이다. 고요(皐陶)가 구덕(九德)을 들면서 "그 영원함을 빛내소서[彰厥有常]"라고 결론 맺었고 입정(立政)의 구덕의 계(戒)에서도 부연하기를 "오직 상덕(常德)이라"고 했었다. 역(易)에서는 "능히 중(中)에 오래함이다"했다. 이 모두 중용의 뜻이니 중(中)을 지키고 능히 용(庸)하면 곧 성인일 뿐이다. [중략]

색은(索隱)이란 이유 없이 벼슬하지 않는 것이요 백이(伯夷)나 태백(泰伯)처럼 인륜(人倫)의 변란을 맞아 그러하던 것이 아니다. '고치면 그친다[改而

止]'란 도끼자루를 견주어 보아 길면 고치고 짧아도 고치고 커도 고치고 작아도 고쳐서 본래의 도끼자루와 같게 한 뒤에야 멈춘다 함이다. 사람의 강서(强恕)도 이와 같으니 사람으로 하여금 허물을 고치게 함을 두고 이른 말이 아니다. 도심(道心)과 인심(人心)은 『도경(道經)』에서 나온 이야기이고 유일(唯一)과 유정(唯精)은 순자(荀子)에게서 나온 말이기 때문에 의미를 서로 연결하려고 해서는 안 된다. 도(道)와 인(人)의 사이란 그 가운데를 붙잡을 수 없으며 하나인 이후에 정(精)이니 둘을 붙잡아 가지고 운용하는 것이 아니다.

『대학(大學)』에 대한 학설로는 태학이란 주자(冑子)와 국자(國子)의 학궁(學宮)이다. 주자나 국자에게는 벼슬하여 백성을 다스리는 책임이 있기 때문에 치평(治平)의 술(術)을 가르쳤다. 필부(匹夫)나 서민(庶民), 일반 백성의 자식들이 함께 어울리는게 아니었다. 명덕(明德)은 효제자(孝弟慈)이지 사람의 영명(靈明)이 아니다. 격물(格物)이란 물(物)에는 본말(本末)이 있다 할 때의 물을 격(格)하는 것이다. 치지(致知)란 먼저 하고 뒤에 할 바를 안다 할 때의 지(知)를 치(致)함이다. 성(誠)이란 물(物)의 종시(終始)이기 때문에 성의(誠意)가 나아가 제일 위에 놓인 것이다. 정심(正心)이란 수신(修身)하는 것인데 몸에 분치(忿懥)가 있으면 고쳐지지 않음을 말한다. [중략]

『경세유표』는 어떤 내용인가. 관제(官制)·군현제(郡縣制)·전제(田制)·부역(賦役)·공시(貢市)·창저(倉儲)·군제(軍制)·과제(科制)·해세(海稅)·상세(商稅)· 마정(馬政)·선법(船法) 등 나라를 경영하는 제반 제도에 대해서 현재의 실행가능 여부에 구애되지 않고 경(經)을 세우고 기(紀)를 나열하여 우리의 구방(舊邦)을 새롭게 개혁해 보려는 생각에서 저술한 것이다.

『목민심서』는 어떤 내용인가. 현재의 법을 토대로 해서 우리 백성을 다스려 보자는 것이다. 율기(律己)·봉공(奉公)·애민(愛民)을 세 가지의 기(紀)로 삼았고, 이(吏)·호(戶)·예(禮)·병(兵)·형(刑)·공(工)을 여섯 가지 전(典)으로 만들어 진황(振荒) 한 단원으로 끝맺었으며, 하나의 조목마다 6조(條)를 포함했다. 고금의 이론을 찾아냈고 간위(奸僞)를 열어젖혀 목민관(牧民官)에게 주어 백성 한 사람이라도 그 혜택을 입을 수 있게 했으면 하는 것이 나의 마음 씀이었다.

『흠흠신서』는 어떤 내용인가. 사람의 목숨을 다루는 옥사(獄事)에서 다스리는 사람이 더러 알지 못하는 것이 있기에 경사(經史)로써 근본을 삼고 비의(批議)로써 보강하고 공안(公案)으로써 증거가 되게 하였으며, 모든 것을 상정(商訂)하여 옥사를 관리하는 사람들에게 주어 백성들의 억울함이 없기를 바라는 것이 나의 뜻이었다.

육경사서(六經四書)로써 자기 몸을 닦게 하고 일표이서(一表二書)로써 천하 국가를 다스릴 수 있게 하고자 함이었으니, 본(本)과 말(末)이 구비되었다고 하겠다. 그러나 알아주는 사람은 적고 꾸짖는 사람만 많다면 천명(天命)이 허락해 주지를 않는 것으로 여겨 한 무더기 불 속에 처넣어 태워버려도 괜찮다.

어머니는 윤씨(尹氏)로 그분의 아버지는 덕렬(德烈), 조부는 두서(斗緖), 증조는 이석(爾錫)으로 종친부 전부(宗親府典簿)였다. 아내는 풍산홍씨(豊山洪氏)로 아버지 화보(和輔)는 승정원 동부승지, 함경북도 절도사였으며, 조부는 중후(重厚)로 동지돈녕부사(同知敦寧府事)였고, 증조는 만기(萬紀)로 승정원 우부승지였다. 홍씨가 6남 3녀를 낳았으나 어려서 죽은 애들이 3분의 2였다. 큰아들은 학연(學淵), 둘째는 학유(學游)며 딸 하나는 윤창모(尹昌謨)에게 시집갔다. 학연의 아들은 대림(大林)이다.

나는 건륭(乾隆) 임오년(1762)에 태어나 지금 도광(道光)의 임오(1822)를 만났으니 갑자(甲子)가 한 바퀴 돈 60년의 돌이다. 뭐로 보더라도 죄를 회개할 햇수다. 수습하여 결론을 맺고 한평생을 다시 돌려 내가 금년부터 정밀하게 몸을 닦아 실천한다면 명명(明命)을 살펴서 나머지 인생을 끝마칠 것이다. 그리고는 집 뒤란의 자(子)의 방향 쪽에다 널 들어갈 구덩이의 모형을 그어놓고 나의 평생의 언행(言行)을 대략 기록하여 무덤 속에 넣을 묘지(墓誌)로 삼겠다.

명(銘)은 다음과 같다.

네가 네 착한 행적을 기록하되
장황하게 여러 장이 되네.

네 감추어진 사특(邪慝)을 기록하면
책에 다 적을 수 없으리.

너는 말하기를
"나는 사서(四書)·육경(六經)을 안다"하지만
그 행실(行實) 곰곰히 생각해보면
어찌 부끄럽지 않으랴.

너야 널리 명예를 날리고 싶겠지만
찬양이야 할 게 없다.
몸소 행동으로 증명하여
드러내고 빛내지 아니하랴.

너의 분운(紛紜)함을 거둬들이고
너의 창광(猖狂)을 거둬들여서
힘써 상제를 밝게 섬겨야
마침내 경사(慶事)가 있으리라.

목민심서 자서 牧民心書 自序

목민심서(牧民心書)는 다산의 경세사상의 대표적 저술인 일표이서(一表二書) 중의 하나이다. 오늘을 사는 우리에게 특히 인민의 공복(公僕)인 관리들에게는 필독의 서(書)라고 할 수 있다. 책이 너무 방대하여 소개할 수 없으므로 다산 자신이 쓴 서문만을 소개한다.

목민심서 자서

옛날에 순임금은 요임금의 뒤를 이어 12목(牧)을 불러 그들로 하여금 백성을 다스리게 하였으며, 문왕은 정사(政事)를 펼 때 사목(司牧)을 두어 목부(牧夫)라 하였으며, 맹자는 평륙(平陸)에 갔을 때 추목(芻牧)으로써 백성을 다스리는 것에 비유하였으니, 이로 미루어 보면 백성을 부양하는 것을 가리켜

목(牧)이라 한 것이 성현의 남긴 뜻이다. 성현의 가르침에는 원래 두 가지 길이 있다. 사도(司徒)는 모든 백성을 가르쳐 각각 수신케 하고, 태학(太學)에서는 국자(國子)를 가르쳐 각각 수신하고 치민(治民)케 하였으니, 치민하는 것이 목민하는 것이다. 그렇다면 군자의 학은 수신이 그 반이요 나머지 반은 목민인 것이다. 성인의 시대가 이미 멀어졌고 그 말씀도 없어져서 그 도가 점점 어두워졌으니, 오늘날 백성을 다스리는 자들은 오직 거두어들이는 데만 급급할 뿐 백성을 부양하는 방법은 알지 못한다. 이 때문에 하민(下民)들은 여위고 시달리고, 시들고 병들어 서로 쓰러져 줄지어 진구렁을 메우는데, 그들을 다스린다는 자들은 바야흐로 고운 옷과 맛있는 음식으로 자기만 살찌고 있으니 어찌 슬프지 아니한가.

나의 선친께서 조정의 지우(知遇)를 받아 두 현의 현감(縣監), 한 군의 군수(郡守), 한 부의 도호부사(都護府使), 한 주의 목사(牧使)를 지냈는데 모두 치적이 있었다. 비록 어리석고 못난 나이지만 따라다니면서 배워서 다소간 들은 바가 있었고, 보아서 다소간 깨달은 바도 있었으며, 또 물러나와 이를 시험해볼 때에도 그윽이 체득(體得)한 바가 있었는데, 이미 유락(流落)한 몸이 되었으니 쓸 곳이 없게 되었다. 멀리 귀양살이한지 18년 동안, 오경(五經)·사서(四書)를 되풀이 연구하여 수기(修己)의 학을 익혔으나, 이윽고 생각해 보니 수기(修己)의 학은 반에 불과하다. 이에 23사(史)와 우리나라의 여러 역사 및 자집(子集) 등 여러 사람의 저서에서 옛날의 사목이 백성을 다스린 유적을 골라 위아래로 그 단서를 끌어내고 분류해서 차례로 편성하였다. 그리고 남쪽 변두리 땅에서 서리들이 전답의 부세(賦稅)를 농단하여 여러 가지 폐단이 어지럽게 일어나고 있었는데 나의 처지가 비천(鄙賤)했기 때문에 듣는 바가 자못 상세하였다. 이 또한 종류에 따라 설명·기록하고 나의 얕은 견해를 덧붙였다. 모두 12편인데 1은 부임(赴任), 2는 율기(律己), 3은 봉공(奉公), 4는 애민(愛民)이며, 그 다음은 육전(六典)에 관한 것이고, 11은 진황(賑荒), 12는 해관(解官)이다. 12편이 각각 6개조로 나뉘었으니 모두 72개조이다. 혹 몇 개의 조를 합하여 한 권을 만들기도 하고, 또는 한 조를 나누어 몇 권을 만들기도 하였으니, 통틀어 48권으로 하나의 저서가 되었다. 비록 시대를 따르고 습속을 좇았기 때문에 위로 선왕의 헌장(憲章)에 부합될 수는 없을 망정, 백성을 기르는 데는 조례가 갖추어져 있는 셈이다.

고려 말에 비로소 오사(五事)로 수령들을 고과(考課)하였고, 우리 조선으로 접어들면서 그것에 따르다가 뒤에 칠사(七事)로 늘렸는데, 이른바 수령들이 해야 할 대체적인 방향만을 독려한 것일 따름이다. 그러나 수령이라는 직책은 관장하지 않는 것이 없으니 여러 조목을 차례로 드러내더라도 오히려 직책을 다하지 못할까 두려운데 하물며 스스로 생각해서 스스로 행하기를 바랄 수 있겠는가. 이 책은 첫머리와 맨 끝의 두 편을 제외한 나머지 10편에 들어 있는 것만 해도 60조나 되니, 진실로 어진 수령이 있어서 자기 직분을 다할 것을 생각한다면 아마도 방향을 잃지는 않을 것이다.

옛날에 부염(傅琰)은 『이현보(理縣譜)』를, 유이(劉彝)는 『법범(法範)』을 저작하였으며, 왕소(王素)에게는 『독단(獨斷)』, 장영(張詠)에게는 『계민집(戒民集)』이 있으며, 진덕수(眞德秀)는 『정경(政經)』을, 호태초(胡太初)는 『서언(緖言)』을, 정한봉(鄭漢奉)은 『환택편(宦澤篇)』을 저작하였으니, 모두 목민의 책인 것이다.

오늘날 그런 책들은 거의 전해오지 않고 오직 음란한 말과 기이한 구절만이 일세를 횡행(橫行)하니, 내 책인들 어찌 전해질 수 있으랴마는, 그렇더라도 『주역』에 이르기를 "앞사람의 말씀이나 지나간 행적을 많이 익혀서 자기의 덕을 쌓는다" 하였으니, 이것은 진실로 내 덕을 기르기 위한 것이요, 어찌 반드시 목민에만 한정한 것이겠는가. 『심서(心書)』라 한 것은 무슨 까닭인가. 목민할 마음은 있으나 몸소 실행할 수 없기 때문에 『심서』라 이름 붙인 것이다.

당저(當宁) 21년 신사(辛巳)년 늦봄에 열수(洌水) 정약용(丁若鏞)은 기록한다.

4) 與猶堂全書 目錄

第一集　詩文集

賦: 惜志賦 外1篇 / 詩: 懷東嶽 外2054首 / 對策: 地理策 十三經策 外7篇

/ 策問: 問東西南北 外20篇 / 疏: 辭翰林疏(3) 外9篇 / 箚子: 玉堂進考課條例箚子 外3篇 / 原: 原教 原政 原德 原赦 原舞 原怨 原牧 / 說: 誠字說 外16篇 / 啓: 京畿暗行御史論守令臧否啓 外6篇 / 狀: 論文城鎭牙兵事狀 外7篇/論: 易論(一・二) 田論(一・二・三・四・五・六・七) 職官論(一・二) 樂論(一・二) 軍器論(一・二) 技藝論(一・二・三) 脈論(一・二・三) 相論 立後論(一・二・三) 鄕吏論(一・二・三) 五學論(一・二・三・四・五) 湯論 海潮論(一・二・三・四・五) 穩城論 甲乙論(一・二) 風水論(一・二・三・四・五) 孝子論 烈婦論 忠臣論 新羅論 高句麗論 百濟論 遼東論 日本論(一・二) 廢四郡論 汲黯論 拓跋魏論 東胡論 俗儒論 庶孼論 還上論 奸吏論 監司論/辨: 皐繇執瞽瞍辨 慶興宋帝爐辨 鷄林玉笛辨 松廣寺古鉢辨 宗動天辨 靈石辨 金柏谷讀書辨 理發氣發辨(一・二) 致良知辨 剖脇産子辨 鐵馬辨 重瞳辨 押海政丞墓辨 石岬山丁氏六塚辨 己亥邦禮辨 辛巳服制辨 八大君辨 雨泉辨 田結辨 / 箴: 和己齋箴 外9篇 / 銘: 不律銘 外14篇 / 頌: 宣城獲麟頌 外1篇 / 贊: 故領議政梧里李公畵像贊 外9篇/序: 喪禮四箋序 外55篇 / 記: 沙村書堂記 外60篇 / 跋: 跋神宗皇帝墨竹圖障子 外53篇 / 題: 題檀弓箴誤 外24篇 / 敍: 事大考例題敍 外19篇/墓誌銘: 貞軒墓誌銘 茯菴李基讓墓誌銘 鹿菴權哲身墓誌銘 梅丈吳錫忠墓誌銘 先仲氏墓誌銘 自撰墓誌銘(壙中本) 自撰墓誌銘(集中本) 外17篇 / 墓碣銘: 咸鏡北道兵馬節度使洪公墓碣銘/墓表: 曹台瑞墓表 外3篇 / 碑銘: 華嶽禪師碑銘 兒巖藏公塔銘/祭文: 祭僉知中樞府事南居韓公文 外13篇 / 誄: 尹冕采誄 / 遺事: 家乘遺事 先人遺事 旁親遺事 海左公遺事 樊翁遺事 兵曹参判柳公誼遺事 / 行狀: 季父稼翁行狀 玄坡尹進士行狀 / 傳: 竹帶先生傳 張天慵傳 曹神仙傳 鄭孝子傳 蒙叟傳/紀事: 紀趙聖三進士流配事 紀李大將遇刺客事 絶古今島張氏女子事 / 贈言: 爲靈巖郡守李鍾英贈言 外16篇 / 家誡: 示學淵家誡 外8篇 / 書: 上樊巖蔡相公濟恭書 外214篇 / 西巖講學記 陶山私淑錄/雜文: 諭谷山鄕校勸孝文 外9篇 / 儷文: 內閣親試歲抄計畫居首特賜廐馬 謝上箋 外6篇 / 雜評; 千文平 外12篇

第二集　經集

大學公議 大學講義 中庸自箴 中庸講義補 孟子要義 論語古今注 詩經講義 詩經講義補遺 尚書古訓序例 尚書古訓 梅氏書　春秋考　周易四　易學緖言

第三集　禮集

喪禮四箋 喪禮外編 喪儀節要 祭禮考定 嘉禮酌儀 禮疑問答 風水集議

第四集　樂集

樂書孤存

第五集　政法集

經世遺表 牧民心書 欽欽新書

第六集　地理考

疆域考 大東水經

第七集　醫學集

麻科會通

7. 규남 하백원 圭南 河百源

1) 생애

하백원(1781-1844)은 자가 치행(穉行)이요, 호는 규남(圭南) 또는 사촌산인(沙村散人)으로 조선조 후기의 문관이며 실학자이다.

1781년 1월 11일에 전남 화순의 복천 야사리(萺川 野沙里: 지금의 和順郡 二西面 野沙里)에서 아버지 하진성(河鎭星)과 어머니 장택 고씨(長澤 高氏)의 사이에 맏아들로 출생했다. 본관은 진주(晉州)로 고려 명신인 진주부원군(晉州府院君) 하즙(河楫)의 후예이며, 복천은 13대조 하치(河治) 이래의 세거지(世居地)이다. 고조는 반학(伴鶴) 성구(聖龜)인데 송시열에게 배웠다. 증조부는 병암처사(屛巖處士) 영청(永淸)인데 김원행(金元行)의 문인이다. 할아버지는 정철(廷喆)인데 인격이 높고 학문이 깊은 분이었다.

타고난 재질과 용모가 뛰어나 일찍이 글공부를 시작하여 6세 때 봉선화(鳳仙花)에 대한 시를 읊어 선배와 어른들을 놀라게 하였다 한다. 7~8세 때 큰 종기로 여러 달 동안 침구(鍼灸)의 치료를 받으면서도 독서를 거르지 않을 만큼 어려서부터 학구에의 정열이 대단하였는데, 이 무렵 정재면(鄭在勉)은 그를 한 번 보고서 큰 그릇이 될 것이라고 칭찬하였다.

12세 때에 경서 공부를 마치고 중국 송나라 주돈이(周敦頤)·장재(張載)·정호(程顥)·정이(程頤)·주희(朱熹) 등의 문집을 독파할 정도였다. 시문(時文)에도 능숙하여 늘 사람들의 경탄을 받았으며, 15~16세에는 문사로써 그를 따를 만 한 자가 없었다고 한다. 그러다 17세에 향시(鄕試)에 처음 나갔다가 "과거장이 소란하고 위의(威儀)가 없는 데 실망하여 과거 공부에 흥미를 잃었다"고 한다.[44]

1799년(19세) 아버지가 세상을 떠나자 전통적 가례(家禮)에 의해 삼년상을

---

[44] 『圭南文集』 卷2, 「上洪參判奭周」.

마치고, 부친의 유언에 따라 성담(性潭) 송환기(宋煥箕)의 문하에 나아가 수학했다. 송시열의 5세 직손이면서 당대의 학자를 스승으로 모신 감회를 "이 땅의 광명이 계신 곳에 있으니 저에게 가르쳐 주신 길을 훗날 사람도 따를 것입니다"라고 하였다.[45] 그는 거기서 경서(經書)와 예학(禮學)에 관한 질의로 송선생의 인정과 사랑을 받았다. 송환기의 문하에서 수업한지 약 2년 후인 23세 때 주위의 권유로 증광시(增廣試)에 응시하여 급제하였다. 이 때 송시열의 모소를 참배하였는데, 고조(高祖) 반학(伴鶴) 하성구(河聖龜)가 우암 문하에서 배운 것을 회고하면서 "정주(程朱)의 도를 누가 전할까, 천년이 흐른 뒤에 우리 동방에 송부자(宋夫子)가 있었네"라고 읊었다.[46]

1807년(27세)에 스승인 성담(性潭)선생이 세상을 떠나자 그 뒤부터는 스스로 학문에 힘썼고, 평소에 섬기던 운평(雲坪) 송능상(宋能相)이 무고를 당하여 벼슬에서 쫓겨나자 규남은 대변하는 글을 지어 사우 간에 널리 알렸다. 이로 인하여 조정 대신들이 다시 의논하여 벼슬을 다시 되찾는 은전을 얻게 되었다.

1810년(30세) 물의 역학을 이용하여 자승차(自升車: 揚水機)를 발명·제작하였다. 다음 해 우리나라의 전국지도인 동국지도(東國地圖)를 제작하고 천문도(天文圖)를 그렸으며, 계영배(戒盈盃)·방적기(紡績機) 등을 연구·제작하고, 홍대용(洪大容), 나경적(羅景績) 등이 제작한 자명종(自鳴鍾)의 미비점을 보완하였다. 이 해에 할머니 이씨 부인의 상을 당하였다.

1813년(33세) 어머니 고씨의 상을 당하여 『주자가례』에 의거하여 복상하였다. 탈복 후 벼슬길에 나아가지 않고 노주(老州) 오희상(吳熙常), 연천(淵泉) 홍석주(洪奭周), 복원재(復元齋) 유황주(俞皇柱) 등과 종유하면서 학문에 더욱 정진하였다. 그는 증광시에 급제한 후 벼슬길에 나가지 않고 53세 때까지 30여년을 학문에 전념하였다. 이 시기에 그는 위로는 유가(儒家)의 고경전(古經典)으로부터 아래로는 자서(子書)·사서(史書)에 이르기까지 널리 연구

---

45 『圭南文集』 卷1, 「謁心齋先生」.

46 『圭南文集』 卷1, 「謁尤菴先生墓」.

하고, 백가서(百家書), 외서(外書) 그 밖의 다방면의 기술서(技術書)에 이르기까지 두루 섭렵하였으며, 다른 한편으로는 영·정시대(英正時代)의 실학(實學)을 가학(家學)으로 이어받아 우리나라의 지리 역사에 대한 탐구와 실증과 학적 실용적인 실학의 연구에 몰두하였다.

1831년(51세) 처음으로 명경(明經)과 행수(行修)로 관찰사의 추천을 받았으며, 1834년에 이재(理才)로 천거되어 창릉 참봉(昌陵 參奉)에 임명되어 벼슬길에 나갔다. 1836년 금부도사(禁府都事)로 전임되었으며, 2년 뒤에 사옹원 주부(司饔院 主簿)를 거쳐 형조좌랑(刑曹左郎)으로 승진되었다. 형조좌랑의 직책은 내사(內司) 중에서 중요한 직책인데 그는 사리를 따져 들음이 자세하고 밝으며 송사를 처리함이 공평하였으므로 장관이 판결에 어려움이 있으면 언제나 그에게 문의했으며, 부민(部民)이나 전상(廛商)들이 소원(訴寃)할 적에는 모두 하좌랑(河左郎)에게 취송(就訟)하기를 원했다고 한다.

1840년(60세) 종묘령(宗廟令)을 거쳐 경기전령(慶基殿令)이 되었고, 다음해 석성현감(石城縣監)에 제수되어 선정을 베풀었는데 순찰사(巡察使) 김영순(金英淳)이 그 사실을 알고 포상하였다.

1841년(61세) 석성현감에 부임한지 오래지 않아 탐관오리의 횡포와 조세의 문란으로 피폐한 그 고을을 회생시켰으나, 그의 강력한 조치로 횡포를 부리지 못하게 되었다.

1842년(62세) 어사 정세기(鄭世基)가 내려 왔는데, 그는 윤씨의 인척이었으므로 다음 해 토지의 경계를 함부로 침범하기를 일삼던 그 지방의 토호들의 모함으로 보령현(保寧縣)으로 귀양을 가게 되었다. 그는 유배지에서도 흔들리지 않고 더욱 독서를 즐기고 학문에 힘썼기 때문에 그의 학문을 알고 원근(遠近)으로부터 종유(從遊)하고 학업을 청해오는 인사들이 그의 문 앞에 줄을 이었다. 이로 인하여 호남지방에서는 그의 가르침에 힘입은 사람이 많았다고 한다.

1843년(63세) 특사로 석방되고 임금이 사헌부 지평으로 불렀으나 신병을 이유로 나아가지 않고 고향집에 돌아왔다. 이듬 해 6월에 병이 심해져 8월 17일 고향에서 향년 64세로 세상을 떠났다. 문집 7권 3책이 간행되어 전한다.

2) 사상

하백원은 학문하는 일은 책 읽고 이치를 궁구하는 데만 달려있는 것이 아니라 일상생활의 실천 속에 있으며, 학문하는 사람은 덕성을 함양하는 일[尊德性]과 전적을 강습하는 일[道問學] 중 어느 한 가지도 폐지해서는 안 된다고 하였다. 또 그는 당시의 속학들처럼 강습에만 매달려 입과 귀의 강설에 몰두하는 학문은 그 강론이 아무리 오묘하고 현학적이더라도 내실이 없는 학문이며, 따라서 일상생활상의 실제에 있어서 올바른 실천의 내실을 갖추어야만 참 학문이라고 하였다. 즉 그의 학문태도는 『중용(中庸)』의 존덕성과 도문학의 양자를 함께 연마하고 병행시키는 것을 기본으로 하면서 그 중에서도 존덕성에 치중하는 성리학적 경향을 갖고 있었다.

그러나 그가 실천을 역설하면서 일상생활의 실제에 있어서의 내실을 강조한 측면에는 의리를 밝히는 이론적 연구에 치중한 성리학자들과는 다른 일면이 엿보이는데 그의 이와 같은 학문태도야말로 실학적 학문태도라고 할 수 있다. 그에 의하면 선비에게 경서(經書)와 사전(史傳)에 대한 학문적 연구가 필요한 것은 일상생활에서 도덕적 실천의 기반을 세우고 역사적 사회적 실천의 득실을 알기 위함이었다.

이러한 학문태도를 기초로 하여 성립한 그의 사상 체계는 성리학적인 사상과 실학사상의 융합이라는 형태를 띠고 있는 것을 볼 수 있다. 왜냐하면 그의 학문세계는 약관의 나이에 이이(李珥 1536-1584), 송시열(宋時烈 1607-1689)로 이어지는 학통을 계승한 송환기의 문하에서 주희(朱熹 1130-1200)의 성리학을 수학함으로서 의리의 실천을 그의 학문정신의 근간으로 삼았고, 그 토대 위에다 7대조인 금사(錦沙) 하윤구(河潤九)로부터 증조인 병암(屛巖) 하영청(河永淸)에 걸쳐 형성되어온 가학(家學)을 겸하여 수학한 과정에서 형성되었기 때문이다. 그런데 그의 가문에서 누대에 걸쳐 계승된 학문은 곧 영·정시대의 실학사상과 그 맥을 같이하는 것이었다. 여기에서는 그의 사상을 위의 두 측면으로 나누어 살펴보고자 한다.

(1) 성리학

하백원의 이이－송시열－송환기로 이어지는 조선 성리학의 학맥을 계승한 주자학자이지만, 그의 저술에서 성리학에 관한 체계적인 이론을 도출하는 데는 한계가 있다. 다음 글을 통해서 성리학에 대한 그의 관점을 간추릴 수 있다.

> 유학자라면 이기의 근원과 심성의 체단(體段)을 밝히지 않을 수 없으므로 예로부터 성현들이 모두 여기에 뜻을 두었다. 송나라의 정자와 주자가 이를 분명하게 변론함으로써 밝히지 못한 이치가 거의 없게 되었는데, 그들이 자신을 반성하고 실천하여 자연의 이치를 밝히고 인간의 마음을 바르게 한 것은 실제의 일일뿐, 빈말로 한 적이 없다. 우리들은 다행히 정자와 주자 뒤에 태어나 이기와 심성을 밝히지 못할까 염려하지 않아도 되니, 들은 것은 존중하고 안 것을 행하기만 한다면 잘못을 적게 할 수 있을 것이다.[47]

하백원에 따르면, 성리학의 근본주제인 이기의 근원이나 심성의 문제를 명확히 규명하고 논리적으로 해명하는 것은 유학자라면 반드시 해야 공부다. 그러나 후대의 학자들이 정자나 주자의 우주론이나 인간관에 대해 형이상학적인 공론이나 변론으로 시간을 보내는 것은 문제가 있다. 하백원이 볼 때 이기론이나 심성론을 중심으로 한 조선 성리학자들의 논쟁은 쓸모없는 사변 논쟁에 불과한 것이었다. 따라서 그는 주자를 중심으로 한 성리론을 받아들여 학습하고 실천하는 데 초점을 맞춰야 한다. '들은 것을 존중하고 안 것을 실천에 옮기는 것'이 공언(空言)이 아닌 실사(實事)로 규정할 수 있는 정자나 주자 성리학의 본질을 구현하는 길이다.

하백원의 성리학은 『대학경설(大學經說)』과 이기심성(理氣心性)이나 인물성동이론(人物性同異論)에 대한 그의 견해를 중심으로 고찰할 수 있다. 그는 『대학경설』에서 주희의 삼강령(三綱領)설에 대한 비판적 견해를 나타냈으며, 주희의 격물치지(格物致知)설의 체계에 대한 비판적 이론을 개진하였다. 그

---

47 『圭南文集』 卷3, 「答李士剛遇正」.

의 대학경설은 대체로 주자학적 해석에 근거하고 있지만 그럼에도 불구하고 대학경의(大學經義)에 대한 이해에는 주자학적 해석을 다소 비판적이고 독자적으로 이해해 보려는 경향이 보인다. 이것은 그의 실학적 학문 태도의 영향이라 하겠다.

알려진 바와 같이 주희는 『대학』의 고본(古本)에 착간(錯簡)과 궐문(闕文), 오자(誤字)가 있다는 정이(程頤, 1033-1107)의 설을 계승하여 자신의 관점과 주지에 따라 『대학』본문의 선후를 바꾸고 또 격물치지(格物致知) 보전(補傳)을 지어 『대학』전문(全文)을 경1장(經一章)과 전10장(傳十章)으로 나눈 이른바 장구본(章句本)에 의하여 고본(古本)의 편차를 바꾸기도 하였다. 또 주희는 『대학』 전문을 삼강령(三綱領)과 팔조목(八條目)의 구조로 해석하여 명명덕(明明德)에는 격(格)·치(致)·성(誠)·정(正)·수(修)의 조목을, 신민(新民)에는 제(齊)·치(治)·평(平)의 조목을 각각 해당시켰다. 여기서 명명덕(明明德)은 수기(修己)의 일이요 신민(新民)은 치인(治人)의 일이다. 그런데 주희 이후 주희가 해석한 삼강령 팔조목에 대하여 조선조 후기의 실학에서도 비판적인 해석이 대두하기도 하였다. 하백원은 지어지선(止於至善)을 삼강령에 포함시키는 주희의 해석에 대하여 명시적으로 반기를 들지는 않지만, 지어지선(止於至善)을 단독으로 말한다면 강령(綱領) 중의 조목(條目)이요, 명명덕(明明德)과 신민(新民)에 대비해 말한다면 강령(綱領) 중의 대강령(大綱領)이라 하여, 지어지선(止於至善)이 명명덕(明明德)·신민(新民)과 대등한 강령이 될 수 없음을 묵시적으로 표현하였다. 그에 의하면 지어지선(止於至善)은 주희의 이른바 명명덕(明明德)하고 신민(新民)하는 표준이기 때문에 만약 명명덕(明明德)과 신민(新民)만을 설명하고 지어지선(止於至善)을 말하지 않는다면 활쏘는 사람에게 과녁이 없는 것과 같다는 것이다. 하백원이 지어지선(止於至善)을 강령중의 강령이라고 본 것은 그것이 명명덕(明明德)·신민(新民)의 실천적 목표라는 것을 강조한 것으로 이는 그의 실학적 학문태도의 발로로 이해될 수 있다.

또 하백원은 인물성(人物性)의 동이(同異)에 관한 소위 '호락논쟁(湖洛論爭)'에 대하여 "리(理)와 기(氣)는 마땅히 서로 분리해서 보기도 하고 서로 합해서 보기도 해야 한다[理氣當離合看]"는 입장에서 비판하고, 이들 호락 양파의 논쟁을 언어 문자에 집착한 눈과 귀의 강변에 불과하다고 하였다. 여기에 나타난 그의 논리는 리(理)와 기(氣)는 서로 떨어지지 않으면서 서로 섞이지도 않는다는 주자의 이기관에 근거한 것이다. 반면에 이러한 관점에서 그는 주리(主理)와 주기(主氣)의 어디에도 치우치지 않고 인성과 물성이 같다고 주장하는 낙론(洛論)과, 인성과 물성이 서로 다르다고 주장하는 호론(湖論)을 각각 일면적 진리로서 받아들였다. 즉 그는 인간의 도덕적 가치의 정립을 위한 인성론(人性論)의 의의를 인정하여 호·락 양론을 각각 일면의 진리로 받아들임으로서 그들의 주리적 혹은 주기적 편집을 극복 지양하는 차원에서 인간존재의 존엄과 내실을 파악하려고 했던 것이다.

(2) 실학 사상

하백원은 신경준(申景濬)·위백규(魏伯珪)·황윤석(黃胤錫)과 더불어 호남의 4대 실학자로 손꼽히기도 한다. 그가 호남의 4대 실학자로 손꼽히는 것은 실학에 관한 거창한 이론 때문이 아니라 실학적인 학문태도와 자신의 가문에서 계승되어온 가학(家學)을 바탕으로 독자적이고 창의적인 연구업적을 남겼다는 사실 때문이다.

그는 조선조 후기에 성립된 실학의 3계파[경세치용학파·이용후생학파·실사구시학파] 가운데 어느 하나에도 속하지 않지만 실학적인 그의 가학을 계승하여 성리학적인 의리를 추구하는 학문과 함께 실학의 연구에도 힘을 기울였던 것이다. 그의 7대조인 하윤구와 친교가 두터웠던 정두원(鄭斗源)은 당시 사신으로 북경을 다녀오면서 서양 과학기술의 산물인 자명종(自鳴鍾), 천리경(千里鏡) 그리고 새로운 지도제작기술에 의해 제작된 만국전도(萬國全圖) 등을 얻어왔으며, 증조인 하영청과 교유가 깊었던 신경준, 황윤석, 홍대용(洪大容, 1731-1783) 등은 우리나라의 언어·지리·역사·풍속에 대한 학문적 연구와 당시 청국을 통해 유입된 서양의 과학기술의 영향을 받은 천문학·수학 등의 연구에서 업적을 남긴 실학자들이었다. 이러한 사실로 미루어 볼 때 그의 선대로부터 전승된 가학의 실학적 내용을 쉽게 짐작할 수 있다.

이러한 학문적 연원을 가지고 성립된 하백원의 실학연구상의 업적으로는 첫째 과학적 지식을 활용하여 발명한 자승차(自升車: 揚水機)와 과학적 원리를 이용하여 개량한 자명종의 제작을 들 수 있고, 둘째로 기하학의 지식을 토대로 축척도법(縮尺圖法) 등의 새로운 지도제작법을 써서 만든 동국지도(東國地圖)를 들 수 있다. "물은 아래에서 위로 가지만 또한 빈 데를 향해 흐른다"는 원리에 착안하여 제작한 자승차는 제작 재료상의 문제는 있지만 원리상으로 볼 때 서구의 과학기술에 못지않은 발명품이라고 할 만한 것이다. 자승차의 제작은 가뭄으로 고통을 겪는 백성들의 삶의 현실을 염려한 데서 비롯되었다. 그는 "우리나라는 옥토를 가지고도 지세가 높아 십 일만 가물어도 백성들이 농사를 짓지 못할까 염려하고 탄식하는 것이 안타까울 따름이다"라고 하였다.[48] 하백원은 1811년 31세 되던 해에 우리나라 지도를 전도(全圖)로 한 장, 팔도(八道)는 나누어 한 장씩 그렸으니 바로 동국지도(東國地圖)였다. 이 지도는 백리척(百里尺)의 축척법과 같은 새로운 지도제작법을 활용한 것으로서 산하와 교통로의 표시 등이 오늘날의 지도와 거의 같을 만큼 자세하게 그려져 있다. 그는 이 지도에 "단군과 기자의 유풍을 오늘에 되살리고 땅이 기름지고 농사는 풍년이 계속되는 나라가 되었으면 하는 염원"을 담았다.[49] 지도제작의 역사로 보면 하백원의 것은 김정호(金正浩)의 대동여지도(大東輿地圖)보다 51년이나 앞선 것이었다.

하백원은 "벼슬은 백성의 이익을 보장하고 빈궁을 구휼하는 일"이라고 확신했다. 따라서 벼슬을 위해 서울로 가는 오하철(吳夏哲)에게 당시의 벼슬살이 풍속도를 "상세(上世)의 벼슬은 오로지 풍속을 이롭게 하는 데 뜻을 두었는데, 중세(中世)에 이르러 애써 명예를 구하게 되다가 하세(下世)에 이르러 직급의 높고 낮음, 봉름(俸廩: 녹봉)의 많고 적음에만 몰두하여 구실로 삼고 있다"고 지적하면서, "벼슬의 도리는 인애(仁愛)와 사람을 이롭게 하는 데 있으니 의사와 같다"고 강조했다.[50]

---

48 『圭南文集』 卷52, 「自升車圖解說」.

49 『圭南文集』 卷1, 「東國地圖成與吳大彦拈韻共賦」.

50 『圭南文集』 卷6, 「送吳大彦夏哲入洛序」.

하백원은 63세(1843년)에 보령에서 거의 1년 동안 유배생활을 했다. 그 뒤 특사로 석방되고 임금이 사헌부 지평으로 불렀으나 신병을 이유로 나아가지 않고 고향집에 돌아오자 배움을 요청하는 사람들이 있었다, 그는 세상을 떠나기 한 해 전까지 자신의 실학적 사유를 다음과 같이 제시하고 있다.

> 옛 선비가 힘쓴 것은 오직 하나였으니 바로 학문이었고, 그것은 독서만을 지칭하지 않았으니 농공상고(農工商賈)가 모두 학문이었다. …… 지금의 선비는 세 가지가 있으니, 하나가 학문이요, 둘은 문장(文章)이며, 셋은 과업(科業)이니, 이른바 학문으로 첫 손가락임을 자처하는데 이름뿐이라. …… 근세 이래 격물치지(格物致知)에 거짓으로 이름을 올려놓고 오로지 입으로만 일삼아 리(理)와 기(氣), 심(心)과 성(性)을 말하고 있으니 지리(支離)하고 파쇄(破碎)할 따름이어서 모두 자신들의 본분과 관계되는 일은 하나도 없다. 함양(涵養)과 성찰(省察)의 공부에 의지한다고 하지만 한 쪽에 치우쳐 기대고 있으니 그러한 격물치지로 과연 하나라도 장차 유용한데 쓰일 수 있을지 알 수 없다.[51]

결론적으로 하백원은 주자학의 이념에 의한 봉건체제가 붕괴되어 가던 조선조 말기에 태어나 조선조 중기에 난숙한 성리학적인 유학과 조선조 후기에 새로운 학풍으로 등장한 실학을 함께 익힘으로서 한편으로는 자기완성적인 수기(修己)에 치중한 성리학에 정통하였고, 다른 한편으로는 경세적 치인(治人)에 역점을 둔 실학에서도 업적을 남긴 인물이었다. 성리학적인 유학이 수기치인이라는 유학본연의 수사학(洙泗學) 가운데서 수기의 학에 대한 이론적 탐구에 치중한 것이라면, 조선조 후기 영정시대의 실학은 치인의 학으로서 경세학(經世學)에 역점을 둔 것이라 할 수 있다. 하백원은 유학이 수기와 치인이란 양면으로 구성되어 있다는 것을 통찰하였고, 또 그러한 바탕에 근거하여 의리정신과 실용정신의 조화를 지향함으로서 학문의 완성을 도모했다고 할 것이다. 이런 시각에서 본다면 그는 성리학과 실학을 함께 연구하였다는 면에서 조선조 유학사상 색다른 위치를 차지할 뿐만이 아니라 내용

---

51 『圭南文集』 卷3, 「答李士剛遇正」.

면에서 명분위주의 성리학적인 것과 실질위주의 실학적인 것을 융합하는 사상적 특징을 갖는다고 할 것이다.

3) 원문번역

『규남집』의 내용을 살펴보면 이전의 어느 문인의 문집과도 다름없이 시(詩)·서(書)·잡저(雜著)·서(序)·기(記)·제발(題跋)·명(銘)·상량문(上樑文)·축문(祝文)·제문(祭文)·애사(哀辭) 등의 순서로 편집되어 있다. 그의 문집은 전 7권 3책으로 되어 있다. 1권은 시(詩) 부분으로 송광사·무주 적상산성(赤裳山城)·우암선생묘(尤庵先生墓)·서울의 광진(廣津)·송파비(松坡碑)·금강주중(錦江舟中)·부여회고(扶餘懷古)·해인사 등 명소와 명현의 묘를 찾아보고 지은 시와 동국지도(東國地圖)를 완성하고 나서 성취감에 기뻐하며 오대언(吳大彦)과 나눈 시 등으로 구성되어 있다. 2~3권은 규남의 서(書)와 답(答)을 담고 있으며, 다른 사람에게 보내는 글과 감사(監司) 서유구(徐有榘)에게 회답한 글과 대학문목(大學問目)에 관한 답서(答書) 등이 포함되어 있다. 특히 "농업과 기술 상업은 배우지 않을 수 없다"고 주장한 「답이사강서(答李士剛書)」는 규남 실학의 지향점이 무엇인지 분명하게 알 수 있다. 4권은 잡저(雜著)로 돈암서원(遯巖書院)의 원유통문변(院儒通文辨)·사학유생소변(四學儒生疏辨)이 포함되어 있다. 5권 또한 잡저로서 호옥재기윤주설변(胡玉齋朞閏註說辨)을 비롯하여 대나무 기르는 것과 관련된 취죽설(醉竹說)·역상차록(曆象箚錄), 이울러 규남이 필생 가장 공을 들인 자승차도해설(自升車圖解說)·자승차도해(自升車圖解) 등이 실려 있다. 6권은 학술서의 서(序)와 제발(題跋)이 포함되어 있으며, 7권은 명(銘)·상량문(上樑文)·축문(祝文)·제문(祭文)·애사(哀辭)·가장(家狀)이 주요내용이고, 부록으로 모갈명·묘지명 등이 있다. 여기에서 규남의 실학적인 내용이 담긴 글은 5권의 잡저(雜著)에 수록되어 있는 자승차도해설(自升車圖解說)과 자승차도해(自升車圖解)다. 그의 자승차도해설을 번역하기로 한다.

자승차도해설 自升車圖解說

수차(水車: 오늘날의 양수기)의 제작방법에는 여러 가지가 있는데 그 중에서도 『농정전서(農政全書)』[명나라 서광계가 쓴 것]·『천공개물(天工開物)』[명나라 송응성이 1637년에 지은 중국 재래의 산업기술에 관한 책]·『삼재도회(三才圖會)』[명나라 왕기가 저술한 일종의 백과사전] 등과 같은 서적들은 고찰해 볼만한 것이다.

옛날 삼대(三代) 이전에는 겨우 길고(桔皐)[돌을 매달아 그 무게로 물을 긷는 두레박]가 있었는데 한(漢)·위(魏) 때에 번차(飜車)가 있기 시작했고, 진(晋)·당(唐) 이후에는 작자가 계속 나타나 각자의 법을 만들었다. 서구(西歐)의 양수법이 중국에 전해 들어오자 가장 정교하였으나 내가 연구해 본 바로는 불편한 점이 많았다. 그런데 『주례』라는 책에 「동관(冬官)」이 있었고 거기에 논밭의 도랑에서 물을 끌어대는 기구가 있었으며, 백공(百工)의 직제도 있었으므로 나는 그것이 인력을 줄이고 민속을 이롭게 한다는 것을 알았다. 용골(龍骨)이 쉽게 결렬된다든가 나전(螺轉)이 운용하기 불편하다든가 옥형(玉衡)이 받침대가 되고, 올라가고 내려가며 기울었다 바로서고 한 쪽으로 기댐을 면할 수 없는 것이라든가 괄거(刮車)가 바퀴를 세우고 나무통을 따라 언덕에 오르는데 높이 오를 수 없는 것과 같은 것들은 모두가 단점이다. 오직 바람에 돛을 달거나 물을 막는 법이 인력을 수고롭게 하지 않고 솜뭉치를 제어하면서 물을 빨아들이는 기술이 가장 절묘하나 다만 많은 양을 취할 수가 없다. 우리나라에서 만든 기구는 몹시 솜씨가 없고 또한 반드시 사람이나 가축의 힘을 쓰고 있기 때문에 곧 몸이 지치고 아무리 기름진 들의 기름진 땅이라 할지라도 지형의 형세가 점점 높아지면 열흘만 가물어도 곡식이 타서 시들어가 걱정을 하게 되니 백성들이 먹고 사는 어려움이야 이상할 것도 없는 것이다. 근래에 내가 서적을 뒤적이는 틈에 여러 책을 살펴보고 어쩌다가 생각하는 바가 있어 아울러 한 법칙을 세우고 이름을 자승(自升)이라 하였는데 인력을 들이지 않고 그 이로움을 얻도록 할 수 있었다. 대체로 물의 성질은 중실(中實)하기 때문에 빈 곳으로 나아갈 수 있고 물건에 막히게 되면 물은 나아가지 못한다. 물이 아래로 흐른다는 것은 물이 위아래로 나누어지지 않고 다만 빈 곳만 따라가기 때문이다. 위로 오르게 하는 것은 사람이 인도하기 때문이니 격동시키면 치솟고 빨아드리면 들어오고 몰면 올라가게 할 수 있다.

이제 수차(水車)가 오방(五方: 동·서·남·북·중앙)에 꽉 찼는데 중간을 통하여 위물이 들어오기는 하여도 나가지 않으므로 자연히 빈 곳을 좇아 위로 나아가게 되고, 그러기 때문에 물은 사람의 머리를 넘는 산에도 오르게 되는 것이다. 비록 물의 본성이 그러할 수 있지만 수차를 자승이라 이름 한 것은 실은 물의 본성을 따랐기 때문이다. 이러므로 도해(圖解)를 자세히 만들어 농민으로 하여금 보도록 하고 진실로 온 나라 사람들이 이것을 본받아 행하여 월박(越搏: 남쪽 지방의 호미)이나 연함(燕函: 북쪽 지방의 악기)이 하는 것과 같이 된다면 아마도 세속을 이롭게 하는 데 한 몫을 하게 될 것이다. 그리고 만약 그것이 정밀하고 자세하여 기계가 오묘한데도 도해가 다 드러내지 못한 곳이 있다면 깊이 연구한 좋은 솜씨가 있는 사람에게 더욱 세밀하게 제작하도록 하길 바라는 것이다. 경오년(1810) 한여름에 사촌산인(沙村散人)이 쓰다.

4) 主南文集 目錄

卷之一

詩: 宿松廣寺次蕁湖安丈壽麟韻 外166首

卷之二

書: 上心齋宋先生(二) 上心齋先生別紙 上洪參判奭周 上李尙書義甲 上吳老洲熙常 與金尙書達淳 與宋金山煥章 與兪金化星柱(二)

卷之三

書: 與鄭參奉在勉別紙 答徐監司有榘 答朴丈宗說(二) 答安蕁湖壽麟 答鄭在明 答梁錫謙 答尹和順行澈大學問目(二) 答宋奉事欽大 與安汝必壽祿(三) 答李季問學在 答朴子益應壽 答李景昭遇明大學問目 答李士剛遇正 答李景熙承穆 與李聚五奎東 答蔡元德東奭 答崔進士重集 答趙舜元允榮 答申生昌發

答趙生大成 上季父(二) 與外弟安養直命集 寄子澋 寄子氵奭瀷 答從姪沃 寄孫敏秀

卷之四

雜著: 遯巖院儒通文辨 四學儒生疏辨

卷之五

雜著: 胡玉齋朞閏註說辨 曆象篘錄 表弟李敬以直燁名字說 醉竹說 自升車圖解說 自升車圖解 鼎盃說 金吾攷義

卷之六

序: 復軒序 外9篇 / 記: 醉狂齋記 外2篇 / 題跋: 書先考社穀立議後 外9篇

卷之七

銘: 硯銘 / 上梁文: 養正齋上梁文 外5篇 / 祝文: 禱達川文 外2篇 / 祭文: 祭心齋先生文 外4篇 / 哀辭: 蓴湖安公哀辭 外1篇/家狀: 曾祖考屛巖府君家狀 /附錄: 墓碣銘 墓誌銘 家狀 跋

東國地圖 萬國全圖 海遊詩書 奉先稧帖(親筆遺墨) 河氏門中事實 赤壁三遊錄

8. 해학 이기 海鶴 李沂

1) 생애

이기(1848-1909)는 자는 백증(伯曾)이요 호는 해학(海鶴)이며, 본관은 고성(固城)이다. 전라북도 만경사람으로서 조선조 후기의 실학자이며 구국운동가이다.

이기는 몰락한 사대부 가문에서 태어나 경제적으로 곤궁한 삶을 살았다. 그는 어려서부터 재기가 특출하였고 약관 이전에 학문적 명성이 널리 알려졌다. 그러나 불행하게도 그가 태어났던 시기는 조선조가 멸망하여가던 시절이었다. 국외적으로는 청나라·일본·러시아와 서구 열강의 세력들이 그들의 영토를 넓히기 위하여 한반도를 에워싸고 각축을 벌였으며, 국내적으로는 대원군과 민씨 일가의 싸움이 극심하였고 관료는 타락 부패하였으니 나라는 더 이상 버틸만한 힘을 잃게 되었다. 이때 이기는 나라의 앞날을 걱정하고 국정의 개혁과 국권의 회복을 위하여 헌신적인 투쟁을 전개하였다. 적극적인 현실참여와 개혁의식을 지니고 있었던 이기는 일찍이 과거를 준비하기 시작했다. 그는 7세에 『천자문』·『동몽선습』, 9세에 『통감절요』, 12~13세에 칠서(七書) 등을 섭렵했으며, 15세에 과거에 응시하여 뛰어난 시재(詩才)로 명성이 있었다. 그러나 그가 현실참여와 개혁이 경로로 나아가고자 했던 과거에 합격할 수 없었다. 따라서 19세에 이르면 이기는 현실에 대해 회의적 의식을 갖게 되고 이는 곧 과거에 대한 회의로 이어진다. 그는 과거에 몰두하는 것은 바른 길이 아님을 깨닫고 27세에 이르면 완전히 과거를 단념한다.[52] 이기가 과거를 포기한 데는 몇 가지 이유가 있었다. 첫째, 대기만성을 위해서 이른 나이에 등용되는 것을 원치 않겠다는 표면적 이유와 그 이면의 이유로 가문의 불리한 조건을 들 수 있다. 둘째, 새로운 학문적 발견, 즉 실학에 대한

52 「習慣生愛戀 愛戀生頑固」, 『大韓自强會月報』 8호(1907. 3).

학문적 관심 때문이었다. 과거의 포기와 실학적 학풍의 추구와 연구는 그의 삶에 있어서 사상적 전환의 계기를 가져온다.

1894년 동학혁명이 일어나자 그는 당시의 썩은 정치를 혁파하고 새로운 정부를 수립하기 위하여 전봉준을 몸소 찾아갔다. 그리하여 민씨의 전횡을 타도하고 새로운 개혁을 시도하자고 권유하였다. 이에 전봉준은 그의 의견을 수락하였으나 전봉준의 휘하에 있는 김개남과 의견이 맞지 않아 이들과 결별하고 구례에 은거하였다. 그러나 민생의 구제를 목표로 거의하였던 동학군들이 오히려 농민의 재산을 빼앗는 등 약탈을 일삼게 되자 그는 반대로 동학군을 섬멸하는 운동을 펴기로 하였다.

시국이 차츰 안정되자 그는 현실정치에 참여하기로 하고, 학지부 대신이었던 어윤중(魚允中)을 만나 당시 특권층의 수탈 수단이 되었던 토지를 개혁할 것을 건의하고 그 안을 주었다. 그리고 정국의 안정을 꾀하고자 하였는데 을미사변 후부터 각지에서 의병과 민란이 일어나자 안동부 관찰사 이남규의 막료가 되어 의병을 진압하는데 협력하였다. 그리하여 의병 토벌대를 조직하고 훈련 책임을 맡아 직접 진압작전을 펴기도 하였는데 이 과정에서 많은 전공을 올리기도 하였다.

1899년에 조정에서는 토지 측량을 주관하는 부서인 양지아문(量地衙門)을 설치했는데 이때 그는 토지개혁의 뜻을 펼칠 수 있는 좋은 기회라 생각하고 토지측량의 책임을 맡아 직접 충청도 땅을 측량하기도 하였다.

일제의 침략이 한일합병이라는 구체적 사건으로 드러나게 되자 그는 일본왕을 직접 만나 담판하기로 하고 동경으로 건너가 여러 번 면담신청을 하였다. 그러나 면담신청이 받아들여지지 않게 되자 그는 편지와 여러 글을 통하여 일본의 침략정책을 비난 공격하였다.

을사조약 이후 주권이 완전히 넘어가자 그는 민족교육과 자강운동으로 국력을 회복하여 나라를 다시 찾는 길밖에 없다고 여기고 한성사범학교 교관이 되어 교육에 전념하는 한편 장지연 등과 손잡고 민중계몽운동에 투신하였다.

그의 열혈 같은 의지는 마침내 을사조약에 찬동한 역적을 살해하기로 결심하고 박재순·이지용 등을 암살하고자 폭발물을 던지고 총살을 기도하였으나 뜻을 이루지 못하였다. 함께 일하던 나인영이 자수하여 모두 체포당하고 그도 진도로 귀양가게 되었다. 곧 풀려나고 서울에 다시 돌아와 『호남학보』를 창간하여 새 문명의 수용을 역설하고 국가의 유신을 부르짖다가 63살에 세상을 떠났다.

2) 사상

이기의 사상은 조선조 실학사상의 현대화 과정을 잘 보여주고 있는 특이한 면이 있다. 그의 사상적 편력과정을 살펴보면, 당시의 지식인과 다름없이 유학자의 길을 걸었으나, 과거에 회의를 느껴 실학에 정진했고, 다시 급진적인 변혁사상과 적극적인 현실인식과 참여를 거쳐 애국계몽사상가로서 시대적 역할을 자임했으며, 궁극적으로는 민족종교화에 매진하는 경로를 걸었다. 그의 모든 학문과 행동은 전통적 실학사상의 기초위에서 이루어졌지만, 실학사상의 영역에만 그치지 않고 새로운 서구문명을 수용하고 우리의 주체성을 회복하는 것이 실학이라고 여긴 점이 매우 주목할 수 있는 면이다. 정인보는 그의 『해학유서(海鶴遺書)』서문에서 다음과 같이 적고 있다.

> 공은 유형원·정약용·한백겸 등의 저술을 모두 읽고 마음속에 느끼는 바가 매우 많았지만 헛된 이름을 즐기지 않고 오직 당시의 일을 바로 세우고 당시의 시세를 밝히는데 힘썼으며, 옛것에 얽매이지 않고 그때를 돌아보고 앞날을 걱정하였다.

이기의 실학에 대한 관심은 천문·지리·음양·복서·병력(兵歷)·국조전고(國朝典故)에 이르기까지 백과전서적인 방면에서 나타난다. 이어서 정치·경제·이학(理學)·화학(化學) 등으로 관심영역이 확장되었으나 관련 서적을 구하는 데 어려움이 있었다. 이기의 실학사상에 크게 영향을 미친 것은 유형원의 『반계수록』과 정약용의 『경세유표』였다.[53] 뒷날 이기의 경제사상을 엿볼

---

53 『遺書』 卷6, 「答鄭君矙圭書」.

수 있는 「전제망언(田制妄言)」·「전제(田制)」의 내용을 구성하는 데 초석이 되기도 하였다.

이기가 비록 현실개혁에 초점을 맞춘 실학사상에 학문적 중점을 둔 것은 사실이지만, 이기론과 인성론을 중심으로 한 성리학의 중심사유에 대해서도 기본적인 인식과 관점이 있었다. 다음 두 글은 그의 이기론과 인성론의 핵심을 잘 보여준다.

> 리(理)는 행위의 본체는 있으나 행위의 작용은 없다. 반드시 기(氣)를 탄 뒤에야 발동해 나온다. 그러므로 천하의 만물은 리에서 생기고 기에서 완성되지 않음이 없다. …… 리는 항상 기의 본체가 되고 기는 항상 리의 작용이 된다. 리는 진실로 성(性)이라고 말할 수 있고 기는 정(情)이라고 말할 수 있다. 그 이름은 비록 다르나 실제는 하나에 이른다. …… 성(性)은 사람과 같고 기(氣)는 말[馬]과 같다. 만약 사람이 말을 타고 문을 지나서 나갈 때, 동서(東西)의 두 길이 있다고 하자. 동쪽은 의리의 올바른 길이요, 서쪽은 식색(食色)의 나쁜 길이다. 두 길을 따라서 출발하는 것은 정(情)이다.[54]

> 성(性)은 담겨진 내용이요, 기(氣)는 그릇이다. 성이 기에 담겨지는 것은 물이 그릇에 담기는 이치와 같다. 바다·시내·연못·도랑은 모두 그릇이다. 바다·연못과 시내·도랑에 담긴 물은 처음부터 똑같은 것이니 성은 선하고 한결 같다. 바다·연못·시내·도랑의 크고 작음, 넓고 좁음은 일정하지 않으니 기(氣)도 맑음·흐림·순수·잡박(雜駁)이 같지 않다. …… 인품의 높낮이도 네 종류의 성인·군자·선비·서민이 있으니 그 성(性)은 물이고 그 기(氣)는 그릇이다. …… 아! 하늘이 인간에게 어찌 이 네 가지를 고정시켜 놓아 끝까지 바뀔 수 없게 했겠는가? 병·사발·항아리·기왓장 같은 고정된 그릇과는 같을 수 없을 것이다. …… 사람이라는 그릇은 길러서 바다와 같은 그릇에 도달될 수 있다는 것을 알 수 있다.[55]

이기는 리와 기를 체용론(體用論)적 관점에서 구분하여 리는 작용성이 없

54 『遺書』 卷6, 「與朴君載春書」.

55 『遺書』 卷3, 「養氣論」.

는 본체로서 역할만 할 뿐이고 기가 행위의 주체로서 사태에 대응할 수 있는 작위성을 지닌다고 보았다. 뿐만 아니라 이발(理發)을 부정하고 기발(氣發)만을 인정하고 '이승(理乘)'을 강조하고 있다는 점에서 이이의 '기발이승일도설(氣發理乘一途說)'을 그의 이기론적 사유의 근거로 채택하고 있음을 알 수 있다. 이기가 이기론적 사유에서 기의 작용성을 강조한 것은 인간의 삶과 사회의 흐름을 결정론이나 운명론의 시각에서 파악하는 것에 반대하여 역동적인 변화가능성과 그의 개혁의식과 사회참여 의지를 정초하기 위해서이다. 또한 인간의 본성을 성(性)과 기(氣)의 관계구조로 파악하고 성 = 물, 기 = 그릇의 은유를 사용하여 분석한 것은 이기가 현실변혁의 주체로서 인간의 고정성을 부정하고 인간의 자발적이고 주체적인 노력에 따른 인간과 사회의 변화가능성에 중점을 두고 있음을 명시적으로 보여준다.

현실변혁과 사회참여에 대한 적극적 사유에서 우리는 시대적 변화[時變]에 대응하는 이기의 자세를 엿볼 수 있다. 그는 때[時]를 하늘이 내가 성공할 수 있도록 도와주는 것으로 인식했다. 아울러 시대의 변화를 정확히 인지하여 대응하는 것은 변혁의 주체로서 인간이 지녀야 할 근본 능력이다. 따라서 이기는 아무리 뛰어난 농부라도 겨울에 농사를 지을 수 없으며, 장사수완이 아무리 탁월해도 여름에 갓옷을 팔 수 없다는 점을 예시하여, 변화와 변혁의 환경이나 조건으로써 바로 그때[其時]의 중요성을 강조한다. 그는 아무리 그때가 다가와도 그때를 정확히 알지 못하여 전혀 대응을 못하거나 혹은 잘못 알아서 섣불리 나서는 것도 하늘에 죄를 짓는 것이라고 말한다.

이러한 점으로 볼 때 그의 사상은 고루하거나 치우치지 않으며, 실학만이 아닌 새로운 현대문명에 적응하는 선구적 역량과 실천적 의지를 간직하였음을 알 수 있다. 실학사상을 현실적으로 발전시키려 노력한 그의 탁견은 그가 창간한 『호남학보』에서 새로운 실학이란 무엇인가 하는 점을 잘 말해주고 있다.

> 농업·공업·상업·군사 등 정치를 다스려 나가는 실학을 새로운 약으로 알아야 만이 국가가 위축되는 병과 사회의 완고한 병과 학문의 부패한 병을 한꺼번에 물리칠 수 있을 것이다.

여기에서 말하는 실학이란 농·공·상·군사 등 새로운 방법으로 나라를 다스리는 학문이라는 견해를 나타내고 있다. 그리하여 그는 우리글인 한글을 쓰는 국자(國字)운동이 실학운동이요, 이기(理氣)와 성명(性命)의 공리공담(空理空談)이 아닌 과학운동이 실학이며, 나라의 근본을 세우는 자강운동이 실학이라 하였다. 이러한 견해야 말로 실학사상의 근대화 과정을 명확히 밝혀 주는 중요한 자료로 평가할 수 있다.

다음으로 그의 위치에 대한 이해는 조선조 후기 실학사상과 호남사상의 근대적 인식이라는 관계를 떠나서는 이해하기 어렵다.

지금까지 호남의 실학사상은 유형원으로 시작하여 정약용에 이르러 집대성된 것으로 이해하는 것이 일반적 통설이었다. 그러나 실학사상은 이 글에서 이해하고 있는 것처럼 해학 이기로 인하여 근대화되고 현대적 사상으로 발전할 수 있는 터전이 닦여졌으며 행동으로 보여주게 되었다는 점이 지적되어야 할 것이다.

이상에서 우리가 이해할 수 있는 그의 모습은 전통적인 실학사상을 기초로해서 현실을 개혁하고 몸소 실천하였으며, 실학을 현대의 살아있는 학문으로 다시 해석하고 다리를 놓는 가교의 역할을 하였다는 사실을 지적할 수 있을 것이다.

그의 문집은 1974년 국사편찬위원회에서 『해학유서(海鶴遺書)』라는 이름을 붙여 한국사료총서 3집으로 간행하였는데 본래 12권 3책이던 것을 활판으로 조판하여, 1책으로 하였다. 내용은 토지제도의 결함을 논한 것, 국가의 제도, 관료제도, 지방제, 전제, 호제, 세금, 학제 등의 당면 개혁과제, 그리고 주장과 논변, 상소문, 서간, 잡저, 시문 등을 수록하였는데, 시문은 맨 끝에 싣고 전제 개혁을 1권에 두고 있는 점이 특이한 그의 관심을 나타내고 있다고 할 수 있다.

3) 원문 번역

이글은 1908년 6월 25일에 창간되어 1909년 3월 25일까지 9집을 간행하고 더 발간할 재정의 부족과 일제의 탄압으로 중단된 『호남학보』 제1호에 「가

정의 대강」이라는 제목으로 실린 것이다. 『호남학보』의 내용은 교육, 학문, 규정, 언행, 기사, 회원명단 등을 중심으로 편집되었는데 이 글은 가정학 총론 가운데 들어있다. 그가 생각했던 것은 전통사회에서 근대사회로 넘어오는 과정에서 가정의 기강이 국가사회의 기초가 되므로 이를 튼튼히 하고자 하였다. 그러므로 이 글은 일종의 계몽적 성격을 갖는 글이라 할 수 있다. 원문은 국한문 혼용으로 당시의 맞춤법대로 쓰여진 글이나 현대 말로 바로잡는다.

가정의 대강

가정의 대강이 넷이니, 첫째는 집사람들을 감독하는 것이요, 둘째는 가풍의 모범을 이루는 것이며, 셋째는 위생이며, 넷째는 재산을 다스리는 것이다.

첫째, 집 안 사람을 감독하는 것은 자녀의 교육을 어떻게 하는 것이 올바른 것인가 늙은이를 어떻게 봉양하고 보호할 것인가. 노비를 어떻게 부리는 것이 마땅한 것인가. 이러한 일들은 주부된 사람의 책임으로서 그 하는 바를 각기 깨닫게 하되 이러한 여러 가지 일들이 만약 올바르게 실천되지 않는다면 자녀들은 마음이 야비하고 품성이 낮아지며, 늙은이는 마음이 근심되고 우울할 것이며, 노비는 게을러져서 윗사람을 오만하게 대하고, 일가의 기강이 다시 살아나지 못할 것이다.

둘째, 가풍이 모범된다는 것은 가풍의 선악에 따라 이해가 번창하게 되니 가풍이 선량하면 고을에서 존중하는 바가 되고 모든 사람들에게 사랑과 존경받는 바가 되어 명예와 행복이 자생할 것이다. 한 집안의 가풍은 주부의 성격과 행동에 많이 근본하게 되니 주부가 따뜻하고 어질면 한 집안이 모두 따뜻하고 어질며, 주부가 비루하면 한 집안이 모두 비루해져서 미치는 영향이 지극히 빠르게 된다. 또한 주부의 표정은 일가의 가풍에 미치는 바가 크므로 신중하지 않을 수가 없다.

셋째, 위생은, 건강이라는 것은 행복의 기초가 되므로 속담에 말하되 '사람이 오래 살지 못한다는 것은 옳지 않다'하였으니 건강이 귀하다는 것을 알 수 있을 것이다. 집 안 사람으로 하여금 실내의 습도와 공기의 유통이 잘되도록 할 것이니, 신체가 건강하면 정신까지 맑게 된다. 그러므로 건강한 사람은 신체가 웅장하고 용모가 훤칠해질 것이다.

넷째, 재정은 수입을 헤아려 지출을 결정하는 것은 주부의 책임이거니와 우아하고 아름다운 정은 하늘이 주부에게 부여한 것이다. 치장하고 아름다움을 좋아하는 일이 잘못됨이 아니요 밖에 나아가 유행하는 것도 잘못은 아니지만, 자신의 입장을 돌보지 않고 집안 형편을 살피지 않으며 유행에 탐닉하며 치장에 힘쓰고 사치를 다투어 얻는 것보다 잃은 것이 많다면 집안이 망할 것이니, 씀씀이를 절약하고 비용을 줄이는 것은 부유의 근본이요, 시세에 통하고 세상의 돌아가는 일에 적응하여 응수할 줄 아는 것도 또한 주부들이 알아야할 일이라 하겠다.

4) 海鶴遺書 目錄

序: 原序 質齋記 祭李海鶴文 哭海鶴 海鶴李公墓誌銘

卷一 田制妄言(附尺量說)

卷二 急務八制議: 國制第一 官制第二 銓選制第三 地方制第四 田制第五 戶役制第六 雜稅制第七 學制第八

卷三 論辨: 養氣論 家藏古器論 日覇論 三滿論 楊墨辨 子路辨 湖南學報論說 鄕校得失 大學新民解 學非學文 敎育宗旨 一斧劈破論 自强會月報論說 月報卷椳所劃大韓地圖說

卷四 疏奏: 論日人所求陳荒地第一疏 論日人所求陳荒地第四疏 請六移疏 因近侍上奏封書

卷五 書: 答魚度支允中 外18人

卷六 書: 答黃雲卿 外8人

卷七 序: 自强會月報序 外17種

卷八 記: 竹友堂記 外7種

卷九 雜著: 金奉學傳 外12種

卷十 賦: 傷春賦 外2首

卷十一 詩: 九日上望海寺 外168首/跋

결 론

이상의 논의를 통해 우리는 호남 유학사상의 전모를 밝히려는 본래의 목적을 일정부분 성취하였다. 여기서 분명하게 확인할 수 있는 것은 호남유학이 포괄적인 조선유학의 성격을 공유하면서도 독자적, 주체적 특성을 견지하면서 일관된 맥락을 형성하여 정신사적 흐름으로 계승되었다는 사실이다. 달리 말하면 광주지역을 중심으로 한 호남유학이 지역적 정체성을 대변하는 사상의 본류를 형성하면서 과거와 현재의 생활세계와 철학·문화·예술 등 다양한 영역을 매개하여 계승·발전되어 왔다는 것을 뜻한다. 결국 호남유학은 호남인의 의식·사상·행동양식에 지대한 영향을 끼쳐 독자적 문화권을 형성하는 데 근거를 제시한 것이다. 시대별 사상의 추이와 성격에 따라 다음과 같이 그 특징을 요약할 수 있다.

1. 도학사상 형성의 근원으로서 호남의 의리정신

호남지역은 어느 지역보다도 수준 높은 의리정신을 간직하고 있었다. 서론에서 제시한 것처럼 조선조의 도학 사상은 정몽주로부터 발원하여 조광조에 이르러 정점에 이르렀으며, 도의(道義)와 의리(義理)를 숭상하는 정신문화를 견고한 토대 위에 이식하였다는 점에 그 특징이 있다. 이러한 조선도학상의 의리정신이 호남권 유학자들의 삶과 사상 속에 깊이 내재해 있었고 불의에 저항하고 진리를 구현하는 실천정신으로 발양되었다는 점에서 호남의 유학자들이 도학사상을 발전시켜 나가는 데 주도적인 역할을 했다는 점을 분명히 확인할 수 있다.

조선조 초기 의리사상의 정통성과 그 계승은 외형적으로 볼 때는 대체적으로 광주의 인물이나 호남의 유학자들과는 상관없이 전승되었다는 점은 부인할 수 없다. 다시 말하면 정몽주 이후 길재를 위시하여 김숙자·김종직·정여창·김굉필 등 도통을 이은 학자가 모두 영남 유학자들이었고, 조광조 또한 경기도 용인 출신이었기 때문에 호남의 유학자들은 사상적 인맥으로 보아서는 의리사상의 정통성을 계승한 학통의 중심에 서있지 못한 것처럼 보일 수 있다. 그러나 이러한 외형적 인맥이 아닌 사상적 배경, 곧 의리정신을 배양하여 실천정신으로 이끌어 간 근원적 힘은 호남의 사상적 맥과 사회의식에서 비롯되었다는 점을 간과해서는 안 된다. 오늘날 우리가 도학정신의 대표적 인물로 조광조를 꼽는 것은 조광조 개인의 도학적 공헌이라기보다는 당시 기묘명현(己卯名賢)들의 사림의식이 결집된 가운데 그가 영수의 역할을 하였기 때문이다. 여기서 더욱 중요한 것은 조광조의 지치주의적(至治主義的) 의리정신이 숙성되는 데 박상(朴祥)의 '청복고비신씨소(請復故妃愼氏疏)'가 결정적인 계기를 제공하였다는 점이다.

연산군의 황음(荒淫)과 폭정이 12년이나 계속되고 나라의 기강은 흐트러져 백성들은 고통과 궁핍에서 헤어나지 못하고 있었다. 따라서 박원종·성희안·유순정 등이 주동하여 일으킨 중종반정(中宗反正)은 '반정(反正)'의 의미 그대로 부조리와 사회적 악을 바로 잡아 정의의 상태를 회복하는 일대 혁명의 전조였다. 그러나 정의에 대한 열망은 잠시일 뿐, 반정공신들은 권력을 독점하여 전횡했고 이들에 의해 추대된 중종은 실질적인 권력을 상실한 허울뿐인 임금이었다. 아울러 10년여에 걸친 권력의 독점과 결집은 다양한 의견을 제시할 수 있는 기회를 차단하는 장벽이 되어 어느 누구도 그 잘못을 지적할 수 없는 지경에 이르렀다.

중종이 즉위한 뒤, 조광조가 벼슬에 나아간 뒤 가장 먼저 부딪친 문제는 폐비(廢妃) 신씨(愼氏) 복위를 둘러싼 박상(朴祥)과 김정(金淨)의 상소문제였다. 폐비 신씨 문제는 중종의 첫째 비였던 신씨의 아버지 신수근(愼守勤)이 연산군의 매부로 연산군 축출을 위한 반정모의에 반대한 일 때문에 성희안

(成希顔) 등에게 살해되고[1] 이어 반정공신(反正功臣)들의 압력으로 왕후에 오른 신씨를 폐위한 사건이었다.[2] 문제의 초점은 중종반정의 주역들이 왕비의 존재에 부담을 느껴 아무런 잘못도 없는 왕비를 몰아냈다는 점이다. 중종은 반정공신에 의해 추대된 자신의 한계 때문에 이 문제에 대해 적극적으로 대처할 수 없었고, 새 왕후를 들여서 왕비로 삼게 되었다. 그러나 윤여필(尹汝弼)의 딸이었던 장경왕후(章敬王后)는 중종 10년 3월에 세상을 떠나고,[3] 새로운 왕비의 간택을 위해 논의가 진행되던 시점이 바로 박상과 김정이 상소를 올린 때였다.[4]

담양부사 박상(朴祥), 순창군수 김정(金淨), 무안현감 유옥(柳沃) 세 사람은 반정공신들이 사적인 이익과 욕망에 매몰되어 의리를 짓밟고 왕비를 해친 것을 밝혀 이들을 처벌하고 기강을 바로 세울 것을 주장하였다.

이 상소에서 박상과 김정은 아무 잘못도 없는 국모를 내쫓은 부당함을 조목조목 지적하였다. 폐비를 복위하여 근본을 바로 잡는 문제에 대해 직간한 것이다. 이에 대해 중종은 원래 자신이 구언(求言)의 명을 내려 상소가 올라왔으므로 이 문제를 바로 보고한 승정원에 책임을 묻고 덮어두려고 하였다. 그러나 문제제기가 거듭되고 논란이 끊이지 않자 대간(臺諫)에서 주장한대로 박상과 김정을 문초(問招)하기로 하였다.[5] 대간에서 처벌하자는 주장과는 반대로 구언상소(求言上疏)에 대한 처벌은 왕도정치의 근본인 언로(言路)를 막는 일이어서 처벌해서는 안 되고 파직(罷職)하는 정도에서 그치는 것이 타당하다는 영경연사(領經筵事) 김응기와 같은 주장도 있었다.

여기서 중종 10년(乙亥) 8월 8일(壬戌)에 담양부사 박상(朴祥)과 순창군수 김정(金淨)의 봉사의 핵심을 요약하면 다음과 같다. 시작하는 글은 제왕의 배필을 중시해야 하는 이유를 분명하게 제시하고 있다. "제왕의 계천입극

---

1 『중종실록』 권1, 中宗 원년 9월 무인조.
2 『중종실록』 권1, 中宗 원년 9월 을유조.
3 『중종실록』 권21, 中宗 10년 3월 기미조.
4 『중종실록』 권22, 中宗 10년 8월 임술조.
5 『중종실록』 권22, 중종 10년 을축조.

(繼天立極)하는 도는 시작을 바르게 함으로써 근본을 삼습니다. 그러므로 첫 출발을 바로 하면 대강(大綱)과 대원(大源)이 정연(井然)하고 광명이 위에서 동탕(動盪)하여 만사(萬事)·만화(萬化)에까지 달하게 되는 것입니다. …… 예로부터 치란흥망(治亂興亡)의 자취가 이처럼 분명하게 보여주듯이 제왕의 배필을 중히 여기지 않으면 안 됩니다."

나아가 봉사에서는 구비(舊妃) 신씨(愼氏)를 폐비에 처해야 할 타당한 이유가 없음을 적시하고, 부부의 도를 바로 세우는 것이 왕자가 왕통을 계승하여 대를 이어가는 시발점이 되어야 한다는 점을 분명히 하고 있다. "무릇 왕자가 왕통을 계승하여 대를 이어 가는 데는 부부의 도를 바로 잡아 천지에 본 따서 안으로 음교(陰教)를 다스리고, 밖으로 양덕(陽德)을 닦으면서 묘사(廟祀)와 신지(神祇)를 같이 섬겨야 하는 것입니다. 배필이란 그 중대함이 이와 같으므로 진실로 부모에게 불순하거나 종묘와 사직에 죄를 짓지 아니하면 비록 사소한 잘못이 있더라도 끊어 버릴 수 없습니다. 하물며 이름도 없고 까닭도 없이 폐척(廢斥)해서야 어찌 천심(天心)을 받들며 종사(從祀)를 받들 수 있겠습니까?"

그렇다면 신씨를 폐비해야할 정당한 이유가 있는 것일까? 박상과 김정은 철저하게 옳고 그름과 공사(公私)의 분별을 기준으로 자신들의 의견을 개진한다. "이제 신씨는 폐할 만한 이유도 없는데 전하께서 폐하셨으니 과연 무슨 명분과 의리[名義]로 폐하신 것입니까? 반정 초에 박원종·유순정·성희안 등이 신수근을 제거하고 보니 그 비(妃)가 그의 소생이라 그 아비를 죽이고 조정에 서게 되니 뒷날 후환이 염려되어 자신들을 보전할 사심(私心)으로 폐출을 꾀했던 것입니다. 이것은 본래 이유가 안 되는 것이요, 명분도 서지 못하는 것입니다." 거듭 강조하면, 신씨를 폐비한 것은 어떤 명분이나 근거도 없고 단지 훗날의 후환을 두려워하는 자기 보호의 사사로운 마음에 기인한 것이다.

마지막으로 박상과 김정은 의리의 본질을 견지한다는 점에서 신비의 복위는 타당하며 신비를 폐비하는 데 앞장섰던 사람들에게 합당한 죄를 주어야 한다는 주장을 단호하게 펼친다. "다만 대인의 모임을 타서 조금 그 힘을 바친 것 뿐 인데, 그 공을 믿고 방자하게 군부를 겁제하고 국모를 추방하여 천하 고금의 대죄를 범하였으니 이는 만세의 죄악으로서 그 공이 이것을 가릴 수 없습니다." 그리고 옳고 그름만을 준거로 한 두 사람의 비판적인 시각은 국왕인 중종도 예외는 아니었다. 이는 의리에 벗어나는 것이라면 국왕도 예외 없이 비판의 대상이 될 수 있다는 점을 분명히 보여준다. "그 발호한 때에 전하께서는 폐후의 청을 단연히 거절하고 협제(脅制)의 사실을 들어 형벌로 다스렸어야 했던 것입니다. 그런데 그렇지 못하고 저들로 하여금 부귀영화를 제대로 누리도록 하였습니다. 지금 비록 이미 죽었더라도 마땅히 그 죄를 밝히고 관작을 추탈하여 중외에 효유(曉喩)하여 당시와 후세에 엄연한 명분은 범할 수 없다는 것을 명백히 알려야 합니다. 이것은 의리에 비추어서 조금도 부끄러움이 없는 정정당당한 일이오니 단행하여 주시기 바랍니다." 박상과 김정의 소에 나타난 주장은 추호(秋毫)의 머뭇거림도 두려움도 없다. 이는 호남유학의 옳음에 대한 끝없는 희망과 역사의식을 바탕으로 한 절의정신의 큰 맥락을 투명하게 드러낸 것이다.

박상과 김정의 소와 관련하여 조정에서는 수많은 논란이 있었다. 논란에 대한 조광조의 관점은 분명했다. 조광조는 박상과 김정이 왕의 구언(求言)의 명에 따라 상소하였을 뿐인데 이를 처벌하는 것은 옳지 않으며, 더욱이 대간(臺諫)이 두 사람의 처벌을 극구 주장하는 것은 언로의 개방을 생명으로 하는 대간(臺諫)의 본질이나 본연의 책무를 구현하는 데 있어서도 부합하지 않는다는 점을 강조했다.[6] 결국 공신들에게 둘러싸인 왕권을 옹호할 것인가, 아니면 언론의 자유와 언로의 개방이라는 원칙을 고수할 것인가의 문제에서 조광조는 근본 원칙을 지지하는 쪽을 선택했다. 많은 논란 끝에 다음 해인 중종 11년 조광조는 부수찬(副修撰)에 임명되고,[7] 박상과 김정은 복직되어 조광조의 의견이 반영되었음을 알 수 있다.

결국 폐비 신씨의 복위를 주장한 순창 '삼인대' 상소는 사리의 옳고 그름의

6 『중종일록』 권22, 중종 10년 11월 갑진조.

7 『중종실록』 권24, 중종 11년 3월 기유조.

판별을 무엇보다 강조하는 호남유학의 특성을 잘 보여준다. 이는 호남의 높은 의리정신이 실천정신으로 발현된 중요한 사례였다. 상소문에 나타난 의리정신은 당연히 당시 사림들의 지지와 성원을 받았고, 그 때까지 의리의 정체를 정확히 자각하지 못했던 당시의 학풍을 새롭게 바꾸는 계기가 되었다. 이를 계기로 조정에서는 훈구대신의 잘못을 깨닫고 사림의 편에 서서 올바름을 사회의 곳곳에 뿌리내려야 한다는 공론이 제기되었다. 조광조는 정당한 공론을 억누르려는 대신들의 전횡에 맞서 언로의 소통을 주장하고 양사(兩司)의 책임자에게 응분의 책임을 물어야 한다고 상소했다. 이는 박상의 올바른 의론을 옹호한 것이었다. 시세(時勢)의 변화에 신변의 위협을 느낀 대신들이 신진 사류(新進士類)들을 제거하기 위해 모함하는 계략을 꾸며 사화를 일으킨 것이 기묘사화(己卯士禍)였다. 기묘사화로 조광조가 죽게 되고 조정의 공론은 일시에 수면 아래로 가라앉은 것처럼 보였다. 그러나 기묘명현은 올바르다는 의론이 다시 일고 태학생 박근 등이 상소하여 점차 기묘사림의 복권이 이루어졌다. 이를 계기로 사림의 정신적, 실천적 영수로서 조광조의 지치주의적(至治主義的) 학문이 높이 평가되었을 뿐만 아니라 학통(學統)으로 지속되어온 의리정신의 흐름을 확인할 수 있었다. 이렇게 볼 때, 호남유학자들에 의해 발화(發火)된 의리정신은 조선의 시대정신을 관통하는 근본원리를 정초하는 데 지렛대 역할을 한 것이다.

나아가 우리는 박상의 상소가 단순히 조선조 초기의 의리사상을 고무하는 계기에 그쳤던 것이 아니라는 점을 분명히 이해해야 한다. 상소문에 나타난 옳고 그름에 대한 명확한 분별과 실천정신은 조선조 전 역사에 걸쳐 의리정신의 원류를 형성함으로써 조선조 사림정신의 토대가 되었다는 사실을 간과(看過)해서는 안 된다. 이는 박상이 신비 복위 상소를 올린 뒤로도 229년 동안 이 문제가 끊임없이 조정의 공론이 되었다는 사실로 분명히 입증된다.

의리정신에 투철한 호남의 인물로는 고운·최산두 등이 있다. 고운은 고경명의 조부며, 최산두는 의리적 풍모를 지닌 도학자로서 명망이 있었다. 또한 조선조 문예 부흥기라고 할 수 있는 시대에 심도 있는 성리학 연구와 가사문학의 융흥(隆興)에 호남지역이 사상적 자양분이 되었다는 점도 특기할 만하다.

2. 호남 성리학의 깊은 사유세계

조선조의 사상계를 이끌어온 중심은 도학(道學)이다. 이는 성리학 또는 이학(理學)으로 불리기도 한다. 이처럼 도학·성리학·이학은 같은 학문체계를 지칭한 것이지만, 상이한 호칭이 암시하는 것처럼 완전히 동일한 내용을 담고 있다 할 수 없다. 왜냐하면 도학이라 할 때는 의리의 실천에 학문적 지향점을 두고 있다면, 성리학·이학은 의리의 실천보다는 우주론·인성론 등을 중심으로 이론적 탐구에 더 깊은 관심을 갖기 때문이다. 달리 말하면 도학의 이상이 천도(天道)를 본받아 인도(人道)를 실현함으로서 왕도정치를 이룩하는 데 있다면, 성리학은 인간 본성의 근원으로 우주의 모습과 하늘이 명한 인간의 본성과정을 표출하고 조화시켜 발양하는데 초점이 있는 것이다. 성리학은 인간의 본성을 구성하는 사단(四端: 仁義禮智)과 칠정(七情: 喜怒哀懼愛惡欲)을 순수하고 조화롭게 발현하는데 연구의 초점을 두기 때문에 인간의 본성과 행위의 관계를 이론적으로 체계화하는 데 깊은 관심을 둔다.

조선 성리학은 정주학적 사유에 이론적 근거를 두면서도 중국성리학과 차별화할 수 있는 자체의 독자성을 간직하면서 발전하였다. 일반적으로 중국의 성리학이 우주의 생성과 존재의 근원에 중점을 둔 우주론에 관심을 갖는데 비하여 조선 성리학은 인간 본성, 가치판단, 행위의 선악 문제를 포괄하는 인성론을 더욱 깊이 천착(穿鑿)했다. 이는 학문의 방향성 차이에 기인하는 문제이기도 하다. 중국의 성리학이 하늘을 중심으로 인간을 이해하려는 방향으로 나아간 반면 조선 성리학은 인성을 중심으로 우주를 해석하려는 쪽으로 발전되어 나아갔다.

조선 성리학의 인성론적 특징은 조선조 초기 권근(權近)이 하늘과 인간, 마음과 본성의 합일의 관점에서 사상적 토대를 세우고, 이를 도설(圖說)로 나타내 인간의 마음과 본성에 근거하여 하늘을 이해하려 하는데서 그 단초가 열렸다. 그러나 본격적으로 인간 본성의 관점에서 우주의 현상, 존재의 근원을 이해하려는 시도는 한국 성리학의 큰 봉우리를 이룬 기대승이 이황과 '사단칠정논변(四端七情論辨)'을 벌이면서 시작되었다.

추만(秋巒) 정지운(鄭之雲, 1509-1561)은 명종 초에 천명도(天命圖)라는 그림을 그렸는데 하늘은 둥글게 땅은 모나게 하고, 위로는 천명권(天命圈)을 아래에는 인체(人體)·기질(氣質)·심성(心性)·정의(情意)를 서술하였다. 이황(李滉)은 이 도설(圖說)을 수정하면서 '사단은 리(理)에서 발하고 칠정은 기(氣)에서 발한다'고 하였다. 그는 리와 기는 두개의 사물로 존재하는 것이며, 사단과 칠정은 각각 다른 두 곳에서 발한다고 여겼던 것이다. 이에 대하여 당시 학자들 사이에서는 이기(理氣)를 하나로 볼 것인가 둘로 볼 것인가 에 대해 의론이 분분했다. 이때 기대승(奇大升)은 리와 기를 하나의 맥락에서 이해해야 한다고 주장했고, 이황은 리와 기는 각기 다른 성질을 지니므로 서로 섞일 수 없는 별개의 둘로 파악하는 관점을 견지했다. 이 논란은 단순한 의견 제시로 그친 것이 아니라 8년여에 걸친 질문과 답변이 오가면서 토론과 연구를 거듭한 결과, 이황이 자기의 학설을 수정하게 되었다는 것이 앞에서 살펴본 '사칠논변(四七論辨)'의 전말이었다. 이이는 기대승의 논리를 가리켜 '칼로 대나무를 쪼개듯이 명쾌한 논리를 전개하고 있다'고 극찬하였다. 논쟁이 진행되는 과정에서 조선 성리학은 사단칠정(四端七情)과 관련된 구체적인 문제에 대해 새로운 이론을 제출함으로써 중국성리학을 능가하는 학문적 깊이를 지니게 되었다. 이 논쟁에서 이황을 지지한 학자들은 '이기이원론(理氣二元論)'을 주희(朱熹)의 성리설을 계승한 정론으로 받아들였고, 기대승의 견해에 동의한 학자들은 '이기일원론(理氣一元論)'을 타당한 논의로 수용하였다. 결국 이 논쟁은 조선유학이 기호학(畿湖學)과 영남학(嶺南學)으로 분기되는 성리학적 근거를 제시한 것이다. 따라서 자연스럽게 기대승은 기호학의 사상적 연원에 있어서 선구자로서 위상을 차지하였다. 기호학은 이이(李珥)를 거쳐 김장생(金長生)·김집(金集)·송시열(宋時烈)로 이어지고, 조선조 말에 이르러서는 전우(田愚)가 계승하였다. 기호 성리학은 기대승의 학설을 계승한 데서 비롯되었고, 호남유학도 기대승의 관점을 계승·발전시켜 고유한 특성을 지니게 되었다는 점에서, 호남 사림이 조선 사상계에 끼친 지대한 영향력을 분명히 인지할 수 있다. 한 걸음 더 나아가 우리가 지나쳐서 안 될 것은 호남 성리학의 학문적 업적이 단순히 몇몇 걸출한 학자들의 출현에 기대어 이루어진 것이 아니라는 점이다. 호남유학은 한 시대의 중심사상가로 학계를 이끌었던 호남지역의 많은 학자들의 사유세계와 그 보다 한 세대를 먼저 살았던 기묘명현(己卯名賢)을 중심으로 한 도학정신이 서로 어우러져 성리학(性理學)과 의리학(義理學)이 통합된 독특한 학풍을 구성하였다는 점을 눈여겨보아야 한다는 것이다. 예컨대 김인후의 도학적 인품과 박상의 의리정신, 그리고 고경명의 충절정신이 하나의 맥락에서 사상적 연원과 학문적 연관성을 지니면서 이론과 실천이 조응(照應)하는 호남유학의 특성을 발양(發揚)시킨 것이다.

3. 나라를 구한 구국운동

의리정신은 스스로 옳음을 지키고 추구하는 것이지만, 포괄적 의미에서는 옳은 삶을 지향하는 개인적 차원을 넘어 사회적 정의를 실현하여 좋은 공동체를 실현하는 것이다. 따라서 모든 유학적 국가관과 민족관은 의리정신에 기초하여 나타난다. 호남유학자들의 사회적 삶에 뿌리를 형성했던 의리정신은 나라가 어려웠을 때는 구국운동으로 표현되었다. 호남지역에서 외적의 침략에 자신을 지키고 국가를 구원하는 의병운동이 가장 많이 일어났던 것이 바로 여기에서 비롯된 것이다.

1592년부터 1598년까지의 임진왜란은 조선조의 역사에서 외침을 당한 가장 큰 사건이라 할 것이며, 병자·정묘호란은 이에 버금가는 국난이었다 할 수 있다.

조선은 연산, 명종 조를 거치면서 사림파와 훈구파의 대립으로 인한 사화와 당쟁으로 정치적 안정을 기하지 못하여 국방체계가 흔들리고 민심의 혼란을 가져오게 되어 임진왜란이라는 외침을 초래하였다. 임진왜란은 고니시 유키나가[小西行長]가 1만 8천명, 가토 기요마사[加藤清正]는 2만 8천명 등 총 병력 15만 8천명으로 침략한 조선 역사상 최대의 위기였다. 이 같은 국가

위난(危難)에 처하여 조선 각지에서는 의병이 일어났는데, 호남에서는 고경명·김천일·김덕령·최경회 등 수많은 의병장이 의병을 조직하여 일본의 침략에 결사 항전하였다.

고경명은 담양에서 유팽로·양대박을 좌우부장으로 삼아 아들 고종후·고인후와 함께 태인 금구를 거쳐 전주에서 군대를 조련하여 처음 전투에서 왜병 1207명을 참수하고 호남을 보전하는데 기여했다. 그 후 여산을 거쳐 은진으로 진출하여 금산에 호남을 보호하기 위한 방어진을 구축하였다. 그리하여 금산벌에서 왜병과 접전 중 전사하였으니, 이 전투의 결과로 호남 각 곳에서 의병이 일어나게 된 계기가 되었던 것이며, 국가를 지키려는 절의정신과 충절정신을 솟아나게 하였던 것이다. 고경명이 전사한 후 복수와 의리를 자처하는 사람들이 일어났으니, 그의 아들 고종후가 복수장으로 일어섰고, 문홍헌·최경회는 능주에서, 임계영은 보성에서, 변사정은 남원에서, 강희열은 광양에서, 강희보·정충훈·민여운 등이 각각 구례·영광·태인에서 일어나 호남을 지켰다. 결과적으로 일본의 유린으로 조선 전역이 거의 회복할 수 없는 지경에 이르렀지만, 호남의병의 활동으로 호남을 보전한 결과, 의병운동이 다시 활기를 띠어 국권을 회복할 수 있었던 것이다.

의병활동은 단순히 군왕 한 사람에게 바치는 충성이나 신하로서의 의무에 그치는 것만이 아니라 하늘의 뜻을 스스로 실현하려는 인간가치의 선언이었다. 군주와 신하가 지키는 의리란 인도정신에 근본하고 있기 때문에 의리정신이 없다면 군주를 위하여 개인을 희생하는 복종의 윤리 이상이 될 수 없다. 이런 점에서 인간의 본성에서 우러나온 의리정신은 주종관계나 복종의식에서 나온 것이 아니라 어떤 상황에서도 인간의 도리를 다하는 명분의식과 사사로운 이익보다는 공적 태도를 중시하는 공공의식, 민족적 주체성을 확립하고 외침으로부터 국가를 보호하는 구국정신을 포괄한다 할 수 있다. 호남은 의리정신으로 외세의 침탈로부터 나라를 구하겠다는 사명감을 가장 절실하게 느껴서 떨쳐 일어난 많은 인물들을 배출한 곳이다. 이와 같은 점이 호남이 구국운동의 선봉으로서 다른 지역과 차별화되는 특징이라 할 것이다.

4. 호남 후기 성리학의 독자적 성격

조선 후기 성리학의 주요 관심사는 인성(人性)과 물성(物性)의 같고 다름의 문제였다. 이것은 주자가 『중용장구』에서 '하늘은 인의예지신(仁義禮智信)의 오상(五常)의 덕성을 인간과 만물에 부여하였다'라고 주석함으로써 만물의 성(性)도 오상의 덕성을 지니고 있는가? 하는 문제가 제기되고, 여기에서 동물에게도 오상의 덕성이 있다고 주장하는 사람과 인간과 동물의 본성은 다르다고 주장하는 사람이 대립하게 되었다. 기호의 학풍은 대체적으로 인간과 동물의 본성은 다르다는 입장을 취하였다. 이들은 대부분 충청도에 살았으므로 호남의 학풍과 밀접한 관련성을 갖는다.

호남의 후기 성리학설이 독창성을 지닌 하나의 체계로 드러난 것은 기정진의 성리학설이 학계에 제출되면서 부터이다. 현상윤은 조선유학사에서 조선 근세유학을 설명하면서 "근세 유학의 중심이며 근세 유학을 참으로 대표할만한 인물이 세 사람이 있다"고 전제하고 첫머리에 기정진을 들었다. 기정진이 조선조 후기 유학 사상을 대표하는 으뜸 인물이라는 사실을 말해주고 있는 것이다. 앞에서 언급한 바와 같이 기정진의 학설은 오직 리만이 유일하게 존재한다는 유리론(唯理論)이다. 여타 성리학들이 대부분 리와 기를 서로 대비시켜서 설명하고 있기 때문에 이기설(理氣說)이라고 부르고 있는데 비해, 기정진은 리와 기를 대대(待對)나 대립의 관계로 보지 않고 기를 리에 포섭되는 개념으로 이해하였다. 그러므로 기정진의 성리설은 리를 중시하는 주리적(主理的) 성격을 지니면서도 리의 독자성을 더욱 강조하였기 때문에 유리론(唯理論)으로 불리게 된 것이다. 그는 이전의 유학자들처럼 리(理)와 기(氣)를 하나의 사물이라 할 것인가 둘이라고 볼 것인가 하는 점에는 관심조차 보이지 않았다. 기정진은 기(氣)란 오로지 리(理) 가운데 있는 것이요 리(理)의 작용에 따르는 것으로 이해하였으며, 기(氣)라는 글자조차 사용하는 것을 즐겨하지 않고 그 대신에 분(分)이라고 표현하여 오직 하나 뿐인 리(理)의 작용의 작은 나누임에 지나지 않는다고 하였다. 그에 따르면 리(理)는 만물을 관통하기 때문에 '하나'라고 하는 것이며, 하나인 리(理)가 분(分)

으로 드러나는 것이 하나의 형체며 모습인 것이다. 그의 비유에 따르면 한 덩이의 쇠나 구리는 그릇이나 소반을 만들 수 있고, 창이나 칼도 만들 수 있으니, 이 그릇은 하나인 쇳덩어리에서 나온 것으로서 쇳덩어리 자체가 하나의 태극(太極)이요 리(理)에 불과하다. 이는 우주의 본체란 오직 리(理)가 있을 뿐이요 기(氣)란 리(理)의 한 작용에 지나지 않는다는 점을 비유를 통해 재천명한 것에 지나지 않는다. 그러므로 그는 인간 도리의 기본 바탕이 오직 리(理)에 말미암는 것이요, 따라서 인간이란 리를 당위적으로 실천하는 존재로 여겼던 것이다.

기정진은 '기의 움직임에 리(理)가 내재한다[氣發理乘]'는 이이의 학설을 비판하고, 이전의 이기이원론적(理氣二元論的) 이론을 배격했다. 그의 리중심적 사유는 외세의 침략을 당하여 국가의 기강이 흔들리는 어려운 환경일수록 절대적 진리가 절실히 요청되었기 때문이요, 유일한 리(理)만이 참다운 진리로서 당시의 시대를 구제할 수 있다고 생각했기 때문에 형성된 것이다. 기정진은 리를 모든 가치와 원칙의 근거, 현실적 행위의 준거로 삼은 주체적 사유와 결기를 지닌 지사(志士)였다. 실제로 기정진은 "부인이 남편의 자리를 빼앗는 것이 하나의 큰 변고요, 신하가 군주의 자리를 빼앗는 것이 큰 변고요, 오랑캐가 중화의 자리를 빼앗는 것이 큰 변고이다. 만약 기(氣)가 리(理)의 자리를 빼앗는다면, (앞의) 세 변고는 그 다음의 일이다"[8]라고 하여 리(理) 중심의 가치체계가 사회를 지탱하는 근거라는 점을 분명히 하였다. 이런 점에서 기정진의 성리사상은 단순히 인간과 우주의 존재근거를 사변적으로 탐구하는 철학이나 이념이 아니라 붙박고 있는 현실의 삶을 반영한 시대정신의 표출이었다. 이처럼 리(理)를 실체로 자각하고 이를 삶 속에서 실현하려는 생각은 원리·원칙을 중시하고 외세의 잡박(雜駁)한 것을 배격하는 운동으로 발전하였다. 이것이 바로 위정척사 운동이다. 위정척사(衛正斥邪, the observance of rightness and the expulsion of wickedness)란 민족 정통성을 계승하고 왜와 서양 오랑캐의 사특함을 배척하는 운동이다. 사특(邪慝)함

---

8 『蘆沙先生文集』 附錄 卷2, 「行狀」.

을 배척한다는 것은 유일한 리(理)의 실현이 아니라면 다른 어떤 것도 용납할 수 없다는 발상에서 자연스럽게 도출된 것이다. 기정진은 리(理) 중심적 사유의 기반 위에서 백서의 마음을 결집하는 기틀이 되는 대공무사(大公無私)의 공론, 공공성을 공적 질서의 영역에서 구현하려 했다. 옳음과 그름을 분명하게 가름했던 위정척사의 근간이 노사학파를 중심으로 형성되었고, 한말 의병운동의 중심을 이루었던 곳이 바로 호남이었다는 점을 상기한다면, 기정진을 위정척사 운동의 선구로 보는 것이 타당하다. 기정진의 사상을 근거로 의병이 봉기하고 국권을 회복하려는 운동이 힘차게 일어났다는 점에서, 호남의 후기 성리학이 이 지역 고유의 의리정신과 결합하여 새로운 시대정신으로 표출되었다는 점은 분명히 기억되어야 한다.

5. 조선조 실학의 본산으로서 호남 실학

호남은 실학사상의 본산이요 주류였다. 조선 성리학은 독창적이면서도 깊이 있는 이론을 체계화했지만, 유학의 본래 목적이 경세택민(經世澤民)에 직접 응용(應用)되는 실천학문을 지향한다는 점에서 한계가 있었다. 성리학은 인간의 본성과 감정을 존재론적으로 탐구하는데 그 목적이 있었기 때문에 자칫 이론 연구에만 몰두할 뿐, 정작 그 이론을 사회에 어떻게 적용할 것인가에 대해서는 치열한 문제의식을 갖지 못했다. 실학사상은 현실의 사태에 대응하지 못한 성리학 이론에 대한 회의와 반성을 계기로 싹텄다. 성리학의 한계와 문제점을 깨닫고 현실의 문제에 대안을 제시할 수 있는 경세치용(經世致用)·실사구시(實事求是)·이용후생(利用厚生)의 학문을 구상하게 되었으니, 이를 실학사상이라 부른다. 실학은 유학의 본래정신으로 돌아가 현실을 개혁하는 데 목적이 있었고, 그 첫 걸음으로 참다운 유학정신을 복원하려 했기 때문에 얼핏 복고주의(復古主義)로 보일 수 있다. 그러나 유학이 지향하는 세계가 백성의 복지를 도모하는[安百姓] 여민동락(與民同樂)의 위민정치라 한다면, 실학은 유학의 참모습을 현실개혁을 통해 실현하려는 지극히 실천적이고 현실적이 사상이라 할 수 있다. 성리학에 대한 회의와 반성, 그리고 부조리와 모순으로 가득한 현실에 대한 문제제기가 일찍이 시대의 흐름에 눈뜬 실학자들과 사회 곳곳에서 전반적으로 일어났다는 점을 부인할 수 없다. 그러나 한편에서는 호남실학(湖南實學)이 근기실학(近畿實學)과는 다른 차원에서 호남의 환경과 풍토, 역사에 대한 주체적 인식을 토대로 자생적으로 일어났다는 점에서, 호남지역에서 실학사상이 새롭게 창안되고 발전·확장되었다는 점도 확인할 수 있다. 결국, 호남실학은 호남의 개별성과 특수성, 지역성을 기조로 유학의 보편성과 결합된 독자적인 학문체계라 할 수 있다.

실학사상의 이론을 처음으로 체계화 한 사람은 유형원(柳馨遠)이고, 그 이론을 구체화하여 확장한 사람은 이익(李瀷)이며, 집대성하여 결실을 맺은 학자는 정약용(丁若鏞)이다. 실학의 학문적 계통을 고려할 때, 유형원의 실학사상은 부안의 반계(磻溪)에서 이룩한 것이요, 그 사상은 그의 척제(戚弟)인 이익에게 전달되고, 이익의 사상을 사숙(私淑)한 정약용이 강진 유배지에서 결실을 맺었으니, 실학사상의 씨앗과 열매가 모두 호남을 근거로 싹트고 거두어진 것이요, 다만 이익의 사상만이 경기도 일원에서 숙성되었을 뿐이다. 따라서 조선실학의 줄기가 되는 흐름은 호남실학으로 귀결(歸結)된다 해도 지나치지 않을 것이다.

유형원은 당시의 사회적 실정과 조정의 능력을 고려하지 않고 유교적 이상과 학문적 자율성에 근거하여 사회개혁·제도개혁을 제시했기 때문에 혁명적 이상을 담은 이론을 전개한 셈이다. 그 중요한 내용은 토지제도를 완전히 개혁하고 그 제도의 바탕위에서 국방과 교육을 튼튼히 하자는 것이었다. 이러한 사상적 영향으로 호남에서는 다른 곳에서 유례를 찾을 수 없을 정도로 많은 실학 사상가들이 배출되었다. 그 가운데서도 황윤석·위백규·오달운·신경준·하백원 등은 조선 실학사(實學史)에 많은 지면을 차지할 만큼 큰 업적을 남겼다. 그러나 호남에 초점을 맞춰 조선 실학사상을 논한다면, 정약용과 이기를 제외하고 논의할 수 없다. 특히 정약용이 새로운 정부를 이룩하려 하였던 꿈은 동아시아 문화권에서 그 선구적 사례를 찾을 수 없다. 또한 이기의 자강운동은 실학사상을 당시로서는 현대적인 학문과 접목시켜 발전시키려 했다는 점에서 큰 의지를 지닌다.

정약용은 이상적 통치자의 모습을 제시한 「원목(原牧)」에서 한 어진 늙은이를 추대하는 비유를 빌려 당시의 통치자를 선출하는 방법을 설명하고 있다. "목자(牧者)란 백성 위에 군림하였던 존재가 아니라 사람들이 혼란에 허덕일 때 어떤 어진 늙은이가 잘 판단하여 이를 해결하여 주었다. 이에 마을 사람들이 감복하여 이정(里正)으로 추대하였다. 이 마을의 바른 사람이 무리의 바른 사람이 되고 무리의 바른 사람이 고을의, 국가의, 천하의 올바른 사람이 되었으니 이가 바로 목자이다"고 하였다. 이는 당시의 봉건 체제를 부정하고 백성들이 자발적 합의를 통해 통치자를 추대하는 아래로부터의 민본주의적 정부형태를 제시한 것이다. 이는 당시로서는 획기적인 생각으로 민주주의의 모태가 되었던 서양 근대의 정치사상과 비교하여도 결코 뒤지지 않는 사상으로 평가된다. 정약용은 그의 정치·경제·법률 사상을 체계화하여 『경세유표』·『목민심서』·『흠흠신서』를 저술했다.

『경세유표』에서는 관제·군현제·전제·부역·군사 등 다양한 영역에서 시대에 구애받지 않고 기강을 세워 구체제에 얽매인 국가를 새롭게 변화시키고자 하였다. 『목민심서』에서는 율기(律己)·봉공(奉公)·애민(愛民)을 기틀로 삼고 이조·호조·예조·병조·공조·형조의 6조를 6전(典)으로 해서 백성을 보살피는 방안을 강구하였다. 『흠흠신서』에서는 인명을 다스리는 옥관(獄官)의 자질을 높이기 위해서 그 전거와 자료를 제시하였으며, 형률(刑律)의 법철학적 근거를 구체적 사례를 통해 실증적으로 체계화하였다. 또한 이러한 이상과 부합되게 조선의 모든 법을 개조하여 근대국가로 새롭게 출범할 수 있는 토대를 제공한 것이다. 그 출발점은 백성으로부터 통치자를 선출하는 방법, 곧 '아래로부터 위로' 올라가는 질서를 세워야 한다고 하였으니, 이는 현대 국가의 기본이 되는 시민이 주체가 되는 민주주의의 선출 원리를 적용했다는 점에서 시대를 뛰어넘는 정치사상적 의미를 지닌다 하겠다.

위에서 기술한 정약용의 생각이 사상적 근대화의 출발점이 되었다 한다면, 이기의 근대화 운동은 전통적 실학사상의 현대적 전환이라 할 수 있다. 그는 실학개념을 서구과학과 접목시켜 이해하고 국학과 전통 학문의 부흥을 통해 민족의 자강을 확보하고 새로운 현대국가를 이룩하려 했던 것이다.

결과적으로 호남의 풍토와 환경에서 발아하여 숙성된 실학사상은 근기실학(近畿實學)과는 차별화된 독자성을 지니면서 근대 민중운동으로 발전하여 오늘날 우리사회를 이룩하는 데 초석이 되었다.

호남의 유학사를 한 시대를 풍미했던 유학자를 중심으로 살펴볼 때, 특징과 장점, 한계가 함께 노출된다. 그러나 이는 이 시대의 우리가 극복해야 할 사태와 현실의 문제가 무엇인지를 명확하게 보여주는 역사적 교훈이기도 하다. 지금 우리는 급격한 사회변동으로 전통적인 의식과 규범, 가치관까지 송두리 채 흔들리는 현실을 목격하고 있다. 그러나 사회의 변혁이 급격하게 진행되면 될수록 전통사상과 문화의 실체에 대한 본질적 조명은 더욱 절실히 요청된다. 왜냐하면 전통사상과 문화에 대한 거시적, 미시적 접근은 호남유학의 현시대적 의의와 적용가능성을 모색하는 중요한 토대가 되기 때문이다.

호남의 유학자들이 호남의 사상적, 경제적, 문화적 토양에서 배양한 의리정신과 실학사상은 기호학·영남학과 차별화된 호남학(湖南學)의 정립 가능성을 시사한다. 따라서 오늘날 우리에게 남겨진 학문적 책무는 호남의 사상가들이 정초한 주체적이고 독창적인 사유의 세계를 한국의 근현대사와 접목시켜 새로운 맥락에서 정리하여 호남학으로 재정립하는 것이다. 이 책은 바로 현대의 호남학을 정립하는 데 디딤돌 역할을 할 것으로 기대한다.

색 인

ㄴ

ㄷ

ㄹ

ㅁ

ㅂ

ㅅ

ㅇ

ㅌ

ㅍ

ㅎ

기타